트뤼포

FRANÇOIS TRUFFAUT

현대 예술의 거장

트뤼포

시네필의 영원한 초상

앙투안 드 베크·세르주 투비아나 지음 | 한상준 옮김

을유문화사

현대 예술의 거장

트뤼포

시네필의 영원한 초상

발행일 2006년 6월 26일 초판 1쇄
　　　　2022년 11월 30일 개정판 1쇄

지은이 앙투안 드 베크, 세르주 투비아나
옮긴이 한상준
펴낸이 정무영, 정상준
펴낸곳 (주)을유문화사

창립일 1945년 12월 1일
주소 서울시 마포구 서교동 469-48
전화 02-733-8153
팩스 02-732-9154
홈페이지 www.eulyoo.co.kr

ISBN 978-89-324-3152-9 04680
ISBN 978-89-324-3134-5 (세트)

"영원한 불안이라는 짐을 모두 혼자 짊어지고서……."
— 헨리 제임스, 『밀림의 야수』

일러두기

1. 본문 하단에 나오는 각주는 기본적으로 원주고,
   문장 끝에 * 표시된 것은 옮긴이 주다.
2. 영화, 연극, 노래, TV 프로그램은 〈 〉로, 책의 시리즈, 시,
   그림, 단편 소설은 「 」로, 책, 잡지, 신문은 『 』로 표기했다.
3. 주요 작품, 언론사 명은 첫 표기에 한하여 원어를 병기하되,
   경우에 따라 예외를 두었다. 이름의 한글 표기는 국립국어원의
   표기 원칙을 따랐으나, 일부 관례로 굳어진 표기는 예외로 두었다.
4. 저작권자의 연락이 닿지 않은 일부 도판의 경우
   저작권자가 확인되는 대로 별도의 허가를 받을 예정이다.

차례

서문

프랑수아 트뤼포가 세운 이미지는 매우 깔끔한 것이었다. 그것은 무엇과도 타협하지 않는 강인한 영화인의 이미지였다. 영화만을 위해 삶을 살고, 관객을 존중하며, 관객의 변치 않는 믿음에 신경 쓰는 영화인, 그리고 언론에 대해서도 대단히 예의 바른 영화인의 이미지였다. 종종 여배우들과 사랑에 빠졌고, 그의 영화 대부분이 자전적으로 보이는 이야기를 다루고 있음에도 불구하고, 트뤼포는 이 올곧은 이미지를 키워 나갔다. 그는 위대한 스승 영화인들에 대한 애정을 통해 온화한 시네필리*의 모습을 구현했다. 일찍부터 1950년대 프랑스 영화를 공격했고, 클로드 오탕라라, 장 들라누아, 르네 클레망 영화의 고루함에 대한 신랄한 비판자였으며, 누벨바그의 과격한 대변인이었던 트뤼포는 전원 의견 일치 속에서 공식적으로 스스로를 세계적인 영화감독으로 만들었던 것이다.

---

* cinéphilie. 영화 애호 현상*

프랑수아 트뤼포의 숨겨진 모습은 존경스러운 면은 덜할지 모르지만 훨씬 더 흥미롭다. 트뤼포는 멍든 어린 시절과 비행의 직전까지 던져진 성장기의 비밀스러운 상처를 자신의 깊은 곳에 숨겨 놓았고, 억제하기 어려운 폭력성까지 일부 감추고 있었다. 세상과의 잇따른 대립, 그리고 '혈연을 넘어선 가족'을 찾으며 이 세상에 적응하려는 연이은 시도로서의 트뤼포의 성장 이야기는 교훈적 일면을 지닌다. 트뤼포의 삶의 궤적에는 '운명의 낙인'과도 같은 소설적 향기가 배어 있으며, 이것은 그를 19세기와 연결해 준다. 트뤼포가 가장 즐겨 읽은 작가 가운데 한 명이 발자크였다는 사실은 결코 우연이 아니다. 젊은 시절 트뤼포와 문화의 관계는 육체적이고 야생적인 것이었다. 13세 때 영화 전체를 모조리 외울 정도로 빠져들었던 사샤 기트리의 〈사기꾼 이야기Roman d'un tricheur〉의 젊은 주인공처럼, 이 어린 독학자에게 진정한 삶이 시작된 것은 학교의 바깥과 비행에 가까운 생활, 즉 잡다한 일, 친구 관계 그리고 시네 클럽을 통해서였다.

어린 트뤼포가 책과 영화를 사랑한 것은 그것이 도피처를 제공해 주었기 때문이다. 트뤼포는 살아남기 위해, 탈출하기 위해 독서에 빠져들고 동네 영화관의 어둠 속에 파묻혔다. 그는 극중 인물과 자신을 동일시하면서 여배우들을 숭배한 나머지, 언젠가는 이들과 만나 영화를 촬영하고 함께 사랑에 빠지고 싶은 욕망까지 지니게 되었다. 그리고 트뤼포는 즉시 기록을 작성해 갔다. 이름, 제목, 날짜로 가득 채워진 카드는 트뤼포에게 작가, 영화감독, 남녀 주인공 등의 인물이 거주하는 하나의 세계였고, 이 세계에 동참하는 일은 그에게 고독을 견뎌 내고 현실에서 도피할 수 있게 해 주었다. 이후로도 프랑수아 트뤼포는 기록의 양과 종류를 계속 늘려 나갔다. 일기장, 연애 편지, 친구와의 서신, 업무 서한, 스크랩 기사와 사회면 기사, 청구서, 의료 처방전까지, 트뤼포는 모든 것을 보관했다. 이 모든 자료는 지금까지도 '푸른 수염의 성'* 이라고 부를 수 있는 트뤼포의 제작사 카로스 영화사에 꼼꼼하게 정돈되어 있다.

프랑수아 트뤼포의 인생은 늘 그의 영화의 풍요로운 원천이자 일차 자료, 일종의 이야기의 보고였으며, 영화는 자신의 삶의 격렬했던 순간을 서로 연결해 주는 길잡이가 되어 주었다. 〈400번의 구타Les Quatre cents coups〉 이후 트뤼포는 명백하게 자신의 작품 속의 어린이가 되어, 스스로의 체험을 '앙투안 두아넬'이라는 인물을 통해 가공해 냈다. 그렇지만 앙투안 두아넬은 트뤼포 자신인 동시에 이미 타인이었다. 이 영화 속의 어린이는 즉각 모든 사람에 속하게 되었기 때문이다. 또한 그의 작품은 유년기 소년을 그린다고 말할 수는 없지만, 적어도 유년기의 산물임은 분명했다. 이 점에 관해 클로드 샤브롤은 아주 명료하게 핵심을 지적한다. "프랑수아의 젊은 시절은 다른 누구보다도 흥미로웠다. 만일 내가 나의 어린 시절에 관한 이야기를 했더라면, 나는 두 편 이상의 영화를 만들어 내지 못했을 것이다!"

그렇지만 본 전기는 두아넬 연작을 훨씬 넘어서서 트뤼포 자

---

* 벨라 바르토크의 오페라 제목*

신의 족적을 추적했다. 트뤼포가 영화감독이 된 것은 일단은 어린 시절을 배신하지 않기 위해서였지만, 〈피아니스트를 쏴라Tirez sur le pianiste〉에서 〈쥴 앤 짐Jules et Jim〉 혹은 〈여자들을 사랑한 남자 L'Homme qui aimait les femmes〉에까지 이르는 다양한 시나리오를 통해 오히려 그것을 재구성해 가는 것이 목적이었다. 조르주 베르나노스는 『달빛 어린 공동묘지Les Grands Cimetières sous la lune』의 첫머리에서 "내 인생이 어떻든 무슨 상관인가! 내가 원하는 것은 오직 인생의 마지막 순간까지 어린 시절의 모습대로 충실히 남는 것뿐……. 지금 나에게 어린 시절이란 마치 조상과도 같은 것"이라고 썼다.

프랑수아 트뤼포는 자신이 찬미하는 거장들을 매료하고 쟁취하려는 집념을 가지고 그들에게 달려가, 거의 예외 없이 친구가 되었다. 앙드레 바쟁, 장 주네, 앙리 랑글루아, 장 콕토, 로베르토 로셀리니, 앙리 피에르 로셰, 자크 오디베르티, 막스 오퓔스, 앨프레드 히치콕, 장 폴 사르트르, 장 르누아르……. 이들 모두가 자신의 아버지이자 잠재적 목표였다. 〈녹색 방La Chambre verte〉에서 감독은 쥘리앵 다벤이라는 인물에게 죽음에 직면한 상태에서 이렇게 말하게 한다. "빈자리가 있다고들 말합니다. 초상화는 완성되지 않는다고 말합니다……." 그 감독은 늘 산 자들에게도 죽은 자들에게도 자리를 마련해 주었다. 오노레 드 발자크, 마르셀 프루스트, 헨리 제임스, 윌리엄 아이리시, 폴 레오토, 레몽 크노, 헨리 밀러, 에른스트 루비치, 찰리 채플린 등은 트뤼포의 위대한 수호신이었다. 그렇지만 이 선별된 가족 안에는 하나의 자리가 비어 있었다. 프랑수아 트뤼포가 세상에 알릴 용기를 갖지 못했던 유일한 인물, 자신의 친아버지를 위한 자리였다…….

사망하기 몇 개월 전 이미 병석에 누워 있던 트뤼포는 자서전을 쓰려는 생각에 마지막으로 유년 시절로 돌아갔다. 그리고 친구인 클로드 드 지브레에게 이렇게 말했다. "이런 의미에서, 내 책『내 인생의 시나리오*Le Scénario de ma vie*』의 첫머리는 탄생의 비밀을 요약해 놓은 마크 트웨인의 인용문으로 장식하고자 하네. '자신의 친아버지가 누구인지 말할 수 있는 프랑스 사람은 정말 운이 좋은 사람이다'라고 말일세."

1
비밀 속의 어린 시절,
1932~1946

1932년 2월 6일 토요일 오전 6시, 자닌 드 몽페랑은 아들을 낳아 '프랑수아 롤랑'이라는 이름을 붙였다. 스무 살이 채 안 된 젊은 산모는 앙리-모니에 가에 있는 집에서 제법 떨어진 장소에서 남몰래 아이를 낳았다. 장 드 몽페랑과 주느비에브 드 몽페랑 부부는 불과 3개월 전에야 딸의 임신 사실을 알았는데, 가톨릭 가정에 미혼모가 생긴다는 것은 온당치 못한 일이었다. 특히 몽페랑 가족의 거주지인 9구는 파리 북쪽에 위치한 조용하고 한적한 시골풍의 지역이었기 때문에 이웃과 지인의 시선에 더욱 신경을 써야 했다. 엄격하고 부자연스러운 도덕을 지닌 사회 안에서 체면을 유지하려면 비밀이란 방식이 필요했다. 자닌 드 몽페랑은 집에서 도보로 30분 이상 걸리는 몽소공원 근처 레옹-코니에 가에 있는 어느 산파의 집에서 혼자 아이를 낳았다. 이틀 뒤, 산파 마리 루이즈 페랭이 17구 구청에 출생 신고를 했다.

숨겨진 아이

아기는 곧 파리 교외의 몽모랑시에 사는 유모에 이어 부아시-생-레제에 사는 유모가 맡아 길렀으므로 3세가 될 때까지도 어머니를 자주 보지 못했다. 모호한 상태로 20개월을 떠돈 뒤 아기는 겨우 양아버지를 얻을 수 있었다. 자닌 드 몽페랑과 결혼식을 올리기 2주 전인 1933년 10월 24일, 롤랑 트뤼포는 그때까지 '생부 불명'의 기록을 달고 있던 아기를 법적인 아들로 등록했다. 자닌의 남동생인 베르나르 드 몽페랑이 편지에 썼듯 이제 "어두운 날들은 잊혀야 할 것"이긴 했지만, 그렇다고 11월 9일 노트르담-드-로레트 성당에서 거행된 이 젊은 남녀의 결혼식이 아기의 모호한 정체에 종지부를 찍은 것은 아니었다. 베르나르의 말대로 "고결한 마음씨를 가진 남자가 커다란 부당성을 제거해 준 것"은 사실이어서 부부는 가족의 저녁 식사에 동석할 수 있었지만, 어린 프랑수아는 여전히 부아시-생-레제의 유모가 맡아 기르고 있었다.

1934년 봄 롤랑과 자닌 사이에 르네가 태어나 젊은 부부의 정당성을 세워 주었지만, 불행히도 아기는 두 달도 안 되어 사망했다. 만일 이 동생이 살아 있었다면 프랑수아의 운명은 어떻게 되었을까. 어린 시절을 함께 나누고 다른 상상의 세계에서 살았더라면 인생 행로도 다른 방향으로 전개될 수 있었겠지만, 프랑수아 트뤼포는 계속 외아들로, 그것도 바라지 않았던 아들로 남게 되었다.

어린 르네의 죽음에 깊이 상처 입은 부부는 가족을 떠나 폴리-메리쿠르 지역의 마르셰-포펭쿠르 가에 단출한 두 칸짜리 아파트를 얻었다. 그러나 젊은 어머니는 음울한 시기를 떠올리게 하는 프랑수아를 집으로 데려올 생각을 하지 않았다. 자닌의 여동생 모니크는 이렇게 회상한다. "르네의 죽음은 비극이었다. 그때까지 가족 모두가 숨기고 있던 것이 갑작스럽게 눈앞에 떠오르게 됐기 때문이다. 난처한 대상이자 경직된 사회의 희생물, 사랑받지 못할 어린아이 프랑수아가 존재하고 있었던 것이다."

이렇게 프랑수아는 계속 존재하지 않는 아이가 되어 먼 곳에 갇힌 유배자로 남았다. 찾아오는 사람도 없는 상태에서 아이는 더욱 허약해졌고, 잘 먹지 못해 발육이 나쁜 데다 얼굴은 종종 누렇게 떴다. 아이가 죽을지도 모른다고 생각한 외할머니 주느비에브 드 몽페랑은 세 살 가까이 된 프랑수아를 앙리-모니에의 집에 받아들이기로 결정했다. 법적인 문제가 해결되고 종교적으로도 용인받은 아이는 몽페랑 부부의 작은 아파트에 자리를 얻었다. 노부부는 침실에 거주했고, 14세의 아들 베르나르는 문간방에서 잤으며, 10세인 딸 모니크가 프랑수아를 데리고 거실에서 잠을 잤다. 이렇게 해서 '다메르 비에브'*라는 별명으로 불리던 주느비에브 드 몽페랑이 남편의 엄한 시선 아래서 프랑수아를 돌보게 되었다. "대단히 완고한" 남편은 "딸 자닌이 동네 노동자와 놈팡이, 심지어 외국인과 놀아나" 이 아이를 낳은 것을 결코 잊지 않았다.

'게르망트 가문'의 분위기

몽페랑 집안은 베리 공작으로부터 이어지는 소귀족 가문에 속했다. 예수회 기숙 학교에서 엄격한 교육을 마친 장 드 몽페랑은 부

• '부인dame'과 '어머니mère'와 '주느비에브Geneviéve'를 합쳐 만든 별명으로 보인다.*

모를 따라 1902년 파리의 클리시 가로 옮겨 왔다. 장은 신문의 1단 짜리 구인 광고를 통해 아내 주느비에브 생마르탱을 만났다. 로테가론 지방의 오슈와 브뤼냐크 사이에 있는 오크의 소귀족 출신인 그녀의 가문 일부는 아직 그 지방에 살고 있었다. 아장에서 고등학교를 마친 뒤 주느비에브는 문학 공부를 위해 파리에 왔다. 두 사람은 1907년에 결혼해 오베르빌리에에 거주했다. 쉬잔과 자닌이 태어난 뒤 장은 징집되었고, 그의 세대 모든 사람이 그랬듯 제1차 세계 대전으로 깊은 상처를 받게 된다. 전쟁 체험은 젊은 청년의 보수적 도덕관을 상당히 약화해, 민족주의, 가톨릭주의, 정통왕조주의를 절대적 특징으로 하던 문화적 소양 안에 일정 정도의 인간 중심주의를 새로이 주입했다. 이어서 1921년에 베르나르, 1925년에는 모니크가 태어났다.

자신들에게 청렴함과 엄격함을 심어 준 훌륭한 교육에 애착을 가진 두 사람은 네 명의 자녀를 엄하면서도 관대하게 키웠다. 사망하기 직전 프랑수아 트뤼포는 자신의 유년기 환경에 관해 이렇게 말했다. "어린 프루스트의 세계, 신경과민적인 프루스트의 세계와 완전히 같을 수는 없겠지만, 우리 집안에는 몽페랑 가문식으로 각색된 게르망트 가문*의 특징이 있었다. 요컨대 가족 내에 작위를 지닌 인물이 있었던 것이다. 늘 빈틈없는 복장을 갖춘 권위적 외모의 외할아버지는 우리에게 두려움의 대상이었으며, 특

• 마르셀 프루스트의 소설 『잃어버린 시간을 찾아서À la recherche du temps perdu』에 등장하는 공작 가문*

히 식사 시간에는 정말 무서운 분이었다. 예를 들어, 장난을 좋아하는 모니크 이모가 테이블 위에 놓인 소금을 한 줌 집어 들고 자기 몸 뒤편으로 뿌리면 나는 너무 재미있어서 웃음을 터뜨렸는데, 외할아버지는 즉시 나의 옷깃을 움켜쥐고는 '접시 들고 부엌으로 가!'라고 말씀하셨다. 나는 부엌에서 식사를 마칠 때가 많았다. 몽페랑 집안의 분위기는 바로 그런 것이었다."

전쟁이 끝난 뒤 장 드 몽페랑은 9구에 있는 앙리-모니에 가 21번지로 이사했다. 그는 당시 주요 정기간행물 중 하나였던 『일뤼스트라시옹L'Illustration』에서 독자 편지를 편집하는 일을 했다. 사무실은 집 근처 생-조르주 가에 있었다. 그다지 높은 직책은 아니었지만 칼럼 한 개를 책임진다는 사실에 자부심을 느낀 장은 이 직업에 큰 애착을 가졌다. 크게 돈벌이가 되는 직업이 아니어서 몽페랑 가족은 초라한 생활을 계속했지만, 그럼에도 집안 분위기는 문학과 음악으로 가득했다.

초등학교 교사였던 주느비에브 드 몽페랑은 음악 애호가에 독서광이었으며, 글 쓰는 것을 좋아하여 세련된 문체에 신비의 열정이 배어 있는 『사도Apôtres』라는 종교적 제목의 소설 원고를 남기기도 했다. 또한 주느비에브는 이 열정을 프랑수아와 함께 나누어, 대여섯 살 무렵부터 그를 데리고 드루오 지역을 오랫동안 산책하면서 서점을 방문했고, 9구에 있는 구립도서관도 자주 찾았다. 몽페랑 가족의 네 자녀는 모두 문학과 음악에 대한 관심을 물려받았지만, 그들이 택한 인생 방향은 모두 달랐다. 셋째인 베르나르는 군 경력을 쌓고자 잠시 해군사관학교 입학을 준비하다가, 1930년대 말에 특별 수험 과정을 거쳐 생시르 육군사관학교에 입학했다. 막내 모니크는 바이올린 전공으로 파리 국립고등음악원에 다녔고 나치 점령기 동안에 졸업장을 받았다.

자유분방하고 바람기 있는 둘째 자닌은 연애 사건, 무엇보다 미혼모라는 입장 때문에 공부는 계속할 수 없었지만, 제2차 세계 대전 이전 시기에 연극과 문학 분야의 동향에 관심을 늦추지 않은 결과 역시 확고한 문화적 교양을 쌓았다. 그러나 일을 해야 했던 그녀는 아버지의 도움으로 1934년부터 『일뤼스트라시옹』지에 월 1천 1백 프랑의 급료를 받는 속기 타이피스트 자리를 얻었다. 몽페랑 집안은 전통적으로 지적 활동뿐 아니라 스포츠, 특히 등산을 중시했다. 가족 전원이 프랑스 산악회 회원이었으며, 장은 1930년대 초에 산악회 파리 지부의 부지부장을 맡기도 했다. 정회원들은 목요일 오후에 라 보에시가의 사무실에서 만나 퐁텐블로 숲이나 모르방으로의 주말 산행, 그리고 바캉스 기간에는 알프스의 등산 일정을 준비했다. 이곳에서 자닌은 부지부장의 딸이라는 눈에 띄는 신분으로 열정적인 등산가 롤랑 트뤼포를 만났다. 자닌보다 약간 나이가 많은 롤랑은 크지 않은 키에 다소 마른 체격을 지녔고, 베레모를 눌러 쓴 머리는 종종 앞으로 기울어졌다. 그러나 재미있고 자상하고 재주 많은 그는 스냅 훅, 로프, 피켈 등 등산 장비에 관해 박식했다.

몇 세대 전부터 트뤼포 가문의 여러 문중은 파리의 서부와 남부 그리고 노르망디의 벡생 지방과 오르주 지방 사이에 자리를 잡았고, 몇몇은 알리에 같은 프랑스의 중부 지역까지 내려갔다.

1911년 5월 롤랑은 알리에 지방의 발리니에서 태어났다. 아직도 이곳은 대규모 농업인들과 농촌 수공업자들이 거주하는 농업 지역이었다. 더 폐쇄적이고 더 교양을 갖추었지만 그다지 부유하지 않은 몽페랑 집안의 세계와는 매우 다른 환경이었다. 롤랑의 부모인 페르디낭 트뤼포 부부는 1920년대에 대형 상업 도시가 형성되던 에손 지방의 쥐비지-쉬르-오르주에 정착했다. 여전히 시골이긴 했어도 산업화와 도로망에 의한 도시화가 시작되던 이곳은 파리에서 남쪽으로 30킬로미터 남짓 떨어진 마을이었다. 거기서 부부는 안마당과 정원이 있고, 들판으로 연결되는 뒤쪽에는 작업장을 갖춘 소박하지만 쾌적한 집에서 살았다. 페르디낭 트뤼포는 대리석 작업을 주로 하는 석공으로, 정교한 솜씨와 1920년대부터 거의 오르지 않은 저렴한 비용 때문에 평판이 높았다. 그는 돌 테이블에 사용하는 대리석 다리, 과일 그릇, 난로용 재받이, 특히 동네 묘지의 비석 등을 주문 제작했다. 롤랑, 로베르, 마틸드 등 세 자녀가 학업을 마치던 1930년대 초 쥐비지의 생활은 평온한 것이었다.

1929년 롤랑 트뤼포는 건축가 자격증을 따기 위해 파리로 갔다. 18세의 그는 공사 현장에서 '설계 도안사'로 일했다. 건축 사무소의 신참으로서 진행 프로젝트의 밑그림과 청사진을 그리는 직책이었다. 그의 수입은 로레트 지구에 방 한 칸을 얻고, 좋아하는 등산을 계속하기에 알맞은 액수였다. 롤랑은 최신형 등산 장비까지 마련해 프랑스 산악회 파리 지부를 통해 사부아, 스위스, 베르코르, 나아가 마르세유 지방의 바위에 둘러싸인 만이나 이탈

리아 동북부의 도로미테 알프스산맥 원정에도 참가했다. 1930년
대 말에 그는 쇼세-당탱 가에 있는 에클레뢰르 드 프랑스*의 건축
가 겸 장식가로 일하면서 직업과 열정을 일치시켰다.

이 시기에 롤랑은 프랑스 산악회 본부에서 근무하던 자닌 드 몽
페랑을 만났다. 158센티미터의 작은 키와 갈색 머리에 다소 통통
하고 발랄하며 매력 있는 여자였다. 짧은 약혼 기간을 거쳐 신속
히 결혼한 그들은 수입은 그리 많지 않았어도(1938년 두 사람의 수
입은 총 4천 프랑이었다) 일요일의 등산 활동은 계속했다. 롤랑 트
뤼포는 제2차 세계 대전 발발 직전에 산악회 관리위원회의 위원
이 되었고, 이어서 파리-샤모니 지부의 부지부장이 되어 산악 대
피소 회계 관리와 잡지 『산La Montagne』의 지원 활동에 전념했다.

자닌 드 몽페랑이 늘 남편의 방향을 따른 것은 아니었다. 독립
적이며 교양을 갖춘 그녀는 라 보에시 가에서 열리는 산악회 집
회보다 종종 저녁에 공연되는 연극이나 고몽 팔라스 영화관에
서 상영되는 영화들(예를 들면 조르주 라콩브 감독의 〈들떠 있는 플
로랑스Florence est folle〉, 피에르 비용 감독의 〈늘 붙어 다니는 뒤부아 씨
L'Inévitable M. Dubois〉처럼 아니 뒤코가 출연하는 코미디들)을 보는 것을
더 좋아했다. 그녀는 엄청난 독서광으로, 특히 막상스 반 데르 메
르슈라든가 찰스 모건처럼 당시의 유행을 따르던 작가와 앙드레
지드, 장 지로두, 폴 발레리 같은 '현대 작가'의 작품을 즐겨 읽었
다. 멋 내기를 좋아한 그녀는 남편이 등산에 열중하는 동안 외모

• 프랑스 보이(걸)스카우트*

롤랑과 자닌 트뤼포 부부

치장에 돈을 썼을 뿐 아니라 몇 차례 외도를 했는데, 롤랑 트뤼포가 워낙 산악회 활동과 등산에 빠져 있는 상태라서 특별히 그것을 감추려 애쓰지도 않았다. 예를 들어, 그들이 '무슈 로베르'라고 부르던 한 남자는 공식적인 정부나 다름없었다. 이 로베르 뱅상동은 목요일마다 찾아와 저녁 식사를 함께 했는데, 남편에게 포도주를 가져오거나 연인을 위해 책을 가져오는 등 선물도 늘 잊지 않았다. 이런 생활 환경 속에서 그들은 자식 없는 부부처럼 살았으며, 프랑수아 트뤼포는 그림자에 지나지 않았다.

군 생활을 꿈꾸는 베르나르, 음악을 위해 사는 모니크, 죽음의 문턱에서 데려온 외손자 프랑수아……. 주느비에브 드 몽페랑은 이 '마지막 세 자식'을 키우는 데 대부분의 시간을 바쳤다. 그녀는 프랑수아를 두 번이나 '원했고' 두 차례나 죽음에서 구해 냈다. 1931년 자신의 불법 낙태를 말린 것도 그녀였고, 이어서 부쩍 약해진 프랑수아를 부아시-생-레제에서 데려온 것도 그녀였다. 주변의 말을 종합해 보면, 가는 금발에 잔 다르크처럼 안말이 머리를 하고 '파피용'(나비)이나 '파르파데'(요정)라는 애칭으로 불린 이 아이는, "허약하고 마르긴" 했어도 "쾌활하고 대단히 명민한 꼬마"였다. 7세 무렵에 머리카락은 갈색으로 바뀌었지만 프랑수아는 "여전히 다소 창백하고 윤기 없는" 얼굴빛을 띠면서, "발랄함과 울적함", "긴 침묵과 산만한 떠벌임 사이를 오가는" 아이였다.

1930년대 말 프랑수아에게 중요한 장소는 이미 집 밖의 동네였다. 할머니와 오랜 시간 돌아다녔던 까닭에 그는 주변을 구석구석까지 잘 알았다. 앙리-모니에 가에서 몽마르트르 언덕까지 뻗은 경사로를 올라가면, 복잡하게 얽힌 좁은 길들을 따라 클리시, 블랑슈 광장, 피갈을 연결하는 대로들 쪽으로 다시 오르게 된다. 이 대로들은 파리에서 가장 '핫한' 곳이다. 서쪽에서 동쪽을 향해 걷노라면 앙리-모니에 가와 나란한 방향으로 블랑슈, 라 로슈푸코, 마르티르, 로디에, 로슈슈아르 가가 나타나고, 또한 두에, 콩도르세, 샤탈, 투르-도베르뉴, 나바랭, 쇼롱 등 수많은 골목길이 얽혀 빽빽한 시가지를 형성한 것을 볼 수 있다. 파리에서 가장 붐비는 지역 가운데 하나인 이곳은 19세기에는 구시가의 중심인 로레트 구역이었다. '새로운 아테네'로도 불렸던 이 지역은 예술가와 화류계 사람, 수공업자와 매춘부, 소매상과 하급 공무원이 모여들었던 곳이다. 마르티르 가의 시장에서 소음이 들려오긴 했어도, 이곳의 분위기는 차분한 편이었다. 19세기 말 중산계층 인사들이 정부를 들이기 위해 지은 몇몇 사저를 제외하면, 건물들은 대개 수수했고 방들도 작았다. 제라르 드 네르발, 귀스타브 모로, 폴 레오토가 살았던 이 지역은 파리의 정수를 지닌 곳 가운데 하나로, 인상적인 조화로움이 넘쳐 났다.

트뤼포는 클로젤 가의 유치원에 등록해 알파벳을 배웠고, 외할머니 곁에서 책 읽기에 몰두했다. 트뤼댄 대로에 있는 리세 롤랭의 11학급° 단계, 즉 1938년에서 다음 해에 걸친 기간에 받은 그의 첫 성적은 매우 우수했다. 트뤼포는 학급의 상위 5등 안에 들어

• 초등학교 1학년에 해당한다.*

우등생 명부에 실렸는데, 뒤뷔크 담임교사의 평가는 칭찬으로 가득하다. "프랑수아는 모범생으로, 재기 발랄하고 두뇌 회전이 빠르다. 성격이 좋고 원만해 주변 모두의 호감을 산다."

여름이 되면 주느비에브 드 몽페랑은 브르타뉴반도의 북쪽 해안 지방에 저택을 얻었다. 생-브리외크의 근교 비니크 마을의 이크 가에 있는 '타이 로젠 별장'은 정원이 딸린 2층 건물로 바다에서 수백 미터 거리에 있었다. 목욕과 수영을 싫어했던* 프랑수아는 사촌들과 어울려 모래 위에서 뛰놀면서 시간을 보냈다. 보브, 마리 루이즈, 시몬, 오데트, 모니크 등의 사촌들은 모두 프랑수아보다 나이가 위였는데 상당히 산만했다. 1939년 9월에 전쟁이 발발하자 주느비에브 드 몽페랑은 휴가를 연장해 그 해를 브르타뉴에서 보내기로 결정했다. 아들 베르나르와 남편 장, 사위 롤랑 트뤼포가 모두 파리 근처 사토리 주둔지로 징집되어 간 지금, 파리에서 무작정 기다리는 것보다는 브르타뉴의 생활이 훨씬 견디기수월할 것이기 때문이었다. 어린 트뤼포는 황달을 심하게 앓은뒤, 몽페랑 집안 아이들과 함께 절벽 꼭대기에 세워진 마을 학교에 다녔다.

1940년 2월 15일에 외할머니가 처음으로 도움을 요청하는 편지를 쓴 것을 보면, 아마 이곳에서 프랑수아는 파리에서보다 제멋대로 생활한 것 같다. "프랑수아는 그 어느 때보다 안색이 좋고먹성도 아주 좋단다. 하지만 이번에 돋아난 부스럼은 악성이라서

• 얼마 뒤 카약을 타다가 물에 빠진 트뤼포는 이후 평생 물을 두려워하게 된다.

어떤 것은 작은 종기처럼 보인다. 이 때문에 나는 그 애가 다루기 힘들고 부주의하고 말만 많은 성격인데도 크게 야단치지 않고 있다. 그 애는 수업 시간에 많은 것을 배우는데, 교사에게는 좋은 것을 배우지만 질 나쁜 친구에게는 정말 좋지 않은 것만 배운다. 아범이 좀 따끔한 소리로 편지를 써 보내 주면 좋겠다. 말대꾸하지 말고 좀 고분고분하게 굴라고, 그리고 저 잘되라고 하는 소리는 좀 참고 들으라고 말이다(어떨 때는 어깨까지 으쓱거린단다). 뭐 그렇게 심각한 정도는 아니지만, 그래도 나쁜 것은 뿌리부터 뽑아야 하지 않겠니. 그렇게 하지 않고선 나는 정신 못 차리는 노인네가 되어 버릴 것 같다."

비니크에서 두 번째 여름을 보낸 뒤, 주느비에브와 아이들은 1940년 9월 학기 시작에 맞추어 모두 파리로 돌아왔다. 리세 롤랭 9학급•에 다시 들어간 프랑수아는 할머니에게서 배운 독서와 공부 습관을 그대로 유지한 여전히 재능 있는 학생이었다. 하지만 사촌들과의 접촉과 브르타뉴 절벽 위 작은 학교에서 얻은 습관은 그를 문제아로 만들었다. 교사들도 전반적으로 비슷한 지적을 하고 있다. "대단히 영특한 아이임. 구술 문제에 뛰어난 답변 능력을 가졌음. 그러나 장난이 지나치고 산만하고 말이 많아서 탁월한 소질을 낭비해 버리고 있음. 국어 능력 양호. 좀 더 열의를 보이고 주의력을 보강하면 눈에 띄게 향상될 것임." 그럼에도 불구하고 프랑수아는 우등생 명부에 올랐으며, 상급반으로 올라가게 되

_____
• 초등학교 3학년 단계•

프랑수아 트뤼포는 외할머니의 영향으로 책 읽기를 즐겼다.

었다. 다음 해 비니크에서 다시 한번 행복한 여름을 보낸 뒤에도, 그의 학적부에는 같은 기록이 올랐다. "탁월한 학생임. 그러나 계속 품행을 바로잡아 주어야 함. 모든 것에 이해력이 대단히 뛰어나지만, 규율 준수만은 예외임······."

외할머니의 정성스러운 보살핌 아래 프랑수아의 생활은 독서와 산책, 동네 심부름 다니기, 브르타뉴에서의 학교와 여름으로 채워졌다. 이 규칙적 생활을 중단시키는 사건들도 때때로 발생했다. 그 사건들에 프랑수아가 짜증을 내는가, 아니면 환영하는가는 그때그때 달랐다. 무엇보다 부모의 방문이 그러했다. 두 사람은 여름을 대개 프랑스의 반대쪽 끝 지역 산속에서 보냈기 때문에 비니크에는 거의 오지 않았지만, 앙리-모니에의 아파트에는 자주 찾아왔다. 프랑수아 트뤼포는 부모의 방문에 관해 씁쓸한 기억을 하나 가지고 있었다. "아버지와는 괜찮았지만, 어머니와는 전혀 그렇지 못했다. 나중에 여러 책을 읽으면서 나는 이 현상을 이해하게 되었다. 때때로 주말에 나를 데리고 있을 때면, 그녀는 평소 만날 기회가 없던 나에게 갑자기 어머니로서의 역할을 수행하고자 한 것이다. 예를 들어, 할머니 집에서 어머니는 렌즈콩처럼 냄새도 맡기 싫은 음식을 끝까지 먹였다. 결국 나는 메스꺼움을 견디지 못하고 접시에 토해 버렸다. 그러면 어머니는 화를 내면서 나를 골방에 가두고는, 애를 멋대로 키운다고 할머니에게 소리를 지르며 비난한 후, 풀썩 주저앉아 눈물을 쏟으며 결국 자신에게도 잘못이 있음을 깨닫는 것이었다. 매번 이런 식의 멜로드라마 같은 소동이 되풀이되면서 나는 사전에 모든 것을 예측할 수 있게 되었고, 나중에는 어머니의 방문이 두려워졌다. 아버지는 그저 웃어넘기곤 했고, 할아버지는……. 나는 할아버지를 좋아하지 않았다. 할아버지는 나를 냉담하게 대하셨고, 책이나 연극 이야기는커녕 자신이 그렇게 숭배해 마지않던 군대 이야기조차 나에게는 해 준 적이 없다. 할아버지는 이 모든 소동을 못 본 척하고 알려고도 하지 않은 채 서재에서 신문만 읽고 있었다."

앙리-모니에 생활의 조용한 흐름을 거스르는 또 하나의 사건은 아버지의 고향 쥐비지에 사는 또 다른 할머니, 할아버지를 찾아뵙는 일이었다. 프랑수아는 부활절이나 만성절 휴일은 이곳에서 보냈고, 때때로 더 오래 머무르면서 할아버지와 함께 대리석 작업장이나 묘지에 가기도 했다. 트뤼포 집안의 화제는 문학이나 최신 공연물에 관한 것이 아니라 온통 가족 이야기뿐이었다. 그 때문에 훗날 사춘기에 이른 프랑수아는 자신이 했던 말들을 할머니가 부모에게 낱낱이 알려 주었을 가능성을 의심한다……. 그러고는 그저 시간 가는 것만 바라보는 무기력한 생활이었다. "정말 우스웠다. 쥐비지에서는 대부분 길가에 나가 주말에 자동차들이 휴가 떠나는 모습을 바라보면서 보냈다. 그 당시에는 고속도로가 없었기 때문에, 대부분 토요일에 휴가를 떠났다. 토요일에 자동차들은 전부 길을 내려왔고, 일요일 저녁에는 다시 길을 올라갔다. 할아버지, 할머니, 강아지 스쿠트와 나는 의자에 앉아 자동차들을 구경했다." 소년은 할머니가 외드베르 밀가루로 만들어 준, 큰 대접에 담긴 걸쭉한 수프를 정말 좋아했다. 그것은 프랑수아 트뤼포가 일생을 통해 진심으로 즐겁게 먹은 유일한 음식이었다.

나의, 나만의 어머니

1942년 8월 주느비에브 드 몽페랑은 결핵 재발로 늑막염이 악화해 사망했다. 앞으로 몇 주 남지 않았다는 소식이 왔을 때 프랑수아는 할아버지, 할머니와 함께 쥐비지에 있었다. 가족회의가 있었지만 10세의 소년은 여기에 낄 수 없었고, 외할머니가 사망한 몇 시간 뒤 소식을 전해 들었을 뿐이다. 쥐비지에서는 프랑수아를 받아들이고 싶어 했지만, 롤랑 트뤼포는 자닌의 주저에도 불구하고 아이를 데려다 돌보겠다고 주장했다. 이렇게 해서 30세 전후의 젊은 부부는 그때까지 기껏해야 주말 가족 식사나 일주일 휴가 기간에 만나던 아이를 떠맡게 되었다. 조울증에 신경질적이고 예민하며, 급한 성격으로 쉽게 상처받는 다소 병약한 소년을 도맡은 것이다. 그는 자신이 부모에게 차라리 없는 것이 나은 짐이 될 것임을 자각하고 있었다. 특히 자유롭게 살아가기를 원하는 어머니 자닌에게 젊은 시절의 과실을 상기시키는 아들로서 큰 부담이 될 터였다. 외할머니와 함께 지금까지 최상의 시절을 보낸 프랑수아는, 보다 무관심하고 적대적이기까지 한 세계 속으로 던져졌다.

프랑수아 트뤼포는 죽기 직전에 복잡한 심정으로 자신의 성장기에 관해 이렇게 이야기했다. "불행하게 생각되는 시기다. 그러나 비록 내가 깨닫지는 못했지만, 그 속에 행복한 측면이 함께 섞여 있었다." 프랑수아는 그 시점에서야 사실상 알게 된 어머니에게 자신이 애증으로 얽매여 있었다는 사실을 명확히 기억해 냈다. 그래서 그는 계획 중이던 자서전의 도입부에, 소유욕과 냉소가 동시에 표현된 "나의, 오직 나만의 어머니Ma mère à moi"라는 제목을 붙이려고 생각했다. "어머니와의 사이에서 겪은 일들은 설명하기 쉽지 않다. 레오토는 일기를 통해서도 그런 일들을 훌륭히 기술했지만, 아마도 내게는 소설로 쓰는 것이 더 수월할 것이다. 다소의 경멸감을 포함한 권위적 모습, 나를 '이 자식', '멍청이' 또는 '바보'라고 불렀던 일, 갖가지 명령을 내리거나 하인 부리듯 하던 일, 불평 한마디 못 하는 상태로 내가 어디까지 버티는가를 보던 일…… 물론 어머니가 나를 때린 적은 없었고, 혹시 있었다 해도 자주 그런 건 아니었다……. 내가 태어나면서 이 여자는 혼란에 빠졌고, 그 뒤 나를 할머니가 대신 맡아주면서 그 혼란에서 벗어났다. 얼마나 다행인가! 그러다가 1942년 여름이 지나면서 갑작스럽게 나를 받아들여야 했던 것이다. 적어도 그래야만 한다고 생각했던 것이다. 이 사실을 알면서 나는 어머니가 싫어지기 시작했고, 내가 그녀를 곤란하게 만든다고 느꼈다. 작은 일이지만 내게 큰 상처를 주었던 이런 곤란함의 증거가 몇 차례 있었다. 예를 들어, 집에 왕진 온 의사들은 매번 내 편도선을 수술해 주어야 한다고 말했지만, 부모님은 자꾸 수술을 뒤로 미루었다. 또한 봄이 되어 휴가철이 다가오면 '애는 어떻게 하지?'라는 말이 으레 들려왔다. 그 이면에 숨은 뜻은 언제나 '이 골칫거리를 어떻게 처리하지?'라는 것이었고, 구태여 그것을 감추려 하지도 않았다. 그리고 또 내가 견디기 힘들었던 것은 부모님이 친구들과 등산을 떠나 두세 차례 나 혼자서 크리스마스를 보낸 일이었다. 처음에는 상당히 신나는 일처럼 보였다. 파리에 남아 원하는 것을 방해받지 않고 모두 할 수 있을 것이고, 돈만 조금 있다면 사촌들과 영화나 연극 구경도 갈 수 있기 때문이다……. 하지만 매번 나는 매우 울적했다."

어린 시절 친구인 로베르 라슈네는 "미움이나 오해 등 둘 사이에 있었던 모든 일에도 불구하고 트뤼포는 어머니에게 깊이 탄복했는데, 그것은 단지 그녀가 아름답고 독립심 강한 여성이라는 이유에서였다"라고 썼다. 그녀의 환심을 사기 위해 프랑수아는 모범적이고 어른스러운 행동을 했다. 예를 들어, 집에 혼자 있게 되면 "부모님이 돌아왔을 때 집이 더 나아진 것을 보여 드리기 위해" 벽과 천장과 문에 새로 페인트칠을 했으며, 낡은 전기 회로를 고치기 위해 플러그를 꽂고 코드를 이어 보기도 했다. 때로는 이 좋은 의도가 아주 좋지 않은 결과를 낳기도 했다. "아버지는 늘 크게 웃어넘겼으므로 문제가 안 되었지만 어머니 쪽은 훨씬 힘들었다. 그녀는 예측하기 어렵고 때로는 아주 부정적인 반응을 보였다. '이 바보, 멍청이. 누가 너한테 이런 일을 하라고 했니…….'"

롤랑 트뤼포의 웃음과 농담은 아들 프랑수아의 기억 속에 꽤 깊게 남아 있었다. 롤랑은 모든 것을 즐겁게 받아들였다. 모자 사이에 생겨 나는 위기감도, 아이가 학교에서 가져와 들려주는 이야기, 특히 외설스럽거나 교리에 반하는 내용의 이야기도 즐거워했고, 금전 문제 그리고 '안주인의 신사들'이라 불렀던 자닌의 연인들에 관해서조차 웃어넘겼다. 저녁에 집 옆 대로변 극장에서 즐겁게 연극을 보거나 가까운 고몽 팔라스 극장에서 영화를 본 뒤에는, 낮에 겪은 힘든 일들을 모두 쉽게 잊었다. 이것은 종종 어머니를 화나게 해 두 사람은 자주 다투었지만, 프랑수아는 재미있어하며 언제나 롤랑의 장난기를 북돋우려 했다. 그러나 등산에 관한 일만은 농담거리가 될 수 없어서, 며칠 걸리는 등산에 사용될 일정표를 분실하거나 로프가 꼬여 있거나 스냅 혹 세트를 잃어버렸을 때는 고산 지대의 뇌우처럼 격한 분노가 롤랑에게서 터져 나왔다.

프랑수아가 부모 집에 들어와 살면서 아버지와의 관계는 급속히 어려워졌다. 롤랑 트뤼포는 자신이 양아버지라는 사실을 아이에게 말하지 않았지만, 사춘기 나이로 접어든 프랑수아는 소설들을 읽으며 길러 낸 상상력으로 몇몇 징후를 해석한 결과 스스로 그 사실을 깨달았다. 우선, 어린 시절 부모와 떨어져 산 사실에 관해 질문할 때 불편함이 감돌았고, 주느비에브 드 몽페랑과 그녀의 딸 자닌은 강박적으로 이 아이가 다른 사람의 눈에 실제 나이보다 두 살 아래로 보이기를 원했다……. 자닌과 롤랑이 결혼한 것은 1933년 11월이었으므로 아기는 1934년에 태어나야 맞을 것이다. 그러나 이에 관한 설득력 있는 설명은 없었으며, 특히 퐁텐블로행 열차에서 '어린이 요금'의 혜택을 계속 받아야 할 이유도 명확하지 않았다. 일찍부터 생겨 났던 이 의문은 19세기의 위대한 소설들을 읽으면서 분명해졌다. "유감스럽게도 나는 점차 무언가 이상하다고 느꼈고, 그것은…… 찰스 디킨스로 연결되었다. 책을 많이 읽는 사람의 경우에 그렇듯이, 나 역시 출생의 비밀에 관련된 복잡한 이야기를 스스로 꾸며 냈다." 사춘기 소년은 『위대한 유산*Great Expectations*』과 더불어 가장 중요했던 소설『데이비드 코퍼필드*David Copperfield*』의 첫 구절 가운데 "내가 태어났을 때 아버지는 이미 6개월 전에 돌아가셨다"는 문장에 특히 충격을 받은 듯하다. 트뤼포는 이렇게 썼다. "비밀스러운 이 문장을 참고해서 나는 혼자서 모두 풀어 내고자 했다."

1944년 초, 12세 생일이 지난 직후 프랑수아는 부모가 외출한 동안 장롱을 뒤져 롤랑 트뤼포의 아셰트판 1932년 소형 캘린더를 발견했다. 여기에는 산행 일정, 기억해야 할 생일들, 연극 공연 등 다양한 사건이 기록되어 있었다. 자신의 생일인 2월 6일 난에서 프랑수아는 특별한 사항을 찾지 못했다……. 몇 주일 뒤 프랑수아는 가족 수첩을 발견하여 마침내 의혹을 풀었다. 롤랑 트뤼포는 그의 아버지가 아니었고, 이후 이 남자의 농담을 듣고 웃을 때면 프랑수아는 언제나 마음속에 고통을 느꼈다.

무단결석과 거짓말

프랑수아는 나이 10세 반 되던 1942년 9월 학기 초부터 양친의 집에서 살았다. 1942년 클리냥쿠르 가의 아파트, 1943년 생-조르주 가의 아파트, 1944년 1월부터 산 나바랭 가의 아파트는 부부와 아이 한 명이 살기에는 모두 비좁은 곳이었다. 트뤼포의 회상에 의하면 "나바랭 가 33번지 2층 왼쪽 집에서 나는 5년 가까이 살았다. 이렇게 작은 아파트에서 함께 사는 것은 정말 견디기 힘든 일이었다. 그곳에는 식당으로 사용하는 방이 하나 있었고, 부모님

의 침실과 작은 현관 그리고 그 옆으로 부엌이 있었는데 욕실도
겸했다. 화장실은 계단을 반 층 내려온 곳에 있었다. 내 침대는 아
버지의 고안에 의해 장의자를 현관에 놓은 것이었는데, 회전 기
능을 이용해 낮 동안은 접어 놓고 밤에는 펼치는 방식이었다. 매
우 불안정한 방식이었지만, 아버지는 그것이 등산자 대피소 같은
느낌이 든다고 우스갯소리를 종종 하셨다. 내게 그것은 밤마다
잠을 자는 침대였기 때문에 그 농담은 별 재미가 없었다." 〈400번
의 구타〉의 장면 덕분에 지금은 낯설지 않은 이 집의 구조는, 프랑
수아에게 자신이 부모의 사생활을 방해하고 어지럽히는 '잉여물'
이라는 느낌을 강화했을 뿐이었다.

하이킹이나 암벽 등반을 위해 퐁텐블로에 가는 주말이면 부모
는 어김없이 그를 홀로 남겨 두었다. 롤랑과 자닌은 토요일 아침
에 출발해 일요일 오후에 돌아왔다. 그동안 소년은 아파트에 혼
자 남아 독서와 집 안 수선 작업을 했다. 미리 만들어 놓은 음식이
있는 부엌과 방에만 갇혀 있는 것이 지루하기도 했지만, 금세 등
산에 싫증을 느낀 프랑수아에겐 이렇게 빈둥거리는 편이 나았다.
나중에 그는 부모의 외출을 이용해 친구들과 나가 놀면서 서로의
집에서 잠을 자기도 했다.

자닌과 롤랑이 이런 행동을 늘 이해한 것은 아니었다. 그들은
프랑수아가 게으르다고 판단했으며, 그의 반항심을 "언젠가는
벗어날" 사춘기적 동요의 탓으로 돌렸다. 두 사람은 이 어린 꼬마
가 할머니 손에서 "너무 버릇없이" 자랐고, 로레트 지역의 꽉 막
힌 환경 대신 광활한 야외를 좋아할 줄 모른다며 프랑수아를 조

금은 무시했다. 롤랑 트뤼포는 1953년 쥘리야르 출판사에서 출간한 『케냐에서 킬리만자로까지 *Du Kenya au Kilimandjaro*』에서 이 소통 불능 상태를 언급했다. "내 아들 프랑수아는 등산을 결코 이해하지 못할 것이다. 희망이 없음을 확실히 알고는 오래전부터 나는 그에게 더 이상 강요하지 않는다. (…) 아들은 스쿠터와 영화를 더 좋아하며, 아무리 경치가 훌륭하다 해도 텐트 앞에 쭈그리고 앉아 음식을 먹는 것만큼 불쾌한 식사 방식은 없다고 생각한다. 그는 나와 취향이 다르다."

그럼에도 프랑수아는 주말에 부모를 따라 퐁텐블로에 함께 간 적이 있다. 그것은 최근 상영된 마르셀 카르네 감독의 영화•를 모방해 가족이 〈토요일 밤의 방문객 Les Visiteurs du samedi soir〉이란 제목의 영화를 찍기로 결정했을 때였다. 촬영을 위해 가족은 숲속에서 찾아 낸 50미터 정도의 비행용 천과 친구가 빌려준 16밀리미터 카메라를 사용했다. 롤랑 트뤼포가 시나리오를 썼고, 자신의 코가 긴 점을 이용해 노파의 역할까지 맡았다. 자신은 젊은 여주인공을 연기했고, 모니크 드 몽페랑은 음악을 담당했으며, 산악회 회원들이 단역을 맡았다. 난쟁이 역할을 맡은 프랑수아까지 포함해서 이렇게 전원이 이 작업에 참가했다. 훗날 그는 "이 일은 작은 모험이었다"고 말했다.

그렇지만 프랑수아는 대부분의 시간을 자신만의 세계에 빠져 '한가로이' 지내는 편을 더 좋아했다. 부모의 생활을 동요시킬 이

• 〈밤의 방문객 Les Visiteurs du soir〉을 말한다.*

야기는 충돌을 피하기 위해 감추었고, 자신의 일과 생각은 마음속에 간직한 채 남의 시선을 끌려 하지도, 그 무엇을 요구하지도 않았다. 그러나 아무것도 요구하지 않는 대신 프랑수아는 자신에게 독립을 허락할 적절한 만큼의 돈을 금고에서 정기적으로 조금씩 훔쳐 냈다. 또한 마음의 안정을 위해 프랑수아는 이야기를 꾸며냈고, 무작정 밀어붙이기 위해, 혹은 현실과 타협하기 위해 지어낸 가상의 이야기 속으로 도피하면서 계속해서 거짓말을 만들어 냈다. 이 거짓말은 결국 들통이 나, 부모는 공공연히 친지나 친구들에게 아들의 태도에 관한 불만을 표시했다. "프랑수아는 갈수록 도벽이 심해지고 거짓말은 늘어 가요. 우리에게 더 이상 공경심도 없는지, 돈을 훔치고서도 되지 않는 거짓말만 늘어놓는답니다." 오해는 깊어지고 서로에 대한 존중심도 사라져 갔다.

부모와의 공동 생활의 첫해는 리세 롤랭에서의 마지막 해이기도 했다. 가정 환경 악화의 영향은 학교에서도 곧 나타났다. "모범생이지만 때때로 말이 좀 많음"이라는 몰리에 교사의 1학기 평가는 마지막 학기에는 매우 준엄한 것으로 바뀌었다. "학년 말에 이학생은 나를 크게 실망시켰음. 수업을 점점 더 방해하고, 배우려는 기색은 더욱더 줄어듦. 낙제를 했지만, 유급한다고 해도 별 진척이 없을 것임." 프랑수아는 이제 아주 중요한 결과를 가져올 시험을 통과해야 했다. 합격하면 리세 롤랭 6학급에 계속 다닐 수 있지만, 실패하면 불량 학생들을 위해 마련된 '졸업반'에 배치되며 그 수료증이 부여된다. 1943년 9월로 예정된 시험장에 프랑수아는 가지 않았다.* 이후 1943년 9월에서 1946년 6월까지 3년 동

퐁텐블로에서의 주말. 왼쪽부터 프랑수아, 롤랑 트뤼포, 자닌 트뤼포

안 소년은 서로 가까이에 위치한 세 학교, 즉 밀통 가 5번지에 위치한 학교, 같은 길 35번지의 학교, 쇼롱 가에 있는 학교에 다닌 끝에 그럭저럭 1946년 6월 13일에 교육 수료 증명서를 받았다.

직업 활동의 관문인 졸업장을 획득했다고는 해도, 그 3년의 기간은 트뤼포에게 문제의 연속으로 채워진 힘든 시간이었다. 10여 년 후에 그는 〈400번의 구타〉를 통해 이 기간을 영화로 만들어 냈다. 트뤼포는 생의 마지막 순간에 이 사춘기 시기를 이렇게 회상했다. "좋은 학교들이었다. 약간 더럽고 리세 롤랭보다 훨씬 불결했지만 곧 익숙해졌다. 그보다 힘들었던 것은 한 명의 교사에서 여러 명의 교사로 바뀐 점이었다. 아마도 이것은 특정한 교육 방식에 익숙하게 만들어 주었던 할머니의 영향이었을 것이다. 갑자기 나는 쓸모없는 물체가 되어 버려진 느낌을 받게 되었다. 때로는 재미있기도 했는데, 초등전문 교육자 출신이 많은 이곳의 교사 중에 대단히 별스러운 인물들이 있었기 때문이다. 그 가운데 '조심해! 부딪치지 않게! 트뤼포!'라고 말하던 사람이 있었다. 나는 정말 심한 시골 사투리로 말하는 그 말이 참 듣기 좋았다."

이런 장면과 인물은 트뤼포의 마음속 깊숙이 남아 〈400번의 구타〉에 영감을 주었다. 예를 들어, 밀통 가 학교의 무뚝뚝하고 권위적인 작문 교사 뒤코르네는 트뤼포가 쓴 글이 전부 발자크에서 끌어낸 문장인 것을 알고, 그의 "종교적 숭배와 오만함이 낳은 죄

• 시험을 치르지 않은 이유는 나중에 트뤼포가 쓴 편지에서 드러난다(제4장 참조). 어린 트뤼포는 이 실수에 대해 부모에게 깊은 반감을 가졌던 것이 분명하다.

악"을 혹독하게 벌했다. FFI* 대원 출신인 쇼롱 가 학교의 수학 교사 프티는 군복을 멋지게 차려입은 자신의 사진을 학생들에게 팔기도 했다. 너그럽기 이를 데 없던 '체육 교사'가 학교 운동장에서 체육관으로 이동하는 도중에는 대부분의 학생이 길에 늘어선 대문들 옆으로 숨어 버렸다.

그러나 교리 문답 시간에 주임 사제로부터 '별똥별'이란 별명을 얻었던 프랑수아 트뤼포의 안정된 학교 생활을 거짓말과 몰상식 이상으로 흔들어 놓은 것은 무단 결석이었다. 1944년 4월의 무단 결석은 그중 가장 대범한 것이었다. "『삼총사Les Trois Mousquetaires』 첫 권을 도서관에서 대출했던 나는 이 책의 2권과 3권을 읽기 위해 화요일 하루를 결석했다. 끝까지 읽기 위해 나는 전체 세 권을 다 가지고 몽마르트르 언덕에 있는 작은 공원으로 갔다. 그곳은 학교에서도 찾지 못할 만큼 먼 곳이었다. 그래서 수요일에도 나는 계속 학교에 가지 않고 독서를 하면서 하루를 보냈다. 그리고 밤이 드리워질 무렵에 멋진 광경이 펼쳐졌다. 대성당에 폭격이 있었던 것이다. 나는 조금 불안했지만 그 광경에 매료되었다. 몇 분 후 사람들이 대피하기 위해 지하철 입구로 몰려드는 것이 보였다. 바르베스 대로에 포탄이 퍼부어졌고 나는 즉시 마르카데 지하철역을 향해 뛰어 내려갔다. 나는 역 안으로 들어가 사람들 사이에서 기다리다가 부모님 생각도 잊은 채 알렉상드르 뒤마의 책을 끼고 그대로 잠들어 버렸다. 아침에 학교로 간 나

• 프랑스 국내 항독 레지스탕스 조직*

는 친구들에게 자랑스럽게 그 이야기를 했다. 걱정으로 한잠도 못 이룬 어머니가 수업 중에 나를 찾아오자 나는 겁이 났다." 프랑수아에게 학교는 학업을 위한 장소라기보다 연출 실행의 장소, 거짓말을 제조하는 기계로 바뀌었다. 발자크나 뒤마를 읽기 위해 수업을 빼져야만 할 경우, 진정한 삶과 대면하기 위해 결석해야만 할 경우, 우선 어린이가 부모에게 거짓말하듯이 거짓을 행함으로써 그 권위를 농락하면 되는 것이었다. 그 결과 1944년 가을 또다시 결석의 이유를 대야 했을 때, 이 학생은 그 유명한 대답을 생각해 낸다. 그리고 15년 뒤 앙투안 두아넬의 입을 통해 감독 트뤼포는 이렇게 되풀이한다. "선생님, 어머니가…… 돌아가셨어요……."

라슈네, 친구친구친구친구

그렇지만 학교는 무엇보다 친구를 사귀기 위한 장소였다. 우정 덕분에, 프랑수아는 가족의 무관심과 교사의 독단을 잊을 수 있는 첫 도피처를 찾아냈다. "1943년 밀통의 학교에서 새 학년이 시작되었을 때였다. 휴식 시간 종소리가 울려 계단을 내려가고 있는데 어떤 아이가 말을 걸었다. '너, 부모에게서 돈 훔쳤지. 틀림없어.' 나는 그 애를 쳐다보고 아무 대답도 하지 않았다. 한 시간 뒤 국어 수업 도중에 그 애는 훈육 주임과 함께 교실로 들어왔다. 선생님은 그 애를 잘 아는 것처럼 말했다. '저기 트뤼포 곁에 가서 앉아라. 둘이 서로 좋은 짝이 될 테니까.' 그 아이 로베르 라슈네는 가장 가까운 친구가 되었다."

두 소년은 많이 달랐다. 먼저 로베르는 프랑수아보다 나이가 많았다. 늘 학급에서 꼴찌였던 그는 6학년으로 강등되어, 뒤코르네 선생의 매서운 눈초리 아래 프랑수아 곁에 앉게 되었다. 로베르는 힘이 세고 자신감 있으며 훨씬 더 원숙했고, 정치와 역사에 관해 대화하거나 학교 체제와 맞서야 할 경우에는 더욱 어른스러웠다. 학교 체제와 맞선다는 것은 이들 2인조를 끌어가는 기본적 원동력이었다. 두 사람은 이미 수업에 빠지거나 변명을 늘어놓는 일, 성적표에 가짜 서명을 하는 데 익숙해져 있었다. 한편 프랑수아는 책과 영화를 향한 열정에 매달리고 있었다. 다만 갱스터 영화만은 로베르의 전문 분야였다. 그러나 프랑수아가 라슈네에게 끌린 것은 무엇보다 그 직선적인 성격이었다. 프랑수아도 물론 거짓말을 할 줄 알았지만, 라슈네는 거짓말을 할 때 놀라울 만큼 침착했다. 특히 라슈네는 학급 친구들이나 교사, 부모와 동네 상인 등을 자신의 생각대로 거침없이 평가했다. 이런 태도는 웬만하면 침묵하고 넘어가는 데에 익숙한 프랑수아에게 완전히 생소한 것이었다.

그렇지만, 라슈네도 지적하듯 그들의 가족은 서로 비슷했다. "프랑수아에게 아버지와 어머니는 다소 피상적인 존재였다. 그리고 나의 부모 역시 겉은 아주 달랐어도 기본 유형은 그들과 같았다. 우리는 두 명 모두 지독히 외로웠기 때문에, 고독 속에서도 가정을 대신해 서로 도왔다. 어린이로 산다는 것은 견디기 힘든 일이어서, 집에서는 부모에게, 학교에서는 교사에게 늘 혼나거나 방치되거나 한다. 당시에 교사들은 온 힘을 다해 학생들을 때렸는데, 그것은 공포 그 자체였다. 우리는 함께 이것에 저항했던 것이다." 두 소년은 등굣길에서부터 서로 만났다. 매일 아침 프랑수아는 앙리-모니에와 나바랭 가가 만나는 모퉁이에서 로베르를 기다렸다.

라슈네 가족은 피갈 광장 밑으로 이어진 피갈 가를 지나 두에가 10번지에 살고 있었는데, 여덟 개의 방이 있는 넓은 아파트라는 점이 프랑수아를 매료했다. 로베르는 집에서 어느 정도 자유를 누리고 있었다. 그의 어머니는 이따금 극장에서 일을 했지만, 알코올 중독이어서 대부분의 시간을 아파트 방 안에 틀어박혀 보냈다. 외출했을 때도 혼자 집을 찾아오지 못해 누군가의 부축을 받아 비틀거리며 오는 일이 있었다. 부호의 품격을 지닌 그의 아버지는 경마 클럽의 사무국장이었는데, 말과 도박에 몰두하면서 이 궁핍한 시기에 약간의 물질적 우대를 받았다(점령기 동안 아이들은 늘 잘 채워진 냉장고를 이용했고, 때로는 라슈네 씨와 거래 관계가 있던 비오 거리의 셰 트레몰로 식당에서 마음껏 식사도 했다).* 유일한 관심사였던 경마는 그에게 비싼 대가를 치르게 했는데, 집달리들이 집 안에 들이닥치는 일이 종종 있었다. 이렇게 해서 아파트의 가구들은 조금씩 사라져가고, 별 소용없는 기념품과 자질구레한 물건들만 남았다. 그 결과 이곳은 낡은 듯하면서도 다소

---

* 라슈네 씨는 이 직책과 물질적 혜택 때문에 해방 시점에서 큰 대가를 치렀다. 대독 협력과 밀매 혐의로 투옥된 그는 전후 시기에 군 감옥에서 사망했다.

매혹적이고 환상적인 느낌을 주었는데, 두 소년은 그 분위기에 경탄했다.

그들은 특정한 장소를 차지하고 있었다. 긴 복도를 통해 아파트에서 떨어져 있어 집달리의 압류 등 타인의 시선에 포착되지 않는 안식처인 로베르의 방이 그곳이었다. 이곳은 전용 출입 계단을 거쳐야만 갈 수 있는 최고의 자유 공간이었다. 프랑수아는 1944년 봄부터, 그리고 1945년이 되면서 더욱더 긴 시간을 이곳에서 보냈다. 때로는 학교에도 결석하면서 며칠 밤을 새웠다. 부모와 학교로부터 안전한 최상의 피신처에서 두 친구는 끊임없이 대화와 독서를 했고, 가끔은 술과 담배도 입에 댔다.

우리는 서로 '세비녜' 한다

1945년 여름 둘 사이에 긴 서신 교류가 시작되었다. "매일 너에게 글을 쓰지 않을 수 없어. 너도 그렇게 해다오." 프랑수아는 비니크에서 방학을 보내면서 이렇게 당부했다. "나도 세비녜* 하고, 너도 세비녜 하고, 우리 함께 세비녜 하자. 나는 카약을 즐기고 있지만, 하루에 다섯 통의 편지는 쓰련다. 내게 편지해! 내게 편지해!" 이례적으로 조숙한 이 편지 쓰기의 열정은 이후 프랑수아 트뤼포에게서 지속적으로 드러나며, 그의 중요 쟁점은 편지에 담기

• 세비녜 후작부인(1626~1696)은 대표적인 서간 작가다. 여기서 트뤼포는 '편지 쓰다'라는 의미로 멋을 부려 사용하고 있다.*

게 된다. 1945년부터 시작된 서신 교류를 통해 로베르 라슈네를 향한 그의 우정이 전개되었다. '여보게', '자네', '친구친구친구친구' 혹은 더 자주 사용했던 '소중한 로베르'에게, '프란체스코', '후롱쑤아', '너의 단짝', '너의 벗', '멍청이' 혹은 가장 자주 사용했던 '너의 친구 프랑수아'가 속내를 털어놓았던 것이다.

한 명이 학교를 벗어날 때면 다른 한 명은 그를 좇아가기 위해 적절한 행동을 취했다. 이렇게 로베르와 프랑수아는 학년마다 함께 다녔고, 같은 또래 아이들과는 거의 어울리지 않았다. 그러나 예외가 한 명 있었는데, 훗날 클로드 베가라는 이름으로 유명해지는 성대 모사자 겸 버라이어티 연예인 클로드 티보다였다. 프랑수아와 동갑인 티보다는 영화, 독서, 대중음악, 특히 연예 공연물에 대한 열정 때문에 가까워졌다. 마르티르 가의 아파트 관리인의 아들이었던 클로드는 아침마다 두 친구를 만나 함께 학교로 향했다. 등굣길에서 그들은 하루의 계획을 세웠으며, 특히 오후나 방과 후의 일, 때로는 부모의 허락 아래 또는 부모 몰래 밤에 할 일을 궁리했고, 자신들의 '장래'에 관해서도 이야기했다.

클로드 베가는 그 시절을 이렇게 말한다. "서로 비슷하게 끌리는 점이 있어 어린 우리는 한패가 되었다. '어디 어디로 가자. 너돈 얼마나 있어? 내게 남은 건 이게 전부야. 그럼 다음번엔 내가낼게.' 이런 식으로 이야기를 풀어 갔다. 우리는 사진들도 교환했다. 프랑수아는 '너 정말로 이 영화 스틸이 좋은 거야?'라고 내게물곤 했다. 늘 같은 취향은 아니었지만 우리는 서로의 취향을 존중해 조심스레 말을 아끼는 편이었다. 이본 프랭탕과 피에르 프레네가 함께 찍은 사진을 원하던 내게 프랑수아는 '걱정 마, 내가 구해 줄게'라고 말했다. 그가 이 사진을 훔쳐 주었을 때 나는 기뻐 미칠 것 같았다."

이들은 모두 밀통의 학교는 잠깐 머무는 곳에 불과하므로 일찍 부터 적절히 처신해 자신들의 독립을 얻어야 한다는 자각을 지니 고 있었다. "로베르 라슈네, 클로드 베가와 나의 공통점은 우리 모 두 미래를 내다보는 삶을 살았다는 것이다. 그것은 가까운 미래 였으며, 가까이 있어야 하는 미래였다. 즉 우리는 늘 앞으로 2, 3년 뒤, 가까운 시일 안에 할 일들을 논의했다. 예를 들면, 1945년 새 학기가 시작되자마자 우리는 같은 생각을 가지고 작은 일을 하 나 벌여 약간의 돈을 벌었다. 그것은 아주 간단한 아이디어로 『파 리스코프』*의 전신 같은 것을 만드는 일이었다. 그 시절에는 용지 가 부족했기 때문에 영화와 연극, 카바레 쇼의 프로그램이 신문 에 지독히 작은 활자로 아주 빽빽이 인쇄되었다. 우리 셋은 영화, 연극 등 공연물에 미쳐 있었다. 부모님 심부름으로 포도주를 가 지러 종종 바르베스 쪽으로 갈 때면, 나는 대로에 있는 영화관마 다 멈춰 서서 상영 중인 영화의 스틸과 다음 주 프로그램을 찾아 보았다. 이렇게 세 명 모두 자신의 지역을 분주히 다니며 같은 작 업을 한 뒤 정보로 가득 찬 작은 일지를 만들었다." 이어서 세 소 년은 이 자료를 종이에 다시 베껴 쓴 뒤 철을 했다. 예를 들면, 피 에르 프레네와 이본 프랭탕이 주연한 〈세 번의 왈츠Trois Valses〉의

• 영화, 연극, 음악회 등 문화 정보를 상세히 수록한 파리의 대표적인 문화 정보지*

상영 일자와 시간표, 상영관인 게테 로슈슈아르 등에 관한 정보 란 옆에 클로드 티보다는 피에르 프레네의 모습을 그려 넣었고, 프랑수아 트뤼포는 줄거리를 한 문장으로 요약해 실었고, 로베르 라슈네는 고유명사의 철자를 철저히 확인했다. 그들은 이것을 총 20부, 얼마 후에는 30부로 만들어 마르티르 가에서 방문 판매를 했다. 이 집단 활동은 잘 풀려나가면서 공연으로까지 이어졌다. "내 친구 베가의 집 7층의 가정부 방에서 대여섯 번 공연을 펼쳤 는데, 대부분 '시 낭송의 밤'이었다. 라신의 시구를 낭송한 클로드 는 이 공연의 스타였다. 나는 (보들레르의) 「알바트로스L'Albatros」 를 낭송했던 것 같고, 로베르는 일화들을 소개했다. 그렇지만 로 베르와 나는 더 많은 경우, 클로드의 등장에 사용할 무대 장식을 꾸미는 작업에 만족했다. 물론 같은 아파트 거주자, 부모, 학급 친 구 등 관객들은 약간씩 관람료를 지불해 주었다."

소년들은 로베르의 방에 틀어박혀 있을 때 말고는 둘 혹은 셋이 서 동네를 쏘다녔다. 12월에서 3월까지 피갈과 로슈슈아르 대로 에서 흥행사들이 제공하는 구경거리를 보았으며, 로레트 구역의 수많은 성당에서 헌금함 강제로 열기, 촛대에 불붙이기, 사제 흉 내 내기 등도 즐겼다. 그 밖에도 허풍선이 소매상, 마르티르 가의 돼지고기 장수 아줌마, 레피크 가의 '조'라는 과일 행상 아저씨를 흉내 내기도 했다. 이 소란스러운 길들을 지나면 라슈네의 할머 니인 비제 부인의 집에 이르는데, 할머니는 곧잘 아이들에게 돈 을 빌려주었다. '새로운 아테네'를 둘러싼 작은 공원 안에서 그들 은 독서를 하거나, 불면의 밤을 보충하는 잠을 잤다. 그리고……

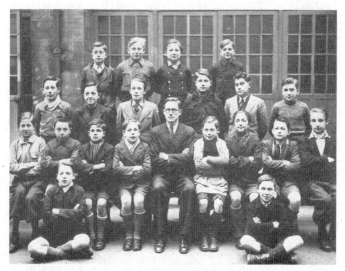

밀통 가 초등학교 시절. 앞줄 왼쪽에서 세 번째가 프랑수아 트뤼포, 같은 줄 오른쪽이
클로드 티보다(1944)

프랑수아 트뤼포 가족의 아파트에서 아주 가까운 나바랭 가에는 매음굴이 있었다.

실제로 물랭루주를 중심으로 하는 피갈 지역은 파리에서 가장 대담한 쇼가 펼쳐지는 구역으로, 대로 위에는 매춘부들이 서 있었고 부근의 골목 안에는 매음굴이 은밀하게 자리하고 있었다. "우리 집 가까이에 집이 한 채 있었는데, 나는 그것을 '고딕풍의 집'으로 불렀다. 그 집에는 두세 개의 벽감이 있고 정면에는 다소 과장된 장식이 있었기 때문이다. 그러나 이 집은 19세기에 '그리제트'●들이 특히 많이 살았던 여관으로, 실제로는 고딕적 특징은 전혀 없었다. 우리는 이 장소에 매혹되었다. 전쟁 중에는 이따금 그곳에 LVF●● 소속의 프랑스인들이 거주하기도 했지만, 우리는 이것이 매음굴이라는 사실을 잘 알고 있었다. 우리는 사람들을 놀려 주기도 했다. 예를 들어, 마르티르 가에서 서류 가방과 우산을 든 다소 긴장한 듯한 남자가 나바랭 가를 물을 때면 이렇게 대답했다. '왼쪽 첫 번째 길인데요. 거기서 바로 9번 건물이 보일 거예요.' 우리는 그 행동이 악의 있는 것임을 알고 있었고, 그래서 얼마간은 불편하기도 했다." 매춘은 가까이에 있는 비밀스러운 세계처럼 보였다. 그것은 도피를 위한 장소, 지금은 금지되어 있으나 오래지 않아 허용될 곳, 인생으로 나아가는 피할 수 없는 통로와도 같은 것이었다.

● 부업으로 매춘을 하던 젊은 여공들*
●● 볼셰비즘에 대항한 프랑스 자원병 군대*

사기꾼 이야기

젊은 시절의 프랑수아 트뤼포에게는 모든 형태의 공연 예술이 중대한 역할을 수행했지만, 또 다른 삶을 꿈꿀 수 있었던 것은 독서를 통해서였다. 독서의 즐거움을 일깨워 준 할머니의 역할에 대해서는 앞에서 말했지만, 책에 대한 애정은 부모인 자닌과 롤랑 덕분이기도 했다. "부모님은 25세에서 35세 사이의 나이였고 바로 얼마 전까지 학생 신분이었기 때문에 등산뿐 아니라 연극, 영화, 책 등 모든 것에 관해 집에서 대화했다. 이것은 그 방면에 흥미를 지닌 어린이에게는 행운이었다. 예컨대 나는 〈마지막 지하철 Le Dernier Métro〉의 자료 준비를 하면서, 해당 시기에 사람들의 입에 오르내리던 것을 내가 모두 알고 있다는 사실을 깨달았다. 막상 스 반 데르 메르슈의 책 『육체와 영혼 Corps et Âmes』, 당시 무대에 바로 올려졌던 바로크풍의 스페인 연극 〈라 셀레스티나 La Célestine〉 또는 〈건축가 솔네스 Solness le Constructeur〉, 샤를 뒬랭이 연출한 시립 극단의 작품 등등……. 부모님이 둘이서 혹은 친구들과 어울려 이런 대화를 나눌 때면 나는 그 대화에 사로잡혔다. 또 나는 아침에 신문을 사러 갔다가 돌아오는 길에 그 신문을 흥미롭게 읽었다. 그래서 집에 도착할 때면, 부모님이 거론할 내용까지는 알지 못해도 최소한 어떤 문제를 언급할 것인가는 알 수 있었다. 예를 들어, 찰스 모건의 〈번쩍이는 강 Le Fleuve étincelant〉이라는 연극이 있었는데, 나는 이와 관련된 이야기가 나올 것임을 잘 알고 있었다."

독서는 또한 훗날 〈여자들을 사랑한 남자〉에서 그가 다시 사용한 표현을 쓰자면, "내가 말없이 있을 때밖에는 나를 견디지 못했던" 어머니를 잊기 위한 가장 확실한 방법이기도 했다. 책에 빠진 소년은 들릴락 말락 하는 종이 스치는 소리마저 나지 않도록 아주 조심스럽게 책장을 넘기면서 의자에 앉아 몇 시간을 보냈다. 독서 습관은 프랑수아를 다른 세계에 접근하도록 해 주었다. 가장 신뢰하는 친구 로베르 라슈네는 문학에 대한 열정을 공유한 첫 친구이기도 했다. "우리는 오후 시간을 서로 토의하면서 보내곤 했다. 예를 들어 뮈세가 죽어 가고 있을 때 과연 조르주 상드는 의사 파젤로와 잠을 잤을까 하는 문제를 이야기했다. (⋯) 그리고 프랑수아는 발자크를 발견했다. 교실과 내 방에서, 그리고 작은 공원에서 가졌던 긴 대화를 통해 그는 발자크가 폴 드 코크보다 뛰어난 작가라고 나를 설득했다. 나도 독서는 했지만 프랑수아만큼 치밀하게 읽지는 못했다. 프랑수아는 훨씬 체계적이어서 『골짜기의 백합 Le Lys dans la vallée』 가운데서 자신이 깊이 감동받은, 모르소프 부인의 어깨에 던져진 입맞춤에 관해 내게 이야기했다. 나는 그냥 그를 좇아 발자크를 읽기 시작했다."

이 허기진 욕망은 어린 프랑수아 트뤼포를 여러 서점의 단골로 만들었다. 용돈으로, 일을 해서 번 돈으로, 좀도둑질을 하거나 집안 금고에서 훔쳐 낸 돈으로 그는 자신만의 도서관을 만들었다. 1945년 9월 18일 바캉스에서 돌아와 로베르 라슈네에게 보낸 편지에서 프랑수아는 최근의 수확을 상세하게 기술하고 있다. "아! 그럼 그렇지! 에펠탑은 여전히 저기에 있네. (⋯) 다시 파리지앵이 된 지 5일째야. 처음으로 달려간 것은 나의 「파야르Fayard」*를 향해서였지. 마르티르 가의 메드라노 맞은편에 있는 서점에 그것이 엄청난 양으로 쌓여 있으니 내일은 거기에 갈 거야. 오늘 오후에는 망사르 가에서 고전을 36권 샀어. 그 가운데 네게 없는 것은 『캉디드*Candide*』, (알프레드 드 비니의) 『스텔로*Stello*』(총 2권), 『전쟁과 평화*War and Peace*』(총 8권), (알프레드 드 뮈세의) 『흰 티티새 이야기*Histoire d'un merle blanc*』, (알퐁스 드 라마르틴의) 『첫 시적 명상*Première Méditation poétique*』, (알퐁스 도데의) 『쾌활한 타르타랭 제2권*Tartarin de Tarascon 2*』, (알퐁스 도데의) 『동생 프로몽과 형 리슬레*Fromont jeune*』(총 4권)뿐이므로, 내가 산 것 중 네가 가지고 있지 않은 것은 18권밖에 없어. 네가 돌아온 뒤 너의 집에서 보도록 하자. 지금 내가 가진 책은 295권인데, 전체를 채우려면 90권이 더 있어야 하지." 모자라는 90권의 책은 결국 그의 도서관 안에 들어오게 된다. 프랑수아 트뤼포는 팔레-루아얄에 있는 '가정의 평화'라는 문방 서점에서 몇 주 동안 일할 때, 파야르 고전 문고 전집을 1권에서 마지막 권까지 총 3천5백 프랑에 구입했다.

트뤼포는 이후 평생 열렬한 독서광으로 남게 된다. 그는 광범위한 책을 읽기보다는, 점차로 자신이 선별한 아주 사적인 도서관을 구축해 갔다. 동료인 각본가 장 그뤼오는 이 점을 다음과 같이 설명한다. "프랑수아는 예를 들어 라블레, 단테, 호메로스, 멜빌, 포크너, 조이스에 대한 관심은 스스로 끊었다. 그러나 발자크, 프루스트, 콕토, 루이 에몽, 로셰, 오디베르티, 레오토는 완벽하게

• 목판화 일러스트의 포켓북 시리즈*

알고 있었으며, 토마 로카, 주앙도, 셀린, 칼레, 알베르 코엔 등도 높이 평가했다. (…) 그는 또한 레몽 게랭처럼 제대로 평가받지 못한 작가에도 깊이 빠졌다. 프랑수아는 책을 되풀이해서 읽으면서 메모와 밑줄을 가득 채워 놓았다. 영화를 반복해 보며 그렇게 했듯, 마음에 드는 작품을 읽는 일에도 마찬가지로 지속적이고 꼼꼼한 관심을 기울였다는 증거다."

그러나 이 시기부터 주요 피신처는 스크린, 즉 영화관이었다. "인생, 그것은 스크린이었다"*는 트뤼포의 문구는 이 소년기의 열정을 잘 요약하고 있다. 관객으로서의 트뤼포에 대한 첫 각인, 즉 조숙하고 비밀스럽고 날카롭다는 인상은 이 마법의 장소, 바로 앙리-모니에의 아파트에서 도보로 5분 거리에 있는 외로프 광장의 연속 상영 영화관에서 형성되었다. 프랑수아는 일찍이 전쟁 전에 모니크 이모와 함께 그곳에 가 본 적이 있다. 두 어린 관객은 스크린 위에서 교회와 결혼식을 보았다. "나는 놀라움 속에서 바라보았고, 눈 깜짝할 사이에 끝이 났다." 그것이 프랑수아 트뤼포에게 새겨진 최초의 장면이었다.

트뤼포에게 자리 잡은 최초의 '위대한 기억'은 1940년 가을, 여덟 살 반의 나이 때에 왔다. 팔레 로슈슈아르 영화관에서 본 아벨 강스의 〈실락원Paradis perdu〉은 주제곡 때문에 유명해진 멜로드라마로, 점령기의 큰 성공작 가운데 하나였다. 소년 프랑수아는 이본 숙모, 모니크 이모, 당시 솔페지오 클래스에서 모니크의 가장

• 이 표현은 또한 트뤼포의 '영화광 시기'를 지칭하는 것으로서 에릭 로메르가 사용하기도 했다.

친한 친구였던 다니엘 들로름을 따라서 영화를 보러 갔다. 영화는 제1차 세계 대전 시점의 파리 패션계를 배경으로 펼쳐진다. 아주 젊은 배우 미슐린 프레슬에게는 영화 속에서 이중 배역의 기회가 주어진다. 하나는 어느 디자이너(페르낭 그라베)의 의상을 도안하여 유명해지는 화가의 아내 자닌 역할이고, 또 하나는 그들의 딸 자네트 역할이다. 영화에 대한 프랑수아의 첫 기억에서처럼, 이 영화의 마지막에 자네트가 아버지가 지켜보는 가운데 (그는 예식 도중 죽는다) 약혼자와 결혼식을 올리는 장면에서도 역시 스크린 위에는 교회가 보인다.

비단 의상이 미끄러지는 소리, 삶과 죽음의 밑바탕에 웅크리고 있는 사랑, 출생의 비밀, 종교, 멜로드라마……. 모두 이 꼬마 관객이 당시 대부분의 영화에서 발견할 수 있는 요소였다. 예를 들어, 다니엘 다류와 피에르 브라쇠르가 주연을 맡은, 앙리 드쿠앵 감독의 1937년 영화 〈내 어머니는 마드무아젤Mademoiselle ma mère〉 역시 트뤼포가 잘 기억하고 있는 작품인데, 여기서도 남자는 자기 아들의 누이일 가능성이 있는 어린 여자와 결혼한다. 트뤼포에 의하면 "이것은 그 의심스러운 주제, 근친상간이라 불러도 좋을 그 주제 때문에 마음에 들었던 영화였다." 아직 프랑수아는 별다른 선택 기준 없이, 닥치는 대로 독서를 한 것처럼 닥치는 대로 영화를 보아, 점령기 동안 제작된 프랑스 영화 2백 편의 절반 정도를 보았다. 취향은 여전히 불분명한 형태로나마 몇몇 항구적 요소를 중심으로 형성되어 갔다. "내가 어떤 취향을 가지고 있는지는 잘 알지 못했다. 영화에서 들리는 웅장한 음악을 좋아하기도 했고, 어느 정도는 종교성도 좋았으며, 이루지 못할 사랑 이야기도 좋았다. 그러니까 모험 영화에 일찍부터 빠져들었던 로베르와는 달리 성인 취향의 영화를 지향했다고나 할까. 실제로 〈실낙원〉 이후 나는 클루조의 〈까마귀Le Corbeau〉를 좋아했는데, 이것이 절망적이고 보기에 편하지 않은 영화였기 때문이다. 그다음에는 브레송의 〈죄악의 천사들Les Anges du péché〉을 좋아했다."

12세부터 일주일에 두세 편의 속도로 시작된 이 최초의 영화 열정은 오로지 프랑스 영화로만 형성되었다. 미국 영화는 금지되어 있었고, 독일 영화는 만족스럽지 않았기 때문이다. 점령기의 프랑스 영화가 보통의 관객부터 열렬한 시네필에 이르기까지 마음속에 깊은 영향을 준 사실을 생각할 때 이것은 놀라운 일은 아니다.• 1945년에 프랑스 영화는 부흥이 필요한 상황을 맞이한 것이 아니라, 오히려 제작이 절반으로 감소했음에도 불구하고 황금기를 이루어 낸 역설의 시기를 마쳐 가고 있었다. 이것은 외부와 단절된 상황에서 '프랑스 유파'가 스스로를 가장 잘 표현해 냈기 때문이다. 미국 영화와의 경쟁에서 벗어났을 뿐 아니라, 1930년대를 혼란스럽게 만들었던 제작자 사이의 무질서한 대립 상황이 종결되면서 '프랑스 유파'는 발전해 갈 수 있었다. 그들은 동일한 감독(할리우드로 건너간 장 르누아르, 르네 클레르, 쥘리앵 뒤비비에를 제

• 트뤼포는 종종 자크 시클리에의 저서 『페탱의 프랑스와 그 영화La France de Pétain et son cinéma』를 언급했다. "시클리에의 이 두꺼운 책 덕분에, 나는 점령기에 본 영화들을 쉽게 알 수 있다. 그는 이 시기에 2백 편의 영화를 본 유일한 사람이다. 나는 2백 편은 보지 못했어도, 절반 혹은 3분의 1은 보았다. 그 영화들은 이 책 안에 모두 기록되어 있다."

외하고)과 동일한 배우(역시 망명 상태에 있던 장 가뱅과 미셸 모르강을 제외하고)를 동원해, 동일한 미학적 경향과 '프랑스 스타일'의 고전 영화의 방향을 확고히 했다. 이 시기에 마르셀 카르네, 장 그레미용, 아벨 강스, 앙리 드쿠앵, 크리스티앙 자크 등 유명 감독 대부분이 프랑스에 남아 있었고, 앙리 조르주 클루조, 클로드 오탕라라, 자크 베케르, 로베르 브레송 같은 감독도 새로이 등장했다. '프랑스 유파'의 대표작이자 영화의 나라 프랑스의 상징과도 같은 〈인생 유전Les Enfants du Paradis〉이 만들어진 것도 바로 이 시기였다.

점령기의 프랑스 영화에 대한 애정은 — 예컨대 1940년대 중반 어린 트뤼포가 남긴 수첩 기록에 의하면, 그는 〈까마귀〉를 13번, 〈인생 유전〉을 9번, 클로드 오탕라라의 〈연인Douce〉을 7번 보았다 — 1946년 여름부터 시작된 미국 영화의 대대적 상륙에 따라 또 다른 천체의 발견, 즉 감독과 배우에 대한 새로운 세계를 발견하면서 때때로 증오로 바뀌기도 했다.

전쟁 초기에 모니크 이모를 따라 처음 간 이후, 프랑수아 트뤼포는 친구 로베르 라슈네, 클로드 티보다와 어울려 동네 영화관을 휩쓸고 다녔다. 클리시 광장과 로슈슈아르 가 사이에는 20개가 넘는 영화관이 있었다. 클리시, 아르티스티크, 트리아농, 게테 로슈슈아르, 팔레 로슈슈아르, 록시, 피갈, 시네아크-이탈리앵 외에도 6천 석의 객석을 자랑하는 유명한 고몽 팔라스 극장도 있었다. 전쟁 기간에 점령기의 속박과 궁핍을 잊게 하는 독특한 분위기가 이 꿈의 장소들을 에워쌌다. 다른 종류의 삶처럼 보이는 이 은밀하고 비밀스러운 분위기는 젊은 시네필들에게 학교나 가족 또는 사회보다 더욱 풍요롭고 자극적이며 매력적인 것이었다. 부모들은 점령기의 환경을 감수하면서 영화관, 극장, 쇼 무대를 찾아 꿈속으로 도피했지만, 자식들은 더 이른 낮 시간대에 바로 같은 장소에 틀어박혀 모의하고, 학교 수업에 빠지고, 가족과의 식사를 멀리했다.

트뤼포는 이렇게 쓰고 있다. "내가 처음 본 2백 편의 영화는 학교를 빠지고 보거나 돈을 내지 않고 영화관에 몰래 들어가 본 것들이다. 나는 이 멋진 즐거움에 대한 대가를 심한 복통이나 소화 불량으로 치렀다. 이 증상은 모두 죄의식으로 인한 공포감에서 비롯된 것이지만, 그 죄의식은 영화가 야기하는 감동을 증대시킬 뿐이었다. 나는 또한 영화 속으로 들어가고 싶은 욕구를 간절히 느낀 나머지 점점 더 화면 가까운 쪽에 앉음으로써 영화관의 존재를 잊을 수 있었다." 부모가 연극 구경을 갈 때면 12세의 소년은 잠든 척 남아 있다가 영화 시작 부분을 놓치지 않기 위해 서둘러 동네 영화관으로 달려갔고, 때로는 부모보다 먼저 집에 도착하기 위해 영화가 끝나기 전에 빠져나왔다. 그 때문에 종종 같은 영화를 가족과 함께 다시 보는 경우도 있었는데, 이런 때에 프랑수아는 부모에게 줄거리를 먼저 말하지 않도록 신경을 썼다. 13세에는 피갈의 영화관에서 나올 때마다 누군가에게 미행당하는 일도 겪었다. "그 남자들은 해 질 무렵 명확한 이유도 없이 어린이들을 노리고 뒤쫓는 것 같았다. 그것은 상당히 음산한 느낌이었다. 두렵기도 했지만 우리는 이 두려움을 즐겼다." 트뤼포에게 숨어서 본다는 것은 어린 시절에 형성된 영화 보기의 조건이기도 했다. 당시의 문화 상황 안에서 '시네필리'는 이때부터 레지스탕스의 게토와도 같은 것이 되어 간다. 다시 말해 반문화라는 조직망을 결성하고 비밀장치와 암거래 등으로 조금씩 사적인 일기장의 형태를 갖춘 뒤, 충실한 입문자들과 그 내용을 공유하는 비밀스러운 공동체, 바로 그것이었다.

여름 학교

소년에게 '새로운 인생'의 발견은 프랑스 해방 이후 자주 찾았던 여름 학교와도 관련되었다. 여름 내내 산에 가 있는 롤랑과 자닌 트뤼포에게 여름 학교는 "애는 어떻게 하지?"라는 영원한 질문의 이상적인 답변이었다. 트뤼포는 후에 이렇게 밝혔다. "프랑스가 해방되던 해의 여름 학교가 전환점이었다. 그해 봄 어머니는 펠릭스 포탱*의 직원 자녀에게만 허용되는 멋진 여름 학교 주소를 가지고 돌아왔다. 부모님은 식품업과는 관계가 없었지만 누군가 교분 있는 사람이 있었던 모양이다. 나는 '남녀 공학인가요?'라는 핵심 문장으로 답했다." 1944년 7월 10일부터 8월 29일까지 소년은 몽트로 가까이에 있는 어느 성의 한쪽 날개 건물에 머물렀다. 이 성은 양측 군대가 서로 노리던 곳으로, 먼저 독일군이 성의 다른 한쪽 건물과 공원의 일부를 점령했고 이어서 한여름에는 미군

• 식품 체인점의 이름*

이 뒤를 이었다. 병사들과 아이들 사이의 관계는 두 차례 모두 아무런 차이 없이 불신과 매혹, 날치기와 물물교환으로 이루어졌다. "우리는 군용 트럭에 들어가 철제 담배 상자, 파라핀을 두른 휴대용 고기 통조림 상자를 훔쳤다. 병사들은 이따금 우리를 붙잡아 손바닥으로 때렸지만, 때로는 농담을 하면서 그대로 놔두기도 했다."

1944년 8월 중순 여름 학교 교장인 코른빌이 학생들 앞에서 프랑스 자유군에게 체포되어, 전시 행위에 관한 조사를 받기 위해 마을로 연행되었다. 1940년에 프랑스군이 남긴 비축 식량 일부를 그가 독일군에게 팔았을 것이라는 소문이 군 교관들을 통해 퍼져 나갔다. "교장은 체포된 지 며칠 후에 돌아왔지만, 상황은 소란스러워졌다. 교장이 해고되면서 우리는 무슨 일이든 할 수 있었고 어마어마한 자유를 만끽했다. 정원에서 잠을 자다가 일어나고 싶을 때 일어났고, 소규모의 자치 집단을 조직해 오두막을 지었다. 나름 어른처럼 생활한다고 했지만, 실제는 매우 유치한 방식이었다. 미국 병사들과 토론도 했고, 성의 지하실도 견학했으며, 화려하게 제본된 귀중한 서적들을 도서관에서 훔쳐 냈다. (…) 아직 전쟁 중이라는 사실은 알고 있었지만, 우리에게는 아무 일도 일어나지 않을 것이란 기분이 들었다. 즉 그것은 위험의 느낌이라고는 없는 전쟁이었다. 그리고 여자애들과 사귀는 일도 더 쉬웠다."

이 여름 학교에서 어린 프랑수아 트뤼포는 역사뿐 아니라 사랑과도 조우했다. 다시 말해, 장래에 성인이 된 이후 만들어 낼 이야기의 결정적 동기와 마주쳤던 것이다. "거기서 나는 여러 사람과 사귀었다. 나중에 르투르투르 식당을 경영하게 되는 아이도 만났고, 배우 장 클로드 아르노와도 만났다. 아르노는 몰리에르 연극에서 하인 역을 맡았고 내가 정말 좋아하는 사로얀의 작품 〈내 마음의 하이랜드My Heart's in the Highlands〉에도 출연했다. 그의 형 슈숑, 사촌 모니크와 니콜도 함께 만났는데, 나는 금세 니콜과 사랑에 빠졌다. 이 여름 학교는 경치도 수려했지만 아주 중요한 것이기도 했다." 아이들은 도둑질과 물물 교환과 토론, 오두막과 성의 지하실 그리고 병사들과 부역자들 사이에서, 자유와 교류가 있는 진정한 생활을 발명해 냈고, 그것을 어른들처럼, 그러나 어린이의 방식으로 만끽했던 것이다.

2년 후, 어려운 학교 생활을 보낸 뒤에 프랑수아는 역시 펠릭스 포탱을 통해 다시 여름 학교를 찾았다. 이번에는 방데 지방의 레 사블-돌론에 있는 학교였다. 정원도 성도 없었지만 그 대신 아름다운 해변과 거대한 저택이 있었다. 또한 거의 몽트로 때의 멤버들로 재편성되었다. 이전처럼 자유가 있었고, 위험에 대한 인식의 결여 또한 여전했다. "대여섯 명과 함께 레 사블-돌론 해변의 모래 속에서 수류탄 하나를 찾아냈던 일이 기억난다. 우리는 두 시간 동안 그것을 폭파해 보려 애썼다. 정말 어리석은 짓이었다. 운이 좋아 다행히 아무 일도 일어나지 않았지만, 내게는 지금도 어른들의 무기를 가지고 죽음의 '놀이'를 하던 이 꼬마 패거리의 기억이 생생하다. 우리에겐 엄청난 자유가 있었지만 그것을 다루는 법은 알지를 못했다."

그해에는 일주일에 한 편씩 영화도 상영되었다. 모험 영화들로

만 구성된 프로그램은 타이론 파워가 나오는 작품 외에는 거의 프랑수아의 마음을 끌지 못했다. 그러나 무엇보다 여기서 소년 시절의 첫사랑인 릴리안과의 만남이 있었다. 캠프의 소그룹에 새 회원으로 가입한 릴리안 로마노는 뛰어난 이야기 솜씨로 주위에 깊은 인상을 심었다. 릴리안은 놀랄 만큼 흥미진진하게 영화를 설명했으므로 모두 그녀를 둘러싸고 앉아 이야기를 들으면서 영화의 장면을 상상해 냈다. 14세의 프랑수아는 그 매력의 포로가 되어 과감히 릴리안의 반바지 속에 쪽지를 집어넣었고, 그녀도 같은 식으로 답을 주었다. "그러고는 〈포켓 머니L'Argent de poche〉의 마지막 장면과 꼭 닮은 상황이 벌어졌다. 친구들이 '릴리안이 너와 입 맞추기 위해 나갔다'라고 크게 외쳤다. 공동 침실이 두 개 있었기 때문에 혼란스러웠지만, 나는 계단에서 그녀를 만났고, 그리고 첫 키스……." 30년이 흐른 뒤 영화 속에서 어린이들의 의식을 통해 똑같은 방식으로 그려 내는 이 키스는, 프랑수아 트뤼포에게 새로운 세계를 열어 주었다. 이때부터 그는 열정과 무분별한 고집으로 그 감각의 세계, 육체적 사랑의 세계에 빠져들게 된다.

첫 키스를 계기로 프랑수아는 여름 학교가 끝난 뒤 파리에서도 릴리안과의 관계를 계속하고자 했다. 프랑수아는 그녀가 사는 트라베르시에르 가 12번지로 쪽지를 보내 리옹역 대형 시계 아래서 만나기로 약속을 지정하고 그곳에서 반나절을 기다렸다. 며칠 뒤 집에 롤랑 트뤼포를 수신인으로 한 편지가 한 통 도착했는데, 남편이 집에 없었으므로 자닌은 편지를 벽난로 위에 올려놓고 장을 보러 외출했다. 평소 버릇대로 편지를 집어 든 프랑수아는 '로마노'라는 발신인 이름을 보고 창백한 표정으로 편지를 뜯어 보았다. "선생님의 아드님이 매일 리옹역에 서서 저의 딸 릴리안을 기다린답니다. 이것은 그들의 나이에 적합하지 않은 행동으로 생각되며, 선생님께서 아드님을 집에 있도록 설득해 주셔야 할 것으로 사료됩니다. 저 역시 제 딸을 집에 있도록 돌보겠습니다. 그럼 안녕히 계십시오." '시한폭탄'을 파기하기로 결심한 그는 반 층 아래에 있는 화장실로 가 편지를 찢은 뒤 변기의 물을 여러 번 내렸다. 그러고는 공격이 최선의 방어책이라는 생각에서 어머니가 돌아오자 야릇한 거짓말을 즉흥적으로 꾸며 냈다. "어느 부인이 등기 우편을 찾으러 왔다. 그 편지는 롤랑 트뤼포가 아니라 다른 사람에게 온 것이라고 했다"는 거짓말이었다.

먼 훗날 트뤼포는 당시 어머니의 반응을 이렇게 떠올렸다. "이 바보 멍청아! 왜 그 편지를 준 거야? 네 아버지 앞으로 온 편지였어. 그래, 그렇다면 그 여자가 누구였니? 모르는 여자한테 편지를 주었을 리는 없고, 뭔가 좀 수상한 구석이 있어. 그 여자 요 근방 어디서 왔겠지?" 자신이 쳐놓은 올가미에서 벗어나고자 프랑수아는 다시 그 빨강 머리 여자가 청색 치마를 입었고 직업은 '미용사'였다고 거짓말을 했다. '미용사'란 트뤼포 가족이 나바랭 가의 매춘부를 지칭하는 용어였다. 자닌은 즉시 아들의 팔을 잡고 층계로 끌고 갔다. "그 미용사는 어떻게 생겼지? 금방 알아낼 수 있겠지? 가서 같이 찾아보자." 나바랭 가의 한 집에서 무뚝뚝해 보이는 여자 한 명이 그들에게 문을 열자 자닌은 물었다. "여기 묵는 분 가운데 청색 치마를 입은 빨강 머리 여자가 있나요?" 그 '주임

미용사'는 성질을 내면서 눈앞에서 문을 닫아 버렸다. 프랑수아아는 어머니가 그토록 심하게 화내는 모습을 그때까지 본 적이 없었다.

이러한 희비극의 시련은 계속되었다. 프랑수아아는 늘 소심한 연인의 역할을 했고 여자는 피해 달아났다. 예를 들면, 언젠가 프랑수아아가 쿠르 피지에●의 출구로 릴리안을 찾아갔을 때, 그녀는 프랑수아아를 피하기 위해 버스 승강장으로 뛰어올랐다. 결과를 맺지 못한 이 첫 실패 사례에서 이미 프랑수아 트뤼포의 연애 '소설'의 줄거리를 읽어 낼 수 있다. 유혹의 의지와 욕망을 지닌 남자 주인공을 모든 주변 상황이 완강히 방해하는 듯 보이는 플롯 말이다. 프랑수아 트뤼포가 다시 릴리안 로마노를 본 것은 12년 후인 1958년, 그녀가 『아르』지의 독자로서 언젠가 자신을 열렬히 쫓아다녔던 평론가를 만나 보고자 했을 때였다.

전쟁은 연극이다

프랑수아 트뤼포는 자신의 유년기와 성장기에 전쟁을 체험했지만, 영화에서는 이런 문제를 거의 다루지 않았다. 〈400번의 구타〉의 배경은 1950년대로 옮겨졌고, 〈포켓 머니〉는 1970년대로 바뀌었기 때문이다. 트뤼포가 전쟁 시기의 정확한 기억을 영화로 옮긴 것은 〈마지막 지하철〉뿐이다. "전쟁 중 리세 롤랑 학교는 또다

● 사립직업전문학교●

시 명성을 얻었다. 그곳에는 오랫동안 폐쇄된 작은 예배당이 있었다. 이것을 1943년에 독일군 부역자란 소문이 있던 파리 대주교 쉬아르 추기경이 다시 개방했다. 그가 예배당을 축성하기 위해 오자 어린이 합창단은 노래를 했고 나는 처음으로 성체 배령을 했다. 그때 한 친구가 내게 물었다. '너 아침밥 먼저 먹었니?' 나는 '그래'라고 대답했다. 그러자 친구는 내게 말했다. '아이쿠, 시작부터 꼬였네!' 그것이 점령기 동안의 전형적 분위기였다." 나아가 "주여, 주여, 성심의 이름으로 프랑스를 구원해 주옵소서"라고 아이들이 합창하는 영화 속 시퀀스에서 프랑수아 트뤼포는 점령기의 또 다른 기억을 옮겨 놓았다.

"베르나르 드 몽페랑 외삼촌은 레지스탕스를 조직했다. 베르코르 산지에 있던 외삼촌은 어느 날 리옹역에서 할아버지와 메시지를 주고받다가 체포되었다. 나는 〈마지막 지하철〉에서 이 체포 현장을 묘사했다.* 적어도 내게 그 장면은 이 사건을 변형시킨 것이다. 그날 밤 소식을 접한 우리 집은 악몽 같은 분위기에 빠졌다. 할아버지는 고령자였으므로 그날 밤으로 풀려났지만, 외삼촌은 계속 붙잡혀 있었다. (…) 그 뒤 전쟁 기간 내내 벽난로 위쪽에는 베르나르가 있었던 장소마다 작은 프랑스 국기를 꽂아 표시해 놓은 지도가 걸려 있었다. 레지스탕스에 대한 공포와 자긍심이 뒤섞인 이런 모습은 상당히 우스꽝스러웠다. 레지스탕스란 사

---

* 〈마지막 지하철〉에 등장인물 베르나르 그랑제가 자신과 약속을 한 레지스탕스 투사의 체포를 목격하는 장면이 있다.

람들이 산에 갔다가 돌아올 때 각자 밀반입해 오는 강낭콩과 소시지보다도 양적인 면에서 훨씬 빈약한 존재였기 때문이다. 모두 알프스에서 돌아올 때 가방에 음식물을 25킬로그램은 채워 넣지 않는가. 나는 산이란 것이 일차적으로 몰래 파리로 음식물을 가져오는 일에 기여하는 장소라는 인상을 강하게 받았다.* 그런 나에게 레지스탕스 활동은 일면 산행과 비슷하게 생각되었다. 단지 조금 더 오래 걸리는 활동일 뿐. 한편 외삼촌 베르나르는 간신히 살아 나왔다. 가족 모두 동역으로 가서 사흘 동안 그를 기다렸다. 그것은 상당히 인상적인 장면이었지만, 여전히 야외 소풍과 비슷해 보였다. 마치 내가 여름 학교에서 돌아왔을 때처럼."

〈마지막 지하철〉보다 오래전 소년 프랑수아의 눈에, 점령된 프랑스와 저항하는 프랑스는 이미 이렇게 연극과도 같은 것이었다. 무대 위에서 벌어지는 광경은 멀리 떨어져서 보면 조금 우스꽝스러우면서도, 그 속의 몇몇 세부 사항은 감동적이고 생동감 넘쳐 보였다. 부역하던 교회에서의 미사와 레지스탕스의 모의가 동일한 무대 위에서 펼쳐지는 것이다. 따라서 여기에는 선한 자도 악한 자도, 영웅도 비열한 인간도 없었다. 몽트로 성의 정원에서 독일 병사들이 약간 매력적으로 보이긴 했지만, 이상하게 미국 병사들과 닮아 보인 사실도 마찬가지였다. 또한 신 앞에서 부역했던 쉬아르 추기경도, 풋내기 레지스탕스였던 장 드 몽페랑 할아버지도 동등한 연기자로 보였다.

---

* 제2차 세계 대전 말 당시 많은 도시인이 농촌 등 생산지에 가서 음식물을 직접 구입했다.*

68

이 같은 '선택의 거부', 이를테면 사회 참여를 연극 연기로 간주하면서 일정한 거리를 두는 것은 ― 이런 의미에서 〈마지막 지하철〉은 개인과 거리가 먼 내용일지라도, 흔히 이야기되는 것보다 더욱더 사적이고 개인적인 영화임을 알 수 있다 ― 그 시기를 향한 하나의 도덕적 시선이기도 했다. 후에 그는 이렇게 말했다. "이 시기가 연극적이라고 생각된 것이 내 성장기의 인식 방향과 닿아 있기 때문인지, 아니면 당시 프랑스 사람들이 현실을 너무 가까이에서 있는 그대로 보고자 하지 않았기 때문인지는 알 수 없다. 만일 그들이 정면에서 진실과 대면한다면, 프랑스는 부역이 주는 편리함과 레지스탕스의 위험성 앞에서 체념해 버린 자들의 나라임이 분명할 것이기 때문이다." 이것이 정치와 역사에 대한 최초의 경험에서 소년이 끌어낸 최종적 윤리관이었다. "무슨 권리로 나를 비판합니까?" 자신들은 대로에서 벌어지는 부역과 저항이라는 연극의 관객으로 남아 있으면서, 자식의 무단 결석, 좀도둑질, 또는 수많은 거짓말 앞에서 눈살을 찌푸리는 부모, 교사, 행인들에게 프랑수아는 그런 말을 던졌을 것이다.

소년을 강타한 하나의 이미지가 그런 확신을 강화했다. 1945년 9월 시네아크-이탈리앵 영화관에서 강제 수용소 내부를 폭로한 뉴스 영화를 보았는데, 그것은 시쳇더미 및 막사를 떠나는 살아 있는 시체들의 이미지를 담고 있었다. 이것과 비교하면 '프랑스 점령기의 연극 무대'는 한층 더 우스꽝스럽고 하찮게 보였으며, 체념한 관객들은 더욱더 수동적이고 그로테스크하게까지 느껴졌다.

양식과 예절에 꼭 들어맞는 관습적이고 공식적인 언변 활동, 그리고 정치인 및 제도권 문화인 일반을 향한 경계심은, 프랑수아 트뤼포가 1945년 12월 11일에 작성한 학교 과제물에 잘 표현되어 있다. 아마도 그의 최초의 영화 비평에 해당할 이 글은, 프랭크 캐프라를 중심으로 결집한 미국 감독들과 할리우드로 망명한 몇몇 프랑스 감독이 미국에서 제작한 연작 선전 영화 〈우리는 왜 싸우는가Why We Fight〉에 관한 것이었다. 글에서는 프랑스 해방을 둘러싼 모든 연설에 대한 깊은 회의감이 느껴진다. 소년은 쉽게 속으려 들지 않는다. "이 영화는 폴란드를 구하려는 순수한 동기에서 프랑스가 독일에 선전 포고를 했다고 설명한다. 그러나 이 세상에는 보상을 요구하지 않는 이타성이란 없다. 개인주의와 이해타산적 원조가 더 유리한 조건으로 그것을 대신했기 때문이다." 프랑스의 일치단결된 레지스탕스 신화도 프랑수아는 믿지 않는다. "만일 프랑스가 미국의 유럽 진출을 위한 지름길이 아니었다면, 만일 시리아에 석유가 없었다면, 파리의 도로는 아직도 나치의 군화 소리로 가득했을 것이다. 왜냐하면 우리의 저항은 터무니없이 약했고, 연합군의 도움 없이는 아무것도 할 수 없는 지경이었기 때문이다." 과제물을 관통하는 13세 소년의 환멸적 어조는 프랑수아에게 20점 만점에 4점이라는 성적과 "프랑스 역사에 대한 모욕적 냉소주의"라는 평가를 덧붙여 주었다. 그렇지만 적확한 어휘(그리고 정확한 철자) 선택을 통해, 트뤼포가 평생 충실하게 지킬 교훈과 각오는 명확히 드러난다. 그것은 "권력자나 어른들의 말은 믿지 말 것"이라는 생각이었다.

심한 허언증에 사로잡힌 프랑수아 트뤼포는 친구 라슈네를 놀라게 하기 위해, 1945년 여름에 자신이 페탱Philippe Pétain* 재판을 방청했다는 거짓 이야기를 꾸며 낸다. "편지로는 밝히기 힘든 이유로 나는 일주일간 파리에 가야 했지. 믿기 힘들 테지만 오전 1시 5분에 재판소에서 열린 페탱의 평결 현장에 나도 있었어. 그런데 자칫 소동이 일어날 뻔했어. 11명의 사람이 경찰 바리케이드를 뚫고 나아가자며 사람들을(나는 혼자가 아니었으므로!) 선동하는 전단을 돌렸기 때문이야. 문제는 페탱을 죽이고자 하는 사람과 풀어 주려는 사람이 함께 있었다는 거야. 9명이 체포되었는데 그중 7명은 장전된 무기를 가지고 있었지." 프랑수아 트뤼포는 신문에서 세세하게 읽은 기사를 짜 맞추어 꾸며 낸 이야기 속에 자신을 등장시켰다. 평결, 현장 분위기, 경찰, 페탱 지지자와 반대자 사이에 벌어진 정면충돌 등 모든 것이 저널리스트로서의 조숙한 재능과 뛰어난 현혹의 능력을 통해 묘사되었다. 그러나 이 소년이 어느 편에 섰을까를 짐작하는 일은 어렵지 않다. 틀림없이 모든 권력을 잃어버리고 모욕을 당한 노인 페탱의 편에 섰을 것이다. 그리고 정치라는 연극 무대 위에서 과도한 권력을 지닌 모든 배우에 맞서 반항해야 하고, 승자에 맞서 반발해야 한다고 느꼈을 것이다. 이것은 그가 인생에 관해 규정한 태도이기도 했다. 프랑수아 트뤼포는 '잘못된 문'을 통해서 인생 안으로 들어가고자

• 제1차 세계 대전의 영웅으로, 제2차 세계 대전 때 비시 정권의 대표로서 독일에 협력했다. 종전과 함께 재판에 회부되어 종신형을 선고받고 복역 중 사망했다.*

했다. 그것은 가정에서도 학교에서도 트뤼포에게 주어지지 않는 문이었다. 다시 말해 '조용히 지낸다', '그들의 무덤에 침을 뱉는다', '선을 행하는 사람이 된다'는, 서로 모순적인 세 가지 충동이 낳은 반항의 문이었다.

전후 프랑스의 생활은 고달팠으며, 모든 것이 회복되고 재건되어야 했다. 따라서 서둘러 일을 찾아 어른의 세계로 올라설 필요가 있었다. 14세의 프랑수아 트뤼포는 학교와 가족의 아파트를 떠나 자신의 인생 속으로 향하는 치열한 과정에 놓여 있었다. 아버지는 트뤼댕 가의 평판 좋은 상업 학교에 아들을 등록시켰지만, 젊은이는 몇 주 동안 불규칙하게 드나든 뒤 그곳을 그만두었다. 그리고 빅투아르 가에 있는 같은 종류의 학교에서도 또 며칠 만에 퇴학당했다. 이제 트뤼포는 독학자로서 자신의 운명을 선택, 수용하게 된다.

머릿속으로 이야기를 풀어 가던 이 시점에서 트뤼포의 사고와 행동에 녹아든 모델은, 사샤 기트리의 영화 〈사기꾼 이야기〉에서 기트리 자신이 연기한 주인공이었다. 기트리는 해방 당시에는 호평받지 못했다. 최소한 그는 나치 점령하에서 거의 저항하지 않았다. 그러나 바로 그 때문에 트뤼포의 눈에는 영화의 선동적 위력이 더욱더 강하게 보였다. 〈사기꾼 이야기〉는 1936년 작품으로 당시 최신 영화는 아니었지만, 1945년에서 1946년 사이에 라탱 구역의 샹폴리옹 극장에서 12번을 반복해 본 트뤼포에게는 해방기의 영화와도 같았다. 로레트 지역 출신의 소년 트뤼포는 희열에 찬 상태로, 버섯 한 접시로 모두 독살된 몹시도 혐오스러운 집

안에서 홀로 살아남아, 생 라파엘의 그랜드 호텔 급사가 되고 이어서 몬테카를로 카지노의 크루피에˙가 되는 주인공 소년과 자신을 일치시켰다.

"타인에게 아무것도 기대하지 말 것, 저절로 주어지지 않을 테니 필요한 것은 스스로 쟁취할 것, 폭력에 의존하지 않고 해결할 것, 타인과 관계도 맺지 않고 집착하지도 않으며 자신 외에는 아무에게도 의존하지 않는 것을 배울 것, 아무런 속박 없이 시간 계획을 짤 것⋯⋯. 이것이 〈사기꾼 이야기〉가 지닌 도덕이다. 다시 말해 하나의 도덕임을 내세우지 않으면서 오로지 타인의 도덕으로부터 스스로를 보호하는 데에 존재하는 도덕인 것이다." 트뤼포는 아주 오랜 시간이 지난 뒤 기트리의 책 『영화와 나 *Le Cinéma et moi*』의 서문에 그렇게 썼다. 트뤼포가 무엇보다 깊이 감동한 것은 사샤 기트리의 스타일, 기트리가 지닌 고도의 독창적 세련미, 몇몇 개의 문장과 화면으로 사회적 불의와 도덕적 맹목을 공격하는 대범성 등이었다. 1957년 기트리가 사망했을 때 비평가 트뤼포가 부여한 호칭을 사용하자면 '시민 사샤'는 이후 자유인의 이상적인 모습을 구현해 냈다. 그것은 관습성을 넘어서는 모습, 자신을 경멸하고 책망하는 지식인의 의견이나 '정치적 양심' 같은 것에 무관심한 모습, 그것이었다.

• 카지노에서 테이블 게임을 진행하는 종사자˙

잡다한 일들

1946년 가을부터 프랑수아는 오페라 구역의 유명 식당과 대형 호텔 주변을 어슬렁거리기 시작했다. 그에게는 신화적 직업으로 생각된 엘리베이터 보이나 벨보이에 접근할 커넥션과 연줄을 찾아서였다. 16세의 친구 로베르 라슈네가 마침 오페라 거리에 있는 되몽드 호텔에서 정문 안내원으로 일하고 있었다. 그 사실은 두 사람을 더욱 가깝게 만들었고, 프랑수아에게는 처음으로 직업에 대한 가능성을 열어 주었다. 프랑수아는 로베르가 근엄한 모습으로 일하던 호텔 바의 단골인 어느 증권 거래소 환전 중개인의 사무소에 일자리를 하나 얻었다. 프랑수아가 아직 미성년자였기 때문에, 9월 중순에 이 임시직에 관해 논의하기 위해 롤랑 트뤼포가 중개인 사무소에 들렀는데, 대화는 순조롭게 풀리지 않았다. 사기 가능성을 의심한 롤랑이 아들에게 고용 제의에 응하지 못하게 했기 때문에, 이 일은 보류되었다. 프랑수아는 이번에는 1단짜리 구인 광고를 찾아내 연락을 취했고, 운 좋게도 첫 번째에 좋은 결과를 얻었다.

이렇게 1946년 9월 말에 고용된 회사는 오페라 거리에 위치한 파리 업계의 손꼽히는 곡물상 '알베르 생페르 상사'였다. 트뤼포는 일-드-프랑스의 농촌에서 도착하는 자루들을 창고에 정확히 분류해 넣는 일을 담당했다. 특히 트뤼포는 회사의 '만능 청년'으로서 비서, 배달, 손님 접대, 재고 관리, 상품 운반, 심부름까지 수행했을 뿐 아니라, 후에 일기에 쓴 표현을 옮기자면 '서기 겸

심부름꾼'으로서 도보나 자전거로 파리 전역의 창고를 오갔다. 1946년 10월부터 1948년 5월까지 트뤼포는 상근직으로 이 일을 계속했다. "나는 봉급을 전부 부모님께 드렸고, 그러면 그 3분의 1을 다시 내게 주셨다. 부모님은 공평하게 처리하고자 하셨다." 이렇게 해서 트뤼포는 월 1천3백 프랑으로 책과 영화 및 여타 즐거움을 누리면서 어른으로 사는 생활을 시도할 수 있었다.

로베르 라슈네는 부모의 아파트를 떠나 근처에 있는 '가정부방'*으로 옮겼는데, 이곳은 두 친구의 새로운 사령부가 되었다. 로베르의 아버지가 전쟁 중 가졌던 특권을 더 이상 누리지 못했기 때문에 둘은 힘든 생활을 해 나갔다. 경마 클럽에서 중개인을 통해 보내오는 식품 교환권은 해방 당시에도 통용되었지만, 라슈네 씨는 부인과 이혼하고 암시장 뒷거래 활동 의혹에 휘말리는 등 복잡한 상태였다. 그는 아들을 거의 만나지 않았고, 군 병원에 강제 수용되어 있던 1947년 급작스럽게 사망했다. 프랑수아는 로베르의 방에서 지내는 날이 점점 더 많아졌다. 이곳에서의 일상생활은 늘 아슬아슬했다. 봉급날의 식사 메뉴는 놀랄 만큼 훌륭했다. "구운 감자와 빵, 고급 햄 한 조각, 소시지 두 조각, 호두 몇 개, 오렌지 하나에, 아! 놀랍게도 초콜릿 과자까지." 점점 돈이 떨어지는 월말에는 생활이 매우 어려웠지만, 그렇다고 부모에게 의지하지 않았고 그냥 굶기도 했다. "우리는 3일 동안 아무것도 먹지 않은 채 방 안에 불도 가스도 전기도 없이 지냈다.

• 지붕 밑 방 등 옛날에 하녀 등이 사용하던 작은 방*

직장에 갈 때는 다른 사람의 눈을 의식해서 서로 옷을 바꿔 입었다. 몇 번이나 그랬었는지 기억조차 할 수 없을 정도다." 로베르 라슈네의 회상이다.

로베르와 프랑수아는 영화 열정을 활용해 부족한 수입을 보충하고자 했다. 그들은 근처 영화관의 프로그램을 계속 세심하게 조사했고, 대상 지역도 에투알에서 클리시 사이에 있는 극장들까지로 확대했다. 두 사람은 이 프로그램을 마르티르 가에서 팔았다. 또한 둘은 밤에 드라이버로 영화관 진열장의 창유리를 떼어내고 스틸 사진을 훔쳐 은밀히 거래하기까지 했다(트뤼포는 〈아메리카의 밤〉에서 감독 페랑의 꿈 장면을 통해 이 '야간 순례'를 재현한다). 트뤼포는 1948년 1월 17일 로베르에게 준 메모 속에서 이 열정적 암거래를 언급하고 있다. "라스파유 극장에서 만나 〈굿바이 미스터 칩스Good Bye Mr. Chips〉와 특히 〈사기꾼 이야기〉의 스틸을 손에 넣도록 노력해 보자. 그리고 압베스 극장에서도 스틸을 뜯어 오자. 오가는 사람이 없으니 그곳이 가장 수월할 거야. 밤 11시나 자정 무렵에 해야 해. 이번 주 우리의 소득은 〈나폴레옹Napoléon〉, 〈집 안의 타인들Les Inconnus dans la maison〉, 〈사기꾼 이야기〉, 〈파니Fanny〉, 〈스캄폴로Scampolo〉의 스틸들이야. 이 정도면 꽤 값이 나갈 거야."

그래도 현실과 맞설 최상의 무기는 여전히 연대감 및 상호 지원이었다. 트뤼포는 집에 있던 일상 용품들을 이곳으로 가져왔고, 라슈네는 좀 더 형편이 나은 아르바이트를 통해 번 돈으로 연하의 친구를 지원해 주었다. 예를 들어, 라슈네가 무기 공장 하역장에서 일하던 1947년 여름, 트뤼포는 이런 편지를 썼다. "네가 제시하는 일주일에 3백 프랑은 내게 너무 많아. 1백 50에서 2백이면 충분하고도 남지. 오히려 가능하다면 '농축 우유' 한 병과 버터를 좀 가져다주었으면 해. 알다시피 난 아침에 많이 먹잖아." 트뤼포는 물질적으로 생활이 훨씬 나아진 훗날에도, 계속되는 시련 속에서 서로 돕던 이 시기를 결코 잊지 않았다. 트뤼포는 친구들의 경제적 어려움에 늘 신경을 많이 써, 정기적으로 금전상의 도움을 주었고, 가까운 친지들 대부분을 부양했으며, 미결제 청구서나 세금 독촉장을 대신 지불해 주었다.

사회로 나가 어른의 생활을 익힌다는 것은 또한 여자의 발견을 의미했다. 애정 생활에 들어선 것은 둘이 똑같은 시기였지만, 프랑수아는 친구보다 나이는 어려도 더 조숙했다. 그들이 공유하는 연애담이란, 우선 서점에서 베낀 소설이나 시집의 인용문을 활발히 활용하는 것이었다. 그 결과 젊은 시절의 자료 가운데 발견된 다음의 시에서 보이듯이, 두 소년은 외설로 가득한 작은 도서관을 남겼다. 이 시는 두 친구의 흥밋거리와 대화, 그들을 고무시킨 문학적 성찰을 상징적으로 보여 준다.

반짝이는 홍옥이여, 그대를 사랑하지 않노라.
그대가 불태우는 열정은 내게는 너무 소박한 것
차라리 두 젖가슴의 추잡한 포근함이 좋아라.
단단하고 뜨거운 젖가슴, 푸른 정맥으로 창백해진 젖가슴
영원한 그 감옥 속으로 노크도 없이 들어가

여인의 매력을 죽도록 빨아들임에
나르시스는 수분을 맛보고, 오필리아는 노를 젓는다.
사격을 마치고는 섬세한 후퇴감으로 사라져 버리노라.

또는 다음처럼 시적인 특징을 유지하면서도 더 직접적인 묘사로 채워진 것도 있다.

그녀의 치마가 내게 두건을 씌운다면 좋으리라.
그 차가운 팬티는 나의 입술에 의해 적셔지리라.
무릎 아래로 그녀를 얼싸안은 나의 팔은 구부리겠지.
상아처럼 흰 넓적다리를, 그러면 스타킹 미끄러지는 소리가 들리겠지.

영화는 성에 눈을 뜨는 데 핵심적 역할을 했다. 트뤼포 자신도 이야기했듯이 그것은 종종 저속하고 다소 도착적인 것이었다. "친구 한 명이 뽐내듯 말했다. 고몽 팔라스 영화관의 좌석 안내원인 자기 어머니와 동료들은 매주 일요일 마지막 회 상영이 끝나면 복스 좌석과 의자 열, 일반석 사이에서 적어도 60벌의 여성 팬티를 수거한다는 것이었다. (…) 덧붙여 말하자면, 이 숫자는 ― 우리가 매주 입수한 정보에 의하면, 많아야 10벌 정도였다 ― 우리를 영화 예술과 전혀 관계없는 몽상의 방향으로 끌어갔다."
프랑수아 트뤼포에게 문학과 영화라는 매개물은 꼭 필요한 것이긴 했지만 금세 그것만으로는 충분하지 않게 되었다. 애정 생활에서 트뤼포에게는 두 부류의 여성이 존재한 것 같다. 하나는 사려 깊고 교양을 지닌 젊은 여성으로, 이들과 함께 있을 때는 어느 정도 불편함을 느끼면서도, 구애할 때에는 오로지 인내심과 고집스러움에 의지한다. 또 하나는 일시적인 연애의 대상으로, 트뤼포의 조숙한 돈후안주의가 드러나는 부류다. 릴리안 로마노는 첫 번째의 사랑을 대표하는 인물로, 오래 기다리는 위대한 사랑이지만 이루지 못할 사랑이었다.

비슷한 시기에 프랑수아 트뤼포는 자신의 첫 번째 애인인 주느비에브 S를 만난다. 프랑수아보다 훨씬 나이가 많은 이 여성은 1946년 가을 생페르 상사에 비서로 근무하고 있었다. 12월 3일 늘 그렇듯이 문학적 중재를 거쳐 프랑수아는 친구 라슈네에게 이에 관해 편지를 썼다. "네가 아는 그 일에 관한 것인데, 어느 정도 네가 예견한 것처럼 되었어. 어중간하게 되었단 말이지. 다음번엔 더 잘되겠지. 하지만 전체적으로 보자면 아주 만족스러워." 14세 이후 트뤼포에게 성행위는 삶에서 중대한 것이 되었다. 그러나 또한 그것은 부끄러움이 동반된 것이었고, 이 수치의 감정 역시 그의 인생에서 변하지 않는 특징으로 계속되었다. 트뤼포는 자신의 영화까지 포함해서, 지나치게 노골적인 장면 앞에서는 언제나 시선을 피했다.

요술 수첩

그러나 진정한 삶은 다른 곳, 즉 영화관에 있었다. 청소년기의 프랑수아 트뤼포는 하루 3편의 영화를 보고, 일주일에 3권의 책을 읽는 일에 명예를 걸었다. 혼자서든 친구와 함께 하든 상관은 없었지만 판단만은 스스로 내려야 했다. 트뤼포는 라슈네에게 독학자의 극단적 자세를 옹호하는 고백을 했다. "나는 대중과 그 대중의 취향에서 우리를 멀어지게 하는 프랑스의 '문화'를 경계한다. 나는 지금 이지적 판단보다는 마음의 판단을 선호한다." 전문 지식과 관련해서는, 트뤼포는 즉시 분류 방식을 습득해서 각각의 영화감독을 대상으로 하는 파일을 만들었다. "그것은 프랑스 감독 마르셀 아불케르Marcel Aboulker에서 시작해 미국 감독 프레드 지네만Fred Zinnemann으로 끝나는 것이었다." 이 파일 속에 그는 『에크랑 프랑세L'Écran français』, 『시네비』, 『시네 보그』, 『시네 미루아르』, 『파리 시네마』, 『시네 다이제스트』, 『시네 몽드』 등의 잡지에서 오려낸 기사를 정리해 놓았다. 나바랭 가 아파트의 작은 붙박이장은 트뤼포가 쌓아 놓은 자료로 금세 꽉 차 버렸다. 1947년 가을 부모의 꾸지람을 들은 트뤼포는 자료를 로베르의 방으로 옮겼는데, 여기서도 자료는 방의 절반을 차지했다. 그곳에서 두 사람은 자료와 책들에 둘러싸여 생활했다. 이것은 포위된 두 사람의 정신 구조에 대한 공간적 은유이자 축적된 지식의 물적 증거였고, 1950년대와 1960년대 '시네필'의 황금기를 특징짓는 영화 리스트 작성, 분류 작업, 필모그래피 수집 등을 통한 전문 지식의 숭배 현상을 예고하는 것이기도 했다.

트뤼포는 전후 영화 주간지 가운데 내용이 가장 충실했던 『에크랑 프랑세』에서 지식의 공백을 채울 또 하나의 수단을 찾아냈다. 1948년 4월 13일부터 12월 7일 사이의 독자 투고란에서는 "파리 나바랭 가 33번지 F. 트뤼포"라고 서명된 글을 15편 이상 발견할 수 있다. "당신의 펜을 빌려 주세요"라는 타이틀의 이 독자 투고란은 33세의 젊은 평론가 장 샤를 타켈라가 담당하고 있었다. 타켈라의 회상에 의하면 "그는 나에게 집요하게 질문을 했고 새로운 작품 목록을 끝없이 요청했다. 나는 그의 열정을 보는 것이 즐거웠다. 당시 생활의 절반은 영화 해설 일로, 나머지 절반은 영화관 안에서 보내고 있던 나로서는 최고의 독자를 발견했던 것이다. 아무튼 그 열정은 엄청났으니까."

이런 방식의 훈련은 곧 결실을 맺게 된다. 즉 트뤼포는 '인간 시네마테크'로 평가되면서 친구들에게 깊은 인상을 심어 주었고, 당시의 젊은 영화광들과의 경쟁에서 수차례 승리를 거두는 등의 쾌거를 거듭했다. 1948년 초 〈자전거 도둑Ladri di biciclette〉과 관련된 경쟁에서 프랑수아 트뤼포는 전체 영화광 참가자 가운데 2등에 올랐다. 배급사인 파테 시네마가 비토리오 데 시카의 이 영화에 관해 작성한 질문지에 트뤼포는 탁월한 답변을 했고, 상품으로는 물론 멋진 자전거를 받았다. 트뤼포가 이렇게 많은 지식을 갖출 수 있었던 것은 무엇보다 영화관과 시네 클럽에 열성적으로 출입한 결과였다. 전후 파리의 영화관은 대형관부터 지역 소극장까지 합쳐 4백 관이 넘었는데, 이 가운데 2백 관 가까이가 트뤼포의 아파트에 근접한 곳, 즉 클리시 광장에서 오페라까지, 피갈에서 바르베스까지, 생드니 문에서 카퓌신까지 넓은 도로를 따라 위치해 있었다.

또한 시네 클럽들은 이 시기에 문자 그대로 황금기를 맞아, 수도 파리를 가로지르면서 거미줄처럼 빽빽하게 들어서 있었다. 그곳에서 젊은 트뤼포의 안목은 형성되었다. "나는 열광 상태에서 등록했다. 어서 가입해서 영화를 선정, 상영, 토론하는 이곳에 소속되고 싶었다." 1945년부터 열심히 참가한 트뤼포의 첫 시네 클럽 '델타'는 화요일 저녁마다 1930년대 프랑스 영화를 상영했다. 트뤼포가 평가했던 '샹브르 누아르'*라는 또 하나의 시네 클럽도 있었는데, 여기서는 장 콕토의 영화들을 상영했다. 또한 좀 더 권위를 갖춘 곳들도 있었다. 1946년부터 1948년까지 갈리마르에서 간행한 정보지 『르뷔 뒤 시네마Revue du cinéma』의 시네 클럽은 장 조르주 오리올, 자크 도니올-발크로즈, 피에르 카스트, 자크 부르주아, 앙드레 바쟁 등 해방 이후 부각한 '신비평'**멤버가 진행했다. 트뤼포는 몇 주에 걸쳐 토요일 오후마다 오손 웰스, 장 르누아르, 로셀리니와 네오리얼리즘에 관한 첫 미학적 토론회가 대대적으로 열리는 이 클럽에 참석했다. "그 시네 클럽은 내게 정말로 중요했다. 그래서 나는 집에 거짓말을 했고, 보이스카우트 활동에도 빠졌다. 토요일 오후에는 종종 친구들과 함께 캠핑을 가도록 되어 있었기 때문이다." 그뿐 아니라 트뤼포는 해방 시기 가장 높게 평가되던 시네 클럽에도 드나들었다. 전문가 가입만을 원칙으로 하고 있는 '테크니시앵 뒤 필름' 클럽이었다. "샹젤리제의 소극장에서 토요일 오전마다 상영이 있었으므로, 토요일에 몇 차례나

• '어두운 방', '암실'이라는 뜻*
•• 작가의 전기적 사실보다 작품 자체의 용어나 상징적 표현 등의 면밀한 분석을 중시하는 비평*

CINÉUM
ASSOCIATION DES AMIS DU CINÉ-ART
(Association déclarée N° 8916, régie par la loi du 1er Juillet 1901)
Siège Social : 33, Avenue Pierre 1er de Serbie — PARIS (XVIe)
Membre Actif 1948-49 Carte N° 522
FRANÇOIS TRUFFAUT
33, rue de Navarin, 33 PARIS (9e)
Le Président, Le Titulaire,
Cette carte rigoureusement personnelle, sera exigée à toute manifestation

트뤼포의 시네 클럽 회원증

그곳에 갔던 기억이 있다." 1948년 봄 트뤼포는 그곳에서 앨프레드 히치콕의 〈로프Rope〉를 처음으로 보았다.

시네 클럽 외에도 중요한 영화를 재상영하는 위르쇨린 소극장, 농민회관, 스튜디오 28, 샹폴리옹 등의 전문관은 모두 영화 역사에 관한 탄탄한 지식을 얻는 데 도움을 주었다. 그 밖에도 미국 영화 배급을 전문으로 하는 극장 체인도 있었다. 여기서도 트뤼포는 어쩔 수 없이 속임수를 쓰거나 사정을 했고, 때로는 할리우드 대형 영화사의 파리 지사에서 발행해 극장주에게 나누어 주는 주 5회 입장권을 훔쳐 내기까지 했다. "이 요술 수첩 하나를 얻으면, 파리에서 일반 공개되기 6개월 전에 미국 영화를 일주일에 5편 볼 수 있었다." 그리고 1946년 여름부터 미국 영화의 프랑스 상영이 공식 허용되면서 카메오, 아르티스틱, 방돔, 라스파유 소극장, 브로드웨이, 마르뵈프 소극장 등 15관 정도의 영화관에서 파리의 영화광들은 지난 10년간의 할리우드 영화를 자막이 붙은 오리지널 판으로 뒤늦게 볼 수 있었다. 오손 웰스의 〈시민 케인Citizen Kane〉과 〈위대한 앰버슨가The Magnificent Ambersons〉, 존 휴스턴, 하워드 혹스, 프레스턴 스터지스, 윌리엄 와일러의 영화들, 히치콕의 초기 미국 작품, 그리고 스크루볼 코미디, 필름 누아르, 뮤지컬 코미디 등 몇몇 주요 장르 영화들이었다.•

가장 훌륭한 영화 학교는 1944년 12월부터 트루아용 가에서

• 파리 영화광들의 전후 미국 영화 발견 양상은 장 샤를 타켈라와 로제 테롱의 다음 책에서 잘 묘사되어 있다. 『1945년부터 1952년 사이의 현혹적 시기에 사랑받은 영화들*Les Années éblouissantes. Le cinéma qu'on aime: 1945~1952*』(1988, 필리파치 출판사, 파리)

'세르클 뒤 시네마'*로서 재개된 앙리 랑글루아의 시네마테크였다. '세르클 뒤 시네마'는 젊은 관객에게 미국의 명작 무성 영화를 상영해 주었는데, 객석은 항상 정원을 초과했다. '세르클 뒤 시네마'가 트루아용 가를 떠나 이에나 거리에 있는 기술 공예사 회관으로 이사하자 관객들도 그대로 이동해 왔고, 이들에게는 첫 에이젠슈테인 페스티벌이 선사되었다. 화요일과 수요일 오후 6시 30분과 8시 30분에 있었던 이 상영회는 전체 만석이었다. 1948년 10월에는 랑글루아의 시네마테크가 처음으로 '영화 박물관'이라는 명칭을 얻으면서 마침내 메신 거리의 대저택에서 문을 열었다. 시사실에는 객석이 60개에 불과했지만, 빽빽이 들어가면 1백 명은 수용할 수 있었고, 실제로 늘 꽉 찬 상태였다. 좌석을 얻기 위해 트뤼포와 라슈네는 또다시 속임수를 썼다. 가장 수월한 방식은 화장실 안에 숨어서 다음 상영을 기다리는 것이었다. 더 나은 방식은 협상자로서의 능력을 증명하는 일이었다. 두 사람은 자신들의 수집품 가운데 가장 귀중하고 흥미로운 스틸 사진을 영화 박물관에 기증하는 조건으로, 얼마 동안 시네마테크 무료 입장의 혜택을 누릴 수 있었다.

르누아르, 웰스, 브레송

15세에서 18세까지 프랑수아 트뤼포는 엄청나게 많은 영화를 보

• 영화 서클*

았다. 쇼트와 대사 전체를 외우던 사샤 기트리의 〈사기꾼 이야기〉와 앙리 조르주 클루조의 〈까마귀〉 말고도, 두 편의 영화가 젊은 시네필의 마음에 깊이 각인되었다. 그것은 로베르 브레송의 〈불로뉴 숲의 여인들Les Dames du bois de Boulogne〉과 장 르누아르의 〈게임의 규칙La Règle du jeu〉이었다. 잘 알려져 있듯이 1939년 공개 당시 〈게임의 규칙〉은 실패했고, 이것은 르누아르에게는 모욕적인 일이었다. 평론계와 대중 모두 이 작품을 받아들이지 않았다. 1945년 재공개되었을 때 영화는 다시 한번 논쟁의 한가운데에 놓였다. 르누아르가 할리우드에 정착하면서 예술을 배신했다는 비난이 일었던 것이다. 몇 주에 걸쳐 트뤼포는 이 영화를 12번 보았는데, 그것은 14세의 나이에 받은 빛의 계시와도 같은 것이었다. 트뤼포의 눈에 르누아르는 관습과 자신을 비방하는 사람들의 회의적 견해에 저항하면서 한 명의 인간으로서의, 한 명의 예술가로서의 자유를 선택했다는 점에서 가장 중요한 영화감독이었다. 트뤼포가 1950년 4월 초창기의 글에서 썼듯이, 이제부터 "〈게임의 규칙〉은 영화 역사상 가장 위대한 작품으로 간주되어야 할 것"이었다.

1944년에 개봉된 로베르 브레송의 〈불로뉴 숲의 여인들〉 역시 프랑스 비평가들에게 명백히 회의적 반응을 얻었다. 비평가들은 배우들의 연기, '싸늘한' 시선이 주는 거리감, 냉혹한 감정, 문학적 스타일 등을 비난했다. 트뤼포는 학급 친구와 교사를 상대로 학교에서, 시네 클럽에서, 그리고 부모와의 식사 시간에 이 영화를 옹호하는 전투를 펼쳤다. 전투에는 다양한 성과도 따랐지만, 그 과정에서 트뤼포는 몇몇 확신을 품게 되었다. 특히 한 영화의 가치란 감정이나 정열을 표현할 때의 절도와 간결성, 품격과 신중함의 고집스러운 추구에 있는 경우가 많다는 생각을 가졌다. 몇 년 뒤 트뤼포는 이렇게 말했다. "〈게임의 규칙〉과 마찬가지로 〈불로뉴 숲의 여인들〉은 한동안 파리의 시네필들과 시네 클럽, 그리고 다른 종류의 영화를 고대하던 사람들이 좋아하던 작품이었다. 두 영화 모두 야유받고 경멸받고 오해받았으며, 한두 차례 불행한 재개봉 시도가 있었다는 공통점이 있다. 그럼에도 시네 클럽을 통해 이 영화들은 점차 중심적 작품으로 확립되었다."

사샤 기트리, 장 르누아르, 로베르 브레송……. 14세라는 나이에 프랑수아 트뤼포는 이미 시네필로서의 투쟁에 하나의 의미를 부여했다. 그것은 훗날 자신이 지목하게 될 '영화 작가'들을 옹호한다는 것이었다. 청소년기 트뤼포의 지식 세계 형성 과정에서 마지막 주춧돌은 오손 웰스의 〈시민 케인〉이었다. "이 영화는 확실히 우리들 가운데 가장 많은 사람에게 영화감독의 꿈을 북돋워 준 작품이었다." 트뤼포는 1967년 "시민 케인: 연약한 거인"이라는 탁월한 제목의 글에서 그렇게 말했다. "그의 젊음 때문에, 그가 지닌 교양과 낭만주의 때문에, 오손 웰스의 천재성은 순식간에 할리우드 감독들의 재능보다 우리에게 더 친근한 것으로 느껴졌다. 우리는 이 영화를 완벽하게 좋아했는데, 영화 자체가 완벽했기 때문이다." 1946년 7월 10일 파리의 마르뵈프 소극장에서 개봉한 〈시민 케인〉은 실제로 전후 시네필들에게 본격적인 첫 논쟁 대상이 되었다. 수많은 비평가가 1945년에 이미 뉴욕에서 이 영화를 본 장 폴 사르트르의 엄한 평가의 영향을 받아 웰스의 〈시민 케인〉을 거부했다. 일부는 그 문학적 허세를 공격했고, 또 다른 사람들은 그 '표현주의'를 공격했다. 한편 공산주의 비평가 진영의 선두에 섰던 조르주 사둘은 이 영화를 풋내기의 스타일 수련으로밖에 보지 않았다. 1946년 가을, 소란함 속에 콜리제 영화관에서 상영회가 열렸을 때 앙드레 바쟁은 〈시민 케인〉을 옹호했고, 이어 『현대Les Temps modernes』지를 통해 사르트르에 응수했다. 오손 웰스 이전에는 위대한 감독들도 테크닉을 완성하지 않으면 안 되었다. 그러나 이 "눈부신 젊은이"에게 테크닉은 이미 하나의 전제조건이며, 마침내 작가, 즉 확실한 조물주는 자신의 생각대로 테크닉을 다룰 수 있게 되었다. 이렇게 해서 선구자들의 시대는 최종 마무리되었고, 영화의 견습기는 시한 만료되었다. 테크닉은 더 이상 습득할 대상이 아니라, 독창적 스타일을 탄생시키기 위해 최상의 상태로 숙달해야 하는 대상이 된 새로운 시기가 열린 것이다.

〈시민 케인〉을 옹호하는 이 투쟁은 무엇보다 한 세대의 선언, 즉 미국의 새로운 영화에 호감을 가진 전후 시네필의 선언으로 등장했다. 1940년대 말의 정치적 맥락에서 미국 영화는 비평계를 첨예하게 양분하고 있었다. 할리우드 영화를 옹호한다는 것은 다수의 눈에 반애국적 도발이자 지식인 계층에 활력을 불어넣고 있던 마르크스주의적 혹은 범마르크스주의적 좌파 문화를 손상하는 댄디즘°으로 비쳤다. 젊은 트뤼포는 이런 논쟁을 직접 목격하면서도 여전히 시네필적 운동의 내부에서 자신의 자리를 찾는 상황이었다. 사실상 트뤼포는 대부분의 시간을 혼자서 공부했기 때문에 아직 사교계를 알지 못했다. 앙드레 바쟁은 트뤼포에게 알렉상드르 아스트뤼크, 로제 레엔하르트와 같은 차원에서 위엄 있는 인물일 뿐이었다. 그러나 트뤼포의 내부에서는 영화에 대한 사랑을 공유하고 싶은 욕망이 살아나고 있었다.

영화 중독이라는 모험

영화에 대한 사랑을 공적으로 표명하려는 시도로서 프랑수아 트뤼포는 1948년 10월 '세르클 시네만'**이란 시네 클럽을 만들기로 결정했다. 당시 18세로 재정 관리를 담당할 수 있는 로베르 라슈네가 사무국장 겸 지배인이 되었다. 트뤼포는 예술감독의 직책을 맡았다. 무엇보다 상영관을 찾는 일이 급선무였다. 트뤼포는 일요일 아침마다 1회 상영에 4천 프랑의 조건으로, 생제르맹 대로에 위치한 클뤼니 팔라스 극장의 주인 마르셀렝 씨를 설득하여 극장을 빌리는 데 성공했다.

트뤼포는 프랑스 시네마테크에 프린트 대여를 요청했다. 10월 31일 일요일 오전 10시 15분으로 예정된 첫 상영을 위해 앙리 랑글루아는 르네 클레르의 〈막간Entr'acte〉과 루이스 부뉴엘의 〈안달루시아의 개Un Chien andalou〉 등 두 단편 영화를 대여해 주기로 했

• 일종의 문화적 귀족주의*
•• 영화 중독자 서클*

생미셸 대로에서 프랑수아 트뤼포와 로베르 라슈네(1948)

다. 트뤼포는 장 콕토의 장편 영화 〈시인의 피Le Sang d'un poète〉도 함께 빌리려 했지만, 프랑스 시네 클럽 연맹의 반대에 부딪혔다. 트뤼포가 연맹 가입과 대여료 지불을 거부했기 때문이었다. 반면 랑글루아는 트뤼포와 다른 젊은 시네필들에게 프린트를 무료로 대여해 연맹의 감시에서 벗어나도록 도와주고, 그럼으로써 시네 클럽의 공식망을 무력화시키고자 했다. 그러나 공산당의 영향력 아래 있던 강력한 연맹에 맞설 수 없었던 랑글루아는 트뤼포에게 〈시인의 피〉의 대여를 거절할 수밖에 없었고, '세르클 시네만'의 첫 상영도 불확실해졌다. 마지막 순간에 트뤼포는, 여전히 앙리 랑글루아를 설득할 수 있으리라는 희망 속에서 11월 14일 일요일로 상영일을 연기했다. 그러자 랑글루아는 11월 4일 자 편지를 통해 경고를 전했다. "영화에 대한 귀하의 애정으로 비추어 볼 때, 저의 답변을 이해해 주시리라 생각합니다. 제게 알려 주신 이번 경우처럼, 외부의 지원 없이 이런 시도를 행하는 일은 잘못된 것임을 알려 드립니다. 프린트 대여와 관련된 프랑스 시네마테크와 프랑스 시네 클럽 연맹 사이의 분쟁은 개인적 문제도 정치적 문제도 아니며, 단지 법률상의 불가능성에 대한 문제일 뿐입니다. 아무리 시네마테크가 활발한 조직체로 살아남아 시네 클럽 운동을 지키고자 하는 욕망을 지닌다 해도, 시네마테크는 법률의 구속을 받는 것입니다."

트뤼포는 포기하지 않고 이번에는 장 콕토에게 직접 편지를 보내, 영화 프린트를 극장에 가지고 와 관객들에게 상영해 달라고 요청했다. 클뤼니 팔라스 극장 주변에는 이번 첫 행사에서 "감독

94

이 참석한 가운데" 〈시인의 피〉를 상영한다는 광고 전단이 나붙었고, 생미셸 지역의 시네 클럽에도 전단이 배포되었다. 콕토의 이야기를 직접 듣는다는 것은 대단한 특권이었으므로, 당연히 이 프로그램은 큰 반향을 일으켰다. 르네 클레르와 루이스 부뉴엘의 두 단편 영화 상영이 끝난 뒤 콕토의 도착을 기다리다가 속은 것을 안 1백여 명의 관객은 상영회를 폭동 직전까지 몰고 갔다. 트뤼포와 라슈네가 적절한 조치를 취해 전액 환불 사태는 피했지만 '세르클 시네만'은 이미 큰 신뢰를 잃었다. 그래도 입장 수입은 대관료 지불에 문제가 없을 만큼 되었고, 1천 프랑 가까운 이익까지 남겼다. 관객들의 불평에도 불구하고 마르셀랭 씨는 이 기획의 연장을 승인했다.

이후 매주 상영료와 프린트 대여료를 지불하느라 트뤼포에게 쌓인 빚이 시네 클럽의 재정을 위협했다. 트뤼포는 사실은 프랑스 보이스카우트의 영화 부장이자 아버지의 동료였던 기야르 씨와 합의해, 프랑스 시네 클럽 연맹을 거치지 않고 직접 MGM으로부터 프린트를 외상으로 빌리고 있었다. 프랑스 보이스카우트가 대여료 총액을 MGM에 선불하면, 트뤼포가 일요일 오전의 수입금으로 그것을 상환하기로 한 것이다. 클뤼니 팔라스 극장주 마르셀랭 씨와도 같은 조건의 계약을 체결했다. 그러나 빚은 점점 늘어나 두 번째 상영일인 11월 21일 일요일 에드먼드 굴딩의 〈백색 깃발White Banners〉 상영으로 8천 프랑, 11월 28일 프레드 니블로의 〈벤허Ben Hur〉 상영으로 7천5백 프랑의 적자를 보았다. 트뤼포는 돈을 갚기 위해 동분서주했으나 상황은 유리하지 않았다.

이미 5개월 전인 6월 말에 트뤼포는 반복되는 일에 갑갑함과 싫증을 느낀 나머지 생페르 상사를 그만두었고, 그때 받은 퇴직 수당금 1만 2천 프랑으로 시네 클럽의 재정을 꾸려나가고 있었다. 퇴직 후에 트뤼포는 코메디-프랑세즈 부근에 있는 문방 서점 '가정의 평화'에서 반나절씩 일했지만 봉급은 매우 적었다. 프랑수아는 회사를 그만둔 사실을 부모에게 알리지 않는 편이 낫다고 생각했다. 회사명이 인쇄된 명세서와 함께 봉급 일부를 계속 그들에게 주었기 때문에, 부모는 아직 프랑수아가 생페르 상사에서 일한다고 믿었다. 자닌과 롤랑 트뤼포는 그 돈이 빌린 돈이라는 사실도, 프랑수아가 회사를 떠나면서 봉급 명세서 양식을 훔쳤다는 사실도 몰랐다. 부부가 판단하기에 영화에 대한 열정이 지나치긴 하지만, 트뤼포는 큰 문제는 일으키지 않고 자신의 길을 가는 것 같았다. 그러나 9월 중순에 발생한 다음 사건에서 증명되듯이 실상은 이와 거리가 멀었다. 롤랑 트뤼포가 근무하는 쇼세당탱 가의 프랑스 보이스카우트 사무실에서 타자기 한 대가 흔적도 없이 사라졌다. 어느 날 밤, 로베르가 야간 관리인의 동태를 살피는 사이에 프랑수아가 훔친 것이었다. 이틀 뒤 프랑수아는 타자기를 자기보다 나이 많은 영화광 자크 앙페르•에게 팔았다. 이때 받은 4천 프랑은 '세르클 시네만'의 초기 영화를 상영하는 재원의 일부로 쓰였다. 책을 팔기도 하고 '가정의 평화' 서점과 로베르의

• 1950년에 자크 앙페르는 『카이에 뒤 시네마』라는 작은 잡지를 루앙에서 창간했다. 자크 도니올-발크로즈는 앙드레 바쟁 및 로 뒤카와 함께 창간하려는 잡지에 같은 제명을 사용하고자 했다. 따라서 그는 1951년 4월 창간호가 나오기 전에 자크 앙페르와 잡지의 제명에 관해 협상했다.

할머니 비제 부인에게서 돈을 빌리기도 했지만, 트뤼포는 빚을 갚을 수 없었다.

트뤼포와 라슈네는 11월 28일 일요일에 프레드 니블로의 〈벤허〉를 상영했으나 실패로 끝났다. 트뤼포는 다른 시네 클럽과의 경쟁이 너무 심하다는 이유를 대면서 클뤼니 극장주에게 실패를 인정해야만 했다. 사실 같은 날 같은 시각에 앙드레 바쟁이 추진하던 문화 단체 '노동과 문화' 시네 클럽도 영화 상영회를 열고 있었다. 많은 사람이 이 탁월한 비평가이자 교육자의 강연을 듣기 위해 상영 때마다 모여들었다. 트뤼포는 대범하게도 바쟁을 만나 상영 날짜 변경을 설득해 보기로 굳게 마음먹었다.

1948년 11월 30일 화요일 트뤼포는 생제르맹-데-프레의 보자르 가에 위치한 '노동과 문화' 사무실 건물을 찾아 3층으로 걸어 올라가 앙드레 바쟁과의 만남을 요청했다. 트뤼포는 물론 이것이 자신에게 얼마만큼 결정적인 만남이 될 것인지 모르고 있었다. 이해심 많고 타고난 포용력을 지닌 바쟁은 이 혈기 왕성한 젊은 시네필에게 호감을 느꼈다. '노동과 문화' 클럽의 낡고 작은 사무실에서 트뤼포가 만난 바쟁은 서른 살의 나이에 마르고 조금 구부정하고 날카로운 눈빛을 지닌, 당시 젊은 평론가들 모두가 지지하던 중요한 인물이었다. 『해방된 파리인Le Parisien libéré』지에 실린 글들은 바쟁에게 시네필 집단을 넘어서는 확고한 명성을 가져다주어, 여러 시네 클럽의 상영 영화들에 관해 글을 쓰던 그의 사무실에는 매일 많은 사람이 드나들었다.

트뤼포에게 이곳은 곧 새로운 영화 학교가 되었고, 여기서 '문

예인 시네 클럽'의 정회원 알랭 레네, 레모 포를라니•, 민중문화
협회에서 발간하는 잡지 『도크Doc』의 젊은 편집장 크리스 마르
케르, 알렉상드르 아스트뤼크를 만나게 되었다. 아스트뤼크는
1945년에 갈리마르에서 출판된 데뷔 소설 『바캉스Les Vacances』로
주목을 끈 작가로서 『현대』지에도 정기적인 기고를 하고 있었지
만, 마음은 이미 영화를 향하고 있었다. 얼마 뒤 앙드레 바쟁의 부
인이 될 자닌 키르슈도 협회의 연극분과위원장 잔 마티유의 조수
로서 이곳에서 일하고 있었다. 바쟁은 건강이 악화할 때까지 전
투적 문화 활동에 온 힘을 쏟았다. 협회 '노동과 문화'의 영화분
과 책임자로서, 바쟁은 파리 및 근교 지역의 학교와 몇몇 대형 공
장 안에 시네 클럽을 개설하는 일을 지원했다. 가톨릭교도였던
바쟁은 또한 에마뉘엘 무니에의 잡지 『에스프리Esprit』와도 협력
하고 있었다. 그에게 영화란 전쟁의 불행을 딛고 재기하는 사람
들을 위한 새로운 교육의 핵심이었다. '노동과 문화' 정관 규약의
하나인 '문화에 대한 공평한 접근 권리'와 '대중 교육'은 해방 시
기에 등장한 수많은 활동 기획이 가장 중시한 사항이었다. 이 새
로운 관심이 영화로 옮겨지면서 동료와 반대자들 모두 앙드레
바쟁에게서 일종의 메시아 역할을 기대하고 있었다.

• 후에 라디오 방송 캐스터가 된다.*

목덜미를 잡히다

'노동과 문화' 사무실을 나온 트뤼포는 다시 현실로 돌아와야 했다. 자신이 진 빚은 사라진 것이 아니었다. 이틀 뒤 프랑스 보이스카우트의 영화부장인 기야르 씨는 동료 롤랑 트뤼포에게 불만을 털어놓았다. 롤랑은 아들이 기야르 씨에게 총 7,850프랑의 빚을 지고 있다는 사실을 알고 낙담하여, 12월 2일 밤 솔직한 설명을 듣기 위해 나바랭 가 아파트에서 프랑수아를 기다렸다. 롤랑은 난폭한 말을 쏟아 낸 뒤 아들에게 모든 것을 고백하라고 강요했고, 파산으로 내몰 '세르클 시네만' 활동 같은 건 깨끗이 접고 정신을 차린 뒤 확실한 직업을 찾아 안정된 생활을 한다면 지난 일은 없던 것으로 하겠다고 말했다. 롤랑 트뤼포는 아들에게 자신의 과오와 부채를 상세하게 기재하도록 했다. "나는 다음 사실이 진실임을 하늘에 맹세합니다. 나는 생페르 상사를 5개월 전에 그만두었고, 속임수를 써서 가짜 급여 명세서를 집에 가져왔습니다. 나는 문방서점 '가정의 평화'에 책들을 팔았습니다. 나는 프랑스 보이스카우트 건물에서 타자기를 훔쳐 1948년 9월 자크 앙페르에게 4천 프랑에 팔아넘겼습니다. 나는 다음과 같이 갚아야 할 빚이 있습니다. 프레보 씨에게 855프랑, 비제 부인에게 1만 5백 프랑, 마르셀랭 씨에게 2천5백 프랑, 기야르 씨에게 7,850프랑, '가정의 평화' 서점에 2천5백 프랑, 슈니유에게 250프랑, 주느비에브에게 150프랑입니다." 모욕과 패배감 속에서 소년은 이 비참한 거래 증서에 서명했고, 롤랑 트뤼포는 채권자 한 명 한 명에게 빚을 갚아 주었다. 총액 2만 4,605프랑은 롤랑의 당시 1개월 봉급을 웃도는 액수였다.

그렇지만 의무감이었든(프린트들이 이미 약속되어 있었고, 광고까지 마친 상태였다), 무모함이었든, 도전 정신 혹은 허세의 결과였든, 트뤼포는 클뤼니 팔라스에서 '세르클 시네만'의 새 영화 세 편의 상영 계획을 계속 밀고 나갔다. 12월 5일은 킹 비더의 〈성채The Citadel〉, 8일은 존 포드의 〈머나먼 항해The Long Voyage Home〉, 11일은 그가 좋아하는 영화 중 한 편인 오손 웰스의 〈위대한 앰버슨가〉의 상영이 예정돼 있었다. 마지막 날 상영을 기리기 위해 프랑수아는 『에크랑 프랑세』지에 "기자들과 IDHEC°의 학생들을 정중히 초대합니다"라는 문구의 광고까지 실었다. 킹 비더와 존 포드의 영화 프린트를 가지러 라슈네와 함께 직접 MGM 본사로 간 트뤼포는, 1급 작품의 대여료에 상응하는 액수 5천 프랑을 다음 날 지불하기로 약속했다. 관객이 60명은 되어야 이 액수를 지불할 수 있었지만, 12월 5일 일요일의 관객은 20명 정도밖에 되지 않았다. 대여료가 들어오지 않자 MGM은 화요일에 이 사실을 기야르 씨에게 알렸고, 기야르 씨는 다시 롤랑 트뤼포에게 불만을 전달했다. 인내의 한계를 넘은 롤랑은 과격한 방식으로 이 일을 해결하기로 결심했다.

12월 7일 밤 프랑수아는 보이지 않았다. 그러나 롤랑은 어디에 가면 프랑수아를 찾을 수 있는지 알고 있었다. 다음 날 오후

• 고등영화학원°

5시 30분 존 포드 영화의 상영 직전 클뤼니 팔라스 극장 로비에서, 라슈네를 비롯한 몇몇 친구 사이로 롤랑 트뤼포가 "갑자기 나타나 프랑수아의 셔츠 깃을 움켜쥔 채 끌고 갔다. 우리에게는 두 번 다시 만나서 말썽을 피우는 일은 없을 것이라고 말하면서……." 눈물을 글썽이며 현장을 목격했던 로베르 라슈네는 그렇게 회상했다.

아버지는 망연자실한 아들을 나바랭 가로 데려왔다. 자닌은 남편의 행동에 간섭하지 않았다. 오래전부터 자닌은 아들의 장래에 대한 관심을 잃어버려, 그저 심한 언쟁으로 종종 중단되던 식사 시간에야 언뜻 볼 정도였다. 말다툼이 격하게 이어졌고, 밤 9시를 알리는 시계 소리에 롤랑 트뤼포는 집 근처 발뤼 가에 있는 경찰서로 프랑수아를 데리고 갔다. 그곳에서 롤랑은 며칠 전 서명한 자백 문서를 근거로 제시하면서, 프랑수아를 비행 청소년 특수 시설에 수용해 줄 것을 청원했다. 경찰관은 롤랑의 요청 사항을 기록하고, 여러 거짓말과 절도, 채무에 관한 소년의 자백을 담은 서류를 검토했다. 신청이 접수되자 롤랑 트뤼포는 아들을 경찰의 보호에 맡기고 떠났고, 프랑수아는 그곳에서 밤을 지냈다. 단속에 걸린 세 명의 매춘부에게 자리를 내 주기 위해 중앙 감방에서 작은 독방으로 이동하는 도중, 프랑수아는 친구 로베르를 발견했다. 로베르는 프랑수아를 변호하고자 애썼으나 허사였다. 프랑수아는 지방 법원장의 구류 결정을 기다리면서, 하루를 독방에서 보냈고 짚으로 만든 매트 위에서 또 하룻밤을 새웠다.

집에서 2백 미터 떨어진 이 작은 경찰서에서 32시간을 보낸 뒤,

12월 10일 새벽 프랑수아는 다른 네 명의 죄수와 함께 호송차에 올라 시테섬에 있는 파리 경시청 유치장으로 이송되었다. 등록, 사진 촬영, 지문 채취, 소지품 검사 등 굴욕의 절차를 걸친 다음, 프랑수아는 유치 장소가 결정되기까지 다시 이틀을 보냈다. 토요일 오후 늦은 시간이 되어서야 프랑수아는 빌쥐프의 레퓌블리크 거리 이탈리 문 옆에 있는 파리 미성년자 관찰소로 이송되었다. 거기서 프랑수아는 또다시 치욕적인 절차를 밟았다. 사복을 서기과에 맡기고 제복을 입고 공동 침실을 지정받은 뒤, 사감에게 최초의 관례적 구타를 당했다……. 이렇게 해서 프랑수아 트뤼포는 프랑스 민법상의 '부친 정치법'의 적용을 받게 되었는데, 민법 375항과 377항은 다음과 같이 규정되어 있었다. "자식의 행실에 과히 심각한 불만의 이유를 보유한 부친은 다음과 같은 교정 수단을 취할 수 있다. (…) 16세부터 성년 또는 친권 해제 연령에 도달하기까지의 기간 동안 부친은 자식을 대상으로 하는 최장 6개월의 구금 요청이 가능하다."

비행 소년

빌쥐프에 도착하자마자 프랑수아 트뤼포에게는 부모에게 편지 쓰는 일이 허용되었다. 물론 수신과 발신 편지 모두 의무적으로 서무과에서 개봉해 읽는다는 것은 잘 알고 있었다. "사랑하는 아빠와 엄마"로 시작되는 트뤼포의 첫 편지는 아무런 증오심이나 감정 교류도 없이 오로지 용건만으로 채워져 있었다. 트뤼포가 부모에게 부탁한 것은 약간의 잼, 찰리 채플린과 오손 웰스에 관한 자신의 자료 파일이 전부였다. 롤랑과 자닌 부부는 이 같은 "후회와 가책이라곤 찾아볼 수 없는 철저한 파렴치"를 이해할 수 없었고, 그 냉정함을 새로운 반발로 간주하여, 두 달 동안 빌쥐프에 한 번도 면회를 가지 않았다.

미성년자 관찰소는 거무스름한 높은 벽으로 외부와 격리된 큰 건물이었다. 음산하고 칙칙한 넓은 안마당에서는 교관들이 소년들을 에워싸고 체조를 실시했는데, 거의 군대 훈련에 가까웠다. 교실, 식당, 공동 침실은 모두 감시되었고, 정신적 모욕뿐 아니라 체벌까지도 공식 허용되었다. 트뤼포는 그해 크리스마스이브의 감격을 오랫동안 기억에 지니게 된다. "그날 밤엔 네댓 개의 웨이퍼스 과자, 초콜릿 바 한 개, 귤 한 개가 주어졌고, 몽둥이로 맞는 일도 없었어요." 프랑수아는 어머니에게 그렇게 썼다. 이어서 1949년 1월부터 3월 초까지 프랑수아 트뤼포는 대부분의 시간을 격리된 상태로 보냈다. 탈주 미수와 '교관 모독'의 결과 2월 5일에서 8일까지는 독방에 갇혔고, 17회 생일도 그곳에 감금된 상태에서 맞았기 때문에, 2월 6일 처음으로 방문한 어머니도 만날 수 없었다. 또한 빌쥐프에 도착한 며칠 후 트뤼포는 혈액에서 매독균이 발견되어 의무실 신세를 졌다. 아마도 나바랭 가의 매음굴에 드나든 결과로, 혹은 젊은 청년으로서 잦은 성관계로 병을 얻었을 것이다. 음부 질환에서 시작해 신체를 좀먹어 들어가 극단적 경우는 마비 상태나 죽음으로 이끌 수도 있는(보들레르가 "저주받은 이로 갉아 먹어 가는 불치병"이라고 썼듯이) 매독은, 전후 시기에는 비교적 흔한 질병이었지만, 1940년대 초 이후로는 페니실린 덕분에 치료가 훨씬 쉬워졌다. 1월 11일 트뤼포는 일주일 예정으로 의무실에 처음 입원했다. 오전 6시부터 3시간마다 한 번씩, 하루에 7번 주사 치료를 받는 일정이었다. 입원은 1월 말에 한 번, 2월 28일부터 3월 5일까지 한 번 등 두 차례 더 이어졌다. 그러다 보니 환자는 주사 횟수를 시간 측정의 단위로 삼기에까지 이르렀다. "6일 동안 38번 주사를 맞았어요. 곧 또다시 시작될 38대의 주사를 맞기 전까지 자크 프레베르의 『말*Paroles*』을 받게 되면 정말 좋겠어요. 책들과 함께 있으면 훨씬 괜찮을 테니까요." 3월 8일 트뤼포는 어머니에게 그렇게 편지를 썼다.

비행 소년으로 간주되고, 오랜 주사로 쇠약해진 트뤼포는 3개월 동안 양친에게 10통가량 되는 편지를 보내 안경을 요청했고, 추위를 하소연했고, 특히 책과 친지의 소식을 부탁하는 등 고독과 가혹 행위를 인내하는 데 도움이 될 모든 것을 구했다. "주사를 맞고 다음 주사까지의 세 시간 동안 나는 독서하고 잠자고 식사하고, 말하자면 살아갑니다. 계속 배를 깔고 엎드려 있는데, 간호원이 나의 존엄한 둔부를 고통의 여과기로 만들어 버렸기 때문이에요." 2월 28일 자 편지에서 트뤼포는 어머니에게 그렇게 썼다. 그러나 물물 교환, 대여, 용역으로 이루어진 철저히 물질적인 것 이외에 부모와 함께할 수 있는 대단한 일이란 트뤼포에게 더 이상 없었다. 사기도 떨어졌고, 생일 다음 날에 쓴 울적한 짧은 편지에서 보이듯 체념과 쓰라림만 가득한 것처럼 보였다. "나는 또다시 4, 5개월을 관찰소에서 사는 것 외에 어떤 선택도 할 수 없을 거예요. 그러고는 18세가 될 때까지 농장이나 직업 훈련소에 가 있겠지요. 18세 시점에서 엄마 아빠가 저를 다시 받아들이지 않는다면, 군대에 지원하지 않는 이상 21세가 될 때까지 그곳에 남게 되겠지요."

그래도 관찰소의 상담원 리케르 양이 묵인해 준 덕분에 트뤼포는 친구 라슈네에게는 더 자유롭게 편지를 썼다. 이 편지들은 부모에게 보낸 것과는 달리, 덜 순종적이고 훨씬 절박감이 있으며 억압과 몰이해를 비난하는 분노로 채워져 있다. 1949년 1월 중순 로베르에게 보낸 것은 완전한 고별의 편지였다. "프랑수아-장 비고"라고 서명된 이 편지는 비극적이었고 소설의 느낌이 가득했다. "장 비고를 생각한다. 6층 너희 집까지 겨우 기어오른 뒤 기침을 하거나 숨을 헐떡거릴 때 네가 빗대어 언급했던 그 장 비고 말이다. 만일 나와 장 비고 사이에 몇몇 공통점이 있다거나 새로이 생긴다 해도, 나는 〈품행 제로Zéro de conduite〉 한편 만들 시간도 없이 죽을 것이 확실하다. 레몽 라디게 생각도 한다. 그러나 살아나서 『육체의 악마Le Diable au corps』를 쓸 시간이 내게 없을 것을 나는 잘 알고 있다." 그러고는 비장하게 "나는 죽을 것을 알고 있다"라는 문장으로 마치고 있다. 절망의 밑바닥에서 트뤼포는 어머니와 라슈네, 친구 클로드 티보다, 슈니유가 보내 준 책과 소설, 간행물, 잡지에 매달렸다. 슈니유는 어릴 때 같은 학급에 있었던 친구로, 나바랭 가 근처의 문구점 집 아들이었다.

2월 초가 되어 재판이 열렸는데, 문제는 간단하지 않았다. 신문 과정에서 프랑수아가 몇몇 절도와 부채를 추가로 고백했기 때문이었다. 한편 롤랑 트뤼포는 다음번 킬리만자로 원정을 위해 들었던 적금의 일부를 깨서 빚의 대부분을 갚고 있었다. 그리고 모든 수단을 동원해 남은 채권자들이 채무 상환 요구나 고소를 하지 못하도록 설득하고 있었다. 예를 들어, 프랑수아 앞으로 광고비 지불 요청을 해 온 『에크랑 프랑세』 측에는 이렇게 답장을 보냈다. "저의 자식은 12월 8일 이후 사법의 관할 아래 놓여 있으며, 귀사의 청구 사항과 관련해 저는 전혀 알지 못합니다. 실례를 무릅쓰고 말씀드리자면, 제가 알지 못하는 사이에 제멋대로 세운 이 '상트르 시네만'●에 귀사도 경계를 늦추지 마시기 바랍니다. 우연히라도 이 명칭으로 주문이나 서비스 의뢰를 받는다면 어떤 경우라도 거절해 주시면 감사하겠습니다. 또한 제 자식의 구금 이후 몇몇 친구들이 이 이름으로 주문할 가능성도 있다는 사실을 알려 드리고 싶습니다." 프랑스 보이스카우트의 동료인 기야르 씨는 고소를 하지 않았지만, 그럼에도 프랑수아의 서류에는 걱정거리가 하나 남아 있었다. 또 다른 부장인 들라트롱셰트 씨가 타자기 절도 사건을 고소해서 예심이 이루어지고 있었기 때문이었다.

프랑수아는 이 일에 관해 지정 변호사인 모리스 베르트랑 씨에게 다 고백했다. 9구 지방 법원 재판관은 확인된 빚을 아버지가 갚은 일, 아들이 고백한 모든 절도 사건 등의 사항에 관해 비교적 관대한 판결을 내렸다. 롤랑 트뤼포에게 아들 명의로 벌금

● '세르클 시네만'을 롤랑 트뤼포가 오기한 것으로 보인다.●

1만 2천 프랑을 지불할 것을 명했고, 프랑수아는 빌쥐프에서 석방되면 성년 혹은 친권 해제 연령에 도달할 때까지 시설에서 보호하며, 고용주를 찾은 경우라면 외부에서 반나절 근무도 할 수 있도록 했다.

트뤼포는 구류 중에도 어느 정도의 위안은 찾을 수 있었다. 속내를 털어놓진 않아도 교양과 매력을 갖춘 트뤼포에게 형법 기관이나 사법 기관에 근무하는 어른 몇몇이 흥미를 보였기 때문이다. 빌쥐프 관찰소의 소장 레몽 클라리스 역시 여러 과실에도 불구하고 프랑수아에게 애정을 보여, 일간지와 영화 잡지들을 거르지 않고 가져다주었다.

그리고 누구보다도, 〈400번의 구타〉에서 앙투안 두아넬이 사용하는 표현을 쓰자면, '스파이카운셀러'●였던 리케르 양이 있었다. 리케르 양은 프랑수아와 여러 차례 만나 긴 면담을 했다. 리케르 양은 트뤼포의 서류 기록을 수정하는 데도 결정적인 역할을 행해, 그에게 처음 내려진 특징적 진단을 바꾸어 놓았다. "도착적 성향에 의한 정서 불안정"이란 문구가 "거짓말을 반복하면서 그 속으로 도피하는" 소년이라는 좀 더 꼼꼼한 묘사로 대치되었다. 가정 환경과 심적 상황이 "마음에 상처를 준 것"이라고 리케르 양은 판단했다. 리케르 양은 상당한 애정을 가지고 트뤼포의 석방을 앞당기기 위해 그의 부모와 라슈네 등 지인들을 만나기도 했다. 그리고 1949년 3월에는 앙드레 바쟁과도 접촉해 이 젊은이를

● 앙투안은 'psychologue'(상담원)를 'spychologue'로 바꾸어 부른다.*

위해 개입해 줄 것을 요청했다. 트뤼포를 거의 기억하지 못하고 있었지만, 그럼에도 바쟁은 포드페르 가에 있는 리케르 양의 집에서 그녀를 만났다. 바쟁은 트뤼포의 보증인이 되기로 했을 뿐 아니라, '노동과 문화' 협회 안에 그의 일자리를 마련해 주기로 약속까지 했다. 리케르 양 역시 석방 후에도 계속 트뤼포와 접촉한다는 사항에 동의했다. 이 같은 보증에 힘입어 재판관은 석방을 3개월 남긴 트뤼포를 베르사유의 어느 종교 시설로 보내도록 결정했다. 1949년 3월 18일, 17세의 트뤼포는 반자유의 몸이 되었다.

나는 하늘을 오랫동안 쳐다보지 않는다

프랑수아 트뤼포는 1949년 3월 18일 오전 베르사유 생트-소피가에 위치한 기느메르 기숙사에 인도되었다. 이곳은 센-에-와즈 가족사회협회 소속의 종교계 기숙사로, 규칙은 엄하지만 빌쥐프 관찰소보다 구속감이 덜했고, 교육을 담당하는 노트르담 교구의 수녀들도 빌쥐프의 교관들보다 훨씬 나았다. 물론 공동 침실, 출석 점검, 엄격한 시간 규정, 매끼 식사 전에 올리는 기도 같은 것은 트뤼포에게 좋은 기억을 남기지 못했다.

심리적으로 트뤼포는 여전히 최근 겪은 시련의 흔적을 지니고 있었다. 당시 다니던 베르사유 렌 대로의 소년 학교에서 문학 교사의 요구로 쓴 작문은 이러한 심리 상태를 잘 보여 준다. 주제는 '자신의 인생에서 가장 아름다웠던 모험 혹은 가장 슬펐던 모험에 관하여'였다. 트뤼포는 실존주의식으로 이 테마에 접근해, '슬픈 모험'으로 된 것은 자신의 인생 자체라고 썼다. 트뤼포의 절망감은 간결하고 논리적이고 아무런 수식도 없이, 마치 감옥의 벽처럼 노골적인 언어로 표현되어 있다.

"오늘에 이르기까지 나의 인생, 혹은 차라리 나의 삶의 조각은 극히 평범한 것이었다. 나는 1932년 2월 6일에 태어났고, 1949년 3월 21일 오늘로 17세 1개월 15일이 된다. 나는 거의 매일 식사를 했고, 거의 매일 잠을 잤으며, 내 생각으로는 지나치게 많이 일했고, 그렇게 많은 만족이나 기쁨은 가지지 못했다. 크리스마스와 생일은 예외 없이 하찮고 실망스러웠다. 전쟁과 그것을 행한 멍청이들 또한 나의 관심을 끌지 못했다. 나는 예술을 사랑하고 무엇보다 영화를 사랑한다. 나는 일한다는 것은 배설물을 폐기하는 것과 같이 필요악이라 간주하며, 자신의 일을 사랑하는 사람은 사는 방법을 모르는 사람이라고 생각한다. 나는 모험을 좋아하지 않으며, 그것을 피해 왔다. 하루에 세 편의 영화, 일주일에 세 권의 책, 위대한 음악을 담은 레코드판만 있다면 나를 행복하게 만들기에 충분할 것이다. 머지않아 내게 찾아올, 그리고 이기적 인간으로서 내가 두려워하게 될 나의 죽음의 그 순간까지……. 나의 부모는 내게 인간 그 이상은 아니다. 두 사람이 나의 아버지와 어머니가 된 것은 단순한 우연이고, 그 때문에 그들은 더 이상 내게 타인에 지나지 않는다. 나는 우정을 믿지 않고 평화 또한 믿지 않는다. 나는 조용하게 지내려 애쓰며 지나치게 소란스럽게 하는 모든 것을 피하려 한다. 내게 정치란 번창하는 산업에 불과하고, 정치인이란 똑똑한 불량배일 뿐이다. 이것이 나의 모험의 전부다.

그것은 즐거운 것도 슬픈 것도 아니며 단지 인생일 뿐이다. 나는 하늘을 오랫동안 쳐다보지 않는다. 나의 눈동자가 땅으로 되돌아올 때 세상은 내게 소름 끼치는 모습으로 나타나기 때문이다."

그래도 프랑수아 트뤼포는 싸워서 궁지를 빠져나가기로 결심했다. 그는 감시하에 놓인 학교 생활에 적응하려 노력했지만 오래 지나지 않아 다시 반항심이 고개를 들었다. 8월 초 "나이 어린 세 친구를 끌어들여 엄청난 소란을 일으켰고", 이것이 유리창 파손과 교사 모독으로 이어지면서 트뤼포는 처벌을 받았다. 1949년 9월 13일, 원장은 롤랑 트뤼포에게 그의 아들이 "불행히도 주위에 해로운 영향을" 끼친 결과 퇴교시킬 수밖에 없다는 편지를 보냈다. 9월 17일에 롤랑 트뤼포는 기물 파손비, 불어난 차입금, 기숙사 비용으로서 총액 1만 9,860프랑의 수표에 서명했다. 킬리만자로 정복은 또다시 연기되었다!

프랑수아가 집으로 돌아오자 극도로 긴장된 분위기에서 어머니와의 불화가 가속화되었다. 프랑수아는 롤랑에게는 이해와 신뢰를 구했지만, 반대로 어머니는 철저히 비난했다. 비록 매번 아주 짧게만 들러 프랑수아에게 형식적 면회임을 느끼게 했어도, 빌쥐프나 베르사유로 드물게나마 방문했던 사람은 사실 자넌 트뤼포였을 뿐이지 롤랑은 한 번도 찾아온 적이 없었다. 그러나 가족 내부의 이 모든 모순의 해답은 바로 상징 역할의 전도에 있었다. 즉 출생에 관한 진실을 알게 된 어린 트뤼포는 양아버지에게서는 멀어진 대신, 기본적으로 선하면서도 나약하게 생각되는 (아마도 아내를 너무나 사랑하기 때문에 나약한) 한 명의 남자에게는 친근감을 가지게 된 것이다. 이제 프랑수아가 미워하고 탓할 대상은 어머니였다.

프랑수아는 1949년 4월 2일의 편지에서 매우 친밀감 있는 어조로 롤랑에게 자신의 속내를 털어놓고 있다. "사랑하는 아빠. 저의 아픔을 아빠에게 털어놓는 것은, 생각하시는 것과는 반대로 아빠에 대해 제가 믿음을 가지고 있기 때문입니다. 제 출생의 비밀이 밝혀진 사실은, 생각하시는 것처럼 저를 아빠에게서 멀어지게 하지 않았어요. 그 사실로 인해 저는 엄마로부터는 멀어졌지만, 아빠에겐 더 가깝게 느껴졌어요. 실은 진실을 알기 전부터 저는 가족 안에서 저의 신상에 비정상적인 점이 있을 것이라고 의심했어요. 아빠는 저의 친아버지일지라도, 엄마는 친어머니가 아닐 것으로 생각했지요. 저는 오랫동안 그렇게 생각해 왔는데, 아빠와 엄마의 행동이 그렇게 확신하도록 했기 때문이에요. 그 때문에 실제로는 그 반대라는 사실을 알고서 저는 그렇게 충격을 받았던 거예요. 그러나 제 마음속에서는 아빠가 언제나 저의 친아버지이고, 엄마는 양어머니입니다. 엄마가 계모가 아닌 건 확실하지만, 그렇다고 어머니라고 할 수도 없어요. 저의 새로운 삶 속에서는 아빠를 진정 신뢰할 사람으로 만들어 작은 근심까지도 모두 털어놓고 싶어요."

롤랑 트뤼포는 아내에게 이 편지를 보여 주지 않을 수 없었다. 프랑수아는 배신감을 느꼈다. 프랑수아의 분리 전략으로 인해 더욱 깊은 적대감을 가지게 된 자닌은 아들의 약점을 건드리며 반격에 나섰다. 자닌은 모든 잘못을 로베르 라슈네에게 돌려, 이 '악마'가 손아래 친구를 무단결석, 무책임한 금전 문제, 나아가 방탕의 길로 끌어들였다고 비난했다. 자닌은 로베르가 실제로 프랑수아를 매음굴로 데려갔을 뿐 아니라, 두 아이 사이에 연장자의 주도 아래 동성애 관계까지 있었을 것이라고 주장하면서 "이 사실은 매독균을 찾아내 의학적으로 분석해 보면 명확하게 증명될 것"이라는 신랄한 편지를 아들에게 썼다. 이 비방으로 심하게 상처 입은 프랑수아는 가능한 대로 자신을 방어했다. 자신은 완전한 자각과 판단에 따라 행동한다고 주장한 뒤, 스스로 의학적 재검사를 거론하면서 반격했다. 1949년 3월 27일에 프랑수아는 부모에게 이렇게 편지를 썼다. "내가 먼저 의학 검사를 받을 겁니다. 그러고는 즉시 리케르 선생님에게 부탁해 로베르 라슈네에게 의학 검사를 받도록 해서 그쪽으로 어떠한 의심도 없도록 할 겁니다. 그리고 나는 두 분이 라슈네에 관해 아주 잘못 생각하고 있다고 말씀드려야겠습니다. 그 애는 나와는 비교도 안 될 만큼 양심적이고, 내가 저지른 일의 절반도 하지 않을 아이입니다. 그뿐 아니라 그는 시네 클럽을 위해, 내가 진 빚을 갚기 위해, 뷔퐁의 완전 장정본 전집을 비롯한 수많은 책을 주저 없이 팔았을 만큼 훌륭한 친구입니다."

의심과 배신, 증오, 불명예스러운 비방으로 가득 찬 편지가 오가는 가운데, 프랑수아와 부모 사이에는 돌이킬 수 없는 불화가 초래되었다. 이제 젊은이는 완전한 독립을 원했고, 이것을 1년 뒤인 1950년 3월 10일에 얻게 된다. 18번째 생일에서 1개월 지난 이 시점에서 롤랑 트뤼포는 자식의 친권 해제에 동의하는 서명을 했다. 부모의 보호에서 풀려나면서 프랑수아는 자유를 얻었지만, 이 자유는 그의 인생 내내 영원히 흔적을 남기면서 이따금 난폭하게 그 영향력을 드러내는 가족 관계의 상처 위에 세워진 것이었다.

동전 한 푼, 옷 한 벌도 없이 "늘 구멍 난 상태"의 신발만을 달랑 가진 트뤼포였지만 대충 자유롭긴 했다. 생활은 베르사유의 기숙사에서 했지만, 그래도 목요일과 일요일이면 시설 내 정원사의 자전거를 빌려 한 시간 걸려 파리에 올 수 있었다. "너무 좋은 날씨라서 나는 미친 듯이 달렸어." 1949년 4월에 라슈네에게 보낸 편지 중 일부다. "나는 뒤미니 부인과 클로드 티보다를 만나러 마르티르 가로 갔지. 지난 4개월간 못 들렀던 '그 집'에 접근해 가면서, 머릿속엔 냉대와 질책을 받는 내 모습이 떠올랐어. 그 때문에 피갈 광장에서 가던 길 방향으로 그냥 죽 달려 라 샤펠로 가서 조감독 일을 하는 친구 집에 갈 생각을 했지. 그의 어머니가 놔주질 않아서 친구 집에서 식사까지 했어. 오후엔 자전거를 친구 집에 두고 둘이서 보자르 가의 '노동과 문화' 회관에 가서 바쟁을 만났어. 바쟁과 함께 우리는 자크 베케르에게 편지를 썼지. 나는 일자리를 찾아보기 시작한 거야. 일요일마다 집으로 찾아가 만나는 리케르 상담 선생 또한 일자리를 알아봐 주기로 했어." 파리는 또다시 그의 것이었다.

성가신 친구

자유 시간을 이용해 프랑수아 트뤼포는 영화 관계 일을 다시 시작했다. 베르사유에서는 앙드레 바쟁의 친구이자 시네필이었던 국어 교사 이브 르노 신부를 도와 학교 시네 클럽의 작품 선정 작업을 했다. 한편 바쟁은 자신의 젊은 피보호자에게 직업을 찾아 주겠다는 약속을 잊지 않고, 트뤼포를 '노동과 문화'에서 자신의 '특별 비서'로 삼았다. 월급이 3천 프랑 정도밖에 안 되는 직책이었지만, 파리에서 프랑수아가 혼자 생활할 수 있도록 판사를 설득하는 데는 도움이 되었다. 완전하게 '새로운 생활'을 만끽하기 위해서 트뤼포는 방 하나를 얻어야 했다. 그는 빌쥐프와 베르사유에서는 너무나 고통을 겪었기 때문에 그곳으로 돌아가고 싶지 않았다. "차라리 허리띠를 졸라매고서 하루 2백 프랑으로 사는 게 낫겠습니다." 트뤼포는 아버지에게 그렇게 썼다. 만일 한 푼이라도 빚을 지거나 불평을 내뱉는다면 "일말의 가책도 없이 감방에 넣어 버릴 것"이라고 아들에게 엄중히 경고했던 롤랑 트뤼포는 마지막 노력을 해 보자며 승락했다. 롤랑은 1949년 9월 16일부터 거주할 수 있도록 마르티르 가의 어느 건물 6층에 월세 1천5백 프랑짜리 방 하나를 얻어 주었다.

앙드레 바쟁 덕분에 트뤼포는 파리의 예술가와 작가, 학생, 비평가의 집결지였던 '오브젝티프 49' 시네 클럽에도 자주 드나들었다. 바쟁, 아스트뤼크, 카스트, 도니올-발크로즈, 자크 부르주아, 타켈라, 클로드 모리악 등 신비평 주창자들이 창설하고, 장 콕토, 로베르 브레송, 르네 클레망, 장 그레미용, 레몽 크노, 로제 레엔하르트 같은 영화인과 작가들의 후원을 받고 있던 '오브젝티프 49'는 회원에게 미공개 영화만을 상영해 주었다. 대단히 폐쇄적이지만(공산주의자 영화감독인 루이 다캥은 『에크랑 프랑세』를 통해 이들을 '속물들'이라고 규탄했다) 상당한 영향력을 지닌 '오브젝티프 49'는 샹젤리제 소극장에서 장 콕토의 〈무서운 부모들Les Parents terribles〉의 성대한 첫 상영과 함께 닻을 올렸다. 콕토는 문학인이자 권위 있는 보증인으로서, 회원들의 다양한 의욕과 솔선적 행동을 결집하는 데 중요한 역할을 했다. 1949년 봄 트뤼포는 이 '오브젝티프 49'의 사무실에서 콕토와 처음 마주쳤다.

냉전 초기였던 당시에 지식인 사회 내부는 팽팽한 긴장에 휩싸였고, 영화 비평에도 이념적 분열은 영향을 미치고 있었다. 공산주의자들은 『에크랑 프랑세』를 손에 넣은 뒤, 아마도 지나치게 '가톨릭 좌파적'이라고 판단되었는지 앙드레 바쟁을 몰아냈다. 한편 바쟁, 도니올-발크로즈, 아스트뤼크, 카스트가 필자로 있던 장 조르주 오리올의 『르뷔 뒤 시네마』는 발행인인 가스통 갈리마르가 손을 떼면서 폐간되었다. 이런 상황에서 '오브젝티프 49'는 사실상 신비평의 집결지가 되었다. 영화 상영 때 빈자리가 없었을 뿐 아니라 로베르토 로셀리니, 오손 웰스, 윌리엄 와일러, 프레스턴 스터지스, 로제 레엔하르트, 장 그레미용, 르네 클레망 같은 중요한 감독들이 직접 참석해 자신들의 영화를 소개했다.

이 성공에 고무되어 '오브젝티프 49'의 핵심 회원들은 칸영화제에 도전한다는 야심을 품고 영화제 개최를 결정했다. 그것이

비아리츠에서 개최된 '필름 모디* 독립 영화 페스티벌'이었다. 제
1회 영화제는 1949년 7월 말에 열렸다. 행사의 중심인물인 바쟁
은 당연히 자신의 젊은 특별 비서와 동행하고자 했다. 7월 29일
저녁 오스테를리츠역에서 야간열차에 오른 트뤼포는, 돈이 없어
침대칸을 잡지 못하고 불편과 소음과 더위를 견디며 목적지로 향
했다. 7월 30일 아침 트뤼포는 로베르 라슈네에게 우편엽서를 보
냈다. "친구여. 끔찍한 여행길. 그렇고 그런 날씨. 페스티벌은 오
늘 밤 마르첼로 팔리에로의 〈자유 도시 로마Roma città libere〉로 시
작. 콕토가 도착. 사진, 또 사진. 장 비고풍의 해변, 해서웨이 스타
일의 프레임, 웰스식의 딥 포커스, 프리츠 랑 방식의 원근법. 화요
일 자네에게 긴 편지 쓸 예정. 나는 거의 무일푼. 프랑수아 토레아
도르 보냄."

트뤼포는 페스티벌에 온 다른 많은 젊은이처럼 비아리츠고등
학교 공동 기숙사에 묵었고, 약간은 광적이면서 엉뚱하기도 한
영화제의 분위기에 밤새워 동참했다. 예를 들어, 8월 2일 밤 '네그
레스 호수'**라 불리는 장소에서는 알렉상드르 아스트뤼크와 마
르크 될니츠가 진행을 맡은 '저주받은 밤' 행사가 가장무도회를
겸해 열렸다. 트뤼포는 입장을 위해 나비넥타이까지 구입했지만,
분위기는 그의 취향에 비추어 지나치게 사교계풍이었다. "영화
제는 큰 놀라움 없이 조용히 진행되고 있지." 라슈네에게 쓴 편지

• '저주받은 영화'라는 뜻*
•• 흑인 여인의 호수*

비아리츠의 필름 모디 페스티벌에 참석한 프랑수아 트뤼포와
장뤽 고다르(1949)

다. "내가 기절할 정도로 놀란 것은, 장 콕토가 나비넥타이와 바쟁 때문에 나를 알아본 일이야. 그렇지만 콕토는 가까이 접근한다고 해도 전혀 바뀌지 않는 사람이지. 사실 그건 그레미용이나 클로드 모리악도 마찬가지일 테고. 마을은 형편없고 주민과 관광객도 마찬가지야. 다만 바쟁은 영화 설명과 토론으로 굉장히 높은 평가를 받고 있어."

다행히 트뤼포는 매일 네 편의 영화를 보면서 대부분의 시간을 보냈다. 바로 그 자리에서, 다시 말해 몇 차례의 특별 시사회장(비고의 〈라탈랑트L'Atalante〉 복원판의 최초 상영, 웰스의 〈상하이에서 온 여인Lady from Shanghai〉의 개봉 전 시사회, 르누아르의 미국 영화 〈남쪽 사람The Southerner〉의 첫 유럽 상영)과 고등학교 기숙사의 야간 토론 자리에서 젊은 시네필 집단이 형성되었다. 즉시 소문이 나게 될 이 집단에는 트뤼포는 물론이고, 자크 리베트, 클로드 샤브롤, 샤를 비치, 장 두셰와 몇몇 다른 사람이 동참했다. 역시 비아리츠에 와 있던 집단의 가장 연장자 에릭 로메르에게 프랑수아 트뤼포와의 첫 만남은 생생히 기억에 남았다. 트뤼포를 로메르에게 소개해 준 사람이 큰 윙크를 보내면서 "앙드레 바쟁의 비서"라고 말했던 것이다. 과격하고 오만한 이 젊은이들은 명예를 걸고 '오브젝티프 49'와 자신들을 분리했다. 그래서 비록 바쟁이나 도니올-발크로즈처럼 더 확고한 지위를 얻은 동료 비평가들에게 자신들이 의존하고 있음에도 불구하고, 그들은 페스티벌 조직을 비방하면서 시간을 보냈다. 글로리아 그레이엄이나 잉그리드 버그먼, 앨프레드 히치콕이나 프리츠 랑 같은 배우와 감독을 향한 공통된 열정

못지않게, 이러한 공격적 기풍 역시 이들 시네필 집단을 결속시켰다.

파리로 돌아온 프랑수아 트뤼포는 1949년 여름 동안 시네필로서 가장 강렬한 시기를 맞았다. 고립과 권태의 시간을 마무리하고 이제 한 집단의 일부가 된 것이다. 비아리츠 기숙사에서 형성된 집단에 장뤽 고다르, 쉬잔 클로샹들레르(곧 쉬잔 시프만이 된다), 장 그뤼오, 폴 제고프, 알랭 자넬, 루이 마르코렐, 장 조제 리셰르, 장 마리 스트로브 등 다른 인물 몇 명이 가세했다. 그들은 파리의 주요 시네 클럽의 주간 상영회장에 집결했다. 화요일에는 파르나스 소극장에서 장 루이 셰레의 진행으로 심도 있는 열렬한 토론을 벌였는데, 마지막에는 언제나 영화 관련 퀴즈 시간이 마련되어 우승자들에게 영화관 1회 무료 좌석권이 주어졌다. 장 그뤼오의 회상에 의하면, "짐승 같은 자크 리베트가 모두를 쳐부수고는, 우리의 눈앞에서 10여 장의 입장권을 싹 쓸어갔다. 일반석부터 발코니석까지 전부 시샘에 찬 분노의 목소리로 '속임수다', '기만이다' 등을 외치면서 그를 공격했다. 결국 난동을 피하기 위해 장 루이 셰레는 자크가 다섯 장을 얻으면 더 이상 참가할 수 없게 해 다른 사람에게도 기회를 주었다."

목요일에는 늘 모리스 셰레르가 주도하던 라탱 구역의 시네 클럽에서 만났다. 1950년 당시 30세의 셰레르는 위엄 있는 외모와 고등학생 같은 인상을 지녔고, 무표정한 가운데 유머를 던지는 인물이었다. 셰레르는 소Sceaux 지방에 있는 라카날고등학교에서 국어를 가르치면서 에릭 로메르라는 필명으로 영화에 관한 글을 쓰고 있었다. 그리고 목요일 오후 상영회를 진행하면서 상영작을 기초로 하는 영상 미학을 강의했다. 또한 1950년 1월부터 간행된 월간 『라탱 구역 시네 클럽 회보Bulletin du C.C.Q.L.』의 편집장이기도 했던 로메르는, 젊은 시네필들에게 이를테면 맏형 같은 인물이어서 모두 그에게 존칭을 사용했다. 친구 폴 제고프는 이렇게 말한다. "로메르는 정직하고 청렴한, 마치 교수님 같은 인물이었다. 빈털터리인 우리에게 언제나 그는 돈을 조금씩 주었다. 그 대신 사용하고 난 전철표나 식품점 전표, 열차표 등을 증거물로 내놓아야 했다."

트뤼포는 다른 요일 저녁은 아르티스티크, 시네아크-테른, 랑글루아의 시네마테크, 르플레, 브로드웨이 등의 영화관에서 보냈고, 감상 후에는 자크 리베트, 샤를 비치와 함께 파리의 거리를 배회하며 끝없이 토론했다. 샤를 비치는 이렇게 회상한다. "한 사람의 집 앞에 도착하면, 우리는 두 번째 사람의 집을 향해 보조를 맞추어 다시 걷기 시작했고, 이어서 단호한 걸음으로 다음 사람의 집으로 향했다. 그러다가 지치고 갈증이 나면 늦은 시각까지 문을 연 카페를 찾았고, 어김없이 우리가 가장 좋아하는 지역인 클리시 광장과 피갈 광장 사이로 왔다. 휴식을 취해 생기를 되찾으면 또다시 이야기에 빠져들면서 아침이 올 때까지 그런 시간을 반복했다."

자크 리베트는 1949년 초에 고향 루앙을 떠나 소르본에서 공부하기 위해 파리에 왔다. 겨우 21세의 리베트는 대체로 학교 강의실보다 영화관을 더 좋아했다. 마른 체형에 여윈 얼굴, 생기 있고 열정적인 리베트는 이미 고행과 곤궁의 생활을 하고 있었다. 클로드 샤브롤은 리베트에 관해 이렇게 회상한다. "그는 『이상한 나라의 앨리스*Alice in Wonderland*』의 체셔 고양이를 닮았다. 아주 작은 체형이어서 거의 눈에 띄지 않았고 먹지도 않는 사람처럼 보였다. 미소를 지을 때면 그는 멋진 치아 뒤로 완전히 사라져 버렸다. 물론 그렇다고 해서 맹렬함이 덜해지는 건 아니었지만……." 리베트는 집단의 양심이고 목소리였다. 그리고 이런 의미에서 그는 트뤼포에게 깊은 영향을 주었다. 리베트는 아마도 트뤼포가 이 세상에서 무엇보다 존중하고 있던 영화라는 것에 대한 의견과 판단의 화신이었을 것이다. 장 두셰는 이렇게 말한다. "리베트는 엄청난 수다쟁이였다. 그는 집단의 은밀한 중심인물이었고 은폐된 사색가였으며, 조금은 검열관 같은 존재였다. 우리는 그를 '요셉 신부'라고 부르기도 했다. 그의 판단은 언제나 비약과 모순이 매우 심했으며 자신이 숭배하던 것을 주저 없이 불사르기도 했다."

젊은 동료들에게 '카롤뤼스'라는 별명으로 불린 샤를 비치는 전혀 다른 성향을 지녔다. 그는 충실한 성격에 늘 도움을 주고 신뢰받는 인물이었다. 비치의 아버지가 팔레 루아얄 광장의 코메디-프랑세즈 맞은편에 카페를 가지고 있었기 때문에, 젊은이들은 종종 그곳에 모여 잔을 기울이며 영화를 이야기하고 또 이야기했다.

1949년, 북적거리던 파리 시네필의 세계에 출현한 프랑수아 트뤼포는 마치 '볼링장에 난입한 젊은 광견'과도 같았다. 집단의 가장 어린 멤버로서 트뤼포는 논쟁을 일으키는 문제아처럼 인식되었다. 클로드 샤브롤은 이렇게 말했다. "처음 6개월가량은 그를 진지하게 받아들일 수 없었다. 그는 너무나도 예민한 상태였다." 그뤼오도 이 점에 동의한다. "솔직히 털어놓자면, 프랑수아의 공격성, 미친 모기처럼 계속되는 그의 부산함이 우리는 짜증스러웠다." 트뤼포는 그들의 눈에 우선 신체적 외모에서부터 두드러졌다. 그는 166센티미터의 작은 키에, 삐쩍 마르고 예민해 보이는 수척한 몸을 지니고 있었다. 민첩하면서도 불규칙하고 신경과민적 행동에 눈빛은 어둡고 날카로웠으며, 이 시기의 사진에서 보이는 모습과는 대조적인 격하고 쉽게 흥분하는 성격을 지니고 있었다. 종종 사진에서 트뤼포가 취하고 있는 자세를 보면 그는 비교적 단정한 젊은이로 느껴진다. 때때로 담배를 피우거나 미소 짓는 얼굴에, 양쪽 눈이 시력 0.4의 근시여서 무거워 보이는 안경을 쓰고 있기 때문이었다.

다른 사람보다 어리고 더 반항적이고 더 가난한 트뤼포는 이 까다롭고 폐쇄적인 작은 시네필 집단에 받아들여지기 위해 무언가를 증명해 보여야 했다. 이를 위해서는 일정한 시간이 필요했다. 즉 영화를 더 보고 자신의 충동을 어느 정도 절제한 뒤 토론을 거쳐 확신을 세우기 위한 시간, 한마디로 공부하고 글 쓰는 시간이 더 필요했다. 트뤼포의 가장 큰 장점은 맹렬한 노력에 있었다. 트뤼포는 시네마테크 상영회에 리베트, 두세, 고다르, 쉬잔 클로샹들레르와 함께 가장 열심히 참석했다. 뿐만 아니라 트뤼포는 가장 '악바리'이기도 했다. 그에게는 기사와 자료를 오려 내 분류 수집하고, 전문지를 탐독하고 대량의 주석을 다는 일에 대한 편집벽이 있었다. 리베트의 빠른 화술과 글재주, 고다르의 직 관력을 가지진 못했지만, 당시 트뤼포의 최고의 무기는 박학성 을 기반으로 한 탐구에 있었다. 이 특징은 초기의 글 속에서도 발 견된다.

1950년 봄 트뤼포는 두 편의 영화 비평문을 『라탱 구역 시네 클 럽 회보』에 게재하면서 에릭 로메르의 문하생의 길을 걸었다. 한 편은 르네 클레르의 시네 클럽 방문에 관련한 평범한 설명조의 기사였고, 한 달 후에 실린 또 다른 글은 〈게임의 규칙〉에 관한 긴 글이었다. 이 영화를 이미 12번이나 보았기 때문에, 완전판이 상 영되었을 때 트뤼포는 추가된 13개의 장면과 4개의 새로운 쇼트 를 찾아낼 수 있었다. 트뤼포는 이 귀중한 발굴물을 『시네 클럽 회 보』의 글 속에서 해박하게 지적했다. "이 13개의 장면 덕분에, 그 리고 르누아르 덕분에 진정으로 감동적인 저녁 시사회였다"•고 트뤼포는 글을 마무리했다. 그는 요란한 입문 대신 오히려 은밀 하게 비평계로 들어갔다. 많은 친구를 불편하게 했던 선동적 시 네필로서의 몇 개월을 잊으려는 듯 트뤼포는 그 글에서 정확성과 절제성을 잘 조화시켰다. 18세의 이 젊은 독학자는 로메르의 적 극적인 후원하에, 곧 로메르를 그의 본명(모리스)에서 가져온 '그 랑 모모le grand Momo'••라는 별명으로 부르면서 영화를 보고 글을

• 트뤼포는 자신의 첫 비평문이 1948년 자크 앙페르가 간행한 잡지 『시테Cités』에 게재되었다고 했으나 확인되지 않았다. 한편 카로스 영화사 기록실의 '나의 삶 1' 파일에는 "참조Références"라 는 제목의 소설 기획문이 보관되어 있다. 이것이 그의 최초의 글로 추정된다.
•• '모모 형'이라는 뜻*

쓰는 훈련을 했다. 그리고 트뤼포는 전문 지식과 시네필로서의
자질을 결합한 훈련에 몰두하는 가운데 오래 지나지 않아 자신의
스타일을 찾게 된다.

시네마테크에서의 사랑

마침내 자립한 프랑수아 트뤼포는 유년기를 보낸 마을의 한복판
인 마르티르 가에 방을 얻어 살았다. 그러나 사회 복귀는 쉬운 일
이 아니었고, '노동과 문화' 협회의 봉급이 점차 일정치 않게 되면
서 당장 월말의 생활도 어려워졌다. 바쟁을 향한 사람들의 숭배
현상도 더 이상 없는 듯했다. 냉전의 와중에서 '노동과 문화' 협회
를 장악한 공산주의자들은 『에스프리』지를 통해 감히 '스탈린 신
화'를 고발한 이 좌익 인물에 더 이상 고운 시선을 보내지 않았다.
1950년 1월 바쟁은 급성 결핵으로 1년 이상 파리를 떠나 알프스
의 요양원에서 치료를 받았다. 1949년 크리스마스 이후 급여를
받지 못한 트뤼포는 협회를 떠났다.

　1950년 1월 로베르 라슈네는 그에게 센-에-마른 지방에 있는
퐁토-콩보의 어느 공장에 아세틸렌 용접공 일을 마련해 주었다.
파리에서 버스로 30분 걸리는 이 마을은 "교회 하나와 호텔 둘, 몇
몇 농장, 2천 명 남짓한 주민이 있는 후미진 곳"이었다. 이 '후미
진 곳'이 파리 토박이인 젊은 영화광을 만족시킬 수 있는 점은, 정
기적인 급여를 받아 어려운 시기가 다 지나갔음을 모두에게 증명
할 수 있다는 기대 말고는 아무것도 없었다. 실제로 일은 몹시 힘

들었지만, 1만 2천 프랑에 가까운 월급을 받을 수 있었다. 그러나 라슈네에게서 나쁜 소식이 들려왔다. 군 복무를 위해 독일로 떠난다는 소식이었다. 트뤼포는 어릴 적부터의 친구와 바쟁을 잃고 다시 홀로 남아야 했다. 입대를 앞두고 송년회를·겸해 술도 마련된 송별회가 1950년 설날 미라 가에 있는 자클린 펠르탕의 집에서 열렸다. 자클린은 로베르가 열렬한 사랑에 빠져 있던 여성이었다. 프랑수아도 이날 밤 연애 중이던 젊은 여성 미레유 G와 함께 왔다. 열정적 시네필인 미레유는 날씬하고 예쁜 여성으로 프랑수아보다는 약간 연상이었다. 두 사람은 3주일 전부터 마르티르 가의 방에서 동거를 시작했는데, 이것은 트뤼포의 애정 생활에서 최초의 지속적인 관계였다.

폿토-콩보의 공장 일은 매우 힘들었으며, 하루 열 시간 금속 용접을 하면 눈이 상할 지경이었다. 2주 뒤인 1950년 1월 18일에 트뤼포는 첫 봉급 5,748프랑을 받았다. 토요일인 다음 날 트뤼포는 시네마테크의 오후 4시 상영을 관람하고, 오랫동안 머뭇거리며 지켜본 끝에 시네마테크에 열렬히 드나들던 젊은 여성 릴리안 리트뱅에게 처음으로 말을 걸었다. 릴리안이 가슴에 안고 있던 에르베 바쟁의 책을 얘깃거리로 삼아 대화를 시작했고, 토론이 생기를 얻어가면서 두 젊은이는 다음번 상영 때 메신 거리의 시네마테크에서 다시 만나기로 약속했다. 이날의 만남은 트뤼포의 생활을 뒤흔들어 놓았고, 그는 공장에 돌아가지 않기로 단번에 마음먹었다. 트뤼포는 계속 릴리안을 만나기를 원했지만, 자신이 그녀의 환심을 사려는 유일한 사람이 아니라는 사실은 알지 못했다. 장 그뤼오와 장뤽 고다르 역시 이 젊은 여성의 매력에 사로잡혀 있었다. "그녀는 약간 통통한 작은 체구, 동그란 얼굴, 밤색 곱슬머리에 무척 활달한 성격의, 뭐랄까, 그룹의 리더 스타일이었다고 할까." 장 그뤼오는 릴리안을 그렇게 묘사했다.

변덕스러운 성격의 릴리안은 절묘하게 연애 지도를 그려가면서 시네마테크에서 이 사람 저 사람과 데이트를 했다. 사랑에 빠진 남자들은 17구 빌리에와 바티뇰 사이에 있는 뒬롱 가 24번지 리트뱅의 집에 번갈아 나타났다. 릴리안의 양아버지는 자동차 정비소를 운영했고 어머니는 전통적 유대 요리 솜씨가 뛰어났는데, 양친 모두 잡담을 즐겼기 때문에 고다르나 그뤼오 혹은 트뤼포를 점심과 저녁 식사에 자주 초대했다. 이들은 제각각 비밀스럽게 릴리안과 그녀의 부모에게 환심을 사고자 했고, 그 기회를 이용해 텔레비전을 보기도 했다. 텔레비전은 1950년대의 파리에서는 여전히 드물었다. 그들은 어머니에게 잘 보이고 앙드레 지드의 열렬한 숭배자인 릴리안을 감동시키기 위해 문학 이야기를 했다. 트뤼포는 이 『위폐범들Les Faux-Monnayeurs』의 작가에 대해 발자크만큼 잘 알고 있었다. 그러나 별 효과는 없어서, 릴리안은 그들 누구에게도 자신을 주지 않았다.

세 남자 가운데서 트뤼포는 이 정신적 사랑을 가슴에 가장 깊숙이 품어, 기쁨과 절망, 질투와 격정 사이를 오갔지만, 릴리안은 그를 친구 이상으로 간주하지 않았다. "정상적으로라면 나는 그녀를 사랑하면 안 될 것이다. 내가 그녀와 진지하게 토론할 때마다 그녀는 깔깔대며 웃는다. 그래도 나는 얼어 죽을 듯이 추위에

떨며 그녀의 집 앞에서 몇 시간이고 기다린다." 트뤼포는 일기에
그렇게 썼다. 4개월 동안 쓴맛 단맛을 계속 맛본 뒤 1950년 6월 6
일 트뤼포는 대담한 시도를 했다. 뒬롱 가의 리트뱅의 집 건너편
에 있는 가구 딸린 호텔로 이사한 것이다. 월세는 마르티르의 방
보다 비싸면서도 더 좁은 곳이었지만, 이곳이 마음에 든 것은 사
랑하는 사람이 집을 출입하는 모습, 특히 그녀의 교우 관계를 추
적해 볼 수 있기 때문이었다. 감격한 릴리안은 트뤼포의 방을 방
문했고 부모를 그곳에 데리고 오기까지 했지만, 그렇다고 이 '카
드리유'* 놀이에 마음을 쏟지는 않았다. 그러는 한편 1950년 봄과
여름 사이에 트뤼포는 미레유, 마들렌, 자닌, 지젤, 주느비에브,
모니크, 샤를로트 등 많은 여성과 관계를 가졌다. 그러나 릴리안
리트뱅은 "프루스트의 알베르틴**처럼 언제나 붙잡기 어려운 상
태로 남았다." 트뤼포는 이후로도 오랫동안 복수의 여성과 동시
진행의 관계를 가지는 것을 즐기면서 행복과 불행을 맛본다. 이
를테면, 서로 떨어져 있는 각각의 여성이 동시에 사랑스럽게 보
이며, 그 차이 때문에 꼭 필요한 존재가 되었다. 아마도 '여자들을
사랑한 남자'**가 태어난 것은 이 1950년의 봄일 것이다. 트뤼포의
나이가 꼭 18세 되던 해였다.

견습 용접공으로 받은 봉급을 다 써 버린 트뤼포에게 1950년 1
월 말부터는 동전 한 푼도 남지 않았다. 라슈네도 입대해 도움을

• 네 사람이 한 조가 되어 추는 춤 이름*
•• 프루스트의 『잃어버린 시간을 찾아서』에서 화자의 사랑을 받는 등장인물*
•• 트뤼포의 1977년 영화의 제목*

받을 수 없었다. 트뤼포는 라슈네의 방을 어느 친구에게 빌려주고 월세 1,880프랑을 받았으나 그 돈은 부분적인 도움밖에 되지 못했다. 트뤼포는 에릭 로메르 등을 돕기도 했다. 예를 들어, 영화 배급업자와의 계약을 돕거나 프린트 릴을 운반했고, 『라탱 구역 시네 클럽 회보』의 편집도 도와주었다. 이것으로 약간의 돈은 벌었으나 생활에 충분하지는 않았다. 트뤼포는 여기저기서 3백 프랑씩 빌렸고, 3월 초에는 로베르의 서가에 있던 책 절반을 3천 프랑을 받고 서점에 팔았다. 이 일은 그의 '오랜 소중한 병사'의 분노를 일으켜, 두 친구 사이에 처음으로 큰 불화가 생겼다.

포부르 클럽

릴리안 리트뱅에게 깊은 인상을 심고 싶어서였는지, 트뤼포는 1950년 당시 파리의 한 명성 있는 장소에 드나들기 시작했다. 레오 폴데스 부부가 운영하는 포부르 클럽이었다. 1917년에 창설되어 오랜 권위를 지닌 이 단체는 호사가들과 딜레탕트, 저널리스트, 파리의 명사들을 대상으로 일주일에 세 번, 화요일, 목요일, 토요일 오후 늦게 모임을 가졌다. 회원들은 최신 영화와 연극, 신간 서적과 사회 문제에 관해 토론했고, 작가들 사이의 토론을 참관하기도 했다. 매년 6월 말이면 포부르는 자유 주제 및 정해진 주제를 가지고 변론 대회를 열었는데, 계절마다 열리는 예선전은 수사학 경쟁을 즐기는 까다로운 청중에게 큰 인기가 있었다. 행사가 열리는 빌리에 영화관에서 멀지 않은 곳에 사는 릴리안의 부모는 매주 화요일 이곳에 참석했다. 트뤼포는 1950년 2월 27일에서 3월 3일까지 열린 갱스터 영화 토론회와 '필름 모디' 영화제의 토론회에 참가했다. 트뤼포는 곧 영화뿐 아니라 문학 영역 또는 자신의 개인적 경험과 일치하는 테마, 이를테면 4월 7일에 열린 '청소년 사건에 대한 판사의 권한'에 관한 모임 등에도 주저 없이 참가했다. 프랑수아 트뤼포는 재능을 인정받으면서 자신감을 느꼈다.

영화 및 영화인을 공격하거나 지지하는 과정에서 트뤼포는 논쟁과 앙가주망*에 관해 배워가기 시작했다. 트뤼포의 열정과 능력은 부유한 상속인 젱기스 칸, 작가 겸 라퐁 출판사의 문학부장 아르망 피에랄, 배우 장 세르베 등 클럽 단골들에게 깊은 인상을 심어 주었다. 클럽 지배인인 레오 폴데스와 클럽을 드나들던 많은 정치인 가운데 상원의원이자 장관도 지낸 마르크 뤼카르 역시 트뤼포에게 매료되었다. 1950년 12월 26일 뤼카르는 그에게 이렇게 편지를 썼다. "포부르 클럽에서 선생의 토론을 처음 참관한 날 이후로 저의 경의가 시작되었음을 믿어 주시기 바랍니다. 이 경의는 그때 선생의 용기에서, 선생의 명료한 분석과 '반론'에서 제가 받았던 감명의 결과이며, 선생이 지금보다 나이가 스무 살은 더 위인 사람처럼 말한다는 사실에서 온 것입니다. 물론 선생은 언제나 저와 청중에게 충격을 주었지만, 저에게 그것은 경의의 또 하나의 이유가 되었습니다. 옳건 그르건 선생은 더 강하

• 사회 참여*

고, 더 경험 많고, 더 나이 많아 보이는 사람들에 대항해 일어서는 데서 즐거움을 느꼈습니다. 그리고 이 이상은 더 '돌진'할 수 없으리라 생각될 정도로 선생은 극한에 부딪혔고, 적개심을 유발할지도 모르는 어휘를 사용하기까지 했습니다. 이것은 반드시 극복되어야 할 열등감의 증거이자 방어를 위한 공격이며, 연장자의 자만에 반발하는 젊음의 표현이자 권력자에 대한 약자의 반항이며, 모든 순응주의와 전통주의에 반대하는 선생의 야생성의 표명입니다. 저는 결과를 놓고 판단하는 유형의 인간은 아니므로, 선생의 그 같은 행동의 원인을 추측해 보고자 했지만 결코 그 원인을 알 수 없었습니다. 그러나 제가 세운 가설은 저의 존중심을 강화하고, 공감대를 넓혀 주었으며, 어떤 감동 어린 호기심까지 생겨나게 했습니다."

이렇게 1950년 봄 트뤼포는 포부르 클럽의 마스코트가 되었으며, 그의 숭배자 명단은 더욱 길어졌다. 그 가운데는 작가와 귀족도 많았다. 이를테면 루이즈 드 빌모랭, 에메 알렉상드르, 파티 백작부인 등 세 여성 독지가는 이후 오랫동안 그를 후원했다. 『마담 드……*Madame de*……』를 쓴 명성 있는 작가 루이즈 드 빌모랭은 장 콕토와 앙드레 말로의 친구로, 베리에르-르-뷔송의 성채 안에서 사교 모임을 열고 있었다. 러시아인인 에메 알렉상드르는 바슐라르의 제자로, 톨스토이에 관한 에세이를 한 편 쓴 뒤 소설에 착수해 1950년대 중반에 발표했다. 이때 훌륭한 소개를 해 준 트뤼포에게 그녀는 이렇게 편지를 써 보냈다. "나의 소중하고 감미로운 친구여, 그대는 너무나도 고통받으며 싸우느라, 정신 연령이 신체 연령의 최소한 두 배는 되어 버렸네요. 언젠가 그대는 하사관을 거치지 않고 총사령관이 될 것임을 나는 확신합니다." 1970년대 초에 사망할 때까지 에메 알렉상드르는 프랑수아 트뤼포와 서로 마음을 연 친구의 한 명으로 남게 된다. 한편, 귀족으로서 귀중품 수집가이기도 했던 파티 백작부인은 레오 폴데스에게 "우리 막내 프랑수아 트뤼포"를 향한 애정 넘치는 편지를 보냈다. "이 사람은 이론의 여지 없는 천재성을 지니고 있습니다. 그 재능은 아직 모습을 나타내지 않았습니다. 일용할 양식을 위한 투쟁이 지금까지 그를 너무나 탕진해 버렸기 때문입니다. 그러나 그는 자신이 원하는 바를 알고 있으며, 의지력도 지니고 있습니다. 그는 창작자가 될 것입니다. 그는 작품을 만드는 데 공을 들일 것입니다. 그는 성공을 이룰 것입니다. 게다가 그는 다정함이라는 보물을 지닌 선량한 존재이기도 합니다."

자신감이 생기고 대범해진 트뤼포는 사람들을 도발시키거나 분노시킴으로써 두각을 나타내면서도, 귀족 세계가 주는 여유로움과 문화 소양에 매료되었다. 훗날 〈훔친 키스Baisers Volés〉에서 트뤼포는 루이즈 드 빌모랭, 에메 알렉상드르, 파티 백작부인을 회상하면서 델핀 세리그가 연기하는 파비엔 타바르라는 매력적이고 우아한 인물을 구상해 낸다.

현장 사진으로의 첫걸음

1950년 4월, 루이즈 드 빌모랭, 에메 알렉상드르, 레오 폴데스의 친구이자 『엘Elle』의 문예부장이었던 피에르 장 로네는 프랑수아 트뤼포가 참가한 변론 대회에 참석했다. 이날 예선에서 우승한 트뤼포에게 로네는 즉시 『엘』을 위해 일해 줄 것을 제안했다. 『엘』은 엘렌 고르동 라자레프가 창간한 여성지로 『프랑스 수아르』가 있던 레오뮈르 가의 같은 건물 안에 사무실이 있었다.

첫 기자 체험은 몇 개월 동안 트뤼포에게 지금까지 맛본 적이 없는 생활을 허락해 주었다. 그는 "친구들에게 음식을 대접하고" 정장을 사 입고, 극장에 릴리안을 데려가고…… 한마디로 버는 대로 다 써 버렸다. 발자크의 『사라진 환상Les Illusions perdues』을 본보기로 삼아 트뤼포는 글을 써서 살아가는 법을 터득했다. 이후 트뤼포는 파리의 문단 및 매스컴과 관련된 생활을 해 나갔다. 그리고 잡지사에서 흥미를 가진 테마들에 밀착하기 위해 사교계 쪽으로 눈을 돌렸다. 트뤼포는 『엘』이외에도 『시네 다이제스트』, 『세계의 문예Lettres du monde』, 『프랑스 디망슈France Dimanche』 등 다른 신문과 잡지에도 글을 썼다. "나는 메피스토 카바레에서 '연예계 현장 사진'을 처음 찍었다. 여배우 아네트 푸아브르가 딸과 함께 바에 있는 사진 한 장을 찍어 『프랑스 디망슈』에 실은 것이다. 훌륭한 사진이었지만 얼마나 받을지는 아직 몰랐다. 그것은 많은 경비가 지출되는 일이었는데, 플래시램프 비용이 1천6백 프랑이었다. 정말 위험 부담이 큰 일이었다." 트뤼포는 1950년 5월에서 10월까지 6개월간 취재와 르포를 거듭했다. 이 일은 새로운 인생이 요구하는 생활 수준을 유지하고 변신을 계속할 수 있는 유일한 방편이었다. 라슈네에게 썼듯이, 트뤼포는 "훌륭한 정장 차림을 하지 못했기 때문에 많은 취재 기회를 눈앞에서 놓치는 일"을 유감스러워했다. 이만큼 부자였던 적이 없던 트뤼포는 군에 있는 친구에게 돈과 옷, 책, 음식 등을 보내 주기도 했다.

『엘』은 그에게 1950년 9월 11일 자에 게재될 재미있는 테마를 맡겼다. 그것은 '당신을 사랑합니다'라는 문장을 전 세계 모든 언어로 소개하는 기획으로, 트뤼포는 대학 기숙촌의 외국인 여학생들을 찾아다니며 조사를 했다. 얼마 지나지 않아 트뤼포는 취재 기자와 사진사의 이중 활동으로 정신없는 상태에 빠졌다. 그가 쓴 기사 중에는 패션쇼와 오페라 구역의 세련된 상점에 관한 르포 그리고 인기 여배우들의 인물 기사도 몇 편 있었다. 미셸 모르강을 취재할 때는 르네 클레망 감독의 〈유리성Château de verre〉촬영장인 동역에서 그녀를 만났고, 마르틴 카롤의 취재 때에는 〈연인 카롤린Caroline chérie〉을 촬영 중인 비양쿠르 촬영소에서 만나 점심 식사를 함께했다. "그녀는 정말 아름다운 여성인데, 어처구니없는 광고의 피해자가 되었어. 참으로 재능 많은 여성이지." 8월 초의 편지에서 트뤼포는 라슈네에게 그렇게 썼다.

트뤼포가『엘』의 의뢰로 가장 큰 주의를 기울이며 열심히 쫓아다닌 사건은 영화와는 아무 관계 없는 것이었다. 바로 프랑스 전역에 걸쳐 유명해진 22세의 미셸 무르의 소송 사건이었다. 견습 수도사 미셸 무르는 무신론자라는 이유로 1년 전 성도미니크회 수도원에서 쫓겨난 뒤, 부활절 일요일에 노트르담 성당 설교단에 몰래 올라가 크고 분명한 목소리로 '신은 죽었다'는 신성 모독적인 발언을 했다. 무르는 이 스캔들로 자칫 생트-앤 정신병원에 보내질 처지에 놓였다. 소송은 프랑스 가톨릭교회가 그를 향해 일으킨 것으로, 1950년 5월 말부터 대단한 주목을 받았다. 트뤼포는 무르에게서 자신을 동일시할 인물형을 찾아냈다. 정치적으로든 학문적으로든 제도적으로든, 이번처럼 종교적으로든 권력의 공격으로 추방되도록 운명지어진 인물형의 한 사례를 본 것이다. 어떤 의미에서 역설적으로 트뤼포는 4년의 공백을 두고, 페탱 원수에게 느꼈던 것과 같은 동정을 느꼈다. 그것은 사실상 정치적 참여 의식은 아니었다. 페탱과 무르는 완전히 모순된 입장이었다. 외견이야 어떻든 오히려, 그것은 잃어버린 대의를 향한 지지, 트뤼포의 표현에 따르면 "세상의 비난받는 자들 모두와 함께 나누는 감정"에 관련된 것이었다. 6월 14일 무죄를 선고받은 무르와 의기투합한 트뤼포는 다음 날 둘이 함께 식사를 했다. 3일 뒤에 트뤼포는 이 '사건'에 관해 4편의 기사를 써 자신이 관여하는 다른 잡지에 언제라도 보낼 준비를 했다.

1950년 6월 8일부터 13일까지 트뤼포는 파-드-칼레 지방에 있는 에댕으로 가서 조르주 베르나노스의 소설을 각색한 로베르 브레송의 영화 〈어느 시골 사제의 일기Le Journal d'un curé de campagne〉의 마지막 촬영 모습을 견학했다. 브레송과 만난 것은 "멋진 일"이었다고 트뤼포는 라슈네에게 썼다. 그렇지만 5일 동안 음산하고 비가 철철 내리는 촬영장에 있는 것은 "너무 길고도 지루한 일"이었다. 여기서도 트뤼포는 브레송의 영화에 관한 기사를 다섯 편이나 썼지만, 이 기자 겸 현지 리포터는 자신의 새 직업에 싫증을 내기 시작했다. 파리의 저널리즘 세계는 사람과의 만남, 안락한 생활의 짜릿함, 속도감 있는 글쓰기가 주는 홍분감 등의 장점이 있는 반면 단점도 있었다. 무엇보다 그 속임수가 싫었다. 1950년 7월 21일 그는 라슈네에게 이렇게 털어놓았다. "나는 이 모든 것에 싫증 났어. 다 집어치웠으면 좋겠어."

25번의 칼질

프랑수아 트뤼포는 저널리즘에도 홍미를 잃었지만 릴리안 리트뱅과의 애정 관계에서도 지친 상태였다. 두 사람의 사랑 이야기는 마치 어릿광대 극처럼 우습게 꼬여 갔다. 1950년 6월 13일 밤 〈어느 시골 사제의 일기〉의 촬영장에서 돌아온 트뤼포는 뒬롱 가의 가구 딸린 방에 자리를 잡았다. 일주일 전 리트뱅 가족의 집 바로 맞은편에 얻은 방이었다. 트뤼포는 라슈네에게 보낸 장문의 편지 속에서 그 장소에 관해 매우 자세히 묘사하면서 간단한 방 스케치를 덧붙였다. 트뤼포는 릴리안을 데려와 함께 살 꿈을 꾸었지만, 그녀는 대입 자격시험 준비로 너무 바빴던지 거주할 생각이 전혀 없어 보였다. 그다음 주에 필기 시험이 있고, 곧이어 구술 시험이 예정되어 있었다.

트뤼포 역시 구술 준비를 했다. 포부르 클럽의 변론 대회가 빌리에 영화관에서 6월 27일 화요일에 개최될 예정이었다. 트뤼포는 11명의 결선 진출 후보에 들어가 있었다. 그는 클럽 단골 회원들에게 최고의 인기였다. 부과된 테마는 '1950년의 파리'였으며, 마지막 순간에 발표될 주제에 대한 즉흥 시험이 이어졌다. 마지막까지 젊은이는 릴리안의 참석을 바랐으나 허사였다. 대회 당일 밤 그토록 기다리던 여자 관객을 잃어버린 프랑수아 트뤼포는 뿌루퉁해졌다. "모든 사람이 나에게 실망했다. 내가 한없이 지치고 지루하고 따분했으며, '무슨 바보 같은 테마인가'라고 말하고 싶은 상태였기 때문이다. 나는 11명 중 3위를 했다." 트뤼포는 애석 상으로 리카르* 한 병, 화장품 세트, 복권 몇 장을 받아 나중에 릴리안의 부모에게 선물했다.

아름다운 릴리안 역시 자격시험에서 실패했다. 바칼로레아를 얻지는 못했어도, 7월 4일에 릴리안은 생일 파티를 열었는데, 부모가 사는 아파트 1층 맞은편의 빈 아파트에서 열린 이 파티에는 당시 그녀의 친구들이 전부 초대받았다. "40명 이상 되는 손님들 가운데는 클로드 모리악, 셰레르, 알렉상드르 아스트뤼크, 자크 부르주아, 아리안 파테, 미셸 무르 등 16밀리미터 영화계와 파리 저널계의 명사들이 있었다네." 트뤼포는 독일 병영에서 지루해하던 병사 라슈네에게 그렇게 보고했다. 고다르, 리베트, 샤브롤, 그뤼오, 쉬잔 클로샹들레르, 그녀의 남동생과 여동생도 역시 파티에 참석했다. "그날 밤은 바로 〈게임의 규칙〉식으로 흘러갔다. 뒤얽힌 연애, 거리에서의 언쟁, 닫힌 문……. 릴리안은 생토뱅을 네댓 차례 바꾸었던 노라 그레고르를 연기했고, 나는 쥐리외 역을 맡았다.** 희생자가 한 명 필요했던 것이다." 희생자는 명확히 지

• 술의 한 종류*
•• 생토뱅과 쥐리외는 〈게임의 규칙〉의 등장인물이며, 노라 그레고르는 여주인공을 맡은 배우의 이름이다.*

정되었다.

트뤼포는 새벽에 집으로 돌아와 침대에 누워 면도날로 오른쪽 팔을 25번 베었다. 피가 침대보를 적셨다……. 트뤼포는 실신했다. 오전 11시, 릴리안이 도착해 의식을 잃은 트뤼포를 깨워서 상처를 치료한 뒤, 물을 끓이고 팔에 붕대를 감아 주었다. "이제 팔에 붕대를 동여맨 나는〈인생 유전〉의 프레데릭 라메트르처럼 되어 사람들에게는 가볍게 팔목을 삐었다고 말한다." 트뤼포는 실제로 일어난 일을 가상의 세계 안에 냉소적으로 연결하면서 이렇게 쓰고 있다. 한편 릴리안은 이 젊은 이웃을 쇠약하고 의기소침한 상태로 내버려 둔 채 행선지도 알리지 않고 이틀간 사라져 버렸다.

이 통속극에서 빠져나오기 위해 트뤼포는 1950년 여름 내내 더욱더 일에 파묻혔다. 9월 1일에서 12일까지는 제2회 필름 모디 페스티벌에 초대되어 비아리츠에서 좋은 시간을 보냈다. 1년 사이에 트뤼포의 지위는 격상되어 그는 고등학교 기숙사 대신『엘』의 특파원 자격으로 카지노-벨뷔 호텔에 묵었다. 그렇지만 바스크 해안의 분위기는 우중충했고, 그 후 이 영화제는 이미 빈사 상태에 있던 '오브젝티프 49'의 사실상의 마지막 프로젝트가 되었다. 이어서 트뤼포는 특종을 찾아 열흘 정도를 앙티브, 칸, 니스, 생트로페, 생-장-카프-페라를 돌면서 보냈고, 리비에라 해안의 호화별장과 호텔 입구에서 망을 보면서 영화 스타와 파리의 유명인사의 현장 사진을 찍고자 했다.

9월 말 파리로 돌아온 트뤼포는 휴가를 받은 친구 라슈네와 기쁘게 재회한 뒤 이전처럼 영화관을 찾으며 몇 차례 긴 대화를 나누었다. 그리고 천천히 악몽 같은 과거에서 빠져나오던 트뤼포를 이때 앙드레 바쟁이 또다시 돕게 된다. 트뤼포는 8월 말 알프스의 요양소로 바쟁을 찾아갔다. 대화 도중 바쟁은 자신의 젊은 피보호자에게 장 르누아르 감독의 전기를 함께 쓰자고 제안했다. 르누아르를 편애하는 트뤼포는 그의 필모그래피 전체를 책임지고 구성하는 일을 맡았다. 이 기획은 영국 잡지 『사이트 앤드 사운드Sight and Sound』의 의뢰로 이루어졌는데, 바쟁은 원고료를 나누어 1인당 1만 3천 프랑씩으로 책정했다. 그러나 그해 가을 트뤼포가 르누아르의 영화에 관한 자료를 수집하는 동안 이 기획은 수포로 돌아갔고, 결국 실현되지 못했다.

이 모든 상처를 치유할 수 있는 것은 다름 아닌 영화였다. 첫 시나리오 〈천사의 피부로 만든 허리띠La Ceinture de peau d'ange〉를 쓰면서 트뤼포는 활력을 되찾고자 했다. 1950년 9월 감독 지망생 트뤼포는 친구 라슈네에게 이렇게 고백한다. "10월에 영화를 한 편 만들고자 한다네. 필름 25롤을 가지고 있는데, 전체 1시간 40분 상영 가능 분이지. 내 영화는 45분 정도 될 것이므로 여유는 있는 편이라네. 내게는 16밀리미터 카메라와 카메라맨, 배우들도 모두 준비되어 있다네. 없는 것이라곤 의상 몇 벌, 식당 세트로 사용할 큰 방, 40암페어 조명 램프뿐이지." 〈천사의 피부로 만든 허리띠〉는 성체 배령을 하는 어느 여성의 이야기인데, 주인공을 릴리안 리트뱅에게 맡긴다는 구상으로 쓴 것이 틀림없었다. 성체 배령을 받는 날, 어린 소녀가 집 다락방에서 사촌에게 능욕당한다. 6년 뒤 그녀는 결혼을 한다. 결혼식 식사 도중 그녀는 다락방으로 올라가 낡은 트렁크 안에 처박혀 있던 어린 시절의 장난감을 찾는다. 그때 결혼식에 초대된 남편의 직장 상사가 다락방으로 와서 그녀의 우울함을 위로해 준다는 구실로 그녀를 낡은 장의자 위에 쓰러뜨린다.

성적이면서 불경스러운 분위기로 환상을 그린 이 시나리오에서 트뤼포는 사촌 역을 자크 리베트로, 또 다른 배역 하나는 알렉상드르 아스트뤼크로 결정해 놓았다. 그리고 성체 배령자의 오빠 역은 자신에게 남겨 두었다. 기획을 성공시키기 위해 트뤼포는 파리 가톨릭교회에 지원을 요청하면서, 공식적으로는 자신의 영화가 첫 성체 배령식에 대한 다큐멘터리라고 소개했다. 또한 교회 측을 구슬리기 위해 그리티 사제, 에프르 사제, 베르사유 시네 클럽의 이브 르노 신부의 지원도 의뢰했다. 이들은 모두 앙드레 바쟁과 친한 사람들이었다. 그러나 파리 주교구는 정통적이라고 말하기 힘든 이 다큐멘터리를 지원하지 않기로 결정했다. 그리고 시간이 흘러 감독이 된 트뤼포는 어린 시절에 쓴 이 최초의 시나리오로 되돌아가지 않는 현명함을 보였다.

지원병

1950년 10월 로베르 라슈네는 군 복무를 계속하기 위해 다시 독일로 떠났다. 릴리안 리트뱅은 계속 손에 잡을 수 없었고, 앙드레 바쟁은 결핵 때문에 파리에서 멀리 떠나 있었다. 프랑수아 트뤼포는 혼자 남은 상태에서 기자 일에도 싫증을 느꼈다. 그러자 트 뤼포는 경솔하게도 징집 연령이 되지 않은 상태에서 군 복무에 지원하기로 결정을 내렸다. 10월 29일 트뤼포는 뢰이-디드로 병 영을 찾아갔고, 이어서 생 도미니크 가에 위치한 사단 본부, 마지 막으로 전과 기록 초본을 찾기 위해 재판소에 갔다. 2주일 후 출 발이 결정되었고, 카운트다운이 시작되었다. "물론 나는 독일 점 령 부대에 지원했지"라고 트뤼포는 라슈네에게 썼다. 라슈네는 처음에는 매우 흥분했다. 친구가 가까이 오면 함께 코블렌츠로 휴가를 갈 수 있기 때문이다. 그러나 2개월 뒤, 트뤼포가 정말로 지원서에 서명한 사실을 알고 라슈네는 의견을 바꾸었다. 트뤼 포는 예정과 달리 11월 초에 독일로 떠나지 않고 계속 파리에 남 아 있다가, 12월 27일 생 도미니크 가에 있는 파리 병무관 앞에 출 두하여 3년간의 포병대 근무 지원서에 서명했다. 그것은 실연의 상처, 허세, 파리 생활에 대한 혐오감의 결과이자 아마도 지원병 에게 제공되는 고액 특별수당 때문이었다. 트뤼포는 6개월 뒤에 인도차이나로 출정하도록 편성되었다. 로베르 라슈네는 친구의 선택을 이해할 수 없었다. "프랑수아, 왜 이런 짓을 했니? 프랑수 아, 그러면 우리는 3년 동안 떨어져 있게 되는데. 정말로 믿을 수 가 없어. 내가 파리에 돌아가도 너를 만날 수 없다는 사실을 받아 들일 수가 없어. 나는 생각해 보고 있어. 무엇을 해야 할지, 어떻게 살아야 할지, 더 이상 너를 볼 수 없다는 사실에 어떻게 적응해야 할지……. 너와 네 내프킨과 네 원고, 네 안경, 네 낡은 바지와 양 말을 볼 수 없다는 사실에……."

1950년 12월 30일 프랑수아 트뤼포는 독일 국경을 넘어, 비틀리히에 있는 제8포병 대대에 합류했다. 여기서 6개월간 기초 군사 훈련을 받아야만 사이공으로 출발할 수 있었다. 모순적으로 보일 만큼, 자신의 행동의 고결성을 확신하려는 듯한 홍분감 속에서 트뤼포의 군대 체험은 시작되었다. 1951년 1월 3일 트뤼포는 아버지에게 이렇게 썼다. "저는 제 인생의 3년을 결연히 프랑스군을 위해 바쳤습니다. 영화도 책도 불성실한 생활도 친구도 자율성도 없는 3년을 말입니다. 저는 이것을 매우 훌륭한 행동으로 생각합니다. 군대는 종종 지나치게 오해되고 있습니다. 군 생활에 의미와 논리가 부족하다고 말하는 것은, 경찰서에서 아랍인들에게 발길질을 한다든가 러시아 영화를 보고 비웃는 것만큼 유치한 일입니다." 그리고 젊은이는 강한 어조로 남성적 군대 용어를 강력히 주창하면서, 민간인 사회보다 더 '공정하고' 더 '공평한' 군대 사회의 논리를 강조했다.

그러나 3일 뒤, 환상에서 깨어난 트뤼포는 즉시 바쟁, 로메르, 『엘』의 문예부장 로네에게 자신을 『독일 점령 부대 정보 저널』의 기자로서 바덴바덴에 배속되도록 도와줄 것을 요청했다. 1월 7일에 로메르에게 보낸 편지 속에서 트뤼포는 비틀리히 주둔지를 훈련과 규율, 눈과 진흙탕, 30킬로그램 배낭을 메고 행하는 강제 행군으로 채워진 지옥으로 묘사하고 있다. 용이한 전속을 위해 트뤼포는 로메르에게 자신이 『가제트 뒤 시네마Gazette du cinéma』의 기자였다는 증명서를 가급적 빨리 보내 달라고 간청했다. "라인강 건너편에 당신에게 기대어 있는 친구가 있다는 것을 잊지 말아 주십시오. 만일 내가 인도차이나에서 죽는다면, 그 책임은 당신에게 있을 겁니다! 서둘러 주십시오." 로메르는 바쟁, 로네와 함께 독일 지역 군사 당국을 대상으로 중재에 나서 트뤼포를 바덴바덴으로 특별 이송시키도록 부탁했지만, 아무 소용도 없이 지원병은 비틀리히의 '포로'로 남았다. 라슈네에게 트뤼포는 자신의 갑갑함과 도무지 잘해 낼 수 없는 군사 훈련 때문에 좀먹어가는 일상생활을 이렇게 썼다. "내가 '소대, 구령에 맞춰 앞으로……가!'라고 외쳐도, 아무도 움직이질 않아. 내 소리를 듣는 사람이 소위 후보생뿐이기 때문이지." 게다가 그는 총을 제대로 쥐지도 못했다. "2천 명 되는 전체 병사 가운데 나는 어깨총을 가장 못하는 인물이야. 터무니없을 만큼 서툴러서 내게는 많은 징계가 주어지지." 따라서 트뤼포가 연대 하사관들의 조롱거리가 되어 고통스러운 생활을 한 것은 놀라운 일이 아니었다.

신병 교육이 종료되자 어느 정도 해방이 찾아왔다. 1951년 3월 10일에 트뤼포는 드디어 편한 보직을 얻을 수 있었다. 전화 메시지를 수신하는 서기직이었는데, 이 직책은 트뤼포에게 독서와 글쓸 시간을 허용해 주었다. 혹독한 독일의 겨울을 지내는 동안 트뤼포는 부비강염 재발과 만성 청각 장애 때문에 의무실에 자주 들렀다. 비틀리히에서 걸린 이 병들은 이후 오랫동안 그에게 붙어 다녔다. 트뤼포는 1960년대 초가 되어서야 비강 격벽 수술을 받았으며, 혹한과 포성 때문에 얻은 우측 귀의 청력 상실 때문에 평생 고통을 겪었다. 2월에 라슈네에게 보낸 편지에 의하면, "하루에도 몇 차례씩 나의 오른쪽 귀가 거대한 펜치로 뽑혀 나가는 것처럼 느껴진다. 포성이 주둔지를 통과할 때면 내 귀는 빠져나가 버린다." 후에 트뤼포는 〈아메리카의 밤〉에서 영화감독 페랑에게 자신의 이 신체 특징을 옮겨 놓는다. 트뤼포 스스로를 연기한 그 인물은 보청기를 착용하고 있다.

편한 직책을 얻은 트뤼포는 '자신의 여성들' 모두와도 서신 교환을 했다. 우선 여전한 애정의 대상인 릴리안 리트뱅이 있었다. 릴리안도 트뤼포에게 많은 신경을 써 주어, 그에게 온 우편물들을 전송해 주었고, 소포와 책과 잡지도 보내 주었다. 트뤼포는 그 이상을 기대했다. 바로 사랑 고백을 원했지만, 그것은 결코 오지 않았다. 그렇지만 친구 로베르에게 고백했듯이, 트뤼포의 "애정 생활은 꽤 복잡한 것"이어서 그의 사랑 대상은 "16세이거나 혹은 40세였고, 그 두 연령 사이에 다소 불확실한 관계의 여성들, 즉 교양 있는 집의 딸, 미망인, '피갈의 숙녀'들"이었다. 트뤼포는 루이즈 드 빌모랭, 에메 알렉상드르, 파티 백작부인 등 포부르의 독지가들과도 서신을 주고받았다. "나는 그들에게 따분한 거짓말을 써 보낸다. 그들은 열렬한 사랑 고백으로 가득 찬 이 편지에 호의적인 답장을 준다(성공 이유는 아마도 내가 성실하지 않기 때문일 것이다)." 젊은 군인은 자신을 사랑해 주지 않는 시네필 여성을 향한 좌절된 열정에서 형성된 울분과 이미 흥미를 잃어버린 협잡꾼적 '난봉꾼'의 냉소 사이에서 동요하고 있었다.

그 다른 편에 수월한 여자들이 있었다. 트뤼포가 꾸준히 찾은 매춘부들 혹은 1946년 가을에 만난 첫 애인 주느비에브가 있었다. 주느비에브와는 독일에서도 편지 왕래를 했다. "그녀는 혼자

사는데, 그녀의 편지는 정말 매력 있어. 1946년에 내가 가졌던 꿈이 실현되고 있다고나 할까. 주느비에브는 발자크의 여주인공, 내가 다시 더럽힐 나의 '골짜기의 백합'이지!" 2월 12일 라슈네에게 쓴 글이다. 이 실재하는 여성들은 훗날 트뤼포의 영화 속 인물의 '원형'이 된다. 릴리안 리트뱅은 〈스무 살의 사랑L'Amour à 20 ans〉에서 마리 프랑스 피지에가 연기하는 콜레트로 발전하며, 곱게 자란 여성들은 〈훔친 키스〉와 〈부부의 거처Domicile conjugal〉에서 클로드 자드가 연기하는 크리스틴 다르봉에게서 그 특징을 찾을 수 있다. 한편 원숙하고 품위 있는 여성들은 파비엔 타바르(델핀 세리그의 모습으로 오래 기억될 〈훔친 키스〉의 인물)를 통해 여성의 이상형을 만든다. 마지막으로 매춘부들은 트뤼포의 모든 작품에 등장한다.

도둑 일기

프랑수아 트뤼포는 신병 교육 기간에 영화를 볼 수 없었으므로 비틀리히의 병영 내무반 안에서 독서에 몰두했다. 그리고 마르셀 프루스트를 발견하여 1951년 1월 『잃어버린 시간을 찾아서』를 읽고 또 읽었다. "그것은 소설이란 체계 안에서 경이롭고도 결정적인 작품이라네. 발자크와 프루스트는 프랑스어권에서 가장 위대한 소설가이지." 트뤼포는 1월 27일 라슈네에게 보낸 편지에서 그렇게 썼다. 새로운 또 하나의 발견은 장 주네였다. 입대하기 직전 트뤼포는 『도둑 일기 Le Journal du voleur』를 읽고 1950년 12월 19일

날짜로 수첩에 한 단락을 고스란히 옮겨 놓았다. "나는 1910년 12월 19일 파리에서 태어났다. 빈민 구제소에서 자란 미성년 고아였으므로 호적에 기록된 사항 외에는 나에 대한 다른 사실은 알아내기 어려웠다. 나는 스물한 살이 되어서야 출생 증명서를 취득했다. 어머니의 이름은 가브리엘 주네였고, 아버지의 이름은 빈칸으로 남아 있었다. 내 출생지는 아사스 가 22번지였다." 생부 불명의 아이, 감화원에서 감옥으로 보내진 범죄자, 처벌과 모욕의 피해자, 난폭하고 분방한 성 본능의 소유자, 글쓰기를 통해 구원된 인물……. 빌쥐프 관찰소를 경험한 트뤼포로서는 명백한 동일화의 대상이었다.

프랑수아 트뤼포가 이 발췌문을 베껴 쓴 것은 그곳에 나타난 날짜 역시 자신에게 매우 중요했기 때문이다. 1950년 12월 19일 트뤼포는 40세가 되는 장 주네에게 편지를 썼다. 트뤼포는 장 콕토에게서 정보를 얻고 있었다. 콕토를 통해 젊은 숭배자의 글을 받았을 때 장 주네는 파리 18구 몽마르트르 묘지 바로 옆에 있는 조제프-드-메스트르 가 12번지 테라스 호텔에 머물고 있었다. 당시 주네는 육체적으로뿐 아니라 심리적, 정신적으로도 매우 심각한 위기를 겪고 있었다. 주네는 담석으로 고통을 받았으며, 이 때문에 1950년과 1951년에 걸쳐 몇 차례 입원을 반복한다. 또한 경제적으로 어려웠던 주네는 호텔의 작은 방에서 지내면서 자기보다 유복한 친구들의 도움에 의존하고 있었다. 1942년부터 1947년까지의 '영광스러운 기간' 동안 열정적 시간을 가진 이후로는 작품마저도 고갈 상태인 듯했다. 훗날 그 자신이 밝힌 바에 의하면 "나는 6년 동안 이렇게 비참한 상태로, 우둔함이 생활의 토대를 만드는 상태로 살았다. 기껏 문 열고 담배에 불붙이고……. 한 인간의 삶에는 몇 차례의 섬광의 순간만이 있으며, 그 나머지 시간은 잿빛 색조를 지닐 뿐이다." 1954년에는 이렇게 쓰기도 했다. "유혹이 아닌 하나의 생각이, 다름 아닌 자살 생각이 40세 무렵에 내 안에 분명하게 나타났다. 그것은 삶에 대한 나의 권태감으로부터, 그리고 결정적인 변화에 의해서만 종결시킬 수 있을 내면의 공허감에서 온 것처럼 보인다."

이렇게 해서 두 '자살 성향인'은 서로 만나게 되었으며, 그 정신적 일체감은 상황과 연령의 차이에도 불구하고 트뤼포와 주네를 확고하게 근접시켰다. 그러나 주네가 이 같은 '일종의 심리 쇠약'을 겪고 있다고는 해도, 그는 한편으로는 당대의 가장 유명한 프랑스 작가 중 한 명이기도 했다. 주네의 책과 희곡은 ― 1년 전 마튀랭 극장에서 공연된 〈엄중한 감시Haute Surveillance〉처럼 ― 한 편의 예외도 없이 스캔들을 일으켰다. 1951년에는 갈리마르 출판사가 주네 전집을 간행하기 시작했고, 장 폴 사르트르는 『성 주네, 연기자와 순교자Saint Genet, comédien et martyr』를 통해 그를 세기적인 시인이자 중요 인물로 인식했다.

프랑수아 트뤼포는 1950년 12월 19일 이 같은 인물에게 편지를 썼던 것이다. 편지에는 『도둑 일기』와 『소년범L'Enfant criminel』에 관해 자신이 쓴 글을 덧붙였다. "장 주네, 나의 동포Jean Genet, mon prochain"란 제목의 이 글은 원래 『세계의 문예』 잡지에 싣기 위해 썼던 것인데, 유감스럽게도 지금은 전해지지 않는다. 1951년 3월

24일 트뤼포는 라슈네에게 보낸 편지에서 "놀랍게도 답장을 받았다"라고 언급했다. "그는 내게 감사와 호의를 담은 기막힌 편지를 보내 주었네. 파리에 오면 자기를 만나러 오라고 말했어. 그리고 정말 훌륭한 서명이 붙어 있었네." 실제로 주네의 편지에는 진심이 담겨 있었다. "친애하는 트뤼포 선생. 귀하의 글에 저는 깊이 감동했습니다. 또한 누군가 저에게 편지를 쓰고 저의 작업에 대해 글을 쓸 생각을 했다는 사실에 진심으로 놀라고 있습니다. 사르트르와 제가 다투지 않았다는 사실이 귀하를 실망시킬지도 모르겠습니다. 저는 사르트르를 진정 마음속으로 좋아하기 때문입니다. 또한 저에 대한 그의 비평 작업도 저와 거의 관련이 없습니다. 그것은 오히려 그 자신에 관한 것입니다. 귀하께서 쓰신 글에 대해서는, 제게는 과찬으로 보인다는 말밖에는 무슨 말씀을 드려야 할지 모르겠습니다. 군에서 며칠 시간을 내서 파리에 온다면, 인사라도 나누도록 제게 들러 주십시오. 즐거운 마음으로 귀하와 악수를 나누고 싶습니다. 우정을 담아."

주네와의 만남은 1951년 4월 중순 젊은 병사의 첫 휴가 때 주네가 묵고 있던 호텔의 작은 방에서 이루어졌다. 주네는 며칠 후 트뤼포에게 『도둑 일기』의 앞장에 헌사를 써서 보냈다. 그 글에는 주네가 트뤼포에게 준 모든 영향이 보인다. "친애하는 프랑수아. 혹시라도 마음 상하진 마십시오. 그러나 당신이 방 안으로 들어올 때 저는 거의 환각에 가까운 상태에서 19세 때의 나 자신을 보고 있다고 생각했습니다. 당신이 그 엄격한 시선을, 솔직하면서도 조금은 불행한 모습으로 스스로를 표현하는 그 방식을 오래

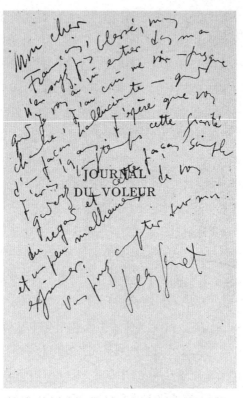

장 주네는 자신의 저서 『도둑 일기』의 앞장에 헌사를 써 트뤼포에게
보내 주었다.

간직하기를 바랍니다. 저에게 의지해도 좋습니다." 군대식 두발에 가냘픈 외모, 작은 키, 살짝 비뚤어진 코, 생기 있으면서도 불안한 눈초리, 울적한 분위기를 지닌 트뤼포는 1951년 4월에 주네가 그려 낸 자화상처럼 보였다. 그러나 호텔 방문의 사각 테두리에 둘러싸여 나타난 이 유령 같은 모습은 거의 같은 시기에 『도둑일기』에 관해 사르트르가 썼던 글을 예증하기도 했다. "주네는 어디에서나 자신의 모습을 본다. 광택이라곤 없는 표면일지라도 그에게는 자신의 이미지를 반사한다. 타인들에게서조차 그는 자신의 모습을 보며, 동시에 그들의 깊은 곳에 숨겨진 비밀을 드러내 보여 준다." 트뤼포에게 그 비밀은 물론 '정체 불명의 생부'였고, 그것을 젊은이는 자신이 가장 강렬하게 찬미하는 예술가들로 대체하고자 애썼다. 장 주네는 앙드레 바쟁과 함께 실로 그 최초의 대리자였다. 트뤼포는 1951년 8월 15일 이에 관해 라슈네에게 편지를 썼다. "바쟁과 주네는 나의 부모가 15년 동안 한 번도 해 주지 못한 것을 3주 만에 내게 해 주었다네."

주네는 1951년 봄과 여름에 걸쳐 트뤼포의 모든 편지와 요청에 응해 주었다. 주네는 비틀리히로 이렇게 써 보냈다. "제가 잊지 않고 있다는 것을 당신이 알도록 아주 간결하게 씁니다. 당신의 근황을 알려 주십시오. 원하는 바를 제게 부탁하십시오. 그리고 파리에 오면 저를 만나러 오십시오. 늘 가장 충실한 당신의 친구임을 믿어 주십시오." 무엇보다 주네는 갈리마르 출판사를 중개로 그에게 10권가량의 책을 보내 주었다. 예컨대, 1951년 8월 트뤼포에게 '세리 누아르'*를 처음 읽게 한 사람도 주네였다. "몇 권의 추리 소설을 (병원 독서용으로) 당신에게 보냈습니다. 두 갑의 지탄 담배도 보냈습니다. 받으셨는지요?" 이 독서는 트뤼포에게 그 무엇보다도 중요했다. 훗날 그는 윌리엄 아이리시, 데이비드 구디스, 헨리 파렐, 찰스 윌리엄스의 작품들을 영화로 옮겼는데, 그 소설들 모두 명성 높은 '세리 누아르' 시리즈를 통해 번역된 것들이었기 때문이다.

장 주네의 총 11통의 편지와 두 권의 책에 쓴 헌사 속에 이 결정적 우정의 기록은 남아 있다. 1951년 6월 초에 주네는 이렇게 썼다. "당신의 편지는 저를 즐겁게 합니다. 원하는 대로 다 하십시오. 그러나 저에게 그렇게 어리석은 해명은 요구하지 마십시오. 실은 저는 편지를 그다지 좋아하지 않습니다. 제 편지가 짧은 것에 양해 바랍니다. 중요한 것은, 이 편지들이 당신에게 저의 우정을 부족함 없이 표현한다는 사실입니다." 트뤼포는 이보다 더 긴 답장을 15통가량 보냈다. 주네와의 우정은 젊은 병사의 물리적 환경을 바꿀 실질적 위력은 없었지만 어려운 기간 내내 큰 도움이 되었다. 트뤼포는 독방에 깊이 갇혀 종종 자살을 생각하던 시기인 1951년 11월 22일에 라슈네에게 이렇게 썼다. "가끔 주네의 짧은 편지를 받을 뿐이지만, 그래도 그 편지들이 나를 버티게 한다네."

두 사람의 관계는 트뤼포가 민간인 생활로 돌아온 이후까지 계속되어, 그들은 종종 클리시 대로를 오랫동안 함께 산책했다.

• 갈리마르 출판사가 출판한 미국 범죄·추리 소설 시리즈*

그러나 1964년 11월에 두 사람의 관계는 갑작스럽게 끝났다. 일자리를 구하고 있던 '압달라'라는 젊은이를 주네가 감독 트뤼포에게 소개해 주기로 한 약속 장소에 트뤼포가 아주 늦게 도착하면서 생긴 일이었다. 다음 날 트뤼포는 작가에게서 최후의 전갈을 받았다. "어제 저는 길 잃은 모로코 젊은이에게 도움을 줄 것을 당신에게 부탁했지만, 당신은 그 젊은이를 한 시간 반 동안 기다리게 했습니다. 영화계 사람들이 어떻게 처신하는가, 그들에게 어떻게 대해야 하는가를 알게 된 것은 그 젊은이의 정신 건강을 위해 좋은 일이었습니다. 프랑수아, 진심으로 저는 당신이 그것을 가르쳐 주고 그 역할을 맡아 연기하게 된 것을 유감스럽게 생각합니다. 저는 당신을 정말로 좋아했기 때문입니다. 당신이 원하는 그 모든 익살스러운 허영으로 우쭐하는 건 어쩔 수 없겠지만, 그러나 프랑수아, 무례한 태도는 버리십시오. 그리고 늘 클리시 대로를 걸으십시오. 제가 1천 프랑을 필요로 할 때가 있으니까요."•

탈영병

1951년 5월 12일 프랑수아 트뤼포는 비틀리히의 군의관으로부터 '복무 적합'이라는 공식 판정을 받았다. 이제 트뤼포는 인도차이나의 사이공으로 배속될 상황이었다. 출발은 7월 14일로 결정

• 프랑수아 트뤼포는 주네에게 약속에 늦은 이유를 상세하게 설명하는 사과 편지를 즉시 보냈다.

되었고, 그때까지 마르세유의 식민지 군부대센터에 의무적으로 집합해야 했다. 그 대가로 병영에서의 마지막 두 달 동안에는 혜택 규정이 탄력 있게 시행되어 여러 차례 휴가가 이어졌다. 5월 13일 트뤼포는 파리에 도착했고, 그 후 비틀리히에서는 짧은 체류만을 반복했다. 동역에서 밤 10시 열차를 타고 병영으로 돌아가는 일은 매번 고통이었다. 파리 생활은 트뤼포에게 권리를 되찾아 주었다. 그는 친구들과 재회하고 시네마테크에 끊임없이 들르고 주네와도 만났다. 긴 휴가 동안 트뤼포는 릴리안 리트뱅도 빈번히 만나 함께 영화관에 가거나 그녀의 시골 별장에 초대받아 가기도 했다. 질투심으로 그녀는 파리에 있는 동안 트뤼포에게 숙소 등의 도움을 제공해 준 주느비에브 S와 즉각 결별할 것을 요구하기도 했다.

트뤼포는 점차 인도차이나 지원을 후회하기 시작했다. 6월 8일, 트뤼포는 로베르 라슈네에게 보낸 편지에서 그의 조언을 구하고 이해 득실을 계산한 뒤 이렇게 결론지었다. "나, 탈영하고 싶어." 6월 21일에 쓴 편지는 수많은 영화에 관한 언급으로 채워져 있다. "곧 나는 르아브르를 무대로 한 이 영화(《안개 긴 부두Quai des Brumes》) 첫 부분의 장 가뱅과 똑같은 상황에 놓이겠지. 단지 내게는 옷과 할 일과 잘 곳과 믿을 만한 친구들이 있다는 점만 다르겠지. 그때 나는 장 가뱅의 역할을 하겠지만, 알제를 배경으로 전개되는 영화(《망향Pépé le Moko》)의 끝 장면에서 배는 그를 싣지 않고 떠나가잖아! 네가 내 결정에 동의할지는 모르겠지만 나는 이것이 최선이라고 확신해. 파리에서 만나게 될 때 어떤 것에도 놀라지

마. 그리고 나를 신뢰해 줘."

　결정은 내려졌다. 사이공으로 가는 것은 완전히 미친 짓이다. 7월 13일 트뤼포는 비틀리히에서 군 장비를 반환하고 모두에게 작별 인사를 한 뒤, 오후 4시 스트라스부르행 열차에 올랐다. 트뤼포는 열차 안에서 수첩에 "울적해 미칠 지경"이라고 메모했다. 그는 이튿날 초저녁까지 마르세유로 가서 8월 20일로 예정된 인도차이나 출발에 앞서 1개월간 집중적으로 전투 훈련을 받아야 했다. 트뤼포의 머릿속은 생각에서 생각으로 계속 빠르게 이어지고 있었다. 7월 13일 밤 스트라스부르에 도착한 트뤼포는 처음 눈에 띈 영화관으로 뛰어 들어가 〈타잔과 표범 여자Tarzan et la Femme-Léopard〉를 보았다. 7월 13일 밤과 14일 새벽 사이 야간열차로 스트라스부르에서 파리로 오는 도중, 트뤼포는 샬로테라는 이름의 "매력적인 아가씨"를 만났다. 열차의 같은 칸에 타게 된 젊은 독일 여자였다. 그녀는 트뤼포에게 민간인 생활로 돌아갈 의욕을 북돋워 주었다. 새벽에 도착한 트뤼포는 파리의 클리시 대로에서 기적처럼 주네와 마주쳐 남은 돈을 함께 다 써 버렸다. 오후 일찍 트뤼포는 릴리안, 라슈네, 크리스 마르케르, 알렉상드르 아스트뤼크, 자크 리베트와 재회했다. 그들은 클리냥쿠르 가에 있는 리베트의 아파트에서 트뤼포에게 "파티를 열어 주기" 위해 기다리고 있었다.

　이렇게 해서 7월 14일에서 15일로 넘어가는 날 밤 트뤼포는 마르세유에 있지 않았다. 지금부터 그는 탈영병이었다. 법적 표현을 사용하는 경우라도 최소한 '불법적 실종 상태'였다. 처음에 트뤼포는 숨지도 않았고, 그래서 친구들은 그가 시네필 생활의 재개를 흐뭇해하는 것으로 생각했다. 그러나 혹시라도 경찰이 그에게 신분증을 요구할지 몰라 밤에 돌아다니는 일은 위험하다고 여기고 은신할 장소를 물색했다. 하루 이틀 밤을 장 두셰의 집에 묵은 뒤 트뤼포는 다시 갈 곳을 찾아야 했다. 피레네 지방의 베르네-레-뱅에서 긴 요양을 마치고 방금 돌아온 앙드레 바쟁이 이번에도 구세주가 되어 주었다. 트뤼포가 탈영한 뒤 파리를 헤맨다는 사실을 크리스 마르케르를 통해 알게 된 바쟁은 그를 받아들이기로 자청했다. 바쟁은 아내인 자닌, 마르케르와 함께 이 시네필 청년이 자주 들르는 영화관마다 출입구를 뒤지면서 하루 종일 트뤼포를 찾았다. 마침내 7월 21일 그들은 트뤼포를 찾아내 바쟁 부부가 두 살 된 아들 플로랑과 여러 반려동물과 함께 사는 브리-쉬르-마른으로 데려갔다. 작고 수수하면서도 쾌적한 이 2층 아파트는 방 세 개와 부엌이 있으며 평화로운 교외의 공원에 둘러싸인 조용한 곳이었다. 제대로 갖춰지지는 않았어도 하녀 방 용도로 만든 다락방 역시 거주가 가능했다. 자닌과 앙드레는 프랑수아에게 이 방을 주었다.

바쟁은 탈영 상황을 해결하는 일이 급선무라고 생각했다. 이야기만 잘되면 체포를 피할 수 있다고 믿은 바쟁은 트뤼포에게 파리 연병장의 장교들을 찾아가 해명하도록 설득했다. 이것이 트뤼포가 사실상의 자유를 되찾을 유일한 방법이었다. 7월 28일 그들은 릴리안을 브리-쉬르-마른으로 초대해 함께 점심 식사를 했고, 시네마테크에서 로버트 플래허티의 〈엘리펀트 보이Elephant

독일의 군 영창에서의 트뤼포

Boy〉를 보았다. 그 후 바쟁과 트뤼포는 자닌, 릴리안과 함께 앵발리드 기념관에 있는 헌병대로 갔으나, 긍정적 해결의 시도는 실패로 돌아갔다. 프랑수아 트뤼포는 즉시 무단 탈영병을 수용하는 뒤플렉스 병영 영창에 갇혀 일주일을 보냈다. 바쟁 부부가 면회를 왔고, 릴리안도 면회를 와서 책 꾸러미 소포를 전해 주기까지 했다. 그리고 트뤼포가 코블렌츠에 있는 제32 포병 대대에 합류할 것이라는 소식이 들려왔다. 인도차이나로 보낼 가능성은 배제된 듯 보였기 때문에 어떤 면에서는 다행스러운 소식이었다.

그러나 매독이 재발한 트뤼포는 군의관의 치료를 받기 위해 8월 3일 오후 동역 부근에 있는 빌맹 병원으로 긴급 후송되었다. 감시 속에서 진력이 날 정도로 치료받는 동안 트뤼포는 두 해 전 미성년자 관찰소의 의무실에서처럼 갑갑함과 우울증을 견디기가 가장 힘들었다. 오로지 바쟁과 그리티 사제의 문병, 친구들이 보낸 몇 통의 편지만이 기분을 북돋워 줄 뿐이었다. 스톡홀름 여행에서 돌아온 장 주네가 트뤼포를 찾아와 만나려 했지만, 예심 판사의 특별 허가증을 갖추지 못했기 때문에 만날 수 없었다. 주네 역시 큰 책 꾸러미 상자와 함께 트뤼포에게 편지를 남겼다. "당신이 빌맹 병원에 유폐되어 있는 이유도 들었습니다. 사실은 모든 것이 좋은 방향으로 흘렀습니다. 당신의 매독은 올바른 시점에서 모습을 나타냈습니다. 도덕주의자의 입장에서 말하자면, 나는 당신이 인도차이나행을 면하게 되는 것을 매우 유감스럽게 생각해야겠지요. 병자들이 가장 먼저 폐기 처리되어야 할 테니까요. 장 도마르키가 당신에게 다른 책들을 가져다줄 겁니다. (사르트르의)『상황*Situations*』몇 권을 말입니다. 당신을 위해 무엇을 기도해야 하나요? 치유를? 영창을? 정신 병원을? 자유를? 제게 당신은 그것에 거의 견디지 못할 것처럼 보입니다. 행여 당신이 무법자의 영혼을 가지고 있을까 걱정됩니다. 만일에 정말로 그렇다면, 그 모든 것을 감수하는 마음으로 당신의 운명에 순종해 수류탄을 쥔 채 죽어야만 합니다. 어떻든 당신을 매우 사랑하고 친구로서 포옹을 보냅니다."

1951년 8월 3일부터 9월 3일까지 프랑수아 트뤼포는 빌맹 병원에서 보냈고, 심신의 착란 상태에서 조금씩 빠져나왔다. 바쟁 부부는 샤랑트 지방으로 바캉스를 떠났고, 파리의 친구들은 뿔뿔이 흩어졌다. 또다시 트뤼포는 혼자였고 병자였고 수감자였다. 주네는 최선을 다해 트뤼포를 도우면서 사르트르의 친구이자 정신과 전문의인 레보비츠를 기억해 냈다. 레보비츠라면 트뤼포를 이 난국에서 빠져나오도록 도울 수 있을 것 같았다. 그러나 레보비츠와 연락이 닿으려면 사르트르가 북극 여행에서 돌아오기를 기다리는 수밖에 없었다. "그래서 이 정신과 전문의는 무엇을 해야 할까요? 당신의 생각을 설명해 주세요. 나는 여성 변호사도 한 명 압니다. 그녀는 무엇을 해야 하나요? 나에게 이 모든 것을 명확하게 써 주십시오. 당신의 우편물이 개봉되리라는 것을 알기에, 이 이상 솔직하게 말하기가 곤란합니다. 내 목소리가 부자연스러운 것을 이해하실 겁니다. 필요한 것이 무엇인가요? 어떤 종류의 책들인가요? 당신의 손을 쥐고 행운을 기원합니다." 주네의 노력에도 불구하고, 어느 것도 결실을 맺지 못했다.

그러나 이 작가의 영향으로 8월 21일 트뤼포는 일기를 쓰기 시작했다. 일기장은 초등학생용 노트였는데, 그 표지에까지 사진과 소묘를 섞어 붙여 자신의 자화상을 그림과 동시에 주네에 대한 경의를 표현했다. 얼굴 스케치, 여성의 신체, 어릿광대, 잡지에서 오려 낸 주네의 얼굴, 수갑이 채워진 젊은 남자의 양손……. 그리고 "일기Journal"라는 제명 아래로 "'돌Pierres'이 위고에게 의미한 바를 이 노트는 트뤼포에게 의미하리라"라는 명구가 보인다. 이 일기장에는 짧은 메모, 소묘, 영화감독과 작가에 관한 코멘트뿐 아니라, 자신이 받은 편지나 영창에서 영창으로, 병영에서 병원으로 연이어 이동하는 과정에서 얻은 일상생활의 느낌도 생동감 있게 수록되어 있다. 병들어 유폐된 상태에서 젊은이는 모든 시간을 주네, 바쟁, 라슈네, 릴리안이 보내준 수많은 책을 읽고 자신의 견해를 길게 적는 데 보냈다.

그 과정에서 트뤼포는 발자크에서 프루스트 혹은 주네로 이어지는 자신이 숭배하는 문학의 가계를 명확히 세웠고, 반면에 외젠 쉬에서 에르베 바쟁으로 이어진 '교화주의자들'의 가계, 또는 플로베르에서 지드로 이어진 '경멸의 작가들'의 혈통은 거부했다. 트뤼포는 자신이 느끼는 분노와 새로운 발견에 관해 상세히 기록했다. 그리고 영화와 관련해서도, 전후 프랑스 영화들을 '번안의 영화, 스튜디오의 영화'라고 칭하면서 점점 더 분명한 어조로 배척했다. 또한 그는 일기 속에서 자신의 인간상도 세공해 냈다. 트뤼포가 원했던 인물형은 도발적이면서도 발자크와 주네를 하나로 결합한 듯한 연기자이며 순교자였다. "우리는 손목에 수갑을 차고 샤워장으로 간다. 처음에는 병원을 통과해 갈 때 사람들이 우리를 쳐다보는 것이 당혹스러웠지만, 나중에는 나의 부끄러움 자체에 대해 부끄럽게 생각했다. '주네적인' 입장은 내게 그 수갑이 어울린다는 사실에 긍지를 지니도록 규정해 주지 않았던가? 그래서 이제는 샤워장으로 떠나기 전에 나는 담배에 불을 붙이고, 입가에는 만족스러우면서도 다소 공격적인 미소를 떠올린다."

1951년 9월 3일 월요일 트뤼포는 독일로의 출발이 임박했다는 연락을 받았다. 그러자 소지품 준비와 작별 인사를 위해 하루의 시간을 요청했고, 허락을 얻어 풀려나자마자 즉각 탈주했다. 그리고 금전적 여유가 있을 만한 친구들을 찾아 3일 동안 파리를 헤맸다. 바쟁도 주네도 부재중이었다. 주네로부터 트뤼포를 추천받았던 주네의 친구 장 도마르키와 장 코 역시 찾을 수가 없었다. 시네마테크에서 마주친 친구들, 리베트, 그뤼오, 릴리안 리트뱅은 모두 그에게 빌려줄 돈을 가지고 있지 않았다. 무일푼의 트뤼포는 9월 7일 바쟁의 주치의이자 대학 기숙촌에서 근무 중이던 코르디에 박사와 발드그라스 병원에 파견 중이던 그리티 사제를 찾아가 도움을 요청했다. 그들은 허위 증명서를 만들어 트뤼포를 발드그라스 병원에 입원시키려 했다. 그러나 필요한 서류 하나가 빠져 있었다. 투르-모부르 가에 있는 군 위생반 소속 의사가 발행하는 허가서였다. 9월 8일 오후 4시 트뤼포는 코르디에 박사의 친구에게서 그 귀중한 서류를 건네받기 위해 찾아가던 도중 건물 입구에서 신분증 제시를 요구하던 병사들에게 체포되었다. 트뤼포는 뒤플렉스 병영으로 연행되어 몇 주 전에 들어갔던 그 영창에 재수감되었다.

나, 프랑수아 트뤼포, 자신을 증오하는 독학자

트뤼포는 다른 불운한 동료들과 함께 3일 남짓 그곳에 갇혀 있었다. 9월 12일 아침 6시, 젊은이는 죄수 호송차에 올라 동역으로 향했다. "사람들이 모두 나를 쳐다본다. 특히 수갑을 찬 손목을. 증오일까, 동정일까? 아마 둘 중 어느 것도 아닐 테고, 병적인 본능적 호기심 이상은 아닐 것이다. 지정 열차 칸 안에서는 나에게만 두 명의 감시관이 달라붙는데, 이 얼간이들은 내게서 수갑을 풀어 줄 생각조차 하지 않는다. 그들은 비열하다기보다는 멍청하다. 정년 퇴임을 눈앞에 둔 그들은 문제가 생기지 않기만 바랄 뿐이다. 그렇지만 건방지고 불손한 내 시선 뒤에 어깨를 따뜻하게 두드려 주기만 해도 금방 눈물을 쏟을 어린 소년이 있다는 것을 그들이 알기만 했더라도……." 트뤼포는 일기에 그렇게 썼다. 두 감시관은 스트라스부르에서 트뤼포를 자동차에 태우고 독일 국경을 넘어서 '켈'이라는 작은 마을의 헌병들에게 넘겼다. 그의 수갑이 벗겨졌고, 13일 목요일 새벽 5시에 코블렌츠로 출발할 때까지 기다리면서 담배도 살 수 있었다. 정오에 병영에 도착하자 그의 머리카락은 깎여 나갔다.

다음 날 트뤼포는 주둔지의 사법관 앞에 출두했는데, 그는 트뤼포를 공산주의자로 의심했다. 트뤼포는 "빌쥐프와 매독 사건을 포함해" 자신의 어린 시절 이야기를 꺼냈고, 그 결과 9월 15일 코블렌츠에서 30킬로미터 떨어져 있는 안데르나흐의 군 병원으로 이송되었다. 도착하자마자 트뤼포에게는 새로운 치료가 행해져 10일 동안 주사를 50여 회 맞았다. 치료를 마친 트뤼포는 코블렌츠로 돌려보내져 텅 빈 병영 영창에 갇혔다. 책이라고는 거의 찾아볼 수 없었으므로 트뤼포는 심한 지루함을 참아 내면서 매일 간수들과 함께 물리도록 술을 마셨다. 9월 30일 아침 간수들은 트뤼포의 얼굴, 목, 가슴이 면도날로 수없이 베여 있는 것을 발견했다. 두 번째 자살 시도로 그는 다시 안데르나흐의 병원에 입원했다. 이번에는 신경 정신과였다. "이 병실에는 말이라고는 전혀 없는 한 녀석이 있다. 군대에 적응하지 못한 신병이다. 또 한 명은 섬망증 환자인데, 그에게는 하루 40대의 주사를 놓는다. 그러고는 쉴 새 없이 양쪽 발을 쓰다듬는 정신 박약자가 있다. 또 다른 박약자 한 명은 한밤중에 집에 돌아간다며 구두를 신고 마대 가방을 집어 들었다. 아주 어린 또 한 명은 바로 옆에서 바주카가 폭발하는 것을 보고는 미쳐 버린 아이다. '다니'라는 본명을 가지고 있지만, 알 수 없는 노래를 하루 종일 부르기 때문에 그에게는 '티노 로시'*라는 별명이 붙었다. 또한 재즈 음악광으로 보이는 아버지를 둔 '테라스'라는 아이가 있고, '브로'라는 이름의 화가가 한 명 있는데 나는 그가 참 좋다. 그러나 그는 매우 심한 발작을 한다. 그의 손가락들은 꼬인 것처럼 오그라들어 있는데, 한 손을 목에

• 1930년대부터 큰 인기를 얻은 프랑스의 상송 가수*

대고 조르면서 작은 비명을 지르고 나서는 운다. 마지막으로 나, 프랑수아 트뤼포, 자신을 증오하는 독학자가 있다."

트뤼포는 광인들 사이에서 난폭한 남자 간호사들의 감시 아래 1개월 반을 보내게 된다. 물론 이 간호사들도 그처럼 징집된 사람들이었다. 트뤼포는 일기를 쓰긴 했지만, 고독감과 자기 혐오감을 지니고 살아야 했다. 11월 27일 트뤼포는 신경 정신과를 떠나 코블렌츠 병영에 되돌아와 군 식당의 휴게실에서 일하게 되었는데, 아주 화기애애하고 따뜻한 분위기였다. 이곳의 유일한 남성인 트뤼포는 다섯 여성에 에워싸여 있었으며, 그 가운데 젊은 독일인 사환 라우라와는 열렬한 연애를 했다.

한편 파리의 앙드레 바쟁은 트뤼포를 수렁에서 건져 내기 위해 애썼으나, 군 당국에 직접 개입하려던 시도는 결실을 보지 못했다. 역으로 이런 시도는 바쟁 자신에게 불리하게 작용하는 일까지 있었는데, 그를 "반군 사상을 지닌 공산주의 지식인"으로 간주했기 때문이다. 또한 이것은 "후원자들을 거느린" 프랑수아에게도 때때로 나쁘게 작용했다. 그럼에도 그리티 사제의 도움을 받아 바쟁은 군 예심판사인 르 만 드 셰르몽 중위에게 연락을 취할 수 있었다. 그것은 빌쥐프 미성년 관찰소의 소장 레몽 클라리스와 전에 포부르 클럽에서 트뤼포의 능력에 감탄했던 마르크 뤼카르 상원의원의 중재로 이루어졌다. 르 만 드 셰르몽 중위는 1951년 11월 22일로 예정된 코블렌츠 군법 회의에 앞서 '트뤼포 관계 서류'의 예심을 담당했다. 레몽 클라리스는 두 해 전 리케르 양이 작성한 정신과 자료를 군판사에게 넘겨주었다. 한편 장관을 역임한 뤼카르 상원의원은 바덴바덴에 부임해 있던 누아레 장군에게 손을 썼다. 이러한 청원의 결과는 10월 22일 바쟁에게 건넨 메모에서 이 예심판사가 지적하고 있듯이 긍정적으로 작용했다. "여러 수단을 동원하지 말고 정상적으로 문제가 해결되도록 놓아 둡시다. 사건을 심리한 결과 저는 선생님의 피보호자에게 유리한 결과가 나오도록 희망을 가지라는 말씀을 드릴 수 있을 뿐입니다." 마찬가지로 누아레 장군도 뤼카르 상원의원에게 이 젊은이의 장래에 관해서 안심해도 좋을 것이라고 장담했다. "이 젊은 병사의 사건은 저에게 기별해 주신 특수 상황을 고려해 호의적으로 검토될 것임을 믿으셔도 좋습니다." 12월 7일 금요일, 트뤼포는 부대장인 비트만 대위를 통해 자신이 '일시 병역 면제 제2호'로 분류되어 병역에서 풀릴 가능성이 크다는 사실을 알았다.

좋은 소식은 수많은 굴욕을 수반했다. 코블렌츠의 장교들은 이 결정을 쉽게 수용하지 않고 '꾀병쟁이 병사'에게 엄격한 규율을 부과했다. 트뤼포는 그때부터 크리스마스를 포함한 대부분의 시간을 형무소에서 보냈는데, 앙드레 바쟁 부부의 전보가 어느 정도 위안을 주었다. "자네 생각을 많이 함. 인내를 가지게. 애정으로." 1952년 1월 3일, 짧은 머리에 헐렁한 군복을 입은 트뤼포는 부동자세를 취하고 병역 면제 심의회 앞으로 갔다. 두 시간에 걸친 토론에서 대위 3명과 소령 2명은 병사의 '정서 불안정'과 '범죄 지향의 도착적 성향'을 언급했고, 트뤼포는 마침내 '일시 병역 면제자'로 판정되었다. 그의 병역 지원은 이제 무효화되었으나 실행까지는 여전히 법적 기간 18일이 남아 있었다. 트뤼포는 그 기간을 다시 형무소에서 보내게 되는데, 말하자면 그것은 "뒷배경이 있는 자"가 마지막 울적한 시간을 경험하는 방법이기도 했다.

트뤼포는 바쟁, 에메 알렉상드르, 루이즈 드 빌모랭, 마르크 뤼카르, 라슈네에게서 편지를 받았다. 1월 16일에는 콕토가 새로운 시집 『바쿠스Bacchus』의 교정쇄를 우정 어린 위로의 헌사를 덧붙여 보내 주었다. 주네도 트뤼포를 잊지 않았다. "당신은 운이 나쁘군요! 아직도 감옥이라니! 당신을 받아들인 것이 실수였음을 군대가 이해하기 시작하는군요. 어쨌든 당신이 프랑스에 돌아오게 된 것은 좋은 일입니다. 불운한 것은 당신이 군대를 떠나 생제르맹-데-프레로 향한다는 것입니다. 나 개인적으로는 병사로서의 당신을 보는 것이 더 좋다고 생각합니다. 그래도 돌아와서 서로 만나 인사를 나눕시다. 저는 잘 있습니다. 사람들은 거의 만나지 않습니다. 당신은 매우 매력 있는 사람이고, 저는 당신을 정말로 좋아합니다." 트뤼포 역시 수많은 편지를 썼고, 일기장에는 그때그때 독서한 것을 기록했다. 발자크, 레몽 라디게, 쥘리앵 그라크, 그리고 바쟁이 보내 준 노란색 표지의 신간 잡지 『카이에 뒤 시네마』 등이었다. 릴리안의 침묵은 그를 깊이 억눌렀고, 고립감과 굴욕감을 깊게 했다. 1952년 2월 6일 스무 번째 생일에, 트뤼포는 다섯 명의 입회인 앞에서 비트만 대위에게서 매도당한다. 트뤼포는 그 재미있는 대화를 일기에 기록했고, 훗날 이로부터 〈훔친 키스〉의 첫 부분인 앙투안 두아넬이 병역 면제되는 장면의

마침내 자유의 몸이 되어 파리로 돌아온 프랑수아 트뤼포(1952)

착상을 얻는다.

— 아, 트뤼포! 네가 우리를 떠나는군. 파리에 가면 어디로 갈 건가?

— 예, 바쟁 씨 집에…….

— 바쟁 집에? 음, 너의 그 바쟁에게 말하렴. 군 생활보다 민간 생활
에서 너에게 좀 훌륭한 조언자가 되라고 말이야. 일단 군 법정에
섰다면, 너는 어려운 일을 해내지 못한 것이기 때문이지. 너뿐만
아니고 그치도 마찬가지야. 탈영병을 집에 받아들이는 건 비싼
대가를 치러야 해. 너의 바쟁도 참 골치 아픈 놈임에 틀림없어. 그
리고 그의 친구들도 마찬가지야. 반군주의자, 공산주의자, 남색
가, 이 족속의 면상에 침을 뱉겠다. 국어로 말하니까 무슨 말인지
이해하겠지? 국어, 프랑스 말이란 말이야!

— 프랑스 말인 건 압니다만, 표현이 좀…….

— 아가리 닥쳐, 이 비겁한 자식. 입에 말만 차 있고, 악취만 나는 놈.
그게 전부다. 전쟁터에서 너를 다시 만나고 싶구나. 저쪽 인도차
이나에서 애들이 죽어가고 있는 동안 말이지…….

열흘 뒤 장교들이 참석한 징계위원회에서 군적 박탈식이 행해
졌다. "만기 제대 시점에서 포병에게는 설사 경미한 실수를 범했
다 하더라도 모범적 품행을 기록한 고과표를 수여하는 것이 관례
지만, 당신이 스스로의 의지로 행한 일들은 명예를 더럽히는 행
동이었습니다." 당당한 모습의 트뤼포에게 대령은 그렇게 말했
다. 트뤼포는 예의 바르게 경례를 했지만, 별로 경의를 담고 있지
는 않았다. 1952년 2월 20일 수요일 오후, 마침내 해방된 프랑수

아 트뤼포는 코블렌츠역에서 열차에 올랐다. 다음 날 아침 7시 그는 사복 차림으로 동역에 도착해, 일기장 184쪽에 대문자로 이렇게 써넣었다. "*À PARIS*(파리에서)"라고.

3
인생,
그것은 스크린이었다,
1952~1958

동역에서 하차한 프랑수아 트뤼포는 두 시간 뒤 마세나 대로에 있는 키르슈 부인의 집에 도착했다. 자닌 바쟁의 어머니인 그녀는 훌륭한 식사를 대접한 뒤 현재 여행 중인 바쟁 부부의 아파트 열쇠를 건네주었다. 젊은이는 브리-쉬르-마른의 자신의 다락방에 되돌아와 군대 생활을 잊을 시간을 되찾았다. 트뤼포는 바쟁 부부에게 자신이 얼마나 큰 빚을 지고 있는가를 알았고, 지금까지는 전혀 느끼지 못했던 가정생활에 대한 의욕도 품었다. "너는 웃을지 모르지만, 이와 같은 부모는 정말 없을 거야. 곤궁함, 무기력, 의기소침 등을 안겨 주는 고독은 이젠 진저리가 나." 트뤼포는 라슈네에게 그렇게 썼다. 독일에서 돌아온 친구가 파리에 있는 자신을 즉시 만나지 않는 것에 라슈네는 침울함을 느꼈다.

바쟁 부부의 집에서

브리-쉬르-마른에서 트뤼포는 얼마간의 물질적 안정을 찾았고, 무엇보다 일을 시작할 수 있는 좋은 환경을 발견했다. 유일한 그림자라면 릴리안 리트뱅과의 관계였는데, 그것은 본격적으로 시작도 못해 본 상태에서 끝나 버렸다. 비관적 명석함과 자조감이 뒤섞인 상태에서 트뤼포는 자신의 상황을 라슈네에게 이렇게 요약했다. "릴리안과는 끝났다고 거의 확신하네. 어쨌든 나는 큰소리 내지 않고 조용히 마무리하고 있어. 이것이 소란스러운 결별보다 훨씬 나을 거야. 나는 에르베 바쟁식의 진행 방향을 따르고 있지. 요컨대 가족을 재발견하고 있단 말이야. 내가 중산층식의 결혼에까지 이르게 된다면 정말 가관일 걸세!" 트뤼포는 5월 3일 토요일 밤을 브리-쉬르-마른의 자기 방에서 릴리안과 손을 잡고 "어깨와 뺨에 서로 입을 맞추면서" 지새웠다. 릴리안은 그에게 자신이 임신 중이며, 아기 아빠와 결혼할 생각임을 밝혔다. 이 실연은 아마도 청춘기의 트뤼포에게 마지막 고비와도 같은 것이었다. 그는 5월 6일과 7일의 일기에서 이렇게 썼다. "2년 반 동안 나는 릴리안을 사랑했고 릴리안만을 사랑했다. 너무 오래 지속되어 이제는 신물이 난다. 그녀를 토요일과 일요일에 초대하지 말았어야 했다. 최고로 고통스러운 기분이다. 앞으로는 그녀를 초대하지 않을 것이다. 가능한 한 빨리 모든 것을 끝내야 한다. 자닌과 앙드레 부부가 돌아오기만을 애타게 기다릴 뿐이다."

브리-쉬르-마른에서 새 생활을 시작하고 처음 몇 주 동안 트뤼포는 라슈네, 리베트, 고다르, 로메르와 함께 라탱 구역 시네 클럽의 영화 상영회에 몇 차례 참석했다. 또한 사크레 쾨르 성당 뒤편 슈발리에-드-라-바르 가에 있는 장 주네의 작은 원룸을 찾아 대화를 재개했다. 그러나 트뤼포는 대부분의 시간을 바쟁의 서재에서 수많은 책을 읽으며 보냈고, 종종 바쟁과 함께 파리에 나가 두세 편씩 영화를 함께 보기도 했다. 젊은이는 서서히 영화에 대한 의욕을 회복해 갔으나, 지금 영화관에 출입하는 것은 병적인 허기에 시달리던 이전 몇 해와는 완전한 차이가 있었다. 트뤼포는 다른 무언가를 찾고 있었으며, 험난한 성장기를 보낸 이후 맞는 회복기를 연장하고자 하는 듯했다. 앙드레, 자닌, 그들의 아들 플로랑과 가까이서 나누는 가족적 분위기는 그에게 극히 만족스러웠다.

지나치게 조용한 교외 지역에 고립되어 있어, 파리 저널리즘의 시끌벅적한 생활을 경험했던 트뤼포로서는 다소 권태로움이 느껴지기도 했다. 그럼에도 불구하고 이러한 가족적 분위기는, 1961년 자닌 바쟁이 두 사람의 관계를 회상하면서 "그들은 서로 교육을 주고받았다"라고 썼던 사실에서도 보이듯, 트뤼포와 바쟁 사이의 상호 견습 관계로 발전해 갔다. 비평가가 그의 피보호자에게 가르쳐 준 것은 쉽게 추측할 수 있다. 경험의 가치, 상대방에게 귀 기울이는 일의 중요성, 녹슬지 않는 지성, 선한 내면 등이었다. 문하생은 나름대로 적절한 재능으로 화답했다. 재기 있는 대화와 웃음, 동지 의식, 활력 등의 특질이었다. 브리-쉬르-마른의 조용한 아파트에 트뤼포가 들어오면서 바쟁 부부 역시 활기찬 생활 속에서 최상의 시간을 가졌다. "병이 있었음에도 앙드레가 웃고 즐거워하는 모습을 본 것은 그 시기가 유일했어요. 우리 집은 더 이상 앙리4세고등학교의 따분하기 이를 데 없는 부속기관이 아니었고, 각자가 (나를 제외하고) 자신의 경험을 상대방에게 쏟아 주는 영화에 관한 지침 없는 2년간의 토론장이었지요." 1965년 2월 트뤼포에게 보낸 편지에서 자닌 바쟁은 그렇게 회상했다. 자닌은 1984년에는 이렇게 말하기도 했다. "다소 반항적인 젊은 이와 '양심적 인간' 사이의 2년 동안의 은총 상태였다."

그러나 이것은 일시적 휴지기에 지나지 않았다. 1952년 4월 초 트뤼포는 직업을 찾아야만 했다. 그는 친구들 외에도 주네의 덕분에 알게 된 사르트르의 비서 장 코, 포부르 클럽에서 만났던 상원의원 마르크 뤼카르 등 모든 인맥을 동원했다. 몇 차례 가능성이 열리긴 했지만 어느 것도 결실을 맺지 못했다. 트뤼포는 루이즈 드 빌모랭에게 편지를 보내 도움을 청했다. "나는 언론계 인사들을 꽤 많이 알고 있고 그 가운데는 잡지 편집장들도 있어요. 그렇다고 해도 당신에 관해 좀 더 알아야만 그들에게 당신 이야기를 할 수 있겠죠." 빌모랭은 즉시 그렇게 답장을 써 보내면서 베리에르의 저택으로 트뤼포를 초대했다. 청색으로 꾸민 베리에르의 응접실에서 루이즈 드 빌모랭은 젊은이에게 중요한 정보를 건네주었다. 『렉스프레스L'Express』라는 잡지가 창간될 예정인데 자신의 친구 프랑수아즈 지루가 현재 편집진을 구성하고 있다는 것이다. 5월 8일 빌모랭은 "아마도 당신이 편집진에 포함될 수 있을 거예요"라고 써 보냈다. 6월 28일 트뤼포는 루이즈 드 빌모랭, 프랑수아즈 지루와 함께 점심 식사를 했다. "그 자리에서 내 운명이 결정될 거야." 그 3일 전에 트뤼포는 라슈네에게 그렇게 털어놓았지만, 『렉스프레스』의 가능성은 실패로 끝났고 무일푼에 일거리도 없는 상태에 대한 압박감이 다시 이 시네필을 위협했다.

실업자 상태로 그렇게 몇 달이 흘러가는 사이, 젊은이는 바쟁과의 접촉을 통해 의욕과 의지를 되찾았다. 바쟁은 또다시 피보호자를 위해 중재했다. 그리고 지인을 통해 1953년 초에 트뤼포를

프랑수아 트뤼포의 정신적 아버지 앙드레 바쟁

『시네 몽드』에 연결해 주었고, 동시에 농림성 영화 부서에도 일자리를 찾아봐 주었다. 영화 부서의 업무란 농림성이 자금을 원조하는 다큐멘터리 영화의 감독들을 보조하는 일이었다. 그러나 이일은 몇 주일밖에 지속되지 않았고, 『시네 몽드』에도 두 편의 취재물만을 남겼을 뿐이다. 하나는 영화 속 키스 장면에 관한 기사, 다른 하나는 '새로운 관능적 여배우들'에 관련된 글로, 자신이 좋아하는 한 여배우에게 보내는 열렬한 찬사였다. "전 세계의 시선을 할리우드로 끌어모으는 맹렬한 섹스의 '더비 경마'에서 매릴린 먼로는 이미 경쟁에서 벗어난 독보적 존재다. 다른 50명 가운데서는 글로리아 그레이엄이 최상의 출발을 했고 대단한 우세를 보이고 있다. 새로운 혈통의 이 젊은 암말들의 경주 과정을 더욱 잘 좇기 위해 망원경으로 무장을 한다 해도 아무런 소용이 없다. 순종의 혈통은 언제까지라도 순종으로 남을 것이기 때문이다. 어떤 쌍안경을 동원한다 해도, 아무리 정교한 렌즈가 있다 해도 그들의 섹시한 신체에서 발산하는 관능의 방사선을 견뎌 내지 못할것이다." 익명 기사라는 보호막 안에서 트뤼포는 많이, 짧게, 생생하게, 빠르게 글을 썼다. 『시네 몽드』 덕분에 트뤼포는 적어도 저널리즘에서의 집필 영역을 영화에 고정할 수 있었다. 파리의 출판계에서 더욱더 경력을 쌓고자 했던 수개월 전에는 명확히 구상되지 않았던 계획이었다.

경멸의 시대

프랑수아 트뤼포는 보수는 거의 없더라도 평판을 높일 수 있는 분명한 목표를 지닌 일을 시작했다. 자크 도니올-발크로즈, 조제프 마리 로 뒤카, 앙드레 바쟁이 1951년 4월에 창간한 잡지 『카이에 뒤 시네마』에 글을 쓰는 일이었다. 트뤼포는 수개월 동안 장문의 글 한 편을 공들여 집필한 뒤 1952년 12월 말에 앙드레 바쟁에게 넘겼다. "경멸의 시대: 프랑스 영화의 어떤 경향에 관한 소고"라는 제목의 글이었다. 신랄한 비판으로 채워진 이 글은 원래 트뤼포가 독일에 있을 때, 영화 볼 기회를 박탈당한 상태에서 독서 메모를 모으고 그동안 보았던 영화 목록을 분류 작성해, 더욱 깊이 있게 이해하려 애쓰는 가운데 구상한 기획이었다. 그 수십 편의 프랑스 영화는 대부분 전후 장 피에르 바로가 『에크랑 프랑세』지를 통해 경의를 담아 "고품격의 전통la tradition de la qualité"이라고 이름 붙인 것이었는데, 트뤼포는 바로 이 전통을 규탄하는 데 전념한 것이다.

초고를 통해 트뤼포는 성장기의 자신이 전통적 프랑스 영화가 지닌 음울한 분위기와 탁한 이야기, 특히 당시 가장 저명한 시나리오 콤비였던 장 오랑슈와 피에르 보스트가 쓴 작품들에 매혹되었음을 고백했다. 그 영향은 일찍이 1950년 가을에 연출을 시도했던 성체 배령자 여성의 이야기 〈천사의 피부로 만든 허리띠〉에서도 보였다. "나는 언젠가 내가 그처럼 어리석고 불쾌한 이야기를 지어낼 수 있었다는 사실이 부끄럽다. 하지만 이로부터 당시 내가 신뢰하던 영화의 영향을 알 수 있을 것이다." 트뤼포가 쓴 3장짜리 시놉시스에서도 이미 눈에 띄었듯이 신성 모독 취향, 가족에 대한 증오, 등장인물이 지닌 도착성과 냉소성 등이 당시 프랑스 영화의 주요 테마였다. 아마도 군 영창에 갇혔던 '치욕의 체험'이 트뤼포의 행로에 결정적이고 비통한 도약 지점을 형성해 주었을 것이다. 더 이상 트뤼포는 프랑스 영화의 '비열한 이야기들', 즉 감독과 시나리오 작가가 등장인물을 향해서 과시하는 이 경멸감, 허영심, 혹은 우월감을 참아 내지 못했다. "아시시의 성 프란체스코에 대해 신이 가졌던 겸허함을, 감독은 등장인물에 대해 가져야 한다. 우리가 비열한 인물을 수용할 수 있으려면 그들을 창조한 인간이 더 추악해져야 한다. 이단 배척, 신성 모독, 조롱. 이것이 프랑스 시나리오 작가가 가진 세 개의 패스워드다. 반면 그리피스는 등장인물보다 훨씬 더 순박하기 때문에 위대하게 남아 있는 것이다. 교만한 예술가는 자신이 창조하는 인물보다 스스로 더 우월해지고 싶어 한다. 이 오만함은 영화의 발명 이후 예술의 파산에 대해 입증만 할 뿐이지, 그 죄를 사하지는 않는다."

또 하나의 공격 초점은 문학 작품의 각색이라는 프랑스의 전통에 모였다. 그중에서도 오랑슈와 보스트는, 당시 바쟁의 표현을 사용하자면 "비올레-르뒤크*에 지나지 않았다." 트뤼포는 프랑스 영화가 각본가의 영화이므로, 영화의 실패는 각본가의 결함에

• 과잉 낭만주의*

원인이 있다고 확신했다. 안데르나흐의 영창에서, 트뤼포는 당시 『이시 파리Ici Paris』지에 연재되던 레몽 라디게의 『육체의 악마』를 다시 읽었다. 그리고 오랑슈와 보스트의 각색 시나리오를 가지고 클로드 오탕라라가 만든 영화와 원작 소설을 비교해 둘 사이에 있는 '등치-왜곡'의 수많은 사례를 작성했다. 트뤼포는 전쟁으로부터 형성된, 진실주의자와 심리학자임을 자처하는 유파의 범용함을 문제로 삼았다. 이 유파를 대표하는 시나리오 작가는 장 오랑슈와 피에르 보스트, 샤를 스파크, 앙리 장송, 롤랑 로덴바크, 로베르 시피옹, 피에르 라로슈, 자크 시귀르 등이었다. "이들에게 있어서 심리적 리얼리즘은 필연적으로 인간을 저열하고 추악하며 무기력한 존재로 바라보게 한다. 그리고 그들이 쓰는 작품은 자신의 등장인물보다 더 현명한 자들이 지닌 우월적 분위기를 흘리면서 이 저열함을 묘사하기 때문에, 지금까지 프랑스 예술이 생산해 낸 그 어떤 경우보다 한층 더 저열하고 추악하며 무기력하다." 동시에 트뤼포는 몇몇 영화에 대해 분노를 표했는데, 장 들라누아의 〈전원 교향악La Symphonie pastorale〉과 〈바다를 본 소년 La Garçon sauvage〉, 크리스티앙 자크의 〈파르마의 수도원La Chartreuse de Parme〉과 〈남자에서 남자들로D'homme à hommes〉, 이브 알레그레의 〈술책Manèges〉, 〈데데 당베르Dédée d'Anvers〉, 〈그토록 아름다운 해변 Une si jolie petite plage〉, 앙드레 카야트와 앙리 조르주 클루조, 장 드레빌, 조르주 랑팽의 옴니버스 영화 〈인생에의 회귀Retour à la vie〉 등이 그것이다.

1952년 2월 바쟁 부부의 집에 들어온 후에도 트뤼포는 이 글을

1951년 4월의 『카이에 뒤 시네마』 창간호

계속 써 나갔다. 트뤼포는 오랑슈와 보스트가 각본을 쓴 영화에 대한 깊은 지식까지 이용해 보스트에게 접근했다. 트뤼포는 보스트의 비위를 맞춰 주고 네 편의 시나리오 기획서를 빌리는 데 성공했다. 그 가운데 베르나노스의 〈어느 시골 사제의 일기〉는 오랑슈 자신이 감독하기를 희망했지만, 작가가 생전에 영화화를 거절했던 작품이다. 트뤼포는 직접 입수한 이 자료를 얼마 뒤 보스트를 배신하는 데에 이용한다. 예의에 어긋나는 기회주의적 방식으로 획득한 자료를 자신이 가할 비판의 증거물로 활용한 것이다.

1952년 12월 트뤼포는 바쟁에게 초고 완성본을 제시했다. 간혹 미숙한 부분이 눈에 띄는 31쪽 분량의 이 글은 신랄한 공격성을 보이고 있었다. 글 속에서 트뤼포는 개인 공격도 포함해, 프랑스 영화의 몇몇 확고한 가치들을 공격하고 있다. 오랑슈는 "한두 편의 상업적 단편 영화를 감독한 뒤 연출 대열에서 탈락해 버린" 인물이었고, 프랑수아 장송은 "저열하고 상스럽다"고 평가되었으며, 프랑수아즈 지루는 "끝을 예상할 수도 없는 악취미"를 지닌 인물이었다. '고품격 영화'들이 그려 내는 이야기는 더욱 극단적으로 규탄받았다. 오탕라라의 〈이삭 없는 보리 Le Blé en herbe〉는 "레즈비언들의 혐오스러운 이야기"였고, 이브 알레그레의 〈교만한 사람들 Les Orgueilleux〉에 대해서는 다음과 같은 신랄한 유머로 공격했다. "만일 이브 알레그레가 진정으로 자기 자신에게 정직하려면 그는 3년 안에, 오스트레일리아에서 미셸 모르강 부인이 풍토적 원인에 의해 티푸스가 비강 출혈로 변형되면서 그로 인해 생명을 잃은 수많은 캥거루에게 둘러싸인 채 바지를 내린 장면을 우리에게 보여 주어야 한다. 만일 나의 예측이 실현되지 않는다면 — 이것이 개연성이 더 높다 — 알레그레 씨를 모든 감독 가운데 가장 순응적 인물로 비난하는 것은 정당한 일이다."

앙드레 바쟁은 이 글에 관심이 없지는 않았지만, 『카이에 뒤 시네마』에 그대로 게재할 생각은 없었다. 바쟁은 트뤼포에게 인용과 개인 공격을 축소하고, 비난받는 영화에 긍정적 부분을 첨가해 균형을 세울 것 등의 수정을 주문했다. 트뤼포는 이 조언에 따라 이후 1년 가까이 자신의 글에 손을 댔다. 그동안 바쟁은 트뤼포에게 당대의 영화에 관한 간결하고 짧은 원고를 몇 편 쓰도록 권유했다. 『카이에 뒤 시네마』에 동참해 글을 싣고 비평적 글쓰기를 훈련한다는 목적에서였다.

이렇게 해서 1953년 3월 트뤼포는 『카이에 뒤 시네마』에 첫 비평을 게재했다. 잭 팰런스, 글로리아 그레이엄, 조앤 크로퍼드 주연에 데이비드 밀러가 감독한, 거의 주목받지 못한 소규모 미국 영화 〈갑작스러운 공포Sudden Fear〉에 관한 두세 쪽짜리 글이었다. "할리우드 영화의 솜씨는 Z급 영화에서까지도 완벽하다. 이것은 서열 관계를 뒤섞어 버린다. 각본의 야망과 감독의 시세만이 평가되는 프랑스라면 그 서열은 늘 고정된 상태일 수밖에 없을 것이다. (…) 저쪽에서는 반대로 창의적이면서 탄탄한 이야기, 뛰어나고 정확한 연출력, 글로리아 그레이엄의 얼굴과 샌프란시스코의 가파른 경사길, 이 모두가 영화의 위엄을 만들어 내며, 매주 미국 영화가 세계에서 가장 위대하다는 사실을 우리에게 증명해 보인다."

매달 트뤼포는 'B급 영화'로 통칭되는 미국 영화에 곧잘 찬사를 보냈는데, 시나리오 작가가 중심이 되는 무거운 프랑스 영화와 대비시켜 검소하고 신속한 제작 과정을 높이 평가했다. 이렇게 이 신진 비평가는 자신이 각별히 선호하는 테마 하나를 던졌다. 그것은 거리로 나가 검소함과 속도감으로 생활을 포착하는 동시에 필름에 사람들의 행동을 담으라고 말하는, 영화감독을 향한 일종의 선동이었다. 이처럼 탄력과 생기를 지닌 영화에 대한 찬미는 수많은 결실을 드러내 보였다. 몇몇 인물만 거론한다 해도 새뮤얼 풀러, 니콜라스 레이, 에드거 G. 울머, 앨런 드완, 어니스트 쇼드색, 리처드 플레이셔, 테이 가네트, 앙드레 드 토트 등의 감독이 프랑스에서 비평적 장래를 구축하는 데에 트뤼포의 식견은 부분적인 도움을 주었던 것이다.

1953년 3월부터 트뤼포는 『카이에 뒤 시네마』에 더욱 많은 글을 실었고, 얼마 지나지 않아 본명을 사용하는 것만으로는 만족하지 못하게 되었다. 그래서 '프랑수아 드 몽페랑'이라는 이름이 등장했고, 1953년 11월에는 같은 잡지에 '로베르 라슈네'라는 이름도 등장했다. 이 두 이름은 트뤼포가 특히 좋아한 필명이었다. 나아가 비평가 트뤼포는 마음껏 각 역할마다 글쓰기를 다양하게 할 수도 있었다. '프랑수아 드 몽페랑'은 대체로 익살, 말장난, 재담 등을 담당했고, '로베르 라슈네'는 외설성과 페티시즘에 관한 글을 많이 썼다. 예를 들어 1953년 11월 "나이아가라의 속옷들"이라는 제목으로 〈나이아가라Niagara〉에 대한 열정적 비평문을 써서 매릴린 먼로의 란제리를 칭찬하는 발언을 한 사람이 바로 '로베르 라슈네'였다. 그러나 두 인물은 완벽한 논법에 따른 문장을 사용한다는 점에서는 일치했다. 둘 다 그 창조주에 철저히 연결되어 있기 때문이었다.

1953년 11월 5일 트뤼포는 "프랑스 영화의 어떤 경향"이라는 새 제목을 가진 아주 긴 수정 원고를 바쟁과 도니올-발크로즈에게 넘겼다. 이틀 뒤 트뤼포는 1년 전 빌렸던 시나리오들을 예의 없고 빈정대는 투의 짧은 글을 덧붙여 피에르 보스트에게 반환했다. "저는 이 시나리오들을 읽는 일이 그토록 큰 결실을 맺는 것, 진상을 밝혀내는 것일지를 전혀 예기하지 못했습니다. 따라서 이 글은 저의 변명임과 동시에 무엇이든 그대로 버려두지 않고 완전 무결하게 행하고자 하는 저의 의지의 표현입니다. 제가 이 자료들을 지나치게 나쁜 목적으로 사용하지 않았기를 희망합니다. 선생님께 모든 감사를 드리며 존경으로 가득한 저의 심정을 함께 느껴 주시기를 바랍니다."•

도니올-발크로즈와 바쟁은 주저했다. 기성 프랑스 영화를 정

• 이 편지에 대한 답장 속에서 피에르 보스트는 도량이 넓고 훌륭한 패자의 모습을 보여 주었다. "선생께, 『카이에 뒤 시네마』에 실린 선생의 글은 지적인 부분, 몇몇 공정하지 않은 부분, 그리고 부정확한 부분을 포함하고 있습니다. 그렇지만 다른 부분들도 있으며, 오늘 나는 그 점만을 이야기하려 합니다. 내가 젊었을 시절에는 다른 사람의 집에 들러 그의 글을 빌린 뒤, 그것에 대해 공개적으로 신랄한 비판을 가하는 일을 사람들은 하지 않았습니다. 특히, 아직 촬영도 되지 않은 시나리오의 경우처럼 비밀이 지켜져야 할 글에 대해서는 더욱 그러했습니다. 선생의 행동이 저를 놀라게 했다는 사실을 인정해야 할 것입니다. 그리고 제가 의혹을 느끼지 않는다는 사실도요. 그것은 저의 본성에 해당하지 않으니까 말입니다. 그 증거는 이렇습니다. 저는 선생께 그 어떤 비난도 하지 않습니다. 단지 선생께서 쓰신 많은 사항 가운데 그 어느 것이라도 제가 한 말은 아니었기를 바랍니다(결국 저 역시 선생께 말을 했을 것이며, 선생의 글은 때로는 경찰 조서와도 같은 어조를 지니고 있습니다). 어쨌든, 선생은 품격을 잃었습니다. 이 말을 선생께 하게 되어 유감이지만, 적어도 저는 그렇게 말할 자격이 있습니다."

『카이에 뒤 시네마』 사무실에서 프랑수아 트뤼포와 자크 도니올-발크로즈

면 공격하는 이 글은 감독들을 자극하고 독자들을 당혹하게 할 우려가 있었다. 프랑스 영화를 대표하는 중심인물들이 트뤼포가 내놓은 탄핵문의 대상이었기 때문이다. "프랑스 영화가 매년 1백여 편 존재한다고 본다면, 그 가운데 비평가와 시네필, 즉 『카이에 뒤 시네마』의 시선을 끌 만한 것은 정확히 10편에서 12편 정도다. 이 10편에서 12편의 영화는 '고품격의 전통'이라는 아름다운 표현으로 불리고 문학적 야망에 의해 해외 언론의 찬탄을 받으며, 1946년 이후 칸과 베네치아에서 금사자상, 그랑프리 등의 트로피를 꾸준하게 휩쓸면서 1년에 두 번씩 프랑스의 깃발을 수호한다."

"프랑스 영화의 어떤 경향"이 일부 독자에게 줄 충격에 대한 우려에서, 그리고 클레망과 클루조 같은 친한 영화인에게 미칠 파문을 줄이기 위해서, 도니올-발크로즈는 트뤼포의 글이 발표될 『카이에 뒤 시네마』 1954년 1월호 「편집인의 글」을 통해 이 기사의 강도를 완화하지 않을 수 없었다. 도니올-발크로즈는 기사의 게재는 정중하게 수용하지만, 그렇다고 해서 해당 글의 모든 견해에 동의하는 것은 아님을 밝혔다. "우리는 비방문의 형식을 지닌 몇몇 비평이 거부될 수 있음을 기꺼이 인정합니다. 그러나 그 필자에게만 책임이 귀속될 논조의 문제를 넘어 이것이 개인적 문제 제기의 여지를 지닐 수 있는 특수한 견해임에도 불구하고, 또한 우리가 이에 관해 모두 의견을 같이하지는 않음에도 불구하고, 적어도 우리는 하나의 비평적 동향이, 나아가 우리가 도달한 이론적 수렴점이 독자에게 인지되기를 희망합니다." 도니올-발크로즈는 상당히 용감하게 선제 공격을 한 셈이었다. 그러나 이

'사용상의 주의점'은 21세의 무명 평론가가 쓴 글이 불러일으킨 파괴적 결과에 의해 씻겨 나갔다. 도니올-발크로즈는 '고품격 프랑스 영화'에 대한 트뤼포의 전쟁 선포의 효력을 금세 헤아릴 수 있었다.

1954년 1월 28일 전문 비평가 오찬 모임은 트뤼포의 글에 관한 이야기로 가득했다. 진영은 찬반 양편으로 선명하게 나뉘었다. 격분에 휩싸인 한쪽은 『파리-시네마』의 드니 마리옹이 이끄는 프랑스 영화의 옹호파, 다른 한쪽은 비평가 트뤼포를 후방에서 지원하는 도니올과 클로드 모리악이었다. 작가이자 『르 피가로』에서 영화 분야를 담당하던 클로드 모리악은 확실한 후원군이었다. 모리악은 2월 13일자 『르 피가로 문학판』에서 단호한 입장을 표명했다. "오랫동안 우리는 '고품격 프랑스 영화'의 공인된 대가들, 즉 장 오랑슈와 피에르 보스트의 작품 속의 결함을 간파해 왔다. 우리는 『카이에 뒤 시네마』에 실린 탁월한 글을 통해 이 결정적 주제를 깨우쳐 준 젊은 비평가 프랑수아 트뤼포 씨에게 감사해야 한다." 다음 주 모리악은 또다시 이 문제를 거론하여, 필자의 "훈계하는 듯한 문체"를 비난하면서도 "우리는 트뤼포 씨의 결론에 동의할 수밖에 없다"고 재확인했다.

금세 반격이 일어났다. 2월 25일 비평가들의 두 번째 오찬 모임은 또다시 '트뤼포 사태'로 채워졌다. 이번에는 시나리오 작가들이 참석해 자신들을 변호했다. 도니올-발크로즈는 현장을 이렇게 증언했다. "샤를 스파크, 조르주 크라벤, 자클린 오드리, 피에르 라로슈, 카스트, 아스트뤼크 등이 참석해 논쟁이 확대되고 있다. 바쟁도 나도 이 글을 발표하기 전에 깊이 생각하긴 했어도, '폭탄 선언'이 이와 같은 반향을 부르리라곤 전혀 예측하지 못했다." 트뤼포로부터 "샤를스파크Charlespaak, 프랑스 영화 속에서 널리 사용되는 언어"라고 비난받은 시나리오 작가 샤를 스파크는 3월 1일 도니올-발크로즈에게 불쾌감을 담은 짧은 글을 보내 분노와 놀라움을 전한 뒤, 자신들을 표적으로 삼은 이 '몹쓸 젊은 녀석'에 대해 시나리오 작가 조합이 지닌 우월 의식도 함께 전했다. "『카이에 뒤 시네마』를 읽으면서 단지 하나의 생각이 떠올랐습니다. 29쪽 아래쪽 주석란에서 선생의 필자는 '자크 페데와 샤를 스파크가 마침내 망각 속으로 굴러 떨어지기를' 초조하게 원했습니다. 그 글을 보자마자 저는, 많은 사람에게 프랑수아 트뤼포의 이름을 기억하는 것보다 자크 페데의 이름을 잊는 일이 더욱 어려울 것이라 생각했습니다."

영화업계의 반발과 함께 『카이에 뒤 시네마』는 격분한 독자들의 편지도 수없이 받았다. 많은 사람이 배신감을 표명했고, 이 잡지가 "영화 연구"라는 고결한 정신을 포기하고 논쟁에 올라탔다고 비난했다. 또한 일부는 트뤼포의 글을 "반불친미적 편견"이라고 규탄했고, 또 다른 일부는 그의 "반동적이며 성직자인 척하는 논조"를 참을 수 없다고 썼다. 『카이에 뒤 시네마』 내부에서까지도 "프랑스 영화의 어떤 경향"에 대한 의견은 만장일치와는 거리가 멀었다. 르네 클레망, 장 그레미용과 가까운 사이인 피에르 카스트가 트뤼포의 가장 완강한 적수였다. 카스트는 기사의 저주에찬 어조와 트뤼포의 설교와도 같은 견해를 규탄하면서, 이것이

"비평의 교조주의"이며 "성직자들에 의한 『카이에 뒤 시네마』의 식민지화"라고 불렀다. 앙드레 바쟁 또한 트뤼포에게 반응을 보였다. 1954년 2월에 게재된 오탕라라의 영화 〈이삭 없는 보리〉의 비평에서 바쟁은 원작에 대한 충실성의 문제를 재론했던 것이다. "오랑슈와 보스트가 충실성을 확실한 가치로서 인정하게 함은 분명하다. 프랑수아 트뤼포가 그 점에 관해 그들에게 이의를 외친 것을 나는 잘 알고 있다. 그러나 〈전원 교향악〉의 각본가들이 스스로에게 허락한 자유가, 꼭 필요하다고 판단되면 원작에 의존한다는 비교적 좁은 범주에 한정되는 한, 적어도 트뤼포는 옳지 않다. 요컨대, 위선이 미덕에 대해 그렇듯이, 그들의 불충실함 자체가 충실성에 대한 또 다른 오마주다." 바쟁은 걸작으로 치켜세우지는 않으면서도 오탕라라의 영화들을 옹호했다. 그리고 무엇보다 트뤼포로부터 옹호했다.

이처럼 이 글이 발표되자마자 즉시 수많은 반대 견해가 쏟아져 나왔고, 이 '사건'과 함께 프랑스의 비평가들은 대부분 트뤼포를 공격했다. 그러나 결국은 이 원고가 『카이에 뒤 시네마』의 새로운 방향을 결정했다. 왜냐하면, 당시의 시네필들은 고품격의 프랑스적 전통을 무시하고 경멸함과 동시에 할리우드 영화 작가들에 대한 찬미로 기울었는데, 그들 대부분이 이 사건을 통해 함께 뭉쳤기 때문이었다.

젊은 급진파

프랑수아 트뤼포는 이 격문의 발표에 따른 모든 결과를 혼자 떠맡았다. 『카이에 뒤 시네마』가 트뤼포의 논쟁 방침을 채용했기 때문에, 그는 전력을 다해 매달려야 했고, 최전선에 서야만 했기 때문이다. 바쟁과 도니올-발크로즈는 전적으로 동의하지는 않음에도 그 글을 게재해 주어 깊은 관용을 증명했다. 두 사람은 다른 저널로부터도 집필을 의뢰받고 있었다. 바쟁은 『해방된 파리인』에 매일 글을 썼고, 도니올-발크로즈는 『프랑스 옵세르바퇴르』에서 영화 시평을 담당했다. 따라서 1953년 말의 겨울부터는 트뤼포가 자연스럽게 『카이에 뒤 시네마』의 중심인물로 결정되었다. 『카이에 뒤 시네마』 편집부는 샹젤리제 146번지에 20평방미터 넓이의 사무실도 마련했다. 대로를 향하고 있는 이 쾌적한 사무실은 잡지의 출자자인 레오니드 케젤이 얻어 주었다. 케젤은 영화 배급업자이자 『시네 보그』지의 편집장, 그리고 파리의 브로드웨이 영화관의 지배인이기도 했다. 이 사무실에는 건물 안마당을 향해 난 복도 막다른 곳에 약간 어두운 작은 방이 딸려 있었는데, 이 방은 편집회의에 사용되었다. 방에는 책상이 세 개 있었다. 도니올-발크로즈의 책상, 비서용 책상 그리고 큰 책상 하나가 있어 여기서 편집회의와 『카이에 뒤 시네마』의 조판 작업을 했다. 편집자들이 사무실에 들르는 시간은 각자의 습관에 따라 달리 정해져 있었다. 오전에는 도니올과 조용히 의견을 나누었고, 화요일 오후 3시에는 바쟁에게 귀를 기울였다. 이른 오후에는 트뤼포와 함께 각각의 글을 다시 읽었고, 저녁 6시경 두 편의 영화 감상 사이의 휴식 시간에는 원고 청탁을 했다.

잡지를 창간한 바쟁과 도니올-발크로즈는 1954년에 알렉상드르 아스트뤼크, 피에르 카스트, 장 조제 리셰르 같은 '오브젝티프 49' 출신의 평론가들을 『카이에 뒤 시네마』의 편집진으로 영입했고, 에릭 로메르부터 시작해 '젊은 급진파'도 끌어들였다. 프랑수아 트뤼포가 돌파구를 마련한 이 명망 있는 잡지의 문을 뚫고 들어간 그 급진파들은 자크 리베트, 장뤽 고다르, 클로드 샤브롤, 샤를 비치였다. 대체로 그들의 교류는 자유로웠다. 처음에는 대화하면서 자율적으로 담당 영화를 배분했지만, 일정 시점 이후는 동료 각각의 장단점과 취향, 지식 수준을 잘 알고 있는 트뤼포가 독단적으로 임무를 할당했다. 때로는 다툼도 생겨났는데, 이를테면 도니올과 바쟁이 트뤼포를 제압하려고 했을 때, 늘 논쟁거리를 던질 준비가 되어 있는 아스트뤼크가 들렀을 때, 고다르가 금고에서 돈을 '빌리던' 현장을 들켰을 때 혹은 미셸 도르데가 피에르 카스트에게 결투를 걸었을 때 등이었다. 때로는 모두의 웃음이 터진 순간들도 있었는데, 클로드 샤브롤이 들를 때가 그런 순간들이었다. 1956년과 1957년경부터는 장 클로드 브리알리, 장 폴 벨몽도 같은 젊은 배우가 샹젤리제에 나올 때마다 부담 없이 사무실에 들러 익살을 떨 때도 역시 웃음이 넘쳤다. 그들은 모두 타인의 이야기를 늘 경청하는 사람이었으므로 머지않아 자크 드미, 피에르 셴되르페르, 아녜스 바르다 같은 신출내기 감독들이 찾아와 자신들의 계획을 털어놓고 조언을 구하면서 이들과 친교를 시작했다.

1953년 3월부터 1959년 11월 사이에 프랑수아 트뤼포는 『카이에 뒤 시네마』에 170편의 글을 발표했다. 타이프 용지 5~6장 길이의 영화 비평이 많았고, 그 밖에도 트뤼포가 각별히 선호했던 감독들과의 인터뷰 기사가 많았다. 1954년 1월에 발표한 장문의 글 "프랑스 영화의 어떤 경향"을 제외하면 트뤼포는 바쟁이나 로메르, 리베트, 고다르와는 달리 이론적인 글은 쓰지 않았다. 트뤼포가 떠맡고 있는 것은 사상적 지도자의 역할이 아니라 오히려 책략가의 역할이었다. 그는 영화감독들을 만나고, 적들을 공격하며, 변덕과 허위와 뻔뻔함과 어느 정도의 오만을 교차시키면서 파리에서 공개되는 '모든' 영화에 대한 자신의 의견을 강조했다. 실제로 어떤 상황에서도 트뤼포는 평균 하루 한 편 이상의 영화를 보았고, 이를 통해 "1940년에서 1955년 사이에 4천 편을 본" 평론가로서의 평판을 확고히 했다.

그들이 유난히 좋아한 두 영화감독을 빗대어 앙드레 바쟁이 '히치콕-혹스주의자'라고 불렀던 이 젊은 평론가 집단은 『카이에 뒤 시네마』에서 트뤼포를 중심으로 뭉쳤다. 그들 각자에게는 나름의 역할들이 있었다. 자크 리베트는 최상의 친구이자 진정한 시네필 동료였다. 연하의 트뤼포는 리베트의 판단을 가장 신뢰했고 늘 그의 의견을 경청했다. 에릭 로메르는 마치 손위 사촌 같은 존재였다. 다소 꼼꼼하고 엄격했던 로메르에게 트뤼포는 존칭을 사용하면서도, 편지 속에서는 여러 번 '친애하는 모모'라는 호칭으로 친근하게 불렀다. 트뤼포와 로메르는 몇 차례 공동 작업도 행했는데, 1953년 말에는 〈현대식 교회 L'Église moderne〉라는 시나리오를 함께 쓰기도 했다. 1954년부터 트뤼포, 리베트, 로메르 세 사람은 상호 보완적 능력을 발휘해 『카이에 뒤 시네마』에 확고한 일관성을 부여했다. 에릭 로메르는 이 시기를 "영화에서 우리가 똑같은 것을 사랑했던 은총의 시기"라고 표현했다.

이 3인조에 샤브롤과 고다르처럼 비슷한 취향을 지닌 또 다른 '사촌들'이 합류했다. 당시 수척한 외모를 지녔던 '분위기 메이커' 샤브롤은 약학과 문학, 법학을 공부하는 가운데 앨프레드 히치콕에게 무조건적 숭배를 보내고 있었다. 현실 생활에 제일 먼저 정착한 샤브롤은(그는 1956년에 결혼해 아파트에서 유복한 생활을 했다), 영어 구사 능력(할리우드 영화감독과 접촉할 때 귀중한 자산이었다)과 폭스사의 홍보 담당이라는 직위(그에게 시사회 참석과 출처가 확실한 정보의 획득을 가능하게 해 주었다)로 집단에 중요한 도움을 주었다.

장뤽 고다르는 스위스 명문가의 아들로 학업을 위해 파리로 와 뷔퐁고등학교를 거쳐 소르본을 다녔다. 영화를 향한 애정은 일찍부터 고다르를 라탱 구역 시네 클럽으로 이끌었고, 여기서 그는 다른 '젊은 급진파'를 만났다. 도니올-발크로즈와의 친분을 통해 (두 사람의 어머니는 친구였다) 1952년 1월부터 『카이에 뒤 시네마』에 글 쓸 기회를 얻은 고다르는, 엉뚱함과 역설 취미를 돋보이며 여기서 빠르게 자신의 영역을 마련했다. 고다르는 집단 가운데서 가장 말이 적었고 가장 예술가적이자 멋쟁이였다. 또한 고다르는 다른 사람들에게 일정 부분 현혹감을 주기도 했는데, 아마도 스위스와 세계 여행, 가족, 연애담 등 사생활에 관한 대부분의 말을 거의 하지 않았기 때문일 것이다. 이렇게 해서 시네마테크와 1949년 필름 모디 페스티벌 당시 비아리츠의 고등학교 기숙사에서 형성된 이 시네필 집단은 『카이에 뒤 시네마』의 지면으로 연장되었고, 에릭 로메르가 이끈 두 개의 간행물 『라탱 구역 시네 클럽 회보』와 『가제트 뒤 시네마』에 연이어 참가해 함께 비평적 전투를 수행했다.

『카이에 뒤 시네마』 집단의 사실상의 수장이었던 트뤼포는 어린 평론가들도 영입했다. 친구인 파리 출신의 샤를 비치, 만화 영화 전문가 앙드레 마르탱, 페르시아 출신의 젊은 공상 과학물 애호가 페레이둔 호베이다, 익살극 애호가 프랑수아 마르스, 트루아 출신의 자크 시클리에, 샤를라 출신의 앙드레 S. 라바르트, 클로드 베일리, 클로드 드 시브레, 뤼크 물레 등이었나. 이 '막내들' 은 훗날 트뤼포, 고다르, 샤브롤, 리베트, 로메르가 영화감독으로 진출할 때 그들에 이어서 잡지의 책임을 맡게 된다.

그들에 대해 트뤼포는 카리스마와 확고한 판별 능력을 보여 주었다. 트뤼포는 매우 까다롭게 요구했으며, 자신의 눈에 정당성이 없다고 판단되면 논쟁을 향한 그들의 열의를 주저 없이 눌러 버렸다. 예를 들면, 여전히 젊은 시네필이었던 장 마리 스트로브가 베네치아영화제에 관해 쓴 글의 게재를 트뤼포는 거부했다. 스트로브는 트뤼포의 친구였지만 문장이 지나치게 과격하고 극단적이라고 판단되었기 때문이었다. 트뤼포가 염려한 것은 문하생들이 너무나 자신을 모방하려 한다는 점이었다. 1956년 3월 트뤼포는 뤼크 물레에게 보낸 편지에서 이 점을 지목했다. "당신이 쓴 글들은 현재 상태로는 게재가 어렵습니다. 이와 관련해 나는 당신에게 우리의 경우는 어떠했는가, 우리의 글들은 어떻게 거부되었던가를 더 자세히 설명했어야 할 것입니다. 현재의 나로서는 전혀 만족스럽지 않은 글이긴 해도, '프랑스 영화의 어떤 경향'은 쓰는 데만 몇 개월이 걸렸고, 완전하게 수정하는 데에 다시 5, 6개월이 걸렸습니다. 솔직히 말하자면, 우리는 당신에 대해 두려움을 조금 느껴왔습니다. 무엇보다 당신이 보여 주는 적개심(솔직하고 맹렬합니다)은 바로 우리의 것이었기 때문입니다. 그리고 『카이에 뒤 시네마』에서 그것이 영원히 재개되고, 신랄한 태도가 끊임없이 반복되는 것을 보는 것이 충격적이기 때문입니다."

트뤼포는 또한 루이즈 드 빌모랭, 장 콕토, 로제 레엔하르트, 레몽 크노 등의 작가에게도 망설임 없이 원고나 시나리오 발췌문 등을 청탁해 『카이에 뒤 시네마』에 게재했다. 그러나 가장 결정적인 것은 자크 오디베르티와의 만남이었다. 전쟁 기간에 트뤼포는 주간지 『코뫼디아』를 즐겨 보았는데, 오디베르티는 이 잡지에 영화 및 연극의 정기 시평을 담당하고 있었다. 오디베르티는 연극으로 유명한 인물이었지만, 트뤼포가 그에게 매료된 것은 소설 (『모노레일 Monorail』, 『밀라노의 명인 Le Maître de Milan』, 특히 『마리 뒤부아 Marie Dubois』)을 통해서였다. 여기서 트뤼포는 바로 자신의 망상에 근접한 세계를 발견했던 것이다. "그의 책들은 끊임없이 같은 질문을 던진다. 왜 여자들은 우리가 그들을 선천적으로 구조적으로 육체적으로 추상적으로 욕망하는 것처럼 우리를 욕망하지 않는 것일까. 그리고 왜 남자들처럼 있는 그대로 욕망하지 않는 것일까. 곱사등 때문에 꼽추 여성을, 모자 때문에 부르주아 여성을, 넓적다리 때문에 매춘부를, 정숙함 때문에 숙녀인 척하는 여자를, 지방질 때문에 살찐 여자를, 뼈 때문에 마른 여자를 욕망하는 것처럼……" 1954년 초 오디베르티가 갈리마르를 통해 신작 소설 『정원과 강물 Les Jardins et les Fleuves』을 출간했을 때 트뤼포는 그 책을 통독했고, 작가가 찰리 채플린 영화의 주인공 부랑신사에 관해 길게 서술하는 부분에서 특히 강한 인상을 받았다. 트뤼포는 이 기회를 흘려보내지 않았다.

1954년 5월의 마지막 수요일에(그는 이날을 특기할 날로 기억에 남겼다) 평론가 트뤼포는 작가에게 편지를 보냈다. "우리가 '오디베르티의 서신'이라는 제목으로 기획하고 있는 고정란을 맡아 주시거나, 선생님께 영향을 준 영화 속 여배우나 여주인공에 관한 글로 시작되는 '영화 속 여성의 영원한 연대기'와 같은 제목의 고정란을 맡아 주시기 바랍니다." 오디베르티는 즉시 이 제안을 수락해, 1954년 7월부터 1956년 12월까지 『카이에 뒤 시네마』에 매달 짧은 칼럼을 썼다. 트뤼포에게 이것은 오디베르티를 정기적으로 만날 기회였다. 두 사람은 서로에게 매료되었고, 이 매력은 이후 한 치의 변함도 없이 지속된다. 오디베르티는 훗날 『아르-레트르-스펙타클 Arts-Lettres-Spectacles』지를 통해 〈개구쟁이들 Les Mistons〉을 평가하고, 이어서 〈400번의 구타〉를 찬양함으로써 영화감독 트뤼포의 첫 지지자가 된다. 트뤼포는 이 작가를 자기 스승의 한 명으로 여겼으며, 콕토를 제외하고는 "영화에 관해서뿐 아니라 그 여배우들에 관해서도 훌륭하게 묘사할 줄 아는" 유일한 작가로 간주했다. "휴가 중인 노련한 노인 뱃사공의 상처투성이 얼굴을 지니고 있다고나 할까. 자크 오디베르티는 앙티브*의 거인이다. 그가 쓴 책처럼 아름답고 힘센……." 트뤼포는 이렇게 그를 찬미했다.

언론 운동

1954년 1월 『카이에 뒤 시네마』에 발표한 "프랑스 영화의 어떤 경향"은 프랑수아 트뤼포의 인생을 바꾸어 놓았다. 트뤼포는 곧장 오렐의 연락을 받았다. 트뤼포보다 약간 연상인 오렐은 문화 주간지 『아르-레트르-스펙타클』(이하 『아르』)의 영화 담당 기자였다. 매주 화요일 16쪽의 대형 판형으로 발간되던 『아르』는 1940년대 후반 자크 로랑, 미셸 데옹, 로제 니미에, 마르셀 브리옹, 앙투안 블롱댕 등 '경기병들'**을 중심으로 하는 우파 지식인의 집결지였다. 발행 부수가 많은 일간지처럼 빼어난 대형 활자의 제목을 사용하던 이 문화 주간지는 논쟁적인 글을 즐겨 실었고, 유명 인사들을 필자로 가지고 있었다. 경기병들 이외에도 콕토, 오디베르티, 루이즈 드 빌모랭, 클로드 루아, 모리스 클라벨, 모리스 퐁스, 클로드 로제 마르크스, 피에르 스게르, 피에르 마르

• 프랑스 남부 칸과 니스 사이에 위치한 도시*
•• 날카롭고 공격적인 스타일을 특징으로 하던 유파*

카브뤼, 페르디낭 알키에, 장 카틀랭 등이 필자로 참여했다. 위험하리만큼 도발적이며 문화에 관한 중대한 논쟁을 던지는 『아르』는 1950년대에, 『현대』, 『프랑스 문예』 혹은 『렉스프레스』 같은 좌파 간행물의 실질적 경쟁 상대였다.

　잡지의 소유자인 부유한 화상 다니엘 빌덴스타인은 편집인 자크 로랑에게 완전한 편집의 자유를 허용했다. 자크 로랑은 세실 생-로랑이라는 필명으로 소설가로 성공한 뒤, 그 여세를 몰아 1953년 1월에 문학 잡지 『파리 여성La Parisienne』을 창간했다. 이 잡지의 명성에 힘입어 예리한 필력을 지닌 기자, 두려움과 존경을 함께 받는 논설가로 유명해진 로랑은 이어서 『아르』의 편집까지 책임지게 되었다. 편집장을 맡아 로랑을 보좌한 사람은 앙드레 파리노였다. 잡지에 새로운 활력을 주기 위해 로랑과 파리노는 오렐에게 영화란을 위임했고, 오렐은 날카롭고 독창성 있는 문체 발굴의 임무를 부여받았다. 『카이에 뒤 시네마』에서 보여 준 재기와 문체에 매료된 오렐은 트뤼포에게 『아르』에 글을 써 줄 것을 제안했다. 트뤼포는 이 기회를 놓치지 않았다. 예상하지 못했던 논단이라는 점 외에도 『아르』가 경제적 어려움에서 해방시켜 줄 상당 수준의 원고료를 제시했기 때문이었다(타이프 용지 1쪽당 700프랑으로, 『카이에 뒤 시네마』 원고료의 다섯 배나 되었다). 『아르』의 칼럼을 통해 평론가 트뤼포는 '고품격 전통'의 해체라는 자신의 시도를 속행했다. 논쟁을 즐기는 '경기병'으로서 걸핏하면 설교의 냄새를 풍기고 저주도 퍼부으면서, 트뤼포는 좌파 지식인과 '문화 운동가들'을 공격했다. 트뤼포는 5년에 걸쳐 528편의 글을 발표하며 자신의 기량을 발휘했다. 이것은 일주일에 평균 두 편의 분량으로, 트뤼포는 본명과 필명을 섞어 썼으며, 대개 혼자서 영화란 전체를 채웠다.

이 시기 트뤼포에게는 다른 청탁도 밀려들었다. 1954년 1월에서 9월 사이에는 현재의 『텔레라마Télérama』의 전신인 가톨릭계 주간지 『라디오-시네마-텔레비지옹』에 프랑수아 드 몽페랑이란 이름으로 12편의 글을 발표했다. 7월에서 9월까지는 도니올-발크로즈의 의뢰로 좌파 주간지 『프랑스 옵세르바퇴르』에 몇 편의 원고를 실었다. 1956년 5월부터 8월까지는 『파리 여성』지에도 글을 실었다. 『파리 여성』은 자크 로랑과 프랑수아 누리시에가 이끄는 우익 지향의 문예지 겸 가십을 다루는 잡지였다. 또한 위베르 뵈브 메리의 『르 몽드』에 대항하기 위해 1956년 4월 필립 뵈그네르가 창간한 자유주의적 일간지 『파리의 시간Le Temps de Paris』에서도 트뤼포는 영화란 담당을 제안받았다. 이 신문은 경영에 실패하여 바로 다음 달에 폐간했지만, 트뤼포는 이미 그곳에 20편 남짓한 기사를 썼다.

하루 한 편의 영화, 이틀에 한 편의 글. 트뤼포는 이 리듬을 지키며 매일 밤 맥시톤*과 담배와 커피 속에서 일했다. 생활과 직업의 구분도 없었다. 그는 예수회 신부이자 영화 평론가였던 장 망브리노에게 감동적인 고백을 했다. "사실상 저는 매우 원시적이며 소양도 없습니다(그것을 과시하려는 생각은 없습니다). 다만 운이

• 강심제의 일종*

좋게도 영화에 대한 약간의 감각을 지니고 있고, 영화를 사랑하기 때문에 온 힘을 바쳐 일하는 것입니다. 그뿐입니다. 그것 말고는, 내용에 관한 어떤 더 깊은 생각이라도 모두 저의 빈약한 머리를 넘어서 버립니다. 나 자신을 혐오하는 독학자이기에 저는 아무것도 '스스로 깨우치지' 못합니다. 필요하다면 밤마다 일을 해서라도 가급적 빨리 영화의 '전문가'가 되어 가능한 한 중요한 지위를 점하는 것만이 저를 구원할 수 있을 것입니다."

또한 영화 비평이나 주관적 칼럼을 통해 무엇을 기대할 수 있는가를 누구보다 잘 알았던 트뤼포는 다른 사람을 지도하는 일도 습득했다. 스스로 소양이 부족하다고 생각한 사실에서 보이듯, 트뤼포의 정당성은 지적 우월성에서 오는 것이 아니라 자신이 원하는 바를 알고 있다는 사실에서 오는 것이었다. 매일 오후 늦게 『카이에 뒤 시네마』 집단은 샹젤리제의 사무실에서 영화들을 검토하고 토론했다. 당시 이 설전에 매료되었던 클로드 드 지브레의 표현을 쓰자면 영화를 "입으로 상영"했다. 이 '단체 게임'에서 트뤼포는 리베트와 함께 중심 역할을 했다. 밤이면 그들은 글을 썼고, 논쟁 중에 던져진 생각들을 명확히 다듬었고, 집단적으로 행한 토론 결과를 축적했다.

트뤼포는 이 작업에 모든 힘을 쏟았고, 펜 끝에서는 그만의 개성이 투명하게 드러났다. 『아르』에 처음 썼던 글에서부터 '트뤼포 스타일'은 형성되었다. 그것은 독자를 사로잡으려는 목적 아래 격렬함과 유머, 언어 유희, 익살, 짓궂은 장난으로 넘치는 문장들이 뒤섞인 것이었다. 『아르』의 애독자였던 제작자 피에르 브

롱베르제가 훗날 밝힌 바에 의하면, "그는 자신의 비평에 따라 모든 시나리오를 다시 썼고, 영화를 재창조했다. 그 방식은 열정적이었고, 긍정적 요소와 부정적 요소 모두에 대해 자신이 보고 느낀 대로 이야기했다." 트뤼포는 1958년 5월에 개봉된 나카히라 고中平康 감독의 일본 영화 〈미친 과실狂った果實〉을 우스꽝스러운 문장 하나에 요약했다. "이 엉터리 연대기saga fripponne의 작가•를 '일본의 사강Sagan nipponne'에 상응하는 인물로 우리에게 소개하는, 너무 어려서 마구간의 망아지가 이미déjà poney 되어 버린 르네 쥘리야르••……."

트뤼포는 또한 스크린 속 여자들의 몸짓과 신체를 묘사하면서 에로틱한 페티시즘으로 채워진 표현을 멋대로 사용하기도 했다. "브래지어의 소재와 색상을, 그리고 마침내 그 안의 가슴이 지닌 생명력까지를 드러내는 데 적절한 카메라 앵글을 잘 알고 있는 숙련된 시선", "여성이 걸어갈 때 어렴풋이 나타나는 작은 팬티의 대각선 무늬와 그 가장자리 선을 포착하는 날카로운 앵글에 대한 숙련된 시선"에 찬사를 보내는 것이다. "얼굴은 속마음을 감출 수 있고, 수줍음도 거짓일 수 있고, 정조는 위장될 수 있지만, 브래지어는 결코 거짓말을 하지 않기" 때문이다.

이렇게 트뤼포에게 비평의 실천은 일기 같은 것이었으며, 기본적으로는 논쟁을 지향하면서 독자에게 주관성으로 향하는 열쇠,

---

• 이시하라 신타로石原慎太郎를 말한다.*
•• 이시하라 신타로의 『태양의 계절太陽の季節』을 번역 출판한 쥘리야르 출판사의 설립자*

늘 살아 있는 감수성에 접근할 열쇠를 부여했다. 트뤼포는 작품을 우회하지 않고 단도직입적으로 판단했으며, 글을 통해 독자들을 설득하는 데 온 힘을 쏟았다. 이 활동을 트뤼포 자신은 "언론을 통한 캠페인"이라고 지칭했다. 가장 유명하고 과격한 비방문 가운데 한 편으로, 『아르』의 1면에 실린 글에서 트뤼포는 "여러분은 모두 이 재판의 증인입니다"라고 쓰기까지 했다.

또한 트뤼포는 여러 차례에 걸쳐 몇몇 사건을 옹호하기도 했다. 1955년 초 시네마테크가 폐관될 위기에 놓였을 때 앙리 랑글루아를 지지했고, 평론가들에게 오해되고 무시된 영화들, 예를 들어 조지프 L. 맨키위츠의 〈맨발의 백작부인The Barefoot Contessa〉, 알렉상드르 아스트뤼크의 〈잘못된 만남Les Mauvaises Rencontres〉, 특히 막스 오퓔스의 〈롤라 몽테Lola Montès〉를 옹호했다. 트뤼포는 종종 절묘하면서도 잔혹하게 비방을 퍼부었다. 예를 들어 1956년 7월 파리의 어느 출판인에 관해 트뤼포는 이렇게 썼다. "당신은 방금 언급한 사람보다도 더 구역질 나는 분입니다. 당신이 입가에 가지고 있는 그 주름살은 천연두나 매독보다도 더 확실하게 여성들을 쫓아 보낼 수 있는 무기력증을 드러냅니다."

이러한 공격적 성격에 대한 반응은 다양했다. 『아르』의 편집장 앙드레 파리노는 1955년 11월 2일 트뤼포에게 자제를 요구하는 쪽지를 전했다. "최근 들어 불만의 편지가 쌓여 가고 있다네. 현재 자네의 기분으로는 사태 해결이 어렵다는 걸 아네. 책임이야 자네가 지겠지만, 잡지도 연루될 수 있는 일이므로, 나는 자네에게 신중함과 예의를 요청하겠네. 자네가 자제해야 할 사항이 있다

1957년 5월의 『아르』지 1면

네. 이제부터 나는 『아르』에 실리는 자네의 글 속에서 '표절', '모방'과 같은 표현이나 신체적 및 성적 차별을 드러내는 표현의 사용을 금하겠네. 마른 여자나 남색가를 좋아하지 않는 것은 자네의 권리겠지만, 그것이 글 속에 드러나서는 안 되네."

그러나 비슷한 시점에서 자크 로랑은 모든 전통주의에 대해 개시된 이 반란을 응원하면서, 그 공격적 논조가 주간지의 전체적 노선에 합치한다고 평가했다. 1955년 7월 6일 트뤼포는 자크 로랑과 장 오렐의 요청에 쐐기라도 박듯이 「비평의 일곱 가지 대죄」를 썼다. 시네Siné•의 신랄한 삽화를 곁들인 "비평가의 비평"이란 제목의 글 첫머리에서 트뤼포는 이렇게 질문한다. "영화라는 틀 바깥의 여백 안에 잘 알려지지 않은 직업이 하나 존재한다. 척박하고 힘든 '영화 비평가'라는 직업이다. 비평가란 무엇인가? 그는 무엇을 먹는가? 그의 습성과 취향과 버릇은 어떤 것일까?" 트뤼포는 7가지 점에서 비평가를 부인했고, 비평가들이 자유롭지도 않고 지적이지도 않다고 주장했다. 그들이 영화의 역사와 테크닉에 대해 무지하고, 상상력도 없기 때문이다. 유식한 체하지만 실제로 그들은 편견으로 가득 차 있다. 나아가 트뤼포는 그들이 배타적이며, 가장 비싼 가격을 부르는 입찰자에게 팔려 버린 상태라고까지 비난했다. 왜냐하면 "파리에서 비평가로 출세하려면 조만간 장 들라누아, 앙리 드쿠앵, 앙드레 카야트, 르 샤누아를 만나지 않으면 안 되기 때문"이다. 트뤼포는 장 뒤투르, 프랑수아 누리

• 프랑스의 정치 삽화가. 본명은 모리스 시네Maurice Sinet•

시에, 조르주 사둘, 조르주 샤랑솔, 루이 쇼베, 장 자크 고티에, 앙드레 랑, 로제 레장, 자크 르마르샹, 앙드레 빌리 등의 수많은 사례를 들어 일곱 가지 죄악을 증명했다. 이렇게 일간지와 주간지의 최고 비평가들이 야유를 받았고, 여러 명이 그로테스크한 인용에 직면했다.

대안으로 트뤼포가 제시한 것은 "비평가가 아닌 시네필의 초상"이었다. 이것은 두 개의 특징으로 정의되었는데, 그것은 명확하게 그 자신의 자화상이었다. 먼저 급진적 시점과 ― "각자 자신의 방식을 지닌다. 나의 경우는 전면적으로 칭찬하거나 혹평하는 것이다" ― 의견의 공명정대함이다. 트뤼포는 미국 감독 머빈 르로이가 〈나쁜 종자The Bad Seed〉의 홍보를 위해 직접 참석한 언론 시사 겸 오찬회에 다녀온 뒤 거리낌 없이 이렇게 썼다. "그 자리에서 실컷 먹은 것은 기억한다. 그러나 아마도 나는 먹여 준 사람에 대한 감사 표시에는 그리 유능하지 못한가 보다. 차라리 머빈 르로이를 만나지 않는 편이 나았을 것이다. 만나지 않았더라면 이제 그의 이름이 붙은 영화를 볼 욕망을 갖지 않았을 것이기에 더욱 그렇다."

자크 로랑은 공공연하게 트뤼포를 지지했다. 로랑은 스스로 만든 표현인 '납골당의 비평'의 중심인물로 트뤼포를 내세웠다. 로랑에게 트뤼포는 '경기병'이었고, 문학계의 니미에 혹은 셀린에 상응하는 영화계 인물이었다. 로랑은 1955년 2월호 『아르』의 사설을 통해 이렇게 썼다. "영화 평론에는 두 종류가 있다. 첫 번째에는 '부르주아 요리'라는 간판을 붙일 수 있을 것이다. 이것은 착한 딸과도 같이 다수 대중의 취향에 발맞추어 가기를 원하며, 영화를 종교가 아니라 쾌적한 오락으로 간주하는 사람들이 행한다. 그리고 격노한 상태에서 비평하는 지식층이 있다. 트뤼포는 이 두 번째 부류의 평론계를 대표하는 가장 재능 있는 존재 중 한 명인데, 이 종류의 비평은 최근의 현상이므로 주의 깊게 검증할 필요가 있다. 내가 말하는 지식층이란 스스로가 교전 상태에 있다고 믿거나 혹은 그 상태에 있기를 원하는 비평가들이다. 그들의 공격은 모두 유효하다. 영화의 신이 그들의 공격을 승인할 것이기 때문이다. 찬동하는 경우든 단죄하는 경우든 이 부류의 비평가들은 늘 분노에 차 있다. 왜냐하면 시네마테크에서 형성된 윤리관이나 미학을 통해 영화를 판단하는 그들은 부르주아화된 비평과는 늘 교전 상태에 있으며, 영화의 흥행 성적, 즉 대중과 종종 불일치 상태에 놓이기 때문이다."

이렇게 해서 트뤼포는 새로운 방식의 영화 평론의 길을 열었다. 그것은 솔직하고 직선적이며 난폭하고 분파주의적인 것으로, 그 근거를 이루는 것은 늘 세부에 이르는 종종 취향적인 판단, 그러나 가끔은 도발적이고 쏘아붙이는 판단이었다. 그것은 독단과 불공정의 위험을 감수하는 비평이었다. 이러한 평론 방식은 '젊은 급진파' 집단 덕분에 『카이에 뒤 시네마』와 『아르』에 영향을 미쳤다. 이것이 당시의 비평계 전체에 충격을 주었음은 두말할 필요가 없었다. '비평의 7가지 대죄'에 관한 글이 『아르』지에 발표된 뒤, 프랑스 영화-텔레비전 평론가협회 회장인 장 네리는 1955년 10월 27일 트뤼포에게 편지를 보내, 바쟁과 도니올-발크로즈의 추천으로 가입했던 사실과 무관하게 트뤼포의 탈퇴를 요구했다. "끊임없이 그들의 무능력, 우둔함, 비겁함, 무지함을 역설하면서 이 영화 평론가들과 친교를 나눈다는 것은 선생께도 고통스러운 일일 것입니다. 일관된 무례함보다는 상호 존중을 발전시키고자 하는 협회 안에서 그들의 동료로 남는다는 것은 인내하기 힘든 일일 것입니다. 그러므로 탈퇴서를 보내 주신다면 저는 선생의 분별력을 깊이 이해하게 될 것입니다."

며칠 뒤 트뤼포는 그에게 다음과 같은 답을 보냈다. "솔직하게 말씀드리자면, 저는 임시로나마 저 자신을 탁월한 평론가로 간주합니다. 또한 정치와 경찰의 잠재적(혹은 영속적) 압력, 검열과 광고계로부터 회원들을 보호할 필요성의 측면에서, 친목회라기보다는 차라리 조합에 가까운 이 협회를 옹호하고 경의를 표하는 사람 가운데 한 명이라고 저 자신을 간주합니다. 그러나 그 판단을 내릴 사람은 제가 아니므로, 독자, 동료, 영화감독들에게서 받은 몇 통의 증언을 동봉하는 편이 옳겠다는 생각을 했습니다." 그 글들은 앙리 아젤, 클로드 모리악, 앙드레 바쟁, 자크 도니올-발크로즈 등의 비평가, 막스 오퓔스, 아벨 강스, 프리츠 랑, 니콜라스 레이, 로제 레엔하르트, 장 콕토 등의 감독이 쓴 찬사로 가득한 평문이었다.

여기서 트뤼포의 책략은 모습을 드러낸다. 즉 시스템의 바깥이 아니라 그 한가운데서 활동할 것, 그리고 자신의 언론 활동을 활용해 세심하게 계산되고 연출된 충격을 던짐으로써 내부 폭발을 유도하는 것이었다. 자크 로랑의 비호 아래 경기병은 한편으로는

『아르』의 독자 대중을 자신이 시작한 재판의 증인으로 불러낼 수 있었고, 동시에 한 목소리로 그를 지지해 주는 분노한 청년 집단, 다시 말해『카이에 뒤 시네마』라는 은신처와 그 권위로부터 도움을 얻을 수 있었다.

칼을 빼 든 경기병

프랑수아 트뤼포의 글 스타일, 언론 활동, 도발성 등은 우파 문학계의 특징에 가까운 것으로, 양자 사이의 관련은 우연한 것이 아니다.『카이에 뒤 시네마』까지 포함해『아르』,『파리 여성』,『파리의 시간』등의 잡지에 글을 게재한 일, 그곳에서 함께 일하는 지인들 — 다수 독자와 적수들에게 트뤼포는 자크 로랑의 '피조물'로 간주되었다 — 그리고 그의 격문적 방식 등은 모두 전후 문화를 지배하던 전통주의와 좌익 지식인층에 반항하는 '성난 젊은이들'의 주장을 뒷받침하고 있다. 공산주의자, 기독교사회주의자, 인간주의자로 구성된 좌파 진영이 월등히 다수이긴 했지만, 1950년대 양 진영 사이의 논쟁은 결코 만만한 것이 아니었다. 예를 들면『현대』지는 '파시스트적 지식인의 부활'의 위험성을 규탄했고,『렉스프레스』지는 '우익 작가'와 관련된 자료를 처음으로 발표했다. 또한 1952년 12월에 발표한 "근위병과 경기병"이란 제목의 글에서 베르나르 프랑크는 우익 문인들을 조롱하듯이 병사로 비유해 "펜을 든 십자군"이라 부르면서, 칼을 빼 들고 적을 공격하는 "반동적이고 소란스럽고 격문주의적인" 문학 집단의 이름을 열거했다.

　한편 경기병의 중심인물인(그러나 끊임없이 문학의 '비참여주의'를 역설한) 자크 로랑은 1951년 2월 『원탁 회의La Table ronde』에 발표한 장문의 글 "폴과 장 폴Paul et Jean-Paul" 속에서, 정치와 문학을 뒤섞는 사르트르의 사회 참여를 비꼬듯이, '문제 소설roman à thèse'의 창시자인 아카데미 회원 작가 폴 부르제의 경우와 비교했다. 당시 자크 로랑은 『파리 여성』을 창간하고 『아르』를 수중에 넣으면서, '경기병들'에게 그들의 '비참여주의'를 유포할 문학적 공간과 논단을 제공해 주었다. 로랑은 1953년 1월 『파리 여성』 창간호 사설에서 이렇게 썼다. "문학은 하나의 수단이 되어 버렸다. 도구 역할을 벗어나는 순간 혹평에 부딪히는 상황에 놓여 버린 것이다." 그리고 문학과 정치 사이의 관계, 즉 문학의 세계와 좌익 전투주의 사이의 유대를 해체하는 데 전념했다.

　프랑수아 트뤼포는 자신이 이 전투에 들어가 있음을 알았다. 그리고 스스로 『카이에 뒤 시네마』를 통해 시나리오 대신 영화의 형식과 연출을 칭송함으로써 '문제 영화films à thèse'*의 옹호자들과 싸웠다. 그러나 트뤼포의 신조는 반동적인 것으로 여겨졌고, 비참여주의는 개인주의·자기중심주의·형식 추구·댄디즘으로 간주되었으며, 프랑스 해방과 함께 태어난 문화적·정치적·도덕적 재건이라는 가치 기준에 역행하는 태도로 규탄되었다. 트뤼포의 수많은 반대자는 그 이상까지 나아갔다. 그들은 트뤼포를 철저하

• 도덕적·사회적·정치적 악행이나 불의에 초점을 맞추는 영화들*

게 극우로 몰아붙였다. 예를 들면『포지티프Positif』의 공공연한 적
수들은 서한과 칼럼을 통해 트뤼포를 어김없이 '파시스트'라고
불렀다. 그들은 트뤼포를 "권위 및 공안과 양립하는 정치적 입장"
을 지닌 "지적 자경단원"으로 간주했다.

한편 트뤼포에게서 문필가적, 작가적 재능을 발견한 지지자들
은 그가 자신들의 일원임을 분명한 목소리로 주장했다. 자크 로
랑과 프랑수아 누리시에는 트뤼포에게 문학적 욕심까지 부추겨,
그가 쓴 10쪽 분량의 소설 두 편을『파리 여성』에 게재하기도 했
다. 첫 소설『규산의 유방Les Seins silicieux』은 1954년 11월, 두 번째 소
설『앙투안과 고아 소녀Antoine et l'Orpheline』는 1955년 5월에 발표되
었다. 각 소설의 주인공인 제라르와 앙투안은 모두 20세 정도 되
는 나이에 세련미와 도발성을 지닌 인물로, 권력과 당대의 사상
앞에서 이해받지 못하는 반항아로 그려졌다. 소설가로서의 트뤼
포의 경험은 이 이상 진행되지는 않았지만, 한동안 그는 '경기병
운동'의 가장 주목받는 작가의 한 명으로 간주되었다.

트뤼포는 스스로 '우파'로서의 도발을 즐겨 행했다. 프랑스 영
화의 최상단을 신랄하게 공격하면서 보여준 비타협적 윤리관은
이따금 트뤼포를 극단적으로 모호한 입장으로 몰아갔다. 예를 들
어, 트뤼포는 1954년 1월호『카이에 뒤 시네마』에서 미국 영화계
의 검열 제도를 찬양하기까지 했다. "필립 말로가 더 이상 남색가
가 아니라는 사실, 영화의 등장인물이 좋아할 사람인지 싫어할
사람인지 명확하게 구분할 수 있다는 사실에 대해 우리는 미국의
영화 검열에 감사해야 한다. 이처럼 '윤리에 기초한 검열'은 필요

210

한 것이다."

소수파이고 평판이 나쁘고 추방된 지식인들과 자기 자신을 동일시한 결과 트뤼포가 지니는 '정의의 사도'로서의 소명감은 때때로 그를 순전한 정치적 선동으로 이끌어갔다. 트뤼포는 "프랑스 영화의 어떤 경향"을 발표하고 『아르』에 글을 쓰기 시작한 몇 개월 동안에, 이에 관한 자신의 견해를 분명하게 밝혔다. 즉 이 문제는 자신에게 이데올로기 자체에 관한 것이라기보다, 자신이 정의한 '우파적 미학'에 관련한 것이었다. 트뤼포는 조지프 폰 스턴버그의 철저한 반공 영화 〈제트 파일럿Jet Pilot〉에 관한 글에서 이문제를 다음과 같이 정의했다. "우파는 흔히 경박함, 피상성, 파렴치(목적이 수단을 정당화함), 교양미, 세련미 등으로 정의된다. 좌파는 역으로 미숙하고, 무분별하고, 단순하고, 전투적이고, 선의로 가득하고 늘 성실한 모양을 띤다." 그러고는 놀랄 만한 직관력으로 이렇게 결론을 내린다. "이 문제에 대한 나의 의견은, 정말로 뛰어나고 아름다운 '좌파 영화'를 보기 위해서 우리는 실제로 알랭 레네가 장편 영화 감독이 될 때까지 기다려야 한다는 것이다."

트뤼포는 모리스 바르데슈와 로베르 브라지야크(그는 해방 후 나치 부역자로서 총살형을 받았다)의 공저 『영화의 역사L'Histoire du cinéma』의 서평을 쓰면서 사정없이 공격을 퍼부었다. "브라지야크의 정치 사상은 드리외 라 로셸•의 그것과 같았다. 그 유포자들에

• 프랑스의 소설가, 비평가. 영화 〈도깨비불Le Feu Follet〉의 원작자. 독일 점령군에 협력했고, 해방 후 자살했다.*

게 사형을 가져다줄 힘이 있는 사상은 필연적으로 훌륭한 것이라는……." 몇 주 뒤, 사샤 기트리의 〈베르사유 궁전의 사건 Si Versailles m'était conté〉을 찬미하는 비평문 속에서 트뤼포는 군주제 앙시앵 레짐을 칭송했다. "앙시앵 레짐은 여러 세기 동안 프랑스의 영화 榮華를 만들었다. 배려심과 명예에 대한 존중, 성직자와 귀족에 대한 경의, 적확히 계급화된 사회의 중추……."

무엇보다 중요한 것은, 1955년에서 1956년에 걸친 겨울 뤼시앵 르바테에게 접근하는 일에도 트뤼포가 무관심하지 않았다는 것이다. 르바테는 1930년대에 프랑수아 비뇌유라는 이름으로 『악시옹 프랑세즈 L'Action française』와 『주 쉬 파르투 Je suis partout』에 영화평을 쓴 매우 재능 있고 예리한 필력의 평론가였다. 르바테는 또한 나치 점령기 동안 영화업계에서 유대인 추방을 지지한 반유대주의 운동의 주창자이기도 했다. 1941년 4월 르바테는 '프랑스의 유대인 총서'의 한 권으로 『영화와 연극의 부족들 Les Tribus du cinéma et du théâtre』을 저술해 공연 예술의 '쇄신'을 주창했다. "프랑스 영화를 위해 착수해야 할 사항은 우선 '유대 정화'다. 우리는 조만간 우리의 영토로부터 수십만의 유대인을 추방해야 할 것이며, 우선 합법적 체류증이 없거나 귀화하지 않은 유대인, 가장 최근에 도착한 자들, 정치적·재정적 악행이 가장 명백한 자들, 곧 영화업계에 있는 유대인 전체로부터 시작해야 할 것이다."

작가로서의 재능, 논객으로서의 재기는 과연 이 추악한 책을 모두 망각시키고 트뤼포를 르바테에게 혹은 르바테를 트뤼포에게 근접시킬 수 있을까? 이 문제로 앙리 랑글루아는 깊은 고민을 했다. 1977년 갑작스러운 사망을 맞은 랑글루아는, 사망 직전 친구인 로테 아이스너에게 이렇게 고백했다. "우리 세기에 위대한 영화 평론가는 오직 두 명뿐입니다. 그것은 프랑수아 비뇌유와 프랑수아 트뤼포입니다." 1943년에 발표된 뒤 프랑스 해방과 함께 폐기 처분된 『영화의 운명 Destin du cinéma』의 저자 클로드 엘센도 같은 의견을 가지고 있었다. 엘센 또한 나치 부역자로서 1944년의 궐석 재판에서 사형 선고를 받은, 훨씬 정체가 모호한 인물이었다. 엘센은 스페인에 망명 중이던 1956년 초 트뤼포에게 "우리의 공통된 친구 프랑수아 비뇌유-르바테"를 내세우며 장문의 축하 편지를 보냈다. 편지의 마지막은 우수에 젖은 다음의 문장으로 매듭지어 있었다. "선생은 저에게 대홍수 이전에 제가 되고자 노력했던 수많은 것을 상기시켜 줍니다. 브라보!"

뤼시앵 르바테 또한 1955년 11월 25일 『아르』지에 발표된 트뤼포의 글을 칭찬하면서 그에게 편지를 보냈다. 그것은 장 들라누아의 〈실종된 개들 Chiens perdus sans colliers〉을 야유하는 평론으로 트뤼포의 가장 신랄한 글 가운데 하나였다. "1년 전부터 선생을 뵙고 싶었습니다. 선생은 제게 1930년대의 젊은 비뇌유를 상기시켜 주기 때문입니다. 저의 오랜 친구인 자크 베케르가 선생에 관해서 좋은 말을 자주 해 주었습니다." 트뤼포는 르바테의 접근을 거절하기는커녕, 오히려 정중한 답장을 보냈다. 8년간의 복역을 마친 뒤 1952년 출옥해 『리바롤 Rivarol』지에서 평론 활동을 재개한 르바테와 트뤼포는 '평론가로부터 평론가에게로' 꾸준히 서신을 주고받았다. 트뤼포는 르바테에게 에드거 G. 울머의 〈벌거벗은 새벽The Naked Dawn〉, 테이 가네트의 〈경보의 원인Cause for Alarm〉, 새뮤얼 풀러의 〈대나무 집House of Bamboo〉 등 몇몇 B급 미국영화를 권해 주었다. 르바테는 소중한 조언에 대해 트뤼포에게 감사했다. "저의 연배 동료들은 선생께서 저에게 친절하게 제공해 주신 짤막한 정보들을 마련해 주지 못할 것입니다. 그들은 전쟁 이전의 자신들의 목록만을 되풀이하기 때문입니다." 르바테를 만나고 싶은 마음에 트뤼포는 이 부역자 출신 인물의 초대에도 응해, 1955년 말에는 바토 무슈* 선상에서 점심 식사를 하면서 하루를 온종일 함께 보냈다.

트뤼포의 동료들은 모두 이 관계를 좋아하지 않았다. 예를 들어, 좌파 레지스탕스 출신인 도니올-발크로즈는 르바테와의 만남을 단호하게 거부했으며, 피에르 카스트는 이 "모라스주의의 날카로운 발작"에 대해 크게 분노했다. '분노한' 청년 트뤼포는 그것을 프랑스 문화가 가진 주요 전통의 하나에 대한, 요컨대 『악시옹 프랑세즈』에서 경기병에 이르는, 그리고 샤를 모라스**에서 르바테로 이어지는 반순응주의적 전통에 대한 하나의 반영으로 간주했다.

1954년 봄부터 『아르』의 영화 평론을 시작하면서 경제 사정이 개선되자 프랑수아 트뤼포의 생활 모습도 바뀌기 시작했다. 월 1만 5천 프랑에서 2만 프랑 정도의 고정 원고료 수입이 생기면

• 센강을 달리는 유람선 이름*
•• 프랑스의 시인, 저널리스트, 정치이론가. 그가 주장한 통합 국가주의는 파시즘의 전조가 되었다.
  1899년 왕당파 단체 '악시옹 프랑세즈'의 결성 및 이후 동명의 저널을 창간하는 데 일조했다.*

서, 트뤼포는 자신이 성장한 지역 가까이 있는 가구 딸린 호텔에서 생활했다. 이제 규칙적인 식사를 할 수 있고, 도니올-발크로즈, 아스트뤼크, 라슈네에게 진 빚도 갚을 수 있었다. 트뤼포는 일에만 파묻혀 모든 시간을 영화관과 편집부 사무실, 영화감독과의 만남을 위해 보냈고, 사교계 생활이나 문학 카페는 피했다. 에릭 로메르는 이 같은 "영화 이외의 생활"이 대체로 음울했다는 것을 이렇게 묘사한 바 있다. "우리에게는 '행복한 세월'이라든가 '아름다운 시대' 같은 것이 없었다. 결국 우리에게 준거할 무엇인가가 있었다면, 그것은 폴 니장•이 말한 다음 문장일 것이다. '누구에게도 스무 살 시기가 우리 삶의 가장 아름다운 순간이라는 말을 절대 못 하게 할 것이다.' 이 시기는 불행했다기보다 매우 음울했다. 우리는 희망으로만 살았을 뿐이다. 아니, 아예 살아가지도 않았다. '무엇으로 살아가는가?'라고 묻는 사람에게 우리는 즐겨 대답했다. '우리는 살지 않는다'라고. 인생, 그것은 스크린이었고, 그것은 영화였고, 그것은 영화에 관한 토론이었고, 그것은 영화에 관한 글쓰기였다."

모두 영화에 탐닉한다는 공통점이 있었지만, 그들은 극단적인 신중함도 지니고 있었다. 즉 각자의 사생활은 서로에게 비밀 사항이었다. 로메르, 리베트, 고다르, 트뤼포에게는 근본적인 청교도주의가 존재했다. 그들 사이에 우정의 유대가 있는 것은 확실했지만, 친밀함은 전혀 없었다. 서로에게 종종 존칭을 사용하기

• 1929년부터 1939년까지 활발히 활동한 공산주의 운동가이자 저널리스트, 작가, 에세이스트*

도 하던 그들은 엄밀하게 말해 '친구'는 아니었다. 상호 간에 장벽과 냉담함, 감정적 어색함이 존재했기 때문에 그들은 서로에 대한 존중은 두둔했지만 감정의 표출은 억제했다.

영화가 프랑수아 트뤼포의 생활을 독점했어도, 여자들을 위해 마련된 큰 영역은 조금도 줄지 않았다. 일상적으로 트뤼포는 다수의 여자를 만나 그들에 빠져들었고, 또다시 성병 치료를 받아야 하는 상태에 놓였다. 1954년 7월 말 라슈네에게 보낸 편지에 트뤼포는 이렇게 썼다. "또다시 내가 가장 사랑하는 죄악에 의해 벌을 받았네. 그래서 보종 병원에서 오전 시간들을 보내야만 할 것 같네. 여자들에게는 더 이상 흥미가 없어. 아아, 싫어!" 당시 트뤼포의 여자 관계는 그 시점에서 가진 열병과 관련된 것이었다. 요컨대, 여자와 관계를 맺고 그들을 정복하는 것은 영화에 대한 병적 허기증과 과잉 상태의 평론 활동과 어깨를 나란히 하는 것이었다. 이 당시 트뤼포와 라슈네 사이에 오간 서신에서는 괜찮은 여자들, 쓸 만한 곳의 주소, 생드니 문에서 피갈 사이에 "어슬렁거리기 좋은 길모퉁이" 등을 추천하는 말이 종종 발견된다.

이 시기 트뤼포의 여성 관계는 대부분 익명의 대상들과의 관계였고 아직 영화계와는 동떨어져 있었다. 그러나 이 짧은 관계들 역시 트뤼포의 생활의 중요한 일부였다. 트뤼포는 종종 라슈네에게 자신의 '스케줄'을 알려 주었고, 최근의 만남에 관해 꼬박꼬박 털어놓았다. "자네와 헤어진 뒤 파르나스 소극장 부근에서 여자를 한 명 엮었는데, 내게는 4백 프랑밖에 남아 있질 않았네. 호텔비는 5백 프랑인데 말이야. 그래서 그 여자에게 1백 프랑을 빌렸네. 11시에 샹젤리제에서 바쟁 부부를 만나기로 했는데, 거기 갈 차비도 아침 식사를 할 돈도 없지 뭔가. 그래서 다시 들러 매트리스 밑에 있는 자네의 검정 지갑에서 1천 프랑을 슬쩍 빼냈다네."

이 무절제한 여성 관계는 릴리안 리트뱅과의 결별이 야기한 트라우마의 반작용으로 보아야 할 것이다. 그러나 트뤼포는 이 같은 일회적 관계들과 동시에 전념할 수 있는 한 명의 여성도 찾았다. 1954년 2월 트뤼포는 도니올-발크로즈의 친척이자 『카이에 뒤 시네마』의 젊은 평론가 장 조제 리셰르의 친구 로라 모리를 만났다. 사랑에 빠진 두 사람은 바티뇰 대로에 있는 방 두 개짜리 아파트에서 잠시 함께 살았다. 1955년 로마의 로베르토 로셀리니의 집에 머무른 뒤, 취재차 처음으로 베네치아영화제를 방문했을 때 트뤼포는 로라와 동행했다. 갈색 머리에 예쁜 얼굴, 쾌활한 성격, 다소 통통하고 작은 체구, 헐렁한 의상 속에 우아한 자태를 보이는 로라는 트뤼포가 깊이 매료될 만한 여성의 전형이었다. 2년이 지나 로라 모리와의 관계가 식어갈 무렵인 1956년 1월 29일 트뤼포는 『오로르L'Aurore』지의 기자로 세 살 연상인 조엘 로뱅을 간°에서 만났다. 3월 초에 트뤼포는 당시 거주하던 클리시 광장 근처 튀니스 호텔을 떠나 샹젤리제 옆 랭콜른 가에 있던 조엘의 집으로 들어가 8개월 가까이 살았다. 조엘 로뱅은 쿠르 브리노 학교를 나온 신인 여배우로, 이미 르네 자예의 〈망드랭Mandrin〉, 쥘리앵 뒤비

• 파리에서 북쪽으로 80킬로미터 떨어진 도시°

비에의 〈천국에서Au royaume des cieux〉, 질 그랑지에의 〈무분별한 여자들Les femmes sont folles〉 등 여러 편의 영화에 조연으로 출연했고, 1956년에는 빈센트 미넬리의 〈반 고흐Lust for Life〉에도 모습을 보였다. 어떤 한 편의 영화에서 조엘을 찾아낸 트뤼포는 1956년 2월 22일 자 『아르』지에 게재된 글 속에서 그녀의 모습을 언급했다. 트뤼포는 조엘을 고압적이면서도 재기 넘치는, "오만한 진솔함"을 지닌 배우로 묘사했다. "훌륭한 연출이 뒷받침되면 조엘 로뱅은 몇 편의 영화에 새로운 향기를 가져올 수 있을 것이다. 그것은 새로운 '이상한' 나라의 현대적인 '앨리스'가 줄 수 있는 향기다." 트뤼포의 글이 둘의 관계 발전에 도움을 준 것은 틀림없었다.

첫 영화

평론가로서의 눈부신 성공 행로가 시작되었다고 해서 트뤼포가 영화 연출의 욕망을 잊은 것은 아니었다. 트뤼포는 혼자서든 『카이에 뒤 시네마』 동료들과 함께든 단편 시나리오를 계속 써 왔고, 촬영하고 싶은 영화의 아이디어를 메모해 왔다. 1954년 말 트뤼포는 자크 리베트와 함께 단편 영화 〈방문Une visite〉을 준비했다. 1950년 〈천사의 피부로 만든 허리띠〉의 시도가 실패한 뒤, 이번에 약 10분 길이의 무성 영화를 기획한 것이다. 트뤼포로서는 "첫 필름을 엉망으로 만들" 기회를 가질 수 있을 것이다. 로베르 라슈네가 프로듀서와 조감독을, 필름을 할인가로 구입하는 방법을 알뿐 아니라 16밀리미터 무성 카메라를 무상으로 빌릴 수도 있던 자크 리베트가 촬영을 맡기로 했다. 트뤼포는 어린 시절의 동네에서 가까운 두에 가에 있던 자크 도니올-발크로즈 부부의 아파트를 촬영지로 삼았다. 세 명의 연기자로는 로라 모리와 그녀의 친구인 장 조제 리셰르, 프랑시스 코냐니를 정했다. 부인인 리디 도니올-발크로즈는 두 살 반 된 딸 플로랑스의 출연을 종용했다. 그래서 촬영팀은 번갈아 아기를 돌보았고, 트뤼포는 연애 무도극을 중심으로 구상한 줄거리 속에 아기 역할을 하나 더 만들었다.

젊은이가 방 한 칸을 얻고자 1단 광고를 낸다. 겨우 방을 얻게 된 그는 젊은 여자가 혼자 살고 있는 아파트로 들어간다. 그녀는 정답게 그를 맞이하고, 다소 서툴고 촌스러운 이 젊은이의 어색한 모습을 귀엽게 놀리기도 한다. 그녀의 형부가(장 조제 리셰르가 연기한다) 주말 동안 딸을 맡겨 놓기 위해 아파트에 잠시 들른다. 그는 익살을 떨기도 하고, 담배 연기를 가지고 증기기관차 흉내도 낸다. 그리고 처제에게 쓸데없이 시시덕거리며 그녀의 목에 도둑 키스도 하지만 그녀는 응하지 않는다. 다음 장면에서 이번에는 새 하숙인이 혹시나 하는 마음으로 어설프게 그녀의 손을 잡는다. 그녀가 뿌리치자 그는 짐을 꾸려 아파트를 떠난다. 파리의 블랑슈 광장 근방으로 밤이 떨어진다. 젊은 여자는 조카를 침대에 눕히고 커튼을 닫은 뒤, 아기 곁에 앉아 생각에 잠긴다.

5일 동안 빠르게 촬영했음에도 불구하고, 8분 길이의 이 영화는 쇼트 수가 아주 많고 카메라 이동도 많이 포함하고 있다. 그렇지만 트뤼포는 이에 만족하지 못해 영화를 아무에게도, 『카이에 뒤 시네마』의 동료들에게도 보여 주지 않았다. 이 작은 필름 릴은 두에 가의 아파트 붙박이장 안에 오랫동안 처박혀 있다가, 30년가량 지난 1982년이 되어서야 다시 발견되었다. 도니올-발크로즈의 전처인 리디 마이어스는 이렇게 회상한다. "처음 이 영화를 보고 아무런 흥미도 느끼지 못한 트뤼포는 곧 필름을 없애려고 했지만, 두 살 된 딸의 모습이 담긴 기념물이라면서 프린트 하나를 내게 주었다. 1982년에 프랑수아와 리베트가 우리를 시사실로 불렀다. 그는 이 단편을 35밀리미터로 확대했는데, 모두 정말 즐겁게 웃었다. 리베트가 자신이 찍은 영상에 너무도 만족해했기 때문이다." 첫 실패를 맛본 뒤 트뤼포는 의기소침한 상태에 빠져, 자신의 감독 능력에 의문을 품었다. 아마추어의 작품으로밖에 생각되지 않는 이 영화에 실망한 트뤼포는, 거장들의 비밀을 더욱 자세히 알 필요성을 느끼고 평론으로 돌아가기로 결정했다.

트뤼페트와 리보

논쟁적이며 약간은 불량기를 지닌 영화 애호가 프랑수아 트뤼포는 자신이 좋아하는 감독을 만나는 일에도 매우 열성적이었다. 트뤼포에게 저널리즘 평론과 인터뷰는 별개의 것이 아니었다. 양자 모두 "사회 참여, 편견, 예술에 대한 조예에 기반을 두고 영화를 본다"는 공통된 방식에 의존했기 때문이다. 1954년 1월 20일 수요일 오전 내내 트뤼포와 리베트는 자크 베케르와의 장시간의 대화를 녹음기에 담았다. 오늘날에는 신기할 것 없는 이 녹음 방식은 당시로서는 매우 혁신적이고, 영화에 대한 접근 방법을 근본적으로 뒤집는 것이었다. 『카이에 뒤 시네마』는 이 대담을 기사로 만들어 다음 달에 12쪽에 걸쳐 실었다. 『카이에 뒤 시네마』로서는 첫 시도였다. 기본 원리 측면에서 본다면 이 형식은 새로운 것은 아니었다(트뤼포는 폴 레오토가 로베르 말레와 라디오 방송에서 한 대담을 책으로 낸 것에 깊은 인상을 받았다).• 다만 그때까지는 몇몇 잡지에서 스타의 화제성 발언이나 제작자의 심경, 감독의 뒷이야기 등을 전달하기 위해 활용했을 뿐이었다. 이러한 때에 트뤼포와 리베트는 분명한 목표를 설정한 것이다. 즉 한 명의 영화감독에게 자신의 창작 방법과 경력 등을 아주 자유롭게 말하도록 유도해 그 감독을 가까이 이해한다는 목표였다. 이것을 실천하기 위해 그들은 하나의 원칙을 세웠다. 휴대용 녹음기의 장점을 활용한다는 것이었다. 이것 역시 새로운 방식이었다. 당시 무거운 마그네틱 릴 테이프를 장착한 그룬딕 녹음기는 중량이 4킬로그램이나 되었다. 따라서 이 참신한 방식은 눈에 띄지 않을 수가 없었다. 1954년 5월 14일 『시네 몽드』는 이 방식이 지닌 "이례적 흥미로움"을 강조했다. "이 글들은 녹음된 대화를 옮긴 것으로, 말의 반복이나 주저함 모두를 그대로 글로 적었다. 독자는 그 반복과 주저를 통해 그의 생각을 한걸음씩 좇으며, 마침내 세세한 사실과 섬세한 굴곡에까지 이를 수 있다는 점에서 그만큼 더 중요하다."

'트뤼페트와 리보Truffette et Rivaut'•• 콤비는 작업 내내 꼭 붙어 다

• 후에 트뤼포는 로베르 말레가 폴 레오토와 라디오 인터뷰를 하는 것을 듣고 히치콕 서적의 아이디어를 얻었다.

•• 트뤼포와 리베트가 서로 상대의 이름을 섞어서 만든 별명•

넀고, 그래서 자크 베케르는 오랫동안 두 사람을 동성애 커플로 생각했다. 두 사람은 원칙을 세운 뒤 첫 번째 '기둥서방들'*을 선정했다. 그들은 녹음 내용을 최대한 존중해, 지나치게 끊어지거나 길게 늘어지지 않는 한 대화 내용과 이야기 스타일, 주저함, 웃음 등을 생생하게 옮겼다. 리베트와 트뤼포는 1955년 1월호에 아벨 강스의 인터뷰를 게재하면서 이 방식을 명확히 했다. "'○○와의 대담' 기사에는 두 가지 원칙이 따른다. '우리가 좋아하는 감독만을 선정한다,' 그리고 '절대로 난처한 질문이나 유도성 질문을 던져 방해하지 않고 마음껏 자신의 생각을 표현하도록 한다'이다." 1954년 6월에 대담을 행한 루이스 부뉴엘은 이 방식을 일종의 "자동 기술"이라고 불렀고, 베케르 역시 이 방식에 놀라움과 흥미를 보이면서 "라디오 인터뷰식의 자유로운 분위기를 현장에서 담을 수 있다"고 평가했다.

자크 베케르와 행한 첫 대담은 1954년 2월호에 게재되었다. 베케르는 트뤼포가 아주 좋아한 프랑스 영화 〈황금 투구Casque d'or〉의 감독이었다. 트뤼포가 "가장 진실되고 정당한 감독"으로 부른 베케르는 실제로 '거장들' 가운데에서 『카이에 뒤 시네마』의 젊은 혁명가들과 공감대를 지닐 수 있는 첫 인물이었다. 베케르는 세 시간 가까이 자신의 작업 과정과 작품, 연출에 대한 견해를 아주 간결하면서도 세세하게 설명했다. 1954년 봄부터 1957년 가을까지, 대부분 트뤼포와 리베트가 행한 인터뷰가 이어졌다. 장 르누

• '인터뷰 대상자'를 언어유희를 통해 장난스럽게 표현한 것*

아르, 루이스 부뉴엘, 로베르토 로셀리니, 아벨 강스, 앨프레드 히치콕, 하워드 혹스, 로버트 알드리치, 조슈아 로건, 앤서니 만, 막스 오퓔스, 빈센트 미넬리, 자크 타티, 오손 웰스, 진 켈리, 니콜라스 레이, 리처드 브룩스, 루키노 비스콘티, 마지막으로 프리츠 랑과 인터뷰를 했다. 이 자료들은 『카이에 뒤 시네마』의 중요한 독창적 업적 가운데 하나로, 현대 비평의 토대를 이루는 지주가 되었다. 프랑수아 트뤼포는 하나하나의 만남으로부터 많은 것을 기대했고, 이 만남은 그의 내부 깊이 자리한 욕망을 충족시켰다. 바로 "거장들을 선별하고, 그들에게서 배우라"는 욕망이었다.

당신을 존경합니다……

트뤼포는 신중한 검토와 계획 과정을 거쳐 결정을 내린 뒤, 1954년 초봄에 몇몇 감독에게 편지를 보냈다. "선생님을 존경합니다. 꼭 만나 뵙고 싶습니다. 잡지를 통해 선생님에 관한 글을 쓰고 이야기하고 싶습니다." 프레스턴 스터지스, 장 르누아르, 루이스 부뉴엘, 막스 오퓔스, 아벨 강스, 로베르토 로셀리니, 프리츠 랑, 니콜라스 레이가 거의 같은 시점에 이 편지를 받았다. 외국인 감독을 포함한 대부분의 인물이 답신을 보냈다. 예를 들어, 프리츠 랑은 1954년 7월 2일에 프랑스어로 답장을 써 보냈다. "현재로서는 그와 같은 대담에 집중하기가 정말로 불가능합니다. 너무 많은 작업이 있기 때문입니다. 얼마 전에 MGM과 스튜어트 그랜저 주연의 〈달빛 함대Moonfleet〉의 연출 계약서에 서명을 했고, 지금 바로 그 일을 시작해야 합니다. 이것은 상투적인 변명은 아닙니다. 믿어주십시오. 다시 한번 감사드리며, 그럼 이만 총총." 조금 실망적인 답신도 있었다. 1954년 9월 1일 프레스턴 스터지스는 이렇게 써 보냈다. "원하실 때 오셔도 좋지만, 내가 선생을 기꺼이 맞게 된다면 그 이유는 단지 선생께서 내가 진정 사랑하는 예술에 진심으로 흥미를 느끼는 정겨운 젊은이이기 때문이라는 것을 이해해 주시기 바랍니다. (⋯) 영화 잡지 속에서 나에 관해 이야기되고, 내 얼굴이 거기에 거듭 실리고⋯⋯ 그런 일들은 내게는 마치 서기 40년의 일처럼, 전혀 관심이 없는 것들입니다."

같은 시기에 트뤼포는 자신이 존경하는 감독들의 촬영 현장을 빠짐없이 찾기 시작했다. 1954년 8월에 트뤼포는 장 르누아르가 〈프렌치 캉캉French Cancan〉을 촬영하던 프랑쾨르 스튜디오에서 열흘을 지낸 뒤, 그것을 촬영 일지 형식으로 『아르』에 실었다. 르누아르는 이 기사가 만족스러웠던지, 트뤼포를 피갈 근방 프로쇼 거리에 있는 자신의 집으로 몇 차례 초대했고, 한참 뒤인 1956년 3월에도 〈엘레나와 연인들Éléna et les Hommes〉의 촬영장에 그를 초대했다. 또한 이 몇 해 동안 트뤼포는 르누아르가 새로이 올리는 모든 연극을 관람하는 특혜도 누렸다. 1954년 7월 르누아르가 셰익스피어의 연극 〈줄리어스 시저Julius Caesar〉를 연출할 때, 트뤼포는 그리샤와 미추 다바의 번역 및 각색 작업을 도왔다. 이 연극은 7월 10일에 아를의 원형경기장에서 단 한 차례 올려졌다. 장 피에르 오몽, 롤레 벨롱, 폴 뫼리스, 이브 로베르, 프랑수아즈 크리스토프, 앙리 비달로 구성된 화려한 출연진이었다. 트뤼포는 이곳에서, 당시 군용 영화 방면에 보직을 얻어 독일에서 군 복무 중이던 장 클로드 브리알리를 처음 만났다. 군대에서 브리알리는 훗날 촬영 감독이 되는 피에르 롬과 친구가 되었는데, 롬이 브리알리에게 휴가를 내서 영화 애호가 친구들과 함께 르누아르의 〈줄리어스 시저〉를 보러 아를에 가자고 제안한 것이다. 그 시네필 친구들이란 샤를 비치, 클로드 샤브롤, 자크 리베트, 장뤽 고다르였다. 아름다운 뷰익 자동차를 타고 파리를 출발해 달리는 동안, 이들의 대화는 오직 영화에 관한 것뿐이었다. 군인의 아들로서 엄격한 교육을 받은 장 클로드 브리알리는 자신의 귀를 믿을 수 없었다. 브리알리의 표현에 의하면, "마치 혁명을 준비하고 있는 비밀 집단 같았다." 다음 날 아침 그들은 원형 경기장에 도착했다. 투우장의 분위기를 간직한 그곳에 있는 것은 먼지와 2백 명의 엑스트라들이었다. "그 가운데로 장 르누아르가 위엄 있게 서 있었고, 옆에는 검은 옷을 입은, 불타는 듯한 눈을 지닌 젊은 이가 보였다. 프랑수아 트뤼포였다." 그날 밤 부대로 돌아가는 브리알리에게는 오직 하나의 욕망밖에 없었다. 어서 배우가 되어 이들 집단의 영화에서 '무희, 노인, 젊은이, 카르멘……' 등 무슨 역할이든 맡아, 그들의 마음에 들고 싶다는 욕망이었다. 결국 브리알리는 『카이에 뒤 시네마』팀을 매료시킨 뒤 이들의 초기작에 많이 출연해, 그들의 마스코트와도 같은 배우가 된다. 1956년 에릭 로메르의 〈크로이체르 소나타La Sonate à Kreutzer〉와 자크 리베트의 〈양치기 전법Le Coup du berger〉, 1957년 장뤽 고다르의 〈모든 소년의 이름은 파트리크Tous les garçons s'appellent Patrick〉 등 단편 영화에 모습을 보인 브리알리는, 같은 해 클로드 샤브롤의 최초의 두 장편 영화 〈아름다운 세르주Le Beau Serge〉와 〈사촌들Les Cousins〉에 출연했다.

몇몇 영화감독과 만나면서 트뤼포는 점점 더 연출가가 되고픈 욕망을 느꼈다. 흥미롭게도 트뤼포에게 공동 각본 작업을 제안한 사람은 프랑스 영화의 베테랑 쥘리앵 뒤비비에였다. 트뤼포는 뒤비비에의 작품을 늘 좋아하지는 않았지만, 최신작인 〈암살자의 시대Voici le temps des assassins〉는 좋게 보고, 1956년 4월 18일자 『아르』에 이렇게 썼다. "뒤비비에는 57편의 영화를 만들었다. 나는 그 가운데서 23편을 보았고, 그 가운데서 8편을 좋아했다. 그의 모든 영화 가운데 나는 〈암살자의 시대〉를 최고작으로 생각한다." 두 사람은 칸에서 만나 어느 평범한 남자의 애정 생활을 내용으로 하는 〈위대한 사랑Grand Amour〉의 시나리오 기획에 관해 이야기를 나누었다. 그러나 뒤비비에는 르네 바르자벨이 각색하고 페르낭델이 주연을 맡을 탐정물 〈레인코트를 입은 남자L'Homme à l'imperméable〉 프로젝트에 매여 있는 상태였다.

8월 말 뒤비비에는 트뤼포에게 멋진 편지를 보냈다. "지난 밤 저는 야릇한 꿈을 꾸었습니다. 선생과 제가 르아브르에 있었습니다. 우리는 거대한 미국행 여객선에 오르려는 중이었지요. '아틀란틱'이라는 그 배의 이름이 아주 뚜렷이 보였습니다…… 제가 선생을 이 여행에 초청했던 겁니다!!! 그런데 승선하려는 순간 저는 선생의 표를 끊지 않은 사실을 깨달았습니다…… 선생은 몹시 화를 내고는 저에게 제가 잘못한 점을 분명하게 말해 주었습니다. 그래서 저는 선장을 찾아갔고, 그는 제가 1948년에 횡단했던 사실을 기억해 내더니 선실을 하나 주는 것이었습니다. 그러고는 갑자기 우리는 바다에 있었고, 그때 제게 전화가 걸려 왔습니다…… 누가 전화를 했는지는 결코 알 수 없을 것입니다. 그 순간에 눈을 떴으니까요." 미국으로의 여행, 실수(2인을 위한 1장의 승선권!), 베테랑 감독을 향해 화를 내면서 결점을 지적하는 젊은이…… 뒤비비에의 이 '꿈'은 지위를 확립한 영화감독과, 다른 쪽으로 건너가기 위해 여전히 먼 길을 가야 하는 평론가 사이의 불분명한 관계의 핵심을 정확하게 표현해 냈다. 뒤비비에의 편지는 여전히 매우 친근한 말로 끝을 맺고 있다. "만일 선생께서 계속 저와 똑같은 욕망을 느끼신다면, 저는 즐거운 마음으로 선생과 협력하고 싶습니다. 최근에 선생께서 하신 일, 그리고 선생의 기획에 관해 제게 말해 주십시오. 선생을 존경하고 높이 평가하는 친구로부터."

오퓔스

막스 오퓔스는 트뤼포의 위대한 '거장들' 가운데 한 명이었다. 그들의 만남은 1953년 오퓔스가 〈마담 드……〉를 촬영할 때에 이루어졌다. 영화의 개봉에 맞추어 트뤼포와 리베트는 뇌이에 있는 오퓔스의 집에서 긴 인터뷰를 했다. 막스 오퓔스는 아들 마르셀에게 이날 자리를 같이해『카이에 뒤 시네마』의 두 기자와의 대담을 도와달라고 말했다. 이 두 사람이 다소 혼란스러운 지식인일 것으로 생각해 경계심을 가졌기 때문이다. 마르셀 오퓔스의 회상에 의하면, "그러나 방에 들어오자마자, 아버지와 프랑수아 사이에 무엇인가가 일어났고, 나는 통역할 필요도 없이 그저 구석에 앉아 대화를 듣기만 하면 되었다." 트뤼포는 소심함과 확고한 판단력이 섞인 자신의 성격으로 대감독의 마음을 사로잡았다. 서로를 이해하게 된 두 사람은 이후 몽테뉴 거리의 플라자 아테네 호텔 바에서 자주 만나 긴 대화를 나눴다.

이 시기에 트뤼포는 '오퓔스 스타일'을 인정받게 하기 위해 적극적인 언론 홍보전을 준비했다. 트뤼포는 이 독일 출신 감독을 빈풍의 달콤한 영화들만 만드는 몽상가이자 정겨운 기인 정도로 바라보는 대단히 회의적인 여론을 설득해야 했다. 프랑스에서 〈행복Le Plaisir〉과 〈마담 드……〉 어느 것도 당연히 누려야 할 비평적 성공을 얻지 못한 상태에서, 트뤼포는 확고한 편견에 대항해 열심히 싸웠다. "『카이에 뒤 시네마』에 실릴 영광마저 얻지 못했던 〈행복〉은 〈황금 투구〉가 그랬듯이, 프랑스 영화에 대한 프랑스 비평계의 심각한 불공정성이 가져온 희생물이다. 나는 베케르의 영화에 대해 그렇게 했듯이, 오늘 바쟁이 당시의 판단을 재고해야 한다고 확신한다." 막스 오퓔스는 이렇게 젊은 비평가가 자신을 이토록 열렬하게 변호하는 데 감동했다. "언제나처럼 나는 선생의 이해력과 말로 표현하기 힘든 모든 것에 대해서 감사드립니다. 우정을 보냅니다."

많은 대화를 함께 나누던 과정에서, 오퓔스와 트뤼포는 1955년 2월에 촬영이 시작될 〈롤라 몽테〉에 관한 이야기를 꺼냈다. 트뤼포는 단순한 보조 역할로서 이 영화 제작에 동참을 부탁했다. 오 필스는 트뤼포를 응원했고, 1월 말에 트뤼포는 감마 영화사 제작 담당 중역인 랄프 봄과 견습 조연출 계약에 서명했다. 기간은 5주 동안이며, 월 1만 2천 프랑을 받는 조건이었다. 그러나 노조의 문 제 제기로 계약은 취소되었다. 노련한 영화업계 인사인 랄프 봄 은 아마도 분별없는 평론가가 쉽지 않은 대작 영화의 제작 현장 에 들어와 직책을 얻어 활동하는 것을 야릇한 시선으로 보았을 것이다. 트뤼포에게 미안함을 느끼면서도 랄프 봄과의 갈등을 원 하지 않았던 오필스는 2월 17일 현장에서 함께 일할 수 없는 애석 함을 담은 편지를 보냈다. "다음번에는 선생을 조감독 팀보다 작 가 팀에서 일하도록 좀 더 일찍 조치를 취해야 할 것입니다. 나는 로셀리니 씨가 선생을 그렇게 채용했으면 하는 바람입니다. (⋯) 이유는 설명하기 어려워도 내게는 선생이 영화 창작의 영역에서 중요한 인물이 되리라는 느낌, 그리고 비평에서 제작으로 순조롭 게 전환하리라는 느낌이 듭니다."

트뤼포는 3월 초에 니스에 있는 〈롤라 몽테〉 촬영장에서 저널 리스트로서 일주일을 보내고, 현장 기사를 『아르』지에 발표했다. 12월 말 개봉과 함께 〈롤라 몽테〉는 극심한 비평적 대립을 불러왔 다. 1955년 12월 20일 파리 샹젤리제의 마리냥 극장에서 개봉될 시점에, 배급업자는 관객들에게 "평범함을 넘어서는" 영화를 보 게 될 테니 상영 전에 환불을 원하면 아직 시간이 있을 때 그렇게 해 주겠다고 공고했다. 처음 얼마간 상영 때마다 일부 관객은 영 화에 줄곧 야유를 퍼부었고, 두세 차례 경찰의 개입이 필요할 정도였다. 프랑수아 트뤼포는 이것을 "마리냥의 전투"라 이름 붙이고 그 최전선에 섰다. "이 영화 제목을 이름으로 가진 여주인공처럼, 〈롤라 몽테〉는 스캔들을 일으키고 사태를 격화시킬 위험을 무릅쓴다. 싸워야 한다면 우리는 싸울 것이다! 논쟁해야 한다면 우리는 논쟁할 것이다! 바로 이 영화가 사실상 1955년 오늘에 우리가 옹호해야 할 영화다. 그것은 하나하나의 이미지로부터 창의력이 분출되는 작가의 영화인 동시에 사상의 영화다. 그것은 전쟁 전 시기를 소생시키지 않는 영화이며, 너무나도 오랫동안 폐쇄되어 있던 문들을 부수어 버리는 영화다." 개봉 3주가 지나자 영화는 이미 극장 상영을 종료할 위기에 놓였다.

영화를 살려내기 위해 승부수를 던지는 마음으로, 트뤼포는 탄원서를 만들어 호소했다. 1956년 1월 6일 자 『아르』와 『르 피가로』의 1면에는 로셀리니와 트뤼포가 작성한 짧은 격문이 실렸다. 아스트뤽, 베케르, 크리스티앙 자크, 콕토, 카스트, 타티가 서명한 이 글은 〈롤라 몽테〉의 상영 연장을 요구하는 내용이었다. "중요한 것은 〈롤라 몽테〉가 수준 낮은 구경거리 영화에 자주 학대받아 온 나머지, 취향과 감성까지 변화되어 버린 관객에 대한 존경의 행위라는 점입니다. 〈롤라 몽테〉에 대한 옹호는 영화 전반에 대한 옹호입니다. 상영 연장을 위한 진지한 시도는 모두 영화와 관객을 위한 덕행이기 때문입니다." 영향력 있는 영화감독들이 단결해서 여론과 맞서 그들 가운데 한 사람을 옹호한 일은 영화 역사상 이것이 처음이었다. 흥분과 감동에 휩싸인 막스 오퓔스는 다음 날 트뤼포에게 감사의 편지를 썼다. "이제 서로 잘 아는 사이이므로, 저는 조금 전에 가졌던 백일몽의 영상들을 선생께 고백할 수 있을 것 같습니다. 제게는 아주 많은 돈이 있었습니다. 정말 큰돈이었기 때문에 대형 영화 제작사, 이를테면 '유럽 유나이티드 아티스츠' 같은 회사에 출자를 할 수 있었습니다. 그리고 오전 내내 진정으로 자신들이 원하는 영화를 만들 수 있도록, 다음의 인물들과 계약을 맺었습니다. 장 콕토, 로베르토 로셀리니, 자크 베케르, 이 이름들을 쓸 수 있다니 얼마나 좋은지요! 크리스티앙 자크, 자크 타티, 피에르 카스트, 알렉상드르 아스트뤽……. 부디 그들에게 저의 밀사가 되어 주십시오."

도중에 이처럼 결정적 만남을 거치면서, 트뤼포는 불규칙한 발걸음으로 저널리즘에서 연출의 세계로 나아갔다. 재능과 매력은 트뤼포의 확고한 자산이었고, 자신이 지지하는 명분을 향한 공격적 혈기 또한 마찬가지였다. 무엇보다도 트뤼포는 쥘리앵 뒤비비에든 막스 오퓔스든 만나는 영화감독마다 그들을 매료하는 재능을 가지고 있었다.

로셀리니

막스 오퓔스는 프랑수아 트뤼포가 로베르토 로셀리니 밑에서 일하도록 기원해 주었다. 1954년 당시 48세의 로셀리니는 이탈리아 비평계에서 거부된 존재였다. 그의 최근작인 〈스트롬볼리 Stromboli〉, 〈꽃무늬 장식I Fioretti〉, 〈유럽 1951년Europa '51〉, 〈이탈리아 여행Viaggio in Italia〉은 제대로 평가받지 못했고 상업적으로도 실패했다. 그해 독일에서 슈테판 츠바이크의 소설을 각색한 〈불안 La Paura〉을 만든 직후 이 로마 출신 감독은 낙담하여 영화를 단념할 생각을 하고, 잉그리드 버그먼, 장남 로베르티노, 세 살 된 쌍둥이 이사벨라와 잉그리드를 데리고 파리로 와 클레베르 거리의 라파엘 호텔에 머물렀다. 로셀리니는 아르튀르 오네게르의 음악을 토대로 한 폴 클로델의 오라토리오 〈화형대의 잔다르크Jeanne au bûcher〉를, 잉그리드 버그먼을 주연으로 6월에 파리 오페라좌에서 상연할 준비를 하고 있었다.

이 예술 이벤트는 파리 사교계의 화젯거리가 되었다. 잉그리드 버그먼과 로베르토 로셀리니는 당시 가장 유명한 커플 가운데 하나였기 때문이다. 『파리 마치』는 1954년 4월 3일자 표지에 버그먼이 두 딸을 품에 안고 있는 컬러 사진을 실었다. 기성 평론계의 눈에 로셀리니는 다시 등장한 이탈리아 네오리얼리즘의 유령에 지나지 않았지만, 반대로 『카이에 뒤 시네마』의 젊은 혁명가들에게는 전 세계에서 가장 위대한 영화감독 가운데 한 명이었다. 시대에 뒤떨어진 사람, 추문에 휩싸인 사람이 아니라, 현대 영화, 혹은 미래의 영화를 구현해 낸 인물이었던 것이다. 트뤼포는 다시한번 최전선에 서서 로셀리니와 잉그리드 버그먼의 프랑스 도착을 공개적으로 환영했다. 잉그리드 버그먼의 독점 인터뷰 기사덕분에 트뤼포는 4월 6일 처음으로 『아르』지의 1면을 차지했다. "나는 할리우드를 벗어났고…… 사샤 기트리를 빠져나왔다"라는 요란한 제목의 기사였다.

이때부터 트뤼포는 1개월에 한 편의 비율로 로셀리니의 기사를 실으면서 언론 운동을 시작했고, 이후 16개월 동안 12편 정도의 글을 이 위대한 감독에게 바쳤다. 5월 12일 자 『아르』에는 "11개의 '꽃무늬 장식'을 지닌 로셀리니의 인생"이라는 제목의 인물 기사가 실렸다. 6월 16일 자의 첫 인터뷰 기사에서 로셀리니는 이렇게 진술했다. "나는 네오리얼리즘의 아버지가 아닙니다. 나는 극심한 정신적 고독감 속에서 작업을 합니다. 사방에서 오는 경멸과 매도를 견디면서 말입니다. 나는 내 영화의 재원도 스스로 충당해야 합니다." 7월 4일 자 『라디오-시네마-텔레비지옹』지에는 "고독 속의 인간, 로베르토 로셀리니"라는 제목의 인물 기사가 실렸다. 같은 달 『카이에 뒤 시네마』에는 에릭 로메르가 진행한 두 번째 인터뷰 기사가 실렸다. 그리고 7월 19일 자 『아르』에는 그해에 파리에서 개봉 예정인 로셀리니의 영화 5편, 〈아모레L'Amore〉, 〈자유는 어디에?Dov'è la Libertà?〉, 〈화형대의 잔다르크〉, 〈이탈리아 여행〉, 〈불안〉에 관한 일종의 예고편 성격의 기사가 실렸다.

『카이에 뒤 시네마』의 열정적 시네필들이 로셀리니와의 접촉을 계기로 영화 제작의 욕망을 시험해 보고자 했음은 부인할 수 없는 사실이다. 로셀리니가 〈이탈리아 여행〉에서 자연을 배경으로 두 인물의 사랑을 그린다는, 세계에서 가장 간단한 방식의 영화 제작 가능성을 그들에게 증명해 보였기 때문이다. 1955년 4월 15일 이 작품이 "사랑은 무엇보다 강하다L'amour est le plus fort"라는 프랑스어 제목으로 파리에서 개봉되었을 때, 트뤼포와 고다르, 리베트에게 그것은 단순히 영화 제작의 교훈을 넘어서는 '진정한 계시'와도 같은 것이었다. 같은 시기, 프로듀서인 앙리 도이치마이스터는 자신의 친구이기도 한 로셀리니에게 재량껏 영화를 만들 수 있도록 백지 위임장을 주었다. 도이치마이스터는 얼마 전 〈프렌치 캉캉〉에 출자하여 장 르누아르를 프랑스로 다시 불러들인 사람이었다. 로셀리니는 1950년대 프랑스의 현실을 특징적으로 담은 16밀리미터 장편 극영화 시리즈를 만들기로 결정했다. 로셀리니는 자신의 책임 아래, 리베트, 로메르, 고다르, 트뤼포, 루슈, 레샹바크, 샤브롤, 오렐 등에게 각자의 작품을 위임할 계획을 세웠다. 바로 4년 뒤에 '누벨바그'를 이끌어 갈 집단이었다!

클로드 샤브롤은 당시를 이렇게 회상한다. "한 사람당 한 편의 시나리오를 써야 했고, 그래서 나는 〈아름다운 세르주〉의 각본을 쓰기 시작했다. 영화를 만들겠다는 우리의 욕구는 이렇게 동일한 시점에서 구체화되었다. 프랑수아 트뤼포가 첫걸음을 내디디 단편을 만들었고, 나 역시 한 편을 만들어야겠다고 생각했다. 계기는 그처럼 우스웠다." 주요 촬영지에 대한 답사가 행해졌다. 대학촌은 리베트와 그뤼오, 언론계는 트뤼포, 산악 협회는 로메르와 트뤼포, 알프스의 거대한 댐 건설 부지는 고다르가 각각 담당했다. 시놉시스 몇 편을 쓴 후 계약이 이루어졌으나, 그 기획은 당시로서는 너무 앞서가는 것이었고 결국 실패로 끝났다. 로셀리니와 그의 제자들 모두 한 자의 필름도 돌리지 못한 채…….

로셀리니는 그들 가운데서 가장 가까운 사이였던 트뤼포를 자신의 조수로 삼았다. 기획이 순간마다 급박하게 변화하는 상황에서 트뤼포는 '조수' 대신 '전천후 잡역부'라는 호칭을 즐겨 사용했다. 로셀리니는 어떤 주제에 관해 갑자기 결정을 내렸다가 순간적 기분에 따라 금세 포기해 버렸다. 그러나 일단 하나의 아이디어가 솟으면, 즉시 트뤼포에게 임무가 맡겨졌다. "지체 없이 관련 서적을 전부 구입하고, 참고 자료를 수집하고, 수많은 사람과 접촉하고, 글을 쓰기 시작했다. 즉 '움직여야' 했다." 로셀리니와의 첫 작업은 1955년 2월에 시작되었다. 스톡홀름에 체류 중이던 로셀리니는 조수에게 잉그리드 버그먼을 출연시켜 영화로 만들 수 있는 희극 한 편을 찾아보라고 부탁했다. 트뤼포는 〈이자의 결정 La Décision d'Isa〉이라는 18쪽 분량의 각본 기획을 썼다. 한 여성 시나리오 작가에 관한 이야기였다. 그녀는 '지미'라는 이름의 젊은 할리우드 코미디 스타와 우연히 만난 뒤 적극적으로 접근해 그와 결혼한다. 그러나 전남편이 사고로 죽는 순간 그를 떠난다. 이 프로젝트 역시 다른 많은 경우처럼 무산되었다.

1955년부터 1956년까지 트뤼포는 10편가량의 기획에 몰두해, 각각 대량의 자료 수집, 연기자 소집, 촬영 장소 물색, 시놉시스 작성 등의 작업을 했다. 이 기획 중에는 조르주 피토예프와 루드밀라 피토에프 부부 전기의 영화화, 몽테를랑의 『죽은 여왕 La Reine morte』의 영화화 등이 있었다. 로셀리니가 리스본을 〈죽은 여왕〉의 촬영지로 계획하고 있었으므로, 1955년 봄에 두 사람은 계약을 위해 리스본으로 갔다. 채플린을 방문하기 위해 스위스의 브베로 하루 여행을 다녀온 뒤, 로셀리니는 트뤼포와 리옹에서 만날 약속을 했다. "로셀리니의 페라리에 올라 리스본까지 전속력으로 달렸다. 로셀리니는 밤낮없이 운전했기 때문에, 나는 그가 졸지 않도록 계속 이야기를 했다. 잠이 밀려올 때면 그는 신비로운 작은 병을 내게 내밀며 흡입하도록 했다." 두 사람은 리스본에서 며칠간 작업을 했고, 마누엘 데 올리베이라 감독도 만나고자 했다. 그러나 포르투갈에서 별로 편안해하지 못한 로셀리니는 이 스케줄을 포기하고, 남부 스페인과 카스티야를 거쳐 프랑스로 돌아가기로 했다. 전속력으로 달리는 동안 페라리의 운전대가 휘어졌지만, 그들은 기적적으로 사고를 면했다. 카스티야의 작은 마을에서 노동자들이 부품을 제작해 준 덕분에 두 사람은 밤새워 차를 수리할 수 있었다. 트뤼포에 의하면, "정비소 기술자들의 솜씨와 담력, 성실성에 감동한 로셀리니는 그 순간에 카스티야로 와서 〈카르멘〉을 촬영하기로 결정했다." 파리에 돌아오자마자 로셀리니는 배급업자들과의 교섭을 시작했다. 그들은 회의적인 반응을 보이면서도 로셀리니에게 시나리오 초안을 요구했다. 트뤼포는 〈카르멘〉 복사본 3권, 가위, 커다란 풀 통을 챙겨 들고 작업에 착수했다. 3일 후 트뤼포는 로셀리니에게 시나리오 초안을 제출했다. 로셀리니는 그 기획을 곧 포기했다.

다음 기획은 현대 소련의 생활을 묘사한 전형적 이야기 6, 7편을 모은 '소련판 〈파이자Paisà〉'였다. 로셀리니와 트뤼포는 몇 주일 동안 『프라우다』를 번역시키고, 책을 읽고, 비밀리에 소련 외교관으로부터 조언도 들으면서 이야기를 구상해 갔다. 일찍부터 실패할 운명에 놓였던 이 프로젝트는, 에피소드 한 편이 지나치게 무례하다는 그 외교관의 판단에 부딪히면서 최종적으로 무산되었다. 어느 소련 남자가 자신의 아내를 발견한 뒤 거리를 두고 미행한다. 그는 그녀가 은밀한 약속을 위해 가는 중이라고 생각한다. 질투심으로 가득한 그는 미행 도중 아내를 눈앞에서 놓친다. 그러고는 또다시 그녀가 다른 남자의 팔에 안긴 모습을 발견한다. 몇 시간 동안 이런 식의 사건이 반복된 뒤 마지막에 진상이 드러난다. 시내 대형 백화점에 새로운 스타일의 의상이 백 벌 정도 들어와, 그날 수많은 모스크바 여자들이 똑같은 옷을 입고 있었던 것이다.

1956년 9월 베네치아영화제에서 돌아오는 길에 트뤼포는 로마 근처 산타 마리넬라에 있는 로셀리니의 집에 열흘가량 머물렀다. 이번 방문은 트뤼포의 첫 장편 영화를 의논하기 위한 것이었다. "파리의 공포La Peur de Paris"라는 제목의 이 기획은 도이치마이스터의 제작사인 프랑코-런던 영화사의 지원에 힘입어 로셀리니 자신이 제작할 예정이었다. 계약은 11월 21일에 이루어졌다. 트뤼포는 40여 쪽에 이르는 시나리오 집필료로 10만 구 프랑화를 받았고, 나중에 연출과 최종 편집료로 총 1백만 프랑을 받게 되어 있었다. 영화의 내용은 '성인 세계로의 통과 의례'에 관한 것이었다. 군 복무를 끝내고 독일에서 돌아온 어느 청년이 숙부에게서 파리의 생활을 배운다. 부유한 예술가인 숙부는 청년에게 방을 얻어 준 뒤 언론계에 입문시킨다. 피상성과 파렴치로 물든 이 생활에 절망한 그는 곧 자살을 결심하지만, 신문사 편집진에서 만난 친구 로베르가 그를 도와준다. 청년은 언론계를 떠난 뒤 얼마 동안 거리에서 시집과 책자를 불법 판매하면서 근근이 살아간다. 이후 그는 두 여성을 만나는데, 그중 한 명에게서는 열정적이며 위대한 정신적 사랑을 체험한다. 좀 더 나이가 많은 또 한 명의 여성은 나이트클럽의 경영자로, 그를 호화 생활 안으로 끌어들인다. 마지막 순간에 결정적 사실이 폭로됨으로써 청년은 진실된 사랑 쪽으로 이끌려 간다. 〈파리의 공포〉는 로셀리니적 인물의 영향과 트뤼포 자신의 군대, 언론계, 애정 생활의 체험이 뒤섞인 이야기였지만, 이 기획 역시 무산되었다.

로셀리니와의 두 해 동안의 작업은 트뤼포가 적극적으로 일했던 마지막 프로젝트를 거치면서 갑작스럽게 끝난다. 그 프로젝트란 RAI(이탈리아 방송협회)가 제작하고 로셀리니가 감독하는 인도 관련 다큐멘터리로, 촬영에 두 해 가까이 걸릴 기획이었다. 트뤼포는 지금까지 그랬듯이 대량의 자료를 수집하고, 장 르누아르와의 중재자 역할도 수행했다. 1950년 캘커타 부근에서 〈강The River〉을 촬영했던 르누아르의 체험은 매우 소중한 것이었다. 트뤼포는 결국은 이 장거리 여행에 1년 이상을 바칠 수가 없었고, 1957년 로셀리니는 〈인디아India〉의 촬영을 위해 장 에르망을 조감독으로 데리고 떠났다. "인도에 데리고 가기 곤란하다거나 하는 등의 사항을 그가 내게 통고하기 전에, 내가 먼저 R. R.과의 작업을 단념한 것은 현명했던 것 같네." 트뤼포는 1956년 9월 16일, 베네치아에서 라슈네에게 그렇게 써 보냈다.

로셀리니와의 경험은 얼핏 보아 아무 결실도 없는 듯하지만, 그럼에도 트뤼포의 인생에서 절대적 중요성을 지니게 된다. 로셀리니의 영향을 통해 트뤼포는 앞으로 부딪힐 프로듀서들과의 갈등에서 빠져나오는 요령과 책략을 배웠고, 특히 상상력의 변화 발전이나 금전적 기회들과 보조를 맞추어 하나의 기획에서 다른 기획으로 옮겨가는 방법을 배웠다. 로셀리니가 극영화에 흥미를 잃고 관심과 기획의 방향을 가장 엄격한 다큐멘터리 쪽으로 돌린 반면, 트뤼포는 다큐멘터리에 대해서는 이후로도 계속 무관심했고 그 논리마저도 수용하지 않았다. 1954년부터 1956년까지 이야기 구성, 내러티브 구축, 각본 구성 등의 작업을, 원칙적으로 이러한 요소를 거부하는 영화감독과 함께 행하면서 트뤼포가 빠졌을 혼돈 상황은 이해하기 어렵지 않다. 그럼에도 트뤼포가 로셀리니에게서 영화의 핵심을 배웠다는 사실에는 추호의 변함도 없었다. 그것은 '삶을 찍는다'는 것이었다.

작가 정책

막스 오퓔스나 로베르토 로셀리니와의 만남을 통해 프랑수아 트뤼포는 자신의 작가들을 '실천'했다. 자신의 작가들을 지지하는 최선의 방법이 가능한 한 그들을 가까이에서 아는 것임은 두말할 나위가 없었다. 동시에 그들의 위상을 높이는 또 하나의 방식, 좀 더 논리적이면서 같은 정도로 전투적인 방식이 있었다. 이것이 트뤼포 자신이 만들어 낸 결정적 개념인 바로 '작가 정책la politique des Auteurs'이었다. 이 문구 자체는 유명해졌지만, 오늘날까지도 그 의미는 종종 불명확한 것으로 남아 있다. 그 유래를 추적하고 이해하기 위해서는, 반드시 평론가로서의 프랑수아 트뤼포의 개성을 알아볼 필요가 있다. 1954년 1월 영화 〈빅 히트The Big Heat〉와 관련한 "프리츠 랑을 좋아하는 것"이라는 직설적 제목의 평론에서 이미 트뤼포는 이 정책의 요점을 제기했다. "이러한 모든 것이 프리츠 랑을 진정한 영화 작가로 생각하도록 만드는 것은 아닐까. 그가 테마와 이야기를 관객에게 전달하기 위해 비록 연속 스릴러물이나 전쟁물 또는 서부극의 진부한 외피를 차용하고 있다 하더라도, 거기서 사람의 구미를 당길 라벨을 붙여 꾸며 낼 필요성을 느끼지 않는, 영화의 위대한 정직성의 징후를 보아야 하는 것이 아닐까. 요컨대 프리츠 랑은 좋아해야만 하는 것이다."

'작가 정책'이란 우선 선택된 영화감독들에게 자발적 애정을 지니는 것이다. 예를 들어 자크 베케르에 관해 트뤼포는 이렇게 말한다. "〈현금에 손대지 마라Touchez pas au Grisbi〉*는 〈황금 투구〉**보다 더 뛰어나다고 말할 수는 없지만, 훨씬 어려운 작품이다. 1950년에는 생각하지 못했던 영화들을 1954년에 만든다는 것은 좋은 일이다. 20세 남짓 된 우리에게 베케르의 사례는 하나의 교훈이고 격려다. 우리는 르누아르를 천재적 인물로서밖에는 알지 못했다. 그러나 베케르가 영화에 첫발을 내디딘 시점에서, 우리는 영화를 처음으로 발견했다. 우리는 그의 암중모색과 시행착오를 목격해 왔다. 다시 말해 하나의 작품이 '완성되는 과정'을 보았던 것이다. 그리고 자크 베케르의 성공은 자신이 선택한 것 이외에 다

• 베케르 감독의 1954년 영화*
•• 베케르의 1952년 작품*

른 행로는 생각하지 않았던 인물의 그것이며, 그 애정을 영화에 품음으로써 받은 보상인 것이다."

"자발적 애정"과 "하나의 작품이 만들어지는 과정을 좇으려는 욕구." 트뤼포에게는 이것이 '작가 정책'의 필수 요소였다. 이 것은 무엇보다도 선정된 작가와의 근접성과 친밀성을 전제로 하며, 따라서 작품이 지닌 장르나 결점 때문에 무시되는 영화까지 포함해 그의 '모든' 영화를 옹호해야만 한다. 그러므로 작가에 대한 이와 같은 옹호가, 비평계에서 철저히 무시된 두 영화의 개봉을 계기로 일관된 정책으로 확립된 것은 결코 우연이 아니었다. 그 두 편의 영화는 자크 베케르의 〈알리바바와 40인의 도적Ali Baba et les Quarante Voleurs〉, 아벨 강스의 〈악의 탑La Tour de Nesle〉이었다. 트뤼포는 이 기회를 이용해 자신의 선언을 더욱 명확한 것으로 만든다.

1954년 9월 1일자 『아르』를 통해 트뤼포는 "아벨 강스 경"이라 는 제목의 찬사로 가득한 글을 발표했다. 젊은 평론가인 트뤼포 에게 아벨 강스는 무성 영화 작품은 찬미되는 반면 유성 영화 작품은 비난받는다는 점에서 모순의 존재였다. 이것은 기성 비평계 내부의 일치된 견해이기도 했다. 그렇지만 트뤼포는 그의 유성 영화도 무성 영화 때와 동일한 예언자적 재능에서 만들어지는 것 인데, 한쪽은 칭찬하면서 다른 쪽을 비난하는 것은 자기모순이라 고 주장했다. "아마도 나는 다음과 같이 고백해야 할 것이다. 나는 '작가 정책'을 믿는다고. 아니면 이렇게 말하는 것이 더 나을지 모 르겠다. 영화 평론계에서 갈채를 받고 있는 가설들, 곧 위대한 감독들이 '노쇠'해졌고 나아가 '노망'에 빠졌다는 식의 공론에 나는 동의할 수 없다고. 나아가 나는 프리츠 랑, 부뉴엘, 히치콕, 르누아르 같은 망명 감독들의 천재성이 고갈되었다는 말은 믿지 않는다." 이렇게 '작가 정책'이라는 표현이 처음 등장한 글에서 트뤼포는 두 개의 견고한 비평적 편견, 즉 '노쇠함'과 '문화적 뿌리의 상실'을 역공격함으로써 자신의 정책의 근거를 세웠다. 자신이 찬미하는 감독들은 정확히 '현자'이고 '명인'이며 세계주의 정신의 소유자, 즉 '국경을 넘나드는' 감독들이었던 것이다. "세계에서 가장 위대한 10명의 영화감독은 모두 50세 이상 되는 사람들이다." 누벨바그가 예고되던 1958년 1월 트뤼포는 주저 없이 이렇게 쓰기에 이른다.

1955년 3월에 개봉된 아벨 강스의 〈악의 탑〉은 트뤼포를 낙담시켰다. 그러나 뛰어난 전략가 트뤼포는 이 낙담 자체를 자신이 내세운 정책을 최종 확정하기 위한 핵심 논거로 만들었다. 트뤼포는 자신의 평론이 "편파적이고 과장되고 음험할 만큼 논쟁적"일 것이라고 터놓고 말하기까지 했다. "〈악의 탑〉에 관해 정말로 흥미롭게 이야기할 수 있는 점은 아무것도 없다. 이 영화가 형편없는 견적을 통해 주문 생산된 영화이며, 그 최상의 부분이 배급업자의 서랍 속에 잠들어 있음은 모두 잘 아는 사실이다. 〈악의 탑〉은 아마도 아벨 강스의 영화 가운데 가장 좋지 않은 작품이라 말할 수 있다." 그러나 트뤼포는 주로 강스의 잠재적 능력과 영화 속에서 찾아낸 유일한 성공적 장면 하나에 기초해서 평가해 나갔다. 강스가 비록 영화를 그르치긴 했어도, 천상의 자유로움을 통해 그르쳤다는 이유에서 트뤼포는 이 작가를 옹호했다. "아벨 강스가 천재이므로 〈악의 탑〉은 천재적인 영화다. 아벨 강스는 전혀 재능을 소유하고 있지 않다. 실은 재능이 그를 소유하고 있는 것이다. (…) 만일 어떤 점에서 강스가 뛰어난가를 당신이 보지 못한다면, 우리는, 당신과 나는 영화에 대해 같은 생각을 가지고 있지 않은 것이며, 명백히 나의 생각이 옳은 것이다. 현시점의 문제는 천재이면서 동시에 패자일 수 있는가를 알아보는 데에 있다. 오히려 나는 실패가 곧 재능이라고 믿는다. 성공한다는 것은 실패하는 것이다. 최종적으로 나는 '실패작을 만드는 실패한 작가 아벨 강스'라는 명제를 옹호하고 싶다. 무엇인가를 희생시키지 않는 위대한 감독이란 없다고 나는 확신한다. 그런데 구세대 비평가에 따르면, 성공한 영화란 그 안에 모든 요소가 전체를 공평하게 분담하고 있는 영화이며, 이때 그것은 '완벽하다'는 형용사를 가질 자격이 있다고 한다. 하지만 나는 완벽성, 성공 등의 표현이 비천하고 저속하고 부도덕하고 추잡한 것이라고 선언한다."

트뤼포는 여기서 극도의 역설 취미를 가지고 강스의 특정 작품이 지닌 결점을 활용해 작가 정책을 설명했다. 결국 작가의 개별 작품은 모두 실패에 관한 이야기, 완성을 위한 희생에 관한 이야기가 되는 것이다. 그리고 오로지 이 개별 영화의 총체를 대상으로 개인적이고 유일한 도정을 거슬러 가야만 한 명의 작가를 이해할 수 있다. 따라서 작가 정책이란 전부 이른바 "덜 중요한 영화의 역설paradoxe du film mineur"에 그 토대를 둔다.

자크 베케르가 감독한 페르낭델 주연의 기획 영화 〈알리바바와

40인의 도적〉의 옹호를 통해 트뤼포는 자신의 확신을 더욱 강화했다. 1955년 2월호『카이에 뒤 시네마』에 발표된 이 영화의 평론은 "알리바바와 작가 정책"이라는 제목에서도 짐작되듯 일종의 결정적 선언문으로 보였다. 개봉 시점에서 이 영화는 평단의 관심을 끌지 못했고, 트뤼포 자신도 영화의 취약점에 곤혹스러워했다. 난관을 벗어나기 위해 또다시 그는 역설의 기술을 발휘해, "기호의 일관성"이라는 명분으로 "한 편의 예외도 없이" 베케르의 작품 전체를 지지했다. "〈알리바바와 40인의 도적〉이 실패작이라 할지라도, 나는 여전히 나의 평론계 동료들과 나 자신이 실천하고 있는 작가 정책에 근거해서 그것을 옹호할 생각이다. '작품이란 없으며 작가들만 있을 뿐이다'라는 지로두의 훌륭한 문구에 온전히 기초하고 있는 이 정책은, 우리의 연장자들에게 소중한 명제, 곧 영화를 마치 마요네즈라도 만들듯이 실패인가 성공인가로 판단한다는 명제를 부인한다. 그 연장자들은 근엄함을 조금도 잃지 않은 채 차츰차츰 아벨 강스, 프리츠 랑, 히치콕, 혹스, 로셀리니, 할리우드 시기의 장 르누아르까지도 사례로 들어 마침내 그들이 노쇠하여 제대로 된 작품을 만들지 못하며 노망이 들었다고까지 말하기에 이르렀다."

트뤼포는 어떤 면에서는 '취향의 이론'이라 할 만한 것을, 이전에 "프랑스 영화의 어떤 경향" 속에서 '고품격의 프랑스 영화'를 공격하던 때만큼 비타협적으로 매우 설득력 있게 제시한 것이다. 따라서 그 어조는 확신에 차 있었다. 그것은 "유식한 척하는 연장자들"이 아니라 젊은 비평가들이 옳다는 확신이었고, 강스, 베케르, 랑, 히치콕, 혹스, 로셀리니, 르누아르에 대한 그들의 선택이 정확하다는 확신이었으며, 오로지 자신들의 정책만이 판단의 일관성을 보장한다는 확신이었다. 한편 『카이에 뒤 시네마』의 후견인인 바쟁은 이 비평 노선에 매우 회의적이었으며, 덜 중요한 영화에도 무조건 의례적 칭찬을 해야 하는 악영향을 염려했다. 바쟁의 걱정에도 불구하고 '작가 정책'은 금세 『카이에 뒤 시네마』의 편집진 대부분을 매료시켰다. 그것이 잡지가 채택한 내면파적 글쓰기(즉 선별된 감독들과의 인터뷰)에 부합하고, 논쟁적 방향도 확인시켜 주었기 때문이다.

트뤼포가 논쟁을 옹호한 것은 하나의 비평 전략으로서였지만, 이와 함께 작가 정책의 근본이 될 기준과 일종의 윤리가 필요했다. 먼저 '작가auteur'의 개념을 정의하는 일이 중요했다. 트뤼포는 고다르, 리베트, 로메르처럼 간단한 논법을 제시했다. 즉 작가란 우선 반드시 '연출가metteur en scène'여야 한다. '연출mise en scène'이란 알몸 상태의 작가를 뜻한다. 다시 말해 영화의 모든 부수적 요소(시나리오, 영화에 대한 평판, 광고……)가 사라지고 난 뒤 남는 것을 말한다. 오로지 영화 자체로서 아름다운 것, 그것이 연출이다. 바로 이것만이 작가를 정의한다. 로메르는 "연출가가 아니라면 그 누구도 『카이에 뒤 시네마』라는 올림푸스 산에 들어올 수 없다"라는 경구로 이것을 표현했고, 바쟁은 『카이에 뒤 시네마』의 '히치콕-혹스주의적'(다시 말해 작가주의적) 경향에 관한 자신의 연구의 핵심으로서 이것을 발견해 냈다. "그들은 연출을 대단히 중시한다. 영화 질료의 대부분을 그로부터 식별하기 때문이며, 그 자체로 도덕적인 동시에 미학적인 의미를 지닌 인간과 사물의 구성체를 그로부터 인지하기 때문이다."

프랑수아 트뤼포에게 '작가-연출가'의 상징적 인물은 앨프레드 히치콕이었다. 트뤼포는 1950년대에 히치콕에 관한 글을 27편이나 썼다. 이 '서스펜스의 거장'이야말로 찬미의 대상이자 진정한 숭배의 대상이었기 때문이다. 히치콕은 "영화 형식의 최대의 발명가"이자 전형적 연출가이며, "기하학적이라 할 모든 형식적 도형들이 관객 하나하나를 현혹함으로써, 등장인물이 느끼는 현기증에 동참하도록 한다. 그리고 그 현기증을 넘어서 (그는) 우리에게 하나의 도덕, 하나의 세계관의 깊이를 발견하도록 해 준다."

당시의 트뤼포가 연출을 통해 영화에서 보는 것은 하나의 초상화, 하나의 자화상이다. 물론 그것은 그 감독, 그 작가 자신의 초상이다. 결론적으로 우리는 이렇게 말할 수 있을 것이다. 작가란 이처럼 "스크린에서 자신의 내밀한 자아를 볼 수 있게 해 주는 연출가인데, 그것은 히치콕의 경우처럼 가면을 겹쳐 놓음으로써, 또는 니콜라스 레이처럼 그 마음속을 완전히 정직하게 보여 줌으로써 가능해진다"라고. 트뤼포는 〈자니 기타Johnny Guitar〉에 눈물을 흘릴 정도로 큰 감동을 받아 2주일 동안 10번 이상을 본 뒤, 이 영화와 감독 레이에 관해 이렇게 말했다. "그의 재능의 증거는 절대적 진실성, 예민한 감수성 안에 놓여 있다. 앙드레 바쟁과는 달리 나는, 우리 비평가가 감독상이나 그의 작품상을 그려가는 가운데, 그 초상화 안에 감독 자신의 모습이 드러나는 것이 중요하다고 생각한다. 만일 그렇지 못하다면 우리는 실패한 것이다." 스크린에 감정적으로 자아를 드러낸 감독을 식별해 내는 것, 이것이 작가 정책의 궁극적 귀결이다. 이 절대적 사랑 가운데에 영화의 인격화된 개념이 존재한다. 그 개념은 〈자니 기타〉의 경우, 니콜라스 레이의 정신, 마음, 육체를 매개로 생겨난다. 그러므로 레이의 영화 가운데 한 편을 보면서 그를 식별해 내는 것은, 동시에 영화 전반을 보면서 영화 자체를 식별해 내는 것이다. 따라서 레이는 영화 자체다.

프랑수아 트뤼포가 생각한 '작가 정책'은 적을 지속적이고 집요하게 공격한다는 전략을 전제로 했다. 1950년대 중반에 적이란 변함없이 '고품격의 프랑스 영화'였다. 평론가 트뤼포는 주로 『아르』지를 통해 공격을 전개했는데, 독자수도 많은 데다 주간지로서 발행 주기도 최상이어서 『카이에 뒤 시네마』 같은 월간지보다 논쟁의 대처에 훨씬 유리했기 때문이다.

트뤼포는 1955년 3월 30일, "프랑스 영화의 야망의 위기"라는 제목의 첫 번째 격문을 통해 공격을 개시했다. 트뤼포는 이 글에서 '현시점의 프랑스 감독 89인'에 대한 정밀한 등급 부여를 제안한 뒤, 이들 감독을 다섯 범주로 분류했다. 먼저 '작가'로서 아스트뤼크, 베케르, 브레송, 콕토, 강스, 레엔하르트, 오퓔스, 르누아르, 타티 등 아홉 명을 선정했다. '프랑스 고품격'의 대표자로는 이브 알레그레, 오탕라라, 카르네, 카야트, 크리스티앙 자크, 클레르, 클레망, 클루조, 들라누아, 그레미용을 꼽았고, 이어서 '준야심가' 15명, '양심적 상업 감독' 25명, '의도적 상업 감독' 29명의 이름을 열거했다. 1955년 6월 8일 트뤼포는 같은 방식으로 시나리오 작가들에게 맹공을 퍼부었다. 트뤼포는 오랑슈와 보스트에게 퍼부었던 공격을 각본가 전체로 확대해, 그들이 "문학이 지닌 최악의 것을 흉내 내면서" 기껏 "조악한 고품격" 정도를 목표로 삼고 있다고 비난했다. "프랑스의 영화감독들은 교묘한 시나리오에 속임을 당해, '저질 코미디'를 찍는 대신에 베스트셀러를 영화화할 것이다. 그렇게 해서 앙리 케플렉, 질베르 세브롱, 앙드레 수비랑, 미셸 드 생피에르, 조제프 케셀, 질베르 뒤페, 피에르 다니노스, 장 뒤셰의 모든 작품이 차례차례 같은 꼴을 당할 것이다. 개선은 표면적일 뿐이지만, 외양만 무사하다면 개선이 이루어지고 있다고 여겨져 지원금이 모일 것이다. 프랑스 영화는 언제나 말썽꾸러기로 남을 테지만, 얼굴만은 씻은 상태일 것이다."

트뤼포는 『아르』의 독자들에게 정기적으로, "프랑스 영화에 대항해 폭력에 의지할 것"을, 관객들에게는 "이 혐오스러운 영화들과 마주치면 영화관의 의자를 부수어 버릴 것"을 호소했다. 그리고 계속 같은 주제로 되돌아가면서 트뤼포는 국내 작품에 관하여 정기적으로 한 치의 양보도 없이 결산을 했다. 그러나 트뤼포가 최고의 능란함으로 가장 수완을 잘 발휘한 것은 1대 1의 맞대결에서였다. 예를 들어, 질베르 세브롱의 소설을 장 오랑슈와 피에르 보스트가 각색한 장 들라누아의 최신작 〈실종된 개들〉을 재기발랄하게 맹비난할 때가 그러했다. 1955년 11월 9일자 『아르』에 트뤼포의 글과 함께 실린 사진 삽화는 유달리 냉소적이었다. 그것은 장 오랑슈와 장 가뱅, 장 들라누아가 감옥 철창 뒤에 측은하게 갇혀 있는 모습을 보여 주고 있었다. "〈실종된 개들〉은 실패한 영화라 할 수 없다. 그것은 몇 가지 규칙을 좇아 범한 중죄이며, 쉽게 짐작될 얼마간의 야망에 부합하는 절도품이다. 그 규칙이란 '고품격이라는 이름표를 방패 삼아 크게 한 건수 올리라'는 것이다." 트뤼포는 들라누아와의 정면 대결을 의도했다. 그에게 모욕을 주어 공공의 장으로 불러낸 뒤 여론을 증인으로 세우고자 한 것이다. "이것은 모두 고몽-팔라스의 주문에 맞추어 환멸과 비아냥에 빠진 두 명의 각본가 오랑슈와 보스트가 쓴 것이다. 그들은 '감동적인' 대사를 썼고, 이것을 다시 지성이 부족해 냉소적일 수 없고, 너무도 영악해 솔직할 수 없고, 과장과 엄숙주의에 빠져 순박할 수 없는 한 인간이 영상으로 옮겼다."

기대하던 반응이 오는 데는 오랜 시간이 걸리지 않았다. 11월 13일 들라누아는 트뤼포에게 등기 우편을 보냈다. "〈실종된 개들〉에 관해, 각본가인 장 오랑슈와 피에르 보스트에 관해, 장 가뱅에 관해, 영화에 등장한 젊은 배우들에 관해, 그리고 나 자신에 관해 선생께서 쓴 것처럼 저열한 수준의 글은 내 경력 20년 동안 한 번도 본 적이 없습니다. 선생께서 이번에 그 기록을 깨 버렸단 말입니다. 이 점을 알려드릴 필요가 있습니다." 당연히 트뤼포는 굴러온 행운을 놓치지 않았다. 트뤼포는 들라누아의 편지 일부를 발췌해 『아르』에 실었고, 또한 자신이 받은 지지의 말들을 함께 실었다. "청렴결백한 정의의 수호자"와 공인된 전통주의의 중진을 대표하는 한 인물 사이의 이원론적 논제를 둘러싼 논쟁을 대대적으로 벌리기 위한 수단이었다. 11월 26일은 트뤼포의 승리의 날이었다. "장 들라누아 씨는 가장 상업적인 프랑스 감독이다. 그 이상 무엇이 필요할 것인가? 비평계의 일치된 찬사? 있을 수 없다! 장 들라누아가 보낸 '등기recommandée' 편지에 나는 답장을 대신해서 세 통의 다른 편지를 내세우고자 한다. 이 편지의 서명자들은 오로지 운을 하늘에 맡기고 자신들의 편지를 '천거해recommandée' 주었다. 나는 『아르』의 편집진은 물론이고, 그 누구에게도 〈실종된 개들〉에 호의적인 의견을 담은 편지는 받지 못했다는 사실을 확인시키고자 한다. 만일 한 통이라도 받았다면 나는 장 들라누아에 대한 존중의 표시로서가 아니라 표면적으로라도 이 쓸데없는 논쟁에 균형을 잡기 위해 함께 실었을 것이다."

1년간의 투쟁 이후 프랑수아 트뤼포는 새로운 단계의 활동을 시작했다. 1956년 봄 트뤼포는 『아르』의 1면에 기사를 실을 정도로 인기가 높았고, 논쟁 감각 역시 더욱 강화되었다. 예컨대 1956년 5월에는 트뤼포의 표현으로 '칸영화제의 점진적 쇠퇴'와 관련한 자극적 제목의 기사가 4회 연속 게재되어 독자들의 관심을 끌었다. 트뤼포는 칸영화제가 올해 9회를 맞아 어느 때보다 세계 영화에 문을 열어 놓고 있다지만, 동시에 프랑스 영화의 가장 확고한 아성이 되었다고 주장했다.

5월 23일 자 기사에서 트뤼포는 프랑스의 영화 담당 관리들을 대상으로 '그들의 네 가지 진실'에 관해 썼다. 『아르』1면에 실린 제목은 "칸영화제, 확고한 성공? 천만에요, 장관님!"이었다. 이 글에서 트뤼포는 진실을 가진 '보통 사람'과 권력에 눈먼 '거물' 사이의 대화를 솜씨 좋게 활용하면서, 자신의 불만을 제기했다. "영화는 그것을 만드는 사람들, 그것을 사랑하는 사람들, 영화관에 그것을 보러 가는 사람들을 위한 것이지, 그것을 이용하는 사람들을 위한 것이 아니다. 심사위원단은 재편해야 한다. 흥정꾼들은 그들의 장으로 돌려보내야 한다. 그렇게 되면 항의자는 수상자 발표에 다시금 경의를 표할 것이다. 그러나 항의자는 신중함이 아니라 과감함에 호소할 것이다. 범용보다는 과잉이 더 나은 법이므로." 오만과 난폭으로 칸영화제를 공격하는 가운데 트뤼포의 권위는 증가했다. 주간지 제1면에 트뤼포는 자신의 전투를 수행할 요새 하나를 쟁취했던 것이다. 이후, 매년 5월 칸영화제 시기마다 『아르』에는 트뤼포의 분노가 새겨졌다.

1956년의 베네치아

1956년 9월 초 프랑수아 트뤼포는 칸보다 긴 역사를 지닌 명성 높은 베네치아의 모스트라영화제에 참석했다. 1년 전에 트뤼포는 연애 중이던 로라 모리와 함께 그곳에 간 적이 있었다. 당시 심한 편도선염으로 인한 고열에도 불구하고, 트뤼포는 페스티벌의 말끔한 운영과 열띤 분위기를 강조하는 두 편의 기사를 『아르』에 실었다. 이번에는 트뤼포는 『카이에 뒤 시네마』 편집장인 자크 도니올-발크로즈와 동행했다. 트뤼포는 스위스의 벡스 역까지 열차를 타야 했고, 그곳에서 도니올-발크로즈와 합류해 그의 황색 도핀을 타고 자동차 여행길에 올랐다. 자동차는 그랑 생베르나르 고개로 접어든 뒤, 아오스타 계곡 비탈길을 질주하듯 내려갔다. 도니올-발크로즈의 회상에 의하면, 굽은 길에 접어들 때마다 트뤼포는 영화 세트장과도 같은 그 장엄한 풍경에 흥분을 누르지 못하고 "오, 나폴레옹 보나파르트 같아!"라고 계속 반복해 말했다. 몬차 가까이에서 점심 식사를 한 뒤, 두 사람은 밤사이에 베네치아에 도착했다.

베네치아의 리도섬에 열흘가량 머무는 동안 트뤼포는 로베르 브레송의 〈저항Un condamné à mort s'est échappé〉, 미조구치 겐지溝口健二의 〈적선지대赤線地帯〉, 니콜라스 레이의 〈실물보다 커다란Bigger Than Life〉, 조슈아 로건의 〈버스 정류장〉, 로버트 알드리치의 〈공격!Attack!〉을 포함해 하루에 두세 편의 영화를 보았다. 트뤼포는 깊이 존경하는 감독 로버트 알드리치를 무척이나 만나고 싶어 했는데, 실제의 만남은 이 평론가에게는 평생 잊을 수 없는 사건이 되었다. "해변에서 풍채 좋은 천재를 만나 끊임없이 이야기를 나누었다. 나는 그에게 60가지의 질문을 던졌다. 다음 호에 이 유쾌하고 탁월한 밀담의 결과가 공개될 것이다." 9월 19일 자 『아르』에 트뤼포는 그렇게 썼다.

영화 상영 사이의 남는 시간과 점심 시간에 프랑스의 기자들과 영화인들은 리도 해변 모래사장에 마련된 장소에 습관처럼 모여들었다. 앙드레 바쟁, 장 드 바롱셀리, 장 네리, 클로드 모리악 등도 여기서 서로 만났다. 트뤼포로서는 아주 미묘한 상황이었다. 왜냐하면 이곳은 당시 프랑스 영화계를 뒤흔든 '저널 전쟁'에서 논쟁의 당사자가 된 주요 배우들이 서로 대면하는 장소이기도 했기 때문이다. 동시에 자존심 구길 일, 찡그리거나 모욕을 느낄 일도 많이 일어났고 반대로 순수한 우정이 꽃피기도 했다. 트뤼포에 의하면, "카를로 림과 함께 일광욕을 하면서도 우리는 서로 모르는 척했다. 때로는 사람들이 하루에 세 차례나 우리를 인사시키는 아주 우스꽝스러운 상황이 벌어지기도 했다. 그러면 우리는 이름을 제대로 못 알아들은 듯이 행동해야 했다. 말도 안 되는 경우였다!"

피에르 브롱베르제도 이때 리도의 해변에 자주 들렀다. 보기 드물게 젊은 감독들에게 관심을 가진 파리의 제작자로서, 특히 그는 젊은 감독들의 단편에 주로 투자하고자 했다. 브롱베르제는 트뤼포의 비평적 재능에 상당히 감탄하면서 자신의 제작사인 '플레야드 영화사'가 만들 단편에 트뤼포를 포함하고 싶어 했다. 두 사람 사이에는 전류 같은 것이 흘렀고, 트뤼포는 이 제작자에게 몇 가지 기획을 제안했다. 트뤼포는 그에게 '바탈라'라는 별명을 붙여 주었는데, '바탈라'는 장 르누아르의 〈랑주 씨의 범죄Le Crime de Monsieur Lange〉에서 쥘 베리가 역할을 맡은 매력적인 사기꾼에서 따온 이름이다. 친구 샤를 비치에게 보낸 편지에서 트뤼포는 브롱베르제에 관해 이렇게 썼다. "수영 팬티 차림의 브롱베르제가 모래에 파묻혀 손발을 펄럭거리는 모습을 보지 않았다면, 아무것도 안 본 것이나 같아. 그러나 '피에로'•는 나의 많은 시나리오에 열광하고는 나와의 작업을 원하는 듯하네."

리도의 해변에서 트뤼포는 날씬한 몸매에 짧은 갈색 머리를 하고 늘 웃는 표정을 짓는 아름다운 마들렌 모르겐슈테른을 만났

• '피에르'의 이탈리아식 호칭•

다. 그녀는 '코시노르'*를 경영하는 유력 배급업자 이냐스 모르겐 슈테른의 외동딸이었다. 아내 엘리자베트와 스위스에서 휴가 중인 이냐스 모르겐슈테른은 딸을 대신 베네치아로 보내 프랑스에 배급할 만한 영화들을 찾도록 위임했다. 25세의 마들렌은 영어를 공부하고 미국에 몇 개월 거주한 뒤 코시노르 홍보부에서 일하고 있었다. 어느 날 저녁, 페스티벌 관련 고급 호텔 엑셀시오르에서 피에르 브롱베르제는 프랑수아 트뤼포에게 그녀를 소개했다. 이어서 두 젊은이는 몇 차례 만났고, 때로는 경쟁 부문 작품이 상영되는 대형 극장의 앞쪽 좌석에 같이 모습을 보이기도 했다. 두 사람은 대화를 즐겼으나, 마들렌은 업무와 관련해『아르』나『카이에 뒤 시네마』를 읽으면서 이미 알고 있던 이 혈기 왕성한 평론가에게 자신이 특별히 깊은 인상을 주었다는 느낌은 받지 않았다. 마들렌의 회상에 의하면 "헤어질 때 그는 내게 편지를 하겠다고 말했지만 편지는 오지 않았다." 두 사람은 6주일 후 샹젤리제에서 우연히 마주쳤다. "아, 당신에게 편지를 썼다가 찢어 버렸습니다!" 트뤼포는 약속을 지키지 않은 것을 이렇게 한마디로 변명했는데, 그것은 신비감을 높이면서 상대방을 유혹하는 기교이기도 했다. 두 사람은 정기적으로 다시 만나 함께 영화관에 가기도 했으나 아직은 친구 관계일 뿐이었다.

1956년 9월 10일 베네치아를 떠난 프랑수아 트뤼포는 로마에 들러 로베르토 로셀리니의 집을 찾았다. 바쁜 기자 생활에 지친

• 북부영화상관Comptoir cinématographique du Nord을 줄인 이름*

트뤼포는 다른 종류의 일을 하고 싶어 했고, 평론 활동을 단념할 생각까지 했다. 로셀리니와 함께 진행한 기획들에 큰 기대는 하지 않았지만, 그래도 이 이탈리아 감독과 함께하는 생활은 고무적인 것이었다. 영화를 만드는 일은 트뤼포에게 절대적 당면 과제가 되었다. 그렇지만 로셀리니와 도이치마이스터가 서명한 〈파리의 공포〉의 계약서는 서랍 속에 묻혀 버리게 된다.

앙리 피에르 로셰

이 시기에 트뤼포는 앙리 피에르 로셰의 소설 『쥘 앤 짐*Jules et Jim*』을 읽고 큰 충격을 받았다. 트뤼포는 팔레 루아얄 광장에 있는 들라맹 서점의 서가를 뒤지다가 발견한 이 책의 제목에 매혹되었다. 갈리마르에서 두 해 전에 간행되었으나 거의 주목받지 못하고 흘러가 버린 소설이었다. 앙리 피에르 로셰는 76세의 무명 작가로, 『쥘 앤 짐』은 그의 첫 소설이었다. 트뤼포는 훗날 이렇게 밝혔다. "처음의 몇 문장들을 읽는 순간 나는 앙리 피에르 로셰의 산문에 그대로 반해 버렸다. 이 당시 내가 좋아하는 작가는 콕토였는데, 그의 속도감 있는 문장과 눈에 띄게 건조한 문체, 선명한 영상감을 좋아했다. 그런데 콕토보다도 뛰어난 작가로 생각되는 앙리 피에르 로셰를 찾아낸 것이다. 그 역시 일상의 단어들로 이루어진 극도로 짧은 문장을 통해, 비교적 한정된 어휘 안에서 장 콕토처럼 시적인 산문을 만들어 내고 있었기 때문이다. 로셰의 스타일 안에서는 공백, 결여, 모든 회피된 단어, 한마디로 말하자면 생략 자체로부터 감정이 생겨난다."

트뤼포는 조금이라도 기회가 있을 때마다 열정적으로 『쥘 앤 짐』을 언급했다. 예를 들면, 에드거 G. 울머의 내면주의적 서부극 〈벌거벗은 새벽〉의 평론에서 트뤼포는, 그 자신 외에는 해석에 무리가 따를 만한 과감한 비교를 했다. "앙리 피에르 로셰의 『쥘 앤 짐』은 내가 알고 있는 가장 아름다운 현대 소설 가운데 하나다. 이 소설은 친구인 두 남자와 그들의 공통된 여자 친구의 일생에 걸친 이야기이며, 미에 관해 끊임없이 새로운 윤리를 반복 부여함으로써 아무런 충돌 없이 서로에 대한 감동적인 사랑을 이루어 간다. 〈벌거벗은 새벽〉은 내게 처음으로 『쥘 앤 짐』을 영화로 만드는 것이 가능하다는 생각을 허락해 주었다." 이러한 사랑의 선언은 아주 빠르게 그 대상자에게 전달되었다. 1개월 뒤 로셰는 떨리는 필체로 깊은 감사의 말을 빽빽이 채운 작은 엽서를 트뤼포에게 보냈다. "『쥘 앤 짐』에 관해 선생이 『아르』지에 쓰신 문장에 저는 진정 감동했습니다. 특히 '……미에 관해 끊임없이 새로운 윤리를 반복 부여함으로써……'라는 부분에 말입니다. 제가 곧 보내드릴 『두 영국 여인과 대륙*Deux Anglaises et le Continent*』에서도 다시 한번 더욱 확실하게 그렇게 느끼시기를 희망합니다." 며칠 뒤 트뤼포는 갈리마르에서 방금 출간된 이 작가의 두 번째 소설을 받았다. 트뤼포는 이 소설을 읽고 로셰가 지닌 산문 작가로서의 위대성을 깊이 확신했다.

그해 여름 트뤼포는 뫼동에 있는 로셰의 집을 방문했다. 파리 서쪽 교외를 가로질러 달리는 철로 가까이에 있는 아름다운 저택에서 로셰는 부인 드니즈와 함께 살고 있었다. 큰 키에 마른 체구를 지닌 로셰는 활력 있는 노인으로, 현재 세 번째 소설 『빅토르 *Victor*』의 작업에 한창이었다. 자신의 친구 마르셀 뒤샹을 모델로 삼은 이 소설은 결국 미완성으로 남게 된다. 로셰는 여자들 사이에서 딜레탕트로 지내 온 자신의 삶을 트뤼포에게 이야기해 주었다. 그것은 콕토의 삶과 비슷하게, 수많은 여행과 수많은 화가 동료와의 만남으로 점철되었다. 앙드레 드랭, 프랑시스 피카비아, 막스 에른스트, 볼스, 조르주 브라크(그와는 권투 동료였다), 마리 로랑생(로셰의 가장 충실한 연인의 한 사람이었다), 피카소(로셰는 그를 거트루드 스타인에게 소개해 주었다) 등이 로셰의 동료였다. 앙리 피에르 로셰는 우아하고 활발하게, 때로는 냉소적으로 이 예술가들 사이를 헤쳐 나갔다. 그 과정에서 로셰는 수많은 관계를 맺고 열정적 사랑과 불화를 거듭하면서, 평생에 걸쳐 여러 권의 수첩 안에 그것을 기록했던 것이다.

자신의 나이의 세 배나 되는 남자와의 이례적 동조 관계는 트뤼포에게 『쥘 앤 짐』의 영화화의 욕망을 강화했다. 1956년 11월 중순, 트뤼포는 쥘과 짐에게 동시에 사랑받는 여인 카트의 대사를 작가 자신이 쓰도록 부탁할 생각까지 했다. 11월 23일 이 착상에 흥분한 로셰는 트뤼포에게 『쥘 앤 짐』 다섯 권을 보내 주었다. 트뤼포는 온 힘을 다해서 로셰의 문장에 설명을 달고 자르고 재조합해 좀 더 간단하고 순차적인 이야기로 만들었다. 앙리 피에르 로셰는 카트(트뤼포의 각색에서 카트린으로 바뀌었다)의 대사를 쓰지는 않지만, 트뤼포에게 여러 조언을 해 주었다. 트뤼포는 사실 자신의 첫 영화를 이처럼 문학적이고 섬세한 주제를 가지고 만들 준비가 되어 있지 않았다. 따라서 『쥴 앤 짐』의 영화화 기획은 계속 연기되었지만, 앙리 피에르 로셰와의 서신 교환은 계속했다.

1959년 4월 3일 로셰는 트뤼포에게 마지막 편지를 보냈다. 그는 병 때문에 트뤼포의 〈400번의 구타〉 특별 시사회 초청에 응할 수가 없었다. "나의 젊은 친구여. 그토록 훌륭한 편지를 주다니! 내 병세가 호전되면, 파리에 가서 〈400번의 구타〉를 꼭 볼 것이네. 상영관을 내게 알려 주었으면 하네. 그리고 나 역시 『쥴 앤 짐』을 다시 읽어 보았네. 나로서는 자네와 충분히 상의하고 자네의 각색 계획을 알고 난 뒤에라야, 이것을 화면 위에 그려 보는 시도가 가능할 것 같네. 책이 몇 부 더 필요하지 않은가? 잔 모로의 사진을 보내준 것에 정말로 감사하네. 나는 그녀가 마음에 든다네. 물론 외출할 수가 없어서 〈연인들Les Amants〉을 보지 못했지만 말일세. 그녀가 카트를 좋아한다니 정말 기쁘다네! 언제 그녀를 직접 만나보고 싶다네. 그럼, 자네가 그곳에서 돌아오면 편한 시간에 내게 한번 들러 주게. 기다리고 있겠네." 앙리 피에르 로셰는 〈400번의 구타〉를 보지 못하고, 〈쥴 앤 짐〉의 시나리오도 읽지 못한 채 1959년 4월 9일 사망했다. 하지만 그는 최소한 잔 모로의 얼굴만은 보았다.

11 Avril '56   Sèvres

M. P. ROCHÉ 2, RUE MUR-GESSER-SOUS-SÈVRES (S. & O.)

. Cher François Truffaut

j'ai été très sensible à vos quelques
mots sur "Jules et Jim" dans Arts.
notamment à : "... grâce à une morale
esthétique et neuve sans cesse
reconsidérée."

j'espère que vous la retrouverez,
encore plus, dans : "Deux Anglaises
et le Continent", que vous allez

recevoir ...

                        Henri Pierre Roché

앙리 피에르 로셰가 트뤼포에게 보낸 편지

영화를 만들다

성공시키기에 아직 충분한 준비가 되어 있지 않음을, 혹은 충분히 성숙하지 않았음을 인식한 프랑수아 트뤼포는 〈쥴 앤 짐〉의 각색 작업을 미루어 두고, 1956년의 마지막 몇 달 동안 다른 일에 몰두했다. 몇몇 영화에 대한 다양한 구상 작업이 어느 정도 결실을 맺고 있었다. 12월의 어느 날 오전 장뤽 고다르와 리슐리외-드루오 전철역 벤치에 앉아 긴 대화를 나눈 뒤에 종이 위에 급히 적어놓은 몇 줄의 메모 역시 그 구상 작업 가운데 하나였다. 메모의 내용은 다음과 같다. 르아브르행 마지막 열차를 놓친 미셸은 생라자르역 근처에서 미국제 자동차를 훔친다. 오토바이를 타고 그를 추적해 온 헌병을 살해한 뒤, 미셸은 파리로 돌아와 약혼녀 베티와 재회한다. 그녀는 젊고 아름다운 미국인 저널리스트다. 늦여름의 파리 시내에서 영화관에서 영화관으로 추격전이 벌어지면서 클라이맥스를 향한다. 경찰에 붙잡힌 베티는 결국 수송선 안에 피신해 있던 미셸을 밀고한다. 이번에는 미셸이 체포되지만, 자신이 아스피린 정을 치사량까지 삼켰다고 주장한다. 아무도 그의 말을 믿지 않고, 그를 사건 담당 수사관 사무실로 끌고 간다. "그러나 이번만은 미셸이 거짓말한 것이 아니었다. 사무실에 도착하자마자 그는 십자가에 매달리듯 양팔을 펼친 채 단번에 뒤로 나자빠진다. 모두 그에게 달려들지만, 미셸은 이미 죽어 있었다." 3년 뒤인 1959년 여름, 4장에 걸친 이 시놉시스는 변형 발전되어 장뤽 고다르의 첫 영화 〈네 멋대로 해라〉의 시나리오로 완성된다.

　리도의 해변에서 트뤼포는 가장 가능성 큰 기획을 피에르 브롱
베르제에게 제안했다. 1957년 1월 10일 두 사람은 〈에펠탑 주변
에서Autour de la tour Eiffel〉라는 제목의 단편 영화 계약서에 처음으
로 서명했다. 트뤼포는 25분 길이 영화 한 편의 4쪽 분량 촬영 대
본료로 7만 5천 프랑을 받았다. 35밀리미터 필름으로 열흘간 촬
영할 경우 예산은 2백만 구 프랑 정도로 추산되었다. 4명의 등장
인물 역할은 조엘 로뱅, 장 클로드 브리알리, 에디트 제드킨, 레몽
드보스가 맡기로 했다.

　이상하게도 트뤼포는 '에펠탑을 본다'는 생각에 사로잡힌 인물
에 관한 이야기를 동시에 두 편 썼다. 첫 번째 시나리오에서, 상속
문제 해결을 위해 파리에 온 젊은 시골 여성 쥘리에트는 에펠탑
에 오르고자 한다. 그녀는 에펠탑을 보면서 도처를 헤매지만 그
곳에 도달할 수가 없다. 그녀는 자신을 도와줄 사람들과 서로 교
차한다. 잠시 파리에 들른 가축 상인(레몽 드보스)은 그녀에게 길
을 가르쳐주는 대신 농민들이 처한 상황에 대해 혼잣말을 지껄인
다. 선정적인 외모의 '젊은 여성'(조엘 로뱅)은 고객을 기다리면서
빈정거리고 수다도 늘어놓지만, 시골에서 온 쥘리에트는 그녀의
직업을 전혀 의심하지 않는다. 결국 그녀를 쉽게 유혹한 플레이
보이(장 클로드 브리알리)가 마침내 자신의 스포츠카로 그녀를 에
펠탑에 데려다준다.

　두 번째 시나리오에서는 장 클로드 브리알리가 중심 역할을 맡
아 '파리의 농부'를 연기한다. 그는 "말 안 듣는 거대한 암소를 잡

아맨 줄을 손에 쥔" 모습으로 카메라의 시야에 모습을 나타낸다. 지금 그는 보지라르 도살장을 향해 가는 중이다. 지폐 뭉치를 손에 들고 그곳을 나온 그는 수도 구경을 시작한다. 그를 사로잡는 첫 번째 유적은 에펠탑이다. 그는 멀리 탑을 발견하지만, 그곳에 접근하려 하면 길을 잃는다. 멍청히 수다만 떠는 카페 주인(드보스)은 그에게 아무런 도움이 되지 못하고, 매춘부 또한 마찬가지다. 반면에 젊은 여성 쥘리에트는 길가에서 투덜거리는 그를 보고는 자신의 컨버터블 자동차에 태워 에펠탑에 데려다준다. 그곳에서 여성은 농부를 끌고 빠른 걸음으로 탑 관광을 시켜 준다. 그런데 엘리베이터를 타고 탑 꼭대기로 오르는 동안, "농부의 모습이 모르는 사이에 변형된다. 그리고 눈썹 밑까지 푹 덮여 있던 그의 베레모는 조금씩 위로 올라가면서 마침내 허공 속에 사라진다." 꼭대기에서 농부는 "발끝까지 완전한 파리인이 되어 파리"를 바라본다. 다시 아래로 내려왔을 때, 이미 사랑에 빠진 두 사람은 "가장 파리적인 커플"을 이룬다. 그녀는 우아한 모습으로 계속 미소를 짓고 있으며, 알아보기 힘들 만큼 바뀌어 말끔히 면도한 얼굴에 재치까지 갖춘 그는 한마디로 "영원한 이브의 품 안에 안긴 1957년의 아담"이었다. 트뤼포는 이 기획에 흥미를 잃고 일찌감치 포기했지만, 〈400번의 구타〉에서 카메라가 파리 서쪽으로 난 길들로 움직여 가 마침내 에펠탑 아래쪽에 정지하는 자막 시퀀스 장면에서 그 흔적은 찾아볼 수 있다. 몇 년 뒤, 트뤼포는 세르비아-피에르-1세 거리에 있는 자신의 아파트 응접실 선반 위에 다양한 크기의 에펠탑 모형을 수집해 진열해 놓는다.

트뤼포는 1957년 3월 역시 브롱베르제와 새로운 계약에 서명했다. 어린이를 주제로 한 옴니버스 영화에 포함될 단편 영화였다. 이 영화는 트뤼포 외에도 로버트 플래허티의 신봉자인 미국의 다큐멘터리 감독 리처드 리코크, 클로드 드 지브레, 소설가인 르네 장 클로, 자크 도니올-발크로즈, 피에르 카스트가 각각 단편을 감독하도록 되어 있었다. 〈베르나데트의 거짓말Le Mensonge de Bernadette〉이라는 제목의 트뤼포의 에피소드는 시험에서 컨닝을 하다가 교사에게 야단맞는 여학생의 이야기다. 학생은 부정 행위를 하지 않았다고 거짓말을 하고 여교사는 그 말을 믿고자 한다. 몇 주 후 첫 성체 배령식 때 베르나데트는 먹지도 않고 말도 하지 않는다. 그녀는 결국 부모에게 자신의 거짓말을 고백한 편지를 식탁 위에 올려놓고는 강물에 투신한다.

이 공동 기획 역시 결실을 맺지 못했다. 트뤼포는 한동안 이 에피소드를 단독 작품으로 만들 계획을 세우고, 〈베르나데트의 거짓말〉을 포함해 유년기에 관한 일화를 계속 써 모아 주제별로 분류해 놓았다. 그 가운데 일부는 오랜 시간이 지난 1975년 〈포켓 머니〉에서 수정 사용된다. 또한 트뤼포가 수집한 테마 가운데는 〈400번의 구타〉의 내용을 예고하는 것도 하나 있었다. "프랑수아의 가출. 학교 무단결석. 귀가. 쪽지. 문 뒤에 감춘 책가방……"이 그것이었다. 1957년 봄 내내 트뤼포는 유년 시절에 관한 영화를 만들 생각에 빠져 있었지만, 단순 명쾌한 행동으로 나아가게 할 연결 고리는 아직 찾지 못했다.

베르나데트의 치마

포부르-생-토노레 가에 위치한 『아르』의 사무실에서, 프랑수아 트뤼포는 『아르』지의 젊은 기고가 모리스 퐁스와 처음 만났다. 퐁스는 두 해 전 쥘리야르 출판사에서 발간한 단편 모음집 『순결한 사람들 _Virginales_』의 저자이기도 했다. 트뤼포는 그 가운데 「개구쟁이들 Les Mistons」이라는 단편에 매료되어 그것을 영화화하고자 했다. 트뤼포는 즉시 모리스 퐁스에게 그 이야기를 꺼냈고, 1957년 4월 4일에는 편지를 보내 "선생께서 동의하신다면, 각색 건에 관해 상의드리고 싶습니다"라는 의향을 확실히 밝혔다. "신경질적이고 늘 서두르는 젊은이. 헝클어진 머리에 멋진 검은 눈을 가진, 마치 '아르콜 다리 위의 보나파르트'*와 같은 젊은이⋯⋯." 훗날 트뤼포를 이렇게 묘사했을 만큼 그에게 친근감을 느낀 퐁스는 자신의 단편 소설이 영화화된다는 생각에 기뻐했다.

한편 트뤼포는 퐁스의 품위 있고 간결하며 극히 세련된 문체에 매혹되었다. 퐁스는 이러한 문체로 '개구쟁이들'이라고 불리던 꼬마 패거리의 이야기를 한다. 아이들은 대학생으로 서로 연인 사이인 이베트와 에티엔의 연애를 염탐하고, 그들의 테니스 시합을 훔쳐 보며, 영화 관람을 방해한다. 그러던 중 5월 어느 화창한 날 오후, 숲속 공터에서 연인들을 좇던 꼬마 한 명이 에티엔에게 잡혀 심하게 야단을 맞는다. 방학이 끝난 뒤 개구쟁이들은 지난

• 나폴레옹을 묘사한 앙투안 장 그로의 그림*

여름 에티엔이 산악 조난 사고로 죽은 것을 알게 되고, 이베트가 상복을 입고 슬픔에 잠겨 마지막으로 지나가는 것을 목격한다.

트뤼포가 이 단편 소설에 감동한 것은 무엇보다 도발적이고 강렬한 관능적 표현 때문이었다. 예를 들면 이베트의 목욕을 묘사하는 다음과 같은 부분에서는 육체적 동요감이 고스란히 드러난다. "그녀는 강물에 목욕하러 갈 때면, 길목에 자전거를 자물쇠로 묶어 놓았다. 그녀의 헐렁헐렁한 치마는 언제나 말려 올라간 데다가, 틀림없이 속치마는 안 입었을 것이므로 더운 날에는 자전거 안장이 아주 축축해졌다. 한 주 한 주 지나면서 안장 위에는 연한 둥근 얼룩이 더욱 분명하게 나타났다. 우리는 가죽 위에 피어난 이 말라붙은 꽃의 주위를 홀린 듯이 돌곤 했다. 우리가 그토록 여행하고픈 '에이스 하트' 트럼프 카드가 바로 눈앞에 던져져 있는 것이다! 패거리 가운데 한 아이가 더 이상 참지 못하고 무리에서 떨어져 나가, 허세도 위선적 부끄러움도 없이 이 가죽 — 그 얼마나 신비로운 벗인가! — 위에 얼굴을 잠시 문지르는 것은 보기 드문 일이 아니었다."

1957년 4월 트뤼포는 마침내 첫 영화를 만들 수 있게 되었다. 약간의 유산을 물려받은 로베르 라슈네가 돕기로 약속했고, 트뤼포 역시 에티엔 역을 맡을 배우를 찾으면서 더욱 자신감이 강해졌다. 바로 쥘리앵 뒤비비에의 영화 〈살의의 순간Voici le temps des assassins〉에서 눈여겨보았던 제라르 블랭이었다. 블랭은 음울한 표정을 지닌 미남으로, 건장하면서도 약간 까다로운 성격을 지닌 젊은 배우였다. 1956년 4월 18일 자 『아르』의 평론에서 트뤼포는 이 신인 배우에 관한 지적을 잊지 않았다. "영화에 처음으로 출연한 제라르 블랭은 가장 난이도 높은 역할을 완벽하게 해냈다." 바로 다음 날 블랭은 답을 보내왔다. "어제 선생님의 글을 읽으면서, 정말 저는 믿을 수 없어 눈물을 글썽였습니다. 제가 선생님의 기사를 거의 전부 읽고 있으며, 영화계에서 선생님의 명성을 잘 알기에 기쁨은 더욱 컸습니다. 선생님은 저를 이해해 주신 유일한 분입니다."

며칠 뒤 두 젊은이는 의기투합하여 샹젤리제 근방의 카페와 불로뉴에 있는 블랭의 집에서 만나기 시작했다. 트뤼포는 블랭의 집에서 저녁 식사를 하면서 그의 젊은 아내 베르나데트 라퐁을 알게 되었다. 1955년 여름 블랭은 님 연극제에서 당시 겨우 17세이던 베르나데트를 만났다. 트뤼포는 그녀의 꾸밈없는 매력에 이끌렸고, 제라르 블랭의 재능을 확신하고 있었기에, 두 사람에게 〈개구쟁이들〉의 연인 역할을 제안했다. 트뤼포는 베르나데트의 고향이기도 한 님을 촬영지로 결정했다. 이 지역에서 멀지 않은 세벤 지방의 생-탕드레-드-발보르뉴에 라퐁 가문은 '포마레 온실'이라는 아름다운 농지를 소유하고 있었다.

베르나데트 라퐁은 영화에 출연한 적은 없지만, 트뤼포의 제안은 그녀로서는 저버릴 수 없는 것이었다. 라퐁의 회상에 의하면, "나는 매우 수줍음을 타는 성격이었고 별로 말이 없었으며, 사투리가 섞인 어투에 부끄러움을 느끼고 있었다." 블랭은 라퐁이 배우 일을 선택하는 것을 그다지 달갑게 보지 않았다. 라퐁은 이렇게 말했다. "트뤼포에게 왜 나를 택했는지 묻자 그는 내게 '당신도 나만큼 영화를 만들 욕심이 강한 것으로 느꼈다'고 대답했다. 그것은 사실이었다." 곧 베르나데트는 감독이 맡긴 역할을 준비하면서, 1957년 6월에 치를 예정이던 대학 입학 자격시험 공부까지 포기했다. 5월에 그녀는 부친에게 소개받은 코치에게 테니스 지도를 받았고, 촬영 팀을 위해 되슈보 자동차를 찾아냈으며, 트뤼포의 의상 지시도 꼼꼼하게 따랐다. "디자이너는 제게 이틀 안에 의상 전부를 만들어 줄 수 있을 것이라고 했어요. 그런데 저는 흰색 옷이 없거든요. 그래서 흰색으로 두 벌의 치마를 만들면 어떨까 합니다. 하나는 자전거 타는 장면을 위해 헐렁헐렁한 것을, 그리고 다른 것은 감독님이 말씀하신 대로 좁으면서 옆이 터진 것으로요. 그러면 괜찮을까요?" 7월 8일 라퐁은 트뤼포에게 그렇게 편지를 썼다.

1957년 4월과 6월, 트뤼포는 긴 주말을 이용해 베르나데트 라퐁과 제라르 블랭의 안내로 두 번에 걸쳐 촬영 장소를 물색했다. 이 작업에는 리베트, 샤브롤, 브리알리가 동행했다. 그들은 님의 원형 투기장, 테니스 클럽, 라 퐁텐 광장, 생-탕드레-드-발보르뉴 근교 지역 등 적절한 장소들을 찾아냈다. 남은 문제는 자금 조달이었다. 물론 예산은 그리 많지 않았고, 촬영 감독으로 타진 중이던 장 말리주에게 장비의 일부도 빌릴 수 있었다. 말리주는 몽펠리에 근처의 작은 스튜디오에 경량급 카메라, 카메라 이동용 레일, 편집 장비, 음향 장비를 갖추고 있었다. 또한 배우들은 이익 배분의 조건으로 참가하고, 로베르 라슈네, 클로드 드 지브레, 알랭 자넬 등 친구들이 조감독으로 동참할 예정이었다. 그럼에도

45일의 촬영과 편집 작업 기간 동안 들어갈 기본 비용은 확보해야 했다.

〈개구쟁이들〉의 자금 조달을 위해 프랑수아와 아주 가까워진 마들렌 모르겐슈테른이 부친에게 도움을 청하자, 부친인 이냐스 모르겐슈테른은 코시노르의 부하 직원 마르셀 베르베르에게 안건을 위임했다. 베르베르는 이렇게 회상했다. "모르겐슈테른 사장은 내게 말했다. '이 젊은이가 영화를 만들고 싶어 하네. 내 생각에 영화를 만들려면 먼저 자신의 회사를 세우는 편이 나을 것 같네. 자네가 해줄 수 있는 일이 있는가 검토해 보게'라고." 마르셀 베르베르는 아믈랭 가에 위치한 코시노르의 사무실에서 프랑수아 트뤼포를 처음으로 만났다. 25세의 트뤼포는 머뭇거리며 "업무차 방문했다"고 말했다. "그는 다소 작은 체구에 작은 양복을 입고 있었는데, 자신에게 제작사 설립에 관해 충고해 주는 회사 중역 앞에서 주눅이 든 듯했다."

이렇게 해서 트뤼포는 자신의 제작사를 세우고 장 르누아르에 대한 경의를 담아 '카로스 영화사'라는 이름을 붙였다.* 그리고 영화 자금지원 기관인 UFIC에서 영화의 예산에 상응하는 2백만 구 프랑을 신용 대출했다. 무명의 젊은이에게 이 융자금을 승인해 주는 것은 마르셀 베르베르가 UFIC의 책임자에게 보증 전화 한 통을 거는 것으로 충분했다. 코시노르의 전체 업무 규모로 볼 때 이 기획의 위험 부담은 사실상 미미한 것이었다. 마르셀 베르베

• 장 르누아르 감독은 1952년 영화 〈황금 마차Carrosse d'or〉를 만들었다.*

르의 말에 의하면, "트뤼포는 오랫동안 그가 이 돈을 대출받은 것이 자신의 선량한 얼굴 덕분이라고 믿고 있었다! 현상을 위해 그가 필름을 가져왔을 때도 마찬가지로 우리 회사가 보증을 해 주었다. 프랑수아가 진상을 알게 된 것은 꽤 오랜 시간이 지나고 나서였다." 장차 장인이 될 사람으로부터 자신도 모르는 상태에서 받은 도움으로 트뤼포는 첫 영화의 연출을 준비했다.

내일의 영화는 사랑의 행위가 될 것이다

〈개구쟁이들〉의 촬영에 들어가기 전에, 이미 스타급 저널리스트인 프랑수아 트뤼포는 자신의 마지막 언론 운동의 기회를 놓치지 않도록 애썼다. 칸영화제 개막 직전인 1957년 4월 20일자 『아르』 1면에 트뤼포는 3단 크기로 새로운 기사를 발표했다. "칸영화제의 미래는? 다섯 심사위원이 한림원 회원. 문학의 득세 예상"이라는 공격적 제목으로 트뤼포는 전통주의를 고수하는 영화제에 의문을 던지면서 포문을 열었다. 5월 15일 영화제 폐막 시점에서는 다시 『아르』지에 "독자들 모두가 재판의 증인. 잘못된 전통 아래 괴멸하는 프랑스 영화"라는 제목의 기사를 실었다. 일주일 뒤 트뤼포는 "타협, 술수, 과오가 지배하는 실패작, 칸영화제"라는 제목으로 결정적 일격을 가했다. 트뤼포가 볼 때 프랑스에서 제작되는 영화에는 "보잘것없는 것들이 너무 많았다." 그것은 4년 가까이 그가 규탄해 온 '고품격의 영화', 즉 구식 방법론에 갇힌 채 천편일률적인 각본과 연기자들로, 낡은 스튜디오 안에서 인위적으로 만든 영화들이었다. 말하자면 영안실 안에서 응고되어 버려, 젊음과 혁신에 조소를 감추지 않는 그런 영화들이었다. 공격할 때면 늘 그랬듯이, 트뤼포는 자신이 숭배하는 감독들을 찬미하는 방식을 취했다. 이번에는 르누아르, 오퓔스, 로셀리니가 "지문과도 같이 개성 있는 영화를 만드는" 작가로서 거론되었다.

프랑스 영화의 위기를 분석하는 가운데 트뤼포는, 제작자와 각본가, 감독들이 서로 책임을 전가한 결과 발생한 파산 상태를 거리낌 없이 지적했다. 트뤼포의 생각에 유일한 해결책은 감독이자 동시에 각본가로서 자신의 안목을 충분히 내세울 수 있고, 스태프와 연기자, 촬영 무대, 음악, 이야기 소재를 자유롭게 선택하면서 제작자와 대등한 위치에서 대화를 나누는, 이른바 '작가$_{auteur}$'에게 신뢰를 부여하는 것뿐이었다. 트뤼포는 결론에서 "내일의 영화는 모험가들이 만들 것이다"라고 썼다. 그것은 비평가로서의 유언인 동시에 자신의 미래에 대한 예언처럼 보였다. "미래의 영화는 사소설이나 자전적 소설보다도 더 사적인 것, 마치 고백록이나 일기와도 같을 것으로 생각한다. 젊은 감독들은 일인칭 형식으로 스스로를 표현할 것이며, 자신들의 경험을 관객들에게 이야기할 것이다. 그것은 첫사랑에 관한 이야기이거나 혹은 최근의 사랑 이야기일 수도 있고, 정치에 대한 자각, 여행기, 질병, 군 복무, 결혼, 얼마 전의 휴가에 관한 것일 수도 있다. 이것은 실제의 경험이자 새로운 것이라서 틀림없이 즐거움을 줄 것이다. 내일의 영화는 카메라를 든 공무원이 아니라, 영화 촬영을 통해 놀랍고도 자극적인 모험을 찾아내는 예술가들이 만들 것이다. 내일의 영화는 그것을 만드는 사람을 닮을 것이며, 관객의 수는 그 감독의 친구의 수와 비례할 것이다. 내일의 영화는 사랑의 행위가 될 것이다."

이번에도 트뤼포는 영화계에 분노를 일으켰다. 칸영화제의 총 대표 로베르 파브르 르 브레가 거세게 반발하여 반론 게재 청구권*을 주장했고, 그의 반론은 1957년 6월 12일 자 『아르』에 게재되었다(다음 해에 칸영화제 집행부는 트뤼포에게 취재 허가증을 내주지 않았지만, 그럼에도 트뤼포는 다시 칸에 간다). 이어서 클로드 오탕라라가 전선에 나서 이 분노한 영화 잡지계의 젊은이를 침묵시키고자 시도했다. 자신이 비록 스탕달의 〈적과 흑〉, 라디게의 〈육체의 악마〉, 콜레트의 〈이삭 없는 보리〉 등을 영화화한 '프랑스 고품격'의 대표 감독이긴 했어도, 동시에 〈연인〉, 〈아멜리를 돌보며 Occupe-toi d'Amélie〉, 〈파리 횡단 La Traversée de Paris〉 등 훨씬 개인적이고 어두운 영화도 감독했다는 점을 고려했던 것이다. 에리히 폰 슈트로하임이 사망한 지 일주일 지난 5월 19일, 오탕라라는 슈트로하임을 추모하는 라디오 방송 프로에 출연해 트뤼포에게 말을 던졌다. "오늘 아침 불운한 영화감독 에리히 폰 슈트로하임의 장례식에서 나는 검열이란 존재하지 않는다고 파렴치하게 우겨대는 잡지계의 젊은 불한당을 생각했습니다. 나는 그의 귀를 잡고 〈그리드 Greed〉의 작가의 무덤으로 끌고 와, 검열의 대표적 희생자였던 감독의 무덤을 보여 주고 싶었습니다."

• 자신을 비판한 언론에 무료로 반론을 게재할 권리*

6월 19일에 트뤼포는 자신의 경력을 통해 가장 공격적이라고 할 만한 신랄한 기사를 통해 대응했다. 트뤼포는 "가짜 순교자"인 오탕라라가 지적 포기 상태의 "속물 감독"에 지나지 않으며, 다른 사람이 쓴 시나리오 뒤에 숨어 버린 비겁자로서, "돈에 의해 부패한" 시스템 내부에서 작업한다고 비난했다. 이런 시스템 때문에 그에게는 〈불행의 순간En cas de malheur〉에서 브리지트 바르도를 연출한 대가로 2천5백만 프랑의 급료를 받으면서도, 어떤 장면에서도 개성 있는 연출 작업의 위험을 무릅쓰는 일은 없도록" 허용된다는 것이다. 그러고는 이렇게 결론을 내렸다. "이 글에서 반복 사용되는 용기라는 단어는 클로드 오탕라라에게는 쏙 빠져 있는 어떤 것을 지칭한다. 그에게는 투덜대거나 비방할 용기밖에 없다."

트뤼포는 7월 3일자 『아르』에서 승리를 맛보았다. 오탕라라의 분노에 찬 반응에, 트뤼포는 자신의 주장에 호의적이며 "잡지계의 젊은 불한당"이라는 멸시적 호칭에 분개한 독자들의 편지를 내세웠다. 이 편지들은 패배감에 신경이 날카로워진, 그리고 "완전히 부패한 시스템 속에 팔려 나간" 감독의 절망적이고 불명예스러운 초상을 대조적으로 그려 냈다. 1년 뒤 트뤼포는 승리를 과시하듯, 전에 〈파리 횡단〉에 찬사를 보냈을 때처럼 다소 불성실한 방식으로 클로드 오탕라라의 신작 〈불행의 순간〉을 특별히 옹호해 주기까지 한다. "몇 년 전 순진무구한 스무 살의 나였다면 이같은 영화를 통틀어 맹렬하게 비난했을 것이다. 오늘 나는 훌륭하다기보다는 영리한, 고결하다기보다는 빈틈없는, 다감하다기보다는 눈치 빠른 영화에 부분적으로나마 감탄하는 나 자신을 문득 깨닫고는 얼마간의 쓸쓸함을 느낀다."

프랑수아 트뤼포는 파리의 언론을 동원해 오탕라라를 적수로 삼아 사정없이 몰아세우는 데서 멈추지 않았다. 다른 명성 높은 기성 감독 역시 그의 사정권 안에 들어왔다. 예를 들면, 이브 알레그레는 〈아가씨들 조심을Méfiez vous fillettes〉에서 매춘 사회를 완전히 작위적이며 경멸적 시선으로 재현했다고 비판받았다. 트뤼포는 알레그레가 생활로부터 유리되어 있으며, 피갈에는 발을 디뎌본 적도 없다고 비난했다. 한마디로 알레그레가 "어려움이라고는 모르는 중산층 출신 감독, 즉 엘리제 클럽에서 지겹게 되풀이되는 험담을 통해 보는 인생, 렉스 클럽의 에스컬레이터에서 바라보는 인생, 에투알 광장의 바자밖에는 알지 못하는 프랑스 영화감독" 가운데 한 명이라는 것이다.

또한 트뤼포는 천박한 대사와 등장인물에 대한 감독의 멸시를 문제 삼아 미셸 오디아르도 공격했다. 상투성으로 널리 알려진 감독 카를로 림도 예외가 아니었다. 트뤼포는 그에 관한 1957년 11월 6일 자 기사를 통해, 감독은 결코 "관객을 멸시하고 과소평가하면 안 되며, 감독 자신과 동등하게 대우해야 한다"는 훈시적 주장을 펼쳤다. 따라서 "당신들을 웃게 하는 경우가 아니라면 관객을 웃겨서는 안 되며, 당신들을 울리는 경우가 아니라면 관객을 울릴 요소를 영화 속에 넣으면 안 된다"는 규칙을 존중해야 한다는 것이다. "속물적 영화감독을 부패시키는 돈", 타락한 시스템 그리고 프랑스 영화의 "공무원들"을 향한 트뤼포의 이 같은 비방은 제4공화정 말기의 다른 분야의 저항적 기조와도 방향을 함께 하는 것이었다. 공산주의자에서 드골주의자까지, 푸자드*에서 드골까지, 모두가 당시의 신문 칼럼과 논단을 통해 '법률상의 국가'와 '현실상의 국가' 사이의 단절을 지적하면서, 프랑스의 정치 제도와 의회 제도의 부패를 문제 삼았다. 1950년대 말의 프랑스는 신선한 공기, 사실상의 대혼란을 필요로 하고 있었다. 정치, 사회, 문화계 등 모든 영역에서 그 필요성이 감지되었으며, 트뤼포는 타고난 논쟁적 재능으로 영화 영역에서 사람들에게(독자들에게) 끝없이 호소함으로써 활력제의 필요성을 체현했다.

아직 트뤼포가 직접 공격을 가하지 않은 마지막 '프랑스 고품격'의 감독은 앙리 조르주 클루조와 르네 클레망이었다. 실상 이 두 명은 트뤼포가 '철옹성'이라는 별명을 붙인 인물이었다. 도니올-발크로즈와 앙드레 바쟁은 이 저명한 감독들과 가까운 사이였지만, 1957년 12월 『카이에 뒤 시네마』에서 트뤼포가 클루조에게 행한 사실상의 형 집행을 저지할 수는 없었다. "현장의 클루조, 혹은 공포정치의 군림"이라는 제목의 이 글은 현시점에서 보아도 놀랄 만큼 과격한 어조로 쓰였다. "〈스파이Les Espions〉를 만들면서 클루조는 마치 카프카와 같은 부조리를 실천했다. 겨우 7개의 단어만을 사용해 기획의 핵심을 완벽하게 설명하는 방식을 통해서." 트뤼포는 〈스파이〉의 촬영 비화를 설명하는 가운데 촬영

---

* 프랑스의 정치인. 1953년에 '프랑스 상인수공업자 수호연맹'을 창설하면서 '푸자드 운동'을 시작했다.*

장에서 감독이 조성하는 공포 분위기를 비난하면서 그렇게 썼다. 클루조와 클레망은 이렇게 트뤼포가 그 출현을 소망하고 있는 '내일의 영화'로부터 추방되었다. 클레망에 대해서 트뤼포는 〈태평양의 방파제Barrage contre le Pacifique〉를 평할 때 특히 엄격한 모습을 보였다. "클레망의 핵심은 현재 촬영 중인 영화가 전의 작품보다는 더 많은 돈이 들고, 다음 작품보다는 덜 든다는 점이다." 공포 분자 클루조, 타락자 클레망…… 두 사람은 단칼에 베였다.

그렇지만 프랑수아 트뤼포에게 프랑스 영화의 모든 것이 내몰려야 하는 것은 아니었다. '불량 감독들'의 맞은편에는 위대한 작가들이 자리하고 있었다. 그리고 트뤼포의 펜 아래에서 언급되는 것은 늘 같은 이름, 즉 르누아르, 기트리, 베케르, 브레송, 강스, 오퓔스, 타티, 콕토, 레엔하르트였다. 남은 일은 자신의 판단의 정당성에 대해, 점점 더 숫자가 늘어가는 독자와 적수를 설득하는 것뿐이었다.

기트리의 이야기를 해 준다면

기트리를 예로 들면, 1950년대 중반에 여전히 그는 연극계의 인물로서 작가이자 재담가로 간주되었으며, 프랑스 해방 이후 정치적·도덕적 비난의 위협 아래 놓여 있었다. 그 결과 기트리는 영화 애호가에게 무시당하고, 좌익 비평계에서 멸시받았다. 그러나 트뤼포는 자신의 성장기에 강한 인상을 남긴 영화 〈사기꾼 이야기〉의 감독으로서 기트리의 충실한 지지자로 남아 있었다.

이후 사샤 기트리의 모든 작품은 "프랑스 영화에 대한 선입견"에 대항해 치열하게 투쟁한 영화로 되었다. 1956년 3월 트뤼포는 〈파리 이야기를 해 준다면Si Paris nous était conté〉이 비평계에서 단연코 과소 평가되었다고 판단하고 옹호 운동을 전개했다. 그러나 〈데지레Désiré〉와 〈너의 눈을 다오Donne-moi tes yeux〉의 감독과 비평계 사이의 거리(혹은 균열)는, 두 편의 신작 〈자객과 도적Assassins et Voleurs〉과 〈셋 모두 마찬가지Les trois font la paire〉의 개봉 시점에 더욱 분명해졌다. 이때 기트리는 이미 중병으로 움직이기도 힘든 상태였다.

트뤼포는 이 도전 상황에 맞서 어느 때보다도 공격적으로 명예 회복 작업에 뛰어들었다. 이것은 지난 몇 년 동안의 가장 빛나는 전투로 부를 만한 것이었다. 트뤼포는 1957년 2월 13일 자 『아르』에 〈자객과 도적〉의 평론을 싣고 도발적 유머가 돋보이는 "원기 왕성한 사샤"라는 제목을 붙였다. 그러고는 이 영화가 그해의 최고작 가운데 한 편이라는, 평론계의 지배적 견해와는 거리가 먼 주장을 펼치면서 항의하듯이 이렇게 썼다. "사샤 기트리는 놀랍도록 경쾌하게 영화를 만든다. 이러한 연출 방식은 정말 탁월한 것으로, 그것은 그의 유머 정신에 완벽히 합치한다. 내가 사샤 기트리를 좋아하는 이유는 음란함과 외설 가운데서 늘 외설을 선택하기 때문이고, 그의 유머 정신은 한계를 모르며 장애인, 노인, 어린이, 죽은 자까지도 다른 사람과 똑같이 그 대상이 되기 때문이다." 트뤼포는 평론계의 인습을 맹렬히 비난하면서 〈자객과 도적〉의 희극적 기지를 옹호하고, "세상을 비웃는 유쾌한 낙천가들이 며칠 만에 후닥닥 만든 영화도 중요한 작품이 될 수 있다"고 주장했다. 이 젊은 평론가가 유일하게 후회한 것은, 자신이 기꺼이 르누아르에 비교했던 기트리를 한 번도 만나지 못한 일이었다. "1955년 〈자객과 도적〉 촬영 때에 나는 사샤 기트리를 인터뷰하고 싶었다. 그의 비서는 인터뷰는 가능하지만, 내가 먼저 질문지를 마련해 주어 선생께서 사전에 읽어 보도록 해야 한다고 답했다. 어리석게도 나는 그것을 거절했다. 그날 나는 정말 바보 같았다." 1957년 7월 기트리의 죽음을 맞아 쓴 추도문에서 트뤼포는 그렇게 고백했다.

시간에 맞추어 가는 바딤

1950년대 중반 두 젊은 감독, 알렉상드르 아스트뤼크와 로제 바딤이 '고품격 영화'에 대항해 혁신의 욕구를 구체화했다. 트뤼포에게 이 두 명은 현실 생활과 밀접히 연결된 개인적인 영화, 새로운 영화의 상징과도 같았다. 1957년 5월 15일 자 『아르』에 그는 이렇게 썼다. "바딤은 현재의 여성, 질주하는 자동차, (전쟁 전 시대를 흉내 내는 사랑이 아니라) 1957년의 사랑 등과 같이 자신이 잘 아는 것만을 이야기할 것이다. 한편 좀 더 관념적인 알렉상드르 아스트뤼크는 서정으로 충만한 영화를 만들 것이다. 아스트뤼크의 영화는 인물들이 시대극 의상을 걸치고 등장하는 경우라면 매우 아름답고 대단히 상업적인 영화가 될 것이며, 같은 인물들이 현대적 의상을 걸친 상태로 같은 연기를 하는 경우라면 매우 아름다우면서도 비상업적인 영화가 될 것이다." 이번 역시 트뤼포의 관점은 비평계 전반의 견해와는 거리가 멀었는데, 아스트뤼크와 바딤은 비평계에서 비난을 받고 있었기 때문이다. 1955년 〈잘못된 만남〉이 개봉되었을 때 아스트뤼크가 강조한 "세속성의 귀중함"은 비웃음을 샀으며, 다음 해에 〈그리고 신은 여자를 창조했노라Et Dieu créa la femme〉에서 브리지트 바르도의 옷을 벗긴 로제 바딤의 뻔뻔함은 거센 비난을 받았다.

바르도의 사진이 『아르』의 1면에 실리면서 사건은 큰 물의를 일으켰다. 1956년 12월 12일 자에 트뤼포가 쓴 기사의 제목은 "영화 평론가들은 여성 혐오자, B.B.는 음모의 희생자"였다. 지식인과 도덕주의자인 척하는 검열관에게서 거센 비판이 쏟아졌을 뿐 아니라, 이 프랑스 영화의 새로운 스타는 대중매체 속에서 또한 지속적인 소문과 가십, 험담의 대상이 되었다. 다시 한번 트뤼포는 공개적인 아군 지지를 표명했다. "불운하게도 한 달 동안 세 편의 영화에 모습을 보인 바르도는 자신을 대상으로 하는 험담꾼 부대가 결성되는 현상을 목격하고 있다. 그들은 암산 능력이 모자라 손가락으로 3천만 곱하기 3을 계산해 보고는, 그것이 어려서부터 영양실조에 걸린 지식인들이 초라한 원고료에 의존해 평생 벌 돈과는 비교도 할 수 없을 정도의 액수라는 사실을 깨닫는 자들이다."

특히 바르도 신화의 출현과 함께, 트뤼포는 프랑스 영화가 내부 균열을 보이고 있다고 생각했다. 그것은 해방된 여성 신체의 출현이자 새로운 종류의 에로티시즘으로, 당대 영화에서 보이는 교태라든가 외설성과는 거리가 먼 것이었다. "나는 바딤이 자신의 젊은 아내에게* 일상생활의 가벼운 행동, 이를테면 샌들을 가지고 장난친다든가 한낮에 애정 행위를 하는(그리 가벼운 건 아니겠지만, 어쩌면 그렇게 사실적으로!) 것을 카메라 앞에서 재현한 데 고마움을 느낀다. 다른 영화를 흉내 내는 대신 바딤은 영화를 망각하고 '생활을 모방'하려 했으며, 그 진정한 사생활을 흉내 내고자 했다. 그리고 약간 자기 만족적인 두세 군데의 마무리를 제외하고는 그는 이 목표를 완벽하게 달성했다." 브리지트 바르도는 트뤼포의 글에 전혀 기분 상해하지 않고, 오히려 12월 13일 그에게 수줍은 감사의 글을 보냈다. "친애하는 트뤼포 선생님.『아르』에 쓴 글을 읽고 저는 매우 감동했고 큰 용기를 얻었습니다. 마음으로부터 감사를 드립니다." 트뤼포는 브리지트 바르도를 매릴린 먼로나 제임스 딘과 동등한 차원, 즉 존재 자체만으로 다른 배우 대부분을 구시대적으로 만드는 인물로 간주했다. 트뤼포의 생각으로는, 예를 들어 제임스 딘이 제라르 필립을 무대 배우의 과장된 연기로 몰아 버린 것처럼, 브리지트 바르도의 출현으로 "에드비주 푀이에르, 프랑수아즈 로제, 가비 모를레, 벳시 블레르 그리고 최우수 연기상 수상자 모두"가 "노티 나는 마네킹"의 대열로 쫓겨난 것이다.

바딤만이 자기 시대의 여성을 영화에 담은 반면 다른 감독들은 20년 뒤처져 있었다. 1957년 4월에는 로제 바딤의 두 번째 영

---

* 당시 로제 바딤과 브리지트 바르도는 부부였다.*

화 〈대운하Sait-on jamais?〉가 『카이에 뒤 시네마』의 표지에 실렸다. 이어서 7월에는 역시 『카이에 뒤 시네마』를 통해 장뤽 고다르가 이 현상의 중요성을 재차 확인했다. "로제 바딤은 '시대의 조류를 타고' 있다. 그것은 명확하다. 그의 동료 대부분은 여전히 '공회 전'을 계속하고 있다. 이 또한 명확하다. 그러나 이 모든 것을 떠나, 이미 오래전에 프랑스 영화의 초석이 되었어야 할 것을 마침내 자연스럽게 이루어낸 것으로 바딤은 찬양받아야 한다. 사실상 '시대의 공기를 호흡하는' 것만큼 자연스러운 일이 있을까. 그러므로 바딤이 앞서가고 있음을 찬미하는 것은 아무 도움도 되지 않는다. 왜냐하면 실제로는 다른 사람들은 모두 늦게 가고 있는 반면 그는 시간에 맞추어 갈 뿐이기 때문이다."

개구쟁이들

"시간에 맞추어 간다"는 말처럼, 1957년은 프랑수아 트뤼포에게 결정적인 해였다. 개구쟁이들만을 제외하면 님에서의 촬영 준비는 완료되었다. 1957년 7월 30일 아침 앵페라토르 호텔에 짐을 푼 트뤼포의 첫 임무는 영화에 출연할 아이들을 고르는 일이었다. 트뤼포는 『미디 리브르Le Midi libre』지에 광고를 냈다. "영화감독이 '개구쟁이' 역의 소년 5명을 구함. 나이는 11세 이상 14세까지." 7월 31일 신문사에 모여든 50여 명의 소년 가운데 다섯 명을 뽑은 뒤, 마침내 8월 2일 마을의 원형 투기장에서 첫 촬영을 했다. 『미디 리브르』는 이 사건을 근접 취재했다. 그리고 8월 한 달 동안 무려 열두 차례에 걸쳐 〈개구쟁이들〉의 촬영 기사를 실었다. 기자는 이렇게 보도했다. "오늘 아침 (이제는 영화감독인) 평론가 프랑수아 트뤼팽[원문의 오기 그대로]이 자신의 첫 영화의 촬영을 개시했다. 원형 투기장은 (할리우드의 경우와 꼭 같지는 않았지만 그래도) 스튜디오와 아주 흡사했다. 촬영 장비들이 펼쳐져 있으며, 이 장비들을 조심스럽게 관리하는 사람은 (그 또한 님 출신인!) 촬영 감독 장 말리주다."

사실 기술 장비는 꽤 초보적인 것이었다. 후시 녹음이었으므로 소음에 신경 쓰지 않아도 되는 이동차 한 대, 8미터 길이의 이동차용 레일, 경량급 35밀리미터 카메라 한 대, 광선 반사판 세 개, 광전기 필름 한 통이 전부였다. 이 장비들이 장 말리주, 로베르 라슈네, 클로드 드 지브레, 알랭 자넬로 구성된 조촐한 스태프진에게 주어졌다. 예산의 제약 때문에 이러한 경량 장비가 불가피했다. 베르나데트 라퐁은 이렇게 회상한다. "돈 한 푼 없이 나는 부모님 집에서 생활했고, 클로드 드 지브레도 함께 머물렀다. 프랑수아는 앵페라토르 호텔에 들기를 원했다. 그는 '마들렌의 전화를 받을 때, 나는 좋은 호텔에 있어야 한다'는 명분을 내세웠다. 그러나 그가 호텔에 자전거를 가지고 들어가면서 소란이 벌어졌다. 당시로서는 매우 세련되고 규정도 엄격한 호텔이었는데, 그는 청색 반바지 차림이었던 것이다."

8월 5일과 6일, 그들은 님의 테니스 클럽으로 이동했다. 봄부터 속성 훈련을 받았음에도, 베르나데트 라퐁과 제라르 블랭의 실력은 별 진척이 없어 보였다. 8월 7일 오전 첫 리트머스 시험이 행해졌다. 지난 4일 동안 찍은 러시 필름을 코로나 극장에서 볼 수 있었던 것이다. 트뤼포는 철저히 분석한 뒤 쇼트들이 약간 고르지 못하다는 것을 알았다. 그리고 "다소 정적인 성향"을 지적했고, "지나치게 세심한 촬영"에 우려를 표명했다. 8월 8일 트뤼포는 몽펠리에역의 팔라바스행 열차가 지나는 플랫폼에서 두 연인의 이별 장면을 촬영했다. 베르나데트 라퐁의 기억에 그것은 힘들었던 순간으로 남아 있다. "프랑수아는 내가 눈물을 흘리기를 원했지만, 아무리 애써도 그렇게 되질 않았다. 그러자 그는 나를 격려하면서 이렇게 말했다. '알잖아요……. 브리지트 바르도는(그와 나 모두 바르도를 매우 좋아하고 있었다) 아주 훌륭한 배우는 아니랍니다. 나는 그녀가 눈물을 흘리지 못할 거라고 생각해요. 하지만, 당신은 해낼 수 있어요!' 나는 울고 또 울었다. 그러나 그 쇼트는 편집 과정에서 채택되지 않았다." 다음 날에는 생-탕드레-드-발보르뉴 근처의 시골에서 중요한 장면을 촬영했다. 제라르 블랭이 꼬마 한 명을 붙잡아 "이 돼먹지 못한 놈!"이라며 야단치는 장면이었다.

촬영 기간 중 주말 휴식 시간을 이용해 첫 종합 평가를 한 뒤, 트뤼포는 베르나데트 라퐁이 맡은 인물의 비중을 늘리기로 결정했다. 8월 11일 일요일 오전에 트뤼포는 친구 샤를 비치에게 "그것이 이 영화의 가장 훌륭한 부분"이라고 편지를 썼다. 또한 트뤼포는 아이들을 연출하는 데서 큰 즐거움을 느끼고 아이들에게 관심을 집중하기로 했다. 비치에게 보낸 같은 편지에서 그는 이렇게 썼다. "내가 그 아이들에게서 얻은 것은 촬영의 마지막 며칠간, 그

〈개구쟁이들〉의 주인공인 베르나데트 라퐁, 제라르 블랭과 함께 있는 트뤼포

리고 원기 왕성하게 임했던 촬영 시작 시점과의 사이에 큰 차이가 있다는 점이라네." 사실 힘든 것은 제라르 블랭과의 관계였다. 블랭은 트뤼포가 자신의 젊은 아내 베르나데트 라퐁에게 보이는 관심에 변덕과 질투를 느끼는 것 같았다. 블랭은 짐짓 방관자처럼 행동하면서 다른 사람들을 남겨 둔 채 촬영장을 떠나기도 했다. 그러나 현장 분위기는 곧 호전되었는데, 아마도 이 역시 트뤼포가 가진 자신감 때문이었을 것이다. 베르나데트 라퐁의 기억으로는, "사람들은 그를 '꼬마 하사'*라고 불렀다. 영감에 싸인 듯한 정열적 표정, 원대한 야심에 차 있는 그의 옆모습이 마치 아르콜 다리 위의 나폴레옹처럼 보였기 때문이다. 그에게는 여성적인 일면도 있었는데, 재능을 발휘해 타인에게서 무언가를 끄집어내는 점이 그러했다."

1957년 9월 7일 아침 파리로 돌아온 프랑수아 트뤼포는, 5주 동안 프로방스에서 강도 높은 작업을 해 지친 상태이긴 했어도 마음은 비교적 가벼웠다. 〈개구쟁이들〉의 첫 상영은 11월 17일 오슈 가에 위치한 BBC 시사실에서 있었고, 이어서 열흘 뒤 두 번째로 샹젤리제의 UGC 극장에서 상영되었다. 트뤼포는 문자 그대로 공포와 두려움으로 고문당하고 있었는데, 급기야 11월 7일에는 의사의 지시로 X선 검사를 받은 결과 연기증**으로 판명되었다. 이후 이 증상은 영화 촬영을 전후해 매번 트뤼포에게 찾아오

• 나폴레옹 1세의 별명*
•• 계속 트림이 나오는 증상*

게 된다. 냉랭하고 삭막한 시사회 분위기를 두려워한 트뤼포는 『카이에 뒤 시네마』와 『아르』의 여러 동료와 친한 감독들을 동원했다. 그래서 11월 27일 시사회에는 알렉스 조페, 로베르토 로셀리니, 피에르 카스트, 노르베르 카르보노, 오디베르티와 콕토가 참석했다. 두 번째 시사회 전날 트뤼포는 라슈네에게 이렇게 편지를 썼다. "시사실이 매우 크니까 함께 오고 싶은 사람은 모두 데려왔으면 하네. 극장에 사람들을 꽉 채워서 분위기를 좀 띄우고 싶어." 이 첫 실천 작업에 반격이 가해지리라는 것을 트뤼포는 잘 알고 있었다. 사실상 수많은 적은 작은 결점 하나만 보아도 트집을 잡을 것이다. 그들로서는 '고발된 고발자'라는 형태의 아주 오래된 역작 코미디 〈물 맞은 살수인 L'arroseur arrosé〉*을 걸고넘어지는 것만으로 충분했다.

리베트, 로메르, 고다르, 도니올-발크로즈, 바쟁 등 동료들의 반응은 트뤼포에게 용기를 주었다. 그러나 진정으로 안도한 시점은 국립영화센터에서 12월 18일과 19일 이틀간 실시한 기자 및 영화업계 전문가 대상 시사회 직후였다. 피에르 브롱베르제, 앙리 도이치마이스터, 폴 그레츠 등의 제작자가 이 영화에 호의적 반응을 보였다. 시몬 시뇨레 역시 자신이 출연한 영화들에 늘 혹독한 평가를 내렸던 트뤼포에게 심기가 불편했음에도 불구하고 호평을 했다. 11월 23일 〈개구쟁이들〉이 투르단편영화제에서 상영되었을 때 시사회장은 만원이었다. 트뤼포는 경쟁 부문에 영화

• 뤼미에르 형제의 유명한 단편 영화이며 '자업자득'이라는 의미도 지닌다.*

를 출품하는 대범함은 가지지 못했으나, 영화제에서 열광적 반응을 얻자 좀 더 과감하지 못했음을 곧 후회했다. 심사위원이었던 앙드레 바쟁 역시 같은 생각을 했는지, 이틀 뒤 『르 파리지앵』지에 이렇게 썼다. "프랑스 영화 상영작 가운데 가장 흥미롭게 생각되는 프랑수아 트뤼포의 〈개구쟁이들〉이 경쟁 부문에 출품되지 않은 것이 진심으로 유감스럽다." 리베트는 11월 27일 자 『아르』에 실린 영화제 취재기에 〈개구쟁이들〉이 장 비고와 장 르누아르를 상기시킨다고 썼다. 트뤼포는 도박에서 승리한 것이다. 적들은 침묵했고 몇 명은 벌써 트뤼포 쪽에 동조했지만, 공공연하게 그의 편을 든 것은 동료들뿐이었다.

그러나 〈개구쟁이들〉의 일반 개봉은 1년을 기다려야 했다. 1958년 11월 6일 이 영화는 라 파고드 극장에서 두 편의 중편 영화, 장 루슈의 〈물의 자식들Les fils de l'eau〉과 캐나다 출신인 콜린 로의 〈황금의 도시Capitale de l'or〉와 한 프로그램으로 편성 상영되었다. 개봉 전인 1958년 2월 〈개구쟁이들〉은 브뤼셀국제영화제에 출품되어 감독상을 받았다. 언론들은 이 소식을 크게 다루었고, 대부분 찬사를 보냈다. 『프랑스 수아르』의 기사는 이러했다. "사람들은 그가 궁지에 빠지기를 기다리고 있었지만, 그는 자랑스럽게 시험을 치러냈다. 아직 그가 탄탄한 이야기를 풀어 가지는 못함에도 불구하고, 이 단편은 재능으로 넘쳐 나고 있다. 그는 이미지에 대한 감수성을 지니고 있고, 배우들을 연출하는 법을 잘 알며, 특히 시적인 동시에 냉혹한 '톤'을 소유하고 있다." 주간지에 글을 쓰던 동료들은 한목소리로 트뤼포의 첫 시도를 적극 지지했다.『르 피가로 문학판』의 클로드 모리악,『라디오-시네마-텔레비지옹』의 자크 시클리에,『프랑스 옵세르바퇴르』의 자크 도니올-발크로즈,『아르』의 자크 오디베르티,『프랑스 문예』의 폴 루이 티라르,『카이에 뒤 시네마』의 클로드 베일리가 모두 호의적인 기사를 썼다. 이 같은 찬사의 합주 속에서 장 들라누아가 조화를 깨는 음을 냈다. 실은 들라누아 자신이 먼저 정면으로 도전받았다는 표현이 옳을 것이다. 왜냐하면 영화 속에 개구쟁이들이 〈실종된 개들〉의 포스터를 찢으면서 즐거워하는 장면이 등장했기 때문이다. 1958년 2월『프랑스 수아르』는 들라누아의 발언을 실었다. "프랑수아 트뤼포가 최근에 그를 사위로 삼은 유력 배급업자의 지원으로 첫 영화를 감독했다는 사실을 알면, 그리고 그 배급업자가 나의 두 작품 〈파리의 노트르담Notre-Dame de Paris〉과 〈실종된 개들〉을 통해 수익을 얻었다는 사실을 알면, 〈개구쟁이들〉의 이야기는 각별히 씁쓸해진다. 나는 나의 가장 맹렬한 적수의 데뷔를 수월하게 만드는 데 일정 부분 기여했음을 만족스럽게 생각한다." 출세를 위해 부유한 배급업자의 딸과 결혼한 야심 찬 비평가…… 이후 이 풍문은 어두운 전설로서 오랫동안 프랑수아 트뤼포에게 붙어 다녔다.

마들렌

수개월 전부터 프랑수아 트뤼포와 마들렌 모르겐슈테른은 자주 만나면서 가까운 사이가 되었다. 두 사람 모두 독서를 좋아했으며, 영화관에도 자주 함께 갔다. 자동차에서 트뤼포는 운전하는 그녀를 즐겨 바라보았다. 그녀의 운전 모습은 트뤼포에게 혹스나 히치콕 영화의 여성들을 상기시켰다. 그러는 사이 여름 내내 〈개 구쟁이들〉을 촬영한 후 결혼 문제가 현안으로 다가오자 그들은 가을에 결혼하기로 계획을 세웠다. 외동딸인 마들렌은 16구에 있 는 라투르 가에서 부모와 함께 살았다. 모친은 독점욕이 강한 사 람이었고, 부친에 대해 각별한 애정을 지닌 마들렌은 늘 부친 가 까이서 함께 일하고 있었다. "반사회적이고 이단의 냄새가 나는 젊은 저널리스트"와의 결혼은, 비록 부모에 대한 반항은 아니었 어도 당시로서는 매우 대담한 행동이었다.

종교는 없지만 엄격한 교육 아래 성장한 마들렌은 트뤼포의 강 렬한 눈빛에 사로잡혔고, "마음에 드는 사람과 마음에 드는 일만 을 할 수 있도록 일종의 차폐물 역할을 하는" 그의 수줍음에 매혹 되었다. 트뤼포에게서는 얼마간의 고독감도 풍겼는데, 이것은 마 들렌이 그때까지 만났던 집안 좋은 젊은이들과 다른 점이었다. 트뤼포와 함께 있을 때 그녀는 다른 세상, 다른 삶의 방식을 발견 하는 느낌을 받았다. "그는 대수롭지 않은 일이나 특징 없는 것에 대해서는 절대로 이야기하지 않았다." 트뤼포의 영향으로 그녀 의 영화 취향도 바뀌어 갔다. "나는 프랑수아가 좋아하는 영화들 을 좋아했다. 몇몇 영화에 인상을 찌푸리긴 했지만, 그래도 그가 선택하는 영화들로 되돌아갔다." 프랑수아 트뤼포에게 마들렌은 지성과 유머, 근엄함, 그리고 트뤼포가 대단히 민감해하던 '다른 문화'의 매력 등을 그대로 구현했다. 그녀는 매우 온화한 성격에 레슬리 캐런을 떠올리게 하는 독특함을 지니고 있었다. 그들의 연애는 친밀한 유대감에 토대를 둔 것이었지만, 몇몇 불화의 요소를 숨기고 있기도 했다. 두 사람은 서로에게서 점차 각자의 깊숙한 욕망을 찾아냈다. 트뤼포는 긴 모험의 시간을 보낸 뒤 안정된 삶 속에 정착했고, 마들렌은 한없이 온유한 시간을 보낸 뒤 마침내 가족의 지배를 벗어나 모험과 직면했다.

그들은 10월 29일 파리의 16구 구청회관에서 결혼식을 올렸다. 가족의 사정을 고려해 두 사람은 가급적 눈에 띄지 않는 소박한 예식을 올리고자 했다. 마들렌은 중병을 겪고 있던 아버지의 건강 상태에 크게 신경을 쓰고 있었다. 한편 프랑수아는 부모와의 관계가 너무나도 소원했기 때문에, 아내 될 사람을 자닌과 롤랑 트뤼포 부부에게 소개하는 것조차 마지막 순간까지 미루고 있었다. 1957년 여름 어머니에게 쓴 편지에는 트뤼포의 심경이 잘 드러난다. 그것은 결혼식의 구체적 방법만을 알리는 무미건조한 편지였다. "마들렌은 휴가가 끝난 다음에 만나는 것이 좋겠습니다. 그리고 결혼식 날이 되어 그녀의 부모를 만나는 것이, 양가의 관계를 최대한 간소화할 것입니다. 마들렌과 저는 이 결혼식이 누구에게도 고역이 되지 않도록 잘 처리할 것입니다. 당분간은 가족에게 결혼 얘기를 안 하셨으면 좋겠네요. 그 누구도 기분 상하게 하지 않으려면 아마도 마지막 순간에 '적진'에 애도를 표함으로써 '최소의 친밀감'을 정당화해야 할지 모르겠습니다."

• 유대 문화를 말한다.*

프랑수아 트뤼포는 "모르겐슈테른 가족이 헝가리계 유대인이므로, 결혼식은 구청회관에서만 올린다"는 사실을 분명히 밝히는 편이 낫겠다고 생각했다. 이 문장은 단순한 정보 전달로 들릴 수도 있겠지만, 트뤼포는 그것을 몽페랑 집안에 대한 도전으로 써나갔다. 몽페랑 집안이 전통적 프랑스 가톨릭의 가치에 집착해 체면을 앞세울 뿐 아니라 상당히 민족주의적이라는 것을 알고 있었기 때문이다. 의도적으로 트뤼포는 두 집안을 가깝게 하는 일은 전혀 하지 않았다. 이와 관련해 마들렌 모르겐슈테른 역시 "프랑수아에게는 나를 바쟁 부부에게 소개하는 것이 자기 부모와의 만남보다 중요한 것이었다"고 말한다. 남편 될 사람은 그들을 거북해했고, 문화 환경이 전혀 다른 두 집안이 감정적 유대를 쌓는 것은 불가능하다는 것을 지나치게 의식하는 것 같았다. "그의 부모는 박정한 사람들이 아니었다. 그들은 대단히 수준 있고 교양을 갖춘 인상 좋은 분들이었지, 전혀 무례한 사람들이 아니었다. 그러나 프랑수아는 깊은 증오와 반발심을 지니고 있었다." 마들렌은 그렇게 덧붙였다.

마들렌의 아버지 이냐스 모르겐슈테른은 1900년생으로, 벨라쿤의 변혁 운동을 유혈 진압한 반혁명 정권을 피해 1921년 헝가리를 떠났다. 공산주의에 경도된 대학생 이냐스 모르겐슈테른은 잠시 독일에 거주하면서 소련으로 건너가 혁명 활동에 동참하고자 소망하기도 했다. 원래 모르겐슈테른 집안은 토카이 지방에 있는 작은 마을에 포도밭과 제분소를 소유하고 있는 부유한 지주였다. 이냐스 모르겐슈테른은 손위 형제들이 차례로 제1차 세계 대전 시점에서 징집되었기 때문에 어린 나이에 가업 경영의 임무를 떠맡았다. 아버지는 이냐스가 종교 교육을 받아 장차 유대 제사장이 되기를 원했지만, 그는 이를 거부하고 법률을 공부해 변호사가 된 뒤 정계에 진출하고자 했다. 이냐스는 대학 입학시험에 합격한 뒤 1920년에 법학부에 등록했으나, 이때 반혁명 정권이 대학교에서 유대인들을 몰아내는 '유대인 차별적 제한 규정'을 강행했다.

독일을 거쳐 파리에 정착한 이냐스는 먼저 비숙련공으로 르노 자동차회사에 들어갔고, 이어 파라마운트-프랑스 회사에서 회계 방면 견습 사원으로 일했는데, 특히 관리 능력에 뛰어난 면모를 보였다. 이 무렵 이냐스는 프랑스어를 말하기 시작했지만, 평생 헝가리어 억양을 버리지는 못했다. 이렇게 해서 이냐스는 한 단계씩 승진하여 1930년 파라마운트-프랑스 회사의 설립자이자 사장인 아돌프 오소가 설립한 독립 회사 오소 영화사의 제작 주임이 되었다. 1927년 이냐스 모르겐슈테른은 헝가리에서 파리로 찾아온 사촌 엘리자베트와 결혼해 1931년 7월에 마들렌을 낳았다.

1934년에 오소 영화사가 도산하자 모르겐슈테른은 무직 상태로 있다가, 인민 전선 시기에 엘리자베트와 마들렌을 데리고 릴에 정착했고, 이곳에서 조제프 뤼카슈비치의 제작사를 모회사로 하는 지방 배급대행사 세디프SEDIF를 열었다. 1939년 이냐스 모르겐슈테른은 징집되었고, 다음해에 엘리자베트와 마들렌은 다른 여섯 사람과 함께 리옹행 택시에 탄 채 피난길에 내몰렸다. 모르겐슈테른은 보졸레 지방의 프롱트나 마을에 농가 한 채를 얻어

나치 점령기 동안 가족과 함께 어렵게 농사 일을 하면서 숨어 살았다. 그동안 마들렌은 독서의 세계로 도피해, 라루스 출판사의 고전 선집(보마르셰, 르자주, 라신 등)을 읽었다. 해방이 되자 모르겐슈테른은 SEDIF의 문을 다시 열었고, 1948년에는 전쟁 중 미국에 정착한 뤼카슈비치로부터 SEDIF를 사들여 자신의 배급 회사인 코시노르를 설립했다.

1950년대를 거치는 동안 이냐스 모르겐슈테른은 파리의 주요 배급업자 가운데 하나로 부상했다. 마들렌에 의하면, "아버지는 돈 버는 일을 업신여기는 분이 아니었지만, 그렇다고 도박을 거는 사람도 아니었다. 아버지는 체스를 좋아했고, 그에게 사업이란 체스 시합에서 이기는 것과 같았다. 그는 질 때보다 이기는 때가 더 많았다." 이냐스 모르겐슈테른은 주로 페르낭델이나 장 가뱅이 출연하는 대중 영화, 앙리 베르뇌유처럼 인기 있는 감독의 영화를 배급했다. 그는 신의 있고 사려 깊고 빈틈없고 이해력 뛰어나고 너그러운 인물로서, 당시 프랑스 영화계에서 큰 존경을 받고 있었다.

프랑수아 트뤼포를 처음 만났을 때, 이냐스 모르겐슈테른은 손톱을 자주 물어뜯는 검은 눈동자의 이 소심한 청년에 관해 딸에게 특별한 언급을 하지 않았다. 이냐스는 『아르』를 지나치게 우익적이라고 판단해 읽지 않았고, 그 대신 이데올로기적 신조에 따라 『위마니테』나 『프랑스 문예』를 선호했으며, 배급 영화에 관한 평가는 『르 피가로』에 의존했다. 대중 영화의 한가운데서 일하던 유복하고 존경받는 배급업자인 이냐스 모르겐슈테른은, 마들렌이 교제하는 젊은 경기병이자 '저널리즘의 불한당'과 전혀 가까워질 수 없었다. 그러나 이냐스는 딸에 대한 존중과 애정으로 트뤼포를 받아들였다.

반면에 엘리자베트 모르겐슈테른은 딸이 유대인 의사나 변호사 등 유대인과 결혼하는 것이 낫겠다는 생각을 숨기지 않았다. 마들렌은 어머니가 매력적인 사람이면서 크게 화도 내는 불같은 성격을 지닌 인물이라고 말한다. "프랑수아와의 결혼은 내가 독자적으로 결정한 유일한 행동이었다. 어머니는 소유욕이 강한 분이었고, 반면 아버지는 타인의 자유를 존중하는 사람이었다." 엘리자베트 모르겐슈테른에게 이 결혼은 부적절한 것으로 보였다. 딸의 행복을 위해선 어떤 대가라도 치르겠다는 심정으로, 그녀는 자신의 어떠한 가치 기준에도 부합하지 않는 젊은이와의 결합을 불안한 눈으로 지켜보았다. 1957년 10월 29일에 거행된 결혼식이 마들렌 모르겐슈테른에게 큰 추억을 남기지 못한 것은 놀라운 일이 아니었다.

트뤼포는 앙드레 바쟁에게 입회인이 되어 줄 것을 부탁했다. 고맙게도 구청회관에 로셀리니가 와 준 것에 대해서도 기쁨을 표했다. 『카이에 뒤 시네마』집단 가운데서는 클로드 드 지브레만 참석했다. 종교의 냄새라고는 전혀 없는 가운데 간소하면서 빠른 속도로, 다소 긴장된 가운데 치러진 이날 의식에서 관례를 따른 것은 마들렌이 입은 흰색 웨딩드레스가 유일했다. 식을 마친 뒤 젊은 부부는 의사의 지시에 따라 자택의 방에 누워 있던 이냐스 모르겐슈테른에게 들렀고, 불로뉴 숲 근처의 파비용 도핀으로 가서 하객들과 결혼 피로연을 열었다.

『카이에 뒤 시네마』 동료들로부터 온 축하 메시지가 다소 쓸쓸해 보이는 이 축연에 어느 정도 즐거움과 웃음을 준 것은 다행이었다. 장뤽 고다르는 "아내와는 맞서 싸워야 하네, 축하!"라고 썼고, 도니올-발크로즈의 메시지는 "셰레르*가 파라메에서 결혼식을 올린 이후 여기 트뤼포가 마도**의 영웅이 되었노라. 『카이에 뒤 시네마』가 부르주아가 되었고, 이제 우리는 더 잘 먹게 될 테니 아주 잘됐군. 브라보!"였다. 그날 밤 두 사람은 열차에 올라 신혼여행지인 몬테카를로로 향했다. 무료함에 나쁜 일기까지 겹치자 그들은 주저 없이 모나코 공국에서의 일정을 줄이고 니스로 갔다. 니스에는 다양한 영화 프로그램을 선택할 수 있는 이점이 있었다!

스타 평론가이자 신인 영화감독, 그리고 행복한 신랑…….26세의 프랑수아 트뤼포는 자유분방한 생활을 마감하고 정착했다. 두 사람은 이냐스 모르겐슈테른이 딸에게 마련해준 아파트로 이사했다. 제17구의 생페르디낭 가에 위치한 이 아파트는 에투알 광장에서 5분 거리에 있었다. 아파트 건물은 별 특징 없이 현대적이고 차가운 느낌을 주었지만, D동 7층 좌측에 있는 방 3개의 아파트 공간은 그들의 취향에 맞게 개조해 쾌적함과 안정감을 주었다. 특히 수많은 서가로 채워진 넓은 방이 있어, 트뤼포는 마침내 소년

• 에릭 로메르를 말한다.*
•• 마들렌을 말한다.*

마들렌과 프랑수아 트뤼포의 결혼식에서 로셀리니와 함께

기 이후 수집해 온 책과 자료들을 진열할 수 있었다. 기분의 변화와 재정 상태, 계속된 연애 사건을 따라서, 방에서 방으로 호텔에서 호텔로 그를 좇아 이동했던 책과 자료들이었다.

비평을 마치다

〈개구쟁이들〉 이후 프랑수아 트뤼포는 이미 스스로를 완전한 영화감독으로 인식하고 있었다. 젊고 경험 부족에 더 완숙할 필요가 있었지만 영화감독임은 분명했다. 트뤼포는 평론 활동에는 종지부를 찍고자 했다. 처음부터 이 두 직업은 양립할 수 없다고 생각했기 때문이었다. "영화 비평이란 결국 한 인간에 관한 비평인데, 더 이상 이런 일은 하고 싶지 않다." 트뤼포는 "양들을 지키는 늑대 역할"을 거부했고, 나태하거나 형편없는 '동업자'에게 결점을 솔직하게 지적해 주는 일을 더는 원하지 않았다. 이제부터 트뤼포는 동료 감독을 칭찬하는 글을 쓰는 정도로 만족할 것이다. 그것도 그들이 필요로 하는 경우에만. 그래서 트뤼포는 지금까지 담당해 온 잡지 칼럼들을 즉시 다른 사람들에게 넘겨주었다. 『카이에 뒤 시네마』는 에릭 로메르를 중심으로 장 두셰, 뤼크 물레, 앙드레 라바르트, 자크 시클리에, 클로드 베일리, 미셸 들라에 등 새로운 편집진이 구성되었기 때문에 아무 문제가 없었다. 하지만 트뤼포가 자크 로랑의 지위에 맞먹는 사실상의 스타였던 『아르』의 상황은 훨씬 복잡했다. 그래도 트뤼포는 1956년부터 로메르를 시작으로 리베트와 시클리에 등의 동료를 끌어들였고, 다음 해에는 샤를 비치, 클로드 드 지브레, 장뤽 고다르, 장 두셰를 합류시켜 왔다. "젊은 혁명가들의 잠입 공작"이란 전략은 실천에 옮겨졌던 것이다. 트뤼포의 서명 기사는 1958년 들어 점차 『아르』에서 드물어졌다. 트뤼포는 예전에 이 문화 주간지의 영화란을 같은 동료들의 힘을 빌려 공략했을 때와 똑같은 방법으로 비평으로부터 이탈을 준비하는 것 같았다.

그러나 스타 저널리스트를 놓칠 위험을 감지한 편집장 앙드레 파리노는 점점 더 강한 압력을 넣었다. 파리노는 트뤼포가 영화란에서 손을 떼도록 하느니 차라리 더 높은 원고료를 지급할 각오를 했다. 1957년 9월 7일 파리노는 명확한 일 처리를 위해 내친 김에 트뤼포에게 화요일 오후 편집회의에 참석하도록 요청했다. "자네가 업무를 진지하게 생각하는지 알고 싶네. 지난 3년간 자네는 이 분야에서 얼마간 성공을 이루었지만, 자네가 재능을 인정받은 데는 우리 잡지도 일정 부분 기여했다고 믿네. 그런데 지난 몇 주일 동안 자네의 태만함이 좀 심각해 보일 때가 있네. 영화란도 활력을 잃어버렸네. 에릭 로메르 같은 자네의 그 어린 친구들 말인데, 그들은 능력이야 어떻든 노련함이 부족하다네. 이에 관한 내 생각을 말하자면, 에릭 로메르 선생은 먼저 경험을 더 쌓는 것이 유익할 것 같네. 자네가 그분께 그렇게 말해 주길 부탁하네."

당근과 채찍을 동시에 받은 상황에서 트뤼포는 결단을 내려야만 했다. 트뤼포는 더 큰 것을 요구하며 정면으로 대결했다. 전술은 명쾌했다. 자신은 쓰고 싶을 때 잡지에 글을 쓰고 고정란은 자유롭게 동료들에게 위임하는 일을 편집진이 수용하든가, 아니면

요구를 거절하고 영영 관계를 단절하든가였다. 그리고 트뤼포는
우월한 위치를 점할 수 있는 좋은 구실을 발견했다.

1957년 9월 18일 자 『아르』는 제1면에 트뤼포의 장 르누아르
인터뷰 기사를 올렸다. 당시 르누아르는 파리에서, 클리포드 오
데츠의 희곡을 원작으로 한 로버트 알드리치의 영화*를 재각색한
〈큰 칼Le Grand Couteau〉의 연극 리허설을 행하고 있었다. 대담 기사
는 심하게 잘려 나간 상태로 실렸고, 게재된 사진 또한 감독의 형
편없는 모습을 담고 있었다. 피곤하고 낙심한 표정의 르누아르
가 양손으로 기괴한 동작을 취하는 모습의 사진에, 입에는 "나는
구성이 탄탄한 연극은 존재하지 않는다고 생각합니다"라는 내용
의 말풍선이 그려져 있었던 것이다. 격분한 트뤼포는 파리노에게
편지를 썼다. "당신들은 내 글들이 호평을 얻고 있다고 나에게 거
듭 말했고, 나도 그것을 잘 알고 있습니다. 왜 그 기사들이 그들의
마음에 들까요? 내가 저널리즘에 매우 예리한 감각을 지니고 있
기 때문입니다. 그 때문에 르누아르가 〈큰 칼〉과 잭 팰런스에 관
해 내게 말한 것이, 3면과 5면에 연이어 실린 장 루이 바로, 로베
르 들로네, 피에르 가조트의 수다보다도 독자들에게 더 흥미롭다
는 것을 당신에게 확언할 수 있습니다. 나는 독자들이 장 루이 바
로, 들로네, 가조트 등의 속내 이야기 같은 것에는 관심이 없다는
사실도 자신 있게 말할 수 있습니다." 트뤼포는 영화란의 실질적
방침에 대한 요구를 명확히 했고, 적절한 필자의 선정까지도 자

• 〈큰 칼The Big Knife〉을 말한다.*

신의 마음대로 할 수 있기를 요구했다. 트뤼포는 편지의 끝부분에서 대담 기사 전문을 게재할 것으로 약속했던 편집장 파리노를 거짓말쟁이라고 비난했다.

『아르』의 편집장은 이런 요구에 격한 반응을 보이면서, 문장을 줄인 것은 지면상의 제한이 있었기 때문임을 명확히 했다. "'다소 부풀어 오른 인간'의 자만심으로 자네가 어디까지 치닫는가를 확인하게 되어 참으로 가슴이 아프네만, 사나운 악인처럼 행동하는 자네의 모습은 내게 화를 불러일으키기에는 너무도 익살스럽다네. 하지만 조만간 자네의 위협적인 자세에 희열을 느끼며, 자네의 뺨에 따귀를 갈기고 현실을 직시하게 만드는 녀석이 있을 것이네. 나로 말하자면, 나는 너무 할 일이 많은 사람이네."

그러자 트뤼포는 화를 내서는 얻을 것이 없음을 깨닫고 싸움을 진정시켰다. "나는 '부풀어 오른 인간'은 아니지만, 내가 여기서 일을 시작했을 당시 오렐이 공포와 협박을 통해 얻어 낸 완벽한 감수권을, 나는 지금 나의 미덕을 통해(그렇습니다, 미덕이죠) 얻을 수 있다고 생각합니다. 나는 10세에서 15세 사이에 따귀를 너무나 많이 맞았기 때문에, 새롭게 맞는다 해도 내 행동을 변화시킬 수 없을 것입니다. 바로 그 때문에 나는 더 이상 따귀 갈길 곳을 아는 사람이 없는 이곳 저널리즘계와 영화계를 항해하는 것입니다. 그 대신에 그들은 나에게 '예스'라는 말을 해 놓고는 등을 돌리자마자 곧 배신합니다." 그리고 이렇게 고백하면서 편지를 끝맺었다. "제가 부탁드리는 것은 단 한 가지, 이곳에서 영화란을 주도하는 것뿐입니다." 트뤼포는 자신의 역할이 명확히 서술된 편집장의 서명 편지를 요구했다. 앙드레 파리노와의 사이에 시작된 알력 관계에서는 트뤼포가 패자가 된 것으로 보였다. 다만 트뤼포의 원고료는 상당액 증가했다.

1957년 가을에서 다음 해 봄 사이에 트뤼포는 심각한 심적 동요를 겪었다. 첫 장편 영화 감독이 되는 것은 예상보다 매우 힘든 일이었다. 피에르 브롱베르제와의 기획을 비롯한 몇몇 기획이 계속 실패로 끝났다. 1958년 5월 6일에는 이렇게 썼다. "생활을 꾸려 가기 위해 나는 계속 글을 써야 한다. 현재 『아르』에서의 급여가 아주 좋기 때문에 더욱 그렇다. 그러나 올해 좀더 영화를 찍으려는 일이 이토록 힘들다니!" 이 비관적 절망 상태는 1958년 초에 쓴 글 속에서도 드러난다. 새로운 젊음의 기운이 움트는 현상이 수많은 언론 매체 속에서 목격되던, 다시 말해 첫 물결이 앞으로 다가올 영화들을 예고하던 이 시점에서, 『아르』의 저널리스트 트뤼포는 당시의 비평적 조류와 철저한 반대 입장을 취했다. "부흥이라고? 천만에! 병력만 교체되었을 뿐. 위기 상황만이 프랑스 영화를 구할 것이다. 다른 정신과 다른 방법론으로 다른 대상을 찍어야만 한다." 1958년 1월 8일 자 글이다. 15일에는 한술 더 떠서, "구습을 타파하기에는 너무 이르다. 세계에서 가장 위대한 열 명의 감독은 50세 이상 되는 사람들이다"라고 썼다. 처음으로 비평가 트뤼포는 자신이 일으킨 운동(그리고 곧 다가올 누벨바그)에 뒤처진 듯이 보였고, 몇몇 독자는 이 점에서 그를 나무라기도 했다.

1958년 봄 비평가 트뤼포가 쓴 마지막 글들은 후세에 대한 흥미 깊은 제안이기는 했어도, 매우 비관적이었으며 아주 불안정한 분위기에서 쓰인 것들로서 트뤼포의 활동 전체를 요약하기엔 불충분할 것이다. 왜냐하면 트뤼포는 영화 저널리즘과 비평을 통해 이미 자신의 명성을 얻었기 때문이다. 1950년대 중반에 트뤼포가 불러일으킨 증오와 찬탄이 어느 정도였는가를 상상하는 일은 쉽지 않다. 트뤼포는 전에 오손 웰스에 대해 "그가 한 치의 필름을 찍기도 전에 이미 유명했다"고 썼다. 1957년에 열렬한 팬들과 완강한 적들을 동시에 지니고 있던 『아르』와 『카이에 뒤 시네마』의 저널리스트 트뤼포에게도 같은 말을 할 수 있다. 당시 제작된 영화 속에 트뤼포를 암시하는 역할이 얼마나 많이 등장했는가를 보는 것만으로도 이것은 충분히 증명된다. 예를 들면, 크리스티앙 자크의 영화 〈나탈리Nathalie〉의 대사를 쓴 장 페리는 부패한 경찰관에게 트뤼포라는 이름을 붙였다. 프랑스 은행과 관련한 에두아르 몰리나로의 기록 영화 속에서는, 한 남자가 전화기를 들고 "손해 담당 부서로 트뤼포를 보내 주시오"라고 말하기도 한다. 레오 조아농의 〈피갈의 사막Le Désert de Pigalle〉에서는, 수상쩍은 카페에서 『아르』지 1면에 실린 프랑수아 트뤼포의 글을 읽는 수상한 인물을 볼 수 있다.

평론가 트뤼포가 영화계에서 욕설을 듣거나 주류 언론에서 비난받거나 혹은 하나의 전형으로 분석된 사례는 이처럼 많이 열거할 수 있다. 당시 언론계에 입문한 필립 라브로는 『프랑스 수아르』로 옮겨 피에르 라자레프와 합류하기 몇 개월 전, 시인 블레즈 상드라르의 인물 기사를 처음으로 『아르』지에 발표했다. 『아르』의 편집국 안에서 라브로가 처음으로 본 프랑수아 트뤼포의 모습은 감동적이었다. "그는 커다란 신문지형을 놓고 와이셔츠 바람으로 교정을 보는 중이었다. 그는 나보다 네 살 위였지만, 나는 이미 그를 사장 보듯이 바라보았다. 기사를 교정하는 모습에서부터 권위와 냉정함, 정교함이 풍겨 났기 때문이다. 언론계에 남았더라면 트뤼포는 영향력 있는 신문을 이끌어 갈 수 있었을 것이다."

한 세대 전체에 걸쳐 트뤼포는 논쟁의 촉매 역할, 취향에 대한 일종의 법정 역할을 수행했다. 많은 사람이 트뤼포와 일체를 이루었고, 그 결과 트뤼포는 한 문화의 대변인, 나아가 그때까지 경멸받던 시네필 자체가 되었던 것이다. 수많은 편지 가운데서도, 어린 나이의 크리스티앙 부르구아(나중에 영화 편집자가 되었다)가 1956년 12월 12일 트뤼포에게 보낸 편지는 이 현상을 상징적으로 증언하고 있다. "저와 선생님의 관계는 글 말미에 쓰신 서명을 본 것 이상은 없지만, 그 서명에는 너무도 아름다운 분노와 너무도 정의로운 열정이 첨부되어 있기에, 몇 개월 전부터 한 주 한 주 지나면서 선생님은 제게 친구 같은 존재가 되었습니다. 부탁하건대, 영화 평론과 연출에서 행해지는 무기력하고 무미건조한 방식에 대해 우리가 품는 모든 혐오감을 계속 글로 표현해 주십시오. (…) 언론계와 영화계에서 선생님의 평판은 나쁜 것으로 생각되지만, 선생님의 '처형'과 분노 속에서 영화를 향한 무한한 사랑이 있음을 알아채지 못한다면, 이른바 평론가나 감독에게는 모든 파렴치와 지적 불성실만이 남아 있을 것입니다. (…) 존경하는 프랑수아 트뤼포 선생님, 부디 잊지 말아 주십시오. 파리의 구석구석, 그리고 마을의 모든 지하 영화관 안에, 이런 영화와 영화 평론을

프랑수아 트뤼포는 비평을 마치고 본격적인 감독의 길로 들어섰다.

증오하는 저 같은 사람들이 수도 없이 많이 있다는 사실을 말입니다. 그리고 마음을 뒤흔드는 창백한 우리의 매릴린을 선생님께서 아무리 거세게 옹호한다 해도, 결코 충분하다고 생각하지 않으리라는 사실을 말입니다. '열혈 관객'으로서 우리 또한 영화를 사랑합니다."

4
새로운 물결,
1958~1962

〈개구쟁이들〉을 만든 뒤 프랑수아 트뤼포는 첫 장편 영화에 도전
할 자신감을 얻었다. 1958년 봄, 기획은 여전히 불확실한 상태였
지만, 초보 감독은 목표 달성의 첫 기회를 잡을 준비를 갖추고 있
었다.

　전후 프랑스 영화계의 주요 제작자 가운데 한 명으로, 클로드
오탕라라의 〈육체의 악마〉, 장 들라누아의 〈신은 인간을 필요
로 한다Dieu a besoin des hommes〉, 르네 클레망의 〈리푸아 선생Monsieur
Ripois〉을 제작했던 폴 그레츠는 트뤼포에게 장 오랑슈와의 공동
작업으로 유년기에 관한 영화의 각본과 감독을 맡을 것을 제안하
고, 이브 몽탕이 주인공인 교장 역을 맡는다는 사실도 이야기했
다. 트뤼포는 자신이 신랄하게 비판했던 영화의 옹호자와 부자연
스럽게 결탁한다는 사실이 마음에 걸리면서도 그 제안에 귀를 기
울였다. 1958년 1월 트뤼포는 를레-오귀스탱에서 정기적으로 그
레츠와 점심이나 저녁 식사를 하면서 기획을 논의했고, 1월 14일
오후에는 이브 몽탕과도 만나 긴 대화를 나누었다. 그러나 트뤼
포와 오랑슈 모두 공동 작업을 탐탁지 않게 여기는 상황에서, 이
기획은 오랫동안 지연되다가 결국 무산되었다.

열기의 시간

트뤼포는 1월 24일 벨기에 영화 〈누군가 문을 두드리고Quelqu'un frappe à la porte〉의 수석 조감독 일을 수락하고, 27일에 브뤼셀로 가서 제작자 장비에 송바티를 만나 계약서에 서명했다. 조연출료로 제시된 금액은 7만 5천 프랑이었다. 촬영은 1958년 3월과 4월에 브뤼셀로 예정되어 있었다. 그러나 트뤼포는 약속 장소에 가지 않았다. 그사이인 1월 25일에 제작자 피에르 브롱베르제의 집에서 열린 저녁 파티에 참석한 트뤼포가 "친구 피에로의 배꼽춤"●에 마음이 끌려 버렸기 때문이었다. 브롱베르제는 이미 한 달 전에 1956년 코레아 출판사가 펴낸 자크 쿠소의 소설 『열기의 시간Temps chaud』에 관해 트뤼포에게 이야기했었다. 아름다운 젊은 여성 몇 명이 여름 동안 겪는 사랑을 생생하고 경쾌한 문체로 그린 소설이었다. 브롱베르제는 이 이야기를 다시 꺼내면서 트뤼포에게 첫 장편으로 만들도록 설득했고, 1958년 3월 14일 두 사람은 계약서에 서명했다. 공동 각본, 연출, 편집권 보장의 조건으로 트뤼포에게 흥행 수입의 6퍼센트를 지불하며, 그 가운데 1백만 프랑을 계약 시에 20만 프랑, 첫 촬영일에 80만 프랑으로 나누어 선불 지급한다는 조건이었다. 트뤼포는 자신이 타협안을 받아들여, 브롱베르제의 기대에 따라 당시 유행하던 로제 바딤 스타일의 기획 영화를 만든다는 사실을 잘 알고 있었다.

● 트뤼포가 샤를 비치에게 보낸 편지에서 악의 없이 사용한 표현*

트뤼포는 친구 샤를 비치에게 이렇게 털어놓았다. "자네도 알다시피, 나는 10주 동안 미디 지방에서 〈열기의 시간〉을 찍을 예정이라네. (…) 이 영화는 피에로에게는 초대형 〈그리고 신은 흑백으로 여자를 창조했노라Et Dieu créa en noir et blanc la femme〉가 될 것이고, 내게는 광기 가득한 바로크풍의 〈하녀 일기Le Journal d'une femme de chambre〉•의 새 버전이 될 것이네. 브롱베르제는 이 영화가 예쁜 화면에 슬픈 이야기가 될 것으로 생각하고 있고, 나는 이것이 견디기 힘든 익살극이 되기를 바라고 있다네. 한마디로 우리는 평소처럼 서로를 아주 정확하게 이해하고 있다는 거지……."

트뤼포는 소설의 각색 작업에 심혈을 기울여, 2월 중순에 브롱베르제에게 각본을 넘겨주었다. 트뤼포는 주연을 베르나데트 라퐁에게 맡기고, 〈개구쟁이들〉의 스태프를 다시 기용하며, 제라르 블랭은 장 클로드 브리알리로 대체한다는 생각을 가지고 있었다. 또한 트뤼포는 조엘 로뱅과도 접촉하고, 장뤽 고다르의 여자 친구인 카롤린 딤, 시사실을 운영하는 여자 친구 카트린 뤼츠, 연극 배우인 젊은 여성 미셸 코르두, 클로드 오탕라라의 〈이삭 없는 보리〉로 알려진 뒤 피에르 브롱베르제가 제작한 고다르의 단편 〈모든 소년의 이름은 파트리크〉에서 주연을 맡은 니콜 베르제와도 접촉했다. 니콜 베르제는 피에르 브롱베르제의 양녀이기도 했다. 촬영 준비는 2월 말에 완료되었으나, 마지막 순간에 브롱베르제는 뜨거운 여름이 시작될 때까지 기다리는 것이 좋겠다고 생각했

• 장 르누아르가 1946년 미국에서 만든 영화로 원제목은 The Diary of a Chambermaid*

다. "이 영화는 다소 에로틱한 내용에, 사람들이 일상적 행동에서 벗어나게 만드는 열기를 그리고 있다네. 영화를 만들 준비는 다 되어 있지만, '열기의 시간'이 시작되는 5월 말까지 기다리기로 하세." 브롱베르제는 트뤼포에게 이렇게 편지하고, 그때까지 잘 견딜 수 있도록 며칠에 걸쳐 만들 수 있는 단편 영화 하나를 연출 하는 게 어떻겠느냐고 제안했다. 내용은 트뤼포가 자유롭게 선택 할 수 있었다. 트뤼포는 파리 남부 지역에서 일어난 홍수를 소재 로 아주 빠른 속도로 한 편을 찍기로 결정했다. 차를 몰던 두 젊은 이가 차단된 도로와 물에 잠긴 벌판의 한가운데를 헤치고 나아가 려 한다는 몽환적 내용이었다. 고다르가 편집에 동참하고, 대사 의 대부분도 손볼 예정이었다. 몽트로 근방에서 촬영된 18분 길 이의 〈물의 이야기Une Histoire d'eau〉는 매크 세네트에게 바쳐진 영 화로, 장 클로드 브리알리(그의 목소리는 고다르가 더빙했다)가 익 살스러운 재능을 펼쳐 보이며, 카롤린 딤은 비와 궂은 날씨, 문학 과 사랑에 관해 이야기를 펼친다.

6월에 〈열기의 시간〉의 촬영을 개시할 것으로 약속받은 트뤼포 는 편안한 마음으로 봄의 대부분을 평론 활동과 집안일에 몰두했 다. 트뤼포는 〈개구쟁이들〉을 들고 여러 영화제에 참가했고,•『카 이에 뒤 시네마』와 『아르』의 사무실에도 자주 나갔으며, 면허를 따기 위해 운전 교습도 받았다. 또한 하루에 한두 편꼴로 많은 영

• 1958년 3월 말 낭트, 4월 중순에 랭스에 이어 브뤼셀국제단편영화제에 참가했는데, 브뤼셀에서 는 최우수 감독상을 수상했다.

화를 보고, 마들렌과 상당한 시간을 함께 보내고, 노장-쉬르-마른에 있는 앙드레 바쟁의 집을 찾아 몇 차례 저녁 시간을 함께했다. 바쟁은 1958년 4월 18일에 40세 생일 축하연을 열었다. 이 고요한 기다림의 시간은 4월 말 베르나데트 라퐁이 심한 부상을 입으면서 갑작스럽게 끝났다. 첫 촬영이 6월 15일로 잡혀 있던 〈열기의 시간〉은 또다시 연기되었다. 트뤼포는 새로운 기획으로 전환하기로 결정했다.

앙투안의 가출

1958년 5월, 트뤼포는 평론가 자격으로는 마지막으로 칸영화제에 참석했다. 지난해 맹공을 퍼부은 것에 대한 보복으로 영화제 집행부가 취재 허가를 거절하자 트뤼포는 『아르』를 통해 반격했다. 1면의 끝부분에 그는 "칸영화제에 초청받지 못한 유일한 프랑스 평론가 프랑수아 트뤼포"라고 기명했고, 2주일 뒤에는 영화제에 사망을 선고했다. "근본적 개혁이 있기 전에는, 다음번 영화제는 죽음을 면할 수 없을 것이다."

그럼에도 불구하고 영화제는 트뤼포가 첫 장편 영화를 추진하는 데 도움을 주었다. 이 해에 이냐스 모르겐슈테른은 배급업자로서의 경력 가운데 가장 훌륭한 작품 하나를 배급했다. 1958년 4월 21일 파리에서 이냐스는 미하일 칼라토조프의 〈학이 날다The Cranes Are Flying〉를 특별 시사를 통해 보았다. 이 영화는 칸영화제에 출품되어 소련 영화의 전반적 면모를 보여 줄 작품이었다. 속도감 있는 진행과 서정성, 몽상가적인 젊은 주인공, 대범한 프레이밍을 지닌 이 영화는 흐루시초프 시대의 정치적 해빙을 완벽하게 그려 내고 있었다. 5월 3일 오전, 파리에서 이냐스 모르겐슈테른은 이 영화를 이번에는 사위와 함께 다시 보았다. 트뤼포는 영화의 배급권을 즉각 구입하라고 이냐스를 설득했다. 영화제가 막을 올리기도 전에 '완전 껌값에' 이루어진 거래는 3주 뒤 큰 수익을 올리게 된다. 마르셀 아샤르를 위원장으로 하는 심사위원단이 이 영화에 황금종려상을 수여했기 때문이다. 〈학이 날다〉는 6월에 전국에 개봉되면서 대규모의 상업적 성공을 거두었다.

이냐스 모르겐슈테른은 사위의 첫 영화를 공동 제작하는 작업에 좀 더 여유로울 수 있었다. "아버지는 프랑수아를 신뢰했지만, 그는 돈은 없이 달랑 시나리오만 가지고 있었다. 그 시나리오도 출발 시점에서는 별로 두껍지도 않았다. 아버지는 프랑수아를 높이 평가했고 그가 머리가 좋다는 사실을 알았지만, 〈개구쟁이들〉에는 열광하지 않았다. 따라서 아버지가 〈400번의 구타〉를 제작한 것은 우리의 결혼 생활을 도와주기 위해서, 즉 당신 딸의 남편에게 영화감독의 능력을 증명할 기회를 주기 위해서였음이 확실하다." 마들렌의 회상이다. 이냐스 모르겐슈테른에게 재정적 위험은 미미한 것이었다. 〈400번의 구타〉의 예산은 4천만 구 프랑 정도로, 당시 프랑스 영화의 평균 제작비에 비해 훨씬 적은 액수였다. 이렇게 해서 1958년 6월 22일 자 비망록에 트뤼포는 침착하게 '준비 완료'라고 기입할 수 있었다.

낙천감을 되찾은 트뤼포는 이제 시나리오를 써야 했다. 트뤼포는 유년기에 관한 옴니버스 영화의 한 에피소드로 구상했던, 자신의 유년기 특정 시점을 다룬 〈앙투안의 가출La Fugue d'Antoine〉을 손질하기로 결정했다. 밀통 가의 학교에 다니던 시절, 트뤼포는 실수로 숙제를 못해 벌을 받게 되자 수업에 빠졌다. 트뤼포의 핑계("어머니가 돌아가셨어요")는 다음날 들키고 마는데, 아버지가 수업 중에 찾아와 그의 따귀를 심하게 때렸던 것이다. 6월 초에 트뤼포는 이 에피소드에 어린 시절의 다른 기억, 즉 라슈네와 함께한 무단결석, 영화 관람, 장터에서 탔던 회전 놀이기구, 부모와의 생활 모습, 클리시 광장에서 연인의 품에 안기던 어머니가 그를 발견하고 놀라던 일 등을 덧붙였다. 장인에게 보여 준 뒤 자금을 지원받기 위해, 그는 이 기억에 몇몇 다른 아이디어를 연결해 시나리오 앞부분을 채웠다.

실질적 시나리오 구성을 위해, 트뤼포는 1943년 가을 밀통 가 학교부터 1948년 12월 빌쥐프 미성년자 관찰소에 갇힌 기간에서 소재를 끌어냈다. 그리고 라슈네까지도 동원했다. "〈앙투안의 가출〉을 위한 아이디어들, 자네의 기억들을 메모해 두게. 빌쥐프 등에서 우리가 주고받았던 편지들을 꺼내 보면서 말이야." 클로르드 지브레는 앙투안이라는 인물형 자체도 라슈네에게 크게 의존하고 있음을 지적한다. "앙투안은 트뤼포라기보다 그들 두 사람의 혼합체다. 트뤼포는 어느 정도는 친구 라슈네에게서 자신의 유년기를 훔쳐 왔다. 그 당시에는 라슈네가 오히려 주도적이었으며, 소심한 트뤼포는 라슈네에게 끌려다녔다." 영화의 줄거리는 세세한 부분까지 실제로 있었던 일이지만, 트뤼포는 그것을 하나의 픽션으로 전개하고자 했다. 그래서 실제로는 5년간 벌어졌던 일을 상당히 짧은 기간으로 압축했고, 점령기와 종전 직후의 시점도 1950년대로 옮겨 놓았다. 또한 몇몇 자전적 지표에 변화를 가했다. 예를 들어, 트뤼포는 가출 소년의 이름을 도니올Doniol(도니올-발크로즈)의 철자를 뒤섞어 앙투안 루아노Loinod라고 붙이고, 로베르 라슈네 역의 친구는 할머니에 대한 추억을 담아 르네 비제로 이름 붙였다. 그리고 아버지는 등산 대신 자동차에 열광한 인물로 만들었다.

등장인물의 명확한 성격화와 탄력 있는 이야기 구성을 위해, 트뤼포는 소설가이자 각본가인 마르셀 무시에게 도움을 청했다. 무시는 마르셀 블뤼발의 연출로 한창 인기를 모으던 텔레비전 연속극 〈만일 당신이라면Si c'était vous〉의 대본을 쓴 인물이었다. 1958년 6월 초에 트뤼포는 무시에게 편지를 썼다. "선생님께서는 빠른 속도로 작업을 하며, 제게는 완전히 결여된 엄격한 통제력으로 이야기를 구성하는 것으로 압니다. 그 대신 저는 제가 찍고자 하는 12세 어린이들의 세계를 아주 잘 알고 있습니다." 현재 르네 클레르의 영화와 계약되어 있기 때문에 무시가 주저하자, 트뤼포는 1958년 6월 21일에 다시 편지를 썼다. "선생님께서는 제 영화를 빠른 시간 안에 그토록 정확히 이해하셨습니다. 이제 선생님의 협력 기회를 잃는다는 것은 상상도 할 수 없습니다." 무시는 마침내 승락했고, 트뤼포는 무시와 1958년 7월 9일부터 작업을 시작해 한 달에 열 번 정도 만났다. 무시의 작업 속도는 매우 빨랐고, 이야기를 구성해 가는 데 큰 도움을 주었다. 1958년 늦여름 94쪽의 시나리오가 나왔다. 최종 제목은 〈400번의 구타〉였다.

자금이 확보되고 시나리오도 완성된 상태에서 트뤼포는 실무 해결에 전념했다. 그는 〈400번의 구타〉를 흑백 시네마스코프로 찍기로 결정하고, 가장 뛰어난 촬영 감독 가운데 한 명인 앙리 드 카에게 촬영을 의뢰했다. 장 피에르 멜빌(트뤼포는 〈도박사 봅Bob le flambeur〉을 아주 높이 평가했다), 루이 말, 클로드 샤브롤과 작업했던 드카는 흑백 명암의 강한 대조, 자연 조명의 선호, 신속한 작업 등에서 특히 탁월했다. 기술적 측면을 안심하고 맡겨야 하는 트뤼포로서는 이상적인 협력자였지만, 드카와 계약하기 위해서는 제작비 가운데 상당액을 지불해야 했다. 드카는 스태프 가운데서 가장 높은 액수인 150만 구 프랑을 받기로 했다. 반면에 무시와 트뤼포는 각각 1백만 프랑을 받았고, 연기자 전체의 출연료로 책정된 금액은 3백만 프랑 정도였다.

국립영화센터CNC에서 촬영 허가를 받는 일이 남아 있었다. 당시로서는 직접 감독이 되는 일이 쉽지 않았다. 보통 3단계 훈련을 이수한 뒤 제2 조감독을 세 차례, 수석 조감독을 세 차례 거쳐야 감독 데뷔가 가능했다. 단편 영화 두 편을 만들었고, 그나마 한 영화는 공개도 하지 못한 트뤼포는 이 기준에 미치지 못했기 때문에, 1958년 9월 초 CNC에 결성되어 있던 조합 위원회에 출두하면서 큰 불안을 느꼈다. 자신보다 경험이 많은 필립 드 브로카를 수석 조감독으로 선정한 것도 이런 이유에서였다. 26세의 트뤼포는 이렇게 해서 첫 장편 영화를 만들 수 있는 특례를 인정받았다.

〈개구쟁이들〉을 만들면서 트뤼포는 어린이를 연출하는 일이 수월하지 않다는 것을 알고 있었다. 그렇지만 〈400번의 구타〉의 성패는 무엇보다도 두 소년에 달려 있었다. 또한 자전적 내용을 토대로 한 시나리오를 가지고서 "불평투성이의 자기 만족적 고백"을 할 위험성도 트뤼포는 잘 인식했다. 그러나 자신이 목표하는 것은 반대로 유년기의 보편적 특징을 전달하는 것이었다. 그래서 트뤼포는 다량의 아동 심리 참고 자료, 특히 다루기 힘들고 불행한 비행 청소년에 관한 자료를 수집하고, 1958년 여름에는 몇 차례에 걸쳐 두 명의 청소년 사건 담당 판사, 라모트 양, 샤잘 씨와 상담했다. 그 밖에 교육부 소속의 감찰 교육 과장인 조제프 사비니와도 논의했고, 책도 여러 권 읽었다. 예를 들어,『악당이 될 녀석*Graine de crapule*』,『떠돌이들*Les Vagabonds*』, 얼마 뒤 영화의 몇몇 시퀀스에 영향을 주는 페르낭 들리니의『아드리앵 롬*Adrien Lhomme*』같은 책이었다.

전쟁 직후 '노동과 문화'에서 들리니를 알게 된 바쟁의 도움을 얻어, 트뤼포는 알리에 지방 생요르의 프티부아에서 들리니가 행하던 실험에 깊은 관심을 가질 수 있었다. 들리니는 "정신병 수용소에 들어가기 직전에 잡아 온" 여남은 명의 자폐증 어린이와 함께 자연 속 깊숙이 정착한 뒤 아이들에게 "다른 삶을 살게 하는" 실험을 시도하고 있었다. 트뤼포는 1958년 8월 초에 시나리오를 보낸 뒤 그의 조언을 부탁했다. 들리니는 심리 상담원과의 대화 장면이 "어색하고 인위적"이라며 호되게 비판했다. 그 결과 트뤼포는 촬영 도중 이 장면을 포기하고 그 대신 어린 앙투안이 카메라 앞에서 즉흥 고백을 하는 장면으로 대치한다. 9월에 트뤼포는 생요르에서 들리니와 함께 이틀을 보냈다. 촬영 며칠 전인 1958년 10월 29일 들리니에게 보낸 편지에서 트뤼포는 이 만남이 "발생했을 모든 오류로 제가 빠져드는 것을 막아 준" 결정적인 것이었다고 썼다.

〈400번의 구타〉 준비 과정의 마지막 단계는 연기자 선정 작업이었다. 트뤼포는 '꼬마 이파리'라는 별명의 국어 교사 역으로, 자크 타티의 〈축제일Jour de fête〉을 비롯해 많은 영화에서 조연을 맡았던 기 드콩블을 기용했다. 그리고 텔레비전의 쇼 프로그램을 보고 희극배우 피에르 레프를 영어 교사로, 같은 프로그램에서 본 앙리 비를로죄를 타자기를 훔친 앙투안을 구금시키는 무서운 야간 경비원 역으로 선택했다. 르누아르의 〈암캐La Chienne〉와 강스의 〈눈먼 비너스La Vénus aveugle〉의 배우 조르주 플라망은 경마 중독이자 승마 애호가인 르네의 아버지 비제 씨를 맡았다. 해학적 상상력과 허풍스럽고 성깔 있는 파리지앵의 냉소성을 앞세우면서 1940년대와 1950년대에 많은 영화에 출연했던 알베르 레미는 앙투안의 아버지 역에 완벽하게 어울리는 배우였다. 어머니 역은 미모를 갖춘 35세의 클레르 모리에에게 돌아갔다. 그때까지 영화 대신 주로 연극 무대에서 자신의 재능을 펼쳐 왔던 모리에는 이 역할을 위해 갈색 머리를 금발로 염색했다.

두 소년 배우를 찾기 위해 트뤼포는 『프랑스 수아르』지에 "12세에서 14세 사이의 소년 연기자 구함. 영화 출연 예정"이란 광고를 냈다. 1958년 9월과 10월에 걸쳐 트뤼포는 수백 명의 소년을 대상으로 오디션을 행했다. 그전에 『카이에 뒤 시네마』의 평론가인 장 도마르키는 조감독 겸 각본가인 피에르 레오와 배우 자클린 피에뢰 부부의 아들을 트뤼포에게 추천했다. 트뤼포는 이 14세 소년의 매력에 단숨에 빠져 버렸다. 소년은 지난해에 이미 조르주 랑팽의 〈라투르 조심하라La Tour, prends garde〉에 장 마레와 함께 출연했다. 트뤼포는 소년에게서 자신과 공통된 특성을 발견해 냈다. "예를 들어, 가족과의 관계에서 상당 부분 고통을 느꼈던 일이 그렇다. (…) 그렇지만 중요한 차이가 있다. 우리 둘 다 반항을 했지만, 반항심을 표현한 방식은 달랐다. 나는 거짓말을 하면서 감추는 편이었고, 반대로 장 피에르는 충돌해 상처를 냄으로써 반항심을 드러내 보였다. (…) 왜일까? 그는 소란스러운 반면 나는 은밀했기 때문이다. 그는 조바심이 나면 자신에게 무언가 일어날 것을 요구하고, 빠른 시간에 일이 발생하지 않는다면 스스로 도발해 버리기 때문이다."

욘 지방의 퐁티니에 있는 베리에르 사립학교의 4학년생[*] 장 피에르 레오는 모범생과는 거리가 멀었다. 교장은 트뤼포에게 편지를 보냈다. "이런 사실을 알리게 되어 유감이지만, 장 피에르는 점점 더 '감당이 불가능한' 태도를 보입니다. 버릇없고 건방지고 끝없이 도전적이고 모든 형태의 규율 위반은 도맡아 합니다. 그 아이는 공동 침실에서 음란 사진을 돌려보다 두 차례나 발각되었습니다. 이 아이는 점점 더 심각한 성격 장애아가 되어 가고 있습니다." 그러나 종종 밤에 몰래 빠져나가 나이 많은 아이들과 돌아다

---

[*] 중학교 2학년에 해당한다.[*]

(왼쪽에서 시계방향으로) 클레르 모리에, 콕토, 트뤼포, 알베르 레미, 에드워드 G 로빈슨, 장 피에르 레오

니던 이 불안정한 소년은 동시에 명석하고 아량 있고 다정다감함을 지니고 있었다. 나이에 비해 매우 교양이 풍부한 이 소년은 이미 훌륭한 필력을 지니고 있었으며, 트뤼포 앞에서는 자신이 '비극시'인 「토르카튀스Torquatus」까지 썼다고 주장했다.

장 피에르 레오의 스크린 테스트는 더할 나위 없이 훌륭했다. 9월 중순 『프랑스 수아르』의 광고를 보고 4백 명 가까운 지원자가 몰려, 몇 주 동안 목요일마다 트뤼포는 오디션을 행했다. 월말에는 앙투안 역을 위해 여섯 소년이 최종 경쟁했는데, 매 단계에서 장 피에르 레오는 개성과 자연스러움으로 경탄을 자아냈다. 트뤼포는 즉각 믿음을 굳혔고, 나머지 스태프도 곧 확고한 적임자로 인정했다. 트뤼포와 장 피에르 레오가 혼합된 앙투안이란 인물은 이렇게 탄생했다. 트뤼포의 글에 의하면, "처음에는 앙투안 안에 나 자신과 관련된 특징이 많다고 생각했다. 그러나 장 피에르 레오가 오면서, 그의 강렬한 개성은 종종 시나리오를 수정하도록 몰아갔다. 나는 앙투안이 우리 두 사람에게서 어느 정도씩을 차용해 온 상상적 인물로 생각한다." 레오와의 조화를 고려해 트뤼포는 르네 역을 파트릭 오페에게 주었다. 오페는 장 피에르 레오보다 나이가 조금 위이고 키가 크며 좀 더 부잣집 아이 같은 외모를 지녔고, 파리 불량아의 이미지보다는 좋은 집안 출신 소년의 이미지를 풍겼다. 몇 차례 즉흥 연기를 시켜 본 뒤 트뤼포는 마침내 적합한 두 인물을 찾아냈음을 확신했다.

1958년 11월 10일 밤 앙드레 바쟁이 40세의 나이에 백혈병으로 사망했다. 그날 아침 트뤼포는 긴장과 불안 상태에서 〈400번의 구타〉의 촬영을 시작했는데, 저녁에는 바쟁 부부가 3년 전부터 거주해 온 노장-쉬르-마른의 집으로 가, 자닌과 함께 양아버지이자 스승, 친구로 여겨왔던 인물의 침대를 지켰다. 애도의 분위기는 촬영 현장에까지 배어들어 영화의 우울함을 선명히 드러나게 했다. 가상의 인물이 탄생하는 한편에서 '실제의' 아버지가 사라지고 있었다.

트뤼포는 "그와의 접촉으로 정화된 세계에서, 벨벳 모자를 쓰고 완전한 순수 속에서 살아가는 성자" 바쟁에게 자신이 지고 있는 부채에 관해 여러 차례 글을 썼지만, 이 비평가의 죽음 직후 『카이에 뒤 시네마』 특집호에 발표한 글에서만큼 큰 감동으로 쓴 적은 없었다. "바쟁은 나에게 진정한 영화광과 비평가 사이에, 그리고 연출가 사이에 놓인 도랑을 건너도록 해 주었다. 논쟁 시에 그가 동의해 주면 나는 자랑스러움으로 얼굴이 붉어졌다. 그렇지만 나는 그가 반박할 때 훨씬 큰 희열을 품었다. 바쟁은 사람들이 즐겨 그의 판단을 듣고자 했던 '정의의 사도'였으며, 내게는 질책마저도 마치 어린 시절에 빼앗긴 애정 어린 관심의 증표처럼 감미로운 아버지였다."

시간이 날 때마다 트뤼포는 〈400번의 구타〉의 촬영장을 떠나 노장-쉬르-마른에 가서 바쟁의 친지들과 자리를 같이했다. 1958년 11월 16일 장례식 날, 트뤼포는 검은 양복을 입고 배우들을 연출했으며, 얼마 뒤에는 이 영화를 "앙드레 바쟁에 대한 추억"에 헌정한다. 전후 가장 중요한 이 비평가는 누벨바그가 탄생하던 시기에, 그것도 트뤼포가 〈400번의 구타〉의 촬영을 시작하던 순간에 사라져 갔다. 이것은 단순한 상징 이상의 것을 의미했다. 영화감독이 된다는 것은 트뤼포에게 비밀스러운 어린 시절과 버림받은 유년기에 대한 일종의 '정산'과도 같았다. 〈400번의 구타〉는 그 고통, 그 아픈 치유의 흔적을 담고 있었던 것이다.

1958년 11월 10일, 이처럼 극심한 고통 속에서 줄담배를 피워가며 프랑수아 트뤼포는 〈400번의 구타〉의 촬영을 시작했다. 첫 주 촬영은 몽마르트르 언덕 위 마르카데 가의 작은 아파트에서 있었다. 방 셋이 딸린 아파트는 너무 좁아서 20명가량 되는 스태프와 연기자들조차 수용하지 못했다. 너무 노후화된 아파트였기 때문에 갑작스러운 전압 변환이 단전을 일으켜 촬영이 여러 차례 중단되었다. 긴장감과 불편함 때문이기도 했지만 동료들의 평가에 대한 부담 때문에, 트뤼포는 촬영장 방문객을 꼭 필요한 경우로 엄격히 제한했다. 한편 알베르 레미는 척추 통증으로 마비 직전의 상태였다. 결국 현장에서 가장 느긋한 것은 장 피에르 레오였다. 다만 앙투안의 침대 위 벽감 속의 발자크 사진에 불이 붙는 장면에서는 방을 뒤덮은 연기로 그 역시 숨이 막힐 지경이었다. 트뤼포는 일이라도 망치지 않을까 불안감에 휩싸여 이리저리 계속 서성였다. 마침내 11월 19일 클리시 광장에서 어머니가 연인과 키스하는 장면을 찍기 위해 바깥으로 나왔을 때는 모두 크게 안도했다. 이 장면에서 연인 역은 평론가인 장 두셰가 맡아 잠깐 모습을 보여 주었다.

둘째 주 촬영은 11월 20일에서 25일까지 대부분 르네의 집에서 두 소년이 등장하는 장면을 찍었다. 이를 위해 트뤼포는 어린 시

〈400번의 구타〉 첫 촬영일의 트뤼포와 촬영 감독 앙리 드카.
앙드레 바쟁이 사망했기 때문에 트뤼포는 이날 검은 양복을 입었다.

절 살던 동네인 퐁텐 가로 돌아왔는데, 바쟁, 도니올-발크로즈와 가까운 평론가 클로드 베르모렐이 자신의 널찍한 아파트를 제공했기 때문이다. 영화의 핵심적 장면 가운데 하나인 이 부분에서, 장 피에르 레오, 파트릭 오페, 트뤼포는 놀랄 만큼 훌륭히 호흡을 맞추었다. 이어진 촬영은 대부분 여러 장소에서 행해졌고, 장면에 따라 거의 매일 촬영지가 바뀌었다. 오디베르티, 자크 로랑, 도니올-발크로즈를 비롯한 친구들이 촬영장에 들렀으며, 그들은 종종 단역으로 출연도 했다. 예를 들어, 자크 드미와 샤를 비치는 주프루아 가의 경찰서 장면에서 경찰관으로 등장했다. 또한 당시 어린 영화광으로 『아르』의 열렬한 독자였던 베르트랑 타베르니에는 촬영장에 하루만 갈 수 있도록 허락해 달라고 '스승'에게 간청하기도 했다.

며칠 뒤 〈400번의 구타〉의 스태프들은 아믈랭 가에 위치한 이냐스 모르겐슈테른의 회사 SEDIF의 사무실로 들어갔다. 제작비 절감을 위해, 훔친 타자기를 장 피에르 레오가 되가지고 왔다가 야간 경비원에게 붙잡히는 장면을 이곳에서 촬영할 예정이었다. 여기서 등장인물 중 한 명이 앙투안의 성을 부르는 장면이 처음 등장했는데, 트뤼포는 전날 저녁 갑작스럽게 앙투안의 성을 바꾸었다. 앙투안 루아노가 앙투안 두아넬Doinel로 바뀐 것이다. 이것은 장 르누아르에게 은밀히 경의를 표현한 것으로, 르누아르의 가까운 동료의 이름이 지네트 두아넬Ginette Doynel이었다.

이어서 인쇄소에서 이틀을 촬영하는 동안 장 피에르 레오가 손에 심한 부상을 당해 촬영이 잠시 늦어졌다. 12월 10일 밤, 두아넬

가족이 고몽 팔라스 극장에서 〈파리는 우리의 것Paris nous appartient〉(친구 리베트를 향한 트뤼포의 눈짓!)을 본 뒤 도핀(촬영을 위해 이 자동차를 특별 대여했다)에 올라 귀가하는 장면을 찍고 있을 때, 경찰이 야간 소음을 이유로 촬영을 중단시켰다. 이날 밤 클리시 광장 근처에서 장 피에르 레오가 '헌병대' 또는 두 명의 순경을 '모욕'한 사건이 일어났다. 며칠 뒤 크리스마스 전날에는, '건설의 약속'이란 이름의 카페에서 고발을 받고 달려온 경찰이 또다시 촬영을 중단시켰다. 체육 교사 장면을 몇 차례 반복해 찍을 때, 장 피에르 레오가 계속해서 카페 주인에게 욕설을 했고, 그 사이에 학급 친구 두 명은 이 카페에서 식기와 재떨이를 훔쳤기 때문이다.

12월 16일부터 22일까지에는 영화의 마지막 시퀀스를 노르망디에서 촬영했다. 앙투안이 소년 감별소의 감시 아래 놓이는 장면과 그 후 바다를 향해 달아나는 장면이었다. 이 집에는 감옥과 비슷한 느낌이 전혀 없었기 때문에 스태프들은 급하게 저택에 "미성년자 감별소"라고 쓴 큰 간판을 달았다. 생-피에르-뒤-보브레 근처에 위치한 이 수려한 사유지 물랭 당데는 감옥은커녕 모리스 퐁스의 여자 친구인 쉬잔 리팽스카가 작가와 예술가를 접대하던 곳이었다. 앙투안이 바다를 향해 길게 달려가는 끝 장면은 빌레르-쉬르-메르 부근에서 촬영되었는데, 앙리 드카는 이동차 위에 카메라를 설치한 뒤 달리는 장 피에르 레오를 좇았다. 이 장면은 앙투안 두아넬이 카메라를 응시하면서 끝난다. "당신들은 무슨 권리로 나를 심판할 것인가?" 레오는 관객에게 그렇게 묻는 것 같다. 당시로서는 아주 드물었던 이 형식은 잉마르 베리만의 〈모니카Monika〉의 한 장면에서 영감을 얻은 것이다.

수많은 교실 장면은 크리스마스 직후, 보지라르 가에 있는 사진영화기술학교에서 겨울 방학 기간을 이용해 촬영했다. 40일간 촬영을 한 트뤼포는 스스로의 능력을 더욱 확신하게 되었는데, 촬영 방향을 이미 세밀히 연구해 놓았기 때문이다. 이제 트뤼포는 가장 연출이 힘든, 소년들이 집단으로 등장하는 장면의 촬영에 자신감을 가지고 임할 수 있었다.

〈400번의 구타〉의 촬영은 1959년 1월 5일에 끝났다. 마리 조제프 요요트가 이미 편집을 시작했기 때문에 2월 초에 트뤼포는 첫 편집판을 볼 수 있었다. 장 콩스탕탱은 현악기만으로 리토르넬로*풍의 단순하면서도 강렬한 음악을 작곡했는데, 영화의 분위기에 완벽하게 들어맞는 곡이었다. 2개월 뒤 트뤼포는 자신의 첫 장편 영화의 초벌 프린트를 완성할 수 있었다.

1959년 1월 22일 뇌이의 아메리칸 병원에서 마들렌 트뤼포는 딸을 낳았다. 두 사람은 할머니들에 대한 존경의 표시로 '로라-베로니크-아니-주느비에브'라는 이름을 붙였고, 일주일 뒤 아버지 트뤼포가 뇌이의 구청에 출생 신고를 했다. 〈400번의 구타〉의 촬영은 죽음의 애도와 함께 시작되었지만, 하나의 탄생과 함께 완성되었다.

처음 영화를 본 도니올-발크로즈, 리베트, 고다르, 로셀리니는 열광적 반응을 보였고, 4월 2일 마르뵈프 영화관에서 열린 기자

• 17세기의 오페라 간주곡*

시사회 반응 역시 최상이었다. 이때 모두 놀랄 일이 벌어졌다. 젊은 영화를 옹호하는 움직임에 영향을 받아서였는지, 4월 14일에 칸영화제 집행부가 문화부장관 앙드레 말로에게, 마르셀 카뮈의 〈흑인 오르페Orfeu Negro〉, 알랭 레네의 〈히로시마 내 사랑Hiroshima, mon amour〉과 함께 이 영화를 프랑스를 대표하는 공식 경쟁 부문에 추천한 것이었다. 마르셀 베르베르의 회상에 의하면, "문화부의 자크 플로 국장이 이 영화의 선정 소식을 갑작스레 전화로 통보했다고 모르겐슈테른 사장에게 알렸을 때, 그는 내 말을 믿으려 하지 않았다." 4월 22일 장뤽 고다르는『아르』의 칼럼을 통해 탄성을 고하면서 '고품격 프랑스 영화'의 감독들을 맹렬히 공격했다. "오늘 이렇게 우리는 승리를 거두었다. 우리의 영화가 칸으로 가서, 영화에 관해 프랑스가 훌륭한 외모를 지니고 있음을 증명할 것이다. 내년에도 상황은 달라지지 않을 것이다. 의심의 여지가 없는 일이다! 용감하고 성실하고 명석하고 아름다운 15편의 신작 영화가 고답적인 영화의 제작으로 향하는 통로를 다시 한번 차단할 것이다. 하나의 전투에서 승리했다고 해서, 아직 전쟁이 끝난 것은 아니기 때문이다."

신동들의 영화제

1959년 4월 27일 프랑수아 트뤼포와 장 피에르 레오는 칸의 〈400번의 구타〉 공식 야간 리셉션을 위해 파리에서 턱시도를 빌렸다. 트뤼포는 5월 2일 오전에 마들렌, 마르셀 베르베르, 장 피에르 레오와 레오의 부모, 앙리 드카, 클레르 모리에, 알베르 레미와 함께 칸에 도착해 모두 칼튼 호텔에 묵었다. 마르셀 베르베르의 회상에 의하면, "영화 포스터조차 없는 상태에서 우리는 장 피에르 레오의 확대 사진을 벽에 붙여 놓고는, 사람을 불러 영화 제목과 트뤼포의 이름을 그 위에 그려 넣도록 했다." 불가능해 보이는 일을 이미 성사시킨 베르베르는 트뤼포에 비해 훨씬 덜 불안한 모습이었다. 영화제가 열리기도 전에 미국에 이 영화를 "5만 달러, 다시 말해 영화의 총 비용인 4천7백만 프랑과 정확히 일치하는 액수로" 판매했던 것이다.

그러나 진정 중요한 시련은 5월 4일 일요일 저녁 공식 상영 때 있을 것이다. 그 동안에 트뤼포는 친한 얼굴들을 찾으며 칸의 이 곳저곳을 걸어 다녔다. 명예 심사위원장 장 콕토, 로베르토 로셀리니, 그리고 영화제 취재차 『아르』에서 파견된 자크 오디베르티가 어느 정도는 위안이 돼 주었다. 〈400번의 구타〉를 파리에서 이미 보았던 세 사람은 성공을 확신했다. 영화제 대상영관에서 영화가 시사되던 밤, 트뤼포의 얼굴은 긴장감으로 창백한 상태였다. 장내의 불이 꺼질 때 장 피에르 레오는 그에게 윙크를 던졌다. 트뤼포는 영화가 종영되기도 전에 이미 몇몇 장면에서 터지는 갈채를 듣고 안도했다. 불이 다시 켜졌을 때 그곳에는 하나의 진정한 승리가 있었다. 모든 사람이 이 젊은 감독에게로 머리를 돌리고 그의 얼굴을 보려 했다. 상영관 출구에서는 형용할 수 없는 혼잡 속에서 장 피에르 레오가 사람들에 싸여 계단 밑에 빽빽이 모인 영화제 참가자와 사진 기자에게로 인도되고 있었다. 장 콕토에 의해 소개된 트뤼포는 자신을 향해 뻗쳐지는 이름 모를 손들을 쥐면서 인사한 뒤, 콕토와 동행해 프로방스 요리 전문 식당으로 가서 스태프와 연기자들과 함께 저녁 식사를 했다.

다음 날 주요 언론의 1면에는 커다란 활자의 제목이 펼쳐졌다. 『프랑스 수아르』에는 층계를 내려오는 사진의 상단에 "28세의 감독, 프랑수아 트뤼포. 14세의 스타, 장 피에르 레오. 칸에서의 승리. 〈400번의 구타〉"라고 실렸고, 5월 9일 자 『파리 마치』는 "신동들의 페스티벌"이란 제목으로 4면 전체에 걸쳐 성공 소식을 상세히 보도했다. 잡지 『엘』은 젊음의 재발견을 강조했다. "칸영화제는 이만큼 젊었던 적이 없었으며, 젊은 세대가 사랑하는 예술의 영광을 찬미하는 삶이 이토록 행복한 것인지를 보여 준 적도 없었다. 제12회 칸영화제는 모두를 향해 프랑스 영화의 재탄생을 선언하는 큰 영광을 맛보았다." 트뤼포의 영화는 그 '젊음'을 아낌없이 구현했고, 영화제에서 가장 사랑받은 장 피에르 레오는 그것을 확장했다.

레오와 그의 가족, 힘들었던 생활, 성격, 야망에 관련된 글들이 『파리 마치』, 『프랑스 디망슈』, 『파리 프레스』, RTL 라디오 방송을 통해 넘쳐 났다. 칸의 식당과 바, 나이트클럽에서의 짓궂은 행동, 레오의 독설과 부모와의 불화 등은 기자와 파파라치를 열광시켰다. 고급 언론 매체들은 트뤼포의 족적을 좇았고, 트뤼포는 며칠 사이에 하나의 상징적 인물이 되었다. 『르 몽드』에서는 이본 바비가 트뤼포를 미화하는 인물 기사를 썼고, 『프랑스 옵세르바퇴르』에서도 피에르 비야르가 비슷한 기사를 썼다. 5월 7일 자

『렉스프레스』는 표지에 장 피에르 레오를 실어 영화를 일대 사건으로 만들었다. 『아르』도 뒤지지 않았다. 자크 오디베르티는 "4백번 구타를 시도한 이후, 한방에 대가의 결정타를 성공시킨 트뤼포"라고 썼다. 오디베르티는 얼마간의 서정성을 담아 '트뤼포 무훈시'를 상세히 기술했다. "특별한 원한도 없으면서 트뤼포를 '출세주의자', '권모술수의 달인'이라고 비난하던 사람들이 모두 불문곡직하고, 어지러움을 불러일으키는 불가항력적 매력에 맹렬한 속도로 투항해 버렸다. 또한 실현이 약속되어 있었고 실제로 실현된 이 승리를, 사전에 빠뜨림 없이 조목조목 마음속에 떠올린다는 강렬한 수동적 쾌락의 포로가 되었다." 자크 도니올-발크로즈는 『카이에 뒤 시네마』에 이렇게 썼다. "결국 〈400번의 구타〉는 '친구 프랑수아'의 재능을 확인시켜준 아주 놀라운 영화가 아닐 수 없다. 설사 이것이 느닷없이 적진 한복판에서 폭발해 내부로부터의 패배를 이끌어 낸 로켓탄이 아닌 경우라 할지라도……."

찬사로 가득한 논평 외에도 전 세계에서 조르주 브라크, 피에르 브라쇠르, 자크 플로, 아벨 강스, 장 르누아르, 로버트 알드리치, 니콜라스 레이, 루이즈 드 빌모랭, 조르주 시므농 등으로부터 축전이 날아왔다. 영화제 심사위원단은 〈400번의 구타〉에 감독상을 수여했다. 이틀 동안, 일본, 이탈리아, 스위스, 벨기에 등 외국의 배급업자들이 경쟁적으로 영화에 몰려들어, 마르셀 베르베르와 배급권을 놓고 협상을 벌였다. 미국을 포함해 판매액은 이미 영화 예산의 두 배인 8천7백만 구 프랑에 달했다. 여세를 몰아 6월 3일 샹젤리제의 두 영화관에서 개봉된 이 영화는 45만 관객

〈400번의 구타〉에서 장 피에르 레오

을 동원하는 대성공을 거두었다.

영화는 더 나아가 영화 애호가 관중에 그치지 않고 급속히 사회 현상으로 퍼져 나갔다. 전문 매체뿐 아니라 대중 매체, 여론 형성 매체까지 앙투안 두아넬의 사례를 계기로 불행한 유년기, 청소년 교육 등의 사회적 주제로 나아갔다. 잡지『새 날들Nouveaux Jours』은 "부모들이여, 이 영화가 만일 당신의 경우라면?"이라는 표제를 붙였고, 같은 시점에서 경쟁지인 『행복Bonheur』은 "조심하라, 부모들이여! 당신의 아이들을 불량아로 만들지 말라!"라는 제목으로 어른들의 경계심을 북돋웠다. 부모들의 책임 회피와 관련한 사회적 논쟁의 계기를 제공하면서, 트뤼포의 영화는 또다시 관객 수를 대폭 늘렸다. 그렇지만 다른 무엇보다도 그의 영화는 '누벨바그(새로운 물결)'라는 현상에 의존한 바가 컸다.『아르』가 두 차례나 특집을 마련한 사실에서 보이듯 '새로운 영화nouveau cinéma'는 한창 유행을 타고 있었다. 신속한 촬영, 신세대 배우를 통해 보여주는 현시점의 이야기, 스튜디오 대신 자연광을 사용한 야외 촬영, 적은 제작 인원과 저예산 방식……. 칸에서 〈400번의 구타〉가 거둔 성공에 힘입어 이 같은 새로운 사고방식이 대중매체로 확대되면서 예상치 못한 큰 관심을 불러 모았다. 트뤼포의 영화는 바로 이 운동의 출발점으로 보였으며, 이후 얼마 동안 프랑스의 영화 제작 방향을 '젊은 영화'로 향하게 했다. 3년 동안 170명 가까운 감독이 첫 장편 영화를 만들었으며, '누벨바그'라는 낙인은 일종의 (미등록된) 등록상표가 되었다. 지금까지 젊은 영화를 깊이 불신하던 수십 명의 제작자는 무명 배우를 데리고 저예산 영화를 만들어 수익을 올리기 위한 길을 찾았다. 영화계 내부의 이 변화는 프랑스 영화 역사에 하나의 획기적 전환점이 되었다.

사실 '누벨바그'라는 용어는 1년 반 전인 1957년 10월 3일 자 『렉스프레스』에 프랑수아즈 지루가 쓴 "젊은이들에 관한 보고서"에서 처음 등장했다. 1958년 6월 그녀는 갈리마르를 통해 성공작 『누벨바그, 젊음의 초상 La Nouvelle Vague, portrait de la jeunesse』을 펴냈다. 영화와 직접적인 관계는 없었지만, 이 책 역시 프랑스 사회 내부의 변화의 필요성을 주장하고 있었다. 1958년 2월에 평론가 피에르 비야르는 이 용어를 새로운 프랑스 영화에 적용했다. 이어서 1959년 봄 칸에서 이 표현이 확산했고, 그해 가을 〈사촌들〉과 〈400번의 구타〉가 개봉되자 지역 매체들은 계속 이 표현을 사용했다. 곧이어 국제적 언론 매체에서 따라 사용했고, 이때부터 프랑스와 전 세계를 통해 '누벨바그'에 관한 토론이 마련되지 않는 영화제가 없었다. 출판계까지도 재빠른 이익을 노리고 이 현상의 분석을 시도했고, 그 결과 칸에서 모습을 드러낸 이후 몇 개월 사이에 '누벨바그'에 관한 책이 서둘러 세 권이나 간행되었다.

1959년, '누벨바그'의 공과에 관련해 전체적으로 호의적 평가가 이루어지는 가운데서도, 전통적 프랑스 영화의 지지자와 일부 좌파 비평가를 중심으로 한 반대자들의 역공은 벌써 시작되고 있었다. 이미 칸영화제에서부터 명성 있는 감독과 각본가, 예컨대 프랑수아 트뤼포가 『카이에 뒤 시네마』에서 '구시대적 물결'이라고 조롱하듯 불렀던 장 들라누아, 르네 클레르, 클로드 오탕라라, 앙리 장송, 미셸 오디아르, 샤를 스파크 등이 이 운동을 격렬

히 공격했다. '아마추어주의', '지성 편중주의', '지루함', '자기 홍
보', '출세 제일주의' 등의 표현이 당시 영화계의 공식적 대표자들
의 인터뷰와 글에 자주 등장했다. 또 하나의 격렬한 '반누벨바그'
적 주장을 『카이에 뒤 시네마』의 경쟁 잡지 『포지티프』가 제기했
는데, 『포지티프』는 이 운동을 '명확한 동기의 결여', '기교주의',
'파리 중심주의', 특히 '우파주의적 일탈' 등으로 비난했고, 이 계
통의 영화가 정치 참여적 특징을 결여하고 있다고 질타했다.

트뤼포는 어떤 명분의 집단주의에도 자신이 편입되는 것은 경
계하면서도, '누벨바그' 현상은 분석해 보고자 했다. 『아르』에 발
표한 수많은 논쟁적 글을 통해, 트뤼포는 이미 전통적 프랑스 영
화의 위기 상황에 대한 특권적, 적극적 증인이 되어 버렸다. 다시
말해 트뤼포는 이야기, 연기자, 제작과 촬영 방법의 근본적 혁신
을 희망적 대안으로 요구했다. 르누아르, 로셀리니, 오퓔스의 영
향 아래서 트뤼포는 스타 중심주의의 속박과 각본가들의 지배에
서 벗어난 독립적 '작가'를 찬미했다. 이론상의 이 일관된 맥락이
감독 트뤼포와 비평가 트뤼포를 잇는 근본적 연결 고리였던 것이
다. 실제로 〈개구쟁이들〉에서부터 트뤼포는 자신이 신뢰하는 전
문 스태프와 함께 신속하고 경제적인 촬영 방식을 실천에 옮겼
고, 각본과 대사를 스스로 썼으며, 새로운 배우들에게 기회를 마
련해 주었다. 그러나 유력 언론이 대단히 불균질한 수많은 '젊은'
영화를 통해 '누벨바그'를 기술하면서, 그것이 프랑스 영화의 제
작 관행 및 관습과의 결정적 결별의 의미 대신에 하나의 유행 현
상, 일종의 사회학적 개념이 되어 버렸음을 트뤼포는 인식하고

있었다. 하지만 스스로는 부인했음에도 불구하고, 트뤼포는 동료와 반대자 모두에게 새로운 영화의 진정한 지도자로 간주되었고, 반면에 레네나 고다르는 오히려 이 운동의 이론가 또는 실험가로 인식된다. 그것이 최선이든 최악이든, 트뤼포 개인의 운명은 '누벨바그'와 한데 묶여 있었다. 1959년, 최악의 상황은 앞으로 곧 다가올 상태였고, 따라서 이후 몇 년 동안 이 젊은 영화감독은 자신의 에너지의 상당 부분을 이 운동의 옹호에 바치게 된다.

노출된 표적

한창 진행 중인 영화 혁명의 선두에 선 프랑수아 트뤼포는 노출된 표적과도 같았다. 〈400번의 구타〉의 성공과 함께 언론이 그려내는 트뤼포의 인물상은 대체로 호의적이었지만, 상투성에 물든 경우도 종종 있었다. 거의 만장일치로 인정을 받았음에도, 한편에서는 조화를 깨는 몇몇 잡음과 불신이 생겨났다. 완벽한 성공을 이룩한 27세의 이 남자에게 부여된 성격상의 특징은 '신경과민', '인생에 대한 복수 의지', '확고한 매력' 등이었다. 이 각각의 성격은 동시에 그 이면을 드러냈다. 즉 첫 성격에 대해서는 '폭력과 분노', 두 번째에 대해서는 '출세 지상주의', 세 번째에 대해서는 '아양과 가식'이었다.

트뤼포에게 이 부정적 표현은 모두 그가 동세대 인물 가운데 가장 혐오스러운 평론가였다고 생각하게 하는 것들이었다. "허약한 몸, 검은 머리, 창백한 안색, 교활한 아이의 시선……. 첫눈에 그

는 호감을 주지 못한다."『렉스프레스』의 미셸 망소가 트뤼포의
신체적 용모를 가차 없이 묘사한 이후로, 저널리스트들의 글 속
에는 종종 그가 기성 감독을 맹렬히 공격할 때 비꼬듯이 사용했
던 용어를 재사용한, '편협한 옛 시네필', '납골당의 평론가', '젊은
난폭자' 등의 표현이 불쑥불쑥 나타났다. 피에르 아잠은『문학 소
식』지에 이렇게 썼다. "프랑수아 트뤼포는 제7예술의 테러리스
트로 간주될 수 있다. 그는 자신이 좋아하지 않는 영화의 포스터
를 박박 찢어 버리고, 몇몇 제작자는 아예 상대하지도 않으며, '악
수를 하면 안 될 사람들'의 목록을 작성하고, 최소한의 반박도 불
허하면서 그들의 제명을 강요한다. 자신에게 과잉의 이미지를 만
들기 위해 그가 전력을 다한다는 사실 때문에 더더욱 그렇게 간
주될 수 있다."

어떤 사람들은 트뤼포 스스로가 이전에 자신이 싸웠던 대상과
유사하며, 스스로 규탄했던 영화의 가치를 재생산한다고 비난했
다. 첫 영화가 공개되자마자 이들에게서는 배신이라는 비난이 나
왔다. "평론계의 무서운 개구쟁이였던 자가 누벨바그의 전통주의
자가 되었다." 월간지『뤼Lui』에는 커다란 활자로 이런 제목이 실
렸고, 1959년 5월 15일 자 어느 신문은 표지에서 '트뤼포의 배신'
을 공표했다. 익명의 기자는 이 적대적인 기사 속에서 신경질적
으로 이렇게 외쳤다. "나는 순수하고 강직한 그 트뤼포를 좋아했
고, 필름 쪼가리로 낡은 가치를 고수하는 자들의 두개골을 쪼아
대는 그를 좋아했고, 칸에서 군림하는 자들에게 파문당했을 때의
그를 좋아했다. 이제 나는 그가 칸에 간 것이 원망스럽다. 내게 그

것은 마치 폴 레오토가 프랑스 한림원 회원의 직책에 지원한 것처럼 보인다. 그는 주저 없이 턱시도를 입고, 광택 솔을 만드는 거대한 공장에 먹혀 버렸다. 사탕가루 범벅이 되어 순치되고 기골을 잃은 지금, 이전의 트뤼포에게 무엇이 남아 있을 것인가?"

이러한 배신 증후군에, 이 젊은 감독의 큰 활약에 의해 밖으로 밀려난 연장자들의 냉소적 조서가 더해졌다. 예고된 혁명이 생쥐 한 마리를 분만했으니, 젊은 영화는 곧 가장 상업적인 제작 대열로 들어갈 것이라는 지적이었다. 샤를 스파크는 1959년 6월 초 『프랑스 수아르』에 이렇게 썼다. "일단 돌진을 감행한 트뤼포는 경쾌한 발걸음으로 울타리 반대편으로 건너갈 준비를 하고 있다. 2억 5천 내지 5억 프랑짜리 영화를 만드는 '진짜' 감독들이 있는 곳으로……."

또한 트뤼포가 탐욕스러운 야심에 사로잡혀 성공을 위해서라면 어떤 타협도 할 수 있는, 파렴치하고 교활하고 영악하고 위선적이고 음험한 출세 지상주의자라는 소문이 언론에 떠돌았다. "그는 자금 확보를 위해 최악의 적수의 딸과 결혼했다." 클로드 브륄레는 1959년 칸영화제 기간 중에 『엘』에 주저 없이 그렇게 썼다. 이른바 '누벨바그의 라스티냐크'•에 관한 수많은 기사 속에서 이 이야기는 거듭 거론되었다.

그 가운데 어떤 글은 이렇게 지적했다. "그러고 나서 트뤼포는 결혼을 했다. 뭐, 그것은 그의 권리였다. 그렇지만, 오오, 하느님!

• 발자크의 『고리오 영감』 등 「인간희극」 시리즈의 등장인물. 출세주의자의 전형*

그의 장인은 가장 철저하고 가장 확실한 구식 프랑스 영화의 제작 배급업자란 말이다. 내가 '오오, 하느님!'이라고 말하는 것은 순수하고 우직했던 이전의 그 트뤼포를 위해서다. 〈400번의 구타〉는 많은 돈이 든 영화가 아니라고들 말한다. 그러나 3천만 내지 4천만 프랑의 액수라도 일단은 구해야 하는 것이지, 단지 원한다고 절로 조달되는 것이 아니다. 더 이상 젊지 않은 자들까지 말할 필요도 없이 재능과 아이디어를 지닌 수많은 젊은이가, 샤브롤처럼 부모의 재산도 상속받지 못하고 트뤼포처럼 모르겐슈테른 양과 결혼하지 못했다는 이유만으로 그대로 늙어 갔다. 영화예술과 그것의 표현의 사이에는 돈이 놓여 있다. 나는 프랑수아 트뤼포가 그 사실을 지나칠 정도로 깊이 생각하지 않았나 하는 걱정이 든다. 이 경우에 붙는 명사가 하나 있으니, '출세주의'라는 것이다. 그 같은 인물에는 환멸을 느낄 준비를 우리는 해야 할 것이다."

필립 라브로는 장 피에르 멜빌의 증언을 전했다. 멜빌은 한때, 구체적으로는 1960년대가 시작될 무렵 누벨바그 감독들에게 일종의 정신적 지도자 역할을 한 감독이다. "멜빌은 내게 말하곤 했다. '프랑수아 트뤼포와 함께 샹젤리제를 걸어 내려오는 나를 상상해 본다네. 그가 내게 넌지시 말하지. 루이 말을 조심하십시오, 그는 출세주의자입니다! 하고 말이네. 그러고는 내게 다음처럼 속마음을 털어놓는 루이 말과 함께 맞은편 길을 다시 걸어 올라가는 나를 상상한다네. 트뤼포를 믿지 마십시오, 그는 출세주의자입니다! 하고 말이네.' 두 명 모두 상대방에게 경멸적 표현을 사용한 것은 오로지 단 하나의 이유, 바로 말과 트뤼포가 모두 야심에 찬 감독이었기 때문이다." 잔 모로의 고백에서도 이것은 확인된다. "내가 만난 남자 가운데 프랑수아는 젊은 시절에 가장 충실한 상태로 남아 있으면서도 가장 야심이 강했다. 사람들에게는 언제나 이런 종류의 야심이 필요하다. 타인에게서 받는 것과 스스로 손에 넣는 것은 서로 별개인 것이다. 프랑수아는 루이 말의 경우와 비교할 때, 타인에게서 받은 것이라곤 전혀 없었고, 그래서 좀 더 탐욕스러웠다."

〈400번의 구타〉의 성공으로 어느 정도 자신감을 얻었음에도 불구하고, 프랑수아 트뤼포는 자신과 관련된 이 같은 공격과 소문에 극도로 민감했다. 어떤 의미에서 트뤼포는 비난을 예상하고 있었지만, 그럼에도 여전히 상처를 입었다. 왜냐하면 예전에 자신도 억제하지 못하고 사용했던 무기, 바로 인신 공격이 가장 많았기 때문이었다. 트뤼포는 세심하게 준비한 몇몇 인터뷰를 통해 자신의 또 다른 인물상을 제시함으로써 맞서기로 결심했다. 이 '공인된 자화상'은 영화감독 트뤼포가 언론과 대중을 향해 지닌 열정적이며 신중한 마음가짐을 분명하게 설명해 주었다. 이 자화상에서는 학업 실패의 결과로 힘들었던 어린 시절을 전면에 내세웠고, 부모에 관해서는 가능한 한 너그러워지고자 했으며, 성장기의 옆모습은 평범한 것으로 만드는 대신, 비평가로서의 영향은 의도적으로 묵살했다.

무엇보다 트뤼포는 시네필로서의 자신의 열정을 특별히 내세워 강조했다. "인생, 그것은 스크린이었다"는 명제가 좀 더 수치

스러웠을 자신의 욕망을 진정시켰으며, 부모와의 불화, 비행 청
소년 센터, 평론가로서의 거친 언동, 연애에 대한 집착, 사생아로
서의 심리적 혼란, '경기병'으로서의 혼란스러운 이데올로기적
위상 등 온갖 어려움을 잊도록 해 주었다는 설명이었다. 동시에
그는 "트뤼포 모든 것을 밝히다", "감추었던 추억의 앨범, 공개를
승락하다", "미공개 자화상을 제시하다" 등을 내세운 수많은 인
터뷰를 통해서 앙드레 바쟁의 인물상, 로베르 라슈네나 로베르토
로셀리니와의 우정, 영화 연출로의 이행, 누벨바그의 성공 같은
사항도 언급했다. 트뤼포에게 전가될 폭력성은 이 감동적인 초상
화 속에서 모두 지워졌다. 그것은 체제 안에 비교적 수월하게 통
합된 독학자의 초상화였고, 영화 교육을 통해 세련미와 섬세성을
특징으로 하는 고전적 '프랑스 예술'의 상징으로 된 한 젊은 시네
필의 초상화였다.

가족의 상처

곧 프랑수아 트뤼포는 또 하나의 적대적 전선과 마주쳐야 했다.
아들의 어린 시절이 언론에 폭로된 것을 읽은 롤랑과 자닌 트뤼
포는 자신들에 관한 부분을 보면서 아연실색했다. 양친은 이것
을 모욕적 중상모략으로 간주하여 강력히 반발했으므로, 그들
이 영화를 볼 것임은 의심의 여지가 없었다. 수치스럽게도 그들
은 〈400번의 구타〉 속에서 앙투안 두아넬의 성장 배경이 된 바로
자신들의 동네에서 지탄을 받게 되었다. 트뤼포는 영화가 가져

올 파장을 계산하지 못했고, 더욱이 유명 배우도 아닌 영화감독의 사생활을 언론이 전례 없이 파헤치리라는 것도 예상하지 못했다. 궤도를 수정하기에 너무 늦긴 했지만 트뤼포는 원만히 수습하고자 최선을 다했고, 마지막에는 영화가 자전적인 것이 아니라고 주장하기도 했다. 그러나 롤랑과 자닌은 공세로 돌아서, 가족들의 반발을 모아 아들에게 항의 편지를 보냈다.

사실 〈400번의 구타〉의 촬영 시작 시점부터 프랑수아 트뤼포는 부모와 거리를 유지했다. 아마도 영화의 자전적 특징과 부모에 대한 어두운 묘사가 가족 내부에 반발을 불러일으킬 것을 스스로도 간파하고 있었을 것이다. 그 결과 트뤼포는 미숙하면서도 비열한 책략, 즉 기피라는 방식을 택했다. 트뤼포는 마치 죽은 사람처럼 더 이상 아무런 소식도 전하지 않았다. 롤랑과 자닌이 손녀의 출생을 알게 된 것도 두 달이나 지난 뒤 언론 보도를 통해서였다. 아들의 무례함에 놀란 롤랑 트뤼포는 즉시 편지를 보냈다. "어린 로라가 아주 건강한 모습이기를 진심으로 바란다. 그렇지만 이토록 중대한 일을 네가 직접 알려 주지 않은 것에 조금 놀라고 있단다. 우리가 너희들에게 무슨 안 좋은 일이라도 했느냐? 오해가 있다면 망설이지 말고 이야기를 해다오. 오해는 다 풀어 버려야 한단다." 부모는 아들이 첫 성공을 맛본 시점에서 또다시 선의를 표명했다. 예를 들어, 1959년 4월 17일 롤랑과 자닌 트뤼포는 〈400번의 구타〉의 칸영화제 선정 소식에 축하를 보내며, "프랑수아가 프랑스 영화를 대표한다는 생각에서 오는 자랑스러움"을 털어놓았다.

그랬던 만큼 영화에 관한 기사를 처음 읽었을 때 그들의 환멸감은 더욱 컸다. 롤랑 트뤼포가 분노에 휩싸여 종이 위에 "미쳐버린 언론들, 〈400번의 구타〉에 관해······"라는 제목을 적어 묶은 기록물에서 이 환멸감은 고스란히 확인된다. 트뤼포 부부는 여기에 자신들의 깊은 상처를 단도직입적으로 표현했던 것이다. "홀로 버려진 프랑수아", "트뤼포의 아버지가 경찰을 불러 모으다", "사랑받지 못한 어린이", "악인은 아니었지만, 자식에 관심을 가질 줄 몰랐던 부모", "그의 아버지, 괜찮은 친구이지만 겁쟁이", "그의 어머니, 자신의 몸 생각만 하는 여자", "바람기 있는 어머니와 신원 미상의 아버지에게서 태어난 영웅", "그의 어머니, 추잡한 작은 매춘부." 롤랑 트뤼포는 이 인용문 옆에 자신의 설명을 붙여 가면서, 헛되이 아들의 태도를 납득해 보려 애썼다. "너에게는 양심의 가책과 돈이 모자랐다", "아마도 너를 이렇게 만든 책임이 우리에게 있다고 믿게끔 하고 싶은가 보다", "캠핑에 대한 사랑 때문이겠지, 그렇다면 이 더러운 놈아, 영화 때문에 넌 내게 고통을 안 줬는가", "내가 네게 고등영화학원에 가라고 했는데, 네가 거절했지 않은가, 이 천치 같은 놈", "바쟁의 죽음으로 우린 톡톡히 대가를 치르고 있다." 롤랑이 마지막 부분에서 행한 지적은, 양심의 가책이라고는 없는 출세주의자이자 약삭빠르고 교활한 파렴치한으로서의 아들의 모습을 그려 내고 있다. "왜 4년 동안 계속 목요일마다 우리를 만나러 왔는가? 그건 위선이다. 이 무슨 이기주의적 장난인가", "단 한 사람도 보기 전에 걸작이었던 이 영화, 대대적으로 준비된 광고", "모르겐슈테른의 수백만 프랑이 확실히 쓸모 있구나."

이어서 가족들이 연대해서 그들과 분노를 함께했다. 자닌의 동생인 모니크 드 몽페랑은 프랑수아와 가까웠음에도 불구하고 조카의 행동으로 느낀 자신의 혼란을 그들에게 써 보냈다. "비열한 짓거리는 결국 비싼 대가를 치르는 법인데, 이 일이 그 아이에게 행운을 가져다주었다니 정말 놀랍네요. 이런 종류의 애들은 성공과 명성을 이루기 위해선 무엇이라도 걸 뿐 아니라, 필요하다면 시체들이라도 기꺼이 밟고 지나갈 애들이거든요." 이어서, 이번에는 자닌의 언니 쉬잔이 편지를 보내 왔다. "필경 프랑수아는 온화한 성격 따위라곤 없는 아이임에 틀림없어. 그 아이의 태도가 그걸 증명하잖아. 그 애는 결국은 너희 부부에게 역경이라면 역경이 되겠지. 지금 시점에서는 아무 일도 없었다는 듯이 받아들여야 할 거야. 그게 가장 힘든 일이겠지. 모든 것을 부모의 탓으로 돌려 버리는 것, 이것이 일종의 세기병이 되어 버렸어. 그렇지만 젊을 때의 이런 유행은 빠르게 지나가 버릴 거야."

마지막으로 가장 격한 반응이 알제리 주둔 사령관인 동생 베르나르에게서 왔다. "이 멍청한 프랑수아란 놈의 정신 상태는 사춘기를 벗어나지 못했어요. 그 애는 자신을 아주 대단하게 여기지만, 실은 콤플렉스로 가득 차 있습니다. 아마도 그 열등감을 벗어나고 싶어 그렇게 행동할 겁니다. 그 애를 비호하는 건 아니지만, 그 애는 불량하다기보다는 무의식적으로 그렇게 한다고 생각합니다. 왜냐하면 그가 자신의 태생을 혐오함으로써 사회 계층을 바꿀 수 있다고 믿는다면, 크게 착각하는 것이기 때문입니다. 그

애의 불행은 생활 환경이 돌팔이 지식인, 영화 떠돌이, 많든 적든 썩어빠진 사업가로 채워진 곳이라는 점입니다. 국제주의적이고 음험한 환경이죠. 이런 환경 속에서는 도덕 개념이라곤 어느 하나도…… 아니죠, 도덕이란 말은 그들에게 너무 과한 표현이 될 테고 그냥 예의범절이라고 하죠, 예의범절의 개념이라곤 알지를 못합니다. 이 환경 속에서 그 애는 자신의 역량이 부족하다고 느꼈을 테고, 그래서 이미 오래전에 일상적 윤리에서 벗어난 생활을 영위했던 '실례'로서 자신을 내세우면서 결정적으로 인정받으려 애쓰는 겁니다. 따라서 프랑수아는 자신이 짐작하는 것보다도 훨씬 평범하고 널리 퍼져 있는 소년기의 모험담을 토대로 해서, 자신의 인생에 관한 소설을 꾸며 낸 겁니다. 시련에 의해 성숙해지는, 이해받지 못하는 인물을 만들어 낸 것이죠. '영화 만들고 있다'•라는 표현만큼 이 경우를 적절히 나타내는 게 있을까요."

1959년 5월 20일 롤랑 트뤼포는 아들에게 짧지만 매서운 편지를 보냈다. "아마도 지독히 잘못된 자료에 의거해 언론에 보도된 기사에 관해 나와 만나서 설명할 시간을 이제는 마련할 수 있겠지. 그 정도로 부정확한 보도들을 네가 그대로 방임했다고는 도무지 상상할 수가 없기 때문이다. 약속 날짜와 시간은 네 마음대로 정해도 되지만, 장소는 나바랭 가 33번지면 좋을 것 같다. 무지한 부모에 의해 그토록 '학대'를 받았던, 그래서 훗날 네가 명예롭고 공명정대한 '피학대 아동'이 되도록 만들어 준 이 누추한 집을

• '망상에 빠져 있다'라는 뜻•

다시 본다면 감격스러울 수도 있지 않겠느냐. 평소의 너의 정직성으로 볼 때 이 정도의 대화 제의는 받아들이리라 믿는다. 그럼 (가능하다면) 곧 만나길 빌며, 너의 (오로지 법적인) 아버지가 보냄. 추신: 신변 안전에 대한 염려는 전혀 없이 와도 좋다는 점을 분명히 해 둔다. 쓰레기통은 비워 놓을 것이고, 경찰에는 알리지 않을 것이다." 롤랑은 편지에 〈400번의 구타〉의 촬영장에서 입에 담배를 문 채 넥타이를 갖추어 입은 의기양양한 모습이 담긴 아들의 사진을 동봉했다. 사진 뒷면에는 자신의 필적으로 "진정 더러운 놈의 사진"이란 설명이 씌어 있었다. 트뤼포 부부가 그처럼 심하게 반발한 것은 아마도 이 모든 것이 돌발적으로 폭로되었기 때문일 것이다. 즉 모두가 성공적으로 잘 망각해 버린 것처럼 생각되던 그의 유년 시절이 파괴적 형태로 불쑥 나타났기 때문일 것이다. 트뤼포 부부는 어린 시절을 어둡게 그려낸 이 초상화를 아들의 출세주의와 위선 탓으로 돌렸으며, 불건전하고 불성실한 '국제주의적' '업계'가 프랑수아를 타락시켰다고 판단했다.

5월 27일 트뤼포는 자신을 변호하기 위해 아버지에게 장문의 편지를 보냈다. 그것은 읽는 사람의 가슴을 칠 고백이었는데, 그속에서는 맹목적인 부모를 향한 자신의 혼란한 심정이 잘 드러나고 있다. "아버지처럼 저도 광고문의 악폐에 유감을 느끼고 있습니다. 저와 알고 지내던 사람을 만나 캐묻고, 군대 동료로부터 사진을 매수하고, 내용을 단순화하거나 과장 왜곡하고……. 이 모든 일이 이런 형태의 저널리즘에서는 일상적으로 행해집니다. 그렇지만 저는 『아르』지를 통해 이런 식의 과장을 비판하고, 영화의

'자전적' 특징을 일부분 부인할 예정입니다. 아버지와의 대화는 바람직하다고 생각하지만, 단지 아버지가 이 영화를 본 뒤였으면 합니다. (…) 저는 제게 일어난 일들 중 다른 가정에서도 발생하고 있거나, 발생할 가능성이 있는 일들밖에는 영화로 찍지 않았습니다. 제가 보여 준 것은 어린 성자가 아니라, 학교에 빠지고 부모의 글씨체를 위조하고 부모의 돈을 훔치고 늘 거짓말을 하는 그런 소년이었습니다. 신문에 상당수의 엉터리 글이 실리는 것을 보면 불쾌하지만, 그럼에도 저는 이 영화를 시도한 것에 조금도 후회가 없습니다. 두 분의 마음을 아프게 할 것은 알고 있었지만, 그래도 아무 상관 없습니다. 바쟁의 죽음 이후 저에게는 더 이상 부모란 없으니까요. 만일 제가 1943년에서 1948년 사이 나바랭 가에서의 저의 존재와 두 분과의 관계를 있는 그대로 묘사했더라면, 저는 세상에서 가장 끔찍한 영화를 만들었을 겁니다. 식량난의 기간 내내, 저는 초콜릿 한 조각도 못 먹었습니다. 두 분은 초콜릿을 퐁텐블로에 가져가곤 했죠. 토요일마다 두 분은 제게는 거의 아무것도 남겨 주지 않고 떠나셨어요. 저는 각설탕을 (너무 눈에 띄지 않도록 한 줄 전체를) 훔쳐서 해결했습니다. 저는 거짓 속에서 살았고, 일요일 저녁이 돌아오면 공포 속에서 살았어요. 학교에서 자기 혼자만 '간식거리'가 없다는 사실을 알게 된 아이는 당혹감을 느끼는 법입니다. 그 밖에도 엄마와 저 사이에 이례적으로 긴장된 순간들이 있었습니다. 예를 들어, 어느 날 아침 제가 두 시간이나 줄을 서서 비스킷 한 통밖에 못 가지고 돌아왔을 때, 넘어진 저를 엄마는 발로 찼습니다. 맹세코 이것은 사실입니다. 비겁하고 엉큼한 저는 그것을 '떠벌리지' 않았고, 아버지의 친구들은 식사 자리에서 제가 온순한 것에 놀라워했습니다. 저는 말은 안 했지만 엄마를 증오했고, 아버지는 경멸하면서도 아주 좋아했습니다. 의사의 검진을 받을 때, 신발을 벗고 저의 해진 양말을 보인 순간의 비참함이란……. 그리고 제 인생 전체에 영향을 미친 우스꽝스러운 작은 비극이 또 하나 있었습니다. 리세 롤랭 학교 때 6학년으로 올라가기 위한 보충 시험 말입니다. 이 당시 저는 아직 공부 잘하는 학생이었으며, 저의 낙제는 우연의 결과였습니다. 10월에 있을 보충 시험에서 저는 합격 가능성이 아주 큰 상태였습니다. 저는 쥐비지에서 방학을 보내고 있었는데, 아버지에게 시험일 직전의 일요일에 저를 데리러 와 달라고 편지를 썼습니다. 아버지는 오지 않으셨고, 저는 시험을 치를 수 없었지요. 그러자 아버지는 저를 공립초등학교에 넣었는데, 그곳에서 저는 비행을 시작하게 된 겁니다. 아버지는 편지를 받지 못했다고 저에게 말했어요. 정말 놀라운 우연의 일치입니다. 그 주말을 아버지는 여느 때처럼 (그럼요, 당연히) 퐁텐블로에서 보내셨으니 말입니다. 쥐비지에 자기 아이를 데리러 가느라 숲에서의 주말을 포기하는 건 얼마나 서글픈 일이었을까요. 아버지는 편지에 '너의 (오로지 법적인) 아버지로부터'라고 서명하셨습니다. 그 쓰라린 마음은 이해합니다. 이 사실을 알고 저는 크게 충격을 받았던 적이 있습니다. 장롱을 뒤져 1932년 비망록과 가정사 기록 수첩을 찾아낸 시점이었다는 이야기를 아버지에게 해 드렸다고 기억합니다. 가정 환경이 이 모양이므로 저의 탄생과 관련한 비밀이 존재할 것이란 사실을 제가 거의 확신하고 있었다는 말씀도 드렸었나요? 엄마는 저를 너무도 싫어했고, 그 때문에 저는 1년 동안 제 친어머니가 아닐 것으로 생각했습니다. 이런 식으로 몇 쪽이라도 계속 쓸수 있을 것 같네요. 아닙니다, 저는 '학대받은 아이'가 아니었고단순히 그 어떤 '취급 대상조차도 되지' 못한, 즉 사랑받지도 못하고 자신을 완전히 '잉여적인' 존재로 느끼는 아이였습니다. 두 분이 저를 받아들였을 때부터 제가 친권 해제될 때까지의 기간 내내 말입니다. 저는 문제의 요점이 무엇인지 모두 잘 인식하고 있습니다. 즉 제가 거짓말과 도둑질을 하는 교활하고 음험하고 '힘든' 아이가 되었다는 것이죠. 그렇지만 저의 딸은 힘든 아이가 되지 않으리라는 것을 두 분께 보장합니다. 딸아이가 일찍부터 '자신의' 방을 가질 수 있도록, 우리는 침대를 식당에 배치했습니다. 그리고 우리는 가능한 한 그 아이를 버릇없게 키웁니다. 만일 그게 잘못이라 해도 아이들에 대해서는 다른 것보다 이런 식의 실수가 최선이라고 생각하기 때문입니다. 영화는 이 편지보다 확실히 덜 폭력적이긴 해도 두 분께는 분명히 상처를 드릴 것이고, 제가 그것을 신경 쓰지 않는다고 말한다면 거짓입니다. 영화를 만드는 내내 저는 두 분을 생각했고, 부당한 상황을 피하기 위한 몇몇 장면을 즉흥적으로 만들어 넣었어요. 두 분께 저의 성의를 확신시키고 얼마간은 제가 진실이라고 믿었던 것을 두 분께 보여드리기 위해서였지요. 편지 속에서 아버지는, 칸에서 돌아오면서 제가 '드디어 수많은 콤플렉스에서 해방되었다'고 빈정거리셨습니다. 이 이상 정확한 표현은 없을 것입니다. 두 달 전부터 오래전의 악몽을 걷어 버리고, 아이를 키울 능력을 가진 한 인간이 되었다는 느낌이 드니 말입니다."

아버지와의 약속대로 트뤼포는 영화 개봉일인 6월 3일 자 『아르』지를 통해 이 영화가 자전적인 것이 아니라고 주장했다. 트뤼포는 1면에 "〈400번의 구타〉에서 나의 전기를 쓴 것이 아니다"라는 제목을 붙이고 차분히 글을 이어 갔다.• "어린 앙투안 두아넬이 혼란스러웠던 유년기의 나와 이따금 닮아 있긴 해도, 그의 부모는 나의 부모와 전혀 비슷하지 않다. 나의 부모는 훌륭한 분들이었다." 이날부터 트뤼포가 써 가기 시작한 가족 소설에는 지금까지의 인터뷰와는 급격한 단절이 있었다. 이로써 그는 가장 중요한 대상, 즉 자신의 부모를 보호했다고 생각했다. 비록 사적인 편지를 통해서는 강한 불만을 통렬할 만큼 솔직하게 드러냈지만, 트뤼포는 그들이 세간으로부터는 잊히기를 원했던 것이다. 이에 대한 궁극적 행동으로서, 트뤼포는 1959년 가을부터 매달 2만 프랑의 수표를 쥐비지의 (아버지 쪽) 할머니에게 보내 경제적 도움을 주었다. 아버지와는 6월 초 쿠르셀 식당에서 만났지만 대화가 잘 통하지 않았고, 며칠 뒤 롤랑의 짧은 글로 마무리되었다. "너의 성공에 관해 읽고 들을 때면 우리는 만족스럽고 행복해야 하건만, 어쩌나, 우리를 '멸시하고 미워하는' 아들의 호출일 뿐인 것을……."

• 프랑스어에서 '400번의 구타를 행하다faire les 400 coups'라는 표현은 '소동을 피우다'라는 뜻을 지닌다. 이 기사 제목에서 트뤼포는 '비행을 담은 나의 전기를 쓴 것이 아니다'라는 의미를 이중으로 붙이고 있다.•

서신 교환과 인터뷰를 통해 이 같은 불신과 고백이 점철되는 가운데 프랑수아 트뤼포는 기력을 잃어 갔다. 그는 죄책감과 자유로움을 동시에 느꼈는데, 아마도 어린 시절을 모두 눈앞에 펼쳐 보임으로써 자유로워짐과 동시에 죄책감이 찾아왔다고 보아야 할 것이다. 그러나 트뤼포는 자신의 영화가 자전적이 아니라고 공언한 일을 어느 정도는 후회했다. 예술적 성공은 이루었지만 개인 생활은 크게 낭비되고 있는 상황에서, 트뤼포는 마침내 부모와 의절할 결심을 했다. 무겁고 고집스러운 침묵 속에 3년간 절연 상태가 계속되었다. 혼자의 결정으로 시부모와의 관계 회복에 나선 것은 아내 마들렌이었다. 1962년 1월, 남편 몰래 마들렌은 롤랑과 자닌 트뤼포에게 짧은 화해의 편지를 보냈다. "편지를 이처럼 늦게 보내는 것을 용서해 주세요. 오래전에 보냈어야 하는데요." 트뤼포 부부는 이 행동에 고마움을 느꼈다. "사랑하는 마들렌. 용기 있는 편지로 너는 우리의 큰 쓰라림을 달래 주었구나." 그러는 사이 1961년 6월 29일에 둘째 딸 에바가 태어났다. 마들렌 모르겐슈테른은 가족 내부의 단절에 관해 이렇게 증언한다. "아주 오랫동안 프랑수아는 시부모가 딸들을 만나는 일을 원하지 않았다. 그는 쥐비지를 떠나 양로원으로 들어간 할머니에게는 신경을 아주 많이 써, 1976년 할머니의 92회 생신 때는 그곳에 딸들을 데리고 갔다. 할머니는 1979년 2월에 돌아가셨다. 시아버지 롤랑은 로라가 스무 살이 된 1979년에야 처음 그 아이를 보았고, 에바는 몇 년 더 지난 뒤에야 만나볼 수 있었다. 하지만 시어머니 자닌 트뤼포는 손녀들을 한 번도 만나지 못했다."

롤랑과 자닌 트뤼포의 이혼이라는 사건이 프랑수아 트뤼포에게 화해를 가져왔다. 프랑수아는 1962년 5월 아버지에게 즉시 편지를 썼다. "두 분이 결별하신다는 소식을 듣고 제게 일어난 반응은 전적인 기쁨이었지만, 이 만족감은 두 분 중 어느 쪽을 향한 것도 아니었습니다. 그것은 이상한 감정이었고, 그래서 저는 이 감정을 세밀히 분석해 보았습니다. 저는 두 분을 한 묶음으로서가 아니라 각각으로서 더 좋아하는 것 같습니다. 바로 그것이 이유였습니다. 결국 한편에는 아버지와 어머니가 있고, 다른 한편에는 부모가 있습니다. 그것은 서로 다른 개념이죠. 저는 언제나 저의 아버지와 저의 어머니를 좋아했지, 늘 저의 부모를 사랑한 건 아니었습니다. 바로 그겁니다. 제가 이렇게 노골적으로 분리하는 것에 충격을 받지 않으셨으면 합니다. 저는 어머니와 아버지를 늘 생각합니다. 양친으로서라든가 저와의 관계 속에서가 아니라, 한 쌍의 부부로서 말입니다. 저는 어머니의 특징을 많이 물려받은 것 같습니다. 이를테면 비평 감각이라든가 기쁨과 슬픔 사이의 빠른 감정 변화라든가 하는 것에서 말입니다. 또한 남편으로서 저는 아버지와 많이 비슷합니다. 식사 도중이나 아침에 집을 나서기 전에, 저는 마들렌과 아이들에게 농담을 던져 웃게 만듭니다. 아버지에게서 들었던 것들이죠."

　이후 프랑수아 트뤼포는 다시 정기적으로 아버지를 만났고, 1963년 가을부터는 2주일에 한 번씩 목요일마다 나바랭 가에서 어머니를 만나 식사를 했다. 어머니는 소년 시절의 프랑수아에게 선물을 가져다주던 옛 연인 로베르 뱅상동과 재혼한 상태였다.

따라서 결말은 아마도 조금은 부자연스러운 측면도 없지 않았겠지만 비교적 행복했다. 그렇다고는 해도 이 '가정의 비극'이 긴 시간 동안 트뤼포의 마음에 상처를 준 것에는 변함이 없었다. 영화와 사생활의 충돌은 트뤼포에게 비통한 충격이었다. 그것은 오랫동안 억압되었던 감정과 증오심, 적개심, 기억을 고스란히 드러냈다.* 트뤼포는 감독으로서 순식간에 성공을 맛보았지만, 역설적으로 바로 이 성공이 그에게 상처를 입히고 죄의식을 느끼게 했다. 따라서 직업상으로나 개인적으로나 동시에 큰 기쁨을 맛보았음에도 불구하고, 이 '누벨바그'의 시대는 프랑수아 트뤼포의 전체 삶 속에서 행복한 시기가 아니었다. 트뤼포는 얼마 뒤 어머니에게 이렇게 털어놓는다. "저는 제가 절대적으로 좋아하는 일을, 제게 가능한 유일한 일을 직업으로 삼고 있습니다. 그러나 이것이 저를 행복하게 만들지는 못합니다. 저는 서글퍼요, 어머니. 거의 항상 너무나 슬퍼요."

---

* 트뤼포는 정신 분석에 늘 심취했으며, 특히 아동 정신 분석 서적을 많이 읽었다. 몇 차례 그는 정신분석을 받을 것을 고려했지만 마음을 바꾸었다. 릴리안 시에젤에 의하면, 그가 영화감독으로서의 업무를 수행하는 데에 방해가 될 것으로 생각했기 때문이다. "프랑수아가 내게 정신 분석에 관한 이야기를 꺼냈을 때, 나는 그에게 말했다. '치료를 시작하면 자기는 달라질 것이고, 절대 지금과 같은 종류의 영화를 만들지 못할 거야'라고. 그는 대답했다. '자기 말이 옳은 것 같아. 나도 그런 말을 들었거든'이라고. 내 생각에 그는 정신분석의를 두세 차례 찾아간 뒤 분석을 받지 않기로 결정했을 것이다. 하지만 망설이긴 했을 것이다."

새로운 삶

〈400번의 구타〉의 성공은 프랑수아 트뤼포의 생활 양식을 변화시켰다. 이제 그는 매우 고전적 우아함을 갖추고 성공의 외적 징표를 지닌 대단히 '센강 우안적'인 젊은이로 보였다. 장 그뤼오의 말에 의하면, "맵시 있게 정장을 차려입고 언제나 멋을 낸 프랑수아는, 나에게는 그 높은 곳에 도달한 뒤 그곳에서도 숨을 쉴 수 있다는 사실에 자랑스러움을 느끼는 듯이 보였다." 한편 클로드 샤브롤은 트뤼포가 멋진 초록색 스포츠카를 운전하며 나타난 일이 『카이에 뒤 시네마』의 친구들에게 준 영향을 이야기한다. 1960년대가 시작되던 당시 평판을 얻어가던 레네, 샤브롤, 고다르, 바르다, 드미 등의 감독 사이에서 프랑수아 트뤼포를 처음 알게 된 플로랑스 말로 역시 그 점을 이렇게 증언해 준다. "프랑수아는 사교계 안에 지위를 확립한 사람이었다. 이미 계약 교섭도 가능했고, 전혀 주변인이라 할 수 없었다. 동시에 여전히 그는 전적으로 반항적이었다. 그에게는 이 두 요소가 혼합되어 있었고, 그 가운데 어떤 쪽이 더 우세한지 나는 알 수가 없었다. 특히 아직 자리를 잡지 못한 우리 모두와 비교해 볼 때 그러했다. 프랑수아는 번듯한 회사를 가지고 있었지만, 우리보다 더욱 아나키스트적이었다. 내게는 늘 이 양면적 모습이 보였다. 이것이 그의 특별함을 형성했으며 그것은 곧 매력이기도 했다."

한편으로, 어린 시절 드나들던 장소와 젊은 시절에 형성된 문화 습성에 대한 집착은 여전했다. 이를테면 노래와 뮤직홀, 파리지

앵적 냉정함과 변덕, 특유의 몸짓, 손에 든 지탄 담배, 늘상 드나들던 매음굴 등이 그러했다. 또한 오래된 기벽도 여전했다. 어떤 특정한 종류의 옷감은 견디지를 못한다든가, 언제나 특정한 노정 路程만을 고집한다든가, 같은 장소에서 같은 종류의 식사를 아주 빠른 속도로 한다든가, 집에 돌아올 때 주머니를 철저히 비운다든가……. 그리고 다른 한편으로는, 물질적 안락함의 결과로 많은 변화가 뒤따랐다. 가족의 부양, 친구들에 대한 아량, 독자적 생활 양식의 유지……. 사르트르와 시몬 드 보부아르의 친구로, 트뤼포가 〈400번의 구타〉의 비제 부인 역을 맡기고자 했었던 시몬 졸리베는 장 르누아르가 지닌 '서민 귀족'적 위엄과 이 젊은 감독을 독특한 방식으로 비교하면서 매우 정확하게 기술했다. "친애하는 트뤼포. 나는 당신이 지닌 최상의 미덕은 서민적 특질에서 비롯된다고 생각합니다. 요컨대, 갑작스럽고 거의 본능적이며 낭만적, 드라마틱한 열정, 그리고 익살극과 통속극 및 소설과 판타지를 향한 선호성입니다. 그러나 다른 한편으로, 당신의 외모와 사유에는 귀족적이고 섬세한 특질이 자리합니다. 이 두 종류의 재능은 다른 어떤 천부적인 재능보다도 양립이 어려운 것입니다(당신의 독창적 '표현 양식'을 실제로 발견하게 되었을 때 그 양립은 어려울 것입니다). 그럼에도 이 탁월한 자질은 요정들이 당신의 요람 위에 놓아준 것이고, 당신이 자신을 포기하기 전에는 버려질 수 없는 것입니다."

1950년대 중반 이미 스타 평론가였을 때, 트뤼포는 원고료에 다른 다양한 일들까지 합하면 1년에 50만 프랑, 오늘날의 4만 5천 프랑에 해당하는 수입을 거두었다. 1958년에는 몇 편의 영화 계약금과 원고료를 모두 합해 3백만 프랑이 넘는 소득액을 신고했다. 그리고 〈400번의 구타〉를 발표한 1959년은 전년의 20배가 넘는 6천5백만 프랑을 신고했다. 1960년의 소득액도 거의 비슷했다. 트뤼포는 이제 고소득 젊은이였고, 그의 유복함은 곧 눈에 띄었다. 트뤼포는 옷을 잘 차려입었으며, 가봉을 싫어했기 때문에 ("그는 다른 남자와 몸이 닿는 것에 질색을 했다"고 마들렌 모르겐슈테른은 밝힌다) 1년에 두 차례씩 네댓 벌의 양복(장 피에르 레오의 옷도 동시에 주문했다)과 단색의 셔츠 몇 다스씩을, 1959년부터 1960년까지는 테드 라피뒤스의 부티크에, 그 이후로는 잔 모로의 소개로 알게 된 피에르 카르댕의 부티크에 주문했다.

성공의 또 하나의 외적 징표로서, 트뤼포는 1959년 말 고급 파셸 베가 자동차를 마련했다. "운전석에 앉으면 입에서 저절로 제임스 딘의 이야기가 나왔지만, 아내는 제임스 딘과의 비교를 그리 좋아하지 않았다." 그 비교는 자칫 실제로 비극적 양상을 띨 뻔하기도 했다. 1962년 12월 17일 이 "달리는 명품"으로 질주하던 중에 큰 사고가 일어났기 때문이다. 트뤼포는 무사히 빠져나왔지만 차는 완전히 산산조각이 나 버렸다. 클로드 샤브롤에 의하면, 프랑수아는 "파셸 베가를 망가뜨릴 때까지 2년 동안 '벼락부자nouveau riche'였다. 그 차에 오를 때 프랑수아는 감동적이었고 거의 투명해 보였다. 그리고 금세 사고가 일어났고, 과정은 잘 기억나지 않지만 파셸 베가는 망가져 버렸다. 이 사고로 그는 바뀌었다. 이때부터 그는 벼락부자이기를 그쳤으니까." 신중해진 트뤼포는 가족을 태우고 운전하기에 좀 더 쾌적한 재규어 세단으로 바꾸었다.

금전적 여유는 또 다른 호기심을 충족시켰다. 트뤼포는 관광과 박물관에는 전혀 흥미를 느끼지 못했으므로 여행은 오로지 영화 촬영과 홍보를 위해 필요한 경우만으로 한정되었다. 반면 그는 늘 음악과 특히 독서에 열중했다. 트뤼포는 상당한 양의 음반을 수집했는데, 대개는 프랑스 대중음악(샤를 트레네, 샤를 아즈나부르, 미스탱게트, 기 베아르, 프랑세스카 솔빌)이었지만, 퀘벡 출신의 펠릭스 르클레르의 음반과 고전 음악도 종종 눈에 띄었다. 그러나 재즈는 드물었고, 오페라는 싫어했으므로 전혀 없었다.

또한 트뤼포는 아주 호화로운 서재를 마련해, 유년기부터 간직해왔던 책과 함께 범죄 소설을 비롯한 신간 소설, 영화에 관한 책을 그곳에 놓았다. 트뤼포는 몇 군데 서점의 충실한 고객이기도 했는데, 특히 팔레 루아얄 근방의 서점과 파리에서 가장 훌륭한 영화 도서 서점으로 명성 높은 콜리제 가의 '콩탁트'에 자주 들렀다. 트뤼포는 여기서 몇 시간씩 머무르면서 신간을 훑어보거나 재고 서적을 뒤졌고, "크레올 계통의 아름다운 점원" 엘렌 미쇼 비뉴와도 대화를 나누었다. 그는 고서점에서 할인 판매를 통하거나 혹은 희귀본을 찾아내면서, 19세기와 20세기 초의 고전 소설을 수집했다. 또한 아동 심리서와 역사서, 특히 나치 점령기와 벨 에포크 시대, 혹은 19세기와 20세기의 몇몇 주요한 재판 사건에 관한 책을 구입했다. 재판 사건에 관해서는 특히 『프랑스 수아르』지에 실린 고르도의 묵탄 연재 만화도 즐겨 읽었는데, 거기서 영화 소재를 찾으려는 의도에서였다. 영화 촬영 때를 제외하면, 트뤼포는 가장 중요한 즐거움의 대상, 즉 독서와 집필에 많은 시간을 보냈다. 또한 그는 일간지(『프랑스 수아르』, 『르 몽드』, 『투쟁Combat』)와 주간지(『렉스프레스』, 『프랑스 옵세르바퇴르』, 『카나르 앙셰네Le Canard enchaîné』, 『파리 마치』), 『시네 르뷔』(교차 퍼즐을 즐기기 위해) 등 다양하게 읽었다. 그뿐 아니라 수많은 월간지도 읽었는데, 영화에 관한 것 외에도 『비평Critique』, 『현대』, 『디오게네스Diogène』, 『박격포Le Crapouillot』, 마지막으로 아이디어와 소재들의 무궁무진한 원천으로서 잡보 기사를 보기 위해 『사설 탐정Détective』지도 읽었다.

두 개의 가정

프랑수아 트뤼포는 자주 걱정에 사로잡히거나 우울해지곤 했는데, 이러한 때면 그는 마들렌과 함께 세운 가정과 카로스 영화사를 중심으로 하는 직업상의 가정 등 두 개의 가정 안에서 도피처를 찾았다. 1960년 3월 29일 어느 여자 친구*에게 쓴 편지에서도 그것은 잘 드러난다. "나는 지치고 사기도 떨어져, 영화를 만드는 재미에 대해 점점 더 의심을 품게 됩니다. 훌륭히 성장하는 딸아이와 함께 노는 것이 유일한 기쁨입니다. 그래서 지금은 집에 머무르고 있으며, 가능한 한 앞으로도 1년 내내 그렇게 할 것입니

• 헬렌 스코트를 말한다.*

다. 딸아이와 같이 놀아 주며, 책을 읽고 또 책을 읽고 또 책을 읽고 할 겁니다. 충분히 책을 읽지 못했기 때문이에요."

3월 말 마들렌, 로라, 프랑수아는 생-페르디낭 가의 조금 추운 아파트를 떠나 16구 한복판 콩세예-콜리뇽 가에 있는 아름다운 건물의 방 다섯 개의 아파트로 이사했다. 비록 가족이 생-페르디낭 가의 아파트를 좁게 느끼기 시작했어도, 트뤼포는 7층에 위치해 매우 환한 그 아파트를 좋아했기 때문에 마지못해 이사에 동의했다. 마들렌은 "콩세예-콜리뇽 가의 아파트로 함께 들어간 바로 그 순간부터 그는 이 장소를 싫어했다. 우리는 그때 부동산 중개인과 함께 있었는데, 프랑수아는 신문을 펼쳐 들고 읽기에 몰두하다가 떠날 때가 되어서야 신문을 접었다"라고 회상한다. 2층으로 설계되어 아래층에 가정부 방이 딸린 이 고풍스러운 아파트는 부부가 사용할 큰 방, 그보다 좀 작은 로라의 방, 서재, 식당, 응접실로 구성되어 있었다.

가정생활은 화목했고, 트뤼포의 표현으로 '부부의 건강 상태'도 최상이었다. 마들렌은 아버지의 병 때문에 힘들어하긴 했지만, 로라를 키우고 1961년 초여름으로 예정된 둘째 딸 에바의 출산을 준비하는 데 대부분의 시간을 보내면서 행복감 속에서 생활했다. 영어가 유창한 마들렌은 시간이 날 때마다 영국이나 미국에서 온 서류나 시나리오, 편지, 책 등을 남편에게 읽거나 번역해 주었다. 그녀는 심신 모두 건강한 상태였고, 트뤼포의 표현으로 "온화하고", "매력적이고", "놀랄 만큼 성실한" 여성이었다. 둘은 서로 잘 이해했고, 늘 웃음과 좋은 분위기와 샘솟는 애정에 싸여 생활했다. 마들렌과 프랑수아는 브르타뉴의 콩카르노 부근에 머무는 등 자주 파리를 벗어났으며, 1959년 7월부터는 생-폴-드-방스에 있는 유명한 콜롱브 도르 호텔에 머물면서 피서를 즐겼다. 영화 촬영이 없을 때는 가끔 외국에도 갔는데, 1960년에는 런던, 1962년 봄에는 아르헨티나, 브라질에 이어 뉴욕과 몬트리올을 여행했다.

트뤼포는 아버지로서의 자신의 역할에 큰 신경을 쓰는 듯했다. "나는 내가 경험한 것과는 정반대의 방식으로 아이들을 대합니다. 그렇지만 여전히 농담은 즐겨 하는 아버지죠. 무엇보다 나는 딸들을 즐겁게 해 줄 생각, 딸들에게서 걱정을 모두 거두어 줄 생각을 합니다. 그래도 아이들에게 정말로 세심하게 매달리지는 못합니다. 아마도 딸들이기 때문일 겁니다. 이 방면으로 더 큰 책임을 떠맡은 사람은 아이들 엄마입니다." 1963년에 그는 헬렌 스코트에게 그렇게 썼다.

트뤼포는 가능한 한 빨리 아이를 갖기를 열렬히 소망해 왔다. 마들렌에 의하면, "프랑수아는 가정을 이루기 위해 결혼했다. 그것은 우리에게 하나의 오해를 던져 주었다. 내가 결혼한 것은 내 인생에서 한 명의 남자를 얻기 위해, 그리고 부모를 떠나 편히 살기 위해서였다. 우리가 로라를 낳았을 때 프랑수아는 미칠 정도로 좋아했으며, 빨리 또 한 명의 아기를 낳고 싶어 했다. 나를 훌륭한 엄마라고 생각한 것이다." 촬영이 없을 때, 딸들은 진실로 행복한 시간을 마련해 주었고, 트뤼포는 아이들 방에서 몇 시간씩 놀아 주었다. 아이들 사진을 찍어 주고, 작은 8밀리미터 카메라로 종종 촬영도 해 주었다. 그리고 아주 일찍부터 트뤼포는 응접실 벽을 스크린 삼아 딸들에게 영화를 보여 주었다. 로라가 기억하는 첫 영화 체험은, 네 살 때 아버지와 시네마테크에서 (찰리 채플린의) 〈어깨 총Shoulder Arms〉을 본 일이었다.

어떤 점에서는 장 피에르 레오 역시 가족의 일원이었다. 〈400번의 구타〉 촬영 이후 레오는 트뤼포에게 입양되다시피 하여, 꽤 많은 시간을 생-페르디낭 가 아파트에서 보냈다. 1960년 초에 트뤼포는 레오를 맡아줄 기관을 찾았는데, 새로 이사한 아파트에서 가까운 코르탕베르 가에 있는 라 뮈에트 학원이 그곳이었다. 그러나 레오는 몇 주일 뒤 학원장의 요청으로 돌려보내졌다. 학원장은 트뤼포에게 이렇게 편지를 썼다. "교육 기간을 연장할 수도 있지만, 본인 스스로가 그렇게 하지 못하도록 만들었습니다. 왜냐하면 그는 급우들에게 자신의 경이로운 생활과 하루 수입에 관해 이야기해 주었는데, 그것이 학급 전체로 전파되어 요즘의 청소년들 사이에 창궐하는 위험한 배금주의를 강화하는 것을 보고 가족들이 항의했기 때문입니다."

그러자 트뤼포는 은퇴한 뒤 콜롱브*에 살고 있는 아테노르 부부의 집에 장 피에르 레오를 거주시킨 뒤, 얼마 동안 교육을 맡겼다. 그러나 그들이 보여 준 선의에도 불구하고, 장 피에르 레오는 정기적으로 그곳을 도망쳐 파리로 왔을 뿐 아니라, 건방지면서 때로는 난폭한 모습까지도 보였다. 이번에는 트뤼포는 17세의 레

---

* 파리 북서부 교외에 위치한다.

오를 직접 맡아, 그에게 '가정부 방'에서 혼자 지내도록 제안했다. 트뤼포 자신이 미성년자 관찰소를 나온 뒤 혼자 살던 때와 비슷한 상황이었다. 이후 레오는 처음에는 카로스 영화사 사무실 가까이의 캉탱-보샤르 가에서, 다음에는 10구의 페르도네 가에서 살게 된다. 레오는 그랑주-바틀리에르 가에 위치한 문제아 전문 시설인 심리교육센터에서 정기 수업 과정을 받는 일에 동의했다.

이렇게 1958년에서 1963년 사이에 프랑수아 트뤼포는 스스로가 그 중요성과 어려움을 잘 인식하고 있는 사춘기 시기와 직접 맞서면서 장 피에르 레오를 '키웠다.' 트뤼포는 맏형인(두 사람은 열두 살밖에 나이 차이가 나지 않았다) 동시에 대리 부친이자(유복한 저명인사인 그는 어린 레오를 '교육했다') 피그말리온과도 같은 존재였으며(트뤼포는 자신이 창조한 인물 앙투안에 대해 무척 애착을 뒀다), 그들의 관계는 복잡하면서도 생산적인 것이었다. 트뤼포는 레오로부터 훗날의 몇몇 영화의 소재를 끌어냈다. '두아넬 연작'뿐 아니라, 〈야생의 아이L'Enfant sauvage〉, 〈두 영국 여인과 대륙〉, 〈포켓 머니〉, 〈아메리카의 밤〉 등이 그것이다. 레오는 문자 그대로 자신의 보호자의 손안에 들어가 있었던 것이다.

가족에 대한 책임감이 강하긴 했어도, 결혼 생활 자체는 프랑수아 트뤼포에게 부담스러웠다. 그것은 마치 돌이킬 수 없는 상황 속에 빠져 버린 느낌이었다. 부부 간 금슬이 좋고 애정이 두터웠던 기간에도, 트뤼포는 정조를 지키지 않았다. 혹은 오히려 트뤼포는 아주 일찍부터 충실성을 하나의 모순 명제로 받아들였을 것이다. 요컨대 마들렌과 살면서도, 옛 관계든 새로운 관계든 그는 연애를 계속했고, 젊은 시절 그랬듯이 매춘부를 계속 찾았다. 이런 형태의 애정 생활은 트뤼포에게 자연스럽게 인식되어 죄의식도 수치심도 느끼지 않았다. 결혼 초기의 몇 년 동안에도 자신의 애정 생활과 여자와의 만남을 일기장에 자세히 적어 놓았을 정도였다.

한 사례를 들면, 1959년에 트뤼포는 1950년대 중반에 만났던 에블린 D와의 관계를 재개해, 파리에서 정기적으로 만났다. 그리고 같은 해 칸영화제에서는 〈400번의 구타〉의 공식 상영에 마들렌과 동행했음에도 불구하고, 바로 직후에 녹색 눈에 갈색 머리를 지닌 아름다운 젊은 배우 릴리안 다비드에게 자유롭게 접근했다. 그녀는 영화제 동안 니콜 베르제, 피에르 클레망티, 장 피에르 카셀 등과 함께 생트로페에 머물고 있었다. 릴리안 다비드의 회상에 의하면, "나는 친구 니콜 베르제를 찾으면서 크루아제트*를 걷고 있었다. 마르티네 호텔로 가는 도중 대극장 바로 옆에 있는 '페스티벌'이란 카페에 들렀는데, 친구가 테이블에 앉아 있는 두 사람을 내게 소개해 주었다. 기자인 피에르 레이가 프랑수아라는 인물을 인터뷰하고 있는 중이었다. 프랑수아는 강렬한 눈빛으로 나를 바라보았다. 이것이 우리의 첫 만남이었는데, 나는 그에 관해서도 〈400번의 구타〉에 관해서도 전혀 모르는 상태였다." 다음 날 두 사람은 생트로페의 세네키에 호텔 테라스에서 재회했다. "우리는 수줍은 대화를 나누면서 긴 시간을 함께 보냈다. 나는 그

• 칸영화제 대극장 앞의 긴 해안 도로 이름. 때로는 칸영화제 자체를 지칭하기도 한다.*

에게 신뢰감을 느꼈고, 그는 내가 블랑슈 가의 연극 센터에서 몰리에르의 하녀 역할 대신 뮈세 작품을 요구하다가 해고되었다는 이야기를 듣고는 즐거워했다." 생트로페와 콜롱브 도르 호텔을 한 차례 왕복한 뒤, 트뤼포는 다시 릴리안 다비드를 찾아가 그녀를 태우고 파리로 왔다. 도중에 두 사람은 샤브롤이 〈이중 열쇠A double tour〉를 촬영하고 있던 엑상프로방스에 들렀다. 파리에서 트뤼포는 릴리안 다비드를 집 앞에 내려주었다. 그녀의 집은 그 당시 트뤼포가 마들렌과 함께 살고 있던 생-페르디낭 가와 교차하는 콜로넬-몰 가에 있었다. 릴리안은 부모의 아파트 위쪽에 있는 가정부 방에서 살았다. 이후 4년간 지속될 격렬하지만 불규칙한 열정 속의 정사는 이렇게 시작되었다. 그들은 주말에 파리를 벗어나 지방 시네 클럽을 방문하거나 영화제에 체류하면서 시간을 가졌다.

이런 상황에서, 마들렌과의 생활은 이 거추장스러운 폭로의 위험에 끊임없이 직면했다. 급속하게 트뤼포는 자신의 결혼이 행복하면서도 오래 지속될 수는 없다고 생각했다. 더욱이 이 결혼이 오로지 직업상의 출세를 위한 인척 관계일 뿐이라고 내비치는 언론 기사도 부부 사이에 불안을 조성했다. 마들렌 모르겐슈테른에 의하면, "프랑수아로서는 아이디어의 구상에 있어서도 친구 관계에 있어서도, 자신이 스스로 중요한 인물이 됨으로써 타협을 이룰 수 있다고 생각했을지 모르겠다. 그런 불만은 〈피아니스트를 쏴라〉에서 분명하게 드러나고 있는데, 내가 당시 그것을 눈치채지 못했던 것은 그만큼 사태를 이해하지 못했던 것임에 틀림없지만, 나로서는 아무것도 변화시킬 수 없었다." 그래서, 예상된 결과이지만 프랑수아 트뤼포는 카로스 영화사를 방어막으로 대신하면서, 보고 싶은 영화와 만들고자 하는 영화만을 생각하며 열심히 일하는 견실한 남자로서의 외양을 고수했다. 트뤼포는 강박적일 만큼 질서 잡힌 생활을 했고, 시간을 낭비하고자 하지 않았다. 친구 관계와 직업상 관계를 명확히 구분 지은 것도 같은 이유에서였다. 카로스 영화사를 중심으로 트뤼포는 실제의 가정과 병행하는 또 하나의 '가정'을 세웠다. 그리고 이곳에서 개인 대 개인의 관계에 입각해, 강하면서도 매우 충실한 유대를 형성할 수 있었다.

카로스 영화사는 1959년 5월에 샹젤리제 옆 캉탱-보샤르 가에 위치한 이냐스 모르겐슈테른 소유의 SEDIF 영화사 건물에 입주했다. 이곳에서 프랑수아 트뤼포와 이냐스 모르겐슈테른은 별도의 사무실을 가졌고, 곧 카로스의 업무 집행을 담당하게 될 마르셀 베르베르 또한 별개의 사무실을 가졌다. 카로스는 비서 뤼세트 되스와 안내 담당 크리스티안 등 두 명을 직원으로 둔 작은 회사였다. 마르셀 베르베르는 신중하고 사려 깊은 사람으로, 엄격하면서 동시에 어린아이 같은 얼굴에 늘 잘 다듬은 매끄러운 머리를 하고 있었다. 또한 분별력 있고 용의주도하면서도 즐겨 시치미 떼고 농담을 했고, 말수는 적어도 명확한 인물이었다. 1957년에 젊은 신인 감독 트뤼포의 곁에서 조언을 시작한 이후, 베르베르는 끝까지 그와 함께 일했다. 베르베르는 트뤼포의 사무실 옆에 있는 자신의 사무실 문을 닫아 놓은 적이 없었다.

트뤼포보다 아홉 살 연상인 마르셀 베르베르는 젊은 시절부터 연극과 영화, 그리고 무대 뒤쪽 세계에 매혹되었다. 파리의 소시민 가정에서 태어난 그는 트뤼포처럼 어린 시절을 9구에서 보냈다. 젊은 베르베르는 전쟁 중에 STO*에 징집되어, 오스트리아 빈의 공장에서 2년간 근무했다. 그리고 프랑스에 돌아온 후에는 대학 입학 자격증 없이 법학을 공부했다. 법률직 자격증을 받기 직전에 베르베르는 '쾌활한 니스 사람' 기 라쿠르가 경영하는 글로리아 영화사에 제작 경리원으로 입사해 훗날 제작 담당 이사가 되었다. 1955년 베르베르는 『필름 프랑세』지를 통해 이냐스 모르겐슈테른이 코시노르 배급사의 회계 담당을 모집한다는 1단 광고를 보고 지원했다. 그리고 모르겐슈테른 앞에서 그는 뜻밖의 이야기를 꺼냈다. "사장님. 저는 사장님께서 제안하신 사안에는 전혀 흥미가 없지만, 사장님을 알고 싶습니다." 모르겐슈테른은 베르베르에게 호감을 느끼고 회사의 부장 직책을 제안했다. 2년 뒤 트뤼포는 그를 만나 카로스 영화사를 설립했다. 〈개구쟁이들〉을 보자마자 트뤼포에게 감독으로서의 신뢰감을 느꼈던 베르베르는 〈400번의 구타〉에는 대단히 열광했다. "그것은 어느 정도는 나의 인생이기도 했다. 나 역시 길거리를 배회했으며, 어머니는 병환으로 누워 있었다. 그리고 앙투안 두아넬처럼 입장료도 지불하지 않은 채 막간을 이용해 영화관 안으로 들어갔다."

〈400번의 구타〉의 성공에 이어 캉탱-보샤르 가로 입주한 이후,

• 비시 정부의 대독 협력 강제노동국*

이냐스 모르겐슈테른은 거의 출근하지 않았다. 마르셀 베르베르에 따르면, "그는 병을 앓은 뒤 우울해했다. 그러나 그는 기본적으로 건장한 농사꾼 유형의 인물이었다." 병상의 이냐스에게 주위에서는 1957년 초에 일어난 심근경색의 단순한 후유증이라고 말해 주었지만, 사실은 대동맥 파열로 매우 위중한 상태였다. 마들렌은 아버지가 곧 사망할 수도 있음을 알고 있었고, 의사들은 절대적 안정을 취하도록 지시했다.

트뤼포는 장인에게 존경심을 지니고 있었다. 무엇보다도 〈400번의 구타〉의 제작에 도움을 준 것만으로도 감사해야 할 인물이었다. 그러나 트뤼포는 특히 사업 관리에서 모르겐슈테른이 보여주는 전문성과 도덕적 엄정성을 높이 평가했다. 트뤼포가 카로스의 사업을 마르셀 베르베르의 지도 아래 현명하게 추진하고자 했던 것은, 장인을 실망시키고 싶지 않아서였고, 더욱이 그에게 재정상의 부담을 주지 않기 위해서였다. 이냐스 모르겐슈테른은 〈400번의 구타〉에 그다지 열광하지 않았지만(그의 영화 취향은 〈실종된 개들〉에 더 가까웠다), 세대와 성격 차이에도 불구하고 사위에게 사업가로서의 책임 의식을 전수하는 등의 영향을 주었다.

1961년 1월 이냐스 모르겐슈테른이 60세의 나이에 두 번째 동맥 파열로 사망하자, 마르셀 베르베르는 카로스 영화사 업무에 전력을 쏟았다. "회사는 〈400번의 구타〉의 여세를 몰아 계속 영화를 제작해 갔다. 프랑수아는 예술적 부분을 전담했고, 나는 제작관리 측면을 전담했다. 나는 말하자면 제작자executive producer인 동시에 프로듀서line producer였다. 당시에는 모두 양쪽을 겸했으니까.

나는 또한 해외 판매도 담당했다." 이렇게 카로스는 내부 구동에 의해서만 움직여갔지만, 그 목적은 단 한 가지, 트뤼포의 독립성을 보증하는 것이었다. 그들 사이에 마찰은 거의 일어나지 않았다. 무엇보다 두 사람이 서로를 신뢰했고, 또한 합리성을 중시한 트뤼포가 영화 제작비 조달에 정도 이상의 요구를 절대 하지 않았기 때문이다. 카로스의 분위기는 촬영 직전이 아니면 늘 조용했다. 촬영 준비 때면 비좁은 사무실은 흥분과 소란으로 가득했다. 그때는 트뤼포는 사무실에 틀어박혀 신문이나 책을 읽고 편지를 쓰면서 자신을 압박해 오는 번민을 애써 쫓았다.

해외 통신원들

〈400번의 구타〉 때부터 트뤼포는 카로스 영화사의 주요 해외 통신원 조직망을 세웠다. 주로 비평가로서의 트뤼포의 명성을 이미 알고 있거나, 그의 글을 자국의 언어로 번역하고자 한 외국의 영화 평론가를 중심으로 한 것이었다. 또한 트뤼포가 외국에 나갔을 때 친분을 맺은 영화제 위원들이나 시네마테크의 책임자도 있었다. 그들 덕분에 트뤼포는 각각의 나라에서 자신과 누벨바그 동료의 영화 보급 상태를 정확히 알 수 있었고, 영화와 영화 서적의 판촉에서도 해외 통신원의 적극적 지원을 기대할 수 있었다. 이 정보망은 또한 트뤼포에게 각국에서 새롭게 등장하는 재능 있는 신인들에 관해서도 알게 해 주었다. 1960년대 초, 트뤼포가 큰 정성을 들여 세심하게 구축한 이 인맥은 프랑스 누벨바그의 국제적 명성을 높이는 데 결정적 역할을 했다.

1959년 10월 25일 트뤼포는 런던의 커즌 극장에서 개봉된
〈400번의 구타〉 시사회에 참석했다. 여기서 트뤼포는 영국영화
연구소의 리처드 라우드를 알게 되었고, 라우드는 그때부터 영
국의 잡지와 언론을 통해 트뤼포와 누벨바그를 알리는 데 큰 역
할을 수행했다. 라우드는 이어서 뉴욕영화제의 책임자로서 뉴욕
에 거주하면서 미국에서도 큰 역할을 했고, 트뤼포는 이 영화제
에 자신의 영화를 정기적으로 출품하게 된다. 〈400번의 구타〉가
독일에서도 성공을 거두면서, 트뤼포는 뮌헨에서 『영화 비평Film
Kritik』지를 발행하고 있던 엔노 파탈라스라는 유능한 중재자를
알게 되었다. 이탈리아에서는 로셀리니의 가까운 친구로 제노바
에서 트뤼포의 초기 글을 번역 출판한 잔니 아미코와 친분을 맺
었다. 프랑코 치하의 스페인의 경우는 다른 나라보다 트뤼포 영
화에 대한 호응도가 낮았다. 이곳에서 트뤼포는 1960년 7월에 참
석한 산세바스티안영화제의 안토니오 베가 데 세오안네, 그리고
트뤼포의 많은 글을 번역 출판한 바르셀로나의 호세 사그레를
통해 접근했다.

수많은 해외 통신원에게 트뤼포는 정기적으로 편지를 보내 자
신의 활동을 알려 주었다. 현재 집필 중인 시나리오라든가 연출
중인 영화, 혹은 번역 가능한 서적 기획 등에 관한 정보였다. 트
뤼포는 이들이 파리를 방문할 때는 주저 없이 환대했다. 그는 이
들이 자신의 영화의 국제적 명성을 대표하는 관건이라는 것을
잘 알았다. 예상 밖으로 가장 열렬하고 유능한 트뤼포 지지자들

이 모습을 나타낸 것은 일본에서였다. 예를 들어 오카다 신키치 岡田真吉는 자신의 잡지 『영화 예술』에 트뤼포의 초기 영화의 대본 을 발췌·번역해 실었으며 누벨바그에 관한 글도 준비했다. 트뤼 포가 정기적으로 많은 자료를 보내 준 이 헌신적인 비평가 외에 도, 화가이자 포스터 도안가, 재즈 평론가인 노구치 히사미쓰野 口久光는 〈400번의 구타〉의 일본판 포스터를 디자인했는데, 여기 서 그는 검은색 자라목 스웨터를 코 위까지 끌어올려 얼굴의 절 반을 가린 앙투안 두아넬의 모습을 그렸다. 트뤼포는 이 포스터 를 너무나 좋아해서, 1962년에 만든 단편 〈앙투안과 콜레트Antoine et Colette〉에서 두아넬의 침실 장식물로도 사용했다. 그 포스터는 1960년 이후 카로스 영화사의 벽 한쪽을 장식했다.

파리는 우리의 것

〈400번의 구타〉의 성공과 마르셀 베르베르의 지원에 힘을 얻은 프랑수아 트뤼포는 누벨바그의 친구들을 돕고자 했다. 먼저 자 크 리베트가 있었다. 1958년 여름에 촬영을 시작한 그의 첫 영화 〈파리는 우리의 것〉은 저예산이었음에도 1년째 촬영이 중단되고 있었다. 샤브롤과 트뤼포의 지원을 얻어 리베트는 1959년 6월 배 우 잔니 에스포시토와 몇 장면을 더 찍어 촬영을 완성하고 편집 을 시작했다. 그 대신 트뤼포는 자신의 차기작을 위해 리베트의 아주 중요한 두 협력자를 데려왔다. 〈파리는 우리의 것〉의 각본과 대사를 쓴 장 그뤼오와 '전천후 조감독' 쉬잔 시프만이었다. 트뤼포가 예산의 일부를 지원하고 1961년 12월 파리 위르쉴린 소극장에서 개봉할 수 있도록 공격적으로 보증을 해 준 것은, 그가 리베트에게 부채감을 지니고 있었기 때문이다. 리베트가 없었으면 누벨바그의 대담한 시도는 불가능했을 것이라고 트뤼포는 생각했다. "〈파리는 우리의 것〉의 개봉은 『카이에 뒤 시네마』 집단(혹은 『카이에 뒤 시네마』 마피아라고 불러도 상관없을 테지만)의 각각의 멤버에게 하나의 사건이었다. (…) 왜냐하면 리베트는 수많은 일의 원천과도 같았기 때문이다. 그가 1956년에 만든 단편 〈양치기 전법〉은 나에게 〈개구쟁이들〉을 만들 결심을 하게 했고, 이어서 클로드 샤브롤에게 〈아름다운 세르주〉로 장편 영화의 모험을 시도하도록 했다. 그리고 비슷한 시기에 가장 야심적인 단편 영화 감독 알랭 레네와 조르주 프랑쥐에게 그들의 첫 장편 영화 감독을 제의받도록 해 주었다. 이제 시작된 것이다. 그렇다. 이제 시작되었고, 우리는 모두 자크 리베트에 빚지고 있다. 우리 모두 가운데에서 그는 가장 맹렬하게 행동으로 옮기는 결단력 있는 인물이었기 때문이다."

1959년, "『카이에 뒤 시네마』 마피아" 가운데 장뤽 고다르만이 유일하게 장편 영화를 감독하지 못한 상태였다. 이미 고다르의 능력에 크게 경탄하고 있던 트뤼포는 〈400번의 구타〉 작업이 시작된 직후부터 몇몇 제작자에게 고다르와 함께 모험을 하도록 설득했다. 그리고 조르주 베르나노스의 원작을 각색한 〈무셰트Mouchette〉를 비롯한 서너 개의 기획이 거론되었다. 1959년 봄 트뤼포는 고다르의 기획 〈출산 대기 중Prénatal〉을 피에르 루스탕과 공동 제작하도록 이냐스 모르겐슈테른을 설득했지만 성공하지 못했다(이 기획은 두 해 뒤에 〈여자는 여자다Une femme est une femme〉로 발전한다). 몇 주일 뒤 고다르는 여전히 트뤼포의 장인을 설득할 수 있다는 희망으로, 트뤼포에게 니콜 쿠르셀을 주연으로 조르주 시므농의 소설『흑인 동네Quartier nègre』의 영화화를 제안했다. "영화는 파나마를 배경으로 전개된다네. 나는 파나마를 잘 알지. 농담 아니야.* 이것은 장 루슈가 흑인을 등장시켜 만들듯이, 믿을 수 없는 종류의 영화가 될 걸세. 이 소설의 영화화 판권이 누구에게 있는지 알아보고 어떻게든 손에 넣도록 해 줄 수 있을까?(소설은 갈리마르 출판사에서 간행된 녹색 표지 시므농 전집에 수록되어 있다네.) 진심이네. 무명 배우를 사용해 보장이 최소인 경우, 그리고 중급 정도의 배우를 사용해 그것보다는 보장이 더 큰 것, 둘 중 어느 쪽으로라도 SEDIF와 이야기가 진행될까? 자네에 대한 우정으로. 자네가 지금 하고 있는 모든 말장난은 이미 내가 했던 것이라는 사실을 잘 생각해 봐!" 고다르는 트뤼포에게 이렇게 편지를 썼다. 고다르의 기획은 또다시 무위로 끝났다.

고다르에게 좀 더 나은 전망이 열린 것은 〈400번의 구타〉가 칸에서 승리를 거두면서였다. 제작자들이 초저예산의 영화를 만든다는 조건으로 젊은 감독들의 기획에 몰려들었기 때문이다. 소재가 바닥난 상태에서 고다르는 자신의 재능을 확신해 주고 있

• 고다르는 1950년 12월부터 1951년 4월까지 미국을 시작으로 자메이카, 파나마, 페루 등 남미의 몇 개 국가를 여행했다.*

던 조르주 드 보르가르를 협상자로 만났는데, 보르가르는 고다르가 '말이 되는' 이야기를 가지고 있어야 한다는 조건을 붙였다. 고다르는 몇 년 전에 트뤼포가 자신에게 이야기해 준 〈네 멋대로 해라〉의 줄거리를 떠올렸다. 고다르는 1959년 늦여름부터 아주 빠른 속도로 촬영을 하고자 했기 때문에 다급하게 트뤼포에게 그 이야기에 살을 붙여 달라고 요청했다. 그는 트뤼포에게 이렇게 편지를 썼다. "자네가 시간을 내어 우리가 리슐리외-드루오 지하철역에서(얼마나 좋았던 시절인가!) 시작했던 아이디어를 간결하게 정리해서 나에게 알려 준다면, 굳이 프랑수아즈 사강에게 요청하지 않더라도 내가 그것으로 대사를 쓸 수 있을 것이네." 트뤼포가 쓴 4쪽의 시놉시스는 보르가르를 설득하기에 충분했다. 우정을 고려해, 그리고 영화 예산에 부담을 주지 않기 위해, 트뤼포는 1백만 구 프랑이라는 조촐한 금액으로 저작권을 양도했다. 또한 조르주 드 보르가르에게 시나리오 원안의 작가로서 이외에는 광고에 이름을 사용하지 말도록 요구했고, 최종 시나리오에 관해 의견을 주겠다고 제안했다. 7월 20일 보르가르는 답장을 보냈다. "저의 영화에 대해 곁에서 이처럼 관심을 가져 주시니 정말로 감사하게 생각합니다. 선생께서 장뤽에 대한 우정을 생각해 그렇게 하신 것은 알고 있지만, 제작자로서 이처럼 사심 없는 상황과 대면할 기회는 많지 않다는 것을 믿어 주십시오. 감사드립니다."

〈네 멋대로 해라〉의 첫 촬영은 1959년 8월 17일로 결정되었다. 촬영 전날, 고다르는 트뤼포에게 편지를 보내 상황을 정리해 주었다. "며칠 안에 촬영 대본을 보여 주겠네. 결국 이것은 자네 시나리오라네. 나는 자네가 또다시 깜짝 놀랄 것으로 생각하네. 어제 멜빌과 그 이야기를 나누었다네. 그의 덕분으로, 그리고 모모 형*의 러시 필름을 보고 난 덕분으로 나는 사기가 충천하고 있다네. 영화에는 진 세버그가 『뉴욕 헤럴드 트리뷴』에 싣기 위해 로셀리니와 인터뷰를 하는 장면이 들어갈 것이라네(마지막에 로셀리니 대신 장 피에르 멜빌로 바뀌었다). 이것은 〈리오 브라보Rio Bravo〉**를 거쳐 〈베이비 돌Baby Doll〉**에 바쳐지는 영화인데, 자네는 이 영화를 좋아하지 않을 것으로 생각되네. 편지를 아주 오래 계속 쓰고 싶네만, 그랬다간 나의 지독한 게으름 때문에 내일까지 아무 일도 못 할 것 같네. 바람이 불든 비가 오든 17일엔 촬영을 해야만 한다네. 대충 영화는 죽음을 생각하는 남자와 생각하지 않는 여자의 이야기가 될 것이네. 어느 자동차 도둑(멜빌이 이쪽 전문가를 내게 소개해 줄 거야)을 중심으로 파란만장한 사건이 벌어지는데, 그는 『뉴욕 헤럴드 트리뷴』을 팔면서 프랑스 문명 강좌를 듣는 젊은 여자를 사랑하지. 내게 갑갑한 것은, 자네에게서 나온 대본에 나 자신만의 무언가를 넣지 않으면 안 된다는 점이라네. 우리로서는 너무나도 까다로운 상황이 되었다네. 아무튼 으스대지 말고 더욱더 많이 찍는 것밖에는 다른 방법이 없을 것이네. 우정을 담아, 자네의 아들 가운데 한 명으로부터."

• 에릭 로메르를 말한다.*
•• 하워드 혹스 감독의 1959년 영화*
:• 엘리아 카잔의 1956년 영화*

1959년 12월 파리에서 개봉된 〈네 멋대로 해라〉는 〈400번의 구타〉에 거의 필적하는 큰 상업적 성공을 거두었다. 그리고 비평가들은 앞서 트뤼포의 영화가 대중에게 그 도래를 알린 것을 보완하는 무언가를, 말하자면 누벨바그의 미학적 선언을 이 영화에서 찾아냈다. 임무는 수행 완료되었다. 마침내 '젊음'이 프랑스 영화계 내부의 권력을 쟁취한 것이다. 이제 고다르는 완전한 한 명의 영화감독으로 간주되었고, 친구 트뤼포의 도움을 더 이상 필요로 하지 않았다. 고다르는 벌써 두 번째 영화 〈작은 병정Le Petit Soldat〉의 준비를 시작했다. 그러나 이 작품은 큰 논의를 불러일으키며, 알제리 전쟁이 한창이던 당시에 드골파의 검열에 휘말리게 된다.

우선 친구들부터

카로스 영화사의 협력을 필요로 하는 감독들은 또 있었다. 트뤼포는 기꺼이 지원의 손길을 뻗쳐, 자신의 스승 몇 명을 구원해 냈다. 당시 70세의 장 콕토에게 마지막 꿈의 하나는 〈시인의 피〉와 〈오르페Orphée〉에 이어 〈오르페의 유언Testament d'Orphée〉을 만들어 3부작을 완성하는 일이었다. 10여 년간 서로 알고 지낸 트뤼포와 콕토는, 1959년 칸영화제 이후로는 친구 사이가 되었다. 서른 살도 채 안 된 젊은이에게 시인이 쓴 놀라운 편지가 이 우정을 증언하고 있다. "자네가 나의 눈빛에서 보았듯이, 나는 자네의 눈빛에서 마음으로 느껴지는 정직함을 보았다네. 칸영화제는 그 정직함의 빛을 알지 못하지. 자네를 돕는 동안 나는 나 자신을 돕고 있었

〈오르페의 유언〉 촬영장에서 트뤼포와 장 콕토(1960)

다네. 내 영혼으로부터 모든 때를 씻어 내고 있었던 것이지. 내 영화는 구체화되는 듯하네. 나는 작품의 성패에 따라 상환하는 조건으로 1단위당 5백만 프랑씩의 출자금을 모집하고 있다네. 만일 자네가 나의 유령선에 오르고자 하는 매력 있는 광인이라면, 제라르 보름, 에두아르 데르미 혹은 장 뛸리에르에게 편지를 써 주는 것만으로 좋다네. 나의 영화는 논리적 동기가 충분히 제시되지 않는 작품인데, 그것이 자네의 관심을 끈다니 나는 기쁘네. 이따금 내게 편지를 써 보내 주게. 자네의 편지와 같은 것이 나를 이 세상에 살도록 허락해 준다네." 1959년 6월 이냐스 모르겐슈테른과 마르셀 베르베르의 회의적 반응에도 불구하고, 카로스 영화사는 〈오르페의 유언〉의 공동 제작을 약속했다. 트뤼포는 여름 내내 콕토의 시나리오 작업에 협력했고, 콕토는 9월에 보-드-프로방스에서 촬영을 시작했다. 장 피에르 레오가 이 영화에 모습을 보였는데, 노감독이 자신의 '제작자'에게 쓴 편지를 인용하자면, "자네에게 진 빚을 상기시키는 부적으로" 등장시켰던 것이다.

트뤼포는 〈인디아〉를 가지고 오랜 여행에서 돌아온 또 한 명의 스승 로베르토 로셀리니도 돕고자 했다. 〈인디아〉는 뛰어난 영화였지만 제대로 인정받지 못했다. 이 시기에 로셀리니는 방향을 전환해 계몽적인 역사 영화를 만들기 시작했다. 로셀리니는 소크라테스에 관한 영화를 기획했지만, 자금 조달에 어려움을 겪었다. 결국 카로스는 그리스, 이탈리아, 스웨덴의 자본을 끌어들여 공동으로 '메사주'라는 제작사를 설립했다. 회사 경영을 책임진 사람은 변호사이자 로셀리니의 친구인 로베르 바댕테르였는데, 그는 로셀리니에게 영화의 예술적 측면에서 완전한 자유를 주었다. 트뤼포는 스승의 한 사람을 답보 상태의 정체기에서 벗어나도록 해 준 것이 기뻤다. "〈소크라테스Socrate〉에 관해 생각하면 할수록 선생님께서 이 영화를 지금 만들어야 하고, 정말 훌륭한 작품이 되리라는 생각을 더욱더 그칠 수가 없습니다." 1962년 7월 5일 트뤼포는 로셀리니에게 그렇게 썼다.

1960년 9월 트뤼포는 에드거 앨런 포의 『그로테스크와 아라베스크에 관한 이야기Tales of the Grotesque and Arabesque』를 원작으로 하는 옴니버스 영화의 제작을 기획했다. 누벨바그 감독들이 젊은 단편 영화 감독을 지원할 좋은 기회였기 때문이다. 트뤼포는 마르셀 베르베르에게 의견서를 보내 이 점을 설명했다. "제 생각에 이 같은 공동 작품은 시도할 가치가 있습니다. 단편 영화는 아무리 재미있어도 단독으로는 판매가 어렵기 때문입니다. 따라서 각각의 에피소드를 라슈네, 마르셀 오퓔스, 바레사노, 드 지브레, 제고프 드미처럼 완전한 신인 감독이 만들되, 이미 데뷔를 끝낸 여러 감독이 감수하는 방식은 긍정적 가능성을 줄 것입니다. 고다르, 말, 아스트뤼크, 레네, 프랑쥐, 샤브롤, 저 같은 사람 말입니다. 그러면 이 기획에는 형제애도 부여될 것이며, 어느 정도는 논쟁적 성격과 '낡은 물결'에 대한 저항의 성격까지 주어질 것입니다. 저로서는 정말 기쁠 것입니다. 간단히 얘기해, 반쯤 열린 이 문을 동료들이 지나갈 수 있도록 투쟁을 통해 활용해야 한다는 것입니다. 너무 늦기 전에 말이죠." 공동 기획 가운데서는 포의 소설을 각색해 로베르 라슈네가 만든 단편 영화 〈황금 벌레Le Scarabée d'or〉 한

편만이 1960년에 햇빛을 보게 된다.

카로스 영화사를 소형 스튜디오이자 누벨바그의 진정한 선봉장으로 만들려고 꿈꾸던 트뤼포는 〈롤라 몽테〉의 감독을 아버지로 둔 마르셀 오퓔스와 『카이에 뒤 시네마』 초기의 막내 멤버였던 클로드 드 지브레에게 큰 희망을 걸었다. 1960년 3월 카로스는 마르셀 오퓔스와 아르투어 슈니츨러 원작의 『카사노바의 귀향 *Casanovas Heimfahrt*』의 영화화 계약에 서명했다. 비록 기획은 성사되지 못했지만, 두 사람 사이에는 우정이 싹텄다. 1963년 잔 모로와 장 폴 벨몽도 주연으로 〈바나나 껍질Peau de banane〉을 감독했을 때, 마르셀 오퓔스는 트뤼포에게 편지를 보내 그에게 느끼는 부채감을 이렇게 밝혔다. "지난 3년 동안 나의 영화를 가능하게 만들어 준 사람은, 바로 당신 프랑수아와 잔 모로입니다. 당신이 보여 준 충실한 우정은 나로서는 처음 겪어 보는 진실로 창조성 풍부한 것이었습니다. 결코 잊지 못할 것입니다."

트뤼포는 감독으로서 클로드 드 지브레의 장래에 큰 기대를 걸고, 열광적으로 그의 첫 장편 〈게으른 병사Tire-au-flanc〉를 제작했다. 무에지 애옹의 희곡을 각색해 두 사람이 함께 각본을 썼고, 1961년 2월부터 3월까지 니스 근교에서 촬영을 했다. 라울 쿠타르, 쉬잔 시프만, 로베르 라슈네를 비롯한 카로스의 스태프들이 참가했고, 리세 바리에, 크리스티앙 드 틸리에르, 자크 발뤼탱, 세르주 다브리, 베르나데트 라퐁, 카뷔, 장 프랑수아 아당이 주요 배역을 맡았다. 트뤼포 또한 이등병 역을 맡았다. 12월에 개봉된 〈게으른 병사〉는 흥행에 실패했지만, 트뤼포는 단념하지 않고 몇 개월 뒤 드 지브레에게 에디 콘스탄틴, 조르주 푸줄리, 알렉산드라 스튜어트를 주연으로 하는 두 번째 영화 〈커다란 머리Une grosse tête〉의 각본과 연출을 맡겼다. 트뤼포와 드 지브레는 1961년 8월 각본을 함께 쓴 뒤 가을에 촬영했지만, 영화는 데뷔작 이상의 성공을 이루지 못했다. 이후 트뤼포는 제작자로서의 야심을 접고 자신의 영화 이외에는 제작을 맡지 않기로 결정했다. 그러나 이러한 경험의 과정을 통해서 트뤼포는 단호한 결단력을 갖추게 된다.

소심한 남자의 이야기

프랑수아 트뤼포는 두 번째 영화의 착수에 조바심을 내고 있었다. 그래서 먼저 피에르 브롱베르제와 맺었던 계약을 이행하고자 여전히 베르나데트 라퐁을 주연으로 〈열기의 시간〉을 각색하려 했다. 트뤼포는 고다르와 함께 각색 작업에 들어갔다. 브롱베르제는 1959년 4월 초 고다르와 13만 프랑에 계약을 체결했고, 촬영은 7월 15일에서 8월 30일까지 무쟁에서 할 예정이었다. 그러나 〈400번의 구타〉가 성공하면서 상황은 즉시 바뀌었다. 트뤼포는 일부 영화계 인사와 언론인이 자신에게 가진 이미지, 즉 "뻔뻔함과 야심을 통해 성공에 도달한 하찮은 작은 파리인"이라는 이미지를 말끔히 없애야 한다고 생각했다. 당시는 유년기에 관한 이야기와 가벼운 연애담이 한창 유행을 타는 소재가 되고 있었다. 트뤼포는 자신의 성격의 다른 측면을 드러낼지언정, 이 유행과는 거리를 두어야 했다. 그것은 종종 불안에 사로잡히고 실제로는 대단히 비관적인 본성을 지니고 있으며, 여자들과의 관계를 포함해 인간관계에 병적인 소심함을 지닌 엽색가로서의 성격이었다. 따라서 두 번째 영화는 성공이 아닌 실패의 이야기가 될 것이며, 자폐의 인물에 관한 것, 즉 그의 내면을 한층 더 반영하는 이야기가 될 것이다. 마들렌 모르겐슈테른은 이 점에 관해 다음과 같이 말한다. "종종 어떤 특정한 상황에 직면할 때면, 프랑수아는 아무 말도 하지 못했다. 두 명 이상의 사람을 한꺼번에 대면하거나 자신이 낯선 영역에 놓여 있다는 느낌을 받을 때 특히 그러했다. 그는 자신과 같은 어휘들로 말하지 않는 사람 앞에서는 침묵을 지키는, 다소 어린애 같으면서 상대를 당혹하게 만드는 면을 지니고 있었다."

샤를 아즈나부르에게서 트뤼포는 자신의 이상적인 분신을 발견했다. 조르주 프랑쥐의 〈벽을 향해 머리를La Tête contre les murs〉에서의 연기를 본 뒤 트뤼포는 그에게 매료되었다. 그리고 아즈나부르의 "여리고 상처받기 쉬운 나약함이, 그리고 소박한 동시에 우아한, 그래서 자기 자신을 아시시의 성 프란체스코처럼 보이게 하는 실루엣이" 마음에 들었다. 두 사람은 서로 닮은 점이 많았다. 작은 체격에 비슷한 외모, 똑같이 표정 풍부한 얼굴을 지녔을 뿐 아니라, 민첩하고 신경과민에 격한 불안감을 지니고 있으면서도, 동시에 대단히 우아한 풍채와 몸가짐, 맹렬한 의욕까지도 비슷했다. 그들의 첫 만남은 1959년 5월 11일 아침에 칸의 칼튼 호텔 바에서 이루어졌다. 즉시 마음이 통한 두 사람은 파리에서 빈번히 만나면서 함께 영화를 만들 계획을 세웠다.

〈열기의 시간〉을 포기한 트뤼포는 '세리 누아르' 시리즈 중 "피아니스트를 쏴라"라는 제목으로 출간된 데이비드 구디스의 소설 『다운 데어*Down There*』를 각색하기로 결정했다. 구디스는 트뤼포가 좋아하는 미국 작가 중 한 명이었다. 이 소설이 마음에 든 것은 '동화'를 누아르식으로 다루었다는 점, 즉 가장 분방한 상상의 이야기를 가장 세속적인 비극과 섞어 새롭게 전개한 점이었다. 갱들이 일상생활을 이야기하고, 악당들은 사랑을 논하며, 연인들은 살인자가 된다. 트뤼포의 권유로 이 소설을 읽은 아즈나부르는 열광했다. 남은 건 피에르 브롱베르제를 설득하는 일이었다. 브롱베르제는 트뤼포가 제시한 조건을 수용해, 그에게는 6백만 구 프랑, 각색과 대사를 담당할 마르셀 무시에게는 2백만 구 프랑을 지불하기로 했다. 그에 앞서 브롱베르제는 2백만 프랑에 소설의 영화화 권리를 얻었고, 아즈나부르에게는 5백만 프랑의 출연료를 약속했다. 〈피아니스트를 쏴라〉의 총제작비는 7천5백만 프랑으로 〈400번의 구타〉의 두 배 가까이 되었지만, 당시의 프랑스 영화와 비교하면 여전히 많지 않은 액수였다.

1959년 6월 트뤼포는 각본을 위해 또다시 마르셀 무시에게 도움을 청했다. 두 사람은 생트로페의 페름 도귀스탱에서 2주를, 이어서 생-폴-드-방스의 콜롱브 도르 호텔에서 일주일을 함께 보냈다. 트뤼포는 생트로페에 릴리안 다비드, 장 피에르 레오와 동행했다. 릴리안 다비드는 트뤼포가 무시와 작업하는 동안 장 피에르 레오를 돌본다는 명분으로 동행해 신분을 숨긴 채 다른 호텔에 묵었다. 이 때문에 사생활 공개를 꺼려 하는 트뤼포에게 매우 얄궂은 상황이 몇 차례 있었고 소동이 뒤따랐다. 릴리안 다비드의 말에 의하면, "장 피에르와 나는 (생트로페의) 파리 호텔에 묵었고 프랑수아는 페름 도귀스탱에 묵었으므로, 그는 두 장소를 분주히 오갔다. 나는 장난이 심한 장 피에르를 지키고 있어야 했다." 트뤼포와 무시가 각본 작업을 하는 동안, 〈400번의 구타〉 성공의 후광을 이제 막 받기 시작한 장 피에르 레오가 언론의 표적이 되었다. 생트로페에서 어느 젊은 카메라맨에게 『엘』을 위한 촬영을 부탁받은 레오는 프랑수아즈 사강, 장 피에르 오몽 등 생트로페에 체재하던 명사들과 함께 포즈를 취했다. 릴리안 다비드의 증언에 의하면, "장 피에르는 그 카메라맨의 자동차를 성공적으로 빌린 뒤 사고를 냈다. 프랑수아는 노발대발했는데, 수리비를 자신이 지불해야 했기 때문에 더욱 그랬다."

7월에 마들렌과 프랑수아는 4개월 된 딸 로라를 데리고 생-폴-드-방스를 다시 찾았다. 이어서 부부는 생트로페의 페름 도귀스탱에 머물렀으며, 마르셀 무시의 아내 역시 합류했다. 작업은 재개와 함께 빠른 속도로 진척되어, 7월 17일 〈피아니스트를 쏴라〉의 각본이 완성되었다. 시나리오를 읽은 피에르 브롱베르제는 만족해했다. 작은 체구의 샤를리 콜레르는 수수께끼에 싸인 음울한 남자다. 싸구려 댄스홀 '마미스 바'의 피아노 주자인 그는 매춘부 클라리스와 가까이 지내고 바의 여급 레나의 은밀한 애정도 받으면서, 어린 동생 피도와 단둘이 살고 있다. 그의 형 시코가 두 명의 악당에게 쫓겨 바에 들이닥치면서, 이 남자는 처음으로 자신의 과거에 휘말려든다. 시코와 샤를리가 샤를리의 피아니스트로서의 성공에 관해 언쟁을 하는 동안, 시코를 추적하던 두 명이 나타난다. 샤를리가 이에 맞서면서 또 다른 형제 리샤르처럼 위험에 몸을 내맡긴다. 샤를리는 두 명의 갱 모모와 에르네스트의 석연치 않은 이야기 속으로 마지못해 휩쓸려 들지만, 이 두 명은 예상보다 더욱 종잡을 수 없는 자들이다. 레나가 사랑을 고백한 뒤 샤를리를 유혹해 자기 집으로 데려가면서, 그의 과거는 두 번째로 샤를리를 움켜잡는다. 이 젊은 여인은 샤를리 콜레르가 피아노의 젊은 명인 에두아르 사루아얀의 가명임을 알고 있다. 그러자 샤를리/에두아르는 자신의 이야기를 그녀에게 모두 해 준다. 그의 젊은 아내 테레자는 남편의 경력을 위해 공연 기획자 라르스 슈멜의 정부가 된다. 테레자는 사루아얀에게 자신의 과오이자 그의 성공의 이유를 고백한다. 그는 이 진실을 견뎌낼 수 없어 그녀를 남겨둔 채 떠나고, 그녀는 투신자살한다. 이렇게 성공과 영광이 결혼 생활을 부수어 버리면서 에두아르는 샤를리 콜레르가 되어 버린 것이다. 사랑의 하룻밤을 보낸 뒤 레나와 샤를리/에두아르는 피도를 찾으려 하지만, 피도는 두 갱에게 이미 납치된 상태다. 두 사람은 깊은 산중에 있는 사루아얀의 고향 집으로 간다. 그곳에는 사루아얀의 두 형제, 시코와 리샤르가 은신해 있다. 사루아얀 일행과 갱들 사이에 싸움이 시작되고……. 결국 무고한 레나가 유탄을 맞는다. 눈 위에 쓰러진 그녀는 대지를 피로 물들이면서 샤를리의 품 안에서 죽는다.

클로드 드 지브레는 이렇게 회상한다. "프랑수아가 어느 날 내게 말했다. '그래, 맞았어! 아즈나부르가 출연하는 이 영화는 한 소심한 남자의 이야기가 될 거야'라고. 프랑수아가 소심했던 건 사실이지만, 반면에 영화에 관해 이야기할 때면 어린 나이였을 때도 그는 이미 감독과 같았다. 자기의 전문 분야였기 때문에 그는 가장 대범할 수 있었다. 그는 실생활에서는 말하는 데 곧잘 어려움을 느꼈지만, 자기가 아는 것을 말할 때는 불도저로 변했다. 프랑수아는 자신의 소심함을 가지고 유희하는 법을 익혔다. 〈피아니스트를 쏴라〉에서 이것은 아즈나부르의 극중 인물을 통해 나타난다. 그는 문 앞에서 초인종을 누를 용기가 없다. 프랑수아는 이 동작을 네 개의 쇼트로 찍고는, 이 방식을 아주 마음에 들어했다. 이 감정을 전달하는 영화적 장치를 찾았기 때문이다. 그는 종종 손톱을 물어뜯었지만(그는 손톱을 물어뜯는 것은 아주 좋은 버릇이라고 말했다. 왜냐하면 그 행동을 중지시키려는 여자가 언제나 있기 때문이란다!) 일단 관심 있는 것, 즉 영화에 관해 이야기를 하면 진정한 전문가로 변했다."

트뤼포는 자신과 유사성을 지닌 이 이야기에 점점 더 흥분되었다. 트뤼포의 가장 사적인 강박감을 드러내 보인 것은 줄거리 자체에서라기보다는 오히려 몇몇 중요한 세부 묘사에서였다. 갱들은 시적인 대사로 여자들이 지닌 '이해할 수 없는' 능력을 언급한다. 또한 성공을 이루기 위해 사건에 연루된 뒤 절망하여 익명으로 살아가는 유명 피아니스트 샤를리/에두아르는 병적인 소심함과 엽색성을 동시에 지닌 인물로서, 영락없는 트뤼포의 분신이었다.

구디스를 크노식으로

이 영화에서 트뤼포는 끊임없는 템포 변화에 기초를 둔 새로운 스타일을 모색했다. 〈피아니스트를 쏴라〉는 레몽 크노와 샤를 트레네•를 동시에 상기시키는 리듬의 급변성 위에서 연속 진행된다. 트뤼포에게 이것은 여러 개의 음역을 혼합해 악보로 구성해 낸 "뮤지컬 영화나 다름없는" 것이었다. 피에르 브롱베르제의 조언을 좇아 트뤼포는 조르주 들르뤼를 만났다. 들르뤼는 파리 국립음악연극학교에서 다리우스 미요에게 음악 훈련을 받았고, 이후 프랑스 라디오 방송국 오케스트라를 지휘했다. 트뤼포와 들르뤼는 완벽한 견해의 일치를 보았다. 트뤼포는 들르뤼에 관해 이렇게 이야기했다. "우리는 그 힘든 일차 편집 단계에 있었다. 그것을 지켜보던 들르뤼는 즉시 의도를 알아차렸다. '좋아! 이건 누아르 스릴러 영화를 레몽 크노식으로 다룬 것이군. 어떻게 해야 할지 알겠어.'" 그리고 이 첫 작업은 오랜 기간 지속될 열정적 협력 관계의 시작이었다.

이 영화에서 발굴한 음악 분야의 또 한 명의 혜성은 보비 라푸앵트였다. 트뤼포는 오디베르티의 안내로 만담가들이 출연하는 슈발도르 카바레에서 그를 찾아냈다. "보비가 〈레옹Léon〉과 〈마르셀Marcelle〉, 〈아바니와 프랑부아즈Avanie et Framboise〉까지 연이어 부르자, 홀 안은 열광의 도가니가 되었다." 연속적인 언어 유희,

---

• 상송 가수•

빠른 싱커페이션의 리듬이 돋보이는 이 소곡들은 즉각 트뤼포를 흥분시켰다. 자신이 〈피아니스트를 쏴라〉에서 성취하고자 하는 것들을 보여주고 있었기 때문이다. 트뤼포는 보비 라푸앵트를 원래 직업대로 출연시켜, 샤를리 콜레르가 연주하는 마미스 바 장면에서 카메라를 정면으로 바라보며 〈아비니와 프랑부아즈〉 전곡을 끝까지 부르도록 했다. 그러나 사람들이 그 노랫말의 내용을 이해할 수 없으리라 판단한 피에르 브롱베르제는 트뤼포에게 노래를 자르거나, 아니면 그 장면에 자막을 넣도록 요청했다. 트뤼포는 최소한의 생략도 할 수 없다고 주장했지만 "가수가 자막을 달고 노래한다"는 것은 기막히게 훌륭한 아이디어라고 생각했다. 훗날 아즈나부르는 자신의 알함브라 공연 전반부를 보비 라푸앵트에게 맡겼고, 그 결과 라푸앵트는 마침내 자신의 첫 음반을 녹음할 수 있었다.

'누아르 스릴러'이자 동시에 개인적 일기이기도 했던 〈피아니스트를 쏴라〉는 아마도 프랑수아 트뤼포의 진정한 누벨바그 영화였을 것이다. 트뤼포는 〈네 멋대로 해라〉 이후 이 운동의 상징적 촬영 감독으로 된 라울 쿠타르에게 촬영을 의뢰했다. 트뤼포에 의하면, "그에게 끌렸던 점은 촬영의 독창성도 있었지만, 동시에 유별나게 상스러운 그의 말투 때문이기도 했다. (…) 쿠타르의 거친 말투는 방문객들, 특히 여자 방문객들을 다 도망치게 만들었다. 그는 다른 사람의 눈치를 보는 일이 전혀 없었고, 제작자에게나 스태프에게나 스타 여배우에게나 똑같은 투로 말했다." 빠른 속도의 작업에 익숙한 라울 쿠타르 역시 이 저예산 영화의 촬영 조건에 마음이 끌렸다. "나는 리포터 겸 카메라맨의 '문법에서 벗어난' 자세로 작업에 임해 왔다. 나는 빠르고 현장성 있는 작업을 좋아한다. 예쁘고 '다듬어진' 방식은 구역질 난다. 보통의 카메라맨들이 즐겨 사용하는 이른바 예술적 효과를 먼저 나는 내 영화에서 다 제거했다. 그리고 대량의 조명을 요청하는 대신 자연광을 이용했다. (…) 그 결과 10분의 1의 돈을 가지고 15배나 빠른 속도로 촬영했으며, 느슨하고 생생한 화면은 한층 더 활력을 지니고 있었다." 라울 쿠타르의 설명이다.

쉬잔 시프만 역시 트뤼포와 일을 함께한 것은 이번이 처음이었다. 시프만은 시네마테크와 라탱구역 시네 클럽 시절부터 오랫동안 트뤼포와 알고 지내온 사이였고, 리베트, 고다르, 그뤼오와도 가까웠다. 1956년에 소르본에서 문학 학사 학위를 받은 시프만은 에드가르 모랭*과의 공동 작업으로 장학금을 받아 시카고로 갔고, 이후 멕시코에서도 1년을 거주했다. 파리에 돌아온 그녀는 1958년 여름 〈파리는 우리의 것〉의 촬영에 참여했고, 이어서 〈피아니스트를 쏴라〉의 기록 담당이 되었다. 시프만의 회상에 의하면, "브롱베르제는 불만이 없었다. 왜냐하면 조합에서 규정한 액수를 훨씬 밑도는 임금을 내게 지불했기 때문이다. 나는 돈을 받는다는 사실 자체가 너무 놀라워서 다른 것을 문제 삼을 생각은 전혀 없었다." 전문적인 현장 경험은 없었지만, 쉬잔 시프만은 촬영의 모든 면에 흥미로워했으며 선입견도 없었다. 그 결과 시프

• 프랑스의 사회학자*

만의 업무는 금세 제1조감독 역할에 가까워졌고, 그때부터 트뤼포의 매우 중요한 동료이자 가장 가까운 협력자가 되었다.

샤를 아즈나부르의 공연자로서 트뤼포는 〈열기의 시간〉을 위해 생각해 두었던 여러 배우를 출연시켰다. 에두아르 사루아얀의 자살하는 아내 테레자 역은 니콜 베르제, 억세고 편협하지만 상처 자국이 있는 얼굴의 난폭한 외모 속에 예민한 감수성과 소박한 애정을 감추고 있는 바 주인 플린 역은 세르주 다브리, 우울증에 걸린 그의 아내이자 바의 소유자인 마미 역은 카트린 뤼츠가 맡았다. 한편 〈400번의 구타〉에서 앙투안의 아버지였던 알베르 레미는 샤를리 콜레르의 정신 나간 듯하면서도 어수룩한 형 역할을 맡았다. 또한 트뤼포는 자신의 친구들을 자유롭게 출연시킴으로써 영화에 악센트를 두었다. 예를 들면, 영화감독 알렉스 조페와 작가 다니엘 불랑제를 갱 역으로 출연시켰고, 흥행사 라르스 슈멜을 연기한 것은 감독 클로드 에망이었다. 남은 배역은 여급 레나와 매춘부 클라리스 등 두 여주인공이었다.

1959년 10월 14일 트뤼포는 『파리 플뢰르트』*지에 1단 광고를 내고 오디션에 들어갔다. 트뤼포는 얼마 전 〈네 멋대로 해라〉에 출연했던(장 폴 벨몽도의 여자 친구 역할로, 벨몽도는 그녀가 사는 호텔 방 옷장에서 돈을 조금 훔친다) 릴리안 다비드에게 클라리스 역을 약속했지만, 애정 생활과 일이 뒤섞일 것을 두려워했는지, 장래의 '안젤리크'**이며 1960년대에 스타가 되는 미셸 메르시에에

• '파리 연정'이라는 뜻*

게 그 역할을 맡기기로 했다. 두 번째 오디션에서 트뤼포는 22세의 여배우 클로딘 위제에게 한눈에 반해 버렸다. 동그란 얼굴에 금발의 곱슬머리, 매력적인 입술과 눈을 지닌 위제는 트뤼포가 텔레비전 드라마에서 주목한 여배우였다. 트뤼포는 다소 수줍음을 타는 이 젊은 여배우에게, 자신에게 상스러운 말을 하고 수모를 주라고 요구하는 등 아주 희극적인 장면을 테스트한 뒤, 레나 역을 제안했다. 이렇게 트뤼포는 클로딘 위제를 세상에 알리면서, 그녀에게 오디베르티의 소설에 대한 경의를 담아 '마리 뒤부아'라는 예명을 붙였다. "마리 뒤부아는 '햇병아리'도 아니고 '인형' 같은 여자도 아니다. 그녀는 '톡 쏘는' 스타일도 아니고 '장난기'가 있는 것도 아니다. 그러나 그녀는 청순함과 품격을 지닌 여성으로서, 필시 누구라도 사랑에 빠질 수 있고 그 대가로 사랑받을 수 있는 그런 여성이다. 길에서 그녀를 돌아보지 않을 수는 있겠지만, 그러나 그녀는 생기발랄하며 우아하다. 또한 조금은 소년 같은 아가씨이면서 대단히 어린아이 같기도 하다. 그녀는 격렬하고 정열적이고 정숙하고 부드러운 여자다." 트뤼포는 자신의 발견을 이렇게 소개했다.

촬영은 1959년 11월 마지막 주에 시작되어 르발루아-페레에서 대부분을 찍었고, 이어서 포르트-드-샹페레에 있는 술집에서의 촬영을 거쳐, 새해가 시작될 무렵에 그르노블 근방 샤르트뢰즈의 산악 지대에 있는 사페의 오두막에서 종료되었다. 여기서 트뤼포

•• 1964년 작 〈안젤리크, 천사들의 후작 부인〉의 등장인물*

는 눈 속에서 레나가 사루아얀과 갱들 사이의 총격전에서 유탄에 맞아 쓰러지는 마지막 장면을 찍었다. 촬영 종료 이틀 전에는 케이크와 샴페인을 마련해 마리 뒤부아의 23회 생일을 축하하기도 했다. 트뤼포는 촬영에 만족해했지만, 독특한 영화 구성상 편집과 후시 녹음에 영화의 성패가 달려 있었다. 중간에 긴 플래시백이 있고, 리듬 변화와 장르의 혼합으로 끊임없이 위험에 노출되는 상황이었기 때문이다. 게다가 이것은 '뮤지컬 영화'였기 때문에 사운드트랙이 특히 중요했다.

미국 친구

1960년 1월 6일, 사페에서 영화 촬영을 마무리하고 있을 무렵, 프랑수아 트뤼포는 카로스 영화사로부터 〈400번의 구타〉가 뉴욕 비평가들이 수여하는 최우수 외국영화상을 획득했다는 전보를 받았다. 이 낭보와 함께 영화를 뉴욕에 배급한 제니스 국제영화공사의 사장 다니엘 프랑켈의 초청 소식도 있었다. 트뤼포는 첫 미국 여행을 하기로 결정했다. 1959년 11월 16일에 파인 아츠 영화관에서 개봉된 〈400번의 구타〉는 언론의 큰 찬사를 받았다. 『뉴욕 타임스』의 영향력 있는 평론가 보슬리 크라우더는 개봉 다음 날 "소년 역을 맡은 장 피에르 레오의 연기는 이루 형언할 수가 없다. 그는 도발적이면서도 비통한 청춘의 기념비로 남을 것이다"라고 평가하고, 이 영화가 "영화에 대한 신뢰의 일신을 촉구하는 작은 걸작"이라고 썼다. 다른 주요 비평가들의 견해도 공통된 것이었다. 폴 베클리는 『뉴욕 헤럴드 트리뷴』에 "훌륭한 영화에 깊은 흥미를 지닌 사람이라면 놓치고 싶지 않을 영화"라고 썼으며, 아처 윈스턴은 『뉴욕 포스트』에 "〈400번의 구타〉는 아름다움과 진실과 절망으로써 관객의 마음을 뒤흔드는 프랑스의 위대한 고전 영화들을 상기시킨다"라고 썼다.

트뤼포에게 미국은 그 명성뿐 아니라 상업적 관점에서도 결정적으로 중요한 나라였다. 또한 히치콕, 혹스, 랑, 알드리치, 니콜라스 레이 등, 미국 출신이든 유럽의 망명객이든 그가 존경하는 영화감독들의 나라였다. 이 감독들은 영화 애호가들의 열의에 힘입어 프랑스에서 예술적 정당성을 인정받고 '제2의 조국'을 발견한 사람들이었다. 그리고 트뤼포는 미국에서 자신의 작품이 비평적·대중적 성공을 이루면 그 힘으로 누벨바그가 인정받게 될 것으로 생각했다. 그러나 미국을 매료시키고자 하는 트뤼포의 야망에는 심각한 장애물이 있었다. 그가 영어를 할 줄 모른다는 사실이었다. 영어를 배운다는 것은 이때부터 평생토록 트뤼포를 따라다닌 일종의 '강박 관념'이 된다.

1960년 1월 20일 트뤼포는 파리를 떠나 뉴욕으로 향했다. 비평가상 시상식은 1월 23일 밤으로 예정되어 있었다. 트뤼포는 미국에서 2주를 보낼 예정이었다. 뉴욕에서 일주일을 보내고 시카고를 경유해, 로스앤젤레스로 가는 계획이었다. 로스앤젤레스에서는 잔 모로와 함께 몇몇 사람을 만나고 전설적인 스튜디오들을 방문할 것이다. 시상식장에서 트뤼포는 얼굴이 창백해졌다. 영어를 단 한마디도 할 줄 몰랐기 때문이다. 곁에는 트뤼포가 가장 존경하는 배우 가운데 한 명으로, 오토 프레민저의 〈살인의 해부 Anatomy of a Murder〉로 수상을 한 제임스 스튜어트가 서 있었다. 오드리 헵번과 엘리자베스 테일러, 〈벤허〉를 감독한 윌리엄 와일러 역시 수상자 명단에 올라 있었다. 이들은 단체 촬영을 위해 함께 자세를 취했다. 트뤼포는 제임스 스튜어트 쪽을 다소 경이롭게 바라보면서 수줍은 미소를 지었다. 이에 앞서 댄 프랑켈은 『뉴욕 타임스』의 응접실에서 트뤼포를 참석한 평론가들에게 소개했다. "트뤼포 씨는 오늘 저녁 우리와 함께하기 위해 처음으로 파리에서 뉴욕으로 왔습니다. 그의 영화 역시 첫 작품이며, 그는 이제 겨우 스물일곱 살입니다. 전에는 영화 평론가였지만 오래전부터 지녀왔던 유일한 욕망이 그에게 이 영화를 감독하도록 만들었습니다. 트뤼포 씨는 뉴욕의 비평계를 비롯한 전 세계에, 스물일곱의 나이에 어떻게 훌륭한 영화, 걸작을 만들 수 있는지 증명해 보이고 있습니다. 당연히 누려야 할 환대를 이 젊은 감독에게 마련해 주시기를 여러분께 부탁드립니다."

뉴욕 도착 직후에 트뤼포는 헬렌 스코트를 알게 된다. 이것은 이후 미국에서의 트뤼포의 활동에 결정적 도움을 줄 만남이었다. 헬렌 스코트는 1915년생으로 갈색 머리에 체격이 좋으며 상대방을 압도하는 분위기를 지닌 여성이었다. 그녀는 조지프 마터나티가 사장으로 있는 '프랑스 영화사French Film Office'에서 언론 홍보를 담당하고 있었다. 홍보 담당자 자격으로 헬렌은 뉴욕의 공항에 도착한 트뤼포를 맞아 안내와 통역을 해 주었다. 교양 있고 프랑스어를 구사하며 영화광에 뉴욕계 유대인 특유의 유머 감각을 갖춘 헬렌 스코트는 미국의 극좌파 활동에 이어서 여성 운동에 몸 담고 있었다. 제2차 세계 대전 중 그녀는 (콩고의) 브라자빌에 머물면서 주느비에브 타부이*의 비서로서 레지스탕스 운동에도 참가해, 훗날 자유 프랑스 훈장을 받았다. 또한 1950년대에는 매카시즘의 피해자가 되어, 많은 작가, 각본가, 좌파 감독, 미국 공산당원과 함께 '반미 활동'을 이유로 '블랙리스트'에 올랐다. 뉴욕의 언론계와 문화계를 잘 알고 있는 헬렌 스코트는 트뤼포에게 미국 내의 매우 중요한 연줄이었다.

〈400번의 구타〉와 다른 누벨바그의 초기작들에 열광한 헬렌은 온 힘을 쏟아 이 영화들을 홍보했다. 그녀는 트뤼포, 고다르, 레네를 새로운 프랑스 영화의 상징으로서 미국 평론계에 소개했다. 그 가운데서 트뤼포를 가장 좋아했던 헬렌은 이후 그의 절친한 친구이자 가까운 서신 교환자가 되었다. 언론인들과의 접촉을 돕기 위해, 그녀는 트뤼포와 함께 시카고로 날아가 통역을 담당해 주었다. 이 여행 중에 프랑수아 트뤼포와 헬렌 스코트는 친구가 되어 몇 시간씩이나 계속해서 영화, 자신들의 성장기, 정치에 관해 대화를 나누었다. "트뤼포는 '탈참여적'이라 할 세대에 속했고 반대로 나는 구세대의 행동파였기 때문에, 나는 그에게 나를 좌파로 만든 미국에서의 젊은 시절, 그리고 아프리카의 전쟁과 관련된 상황을 열심히 설명해 주었다."

시카고에 몰아친 눈보라 때문에 트뤼포는 캘리포니아 여정을

• 프랑스의 역사가, 저널리스트*

취소하고, 어서 빨리 〈피아니스트를 쏴라〉의 첫 편집본을 보기 위해 파리로 돌아가기로 결정했다. 트뤼포는 헬렌 스코트의 도움으로, 방금 자신이 영화화한 소설의 작가 데이비드 구디스, 그리고 진심으로 존경하는 작가 헨리 밀러*를 만날 수 있었다는 사실에 만족했다. 또한 헬렌 스코트는 1월 26일 저녁 식사 자리를 만들어 엘리 위젤도 소개해 주었는데, 위젤은 트뤼포에게 제2차 세계 대전과 강제 수용소에 관한 영화의 제작을 제안했다.

파리로 돌아온 트뤼포는 헬렌 스코트와 매우 성실하고 풍부한 내용의 서신 교환을 계속했으며, 두 사람은 서로에게 파리와 뉴욕의 영화 상황을 알려 주었다. 통상 자신의 애정 문제나 친구 관계에 매우 조심스러운 트뤼포였지만 헬렌에게는 감독으로서의 속마음이나 사생활을 털어놓았다. 물론 뉴욕과 파리 사이의 먼 거리가 어느 정도 비밀을 보장한다는 점을 트뤼포는 알고 있었다. 그러나 비밀을 넘어서는 이 관계는 또한 헬렌 스코트가 지닌 설득의 재능에도 상당 부분 기인했다. 그녀는 두 사람의 관계가

---

* 당시 69세의 헨리 밀러는 젊은 트뤼포의 숭배 대상이었다. 트뤼포는 특히 그의 『섹서스Sexus』에 심취해, 늘 이 책을 '나의 인생을 변화시킨' 책 가운데 하나로 꼽았다. 그리고 밀러 역시 이 〈쥴 앤 짐〉의 감독에게 존경심을 품었다. 두 사람은 1962년 4월 뉴욕에서 재회했고, 밀러는 트뤼포에게 1942년에 썼던 자신의 첫 희곡 〈해리에 빠져Just Wild about Harry〉를 건네주었다. 아직 프랑스에서는 번역 출간되지 않은 작품이었다. 영어를 하지 못했던 트뤼포는 마들렌과 마르셀 무시에게 희곡을 읽게 했다. 마들렌은 이 희곡을 좋아한 반면, 무시는 약간 회의적이었다. 마들렌의 긍정적 반응을 보고 트뤼포는 헨리 밀러에게 연락해 이 희곡을 무대에 올릴 것을 제안했다. 두 사람은 1962년 5월 말 파리에서 만나 작업을 했지만, 기획은 빛을 보지 못했다. 테아트르 드 프랑스의 감독인 장 루이 바로가 이 희곡을 좋아하지 않았고, 그 결과 오데옹 극단의 배우들을 무대에 올리고자 하지 않았기 때문이다. 헨리 밀러는 이 중단된 기획에 대해 이후 늘 아쉬워했다.

단순히 직업적인 것 이상이 되기를 몹시 바랐다. 시카고에서 헤어지고 몇 주일이 지난 1960년 3월 3일 트뤼포에게 보낸 편지에서, 헬렌은 불만을 털어놓고 있다. "나와 똑같은 정도의 감정 표현까지는 기대하지 않았어도, 그래도 나는 당신에게서 몇 가지 개인적 소식들, 이를테면 새 영화에 대한 당신의 의견이라든가, 파리로 돌아간 일, 기타 등등을 기대했습니다. 간단히 말하자면, 어떤 문장일지라도 나의 친구로서의 트뤼포를 가려낼 수 있는 문장을 기대한 겁니다. 그런데 당신의 편지는 온통 비즈니스 이야기뿐으로, 타티라든가 다른 아무 제작자라도 쓸 수 있을 그런 편지였습니다. 직접 손으로 쓴 게 아니냐고요? 내가 형식을 아주 싫어하는 건 아시겠지요. 내게는 실질만큼 중요한 게 없습니다. 어떻든 나는 내 편지의 말투가 부적절하지 않았나를 자문해 보게 되었습니다."

급소를 맞은 트뤼포는 즉시 사과했다. "당신이 나를 질책하신 것은 옳습니다. 내게 쉬운 방식을 취하려는 성향이 있기 때문에 그렇습니다. 말하자면 나는 아침마다 '현안 비즈니스를 신속히 처리하기 위해' 몇 통의 편지를 입으로 불러 주고는 대신 쓰도록 합니다. 그러면서 나 스스로 '거물 비즈니스 맨big business man', '자수성가한 인물self-made man', '일등급 품격인first class quality' 기타 등등이 된 듯한 느낌을 받습니다.• 이제 당신 덕분에 나 자신의 행

• 당시 그의 편지를 받아 적는 비서는 클로드 드 지브레의 아내인 뤼세트였다. 영어를 병기한 부분은 트뤼포가 프랑스어 대신 영어로 쓴 표현이다.•

실을 되돌아보면서, 몇몇 편지는 집에서 직접 타이프로 작성하는 습관을 되찾을 것입니다. 국내외의 내 친구들은 그것이 헬렌 스코트, 나의 소중한 헬렌 덕분이라는 것을 전혀 눈치채지 못한 채, 이 친구가 왜 이렇게 다정해졌을까를 자문할 것입니다."

셀 수 없이 많은 말의 유희(그는 자신을 '트뤼프', 혹은 '트뤼팔딘'으로 칭했는데, 이것은 이탈리아 희극에 등장하는 하인의 이름으로 위선자, 교활한 자, 거짓말쟁이를 뜻한다), 명확히 드러나는 애정 표현(트뤼포는 헬렌을 '스코티'* 혹은 '마스코트'라고 불렀다), 온갖 종류의 비밀 이야기를 넘어서 1960년대 내내 트뤼포가 전념하게 될 이 서신 교환은 거짓 없는 '누벨바그의 일기'를 드러내 보여 준다. "당신이 내게 써 보내는 모든 것은 나에게 정말로 중요합니다. 나는 나 자신을 좋아하는 만큼 당신을 좋아합니다. 아아, 절대 과장이 아닙니다!" 1962년 4월 두 번째로 뉴욕을 방문한 뒤 트뤼포는 헬렌에게 보낸 편지에 그렇게 썼다.

알제리의 비극

미국에서 돌아온 뒤, 프랑수아 트뤼포는 이데올로기 면에서 좌파로 이동하기 시작했다. 아마도 헬렌 스코트의 영향이었을 것이다. 1960년 2월 12일 트뤼포는 어느 각본가 친구에게 "앞으로 2년 안에 정치 영화를 만들 것"이라며 자신의 의욕을 내비치고 있다.

• 히치콕의 〈현기증〉의 주인공 이름을 빗댄 것*

그 생각은 헬렌 스코트, 엘리 위젤과의 긴 대화의 결과였다. 그러나 트뤼포는 헬렌 스코트의 솔직한 언변과 독설, 정치적 경험과 현실 감각은 높이 평가한 반면, 엘리 위젤의 '상처 입은 양심'에는 다소 경계심을 가졌다. "이 남자는 호감 가는 인물이라기보다 충격적인 인물이다. 내가 말하고 싶은 것은, 그는 자신의 신세에 울먹이고 한탄하고 있고, 사는 것이 무시무시할 것임에 틀림없음에도 나는 그를 매우 찬양한다는 것이다." 그러나 뉴욕에서의 저녁식사 동안 거론된 주제들, 즉 전쟁, 레지스탕스 운동, 강제 거류, 집단 수용소 생활 등은 트뤼포를 열광시켰다. 엘리 위젤은 트뤼포가 영화화해 주기를 희망하면서 그에게 자신의 소설 『낮Le Jour』의 원고를 넘겨주었으나, 트뤼포는 그 기획을 보류했다. 이어서 두 사람은 〈최후의 억류자Le Dernier Déporté〉라는 제목의 영화를 검토했다. 1944년 7월 31일 프랑스에서 마지막으로 죽음의 수용소로 향한 유대인 수송 열차에 관한 이야기였다. 돌아온 생존자는 단 한 명이었다. 1960년 12월 위젤은 트뤼포에게 편지를 보냈다. "이제 당신이 원한다면, 또는 여전히 원한다면, 우리는 영화의 주제에 관해 작업을 개시할 수 있을 것입니다. 〈최후의 억류자〉는 과거와 미래의 인간들에 대한 복수, 그를 짓누르는 고뇌, 의구심(그것은 정말로 일어났던가?), 침묵 등과 잘 조화되어야만 합니다. 풍요로움으로 넘쳐나는 테마입니다."

2개월 동안 트뤼포는 자료를 모았고, 많은 서적을 읽었다. "최종 해결책"•에 관한 책이나 "히틀러, 뉘른베르크에 관한 책, 특히 제3제국에 관한 샤이러의 훌륭한 미국 서적"•• 등이었다. 트뤼포는 마지막 열차의 생존자인 알렉상드르 샹봉을 만났다. 그는 당시 리우데자네이루 주재 프랑스 영사였는데, 자신의 수용소 등록 번호인 『81490』이란 제목으로 소름 끼치는 부헨발트 수용소의 증언 회고록을 썼다. 트뤼포는 잠시 이 책의 각색을 고려했지만 곧 단념했다. 수용소 내부를 복원하고 배우와 엑스트라들에게 "거짓된 공포의 현실을 연출해 낸다"는 생각을 거부한 것이다. "나는 체중 60킬로그램의 엑스트라들에게 30킬로그램의 인물들을 연기하도록 할 수가 없다. 이런 종류의 영화에서 이 같은 물질적·시각적·육체적 리얼리티란 희생시키기에는 너무나도 중요한 것이기 때문이다." 즉시 포기해 버리긴 했지만, 이 기획에 대한 트뤼포의 관심은 1950년대의 태도와 비교해 볼 때 이데올로기 차원에서 분명한 변화를 보여 주었다. 1950년대에 평론가로서의 트뤼포는 어떠한 '사회 참여적' 작품도 철저히 거부했고, 나치 부역자인 뤼시앵 르바테를 만나기까지 했으며, 모든 '좌파 영화'에 냉소적이었다.

　트뤼포의 정치적 신조와 이에 따른 공적 이미지가 변화했다고 한다면, 대부분 알제리 전쟁과 관련된 사건 때문이었다. 트뤼포는 아직 『아르』지에 글을 쓰고 있었는데, 영화와 관계없는 일은, 드골 장군이 권좌에 오른 일이든, 푸자드 운동**의 대두든, 혹은 『현대』지를 통한 사르트르의 중대한 선언이든, 트뤼포를 공적 입

• 제2차 세계 대전 중 '유대인 학살'에 나치스가 사용한 표현*
•• 윌리엄 샤이러의 『제3제국의 흥망』을 말한다.*
•⦂ 1950년대 피에르 푸자드가 주도한 반의회주의적 우파 운동*

장 표명에까지 이르게 하지 못했다. 오로지 알제리 관련 사건들만이 간혹 관심을 끌었을 뿐이다. 두 차례에 걸쳐 트뤼포는 알제리에 대한 프랑스의 군사적 개입 상황에 회의적 입장을 보여 주었다. 첫 번째는 1958년 3월 12일, 군대의 사기 저하를 이유로 프랑스에서 상영 금지된 제1차 세계 대전에 관한 스탠리 큐브릭의 반전 영화 〈영광의 길Paths of Glory〉에 관한 글에서였다. 여기서 트뤼포는 명확히 반군국주의적 시각을 취하고 있는데, 그것은 아마도 군 영창과 병원에 수용되었던 괴로운 기억에 기인했기 때문일 것이다. 두 번째로는 1958년 10월 8일, 트뤼포는 장 르누아르의 〈위대한 환상La Grande Illusion〉의 재상영과 관련해 쓴 최신 비평문에서 동일한 입장을 재확인했다. 본론에서 다소 벗어난 긴 여담 속에서 트뤼포는 인도차이나 뉴스 리포터 출신의 영화감독 피에르 셍되르페르와의 대화를 언급한다. 셍되르페르는 프랑스 언론 전반에 걸친 금기를 깨고 베트남의 반식민지 투쟁을 알제리의 FLN*과 연결시키고, 프랑스 군대를 이 지뢰밭에서 철수시키라고 분명한 목소리로 주장했다. 이러한 입장 표명은 알제리에서 프랑스 장교가 자행하는 고문에 대한 깊은 분노, 그리고 완강한 반군 정서에서 비롯된 것이었다. 트뤼포는 알제리 문제 해결을 위한 군대의 능력을 전혀 신뢰하지 않았으며, 그것을 우파 잡지『아르』를 통해 알림으로써 물의를 빚었다.

트뤼포는 알제리 전쟁의 결과에 점차 자신의 관심이 커 가는 것

• Front de Libération Nationale, 민족해방전선*

을 느꼈다. 그리고 전쟁의 영향은 1960년 3월 9일에는 트뤼포에게 아주 직접적으로 다가오기까지 했다. 〈피아니스트를 쏴라〉의 편집자인 세실 드퀴지스가 FLN 활동가들이 사용할 아파트를 자신의 명의로 빌렸다는 혐의로 체포되어 로케트 가의 교도소에 감금된 후 곧 5년형을 선고받은 것이다. 트뤼포는 그녀를 돕기 위해 움직이면서 책과 돈을 넣어주고 정신적 지원과 동료들의 지지를 약속했다. 트뤼포의 호소에 많은 친구가 응했고,* 불과 며칠 사이에 2만 신 프랑을 모을 수 있었다. 이 돈으로 트뤼포는 세실 드퀴지스의 상고 파기를 지원할 변호사를 고용했다. 1960년 봄 내내 트뤼포는 정기적으로 로케트 교도소를 방문해 그녀에게 〈피아니스트를 쏴라〉 스태프진의 우정과 연대를 약속했다.

엄밀히 말해 트뤼포가 민감한 반응을 보인 것은 알제리 사태의 명분 자체에 대한 것이라기보다는 전시의 기본적 자유 옹호에 대해서였다. 그는 이후에도 '트렁크를 가진 자'**가 되어 보고자 하는 생각은 한 번도 해 본 적이 없다. 트뤼포는 발간 금지되어 은밀히 유통되는, FLN에 공감하는 많은 독립 간행물에 돈을 기부했다. 예를 들면, 피에르 장 오스발드가 간행하는 신문『자유-진실 Liberté-Vérité』이라든가(그는 4천 신 프랑 수표를 보내 이 신문을 정기 구

---

* 그의 호소에 응한 사람은 다음과 같다. 라울 레비, 피에르 카스트, 필립 드 브로카, 크리스 마르케르, 자크 도니올-발크로즈, 클로드 샤브롤, 피에르 브롱베르제, 마르셀 오퓔스, 알랭 레네, 프랑수아 레샹바크, 장뤽 고다르, 다니엘 불랑제, 자크 드미, 프랑수아즈 지루, 아녜스 바르다, 조르주 프랑쥐, 시몬 시뇨레, 장 피에르 멜빌, 알렉상드르 아스트뤽, 마르그리트 뒤라스, 루이 말, 장 루슈, 로제 바딤, 에두아르 몰리나로, 조르주 드 보르가르였다.
** FLN에 동조하는 지식인을 말한다.*

400

독했다), 또는 영화 애호가인 기 테세르가 알제리에서 간행하는 '마지막 자유 신문' 『알제의 희망L'Espoir d'Alger』 같은 것이었다.•

1960년 6월 트뤼포는 '모리스 오댕 사건'에도 큰 관심을 보였다. 25세의 과학자인 오댕은 알제리 공산당 당원이었는데, 3년 전 프랑스 낙하산 부대의 장교들에게 체포된 이후 소식이 끊겼다. 프랑스군의 공식 견해로는 이 젊은 학자가 탈주를 기도하던 중 불행히도 총격을 당했다는 것이었다. 파리대학 이공계의 알베르 샤틀레 학장을 비롯해 피에르 비달나케, 자크 파니젤, 미셸 크루제가 조직한 '오댕 위원회'는 그가 부당한 고문(심한 구타, 전기 고문, 욕조에서의 물 고문)으로 사망하자 사실을 은폐하고 있다고 주장하면서, 알제리 주둔 프랑스 군대의 일부 계층에 혐의를 걸었다. 여기에 공산주의자 언론인인 앙리 알레그의 증언까지 덧붙여지면서 '오댕 사건'은 군대의 '관행'을 명백히 드러냈다.

트뤼포는 이에 분노하여 이 사건의 영화화까지도 고려했지만 곧 포기했다. 트뤼포는 포기의 이유를 공산당 계열 학생 월간지 『클라르테Clarté』에 이렇게 밝혔다. "이 사건은 자체로서 너무도 명백하므로 더 이상 언급될 필요가 없다. 사실을 충실히 보여 주는 것으로 족할 것이다. 그러나 극영화란 상대편 인물의 동기, 그들의 정치적 동기뿐 아니라 개인적 동기까지도 찾아야 한다. 결

• 기 테세르는 후에 저널리스트이자 영화 평론가가 되어 『오로르』, 『해방된 파리인』, 『마탱 드 파리Le Matin de Paris』 등에 글을 썼다. 그는 또한 각본가(〈비르기트 하스를 살해해야 한다Il faut tuer Birgit Haas〉)이며 소설가(『동양보다 좀 더 먼Un peu plus loin que l'Occident』, 『아브라함의 아침Le Matin d'Abraham』)이기도 했다. 그는 1993년에 사망했다.

국 영화란 한 명의 희생자, 절대적으로 불공정하고 섬뜩한 운명을 겪은 한 인간을 보여 주는 것이며, 그 다른 한 편에서 이 같은 상황을 낳은 메커니즘을 보여 주는 것, 그 이상도 이하도 아니다. 그런데 이것은 시의상 적절하지 않을 것이다. 무언가를 보여 줄 때는 품격을 갖추어야 하기 때문이다. 그 같은 영화는 오댕 부인의 마음에도, 오댕 위원회의 마음에도 들지 않을 것이다. 왜냐하면 상대방의 논거 역시 탐구해야 하기 때문이다. 다시 말하면 그 영화는 — 여러분은 펄쩍 뛰겠지만 — 알제리에서 고문을 허락하고 은폐한 마쉬 장군의 양심의 비극까지도 관심을 가져야 할 것이기 때문이다."

표현의 자유, 검열과 고문에 반대하는 투쟁, 반군주의 등의 모든 대의는 트뤼포의 확신을 강화했지만, 그는 여전히 공적인 입장 표명은 주저했다. 트뤼포는 "좌파의 양심"이라든가 "세상의 모든 인간이 실컷 먹어야 한다는 사실을 어느 날 갑자기 알아차리는 사람들"을 줄곧 증오해 왔다. "오랜 시간 숙고한" 끝에 트뤼포는 망설임을 그쳤다. 이것은 클로드 드 지브레와 클로드 고퇴르 등 두 친구의 믿을 만한 증언에 힘입은 것이었다. 2년 동안 알제리에서 군 복무를 한 두 사람은 내부인의 시선으로 군대의 비열한 소행을 말해 주었다.

1960년 8월 28일 고퇴르가 보낸 충격적인 편지가 마침내 트뤼포를 설득했다. "나는 맹세코 자네에게 말하겠네. 피골이 상접하고 고름 잡힌 피부에 누더기를 걸친 아이들이 전기 철조망을 뚫고 잠입해, 무책임한 병사가 정확히 그 지점에 일부러 던져 놓은 빈 정어리 통조림 깡통을 핥거나 몇 푼의 동전을 줍는 모습을 본다면, 그리고 또다시 맹세컨대, 이 '완전한 프랑스인들'이 어느 정도로 착취당했는가를 알게 된다면, 그 누구라도 감정에서 이성으로, 딜레탕티슴에서 경계심으로, 비참여자에서 예비역으로 옮겨 가리라는 사실을…… (…) 나는 지금까지 펠라가*를 네 명밖에 보지 못했다네. 그들은 마구 구타당하고, '예측 불가능의 운명 앞에 놓여 있으며'(훌륭한 완곡어법이네), 밤에는 두 번씩 나의 잠을 방해한다네. 남은 8개월간 내게는 또 어떤 일이 예정되어 있을지…… 수스텔Jacques Soustelle** 동지의 명령에 의한 모로코의 재탈환일까?"

트뤼포는 또한 프랑스군의 알제리 만행을 증언하는 클로드 드 지브레의 편지를 받았다. "그 남자가 맞은 총알은 정말로 엉덩이를 뚫고 나왔고, 그는 피를 쏟았다네. 여전히 목숨은 붙어 있기에 헬리콥터로 옮겼지만 부상이 심해 결국 숨을 거두었어. 그를 위해선 다행스러운 일이지. 왜냐하면, 그와 같은 암호문서 더미를 몸에 지니고서 행복한 삶을 살 수 없었을 테니까! 물론 고문의 성찬이 벌어지겠지! 친구여, 정말로 지긋지긋하다. 나는 10년은 늙은 것처럼 생각되고 점점 더 망가져 가고 있어. '적군의' 손실과 마찬가지로 '아군의' 인명 손실도 내게는 아무런 느낌이 없네. 이곳에 있는 것은 모두 생명 유지를 위해 발버둥 치는 미물들

---

* 1954년부터 1962년에 걸쳐 일어난 알제리 독립 전쟁의 게릴라 병사*
** 1955년 이후 알제리 총독으로 임명되었다.*

이기 때문일세. 식물과도 같은 생명, 부조리한 생명의 유지를 위해⋯⋯."

121인의 성명서

9월 13일 트뤼포는 디오니스 마스콜로가 보낸 '알제리 전쟁 불복종권에 관한 성명'*을 받았다. "우리 모두의 희망처럼 동의하신다면 서명을 하고 동봉한 타이프 원고와 함께 파리 6구 생-브누아가 5번지 D. 마스콜로 혹은 마르그리트 뒤라스 앞으로 회송해 주시기 바랍니다. 물론 긴급 용건입니다. 우정으로⋯⋯." 먼저 서명한 121명의 예술가, 작가, 대학교수의 숫자를 사용해 이름 붙인 유명한 '121인의 성명서'가 7월 초부터 불법으로 돌고 있었다. 디오니스 마스콜로, 마르그리트 뒤라스, 모리스 블랑쇼가 시작하여 곧 사르트르와 시몬 드 보부아르의 참가로 이어진 이 성명서는, 알제리 현지에서 탈주했거나 징집 전에 탈주한 프랑스 군인에 대한 지원과 다양한 방식으로 FLN을 지원하는 모든 프랑스인에 대한 지지를 호소했다. 정부, 군대, 대다수 여론 층에게 이 성명은 배신 행위와 다름없었다. 그것은 반국가적, 패배주의적, 무정부주의적, 좌익적이라고 규탄되었고, 결과적으로 같은 명분으로 사법 경찰로부터 기소되었다.

이와는 달리 트뤼포에게 이 성명서는 당시 그가 느끼던 분개심

• 옳지 못한 전쟁에서 병사의 탈주를 정당화하자는 것*

과 합치했다. 이 성명은 고문 행위의 규탄, 군사 행동의 거부, 표현 자유의 요구, 탈주자와 '트렁크를 가진 자'에 대한 지원을 요구했기 때문이다. 121인 가운데는 플로랑스 말로, 알랭 레네, 모리스 퐁스, 클로드 소테 등 트뤼포의 동료도 몇 명 있었다. 트뤼포는 9월 13일 저녁 성명서에 서명을 했다. 비록 프랑스 언론에는 성명서 서명자 명단 발표가 금지되었지만, 트뤼포의 행동은 눈길을 끌지 않을 수 없었다. 더욱이 옛 '동료 감독', 『아르』와 『파리 여성』의 친구들은 1960년 10월 12일 자 『교차로Carrefour』에 대대적인 '프랑스 지식인 선언'을 발표하면서 '121인'에게 대항했다. 그들은 "배신한 교수들"을 규탄했고, "알제리에서 프랑스를 위해 싸우는", 그리고 그곳에서 "문명 전파 및 사회적·인도적 임무를 여러 해 동안 수행해 온" 프랑스 군대에 충성을 표명했다. 명백히 우익으로 분류되는 약 3백 명의 대학교수가 로제 니미에, 자크 로랑, 티에리 몰니에, 미셸 데옹, 앙투안 블롱댕 등의 '경기병'들과 함께 서명했다.

알제리 문제는 프랑스 지식인에게 비통한 논쟁의 원천이 되면서 귀속 집단을 부분적으로 재편성했고, 제2차 세계 대전 후 이어져 온 경계선의 위치를 이동시켰다. 트뤼포 역시 이를 계기로 공공연한 시선을 끌면서 정치적 체스판 위의 오른편에서 왼편으로 옮겨갔으며, 이 변화는 동료들에게 높은 평가를 받았다. 특히 헬렌 스코트와 데이비드 구디스는 뉴욕으로부터 열렬한 찬사를 보내왔다. 트뤼포의 적이었던 사람들 또한 일정 부분 트뤼포의 용기를 인정해주었다. 예를 들면 루이 스갱, 레몽 보르드와 함께 『포지티프』의 편집 위원인 로베르 베나윤이 그러했다. 1950년대에는 '트뤼포 반대자'이자 누벨바그의 격렬한 비판자였던 로베르 베나윤은 자신도 '121인의 성명서'에 서명한 상태에서 1960년 10월 초 트뤼포에게 이렇게 편지를 썼다. "자네가 여러 가지로 난처한 입장에 있는 것을 알았네. 나는 자네에게 전적인 공감을 보내고 싶네. 자네의 최고의 장점은 정직과 솔직함이라고 나는 생각해 왔네. 이제 거기에 용기를 덧붙일 수 있을 것이네."『카이에 뒤 시네마』에서는 자크 도니올-발크로즈와 피에르 카스트만이 트뤼포와 함께 성명서에 서명을 했다.

　1960년 가을 프랑스는 불명확한 상황이었고, 드골 장군은 여전히 프랑스령 알제리에서 다수파였던 '빨치산'* 쪽에 가까웠다. 이런 의미에서 '불복종권에 대한 성명'의 서명자는 반역자였고, 따라서 기소되어야 한다는 여론이 일부 있었다. 1960년 9월 28일 각의에서는 일련의 보복 조치를 결의했다. 서명자에게는 모든 국영 텔레비전 출연과 정부 지원의 모든 연극 참가, 문화 활동을 위한 모든 공적 자금 조달이 금지된 것이다. 반대파 신문들은 의문을 제기했다. 10월 6일 자『프랑스 문예』지에 실린 조르주 사둘의 글 제목은 "프랑스 영화에 치명적일 마녀사냥"이었으며, 공산주의 주간지인『프랑스 누벨』은 자크 랄리트의 글을 통해 '드골파의 탄압'을 '프랑스의 매카시즘'에 비유했다. 몇 개월 전 누벨바그의 출현에 매료되었던 국제적 언론과의 연대 운동도 전개되었다. 이

---

* 군부와 결탁해 알제리 독립 운동에 반대하던 프랑스인 이주자들*

탈리아, 영국, 독일에서 언론인들은 알랭 레네, 트뤼포, 프랑수아즈 사강, 로제 블랭, 알랭 퀴니, 시몬 시뇨레, 로랑 테르지프, 다니엘 들로름 등 불복종권 지지 호소문에 서명한 인물들의 활동 위축 가능성을 제기했다.

트뤼포 자신도 불안해했다. 그는 약간 흐트러진 모습으로 1960년 10월 1일 헬렌 스코트에게 편지를 썼다. 늘 좌파의 편에서 투쟁해 온 여성과 좀더 깊은 정치적 공감대를 세우고자 해서였는지, 이야기는 극적으로 부풀려져 있었다. "사태는 지난 며칠 동안 상당히 악화했습니다. 정치적으로 말입니다. 프랑스 신문을 읽는다면, 불복종 지지 성명서에 서명한 '예술가들'이 이제 공식 블랙리스트에 오른 사실을 아실 겁니다. 텔레비전과 라디오 출연도, 정부 지원 연극에 참가하는 일도 모두 금지되었습니다. 영화 쪽은 (다행스럽게도) 아주 복잡합니다. 모든 프랑스 영화에 자동으로 주어지는 지원금, 작품 수준에 따른 다양한 장려금, 흥행 담보 사전 대출금 가운데서 해당자의 영화에 대한 지원만 제재해야 하기 때문입니다. 이 제재를 조절하는 책임이 바로 말로에게 있습니다. 한마디로 난장판입니다! 이 모두가 나를 힘들게 했고, 작업 집중을 방해했음은 물론입니다. 만일 영어가 가능하다면 미국에서 나의 행운을 시험해 볼 것도 진지하게 고려해 보겠지만, 나는 언어에 엄청난 콤플렉스를 가지고 있습니다. 이탈리아에서도 가능성이 있을 것입니다. 그곳에 친구들이 많으니까요. 나는 절망하면서도 ─ 새로운 혐의와 위협 가운데에서 하루하루를 보내고 있으며, 탈영병이라는 나의 불량한 군 경력이 우파 신문에 틀림없이 악용될 테니까요 — 동시에 고무되어 있습니다. 나에게 영화를 만들지 못하도록 하는 것만으로도, 이 문제에 대한 모든 의구심을 제거하기에 충분하기 때문입니다. 121명의 서명자 수는 여름을 거치면서 144명으로 늘었고, 신학기에는 4백 명이 되었습니다. 확산을 막기 위해 지금은 경찰이 가택 수색을 실시하고 있습니다. 많은 교수가 서명을 했는데, 그들은 아마도 해직될 것입니다. 분위기가 이상합니다. 〈게으른 병사〉를 공식 감수하는 일은 내게 상당히 어려워질 것 같습니다. 내가 제작한 단편들에 대한 장려금을 취소하지나 않을까 걱정됩니다. 다음 작품을 찍기 위해선 프랑스를 떠나야만 할까요?"

콜롱브 도르 호텔에 '피신해' 있던 트뤼포는 1960년 10월 7일 파리에 돌아오자마자 오르페브르 강둑에 있는 경찰청에 출두해 증언할 것을 통고받았지만, 출두하지 않고 그대로 집에 은거하는 쪽을 선택했다. 며칠 뒤 프랑스 국내외의 언론 연대 운동에 힘입어, '121인의 성명서'의 서명자에 대한 제재는 철회되었다. 더 이상 블랙리스트는 존재하지 않았고, 드골은 제2의 매카시가 되지 않았다. 다소 희비극적인 결말에도 불구하고, 트뤼포의 알제리 전쟁 반대 운동 참여는 이후 그의 인생에서 중요성을 지니게 된다. 이제부터 그는 좌파 인물로서 승인받았고, 정직하고 성실하며 용기 있는 예술가로서의 명성 역시 확고해졌다. 트뤼포 자신도 드골 장군과 1960년대 초의 프랑스에 계속 강한 불만을 품게 된다. "드골에게 '예스'라고 말할 준비가 된 국민은 문화가 사라지든 말든 아랑곳하지 않는 국민이며, 따라서 나의 영화에도 신경 쓰지 않는 국민입니다." 트뤼포는 보통선거를 통한 공화국 대통령 선출 여부를 묻는 투표일 전날인 1962년 10월 18일 헬렌 스코트에게 보낸 편지에서 그렇게 썼다.

피아니스트, 저격되다

프랑수아 트뤼포에게 〈피아니스트를 쏴라〉의 촬영은 즐거운 작업이었으나, 편집은 어렵고 지루한 것이었다. 트뤼포는 "플래시백 구조로 된 모든 시나리오에 대해 공포를 느꼈다"고 고백했다. 그도 그럴 것이, 〈피아니스트를 쏴라〉의 편집은 피아니스트 에두아르 사루아얀(아즈나부르)과 그의 아내 테레자(니콜 베르제) 사이의 비극적 사랑을 보여 주는 긴 플래시백을 중심으로 구상되었기 때문이다. 부정확한 사운드와 서로 다른 분위기, 노래가 많이 뒤섞여 있는 사운드트랙 역시 복잡했다.

　게다가 세실 드퀴지스를 대신해, 미셸 부아롱과 알렉상드르 아스트뤼크 영화의 편집을 담당했던 클로딘 부셰가 갑작스럽게 투입되었다. 트뤼포는 불로뉴의 촬영소에서 그녀에게 〈피아니스트를 쏴라〉의 러시 필름을 보여 주었다. "프랑수아가 현장 녹음을 사용해 촬영했기 때문에, 러시 필름은 모두 후시 녹음되어 있었지만 최종 선택은 되어 있지 않았다. 끝없이 길었던 그 날의 러시 시사는 악몽과도 같았다. 프랑수아는 말 한마디 없었고, 나 역시 무슨 말을 해야 할지 몰랐다. 실수하지나 않을까 두려웠기 때문이다. 각본을 아직 읽지 못한 나에게 영화는 전체적으로 이상하게만 보였다. 이토록 짜임새 없는 영화에는 익숙하지 않았다. 사운드가 잘 들리지 않는 경우도 있었다. 새벽 한 시경 트뤼포는 내게 이것으로 영화가 만들어질 수 있겠느냐고 물었다. 나는 이 질문에 몹시 화가 났다. 어떻게 트뤼포 같은 감독이 그 같은 질문을 할 수 있단 말인가. 나는 만약을 위해, 러시 필름을 보니 크노가 생각난다고 말했다. 나중에 나는 그 생각이 틀리지 않은 것임을 알았다." 아마도 자잘해 보이는 쇼트들로 이루어졌기 때문에, 〈피아니스트를 쏴라〉는 그만큼 큰 자유로움을 느끼게 해 주었을 것이다.

그렇지만 1960년 6월 배우들과 동료들, 이어서 기자들을 대상으로 영화를 시사했을 때 반응은 미지근했다. 트뤼포는 의기소침해졌고, 자신의 능력에 대해서도 의문을 가졌다. 피에르 브롱베르제 역시 영화에 당혹스러워했다. 트뤼포가 이 영화를 〈400번의 구타〉와는 완전히 다른 성격으로 만들고 싶어 한 것은 사실이다. 따라서 트뤼포는 유년기와 청춘기의 소박하고 감동적인 이야기를 다시 한번 보여 주는 것과는 정반대로, 갱, 매춘부, 우울증으로 좀먹어가는 피아니스트가 등장하는, 순전한 상상에 기반을 둔 영화, 희비극이 혼합되고 '세리 누아르'와 뮤지컬이 뒤섞인 영화를 관객에게 던졌다. 요컨대 트뤼포는 의도적으로 장르를 완전히 바꿔서 보는 이들을 놀라게 했지만, 많은 사람은 데뷔작을 확인시키는 작품을 기대하고 있었다.

더욱이 〈피아니스트를 쏴라〉는 검열이라는 심각한 문제에 부딪혔다. 1960년 7월 13일 이 영화가 18세 이상 관람가로 결정되자, 트뤼포는 갱들의 자동차에 작은 고양이가 치이는 민감한 장

〈피아니스트를 쏴라〉 촬영장에서 (왼쪽부터) 프랑수아 트뤼포, 샤를 아즈나부르, 마리 뒤부아

면을 잘랐다. 그리고 문제가 된 또 하나의 장면, 미셸 메르시에가 아즈나부르의 침대에서 자면서 가슴을 드러내는 노골적인 장면을 축소했지만, 장면 전체를 들어내는 것은 거부했다. 단호한 입장을 고수한 검열위원회는 〈피아니스트를 쏴라〉를 계속 18세 이상 관람가로 판정했다.

영화는 비시, 도빌, 비아리츠 등 해변에 위치한 몇몇 휴양 도시에서 여름에 먼저 개봉되었다. 여기서 반응이 좋지 않은 것을 본 트뤼포는 이 영화에 대해 관심을 접고, 친구 드 지브레와의 〈게으른 병사〉 각본 작업 등 새로운 기획을 생각하기 시작했다. 브롱베르제는 여전히 트뤼포에게 의욕을 불어 넣어 주고자 했다. "당신은 가장 위대한 감독이며, 영화계에서 가장 지적인 사람이고, 최상의 동료입니다. 나는 당신을 정말 좋아합니다. 나는 동일한 조건으로 동일한 영화를 다시 시작할 준비가 되어 있습니다." 생-장-드-뤼즈에 있던 브롱베르제는 1960년 8월 20일 그렇게 편지를 써 보냈다. 그러나 가을이 되어 〈피아니스트를 쏴라〉가 상업적 실패 조짐을 보이자 그의 어조는 바뀌었다. 브롱베르제는 트뤼포에게 전보를 보내 영화 홍보에 전념해줄 것을 독촉하면서 압박을 가했다. "앞으로 5년 동안 당신의 성공은, 특히 세계적인 성공은 파리에서 결정될 것입니다. 그 때문에 나는 조급하게 개봉하는 대신 그것을 가장 잘 보여줄 최상의 방법을 모색하고 있습니다. 수월하지는 않습니다. 이것을 '누아르풍의 코미디 영화'로 해야 할지, '누아르풍의 판타지 영화'로 해야 할지, 아니면 '사랑과 유머의 드라마'나 '익살로 가득한 비극', 혹은 '선한 자가 때로는 악인이 되고, 때로는 악인이 호감 가는 인물도 되는 영화'로 불러야 할까요? 당신은 저보다 이런 종류의 게임에 월등히 뛰어납니다. 그러므로 다시 일어서서 내게 도움을 주십시오. 나는 당신을 전적으로 믿습니다."

1960년 11월 25일 〈피아니스트를 쏴라〉는 마침내 파리의 3개 영화관에서 개봉되었지만 큰 성공을 거두지는 못했다. 6주일의 흥행 기간 동안 입장객 수는 7만 1,901명에 그쳤다. 1961년 1월 3일에 종영된 영화를 트뤼포는 완전한 실패로 간주했지만, 카로스 영화사를 위태롭게 할 정도는 아니었다. 장 콕토는 편지를 보내 트뤼포의 사기를 북돋워 주고자 했다. "나는 자네가 걱정하는 모습을 견딜 수 없다네. 나의 친애하는 프랑수아. 물론 어려운 상황이겠지만, 자네가 일부러 그렇게 하려고 애쓴다 해도 자네는 실패할 수 없을 걸세." 적어도 트뤼포는 진정한 친구를 가려낼 수 있었다. 왜냐하면 〈400번의 구타〉의 개봉 때보다 월등히 적은 수의 사람만이 축하해 주었기 때문이다.

가장 위대한 연인

〈피아니스트를 쏴라〉의 실패로 실망에 빠진 프랑수아 트뤼포는 오래전부터 높이 평가하고 있던 잔 모로에게서 큰 위안을 찾았다. 트뤼포는 일찍이 1957년에 『카이에 뒤 시네마』를 통해 공공연한 고백까지 했을 정도로 잔 모로를 좋아했다. "그녀는 프랑스 영화계의 가장 위대한 연인이다. 갱의 무리가 서로 죽도록 치고

받는 동안에도 그녀는 댄스 스커트를 입고서 서커스단에서 춤을 추고, 사디스트에게 학대당하고 기관총 세례를 뚫고 나아가면서도 오로지 사랑만을 생각한다. 떨리는 입술을 지니고 머리를 풀어 헤친 그녀는 이른바 '도덕' 같은 것에는 관심도 없이, 사랑을 통해 사랑을 위해 살아갈 뿐이다. 제작자와 감독들이여, 그녀에게 진정한 역할을 주라. 그러면 우리는 위대한 영화를 가지게 될 것이다."

그 후 잔 모로는 루이 말의 〈사형대의 엘리베이터Ascenseur pour l'échafaud〉와 〈연인들〉, 로제 바딤의 〈위험한 관계Les Liaisons dangereuses〉 등 몇몇 유명한 영화에 출연했다. 이 영화들로 인기를 얻은 잔 모로는 브리지트 바르도와 함께 프랑스 영화계의 스타가 되었다. 트뤼포는 1957년 〈사형대의 엘리베이터〉를 가지고 루이 말과 동행한 잔 모로를 칸에서 처음 만났다. 이미 이 시점에서 트뤼포는 로셰의 소설 『쥴 앤 짐』의 영화화를 고려하고 있었다. 나중에 영화의 카트린 역을 맡은 잔 모로는 당시를 이렇게 회상한다. "프랑수아는 아주 일찍부터 내게 『쥴 앤 짐』을 전해 주고는 읽어 보게 했다. 우리는 정기적으로 만나서 이 작품에 관해 이야기했다. 프랑수아는 말이 적은 사람이었지만, 그럼에도 우리는 금방 서로를 깊이 이해할 수 있게 되었다. 보통의 경우 사람들은 서로 알게 되면 많은 추억을 주고받는다. 우리에게는 그것이 침묵이었다. 서로 많은 침묵만을 교환했던 것이다. 다행스럽게도 교신의 수단이 있었다. 우리는 금세 편지로 많은 이야기를 나누었다."

『아르』지에서 프랑수아 트뤼포는 1958년 9월 베네치아영화제에 출품되어 물의를 빚은 〈연인들〉을 옹호했다. "루이즈 드 빌모랭에게서 경탄할 만한 지원을 받고 있는 루이 말은 진부할 정도로 완벽히 일상적인 영화를, 도덕적으로 흠잡을 데 없는 절대적 부끄러움에 관한 영화를 만드는 데 성공했다." 같은 해 잔 모로는 장 클로드 브리알리와 팔장을 끼고 〈400번의 구타〉에 우정 출연했다. 이후 그녀는 프랑수아 트뤼포의 인생에서 빼놓을 수 없는 중요한 인물이 되었으며, 직업적 성공과 스타로서의 영광과 신화를 이룬 인물을 대표함과 동시에 생을 사랑하는 자유로운 여성상을 구현해 냈다. 스크린 속의 여배우들에게 오랫동안 매혹되어 온 평론가 출신의 트뤼포에게 잔 모로와의 만남은 일종의 계시와도 같았다. 플로랑스 말로는 그 점을 이렇게 말한다. "잔이 프랑수아를 압도했음에 틀림없다. 그는 수년 동안 그녀에게 매료되었다. 어느 정도는 그녀가 아마도 자신이 아는 유일한 스타였기 때문이었을 것이다. 프랑수아는 내게 자정에 전화를 걸어 잔이 어디 있는지 아느냐고 물어본 적도 있다. 그는 내게 자신의 마음을 감추지 않았으며, 나는 그 매혹 상태의 증인이었다. 하지만 나는 그에게 질문을 던질 정도로 가까운 사이는 아니었다."

잔 모로는 이렇게 말한다. "내가 프랑수아를 처음 만났을 때, 그는 말이 별로 없고 극히 소심하고 신중해 보였다. 나는 명성에 익숙해져 있었고, 그것이 지닌 즐거움만을 누리며 살아왔다. 더욱이 내가 지닌 앵글로색슨 방면의 혈통은, 삶과 문화에 대한 태도에서 세계를 향해 또 하나의 문을 열어 주었다. 프랑수아에게 헨

리 제임스를 발견하게 한 것도 나였고, 샴페인을 마시게 한 것도
나였다." 너그러우며 인생에 향유적 자세를 지닌 잔 모로는, 언제
나 똑같은 식당만을 출입하고 식도락을 사람들과 함께 나누는 일
에 특별한 욕구를 지니지 않은 트뤼포와는 삶의 방식이 달랐다.
어떤 의미에서 이 우정은 트뤼포의 감추어진 야심을 풀어놓았다
고 할 수 있다. 왜냐하면 트뤼포는 자신의 친구가 된 이 여성과 함
께 위대한 영화를 만들 생각 외에는 할 수 없었기 때문이다. 그리
고 그 위대한 영화란 다름 아닌 〈쥴 앤 짐〉이 될 것이다.

그러나 로셰 소설의 각색 작업은 별 진척이 없었다. 트뤼포는
그 시점까지 잔 모로와 다른 영화 한 편을 만들고자 했다. 르네
장 클로 원작의 『죽음 이후의 푸른 빛 *Le Bleu d'outre-tombe*』은, 여교사
가 예전에 정신병원에 입원했었다는 사실을 학부모들이 알게 되
면서 마을 전체가 그녀를 학대한다는 내용의 소설이었다. 카로
스 영화사는 갈리마르에서 간행된 이 소설을 이미 가계약한 상
태였고, 르네 장 클로와도 각색 및 대사 작업을 계약했다. 그러
는 동안 잔 모로에게 비극적 사건이 일어났다. 1960년 2월 모로
는 보르도 근처 블라유에서 장 폴 벨몽도와 함께 마르그리트 뒤
라스의 원작 소설을 피터 브루크 감독이 영화화하는 〈모데라토
칸타빌레 Moderato Cantabile〉를 촬영하고 있었다. 그때 그녀의 10세
된 아들 제롬이 자동차 사고를 크게 당해 2주 동안 깊은 혼수 상
태에 빠져 사경을 헤매는 일이 일어났다. 몇 주일 동안 트뤼포는
주말마다 그녀를 만나 용기를 북돋워 주었다. 〈죽음 이후의 푸른
빛〉은 1년간 연기된 이후에 무산되었다. 〈모데라토 칸타빌레〉를

마친 잔 모로는 바로 안토니오니의 영화 〈밤La Notte〉의 촬영을 시작했고, 그사이에 트뤼포는 〈쥘 앤 짐〉의 시나리오 작업을 신속히 마무리했다.

동요하는 물결

〈피아니스트를 쏴라〉의 실패, 그리고 세 번째 영화를 불확실성이 압박해 오던 이 시기는 누벨바그에 불리한 분위기였다. 1960년에 젊은 감독들의 영화는 상업적으로 심각한 참패를 겪고 있었다. 〈피아니스트를 쏴라〉가 7만 명, 고다르의 〈여자는 여자다〉가 6만 5천 명, 샤브롤의 〈젊은 멋쟁이Les Godelureaux〉가 5만 3천 명, 드미의 〈롤라Lola〉가 3만 5천 명 정도의 관객을 동원하는 데 그쳤다. 더욱이 고다르의 두 번째 영화 〈작은 병정〉은 검열 문제에 휘말리면서 알제리 전쟁이 한창이던 1960년 9월 프랑스 전역에서 상영 금지되었다. 트뤼포는 친구 헬렌 스코트에게 상황을 매우 비관적으로 묘사한 편지를 보냈다. "나는 피해망상에 시달리고 있지도 않으며 음모를 언급할 생각도 없지만, 젊은 세대의 영화들이 규정에서 조금이라도 벗어나는 경우, 현재로서는 영화관 경영자나 언론의 장벽에 부딪히는 것이 명백한 사실입니다. 모키와 크노의 〈어느 커플Un Couple〉, 드 브로카의 〈익살꾼Farceur〉, 〈피아니스트를 쏴라〉 역시 그런 경우입니다. 올해 매우 많은 수의 구식 대형 프랑스 영화들이 영화관에서 오랫동안 상영될 것이라는 사실도 말씀드려야 합니다. '옛 물결Vieille Vague'의 복수가 아닌

가 하는 느낌까지 듭니다. 클루조의 〈진실La Vérité〉, 〈프랑스 여자와 사랑La Française et l'Amour〉(저급한 영화입니다), 카야트의 〈라인의 가교Le Passage du Rhin〉, 바딤의 〈그리고 쾌락에 죽다Et mourir de plaisir〉까지도 그런 느낌을 줍니다."

수많은 기자와 영화계 사람들은 어디서나 1960년대 초에 일어난 영화관의 뚜렷한 쇠퇴 현상의 책임을 누벨바그 영화 탓으로 돌렸다. 그 결과 누벨바그는 하나의 희생양이 되어, 그들의 영화가 "지식인을 대상으로 하며", "지루하기" 때문에 대중에게서 멀어졌다고 비난했다. 트뤼포는 스코트에게 이렇게 썼다. "찬사에서 무조건적 비방으로 이행한 전환점은 라 파텔리에르와 미셸 오디아르의 영화 〈초원의 길Rue des Prairies〉이었습니다. 이 영화는 '장 가뱅이 누벨바그에 앙갚음하다'라며 반누벨바그 영화로 홍보되었습니다."

각본가인 미셸 오디아르는 『아르』지에, 새로운 감독들이 많은 대중에게 영화에 대한 흥미를 잃게 해, 결국 텔레비전만 득을 보게 만들었다고 비난하면서 이렇게 썼다. "아, 반란이란 얼마나 참신한 것인가! 트뤼포는 그것을 통과해 갔다. 정말 매력 있는 젊은이 아닌가. 그는 한쪽 시선은 어린 '무정부주의자'를 위한 입문서에 던지고, 다른 시선은 가톨릭 연합회에 묶어 두고 있으며, 한 손은 미래를 향해 불끈 쥐고, 다른 한 손에는 나비넥타이를 감추고 있다. 트뤼포 씨는 푸케 식당을 들락거리는 고객들에게 자신이 무섭고 위험한 인물임을 설득하고자 한다. 전문가들은 이런 행동을 비웃지만, 가엾은 에릭 로메르는 깊은 감동을 받는다. 왜냐하면 할 말이 없는 사람들은 예전에는 차나 마시러 몰려들었지만, 오늘날에는 영화관에 집결하기 때문이다. 트뤼포는 로메르에게 갈채를 보내고, 로메르는 지난주에 폴레에게 갈채를 보냈으며, 폴레는 다음 주에 고다르나 샤브롤에게 박수를 보낼 것이다. 이 신사분들은 가족을 이루었다. 프랑스 영화계는 지난 1년 동안 이런 식의 도박에 운을 걸었던 것이다. 그 현실적 결과는 이렇다. 1960년은 들라누아, 그랑지에, 파텔리에르, 베르뇌유 같은 대머리 아저씨, 흉측한 직업인의 성공작으로 마무리되었다. 어이쿠! 그들은 이 상황에까지 도달한 것이다. 아니, 그들이 '도달해 있었다'고 표현해야 할 것이다. 왜냐하면 계속 현재 시제로 그들을 이야기하는 것은 옳지 않기 때문이다. 누벨바그는 죽었다. 그리고 사실 그것이 '새로운 것nouvelle'이라기보다, '모호한 것vague'이었음을 우리는 알아차리고 있다."

각본가인 앙리 장송은 『시네 몽드』, 『십자가La Croix』, 『일요 신문Le Journal du dimanche』 지를 통해 '어린 영화 협잡꾼들tricheurs-en-scène'을 공격했고, 자크 란츠만은 『아르』를 통해 "젊은 프랑스 영화는 미래가 있는 것일까?"라는 질문을 제기했다. 장 노셰는 『프랑스 앵테르France-Inter』에서 '위선의 영화'라고 비난했고, 1960년 『포지티프』는 한 호 전체를 '반누벨바그'로 채워 발행했으며, 또한 『텔레라마』는 '프랑스 영화 취향에 관한 여론조사'를 통해 회의적 입장을 과시하듯 내세웠다. 1960년 2월, 이전에 『현대』지에서 사르트르의 비서 활동을 했던 장 코는 『렉스프레스』의 의뢰를 받아 '새로운 프랑스 영화 몇 편'을 보았다. 그의 평가는 준엄했다. "이 '젊은이들'은 10년 동안 사람들에게 대략 이렇게 외쳐 왔다. '아! 우리에게 카메라만 주어진다면!'이라고. (…) 마침내 요구가 수용되어 그들에게는 카메라가 주어졌다. 그들은 무슨 이야기를 하는가. 오, 경악스럽게도, 아무것도! 그들의 머리와 가슴에는 무엇이 있을 것인가. 오, 놀라워라, 방울밖에! 그렇다면 마음속에는? 아, 가엾어라, 물만 가득! 나는 경악과 슬픔으로 아연실색하고 있다는 사실을 독자들에게 고백하지 않을 수 없다. (…) 젊은 감독들은 거의 할 말이 없다는 사실을 우리는 알고 있다."

이런 비난은 새로운 영화 행렬의 수장인 고다르와 트뤼포가 그 어느 때보다 불안정하고 사기가 저하된 시점에서 행해졌다. 고다르는 트뤼포에게 이렇게 써 보냈다. "나의 벗 프란체스코, 나 또한 완전히 절망 상태야. 아주 낯선 지대에서 영화를 찍는 기분이지. 무언가 엄청난 것이 주위를 맴돌고 있는 것이 느껴져서, 쿠타르에게 빨리 카메라를 돌려 그것을 포착하도록 말하고 나면 늘 그것은 사라져 버렸어." 〈작은 병정〉의 전면적인 상영 금지는 이 혼란을 가중했을 뿐이었다.

개인적 차원에서 여러 차례에 걸쳐 트뤼포는 아무리 '누벨바그'라는 이름표가 붙은 영화라 해도, 자신이 보기에 프랑스의 젊은 영화들에 "심하게 해를 끼치고" "얼마 전부터 젊은 감독들에게 행해지는 정당한 힐책, 즉 아마추어주의, 속물근성, 파악하기 힘든 엉뚱한 인물 설정 등 부정적 특징 모두를 불과 몇 분 만에 결집해 버리는 이야기"라면 주저 없이 엄격히 비판했다. 그러나 선동적이라 판단되는 공격이나 두 해 전에는 이 운동의 열렬한 지지자임을 종종 밝혔던 저널리스트들이 감행한 공격 앞에서 트뤼포는 반격을 결심했다. "고다르, 레네, 말, 샤브롤, 나 등은 전에는 인터뷰를 통해 '누벨바그는 존재하지 않는다. 그 표현은 별 의미가 없는 것이다'라고 말했다. 그 뒤로는 나는 이 운동에 소속될 것을 강하게 추구했다. 마치 점령 시기의 유대인들이 그랬던 것처럼 누벨바그의 일원인 사실에 자부심을 가져야 했던 것이다." 〈피아니스트를 쏴라〉의 실패에도 불구하고 트뤼포는 '누벨바그의 정신'이 존재한다는 사실을 상기시키고자 했다. "'좋은 영화'들은 실내에서, 엉덩이를 의자에 붙인 상태에서 만들어집니다"라고 트뤼포는 헬렌 스코트에게 보낸 편지에 썼다.

몇 개월 뒤인 1961년 10월 트뤼포는 『누벨 옵세르바퇴르』에 게재될 루이 마르코렐과의 장문의 대담에 동의했다. 영화감독이자 제작자, 옛 평론가, 그리고 무엇보다도 누벨바그의 수장으로서 인터뷰에 응한 트뤼포는 자신의 견해를 이렇게 표명했다. "나는 하나의 불안이 존재한다는 것을 인정한다. 우리는 통과해야만 하는 나쁜 시기를 맞고 있으며, 해결책을 찾아야 한다는 사실 말이다. 나는 이 불안이 다음의 모순에 기인한다고 본다. 먼저, '새로운 영화'가 추구한 주요 목표는 영화 산업의 위협에서의 해방이었다. 그 산업적 속박 때문에 영화들은 개성을 잃어버렸다. 우리는 자유롭게 작업할 수 있도록, 그리고 '단순한' 주제로 '적은 예산의' 영화를 만들 수 있도록 모든 것을 단순화해야 한다고 생각했다. 여기서 시작된 수많은 누벨바그 영화가 가진 유일한 공통점은 총체적 거부에 있다. 즉 엑스트라의 거부, 과장된 플롯의 거부, 대규모 무대 장치의 거부, 설명적 장면의 거부 등이다. 따라서 종종 서너 명의 인물이 등장하며 액션도 많지 않은 영화가 많다. 유감스럽게도 이 영화들이 지닌 단조로움이, 현재 평론가와 영화 관객들을 대단히 짜증 나게 하는 문학 장르와 서로 일치하는 상황에 처했다. 요컨대 스포츠카, 스카치위스키 병, 인스턴트식 사랑 등의 요소로 이루어진 '사강주의'*라고 부를 수 있는 장르 말이다. 이런 영화들이 지닌 의도된 경쾌함은 곧 경박함으로 인식된다. 그것은 때로는 부당한 평가이기도 하고, 때로는 옳은 것이기도 하다. 바로 여기에서 혼돈이 생긴다. 이 새로운 영화의 장점, 즉 우아함, 섬세함, 신중함, 고상함, 민첩함 등은 동시에 경박함, 무분별함, 천진난만함 등의 결점이 되는 것이다. 그 결과는 어떨까? 좋은 영화든 나쁜 영화든, 전체적으로 이 영화들이 서로에게 해를 끼친다! 역설적인 사실은, 경쾌함을 향한 이 가상한 노력은 너무도 늦게, 3년이나 지난 뒤에야 결실을 맺는다는 점이다. 즉 영화에 대한 대중의 무관심이 고조되는 시점, 정확히 말하면 가장 성대하고 가장 화려한 영화들의 홍수에 관객들이 휘말려 드는 시점이라는 것이다. 전에는 성서에 관한 것이든 아니든 초대작 영화는 1년에 한 편이 있었다. 오늘날에는 〈벤허〉의 사례를 좇아 1개월에 한 편씩 이 같은 이른바 '탈 텔레비전 영화'가 등장한다. 우리가 현실 조건 안에서 급히 만드는, 감동과 유머를 담는 소규모 영화들은 이 영화들에 도저히 맞설 수가 없다."

• 프랑수아즈 사강의 소설을 빗댄 표현*

몇 개월간 트뤼포는 전투적·계몽적 성격의 참여를 계속했다. 트뤼포는 '친구의 영화' 몇 편을 지지하려는 목적만으로 다시 펜을 들기까지 했다. 1961년 12월 20일 『아르』에 트뤼포는 "누벨바그의 임종은 쉽게 오지 않는다"라는 제목으로 리베트의 영화 〈파리는 우리의 것〉에 대한 장문의 호평을 썼다. 몇 주 뒤에는 자크 로지에의 첫 영화 〈아듀 필리핀Adieu Philippine〉에 "끊어짐의 순간 없이 이어지는 시"라는 찬사를 보냈다. "이것은 새로운 영화의 최대의 성공작이다. 더욱이 그것이 아주 오랜 시간에 걸친 치밀한 작업의 성과물이기 때문에 그 자연스러움은 한층 더 강력하다. (…) 오로지 이 이유에서, 다시 말해 레몽 크노의 몇몇 소설에서처럼 그 자체로서 목적인 '어조의 정확성'을 중도에 잃지 않으면서 객관성을 유지할 수 있는 최적의 연령의 감독이, 즉 겨우 열 살 연상의 감독이 스무 살의 인물들을 찍어 내기 위해서 누벨바그는 존재해야만 한다." 이어서 트뤼포의 열광적 지지를 받은 영화는 고다르의 〈비브르 사 비Vivre sa vie〉였다. 트뤼포는 헬렌 스코트에게 "오호, 영화를 보면서 보통은 울지 않는 내가" 이 영화를 처음 보았을 때도, 두 번째로 보았을 때도 울어 버렸노라고 고백했을 정도였다.

더욱 확실한 옹호를 위해, 트뤼포는 누벨바그의 정신을 잘 구현하는 영화들에 좀더 적극적 자세를 취하도록 『카이에 뒤 시네마』에도 전면적인 압력을 넣었다. 트뤼포는 황색 표지의 이 잡지에 여전히 큰 애착을 두고 있었다. 당시 에릭 로메르가 편집장을 맡고 있던 『카이에 뒤 시네마』는 새로운 프랑스 영화에 대한 판단에는 상당한 신중함을 보이는 대신, 1960년대 초 빈센트 미넬리, 오토 프레민저, 앨프레드 히치콕, 하워드 혹스, 새뮤얼 풀러, 프랭크 태슐린 등의 할리우드 영화는 즐겨 지지했다. 『카이에 뒤 시네마』는 타협 없는 시네필 노선을 추구했기 때문에, 누벨바그를 철저하게 전투적으로 옹호하지는 않았다. 트뤼포는 이에 놀라움을 금치 못했고 1961년 초 프랑스의 젊은 영화들이 사방에서 공격을 받는 것을 보고는 분개하기도 했다. 트뤼포는 도니올-발크로즈와 고다르의 지원을 얻어 『카이에 뒤 시네마』의 편집장을 로메르에서 리베트로 교체했고(물론 양심의 가책이 없지 않았고, 나중에는 어느 정도 후회도 했다), 그때부터 『카이에 뒤 시네마』는 누벨바그 영화를 공공연하게 지지하게 된다.

프랑수아 트뤼포는 또한 자닌 바쟁과 앙드레 S. 라바르트가 기획한 〈우리 시대의 감독들〉이라는 텔레비전용 인물 시리즈에도 적극적으로 도움을 주었다. 1962년 1월 자닌 바쟁은 누벨바그의 젊은 감독들이 본인이 거장으로 간주하는 감독들과 장시간 대담을 가진다는 아이디어를 들고, 피에르 셰페르가 사장으로 있는 RTF(프랑스 라디오 텔레비전 방송국) 프로그램 개발 부서와 접촉했다. 자닌 바쟁은 이 기획물에 『카이에 뒤 시네마』의 평론가 앙드레 라바르트와 프랑수아 트뤼포를 참가시켰다. 1962년 2월 초 로마에서 촬영된 시험 프로그램에서 트뤼포는 로베르토 로셀리니의 작품과 영화관에 관해 긴 대담을 했다. 그것은 피에르 셰페르가 〈우리 시대의 감독들〉에 모험을 걸도록 만들기에 충분한 것이었다. 루이스 부뉴엘에게 바친 첫 회는 라바르트가 로베르 발레를 비롯한 텔레비전 스태프들과 함께 1963년 여름 스페인에서 제작했다. 자닌 바쟁과 앙드레 라바르트의 시리즈는 그 후 본격화되어, 1960년대 내내 약 50편의 인물 프로그램으로 이어진다. 트뤼포는 1965년에 자신의 차례를 맞았는데, "프랑수아 트뤼포, 비평 정신François Truffaut, l'esprit critique"이라는 제목의 이 프로그램은 장 피에르 샤르티에가 연출을 맡아, 인터뷰와 초기 영화들의 발췌 장면으로 구성했다.

인생의 회오리바람

〈피아니스트를 쏴라〉의 실패를 경험한 프랑수아 트뤼포는 또다시 오류를 범할 처지가 되지 못했다. 몇 차례의 무모한 제작과 공동 제작을 행한 뒤라서 카로스 영화사의 재정 상태는 그리 튼튼하지 못했다. 이냐스 모르겐슈테른의 사망 이후 트뤼포는 마르셀 베르베르의 도움 아래 작은 제작사를 혼자서 책임져야 했다. 헬렌 스코트에게 쓴 편지에 의하면, "게다가 그의 미망인의 돈을 날려 버려서는 안 된다는 책임까지 있습니다. 아주 중요한 일이죠. 현재 나는 엄청난 긴장 상태에 있습니다. 그것은 필경 오만과 허영심, 출세주의, 명예롭지 못하지만 억제할 수도 없는, 나도 모르는 어떤 충동이 낳는 긴장일 겁니다. 나는 〈쥴 앤 짐〉은 〈피아니스트를 쏴라〉와는 달리 가급적 완벽한 성공작이 되기를 바라고 있습니다."

1960년 9월 트뤼포는 생-폴-드-방스의 콜롱브 도르 호텔에서 혼자 2주를 보냈다. 3년 전 앙리 피에르 로셰에게 보여 주었던 각본에 만족하지 못한 트뤼포는 〈쥘 앤 짐〉의 각색 작업을 새로 시작했다. 로셰가 1901년 이후 60년간 작성한 '수첩', 그리고 헬렌 헤셀, 프란츠 헤셀, 로셰 사이의 삼각관계에서 착상을 얻어, 트뤼포는 친구 관계지만 완전히 다른 두 남자를 동시에 사랑하는 카트린을 중심으로 새 시나리오를 수정했다. 그 두 남자란, 로셰의 자화상이라고 볼 수 있는 엽색가적 귀족주의자로서 교양과 세련미를 갖춘 프랑스인 짐, 그리고 훨씬 순진하고 고결하고 유순한 인물로 카트린과 결혼해 어린 딸 사빈을 얻는 독일인 쥘이었다.

주말을 이용해 잔 모로가 생-폴-드-방스로 트뤼포를 찾아왔다. 헬렌 스코트에게 보낸 편지에서 보이듯이, 이 영화는 트뤼포와 잔 모로의 관계도 동시에 드러낼 것이 분명했다. "〈쥘 앤 짐〉은 삶과 죽음에 대한 찬가가 될 것이며, 부부 관계 이외의 모든 애정 조합의 불가능성을 그것이 지니는 기쁨과 슬픔을 통해 예시할 것입니다." 그러나 원작에 지나치게 충실해지면서 각색 작업은 또다시 방향을 잃었다. 트뤼포는 〈파리는 우리의 것〉에서 높이 평가해 온 장 그뤼오에게 각색을 부탁하기로 결정했다. 그뤼오는 즉시 로셰의 소설에 매료되어 제안을 수락했다. 1961년 1월 두 사람은 작업을 재개해 '순결한 3인의 사랑pur amour à trois'(그들은 '순결한 3인의 사랑'을 이 영화의 부제로 정했다)을 중심으로 이야기를 만들어 갔다.

트뤼포는 짐 역으로 슈발도르 카바레에서 2인 쇼 멤버로 출연 중이던 무명의 젊은 배우 앙리 세르를 정했는데, 그의 외모가 청년 시절의 로셰와 유사하다는 점에서 강한 인상을 받았다. 큰 키와 마른 체구에 부드러운 저음의 목소리, 직선적이고 빠른 몸짓이 그러했다. 쥘 역에 어울리는 배우를 찾는 일은 좀 더 힘들었다. 말할 때의 억양과 어눌함이 그 인물을 보다 감동적으로 만들 것이라 확신한 트뤼포는 외국인 배우를 원했다. 이탈리아와의 공동제작에 도움이 될 수 있다는 점에서 한때는 마르첼로 마스트로얀니의 이야기가 나왔다. 그러나 트뤼포는 원작 소설에 충실하게 독일계 배우인 오스카 베르너로 마음을 굳혔다. 베르너는 독일과 오스트리아에서 명성을 얻은 연극배우이자, 빈의 부르크 극장의 연출가였으며, 1950년대 초에는 햄릿 역을 맡아 크게 주목을 받았다. 베르너는 영화에서 주연급 배역을 맡은 적은 아직 없지만, 막스 오퓔스의 영화 〈롤라 몽테〉에 출연하여 트뤼포에게 깊은 인상을 남겼다. 마르셀 오퓔스를 통해 출연을 의뢰받은 베르너는 잔 모로가 동석한 자리에서 인터뷰를 마친 뒤 트뤼포의 제안을 수락했다. 잔 모로는 이 영화의 사실상의 스타였다. 트뤼포는 이번에 그녀가 자신의 재능을 표현하는 데 적합한 배역을 맡았다고 확신했다. 당시 잔 모로는 명성의 절정에 있었지만, 최근작 두 편에 약간의 실망감을 느끼고 있었고, 특히 〈밤〉은 별로 좋아하지 않았다. 트뤼포는 애당초 〈쥘 앤 짐〉을 〈밤〉과 반대 방향으로 만들고 싶다고 단언했고, 그런 이야기를 공공연히 밝혔다. 『알자스 L'Alsace』지와의 인터뷰에서 트뤼포는 이렇게 말했다. "안토니오니는 잔 모로가 지닌 '베티 데이비스'의 측면을 끌어냈다. 그래서 그녀는 시무룩한 표정을 짓고 있으며 한 번도 웃지 않았다. 나는 잔 모로의 표정들을 되살려내고 싶었다. 그녀의 웃음은 놀랄 만큼 멋지기 때문이다. 따라서 영화의 한 장면에서 잔 모로는 '하지만 나도 웃을 줄 알아요'라고 말한다. 그리고 이 장면에서 그녀가 다른 표정도 지니고 있음을 알게 된다."

잔 모로에게 트뤼포와의 이 실질적인 첫 작업은* 그녀의 표현에 의하면 "우연이라 할 수도 있을, 필연적 조화로움"의 성격을 지닌 것이었다. "루이 말과의 작업으로 배우로서 만개한 이후, 나는 영화적 차원에서 일종의 고아가 된 듯한 느낌이었다. 그런데 그처럼 멋진 출발을 프랑수아와 함께한다는 것은 나 자신과의 화해와도 같은 것이었다." 카트린이라는 인물을 통해 잔 모로는 트뤼포의 의도대로 지고한 여성, 부서질 듯 파멸로 이끌어 가며, 현명하면서도 생기 있는, 우스우면서도 비극적인, 자유로운, 고고한 충동적 욕망을 끝까지 좇는 여성상을 구현했다. 이 비현실적 인물과 배우로서의 잔 모로 사이의 융합은 완벽한 것이었고, 트뤼포는 그 증인이 되고자 했다.

〈쥘 앤 짐〉의 준비 작업과 촬영 단계로 들어가기 전에 트뤼포는 라 가르드-프레네에 있는 잔 모로의 집에 몇 차례 머물렀다. "프랑수아에게 이곳은 일종의 은신처였다. 그것은 내가 있다는 이유에서만이 아니라, 우리 집에서 일하는 사람들 때문이기도 했다. 그 가운데 안나라는 아주 착한 여성은 그가 편안하게 지내도록 성심껏 돌보아 주었다. 이 장소는 프랑수아와 잘 맞는 곳이었다.

---

* 잔 모로는 〈400번의 구타〉에 특별 출연했다.*

보통 그는 사생활이나 애정 생활에서 위기에 빠졌을 때 이곳에 오곤 했는데, 말은 하지 않았어도 나는 알 수 있었다. 여기서 그는 독서하거나 글을 썼으며, 우리의 우정으로 보호받음을 느꼈다."

그곳에서 트뤼포는 몇 개월 전 〈400번의 구타〉의 특별 시사회장에서 처음 만난 잔 모로의 전남편 장 루이 리샤르를 다시 만났다. 트뤼포는 장 루이 리샤르의 품성을 매우 높이 평가했고, 그의 뛰어난 유머 감각, 유행 추종의 거부, 특히 유희를 즐기는 성격을 좋아했다. 두 사람은 친구가 되어 일찍이 몇 가지의 공동 기획을 논의했다. 무엇보다도 둘은 함께 많이 즐거워했다. 잔 모로는 전남편과 다정한 깊은 우정 관계를 맺고 있었다. 그녀는 그에게 존경심을 가졌으며, 직업에 관련한 그의 의견을 모두 매우 진지하게 받아들였다. 장 루이 리샤르는 역시 라 가르드-프레네에 별장을 가지고 있는 다니엘과 세르주 레즈바니 부부의 친구이기도 했다. 당연히 그는 트뤼포에게 이들을 소개했고, 이때 트뤼포는 〈쥘 앤 짐〉에 레즈바니의 노래를 삽입할 생각을 하게 된다(레즈바니는 '시뤼스 바시아크'라는 이름으로 작곡을 하고 있었고, 영화 〈쥘 앤 짐〉에서는 '보리스 바시아크'라는 이름으로 연기를 한다). 그 노래가 바로 잔 모로가 부르는 〈인생의 회오리바람Le Tourbillon de la vie〉이다.

> 서로 알게 되었고, 다시 서로 알게 되었고
> 서로 멀어졌고, 다시 서로 멀어졌고
> 다시 서로 찾아냈고, 서로 불태웠고
> 그리고 나서 서로 헤어졌다네

각자는 자신의 길을 떠났네
인생의 회오리바람 속으로……

라 가르드-프레네에서 그들은 서로 어울려 매우 즐거운 시간
을 가졌다. 잔 모로의 곁에서 트뤼포는 행복의 순간을, 즉 그의 인
생에서 가장 조화로움과 생동감에 넘치고 애정으로 충만한 시간
을 가졌다. "저녁 식사 뒤에 잔 모로는 보리수 밑에서 노래하기 시
작했다. 이미 그곳에는 〈쥘 앤 짐〉의 분위기가 있었다." 이 영화의
조감독으로 트뤼포와 단 한 번 작업을 함께한 뒤 알랭 레네와 오
랜 협력 관계를 시작하는 플로랑스 말로는 그렇게 회상한다. 트
뤼포도 이 같은 분위기에 빠져 함께 노래까지 할 정도였다. 장 루
이 리샤르에 의하면, "프랑수아와 함께 우리는 노래의 레퍼토리
를 만들어갔다. 우리는 샤를 트레네의 〈해와 달의 랑데부Le Soleil a
rendez-vous avec la lune〉를 곧잘 불렀는데, 공적인 자리에서라면 그는
결코 그러지 못했을 것이다. 간혹 우리는 변장을 하기도 했다." 행
복감으로 만개한 분위기 안에서, 트뤼포의 모든 작품 가운데 가
장 장중한 영화의 하나인 〈쥘 앤 짐〉은 형체를 만들어 갔다. 영화
의 주인공들 각자가 시험 촬영에 들어가기도 전에 연기의 대범함
을 끌어내기 위해 친근해질 필요성을 느끼는 것 같았다. 잔 모로
에 따르면, "모든 것이 가능하고, 심각한 것이라곤 아무것도 없는
그런 시간이었다. 프랑수아는 마치 '삶의 환희joie de vivre'를 발견해
가듯이, 세르주의 노래, 드라이브, 시장 보기 등을 즐겼다. 미래를
예측하거나 무리한 계획을 세우기보다는, 오히려 책을 읽고 작은

발견을 해가는 데 대부분의 시간을 보냈다. 이것은 집 자체가 분위기를 제공한 덕분이기도 했지만, 동시에 진정한 육체적 해방감에 기인한 것이기도 했다."

순결한 3인의 사랑

각본을 완성한 프랑수아 트뤼포는 촬영일이 다가오면서 불안감에 사로잡혔다. 마르셀 베르베르는 당시를 이렇게 회상한다. "아직 배급업자도 잡지 못한 상태였다. 유일한 자금 조달원은 SEDIF였다. 트뤼포가 내게 말했다. '어떻게 해야 할까요? 포기해야 할까요, 계속해야 할까요?' 나는 대답했다. '계속해야죠!'라고." 기획서를 읽은 배급업자들이 얼마만큼 주저하는가를 확인한 베르베르는 재정적인 위험을 인식했다. 대부분의 배급업자가 이 영화를 신뢰하지 않았다. "'무슨 내용이 이런가요? 자기 아내가 다른 사람과 사랑을 나누는데, 남편이 그들의 사랑을 중재한다니요!' 정말로 심한 말을 들었을 때는 프랑수아와 나는 싫은 표정을 짓기도 했다."

그 결과 〈쥘 앤 짐〉은 아직 예산 확보가 완료되지 않은 상태에서 최저 경비로 촬영해야 했다. 트뤼포는 마리 뒤부아와 어린 사빈 오드팽을 캐스팅하여 배역 선정을 마무리했다. 촬영지 물색 작업이 빠르게 진행되었고, 많은 장면은 동료들이 대여해 준 장소에서 촬영하기로 했다. 1961년 4월 10일 첫 촬영을 위해 노르망디의 생-피에르-뒤-보브레에 있는 물랭당데에 모두 모였다.

이곳은 트뤼포가 〈400번의 구타〉의 마지막 장면을 찍었던 곳이기도 하다. 촬영진은 최소 인원으로 제한해 15명 정도였는데, 트뤼포가 매우 선호한 방식이었다. 심리적 안정을 위해 먼저 트뤼포는 중요도가 낮은 몇몇 장면부터 촬영했고 쇼트당 촬영 횟수도 늘렸다. 그래서 촬영 종반부에는 쇼트당 평균 세 테이크를 촬영한 것에 비해, 시작 무렵에는 평균 일곱 테이크를 찍었다. 그리고 사랑의 열병에 관한 이 내용에 적절한 분위기를 조성하기 위해, 트뤼포는 촬영 예정이 없는 몇몇 인물까지 포함해 전 연기자를 촬영장에 있도록 했다. 그러나 촬영지를 자주 이동했기 때문에 시작은 쉽지 않았다. (제1차 세계 대전의 몇몇 참호 장면 촬영을 위해 노르망디, 에름농빌, 파리, 보몽-쉬르-와즈로 이어지는 여정이었다). 더욱이 사고가 겹치면서 당혹스러운 날이 계속되었다. 마리 뒤부아는 발목을 삐었고, 잔 모로는 편도선염 증상으로 고생했으며, 앙리 세르는 참호 안에서 왼쪽 발꿈치에 상처를 입었다. 그 때문에 세르는 이틀 뒤 루이 르그랑 가에 있는 라모트 체육관에서의 권투 장면 촬영 때 움직임이 경직되어 자연스러운 연기를 펼치지 못했다.

잔 모로 덕분에 트뤼포는 조금씩 자신감을 되찾았다. 트뤼포 스스로 고백했듯이 "우리의 작업에는 어떤 조화감이, 다시 말해 두 명이 같은 탈것에 올라 같은 호흡으로 운행해 간다는 일종의 공동체 의식이 있었다. 잔 모로는 내가 의구심에 사로잡힐 때마다 용기를 북돋워 주었다. 배우로서 한 명의 여성으로서 그녀가 지닌 품성은 카트린이란 인물을 우리의 눈앞에 실재하는 설득력 있는 인물로 만들어 냈다. 무분별하고 도를 넘어서고 격렬하지만 무엇보다 사랑에 빠질 인물로, 한마디로 말해 숭배의 대상으로 만든 것이다." 이 촬영에 의욕적이고 집중하고 행복해하는, 그리고 "관대함과 열의, 공감, 연약한 인간성에 대한 이해심으로 차 있는" 잔 모로는 이 영화와 카트린이라는 배역을 깊이 신뢰하고 있었다. 촬영 현장에 잠시 들렀던 릴리안 다비드는 보통의 촬영장과는 달리 모두가 열정으로 넘쳐나던 분위기를 이렇게 회고한다. "이해하기 힘들 정도였다. 돌연히 들이닥친 제작자 라울 레비를 비롯해, 앙리 세르, 프랑수아 트뤼포 등 모든 사람이 잔 모로와 사랑에 빠졌으니까. 프랑수아는 문자 그대로 그녀에 매혹되어 있었다. 분위기는 때로는 행복감에 젖었고, 때로는 비통하고 비극적이었다." 잔 모로는 촬영이란 언제나 온 신경을 집중해야 하고 상호 협조가 필요하다는 것, 더욱이 이 영화는 열정적 사랑을 그리고 있기 때문에 그 집중도가 그만큼 더 강력하다는 것을 잘 알고 있었다. 그 속에서 연출자와 여배우와의 관계는 늘 변화한다. 잔 모로가 토로하듯이, "그 친밀감의 교환은 참으로 기이하다. 그것은 애정의 관계에 이를 수도 있고, 때로는 상상하기 힘들 만큼 훨씬 더 복잡하고 미묘한 관계에 이를 수도 있다. 그리고 이것은 예술적 창조 과정과도 유사하다."

오스카 베르너와 프랑수아 트뤼포는 촬영 기간 내내 최상의 관계를 유지했다. 이 오스트리아 출신 배우는 쾌활하고 섬세하며, 집중력 있고 매우 붙임성 있는 인물이었다. 매일 저녁 제작진과 출연진은 함께 모여 저녁 식사를 했다. "프랑수아는 보통 식탁 맨 끝에 자리를 잡았다. 그가 아무 말도 하지 않는 적도 종종 있었다. 프랑수아는 어느 정도는 나에게 의지했고, 오스카 베르너의 일도 적절히 조치하도록 내게 요청했다. 그래서 나는 베르너에게 프랑스어를 가르쳐 주었지만, 그는 능숙하게 말하지는 못했다. 베르너는 종종 자동차 안에서 모차르트 곡을 노래하기도 하는 등 정말 멋있었다." 플로랑스 말로의 회상이다.

제작진은 5월에 생트로페 근처로 장소를 옮겼고, 이어서 생-폴-드-방스 근교로 이동해 쥘, 짐, 카트린이 셋이서 행복하게 생활해가는 몇몇 장면을 촬영했다. 마르셀 베르베르는 이 기회를 이용해 한창 영화제가 열리고 있는 칸으로 가서 배급업자를 찾고자 했다. "마지막 순간에 〈쥘 앤 짐〉을 시네디스에 팔 수 있었다. 판매액은 2천만 구 프랑이었는데, 그보다 7배나 더 돈이 들어간 이 영화에 그것은 큰 액수가 아니었다." 그러나 이 돈은 촬영 막바지 몇 주일을 위해 매우 요긴했다. 5월 중순부터 6월 초까지 영화의 가장 중요한 장면이 보주 지방의 몰켄라인에서 촬영되었다. 쥘과 카트린의 '독일식' 대형 오두막집 장면이었다. 몇몇 장면은 어려운 촬영이 필요했다. 예를 들면, 란덴바흐-비에유아르망 역에서 찍은 열차 장면에서는 촬영용 크레인과 헬리콥터를 동원했다. 짐과 카트린이 장시간에 걸쳐 서로에게 고백하는 장면 등은 '의사야경'*으로 촬영해야 했기 때문에 야간 분위기를 만들어 내는 특수 필터를 사용했다.

• 낮에 밤 장면을 찍기 위한 기술*

〈쥘 앤 짐〉 촬영장에서 프랑수아 트뤼포와 잔 모로(1961)

6월 중순, 스트라스부르 묘지에 있는 화장장에서 카트린과 짐의 사체를 소각하는 장면을 촬영한 뒤, 제작진은 전원 파리로 돌아와 몇몇 마무리 촬영을 하고 슬픈 심정으로 이별했다. 오스카 베르너는 오페라를 위해 빈으로 돌아갔고, 앙리 세르는 카바레 무대로 돌아가 장 피에르 쉬크와 다시 코미디 듀오를 이루었다. 한편 잔 모로는 조지프 로지 감독의 〈에바Eva〉의 촬영을 준비했다. 촬영 기간 동안 잔 모로와 트뤼포의 사이는 끓어오르는 열정의 관계에서 조금씩 온화하고 협조적인 우정 관계로 바뀌어 갔다. 그것은 지속적이면서 굳건한, 소중한 관계였다. 불가능한 사랑은 함께 영화를 만듦으로써 마침내 그 심미적 형태를 찾아낸 것이다. 트뤼포는 영화에 관해 헬렌 스코트에게 이렇게 요약해 보냈다. "몇몇 잘못 찍은 장면이 있음에도 불구하고(이 장면들은 아마도 들어내거나 짜 맞추거나 해야 할 것입니다), 나의 다른 영화에서보다 인물들이 훨씬 더 생생히 살아 있습니다. 이것은 외설스러우면서도 대단히 도덕적인 멜로드라마입니다."

촬영이 종료되자 트뤼포에게는 새로운 걱정거리가 생겼다. 〈쥘 앤 짐〉의 1차 편집본의 길이가 두 시간 반이나 되었기 때문에 편집 과정에서 영화를 압축해야 했다. 자유로운 스타일과 매우 방만한 리듬을 취했던 〈피아니스트를 쏴라〉와는 반대로 〈쥘 앤 짐〉은 그 대범한 주제를 강조라도 하려는 듯 상당히 고전주의적 형식을 구사하고 있었다. 편집을 담당한 클로딘 부셰는 이렇게 말한다. "한 여자가 두 남자를 사랑하고 두 남자의 연인이 된다는 내용은 요즘은 쉽게 수용되지만, 30년 전에는 그대로 보여 주어도 좋은 것인지 확실치 않은 것이었다. 시간 측정을 위해 우리는 화면 밖 내레이션 일부를 먼저 녹음해 본 뒤, 배우 미셸 쉬보르의 목소리로 전체를 녹음했다. 그러고는 그것을 영상에 올리면서 편집했다. 그리고 조르주 들르뤼의 음악을 받아 들어 보니, 너무너무 아름다웠다. 그러나 음악과 내레이션을 믹싱하면서 문제가 복잡해졌다. 이따금 음악의 포르테 부분이 불쑥 등장해 내레이션을 덮어 버렸기 때문이다. 프랑수아는 정말 아름답고 서정적인 음악 부분을 단념하려 하지 않았다. 전쟁이 끝난 뒤 카트린이 역으로 짐을 마중 나와 샬레로 데려가는 장면에서는 매우 아름다운 음악이 흘렀다. 여기에 미셸 쉬보르의 목소리를 얹기 위해 우리는 음악에 맞춰 내레이션을 재녹음해야 했다." 클로딘 부셰는 또한 촬영 때의 우아함과 자유로움에 관해서도 증언한다. "잔 모로가 〈인생의 회오리바람〉을 부를 때, 그녀가 실수로 두 소절을 바꾸어 부르고 손짓을 보내는 순간이 있었다. 프랑수아와 나는 이 쇼트를 선택했다. 노련한 잔 모로는 촬영을 중단시키지 않고, 단지 자신의 실수를 손짓을 통해 알려 주었던 것이다. 나는 프랑수아가 이 쇼트를 고를 것을 알았다. 그 손동작이 잔 모로의 매력을 더 높여 주었기 때문이다."

외부 의견의 필요성을 느낀 트뤼포는 『아르』지 기자 출신 감독 장 오렐에게 도움을 청했다. 트뤼포는 영화 편집과 이야기 구조에 관한 한 오렐을 전적으로 신뢰했다. 1996년 8월 24일 세상을 떠난 장 오렐이 사망 직전에 밝힌 말에서도 이 사실은 확인된다. "그때 나는 영화 〈14-18〉을 막 완성한 상태였는데, 트뤼포는 그 영화에서 사용된 내레이션을 아주 좋아했다. 그는 화면 밖 내레이션이 영상에 잘 녹아들어 그 일부로서 내적 호응력을 지니는지, 그래서 영화 자체가 효력을 보이게 될는지를 걱정하고 있었다. 내레이션은 소설에서처럼 현실에서 떨어져 과거 속으로 영화를 투사하고 있었는데, 프랑수아는 이 방식을 매우 중시했고, 그에게 이 영화는 내레이션 없이는 존재할 수 없었다. 영화를 몇 차례 함께 보고 난 뒤, 나는 그에게 소리를 영상에 맞추어 재배치하도록 몇 가지 제안을 했다. 그것은 영상에 따라 구절 사이에 간격을 두는 흥미로운 실험이었다." 트뤼포는 훗날 오렐에 관해 다음과 같이 말했다. "오렐에게 영화를 보여 주는 것은, 물이 새는 곳을 수리하는 일뿐 아니라 누수 지점을 찾는 일까지도 부탁할 배관공을 부르는 것과 같았다. 그는 찾아와 영화를 보고 어둠 속에서 메모를 한 뒤, 나와 이야기를 나누었다." 〈쥘 앤 짐〉 이후 오렐은 트뤼포 영화의 최종 편집 단계에서 중요한 협력자가 되었다. 오렐은 자신을 "시퀀스를 이사시키는 조언자"라고 규정했다. 이것은 비평 정신뿐 아니라 해결책 제시 능력도 동시에 요구하는 귀중한 작업이었다. 오렐의 협조, 특히 전체 음향 트랙의 15분 정도를 차지하는 내레이션 부분에 대한 도움 덕분에 〈쥘 앤 짐〉은 최종 형태를 갖추게 되었다.

편집과 후시 녹음에 소요된 4개월의 작업 기간 동안 트뤼포는 통제도 설명도 불가능한 죽음의 불안감에 시달렸다. 아직 30세가 채 되지 않은 상태에서 트뤼포는 어떤 점에서는 앙리 피에르 로셰와 일심동체가 된 것이다. "나는 나 자신을 나이가 아주 많은 사람처럼, 인생의 마지막에 선 사람처럼 생각하면서 영화를 만들려고 했다. 아마도 그때가 내 삶 가운데서 최초로 죽음의 공포를 느낀 순간이었을 것이다." 〈피아니스트를 쏴라〉에서처럼 〈쥴 앤 짐〉에 서도 이 같은 우울감이 결국은 등장인물 모두에 들이닥치는 것을 볼 수 있다. "제가 이런 경험을 한 것은 이번으로 세 번째입니 다. 시작할 때는 즐거운 영화가 될 것으로 생각했지만, 도중에 이 영화가 오로지 슬픔을 통해서만 구원될 수 있다는 사실을 깨닫는 경험 말입니다." 트뤼포는 믹싱 작업을 시작하기 전날 장 망브리 노 신부에게 그렇게 썼다. 기진맥진의 상태에서, 트뤼포는 자신 이 지금 연출해 낸 작품이 가장 어렵고 극도로 위험천만한 영화 였음을 알 수 있었다. 그렇지만 트뤼포는 자신이 위대한 여배우 에게 최고의 배역을 선사했음을 확신하고는 여전히 자신감을 가 졌다. 동시에 잔 모로와의 우정까지도 쟁취했던 것이다.

여자들이 운다

〈쥴 앤 짐〉의 개봉 전에 프랑수아 트뤼포는 비공식 시사회를 통해 안도감을 얻었다. 가까운 동료들이 영화에 감동했으며, 친분 있 는 작가, 특히 크노, 오디베르티, 쥘 루아 등은 열광적 반응을 보 였다. "여자들은 눈물을 흘리고, 많은 남자는 약간 지루해합니다. 이것은 나의 어쩔 수 없이 지루한 첫 영화입니다(상영 시간이 한 시 간 50분이나 되니까요). 솔직하게 말하면, 세 명의 연기자 덕분에 이 영화가 나의 이전 작품보다 훨씬 돋보이는 것은 분명합니다." 트뤼포는 헬렌 스코트에게 그렇게 썼다.

트뤼포를 가장 감동시킨 것은 이 영화에서 깊은 인상을 받은 장 르누아르의 반응이었다. 1962년 2월 르누아르가 할리우드에서 보내온 편지를 트뤼포는 양복 안주머니 속에 오랫동안 간직했다. "선생에게 말하고 싶은 것은, 내가 스크린을 통해서 본 작품 가운 데 〈쥘 앤 짐〉이 현대 프랑스 사회를 가장 적확하게 표현하는 것 같다는 점입니다. 영화 배경을 1914년으로 돌림으로써 선생은 한 층 더 정확한 색조로 그려 냈습니다. 그 이유는 현대의 사고방식 과 행동 양식이 실은 불꽃처럼 번쩍이는 구리로 장식된 자동차와 함께 시작되었기 때문입니다. 몇몇 동료들의 머리를 스쳐 지나간 부도덕성에 대한 의심을 나로서는 이해할 수 없습니다. 하나의 결과를 검증하는 일은 부도덕할 수가 없습니다. 비는 적시게 마 련이고, 불은 태우게 마련입니다. 이로부터 생겨나는 습기와 열 기는 도덕과 아무 관계가 없습니다. 지난 몇 년 동안 우리는 하나 의 문명에서 다른 문명 단계로 이행했습니다. 그 도약은 우리의 옛 조상이 중세로부터 르네상스로 옮겨간 것보다 훨씬 놀라운 것 입니다. 사랑의 모험이란 원탁의 기사에게는 단순한 놀이의 대상 이었고, 낭만주의 시대 작가에게는 눈물을 쏟기 위한 구실이었습 니다. 〈쥘 앤 짐〉의 인물들에게 그것은 위의 것들과는 또 다른 어 떤 것이며, 선생의 영화는 그 '다른 어떤 것'이 의미하는 바를 우 리가 이해하도록 기여합니다. 여자들과 함께 어떤 단계에 이르러 있는가를 우리 남자들이 아는 것은 중요한 일이며, 남자들과 함 께 어디에 이르고 있는가를 여자들이 아는 것도 마찬가지로 중요합니다. 선생은 이 문제의 본질을 덮고 있는 안개를 걷어 내도록 도와줍니다. 그 때문에, 그리고 다른 많은 이유에서 나는 진심으로 선생에게 감사합니다."

콕토가 〈쥘 앤 짐〉에서 본 것은 대중적 명성을 아직 얻지 못한 위대한 문학인의 새로운 발견과 인증이었다. 콕토는 자신의 친구였던 앙리 피에르 로셰에 관해 "그는 누구보다도 세련되고 숭고한 정신을 지닌 인간이었다"라고 썼다. 트뤼포에게는 당연히 미망인인 드니즈 로셰의 반응이 정말로 중요했다. "당신의 〈쥘 앤 짐〉을 새로운 눈으로 볼 수 있기를 바랐습니다. 하지만 선입견 없이 보려는 욕심에도 불구하고, 나는 피에르의 입장에서 당신의 영화를 보고 있었습니다. 그리고 그가 더할 나위 없는 기쁨과 열정적 흥미를 느꼈으리라 생각합니다. 나는 너무나도 감동했습니다. 아무튼 제가 가졌던 그 큰 흥미로움의 두 시간은 생기와 시정詩情, 순결, 격정, 동요감에 완전하게 젖어 들고 있었기 때문입니다. 그렇습니다. 피에르는 진정으로 행복했을 것입니다." 드니즈 로셰는 이렇게 써 보냈다.

그러나 트뤼포에게 가장 충격적이고 가장 예기치 못한 반응은 1962년 1월 말에 전해져 왔다. "나는 피에르 로셰의 소설 『쥘 앤 짐』의 두려운 여주인공 카트가 현실 속에 남겨 놓은 75세의 인물입니다. 내가 얼마나 큰 관심으로 당신의 영화를 스크린 위에서 볼 순간을 기다렸는지 상상할 수 있을 겁니다. 1월 24일에 나는 영화관으로 달려갔습니다. 어두운 극장 안에 앉아 숨겨진 유사성과 다소 신경 쓰이는 대비성을 염려하던 나는 즉시 끌려 들어갔고, 눈에서 사라진 채 존재해 왔던 것을 부활시킨 당신과 잔 모로의 마법적 위력에 사로잡혔습니다. 앙리 피에르 로셰가 실제 전개된 사건들과 아주 비슷하게 우리 세 명의 이야기를 묘사해 냈다는 사실은 조금도 경이로운 일이 아닙니다. 그렇지만 당신 내부의 어떤 유사한 성향이 우리의 가장 내밀한 감정의 본체를 감지하는 단계에까지 당신을 이끌어줄 수 있었나요? 이 문제에 관한 한 나는 당신의 유일한, 진정한 심판자입니다. 다른 두 증인 피에르와 프란츠는 이제 지상에 남아 있지 않아, 당신에게 '옳습니다'라고 말할 수 없으니까요. 당신을 향한 애정으로, 존경하는 트뤼포 선생에게." 이 놀라운 편지는 로셰의 실제 여주인공이었던 헬렌 헤셀의 이름으로 서명되어 있었다.

평론계는 전반적으로 영화에 찬사를 보냈다. 『아르』지에 실린 장 루이 보리의 평론 제목은 "애정과 지성의 축연"이었다. 『렉스프레스』의 르네 코르타드는 "누벨바그 최초의 매혹적인 영화"라고 인정했고, 조르주 사둘은 『프랑스 문예』에 "타인들에 봉사하기"라는 제목의 평문을 실었다. 『르 몽드』와 『투쟁』, 『르 피가로』등 유력 일간지도 보조를 같이했다. 유일하게 『프랑스 옵세르바퇴르』만이 베르나르 도르의 글을 통해 정식으로 프랑수아 트뤼포의 영화와 성격을 혹평했다. "트뤼포의 〈쥘 앤 짐〉은 노인이 꿈같은 젊음에 관해 이야기하는 대신, 노년기에 의지하는 젊은이의 영화다. 그것은 스타의 도움을 얻어 '늙은이들'에게 눈짓을 보내는 누벨바그 영화다."

평단의 반응이 최상이긴 했어도 트뤼포는 검열의 위험이 걱정되었다. '순결한 3인의 사랑'이 기존 도덕관과 충돌할 여지가 있었기 때문이다. 유감스럽게도 걱정은 사실로 드러났다. 1961년 11월 24일 앙리 드 스고뉴를 위원장으로 하는 검열위원회는 이 영화를 18세 미만 제한 등급으로 배급을 승인했는데, 이것은 영화의 흥행에 사실상의 악조건이었다. 트뤼포는 즉각 제한을 철회하기 위해 투쟁을 개시했다. 그러나 영화가 묘사하는 특질이 '부도덕하지 않음'을 확인하는 르누아르, 콕토, 아르망 살라크루, 피에르 라자레프, 알랭 레네 등 유명 인사의 보증을 갖추었음에도 불구하고 판정은 바뀌지 않았다. 〈쥘 앤 짐〉은 1962년 1월 24일 파리에서 단독 개봉되어 3개월 가까운 기간 동안 21만 명의 관객을 동원했다. 어느 정도의 성공은 거둔 셈이었다.

그러자 트뤼포는 영화 홍보에 온 힘을 기울여, 지방을 돌면서 관심 있는 관객으로 가득 찬 영화관들에서 직접 작품을 소개했다. 지방 언론은 이제 트뤼포를 '반항아', 혹은 '젊은 야심가'로 대하는 대신, 진중하고 인간적이며 내성적이고 예의 바른 영화감독으로 대접했다. 『북부의 목소리La Voix du Nord』지가 트뤼포를 이런 유형의 인물로 묘사하자, 몇몇 지방 일간지가 연이어 거의 동일한 초상을 그려 냈다. 1962년 2월 21일 자 『북부의 목소리』는 "그는 영화의 영상과 같은 반농담半濃淡의 어휘, 무한한 뉘앙스로 넘치는 모든 미묘한 사고를 떠올리게 하는 여운 있는 문체를 가지고 '본질적 가치 기준'을 표현해 낸다. 무엇 하나 단언하지 않고 무엇 하나 강변함이 없이 수줍은 암시를 통해 직관적 이해의 방향으로 유도한다. 그 덕분에 우리는 역설로써 세상에 맞서는 지적 허세꾼으로부터 완벽한 변신을 수행한다. 〈쥘 앤 짐〉의 감독은 조용하고 분별력 있는 기혼 남자이며, 아주 어린 두 딸의 아버지다. 그의 신변에 대한 말은 전혀 들리지 않으며, 모두가 그의 영화에 관해서만 이야기할 뿐이다. 그는 프랑스 영화계를 조용히 변화시키고 있는 '누벨바그'의 진중한 남자다."

마르셀 베르베르가 코시노르에 근무하던 시절 알게 된 알랭 바니에가 〈쥘 앤 짐〉의 해외 판매를 담당했다. 이미 해외업자들과 넓은 친분이 있던 젊은 전문가 바니에는 특별 시사회를 통해 〈쥘 앤 짐〉을 보았다. "시사회 반응은 비교적 좋지 않았지만, 나는 즉각 열광했다." 알랭 바니에는 영국의 갈라 배급사 대표에게 즉시 연락했다. 바니에는 이 회사의 파리 지역 대리인이었다. 케네스 리브 대표는 "당신이 그 영화를 구매하시오!"라고 바니에에게 답을 하고는 런던에서 비행기로 날아와 카로스 영화사와 계약을 했다. 이어서 알랭 바니에는 처음으로 미국을 방문했고, 이때 시네필로서 시네 클럽을 운영하던 두 하버드대 대학생 사이러스 하비와 브라이언 핼리데이에게 〈쥘 앤 짐〉의 탁월성을 이야기했다. 두 사람은 매사추세츠주 케임브리지에 제이너스 영화사라는 작은 독립 배급사를 가지고 있었다. 그 결과 1962년 2월 20일 카로스의 공동 제작사인 SEDIF의 명의로 제이너스 영화사와 〈쥘 앤 짐〉의 미국 수출 계약에 서명하기에 이르렀다. "푸에르토리코는 제외"하고, "성조기를 게양한 선박들"은 포함하며, 미국 흥행 수입에 4만 달러의 최소 보장액을 설정하는 조건이었다. 알랭 바니에는 이후 미국 영화사(특히 유나이티드 아티스츠)와의 공동 제작 작품을 제외하고는 트뤼포 영화의 해외 판매를 전담하게 된다. 아르메디아의 제라르 르보비시 사장과 친교가 있던 바니에는, 마르셀 베르베르와 함께 향후 프랑수아 트뤼포 영화의 제작 예산 조달 체제에서 중요한 역할을 하게 된다.

1962년 6월 22일 이탈리아에서 〈쥴 앤 짐〉은 단번에 상영 금지되었다. 로마로 간 트뤼포는 알베르토 모라비아, 로베르토 로셀리니 등 유명 지식인들과 함께 이 작품의 배급업자 디노 데 라우렌티스가 주도하는 대중적 시위를 지원했다. 7월 2일에 금지 조치는 철회되었고, 검열의 손아귀에서 구출된 〈쥴 앤 짐〉은 9월 3일 로마, 토리노, 밀라노에서 개봉되어 평단의 갈채를 받았다. 『라 스탐파La Stampa』는 "쥴+짐+카트린: 완벽한 삼각관계"라는 제목으로 1면에 이 영화를 게재했다.

트뤼포는 〈쥴 앤 짐〉을 손에 들고 브뤼셀, 런던, 뮌헨, 베를린, 스톡홀름 등 유럽의 주요 도시를 순회했고, 이어서 아르헨티나의 마르델플라타영화제, 리오, 푸에르토리코, 마지막으로 뉴욕을 방문했다. 가는 곳마다 "기자 회견, 비평가들과의 회동, 배급업자들과의 오찬"이라는 동일한 의식이 치러졌다. 홍보 순회는 그 결실을 맺어, 영화는 모든 곳에서 좋은 결과를 낳았다. 독일에서는 "쥴, 짐 그리고 카트린Jules, Jim und Catherine"이라는 제목으로 성공을 거두었고, 영국, 벨기에, 스웨덴에서도 성공이 이어졌다.

그러나 트뤼포에게 무엇보다 중요한 것은 뉴욕 개봉이었다. 마르 델 플라타 참석에 이어, 1962년 4월 11일 트뤼포는 마들렌과 함께 뉴욕에 도착했다. 헬렌 스코트가 두 사람을 맞았다. 헬렌 스코트는 친구의 소망에 따라 모든 것을 주선해 놓은 상태였다. 트뤼포는 조슈아 로건, 시드니 루멧, 존 카사베츠, 아서 펜 등의 미국 감독들을 만나고 싶은 소망을 그녀에게 알렸었다. 바로 다음 날 뉴욕의 '프랑스 영화사'가 환영 파티를 열었다. 이 자리에서 트뤼포는 자신이 마음속으로 품어온 기획을 제안했다. 〈롤라〉, 〈여자는 여자다〉, 〈비브르 사 비〉, 〈피아니스트를 쏴라〉 등 누벨바그의 미개봉작들로 뉴욕에서 프랑스 영화 주간을 여는 일이었다. 이 방안은 몇 년 뒤 뉴욕영화제의 일환으로 비평가 리처드 라우드가 실현해 냈다. 트뤼포는 영화제 심사위원으로 칸에 합류하기 위해 4월 17일 뉴욕 체재를 마쳤다. 4월 25일 뉴욕의 1개 관에서 개봉된 〈쥘 앤 짐〉은 언론의 찬사를 받으면서 4주일 동안 단독 상영되었다. 조 모건스틴Jo Morgenstern(마들렌 모르겐슈테른의 가족과는 아무 관련이 없다)은 『헤럴드 트리뷴』의 1면에 "영화 신동의 귀환"이라고 썼으며, 『뉴욕 타임스』의 보슬리 크라우더, 『빌리지 보이스』의 앤드루 새리스, 『뉴욕 포스트』의 아처 윈스턴, 『뉴욕 헤럴드 트리뷴』의 폴 베클리 등은 모두 〈쥘 앤 짐〉을 "가장 독창적이고 가장 매혹적인 프랑스 영화의 한 편"으로 꼽았다.

음악회에서 첫눈에 반하다

1961년 6월 프랑수아 트뤼포는 피에르 루스탕이 제작하는 기획 단편 영화의 연출에 동의하고, 다음 해 초에 프린트를 넘기기로 약속했다. 이것은 트뤼포가 처음이자 마지막으로 기획 영화의 연출을 수용한 경우였다. 그 주된 동기는 앙투안 두아넬의 모험에 관련된 속편을 만들 수 있다는 점에 있었다. 루스탕은 청년기의 사랑을 테마로 전 세계 다섯 명의 젊은 감독에게 다섯 편의 단편을 의뢰해 "스무 살의 사랑"이라는 제목 아래 묶고자 했다. 트뤼포는 이것을 레오/두아넬을 다시 찾을 좋은 기회로 생각했다. 트뤼포는 마르셀 오퓔스와 로베르토 로셀리니의 조카 렌조 로셀리니를 루스탕에게 추천했다. 한편 루스탕은 폴란드 감독 안제이 바이다와 일본 감독 이시하라 신타로의 동의를 얻었다. 트뤼포는 잠시 카사베츠도 고려해, 헬렌 스코트에게 "〈그림자들Shadows〉의 감독인 뉴욕의 젊은 재능"의 주소를 확인해 달라고 부탁했다. 트뤼포는 파리에서 이 영화의 소문을 듣고 열광했지만, 카사베츠는 이때 〈투 레이트 블루스Too Late Blues〉를 찍고 있었기 때문에 시간을 낼 수 없었다.

〈앙투안과 콜레트〉의 각본을 위해 트뤼포는 성장기의 기억을 끌어냈다. 트뤼포는 1950년대 초엽 릴리안 리트뱅과의 실패한 사랑 이야기에서 주된 착상을 얻었지만, 흔적을 남기지 않기 위해 몇 가지 세부 사항을 바꾸었다. 예를 들어, 두 주인공 앙투안과 콜레트가 만나는 곳을 시네마테크 대신 프랑스 청소년 음악회로 바꾸었으며, 앙투안의 직장도 작은 레코드 제조 공장으로 바꾸어, 어린 트뤼포가 몇 주 일했던 아세틸렌 용접에 비해 훨씬 만족스럽게 만들었다. 영화 의뢰를 기쁜 마음으로 수락하긴 했지만, 〈쥘 앤 짐〉의 촬영과 홍보 활동으로 지친 트뤼포는 이상하게도 각본을 쓸 의욕이 생겨나지 않았다. 그는 헬렌 스코트에게 이렇게 털어놓았다. "이 옴니버스 영화는 생각만으로도 진저리가 납니다. 〈쥴 앤 짐〉으로부터 완전히 순결한 상태로 빠져나왔어야 했나 봅니다. 내게 준비된 것은 아무것도 없습니다. 각본도 메모해 놓은 아이디어도 없습니다. 나는 녹초 상태, 고갈과 불모의 상태입니다."

콜레트 역의 젊은 여배우를 찾기 위해 트뤼포는 『시네 몽드』지에 작은 광고를 냈다. "프랑수아 트뤼포 감독의 〈스무 살의 사랑〉에서 장 피에르 레오의 약혼자 역을 찾음. 장 피에르의 상대역은 실제로 어린 소녀여야 함. 롤리타 스타일도, '불량 소녀'도, 작은 몸집의 젊은 '여성'도 안됨. 꾸밈없고 웃는 표정에 평균 정도의 교양을 갖추어야 함. 지나치게 '섹시'하다면 응모 사절." 광고가 나가자마자 『니스-마탱』지의 마리오 브렁 기자에게서 젊은 여성의 사진을 동봉한 짧은 편지가 왔다. 그녀는 니스 출신의 마리 프랑스 피지에로, 브렁이 아마추어 극단에서 눈여겨보았던 배우였다. 트뤼포는 오디션 스케줄을 촬영 직전인 1962년 1월 초로 잡았다. 12월 중순쯤 며칠 동안 콜롱브 도르 호텔에서 휴식을 취하면서 시나리오를 완성하고자 했기 때문이다. 생-폴-드-방스로 간 트뤼포는 마리오 브렁과 점심 식사를 함께 했고, 브렁은 트뤼포에게 사진의 주인공인 마리 프랑스 피지에를 소개해 주었다. 그날 오후 트뤼포는 이 소녀에게 〈쥴 앤 짐〉에서 발췌한 대사를 읽어 보게 했다. 이미 피지에의 매력에 빠진 트뤼포는 다음 날 다시 만나자고 요청했고, 그녀는 그에게 자신의 삶, 희망, 야망 등을 이야기했다.

파리로 돌아온 트뤼포는 배역 선정에 몰두했다. 〈400번의 구타〉의 두 소년은 성숙해져 있었다. 지난 3년간 트뤼포가 집에 데리고 있으면서 교육한 장 피에르 레오는 더욱 자제력이 강해졌고, 훨씬 우수에 잠긴 듯이 보였다. 앙투안의 친구 르네 역은 이번에도 역시 파트릭 오페였다. 〈앙투안과 콜레트〉에서 그들은 서로 만나 이야기하고 〈400번의 구타〉 시절의 기억을 떠올리면서 사랑에 빠진 자신들의 애정 성공 확률을 평가해 본다. 앙투안은 콜레트에게, 르네는 자기 사촌에게 각각 빠져 있는 것이다. 콜레트의 부모 역으로 로지 바르트와 프랑수아 다르봉을 결정하고 난 뒤, 트뤼포는 콜레트 역을 위한 오디션을 준비했다. 1월 11일과 12일 참가한 젊은 여성 각각에게 트뤼포는 〈쥘 앤 짐〉의 한 구절을 읽어 보도록 하고, 16밀리미터 필름으로 테스트 장면을 모두 촬영했다. 최종적으로 두 명의 후보자가 남았는데, 로셰의 소설에서 '카트'의 실제 인물이었던 헬렌 헤셀의 손녀 마리나 바자노프와 마리 프랑스 피지에였다. 둘 가운데 더 즐겁고 매력 있는 표정을 지녔으면서도 더 유연한 피지에가 극중 인물과 더욱 잘 맞았다. 그녀는 오디션 당시를 이렇게 기억한다. "프랑수아는 사실 나를 그렇게 자세히 바라보지 않았고, 나의 목소리에만 관심을 가지고 있었다. 그는 언제나 음성과 리듬에 큰 중요성을 부여했다. 그래서 그는 내게 '더 빠르게, 더 빠르게 해 봐요. 잔 모로는 그 문장을 더 빨리 말했지'라고 이야기했다. 그는 내가 더 빠른 속도로 말할 수 있다는 사실에 만족해했다. 나중에 나는 영화 속 인물에게 왜 이것이 중요한가를 이해할 수 있었다. 여자는 장 피에르 레오에게서보다 말하는 자체에서 더 편안함을 느껴야 했던 것이다."

〈앙투안과 콜레트〉의 촬영은 라울 쿠타르와 쉬잔 시프만을 비롯한 카로스 영화사의 소규모 단골 스태프진과 함께 1월 15일에 시작되었다. 클리시 광장 근처와 바티뇰 구역의 장면에 플레옐 홀의 몇몇 장면을 추가해도 전체 일주일밖에 걸리지 않은 촬영이었다. 마리 프랑스 피지에는 촬영 당시를 이렇게 말한다. "초반에 촬영한 장면 가운데, '음악회에서 첫눈에 반하는' 아주 중요한 장면이 생각난다. 프랑수아의 주장에 따라 독특하고 정밀한 연속 동작을 취해야 했다. 아마도 이 동작들이 그의 내부에 극히 개인적인 공명을 일으켰기 때문일 것이다. 그는 장 피에르에게 '머리를 이쪽으로 돌려라. 아니, 너무 많이는 말고'라고 말했으며, 내게는 '목에 걸고 있는 목걸이를 잡고 입까지 올려. 아니 두 번에 말고 한 번에. 다시 한번 그렇게 해. 다리를 꼬고. 두 번이 아니라 한 번에. 더 정확한 몸짓으로……'라고 말했다. 그것은 정말 음악 악보와도 같았다."

트뤼포는 결국에는 이 영화의 촬영에 만족스러워했다. 그것은 속도감 있고 발랄하며 즉흥적이었고, 장 피에르 레오와 마리 프랑스 피지에는 이 방식에 대단히 능숙하게 적응했다. 출발 때에는 짜증이 났던 이 영화는 마지막에는 그를 흡족하게 만들어, 트뤼포는 이것을 장편 영화로 만들지 않은 것을 후회할 정도였다. 반면에 다섯 에피소드로 구성된 영화 전체는 크게 성공적이지 못했다. 트뤼포는 카로스 영화사에 편집 장비를 설치해 놓은 클로딘 부셰와 함께 영화 전편을 감수했다. 부셰의 말에 의하면, "에피소드들이 모두 너무 길었기 때문에, 잘라 내 정리해야 했다." 트뤼포의 마음에 든 것은 마르셀 오퓔스의 에피소드뿐이었다. 다섯 에피소드 사이의 연관성을 만드는 일은 장 오렐이 책임을 맡았다. 오렐은 '스무 살의 사랑'이라는 테마를 가진 노래("사방에서 사랑을 하네 / 전 세계에서 모든 아이들이 / 맹렬히 인생과 부딪히네 / 동그란 사과처럼……"이라는 내용으로 자비에르 데프라즈가 부르는 곡이다)와 앙리 카르티에 브레송의 사진을 공통적으로 사용하기로 했다. 영화는 개봉 전인 1962년 6월 23일 베를린영화제에 출품되어 완벽한 무관심 속에 상영되었고, 이어서 7월 초 파리의 레르미타주 극장에서 개봉되었지만 성공을 거두지 못하고 2주 후에 종영했다. 자신의 분신의 소심하고 헛된 연애담에 애착을 보였던 트뤼포로서는 무척 실망스러운 일이었다. 그러나 이후 '앙투안 두아넬의 모험'의 분위기는 정해졌다. 그것은 〈400번의 구타〉에서는 기대되지 못했던, 훨씬 더 가볍고 자유분방하며 우수에 어린 것이었다.

영화 준비 단계부터 트뤼포는 마들렌과 관계를 끊고 가족을 떠나려 했을 정도로 마리 프랑스 피지에에게 매료되었다. 트뤼포는 보기 드물게 사적인 서신을 통해 헬렌 스코트에게 이렇게 고백했다. "나는 무척 지쳤고, 너무나도 무기력하며 울적합니다. 17세 반 나이의 젊은 여자에게 걷잡을 수 없이 빠졌기 때문입니다. 그녀를 위해, 그녀가 나를 언제라도 좋아할 수 있도록 하기 위해, 나는 나 자신에게 비극을 만들 것입니다. 나는 이것이 괴롭습니다. 게

다가 앞으로 2~3년 동안 그녀 역시 엉망이 될지도 모릅니다. 친애하는 헬렌, 나는 비극과 혼돈 속에서 꼼짝하지 못하고 있습니다. 이 여자는 당신 마음에도 들 것입니다. 그녀는 현대적이고 대단한 좌파 페미니스트이며, 사르트르-보부아르를 생각나게 하고, 매우 열심히 공부하는(법률 고문을 목표로 정치경제학을 공부합니다) 여성입니다. 그리고 내가 장 피에르의 상대역 소녀를 찾으면서 알게 된 뒤로는 여배우이기도 하지요. 이 소녀는 매우 솔직하고 직선적이며, 대단히 강한 동시에 아주 어린아이 같습니다. 나에 대해서 아주 엄격하게 대하고 있다는 사실은 압니다. (⋯) 우리는 분명히 싸우게 될 것입니다. 나는 그녀를 끔찍이도 좋아하고 있으며, 그래서 마음을 잡을 수가 없습니다."

실제로 1961년 12월 25일 트뤼포는 콩세예-콜리뇽 가의 아파트를 떠나 호텔로 들어갔다. 그리고 한 달 뒤에 집으로 돌아왔다. 그러나 예상을 못하고 있던 마들렌에게 트뤼포가 집을 나간 일은 문자 그대로 극심한 고통이었다. 그가 마리 프랑스 피지에 때문이라는 말을 하지 않았기 때문에 마들렌은 피지에의 존재를 알지도 못했다. 그 대신 트뤼포는 두 사람의 부조화, 홀로 지낼 필요성, "함께 사는 삶에 내재하는 위선"을 이야기했다. 〈쥘 앤 짐〉은 트뤼포에게 (엄밀히 말해 이 영화의 내용뿐 아니라 그 제작 과정을 통해서도) "부부로서 살아가는 삶이란 불가결한 것이면서도 동시에 유지할 수 없는 것"임을 비통하게 확인해 주었다. 그 귀결은 자신의 결혼 생활에도 임박해 있었다.

1962년 초 트뤼포는 마들렌과의 결별을 어쩔 수 없는 것으로 간주하고 극도의 슬픔을 느꼈다. 두 딸 로라와 에바와 떨어질 일을 생각하니 더욱 그러했다. 그러나 집을 떠나자마자 트뤼포는 마리 프랑스 피지에와의 새로운 시작에 두려움을 느꼈고, 자신의 생활을 힘들게 하는 이 17세 소녀 앞에서 매우 당혹스러웠다. 마들렌과 떨어진 상태에서 트뤼포는 마치 불행한 청년으로 되돌아간 듯했고, 잔 모로가 자신에게 관심을 보이지 않으면서 한층 더 외로워졌다. "그녀는 남색가 디자이너와 사랑에 빠졌습니다. 그는 여자에게 손 한번 대 본 적이 없는 사람인데, 우리의 교만한 친구가 거는 수작에는 아주 쉽게 응하고 있습니다." 트뤼포는 이렇게 분노한 어투로 헬렌 스코트에게 편지를 썼다. 애정의 위기가 온 순간 늘 그랬듯이, 트뤼포는 일로 도피해 〈앙투안과 콜레트〉의 촬영과 편집에 모든 시간을 쏟았다.

한 달 동안의 '가출'을 마친 뒤, 다소 난처한 상태의 트뤼포는 부부의 거처로 돌아갈 것을 결심했다. 화해는 장거리 여행을 통해 확인되었다. 4월에 트뤼포가 업무차 떠난 미국 여행에 마들렌이 동행한 것이다. 딸들은 가정부 실비아에게 맡기고, 마르셀 베르베르와 동행한 부부는 마르델플라타영화제를 거쳐(〈쥘 앤 짐〉이 최우수 감독상을 수상했다) 리우와 뉴욕을 여행했다. 트뤼포는 눈에 띄게 편안하고 온화한 상태를 회복했고, 애정의 위기에 종지부를 찍었다고 생각했다. 몇 개월 뒤 그는 마들렌과 함께 콜롱브 도르 호텔에서 조용한 여름을 보냈다. 이후 트뤼포는 결혼 생활의 장점을 결정적으로 재발견한 듯했다. 그럼에도 불구하고 직업상의 고뇌는 또다시 엄습해 왔다. 1962년 10월 18일 헬렌 스코트에게 보낸 편지에서 그는 이렇게 쓰고 있다. "지금 나는 의욕 저하의 시기를 겪고 있습니다. 아무런 이유도 없어요. 마들렌과는 아주 잘되어 가고 있으며, 두 딸도 정말 최고인데 말입니다. 마치 공무원처럼 나는 매일 저녁 6시경에 귀가해 두 시간씩 딸들과 놀아 줍니다. 같은 이유로 오전에는 사무실에 가지 않습니다." '순결한 3인의 사랑'은 되찾은 가정의 행복 앞에서 잠시 멀어졌다.

누벨바그 재판

1962년 초 프랑스 영화계는 새로운 위기를 겪고 있었다. 1950년대 말 이후 영화관 관객 수가 계속 줄어들었을 뿐 아니라, 누벨바그와 관련된 도취감도 두드러지게 저하되었다. 신인 감독이 회사를 설립하는 것은 또다시 매우 힘들어졌고, 잡다한 형태로 시작된 운동 자체는 수습하기 힘든 경쟁 관계로 분열되었다. 이렇게 '자기중심주의'는 종종 노골적인 대립 관계로 선회했다. 전쟁은 선포되었고, 이것을 서막으로 유력 일간지들은 1962년 초부터 "누벨바그의 죽음"을 이야기했다. "그 결과 나는 뚜렷한 이유도 없이 침체해 있습니다. 사업은 크게 나쁜 상태는 아닙니다. 불경기의 시작에도 불구하고, 나는 차기작이 신뢰받고 있는 대여섯 명의 감독에 속합니다. 〈쥘 앤 짐〉은 프랑스, 벨기에, 이탈리아에서 매우 좋은 결과를 이어가고 있습니다. 친애하는 헬렌, 내가 모든 것을 원한다는 당신의 말은 맞습니다. 그렇지만 당장으로서는 내가 무엇을 빠뜨리고 있는지 나 자신도 모르겠습니다." 트뤼포

콜롱브 도르 여인숙에서 휴가를 보내는 프랑수아, 마들렌, 로라, 에바

는 헬렌 스코트에게 그렇게 편지를 썼다.

이 위기는 트뤼포 자신이 중심인물의 한 사람이 된 특정한 분규를 둘러싸고 정점에 올랐다. 1962년 2월 2일자 『오로르』지는 그것을 '누벨바그 재판'으로 명명했다. 사건은 1959년 6월 브리지트 바르도가 주연을 맡은 장 오렐의 첫 영화 〈제멋대로 하면서La Bride sur le cou〉와 함께 시작되었다. 힘겨운 준비 과정을 거쳐 촬영은 1960년 12월 1일에 시작되었고, 난항을 예상한 제작자들은 3일 뒤에 브리지트 바르도의 전남편 로제 바딤과 접촉해 촬영 감수를 의뢰했다. 12월 12일 장 오렐은 이것이 단순한 감수가 아니라 명백한 감독 교체임을 확신하고, 주연인 바르도와 바딤의 처신을 규탄하면서 촬영장을 떠났다. 남은 두 사람은 정당성을 내세우기 위해 오렐의 전반적인 연출 능력과 연기 지도 능력이 부족하다고 주장했다.

친구 오렐의 편에 선 트뤼포는 1960년 12월 22일자 『프랑스 옵세르바퇴르』에 공격적인 기사를 써서 사건을 폭로했다. 트뤼포는 "영화 작가의 윤리"를 옹호하면서, "동료애에 역행하는" 바딤의 태도를 규탄했다. 당연히 이 글은 누벨바그 내부의 친족간 불화로 보였다. 트뤼포의 결론은 엄중한 경고와도 같았다. "어쨌든 나는 이제 로제 바딤이 무슨 일이든 할 수 있는 영화인에 속하며, 따라서 경계해야 할 인물로 생각한다." 여세를 몰아 27명의 감독이 오렐의 명분을 지지하는 성명서에 서명해, 누벨바그의 두 기본 원칙, 즉 "영화 작가의 권리"와 "촬영 현장에서 각자 자신이 원하는 대로 즉석에서 행할 수 있는 자유"를 옹호하려고 했다. 바딤은 트뤼포를 명예훼손으로 고소했다.

사건은 1962년 1월 29일 파리 경범재판소 제17호 법정에서 열린 떠들썩한 공판으로 귀착되었다. 당시 『프랑스 수아르』지의 기사 제목은 "B.B., 바딤, 트뤼포, 샤브롤, 고다르의 매우 누벨바그적 재판"이었다. 양 진영은 각각 증인들을 내세웠다. 바딤 측에서는 루이 말, 미셸 쉬보르, 브리지트 바르도가 나왔다. 바르도는 자신의 성실성을 주장하고, 오렐의 "영화적 즉흥성"을 평가절하했다. 트뤼포 측에서는 레네, 멜빌, 고다르, 샤브롤, 카스트, 소테, 드 브로카가 나왔다. 통속극 같은 소동이 일어난 뒤 증언대에 선 브리지트 바르도는 교태를 부렸고, 고다르는 "증인을 모독했다"는 이유로 쫓겨났다. 평결은 바딤에게 유리하게 행해졌다. 트뤼포가 바딤에게 1프랑을 손해 배상하라는 판결이었다.

바딤과 트뤼포 모두와 아주 친했던 클로딘 부셰는 연재소설과도 같은 그 사건에 관해 다음과 같이 회상한다. "스타였던 바르도는 바딤이 배우에게 촬영장에서 안정감을 더 준다는 이유에서 오렐보다 바딤을 더 선호한다는 자신의 견해를 알리려 무척 애를 썼다. 하지만 종종 영화의 첫 러시 필름은 어색한 법이고, 감독들은 흔히 궤도수정을 한다. 프랑수아는 원칙적인 면에서 오렐을 옹호했고, 미국의 경우처럼 3일 만에 다른 감독으로 교체하는 것은 위험하다고 생각했다. 그러나 그는 이 일을 즐기기도 했다. 자신이 바딤 본인보다도 바딤의 명분을 더 잘 변호했을 것이라고 그가 내게 말한 기억이 난다." 유력 일간지에 연일 보도된 재판을 둘러싼 분위기는 당시 프랑스 영화계가 전반적으로 겪는, 특히 누벨바그가 겪는 신뢰의 위기를 보여 주었다. 그것은 하나의 시기, 젊은 감독들이 지배하던 (단명한) 시기의 종말을 알리는 것이었다. 언론, 제작자, 대중에게 새로운 프랑스 영화는 사망해 매장되었다.

트뤼포는 이 전반적인 분위기에서 벗어난 존재였다. 〈쥴 앤 짐〉의 성공으로 트뤼포는 장래성이 있는 대여섯 명의 감독 가운데 하나로 남았던 것이다. 역설적으로, 이 예외적 위상이 트뤼포의 의기소침의 주요 원인이었을 것이다. 누벨바그가 죽어 가는 한편에서 프랑수아 트뤼포는 강한 죄의식을 느꼈다. "나는 한 명의 더러운 인간이 되어 가고 있습니다. 그러나 아직 충분히 강인하지 못한 상태여서, 아주 힘들고 고통스럽습니다." 그는 헬렌 스코트에게 그렇게 고백했다.

트뤼포는 자신의 영화 준비에 전념하느라 모든 공동 제작 기획을 단념해야 했기 때문에 더욱 고통스러웠다. 이제 트뤼포는 자신이 수용했던 모든 기획을 피에르 브롱베르제, 아나톨 도망, 마그 보다르, 조르주 드 보르가르 등 다른 제작자에게 넘겼다. 예를 들면, 이 시기에 트뤼포는 로셀리니의 〈소크라테스〉의 제작을 단념했다. 불가피한 이유에서였지만, 가까운 동료를 실망시킨 동시에 스스로에 대해서도 실망을 금하지 못했다. 트뤼포는 로셀리니에게 괴로운 마음으로 편지를 썼다. "깊이 생각해 본 결과 선생님과의 공동 작업은 포기하며, 저의 영화사와 선생님의 기획을 연루시키는 일도 가능하지 않다는 말씀을 드리지 않을 수 없습니다. 사실은 우리는 영화를 만드는 방식에 동일한 견해를 지니고 있지 않습니다. 선생님께서 하시는 것은 어떤 것이든 좋고 올바르며 합리적이라고 저는 생각합니다. 여기에 제가 개입한다면 우리는 파멸로 치닫게 됩니다."

가정의 위기, 직업상의 고통과 단절의 결과 트뤼포는 고립감을 느꼈다. 자신은 성공했지만 다른 사람들은 좌초했다. 이 대조적 상황은 수많은 오해와 비난을 야기했다. 〈400번의 구타〉의 작가에게 발견되어 재정상의 지원을 받았던 몇몇 피보호자는 트뤼포가 자신에게로만 후퇴하는 것에 매우 거친 반응을 보였다. "당신은 권력자들 속으로 들어갔고, 우리는 비참한 상태로 남았습니다." 트뤼포를 제작자로 맞고 싶어 했던 단편 영화 감독 미셸 바레사노는 그에게 그렇게 썼다.

어린 시절부터 늘 절친한 친구였던 로베르 라슈네까지도 쓸쓸함을 느끼고 1962년 봄 쓰라린 마음을 비통하게 표현했다. "우리 사이에 냉랭함 같은 것이, 어떤 당혹스러움이 느껴져 유감일세. 그 책임은 대부분 자네에게 있네. 나는 자네에게 진정으로 존경과 경탄을 품고 있기 때문에, 아무리 내가 원한다 해도 더 이상 자네와 동등한 친구의 위치에서 처신하는 것이 가능할 것 같지 않네. 나의 재정적 의존 관계가 문제를 더 심각하게 만드네그려. 그러나 내가 현재로서는 자네에게 올라갈 수 없다 하더라도, 자네가 내게로 내려와서, 예컨대 장 피에르[레오]에게처럼 내게 대하는 것을 막을 아무런 이유도 없다네. 자네가 주는 물질적 도움은, 그것이 마음에서 오는 것이 아니라면 아무 의미도 없네. 우리는 옛날과 같은 공범이자 친구로 되돌아가야 하네. 〈사기꾼 이야기〉

와 〈망향〉 시절의 공범이자 친구로 말일세."

트뤼포는 더욱더 자신만의 세계 안에 틀어박히는 것을 선택했고, 이에 따라 주변 인물과의 사이에서 느끼는 공허감은 증대되었다. 당시 장뤽 고다르는 다음과 같이 쓸쓸한 글을 짧게 써 보냈다. "더 이상은 만나지 말게나. 그것은 어리석은 짓일 테니까. 어제 나는 클로드[샤브롤]의 촬영장을 방문했다네. 견디기 힘들었지. 이제 더 이상 서로 할 말이 없다는 것이 말이야. 노랫말에 나오듯이, 창백한 아침이 되니 더 이상 우정마저도 남아 있지 않다고나 할까……. 우리는 각자 자신의 세계로 떠나갔고, 예전처럼 클로즈업 상태로는 더 이상 만나지 않고, 오직 풀 숏full shot으로만 만나겠지. 우리가 잠을 같이 자는 여자들은 우리를 서로 가깝게 만드는 대신 매일 한층 더 멀어지게 만들고 있네. 그것은 정상 상태는 아니라네."

5
정체기,
1962~1967

〈쥴 앤 짐〉의 호의적 반응에도 불구하고, 프랑수아 트뤼포는 그 자신의 표현대로 '세 번째 영화 우울증'에 시달렸다. 어느 대담에서 그는 이렇게 밝혔다. "일반적으로 모든 감독은 일생에 걸쳐 세 편의 영화는 만들어야 한다는 사실에 나는 주목했다. 자신의 비밀스러운 내면에서 우러나오는 첫 세 편의 영화 말이다. 그 후에 그는 직업의 세계로 들어가는데, 그것은 완전히 다른 세계다." 트뤼포에게 이 숙명을 부수어 버릴 유일한 방책은 극히 야심적이면서 개인적인 영화를 감행하는 일이었다. 『화씨 451도 Fahrenheit 451』는 이 도전을 설정해 주었다. 1960년 8월의 어느 일요일, 장 피에르 멜빌의 집에서 저녁 시간을 보내던 중, 트뤼포는 처음으로 레이 브래드버리의 소설에 관한 이야기를 들었다. 트뤼포는 아직 브래드버리의 소설을 한 편도 읽지 않은 상태였다. 트뤼포와 동행했던 릴리안 다비드는 제작자 라울 레비도 초대받았던 그 저녁 식사를 다음과 같이 회상한다. "라울 레비는 놀라운 이야기꾼이었다. 그가 『화씨 451도』의 줄거리를 이야기하자, 프랑수아는 귀담아듣고 난 뒤에 소설의 저자가 누구인지 물었다." 레비는 트뤼포에게 그 책을 한 권 보내 주기로 약속했다.

공상과학 소설

프랑수아 트뤼포는 공상과학 소설 애호가는 아니었지만, 책이 중요한 위치를 점하는 『화씨 451도』의 줄거리에서 큰 감동을 받았다. 옛것이든 새것이든 탐정 소설에서 미술책까지 모든 종류의 책을 수집하고, 서점에서 많은 시간을 보내는 그에게, 서적은 지적인 열정 못지않게 육체적인 즐거움이기도 했다. 브래드버리의 이 소설은 SF이자 철학담이었고, 정치적 성찰과 문학의 옹호를 결합하는 것이었다. 이 모든 특징에 트뤼포는 매료되었다. 『화씨 451도』의 주인공 몬타그는 개개인의 집 안에서 발견된 책 소각 임무를 수행하는 파견 소방관이다. 시청각 기술이 지배하는 무미건조한 사회에서 책은 금지되어 있다. 그러나 몬타그가 젊은 이웃 여인에 이끌려 소방대장과 아내, 상식의 권위에 도전하면서, 그리고 이어서 모든 해악을 담고 있는 그 책들을 보고 보관하고 읽기 시작하면서, 서적들은 복수를 행한다. 아내에게 고발당하고, 부도덕한 태도를 이유로 국가 경찰에 추적당하면서 몬타그는 마침내 강 건너편 '인간 서적들'의 숲으로 피신한다. 이곳에서는 반체제주의자들이 한 명당 한 권의 소설 및 에세이를 암기함으로써 세계의 기록된 기억을 보존하고 있다. 각각의 사람들은 서적의 제목을 자신의 성으로 삼아 그 화신이 됨으로써 책들을 불길에서 지켜 내는 것이다.

트뤼포는 『화씨 451도』를 영화화하고 싶었지만, 의상과 동원 엑스트라 수, 무대장치와 미래적 분위기 등에서 이것이 고예산의 기획이 될 것임을 알았다. 처음에 트뤼포는 기획의 출발점이 되었던 라울 레비에 대한 의리에서 그와의 공동 제작을 고려했지만, 이 〈그리고 신은 여자를 창조했노라〉의 제작자가 우유부단하다는 평판을 듣고 나서 포기했다. 그러고는 카로스 영화사와 아스토 영화사 사이의 프랑스·미국 공동 제작으로 방향을 돌렸다. 아스토 영화사는 〈피아니스트를 쏴라〉의 뉴욕 배급사였다. 트뤼포는 처음으로 미국에서의 영화 제작을 계획하고 주연을 폴 뉴먼으로 내정했다. 1962년 4월 아르헨티나의 마르델플라타영화제에서 트뤼포는 폴 뉴먼을 만났다.

그사이 2월 초에 트뤼포는 로스앤젤레스에 사는 레이 브래드버리에게 편지를 보냈고, 몇 주일 후 두 사람은 브래드버리의 출판 대리인인 돈 콩던의 뉴욕 사무실에서 만났다. 헬렌 스코트가 『화씨 451도』의 영화화 권리 논의에 통역을 맡아 주었다. 그러나 브래드버리는 자신의 소설 모음집 『화성인 연대기 *Martian Chronicles*』에 수록된 단편들 가운데 한 편의 영화화를 원하고 있었다. 돈 콩던은 브래드버리가 이미 몇 년 전 연극으로 각색되었던 『화씨 451도』의 영화화에는 크게 기대하고 있지 않음을 트뤼포에게 확인해 주었다. 따라서 트뤼포와 브래드버리가 먼저 함께 『화성인 연대기』를 영화화하는 일이 검토되었다. 『화성인 연대기』의 영화화를 전제로, 두 사람이 프랑스어로 각본 작업을 할 수 있도록 브래드버리와 그의 가족이 카로스 영화사의 비용 부담으로 프랑스에 두 달 동안 머물게 될 것이고, 그러면 『화씨 451도』는 두 번째 기획으로 넘어간다는 것이었다. "단편 관련 작업이 잘 진행된다면,

우리는 매우 즐거운 마음으로 트뤼포 선생이 소설『화씨 451도』를 구입해 제작할 수 있도록 주선할 것입니다." 만남이 있는 다음 날 돈 콩던은 헬렌 스코트에게 이렇게 짧막한 메모를 써 보냈다.

트뤼포는 상황을 오해한 상태로 뉴욕을 떠났다. 트뤼포는『화씨 451도』의 영화화 권리를 획득할 수 있다고 확신했지만, 브래드버리는 그에게 먼저『화성인 연대기』의 각색 협력을 제안했던 것이다. 파리에 돌아오자마자 트뤼포는 브래드버리에게 긴 편지를 보내 자신의 의도를 설명했다. "선생님의 몇몇 단편에서 끌어낸 이 영화를 성공시키기 위해서는, 제작 준비 단계에서 미래적 장소와 초현대적 의상 및 소품의 물색 작업에 엄청난 노력이 필요할 것이고, 따라서 곧 이어질〈화씨 451도〉의 준비 작업에서 저의 상상력이 위축될 우려가 있습니다. 더욱이 저는 18개월마다 겨우 대작 영화 한 편을 만들 수 있습니다. 만일 제가 선생님의『화성인 연대기』의 한 편을 먼저 제작한다면,〈화씨 451도〉의 제작은 1964년으로 연기되어야 할 것이고, 제 생각에 그때는 제작자들에게조차 너무 늦은 시점일 것입니다. 가가린 이후, 더 이상 결코 똑같은 영화는 만들어질 수 없게 되었습니다.〈화씨 451도〉가 유럽 최초의 공상과학 영화가 되는 것이 매우 중요합니다. 따라서 지금 즉시 우리는 돈 콩던 씨와『화씨 451도』의 판권을 교섭하고, 오는 여름에 선생님 일정에 맞추어 공동 구상 작업을 시작해 올해 말에는 촬영을 시작할 수 있도록 해야 합니다."

그러나 브래드버리는 트뤼포의 제안을 거절했다. "저는 지난 수년 동안 여러 형태의『화씨 451도』작업에 많은 시간을 보냈습니다. 단편 소설, 장편 소설, 결국 상연되지 못한 연극 작업 등에 말입니다. 그래서 솔직히 제가 이 작품의 각색 작업에 도움이 될 적절한 인물이란 생각은 들지 않습니다. 저는 이 소설에 전력을 다했고, 이미 많은 에너지를 잃어버렸기 때문에, 또다시 선생과의 공동 작업을 제가 수락한다 해도 할 수 있는 일이 없을 것입니다. 그러므로 저의 대리인 돈 콩던과 영화화 권리 문제에 합의한 뒤, 다른 작가를 고용해 각본을 완성하도록 제안합니다." 이전에 작가들과의 공동 작업을 경험해 보았기에 다소 경계심을 품고 있던 트뤼포는 사실 마음이 놓였다.• 브래드버리와 친구가 된 트뤼포는 정기적인 서신 연락을 통해 작업의 진행 상태를 빠뜨림 없이 알려 주었다.

1962년 7월 19일 카로스 영화사는 『화씨 451도』의 영화화 권리를 4만 달러에 취득했다. 소규모 제작사로서는 상당한 액수였으므로, 영화 제작을 위해 다른 투자자를 찾아야만 했다. 영화를 당연히 프랑스어 대사로 만들 예정이었기 때문에, 트뤼포는 폴 뉴먼에게 몬타그 역을 맡기려던 계획을 포기하고 대신 장 폴 벨몽도를 생각했다. 헬렌 스코트에게 쓴 편지에 의하면, "〈쥘 앤 짐〉 덕분에 감독 의뢰는 그치지 않으며, 따라서 돈은 크게 문제가 되지 않습니다. 그렇지만 내가 몸담은 이 세계에서, 장 폴 벨몽도가 6천만 프랑의 개런티를 요구하는 사실을 알고는, 내게는 화가 치

• 모리스 퐁스, 르네 장 클로, 자크 오디베르티, 헨리 밀러와의 경험을 통해, 트뤼포는 영화감독과 작가가 직접 작업을 함께 하는 일이 얼마나 까다로운 것인가를 인식했다. 얼마 뒤부터 그는 직업 작가와는 약간 거리가 있는, 자신의 각본가들과의 작업을 선호하게 된다.

밀어오르고 직업을 바꾸고 싶은 생각까지 듭니다. 실은 나는 이런 일에는 전혀 관여하고 싶지도 않고, 소문도 듣고 싶지 않습니다. 하지만 그럴 경우, 더 이상 나는 자유로운 영화감독이 아닐 것이고, 더 이상 배우들을 선택할 수도 없을 테지요." 1962년 6월 말 베를린영화제에서 만난 트뤼포와 벨몽도는 〈화씨 451도〉를 논의했다. 그러나 벨몽도는 장 피에르 멜빌의 영화 〈모자Le Doulos〉의 촬영 관계로 1963년 봄 이전에는 시간을 낼 수 없었고, 그가 요구한 출연료도 너무 높아서 공동 작업은 불가능했다. 기획은 다시 난관에 부딪혔다.

몇 개월 동안 〈화씨 451도〉는 몇몇 시나리오 작가의 손을 거쳤다. 〈쥘 앤 짐〉의 연장선상에서 먼저 그뤼오가 작업을 시작했다. 두 번째로 마르셀 무시가 각본을 수정했다. 여기에 만족하지 못한 트뤼포는 세 번째로 〈400번의 구타〉 시절에 알게 된 잔 모로의 전남편 장 루이 리샤르와 공동 작업에 착수했다. 연기 교육을 받고 있던 리샤르는 전문 각본가는 아니었지만, 두 사람 사이의 화합은 완벽한 것이었다. 장 루이 리샤르의 유머 감각은 트뤼포의 불안감과 좋은 균형을 이루었으며, 리샤르의 독립심, 그리고 마들렌의 표현으로 "극도로 유행을 혐오하는" 성격 역시 트뤼포는 높이 평가했다. 장 루이 리샤르의 말에 따르면, "우리의 우정과 대화가 모두 작업으로 바뀌었다. 그것이 가장 좋았다. 마치 언어의 마력이 글쓰기를 압도해 버리는 것 같았다. 물론 우리의 대화는 타자기로 종이에 옮겨졌고, 그 과정에서 시나리오는 형태를 갖추어 갔다."

1963년 2월에서 3월까지, 트뤼포는 마들렌의 부모가 칸의 언덕 위에 사 두었던 생-미셸 주택지의 아파트로 아내와 두 딸과 함께 거처를 옮기고, 같은 기간에 장 루이 리샤르를 위해 마르티네 호텔에 방을 하나 얻었다. 여기서 매일 리샤르를 만났고, 두 사람은 행복한 분위기에서 작업을 했다. "한 명은 가구 위에 올라가고, 다른 한 명은 바닥에 엎드린 채로 계속 이야기하거나, 한 장면을 연기하곤 했다. 어느 날 호텔 종업원이 들어와, 장롱 위에 앉아 있는 장 루이 리샤르, 그리고 맞은편 벽난로 위에 엎드려 있는 나를 발견했다. 우리가 태연히 그를 쳐다보자 그는 묘한 비명을 토해 냈다."

1963년 3월, 〈화씨 451도〉의 각본이 완성되자 기획은 활력을 되찾았다. 예산은 신 프랑화로 3백만 프랑 가까이로 추정되었다. 트뤼포는 예산의 3분의 2를 조달할, 믿을 만한 제작자로 앙리 도이치마이스터를 고려했다. 벨몽도가 배제된 상태에서, 트뤼포는 몬타그 역에 샤를 아즈나부르를 생각했다. 아즈나부르는 소설을 읽고는 제안을 승낙했다. "다른 소방관도 그처럼 작고 호리호리한 사람들로 고를 것입니다. 전원 소인으로 구성되겠죠." 트뤼포는 배역을 거론하면서 브래드버리에게 그렇게 편지를 썼다. 그러고는 작품에 적합한 촬영지 물색 작업을 거듭했다. 늘 디노 데 라우렌티스와 공동 제작하던 도이치마이스터는 이탈리아에서 촬영하도록 트뤼포를 설득하려 했지만, 이 구상은 즉시 포기되었다. 이어서 프랑스 남부 지방과 파리 근교가 거론되었다. "저는 사르셀, 뫼동, 앙토니 등의 주택 단지를 방문할 예정입니다. 시나리오를 쓰면서 선생님 생각을 많이 합니다. 몬타그라는 인물은 꽤 강인한 유형으로, 소설에서보다 훨씬 나은 모습일 것입니다." 트뤼포는 아즈나부르에게 그렇게 편지를 썼다. 동시에 그는 음악의 들르뤼, 촬영의 쿠타르(처음으로 트뤼포는 컬러 영화를 만들 생각을 했다), 쉬잔 시프만 등 카로스의 스태프를 동원했다. 그러나 일이 마침내 매듭지어진 듯 모두가 분주히 움직이던 시점에서, 모든 것은 또다시 물거품이 되었다. 몬타그 역할에 아즈나부르가 맞지 않는다는 트뤼포의 결정 때문이었다. 도이치마이스터 또한 프랑스 국내외 어디서도 자금을 조달하지 못했다. 기획을 납득하는 대형 배급업자가 없었다. "'사람들이 믿지 않을 겁니다. 이건 공상과학 영화인데, 공상과학 영화는 미국 사람들에게 맡겨야지요.' 파업으로 쉬고 있을 때 들려오는 말이라곤 그런 것밖에 없습니다." 트뤼포는 헬렌 스코트에게 그렇게 썼다.

그동안 트뤼포는 시나리오를 수정하면서, 안면이 없던 모리스 피알라를 고용할 생각을 했다. 얼마 전 피알라가 만든 단편 영화 〈자닌Janine〉을 인상 깊게 본 트뤼포는 1963년 5월 작품을 칭찬하면서, 그에게 공동 작업을 제안했다. 피알라는 "〈화씨 451도〉의 준비 작업에 도움이 될 수 있다면 매우 기쁘고 자랑스러울 것"이라고 답해 왔다. 그러나 마지막 순간에 트뤼포는 오랜 관계를 유지해 온 클로드 드 지브레로 다시 결정을 바꾸었다. 그해 가을 〈화씨 451도〉의 네 번째 시나리오가 완성되었다. 트뤼포는 이 연속적 각본 작업 과정에서 무엇보다도 두려움을 떨치고, 제작 차질과 지연 상황을 잊고자 했다. 지연이 거듭되면서 트뤼포의 '집필 작업반'은 전력을 다했지만, 영화의 촬영 없이 두 해 이상을 보냈다. 마르셀 베르베르는 이렇게 회상한다. "이 상황은 트뤼포에게 매우 나쁜 기억을 남겨 주었다. 그는 한 편의 영화를 제작하는 데 2년을 허비하는 일은 두 번 다시 없을 것이라고 말했다." 카로스의 상황은 어려워졌고, 〈쥘 앤 짐〉이 낳은 얼마간의 성공은 이제 과거사에 지나지 않았다. "〈화씨 451도〉의 영화화 권리를 높은 비용에 구입하고, 네 차례 시나리오를 고치고, 그 밖의 관련 제작비로 회사의 현금 대부분이 소모되었습니다." 트뤼포는 캐나다 배급업자인 페팽 씨에게 그렇게 고백했다.

히치콕

〈화씨 451도〉의 연출 시점을 기다리는 동안 프랑수아 트뤼포는 또 하나의 기획을 추진했다. 자신의 '영화 스승'의 한 명인 앨프레드 히치콕과 그의 경력, 작업, 방법론에 관해 대담하는 일이었다. 트뤼포는 1962년 4월 뉴욕에 머무를 때, 『뉴욕 타임스』의 평론가 보슬리 크라우더, 현대미술관MoMA의 영화 부문 담당자 허먼 와인버그와 점심 식사를 하던 도중 이 구상을 떠올렸다. 트뤼포는 미국의 비평계가 히치콕의 작품을 전혀 이해하지 못하고 있는 상황에 매우 놀랐다. 그들은 히치콕을 한 명의 뛰어난 기술자, 냉정하며 영리한 '서스펜스의 거장', 한 명의 '히트작 생산자'로만 간주했다. 이러한 평가의 결여가 대담 기획의 출발점이었다. 트뤼포와 헬렌 스코트는 논의를 거쳐 업무를 분담했다. 헬렌은 뉴욕 출판업자 물색 책임을 맡았고, 트뤼포는 파리에 돌아오자마자 로베르 라퐁 출판사에 그 기획을 제안했다. "이 책의 목표는 미국 인들이 히치콕에 대해 품고 있는 생각을 변화시키는 것입니다." 1962년 4월 말에 트뤼포는 발행인 로베르 라퐁에게 그렇게 편지를 써 보냈다.

1950년대 프랑스에서도 트뤼포는 히치콕 작품에 대해 똑같은 몰이해의 상황과 직면했다. 트뤼포와 로메르, 샤브롤, 리베트, 고다르 등 『카이에 뒤 시네마』의 동료들이 보기에 이 '서스펜스의 거장'은, 폭넓은 관객을 사로잡기 위한 소박하고 유머 넘치는 외양의 뒤편에, 천재성과 지성을 감추고 있었다.* 이것을 입증하기 위해 트뤼포는 다음과 같은 설명을 제시했다. 즉 히치콕은 "이 세상 최대의 거짓말쟁이"이다. 왜냐하면 히치콕 자신이 히치콕적인 인물이기 때문이다. 다시 말해 그는 비밀을 감추는 일에 사로잡혀 있으며, 그것이 폭로되리라는 두려움에 떠는 인물이다. "어느 누구보다도 능숙하게 공포를 영화로 찍어 낸 이 남자 스스로가 불안감에 싸여 있으며, 나는 그의 성공이 이 성격적 특징과 관련된 것으로 추측한다. 긴 경력 내내 앨프레드 히치콕은 연기자, 제작자, 스태프에게서 자신을 '지켜 낼' 필요성을 느껴 왔다. 그들 중 어느 한 명의 작은 과실이나 최소의 변덕조차도 작품의 완결

---

* 트뤼포는 1955년 4월 6일 자 『아르』에 실린 〈이창Rear Window〉의 평론문 마지막 부분에서 이 점을 지적했다. "아니, 이 악마와 같은 남자는 자신의 비밀을 아직 모두 드러내지 않았으며, 새로운 작품이 등장할 때마다 현대 영화 가운데 가장 섬세한 작품군에 속하는 그의 매우 풍요로운 작품들을 좀 더 잘 이해할 수 있도록 우리에게 허용할 뿐이다."

앨프레드 히치콕과 프랑수아 트뤼포(1962)

성을 위태롭게 할 수 있기 때문이다. 히치콕에게 있어서 자신을 보호하는 최상의 방책은, 모든 스타가 그의 연출 아래 놓이기를 꿈꾸는 감독이 되는 것이었고, 스스로 자신의 영화의 제작자가 되는 것이었고, 스태프들 이상으로 테크닉에 관해 오랫동안 배우는 것이었다."

트뤼포는 헬렌 스코트와 함께 세운 계획에 따라 1962년 6월 2일 히치콕에게 긴 편지를 썼다. 트뤼포는 히치콕에게 두 사람의 첫 만남을 상기시켰다. "영화 저널리스트로 활동하던 저는 몇 년 전인 1954년 말 친구 클로드 샤브롤과 함께, 〈나는 결백하다 To Catch a Thief〉의 후시 녹음을 연출하던 선생님을 인터뷰하기 위해 생모리츠의 촬영장으로 찾아갔습니다. 선생님께서는 저희에게 바에서 기다려 달라고 말씀하셨습니다. 이때, 보트 위의 브리지트 오베르와 케리 그랜트를 보여 주는 '루프'를 15차례 연속으로 지켜보았다는 흥분감에서, 샤브롤과 저는 그만 촬영장 뜰에 있는 얼어붙은 연못 속에 빠져 버렸습니다. 정말 친절하게도 선생님께서는 인터뷰 연기에 응해 주셨고, 그날 밤 선생님의 호텔에서(!) 할 수 있도록 허락해 주셨습니다. 그 후 선생님께서 파리에 들를 때마다 기쁘게도 저는 선생님과 오데트 페리를 만나 뵐 수 있었습니다. 다음 해에 선생님께서는 제게 이렇게 말씀하셨습니다. '위스키 잔에 담긴 얼음 조각을 볼 때마다 당신들 생각이 납니다'라고요. 1년 뒤 선생님께서는 제게 뉴욕으로 와서 며칠간 〈누명 쓴 사나이 The Wrong Man〉의 촬영을 지켜보도록 초청해 주셨지만, 저는 이 초청을 사양해야 했습니다. 클로드 샤브롤보다 몇 개월 뒤에, 제 영화 연출에 착수했기 때문입니다. 저는 세 편의 영화를 만들었습니다. 첫 영화 〈400번의 구타〉는 할리우드에서 관객 동원에 꽤 성공한 것으로 알고 있습니다."

이어서 트뤼포는 본론으로 들어가, 녹음기를 사용한 장시간의 대담 기획을 설명했다. 뉴욕과 파리에서 동시 출간을 목표로 히치콕의 전 경력을 돌아본다는 기획이었다. 트뤼포는 이 긴 대화를 통역할 헬렌 스코트에 대해서도 언급했다. 히치콕의 승락을 기다리는 동안 트뤼포는 자료 수집과 영국과 미국 시기 전체를 포함해 각각의 영화에 관한 수백여 개의 질문 준비에 착수했다. 그리고 편지의 끝부분에 트뤼포는 수신자를 감동시킬 찬사의 말을 덧붙였다. "책의 맨 앞부분에는 저의 글이 실릴 것이고, 그 내용은 이렇게 요약될 것입니다. '만일 갑작스럽게 영화에서 모든 사운드트랙이 박탈되어 다시 무성 예술로 돌아간다면, 대부분의 감독은 실업자의 운명을 면할 수 없을 것이다. 그렇지만 생존자 가운데는 앨프레드 히치콕이 있을 것이고, 결국 사람들은 모두 그가 세계 최고의 감독임을 이해하게 될 것이다.'"

만족감과 감격과 희열에 넘친 히치콕은 즉시 로스앤젤레스에서 프랑스어로 쓴 장문의 전보를 보냈다. "존경하는 트뤼포 선생. 선생의 편지에 저는 눈물을 흘렸습니다. 그와 같은 찬사를 받은 것에 감사하는 마음뿐입니다. 스톱. 나는 아직 〈새The Birds〉를 촬영 중이며, 7월 15일까지 계속될 것입니다. 스톱. 그 후에는 편집을 시작할 것이고, 다시 몇 주일 걸릴 것입니다. 스톱. 〈새〉의 촬영을 마칠 때까지 기다렸다가 그때 가서, 8월 말경 만날 예정으로 선생께 다시 연락할 수 있을 것입니다. 스톱. 선생의 매혹적인 편지에 다시 한번 감사드립니다. 성실함, 우정 그리고 충심을 담아 당신의 앨프레드 히치콕 보냄."

트뤼포는 콜롱브 도르 호텔에 은둔한 채 인터뷰 준비에 전념했다. 그리고 중요한 자료를 모두 수집했다. 히치콕에 관한 책과 기사뿐 아니라, 히치콕이 영화화한 장·단편 원작 소설, 특히 피에르 부알로와 토마 나르스작* 및 현재 캘리포니아에서 촬영을 마무리하고 있는 〈새〉의 원작인 다프네 뒤 모리에의 소설도 구했다. 그 사이 뉴욕의 헬렌 스코트는 미국에 있는 자료를 수집해 트뤼포를 위해 프랑스어로 요약·번역했다. 특히 그 자료 가운데는 피터 보그다노비치의 인터뷰 원고가 있었다. 그 자신도 나중에 영화감독이 된 미국의 젊은 비평가 피터 보그다노비치는 미국에서 히치콕의 중요성을 알리는 데 가장 크게 기여한 인물 중 하나다. 1962년 7월 중순 트뤼포는 브뤼셀로 갔다. 벨기에 왕립 시네마테크의 관장인 자크 르두가 트뤼포에게 3일 동안 히치콕의 영국 시절 영화들을 영사해 주었기 때문이다. 트뤼포는 영국 시절의 히치콕 영화, 특히 무성 영화들은 잘 모르는 상태였다(따라서 적당한 평가밖에 하지 않고 있었다). 트뤼포는 그해 여름 파리에서 〈열차 안의 낯선 자들Strangers on a Train〉, 〈나는 고백한다I Confess〉, 〈이창〉, 〈로프〉가 재상영되는 기회도 이용했다.

이어서 트뤼포는 이번 첫 할리우드 여행에 관련된 실질적 세

• 〈현기증〉의 공동 원작자*

부 사항을 검토했다. 추정 비용 3천5백 달러는 카로스 영화사에서 가불했다. 1962년 6월 20일 트뤼포는 헬렌 스코트에게 편지를 썼다. "녹음기의 선정이 중요합니다. 운반에 힘이 많이 들지 않으면서도, 테이프 교체 없이 장시간 녹음할 수 있어야 합니다. 잘 알아보시기 바랍니다." 히치콕과 트뤼포는 부득이 자국어로 이야기하고, 헬렌 스코트가 그들의 대화를 통역할 것이다. 각 영화에 대해 트뤼포는 긴 질문을 준비했다. 기획의 탄생, 각본의 구상, 연출, 완성작에 대한 히치콕 자신의 견해 등이었다. 이렇게 해서 "감독의 가장 훌륭하고 가장 완전한 경력을 정교하고 치밀하게 그려내기 위한" 모든 준비가 세밀히 이루어졌다. 트뤼포는 "이지적이고 두뇌적인 동시에 육체적이고 물질적인, 영화의 '제조법'에 관한 매우 정교한 작품"을 내고자 했다. 요컨대 자신이 오랫동안 추적했던 그 '비밀'을 마침내 알 수 있게 해주는 책을 제안한 것이다. "히치콕에 관한 이 책은 스스로 독학하기 위한 하나의 구실일 뿐이다. 나는 영화를 만드는 모든 사람, 그리고 영화를 만들려 하는 모든 사람이 여기서 무언가 배우기를 원한다."

이 기획에서 헬렌 스코트의 역할은 매우 중요했고, 트뤼포도 흔쾌히 이것을 인정했다. "나를 내버려 두지 마십시오. 그렇지 않으면 나는 파멸해 버릴 테니까요. 만일 당신이 없었다면, 나는 미국에서의 활동의 절반은 꿈도 못 꾸었을 것이며, 감히 실행하지도 못했을 겁니다. 특히 히치콕 책에 대해서는요." 트뤼포는 저자로서 두 해당 감독만을 내세우고 헬렌 스코트의 역할을 경시하려는 출판사들에 대해, 전력을 다해 그녀를 옹호했다. "만일 헬렌처럼 탁월한 중재자가 없었다면, 저는 이 책을 생각조차 못 했을 것입니다." 트뤼포는 미국 측 출판사인 사이먼 앤드 슈스터에 그렇게 편지했다. 헬렌 스코트는 6백 달러 선급금에 인세의 10퍼센트를 받기로 했다. 트뤼포는 그녀가 히치콕과 최선의 관계를 유지할 것으로 확신했다. "히치콕은 첫눈에 당신에게 반할 것입니다. 그가 늘상 다소의 반미적 성향을 유지해왔던 만큼 당신의 유럽적인(대륙적이라 할까요?) 쾌활함, 특히 당신의 유머 감각에 매혹될 것입니다."

이제 히치콕의 답을 기다리는 일만 남았다. 8월 9일 트뤼포는 마침내 할리우드로부터 전보를 받았다. "8월 13일 월요일에 헬렌 스코트 양과 함께 베벌리힐스로 오셔서 작업을 시작할 수 있을까요? 일요일이나 월요일 오전에 도착하는 비행기가 가능하실는지요? 베벌리힐스 호텔을 예약해 놓겠습니다. 그렇게 되면 일주일 내내 작업할 수 있을 것입니다." 헬렌 스코트와 그녀가 '히치코꾸러기hitchcoquin'라고 별명을 붙인 트뤼포는, 8월 13일 뉴욕에서 만나 즉시 로스앤젤레스로 향했다. 이날은 바로 앨프레드 히치콕의 63회 생일이었다.

베벌리힐스 호텔에 여장을 푼 두 사람은 만찬 참석을 위해 벨에어 지역의 벨라지오 거리에 있는 히치콕의 저택으로 갔다. 그리고 유니버설 스튜디오 146호 방갈로에 있는 사무실에서 다음날 만나기로 약속했다. 히치콕은 자신의 운전사를 선셋 대로에 위치한 호텔로 보냈다. 약속된 인터뷰 시간이 되자, 히치콕은 일화, 재담, 농담을 통해 분위기를 풀어 가기 시작했다. 헬렌은 계속 웃음을 터뜨린 반면, 정확한 의미를 파악하지 못한 트뤼포는 헬렌만큼 웃지는 않았고, 어서 진지한 문제들로 넘어가기를 초조하게 기다렸다. 헬렌 스콧에 따르면, "청교도적 엄숙주의 때문인지 히치콕은 이따금 매우 외설적인 이본異本 신데렐라 이야기를 하거나 전에 함께 작업한 사람을 비난할 때면, 녹음을 중단시키곤 했다. 이 거장은 이내 자신을 편하게 '히치'로 부르도록 우리에게 권유했고, 나는 그렇게 했다. 그러나 프랑수아는 내내 그를 정중하게 '히치콕 선생님Monsieur Hitchcock'이라고 불렀고, 히치콕은 '프랑수아 자네François, my boy'라고 답했다."

히치콕과 트뤼포의 대담은 6일간 계속되어, 숨겨진 일화에서 촬영 테크닉까지, 외설스러운 농담에서 플롯의 구축까지 생생한 대화를 나누었다. 모든 것이 트뤼포와 스콧의 희망대로 이루어졌다. 히치콕은 정확하고 쾌활하게 많은 이야기를 했고, 상대방이 제기하는 기술적·해석적 세부 문제도 흔쾌히 설명했다. 그뿐 아니라, 할리우드 감독으로서 히치콕이 보통은 말을 아끼는 문제인 자신의 유년기와 성장기에 관한 사항, 여배우들과의 모호한 관계까지도 이야기했다.

긴 인터뷰를 마치고 파리로 돌아온 트뤼포는 벌써부터 "히치콕과 질릴 정도로 영화 이야기를 나누고 싶은 나의 오래된 꿈을 실현한 일주일"에 대한 회고에 빠져들었다. 캘리포니아 체재는 헬렌 스콧와 프랑수아 트뤼포의 친밀한 관계 형성에 크게 기여했다. 우선 히치콕의 인터뷰 과정에서 시험된 그들의 직업적 특성은 대단히 보완적인 것으로 증명되었다. 또한 어떤 오해가

프랑수아 트뤼포, 앨프레드 히치콕, 헬렌 스코트의 대담(1962)

생겨남에 따라 두 사람 사이에 더욱 큰 동료 의식이 형성되었다. 다시 말해, 헬렌 스코트는 명백히 트뤼포에게 사랑에 빠진 반면, 트뤼포는 그녀를 결코 연인으로는 생각하지 않았고, 오히려 유머 넘치고 따뜻하게 보살펴 주는 '유대인 어머니'처럼 생각했다. 이 어긋난 환상의 관계는 많은 성적 농담과 웃음을 낳았다. "로스앤젤레스 공항에서의 비통한 이별 이후, 나는 쓸쓸한 독신자임을 느끼고 있습니다." 트뤼포는 파리에 도착하자마자 그녀에게 그렇게 편지를 썼다. 헬렌 스코트는 이때부터 한 가지 욕망만을 품게 된다. 즉 트뤼포의 곁에서 작업하고 도움을 주면서 그의 '정책 고문' 역할을 하려는 것이었다. 이 탁월한 통역자 겸 뉴욕 홍보 대변인은 진정한 전방위적 협력자로 인정받고 싶었던 것이다. 그러나 아주 친밀한 관계이면서도 트뤼포에게 헬렌은 당분간은 히치콕 인터뷰 서적의 미국판 기획을 뉴욕에서 훌륭히 추진할 인물이었다.

9월에 트뤼포는 릴 테이프에 녹음된 40시간이 넘는 분량의 인터뷰를 글로 옮기고 수정했다. 그러나 영어와 프랑스어 부분을 한꺼번에 옮기는 것은 예상보다 훨씬 까다롭고 더딘 작업이었다. 헬렌 스코트의 조언에 따라 트뤼포는 '린다'라는 젊은 미국인 여학생을 고용해 파리에 숙박시키고 급료도 지불하면서 영어 부분을 타자하게 했다. 카로스 영화사의 두 비서 뤼세트 데무소(그녀는 클로드 드 지브레와 결혼했다)와 이본 골드스탱은 프랑스어 부분을 텍스트로 옮겼다. 그러나 "헬렌의 이상한 표현법 때문에" 프랑스어판이 문제에 부딪혀 다른 해결책을 찾아야 했다. 이본과 뤼세트는 린다가 옮긴 영어 텍스트를 가지고, 트뤼포의 오랜 친구 에메 알렉상드르의 도움을 받아 히치콕의 이야기를 가장 적절한 프랑스어로 번역하고자 했다. 그러고 나서 〈화씨 451도〉의 여러 차례의 각본 작업 사이에 트뤼포는 틈나는 대로 수많은 수정을 가하고 이것을 영어판에 다시 적용했다. 대단히 까다로운 작업이 었다.

1963년 3월 트뤼포는 서적 작업의 심각한 지연에 불안을 느꼈다. 그러나 4월에 시간을 내어 초고를 읽어 나가면서는 대단히 상쾌한 경이로움을 느꼈다. 트뤼포는 열흘 동안 사무실에 틀어박혀, 뤼세트 드 지브레와의 구술 작업을 통해 최종본에 가깝도록 프랑스어 원고를 수정했다. 영어판을 번역한 원고에 수정을 할 때마다, 트뤼포는 헬렌 스코트에게 변경 사항을 세심하게 작성해 보냈다. "전체적으로 나는 학술 어법의 사용은 피하고 대화체를 유지하고자 애쓰고 있습니다. 마찬가지로 당신도 때로는 점잖지 않은 표현을 그대로 사용해도 좋으니, 허물없고 거침없는 표현들로 작업하길 바랍니다. 순수히 전문적인 부분에 걱정이 생긴다면(최종적으로는 아주 드물었다), 영화인의 도움을 받아야 할 것입니다. 아서 펜이나 시드니 루멧처럼 이중 언어를 구사하는 사람이면 더욱 좋겠지요. 그들이라면 흔쾌히 도와줄 것입니다." 1963년 늦여름 이중의 텍스트화 작업이 완료되면서, 트뤼포에게는 안도감과 함께 깊은 공허감이 밀려왔다. 트뤼포는 헬렌 스코트에게 이렇게 썼다. "나의 꿈은 이 책이 언제까지나 출간되지 않는 것일지도 모릅니다. 그리고 해마다 한 달씩 우리 둘이서 거장과의 새로운 질문과 새로운 '인터뷰'를 첨가하면서 책을 개정해 가는 것이겠지요. 간단히 말해, 해마다 몇 주일씩 할리우드로 휴가를 가는 것입니다."

이제 사진 작업이 남아 있었다. 히치콕이 언급하는 시각적 사례에 적합한 의미를 부여할 도판이 필요했기 때문이다. 트뤼포는 개봉 당시 사용된 스틸 세트를 얻기 위해 프랑스, 이탈리아, 영국의 배급사들에게 죄다 연락했고, 귀중한 자료를 찾기 위해 통신사와 시네마테크의 기록 보관소를 방문했다. 또한 유니버설, 파라마운트, MGM, 워너 브라더스의 파리 지사에서 영화 프린트를 대여해, 카로스 영화사의 비용 부담으로 프레임을 인화했다. 1964년 3월 초, 트뤼포는 3일 동안 영국영화연구소 현상실에서 14편의 옛 영국 영화 프린트를 돌리면서 프레임 인화 작업을 했다. 그 과정에서 트뤼포는 히치콕이 오랜 기간 촬영했던 시퀀스를 모두 암기했다.

인터뷰 녹음 이후 2년의 긴 시간을 보내면서, 트뤼포는 "1964년 말까지 책을 마친다"는 목표를 정했다. 모든 사람이 생각했던 것보다 어려운 작업이었지만, 그것은 트뤼포를 히치콕의 영화들과 훨씬 더 가깝게 해 주었을 뿐 아니라, 자신의 오랜 욕망, 즉 한 권의 책을 알파에서 오메가까지 성실하고 꼼꼼하게 좇아 간다는 욕망을 실현해 주었다. 〈화씨 451도〉를 통해 "구텐베르크 이후 현재까지의 모든 책"에 관해 이야기하던 시점에, 트뤼포는 스스로 거의 매일 "머릿속에 책을 담고" 생활해 갔던 것이다.

도쿄 여행

1962년 프랑수아 트뤼포는 〈화씨 451도〉와 히치콕 인터뷰 서적이라는 두 가지 중요한 기획에 몰두했다. 그러나 진행은 너무도 더뎌서, "카로스 영화사 열쇠를 신발 흙 털개 아래에 놓아 버릴"● 생각까지 했을 정도였다. 1962년 말 〈화씨 451도〉의 촬영 연기가 예상되자 트뤼포는 여행을 결정했다. 물론 관광이 아니라 영화 홍보를 위한 것이었다. 당시에 자신이 "자유로운 연애 가용 상태"에 있다고 느끼던 트뤼포에게 이 여행은 동시에 여성들과의 만남의 기회이기도 했다. 첫 목적지는 〈쥘 앤 짐〉이 언론의 높은 찬사를 받고 있던 1963년 1월의 스톡홀름이었다. 3월 초에 유니프랑스 영화사가 마련한 '프랑스 영화 주간'의 일환으로 이스라엘을 방문한 트뤼포는, 텔아비브에서 자신의 영화를 배급한 루카스 스타이너의 환대를 받았다. 이스라엘에서도 〈쥘 앤 짐〉은 상당한 성공을 거두었다.

1963년 봄 트뤼포는 처음으로 일본에 갔다. 4월 초, 그는 도쿄에 열흘가량 머무르면서 일본 유니프랑스사의 대표인 마르셀 주글라리스와 〈쥘 앤 짐〉의 배급사 사장 가와키타 가시코川喜多かしこ의 환대를 받았다. 트뤼포는 프랑스어를 구사하는 도쿄의 젊은 시네필 야마다 고이치山田宏一를 만났다. 야마다는 트뤼포의 정식 일본 주재 통신원이 되어 주었고, 해를 거듭하면서 가장 가까

● 하던 일을 모두 포기하고 떠난다는 뜻*

운 친구의 한 명이 되었다. 트뤼포는 1965년에서 1966년 사이 야마다가 파리에 장기 체류할 때마다 어김없이 카로스 영화사에서 환대를 베풀었다. 야마다에게 책과 잡지를 아낌없이 제공하고 영화를 추천해 주었으며, 랑글루아의 시네마테크도 안내해 주었다. 그뿐 아니라 야마다가 1964년 여름에 일본에서 단편 영화 〈나의 시집La Marchande de poèmes〉을 촬영할 때 공동 제작을 담당하기도 했다.

트뤼포의 도쿄 여행은 유니프랑스의 주최에 의한 것으로, 대표단은 르네 클레망의 〈태양은 가득히Plein Soleil〉에서 공연한 알랭 들롱과 마리 라포레, 그 밖에 프랑스 로슈, 프랑수아즈 브리용, 알렉산드라 스튜어트로 구성되어 있었다. 캐나다 출신의 미녀 배우 스튜어트는 당시를 이렇게 이야기한다. "마리나 블라디인지 혹은 다른 여배우인지가 촬영 스케줄 때문에 여유가 안 되었기 때문에, 그 대신 내게 여행 동참의 기회가 온 것 같다. 프랑수아는 여러 면으로 나를 보살펴 주었다. 도쿄에서 〈쥴 앤 짐〉을 처음 보고 나는 울고 또 울었다. 우리는 밤새 대화를 나누었다." 이렇게 도쿄에서 알렉산드라 스튜어트와 프랑수아 트뤼포 사이에 애정을 품은 우정 관계가 시작되었다. 트뤼포는 곧 스튜어트를 "산드라, 나의 어렴풋한 별"이라고 친밀하게 불렀다. 비스콘티가 클라우디아 카르디날레를 주연으로 감독한 1965년 작품 〈산드라(오르사의 어렴풋한 별)Sandra(Vagha Stelle dell'Orsa)〉에 대한 다정한 암시를 담은 표현이었다. 두 사람의 관계는 경쾌함으로 가득했다. "심각한 것도 정열적인 것도 없이, 나는 그를 웃게 만들었고 그는 어린아이처럼 즐겁게 행동했다." 30년에 걸친 우정을 회상하면서 알렉산드라 스튜어트는 그렇게 덧붙인다. 1964년 초 트뤼포는, 애정을 증명하기 위해서였는지 아서 펜이 〈미키 원Mickey One〉에서 워런 비티의 상대역 여배우를 찾고 있을 때 스튜어트를 추천해 주었다.

일본에서 프랑수아 트뤼포는 두 여성을 만났다. 매혹과 신비에 싸인 이 여성들은 훗날 트뤼포의 픽션 세계에도 모습을 보인다. 즉 〈부부의 거처Domicile conjugal〉에서 두아넬/레오의 어여쁜 애인 교코로 등장하는 것이다. 첫 번째 여성 교코 K는 젊은 모델로, 야마다 고이치의 친구였다. 그녀는 나중에 트뤼포에게 정열적이면서도 조심스러운 짧은 편지를 보내는데, 그것은 앙투안 두아넬에게 일본인 애인이 전해 온 메시지와 상당히 비슷한 것이다. "일본에 다시 오세요, 프랑수아, 부디, 부디, 부디……. 그리고 당신과 함께 하루를 보내게 해 준다고 약속해 주세요. 저는 그 하루를 당신과 함께 이야기하고, 웃고, 산책하면서 보내고 싶어요. 교코와 프랑수아, 단둘이서만요……. 교코는 프랑수아를 사랑해요." 두 번째 여성 시노부는 매력적이고 대단히 우아하며 사려 깊고 정열적인 사람이었다. 트뤼포에게 이 첫 일본 여행은 강렬하면서도 유쾌한 삶의 순간을 선사해, 그는 잠시 파리에서의 걱정거리를 잊을 수 있었다. "울적한 심정으로 파리에 되돌아왔습니다. 왜냐하면 지난 3년 동안 유니프랑스에서 후원한 많은 외국 여행 가운데 이번 도쿄 여행이 가장 유익했고 가장 흥분되었으며 가장 즐거웠습니다." 돌아오자마자 트뤼포는 자신의 일본 배급인에게 그렇게 편지를 썼다.

부드러운 살결

〈화씨 451도〉를 촬영할 이상적 조건은 갖추어지지 않았고, 히치콕과의 대담을 옮겨 적는 작업에는 전념하지 않아도 되는 상황에서, 트뤼포는 긴급히 새 영화 착수를 결정했다. "이것은 정숙하지 못하고 철저히 외설스럽고 대단히 슬프며, 그럼에도 정말로 꾸밈없는 영화가 될 것입니다. 빨리 각본을 쓰고 빨리 촬영해, 빨리 개봉하고 가급적 빨리 비용을 상환하기를 희망하는 영화입니다." 트뤼포는 헬렌 스코트에게 그렇게 알렸다. 1963년 7월 20일 장 루이 리샤르와 트뤼포는 칸의 마르티네 호텔에서 다시 만났다. 그로부터 1개월도 채 걸리지 않아, 마치 이 불륜의 이야기를 위해 완전한 격리 상태, 일종의 절대적 은둔이 필요하기라도 했던 것처럼, 극도의 긴장감 속에서 〈부드러운 살결La Peau douce〉의 시나리오를 완성했다.

이야기 구상의 출발점이 된 것은 두 개의 성적 환상이었다. 장 루이 리샤르는 그것을 다음과 같이 말한다. "처음에 프랑수아의 상상 속에 두 개의 이미지가 엄습해 왔다. 택시 안에서 포옹한 채 서로의 이가 부딪히는 소리를 내는 한 쌍의 남녀. 또 하나는 실크 스타킹을 걸친 여성이 다리를 꼬았다가 풀 때 미끄러지면서 소리를 내는 모습. 택시 안의 입맞춤은 당연히 불륜의 키스다. 아내와 이를 부딪히면서 키스를 하는 남편은 그리 많지 않을 것이다." 1963년 8월 20일 시나리오가 완성되었다. 트뤼포가 예견했던 것처럼 〈부드러운 살결〉은 한 쌍의 부부에 대한 해부였으며, "출구

도 해법도 없는 믿을 수 없이 침울한 영화"였다. 발자크 전문가이
자 문학지『라튀르』의 편집장인 피에르 라슈네는 저명한 지식인
으로 국내외의 강연회에 종종 초청받는 인물이다. 그는 아내 프
랑카, 어린 딸 사빈과 함께 중산층 생활을 하고 있다. 발자크 강연
을 위해 리스본에 머무르는 동안 그는 같은 호텔에 투숙하고 있
던 젊은 스튜어디스 니콜에게 매혹된다. 그때까지 피에르가 지켜
온 안정된 결혼 생활은 간음에 의한 거짓 속으로 빠져든다. 라슈
네는 파리에서 니콜과 재회하고, 주말에 랭스에서 열리는 강연회
에 그녀를 데려가면서 함께 살 생각까지 한다. 사실을 알게 된 프
랑카는 심한 말다툼 끝에 남편을 밖으로 내쫓는다. 피에르는 가
족의 아파트를 떠나지만 자유로운 생활을 포기하지 못하는 니콜
은 그와 함께 살기를 거절한다. 절망에 빠진 라슈네는 집으로 돌
아가고자 결심하지만, 식당에서 혼자 식사하고 있던 라슈네 앞에
프랑카가 갑자기 나타나 여러 발의 총을 쏘아 그를 살해한다.

　1963년 9월 트뤼포는 〈부드러운 살결〉의 시나리오를 헬렌 스
코트에게 보내면서 실화에서 착상을 얻었음을 분명히 밝혔다.
"간통에 관한 묘사는 오랫동안 내 머릿속에 있었기 때문에, 서둘
러 작업한 사실도 아마 느껴지지 않을 것입니다." 트뤼포는 헬렌
에게 이 기획을 최대한 비밀에 부칠 것을 부탁하면서 조심스럽게
지적했다. 트뤼포는 언젠가는 시나리오 작업에 도움이 될 것이라
는 생각으로, 여러 흥미로운 사건에 관한 수많은 신문 기사를 늘
스크랩해 두었다. 〈부드러운 살결〉의 시나리오는 1950년대 중반
제네바의 여론을 뒤흔든 유명한 '자쿠 사건'*과 1963년 6월 26일

파리의 위셰트 가에 있는 식당 '프티 셰브로'에서 41세의 여성이 엽총 두 발을 쏘아 불륜 남편을 살해한 '니콜 제라르 사건'에서 착상을 얻은 것이다.

그러나 비극적 결말은 동일하다 해도, 등장인물, 상황, 분위기, 대사는 완전히 달랐다. 〈부드러운 살결〉을 트뤼포의 영화 목록 안에 좀 더 수월하게 위치시키기 위해, 기자와 평론가들의 호기심을 돌릴 미끼로 다양한 뉴스 사건의 흔적이 준비되었다고 보아야 한다. 그리고 다른 세부 사항은 자전적인 흔적을 암시하는 방향을 취하고 있었다. 언뜻 보면 피에르 라슈네라는 인물은 트뤼포와는 꽤 거리가 있어 보인다. 더 나이가 많고 대학교수라는 점에서 아마도 라슈네는 작가 레몽 장을 모델로 삼은 것일 테다. 트뤼포는 1962년 6월 레몽 장과 함께 엑상프로방스대학에서 학생들을 대상으로 〈쥘 앤 짐〉의 상영회를 가졌었다. 또한 명성 높은 발자크 전문가이자 1960년대의 저명한 문학평론가의 한 사람이었던 앙리 기유맹도 라슈네의 모델이 되었다. 동시에 이것은 함께 발자크를 발견했던 어린 시절의 친구 로베르 라슈네를 향한 오마주이기도 했다.

그렇지만 잔일에 대한 강박적 집착, 우유부단함, 미숙함, 사회적 인정과 물질적 안락에 의존하는 존재 방식, 그러면서도 다소 모순적이게도 중산층의 인습과 결혼 생활에 불편함을 느끼는 점 등에서, 피에르 라슈네라는 인물은 명백히 트뤼포 자신과 유사했

• 제네바의 변호사 피에르 자쿠의 살인 미수 사건*

다. 트뤼포가 경제적·편의적 이유에서 콩세예-콜리농 가에 있는 자신의 아파트를 영화 속 라슈네의 집으로 사용한 사실은 영화의 자전적 가설을 더욱 확실하게 만들었다. 그 동기는 정숙하지 못한 욕망이었을까, 혹은 사실주의에 대한 집착이었을까? 라슈네 부부의 싸움 장면들은 아마도 트뤼포 부부의 그것과 연관을 지니고 있을 것이다. 트뤼포의 말처럼 〈부드러운 살결〉은 간통에 관한 영화이지만, 곳곳에 자신의 애정 생활, 자신의 표현 방식, 자신의 환상에 가까운 세부 묘사들을 흩뜨려 놓고 있다. 그의 환상을 사례로 들자면, 니콜이 신고 있는 스타킹은 "고급 가터로 동여맨 흑갈색 스캉달 상표"라는 식이다.

〈부드러운 살결〉은 1년 전 마들렌과 겪었던 결혼 생활의 위기를 중심에 놓고, 트뤼포의 복수의 애정 생활을 하나의 이야기 안에 압축하고 있다. 항공기 스튜어디스인 니콜은 트뤼포와 릴리안 다비드의 오랜 관계를 상기시킨다. 릴리안은 〈400번의 구타〉의 상영회를 위해 르망에 갔을 때 자신이 트뤼포와 동행했던 일을 이렇게 기억한다. "내가 본 것은 호텔 방과 영화 상영관이 위치한 작은 광장으로 통하는 길뿐이었다. 좌석표가 매진되었기 때문에 나는 영화를 볼 수조차 없었다." 호텔 장면, 강연회 주최자들로부터 니콜을 감춰야 하는 상황, 라슈네가 정부의 스타킹을 사기 위해 달려가는 장면……. 〈부드러운 살결〉은 릴리안과의 관계에서 겪은 몇 가지 일을 완벽히 되풀이한다. 하지만 그 관계는 촬영이 진행되던 1963년 10월 19일 릴리안 다비드가 미셸 드레퓌스와 결혼하면서 끝났다.

〈부드러운 살결〉에는 또한 트뤼포와 마리 프랑스 피지에 사이의, 실패로 끝난 도주를 상기시키는 흔적도 있다. 하지만 무엇보다도 이 작품은 프랑수아즈 도를레악과의 관계를 환하게 비추어준다. 사실 이 영화의 탄생은 1963년 3월 유니프랑스 영화사가 주관한 텔아비브 여행 도중 둘이 만난 결과물이었다. 크리스티앙 디오르의 모델 출신으로 당시 21세였던 프랑수아즈 도를레악은 1960년 장 가브리엘 알비코코 감독의 〈황금의 눈을 가진 여인La Fille aux yeux d'or〉과 미셸 드빌 감독의 〈오늘 밤만Ce Soir ou jamais〉으로 영화 경력을 시작했다. 프랑수아즈 도를레악은 배우 부부인 모리스 도를레악과 르네 시모네 사이의 네 딸 가운데 장녀였다. 동생인 카트린 드뇌브처럼 그녀 역시 아름답고 기품 있고 우아한 여성이었다. 이스라엘 여행 도중에 트뤼포와 프랑수아즈 도를레악은 서로에 대한 어색함을 극복할 수 있었다. 당시 도를레악의 고백에 따르면, "나는 그에게 어떤 이유에선지 나쁜 선입견을 가졌고, 후에 그 역시 내게 같은 감정을 품었음을 인정했다. 나를 인내하기 힘든 여성으로 생각한 것이다. 그런 뒤에 서로를 이해할 수 있게 되었다. 독서에 탐닉하던 내게 그는 몇 권의 책을 빌려주었다. 그 책들에 관해 대화를 나누면서 서로의 발견이 시작되었다."

두 사람은 파리에서 재회했고, 그 직후 도를레악은 브라질로 날아가 장 폴 벨몽도와 함께 필립 드 브로카 감독의 〈리오의 사나이〉를 촬영했다(얼마 뒤 이 영화로 그녀는 유명해진다). 브라질에서 돌아온 도를레악은 트뤼포에게 〈부드러운 살결〉의 니콜 역을 제안받았다. "그날 일종의 광기 상태에 사로잡혔던 기억이 난다. 아파트에서 나는 인디언처럼 소리치면서 껑충껑충 뛰었다!" 그렇지만 시나리오를 읽고는 그 역할이 마음에 들지 않았다. 자신이 맡을 인물이 지나치게 몰인정하다고 생각한 것이다. 트뤼포는 온갖 설득과 회유로 그녀를 납득시켜야 했다. "결국에는 니콜은 나와 비슷한 인물이 되었다. 프랑수아는 내가 말하듯 그녀를 말하게 했고, 내가 경험한 일들을 약간 변형해 그녀에게 적용했다. 따라서 지금은 내가 그녀를 좋아하지 않는다고 확언할 수 없다." 영화의 개봉 시점에서 이 여배우는 그렇게 밝혔다. 실제로 '프랑부아즈'(트뤼포는 보비 라푸앵트의 노래 〈아바니와 프랑부아즈〉를 암시하는 별명으로 그녀를 불렀다)는 〈부드러운 살결〉의 극중 인물에 자신의 음성과 동작과 율동을 불어넣어, 니콜을 우아하고 발랄하며 극히 신중하면서도 예민한, 때때로 격정적이면서도 늘 신비감에 싸인 여성으로 만들었다.

피에르 라슈네를 연기할 인물로 트뤼포는 어느 정도 경험이 있는 연극배우를 찾았다. 시나리오를 쓰기 전부터 트뤼포는 프랑수아 페리에에게 배역을 맡기려 했지만, 페리에는 순회공연을 이유로 제안을 거절했다. 그러자 트뤼포는 르노-바로 극단* 소속 배우인 장 드자이에게 의뢰했다. 트뤼포는 1961년 12월 르네 장 클로의 연극 〈지옥의 아치Arc en Enfer〉에서 실비아 몽포르의 상대역으로 출연한 드자이의 연기를 높게 평가했다. 라슈네의 아내 프랑카 역은 클로드 오탕라라의 영화 〈샌프란시스코의 요트 경기

---

* 프랑스의 연극배우 마들렌 르노가 남편 장 루이 바로와 함께 창설한 극단*

〈부드러운 살결〉 촬영장에서 프랑수아즈 도를레악과 프랑수아 트뤼포

Les Régates de San Francisco〉에서 찾아낸 연극배우 넬리 베네데티에게 맡겼다. 베네데티는 자신의 극 중 배역에게, 내던져진 아내의 상투성과는 거리가 먼 확고한 매력을 부여했다. 이어서 트뤼포는 진드기처럼 달라붙는 라슈네의 시골 친구 클레망 역에 다니엘 세칼디를 선정했고, 두 해 전 〈쥘 앤 짐〉에 나왔던 사빈 오드팽을 부부의 어린 딸로 다시 출연시켰다.

트뤼포는 이 네 번째 영화에 친숙한 스태프를 동원하여, 촬영에 라울 쿠타르, 음악에 조르주 들르뤼, 편집에 클로딘 부셰, 기록에 쉬잔 시프만을 기용했다. 또한 장 피에르 레오, 『카이에 뒤 시네마』의 동료 장 앙드레 피에스키를 견습 조감독으로 고용했다. 트뤼포 영화의 촬영 분위기는 늘 가족적이었지만, 그럼에도 촬영 시작 때는 어김없이 불안감이 그를 엄습했다. 아마도 히치콕과의 대담의 영향이었겠지만, 이번에 트뤼포는 많은 쇼트와 프레이밍을 활용해 정교한 편집이 돋보이는 영화를 만들고자 했다. "지금까지 나는 촬영 첫날이면 늘 바다에 배를 진수시키는 느낌을 가졌다. 이어지는 작업은 준비 과정의 계산 착오로 인한 치명적 난파의 가능성을 피하기 위해 매일 키를 잡는 일이었다. 폭풍우 속에서 선박을 안전하게 유지하는 것은 아주 힘들면서도 흥분되는 일이다. 설사 난파의 잔해만 끌고 귀항한다 하더라도, 그 잔해가 아름다울 것을 기원해야 하는 것이다. 현재의 나는 항해의 이미지에 지친 상태이며, 네 번째 영화는 더 이상 난파 위기에 놓인 배가 아니라, 전원을 가로지르는 열차이기를 바라고 있다. 무질서도 선로 변경의 오류도 없는, 균형과 조화를 지닌 쾌적한 여행을 하고 싶다. 즉흥 연출을 한다면 그것은 약점을 황급히 감출 목적이 아니고, 톱니바퀴에 기름을 치는 일, 방향 상실과 속도 지연을 피하면서 차량을 하나 더 추가하는 경우만으로 한정하고 싶다."

1963년 10월 21일 월요일, 노르망디의 루비에르 근방 비롱베에 위치한 세종 여인숙에서 〈부드러운 살결〉의 촬영이 개시되었다. 트뤼포는 영화의 가장 은밀한 장면을 3일 동안 라 콜리니에르에서 촬영했다. 피에르 라슈네와 니콜이 방갈로에서 주말을 보내는 장면이었다. 성도착의 느낌까지 주는 몇몇 관능적인 쇼트(피에르가 잠든 니콜의 스타킹을 벗기고 대퇴부를 애무하는 장면)의 촬영에는 6명의 소규모 스태프만 동원했다. 그런데 예측하지 못한 상황이 촬영 둘째 날 오전에 돌발했다. 스태프 전체가 연인이 문 앞에 남겨 둔 아침 식사 판 위의 우유 대접에 혀를 담그기를 완강하게 거부하는 작은 고양이를 잡으러 뛰어들어야 했던 것이다. 짜증과 재미를 동시에 느낀 트뤼포는 10년 뒤 〈아메리카의 밤〉에서 이 에피소드를 되살린다.

경비 절감을 위해 트뤼포는 영화 전체를 파리 근교에서 촬영하기로 결정했다. 랭스의 영화관 장면은 쉬렌에서 촬영했고, 그밖에 파리의 오데옹 광장과 미슐레 호텔(랭스의 호텔 내부 장면 촬영을 위해), 빌다브레 근처에서 촬영했다. 이어서 스튜어디스 복장을 갖춘 니콜이 등장하는 여러 장면을 3일간 오를리 공항에서 촬영했다. 피에르가 니콜에게 접근하는 리스본 호텔 내부 장면과 강연 장면은 실제로는 파리의 뤼테시아 호텔에서 촬영했다. 히치콕 스타일의 리듬으로 편집된 유명한 엘리베이터 시퀸스는 명성 높은 파리의 루에 콩발뤼지에 엘리베이터 공장에서 직접 촬영했다. 리스본 현지의 거리 촬영은 몇 시간밖에 걸리지 않았다. 이를 위해 11월 18일 트뤼포, 드자이, 도를레악은 최소의 스태프와 함께 오를리에서 비행기를 탔고, 촬영을 마치자마자 돌아왔다. 트뤼포는 몇 명의 포르투갈 엑스트라가 탑승한 비행기를 리스본 공항의 외딴 활주로 위에 세워 놓고, 오전 7시에서 10시까지 스튜어디스의 기내 업무 장면까지 추가로 촬영했다. 파리에 돌아온 뒤 곧 집안 장면이 촬영되었다. 먼저 플로랑스 말로가 거주하는 20구 텔레그라프 가의 원룸에서 니콜의 집 장면을 촬영했고, 이어서 1963년 12월 2일에서 9일까지는 콩세예-콜리뇽 가에 있는 자신의 아파트에서 촬영했다. "나는 어떤 악취미에도 주저하지 않을 것이므로, 라슈네 부부의 싸움 장면은 내 아파트에서 촬영할 것입니다. 내 말을 이해하시겠죠." 트뤼포는 촬영 얼마 전에 헬렌 스코트에게 그렇게 썼다. 마지막 촬영은 크리스마스 직전 샹젤리제 근처 베리 가에 있는 르발디제르 레스토랑에서 3일 동안 야간에 행해졌다. 갑자기 들이닥친 프랑카가 엽총으로 피에르를 살해하는 장소가 이곳이다.

촬영을 마친 트뤼포는 탈진과 의욕 상실로 몸이 수척해졌다. 촬영 기간에 배우들과 늘 최상의 관계를 유지한 것은 아니었기 때문이다. 트뤼포의 고백에 의하면, 프랑수아즈 도를레악이 "매력적이고 뛰어나고, 〈쥘 앤 짐〉 때의 잔 모로만큼 훌륭히 처신한" 반면, 장 드자이는 "영화도 자신의 배역도 주제도 나도 좋아하지 않았다." 편안한 템포와 파리의 대형 연극 관행에 익숙한 드자이와 트뤼포의 관계는 촬영 기간 내내 "적대적이고 음험한" 것이었다. 영화에 출연하기도 했던 장 루이 리샤르의 말에 의하면, "드자이는 촬영장에서 만족해하지 않았다. 그뿐 아니라 그는 훗날까지도 프랑수아에게 매우 분개했다. 몇 년 뒤 그를 만났는데, 내게 이렇게 말하는 것이었다. '〈부드러운 살결〉에 출연한 이후 나는 주연 제안을 더 이상 받지 못했다'라고. 그는 탁월한 배우였지만 촬영 현장에서는 프랑수아와 정면 대립했다. 두 사람은 서로를 전혀 이해하지 않았다." 1964년 1월 2일 마리냥 스튜디오에서 〈부드러운 살결〉의 편집을 시작한 클로딘 부셰 역시 드자이와 트뤼포 사이의 긴박한 관계를 이렇게 회상한다. "프랑수아가 드자이를 미워한 것은 어리석은 이유에서였다. 그는 매끈하지 못한 몸동작을 싫어했던 것이다. 어느 장면에선가 드자이는 서류 가방을 한 번에 닫지 못했다. 프랑수아의 괴벽과 독재성은 배우가 한 동작을 두 차례에 걸쳐 행하는 것도 감당하지 못할 만큼 심했다. 프랑수아는 또한 자기보다 키가 큰 배우에게 연기 지도하는 일을 싫어했다. 나중에 그는 내게 〈부드러운 살결〉에 자크 뒤트롱을 출연시켜야 했다고 말했다. 뒤트롱이 자신과 키가 같았기 때문이다. 물론 프랑수아가 지닌 역설 취미를 고려할 때, 틀림없이 농담이었을 테지만 말이다."

편집은 3개월간 계속되었다. 클로딘 부셰는 시퀀스 전체를 분할해 리듬을 가속화함으로써 영화의 길이를 40분 이상 줄였다. 트뤼포는 비교적 만족해했다. "니콜이란 인물이 도를레악 덕분에, 그리고 영화 촬영을 앞두고 세 명의 스튜어디스와 나눈 대화 덕분에, 촬영 과정에서 아주 훌륭한 모습으로 되었습니다. (…) 이 작품은 결혼 생활 가운데서 '잘 풀려 가는' 지점에서보다 '어렵게 꼬여 가는' 지점에서 더욱 큰 비중을 지닐 것입니다. 마지막으로 인간적 측면에서 드자이를 경멸하긴 해도, 배우로서의 그가 궁지에 몰린 중산층 인물의 연기를 훌륭히 해냈다는 점은 인정합니다. 내가 그에게 거의 미칠 정도로 신경과민 상태를 보인 것은 다음의 두 가지를 피하고자 해서였습니다. (1) 무미건조함. (2) 부르주아풍의 비극. 나는 이 영화가 매우 좋습니다. 걱정할 이유는 단 하나뿐입니다. 주인공이 '다수 대중'에게 불쾌감을 줄 우려가 있다는 점입니다. 이것만 제외하면 내 생각에 이 영화는 절대 따분하지 않으며, 전체적으로 지나치게 불결하지 않을 것입니다." 트뤼포는 헬렌 스코트에게 그렇게 써 보냈다.

거친 살결

〈부드러운 살결〉이 칸영화제 경쟁 부문에 선정되었기 때문에, 프린트를 5월까지 완성하려면 4월 초에 믹싱을 마쳐야 했다. 〈400 번의 구타〉에서 5년이 흘러 감독 트뤼포는 크루아제트*의 공식 상영이 주는 시련과 흥분을 다시 느꼈다. 트뤼포가 4월의 대부분을 뉴욕에 머무르면서 헬렌 스코트와 히치콕 대담 서적 작업을

---

* 칸영화제가 열리는 중심지 도로의 이름*

리스본의 거리에서 〈부드러운 살결〉 촬영 중의 프랑수아 트뤼포(1963)

하는 동안, 클로딘 부셰와 장 루이 리샤르는 마무리 작업을 감수했다. 모든 일은 순조롭게 풀려갔다. 지금까지의 감독 경력 가운데서 처음으로 검열위원회가 영화에 삭제도 금지도 강요하지 않았기 때문이다. 그렇지만 검열관들은 프랑수아즈 도를레악의 대퇴부 장면을 가까이에서 정밀히 조사한 것 같다. 왜냐하면 현재까지도 위원회 자료실에는 라 콜리니에르 장면의 사진이 30장가량 보관되어 있기 때문이다.

5월 9일 칸에서의 상영까지는 모든 것이 순조로웠다. 마르셀 베르베르의 회상에 의하면, "모두가 이 영화를 보고 싶어 했다." 초청장을 충분히 준비하지 못한 베르베르는 시달림에 견디다 못해 직접 입장권을 구입하기까지 했다. 그러나 오전에 열린 언론 시사와 기자 회견은 모두 결과가 좋지 않았다. 트뤼포는 긴장감으로 위축된 모습을 보였다. 저녁 시사는 감독 자신의 표현을 사용하자면, "완전한 낭패"였다. 트뤼포의 곁에 앉았던 클로딘 부셰는 "관객들이 좌석에서 들썩이며 움직이던 모습을" 여전히 기억한다. 이렇게 〈부드러운 살결〉은 거의 야유에 가까울 정도로 반응이 좋지 않았다. 재정적 영향도 즉각 나타나 이탈리아와 스페인의 배급업자들은 당초의 제시 조건을 취소했다. 베르베르는 "시사회 다음 날 나를 알아보는 사람은 아무도 없었고, 이제 나는 영화제의 무명 인사가 되었다"고 회상한다. 같은 장소에서 〈400번의 구타〉의 승리가 있었기에 한층 더 눈에 띄었다. 다음 날 많은 신문 기사도 이 점에 주목했다. 그렇지만 일단 시련이 지나가자 트뤼포는 기력을 되찾았다. 5월 10일 헬렌 스코트에게 보낸 전보에서도 이것이 드러난다. "다행스럽게도 나는 '거친 살결'•을 가지고 있습니다. 스톱. 실패에도 불구하고 우리는 아주 즐거운 기분이며 만사형통입니다."

그러나 이번 실패에 다소 냉소적인 초연함을 보이면서도 트뤼포는 매우 심각한 불안을 감추고 있었다. 극히 개인적이며 자신의 많은 것을 담은 영화가 사실상 냉대를 받았기 때문이다. 부부 관계에 대한 이 '임상적' 풍경은 트뤼포를 반항의 감독(〈400번의 구타〉)으로 보았던 사람도, 감정 묘사에 더 깊은 열정을 지닌 인물로서의 트뤼포(〈쥴 앤 짐〉)에 익숙한 사람도 설득하지 못했다. 비평계는 영화에 대한 오해를 증대시켰다. (공산당 기관지인) 『위마니테』와 (우익 신문인) 『르 피가로』 모두 감독의 "중산층화"를 지적했지만, 실제로 중요한 사실은 중산층적 내용일지라도 그 표현 방식이 매우 대범하다는 점에서 아마도 트뤼포의 모든 작품 가운데 가장 '실험적'이라는 점이다. 『해방된 파리인』은 "'딱딱한 이빨'••의 프랑수아를 '부드러운 살결'의 프랑수아가 계승하다"라고 썼으며, 주간지 『캉디드』는 "누벨바그의 사자들이 온순해졌다"고 강조했다. 『렉스프레스』와 『교차로』는 귀에 못이 박힐 정도로 반복해서 이 영화를 "지루하다"고 비판했고, "머리 아프게 하는 트뤼포"를 비난했다. 부정적 비평에 상처 입은 감독 트뤼포에게 위안을 준 것은 몇 편의 글, 즉 미셸 마르도르가 『뤼』에 쓴 기

• '강인함'이라는 뜻*
•• '신랄하다'라는 뜻*

사 "(반동적이면서 도덕적인 아름다운 영화")와 앙드레 테시네가 처음으로 『카이에 뒤 시네마』에 발표한 글 정도에 불과했다. 그러나 트뤼포를 가장 기쁘게 한 것은 고다르의 지적이었다. "어제 올랭프 영화관의 대형 화면으로 자네의 영화를 다시 보았지. 그 영화는 스크린보다도 더욱 컸다네. 프랑수아즈 도를레악에게는 무한한 입맞춤을 보내고 싶어. 만일 그녀의 연기가 베른스탱* 연극에서와 비슷하다는 말을 듣는다면, 이렇게만 대답하면 충분할 걸세. '왜요? 유대인을 싫어하는군요'라고 말이야."

〈부드러운 살결〉은 1964년 5월 20일 파리에서 개봉되었다. 칸에서의 혹평으로 배급업자들이 3개 관에서만 영화를 개봉했지만, 그럼에도 23주나 상영되었다. 물론 전체 관객 수는 12만 명에 불과해, 카로스 영화사의 투자금을 겨우 회수할 정도였다. 그러나 스칸디나비아 국가들, 독일, 영국, 캐나다, 일본에서 예상 밖의 성공을 거두면서 곧 가슴을 쓸어내렸다. 1964년 12월 트뤼포는 스칸디나비아 국가를 마치 개선장군처럼 여행했다. 스웨덴, 노르웨이, 덴마크, 핀란드의 언론을 통해 모두 350여 편의 기사가 실렸고, 텔레비전에 세 시간 정도 등장했으며, 덴마크의 오후스대학교에서 '명예 예술가상'을 받았다. 최종 결과는 이처럼 놀라운 것이었다. 〈부드러운 살결〉은 1965년 코펜하겐 흥행 순위 1위에 올랐고, 같은 해 핀란드 전국 순위에서는 4위를 기록했다.

• 프랑스의 유명 극작가. 제1차 세계 대전 이전부터 거둔 성공으로 제2차 세계 대전 이후까지 명성을 얻었다.*

결별

트뤼포의 상처는 깊었다. 헬렌에게 "나의 기분은 매우 저하되어 있으며, 속히 파리를 떠나 쉬고 싶습니다. 이제 지쳐 있습니다"라고 고백했을 정도였다. 트뤼포는 퀘벡의 감독이자 친구인 클로드 쥐트라에게서 편지를 받았다. "당신의 인물들은 내게 매우 슬프게 보입니다. 친구의 입장에서, 영화가 발산하는 그 막연한 고통은 나를 조금 두렵게 만들었습니다. 당신의 영화들이 그것을 만드는 순간의 당신 자신을 세세하고 정확히 빼닮았다는 사실을 알기 때문입니다. 따라서 다음 작품이 즐거운 것이 되기를 희망합니다." 〈부드러운 살결〉 이후 마들렌과의 결별은 결정적인 것으로서 다가왔다. "촬영 기간 내내 마들렌은 깊은 외로움을 느꼈고, 이제 우리는 갈라섭니다." 결혼 생활의 위선을 더 이상 받아들일 수 없음을 인식한 트뤼포는 헬렌 스코트에게 그렇게 썼다. 먼저 결별을 요구한 쪽은 마들렌이었다. "프랑수아는 짐을 던 셈이었다. 그는 결별만을 기다리고 있었으니까. 나는 그 불가피성을 느끼고 있었다. 그는 집에서는 별로 즐거워하지 않았는데, 아마도 프랑수아즈 도를레악을 깊이 사랑하고 있었기 때문일 것이다."

1964년 2월 18일, 프랑수아 트뤼포는 가족의 아파트를 떠나, 바로 옆 폴-도미에 거리 35번지에 방 3개짜리 아파트를 얻었다. 트뤼포는 가장 힘든 일이 "아이들을 매일 볼 수 없다는 것이지만, 물론 이 모든 것은 나의 과오 때문입니다"라고 헬렌 스코트에게 밝혔다. 다섯 살 로라와 세 살 에바는 정기적으로 그를 찾아왔다. 마들렌과 트뤼포는 계속 최선의 관계를 유지했다. 남편이 집으로 돌아올 것이라고 마들렌이 진지하게 생각했을 정도로 그 관계는 평온하고 우호적이었다. 두 사람의 별거는 아마도 재회를 위해 필요한 일시적 도피였는지도 몰랐다. 트뤼포 자신도 콩세예-콜리농의 집으로 되돌아가기로 약속은 했어도, 그것을 서두를 생각은 없었다. 그 때문에 오해가 생겨났고, 1년 가까이 지나는 동안 두 사람의 관계는 불안정해져서, 한편으로는 희망과 절망 사이를, 다른 한편으로는 죄의식과 애정 사이를 오갔다. 1964년 말 결국 두 사람은 막다른 지점에 다다랐음을 인정했다. "우리 각자의 노력에도 불구하고 군비축소 협상 이상의 성과는 얻을 수 없었습니다. 자유에 대해 나는 아무것도 하지 않지만, 그것 없이는 지낼 수 없다는 느낌입니다. 우리의 별거는 곧 1년이 되며, 각자 다른 방식으로 이 상태에 익숙해졌습니다. 우리의 기벽과 나쁜 버릇은 증가했을 뿐입니다."

1965년 초에 마들렌이 이혼을 요구했다. 이혼 수속은 2월 8일에 시작되었고, 12월 6일에 트뤼포에게 자녀 1인당 월 1천 프랑의 양육비를 부담하라는 판결이 나왔다. 마들렌에 따르면, "이혼은 별문제를 일으키지 않았다. 우선 프랑수아에게 금전상의 문제가 전혀 없었고, 양측 모두 과도한 요구를 하지 않았다. 더욱이 여전히 서로의 지성을 존중했고, 딸들에 대한 그의 사랑도 명백한 것이었다." 이혼이 진행 중이던 1965년 5월 15일에 트뤼포는 가족의 아파트에서 멀지 않은 파시 가의 방 다섯 개짜리 아파트로 다시 이사했다. 이제는 딸들도 머무를 수 있고, "청소와 요리, 재봉

등을 전담할" 가정부도 들일 수 있었다. 이때부터 트뤼포는 개인 시간의 일부를 로라와 에바에게 할애했다. 두 딸은 주말마다 웃고 농담하고 영화를 사랑하는 아버지를 보면서 성장했다. "아버지는 시종일관 부친으로서의 권위 대신 농담에 의존하는 것을 더 좋아했다. 그렇다고 친구는 아니었고, 농담으로 충분하지 않을 때라면 화도 내고 때로는 우리를 벌할 수 있는 아버지였음은 분명했다." 로라의 말이다.

그러나 안정의 회복이 행복의 회복을 보증하는 것은 아니었다. 여성 관계는 변함없이 많았지만 그 어느 것도 트뤼포를 진정으로 충족시키지 못했다. 트뤼포는 헬렌에게 다소 냉소적인 고백을 했다. "트뤼포의 연애는 다음과 같습니다. 첫째, 새로운 것 없음. 둘째, 일시적인 것뿐. 셋째, 일종의 타성." 트뤼포는 편안하지 못했고, 종종 "우울하고, 불편한 기분"이었다. "사랑을 할 수 없습니다. (…) 여전히 나의 생활 속에는 진지한 것이라곤 아무것도 없고, 비평 정신은 이제 편집증을 넘어서 순전한 광기의 상태로 향하기 때문에 사랑에 빠질 수가 없습니다. 당신에게 내가 이 여성들과의 성관계를 이야기할 때, 나 자신의 행위에 관해 이야기할 뿐이라는 사실을 잘 알면서도, 딱하게도 달리 어찌할 수가 없습니다."

동시에 영화 일을 둘러싼 근심도 산적해 갔다. 카로스 영화사의 재정 상황이 어려워진 것이다. 카로스에는 〈부드러운 살결〉과 잔 모로를 주연으로 장 루이 리샤르가 감독한 〈마타하리Mata-Hari〉 말고는 당면한 후속 기획이 없었다. 〈화씨 451도〉는 여전히 제작

예산이 지나치게 높았다. 트뤼포의 제작 담당 마르셀 베르베르의 회상에 의하면, "프랑스 국내에서는 자금을 조달하지 못했다. 이 영화는 특수효과와 방화 장면 등 제작의 난점을 지니고 있었다." 불안정한 상황에서 1965년 9월 베르베르는 카로스의 금전적 부담을 줄이기 위해 다른 제작사도 고려하고 싶다는 의향을 털어놓기에 이른다. "프랑수아는 내가 카로스를 떠나기를 원한 것으로 생각했지만, 그것은 오해였다." 트뤼포는 기분이 상했지만 그래도 회사에 상근직으로 남아 있도록 베르베르를 설득하면서, 〈화씨 451도〉 이후에는 회사의 자금력과 규모에 비례하는 긴축 재정으로 복귀할 것을, 다시 말해 더 많은 편수의 영화를 제한된 예산으로 신속히 촬영 제작할 것을 약속했다.

카로스 내부 분위기 악화에는 또 다른 원인도 있었다. 그동안에도 좋았던 적이 없었던 트뤼포와 장모 사이의 관계가 점점 더 긴장되어 갔다. 딸이 이혼하자 엘리자베트 모르겐슈테른으로서는 더 이상 옛 사위에게 호의를 베풀 이유가 없었다. 카로스 영화사는 그때까지 캉탱-보샤르 가에 위치한, 엘리자베트와 마들렌이 상속받은 회사 SEDIF 건물 안에 형식상의 임대료로 세 들어 있었다. 재계약 때는 임대료가 크게 오를 것으로 예상한 트뤼포는 SEDIF와의 계약을 끝내기로 결정했다. 계약 만기는 1965년 봄이었으므로 서둘러야 했다. 운 좋게도 트뤼포 영화의 해외 판매를 담당하던 알랭 바니에가 경영난 때문에 언제라도 사무실을 매각하려고 하던 제작자 르네 테브네를 알고 있었다. 테브네는 해마다 영화와 텔레비전 업계의 연감을 간행하는 콩탁트 출판사의 편집장이기도 했다. 카로스 영화사는 르네 테브네의 출판사를 사들여 1965년 6월 20일 마르뵈프 가에서 뻗어 나간 막다른 골목 로베르-에티엔 가 5번지에 위치한 새 사무실로 이전했다. 아파트 건물 3층에 있는 공간은 4월과 5월에 공사를 거쳐 쾌적하고 일하기 좋은 장소로 개조되었다. 판자를 대고 일본지로 꾸민 벽에 책과 잡지로 둘러싸인 꿈의 공간으로 이전한 뒤, 트뤼포는 편안한 가죽 소파에 앉아 친구와 동업자를 맞이했다.

비슷한 시기에 유쾌하지 못한 저작권 침해 사건 하나가 카로스의 업무를 방해했다. 1963년 봄 프랑수아 트뤼포와 장 루이 리샤르는 잔 모로를 위해, 제1차 세계 대전 중 파리 한복판에서 활동하던 유명한 독일 첩자 마타하리의 삶을 그린 시나리오를 썼다. 장 루이 리샤르가 감독하고 카로스가 단독 제작한 〈마타하리〉는 1965년 1월 29일 개봉 이후 2개월 동안 18만 명의 관객을 동원하면서 상당한 성공을 거두었지만, 그해 6월 표절로 고소되었다. 영화제작금융협회의 미셸 뱅데 회장이, 다른 시나리오에서 열 군데 정도의 특정 부분을 표절했다는 혐의로 리샤르와 트뤼포를 고소한 것이다. 같은 내용의 시나리오는 폴 드생트 콜롱브와 카티 드생트 콜롱브가 먼저 쓴 것으로, 뱅데는 미국 감독 에드거 G. 울머에게 연출을 맡길 목적으로 두 각본가와 계약을 맺은 것이었다. 파리 고등법원은 원고 승소 판결을 내렸다. 6월 16일 판사는 영화 프린트를 전량 압수하고, 흥행 수입에서 뱅데가 시나리오 작가들에게 지불한 액수에 상응하는 25만 프랑을 징수하도록 결정했다. 카로스의 재정은 악화했다. 이 사건에서 카로스 측의 변호를 맡

은 사람은 조르주 키에주망 변호사였는데, 이 시점부터 키에주망
과 트뤼포 사이의 오랜 우정의 협력 관계가 시작된다.

1965년 가을, 카로스를 난국에서 끌어내기 위해 트뤼포는 시
나리오 팀을 동원해 몇 개의 프로젝트를 출발시켰다. 11월에 헬
렌 스코트에게 보낸 편지 속에서 트뤼포는 이 기획을 다음과 같
이 열거했다. "(1) 〈야생의 아이〉: 당신에게 말했던 늑대소년의 이
야기입니다. (2) 〈사랑스러운 도둑La Petite Voleuse〉: 베리만의 〈모니
카〉와 같은 유형으로, 어린 비행 소녀의 내부에 여성으로서의 자
각과 '교태'가 형성되는 내용입니다. 여성판 〈400번의 구타〉로 볼
수 있겠죠. (3) 〈피아니스트를 쏴라〉 혹은 〈외부인들Bande à part〉
과 같은 유형의 이야기로 장 피에르 레오가 출연합니다. 구디스
의 초기 소설을 영화화할 것 같습니다. (4) 결별 후 화해하는 젊은
남녀에 관한 코미디 드라마로, 어쩌면 로미 슈나이더와 벨몽도
가 출연할 것 같습니다. (5) 마지막으로 오래전부터 이야기해 왔
던 작품으로, 모든 액션이 학교에서 벌어지는 영화입니다. 이 다
섯 가지 기획 가운데 적어도 두 편이 다음 달에 진행될 것입니다.
이 모든 것은 비밀 사항입니다. 당신에게는 못하는 말이 없으므
로, 이 이야기도 하는 것입니다. 그러나 비밀입니다." 트뤼포는 이
후 여러 해에 걸쳐 실행해 갈 작업 방식을 이 시점에서 시작한다.
친한 각본가들, 즉 장 그뤼오, 장 루이 리샤르, 클로드 드 지브레,
베르나르 르봉과의 관계를 세밀히 구분 짓고, 그들 각각과 매주
한 차례씩 따로 만나면서 "신속하고 열정적으로" 작업을 논의하
는 방식이었다. 동시 출발한 이 프로젝트들은 트뤼포를 일정 기

간 매우 바쁘게 했고, 결국 빠른 속도로 촬영되는 일련의 작품으로 귀착된다.

우리에게 내일은 없다

외국에서 들어오는 기획들도 있었다. 그 가운데 두 개가 각별히 프랑수아 트뤼포의 관심을 끌었다. 첫 번째는 디노 데 라우렌티스 제작의 〈세 개의 얼굴Les Trois Faces〉 가운데 에피소드 한 편을 소라야 왕비•를 주연으로 연출하는 일이었다. 트뤼포는 30만 프랑의 감독료 제안에 마음이 끌렸다. "……이 정도면 아파트를 구입할 수 있는 액수입니다." 그는 헬렌 스코트에게 그렇게 고백했다. 소라야를 영화에 입문시킨다는 사실에도 흥미를 느낀 트뤼포는 1964년 7월 중순 로마에서 이탈리아인 각본가 프랑코 브루사티를 만났다. 그러나 트뤼포는 이 주문 작품의 연출을 즉시 포기하고 소라야에게 사과했다. "어제 저는 커다란 잔에 가득 담긴 토마토 주스를 마셨는데, 아마도 주스가 지나치게 차가웠던지 저녁부터 밤새도록 앓았습니다. 그리고 나서 로마 생활이 제게 맞지 않는다는 것을 깨달았습니다. 낙담하고 지친 상태에서, 제게는 무엇보다 휴식이 필요했습니다. 그래서 이 옴니버스 작품의 촬영을 포기하고 프랑스로 돌아왔습니다."

• 이란 제국의 마지막 '샤'인 팔라비의 두 번째 아내. 이혼 후 프랑스로 건너가 배우로 활동하기도 했다.*

또 다른 기획은 훨씬 더 마음이 끌리는 것이었다. 1963년 12월 중순 트뤼포는 뉴욕에서 만난 독립 제작자 루이스 앨런에게서 전보를 받았다. 두 젊은 각본가, 로버트 벤튼과 데이비드 뉴먼이 쓰고 있는 시나리오의 영화화 권리를 자신이 소유하고 있다는 내용이었다. 헬렌 스코트의 친구이기도 한 벤튼과 뉴먼은 자신들을 탄복시켰던 〈쥘 앤 짐〉, 〈피아니스트를 쏴라〉의 트뤼포를 감독 1순위로 미리 정해 두었다. 같은 시기에 그 이야기는 『프랑스 수아르』지에 연재만화 형태로 실렸다. 이것을 통해 트뤼포는 전쟁 전의 텍사스 지방에서 벌어진 보니 파커와 클라이드 배로의 광기 어린 살인 행위를 처음 알게 되었다. 뉴욕에서 이 기획을 책임지고 있는 두 프로듀서, 엘리너 존스와 노튼 라이트가 1964년 1월 2일 〈우리에게 내일은 없다Bonnie and Clyde〉의 초벌 시나리오를 트뤼포에게 보냈다. 이번에도 클로딘 부셰가 프랑스어로 번역해 그에게 읽어 주었다. 시나리오를 돌려 읽은 뒤 카로스 영화사는 열광에 휩싸였다. 탁월한 내용임을 확신한 트뤼포는 처음으로 미국 영화의 감독을 계획했다.

1964년 3월 26일 트뤼포는 1개월 체류 예정으로 뉴욕에 가 잔모로가 추천한 알곤킨 호텔에 머물렀다. 〈부드러운 살결〉의 편집을 마친 상태에서, 특히 마들렌과 결별한 상태에서 트뤼포에게는 기분 전환이 필요했다. 다행히 뉴욕에는 헬렌 스코트가 있었고, 그녀와 트뤼포는 두 종류의 히치콕 대담집을 서로 조율하고 번역의 최종 문제점을 해결하는 일에 파묻혔다. 트뤼포가 이렇게 오랫동안 머무른 것은 이번이 처음이었다. "놀랍게도 뉴욕은 내게 완전히 시골처럼 보입니다. 그러나 전에는, 요컨대 영화 상영이나 기자들과의 만남 등의 경우에는, 미국 생활은 내게 덜 편안해 보였습니다. 이번에는 내게 시간적 여유가 있기 때문일 겁니다." 트뤼포와 헬렌 스코트는 매일 호텔 스위트룸의 쾌적한 응접실에서 작업했다. "일은 잘 진척되고 있습니다. 물론 원하는 만큼 빠르지는 않지만, 어쨌든 진행이 지연되면 그만큼 더 공을 들일 수도 있으니까요." 트뤼포는 마르셀 베르베르에게 그렇게 편지를 썼다.

뉴욕 체류 기간에 트뤼포는 여러 차례 로버트 벤튼과 데이비드 뉴먼을 만나 〈우리에게 내일은 없다〉의 시나리오를 논의했다. 그리고 "내 생각에 이 시나리오는 정말로 훌륭하게 될 수 있습니다. 이 기획으로 〈화씨 451도〉를 대체할 수도 있을 것입니다"라고 베르베르에게 썼다. 그러나 트뤼포는 영어를 할 줄 모르기 때문에 미국에서 영화를 만드는 일에 상당한 두려움을 느꼈다. 또한 깊은 신뢰로 맺어진 스태프와 카로스 영화사의 독립 자본에 힘입어 자신의 영화를 성공적으로 만들어온 조건과 이곳의 촬영 조건이 다르다는 점을 분명히 알고 있었다. 이 시점에서 제작진은 텍사스에서 이미 촬영지 물색 작업을 시작했다. 1930년대와 크게 달라지지 않은 작은 마을이 많은 댈러스 지역에서 그해 여름부터 촬영을 시작할 수도 있는 상황이었다. 추정 예산은 평균적인 미국 영화에 비해 적은 50만 달러여서, 할리우드 제작의 거대주의에 불안해하던 트뤼포를 안심시켰다.

칸영화제에서 상영될 〈부드러운 살결〉의 마무리 작업의 감수를 위해 4월 말 파리에 돌아온 트뤼포는, 제작 준비가 지연되고 있는 〈화씨 451도〉와 1965년 여름에 신속히 연출해야 하는 B급 성격의 영화 〈우리에게 내일은 없다〉 사이에서 고민했다. 미국인들의 제안에 마음이 흔들린 트뤼포는, 자신의 영화에 출연하고 싶다는 의사를 밝힌 제인 폰다를 본격적으로 주인공 보니 역할에 기용할 생각을 했다. 제작자 자크 바의 도움으로 트뤼포와 폰다의 만남이 이루어졌지만 결과는 얻지 못했다. 그 후에 레슬리 캐런*이 마티뇽 거리에 있는 버클리 레스토랑에서 트뤼포와 워렌 비티의 점심 식사를 주선했다. 그녀는 〈화씨 451도〉의 몬타그 배역을 얻기 위해 일부러 파리에 온 워런 비티와 아주 가까운 사이였다. 그래서 워런 비티를 위한 자리였지만, 이것은 또한 그녀 자신이 트뤼포와 알게 될 기회이기도 했다. 레슬리 캐런에 의하면, "군사 행동 중인 장교와도 같이 워런 비티는 모든 준비를 완벽히 하고자 했다. 비티는 내게 이렇게 말했다. '내 말 들어 봐요. 나는 프랑스어를 못하기 때문에 트뤼포와 식사 시간 내내 함께 있는 건 너무 길 것 같습니다. 그러니 커피 마실 시간에 맞추어 도착하도록 할게요'라고." 점심 식사를 마칠 때쯤 트뤼포는 〈우리에게 내일은 없다〉로 화제를 돌렸다. 트뤼포는 1930년대 미국의 두 젊은 강도의 이야기를 그린 이 시나리오를 두 사람 앞에서 칭찬했다. 워런 비티는 다음 날로 뉴욕으로 날아가 로버트 벤튼을 만났

---

* 프랑스 태생의 배우로 원래는 '레슬리 카롱'으로 부르지만, 수많은 미국 영화에 출연해 세계적으로는 '레슬리 캐런'으로 알려져 있다.*

다. "비티는 즉시 내게 전화해 대단한 시나리오라고 말하면서, 요즘 서부 영화가 인기가 없는 것이 조금 걱정된다고 덧붙였다. 그는 내게 시나리오를 보내 주었다. 나는 그것을 금세 읽고는 그에게 정말 놀라운 시나리오이며, 실제로는 서부극은 아니라고 말해 주었다." 레슬리 캐런의 부언이다.

숙고 끝에 트뤼포는 단념하기로 마음먹었다. "정직하게 말씀드리자면, 지난 5년 동안 제가 거절했던 모든 시나리오 가운데 〈우리에게 내일은 없다〉는 단연코 최고입니다." 엘리너 존스에게 편지를 써 보내면서 트뤼포는 이렇게 덧붙였다. "실례일지 모르지만, 제 친구 장뤽 고다르에게 〈우리에게 내일은 없다〉를 읽어보게 했는데, 그 역시 대단히 좋아했습니다." 베네치아영화제에서 〈결혼한 여자Une femme mariée〉의 상영회를 마친 뒤, 고다르는 친구에게 전보를 보냈다. "보니와도 클라이드와도 사랑에 빠졌음. 스톱. 뉴욕의 각본가들과 대화했으면 함." 로버트 벤튼, 데이비드 뉴먼과 고다르는 몇 차례 접촉해 결실을 맺는 듯했으나, 촬영 일정 문제로 결국 무산되었다.

트뤼포가 〈우리에게 내일은 없다〉를 단념한 것은 〈화씨 451도〉를 만들 희망이 되살아났기 때문이다. 상황으로 보아 정확히 1965년 여름에 촬영이 가능할 것 같았다. 그러나 공동 제작과 관련된 문제가 발생하면서 다시 한 차례 연기되었다. 엘리너 존스는 트뤼포에게 시간 여유가 생겼음을 알고 〈우리에게 내일은 없다〉의 연출을 다시 요청해 왔다. 새로운 제안에 마음이 움직인 트뤼포는 8만 달러의 연출료와 두 가지 사항을 요구했다. 헬렌 스코트를 자신의 개인 조감독으로 고용할 것, 그리고 꼭 맞는 배역이라는 자신의 판단을 받아들여 보니 파커 역을 알렉산드라 스튜어트에게 맡긴다는 조건이었다. "그녀는 영국계 캐나다인으로, 2개 국어에 완벽하며 어떤 사투리라도 아주 능숙하게 구사합니다. 나는 배우로서도 친구로서도 그녀를 신뢰합니다." 알렉산드라 스튜어트 역시 "아메리카 진영에 맞서 프랑수아와 나는 유럽 진영을 결성하고 있었다"고 언급한다. 트뤼포는 이전에 시카고에 들렀을 때도, 이곳에서 촬영 중이던 아서 펜의 영화 〈미키 원〉에 출연한 그녀를 방문했다.

뉴욕 96번가의 건물 상층에 사무실을 가진 엘리너 존스는 트뤼포의 요구 조건을 모두 수용할 태세였다. 7월 초 촬영 개시를 위해 이제 남은 문제는 클라이드 배로 역할을 담당할 스타를 찾는 일뿐이었다. 뉴욕의 프로듀서들은 전보를 보내 폴 뉴먼을 추천했지만, 트뤼포는 거절했다. "작품이 지나치게 커지게 되어 균형을 잃을 것이므로 폴 뉴먼에 접근하는 것은 도움이 안 될 것입니다. 스톱. 스쿠터 티그와 로버트 워커가 두 남성 배역에 적합해 보입니다. 스톱. 나는 이 영화에 스타들은 생각하고 있지를 않지만, 그쪽의 제안도 바로바로 타전해 주십시오." 프로듀서들은 폴 뉴먼을 단념한 뒤에도, 상업적인 이유에서 스타 한 명은 필요하다고 간청하면서 워런 비티를 추천했다. 이번에는 트뤼포가 단번에 단호히 거부했다. "사실을 말씀드리자면, 저는 워런 비티에 대해 전혀 호감이 없을 뿐 아니라, 설상가상으로 그는 극도의 불쾌감을 풍기는 인물로 생각됩니다. 제 머릿속에 그는 말론 브랜도를 비롯한 몇몇 배우와 함께, '이 사람들과 함께 찍을 바엔 차라리 안 찍는 게 낫다'는 항목의 작은 명단 안에 들어 있습니다." 트뤼포는 엘리너 존스에게 그렇게 편지를 했다. 그러는 사이 이 기획에 마음을 뺏긴 워런 비티는 시나리오의 영화화 권리를 사들인 뒤, 얼마 전 〈미키 원〉을 함께 만들었던 아서 펜에게 연출을 맡기기로 결정해 버렸다. 트뤼포의 연출 가능성은 이로써 결정적으로 소멸되었다. 〈우리에게 내일은 없다〉는 1966년 여름 페이 더너웨이와 워런 비티라는 두 스타를 주연으로 촬영되어, 1960년대를 통틀어 가장 큰 상업적 성공작의 한 편이 된다.

화씨로 표시된 온도

두 젊은 미국인 독립 제작자 유진 아처와 루이스 앨런의 추진력에 힘입어, 〈화씨 451도〉는 새로운 진척을 보였다. 유진 아처는 트뤼포에게 이렇게 편지를 썼다. "프랑스의 젊고 역량 있는 감독이 미국으로 건너와 (이곳 기준으로) 저예산 영화를 만들 이상적인 시점입니다. 무엇보다도 미국의 산업이 현재 당신과 같은 사례를 필요로 합니다. 진정으로 개인적이며 예술적인 영화를 과도하지 않은 예산으로 만드는 일이지요. (…) 저는 미국의 시스템에 누벨바그의 사례를 적용함으로써 많은 것을 얻게 되리라 믿습니다. 수백만 달러가 드는 '초대형 스펙터클' 영화로는 상황을 개선할 수 없을 것이기 때문입니다."

누벨바그에 대한 외국의 승인을 증명하는 이 제안에 마음이 기운 트뤼포는 〈화씨 451도〉의 시나리오를 영어로 번역했고, 제목도 좀 더 국제적 느낌의 〈불사조The Phoenix〉로 붙였다. 루이스 앨런은 이 기획에 적극적으로 몰두하면서 자신의 능력을 과시했다. 1963년 8월 앨런은 카로스 영화사로부터 브래드버리 소설의 영화화 권리를 3만 4천 달러에 다시 사들였으며, 트뤼포와 다른 각본가 모두에 대한 각색료로 3만 달러를 지불했다. 트뤼포는 헬렌 스코트에게 감격의 편지를 썼다. "루이스 앨런의 개입은 전혀 예상하지 못했던 바입니다. 카로스 영화사는 지금 그가 지급한 〈화씨 451도〉 각색료 덕분에 버티고 있습니다. 또한 약정에 따라 나 이외에 아무도 이 영화를 감독할 수 없다는 점을 명확히 하고 있어 안심이 됩니다. 나는 이 시나리오를 놓칠 수 없습니다."

트뤼포는 영화를 미국판으로 만드는 일을 진지하게 고려하기 시작했다. 역시 앨런의 주도 아래 몬타그를 연기할 최적의 배우를 찾기 위해 미국 스타들과의 접촉이 동시에 행해졌다. 앨런은 물론 브랜도와 폴 뉴먼을 추천했다. 폴 뉴먼은 이미 1년 전에 트뤼포가 접촉했던 배우였다. "그는 외모가 출중하고, 특히 컬러 영화에서 돋보입니다. 나는 록 허드슨, 그레고리 펙, 찰턴 헤스턴, 말론 브랜도, 버트 랭카스터 등 할리우드의 다른 어느 인기 스타보다도 그를 선호합니다." 그러나 트뤼포는 영화가 스타 시스템으로 방향을 잃게 되리라는 불안감에 사로잡혀 회의적 자세를 보인다. "값비싼 영화에 값비싼 뉴먼이라면 (…) 나의 독립성은 어떻게 될 것인가요?"라는 글과 함께 트뤼포는 다른 이름을 제안했다. 몽고메리 클리프트 또는 그가 편애하는 영화 〈자니 기타〉의 주인공이며 5년 가까이 연기를 중단하고 있던 스털링 헤이든, 아니면 피터 유스티노프 감독의 〈빌리 버드Billy Bud〉에서 돋보는 연기를 펼쳐 "영어를 구사하는 오스카 베르너라고 부를 만합니다"라고 트뤼포가 편지에 쓴 테런스 스탬프 등이었다. 루이스 앨런이 폴 뉴먼과 접촉한 결과, 그는 즉시 촬영하든 한 해 뒤인 1964년 여름에 촬영하든, 이 모험적 작업에 동참할 의향을 보였다. 트뤼포와 앨런은 좀 더 시간 여유를 가지고서 〈화씨 451도〉를 폴 뉴먼을 주인공으로 1964년 7월에 촬영하도록 계획했다.

1963년 9월과 10월 트뤼포가 〈부드러운 살결〉을 촬영하는 동안에도 〈화씨 451도〉의 준비 작업은 계속 이어졌다. 미국의 프로듀서들은 토론토나 고가 전철을 갖춘 시애틀, 필라델피아 등 미래적 경관을 지닌 장소를 물색했다. 루이스 앨런은 "현재로서는 북미 지역에서 가장 비용이 절감되는 장소"인 토론토를 염두에 두면서, 시애틀의 고가 전철 안에서도 몇몇 장면을 찍기로 예정했다. 다음 순서는 몬타그의 아내 린다, 젊은 여자 친구 클라리스, 소방대장 등 세 주요 배역을 맡을 배우를 확정하는 일이었다. 트뤼포와 앨런은 아내 역에 진 세버그, 여자 친구 역에 제인 폰다로 합의하고, 소방대장 배역을 위해 앨버트 피니, 막스 폰 시도, 피터 오툴, 스털링 헤이든에게 시나리오를 보냈다. 마지막으로 몇몇 기술적 문제, 무엇보다 컬러 촬영의 문제를 해결해야 했다. 컬러 촬영은 상업적 측면에서 필수적이었지만, 트뤼포는 아직 경험이 없었다. 앨런은 사진작가 리처드 아베던을 고문으로 삼을 것을 제안했지만 트뤼포는 단호히 거절했다. "나는 영화가 조형 예술이라는 주장은 선호하지 않습니다. 영화가 동적 예술이라는 생각에 더 기우는 편입니다. 컬러는 동적인 것이므로 당연히 영화에 담을 수 있는 것입니다." 미국인 프로듀서들과의 관계를 원활하게 할 중재자도 필요했다. 트뤼포가 완전히 신뢰할 수 있으며, 자신의 작업 방식을 잘 아는 사람이어야 했다. 트뤼포는 자신의 현장 조감독이 되기를 꿈꾸어 왔던 헬렌 스코트를 기용하는 데 성공했다.

이때 폴 뉴먼이 몬타그 역을 단념했다는 나쁜 소식이 들려 왔다. 루이스 앨런의 설명에 따르면 "그는 '몬타그'보다도 '폴 뉴먼'을 연기하고 싶어 합니다. 영화에 대한 폴의 기대는 우리와는 전혀 다릅니다. 그는 이것을 사회적인 기록물로 간주하고, 따라서 정치적 측면에 큰 관심을 보입니다. 그는 자신이 특별히 대우받기를 원합니다." 앨런은 이어서 커크 더글러스를 추천했지만 트뤼포는 테런스 스탬프를 선호했다. "나는 이 배우가 조만간 미국 영화계에서 중요 인물이 될 것임을 확신합니다." 1963년 12월 초 앨런은 망설임 속에서 〈불사조〉의 시나리오를 이 젊은 영국 배우에게 전했다.

그사이 트뤼포는 〈부드러운 살결〉의 촬영을 마쳤다. 미국에서 〈화씨 451도〉 연출 가능성에 대한 의구심이 남아 있고, 루이스 앨런의 제작 지원 능력에도 확신을 갖지 못한 것이 사실이었지만, 트뤼포의 걱정은 사실은 언어 문제였다. 외국인 배우, 외국인 기술진과 어떻게 의사소통을 할 것인가. 트뤼포는 헬렌에게는 얼버무리며 대충 넘겼다. "영어에 관해서는 아무 걱정 마십시오. 나는 촬영에 들어가기 전에 한마디도 배우지 않을 것입니다. 이 영화를 찍기 위해 영어를 알아야 한다고는 말하지 마십시오. 왜냐하면 영어를 배우기 위해 이 영화를 찍는 것이니까요!" 하지만 문제는 전혀 해결되지 않았다. 트뤼포는 1965년 1월부터 2월에 걸쳐 유럽통역센터에서 6주간 매일 특별 속성 연수를 받는 등 엄청나게 노력했다. 연수를 마친 뒤 트뤼포는 편지나 신문 기사, 소설까지 이해할 수 있었지만, 영어 회화는 여전히 어려웠고, 사람들 앞에서 의사 표현을 하는 일은 더더욱 힘들었다.

1964년 봄, 낭보가 날아와 기획에 활력을 불어넣었다. 〈화씨 451도〉의 시나리오를 읽고 마음에 든 테런스 스탬프가 몬타그 역을 수락했다는 소식이었다. 스탬프가 제시한 출연료는 부담스러운 수준은 아니었지만, 윌리엄 와일러의 〈콜렉터The Collector〉에 출연해야 하기 때문에 앞으로 1년 동안은 촬영이 어려웠다. 트뤼포로서는 마침내 영화의 주인공으로 최적의 배우를 찾아냈고, 루이스 앨런으로서는 대략 90만 달러로 추산되는 제작비를 조달할 시간 여유가 1년 남게 되었다. 앨런은 유니버설 스튜디오의 유럽 자회사로 런던에 위치하며 토니 리처드슨 감독과 오스카 르웬스타인이 대표를 맡고 있는 MCA와 교섭했다. 이것은 영화가 런던 교외의 스튜디오*에서 촬영될 수 있음을 의미했다.

그동안 트뤼포는 오스카 베르너와 접촉해 소방대장 배역을 의뢰했다. 이 오스트리아 배우는 이틀 뒤에 답신을 보냈다. "당신과

• 파인우드 스튜디오를 말한다.*

함께 〈화씨 451도〉 촬영을 열렬히 원함. 스톱. 애정을 보내며." 두 여성 배역 클라리스(몬타그의 관심을 일으킨 뒤, 그를 유혹해 비밀 독서를 선동하는 젊은 여성)와 린다(몬타그의 아내이며 결국 소방대장에게 그를 밀고하는 여성) 역으로 트뤼포와 앨런은 각각 제인 폰다, 줄리 크리스티(진 세버그가 단념하면서 대체되었다)와 접촉하여 동의를 얻었다. 마지막으로, 웰스와 히치콕의 영화 음악 작곡가였으며, 트뤼포가 그의 레코드 전부를 소유할 정도로 존경하던 버너드 허먼이 음악을 맡기로 했다. 두 사람은 런던에서 만나 몇 시간 동안 〈시민 케인〉과 〈새〉에 관해 대화를 나누었다. 1964년 늦가을의 시점에서는 모두 다음 해 봄 토론토나 런던에서 재집결하여 크랭크인을 할 것으로 예상하고 있었다. 최종적으로 영화의 제목은 〈불사조〉보다 〈화씨 451도〉가 낫다는 쪽으로 기울어졌다.

그때 할리우드의 주요 독립 제작자 가운데 한 명인 샘 스피겔이 이 기획에 참가했다. 샘 스피겔은 얼마 전 데이비드 린의 영화 〈아라비아의 로렌스Lawrence of Arabia〉로 상업적 영광을 누린 인물이었다. 스피겔은 앨런과의 교섭 과정에서 모든 사항을 원점에서 재검토했다. 로버트 레드포드, 리처드 버턴, 엘리자베스 테일러의 이름이 거론되었고, 예산도 3백만 달러에 육박하게 잡았다. 협상에서 배제된 트뤼포는 매우 불안했지만, 다행히도 1965년 6월 중순, 주연급 캐스팅에 의견 일치를 보지 못한 스피겔이 손을 떼었다. 그러자 루이스 앨런은 MCA와 계약을 체결했고, 세계 배급권은 유니버설에 위임되었다. 이렇게 해서 〈화씨 451도〉는 MCA가 런던에서 행한 독립 프로듀서에 의한 공동 제작의 첫 작품이 되었다. 그 두 번째 작품은 찰리 채플린의 〈홍콩에서 온 백작부인 The Countess from Hong Kong〉이었는데, 소피아 로렌과 말론 브랜도 주연의 이 영화는 실제로는 트뤼포의 영화와 같은 시기에 제작되었다. 런던 교외의 파인우드 스튜디오에서 촬영이 예정된 〈화씨 451도〉는 스피겔과의 협상 문제 때문에 1966년 1월로 일정이 다시 연기되었다.

1965년 6월과 7월에 트뤼포는 정기적으로 런던에 들러 테런스 스탬프를 만났고 촬영 준비도 했다. 프랑스인 어머니를 둔 스탬프가 완벽한 이중 언어 구사자였기 때문에 두 사람은 쉽게 의기투합했다. 때때로 까다로운 성격을 보이기도 했지만, 스탬프는 트뤼포의 영화에 출연한다는 사실, 더욱이 내용이 마음에 드는 영화에 출연한다는 사실에 흥분감을 감추지 않았다. 얼마 전 〈콜렉터〉로 칸의 남우주연상을 수상한 스탬프는 스물여섯의 나이에 순조로운 경력 상승의 궤도에 오른 것처럼 보였다. 8월 초에 루이스 앨런이 줄리 크리스티에게 1인 2역을 맡기자는 새로운 제안을 했다. 트뤼포는 매우 좋은 아이디어라고 생각했다. 우아하고 냉정한 린다, 그리고 장난기 있고 깜찍하며 다소 소년 같은 느낌을 주는 또 다른 여성 클라리스를 한 사람이 연기하는 것이다. 클라리스에게는 아주 짧은 머리의 가발을 이용한다는 방식이었다. 트뤼포는 갑작스러운 배역 변경 사실을 제인 폰다에게 전하는 임무는 제작자에게 맡겼다. 그러나 줄리 크리스티에게는 자신이 직접 알리고 싶어 했다. 9월 초에 트뤼포는 줄리 크리스티가 6개월 넘게 〈닥터 지바고Doctor Zhivago〉를 촬영하고 있던 마드리드로 날아갔다. 그녀는 두 명의 인물을 동시에 연기한다는 사실에 몹시 기뻐했다. 크리스티와 트뤼포는 첫눈에 서로에게 끌렸다. 프랑스어에 능숙한 이 젊은 영국 여배우는 감독의 자유로운 상상력과 열정에 매료되었으며, 그는 그녀의 발랄함과 기지에 매혹되었다. "나는 줄리에게서 미니스커트를 처음으로 보았다. 당시에 그것은 유행이 아니었기 때문에 나는 그녀가 약간 이상한 사람이라고 생각했다. 사실은 그녀는 유행을 앞서가고 있었다. 줄리의 목소리에 관해서도 덧붙이고 싶다. 그녀의 목소리는 외모와 좀 어울리지 않는다. 마치 '1800 위스키'*를 몇 병 마신 듯한 목소리다. 물론 사실과는 다르다. 그녀는 실제로는 담배도 피우지 않고, 술도 마시지 않는다. 하지만 나처럼 심하게 손톱을 물어뜯는다. 우리는 금세 의기투합했다." 이 은밀한 애정 관계는 〈화씨 451도〉의 촬영 내내 계속되었다.

줄리 크리스티의 1인 2역 결정 사실을 트뤼포가 테런스 스탬프에게 알려주면서 일이 어긋나기 시작했다. 트뤼포와 크리스티가 자신에게서 인기를 가로채고 자신의 역할을 축소하려 한다고 확신한 스탬프가 〈화씨 451도〉에서 하차하겠다고 위협하자 트뤼포는 그에게 간청했다. "나의 소중한 테리. 당신은 탁월한 재능의 소유자이며, 아마도 놀라운 성공을 이룩할 것입니다. 당신은 너무도 위대한 배우입니다. 할리우드가 플레이보이나 수사관 이외에 다른 인물은 충원할 능력을 잃어버린 현재의 영화계에 꼭 필요한

• 테킬라 위스키의 상표명*

시적인 배우입니다. (…) 줄리 크리스티에게 린다와 클라리스를 동시에 연기하게 하는 것은 수수한 역할과 화려한 역할 사이의 영원한 숙제를 해결할 기회를 마침내 얻고자 하는 것이며, 한 여자의 양면을 보여 주는 동시에 대부분의 남자에게 아내와 정부는 다르지 않다는 사실을 시각적으로 증명할 기회를 찾으려는 것입니다." 트뤼포는 여러 논거를 대면서 〈화씨 451도〉가 "무엇보다 소방관 몬타그의 이야기"임을 상기시키고, 샘 스피겔과의 협상을 다시 거론하면서 몬타그 역으로 다른 배우를 요구했을 때 스탬프를 고집했던 이야기까지 했다. "스피겔이 당신을 배신하려는 제스처를 보이자마자 우리는 그것을 철회했습니다. 계속 당신과 함께 작업하기 위해서였지요. 지금 MCA(유니버설) 및 루이스 앨런과의 공동 작업은 스피겔의 경우보다는 조촐하긴 해도 훨씬 순수합니다. 무엇보다 당신과 줄리, 오스카, 나, 이처럼 강력하고 훌륭한 4인조가 형성되어 있으므로, 작품을 온전한 상태로 보전하기 위한 방어책이 가능할 것입니다." 하지만 소용없는 일이었다. 질투심으로 상처 입은 스탬프는 자신이 배신당했다고 여기고 결심을 바꾸지 않았다.

트뤼포와 앨런은 황급히 대안을 찾아 소방대장 역으로 예정된 오스카 베르너에게 몬타그 역을 제안했다. 베르너는 제안은 받아들였지만 배역 변경에 부담을 느꼈다. 그리고 매우 긴장된 상태로 촬영에 들어가면서 갑자기 출연료 인상을 요구했다. 대장 역할을 위해 앨런과 트뤼포는 스털링 헤이든에게 다시 연락했지만, 그는 스탠리 큐브릭의 영화 〈닥터 스트레인지러브Dr. Strangelove〉의 고통스러운 촬영을 마친 뒤라서 망설이는 빛을 보였다. 이때 영국배우노동조합에서 테런스 스탬프가 영화 출연을 포기한 사실과 관련해 다른 영국인 배우의 고용을 강력히 요구했다. 조합의 압력에 부딪힌 트뤼포는, 그들이 추천하는 영국 배우는 누구라도 좋으므로 출연을 승낙하는 배우가 나타날 때까지 촬영을 미루기로 했다. "어차피 그들은 모두 비뚤어진 얼굴을 가지고서 연극 대사를 읊듯이 말하기 때문이다."

트뤼포는 〈화씨 451도〉의 촬영을 시작하기도 전에 탈진 상태가 되었다. 이 기획을 추진한 지 어언 4년이 흘렀고, 그동안 네 명의 각본가와 함께 네 종류의 시나리오를 썼다. 족히 대여섯 명은 되는 제작자가 이 기획에 흥미를 보였고, 스무 명가량의 배우가 배역으로 검토되었다. 마침내 촬영 가능한 시점이 되자, 마치 그 긴 여정으로 내부를 좀먹어가고, 한계치를 넘어선 기계의 하중에 짓밟힌 것처럼, 트뤼포는 무관심하고 무기력한 듯이 보였다. 연애담에는 시작, 중간, 결말이 있다는 말을 트뤼포는 즐겨 해 왔고, 그의 인물을 통해서도 즐겨 말했다. 여러 점에서 한 편의 영화도 마찬가지일 것이다. 그리고 〈화씨 451도〉는 촬영을 시작하기도 전에 그 생명을 소진해 버린 것 같았다.

인간 서적들의 숲

1965년 말, 프랑수아 트뤼포는 파리와 런던을 빈번히 오가면서 〈화씨 451도〉의 배우 및 스태프와 작업을 했다. 그는 커즌 가에 위치한 별 매력은 없지만 널찍한 힐튼 호텔의 스위트룸을 얻었다. 트뤼포는 1966년 1월부터 6월 중순까지 그곳에 머물렀다. 늘 그렇듯이 트뤼포는 촬영에만 전념했다. 런던을 관광하는 일은 아예 관심조차 없었고 '최첨단의 60년대 런던' 속에 빠져 보는 일도 아무 흥미를 느끼지 못했다. '진동하는 런던Swinging London'은 유럽의 대도시를 빠른 속도로 즉시 석권하게 될, 경이적으로 비등하는 음악과 혁신적 패션을 특징으로 하고 있었다. 트뤼포는 당시 가장 역동적이던 이 도시에 살고 있던 친구들, 예컨대 로만 폴란스키나 프랑수아즈 도를레악 등을 만나지도 않았다. 그는 택시로 갈 수 있는 몇몇 도로, 이를테면 파인우드 스튜디오로 가는 코스, 영국영화협회 시사실이나 국립영화극장으로 가는 길 외에는 런던의 지리를 알지도 못했다.

촬영이 시작되기 전날 고다르가 트뤼포를 방문했다. 트뤼포는 그를 세트장으로 데려가 컬러로 촬영한 테스트 필름을 보여 주었다. 이어서 두 사람은 영국영화협회 시사실에 틀어박혀, 마를레네 디트리히가 주연한 조지프 폰 스턴버그 감독의 〈진홍의 여왕The Scarlet Empress〉을 다시 보았다. 트뤼포는 이 영화를 "가장 훌륭하고 가장 지독한 광기에 휩싸여 있고 최상의 연기가 돋보이는 영화"로 평가하고 있었다. 영화 작업에 시달리던 트뤼포는 자기 자신을 망명 감독으로 간주하며 만족해했다. 자신에게 완벽히 어울리는 상황이었기 때문이다. 런던 체류 기간 내내 두 명의 '개인 조감독'이 그의 곁에 붙어 다녔다. 친구의 촬영 현장에 동참할 기회를 마침내 얻어 행복해하는 헬렌 스코트는 가까이 허트포드 가에 방을 얻었고, 쉬잔 시프만은 아파트를 얻을 때까지 피카딜리 광장의 리젠트 팰리스 호텔에 며칠간 투숙했다. 시프만은 당시를 이렇게 회상한다. "〈화씨 451도〉의 촬영 기간에 영국인 스크립트 걸이 물론 한 명 있었으므로 나는 밤마다 제작 보고서나 편집 보고서를 작성하지 않는 기쁨을 누렸다. 프랑수아는 영어를 하지 못했지만, 나는 영어를 자유롭게 말할 수 있었다. 그래서 우리는 계속 함께 붙어 작업했다." 루이스 부뉴엘의 영화*에 빗대어 '짓궂은 수잔나'라는 애칭으로 불린 쉬잔 시프만은 창조적 과정에 본격적으로 합류했다. 어떤 아이디어도, 어떤 새로운 대사도, 어떤 세부 사항도 촬영 전에 트뤼포가 그녀와 논의하지 않은 것은 없었다.

크랭크인 이틀 전인 1966년 1월 11일 트뤼포는 소방대장 역의 배우를 최종 결정해야 했다. 오스카 베르너가 출연한 마틴 리트 감독의 〈추운 나라에서 온 스파이 The Spy Who Came In from the Cold〉를 보다가, 트뤼포는 독특한 억양을 지닌 아일랜드 출신의 배우 시릴 큐색에 주목했다. 큐색이라면 적역일 것이다. 드디어 캐스팅을 완료하고 1월 13일 목요일에 파인우드 106호 촬영장에서 촬영을 시작했다.** 트뤼포는 런던 도심에서 45분 거리에 위치한 이 대형 스튜디오가 대단히 엄격한 규칙으로 통제되고, 완벽한 기술을

---

* 1950년 작품 〈못된 수잔나Susana la perverse〉를 말한다.*
** 이 촬영에 관해 좀더 자세한 정보가 『화씨 451도에 관한 일지』에 수록되어 있다. 이 놀라운 책에 관해, 피터 보그다노비치는 1966년 가을에 다음과 같이 트뤼포에게 써 보냈다. "당신의 영화 〈화씨 451도〉와 그 촬영 일지 중에 내가 어느 편을 더 좋아하는지 모르겠습니다. 이 촬영 일지는 모든 감독에게 하나의 영감으로 작용할 것이며, 일종의 안내서가 될 것입니다."

지닌 수많은 스태프가 지배하는 하나의 세계임을 알았다. 실제로 〈화씨 451도〉의 촬영 감독인 니콜라스 로그 주변의 스태프는 50명 가까이나 되었다. 트뤼포가 두 명의 분장사와 네 명의 의상 담당을 거느린 것도 이번이 처음이었다. 이 강압적 상태는 때때로 그를 짜증 나게 했다. "조합 규정은 매우 엄격해서, 예를 들면 우리가 두 대의 카메라로 촬영할 경우라도 니콜라스 로그는 그 가운데 한 대는 조작할 권리가 없었다." 그러나 때로는 장점도 있었다. "파인우드는 대단히 쾌적하고 훌륭한 설비를 갖춘 정통 스튜디오다. 언제라도 나는 한두 대의 보충 카메라를 요구할 수 있으며, 그러면 곧바로 충원된 촬영 기사와 초점 전담 조수가 카메라를 가지고 도착한다. 항상 가동 대기 상태에 있기 때문이다." 그렇지만 그의 전반적 인상은 복잡했다. "자발적이든 강제적이든(강제적 성격이 좀더 강하긴 해도), 〈화씨 451도〉는 나의 취향으로 본다면 지나치게 영국적인 영화가 될 것입니다." 트뤼포는 마르셀 베르베르에게 그렇게 썼다. "나는 준비가 충분하지 못한 이 영화 때문에 정신을 못 차릴 지경입니다. 혹시라도 문제가 발생할 상황을 피하기 위해 주말마다 무대 장치, 의상, 소품 등에 관한 메모를 작성해야 합니다. 작업의 질은 조금 향상되고 있지만, 너무너무 느려요!" 이번 촬영에 임하면서 트뤼포는 상황에 맞추어 자신의 스타일을 바꾸었다. 예컨대 쇼트당 촬영 횟수를 최대 3회를 넘기지 않았고, 한 개의 테이크만을 현상했다. 액션 장면들만이 세 대의 카메라로 촬영되었다.

당시에 피에르 라자레프가 발행하던 신문 『프랑스 수아르』의 유명 특파원이었던 필립 라브로가 며칠간 〈화씨 451도〉의 런던 촬영장에 들렀다. "나는 한 여성에게 안내받았는데, 그녀는 겉으로는 호감을 주면서도 냉정한 방어 본능을 감춘 위협적인 고래처럼 보였다. 바로 헬렌 스코트였다." 그녀는 프랑수아 트뤼포의 통역 담당이자 개인 조감독이었다. 영어에 능숙하지 못한 상태에서 종종 판단 내리기 힘들었던 트뤼포에게, 헬렌 스코트는 배우들의 연기가 올바른가에 관해 말해 주기까지 했다. 필립 라브로는 이렇게 덧붙인다. "트뤼포를 촬영 현장에서 본 것은 그것이 처음이었다. 그는 당황한 표정을 짓고 있었으며, 이 영화를 만드는 것이 옳은 일인가 자문하는 듯이 보였다. 자신을 촬영장의 이방인처럼 느꼈던 것이다. 마치 그 영화가 한없이 막막한 다른 어떤 실체, 즉 외국어에 의해 좌우되는 느낌을 받았던 것이다."

3개월 반 동안 지속된 촬영 기간에 트뤼포는 진행이 순조로웠던 며칠만을 자신의 기억에 간직하게 된다. 그 가운데 특히 소방대가 서적들을 불사르는 장면의 촬영이 며칠 있었는데, 이때 트뤼포는 런던의 벼룩시장과 두세 군데 서점에서 직접 책을 골랐다. 요컨대 자신에게 친숙한 책들 전체가 불길에 휩싸이는 셈이었다. 프루스트의 책, 피에르 클로소프스키의 『로베르트 오늘 밤에_Roberte ce soir_』, 오디베르티의 『마리 뒤부아』, 주네의 『도둑 일기』, 밀러의 『섹서스』, 폴 제고프의 『수수께끼_Rébus_』, 크노의 『지하철의 소녀』, 그리고 그가 존경하는 영미권 작가들, 즉 트웨인, 디킨스, 멜빌, 샐린저, 디포, 루이스 캐럴, 새커리의 책이 있었고, 그 밖에 영화 관련서도 있었다. 채플린의 『자서전_My Autobiography_』과 표지에 〈네 멋대로 해라〉의 사진을 올린 『카이에 뒤 시네마』, 그리고 수녀 모습의 안나 카리나 사진을 올린 『카이에 뒤 시네마』도 한 권 있었다. 그것은 드골 정권의 검열로 프랑스에서 상영 금지된 리베트의 〈수녀La Religieuse〉에 대한 연대감을 표현하는 방식이었다.

또 한 차례 행복한 순간은 촬영 막바지인 1966년 4월 파인우드 근교 블랙 공원에서 야외 촬영을 할 때 왔다. 트뤼포는 '인간 서적들'의 왕국을 이곳에 설정했다. '인간 서적들'은 독재 정권의 추격을 받으면서도, 지나간 세기의 문학적 기억을 화염에서 구해 내기 위해 플라톤의 『공화국Republic』, 『폭풍의 언덕Wuthering Heights』, 『율리시즈Ulysses』, 『고도를 기다리며En attendant Godot』, 스탕달의 『앙리 브륄라르의 생애La Vie de Henry Brulard』, 생시몽의 『회고록Les Mémoires』, 『화성 연대기Martian Chronicles』, 『데이비드 코퍼필드』 등을 암기하고 있었다. 최악의 기상 상태로 추위에 비바람까지 몰아치는 날의 첫 촬영분은 너무도 형편없었다. 참담함을 느낀 트뤼포로서는 전체 장면을 다시 찍어야 했다. 그렇지만 며칠 지나면서 감독 트뤼포는 조금씩 자신의 개성을 되찾았다. 눈 속에서 전개되는 마지막 장면은 총 67일에 걸친 촬영 기간 가운데에서 즉흥 촬영된 유일한 부분이었다.

『카이에 뒤 시네마』의 편집장 장 루이 코몰리의 권유에 따라, 트뤼포는 "가장 슬프고 가장 힘들었던" 연출과 촬영 여정을 세세히 기록한 촬영 일지를 썼다. 이 일지는 1966년 3월호부터 6월호까지 『카이에 뒤 시네마』에 발표되었다. 이 속에서 트뤼포는 배우

오스카 베르너와의 극도로 긴박했던 관계를 밝히면서 울분을 그대로 드러냈다. 〈쥘 앤 짐〉에서 4년이 지난 후의 재회는 둘 모두에게 흥분되는 일이었지만, 첫 주가 지나면서 관계는 악화하기 시작했다. 점점 교만해진 베르너는 스타로서의 대접을 원했고, 연출자의 결정 사항을 문제 삼으면서 그 근거에 대한 설명을 계속 요구했다. 트뤼포는 거절했다. 그는 2월 1일 자 일지에 두 사람의 첫 충돌에 관해 이렇게 썼다. "시릴 큐색이 화염 방사기를 그의 등 쪽에서 위험하게 다루자 베르너는 신경질적인 반응을 보였고, 이후 5분간 우리는 심한 말다툼을 벌였다." 트뤼포는 스타로서의 거만함, 곤란한 촬영 상황에서의 인내심 부족, 지나치게 과장된 연기, 특히 유머 정신과 상상력의 완전한 결핍을 비난했다. 두 사람은 몬타그라는 인물 해석에서도 견해가 전혀 달랐다. 오스카 베르너는 몬타그를 영웅으로 묘사하고자 한 반면, 트뤼포는 영웅주의를 몹시 싫어했다. "나는 반영웅주의를 좋아한다. 나는 용기를 찬미하는 영화는 결코 만들 수 없을 것이다. 내가 이런 것에 전혀 흥미를 느끼지 못하기 때문이다. 내게 용기란 요컨대 기지와 비교할 때 과대 평가된 미덕으로 보인다. 벤 바카 사건의 '야비한 인간'인 우프키르 장군*은 용기 있는 사람임에는 틀림없지만, 기지의 측면에서 보자면 형편없는 자일 것이다."

〈화씨 451도〉의 촬영은 이렇게 연출자와 남자 주연 배우 사이

---

* 모로코의 비밀 경찰 장관이며 국방 장관이었던 인물. 그가 국제법을 무시하고 벤 바카를 암살한 뒤 그 사체를 헬리콥터로 운송한 사실을, 트뤼포는 자신의 책 『화씨 451도 촬영 일지』에서 지적하고 있다.*

의 끊임없는 알력의 분위기 속에 놓여 있었다. 2월 18일에 트뤼포는 화염 방사기를 들고 나오는 장면에서 베르너가 연기를 거부하자 대역을 사용했다. 베르너는 22일에는 줄리 크리스티와 시릴 큐색에게 멋대로 연기 지시를 했다. 트뤼포는 베르너에게 이렇게 말했다. "4월 말까지만 서로 참게. 이것은 자네가 원하는 식의 영화도 아니고, 내가 원하는 식의 영화도 아니며, 그 중간에서 만들어지는 영화일 테니까. 그러니 이제부터는 내가 찍는 장면이 마음에 안 들면 자네는 휴게실에서 그냥 쉬면 되네. 자네 없이 찍거나 대역을 쓰면 되니까." 오스카 베르너는 결국 굴복했지만, 그 장면의 마지막 대사를 대충 해 버렸기 때문에 트뤼포는 편집 과정에서 이 부분을 삭제했다. 그렇지만 베르너가 패배를 시인한 것은 아니었다. 부활절 주말을 이용해 베르너는 목덜미와 뒤통수까지 머리를 아주 짧게 깎고 촬영장으로 돌아온 뒤, 이발소에서 잠들어 버렸다는 핑계를 댔다. 격노한 트뤼포는 어쩔 수 없이 정면만을 찍거나 모자를 씌워 촬영했고, 등을 보이는 장면은 대역을 사용했다. 1966년 4월 15일, 13주에 걸친 촬영이 끝난 뒤 트뤼포는 마침내 이렇게 쓸 수 있었다. "이것으로 오스카 베르너와의 협력 작업은 끝났다. 나는 내일 그가 할리우드로 떠날 때까지 만나지 않을 것이며, 그 후로도 두 번 다시 보고 싶지 않다."

트뤼포는 계속 파인우드 스튜디오에 남아, 5월 초 영국인 편집자 톰 노블과 함께 두 시간가량 되는 첫 편집본을 완성했다. 이에 만족하지 못한 트뤼포는 6월 초 장 오렐을 런던으로 불러 조언을 부탁했다. 오렐은 도입부의 진행이 약간 처지므로 처음 30분간의 리듬을 압축시키고, 두 여성이 첫 등장하는 순서도 바꾸어야 한다는 의견을 주었다. 또한 트뤼포는 버너드 허먼에게서도 영화의 향상을 기대했다. 5월에 허먼은 촬영과 조화를 이루는 음악, 무엇보다도 니콜라스 로그가 히치콕과 유사한 의도에서 전면에 세운 공격적 붉은색과 조화를 이루는 음악을 한 시간 가까운 길이로 만들었다. 허먼 덕분에 〈화씨 451도〉는 때때로 대단히 경쾌하면서 날카로운 음향을 사용하여 '불안한 영화'의 리듬을 얻는 데 어느 정도 성공했다.

1966년 7월 20일 마침내 〈화씨 451도〉는 완성되었다. 색채와 음악, 줄리 크리스티의 동작과 시선, 목소리 억양 등이 돋보이는 만족스러운 장면들이 꽤 있었지만, 전체로서는 트뤼포는 이 영화를 좋아하지 않았다. 그것은 영어를 사용한다는 난점과도 얼마간 관련이 있었던 것일까? 톰 노블에게 트뤼포는 이렇게 편지를 썼다. "유감스럽게도 우리가 함께 작업할 기회는 앞으로 없을 것입니다. 〈화씨 451도〉를 몇 차례 보고 난 뒤 나는 영어에 정통해질 때까지는 영어를 사용한 영화의 연출은 단념해야 함을 알았기 때문입니다." 6월 10일 베네치아 모스트라영화제의 위원장 루이지 키아리니가 런던에 들러 이 영화를 본 뒤 공식 경쟁 부문 상영을 결정했다. 이것은 트뤼포에게 있어서 프리미어 상영이 될 것이고, 그것은 동시에 용기를 돋우는 사건이기도 했다.

8월에는 캘리포니아에서 또 하나의 낭보가 날아왔다. 유니버설이 마련한 시사회에서 〈화씨 451도〉를 본 레이 브래드버리가 좋은 평가를 내린 것이다. "한 명의 작가로서 영화관에 들어가 자신의 소설이 그렇게 정확하게, 그토록 매력적으로 영화화된 것을 볼 수 있는 경우는 정말 드물 것입니다. 스톱. 트뤼포는 원작의 정신을 고스란히 간직하고 새로운 예술 형태로 나의 작품을 내게 다시 선사했습니다. 깊은 감사를 표합니다." 그와 견해를 같이하지는 않았어도, 트뤼포가 작가의 열광적 반응에 감격한 것은 당연한 일이었다.

파리 평론계의 반응은 비교적 차가웠고, 최상의 경우에도 예의를 표시하는 정도였다. 『누벨 옵세르바퇴르』의 미셸 쿠르노는 노골적인 적대감을 표명하면서, 트뤼포가 미국 영화를 모방하려 했음을 비난했다. "로스앤젤레스의 병원에 들어가 10년에 걸쳐 혈액형과 신진대사, 신경 세포를 개조하지 않는 한, 프랑수아 트뤼포는 미국인이 아니고 앨프레드 히치콕도 아니다." 쿠르노는 유감의 표현으로 결론을 맺었다. "트뤼포의 영화를 혹평하는 것은 진정으로 싫은 일이다. 왜냐하면 그는 내가 존경을 품고 있는 감독, 애정을 느끼는 인간 가운데 한 명이기 때문이다." 장 루이 보리는 관대함을 거의 보이지 않았다. 그는 기사 제목에서 빈정거리듯 트뤼포를 '소방관'•이라고 부르면서, 이 영화를 관습적이라고 평가했다. 『카이에 뒤 시네마』가 취한 태도는 어떤 점에서는 〈화씨 451도〉에 대한 언론계의 곤혹감을 상징적으로 보여 주었다. 『카이에 뒤 시네마』는 이 영화의 촬영 일지를 내세우듯이 게재해 왔다. 그러나 장 루이 코몰리가 쓴 〈화씨 451도〉의 비평문은

• '낡은 기법을 고수하는 작가'와 동음이의어•

호의적이기는 해도, 전체적으로 트뤼포에게 "선심 쓰고자" 하는 느낌이 강했다. 『카이에 뒤 시네마』가 선정한 1966년의 최고 작품 목록 가운데, 트뤼포의 영화는 겨우 14위에 오르게 된다.

9월 7일 베네치아영화제에 출품된 〈화씨 451도〉는 좋은 반응을 얻었지만, 3일 뒤 시상식에서 수상은 하지 못했다. 파리에서는 일반 공개 전날인 9월 15일 저녁 마리니 극장에서 특별 상영회가 열려, 줄리 크리스티가 미니스커트 야회복 차림으로 참석했다. 관객 모두에게 트뤼포는 브래드버리의 소설을 한 권씩 선물하도록 했다. 초청된 관객 가운데는 "서적을 축복하기 위해" 참석한 아카데미 프랑세즈 회원도 15명가량 있었다. 이처럼 명사급 작가들과 연계되면서 트뤼포의 〈화씨 451도〉는, 몇 년 전 자신이 기수 역할을 했던 프랑스 누벨바그의 영향으로 유럽 전역에서 약진한 새로운 영화들과 정반대되는, 다소 경직되고 시대에 뒤처진 영화로 보였다.

〈화씨 451도〉는 18주의 흥행으로 프랑스에서 상업적 성공과는 사실상 거리가 있는 총 18만 5천 명의 관객을 동원했다. 이것은 제작비 측면에서 약간의 적자를 의미했다. 1966년 11월 2일에는 뉴욕에서 개봉되었지만, 결과는 나아지지 않았다. 사실상 트뤼포의 유일한 위안은 6년간 자신을 억눌렀던 기획을 매듭지었다는 사실이었다. "선생님께 솔직하게 말씀드리자면 〈화씨 451도〉와 함께 우리의 긴 모험이 끝났으므로 이제 저는 숨을 돌릴 수 있을 것 같습니다. 그것이 흥분되는 모험이긴 했지만, 규모가 큰 기획에 제가 종종 압도되었다는 사실을 인정하지 않을 수 없습니다.

아마도 제 야심이 지나치게 컸나 봅니다. 그리고 저는 줄곧 제 노력이 선생님의 작품의 높이에 이르지 못할지도 모른다는 걱정을 했습니다." 트뤼포는 레이 브래드버리에게 이렇게 편지를 썼다.

히치콕 대담집

1965년 여름 〈화씨 451도〉의 촬영 준비를 시작함과 동시에, 프랑수아 트뤼포는 히치콕 대담집을 마무리 지었다. 일이 지연되어 짜증이 난 상태에서 트뤼포는 헬렌 스코트에게 편지를 썼다. "이 망할 놈의 지긋지긋한 책을 끝내야 합니다!" 비평가와 영화 애호가, 미국과 프랑스의 대중을 동시에 대상으로 삼아야 하는 서문은 "끔찍하게 쓰기 어려운" 것이었다. 5월 중순 트뤼포는 20쪽 정도 되는 첫 번째 서문을 완성해 헬렌 스코트에게 보내 번역을 부탁했다. 또한 텍스트에 함께 수록하기 위해 히치콕 전 작품의 많은 사진과 스틸을 계속 수집했다. 물론 1962년 8월 히치콕과의 인터뷰 당시 동석했던 뉴욕의 유명한 사진가 필립 할스만이 연출한 사진도 계산에 넣었다.

1965년 8월 중순에 히치콕은 대담집의 영어 원고본을 받았다. 줄리 앤드루스와 폴 뉴먼을 주연으로 10월 15일에 촬영을 시작할 신작 영화 〈찢어진 커튼Torn Curtain〉의 제작 준비에 여념이 없는 시점이었다. 책의 운명에 결정적 영향을 줄 이 두 달 동안, 트뤼포는 초조와 불안의 시간을 보냈다. 히치콕으로부터 아무런 소식도 없는 상황에서는, 더 이상 혼자서 기획을 끌어갈 수는 없기 때문이다. 마침내 10월 22일 그는 히치콕에게서 장문의 편지를 받았다. 히치콕은 이번 새 영화의 작품 구성과 연기자 선정 등에 관해 자신의 심경을 길게 토로한 뒤, 인터뷰 서적에 대한 간단한 문장으로 편지를 마무리했다. "자네는 정말로 훌륭한 일을 해냈네. 다른 사람에게 상처를 주지 않기 위해 두세 군데 간단한 수정만 하면 될 것이네. 만사형통이라네." 정성스럽게 주석을 붙인 인터뷰 원고가 편지와 함께 담겨 있었다. 런던에서 〈화씨 451도〉의 준비 작업에 한창이던 트뤼포와 헬렌 스코트는 안도했다. 나중에 책이 교정쇄 상태까지 진행된 시점에서야 트뤼포는, 이 책의 대화체가 "충분히 구어적"이지 않다는 점에서 히치콕이 영어판 서적에 전적으로 만족하지는 않는다는 사실을 알게 되었고, 그 때문에 미국판 간행은 더 늦어졌다. 1966년 7월 27일부터 3일간 런던의 클래리지 호텔에서 〈마니〉와 〈찢어진 커튼〉에 관련해 최종 인터뷰를 한 뒤, 세 협력자는 기획에 마침표를 찍었다.

1966년 8월, 트뤼포는 『앨프레드 히치콕이 말하는 영화 *Le Cinéma selon Alfred Hitchcock*』의 원고를 로베르 라퐁 출판사에 넘겨주었다. 750장이 넘는 원고에 사진이 3백 장 이상 되는 방대한 분량이었다. 발행인인 라퐁은 트뤼포에게 이렇게 편지했다. "당신이 말하는 대로 책을 만든다면, 15.5센티미터×24센티미터의 대형 판형으로 416쪽이나 되고, 그 정가는 적어도 57프랑은 될 것입니다. 상당수의 독자에게는 지나치게 비싼 가격일 것으로 생각됩니다." 그는 트뤼포에게 포켓판 발행 가능성을 제의했지만, 이것은 상당 부분의 원고를 삭제하는 것을 의미했으므로 트뤼포는 거절했다. 그는 로베르 라퐁에게 이 책이 단순히 영화 애호가 집단만을 위한 것이 아니라, 다수의 일반 독자의 흥미도 끌 수 있다고 최선을 다해 설득했다. 1월 30일 런던에서 트뤼포와 단둘이 저녁 식사를 한 뒤, 로베르 라퐁은 마침내 그것을 받아들였다. "나는 런던에서의 대화가 매우 건설적이었다고 생각합니다. 이것이 앨프레드 히치콕 개인에 관한 책이라는 사실을 넘어, 영화 역사에 관한 책이라는 더 큰 의미를 지닌다고 말했을 때, 당신은 내게 새로운 생각을 하게 했습니다." 라퐁은 트뤼포에게 그렇게 편지를 썼다. 그해 여름, 자크 도니올-발크로즈의 전처로 지금은 라퐁 출판사 편집장 클로드 마이아와 결혼한 리디 마이아, 필모그래피를 감수한 장 크레스, 조판 담당 장 드니 등으로 구성된 팀이 거의 정방형의 대형 판형으로 260쪽에 350장의 사진이 실린 책을 만들어 갔다. 트뤼포가 자부심을 느낄 만큼 호화로운 장정을 갖춘 이 책은 1966년 10월에 출간되었다.

또한 사이먼 앤드 슈스터 출판사를 통해 미국판도 연달아 진행되어, 프랑스판보다 훨씬 세련된 장정의 책이 『트뤼포가 말하는 히치콕*Hitchcock by Truffaut*』이라는 제목으로 1967년 11월에 출간되었다. 프랑스에서의 판매가 5천 부 정도에서 멈춘 반면, 미국판은 큰 대중적 성공을 기록해, '하드커버'가 1만 5천 부, '페이퍼백'이 2만 1천 부 판매되었다. 1967년부터 1973년 사이에 트뤼포가 받은 인세는 2만 3천 달러에 이르렀다. 트뤼포는 이 돈을 헬렌 스코트를 위해 비축했다. 그녀가 없었으면 이 작업은 성공적으로 수행될 수 없었을 것이다. 평소 친구들을 도울 때처럼 눈에 띄지 않으면서 우정에 충실하고자 했던 트뤼포는, 그가 헬렌에게 쓴 표현을 빌리자면 "사내아이를 먹여 살리기 위해" 그녀의 은행 계좌로 몇 차례에 걸쳐 돈을 보냈다.

프랑스 비평계는 새로운 형태의 책에 갈채를 보내면서 "두 사람이 각자의 직무에 관해 질문을 던지면서 최고의 방식으로 영화에 접근했다"라고 평가했다. 『문학 통신』지는 "영화 비평의 혁명이라 할 책"이라고 썼으며, 『오로르』지는 "『앨프레드 히치콕이 말하는 영화』는 고등영화학원IDHEC의 2년간 수업과 대체할 수 있다"고 썼다. 어느 주간지는 "생존 감독에 관한 가장 놀라운 책"이라고 평가했다. 독일, 이탈리아, 스페인, 덴마크, 영국 등 외국으로부터 번역 출판 소식이 들려오는 가운데, 트뤼포를 가장 감동하게 만든 찬사가 히치콕에게서 왔다. "정말 탁월한 책이라고 생각하며 당신에게 축하를 보냅니다. 도판이 단연 돋보입니다. 브라보! 헤아릴 수 없을 만큼의 감사를……." 친구가 된 두 사람은 은밀한 짧은 메모부터 장문의 글, 진행 중인 시나리오에 대한 조언에 이르기까지 정기적으로 서신을 교환했다. 1980년 이 '서스펜스의 거장'이 사망할 때까지, 트뤼포는 캘리포니아에 들를 때마다 그를 찾아 인사하는 일을 잊지 않았으며, 그에 관련된 기사나 책의 서문을 썼고, 그를 기념하는 행사에 참석했다. 히치콕은 트뤼포에게 크게 힘입어, 마침내 미국에서 완벽한 작가이자 진정한 독창적 예술가로 인정받았다.

창백의 총서

카로스의 재정 상황을 염려하던 마르셀 베르베르에게 약속한 대로, 프랑수아 트뤼포는 즉시 업무로 복귀해 이른바 'B급 영화'를 감독하고자 했다. 그래서 이번에는 〈화씨 451도〉의 4분의 1에 해당하는 40만 달러의 저예산으로, 이듬해인 1967년 봄에 〈상복 입은 신부La mariée était en noir〉를 촬영하기로 계획을 세웠다. 사실 이 기획은 원래, 자신이 한때 사랑했고 이후 절친한 친구가 된 잔 모로에게 바치는 트뤼포의 선물로서 1964년 여름에 구상한 것이었다.

1964년 당시 잔 모로는 피에르 카르댕과의 관계를 단절한 직후였다. 그녀는 카르댕의 파리 아파트를 떠나 에이전트인 미슐린 로장의 집에 머문 뒤, 이어서 바르 지방 라 가르드-프레네에 있는 자신의 집에 은둔하고 있었다. 절망 상태의 잔 모로는 장 루이 리샤르와 함께 마르티네 호텔에서 한창 〈마타하리〉 시나리오의 대사 작업을 하고 있던 프랑수아 트뤼포에게 전화를 했다. 6개월 전 마들렌과 파경을 맞은 트뤼포 역시 이때 정서적 위기를 겪고 있었다. 이렇게 두 사람은 〈쥴 앤 짐〉을 준비하면서 시작된 애정의 실타래를 다시 풀어갔다. "남프랑스 지방에서 우리는 완벽한 행복을 맛보았습니다. 늘 그렇듯이 내 앞에 놓인 것은 같은 문제입니다. 싸울 것인가 말 것인가, 사건이 발생하길 기다릴 것인가 직접 일으킬 것인가, 비관주의인가 낙관주의인가, 미래를 위해 살 것인가 이 순간을 위해 살 것인가, 욕구할 것인가 말 것인가 등등의 문제입니다." 트뤼포는 헬렌 스코트에게 그렇게 썼다. 잔 모로 와의 관계는 여름을 지나 가을까지 계속되면서, 〈마타하리〉의 촬영 기간으로 이어졌다. "서로에게 분주히 오가지는 않아도 우리는 매우 다정하고 온화하게 대합니다. 각자 상대방에 대한 두려움이 약간 있긴 해도 지나칠 정도는 아닙니다." 단기간에 새로이 형성된 이 애정 관계로, 트뤼포는 또다시 잔 모로와 함께 작업하고 싶다는 욕망을 품었다.

트뤼포는 잔 모로를 위한 매혹적인 역할을 찾기 시작했다. 트뤼포는 어린 시절 어머니 몰래 읽었던 윌리엄 아이리시의 추리 소설 『상복 입은 신부 *The Bride Wore Black*』의 영화화 권리를 얻기 위해 1964년 8월 헬렌 스코트에게 도움을 청했다. 윌리엄 아이리시는 이 뉴욕 출신 작가의 필명이며, 본명은 코넬 울리치였다. 1930년 대 초 인기 작가였던 아이리시는 이후 어머니와 함께 뉴욕의 호텔 방에 은둔했다. 당뇨병 환자에 알코올 중독자인 그는 1957년 어머니가 사망한 이후 11년의 시간을 절망과 고독 속에 살았다. 괴저에 걸려 한쪽 다리를 절단한 아이리시는 백만 달러의 재산을 컬럼비아대학교에 장학금으로 기부하고 사망했다. 아이리시는 '검은색'과 '어둠'의 찬미자였다. 그는 『상복 입은 신부』, 『검은 천사 *The Black Angel*』, 『공포의 검은 통로 *The Black Path of Fear*』, 『상복의 랑데부 *Rendez-vous in Black*』, 『어둠 속으로 왈츠를 *Waltz into Darkness*』 등에서 보이듯, 대부분의 작품 제목에 강박적으로 그 단어를 사용했다. 아이리시에게 매료된 트뤼포는 그의 소설 두 편을 영화화하게 된다. 하나는 〈상복 입은 신부〉이고, 다른 한 편은 『어둠 속으로 왈츠를』을 영화화한 〈미시시피의 인어〉다.

또한 트뤼포는 아이리시를 찬미하는 두 편의 글을 썼다. "나에게 아이리시는 '창백의 총서série blême'의 위대한 작가다. 요컨대 그는 공포와 두려움과 불면의 예술가다. 그의 책 속에 갱은 거의 등장하지 않으며, 간혹 나타난다 해도 이야기의 배경이 될 뿐이다. 그의 이야기는 보통 평범한 남자나 여자를 중심으로 전개되어, 독자는 간단히 감정 이입할 수 있다. 그렇다고 아이리시의 주인공의 역할이 불완전한 것은 아니며, 예상을 뛰어넘는 사건이 사랑과 죽음으로 향하는 주인공의 발걸음을 멈추게 하지도 못한다. 또한 그의 세계 안에는 기억 상실과 정신 장애가 가득하며, 극단적 예민함과 신경과민을 지닌 그의 인물들은 통상적인 미국적 영웅과는 정반대편에 서 있다. 데이비드 구디스에게 크노의 특징이 있듯이, 아이리시에게는 콕토의 특징이 있다. 그리고 나는 미국의 폭력과 프랑스의 시적 산문의 이 같은 혼합에서 흥분감을 얻는다."

헬렌 스코트에게서 윌리엄 아이리시가 파크 애비뉴에 있는 셰라튼 러셀 호텔에 거주한다는 사실을 알아낸 트뤼포는 자신의 미국 대리인이 된 돈 콩던에게 『상복 입은 신부』의 영화화 권리의 협상을 부탁했다. 콩던의 회상에 의하면, "윌리엄 아이리시에게 저녁 식사나 술을 한잔하자고 제안했더니, 오후에는 집필을 하기 때문에 어렵다고 대답했다. 그래서 아침 식사 시간에 만나기로 했다. 아이리시가 도착했을 때 나는 그 모습에 깜짝 놀랐다. 그것은 무덤에서 걸어 나온 사람의 모습이었다. 얼굴은 창백했고,

피부는 잿빛이었으니까. 그는 대단히 이해하기 어려운 고독한 인간이었다." 트뤼포는 돈 콩던에게 자신이 "〈화씨 451도〉보다 더 간단하고, 더 유리한 계약에" 서명하고 싶다는 점을 명확히 했다. "(…) 더욱 유리하게 계약해야 하는 것은, 윌리엄 아이리시가 아마도 (〈피아니스트를 쏴라〉 원작의 작가인) 데이비드 구디스보다는 유명하고, 당신 친구인 찰스 윌리엄스보다도 유명하지만, 레이 브래드버리보다는 덜 유명한 작가이기 때문입니다."

1964년 9월 17일 콩던은 트뤼포에게 아이리시가 5만 달러를 요구한다고 알려 왔다. 과도한 액수라고 판단한 트뤼포는 카로스가 공동 투자자를 찾을 때까지 가계약 상태로 기다리기로 했다. 〈화씨 451도〉를 공동 제작한 MCA의 오스카 르웬스타인이 첫 원군이 되어 주었다. 협상은 1965년 가을까지 계속되었고, 르웬스타인은 결국 4만 달러에 『상복 입은 신부』의 영화화 권리를 얻었다. 트뤼포는 르웬스타인과 협력해 다시 영어 대사로 된 영화를 1967년 봄에 파인우드 스튜디오에서 촬영하려는 생각도 했으나, 〈화씨 451도〉의 복잡했던 과정을 떠올리고 계획을 수정했다. 다음 영화는 프랑스에서 만들 것이고, 가능하면 르웬스타인과 협력 관계에 있던 유나이티드 아티스츠 영화사와 카로스 사이의 공동 제작도 가능할 것이다. 프랑스에서 촬영할 경우 2만 달러의 제작비가 절감된다는 사실을 내세워 트뤼포는 르웬스타인을 설득했다.

유나이티드 아티스츠가 답변을 지연시키는 동안 트뤼포는 잔 모로를 위한 다른 기획들을 검토했다. 잠시 그는 『신나는 일요일!*Vivement dimanche!*』이라는 제목으로 '세리 누아르' 시리즈로 번역 출간된 찰스 윌리엄스의 소설 『긴 토요일 밤*The Long Saturday Night*』
이나, 프랑스에서 『촌뜨기 집의 환상*Fantasia chez les ploucs*』이라는 제
목으로 알려진 『다이아몬드 비키니*The Diamond Bikini*』의 영화화를
고려했다. 하지만 『긴 토요일 밤』은 잔 모로가 좋아하지 않았고,
『다이아몬드 비키니』는 이미 컬럼비아 영화사에 권리가 넘어가
피에르 브롱베르제와의 공동 제작이 진행되고 있었다. 트뤼포는
브롱베르제와 다시 작업하고 싶지 않았다.

1967년 초에는 레이 브래드버리가 자신의 단편 소설을 각색한
중편 영화 〈피카소의 여름*The Picasso Summer*〉의 연출을 의뢰했다. 이
야기는 눈부신 것이었다. 부유한 미국 여행객 조지 스미스는 비
아리츠 해변에서, 그는 피부의 작고 수척한 남자가 물속에서 불
쑥 나오는 모습을 목격한다. 이 남자는 젖은 모래 위에 손가락으
로 그림을 그리기 시작하는데, 그 장인의 솜씨에 조지 스미스는
매료된다. 그리고 나서 이 남자는 다시 갑작스럽게 물속으로 돌
아간다. 이 남자는 실제의 피카소다. 곧 바닷물이 밀려와 그림들
을 덮어 버린다. 피카소와 함께 작업한다는 생각에 흥분한 트뤼
포는 즉각 브래드버리에게 답장을 보내 제안을 수락했다. 피카소
는 작가의 의뢰를 받은 뒤 사실상 협력에 동의했으며, 캘리포니
아의 어느 애니메이션 전문 제작사가 출자를 약속한 상태였다(그
림은 특수효과를 통해 재현될 예정이었다). 그러나 브래드버리가 보
낸 시나리오를 읽고 트뤼포의 의욕은 크게 저하되었다. "늘 그랬
듯이 선생님께 아주 솔직해지고자 합니다. 저는 이 꼼꼼한 각본
속에서 선생님의 단편이 지닌 독창성을 발견할 수 없다고 말씀드

려야 합니다. 만일 피카소의 집을 방문한다거나 그의 동료와 작품에 몰두한다거나 등의 행동을 한다면, 해변에 피카소가 출현하는 것은 그 정도로 강렬한 사건이 아니게 될 것으로 저는 생각합니다. 더욱이 모두 촬영해 복제시킨 그림과 애니메이션으로 전체 이야기가 구분된다면 말입니다." 결국 〈피카소의 여름〉은 세르주 부르기뇽이 감독하게 되었다. "그렇지만 영화가 너무나 좋지 않아서 극장에는 공개되지 않았습니다." 브래드버리는 트뤼포에게 그렇게 고백했다.

프랑스 국내에서도 감독 의뢰가 쇄도했으나 어느 하나 트뤼포의 관심을 끌지 못했다. 니콜 스테판의 제안이 특히 그러했다. 니콜 스테판은 〈바다의 침묵Le Silence de la mer〉과 〈무서운 아이들Les Enfants terribles〉의 여배우 출신의 제작자였다. 트뤼포는 그녀에게 이렇게 답장을 써 보냈다. "『스완의 집 쪽으로Du côté de chez Swann』를 다시 읽은 뒤, 내가 이 작품에 손을 대서도 안 되며, 이 작품이 어떤 손질을 받아서도 안 된다는 사실을 명확히 인식했습니다. 지난 4년 동안 『밤 끝으로의 여행Voyage au bout de la nuit』*도, 『몬대장Le Grand Meaulnes』**도, 『이방인L'Etranger』도, 『오르젤 백작의 무도회Le Bal du comte d'Orgel』**도, 『세상의 노래Le Chant du monde』**도, 문학의 다른 결작들도 전부 거절한 결과, 내가 인정이 없다고들 말하지만 실

• 루이 페르디낭 셀린의 소설*
•• 알랭 푸르니에의 소설*
** 레몽 라디게의 소설*
** 장 지오노의 소설*

제로는 그렇지 않습니다. 거절이 매번 불가피한 것은 그 하나하나마다 내가 치러야 하는 몫이 크기 때문입니다. 책을 다 읽고 나니 베르뒤랭 저택 살롱의 촬영을 수용할 사람은 오로지 '돼지고기 가공업자' 한 명뿐이라는 확신이 들었습니다. 게다가 선생님께서 저의 침묵에 안달하는 대신 최근에 '돼지고기 가공업자' 르네 클레망에게 연락했고, 그는 다시 한번 자신의 속성인 뻔뻔스러운 저속함을 내보이면서 한순간의 주저도 없이 그 기회를 낚아챘다는 사실을 저는 알았습니다."

1966년 12월 결국 오스카 르웬스타인은 유나이티드 아티스츠사를 설득해, 트뤼포가 〈상복 입은 신부〉를 프랑스에서 프랑스어 대사를 사용해 촬영할 수 있게 했다. 카로스 영화사와 할리우드 메이저 영화사 사이에 새롭게 세워진 이 공동 제작 시스템은, 이후 10년가량 지속되면서 트뤼포에게 안정된 재정 상황 속에서 영화를 만들 수 있게 해 주었다. 비슷한 시기인 1967년 초, 헬렌 스코트가 트뤼포 가까이에서 정식으로 일하려는 희망을 가지고 파리 이주를 결정했다. 마들렌 모르겐슈테른에 의하면, "프랑수아는 아마도 그녀의 헛된 상상을 염려했는지, 파리 이주를 신중하게 생각하도록 주의를 주었다." 실제로 트뤼포는 헬렌과 거리를 두었다. 트뤼포는 아주 친한 친구들과의 사이에서도 때때로 그렇게 해왔다. 스스로를 보호함과 동시에 상대방을 실망시키지 않기 위해서였다. 하기야 이 신중함은 종종 오해의 원인이 되거나, 우정 관계에서 다소의 냉랭함을 낳기도 했다. 트뤼포가 인간관계 때문에 업무의 정확성이 약화하면 안 된다는 직업 윤리를 따랐기 때문이다. 파리에서 헬렌 스코트는 잠시 유니버설 스튜디오의 에이전트로 근무했고, 그 후 프랑스 영화의 대사를 영어로 번역하는 일을 했다. 그녀는 트뤼포가 살던 파시 근처 퐁프 가에 아파트를 얻었다. 물론 트뤼포는 일거리를 마련해 주기 위해 헬렌을 친한 동료에게 소개해 주는 등 많은 신경을 써 주었다. 클로딘 부셰는 이렇게 말한다. "헬렌이 프랑스에 왔을 때 우리는 절친한 친구가 되었다. 헬렌은 매일 프랑수아와의 생활, 그들 사이의 언쟁에 관해 이야기했다. 그녀는 거북스러운 일까지도 거리낌 없이 말했다. 신체적 콤플렉스를 느끼던 헬렌은 직업 영역에서 늘 확고한 평가를 받고자 했다. 프랑수아는 그녀에게 여가 시간에는 글을 쓰거나 번역을 할 것을 권유했다."

1967년 2월, 트뤼포는 주간지 『누벨 옵세르바퇴르』에 클로드 베리의 첫 장편 영화 〈노인과 아이Le Vieil Homme et l'Enfant〉를 극찬하는 "클로드 베리의 앞에 놓인 영광"이라는 글을 발표했다. 이 작품은 나치 점령 기간 중 은퇴한 어느 노동자가 유대인 어린이를 떠맡는다는 내용으로, "완강하고 냉정한 반유대주의자" 노동자 역할을 미셸 시몽이 탁월하게 연기해 냈다. 그 자전적 테마에 감동한 트뤼포는 비고, 기트리, 르누아르, 루비치의 이름을 주저 없이 거론하면서 "예단과 자의적 해석에서 벗어난 정신으로 촬영된, 생생하고 경쾌한" 이 영화의 미덕을 칭찬했다. "트뤼포는 나를 신뢰했고, 여러모로 도움을 주었으며 용기도 불어넣어 주었다." 클로드 베리는 그렇게 말한다. 두 감독 사이에서는 금세 깊은 우정이 생겨났고, 트뤼포는 급기야 1967년 10월 클로드 베리와

안 마리 라삼의 결혼식에 입회인이 되어 주기까지 했다. 마들렌과 이혼한 후 다시 독신자가 된 트뤼포는 베리 부부를 실제의 가족처럼 느꼈다. 따뜻함과 열정을 지닌 이 가족은, 그 가운데로 헬렌 스코트까지 받아들일 만큼 다소 엉뚱한 면도 있었다. 클로드 베리의 처남으로, 1960년대 말부터 1970년대 초에 프랑스에서 가장 상상력 풍부한 젊은 제작자였던 장 피에르 라삼은 헬렌과 절친한 친구가 되어, 그녀의 마음속에서 트뤼포와 어깨를 나란히 하는 존재가 되었다.

몇 개월 전인 1966년 크리스마스 휴가 기간에, 트뤼포는 〈상복 입은 신부〉의 각색 작업을 위해 장 루이 리샤르와 칸의 마르티네 호텔에 머물렀다. 젊은 미망인인 살인자 쥘리 콜레르가 자신의 희생물들을 연쇄 추적해 가는 내용의 각본 작업은 신속하게 진행되었다. 장 루이 리샤르와 프랑수아 트뤼포는 연쇄 살인으로 복수를 실행하는 드라마를 신빙성 있게 그리면서도, 잔 모로가 연기하는 인물을 어둡게 묘사하면 안 된다는 점에 주의를 기울였다. 쥘리 콜레르는 미친 상태도 히스테리 상태도 아니며, 단지 강박에 휘말려 순서 정연한 계획을 실행하는 인물이기 때문이다.

2월 말 트뤼포가 완성한 237쪽의 각본은, 인물의 이름이 프랑스식으로 바뀌긴 했어도 아이리시의 소설에 상당히 충실한 것이었다. 〈상복 입은 신부〉는 논리적 구성의 효과를 계산한 영화로, 긴장감과 서스펜스에 각별히 관심을 기울였다. 트뤼포는 개봉 전에 줄거리가 공개되지 않도록 특별히 신경을 썼다. 그는 모든 스태프와 배역진에게 침묵을 당부했고, 언론에는 "한 여자가 실종된 남편을 찾아 수사를 벌이는 이야기"라는 거짓 내용을 배포했다.

1967년의 초봄에는 캐스팅과 촬영지 답사, 기술적 문제의 조정 작업에 몰두했다. 이 영화에는 잔 모로의 주변에 여섯 남성이 등장하므로, 트뤼포는 오래전부터 높게 평가하던 배우들을 드디어 출연시키는 기쁨을 누렸다. '유일한 전천후 배우'인 친구 장 클로드 브리알리에게 트뤼포는 코레 역을 맡겼다. 남편 살해에 가담하지 않아 쥘리 콜레르의 보복에서 벗어나는 유일한 남자다. 그리고 쥘리 콜레르의 다섯 희생자로는 클로드 리슈, 미셸 부케, 마이클 론스데일, 샤를 데네르, 다니엘 불랑제를 선정했다.

신부의 색채들

1967년 5월 16일 라울 쿠타르와 쉬잔 시프만을 중심으로 하는 카로스의 고정 스태프진이 칸에 집합해, 생-미셸 주택지에 임대한 아파트에서 첫 촬영에 들어갔다. 영화에서 잔 모로가 입을 14벌의 의상은 모두 검은색과 흰색으로, 피에르 카르댕이 디자인한 것이었다. 그렇지만 〈상복 입은 신부〉는 컬러 영화였고, 이 문제는 곧 트뤼포와 촬영 감독 쿠타르 사이의 불화의 원인이 되었다. 트뤼포는 첫날부터 조명의 양이 불충분하다고 생각했다. 그는 이것을 문제 삼아 촬영 감독과 처음으로 언쟁을 했고, 이틀간 촬영이 중단되었다. 〈상복 입은 신부〉는 결국 두 사람이 함께 만든 마지막 영화가 된다. 편집을 맡은 클로딘 부셰는 이렇게 말한다. "쿠타르는 원래 성격상 문제가 많았다. 마음에 드는 대로 구도를 바꾸면서 영상을 가지고 만지작거리는 것을 좋아하던 프랑수아는 더더욱 그의 고집을 좋아하지 않았다. 쿠타르는 그런 모습을 보고 '필름을 소홀히 취급한다'고 간주했다."

이 불화는 촬영장을 긴장감으로 채웠고, 트뤼포는 쿠타르를 설득하는 데 대부분의 에너지를 소모했다. 배우의 연기 지도는 일부 잔 모로와 장 루이 리샤르에게 맡겨졌을 정도였다. 잔 모로는 이렇게 회상한다. "힘든 촬영이었다. 실제 촬영 장소들은 아주 가까웠지만, 내용상으로는 다른 장소임을 암시하기 위해 조명이 매주 전면적으로 바뀌었다. 프랑수아와 쿠타르 사이에는 긴장이 팽배해 있었다. 프랑수아는 자신의 생각과 의도를 전혀 드러내지 않았으며, 촬영 현장에서도 말이 없었다. 〈쥘 앤 짐〉 때는 즉흥 연출이 아주 많았는데, 〈상복 입은 신부〉에서는 전혀 없었다. 매우 다른 분위기였다."

촬영이 어려웠던 것은 트뤼포와 쿠타르의 갈등 외에, 남자 배우들이 맡은 역할의 비중이 작았기 때문에, 분위기에 몰입할 시간이 주어지지 않는다는 점도 있었다. 화면 구성과 쇼트 연결 문제에 몰두하면서 평소에 비해 말이 적어진 트뤼포는, 배우들에게 역할을 설명하는 일을 잔 모로에게 부탁했다. "프랑수아는 내게 말했다. '말이죠, 이 일도 좀 해 주었으면……'이라고. 내게는 매번, 내가 곧 살해할 사람을 안심시켜야 하는 임무가 주어졌다." 촬영 기간 중 스태프진 모두가 영화에 몰입된 유일한 순간은 화가 페르귀스의 아틀리에에서 샤를 데네르와 잔 모로의 만남이 이루어지는 장면뿐이었다. 이 장면을 위해 트뤼포는 파리의 발-드-그라스 가에 있는 빅토르 에르베르의 아틀리에를 빌렸고, 샤를 마통에게는 잔 모로의 초상화 몇 점을 포함한 그림들을 주문했다. 트뤼포는 데네르와 쉽게 의기투합해, 그의 대사 속에 자신의 수많은 은밀한 감정과 환상을 담았다. 여성에 관한 페르귀스의 모든 발언은 감독 트뤼포가 매일 써 내려간 '바람둥이 일기'와도 유사했다. 그것은 〈여자들을 사랑한 남자〉의 정확한 예고편이라 할 수 있는 것이었다. 트뤼포는 1967년 8월에서 10월까지, 편집 조수 얀 드데를 데리고 클로딘 부셰와 함께 편집에 몰두했다. 음악은 다시 버너드 허먼에게 부탁했지만, 그의 음악은 이번에는 트뤼포를 약간 실망시켰다.

트뤼포는 힘든 시기를 맞고 있던 잔 모로에게 이 영화가 힘이 될 것을 기대했으나, 실제로는 정반대로 촬영 기간 내내 난관에 부딪힌 그를 잔 모로가 구원해 주었다. 트뤼포는 히치콕에게 쓴 편지에서, 특히 모로의 훌륭한 성격과 탁월한 연대 의식을 칭찬하면서 감동적 찬사를 보냈다. "촬영 현장에서 그녀는 빠른 속도로나 느린 속도로나, 익살맞거나 슬프거나, 진중하거나 우스꽝스럽거나, 연기할 준비가 되어 있습니다. 말하자면 연출자가 요구하는 그 어떤 것이라도 해낼 준비를 갖추고 있습니다. 그러다가 불행한 일이라도 생기면, 그녀는 선박을 지휘하는 선장 곁에 붙어서 아무런 말도 소란도 없이, '당신에 더욱 가까이, 나의 주여……'라고 노래 부르는 일도 없이, 그저 그의 곁에서 침몰해 갑니다. 〈상복 입은 신부〉에서 그녀가 부딪힌 위험은 한마디로 그녀가 맡은 역할이 너무나 놀랍다는 점에 있습니다. 남자들을 지배한 뒤 그들을 살해하는 여주인공은 그 자체로서 너무나 '현혹적'입니다. 이 점을 상쇄하기 위해 나는 잔에게 예상을 넘어서면서도 현실적이고 인간적인 행동이 될 수 있도록, 자신의 역할을 단순하고 친밀감을 느낄 수 있게 연기할 것을 지시했습니다. 제 생각에 쥘리는 처녀입니다. 결혼식 날 남편이 교회에서 살해되었기 때문이죠. 그러나 이 사실은 영화에는 드러나지 않으며, 잔 모로와 당신과 나 사이의 비밀로 남겨 놓아야만 할 것입니다!"

트뤼포는 잔 모로의 아름다움을 화면에 성공적으로 담지 못한 것을 후회했고, 이것이 자신의 책임이라고 생각했다. 피곤한 모습의 그녀는 1960년대 중반을 거치며 겪은 시련을 그대로 보여 주고 있었다. 또한 트뤼포는 피에르 카르댕이 디자인한 의상들도 좋아하지 않았다. 트뤼포의 모든 작품 가운데서 〈상복 입은 신부〉는 스스로 가장 평가하지 않는 영화, 샤를 데네르가 등장하는 에피소드와 마이클 론스데일의 시퀀스를 제외하면 두 번 다시 보고 싶지 않은 유일한 작품으로 남는다.

1968년 4월 17일에 개봉된 〈상복 입은 신부〉는 14주간의 독점 상영으로 파리와 수도권 지역에서 총 30만 명의 관객을 동원해 흥행 성공작이 되었다. 트뤼포의 걱정과는 달리 비평도 나쁘지 않았다. "교사 히치콕과 학생 트뤼포. 브라보! 학생은 거장의 수업을 관찰한 뒤 자기 것으로 소화해 냈다. 그리고 자신 역시 거장이 되었다. 극히 정당한 결론이다." 장 루이 보리는 『누벨 옵세르바퇴르』에 그렇게 썼다. 그렇지만 트뤼포를 진정으로 감동시킨 유일한 코멘트는 히치콕이 쓴 것이었다. "자신이 독살하는 남자가 서서히 죽어 가는 모습을 잔 모로가 지켜보는 장면을 나는 특히 즐겁게 보았습니다. 약간 유별난 유머 감각을 지닌 나로서는 그 장면에서 쾌락을 더 지속시켰을 것입니다. 즉 잔 모로가 머릿밑에 쿠션 한 개를 살짝 받쳐 놓아 남자가 좀 더 편안하게 죽게 해 주었을 것입니다!" 트뤼포는 히치콕이 보내 준 〈프렌지Frenzy〉와 〈토파즈Topaz〉의 시나리오에 대한 상세한 의견을 담은 두 통의 긴 편지로 답장을 대신했다. 그러나 〈부드러운 살결〉로 시작되어 〈화씨 451도〉를 거쳐 〈상복 입은 신부〉로 마감되는, 트뤼포의 "히치콕 시기"는 성공으로 충만한 시기는 아니었다. 그것을 처음으로 인식한 사람은 트뤼포 자신이었다.

프랑부아즈

"프랑수아즈, 프랑부아즈, 여름의 죽음. 그것이 고통스러운 것임을 나는 알고 있었다. 고독이란 무엇인가? 견딜 수 없는 것이다." 여자 친구가 죽은 지 열흘이 지난 뒤에 트뤼포는 그렇게 썼다. 1967년 6월 27일, 프랑수아즈 도를레악은 니스 공항으로 향하던 도중 자동차 사고로 불 속에서 사망했다. 사망 장소로부터 멀지 않은 곳에서 〈상복 입은 신부〉를 촬영 중이던 트뤼포는 이 비극적 사건에 충격을 받았고, 의욕 상실의 상태에 빠져 버렸다. 프랑수아즈 도를레악과 프랑수아 트뤼포는 자주 만나 문학과 영화에 대한 공통된 취향을 나누었고, 〈부드러운 살결〉 때에 가진 짧은 순정 이후에도 친밀한 관계를 유지했다. 그것은 잔 모로와의 관계에 버금가는 견고하고 애정 어린 우정 관계였다.

사고 발생 6주 전에 트뤼포는 25세의 이 젊은 여배우의 런던 에이전트에게 보낸 편지에서, 장래에 그녀와의 공동 작업을 희망하면서 이렇게 썼다. "많은 젊은 여배우가 부딪히는 문제는, 소녀에서 여인으로 얼마나 매끈하게 이행하는가, 성인 연기를 위해 어린 역할을 어떻게 성공적으로 포기하는가 하는 것입니다. 프랑수아즈 도를레악은(나에게는 언제까지나 프랑부아즈 도를레악으로 남을 것이지만), 이런 곤란함은 겪지 않을 것입니다. 왜냐하면 그녀는 조숙하고 올곧은 여성으로, 이미 축조되었고 영구히 축조되었으며 계속 축조될 얼굴과 육체를 지니고 있기 때문입니다. 그녀는 장래에 점점 큰 호감을 줄 것으로 간주되는 유일한 젊은 여배우입니다. 그녀는 해가 쌓이고 또 쌓이는 것에 두려움을 가질 이유가 없습니다. 시간은 그녀를 위해서 작동하니까요. 1970년, 1976년, 1982년, 1988년 등등의 해에 다시 그녀와 작업할 일을 생각하면 정말 즐겁습니다. 프랑부아즈, 곧 다시 만나길!"

타인들과 어울려 집단적 격정과 정열의 순간에 의지해 살아가던 1960년대에, 프랑수아 트뤼포는 이 깨져 버린 운명으로 더욱 심한 고독감 안에 던져졌다. 트뤼포에게 이 시기는 이혼, 일과 애정 관계의 실패, 절망, 사별로 점철되었다. 그러나 이것은 최근 감독한 두 작품 〈화씨 451도〉와 〈상복 입은 신부〉에서는 거의 드러나지 않았다. 이 두 작품은 절제력 있는 확고한 외양을 띠고 있으며, 당시 여러 비평가가 지적했듯 고풍스러운 특징까지 지니고 있었다. 그럼에도 거기서 하나의 균열, 하나의 그림자를 간파해 낼 수는 있다. 이것은 1967년 『카이에 뒤 시네마』 5월호에 실린, 장 루이 코몰리의 트뤼포 특집 기사에서도 탐지된다. "어느 정도 분명한 모습을 보이는 이 미덕, 때로는 짜증 날 만큼 절제와 평온과 신중함을 지닌 이 분위기 뒤편에, 너무도 비밀스럽게 감추어져 있어 흔히 간과되는 것이 있다. 이것은 다른 모든 분위기의 원동력은 아닐지언정, 그것들에 대해 적대적인 분위기가 되고 있다. 그것은 바로 '불안'이다."

기분 변화를 좇아 계속 언어유희에 빠지고 웃음과 농담을 즐기긴 했어도, 실패와 시련은 트뤼포에게 깊은 상처를 남겼다. 프랑스에서 〈화씨 451도〉를 제작하려던 계획이 수포로 돌아간 1963년 3월 20일 시점에서, 트뤼포는 장 피에르 멜빌에게 밤새워 자신의 심경을 고백했다. 멜빌은 트뤼포의 연속된 시련이, 고통스럽긴 해도 앞으로 자신의 태도를 명확히 내세우기 위해 극히 중요한 것이라고 간주했다. 당시 멜빌은 라울 레비에게 이렇게 말했다. "〈부드러운 살결〉의 실패, 특히 〈화씨 451도〉의 실패의 덕분에 트뤼포는 마침내 인생을 아는 어른으로 될 수 있을 것이네. 영화 제작 과정에서 겪는 진정 부정적인 체험을 통해서 말일세. 이것은 곤궁함 이상의 풍요로움을 가져다주며, 그의 영화를 올바른 방향으로 궤도 수정해 줄 것이네. 어떠한 근심도 없이 스스로에 대해 진정 자유로운 상태로, 더 이상 '말하고 싶은 것'이 아니라 '말해야 하는 것'을 표현하는 방향으로 말이네."

6
숨겨진 생활,
1968~1970

1968년 트뤼포는 자신이 창조해 낸 인물이자 분신과도 같은 앙투안 두아넬이 등장하는 새 기획을 출발시켰다. 이 기획의 구상은 이미 3년이나 된 것이었다. 트뤼포는 당초 두아넬을 신문 기자로 만들고자 했으며, 〈파리의 젊은 남자Un jeune homme à Paris〉라는 가제까지 생각했다. 이번에도 시나리오는 자전적 과거사에 언론계에서 수집한 정보를 혼합한 것이었다. 영화 평론가가 되기 전 일간지 『오로르』의 보도부에서 5년간 근무했던 기 테세르에게 트뤼포는 도움을 청했다. 테세르는 언론계 체험을 요약해, 익살스러운 뒷얘기들을 중심으로 몇 쪽의 글을 빽빽이 작성했다. 1965년 10월 13일 트뤼포는 테세르와 계약을 체결하고, 그의 메모를 1천 프랑에 구입했다.

탐정 두아넬

2년 뒤 〈화씨 451도〉와 〈상복 입은 신부〉를 만들고 난 트뤼포는 앙투안 두아넬의 새로운 모험에 다시 몰두했다. 트뤼포는 지나치게 문학적이고 진부하다고 판단하여 언론계를 배경으로 할 생각은 포기하고, 두아넬을 사설 탐정으로 만들기로 결정했다. 이 아이디어는 전화번호부 뒷면에 실린 "뒤블리 흥신소: 수색, 미행,

조사 대행"이란 광고에서 얻은 것이었다. 트뤼포는 클로드 드 지브레와 베르나르 르봉에게 사설 흥신소에 관한 예비 조사를 하게 했다. 비밀 누출을 염려한 그는 자신의 이름은 절대로 누설하지 말 것을 두 각본가에게 당부했다. "텔레비전 시리즈물이라고 이야기하게!" 트뤼포는 르봉과 드 지브레에게 그렇게 주의시켰다. 트뤼포는 드 지브레가 감독한 〈사랑의 연속L'Amour à la chaîne〉을 위해 얼마 전 두 사람이 실시한 매춘 조사에 깊은 인상을 받았다. 1967년 봄 내내 드 지브레와 르봉은 생-라자르 가에 위치한 흥신소 '뒤블리 사설 탐정 사무소'에서 사전 작업을 했다. 알베르 뒤셴이라는 이름의 흥신소 사장은 열렬한 영화 팬이었다. 두 사람은 흥신소의 사내 회의에도 참석하고, 녹음기를 들고 며칠 저녁 동안 뒤셴에게 질문한 뒤, 테이프를 카로스의 비서들에게 넘겨 옮겨 쓰게 했다.

종국에는 실제로 각본 작업에 동참하기도 한 뒤블리 흥신소 사장과의 작업을 클로드 드 지브레는 이렇게 회상한다. "알베르 뒤셴은 우리에게 간통 조서를 허위로 꾸미는 방법을 설명해 주었다. 탐정은 아내가 연인과 함께 들어 있는 호텔 현장을 적발하기만 하면 된다. 그러고는 남편에게 현장 입회를 요구한다. 그렇지만 남편의 증언만으로는 불충분하다. 왜냐하면 남편은 재판의 대상이자 동시에 소송 당사자이기 때문이다. 따라서 탐정은 남편에게 호텔의 야간 당직자가 경찰에 신고할 때까지 방 안에 있는 물건을 모두 부수어 버리라고 권고한다. 이렇게 해서 호텔 당직자를 야간 소동의 증인으로 만드는 것이다. 그러고는 '아내가 연인과 한 침대 속에 있는 현장을 적발하고 질투심에 불타는 남편이 야간 소란을 일으켰다'라고만 기록하면 되는 것이다." 시나리오 속에서는 방금 군 복무를 마치고 나온 두아넬이 파리의 한 호텔의 야간 당직자로 근무하고, 그 후에 사설 탐정으로 고용된다. 드지브레와 르봉은 몽마르트르 묘지 위쪽에 있는 테라스 호텔 종업원에게도 보충 취재를 했다. 이 호텔은 16년 전 트뤼포가 장 주네를 만났던 그 호텔이었다.

6월 말 두 사람은 〈상복 입은 신부〉를 마친 트뤼포에게 첫 시나리오를 전달했다. 샤를 트레네에 대한 경의를 담아 "훔친 키스 Baisers volés"라고 제목을 붙인• 이 시나리오를 트뤼포는 가까운 제작자들에게 돌렸으나, 마그 보다르만 제외하고는 모두 다소 실망적인 반응을 보였다. 트뤼포는 〈상복 입은 신부〉를 공동 제작했던 유나이티드 아티스츠로 방향을 바꾸었다. UA 프랑스 지국의 대표 일랴 로퍼트는, 시나리오에 대한 확신은 없었어도 트뤼포와의 공동 작업은 계속하고자 했다. UA는 25만 달러까지 출자하고 수익은 두 영화사가 분할한다는 조건으로 카로스 영화사와 합의했지만, UA의 출자액이 예상보다 적었으므로 트뤼포는 이 영화를 절약해서 만들어야 했다.

1967년 12월, 르봉과 드 지브레의 도움을 받아 트뤼포는 〈훔친 키스〉의 시나리오를 고쳐 썼다. 트뤼포는 이 시나리오를 "즉흥 연출이 최종 결정권을 가질 수 있도록" 충분히 융통성 있는 이야

• 샤를 트레네의 노래 〈우리 사랑에 남은 것은 무엇인가〉의 가사에서 가져온 제목이다.*

기로 만들고자 했다. 견고한 이야기 구성을 지닌 〈화씨 451도〉와 〈상복 입은 신부〉 이후, 트뤼포는 생활 속의 작은 사건에 좀 더 밀착된 영화로 돌아왔으며, 히치콕보다 르누아르와 루비치에게 더 영향을 받고 있던 당시의 기분과 상상력을 중요시했다. 1968년 5월 사태를 맞기 불과 몇 개월 전에 트뤼포는, 마치 다른 시대로부터 온 듯 시대착오적이며 몽상적인 유형의 인물, 생활에 적응하지 못하고 안정된 직업도 찾지 못하는 인물을 구상한 것이다. 마치 트뤼포의 모든 영감이 과거를 향해, 그 자신의 성장기를 향해 되돌아간 듯했다. 군대, 빈번한 매음굴 출입, 가족에 소속되고자 하는 욕망 등……

〈400번의 구타〉로부터 9년, 〈앙투안과 콜레트〉로부터 6년이 지난 지금, 트뤼포는 앙투안 두아넬의 세 번째 모험을 위해 장 피에르 레오와 다시 만났다. 23세의 레오는 1965년부터 1967년 사이에 〈미치광이 피에로Pierrot le fou〉, 〈남성 여성Masculin-Féminin〉, 〈메이드 인 유에스에이Made in USA〉, 〈중국 여인La Chinoise〉, 〈주말 Week-End〉, 옴니버스 영화 〈세계에서 가장 오래된 직업Le Plus Vieux Métier du monde〉의 한 에피소드 등에 출연하면서 고다르 영화를 상징하는 인물의 한 명이 되어 있었다. 그리고 이제 자신의 실생활에서 두아넬이라는 인물을 끌어내기에도 충분할 만큼 의연한 존재감과 강한 개성을 갖추고 있었다. 사실상 〈훔친 키스〉에서부터 앙투안 두아넬은 트뤼포와 레오의 중간에 위치하는 존재처럼 되었다. 이를테면 앙투안의 동작과 태도, 일화, 추억까지 점점 더 레오의 그것에 가까워졌다. 트뤼포는 이 현상을 충분히 인식하고 있었기 때문에, 레오에게 즉흥과 영감이 떠오르는 것을 차단하지 말도록 격려했다. 그럼에도 많은 점에서 두아넬이라는 인물 안에서 여전히 트뤼포의 모습이 눈에 띄었다면, 아마도 그것은 감독 자신의 청춘의 추억을 영화화하려는 욕망과 같은 정도로, 트뤼포가 레오와 유지하는 관계 때문이기도 했을 것이다. 장 피에르 레오의 생활은 아직도 '카로스 가족' 안에서 종종 이루어지고 있었기 때문이다. 레오는 로베르-에티엔 가의 건물 6층에 트뤼포가 얻어준 아파트에서 대부분의 시간을 보냈다. 같은 건물의 두 층 위에는 카로스 사무실이 있었다. 각기 영화 촬영을 하는 기간을 제외하고는, 트뤼포와 레오는 정기적으로 만났다. 레오에게 제의가 들어오는 영화, 텔레비전 영화, 연극의 각본과 기획들은 모두 트뤼포의 손을 거쳤으며, 레오는 그의 의견을 물었다. 예를 들면 레오에게 연극에 도전할 것을 권유한 사람도 트뤼포였다. 레오는 1967년 여름 아비뇽 페스티벌의 메인 프로그램 가운데 장 빌라르*의 연극 두 편에 출연했다. 프랑수아 비예두**의 〈조용히, 나무가 아직 흔들리네Silence, l'arbre remue encore〉와 앙투안 부르세예가 연출한 필립 아드리앵의 〈거짓La Baye〉이었다.

1968년 1월, 아르메디아에 근무하는 친구 제라르 르보비시와 세르주 루소의 조언을 얻어 트뤼포는 〈훔친 키스〉의 캐스팅을 시작했다. 앙투안 두아넬은 두 여성, 크리스틴 다르봉과 파비엔 타

• 프랑스의 연극배우이자 연출가. 1963년 이후 아비뇽 연극제 총감독을 지냈다.*
•• 프랑스의 연극배우*

바르 사이에서 갈등하는데, 작품에 부여되는 모든 감정적 신뢰감은 바로 이 두 여성에 달려 있었다. 트뤼포는 오래전부터 델핀 세리그에게서 "매우 불분명하면서도 온화한 분위기를 지닌 미녀" 파비엔의 모습을 발견해 냈다. 세리그는 알랭 레네의 두 영화 〈지난해 마리엔바드에서L'Année dernière à Marienbad〉와 〈뮈리엘Muriel〉 이후 트뤼포가 찬미하는 여배우였다. 1964년 12월 10일, 트뤼포는 에베르토 극장에서 해럴드 핀터의 희곡 〈연인The Lover〉의 상연을 보고 델핀 세리그의 연기에 깊은 인상을 받았다. 그날 저녁 세리그는 보주 광장에 있는 자신의 집으로 트뤼포를 식사에 초대했다. 이 자리에서 트뤼포는 그녀로부터, 1950년에 젊은 자신을 매혹했던 『마담 드……』의 작가 루이즈 드 빌모랭를 떠올렸다. 섬세한 이목구비(두아넬의 표현으로는 "완벽한 계란형 얼굴"), 파리한 안색("내부에서 빛을 발하듯 밝은"), 아주 독특한 말씨("감탄할 만한 엄숙함")를 세리그에게서 발견한 것이다. 그녀는 트뤼포에게서 역할을 제의받고는 감동했다. 트뤼포는 이렇게 편지를 써 보냈다. "전에 말씀드렸듯이, 제게 이 영화는 당신과도 같으며, 이 점이 중요합니다. '파비엔 드 모르소프'●로 말하자면, 나는 그녀를 열렬히 사랑합니다. 그렇더라도 그녀에 관해, '펠릭스 앙투안 레오 드 방드네스'●●에 관해 당신께 드리고 싶은 질문이 있습니다. 아무튼 그들을 생각하면 저는 아주 즐겁습니다." 트뤼포는 앙

● 발자크의 소설 『골짜기의 백합』의 여주인공 이름이 '앙리에트 드 모르소프'다.*
●● 『골짜기의 백합』의 남주인공 이름이 '펠릭스 드 방드네스'다.*

562

투안 두아넬과 파비엔 타바르가 만나는 장면의 플롯과 분위기를 발자크의 『골짜기의 백합』에서 가져왔다. 영화의 도입부에서 장 피에르 레오가 읽는 것도 이 소설이다. 이런 연관성은 세리그에게 완벽히 들어맞았다. 영화 속에서 그녀는 모르소프 부인을 이상적 형태로 재현해 내고 있다.

〈홈친 키스〉의 촬영 개시 몇 주 전까지도, 영화의 종결부에서 앙투안 두아넬과 결혼하는 아름다운 여성, 크리스틴 다르봉 역의 배우는 결정되지 않았다. 1967년 11월 말, 트뤼포는 모데른 극장에서 사샤 피토에프가 연출한 피란델로의 희곡 〈엔리코 4세Enrico IV〉의 공개 리허설을 참관했다. 19세의 여배우 클로드 자드가 출연하는 연극이었다. 무대 위의 그녀를 몇 차례 반복해 본 뒤, 그는 한 달 뒤에 자드에게 크리스틴 다르봉 역을 제안했다. 클로드 자드는 이렇게 앙투안 두아넬과 프랑수아 트뤼포의 인생 안으로 자연스럽게 들어왔다. 대학교수를 양친으로 프로테스탄트 집안에서 성장한 자드는, 철학 분야 입학 자격증을 지닌 상태로 디종의 음악연극원에서 연극 수업을 받은 뒤 파리로 올라왔다. 장 로랑 코셰의 지도 아래 자드는 몇몇 단역을 맡은 뒤, 텔레비전 연속극 〈희귀조Les Oiseaux rares〉를 통해 두각을 나타냈다. 이후 불과 몇 개월 만에 갑자기 피토에프 연출의 피란델로 연극과 트뤼포의 제의가 찾아온 것이다. 트뤼포는 "그녀의 미모, 품행, 상냥함, 삶에 대한 환희에 매료되었다"고 고백했다. 클로드 자드는 이렇게 회상한다. "나는 순수한 젊은 여성의 이미지에 부합했을 것이다. 그런 나이였으니까. 그는 또한 내가 장 피에르 레오, 즉 앙투안 두아넬과 커플의 역할로 그럴듯하게 잘 어울릴 것으로 생각했다. 프랑수아와 처음 만났을 때, 그는 나에게 상류 사교계의 인물 같아 보인다고 말했다. 그는 내가 '예 선생님, 좋습니다, 선생님' 하면서 대단히 예의 바르게 대답하는 모습도 아주 재미있어했다. 프랑수아는 사람들에게서 대수롭지 않은 특징을 잘 파악해 내는 사람이었다. 내게서는 양호한 가정교육의 측면에 주목해, 내 배역에 '사려 깊은 페기Peggy sage'라는 별명을 붙였다. 내게 약간 영국적인 분위기가 있었기 때문이었다. 프랑수아는 내가 영문학자의 딸이라는 사실을 알고 있었고, 그것을 재미있게 생각한 것이다."

다니엘 세칼디와 클레르 뒤아멜이 인상 좋고 상냥한 다르봉 부부 역을 맡았다. 클로드 자드는 이렇게 말한다. "프랑수아는 자신이 관대한 부모를 가진 여자를 아주 좋아한다고 말했다. 〈훔친 키스〉에서 앙투안 두아넬의 장인 장모가 그토록 호의적인 사람이었던 것도 그 이유에서였다. 〈앙투안과 콜레트〉에서 프랑수아 다르봉과 로지 바르트 또한 마찬가지였다." 마이클 론스데일이 연기한 타바르 씨는 잊기 힘든 인물이었다. 구두 가게 주인인 그는 직원들에게 '공룡'이라는 별명으로 불린다. 그 밖에도 트뤼포의 친구 자크 로비올, 흥신소 소장 역의 앙드레 팔콩, 아리 막스, 자크 리스팔 등도 출연했다. 트뤼포는 조역들에게도 주연 못지않은 애착을 가졌는데, 바로 그들이 전개되는 작품의 배경 공간에 생명력을 불어넣기 때문이다. 또한 마리 프랑스 피지에가 여전히 콜레트 역으로 한 장면에서 잠깐 모습을 보였고, 세르주 루소는 레인코트를 걸치고 영화 내내 크리스틴 다르봉의 뒤를 좇다가

〈훔친 키스〉의 촬영장에서 (왼쪽부터) 장 피에르 레오, 클로드 자드, 프랑수아 트뤼포(1968)

마지막 장면에서 뻔뻔하게 그녀에게 '절대적인' 애정을 선언하는 정체불명의 남자를 연기했다.

　1968년 2월 초, 트뤼포는 신속한 사전 작업을 마친 뒤 〈훔친 키스〉의 촬영 준비 단계로 들어갔다. 스태프진은 이번에 거의 새롭게 구성되었는데, 그것은 명백히 작은 혁신의 증거였다. 쉬잔 시프만이 변함없이 기록 담당과 조감독을 겸했을 뿐, 트뤼포는 촬영 감독은 드니 클레르발, 편집은 아녜스 기유모, '트레네풍의' 간주곡 테마 작곡은 앙투안 뒤아멜에게 의뢰했다. 이전에 『카이에 뒤 시네마』에 있었던 장 조제 리셰르에게 제1조감독, 〈상복 입은 신부〉부터 합류한 롤랑 테노에게는 제작 진행을 맡겼다. 트뤼포는 1967년 12월에 최종 시나리오를 완성한 뒤, 2개월 동안 출연진과 스태프진 편성에 전념했다. 그리고 1968년 1월에는 제작 준비가 거의 완료되었다. 이제 트뤼포는 〈훔친 키스〉 속에서 블라디 사설 흥신소 소장에게 이렇게 말하게 한다. 즉 하나의 프로젝트를 성공시킨다는 일은 "10퍼센트의 영감과 90퍼센트의 땀을 의미한다"라고……

　트뤼포는 1968년 2월 5일, 36번째 생일 전날에 빌리에르, 몽마르트르, 노트르담 드 로레트, 클리시 광장 등 어린 시절의 동네를 찾았다. 이번 일곱 번째 장편 영화의 촬영은 7주 예정으로 신속하고 민첩하게 진행되었다. 각자 자신의 평소 습관대로 레오는 마지막 순간까지 대본을 읽지 않았고, 클로드 자드는 가능한 한 빨리 모두 암기했다. 그러나 전체적으로는 조화롭게 기능했다. 다만 파비엔 타바르가 앙투안 두아넬의 가구 딸린 아파트 방으로

찾아와 모습을 보이는 장면에서 몇 가지 문제가 있었다. 로슈슈
아르 가의 아브니르 호텔에서 3월 1일과 2일에 촬영된 이 장면에
서, 긴장한 델핀 세리그가 자신의 연기에 만족하지 못했기 때문
이다. "저는 제가 〈훔친 키스〉에서 감독님의 기대에 얼마나 부응
하지 못했는가를 즉시 깨달았습니다." 그녀는 얼마 후 트뤼포에
게 그렇게 편지를 써 보냈다. 그러나 트뤼포는 세리그의 세련미
와 존재감을 마음속으로 확신하고 있었다. "제가 완전히 창의력
을 결여하고 있다는 사실에 절망하고 있습니다. 반면 장 피에르
레오는 자신의 매력으로, 그리고 카메라 앞에서의 자유로운 동작
과 대사로 저에게, 아니 저뿐 아니라 모두에게 깊은 인상을 주었
습니다. 감독님도 아시겠지만, 제가 정말 원하는 자질을 그는 지
니고 있습니다. 언어를 자신의 것으로 만드는 능력, 여유와 즉흥
은 제가 가장 얻고 싶은 것들입니다. 레오에게는 그것이 타고난
능력입니다. 제가 더 유능했더라면 좋았을 것입니다." 반대로 트
뤼포는 연기자 전원이 이 영화에서 최상의 능력을 발휘했다고 생
각했다. 신속한 각본과 촬영으로 진행한 경량급 기획 〈훔친 키스〉
는 "촬영 과정에서 구원된" 작품군 안에 속하는 전형적인 영화였
다. 트뤼포는 보통 그와 같은 작품을 매우 좋아했으며, 좋은 추억
도 지니고 있었다.

시네마테크의 추문

〈훔친 키스〉의 촬영은 트뤼포에게 자신의 인생에서 가장 흥분된

시기의 하나와 연결된다. 그것은 앙리 랑글루아의 시네마테크를 구하기 위한 운동이었다. 트뤼포는 촬영 종반인 1968년 3월 29일 샤이요궁에 있는 시네마테크의 (폐쇄된) 철책 앞에서 쇼트 하나를 찍었다. 〈훔친 키스〉는 "이 영화를 앙리 랑글루아의 프랑스 시네마테크에 바친다"는 헌사로 시작된다. 곧이어 관객들은 게시판 위에 쓰인 안내문을 보게 된다. "휴관 중. 재개관 일자는 언론 매체를 통해 공고될 예정임."

〈훔친 키스〉의 촬영 시작 이틀 뒤인 1968년 2월 7일, 『카이에 뒤 시네마』의 편집장인 장 루이 코몰리가 촬영 현장에 있던 프랑수아 트뤼포에게 연락을 취해 왔다. 시네마테크 이사회가 이틀 뒤에 급히 열릴 것이라는 소문이 돌고 있으며, 프랑스 시네마테크의 창설자이자 관장인 앙리 랑글루아의 위상이 심각하게 위협받으리라는 것이었다. 끝없이 무질서한 삶을 살긴 했어도 지칠 줄 모르는 강한 열정을 지닌 환상가인 앙리 랑글루아는, 트뤼포를 비롯한 수많은 시네필에게 사실상 상징적 인물이었다. 앙글루아를 해임하는 것은 '반영화적' 행위를 의미했다. 1968년 초부터 이 사회 멤버가 된 트뤼포는 영화 수집가로서, 프로그램 편성자로서 랑글루아의 업무 방식에 늘 찬성한 것은 아니었지만, 시네마테크 창설자의 지위를 유지하는 이 투쟁에서는 일선에 서게 된다. 촬영에 집중하기 위해 2월 9일 이사회에 참석할 수 없다고 생각한 트뤼포는 자신의 투표권을 랑글루아에게 위임했다. 그러나 코몰리에게서 걸려 온 전화는 촬영 계획을 변경하게 만들었다. 트뤼포는 결국 2월 9일 금요일 오전 쿠르셀 가의 시네마테크 이사회에 참석했다.

이 이사회는 1934년에 그 자신이 창설한 기관의 수장으로서, 랑글루아의 임기를 당연히 연장해야 했다. 그러나 시네마테크의 새 대표이자 문화부 관리인 피에르 무아노는 랑글루아에게 감동적 사의를 표한 뒤, 기이하게도 그를 투르영화제와 안시영화제의 책임자인 피에르 바르뱅으로 교체할 것을 제안했다. 이사 몇 명이 숙고를 위해 1주간의 유예를 요청했지만 거부되었고 곧바로 투표에 들어갔다. 장 리부, 앙브루아즈 루, 이본 도르네, 프랑수아 트뤼포를 비롯한 소수파의 독립 멤버들은 투표를 거부한 채 회의장을 떠났고, 바르뱅은 랑글루아의 후임으로 선출되었다. 명백히 사전에 모든 전략이 준비되어 있었던 것이다. 1개월 전에 이미 앙드레 올로가 대표로 있는 국립영화센터CNC에서 관련 소문이 흘러나왔다. 랑글루아의 동료들의 잘못은, 그에게는 손을 댈 수 없을 것이라 생각하고 이 소문을 진지하게 받아들이지 않은 것이었다.

2주 전 투르영화제 기간에 바르뱅, 올로, 무아노 그리고 앙드레 말로의 문화관 슈바송은 비밀 회동을 열고 상층부에서 결정된 사항을 최종적으로 세부 조율했다. 이 모략은 영화 감독기관인 CNC가 시네마테크를 지배하려는 시도로 보였다. 시네마테크는 1901년법에 근거를 둔 비영리 독립 단체로서 780명에 가까운 회원을 지니고 있었다. 정부 지원금을 받는다는 사실 때문에, 시네마테크는 문화부에 의존하는 입장에 놓여 있었다. 반反랑글루아파는 이 점을 주요 논거로 삼아, 랑글루아가 경영 능력이 떨어지고 편애와 낭비벽으로 시네마테크에 큰 부담을 안기고 있다고 주장했다.

『카이에 뒤 시네마』의 옛 멤버인 트뤼포, 고다르, 리베트, 샤브롤, 도니올-발크로즈, 카스트, 아스트뤼크, 르누아르 등은 랑글루아를 옹호하는 투쟁의 최전선에 섰다. 1950년대에 '공인된' 영화의 지지자들과 투쟁하던 중심인물들이 랑글루아의 진영에서 재회한 셈이었다. 그때와 다른 점은 『카이에 뒤 시네마』의 옛 평론가들이 이제는 유명 인사라는 점, 마르셀 오퓔스, 클로드 베리, 뤼크 물레, 장 외스타슈, 필립 가렐과 같은 새로운 세대와 『카이에 뒤 시네마』의 편집진 전체로부터 지원을 받는다는 점이었다. 랑글루아를 위해 결집한 영화인들은 트뤼포의 열성적 주도 아래 '랑글루아 사수 위원회'를 세우고, 카로스 영화사 건물 근처 마르뵈프 가에 위치한 『카이에 뒤 시네마』 편집실을 반격의 사령부로 삼았다.

사건이 해결되었다고 간주한 CNC 대표 앙드레 올로는 2주간 휴가를 떠났다. 이어서 2월 9일 오후 3시경, 피에르 바르뱅이 소수 지지자 집단과 함께 시네마테크 건물 안으로 들어가 랑글루아의 사무실을 차지했고, 만전을 기하기 위해 사무실 자물쇠를 교체하는 일도 잊지 않았다. 며칠 뒤 랑글루아의 동료인 마리 엡스탱, 로테 아이스너, 메리 미어슨이 해고되었다. 그러나 또 다른 진영에서는 랑글루아의 친구들이 재빠르게 결집해, 영화인, 영화 애호가, 여론을 동원해 앙드레 말로에게 결정을 철회하도록 압력을 가하고자 했다.

2월 10일 오전, 국내외 수많은 영화감독의 서명을 얻기 위한 연계 활동이 행해졌다. 먼저 『카이에 뒤 시네마』에서 가까운 클레망-마로 가의 우체국에서 1백여 통의 전보가 발송되었다. 『카이에 뒤 시네마』 편집인들과 카로스의 비서들은 전화기에 붙어서 연락할 인사들의 명단을 찾았고, 필요한 경우에는 투쟁의 불길이 되살아난 상황에 크게 흥분하던 누벨바그의 선배들에게도 부탁했다. 오후로 접어들면서, "모든 영화 동료에게 앙리 랑글루아에게 내려진 부당한 결정을 거부하는 모든 의사 표명을 통한 결속"을 호소하는 동의가 채택되었다. 2월 11일, 르누아르, 파뇰, 타티로부터 랑글루아가 복직되지 않는다면 시네마테크에 기탁한 자신들의 영화 상영을 불허한다는 답신이 도착했다. 강스, 레네, 프랑쥐, 고다르, 마르케르, 아스트뤼크, 샤브롤, 브레송, 모키, 로버트 플로리, 리처드 레스터, 린제이 앤더슨, 앙리 카르티에 브레송, 미셸 시몽, 버스비 버클리 등으로부터 답신이 이어졌다. 또한 칼 드레이어가 이끄는 덴마크 감독협회, 앤드루 새리스를 비롯한 미국 평론가협회 등에서 여러 통의 탄원서가 도착했고, 구로사와 아키라黑澤明, 오시마 나기사大島渚, 나루세 미키오成瀬巳喜男, 요시다 기주吉田喜重 외에 12명의 일본 감독이 작성한 성명서도 도착했다. 권위 있는 인물들이 보낸 전보도 큰 효과를 가져왔다. 이를테면 조지프 폰 스턴버그의 전보에는 이렇게 쓰여 있었다. "보내 주신 전보를 읽고 무척 당혹스러웠습니다. 랑글루아가 무슨 일을 했나요? 국가의 개입이라뇨? 당연히 저는 랑글루아를 지지합니다." 계속해서 제리 루이스, 글로리아 스완슨, 채플린, 로셀리니,

프리츠 랑 등 수십 명의 서명 전보가 도착했다. 그들은 모두 랑글루아가 복직되지 않는 한 자신들의 영화의 시네마테크 상영을 금한다고 밝혔다.

2월 10일, 이번에는 언론계가 개입했다. 『투쟁』지의 앙리 샤피에와 『르 몽드』지의 장 드 바롱셀리는 똑같이 "시네마테크의 추문"이라는 제목의 기사를 실었다. 바롱셀리는 이렇게 썼다. "프랑스에는 뛰어난 회계원도, 훌륭한 관리인도 충분히 있다. 그러나 앙리 랑글루아는 단 한 명밖에 없다. 우리는 그를 이대로 빼앗기도록 내버려 둘 것인가?" 언론 운동은 수그러들지 않고 계속되었다. 11일에는 『일요 신문』과 『위마니테 일요판』이 일요일의 휴전을 깼다. 12일에는 트뤼포, 샤브롤, 필립 테송, 앙리 샤피에(그는 기사에 "말로의 신화는 이제 충분히 지속되었다"는 유명한 제목을 붙였다)가 일제히 『투쟁』지의 지면을 채웠다. 트뤼포는 "반충성 혹은 반단기적 기억"이라는 도발적 제목의 글 속에서 말로를 맹렬히 비난했다. "권력에 도달한 이후 앙드레 말로가 영화와 관련해 내린 결정은 모두 해로운 것이었다. 파업 참가를 위해 영화감독들이 모두 떠나 버린 꿈의 공장에 홀로 남은 '작고 열광적인 실루엣' 앙드레 말로는 알아야 한다. 우리가 단기간에 망각하는 인간이 아니라는 것을. 그리고 그가 자크 플로, 피에르 불레즈, 장 주네, 가에탕 피콩, 리베트와 친구인 디드로*를 '저 버렸던' 것처럼, 앙리 랑글루아를 '저 버렸다'는 사실을 우리가 잊지 않으리라는 것을."

• 말로는 디드로 원작인 리베트 감독의 〈수녀〉를 상영 금지했다.*

2월 12일 오후 10시, 미셸 시몽과 클로드 베리의 소환에 응한 200~300명의 감독, 평론가, 시네필, 배우들이 윌름 가에 있는 시네마테크의 영사실 입구를 봉쇄했다. 그 속에는 트뤼포, 레오, 클로드 자드를 비롯한 〈훔친 키스〉의 출연진과 스태프 대부분이 있었다. CNC는 소극적인 반격을 시도해, 『프랑스 수아르』지의 무기명 기사를 통해 "프랑스 영화계와 시네마테크가 몇 년 전부터 혼란에 빠져 있다"고 비난했다. 그러나 오로지 클로드 오탕라라만이 이 주장을 좇아, 프랑스 앵테르 라디오 방송을 통해 랑글루아와 시네마테크를 중심으로 결집한 누벨바그 세력을 공격했다. 같은 시점에서 시네마테크의 두 영사실이 '목록 작성과 내부 개편'을 이유로 휴관한 것은, 새 집행부의 능력 결핍의 최초의 징후로 보였다.

시위는 2월 14일에 절정에 달했다. 이날은 하나의 이정표를 세운 날로 기록된다. 사상 최초로 영화감독과 배우의 시위에 경찰이 공격을 가했기 때문이다. '시네마테크의 자식들'의 호소에 응해, 3천여 명이 트로카데로* 광장에 재집결했다. 오후 3시가 되자 경찰과 기동 헌병대 차량 약 30대가 주변을 포위하고 시네마테크 접근을 차단했다. 그곳에는 텔레비전 카메라도 와 있었다(이날 저녁 프랑스의 텔레비전은 아무것도 보도하지 않았으며, 외국 방송들만 몇 분가량을 할애했다). 전단이 배포되고 배우 장 피에르 칼퐁이 공개 낭독을 했다. 이어서 군중은 "올로는 사직하라!", "바르

• 시네마테크가 소재한 지역의 이름*

뱅테크*는 거부한다" 등의 구호를 박자에 맞추어 외치면서 샤이요궁을 향해 나아갔다. 트로카데로 공원에 친 경찰의 첫 바리케이드에서 최초의 충돌이 일어났다. 고다르는 바리케이드를 돌파하는 데 성공했으나, 경찰 대열에 혼자 포위되어 되돌려 보내졌다. 데모대는 경찰 바리케이드를 우회한 뒤 다시 트로카데로 광장을 통해 프레지당-윌슨 대로로 내려가면서 교통을 봉쇄했다. 치안군 주력 부대가 주둔해 있던 알베르-드-맹 대로와의 교차로에서 또 훨씬 위협적인 경찰 바리케이드와 충돌이 벌어졌다. 경찰이 여러 대열을 형성해 돌격해 오자 부상자가 생겼다. 트뤼포는 머리에 큰 충격을 입고 건물 현관 아래서 간호를 받았고, 고다르는 비틀대면서 선글라스를 찾고 있었으며, 타베르니에는 얼굴에 피를 흘렸고, 이브 부아세의 아내는 길바닥에 넘어졌다. 군중은 트로카데로 방향으로 후퇴했고, 작전을 지휘하던 고다르는 해산을 지시했다. 시위대는 경찰의 공격으로 해산했지만, 저항 정신은 그대로 남아 있었다. 무엇보다도 데모의 결과 여론이 랑글루아 옹호 쪽으로 돌아섰다. 그날 밤 경찰청장은 말로에게서도, 엘리제궁으로부터도 축전을 받지 못했다.

이 정신적 승리 상황에 편승해, 랑글루아의 동료들은 2월 16일 3백여 명의 기자와 5개의 외국 텔레비전 방송국이 참석한 가운데 스튜디오 악시옹에서 기자 회견을 열었다. 이 시점에서는 문화부 장관 말로의 새로운 공식 성명이 이미 알려진 상태였다. CNC의

• 바르뱅의 시네마테크*

최초 입장에 비하면 상당히 후퇴한 것으로, 랑글루아에게 어울릴 '새로운 예술 역할' 부여에 관한 내용이었다. 성명문에는 동시에 피에르 바르뱅의 중요 프로젝트를 보류한다는 내용도 있었다. 그것은 국립 도서관의 경우를 모델로 삼아 시네마테크에 영화들을 '법적 위탁'한다는 기획이었다. 이 기획대로라면, 랑글루아가 독자적인 영화사映畫史적 통찰력으로 구상한 '랑글루아 박물관'이라는 이 기구를 궁극적으로 국영화하는 결과를 가져온다. 기자 회견장에서 랑글루아의 동료들은 승리의 확신에 가득 찬 목소리로 말했다. 이번에도 고다르와 트뤼포가 앞장섰지만, 변호사 조르주 키에주망의 조언을 받아 리베트, 샤브롤, 카스트, 도니올-발크로즈, 아스트뤼크, 레네, 루슈도 발언을 했다. 기자단은 랑글루아가 며칠 내로 복귀할 것이라는 확신 속에서 돌아갔지만, 그렇다고 압력이 느슨해진 것은 아니었다.

2월 20일, 프랑수아즈 로제, 장 마레, 르네 알리오의 호소를 듣고 모인 4백여 명의 시위대가 오후 6시경 쿠르셀 가의 사무실을 완전히 포위했다. 26일에는 회계 업무를 책임지던 트뤼포의 발의로, 20명가량의 영화인으로 구성된 '프랑스 시네마테크 옹호위원회'가 결성되었다. 이 위원회는 프랑스와 전 세계에서 증가하고 있던 랑글루아 지지 투쟁을 연동시키는 임무를 담당했다. 명예위원장으로는 르누아르가, 실질적인 위원장으로는 레네가 선임되었다. 당시 르누아르는 "우리를 위해 루브르를 창조한 인물", "선의의 영화인을 하나로 연결할 능력을 지닌 유일한 인물"이라면서, 언론을 통해 랑글루아에게 감동적인 찬사를 보냈다.

랑글루아 만세!

앙드레 말로는 이러한 압도적 결집 상황 앞에서 후퇴해야 함을
깨달았다. 3월 5일 시네마테크 이사회에서, 슐렁베르제 정유사의
간부이며 랑글루아와 그의 여자 친구 메리 미어슨의 친구인 장
리부의 제안으로, '자문위원회'가 타협안 마련의 임무를 떠맡게
되었다. 위원장직은 독립된 저명인에게 맡기기로 했다. 파리대학
법학부와 경제학부 학부장을 역임한 조르주 브델이었다. 또 다른
'선의의 증명'으로서, 리베트가 자문위원회 소속의 다섯 '현인'에
포함되었다. 위원회는 1968년 4월 22일 시네마테크 회원들을 대
상으로 임시 총회 소집을 결정했다. 그것은 지난 2월 9일의 결정
을 공식 철회할 수 있는 유일한 적법 절차였다.

　그사이에 작전 행동은 계속되었다. 시네마테크의 신임 대표 피
에르 무아노는 예술감독이라는 권위 있는 지위에 앉은 피에르 바
르뱅이 부각되는 것을 누르고자 했다. 로테 아이스너와 메리 미
어슨은 여전히 쿠르셀 가*에서 탐탁지 않게 생각하고 있었다. 옹
호위원회는 상층부가 상황 악화에 편승해 새로운 시네마테크를
만들기 위해 구실을 내세울 수도 있음을 염려했다. 트뤼포는 다
시 언론을 통해 문화부의 타협책을 공격하기로 결심했다. 1968년
3월 11일, 그는 『투쟁』지에 이렇게 발표했다. "만일 우리가 알고
있는 무아노와 바르뱅 콤비가 자신들의 큰 실수가 사람들에게서

---

* 시네마테크를 말한다.*

잊힐 것을 염두에 둘 만큼 우둔한 자들이라면, 우리는 실질적으로 투쟁에서 승리한 것과 같으며, 당국은 체면을 잃지 않기 위해 이른 시간 안에 바르뱅의 사임과 랑글루아의 복귀를 준비할 것이라고 생각할 수 있다. 그러나 내 견해로는 실제 상황은 그 반대이다. 우리의 앞에는 정치적인 낙하산 인사로 얻은 부적절한 승진을 며칠간은 두려워하지만, 또 다른 날에는 그 도취에 몸을 맡기는 사악한 의도를 가진 사람들이 있기 때문이다. (⋯) 전에는 얼간이, 무분별한 자, 무례한 자가 있으면 정부는 어떤 자는 알제리로, 또 어떤 자는 뉴칼레도니아로 추방해 제거해 버렸다. 1968년의 프랑스에서는 무아노와 바르뱅 같은 자들은 파리에 꼭 달라붙어, 리프 식당에서 밥을 먹거나, 영화제의 막을 내리거나, 지나가는 외국인에게 작은 메달을 나누어 주거나, 스타에게 꽃다발을 건네주는 일에 집착하고, 뽐내고 완강히 버티고 사람을 괴롭히고 거만해져 간다."

랑글루아 사건은 정치적 양상을 띠게 된다. 3월 21일, 그르노블에서는 현지의 두 시네 클럽과 통일사회당 지부의 주도 아래 사람들이 모여들었다. 집회 장소인 렉스 영화관은, 랑글루아를 옹호하는 명망 높은 웅변가로 몇 개월 전 국회의원으로 선출된 피에르 망데스 프랑스의 연설을 들으러 온 대중을 모두 수용하기에 좁을 정도였다. 실은 트뤼포는 장 루이 코몰리, 망데스 프랑스와 절친한 조르주 키에주망의 도움으로 직접 이 정치 집회 개최에 관여하고 있었다. 3월 8일 트뤼포는 코몰리에게 이렇게 썼다. "그르노블은 현재 우리가 가장 큰 충격을 가할 수 있는 곳이라네.

그것을 사람들에게 알려야 한다고 생각하네. (…) 오늘 밤 촬영을 마친 뒤에 만나도록 하세. 아니면 러시 시사(저녁 8시, 퐁티외 영화관) 때라도 좋으니, 상황을 검토해 보세." 그 며칠 전에는 (야당인 통일사회당 당수) 프랑수아 미테랑이 국민회의의 대정부 질문 기회를 이용해 랑글루아 사태를 언급함으로써 말로의 지위를 흔들고자 했다. 이제 대립은 공공연히 정치적인 것이 되었고, 시네마테크 옹호위원회는 이 상황을 이용하고자 했다. 실제로 3월 26일 트뤼포는 미테랑에게 한 통의 편지와 이 문제에 관련한 갖가지 정보 자료를 보내 주었다. 4월 8일에 미테랑이 〈대담〉이라는 텔레비전 프로그램에 출연하는 사실을 알았기 때문이다. 트뤼포는 "ORTF(프랑스 국영라디오텔레비전방송국)가 제공하는 기회를 이용해 이 사건에 관해 처음부터 고수해 온 침묵을 깨 주시기를 희망합니다"라고 편지에 썼다.

1968년 4월 22일 월요일, 랑글루아의 운명을 결정지을 임시 총회가 열려, 프랑스 시네마테크 회원 수백 명이 이에나 대로에 있는 기술 공예사 회장에 모여들었다. 조르주 브델 학부장이 자문위원회의 결정 사항을 낭독했다. "1901년법에 입각한 기관인 시네마테크는 국가가 내부 사항에 개입하는 일 없이 민간 단체로서 조직 운영될 것입니다." 랑글루아는 만장일치로 예술감독으로 복직되었다. 피에르 무아노와 피에르 바르뱅, 이사회도 비난을 받았다. 5월 2일 월름 가의 시사실은 운영을 재개했다. 기쁨과 감동에 찬 랑글루아는 트뤼포를 향해 관중의 긴 박수갈채를 유도했고, "영화에 활동 무대를!"이라는 외침으로 환영사를 마무리했다.

이날 참석한 사람들에게 이 사건은 무엇보다도 정치적인 것이었다. 영화인들과 영화 애호가들은 드골 정권과 행정부에 맞서, 현장 투쟁, 거리 시위, 옹호위원회에서의 전투 정신으로 싸웠다. 확실히 랑글루아의 옹호자들은 모두 2개월 일찍 각자의 '1968년 5월'을 경험했다. 4월에는 피에르 카스트가 랑글루아에게 헌정된 『카이에 뒤 시네마』 제200호에서 예언적 시각으로 이렇게 썼다. "'랑글루아 만세!'라는 외침 없이 '카스트로 만세!'를 외치는 것은 불가능하지만 '카스트로 만세!'라는 생각 없이도 '랑글루아 만세!'를 외치는 일이 전적으로 가능하다는 사실을 나는 잘 안다. 하지만 결국 이 난투극, 전단지, 위원회 사무실, 토론은 시네마테크 사태를 월등히 넘어서까지 나아갈 것이다. (…) 영화는 전문 장소에서 생산되는 소비 상품과는 다른 어떤 것이 되었다. 그리고 프랑스 시네마테크의 존재를 옹호한다는 것은 이상하게도 정치적 행위인 것이다."

1968년 4월, 트뤼포는 자발적으로 "랑글루아 만세!"를 외치긴 했어도 "카스트로 만세!"를 외칠 의향은 전혀 없었다. 그렇다고 해도 드골 정권에 맞선 현실 참여는 트뤼포의 삶에 대단히 중요한 일이었다. 1960년 가을의 '121인의 성명서'에서 1968년 봄의 '시네마테크 옹호위원회'까지 트뤼포의 행동과 사유에는 일관성이 있었다. 즉 표현의 자유라는 대의를 위해 트뤼포는 끊임없이 권력에 대항해 나섰다. 트뤼포는 늘 권력이란 분별없고 과도한 개입을 하고 검열을 하는 요령 부족의 존재라고 간주했다. 그러나 비교적 청렴결백하고 창작의 자유에 대해 비교적 사려 깊다고 생각되는 상당수 좌파 인물들과 친교를 맺으면서도, 어떠한 정치적 참여를 할 용의는 없었다. 정치적 발언과 정치가들을 여전히 깊이 불신했기 때문이다. 트뤼포는 랑글루아 축출에 관해 루이 마르코렐에게 설명한 편지에서 이렇게 썼다. "비현실적 체제에 의한 어리석은 짓뿐만 아니라, 드골에서 미테랑이나 드페르*에 이르기까지, 겸허한 망데스 프랑스를 제외하고는, 영화에 관해 아무것도 알지 못하며 장래에도 결코 이해하지 못할, 이른바 '엘리트'가 너무 많습니다."

칸영화제의 커튼

〈화씨 451도〉와 관련해 몇 년간 중단과 실패로 점철된 힘든 시간을 보낸 뒤, 프랑수아 트뤼포가 랑글루아를 위해 행한 현실 참여는 무엇보다도 그의 생애에서 놀라운 '청춘의 일격'에 해당했다. 1968년의 봄은 트뤼포에게 뜻밖의 열정의 부활을 가져다주었다. 트뤼포는 이 시기를 흥분에 싸여 전속력으로 달렸으며, 생기 있고 민첩한 촬영과 많은 시간을 요하는 전투적 활동 사이에서 살았다. 계속되는 흥분에 휩싸여 잠자는 시간도 줄어들었다. 동료 조르주 키에주망에 의하면, "그가 알베르-드-멩 대로에서 토끼처럼 달려 자동차 대열로 돌진한 뒤 시위대의 선두에 서서, 그곳에 있던 사람들과 함께 경찰 곤봉으로 맞던 모습이 아직 눈에 선

• 프랑스사회당 지도자*

하다. 내 앞에서 달려가던 그의 모습은 〈400번의 구타〉의 소년이었다. 그 순간 나는 앞으로 몇 살의 나이에 이르게 되든지 그는 영원히 소년으로 남을 것이라고 생각했다."

1968년 봄, 트뤼포는 행복했다. 아마도 자신의 배우 클로드 자드와 사랑에 빠져 있었기 때문일 것이다. 그 감정은 상호적인 것이어서, 방금 스무 살이 된 자드에게도 트뤼포는 첫사랑이었다. 사샤 피토에프의 부인은 클로드 자드의 부모를 찾아가 오는 6월로 딸의 결혼이 예정되어 있음을 알려 주었다. 클로드 자드는 영국의 언니 집에서 잠시 지냈는데, 그전에 이미 결혼식 드레스를 골라 놓았다. 트뤼포는 장 클로드 브리알리와 마르셀 베르베르에게 결혼식 입회인이 되어 줄 것을 부탁했다. 이 결혼은 충동적으로 결정된 것 같았다. 트뤼포는 가족 외에는 아무에게도 그 사실을 알리지 않았고, 베르베르에게도 허둥대면서 "이러이러한 날에 시간이 되는가요? 아, 좋습니다! 그럼 저의 입회인이 되어 주십시오"라고 부탁했을 정도였다.

5월 초, 프랑스는 소르본대학교와 게-뤼사크 거리에 세운 바리케이드를 중심으로 일어난 대규모 학생 폭력 시위로 흔들리고 있었다. 13일에는 1백만 명의 시위대가 레퓌블리크 가에서 당페르-로슈로 가까지 파리의 거리를 행진해가는 한편, 프랑스 전역에서 총파업의 첫날을 맞고 있었다. 전력공사, 파리 교통공사, 프랑스국유철도, 우편전신전화국*을 중심으로 시작된 파업은 곧 민

• 모두 국영 기업이다.*

간 기업 부문 전체로 확산했다. 같은 시기에 칸에서는 제21회 영화제의 개막에 맞춰 참석한 평론가 대다수의 요청에 따라 24시간 동안 모든 활동이 중단되었다. 그래서 이날 예정되었던 카를로스 사우라의 〈박하 빙수Peppermint frappé〉와 트루먼 카포티의 소설을 영화화한 프랑크 페리의 〈3부작Trilogy〉의 상영은 5월 18일로 연기되었다.

트뤼포는 마침 11일부터 13일까지 칸에서 두 가지 중요한 행사를 준비하고 있었다. 먼저 5월 18일 토요일에, 클로드 베리, 로제 바딤, 자크 로베르, 클로드 를루슈와 함께 시네마테크 옹호위원회의 활동에 관한 기자 회견에 참가하기로 했다. 기자 회견의 사회는 알랭 레네가 맡기로 예정돼 있었다. 같은 날 오후에는 앙리 랑글루아와 함께, 지난해 가을에 사망한 공산당 계열의 비평가 조르주 사둘의 추모 행사를 주재하게 되어 있었다. 5월 13일, 총파업의 확대와 공장 점거 사태가 시작되기 전, 트뤼포는 로베르 파브르 르 브레에게 영화제를 전면 중단할 것을 권고했지만, 르 브레는 거부했다. 밤에 트뤼포는 파리로 돌아와 아녜스 기유모와 〈훔친 키스〉의 편집을 감수했다. 학생 운동과 공장 파업은 확대되었다. 트뤼포는 줄곧 라디오에서 정보를 얻고 있었으나, 거리 시위에 동참할 생각은 한순간도 하지 않았다. 이 시점에서 그는 주의 깊은 목격자로 남아 있었다.

5월 17일 정오 무렵 자동차에 오른 트뤼포는 텅 빈 도로를 전속력으로 달려 다시 칸으로 내려갔다. 같은 날 정오 파리에서는 '파업 영화감독' 위원회가 가세한 영화기술조합연합에서, 그날 밤에 영화업계 인물들 전체가 학생들이 점거 중인 보지라르 가의 사진영화학교에서 모일 것을 결정했다. 오후 9시 보지라르 가에 집결한 영화관계자 전원은, 랑글루아 사건의 충돌과 시위의 연장선상에서 좀더 자유로운 영화와 텔레비전을 공개적으로 요구하면서 '프랑스 영화삼부회'를 결성했다. 2주 이상 1천2백 명에 가까운 영화업계 인물들과 학생들이 정기적으로 이곳에 모여 끝없는 토론을 거듭하고, 몇몇 위원회를 설치하고, 영화의 변혁과 쇄신 기획을 발표했다. 이것은 그때까지 세분화되고 논쟁에 의해 분열되고 국립영화센터의 감독 아래 있던 프랑스 영화의 관습에 대한 작은 혁명이었다. 이 삼부회 제1차 모임에서는 두 가지 사항을 결정했다. 첫째, 영화 노동자의 파업 방침이 채택되어 다음 날부터 시행되었다. 그 결과 생모리츠 촬영소에서 진행되던 제라르 우리 감독의 〈아이큐 대작전Cerveau〉의 촬영도, 〈훔친 키스〉의 편집도 중단해야 했다. 둘째, 파업 중인 노동자, 학생과의 연대감의 표현으로, 칸영화제 중지를 요구하는 발의가 가결되었다.

삼부회 제1차 모임에 출석한 자크 리베트는 그날 밤 칸의 마르티네 호텔에 머물던 트뤼포에게 소식을 전했다. 이번에는 트뤼포가 영화제에 출석 중인 다른 감독들(고다르, 말, 를루슈, 체코 감독 얀 네메츠와 밀로슈 포르만, 레네, 리처드 레스터, 로만 폴란스키, 카를로스 사우라)에게 이 사실을 알리고, 가능한 한 빨리 행동을 취하도록 제안했다. 경쟁 부문에 영화를 출품한 감독들, 즉 포르만(〈소방수의 무도회Au feu les pompiers〉), 레네(〈사랑해, 사랑해Je t'aime, je t'aime〉), 를루슈(〈프랑스에서의 13일간Treize Jours en France〉), 네메츠(〈축제와 손님들La Fête et les Invités〉), 레스터(〈페튤리아Petulia〉), 사우라(〈박하 빙수〉)는 작품을 취하해야 했고, 심사위원인 루이 말과 폴란스키는 사퇴를 약속했다. 5월 18일 오전, 트뤼포는 영화삼부회의 이름으로, 랑글루아 사건에 관한 기자 회견에 모인 많은 비평가와 감독들에게 영화제 중단을 호소했다.

한 시간 뒤 고다르가 영화가 상영되던 팔레의 대상영관 점거를 제안했다. 대상영관이 사우라의 영화를 보기 위해 온 관객으로 가득 찬 것을 염두에 두고, 트뤼포, 말, 고다르, 가브리엘 알비코코, 베리, 를르슈로 구성된 위원회가 단상에 올라 영화제의 중단을 선포했다. 이 '음모가 집단'에 장 루이 리샤르와 장 피에르 레오 등 동료 영화인도 가세했다. 형언할 수 없는 소란 속에서, 사퇴 여부를 논의 중인 심사위원단과 출품작 취하 여부를 협의 중인 경쟁작 부문 참가 감독들의 결정을 모두가 기다리는 동안 떠들썩한 토론이 있었다. 토론에서는 영화제의 궤도 수정(공식 출품작 이외에도 좀 더 많은 작품을 선정할 것, 회고전 상영과 토론회 활성화, 수상자 명부 폐지 등)을 제안하는 다수파의 '개량주의자'와, 즉각 중단을 요구하는 '급진파'가 대립했다. 이때 '급진파'에 힘을 실어 주는 소식이 들려왔다. 심사위원 네 명(로만 폴란스키, 모니카 비티, 테런스 영, 루이 말)이 사퇴했으며, 영화 상영을 취소하는 감독의 수가 계속 증가한다는 소식이었다.

그러자 로베르 파브르 르 브레는 영화제를 '비경쟁'으로 재규정하고 속행한다고 선언했다. 관객 대부분은 만족스러워하며, 제럴딘 채플린이 주연을 맡은 사우라의 영화 〈박하 빙수〉의 상영을

칸영화제에서 (왼쪽부터) 클로드 를루슈, 장뤽 고다르, 프랑수아 트뤼포, 루이 말,
로만 폴란스키(1968)

큰소리로 요구했다. 단상에서는 '급진파'들이 굽히지 않고 상영을 저지하기 위해 결속하여 흥분한 군중과 대치했다. 장내가 어두워지고 환호성 속에 상영이 시작되었지만, 사우라와 제럴딘 채플린을 포함한 반대자들이 힘을 다해 스크린 커튼을 붙잡고 있었기 때문에 스크린이 열리지 않았다. 그들은 곧 경비들의 공격을 받았다. 고다르는 뺨을 맞고 또다시 선글라스를 잃어버렸고, 트뤼포는 어느 분노한 관객에게 붙잡혀 바닥에 넘어졌다. 몇 분 뒤 장내가 밝아졌고 파브르 르 브레는 다시 단상에 올라 오후 상영과 저녁 상영을 취소한다고 발표했다. 밤늦게까지 팔레의 대극장 안에서는 길고 긴 토론이 이어졌다. '급진파'의 무력 행사는 성공했다. 다음 날 정오, 업무 수행이 불가능하다고 간주한 파브르 르 브레가 영화제를 폐막했기 때문이다.

그러자 드골파 언론과 칸영화제 관객들은 '파괴자', '호사스러운 과격파'를 맹렬히 공격하면서, 그들이 영화제를 "완전히 좌초시켰다"고 비난했다. 트뤼포는 당시 『렉스프레스』의 기자로, 장래에 칸영화제의 총대표(!)가 될 질 자콥과의 인터뷰를 통해 이렇게 해명했다. "국가가 마비된 상황에서 축제를 중지하는 것이 당연하다는 사실을 아무도 이해하려 하지 않는 것 같았다. 영화제의 폐막을 쟁취해야만 했고, 우리는 그것을 쟁취했다. 좀 더 우아한 형태로 실행할 수도 있었겠지만, 그러나 이런 상황에서는 우아함 같은 것은 옷장 속에 남겨 두고 옷장 열쇠까지도 잃어버려야 한다. 나는 많은 사람이 칸영화제에서의 우리의 태도를 오랫동안 비난하리라는 것을 안다. 그러나 항공기도 열차도 담배도 전화도 휘발유도 이틀 뒤면 없어지는데, 영화제가 계속된다면 엄청난 웃음거리가 되었으리라는 사실 또한 안다."

그동안 파리에서는 삼부회가 조직 동원을 계획했다. 5월 19일 기사 조합, 프랑스 국영 라디오 텔레비전방송국의 연출자, 고등영화학원IDHEC의 학생, 삼부회가 동시에 직장과 학교를 점거하고 무기한 파업 지령을 내렸다. "우리 영화인들(각본가, 기사, 노동자, 학생, 비평가)은 상품화되어버린 영화의 반동적 구조를 규탄하고 파기하기 위해 무기한 파업에 들어간다. 우리는 우리 직업의 책임자 및 경영자가 될 때까지 투쟁을 계속할 것이다." 5월 21일, 현행 국가 구조를 해체하려는 의지가 공개 표명되었다. 그날 삼부회는 'CNC(국립영화센터)의 특권' 폐지를 선언하는 동의안 투표를 실시했다. "프랑스 영화삼부회는 CNC의 반동적 구조가 폐지된 것으로 간주한다. 따라서 삼부회는 CNC의 존재, 대표권 및 그 규정이 더 이상 영화계에서 인정되지 않는 것으로 한다. 영화업계의 새로운 구조는 삼부회에서 생겨나는 것으로 한다." 이 '영화의 5월 사태'의 유토피아적 풍경화 속에서, 21일의 동의안은 비록 아무런 결과도 가져오지 못했지만 획기적인 것이었다. 5월 26일과 28일에 쉬렌에 있는 파리서부문화센터에서 소집된 또 다른 세 개의 총회에서는, 프랑스 영화를 위한 새로운 구조 기획이 19편 발표되었다. 또 6월 5일의 모임에서는 총괄 프로젝트라는 난제가 논의되었다. 그러나 1968년 6월 23일과 30일에 거행된 국회의원 선거에서 드골 장군의 여당이 국민회의에서 압도적 다수 의석을 차지하자 이런 논의는 즉시 잊혔다. 물론 그 이후 CNC의 해체는 더 이상 생각할 수도 없게 되었다.

5월 19일에 칸에서 돌아온 트뤼포는 영화삼부회의 모험에 참여를 거절했고, 21일에는 어느 모임에 참석한 뒤 환멸을 느끼기도 했다. 현실 감각의 결여, 이상주의, 준비 부족 등이 그를 대단히 짜증 나게 했다. 트뤼포는 이렇게 털어놓았다. "그곳에는 연간 80편이 아니라 140편의 영화가 제작되기를 희망하는 노동자들이 있었다. 그것은 불가능하다. 더욱 많은 자유, 즉 기득권은 유지하면서 조합의 규제는 적게 받기를 희망하는 창작자들이 있었다. 그리고 영화업계로 진입할 희망이 그리 크지 않은 감독 후보자들이 있었다. 그들은 모든 것이 원점에서 다시 시작된다는 점에서 혁명을 기대하는 사람들이다. 이런 모든 모임의 실패는 치명적이고, 덧붙여 말하자면, 설사 좌파 정권이 수립된다 해도 치명적일 것이다. 왜냐하면 어떤 정부라 할지라도 영화는 언제나 관심의 맨 마지막에 놓일 것이기 때문이다." 또한 트뤼포는 같은 시점에서 카스트와 도니올-발크로즈 등 몇몇 동료의 제안으로 창설된 영화감독협회의 가입도 거절했다. "내가 리베트, 고다르, 로메르에게 연대 의식을 가지는 것은, 그들을 좋아하고 그들의 작품을 찬미하기 때문이다. 그러나 나는 자클린 오드리, 세르주 부르기뇽, 장 들라누아, 자크 푸아트르노와는 공유하고 싶은 것이 아무것도 없다. 경의와 우정이 그 안에 개입되지 않는다면, 동일한 일을 한다는 사실만으로는 내게 아무런 의미도 없다." 그는 이렇게 이유를 밝혔다.

그렇지만 이 시기 전체를 통해 트뤼포는 학생 운동에 친밀감을 느꼈고, 정치적 압박과 경찰의 탄압 아래서 숨 가빠하던 5월 말과 6월 초에 특히 그러했다. 그는 『문학 소식』지에 이렇게 썼다. "나는 학생들을 좋아하며 그들의 투쟁에 찬동한다. 나는 대학생이 될 행운을 갖지 못했다. 나는 초등학교밖에 나오질 못했다. 14세에 생활비를 벌어야만 했던 것이다. 학문을 추구하는 많은 사람이 있지만, 내 경우에는 학문의 추격을 받았다. 그 때문에 나의 교양은 도처에 구멍이 나 있으며, 이해의 속도가 다른 사람보다 늦다." 트뤼포는 학생들의 대의를 지지하는 증거로서, 5월 8일 마르그리트 뒤라스의 요청에 응해 학생들을 옹호하는 성명서에 서명했다. 그리고 15일에는 '직접 행동 및 창조성위원회'에 1천 프랑을 기부했고, 비록 점거되어 있던 소르본대학교의 방문은 거절했지만("나는 여행객도 '파리의 최고 명사'도 되고 싶지 않았다") 당시 점거된 상태에서 6월 14일 경찰에게 '소탕'되기까지 상설 토론장이었던 오데옹 극장에는 정기적으로 들렀다. "나는 그곳에 종종 갔다. 일정 시기에는 거의 매일 저녁 갔다. 런던의 거리처럼 누구나 어떤 이야기라도 할 수 있는 장소의 필요성을 느꼈기 때문이다."

결국 1968년 6월 1일, 라탱 구역 학생들이 최후의 대규모 시위를 벌일 때 트뤼포는 생애 처음으로 연대감을 위해 거리로 나섰다. 얼마 전 노동총동맹CGT이 '사회 투쟁의 날'로 정한 5월 24일, 영화삼부회 사람들이 행진할 때는 참가를 거절했던 트뤼포였다. "나는 언제나 개인주의자였다. 나는 정치 흥정을 하는 사람들을 언제나 적으로 생각했다. 그것은 아마도 내 성장 과정에서 유래할 것이다. 어릴 적에 경찰들에게 구타당한 이후 나는 줄곧 정당

이란 것이 나의 인생과 관련된 유일한 사실, 다시 말해 사회에 적
응할 수 없는 인간에게는 전혀 관심을 두지 않는다는 인상을 받
아 왔다. 그리고 학생들에게서 내가 감동받은 점은 경찰이 폭력
을 휘두르면 그들도 같이 폭력으로 맞선다는 점이다. 나는 그들
의 모든 행동을 좇았다. 이전에 한 번도 해본 적이 없는 데모 행진
까지 했다. '우리는 모두 독일계 유대인이다!'라고 노래하면서 행
진할 수 있는 젊은이들에게 나는 대단히 경탄한다. 어느 날엔가
거리에서, 지성과 유머와 힘과 정의를 동시에 볼 수 있으리라고
는 지금까지 한 번도 생각해 본 적이 없었다. 그 때문에 감동했던
것이다."

가족 소설

이렇게 몇 주일 동안 정치적 동요와 흥분을 겪은 뒤, 트뤼포는 다
소 비겁하게도 결혼을 수용할 수 없다는 구실로 클로드 자드와의
결혼을 포기했다. 5월의 소란, 즉 트뤼포가 매혹적으로 참가한 이
혼란의 광경이 아마도 어느 정도는 관계가 있었을 것이다. 트뤼
포는 이 젊은 여배우와 자신의 세대 차를 깨달았고, 두 사람 사이
에는 인생에 대한 서로 다른 불안도 있었다. 트뤼포의 속내를 잘
알았던 헬렌 스코트는 거리낌 없이 그 결혼을 만류했다. "당신은
그녀를 덥석 삼켜 버리려 하는군요!" 클로드 자드에 관해 이야기
하면서 헬렌은 트뤼포에게 그렇게 썼다. 헬렌이나 클로드 드 지
브레 같은 가까운 사람들이 보기에 트뤼포는 '푸른 수염'* 같은 구

석을 지니고 있었다. 또한 트뤼포 본인도 자신을 '영화의 노련한 노병'으로 묘사하고 있었다. 그러나 36세 때에, 이 남자에게 갑작스럽게 어린 시절의 망령이 되찾아왔다.

몇 개월 전 〈훔친 키스〉를 마무리할 때 트뤼포는 뒤블리 홍신소의 알베르 뒤셴 사장을 만나, 자신의 영화 속 등장인물처럼 극비리에 친아버지에 관한 조사를 요청했다. 자닌 드 몽페랑을 유혹해 1931년 봄 그녀를 임신시킨 뒤 남모르게 사라져, 두 해 뒤 그 아기가 롤랑 트뤼포에게 입적되도록 만든 바로 그 생부였다. 사설 홍신소에 관한 픽션 영화를 만들던 트뤼포는 가족의 비밀의 근원으로 거슬러 감으로써, 다시 한번 앙투안 두아넬의 모험을 자신의 실생활과 연관시켰다.

알베르 뒤셴은 직접 이 사건을 전담 조사해 몇 주일 후 트뤼포에게 '비밀 보고서'를 제출했다. 보고서에 의하면, 트뤼포의 부친은 1910년 바욘에서 가스통 레비와 베르트 칸의 아들로 태어난 롤랑 레비였다. 바스크 연안의 학교에서 중등 교육을 받고 대입 자격시험을 통과한 레비는, 1920년대 말에 파리로 와 로레트 지역의 투르-도베르뉴 가에 위치한 치과 학교에서 교육을 받으면서 파리 생활을 시작한다. 1930년대가 시작될 무렵 그는 자닌 드 몽페랑을 만났으며 프랑수아가 태어나기 전에 헤어졌다. 치과학을 마친 뒤 레비는 오페라 지역에 자리를 잡고 1938년 치과 일을 시작했다. 프랑수아 트뤼포의 부친으로 추정되는 이 남자는 유대

• 샤를 페로의 동화 속 인물. 여섯 명의 아내를 살해한다.*

인이었기 때문에 독일인에게 점령된 파리를 떠나 샹파뉴 지방의 트루아로 피신했다. 계속된 추적을 통해 탐정들은 레비가 1946년 벨포르에 정착한 사실을 알아냈다. 이곳에서 레비는 역시 치과 의사로 열 살 연하인 앙드레 블렁과 약혼한 뒤 1949년 7월에 결혼했다. 부부는 중심가에 있는 카르노 대로의 어느 아파트에 살면서 같은 건물 4층에 치과를 개설했고, 10년 뒤인 1959년 두 아이를 둔 상태로 이혼했다.

이 새로운 사실에 프랑수아 트뤼포는 충격과 동시에 안정감을 느꼈다. 요컨대 자신이 전적으로 '어머니의' 가족에만 속하는 것은 아니었기 때문이다. 그리고 자신의 아버지임에 틀림없을 사람의 유대 혈통을 발견한 것 역시 트뤼포를 깊이 동요시켰다. 이 발견은 '1968년 5월'의 학생들이 외치던 "우리는 모두 독일계 유대인들이다"라는 슬로건에 더욱더 '가슴을 뒤흔들' 울림을 던져 주었다. 이런 점에서, 생의 마지막 순간 클로드 드 지브레와 행한 긴 미발표 인터뷰에서 고백했듯이, 트뤼포는 "언제나 스스로를 유대인으로 느꼈다." 트뤼포는 이 유대성을 추방된 자, 순교자, 사회 주변인에 대한 애정으로 연결했다.

그것은 또한 스스로 젊은 시절 내내 품었다고 고백한 '타자 의식'의 확인이기도 했다. 트뤼포는 1945년 9월 시네아크-이탈리앵 영화관에서 강제 수용소 해방 영화를 보면서 이미 이 유대성을 발견했다. 어머니의 무관심, 경찰의 구타, 미성년자 관찰소 구금을 겪은 어린 프랑수아는 홀로 어두운 영화관 객석에서 트뤼포 혹은 몽페랑 가족의 '유대인'이 되었던 것이다. 영화는 이후로도 유대인과의 일체화 과정에서 하나의 역할을 수행했다. 반복해 보았던 그 영화들에는 밀수입된 '이국', 이 세상을 벗어난 자유의 공간, '유대인'이 마침내 속박 없이 완전한 삶을 살 수 있는 곳이 존재하고 있었다. 그 후에 트뤼포는 자신의 분신이라 할 만한 것을 제조해 냈다. 하나의 전도된 '유대인'의 초상화로서 그것은 젊은 경기병, 르바테를 매료시킨 뛰어난 저널리스트, 야심적 영화 감독, 중산층, 사회 참여를 행하지 않는 예술가의 형태를 띤 것이었다. 그렇지만 조금이라도 기회가 보이면 '유대인'은 수면 위로 떠올라 다시 모습을 드러냈고, 언론계에 제공된 너무도 매끄러운 초상화의 밑동을 뚫고 나와 그의 진정한 내면을 드러냈다. 그것은 학대받은 유년기라는 운명의 영향을 받은 어른의 모습, (실연과 직업적 실패에 관련해) 끊임없는 죄의식을 지닌 남자의 모습, 사회로부터 도망치는 고독자의 모습이었다. 이 '야만의' 부분은 언제나 '문명화된' 분신에 대해 우월성을 지니고는 트뤼포를 성공의 한가운데에서 추방자로서 살도록 했고, 명성 획득에도 불구하고 주변인으로 살도록 몰아갔다. 이 분열 현상은 '저주받은 예술가'의 생활 양식과는 무관한 것이었고, 그보다 더욱 깊숙이 유년기에서부터 받아들인 하나의 운명에 근원을 둔 것이었다. 요컨대 타인들로부터, 특히 인내하기 힘든 가족으로부터 '유대인'이 된다는 것이었다.

1968년 봄 트뤼포는 자신의 유대 혈통을 비밀로 간직했다. 단지 마들렌과 헬렌 스코트, 두 명의 제작자 피에르 브롱베르제와 일랴 로퍼트에게만 그 사실을 털어놓았을 뿐이었다.* 또한 트뤼포는 그 사실이 암시될 만한 몇몇 행동을 취했다. 예를 들어 6일 전쟁**에서 몇 개월이 지난 뒤 동료 다수가 반유대적 극좌주의로 기울었을 때, 트뤼포는 일랴 로페르트의 간청으로 1968년 3월 20일 '이스라엘 연대 기금'에 가입해 정기적으로 수천 프랑의 연회비를 납입했다.

몇 달 후인 1968년 8월 22일 자닌 드 몽페랑이 간경변으로 사망했다. 어머니의 사망을 계기로 프랑수아 트뤼포는 돌연히 유년기의 상처 속으로 다시 빠져들었다. 마들렌 모르겐슈테른의 회상에 의하면 "장례식에 참석하도록 헬렌 스코트가 그를 꾸짖어야만 했다." 왜냐하면 트뤼포는 화해는커녕 어머니에게 뿌리 깊은 적개심을 품고 있었기 때문이다. 8월 28일 라파예트 가 근처의 생-뱅상-드-폴 성당에서 거행된 장례식은 몽페랑 가족이 트뤼포에게 적대감을 보였기 때문에 유달리 고통스러운 것이었다. 어머니의 사망 이후에야 프랑수아 트뤼포의 분노는 조금씩 사라져 간다. 트뤼포는 나바랭 가의 아파트를 정리하면서 어머니가 소중하게 간직해 온 자료를 발견하고는 감동받았다. 마들렌의 말에 의하면, 그 자료는 "삭제 및 가필 수정된 트뤼포에 관한 신문 기사 스크랩으로, 어머니가 프랑수아에게 냉담한 것이 아니라 관심을 가지고 있었음을 증명하는 것이었다."

프랑수아즈 도를레악의 죽음, 생부의 발견, 어머니의 사망, 결

• 네 사람 모두 유대인이다.*
•• 1967년 이스라엘이 주변 아랍국들을 공격해 6일 만에 대승을 거둔 전쟁*

혼 직전의 도피 등 불과 몇 개월 사이에 연속 발생한 사건들은 프랑수아 트뤼포에게 자신의 삶을 꼼꼼히 검토하도록 몰아갔다. 1968년 늦여름 트뤼포는 나바랭 가의 가족 아파트에서 찾아낸 자료에 몰두했다. 학교에서 썼던 수첩과 공책들, 어린 시절의 편지, 그리고 구류, 감금, 영화광 활동, 1951년의 군 영창 수감 등 자신의 삶의 흔적들이었다. 또한 트뤼포는 젊은 시절에 썼던 여러 일기장을 모아 부분적으로 가필·편집·요약하고는, 인생의 다양한 순간을 종이 위에 적어 내려갔다. "어린 시절", "군대 생활", "내가 쓴 기사", "내가 본 영화", "여자들", "친구들"……. 정확한 날짜와 사건을 강박적이고 편집적으로 담아 놓은 매우 상세한 이 기록물을 가지고 트뤼포는 자서전을 쓸 생각까지 했다. 그러나 같은 시점에서 구상된 또 하나의 기획, 즉 주요한 영화 글을 모아 『내 인생의 영화*Les Films de ma vie*』라는 책을 만드는 작업에 전념하느라 자서전 계획은 포기하게 된다. 대단히 내면적이면서 자전적인 영화 기획, 특히 〈여자들을 사랑한 남자〉와 〈녹색 방〉, 〈달아난 사랑*L'Amour en fuite*〉의 기획이 구상된 것도 같은 시기의 일이었다. 트뤼포는 이를 통해 "자신의 인생을 설명하고자" 했고, 자신의 역사를 이해하고자 했다. 요컨대 서로 다른 기록물을 가지고 영화, 여성, 죽음* 등을 실마리로 삼아 거슬러 올라가면서, 자신의 가장 비밀

• 얼마 전 부친상을 당한 타냐 로퍼트에게 보낸 편지에서 트뤼포는 "자신의" 죽은 자들을 향한 심정을 표현했다. 이것은 〈녹색 방〉의 전조로 간주할 수 있다. "내 주위에 내가 사랑했던 죽은 자들이 너무나 많이 있습니다. 프랑수아즈 도를레악의 죽음 이후 나는 그 어떤 장례식에도 가지 않기로 결심했지만, 그것이 슬픔을 막아 주지는 못한다는 것을 상상할 수 있을 것입니다. 잠시 동안은 가려줄지언정 세월이 흐른다 해도 완전히 지워 버릴 수는 없다는 것을 말입니다. 왜냐하면 우

스러운 자료집 안에 그 전체를 분류해 써넣음으로써 인생을 되찾고자 했다.

그렇지만 그의 인생에서 매우 중요한 의문 하나가 풀리지 않은 상태로 남아 있었다. 왜 자신의 생부는 자닌 드 몽페랑을 떠난 것일까? 왜 자신의 이름은 '프랑수아 레비'가 되지 못한 것일까? 이 젊은 치과 의사는 야망과 종교의 측면에서 그와 너무나 다르다고 판단했기에 이 여자를 거절한 것일까? 아니면 몽페랑 가족이 이 연애 사건에 끼어들어 영원히 깨뜨려 버린 것일까? 프랑수아 트뤼포는 친척에게 편지를 보내 자신의 출생 정보와 생부의 존재에 관해 물었다. 외조모인 주느비에브 드 몽페랑의 시누이 쉬잔 생마르탱 한 명만이 그의 편지에 답을 보내왔다. "네 출생 문제를 확인해 주고 싶구나. (네 아버지의 정확한 이름을 알기 때문이 아니라) 내가 그 시기에 최종 교사 자격시험을 치르기 위해 파리에 와 있었기 때문이다. 나는 네 할머니 주느비에브의 집에 가서 일요일 낮 시간을 보내곤 했다. 양반인 척하면서도 매우 신앙심 깊은 네 할아버지 장은 자닌이 동네 노동자나 족보도 없는 사람들과 함께 어울리는 것을 싫어했지만, 유대인 이야기를 한 적은 한 번도 없었다. 만일 그랬다면 더욱더 크게 화를 냈겠지……. 아니야, 너는 네 할머니가 태어난 랑그도크의, 브뤼냐의 순수한 프랑스인이다." 트뤼포는 그 자체를 부인하는 이 편지를 통해 반

유대주의 때문에 롤랑 레비가 자닌 드 몽페랑의 인생에서 배제되었다는 내면의 확신을 강화했다.[*] 신앙심 깊고 귀족적이며 예전에 드레퓌스 반대파였던 몽페랑 가의 남자들은 자신들 사이에 유대인을 받아들일 수 없었을 것이다. 이처럼 트뤼포가 자신의 가족 소설과 탄생 이야기를 재구성하려 했음에도 몇몇 의문은 남아 있었다. 1968년 9월 어느 날 트뤼포는 벨포르에 갔다. 그는 역에서부터 카르노 대로까지 가는 경로가 만년필로 세밀하게 그어져 있는 이 도시의 지도를 자신의 파일에 죽 보관하고 있었다. 저녁 7시부터 트뤼포는 전쟁 직후에 세워진 7층 건물 발치에 서서 기다렸다. 탐정의 보고서에 의하면, 롤랑 레비는 매일 저녁 식사를 마친 뒤 간단한 동네 산책을 위해 외출한다는 것이다. 롤랑 레비는 혼자 살면서 아주 엄격한 일정으로 생활하고 있었다. 저녁 8시 30분, 보통 키에 다소 뚱뚱한 이 60세가량의 남자는 회색 코트로 온몸을 포근히 감싸고 목에는 스카프를 두른 채 아파트 문을 나섰다. 그러나 이 순간 프랑수아 트뤼포는 방향을 바꾸었다. 트뤼포는 자신이 그의 아들이라고 느닷없이 밝힘으로써 한 남자의 습관을 어지럽히는 일을 용인하지 못했다. 이날 밤 트뤼포는 마을에 방을 하나 얻은 뒤 영화관에 가서 틀어박혔다. 그곳에서는 채플린의 〈골드 러시Gold Rush〉가 상영되고 있었다.

---

[*] 몽페랑 가족은 이 사실의 해석에 견해 차이를 보인다. 예를 들면, 모니크 드 몽페랑은 롤랑 레비와 자닌 드 몽페랑의 결별이 롤랑 레비의 결정에 의한 것이었다고 생각한다. 그는 자닌이 임신했다는 사실도 알지 못한 채 그녀를 떠났다는 것이다.

우리의 사랑에 남은 것은 무엇인가?

1968년 봄과 여름에 걸쳐 연이어 발생한 사건들은 프랑수아 트뤼포의 다양하고 세분화된 삶을 잘 보여 주고 있었다. 그러나 그 각각의 삶은 수면 밑의 은밀한 순환로, 비밀의 통로들로 연결되어 있었다. 한창 활동 중인 영화감독, 랑글루아의 옹호자로서 정체를 드러낸 시네필 활동가, 파업 중인 프랑스에 영화를 '접합'하려는 논리적 배려에서 칸영화제를 '사보타주'한 주동자의 한 사람, 5월의 '대학생', 어머니를 잃은 시점에서 자신의 정체를 발견한 '유대인', 호색가……. 트뤼포는 동시에 이 모든 인물이 되는 일에 성공했다. 가까운 동료 지인들에게는 침착함을 잃는 법이 없던 트뤼포였지만, 내면에서는 이 복합적 상관성으로 깊은 혼란을 겪었던 것이다.

〈훔친 키스〉 덕분에 카로스 영화사는 예기치 않게 재정적 난관에서 벗어났다. 거의 매일 밤 랑글루아 사태에 힘을 쏟느라 상당 부분 안일하게 연출해 낸 이 영화는, 그 자신의 표현을 빌리자면 "희생양이 된" 작품이었다. 자유분방하면서도 동시에 상당히 회고주의적인 〈훔친 키스〉는 1968년 5월의 분위기에서는 완전히 시대에 뒤처진 것처럼 보였으나, 오히려 불리해 보이는 특징이 고스란히 비장의 한수로 바뀌었다. 무사안일하게 행한 촬영은 영화에 리듬, 자유로움, 우수를 부여했고, 약간 구시대적인 분위기는 대중의 기대에 정확히 맞아떨어지는 결과를 가져왔다. 열병과도 같은 정치적 앙가주망의 봄을 보낸 뒤에 맞은 가을은 가벼우면서 무상한 느낌을 주었다. 혁명은 실패했고, 이와 함께 다큐멘터리와 정치 참여적 영화도 실패했다. 관객은 다시 픽션과 몽상과 노스탤지어와 미소의 세계로 돌아온 것이다. 이 현상이 트뤼포의 개인적 공적을 손상시키는 것은 아니지만, 아마도 이 작은 영화의 이례적인 상업적 운명에 대한 설명은 될 수 있을 것이다.

〈훔친 키스〉는 일반 공개에 앞서 아비뇽 페스티벌에서 상영되었다. 자크 로베르가 (집행위원장인) 장 빌라르의 동의 아래, 〈훔친 키스〉를 1968년 8월 14일 저녁 옛 법왕청 궁전의 맞은편 정원에서 거행된 폐막식의 상영작으로 결정했다. 1년 전 이 영화제에서는 고다르의 〈중국 여인〉이 관객을 양분하며 물의를 일으켰다. 1968년에는 '5월 정신'에 의한 동요의 결과 영화제 자체가 물의의 대상으로 되었다. 빌라르는 강력한 항의를 받았고, 리빙 시어터*는 '해프닝'이라는 자신들의 개념을 인정하도록 만들었으며, 거리에는 보안 기동대의 모습이 보였다. 〈훔친 키스〉는 이런 분위기와 완전히 어긋나는 것처럼 보였다. 마티외 갈레는 『문학 소식』지에 이렇게 썼다. "어떠한 판단 착오로 〈훔친 키스〉를 영화제 폐막작으로 정할 수 있었던 것일까? 경쾌하고 매력적인 오락물로 우아한 우수의 색조를 띠고, 가볍고 안락하고 사랑스러운 무언가를 지니고 있으며, 문화에 대한 눈짓도 포함하고 있지만, 혁명에 관한 암시라고는 전혀 없는 이 작품을……. 이 영화가 내게 매혹적인 두 시간이었던 것은 솔직히 나의 감수성이 반동적이기

---

* 미국의 실험 극단으로, 1960년대는 유럽을 돌며 정치적이고 급진적 형식의 작품을 제작했다.*

때문이지만, 이것은 아비뇽의 신사 숙녀들의 마음에는 전혀 들지 못할 것이다. 그들이 기다려온 것은 브레히트적인 것인데, 정작 제공되는 것은 마리보*니까…….”

그러나 시사회에 참석한 3천 여 명의 관객은 이 영화에 갈채를 보냈고, 로베르 샤잘은 『프랑스 수아르』지에서 만족감을 표시했다. “〈훔친 키스〉는 앙가주망의 영화는 아니다. 앙투안 두아넬은 지배욕에 불타는, 오토바이에 올라탄 저질스러운 파괴자가 아니다. 그는 세속적 매력과 유머가 깃든 낭만적 성향을 지닌 소심한 젊은이이며, 그에게 인생이란 마치 트레네의 노래처럼 익살과 슬픔을 동시에 지닌다.” 이 모순적 상황은 곧 분명하게 드러났다. 영화는 관객을 매료시켰지만, 그것이 주는 느낌은 시대착오적이며 반동적이기까지 한 것이었다.

1968년 9월 4일 파리의 3개 관에서 개봉된 〈훔친 키스〉에 언론은 한결같이 “시대를 초월한” 영화의 주제를 강조하면서 호의적 평가를 보였다. “풋풋함”, “솔직함”, “예민함”, “유머”, “자유”, “감동”, “우아함”, “신중함”, “기기묘묘함” 등의 표현이 꼬리를 물고 이어졌다. 미셸 오브리앙은 『파리 수아르』지에 어른스럽고 “지나치게 상냥한” 트뤼포를 해명하는 특집 기사를 썼다. “지난 10년간의 트뤼포의 변화는 상상할 수 없을 정도다. 전에 그는 구닥다리 영화를 신랄하게 공격했다. 그러나 변화하지 않는 것은 어리석은 자들뿐이며, 위대한 신념은 위반하기 위해 존재한다. 그렇다. 트

• 위트를 지닌 희극으로 유명한 프랑스의 극작가이자 소설가*

뤼포, 그는 성장한 것이다. 언제까지나 유리창을 깨고 보도 블록을 던질 수는 없는 일이다." 이제 트뤼포의 명성은 그의 현대적 유행의 거부 위에 세워졌다. 주류 언론에서 볼 때 트뤼포는 "지나간 시절의 영화"를 구현하는 존재였다. 이러한 평론가들은 모두 "수용할 만한", "점잖은" 트뤼포가 자신의 내부에 얼마만큼의 어두운 모습을, 얼마만큼의 병적인 비밀을 감추고 있는가를 알지 못했다. 그 어두운 색조는 세르주 루소(그는 트뤼포의 가장 친한 친구의 한 명으로, 마리 뒤부아의 남편이었다)가 연기한 음산한 인물을 통해 작품 속에 노출되었다. 바로 〈훔친 키스〉의 마지막 장면에서 갑작스럽게 쳐들어와 클로드 자드에게 자신의 "절대적 사랑"을, 죽음보다 강한 사랑을 선언하는 레인코트의 남자였다.

〈훔친 키스〉는 파리에서 4개월의 흥행으로 33만 5천 명의 관객을 동원해 명백한 성공을 거두었고, 1969년 1월 9일 루이 델뤽 상을 수상하면서 5만 명가량을 더 동원했다. 저예산으로 제작된 〈훔친 키스〉는 투자액의 세 배 이상을 벌어들였다. 외국에서 〈훔친 키스〉는 특히 뉴욕에서 관객과 언론의 큰 환대를 받았다. 빈센트 캔비는 『뉴욕 타임스』에 "트뤼포가 손대는 것은 모두 즉시 그의 위대한 작품들을 특징짓는 서정성을 띠는 것처럼 보인다. 이 영화는 트뤼포의 최고 걸작 가운데 하나다"라고 썼다. 영화는 1969년 3월 3일부터 파인 아츠 극장에서 상영되어 성공을 거두었다. 〈400번의 구타〉 이래 트뤼포의 어떤 영화도 이 정도로 "금고를 꽉꽉 채우지" 못했다. 1960년대 말 경영난을 겪은 카로스 영화사는 새 출발을 할 수 있었다. "희생양이 된" 영화, 저예산 영화,

구시대적 영화 〈훔친 키스〉는 트뤼포를 성공의 궤도 위에 다시 올려놓았다.

분꽃

예기치 못한 성공으로 인해 트뤼포는 더 야심 찬 작품에 착수할 수 있었다. 〈미시시피의 인어〉는 오래전에 시작된 기획이었다. 트뤼포가 윌리엄 아이리시의 소설 『어둠 속으로 왈츠를』을 읽은 것은 10여 년 전이었다. 마들렌 모르겐슈테른이 1957년 8월 님의 〈개구쟁이들〉 촬영장을 방문할 때 이 책을 가져다주었다. 그러나 소설을 영화화하기로 고려한 것은 1966년 여름이었다. 〈화씨 451도〉를 마쳤을 때 로베르 아킴과 레몽 아킴 형제가 트뤼포에게 카트린 드뇌브의 출연을 조건으로 차기작 투자를 제안했다. 당시 드뇌브는 아킴이 제작하는 루이스 부뉴엘의 〈세브린느Belle de jour〉를 촬영 중이었다. 트뤼포는 러시 필름 시사회에 몇 차례 초청되었고, 그 후 그녀와 점심 식사를 했다. 드뇌브에게 매료된 트뤼포는 즉시 아킴 형제에게 그녀를 여주인공으로 『어둠 속으로 왈츠를』의 영화화를 제안했다. 남자 주인공으로는 곧바로 장 폴 벨몽도를 떠올렸다. 1966년 가을 내내 아르메디아의 사장이며, 따라서 이 두 스타의 대리인인 제라르 르보비시와 아킴 형제 사이에 교섭이 진행되었다. 그렇지만 트뤼포가 '자킴 형제'라는 별명으로 불렀던 아킴 형제가 최종 편집판의 감수권을 요구하면서 교섭은 한순간에 깨졌다.

이후 『어둠 속으로 왈츠를』의 기획은 여러 사람의 손을 거치면서 정체되었다. 어느 독일인 제작자는 브리지트 바르도와 장 폴 벨몽도를 남녀 주인공으로 결정하면 아킴에게서 영화화 권리를 재구입하겠다고 제안했지만, 트뤼포는 거절했다. 그는 카트린 드뇌브를 고집했고, 그녀 또한 감독이 트뤼포가 아니라면 출연하지 않을 생각이었다. 그러던 1967년 가을, 뉴욕의 출판 대리인인 돈 콩던은 아킴 형제가 실은 아이리시 소설의 권리를 가지고 있지 않다는 것, 트뤼포의 표현을 빌리자면 "멋지게 허세를 부렸다"는 것을 트뤼포에게 알려 주었다. 권리는 20세기 폭스가 소유하고 있는데, 폭스 측은 5만 달러에 양도할 의향이 있었다. 카로스 영화사에는 이 금액을 지불할 여력이 없었지만, 트뤼포는 다행히 잔 모로, 클로드 를루슈, 클로드 베리 등 세 친구에게 40만 프랑을 빌려 소설의 영화화 권리를 취득했다. 트뤼포와 마르셀 베르베르는 이때부터 UA와 제작비 마련을 위한 협상에 들어갔다. 예산은 8백만 프랑 가까이로, 트뤼포로서는 가장 규모가 큰 제작이었다. 촬영은 1968년 12월부터 12주 동안 코르시카섬에서 진행될 예정이었는데, 이것은 트뤼포로서는 그때까지 감히 해 보지 못한 단 한 번의 '과다 지출'이었다. 트뤼포는 이 기회를 활용해 "남녀 주연 배우의 연기에 꼭 필요한 극적 효과를 고조시키기 위해" 각 장면을 시나리오에 쓰인 순서대로 촬영할 수 있게 된다.

평소에 공동 작업하던 각본가들에게 스케줄의 여유가 없었기 때문에, 트뤼포는 혼자서 아이리시의 소설을 각색했다. 트뤼포는 원작에 충실하고자 하면서도 사건의 배경은 바꾸기로 결정했다. 『어둠 속으로 왈츠를』은 1830년대의 뉴올리언스에서 진행되지만, 이것을 현대의 코르시카로 바꿨다. 포도 재배지를 소유한 재산가 루이 마에는 구혼 광고를 통해 서신 연락을 계속해 온 대륙 출신의 젊은 여성 쥘리 루셀과 결혼한다. 칼비 항구에 그녀를 실은 '미시시피'호가 도착하고, 쥘리의 젊음과 미모에 놀란 루이는 그녀를 미친 듯이 사랑하게 된다. 그러나 얼마 지나지 않아 젊은 아내는 그를 속이고, 공동 명의로 개설한 은행 구좌에서 전액을 인출해 사라져 버린다. 사실 그녀는 악당인 애인 리샤르에 의해 선상에서 익사당한 실제 쥘리 루셀의 대역으로 이용당하고 있었다. 절망 상태를 벗어나지 못하고 리비에라 해안으로 거처를 옮긴 마에는 우연히 쥘리 루셀을 발견하고 그녀를 살해하려 하지만, 쥘리는 긴 고백을 통해 자신의 행동을 해명한다. 본명이 마리옹 베르가모인 그녀는 빈민 구제소에서 태어나 감화원과 아동 보호소를 오가며 성장한 뒤 앙티브와 니스의 술집에서 매춘을 했다. 그곳에서 만난 리샤르는 그녀의 애인이자 기둥서방이 되었다. 리샤르는 얼마 전에 체포되었고, 마리옹은 루이에게 용서를 빌고 새 출발을 하고자 한다. 루이는 여전히 그녀를 사랑하고 있기 때문에, 두 사람은 다시 합친 뒤 엑상프로방스 근교에 있는 대저택에서 행복한 삶을 살아간다. 그러던 어느 날, 마리옹을 찾기 위해 마에와 쥘리 루셀의 언니가 고용했던 탐정 코몰리가 갑자기 나타난다. 마리옹을 보호하기 위해 마에는 코몰리를 살해하고, 두 사람은 리옹으로, 그리고 알프스 지대로 도주하여 국경을 넘고자 한다. 눈 속에 갇힌 오두막 안에서 루이는 마리옹이 자신을 제거하고 도망치기 위해 쥐약으로 자신을 독살하려는 것을 눈치채고, 사랑의 마음으로 자신의 운명을 수용한다. 마리옹은 이 희생의 마음을 깨닫고, 이어서 "사랑이 그녀의 눈을 뜨게 하고" 두 연인은 눈 속으로 멀어져 간다.

트뤼포가 쓴 시나리오는 탐정물이라기보다는 죽음에 이르는 정열을 그린 누아르풍의 사랑의 소설로서 기능하고 있었다. 〈미시시피의 인어〉는 비극적 사랑에 대한 내면파intimisme• 스타일의 이야기가 될 것이다. 따라서 모든 것이 두 남녀와 애정 관계의 진실을 기반으로 전개된다. 그 때문에 트뤼포는 그토록 장 폴 벨몽도, 카트린 드뇌브와 함께 작업할 것을 고집했던 것이다. 두 사람은 당시 프랑스 영화계의 최고 인기 스타였을 뿐 아니라, 트뤼포의 생각에 당대 최고의 배우이기도 했다. 장 폴 벨몽도가 연기하는 인물 루이 마에는 표면적으로는 명망 있고 부유하고 매력적이고 호감 가는 젊은이지만, 동시에 소심하고 미숙하고 배신당하고 사기당하고 끝없이 마리옹에게 농락당하면서도 병적으로 사랑에 빠지는 인물이다.

트뤼포가 지닌 은밀한 의도는 두 인물의 역할의 전도에 있었다. "카트린 드뇌브는 우여곡절을 다 겪은 불량한 젊은이였으며, 장 폴 벨몽도는 결혼으로 장밋빛 인생을 기대하는 겁 많은 어린 처녀와도 같았다. 그는 1단짜리 광고를 통해서 결혼한다. 나는 첫 자막 시퀀스에서 잠시 그에게 이렇게 말하도록 만들려 했다.

• 내면적인 감정을 주제로 삼는 문학의 유파•

'29세. 숫총각. 배우자 찾음. 운운……'이라고. 실제로 그렇게 밝히지 않았어도, 나에게 벨몽도는 동정남이다!" 1975년의 한 인터뷰에서 트뤼포는 그렇게 말했다. 당시 인기의 절정에 있던 벨몽도는, 남성적 배우라는 이미지와 정반대 역할을 함으로써 대중을 실망시킬 위험을 무릅쓰고 이 이중성을 수용해야 했다. 그것은 성공과 그에 따른 정신적 외상의 산물인, 강인함과 연약함을 동시에 구현하는 작업이었다. 벨몽도는 망설임 끝에 결국 제라르 르보비시의 설득으로 루이 마에 역을 수락했다. 그러나 그는 마음속 깊이 자신의 역할에 얼마간의 신중함을 가지게 되며, 동시에 촬영 현장에서 쉬잔 시프만에게 털어놓았듯 "바보처럼 보일" 것도 마다하지 않을 각오로 임하게 된다.

카트린 드뇌브 역시 자신의 이미지와 어울리지 않는 특징으로 가득한 역할을 수용했다. 트뤼포에 의하면, "그녀에게서 내가 좋아하는 것은 바로 신비로움이다. 그녀는 비밀을 감추고 있는 역할, 이중 인생을 사는 역할에 놀랄 만큼 어울린다. 카트린 드뇌브는 어떠한 상황에도, 어떠한 시나리오에도 중의성을 덧붙인다. 수많은 비밀스러운 생각을 감추고 있다는 느낌을 주어 그 뒤에 숨은 것을 추측하도록 만들기 때문이다." 1968년 2월 초에 카트린 드뇌브는 최종적으로 출연을 승낙하고, 할리우드에서 잭 레먼과 함께 스튜어트 로젠버그 감독의 미국 영화 〈행복의 파리에서 The April Fools〉를 촬영하며 그해 여름과 가을 대부분을 보냈다. 드뇌브는 정기적으로 트뤼포에게 장문의 편지를 보내 기대와 의문을 표현하기도 하고, 시나리오에 관한 정보를 몇 가지 요구하기도 했다.

9월 2일 트뤼포는 드뇌브에게 자신의 의도를 좀 더 명확히 설명했다. 여기서 그는 "한 쌍의 남녀로 구성된 영화들"이 지닌 내적 가치에 대한 자기 확신의 근거를 드러내 보였다. "미국 영화는 제임스 스튜어트와 캐서린 헵번, 캐리 그랜트와 그레이스 켈리, 험프리 보가트와 로렌 바콜이 쌍을 이루고 있을 때만큼 훌륭했던 적이 없습니다. 〈미시시피의 인어〉에서 나는 현혹적이며 강력한 새로운 한 쌍을 만들 것이라 굳게 믿습니다. 벨몽도는 스탕달의 주인공처럼 생기 넘치면서도 연약한 인물이고, 당신은 금발의 세이렌*으로, 아마도 그녀의 노래라면 지로두에게도 영감을 불러일으켰을 것입니다." 따라서 영화의 성공 여부는 두 사람이 각자의 자존심을 극복하고 어떻게 화합을 이루는가에 달려 있었다.

트뤼포는 카트린 드뇌브에게 영화 속에서나 촬영장에서나 "둘 가운데 주도적 인물"의 역할을 맡을 것, "물론 어느 정도는 닳아 빠진 여자"가 될 것을 주문했다. 이것에 의해 예상대로 벨몽도는 기분이 상하거나 혼란스럽게 될 것이다. 트뤼포는 드뇌브에게 "광적인 사랑의 영화"에 관해 말해 주었으며, 등장인물 사이에 일어나는 "비극"에는 대단히 "깊은 친밀감"이 있다고 설명했다. "애정으로 충만한 이 생활의 친밀함을 재현해 줄 것은, 우리 세 사람 사이의 집중과 완벽한 협조일 것입니다. 나는 당신에게 노골적

---

* 그리스 신화에 등장하는 여자의 얼굴에 새의 모습을 한 바다 괴물. 세이렌은 자신이 사는 섬 근처를 지나는 뱃사공을 아름다운 노랫가락으로 유혹한 뒤 잡아먹는다. 〈미시시피의 인어〉의 원제도 정확히 번역하자면 "미시시피의 세이렌"이다.*

섹스 장면은 전혀 요구하지 않겠지만, 성적인 면은 감춰진 채로 언제나 느껴져야 합니다."

〈미시시피의 인어〉에서 카트린 드뇌브의 의상은 이브 생 로랑이 디자인했다. 드뇌브는 자신이 좋아하는 이 디자이너를 프랑수아 트뤼포에게 소개해 주었다. 훗날 드뇌브는 이브 생 로랑의 전기를 쓴 로랑스 브나임에게 이렇게 털어놓았다. "두 사람은 한 번 만났는데, 많은 이야기를 할 필요가 없었다. 서로 잘 이해하고 있었기 때문이다. 의상과 관련된 트뤼포의 요구 사항은 생 로랑의 생각과 아주 비슷했다. 트뤼포가 바지를 좋아하지 않는다는 점만 빼고 말이다. 그는 늘 여성들의 다리에 관한 이야기를 했다. 그리고 출렁거리는 치마를 좋아했지, 뻣뻣하고 꽉 끼고 경직된 것은 절대 좋아하지 않았다."

1968년 가을 트뤼포는 미셸 부케에게 탐정 코몰리 역할을 부탁했다. 조연이면서도 이 열정적 애정담을 전면적으로 압박하는 위협적 탐정을 표현해야 하는 인물이었다. 루이 마에의 충직한 인물 자르딘 역은 어렵지 않게 마르셀 베르베르에게로 갔다. 베르베르가 카로스 영화사에서 날마다 행하는 역할과 비슷했기 때문이다. 마르셀 베르베르의 고백에 따르면, "그것은 비용 절감을 위해서였다. 그렇지 않으면 대수롭지 않은 역할을 위해 배우 한 명을 레위니옹까지 데려가야 했을 테니까!"

실제로 코르시카로 예정되었던 촬영은 최소되었다. 그래도 트뤼포는 1968년 봄 코르시카에 일주일간 머무르면서 조감독 장 조제 리셰르와 함께 섬의 곳곳에서 촬영 장소를 찾았다. 그러나 코

〈미시시피의 인어〉 촬영장에서 (왼쪽부터) 장 폴 벨몽도, 카트린 드뇌브, 프랑수아 트뤼포(1969)

르시카에는 신비감이 없었다. 특히 이야기의 일관성의 측면에서, 루이 마에가 코르시카에 살면서 대륙 프랑스와 완전히 격리되어 있다는 사실은 상상하기 힘들었다. 어느 일요일 오전에 트뤼포는 마르셀 베르베르에게 전화를 했다. 베르베르는 이 작품의 촬영과 관련된 몇몇 계약에 서명하기 위해 제작 주임으로 승진한 클로드 밀레르와 함께 바로 다음 날 코르시카로 떠날 예정이었다. "곰곰이 생각해 보았는데, 촬영은 뉴칼레도니아에서 해야겠습니다. 이 경우 예산 초과는 얼마나 될까요?" 베르베르는 코르시카에서의 촬영 준비를 모두 취소하고, 차분하게 예산을 짰다. 두 사람은 월요일 오전에 카로스에서 해결책을 찾기 위해 모임을 갖기로 했다. 베르베르는 이렇게 회상했다. "내 책상 위에는 평면 구형도가 있었다. 그래서 살펴보았더니 뉴칼레도니아까지는 2만 킬로미터였는데, 레위니옹섬까지는 1만 킬로미터인 것이 눈에 띄었다. 그만큼 절약이 가능한 것이다!"

촬영 개시 4주일을 남긴 시점에서 전면 재조정될 상황이었지만, 트뤼포는 레위니옹에서 촬영한다는 사실이 무엇보다도 만족스러웠다. 프랑스의 해외 관할 지역인 레위니옹은 경제적·사회적으로 식민지의 성격이 매우 강했다. 아프리카 남단의 동쪽에 위치한 굴곡과 기복이 심한 이 작은 섬에서, 프랑스의 옛 식민지 개척자 가문에서 상속된 아름다운 대저택에서라면 루이 마에는 신빙성 있는 인물이 될 수 있었다. 이곳에서 그는 대규모 담배 농장을 경영하면서 자신의 동정과 순결을 간직할 수 있을 것이기 때문이다.

미시시피호의 승무원

1968년 11월 15일, 촬영 시작 꼭 2주 전 프랑수아 트뤼포는 레위니옹섬으로 날아갔다. 아직 현장에는 아무 준비도 되어 있지 않았다. 장 조제 리셰르, 롤랑 테노, 마르셀 베르베르, 프랑수아 트뤼포는 2주일 동안에 촬영지를 물색하고, 호텔을 예약하고, 루이 마에의 저택과 담배 공장을 찾고, 쥘리 루셀의 도착 장면을 위해 대형 여객선을 마련하고, 두 사람의 결혼식이 거행될 오지의 작은 성당을 찾았다. 『카이에 뒤 시네마』의 평론가이자 청년 해외 협력 단원으로 이곳에서 군 복무를 수행한 적이 있는 장 나르보니에게 트뤼포는 섬에 대한 첫인상을 이렇게 써 보냈다. "도착했을 때는 별자리, 황량한 풍경, 절망뿐이었지. 그런데 며칠 지나니 섬이 지닌 매력이 나타나기 시작했네. (…) 경치는 종종 수려했으며(늘 그런 건 아니지만), 사람들은 더할 나위 없이 아름다웠네. 여자들과 어린이들이 특히 그러했네. 코르시카와 비교해 보면, 영화를 위해서 유리한 조건임은 틀림없네."

실제로 촬영 장소 물색 작업은 확실한 성과를 낳았다. 우선 생드니에서 50킬로미터 거리에 있는 빼어난 화산 경관의 한가운데에서 결혼식 장면을 찍을 생트-안 성당을 찾았다. 루이 마에의 집으로는 식민지 개척자였던 어느 유복한 가문의 건물을 발견했다. 탕퐁에 있는 으리으리한 백색 건물로, 생드니 위쪽에 있는 대저택 벨에르 빌라였다. 또한 마을 중심부에 있는 로송 회사를 담배 공장으로 결정했다. 트뤼포는 생드니가 내려다보이고 인도양의 빼어난 경관이 펼쳐진 고급 호텔 를레 아에리앵 프랑세에 숙소를 정했다. 11월 말 나머지 기술 스태프와 두 주연 배우가 레위니옹에 상륙했다. 장 폴 벨몽도의 숙소는 생드니 시내 중심부에 있는 생-질 호텔이었고, 카트린 드뇌브는 를레 아에리앵에 머물렀다. "나는 자신 있는 듯 허세를 보입니다. 그러나 당신이라면 예상할 수 있겠지만, 촬영 시작 3일 전의 그 공포는 여전합니다. 모르는 사이에 현실에서 도피해 종잡을 수 없는 생각에 빠집니다. '만일 카트린이 다리를 다친다면, 그리고 만일 벨몽도가 편도선염이라도 앓게 된다면 어떡하나.' 간단히 말해 이번에도 강제로 일터에 끌려가야만 할 것입니다. 시프*가 내 엉덩이를 치면서 앞으로 나아가게 하겠지요." 촬영 시작 3일 전에 트뤼포는 헬렌 스코트에게 그렇게 편지를 썼다. 트뤼포는 이 촬영이 파리에서 멀리 떨어져 있고 배우들의 요구 사항과 변덕스러움 등으로 순조롭지 않을 것이라 예상했다.

촬영 첫날, 현장에서 가진 첫 대면은 실제로 상당히 긴장된 것이었고, 강한 돌풍이 몰아쳐 몇몇 헬리콥터 쇼트는 촬영할 수도 없었다. 그러나 트뤼포는 아주 빨리 안정을 되찾았다. 카트린 드뇌브가 트뤼포의 모든 불안을 진정시켜 주었다. "나는 우리의 생각이 똑같으며, 모든 일에 같은 의견을 가지고 있음을 금방 알게 되었다." 드뇌브가 지닌 이미지와 완벽주의에 대해 자신이 지나친 걱정과 두려움을 느끼는 것은 아닌지 걱정했던 트뤼포는 안도

• 쉬잔 시프만의 애칭*

감을 느끼고 당시 어느 잡지에 그렇게 썼다.

"촬영은 완벽하고 모든 것이 최상의 상태입니다." 트뤼포는 카로스 영화사의 비서인 뤼세트 데무소에게 그렇게 편지를 써 보냈다. 트뤼포는 행복했다. 촬영이 이상적인 조건에서 진행되었을 뿐 아니라, 레위니옹에서 18일간의 촬영 기간에 카트린 드뇌브와의 사랑 이야기도 시작되었기 때문이다. 마르셀 베르베르는 이렇게 말한다. "프랑수아는 평소에 믿기 어려울 만큼 순진해서, 촬영 때 하는 '연애'를 사람들이 눈치채지 못한다고 생각했다. 그곳에서 그는 숨기지도 않았다. 드뇌브와 트뤼포에게 이것은 단순한 촬영 동안의 관계를 넘어서는 진지한 일이었다." 신중하면서도 늘 쾌활한 장 폴 벨몽도는 상대 배우가 감독에게 특별 대우를 받는 것에 얼마간 질투를 느꼈다. 목격자들의 증언에 의하면 벨몽도는 레위니옹으로 자신을 찾아온 여자 친구 우르슐라 안드레스*와 함께 빌라에 틀어박혀 있을 때가 많았고, 식사할 때도 동료들에게서 떨어져 있고자 했다. 레위니옹을 떠나기 직전인 12월 23일, 제작사가 스태프와 연기자들을 위해 마련한 칵테일파티에는 촬영에 편의를 제공해 준 섬의 대표 관리들도 초청되었다. "벨몽도는 그곳에 15분밖에 있지 않았다. 내내 미소를 띠고 있었지만, 얼굴만 내비쳤을 뿐이다." 마르셀 베르베르는 그렇게 회상한다.

크리스마스를 보낸 뒤 12월 30일, 각본에 등장하는 시간 순서에 맞추어 니스에서 촬영이 재개되었다. 먼저 쥘리 루셀의 도주

• 〈007 살인번호〉 등에 출연한 스위스 출신의 배우*

와 배신으로 심한 우울증에 빠진 루이 마에가 회복을 위해 수면 요법을 받는 장면을 찍었다. 촬영은 3일 동안 마세나 박물관 정원 안에 있는 앙글레 산책로의 진료소에서 했다. 이어서 루이 마에와 마리옹 사이의 중요한 장면의 촬영이 있었는데, "이 부분은 대사의 분량이 대단히 많고 아주 자연스러워야 했기 때문에, 매일 촬영 직전 몇 시간 동안 나는 대사를 고쳐 써야만 했다." 이 친밀한 의식은 마리옹이 루이 마에에게 긴 고백을 하면서 시작된다. 마리옹의 독백 대사를 위해 트뤼포는 1965년 10월 미레유 G에게서 듣고 테이프에 녹음했던 이야기의 일부를 완전히 그대로 사용했다.* 미레유 G는 1949년에 트뤼포가 처음으로 동거했던 여자로, 후에 미디 지방에서 재회하기도 했다. 그녀의 이야기에는 빈민구제 시설, 14세 때 처음으로 뾰족구두 한 켤레를 손에 넣은 일, 지갑에서 돈을 훔친 일, 도벽, 감화원 등의 사항이 담겨 있었다.**

1965년에 사망한 친구인 작가 자크 오디베르티에게 경의를 표하고자 트뤼포는 이 장면을, 그의 고향 앙티브에 있는 '자크 오디베르티' 광장 호텔에서 촬영하기로 마음먹었다. 또한 트뤼포는 호텔 이름도 오디베르티의 소설 제목인 '모노레일'로 바꾸어 붙였다. 이 호텔 장면은 야간에 촬영했다. 여느 때처럼 대역 사용을 거절한 벨몽도는 마리옹의 방으로 잠입하기 위해 호텔 전면 벽을

---

* 그는 1965년 5월 헬렌 스코트에게 보낸 편지를 통해 "나의 첫 정부, 내가 처음으로 함께 살았던 여자를 방금 다시 만난 사실이 감격스럽다"라고 고백했다.
** 미레유 G는 또한 프랑수아 트뤼포와 클로드 드 지브레가 함께 각본을 쓴 〈사랑스러운 도둑〉에도 영감을 주었다. 이 작품은 트뤼포 사망 4년 후인 1988년, 클로드 밀레르의 연출로 영화화되었다.

기어오르는 도중 미끄러지면서 발로 네온 간판 하나를 부수어 누전 사고를 일으키고 허공에 매달렸다. 보기보다는 공포감이 덜했는지, 벨몽도는 두 시간 뒤 스태프들이 세트 수리 작업을 마치고 나자 같은 장면을 재촬영했다.

이어서 루이 마에와 마리옹이 화합하는 장면이 엑상프로방스 근교에서 촬영되었다. 사랑의 고백, 애정 표현, 애무, 존칭에서 친밀한 호칭으로 전환, 벽난로 앞에서 서로에 대한 고백, 길가에서 카트린 드뇌브가 옷을 벗는 장면, 드뇌브가 '환상적인 복장'(검은 담비색 스타킹, 장밋빛 실크 슬립, 벨몽도가 하나하나 풀어갈 여덟 개의 단추가 달린 작은 실내복)을 걸친 순수히 페티시적인 장면, 비극적 사건(코몰리 살해, 돈을 가지고 돌아온 루이) 이후의 사랑의 교환 등이었다. 〈미시시피의 인어〉에서 환기되는 것은 매우 친밀한 세계였는데, 카트린 드뇌브는 이 작품을 다음과 같이 명민하게 요약한다. "프랑수아는 연애 영화를 몇 편 만들었는데, 작품 안에는 언제나 성적인 것이 존재했다. 성적인 것은 상당히 영묘한 것임에도, 대부분 수치심이 우위를 점한다. 그렇지만 그의 작품을, 예를 들면 〈미시시피의 인어〉를 정확한 각도에서 주의 깊게 관찰한다면, 얼마만큼 성적으로 격정적이며 명료한가를 알 수 있을 것이다."

1969년 1월 말에서 2월 중순 사이에 일행은 리옹을 거쳐 그르노블 북쪽 사페의 샤르트뢰즈 산악지대에서 촬영했다. 이 지대는 〈피아니스트를 쏴라〉의 마지막 장면을 찍은 곳이다. 그뿐 아니라 〈미시시피의 인어〉에서 드뇌브가 벨몽도를 쥐약으로 독살하려

시도하는 마지막 장면을 촬영한 곳은 〈피아니스트를 쏴라〉 때와 똑같은 오두막이었다. 영화의 마지막 대사도 같은 장소에서 행해진다. "사랑은 고통스러운 건가요?" 마리옹이 묻는다. "그렇소, 고통스럽지." 루이는 대답한다. "당신을 바라본다는 것, 그것은 고통이오. 당신은 너무도 아름답소." 그러자 마리옹이 되받는다. "어제는 그것이 즐거움이라고 말했어요." 루이는 이렇게 대화를 마친다. "그렇소. 그것은 즐거움이고, 고통이오." 2월 15일 밤 일행이 모두 모여 트뤼포의 37번째 생일을 며칠 늦게 축하하는 파티를 열었다. "'미시시피'호의 승무원들은 오후 10시부터 스키외르 호텔에서 프랑수아 트뤼포를 위해 개최되는 '인어 파티'에 귀하를 초대합니다(정장은 불필요함)."

세상에서 가장 아름다운 여인

1969년 3월부터 5월까지 프랑수아 트뤼포는 아녜스 기유모, 그의 조수 얀 드데와 함께 〈미시시피의 인어〉의 편집 작업을 했다. 자막 타이틀에서 화면 바깥의 목소리로 1단 광고 내용을 읽는 몽타주가 보인 뒤에, 장 르누아르의 〈라 마르세예즈La Marseillaise〉에서 발췌한 장면이 이어졌다. 트뤼포가 복원판으로 공개된 이 영화를 본 지 얼마 지나지 않은 시점이었다. 르누아르는 매우 감동해서 "이 영화에 내가 참가한 것을 안다는 것은 진정한 행복입니다"라고 썼다. 6월 초 트뤼포가 예전처럼 동료 장 오렐에게 〈미시시피의 인어〉를 보여 주자, 오렐은 몇몇 부분의 수정 편집을 권유했다.

"이 작품은 걸작은 아니지만 실패작도 아닙니다. 두 연인이 매우 훌륭합니다." 트뤼포는 헬렌 스코트에게 그렇게 썼다.

1969년 6월 18일 영화가 개봉되자 평론계는 실망감을 나타냈다. 『누벨 옵세르바퇴르』지의 장 루이 보리가 그 기선을 잡았다. "'트뤼포 터치'에 의해 황홀한 영화가 나왔지만, 내겐 전혀 구미가 당기지 않는다. 이 모든 쓸데없는 장식들 때문일까? 신부가 너무나 아름다워서? 의상은 지나치게 화려하다. 이것은 초호화 부티크의 전시용 상품으로 변모한 〈피아니스트를 쏴라〉이다. 이상적인 색채와 국제적인 스타들……. 나는 흑백으로 그려진 초라한 옛 작품이 그립다. 사실상 이 스타들이 부담스럽기 때문이다." 질 자콥 또한 친구 트뤼포에게 자신의 실망감을 이렇게 써 보냈다. "두 인물은 설득력이 없네. 자신의 신상을 이야기하는 드뇌브도 신뢰가 가지 않고, 벨몽도도 믿을 수 없어." 내면주의적이면서 열정적인 이 사랑 영화는 스타들의 명성과 '호화 스펙터클'이라는 외양에 가려져 주목받지 못했다. 〈미시시피의 인어〉는 공개되면서 그 가치를 인정받지 못했고, 지금도 여전히 그러하다. 카트린 드뇌브와 장 폴 벨몽도라는 두 스타의 출연에도 불구하고, 관객들은 영화에서 눈을 돌렸다. 상영이 종료된 1969년 7월 말에 총 관객 수는 10만 명이었다. 처참한 실패였다. 카로스 영화사는 그럭저럭 버텼지만, 유나이티드 아티스츠의 실망은 매우 컸다.

이상하게도 트뤼포는 실패에 대한 걱정은 거의 하지 않았다. 1969년 봄에 자신의 생애에서 가장 행복한 시간을 맞고 있었기 때문이다. 평소에 대단히 신중한 트뤼포였지만, 두세 친구에게까지 속마음을 감추진 못했다. 프랑수아 베예르강스에게 트뤼포는 이렇게 썼다. "나는 지상에서 가장 행복한 사나이라네." 헬렌 스코트에게는 "사생활은 대단히 순조롭습니다."라고 썼으며, 당시 77세로 러시아 출신의 오랜 친구였던 에메 알렉상드르에게는 "나의 사생활은 다시 한번 사랑의 행복을 중심으로 형성됩니다"라고 편지했다. 이 '사랑의 행복'은 트뤼포 자신이 애정과 아이러니를 섞어 '카트 드 뇌브'•라고 부른 드뇌브의 섬세하고 단정한 용모와 관계되는 것이었다.

두 사람은 〈미시시피의 인어〉의 촬영을 통해 접근했다. 트뤼포와 드뇌브 사이의 유대감은 눈에 뜨일 만큼 관능적인 즐거움을 촬영장에 부여했다. 트뤼포로서는 〈쥴 앤 짐〉 이후 촬영장에서 체험하지 못했던 것이었다. 또한 그것은 이 작품에 실제의 사랑 고백과도 같은 형세를 부여했다. 촬영 기간 내내 두 사람의 관계는 팀 바깥에서는 전혀 드러나지 않았지만, 1969년 2월 15일 사페의 스키외르 호텔 파티에서 카트린 드뇌브가 프랑수아 트뤼포에게 첫 댄스를 허락함으로써 둘의 관계를 명백히 보여 주었다. 그리고 며칠 후에는 『파리 마치』지가 눈 속에서 팔짱을 끼고 있는 두 사람의 사진을 실었다. 제목은 "같은 우산 속의 카트린과 트뤼포"였다.

프랑수아 트뤼포와 카트린 드뇌브는 많은 점에서 비슷했다. "우리는 모든 것에 생각이 똑같다"고 트뤼포는 흔쾌히 밝혔다. 한창 스타로 떠오르고 있던 이 여배우에 관해 당시 『누벨 옵세르바

• '새로운 카트' 혹은 '새로운 카트린'•

퇴르』에 이베트 로미가,『문학 소식』에 질 자콥이,『라이프』에 나딘 리베르가 쓴 기사가 각각 발표되고,『뉴스위크』와『루크』등에도 관련 기사가 보도되면서, 샤넬의 홍보 문구인 "세상에서 가장 아름다운 여인"에 관한 소문이 퍼져 나갔다. 그러나 동시에 이 기사들이 그려 내는 심리적 소묘는, 프랑수아 트뤼포에 대해 할 수 있는 묘사와 상당히 비슷한 것이었다. 심한 수치심, 강한 사생활 보호 본능, 강한 야망과 유혹을 향한 억제하기 힘든 욕구, 상처받기 쉬운 예민성과 불안감, 몇몇 지인을 잃은 후 계속된 생생한 상처, 대중적 접촉에 대한 공포, 사회에 대한 일정 정도의 비관적 자세, 조울증 기질 등이었다. 트뤼포 자신도 역시『엘』지에 실린 "카트린 드뇌브와의 작업"이라는 제목의 기사 속에서 자화상에 가까운 하나의 초상을 그려 내고 있다. "카트린은 실생활에서는 전혀 배우 같지 않다. 그녀는 실제로 계산적이지 않으며, 되어 가는 대로 처신하는 편이다. 어떤 상황에서는 대단히 편안해하고, 다른 상황에서는 대단히 불안해한다. 그러나 그것을 밖으로 표현하지 않으며, 신중함을 지니고 있다. 그것을 나는 정말 높이 평가한다. 그녀는 자신의 재능에 자만하지 않는다. 그녀에게는 행복만이 중요하다. 나머지는 모두 하찮은 것에 지나지 않는다. 카트린은 그런 사람이다."

트뤼포의 인생에서 이 관계는 평가의 확증임과 동시에 중대한 변동이기도 했다. 트뤼포는 프랑스 영화계의 가장 유명한 여배우이자 "세상에서 가장 아름다운 여인"의 곁에 사는 것을, 때때로 나란히 등장하는 것을 자랑스럽게 여겼다. 매우 신중한 트뤼포였지만, 친구 클로드 드 지브레에게는 카트린 드뇌브와의 연애에 관해 이렇게 고백했다. "나의 생활은 미국 코미디 영화와 비슷하다네!" 트뤼포와 드뇌브는 자신들의 관계를 최대한 비밀로 했기 때문에, 1970년에는 매스컴에 가장 적대적인 인물에게 수여되는 시트롱상을 나란히 수상했을 정도였다!

〈미시시피의 인어〉의 개봉 직전인 1969년 6월 초, 트뤼포는 파시 가의 아파트를 나와 생제르맹-데-프레의 생-기욤 가에 있는 카트린 드뇌브의 현대적이고 널찍한 아파트로 들어갔다. 그가 '센 강의 좌안'에서 거주하는 것은 이번이 처음이었다. 무엇보다 마들렌과의 결별 이후 다시 한 여자와 함께 살기로 결정한 것도 이번이 처음이었다. 카트린 드뇌브가 촬영 때문에 파리를 떠날 때도 트뤼포는 영화 일이 없는 경우라면 으레 그녀와 동행했다. 트뤼포는 헬렌 스코트에게 "나의 사생활은 전보다 더욱더 배타적입니다"라고 고백했으며, 에메 알렉상드르에게도 이렇게 편지를 썼다. "텔레비전 앞에 앉아 보아야만 하는 연극이나 영화나 야간 프로그램이 있기 때문에, 우리는 외식을 거의 하지 않습니다. 때때로 카트린이 가까운 친구들을 불러 집에서 저녁 식사를 합니다. 우리의 사교계 생활은 그것이 전부입니다." 두 사람은 서로를 부를 때 계속 존칭 vous을 사용했고, 기이한 행동은 거의 하지 않았으며, 동료들에게도 기품과 절도 있는 태도를 보여 주었다. 이 무렵 트뤼포는 그 어느 때보다 세련된 옷을 차려입었다. 디자이너도 카르댕 대신에 랑뱅으로 바꾸었고, 사무실에서 1백 미터 떨어진 곳에 있는 고급 양화점 베를루티의 구두를 신었다. 트뤼포가 카트린 드뇌브와 공유한 이 생활 스타일, 이 여유는 부르주아풍의 화려한 성공이 주는 사회적·심미적 평가의 정착처럼 보였다.

기회가 될 때마다 두 사람은 함께 해외여행을 했다. 외국에서는 둘 다 행동이나 감정의 측면에서 훨씬 자유로웠으므로 사랑은 더욱더 무르익었다. 1969년 10월에서 11월까지 트뤼포는 스페인의 톨레도에서 5주 가까이를 보냈다. 이곳에서 카트린 드뇌브는 다시 부뉴엘 감독과 〈트리스타나Tristana〉를 촬영하고 있었다. 트뤼포는 엘 마론 호텔에 투숙하면서 때때로 클로드 드 지브레와 합류해 〈부부의 거처〉의 각본 작업을 했다. "그는 구시가지에는 발 한 번 들여놓지 않았다." 트뤼포의 만성적 관광 취미 결핍증을 드 지브레는 그렇게 회상한다. "그는 도시들이 방문을 위해 지어진 것이 아니라는 지론을 가지고 있었다. 그것은 '그림과 같은 경치에 놀라 그는 죽소'라는 장 콕토의 문구와 의미상 상통하는 것이었다. 사람들이 살고 있는 도시를 관광한다는 것은 그에게 진정 혐오스러운 일이었다."

생-기욤 가의 아파트와 외국 도시의 화려한 호텔을 오가면서 프랑수아 트뤼포와 카트린 드뇌브는 행복한 생활을 했다. 업무 스케줄이 매우 빽빽했던 1969년 한 해를 보내고, 두 사람은 1970년에는 평온하고 여유 있는 시간을 기대하면서 스케줄을 조정했다. 그것은 장래의 계획에 관한 문제일 터이지만, 무엇보다 두 사람이 함께 지내는 생활에 관한 계획이었다. 그 생활 속에서 트뤼포는 자신의 인생 가운데서 아주 드물게도 진정 밝은 모습을 보였다.

야생의 아이

1969년 6월 말 프랑수아 트뤼포는 〈미시시피의 인어〉가 자신의 작품 가운데 가장 큰 상업적 실패작이 된 것을 알았다. 다행히 이 때는 이미 〈야생의 아이〉의 준비에 몰두한 상태였다. 촬영은 파리로부터도, 〈미시시피의 인어〉가 부딪힌 문제로부터도 멀리 떨어진 곳에서 7월 2일 시작되었다. 〈400번의 구타〉 이후 트뤼포는 문제아나 자폐아, 비행 청소년에 관한 교육 경험에 흥미를 느꼈다. 1964년 봄 〈부드러운 살결〉의 실패에서 겨우 회복되었을 때 『르 몽드』의 기사 하나가 그의 호기심을 자극했다. 그것은 뤼시앵 말송의 저서 『야생의 아이들, 신화와 현실 *Les Enfants sauvages, mythe et réalité*』의 서평 기사였다. 재즈 전문가로 더 유명했던 저자는 국립 교육원의 사회심리학 교수로, 이 책에서는 "인간과의 접촉이 완전히 차단된 채 여러 이유에서 고립 성장한 아이들"을 연구하고 있었다. 말송이 분석한 52건 가운데 가장 배울 점이 많았던 사례는 '아베롱의 빅토르'의 경우였다. 이 사례는 1798년 이래 장 이타르 박사가 장기간 연구해 온 것으로, 이타르 박사는 이 아이가 깊은 숲속에서 사냥꾼들에게 발견된 몇 개월 뒤에 관심을 가지기 시작했다.

트뤼포는 업무 관계로 책에 흥미를 가지는 경우에 늘 그랬듯이, 즉시 말송의 책을 열 권가량 구입했다. 그러고는 청각 메커니즘 연구를 전문으로 하는 뛰어난 의사 장 이타르의 실험에 매료되었다. 1800년 12월, 겨우 29세였던 이타르는 파리의 생-자크 가에 위치한 국립 농아연구소 관리로 임명되었다. 이타르는 이미 그곳에서 얼마 전부터 연구 활동을 해 왔고, 그 가운데서도 아베롱에서 발견된 야생 소년의 사례를 연구하고 있었다. 10세 정도의 이아이는 로데즈의 헌병대 본부에 수용된 후 즉시 대중적 호기심의대상이 되었다. 파리의 학자들이 소년에 대한 검사를 요청했고, 1799년에 소년은 농아연구소로 이송되었다.

의학계에서는 두 가지 견해가 대립했다. 당시 이 분야를 대표하는 권위자였던 필립 피넬을 포함한 사람들은, 정신 박약 혹은 백치의 소년을 부모가 살해하려 한 뒤(소년의 목에는 깊은 상처 자국이 있었다) 숲속에 버렸다고 주장했다. 그 견해를 따르자면, 이 경우는 단순한 소동에 불과하며, 소년은 정신병자와 불치병 환자들을 수용하는 비세트르*에 입원시켜야 했다. 장 이타르를 포함한반대 진영에서는, 소년이 부모의 칼을 운 좋게 모면한 것은 사실이지만, 저능 상태로 태어난 것은 아니라고 주장했다. 단지 고독과 인간 교류의 부재, 애정 결핍이 이 아이를 '야생' 상태로 남겨놓았다는 것이다. 이타르는 교육 효과를 공표한다는 조건으로 이아이의 보호권을 얻었다. 이타르는 소년에게 빅토르라는 이름을붙인 뒤 농아연구소에서 교육에 착수했다. 빅토르는 조금씩 감각과 지능의 이용법, 직립 보행, 테이블 예절, 옷 입는 방법 등을 습득했고, 마침내 초보적 언어를 이해하고 몇몇 단어는 발음까지가능하게 되었다. 이 진척 상황을 명시하고 실험의 유용성을 강

• 발-드-마른 지방에 위치한 종합병원*

조하기 위해, 장 이타르는 두 편의 보고서를 작성했다. 첫 보고서
는 1801년 의학 아카데미를 대상으로 한 것으로, 즉각 유럽 전역
에서 엄청난 대중적 관심을 불러일으켰다. 두 번째는 1806년에
소년을 보살펴 온 가정교사 게랭 부인의 연금 지급 갱신을 내무
부로부터 승인받기 위해 작성되었다. 그 뒤 빅토르는 농아연구소
근처 푀양틴 가에 있는 작은 집에서, 게랭 부인의 보호 아래 소소
한 작업을 하면서 40세까지 매우 단순한 삶을 살았다.

　1964년 가을 프랑수아 트뤼포는 이 이야기를 영화로 만들기
로 계획한 뒤, 장 그뤼오에게 각본을 의뢰했다. 그뤼오는 일찍이
1965년 1월 중순, 각본의 기본적 지침을 트뤼포에게 제안했다. 트
뤼포는 그리 만족하지 않았지만, 내용에 관해서는 어느 정도 신
뢰를 보였다. "그뤼오는 다시 〈야생의 아이〉의 작업을 시작했습
니다. 이것은 훌륭한 영화가 될 것입니다." 트뤼포는 열광으로
가득한 편지를 헬렌 스코트에게 보냈고, 그녀가 깜짝 놀라는 모
습에 즐거워했다. 그뤼오는 참고 자료를 수집하고, 농아자 교육
학 개론서와 콩디야크의 저서 『감각 기능에 관한 보고서 Traité des
sensations』(1754년)를 찾아 읽고, 자폐아들의 심리와 치료법에 관련
된 기사를 검토했다. 1965년 11월 말경 트뤼포의 곁에는 타자를
쳐서 주석을 붙인 243쪽의 시나리오가 있었다. 트뤼포는 이것을
장 그뤼오에게 되돌려주고 새롭게 고치도록 했다. 그뤼오가 '펑
퐁 작업'이라 부른 이 과정이 시작된 1년 뒤, 결국 〈야생의 아이〉
의 시나리오는 4백 쪽 가까운 분량으로 늘어났다. 트뤼포의 시간
계산에 의하면, 영화화될 경우 세 시간이 넘을 것이므로 이것을

다시 절반으로 줄여야만 했다. 트뤼포가 자크 리베트에게 견해를 묻자, 리베트는 1967년 가을 15쪽가량의 의견서를 넘겨주었다. "흥미의 대상이 소년이므로 모든 것이 소년을 중심으로 전개되어야 할 것이네. 이것은 장 이타르에게도 해당한다네. 그들과 무관한 것은 모두 관객을 지루하거나 산만하게 만든다네." 리베트의 충고를 좇아 트뤼포와 그뤼오는 1968년 여름 동안 재작업을 마쳤다. 151쪽으로 압축된 시나리오는 긴장감으로 넘쳤으며, 트뤼포의 표현에 의하면, "치밀하고, 논리적이고, 과학적 사실에 충실하고, 시적인" 것이었다.

다소 특수한 이 영화를 위해 트뤼포는 소리굽쇠를 가지고 농아 어린이들에게 실험 연구를 하던 어느 이비인후과 의사를 만났다. 또한 친구의 아버지이자 그 자신 역시 농아자로서 장애인협회의 대표로 있는 로제 모냉의 도움도 받았다. 마지막으로 〈400번의 구타〉 때 그랬듯이 트뤼포는 페르낭 들리니에게 도움을 청했다. 들리니는 처음에는 루아르-에-셰르 지방의 라 보르드에 있는 실험적 진료소에서, 그 후에는 가르 지방의 모노블레에 있는 세벤 중앙부 오지의 작은 촌락에서 자폐아들을 돌보고 있었다. 1968년 가을 트뤼포는 쉬잔 시프만을 모노블레로 보내 소년 한 명을 관찰하도록 했다. 들리니의 말에 의하면, 이 소년의 행동 양태가 아베롱의 빅토르와 놀랄 만큼 흡사하다는 것이었다. 트뤼포는 들리니에게 편지를 썼다. "선생님께서 제게 주신 글에 의하면, 이 아이의 행동은 이타르가 책 속에서 기술한 것과 정말 유사하며, 우리가 영화를 통해 얻고자 하는 바와 너무나도 비슷합니다. 제가 당혹감을 느낄 정도입니다. 아무튼 저는 이 소년이, 영화 속에서 이역할을 실제로 연기할 소년을 선택하고 동시에 몸동작을 구상하는 데 본보기를 제공해 줄 것으로 생각합니다."

트뤼포는 하나의 대의를 위해 대단히 정력적으로 투쟁했고, 〈야생의 아이〉 덕분에 눈에 띄는 반향을 얻어 냈다. 그것은 불행한 어린이를 보호한다는 대의였다. 보도의 자유, 군대 불복종 권리와 함께 이것은 트뤼포에게 언제라도 시간을 할애할 용의를 지닌 명분이었다. 트뤼포의 생각에 어린이는 아무런 보호도 받지 못하며, 직접 주변을 둘러싼 사람의 지배 아래에 놓인다. 그 사람이 폭력적이거나 과보호 상태라 할지라도 마찬가지다. 한 걸음 더 나아가 트뤼포는 이 중대한 사회 문제에 관한 정계의 무관심을 철저히 비난했다. "장래에 부모에게 학대받는 어린이, 혹은 단순히 불행한 어린이의 수가 상당히 증가할 것임은 의문의 여지가 없다. 비행 청소년 역시 마찬가지일 것이다. 누구에게라도 그이유를 알아낼 수 있다. 너무나 많은 어린이가 무관심의 대상이며, 주택난도 위급한 상황이고, 학교는 정원 초과에 교원 부족 상태이며, 사회 구호시설이 미비한 것 등이 그 이유다. 이 같은 사회 문제에는 구체적이고 재정적인, 따라서 정치적인 해결책밖에 없는데, 의원들에게 어린이에 대한 관심이란 오로지 언제 그들이 유권자의 나이가 되는지밖에는 없다는 것을 우리는 알고 있다. 부모의 구타에 보다 엄격한 조치를 취하는 것 또한 고려할 수 있는 해결책이다. 유감스럽게도 이 해결책은 행정 당국이 채택할 해결책은 되지 못할 것이다. 일반인들에게 인기를 얻지 못할 것이기 때문이다. 그 때문에 우리에게는 비관주의자가, 절대적으로 비관주의자가, 오로지 비관주의자가 될 온갖 이유가 주어지는 것이다."

깊은 관심을 지닌 트뤼포는 자신을 격분하게 하는 신문 잡지의 기사를 수집했다. 아동의 자살, 지진아 가혹 행위 혐의로 비난받는 의료 기관, 부모의 자녀 학대 행위…… . 1964년 3월 그는 '프랑스 인민구조대 후원회'의 회원이 되었고, 이어서 1967년 봄에는 학대아동 수용센터를 제안하는 '어린이 SOS 촌락협회 후원회'의 회장이 되었다. 4월에는 하루 종일 학대 아동 문제만을 다룬다는 조건으로, 프랑스 퀼튀르 방송국의 〈좋으실 대로……〉라는 프로그램의 1일 진행 제의를 수락했다. 이 프로그램은 4월 2일 오후 2시부터 자정까지 방송되었다. 그 내용은 부모의 학대로 아동 사망 사건이 발생한 파리 앙페르 가 임대 아파트에서의 취재, 디킨스와 레오토의 작품 낭독, 학대 부모를 마주한 "선량한 자들의 침묵"에 관해 발두아즈 지방의 에르몽에서 행해진 르포 등이었다. 이날 ORTF 방송국의 전화 교환대는 증언의 전화가 흘러넘쳤다.

신문 잡지가 이 프로에 관해 큰 반향을 보이면서, 트뤼포는 시청자들로부터 2백 통 가까운 편지를 받았다. 일부는 어린 시절 학대를 받았던 사람들이나 치안감시위원회에서 온 것이어서, 트뤼포의 관점이 정확함을 증명했다. 한편 어느 여성 시청자는 "근친상간, 매 맞는 어린이 같은 문제는 만인 앞에 드러낼 일이 아니다"라면서 분개했고, 한 남성은 ORTF 방송국의 사장에게 직접 편지를 보내 "가족 보호는커녕 비행을 장려하는 반프랑스적 방송"

을 비판했다. 묵비의 규율 및 양친의 권리 남용에 대항해서 트뤼포는 사실상의 공개 토론을 조장하는 일에 관여한 것이다. 그리고 몇 개월 뒤 야생 상태에 방치된 피학대 아동 '아베롱의 빅토르'에 관한 영화를 만듦으로써, 트뤼포는 정확히 이 문제를 사람들이 재검토할 것을 부추겼고, 영화의 위력을 빌려 일종의 교육을 하고자 했다. 트뤼포와 그의 영화가 지닌 교육적 소명 의식이 이만큼 잘 표현된 경우는, 낙관적임과 동시에 절망적인 영화 〈야생의 아이〉가 처음이었다. 문화의 학습 효과에 절대적 신뢰를 취하기 때문에 낙관적인 한편, 이 교육을 통해 사회가 언제나 학대하는 자와 비열한 자의 소굴임을 부각하기 때문에 절망적이었다.

예산 마련을 위해 트뤼포는 유나이티드 아티스츠에 타진했지만, 일랴 로퍼트는 시나리오가 "지나치게 다큐멘터리적"이라고 판단하고는 투자를 망설였다. 트뤼포가 흑백 촬영 의향을 분명히 밝혔기에 더욱 그러했다. 자금 마련이 계속 불투명하게 진행되고 1968년 9월 트뤼포가 자신의 활동 이력 가운데 처음으로 CNC에 제작 지원금을 요청하는 상황에 이르자, 제라르 르보비시가 나서서 로퍼트에게 기어코 2백만 프랑가량을 출자하도록 설득했다. 르보비시의 충복인 동시에 일랴 로퍼트의 사위였던 장 루이 리비는 당시 유나이티드 아티스츠의 유럽 제작 책임자인 로퍼트와 트뤼포 사이의 협상의 어려움을 이렇게 말한다. "생각해 보십시오. 트뤼포가 한편에서는 드뇌브와 벨몽도 주연의 영화를 준비하면서, 스타도 없는 흑백 영화를 미국 회사에 제안하는 상황을 말입니다!" 변함없이 회의적이던 로퍼트는 한 가지 조건을 제시했다. 〈미시시피의 인어〉가 수익을 가져오리라 계산하고 〈야생의 아이〉와 〈미시시피의 인어〉의 흥행을 연계하기로 한 것이었다. "이 미국인들은 〈미시시피의 인어〉의 성공으로 〈야생의 아이〉의 손실을 상쇄하려는 계산을 하고 있었다. 그러나 결과는 완전히 반대가 되었다." 마르셀 베르베르는 그렇게 회상한다. 장 루이 리비는 "일랴는 현명하게 두 편 모두의 제작을 승락한 것이다. 트뤼포를 잃어버릴 위험을 무릅쓰고 싶지 않았던 것이다"라고 지적했다.

제작부장 롤랑 테노의 권유에 따라 트뤼포는 오베르뉴 지방 오비아에서 〈야생의 아이〉를 촬영하기로 결정했다. 오비아 근처 리옹•에는 오베르뉴 토박이인 테노 집안 소유로 19세기에 건축된 별장 몽클라벨이 있어서, 창문을 손질하고 실내장식만 바꾸면 충분히 이타르 박사의 거주지로 사용할 수 있었다. 트뤼포는 이 흑백 영화의 촬영을, 에릭 로메르의 〈모드 집에서의 하룻밤Ma nuit chez Maud〉를 촬영한 네스토르 알멘드로스에게 맡겼다. 로메르 영화에서 보여 준 매우 세련되고 독창적이면서 간결한 조명이 그에게 각별한 인상을 남겼기 때문이다. 이 기회를 계기로 두 사람 사이의 긴 협력 기간이 시작되었다. 그것은 예술적·기술적 측면의 공조 관계를 넘어 하나의 우정 관계이기도 했다. 알멘드로스와 트뤼포는 마지막 작품 〈신나는 일요일!〉까지 이후 아홉 편의 영화를 함께 만들게 된다.

• 잘 알려진 리옹과는 다른 도시다.*

〈야생의 아이〉의 제작 준비 기간 중에 트뤼포와 알멘드로스는 여러 편의 영화를 보았다. 귀머거리에 장님에 벙어리인 어린 소녀의 교육을 그린 아서 펜의 〈기적은 사랑과 함께The Miracle Worker〉, 브레송의 〈어느 시골 사제의 일기〉, 베리만의 〈모니카〉, 그리피스와 드레이어의 무성 영화 몇 편 등이었다. 대단히 세심하게 만든 흑백 영상과 함께, 트뤼포는 여기서 처음으로 아이리스의 열림과 닫힘 기법을 치밀한 계산을 통해 구두점식으로 사용했다. 〈야생의 아이〉는 바로 고전 작품에 대한 트뤼포의 경의 표시이기도 했다. "트뤼포는 이제는 유물이 되어 버린 특징들을 되찾고자 했다. 무성 영화 시절에 사용되던 장면전환 기법과 페이드 기법이었다. 음화 필름 복제는 쇼트의 질을 저하시키는데, 그렇다면 현상소를 거치지 않는 페이드 기능을 어떻게 실행할 것인가. 무성 영화에 특징적인 아이리스 닫힘 기법이 그 이상적 해답이었다. 태고 시절의 유물을 하나 찾아낸 것이다. 매우 선명한 아이리스의 경계선이 점차적으로 영상을 가려 나가는 그 환環의 효과는 정말로 놀라운 것이었다." 훗날 알멘드로스는 그렇게 말했다.

같은 시간에 쉬잔 시프만은 젊은 조수 장 프랑수아 스테브냉과 함께 빅토르 역을 맡을 소년을 찾기 위해 님, 아를, 마르세유, 몽펠리에의 학교들을 방문했다. 시프만은 2천5백 명 가까운 소년들을 인터뷰하고 사진을 찍은 뒤 다섯 후보자를 골라 최종 테스트를 위해 파리로 불렀다. 6월 6일 트뤼포는 헬렌 스코트에게 "소년을 찾았다"라고 편지했다. 생트-마리-들-라-메르에서 시프만이 찾아낸 12세의 장 피에르 카르골이었다. 거무스레한 피부에 "매우 동물처럼 보이는" 얼굴, 민첩하고 유연한 신체를 지닌 장 피에르 카르골은 집시 소년으로, 기타리스트인 마니타스 데 플라타의 조카였다. "아주 잘생긴 아이지만, 숲속에서 나온 듯한 분위기를 풍깁니다"라고 트뤼포는 헬렌 스코트에게 썼다.

다른 배역은 연극배우들에게 도움을 청했다. 게랭 부인 역은 코메디-프랑세즈의 프랑수아즈 세녜르, 피넬 역은 생테티엔 극장의 감독이자 장 비고의 작품(〈품행제로〉와 〈라탈랑트〉)과 르누아르의 영화(〈익사에서 구조된 부뒤Boudu sauvé des eaux〉, 〈랑주 씨의 범죄〉, 〈위대한 환상〉)의 배우이기도 했던 장 다스테에게 맡겼다. 조연 배역은 가까운 지인들에게 부탁했다. 장 이타르가 빅토르를 데리고 종종 방문하는 르므리 가족으로는 클로드 밀레르의 가족(그 자신과 아내 아니, 아기 나탕)으로 정했으며, 장 그뤼오는 농아연구소 장면에서 방문객으로 모습을 보였다.

트뤼포는 의사 이타르 배역을 놓고 오랫동안 고민했다. 먼저 텔레비전 배우들을 생각했고, 이어서 기자(필립 라브로를 고려했다)도 생각해 보았다. 기자라면 이타르와 야생 소년 사이의 교육적 관계를 좀 더 분명히 보여줄 것이기 때문이다. 다음에는 오히려 배역을 좀더 신빙성 있게 보이게 할 무명의 인물을 찾았다. 주위에 공개하지는 않았지만, 트뤼포는 사실은 자신을 그 역할로 생각하고 있었다. 트뤼포가 촬영 시작 겨우 며칠 전에 쉬잔 시프만에게만 은밀히 알렸기 때문에, 베르베르조차도 그것을 모르고 있었다. "사실이다. 프랑수아는 이 사실을 내게도 터놓고 알리지 못했다. 종종 그랬듯이 그는 쉬잔에게만 그 이야기를 했다. 어느 날 내 사무실 앞을 지나가던 쉬잔이 말했다. '의사 이타르 역을 누가 맡을지 모르시죠? 프랑수아예요!', '아니, 농담이겠지!'" 프랑수아는 대사라고는 전혀 없는 소년을 연출하려면 자신이 '프레임 내부에' 있는 것이 훨씬 편안할 것으로 확신했다. "의사 이타르 역을 다른 사람에게 맡길 경우, 장 피에르 카르골과 나 사이에 중개자가 생길 것이고, 그러면 소년의 연출에 나는 큰 어려움을 겪을 것이다." 그뤼오의 의견도 완전히 일치했다. "이타르는 거의 전적으로 그의 직업의 측면에서만 보일 텐데, 이것은 영화감독의 기능과 매우 유사하다."

〈야생의 아이〉의 촬영은 1969년 7월 2일 깊은 산중에서 시작되었다. 소년이 자신을 추격하는 개들을 피해 전력을 다해 나무에 기어오르는 장면과 이어서 땅굴로 도피하는 장면이었다. 제작진은 몽뤼송 근처 생-파르두 숲속에서 일주일 동안 촬영을 했다. 특별히 제작된 투명한 작은 샌들 덕분에 장 피에르 카르골은 큰 어려움 없이 초목 숲을 달릴 수 있었다. 근면한 현장 분위기 속에서, 트뤼포는 "구성이 탄탄하다"고 스스로 믿고 있던 이 시나리오를 충실히 촬영했다. 그곳은 완벽한 조화로움으로 가득했으며, 트뤼포에 따르면, "가이드 하는 사람들의 말을 그대로 인용하자면, '전화, 교통 체증, 최신 뉴스, 휴양객들로부터도 멀리 떨어진, 리마뉴의 완만히 굽이치는 오지대'에 있는 이 별장에서 작업은 아주 훌륭히 진행되었다." 카트린 드뇌브가 촬영장을 찾아 여름의 대부분을 머물렀으므로, 트뤼포는 행복감을 느꼈다.

〈야생의 아이〉에서 트뤼포는 배우와 감독으로서 카메라의 앞

〈야생의 아이〉의 촬영 마지막 날. 앞줄 왼쪽부터 장 프랑수아 스테브냉, 쉬잔 시프만, 피에르 주카.
둘째 줄에 프랑수아 트뤼포, 카트린 드뇌브, 장 피에르 카르골(왼쪽에서 네 번째). 셋째 줄 왼쪽에서
일곱 번째가 네스토르 알멘드로스. 마지막 줄 맨 왼쪽이 마르셀 베르베르(1969)

과 뒤에서 동시에 소년을 연출한다는 새로운 체험을 했다. 트뤼포는 비유법을 사용해 장 피에르 카르골에게 연기 지시를 했다. "그에게 나는 눈 표정은 '개처럼!', 고개를 움직이는 동작은 '말처럼!'이라고 지시했다. 눈을 동그랗게 뜨고 놀라움을 표현해야 할 때는 나는 그에게 하포 마르크스 흉내를 내 주었다. 그러나 장 피에르는 신경질적인 웃음과 분노를 표현하는 일을 어려워했다. 그는 유순하고 낙천적이며 차분한 아이여서, 평온한 것밖에는 표현하지 못했기 때문이다." 트뤼포가 연기하는 동안에는, 쉬잔 시프만이 조감독으로서 책임을 수행했다. 그녀는 "카메라!", "컷!" 등을 명령했으며, 리허설 동안에는 트뤼포의 대역을 했다. 트뤼포에게 배우로서의 이 첫 체험은 매우 소중한 것이었다. "촬영 현장에서 배우의 눈빛은 정말로 경이롭다. 그것은 쾌락과 불만을 동시에 반사한다. 모든 남성의 내부에(더욱이 모든 남자 배우 안에) 존재하는 여성성이 객체로 된다는 조건에 의해 충족되기 때문에 쾌락인 것이며, 동시에 이 동일한 조건 안에서 역으로 남성성이 여전히 다소간 남아 있기 때문에 욕구 불만인 것이다." 〈야생의 아이〉에서 트뤼포는 연기 연출에 필요한 바를 훨씬 구체적이고 육체적인 방식으로 습득하게 된다.

8월 말 연기자들과 제작진은 파리로 돌아와 농아연구소에서 마지막 주 촬영을 한 후, 전체 50일간의 촬영을 마치고 해산했다. 해산 직전 장 피에르 카르골은 작은 8밀리미터 카메라를 선물받았고, 소년은 "최초의 집시 영화감독"이 될 것을 약속했다.

마차는 굴러간다

〈야생의 아이〉가 개봉도 하기 전에 프랑수아 트뤼포는 파리의 거리로 나가 앙투안 두아넬 모험의 세 번째 시도인 〈부부의 거처〉에 착수했다. 이 영화까지 촬영한다면 트뤼포는 두 해 동안 네 편의 영화를 만드는 셈이 된다. 그 이유는 간단했다. 〈훔친 키스〉 이후 〈미시시피의 인어〉와 〈야생의 아이〉를 거쳐 〈부부의 거처〉에 이르기까지 트뤼포는 모든 일을 계획에 따라 함으로써, 이 에너지를, 촬영이 주는 작은 불안과 행복을 다시 찾아낸 것이다. 이것은 1960년대 중반의 그로서는 대단히 갈망하던 바였다. 트뤼포의 인생에서는 이제 영화가 최전선에 있었다. 그러나 트뤼포가 이렇게 작업에 열중한 것은 또한 꽉 짜인 스케줄에 대한 편집증적 몰입 때문이기도 했다. 그는 예정에 없는 일에는 절대 관심을 허용하지 않았다. 트뤼포는 작업 일정에 세심한 주의를 기울여, 몇 개월 전, 또는 몇 년 전부터 강박적으로 모든 것을 미리 결정하고자 했다. 기획들은 모두 사안별로 구분해 진행했기 때문에, 각본가들 사이의 '접촉'도 불가능했다. 이것은 동료들을 종종 불안하게 만들었는데, 예를 들면 장 루이 리샤르는 트뤼포가 때로는 12개월이나 18개월 전에 자신에게 작업 계획을 설정했던 일을 지적했다. "그는 내게 말하곤 했다. '몇 년 며칠에 작업이 시작될 수 있을 것이네.' 그러면 나는 '하지만 어쩌면 내가 죽을 수도 있을 텐데……. 아니, 아니야. 나는 이런 식의 약속은 하고 싶지 않아'라고 대답했다. 그는 가능한 한 멀리까지 인생 설계를 시도했다. 그래야 안도감을 얻을 수 있기 때문일 것이다."

어떤 일도 계획 없이 마구 하지 않으며, 개인 생활보다 영화를 우선하는 방식은 트뤼포의 기본 개성의 하나가 되었다. 그곳에 있는 것은 하나의 광기, 현기증을 일으킬 정도의 일을 향한 몰입이었다. 그것은 인생의 고독감을 탈피할 유일한 구원책으로 간주될 만한 것이었다. 중단 없이 영화를 만든다는 것은 트뤼포의 열광 상태를 유지했을 뿐 아니라, '회사의 대표'로서 지닌 불안감을 완화해 주었다. 그래서 트뤼포는 다음과 같이 쓰고 있다. "카로스•는 굴러간다." 여러 편의 영화가 동시 진행된다는 사실은 트뤼포를 안심시켰다. 그것은 동시에 각본가와 기술 스태프들에게 '카로스 가족'이라는 소속감을 심어 줌으로써 충실한 협력자를 확보해 놓을 최고의 방책이기도 했다. "나는 감독 겸 제작자로서 나 자신의 영화에 전념하고 있습니다. (…) 몇 년 동안 미국 회사들과 협력해 작업하다 보니, 프랑스 제작자들과는 더 이상의 교류는 하지 못했습니다. 그 대신 같은 기간 동안 나는 완전한 자유 속에서 작업할 기회를 얻었으며, 평균 수준의 예산을 넘는 영화가 아닌 이상 자유 재량권을 얻었다고 말해야 할 것입니다."

경영자이자 예술가로서 전체를 책임지는 트뤼포의 이 같은 위상은, 수많은 지식인과 예술가들이 극좌 혹은 그 주변 이데올로기적 현실 참여를 선택했던 '68 이후'의 상황 안에서 매우 예외적 사례였다. 몇몇 사람은 이것을 악취미의 극치로 간주했다. 예를

• 이 단어는 '마차'를 의미한다. 그는 회사명을 장 르누아르의 〈황금 마차〉에서 가져왔다.*

들면, 전투적 영화 제작에 한창이던 장뤽 고다르는 "트뤼포는 오전에는 사업가가 되고, 오후에는 시인이 된다"는, 빈정거림과 경멸로 가득한 문장으로 트뤼포의 시스템을 배척했다. 자신을 부르주아 감독 진영으로 분류하는 비방자들을 어떻게 생각하느냐는 평론가 노엘 생솔로의 질문에, 트뤼포는 솔직히 어떻게 대답해야 할지 모르겠다고 고백했다. "부르주아로 취급되는 것에 거의 모든 사람이 모욕감을 품지만, 나는 모욕을 느끼지 않습니다. 실제로 나와 별 관련이 없다는 느낌이 듭니다. 아마도 내가 생활에 거의 관여하지 않기 때문일 겁니다. 일반적으로 말하는 생활을 말이죠. '부르주아적'이라는 칭호는 생활 방식에 대한 공격일 테지만, 나는 생활 방식이라는 것을 가지고 있지 않으며(내게는 영화 이외에는, 생활이랄 것이 없습니다), 따라서 이 표현이 내게 해당한다고 생각하지 않습니다. 그것이 오해의 문제라면 나는 그 오해의 해소에 안달하지 않습니다."

이처럼 스스로를 사회의 내부가 아니라 살짝 벗어난 바깥쪽에 위치시키는 것은, 확실히 그의 인물 앙투안 두아넬이 지닌 가장 중요한 특징이었다. 트뤼포는 1970년대 초 〈부부의 거처〉를 통해 그 두아넬을 다시 한번 부활시켰다. 트뤼포가 앙투안 두아넬과 크리스틴 다르봉의 후속 모험담을 결정한 것은 앙리 랑글루아의 권유에 따른 결과였다. 랑글루아는 〈훔친 키스〉의 시사회장을 나오면서 트뤼포에게 이렇게 말했다. "이 사랑스러운 커플을 다시 보고 싶네. 그들이 결혼해 부부 생활을 시작하는 몇 개월의 모습을 말일세." 1969년 봄부터 클로드 드 지브레, 베르나르 르봉과의 몇 차례의 작업을 통해 시나리오의 큰 윤곽이 세워졌다. 그것은 앙투안 두아넬에게 직업을 주고, 곧이어 아들을 준 다음 정부를 준 뒤, 마침내는 부부 싸움의 한가운데로 빠져들게 만든다는 것이었다.

물론 이번에도 트뤼포의 개인적 추억들이 이야기의 골격을 형성했고, 여기에 장 피에르 레오의 생활이 혼합되었다. 하지만 〈훔친 키스〉의 경우처럼, 드 지브레와 르봉의 현장 취재 성과물도 첨가했다. 그 결과 앙투안 두아넬은 꽃가게에서 꽃다발을 염색하는 매우 독특한 직업을 갖게 된다. 그것은 트뤼포의 어린 시절의 기억에서 온 것이었다. "우리 동네 두에 가 10번지에는 안마당에서 꽃을 염색하는 꽃장수가 있었다." 지금은 꽃을 염색하는 사람은 없어졌지만, 마음에 드는 아이디어였기 때문에 트뤼포는 이 직업을 포함하기로 결정했다. 이것은 그의 영화에 어울리는 구시대적 모습을 부여하는 데 기여한다. 바이올린 교사라는 크리스틴의 직업 역시 국립음악연극학교를 마친 뒤 바이올린을 가르쳤던 트뤼포의 작은 이모 모니크 드 몽페랑에 대한 암시였다. 이처럼 자신의 유년기와 성장기에 관련된 정확한 기억에서 출발해, 트뤼포는 스스로 "실제 인생을 통한 검증"이라 부른 방법론을 실천했다. 그 방법론이란 각본가들이 취재한 여러 세부 사실 혹은 짧은 이야기의 뒤편에 자전적 특징을 감추는 것이었다. 이를 통해 트뤼포는 자신의 자전적 자료에 좀더 구체적이면서도 더욱 보편적인 의미를 부여할 수 있었다. 이것은 그가 지향하는 사상이 늘 동일하기 때문에 가능했다. 요컨대, 유행과 상투성을 피하며 '시대의 유행'

을 따르려 하지 않는다는 것이었다.

트뤼포는 1970년대 초의 두아넬과 프랑스 젊은이들 사이에 존재하는 괴리를 잘 인식하고 있었다. 젊은이들은 '1968년 5월'의 이데올로기에, 그리고 유행이나 풍습 관행의 근본적 변동에 크게 영향을 받고 있었다. 그렇지만 트뤼포는 자신이 혁신적인 감독이 아니라는 사실도 인정이라도 하듯 전적으로 그 괴리를 수용했다. 트뤼포가 두아넬에 관해 다음과 같이 언급했을 때, 그는 명확히 자신의 초상화를 묘사하고 있었다. "두아넬은 틀림없이 사회에 적응하지 못하는 인간이지만, 오늘날 유행하는 혁명가는 아니다. 그것은 사실이기 때문에, 나는 나의 영화들이 정치적 관점에서 비난받는 사실을 인정한다. 두아넬은 사회를 변화시키고자 하는 유형은 아니다. 그는 사회를 불신하고, 사회로부터 스스로를 보호하지만, 내가 보기에 그는 열의로 가득 차 있으며, 사회 속에 '수용되기를' 갈망한다." 이 점에서 트뤼포의 영화는, 늘 현재형의 언어와 형식 속에 조율된 고다르의 영화와는 서로 대척점에서 있었다. 둘 다 장 피에르 레오를 자신의 영화 속에 출연시켰지만, 두 사람은 그의 모습을 완전히 반대 방향에서 그려냈다. 트뤼포는 종종 레오가 스스로 좌파 전투주의에 가담하는 것에 충격과 상처를 받았다. 레오는 인간적으로는 두아넬의 창조주에 아주 충실한 상태로 남았지만, 정치적 관점에서는 확실히 고다르와 훨씬 더 가깝게 느끼고 있었다. 대체로 두아넬이라는 인물을 부담스러워하던 레오에게 고다르와의 작업과 사회 참여는, 설사 그것이 트뤼포의 자존심에 상처를 주었다 해도 그 자신에게는 해방감을 느끼게 했다.

〈부부의 거처〉에서 두아넬 부부의 애정 생활은 개인적인 인용과 익살로 가득한 분위기 안에서 경쾌한 코미디풍으로 전개된다. 크리스틴은 바이올린을 가르치고, 앙투안은 아파트 안마당에서 꽃을 염색한다. 이웃 카페의 손님, 앙투안을 사랑하는 여종업원, 페탱 복고를 주장하는 고집불통의 은둔 노인을 비롯한 아파트 거주자, '교살마'라는 별명을 지닌 정체불명의 남자 등이 이 마당을 왕래한다. '완벽한 붉은색' 카네이션을 만드는 일에 실패하자 앙투안은 직업을 바꾼다. 그는 파리 지역에 설립된 급수 관련 미국 회사에 채용되어, 모형 선박 조종 업무를 담당한다. 두아넬 부부는 알퐁스라고 이름 붙인 아기의 출산을 기다리고 있다. 그런데 앙투안은 젊고 아름다운 일본 여자 교코를 만나 정부로 삼는다. 우연히 크리스틴은 교코가 앙투안에게 준 꽃다발 속에서 숨겨진 사랑의 메시지를 읽은 뒤 모든 사실을 알게 되고, 부부 사이에 위기가 초래되면서 앙투안은 부부의 거처를 떠나야 한다. 그러자 그는 자신의 생활을 소설로 쓰기로 결심한다. 앙투안과 교코는 서로에게 싫증을 느끼고, 앙투안은 교코와 마주 앉아 저녁 식사를 하는 도중 전화로 크리스틴에게 자신의 사랑을 전하기 위해 계속 식사 자리를 떠난다. 에필로그 부분에서 1년 뒤 그들이 새롭게 만난 장면이 제시된다. 아마도 착각에 지나지 않을 화해를 위해……

결혼 생활의 풍경들

익살스러움으로 넘치는 〈부부의 거처〉는 트뤼포의 표현에 의하면 하나의 "청산"이기도 했다. 이것으로 트뤼포는 앙투안 두아넬과 결별하고자 했다. 트뤼포는 레오를 두아넬로부터 "해방시켜주기" 위해 이런 결정을 내렸다. "왜냐하면 이것이 그의 배우 활동에 지장이 될 것이기 때문"이고, 또한 트뤼포가 두아넬이라는 인물에게서 끌어낼 자원이 고갈되었다고 판단했기 때문이다. 성장기와 성인의 나이 사이에서 계속 머뭇거리긴 했어도, 트뤼포는 두아넬을 이제 결혼한 남자로, 가정을 이끄는 가장으로, 직업인으로 만들었다. "두아넬은 반사회주의자가 아니라 단순히 사회의 주변인일 뿐이다. 그가 사회를 거부하는 것이 아니고, 사회가 그의 성향과 생활 방식을 인정하지 않는 것이다. 유년기에 묶여 있는 앙투안 두아넬은 보통의 사회에 동화될 수 없다. 어른이 되어서도 그는 어찌할 도리가 없는 인물일 뿐이다." 자신의 분신과 결별하기 전에 트뤼포는 그에게 두 개의 선물을 주었다. 영화 〈부부의 거처〉 외에, 또 하나는 『앙투안 두아넬의 모험 *Les Aventures d'Antoine Doinel*』이라는 책이었다. 그것은 〈400번의 구타〉의 가출 소년에서 〈앙투안과 콜레트〉와 〈훔친 키스〉를 통과해 〈부부의 거처〉의 기혼남에 이르기까지, 두아넬의 변화 과정을 묘사한 일종의 소설이었다. 네 편의 시나리오로 구성된 이 이야기는, 세계 영화계가 만들어낸 가장 유명한 인물 가운데 하나인 앙투안 두아넬의 탄생, 삶, 성장을 그리고 있다.

1969년 11월 중순 트뤼포가 스페인의 톨레도에서 돌아왔을 때, 〈부부의 거처〉의 시나리오는 완성 상태였다. 마르셀 베르베르의 계산에 의하면 350만 프랑 정도의 저예산급 영화였다. 유나이티드 아티스츠가 〈야생의 아이〉의 시나리오 심사를 지연시켰던 일에 마음이 상했던 트뤼포는 자신의 불편한 기분을 표현하려는 의도에서 미국 회사는 피하기로 결정했다. 더욱이 호흡을 잘 맞추어 작업해 왔던 일랴 로퍼트가 1970년 1월 뇌졸중으로 사망하자, 트뤼포는 독립영화사 발로리아 영화사의 제작자인 에르쿨레 무키엘리 쪽으로 방향을 돌렸다. 무키엘리는 자신이 예산의 40퍼센트 정도를 출자하고, 로마에 본사를 둔 소규모 제작사인 피다 치네마토그라피카를 참여시켜 10퍼센트를 출자하게 했다. 나머지 50퍼센트는 카로스의 몫이었다. 카로스는 이전에 〈쥘 앤 짐〉과 〈부드러운 살결〉의 해외 판매를 담당했던 오를리 영화사의 알랭 바니에에게 〈부부의 거처〉의 해외 판매를 맡겼다. 컬럼비아 영화사와도 미국에서의 배급 계약에 합의했다.

장 피에르 레오와 클로드 자드 외에도 트뤼포는, 크리스틴의 부모 역의 다니엘 세칼디와 클레르 뒤아멜을 비롯해 〈훔친 키스〉에 나왔던 많은 연기자를 다시 출연시켰다. 촬영 시작 2주일 전에 클로드 자드가 황달에 걸려 디종에 있는 부모 집에서 치료를 받았다. 이것은 곧 트뤼포의 열정으로부터 벗어나게 될 이 영화가 부딪힌 사실상 첫 번째 사고였다. 트뤼포는 조연급 배역은 연극과 텔레비전에서 찾아낸 배우들에게 맡겼다. 자크 로비올과 다니엘 불랑제가 또다시 모습을 보였고, 새로이 등장하는 30세의 필립 레오타르는 아리안 므누슈킨이 지휘하는 '테아트르 드 솔레유 극단' 출신이었다. 마지막으로 트뤼포는 두 배역의 선정에 큰 신경을 썼다. 앙투안 두아넬이 첫눈에 반하는 일본 여성 교코와 두아넬 부부의 이웃들이 '교살마'라는 별명으로 부르는 정체불명의 인물이 그들이다. 잔 모로와 쉬잔 시프만의 주선으로 트뤼포는, 피에르 카르댕의 인기 패션모델 출신으로 세련미와 우아함을 갖춘 '마법의 여인' 히로코 베르크하우어*에게 두아넬의 일본인 정부 역할을 요청했다. 한편, 늘 혼자 있으며 약간은 유약한 낯선 남자로, 공포 분위기를 확산시키다가 결국 텔레비전의 흉내 내기 촌극 프로에 등장하는 '교살마' 배역은 어린 시절 친구인 클로드 베가에게 맡겨졌다. 본명이 클로드 티보다인 그는 마르티르 가의 건물 관리인 아들이었는데, 재담가로 이름을 날렸고, 특히 여배우들, 그 가운데서도 델핀 세리그의 흉내를 잘 내는 것으로 유명했다.

1970년 1월 21일 파리 시내의 세브르-바빌론 근방에서 찾아낸 작은 마당에서 〈부부의 거처〉의 촬영은 시작되었다. 처음부터 트뤼포는 장면마다 더 빠른 템포로, 가능한 한 가장 빠른 템포로 연기하도록 주문했다. 자신의 영화에 하워드 혹스, 레오 맥커리(촬영 직전 트뤼포는 레오 맥커리의 〈이혼 소동The Awful Truth〉을 다시 보았다), 또는 프랭크 캐프라 등의 미국 코미디 영화의 리듬을 부여하기 위해서였다. "트뤼포는 프랭크 캐프라의 방식을 무척 자주

• 일본 명은 마쓰모토 히로코*

사용했다. 즉 촬영 쇼트의 시간을 측정한 뒤, 만일 20초가 나왔다면 그는 이렇게 말했다. '이번에는 같은 것을 10초에 해 봅시다'라고. 그러면 배우들은 기관총 쏘듯이 말을 해 댔고, 종종 그는 그런 쇼트를 편집에 사용했다." 촬영 감독 네스토르 알멘드로스의 말이다. 무대를 자주 바꾸어야 하는 상황에서 빠른 속도로 촬영을 하다 보니, 트뤼포는 어느 정도의 희생은 감수해야 했다. 알멘드로스에 의하면, "〈부부의 거처〉는 내가 그와 함께 만든 모든 영화 가운데 아마도 시각적으로 가장 떨어지는 영화일 것이다. 이 영화의 흥미로움은 상황과 인물 묘사 등 다른 부분을 향하고 있었고, 촬영 중에 조형적 특성은 그에게 부차적 관심사였다."

한겨울에 시작된 〈부부의 거처〉의 촬영은 종종 영하의 기온 속에서 행해졌다. 그러나 시나리오는 등장인물의 의상을 '봄 계절에 맞추도록' 명확히 지시하고 있었다. 가벼운 옷차림의 장 피에르 레오와 클로드 자드, 다른 배우들은 얼어붙은 반면, 기술 스태프는 개버딘 코트와 외투로 몸을 포근하게 감싸고 있었다. 알멘드로스는 이렇게 말했다. "이 영화는 코미디인데 촬영이 매우 즐겁지 않았겠냐고 어느 여기자가 내게 물어보았다. 전혀 그렇지 않았다. 코미디를 겨울에 촬영한다는 것은 유난히 힘든 일이다." 해가 짧았기 때문에 촬영은 신속히 이루어져야 했다. 스태프들은 서둘렀고 배우들은 꽁꽁 얼었으며 알멘드로스는 자동차와 구경꾼으로 혼잡스러운 파리 시내에서 고통스럽게 촬영을 했다. 편안하지 못한 분위기는 트뤼포를 짜증 나게 만들어, 그에게 두 번 다시 파리 시내에서 촬영하지 않겠다는 결심까지 하게 만들었을 정도였다.

다행히 마지막 부분은 1970년 2월 23일부터 3월 18일까지 실내에서 촬영했다. 먼저 크리스틴 다르봉의 부모 집 장면이 〈훔친 키스〉 때와 똑같은 팡탱의 저택에서 촬영되었다. 그리고 '두아넬 부부의 거처' 장면 촬영이 이어졌다. 예산을 절약하기 위해 트뤼포는 이 장면을 로베르-에티엔 가에 카로스 영화사가 입주해 있던 아파트 건물의 위쪽 6층 방에서 촬영했다. 대충 정리된 상태에서 이따금 장 피에르 레오의 응접실로 사용되던 이 공간에, 무대 장치를 담당한 장 망다루는 젊은 부부를 위한 최소한의 가구만을 설치했다. 침대 하나와 장래 태어날 아기를 위한 요람 하나가 전부였다. 알멘드로스와 기술 스태프진은 그 비좁은 공간 안에서 힘든 작업을 감행했다. 한편 트뤼포는 이 촬영 종반부를 끊임없는 짜증 속에서 보냈다.

이 상황은 43일간의 촬영이 마무리된 후에도 계속되었다. 〈부부의 거처〉의 편집과 음악에 트뤼포가 만족하지 못했기 때문이다. 트뤼포의 생각에 편집과 음악 모두가 깊이감도 경쾌함도 속도감도 부족했다. 그는 알멘드로스에게 이렇게 써 보냈다. "음악에 어려움이 많습니다. 〈훔친 키스〉 때보다 아주 좋지 않습니다. 우리는 가장 나쁜 부분을 삭제하고 가장 좋은 부분을 몇 차례 반복 사용하고 있습니다. 그러면 인공적이긴 해도 그럭저럭 웬만한 결과는 낳을 것입니다." 이 영화를 마지막으로 트뤼포는 편집자 아녜스 기유모, 작곡가 앙투안 뒤아멜과의 협력 관계를 그치게 된다. 스태프 및 동료들과 일반적으로 충실한 관계를 유지하는 트뤼포였지만, 판단을 내리는 일에는 가차없었다. 트뤼포의 방식은 간단히 말해, 작업 과정에서는 교체하지 않지만, 그들을 블랙리스트에 올려 기억해 두었다가 두 번 다시 같이 작업하지 않는 것이었다. 이 '더러운 업무'는 절대 자신이 행하지 않았다. 누군가에게 더 이상 스태프의 일원이 아니라는 사실을 알리는 일은, 트뤼포를 곁에서 보호하는 '밀착 근위대' 마르셀 베르베르와 쉬잔 시프만의 몫이었다. 트뤼포는 적재적소에서 행하는 말끔하고 장인다운 "수작업의" 업무를 더욱더 요구하게 된다. 이 규칙에 따르지 않는 것, 예상을 벗어나는 전개를 보이는 모든 것에 대해 트뤼포는 매우 짜증스러워했다. 이런 의미에서 〈부드러운 살결〉이나 〈화씨 451도〉 또는 〈상복 입은 신부〉의 촬영 때만큼 맥 빠지는 작업은 아니었어도, 〈부부의 거처〉는 트뤼포에게 깊은 불만족의 원천이었다. 다음 영화부터 촬영은 달라지게 된다. 이제부터는 파리로부터, 자신의 문제들로부터 멀리 떨어져서, 새로운 인물들과 협력하는 것이다.

어린이라는 명분

1970년 2월 26일 〈야생의 아이〉를 개봉할 무렵 프랑수아 트뤼포는 아직 〈부부의 거처〉를 촬영하고 있었다. 트뤼포는 〈야생의 아이〉가 성공하리라는 기대는 크게 하지 않았다. 지나치게 엄격한 영화일 뿐 아니라 폭넓은 관객을 끌기에는 너무 딱딱한 내용이라고 판단했기 때문이다. 그러나 감독의 명성 때문이었는지, 이

646

야기의 매력 때문이었는지, 혹은 유년기에 대한 흥미로움의 결과였는지, 〈야생의 아이〉는 몇 주 만에 20만 가까운 관객을 동원했다. 한목소리로 찬사를 보낸 평론계가 큰 역할을 한 것은 틀림없었다. 외국에서 공개조차 되기도 전에 이 영화에 관한 글이 150여 편이나 나왔으니, 주목할 만한 것이었다. 1970년 9월 9일 이번에는 〈부부의 거처〉가 〈야생의 아이〉를 상영했던 파리의 영화관들에서 보란 듯이 독점 개봉되었다. 영화는 첫 주에 4만 명을 동원해 좋은 출발을 보였고, 이어서 약간 주춤했지만, 그래도 총 관객 수 22만 명에 달했다. 〈미시시피의 인어〉의 실패에도 불구하고 이 두 편을 합쳐 파리에서만 40만 명 이상의 관객을 동원하면서, 여기에 〈훔친 키스〉의 성공까지 있고 해서 트뤼포는 이제 인기 감독이 되었다. 〈야생의 아이〉에 관해 트뤼포가 받은 다량의 우편물이 그 증거였다. 중고등학교의 교사와 학생들이 주로 편지를 보냈는데, 특히 그들은 영화의 테마에 민감한 층이었으므로 관객의 큰 일부를 형성하고 있었다. 중학교 3학년인 14세 어린 소녀는 "국어 선생님께서 우리에게 가장 존경하는 인물에게 편지를 쓰라고 하셨어요. 그래서 저는 〈야생의 아이〉를 보았기에 곧 감독님 생각을 했습니다. 그와 같은 결과를 얻기 위해 감독님은 얼마나 많은 시간을 작업하셔야 했나요? 저는 종종 여러 질문을 떠올린답니다. 감독님은 왜 이 주제를 영화로 만드셨을까요? 감독님은 영화의 어떤 점에 만족하셨나요? 이 몇 가지 질문에 대해서 감독님이 답변해 주신다면 저는 정말 행복할 거예요." 트뤼포는 정성을 들여 학생들에게 일일이 답장을 써 주었다. 자신의 의도를 설명하고, 사진에 서명해 보내 주고, 자신의 영화와 관련된 사운드트랙 음반이나 책을 보내 주기도 했다.

영화 제작에 전념한 이 기간에 트뤼포는 매체에도 자주 출연해 '교육자로서의 영화감독'의 이미지를 키워 갔다. 몇 개월 만에 텔레비전과 라디오, 유력 일간지들은 그에게 말을 시키고 그 말을 귀담아들어야 할 인물, 즉 '공인'으로 만들었다. 1969년 10월 29일 트뤼포는 피에르 뒤마예가 자신에게 내어 준 제1TV 채널의 〈일요 초대석〉 프로그램에 출연했다. 동료, 영화의 발췌 장면, 참고 자료가 중간에 등장하면서 두서없이 자유롭게 대화를 엮는 프로그램이었다. 특별 시사회에서 〈야생의 아이〉를 보았던 뒤마예는 즉시 토론을 이끌어 갔다. "이 영화를 보고 나면, 글을 읽을 수 있다는 것에 자부심이 듭니다." 〈만인을 위한 독서〉 프로그램의 진행자이기도 한 뒤마예는 토론의 방향을 교육, 유년기, 책 등 트뤼포가 좋아하는 주제로 끌어갔다. 생방송이라서 처음에 다소 긴장했던 트뤼포는 점차 말이 늘어갔다. 이 프로를 위해 제작된 두 편의 탐방물이 중간에 방영되었다. 하나는 잔 모로를 취재한 것이었고, 다른 하나는 뒤마예가 프로쇼 거리에 있는 파리의 자택으로 장 르누아르를 방문해 취재한 것이었다. 스튜디오에 초대된 랑글루아와 로셀리니는 자신들의 후배 트뤼포와 같은 견해를 표명하면서, 그에게 찬사를 아끼지 않았다. "탁월합니다, 진정으로. 당신의 그 일요일 방송에서 논의되었던, 그리고 추측과 이해를 허용해 주었던 모든 것이……." 피에르 망데스 프랑스는 그 무렵 트뤼포에게 이렇게 편지를 써 보냈다.

몇 주 뒤 이번에는 제2채널에서 영화감독들에 관한 프로그램 〈우리 시대의 감독들〉의 두 번째 특집으로 트뤼포의 10년간의 활동을 방영했다. 〈프랑수아 트뤼포의 10년, 10편의 영화〉라는 제목의 이 영상물은 자닌 바쟁과 앙드레 S. 라바르트의 감수 아래 장 피에르 샤르티에가 연출한 것이었다. 오비아의 〈야생의 아이〉 촬영 현장에서 찍은 필름까지 일부 포함한 이 다큐멘터리는 트뤼포에 관한 섬세한 인물상을 독창적으로 그려 내려는 시도의 산물이었다. 비슷한 성격으로 『누벨 옵세르바퇴르』는 1970년 3월 2일 "사람들 속의 트뤼포"라는 제목으로 장문의 인터뷰를 실었다. "이전에 그는 〈400번의 구타〉의 주인공이었다. 오늘날 그는 〈야생의 아이〉의 교사이다. 누벨바그의 야심 찬 젊은이가 38세의 나이에 공인된 감독이 된 것이 아닌가? 그 이상이다. 그는 스스로를 사람들 사이에 끼인 한 명의 인간으로 만든 것이다."

이 대담 속에서 트뤼포는 무엇보다 어린이에 대한 애정을 강조했다. 그 가운데는 논쟁적인 것도 포함되어 있었다. "내 영화들은 프랑스적인 아동 교육 방식에 대한 비판입니다. 나는 긴 여행을 거치면서 조금씩 이것을 알 수 있었습니다. 나는 어린이들의 행복이 부모나 국가의 금전적 상황과 아무 관련도 없는 것을 보고 아주 놀랐습니다. 가난한 국가지만 터키에서는 어린이들을 신성하게 여깁니다. 일본에서는 어머니가 자신의 아들에게 무관심한 것은 상상도 할 수 없습니다. 이곳 프랑스에서는 어린이와 어른 사이의 관계는 여전히 형편없고 비열합니다." 어린이에 대한 이 같은 사고로부터 트뤼포는 하나의 개인 도덕을, 요컨대 '사회 참여적'이지도 '모범적'이지도 않지만, 그 대신 극히 성실하고 인간적인 행동 양식을 제안했다. 급진적 좌익주의가 지식인 사회를 압도하던 이 시기에, 트뤼포는 개인의 결정, 휴머니즘, 책략 감각의 칭찬 등에 기반을 둔 몇몇 원칙의 재확인만으로 충분하다는 입장을 보였다. "인생이라는 것은 정말로 힘든 것이라고 생각한다. 그 때문에 나는 아주 단순하고 거칠며 강한 도덕을 가져야 한다고 생각한다. 입으로는 '예, 그렇습니다, 그렇습니다'라고 말하면서 실제로는 자신이 하고 싶은 것만을 해야 하는 것이다. 바로 이 이유에서 내 영화 속에는 직접적 폭력이란 있을 수 없다. 일찍이 〈400번의 구타〉에서부터 앙투안은 결코 공개적으로 반항하는 어린이가 아니다. 그의 도덕은 이보다 훨씬 더 예민하다. 폭력은 충돌을 의미하는 것이므로, 앙투안은 나처럼 폭력에 반대한다. 폭력을 대신하는 것, 그것이 도피다. 중대한 것으로부터의 도피가 아니라, 그것을 찾아 나서는 도피다. 나는 〈화씨 451도〉에서 이것을 예증했다고 생각한다. 이것이 그 영화의 가장 중요한 점으로, 바로 책략의 찬미인 것이다. '아, 정말로 책을 다 금지했다고? 그래, 괜찮아. 그러면 그 책들을 다 암기해 버리면 되지 뭐!' 이것이 바로 최고의 책략이다."

자신의 신념을 재확인시키기 위해, 프랑수아 트뤼포는 1970년 6월 22일에서 26일까지 5일간 정오부터 오후 1시 반까지 방송되는 RTL 뉴스 프로그램의 진행에 동의했다. 여기서 트뤼포는 매번 공개 논쟁으로 구상한 몇몇 항목들을 빠른 템포로 연결하면서 진행했다. 예를 들면, 군사 문제, 무기 판매, 텔레비전에서의 검열

(영화 〈나치 점령기의 프랑스인들Les Français sous l'Occupation〉의 TV 방영 취소, 혹은 마르셀 오퓔스의 〈슬픔과 동정Le Chagrin et la Pitié〉과 장 오렐의 〈드레퓌스 사건L'Affaire Dreyfus〉이 그때까지 한 차례도 TV에 방영되지 않은 사실) 등의 주제였다. 트뤼포는 프로그램 중간에 샤를 트레네의 노래, 몇몇 영화 음악, 그리고 잔 모로의 최신 음반에서 발췌한 곡을 매일 찬사와 함께 들려주는 등 가벼운 분위기의 시간도 마련했다. 그리고 거리의 소음을 배경으로 방송국 광고 메시지를 아마추어 인물들이나 어린이의 목소리로 낭송하게 하는 등 새로운 방식도 시도했다. 또한 장 세르베가 매일 『보바리 부인Madame Bovary』의 발췌문을 낭독했다.

동시에 이 시리즈 방송 도중 트뤼포는 매우 논쟁적인 어조로 "아니 지라르도에게 보내는 공개 서한"을 발표했다. 여배우인 지라르도는 가브리엘 뤼시에 사건을 영화화하는 앙드레 카야트 감독의 작품•에 출연을 준비 중이었다. 가브리엘 뤼시에는 17세 학생과 사랑에 빠진 사건이 폭로되면서 자살한 엑상프로방스의 여교사였다. 트뤼포는 먼저 카야트를 비난했다. "영화감독 가운데는 이야기를 열심히 찾는 사람도 있고, 그것을 발견해 내는 사람도 있습니다. 앙드레 카야트는 그것을 주워 모으는 사람입니다. 경우에 따라서는 아직 온기가 남아 있는 시체의 주머니까지 뒤집니다. 마치 테나르디에 신부••가 워털루에서 죽어 가는 병사들

• 〈사랑에 죽다Mourir d'aimer〉를 말한다.*
•• 빅토르 위고의 『레미제라블Les Misérables』의 등장인물*

의 손목시계를 수거했던 것처럼 말이죠." 이어서 트뤼포는 카야 트 영화에 출연을 거부하기를 기대하면서 아니 지라르도에게 호 소했다. "가브리엘 뤼시에가 자살한 것은 한계에 이르렀기 때문 이고, 사람들이 자신에게 행하는 것에 구토감을 느꼈기 때문이었 습니다. 자살하면서 그녀는 혐오를 받는 자신의 모습을 반사하는 거울을 향해 돌멩이를 던졌습니다. 아무리 재능을 지니고 있다고 해도, 아무리 수치심을 가지고 해낸다고 해도, 이 부서진 모습을 재건해 낸다는 것은 신성 모독입니다."

당시 프랑스 사회를 뒤흔든 사회적 사건에 대해 그가 취한 이런 입장은 논쟁을 유발했다. 언론이 이것을 크게 보도하면서 트뤼포 는 수백 통의 편지를 받았다. 트뤼포가 논쟁의 한가운데로 들어 간 것은, 공인으로서의 자신의 역할을 행함으로써 몇 가지 신조 를 지키기 위함이었다. 대의를 향한 이 같은 관여 활동은 트뤼포 에게, RTL 방송 프로그램을 마친 뒤 비평가 장 콜레에게 그 스스 로가 사용한 표현을 인용하자면, "양보 없는 인물, 따라서 외롭고 당당한 인물"이라는 인물상을 만들어 주는 데에 기여했다. "나는 마지막 몇 시간 동안 담당자들과 대립한 뒤에 냉랭한 상태로 방 송을 마쳤습니다. 몇몇 르포 프로그램을 '폭탄'으로 판단한 뒤 방 송에 내보내길 거부했기 때문입니다. 다행히도 영화계에서는 나 혼자서 결정하고 내가 원하는 대로 만들 수 있습니다." 논쟁의 중 심에 놓인 기회를 이용해 트뤼포는 프랑스 사회와 정치, 문화의 은폐된 면에 빛을 비추어 냄으로써 당혹감을 불러일으켰다. 고전 적이고 온순하고 소심한 감독으로서의 이미지는 바뀌어, 트뤼포는 이제 감수성이 강하고 성실하며 자기 신념에 양보가 없는 인물로 간주되었다.

제2의 르누아르

해외에서 프랑수아 트뤼포의 이미지는 훨씬 더 명쾌했다. 트뤼포는 상당수의 미국 평론가에게 '새로운 장 르누아르'로 간주되었다. 트뤼포의 유일한 영어 대사 영화 〈화씨 451도〉가 명백히 실패한 이후, 〈훔친 키스〉, 〈야생의 아이〉, 〈부부의 거처〉 등의 '소품' 덕분에 국제적인 지지가 확대되었다는 점에서 이것은 꽤 역설적인 결과였다. 1970년 9월 유나이티드 아티스츠의 뉴욕 홍보 담당자가 그에게 써 보냈듯, 트뤼포는 미국 대도시 관객 속에서 아주 서서히 이른바 '팝콘의 장벽'을 넘어서고 있었다. '팝콘의 장벽'이란 미국에서 일부 전위적 예술가들에 경도하는 엘리트주의 문화, 그리고 학생 및 대학교원을 포함해 교양을 갖춘 폭넓은 관객 사이를 갈라 놓고 있는 현상을 지칭하는 표현이었다.

트뤼포는 갈 수 있는 시점이라면, 즉 촬영이나 제작 준비로 바쁜 시점이 아니라면 각각의 작품을 직접 들고 외국에 다녔다. 이것 역시 해외에서의 성공에 기여했다. 다른 모든 프랑스 감독도 영화의 개봉 시점에서 으레 지방과 외국의 홍보 활동을 하는 것은 마찬가지였지만, 모두가 트뤼포의 경우처럼 철저하고 엄밀히 행하는 것은 아니었다. 필립 라브로가 밝힌 바에 따르면, "트뤼포가 내게 깊은 인상을 심은 것은, 상대방이 지방지의 무명 통신원이든, 미국의 유력 주간지 기자든, 혹은 파리의 유력 일간지 평론가이든, 동일하게 명료한 화술로 대했다는 점이다. 그는 상대방에게 자신이 트뤼포의 최고의 친구라는 인상을 갖도록 했다." 실제로 트뤼포는 일부 평론가나 기자에게 함께 나눈 대화를 비롯한 사소한 일을 환기하면서, 그들의 글에 친밀한 감사의 편지를 보내는 방식에 집중했다.

클로드 샤브롤은 샹젤리제 위쪽 퓌블리시 영화관에서 열린 〈쥘 앤 짐〉 시사회 현장을 이렇게 회상했다. "상영이 끝난 뒤 관객들의 얼굴을 보면서 내 등에 식은땀이 흐르는 것이 느껴졌다. '프랑수아는 또 실패하겠구나!' 하는 생각이 든 것이다. 이 영화를 탁월하게 평가한 평론가들을 제외하고는, 거의 모든 사람이 뾰로통한 표정을 짓고 있었기 때문이다. 바로 이 순간부터 프랑수아는 기막힌 유혹의 시도를 펼쳤다. 전문가들에 대해서는 엄격한 태도나 회의감으로 가득 찬 표정을 지으면서, 솜씨 좋게 그들 모두를 자신의 손 안에 넣어 버렸다. 프랑수아는 자신을 무척 좋아하던 40세 정도의 여성 평론가들을 대상으로 놀랄 만한 비결을 터득해 냈다. 마치 엄마 앞에서 재롱 피는 아기처럼 행동했는데, 그에게 '모성애'를 품고 있던 이들에게 이 방식은 한층 더 효과적이었다. 이때부터 그는 평론계에도 꽤 수월한 행로를 밟아 갔다. 그에게는 뜻밖의 난관이라고는 거의 없었다. 이후 프랑수아의 이른바 '성공작'과 '실패작'을 보아도 그사이에는 거의 차이가 없다. 그는 끔찍한 실패작을 만들지도 않았으며, 어마어마한 성공작도 만들지 않았다. 실패작으로 간주되는 영화조차도 고결함과 품격을 갖추고 있다. 요컨대 그는 자신의 손을 더럽히지 않았던 것이다. 그러나 이와 같은 일종의 '아우라'를 지켜 나가는 것이 더 편리하다. 프랑수아는 그것을 유지하는 법을 아주 잘 알았으며, 그래서 아주 분명하게 그것을 드러냈다."

그러나 트뤼포의 에너지의 핵심은 지난 10년 동안 공고히 유지해온 해외 통신원 인맥을 관리해가는 놀라운 능력에 있었다. 트뤼포는 각각의 인물과 꾸준히 서신을 교환했다. 일본의 야마다 고이치와의 서신 교환은 그 좋은 사례였다. 이것은 다른 어느 감독도 소유하지 못한 그만의 자산이었다. 알랭 바니에는 트뤼포와 다른 프랑스 감독과의 차이점을 다음처럼 분명하게 지적한다. "프랑수아는 시간을 들일 줄을 알았다. 다른 감독이라면 미국에 이틀 정도 체류하면 될 일을 그는 일주일을 머무르곤 했다. 그는 미국 기자들과의 인터뷰를 대략 하루 세 차례까지만 수용하는 편이어서, 그들 각자에게 충분한 시간을 주었다. 그들은 트뤼포의 친절에 놀라움을 감추지 못했다."

1970년 〈야생의 아이〉와 〈부부의 거처〉의 홍보 여행이 바르셀로나, 스톡홀름, 런던, 로잔, 제네바, 취리히, 빈, 밀라노, 테헤란까지 연속으로 이어졌다. 마지막 여행지인 제6회 테헤란영화제에서 〈야생의 아이〉는 심사위원 특별상을 수상했다. 이 여정을 보면, 당시 유럽에서 트뤼포 영화의 넓은 관객 분포도를 짐작할 수 있다. 또한 여기에 일본과 이스라엘이 추가되어야 할 것이다. 그러나 파리에 이어 트뤼포의 국제적 평판의 시금석이 된 것은 뉴욕이었다. 그리고 1970년대 초 트뤼포의 명성은 의심의 여지 없는 상승세를 보이고 있었다. 8만 달러에 이른 〈훔친 키스〉의 총수입액은 작가 영화로서는 결코 작은 규모가 아니었다. 여기에 1971년 1월에는 〈부부의 거처〉도 성공을 거두었다. 개봉 4일 만에 '예술영화, 실험영화 전용 소극장'인 파인 아츠 극장은 개관 이래 최고액인 2만 1,657달러의 입장 수입을 올렸다. 그러나 『뉴욕 타임스』의 빈센트 캔비, 『뉴요커』의 폴린 케일, 『빌리지 보이스』의 앤드루 새리스의 영향력을 염두에 둔다면, 〈부부의 거처〉는 무엇보다도 비평적 승리였다. "방금 본 이 영화는 1971년 내내 우리가 볼 모든 영화 가운데 가장 성공적이고 가장 지성적이며 동시에 가장 유쾌한 영화 가운데 한 편일 것이다." 이 같은 빈센트 캔비의 지적에 『뉴욕 데일리 뉴스』의 캐슬린 캐럴이 응수했다. "이 영화에는 독특한 매력이 있다. 그것은 단순히 보고 나서 미소를 짓게 만든다는 점에 있다. 트뤼포의 시선을 통해 보이는 사람들은 누구라도, 우리의 기대를 큰 폭으로 넘는 열의로 넘치고 있다. 〈부부의 거처〉 같은 영화는 인간미와 경쾌함으로 넘쳐 나며, 우리는 단지 그 온기 안에서 몸을 녹이면 족할 것이다."

사회 문제에 관련된 내용 때문에, 〈야생의 아이〉는 뉴욕과 미국의 대학 도시를 중심으로 한층 더 눈부신 성공을 거두었다. 1970년 9월 이 영화는 영화 전문지의 비평 칼럼뿐 아니라 일반 잡지의 칼럼, 미국 유력 일간지의 사회학적 조사, 사회 토론으로까지 발전했다. 대학들은 교육학 강의, 문제아와 관련된 수많은 강의에서 〈야생의 아이〉를 상영했다. 이 영화는 제8회 뉴욕영화제를 통해 링컨센터 대형 홀에서 특별 시사되었다. 트뤼포가 파리에서 특별히 찾아와 뉴욕영화제에서 자신의 작품을 소개한 것은 이번이 처음이었다.『사이트 앤드 사운드』지의 평론가이자 런던영화제 위원장 출신의 리처드 라우드를 위원장으로 하는 영화제 작품 선정위원회는 두 해 전 〈훔친 키스〉를 채택하지 않았었다. 이 영화가 뉴욕의 평론가와 대중에게 지나치게 가볍다고 판단했기 때문이다. 기분이 상한 트뤼포는 라우드를 거침없이 '속물'로 취급했다. "만일 당신이 〈훔친 키스〉에 대해 (또는 나의 다른 어떤 작품에 대해서라도) 혹평을 했더라면, 나는 당신에게 이 편지를 보내지 않았을 것입니다. 평론은 편안한 상태에서 이루어져야 한다고 생각하기 때문입니다. 그러나 이것은 다른 문제입니다. 이것은 작은 배신 행위이며, 이해할 수 없고 양심적이지 못한 거절 행위입니다. 심각하진 않아도 당신다운 행위입니다. '속물적'이라는 단어가 '기품 없다'를 뜻한다는 사실을 아십니까?"

〈야생의 아이〉 덕분에 두 사람은 화해를 했다. 리처드 라우드는 진정 기쁜 마음으로 이 영화를 뉴욕영화제 개막작으로 선정했다. 1970년 9월 10일, 프랑수아 트뤼포와 카트린 드뇌브 그리고 이 영화가 헌정된 장 피에르 레오가 개막식에 참석한 상태에서 〈야생의 아이〉가 상영되었다. 뉴욕시장이 직접 참석해 경의를 표한 이 자리에서 트뤼포는 재론의 여지 없는 영화제의 스타였다. 수많은 매체가 이를 보도했고, 그중 하나는 이렇게 썼다. "개막일 저녁 프랑스 감독 프랑수아 트뤼포의 영화 〈야생의 아이〉를 향한 열렬한 갈채가 홀을 채웠다. 카트린 드뇌브와 이 영화가 헌정된 장 피에르 레오 등 두 스타와 함께 필하모닉 홀의 귀빈석 복스 안에서 머

뭇거리듯 선 작은 체구의 그의 모습이, 극장을 신비로움으로 채
우며 움직이는 풋라이트 안에 잠시 잡혔고, 그 뒤에 라이트가 꺼
졌다."

뉴욕 이스트 58번 가에 있는 파인 아츠 극장에서 영화가 개봉
된 9월 27일, 트뤼포의 특집 기사가 『뉴욕 타임스』의 두 쪽 전체
를 채웠다. 기사는 〈야생의 아이〉에서 보여 준 그의 배우로서의
연기에 관해 길게 썼고, 한 인간으로서의 트뤼포의 인생, 사회 참
여, 미국 감독들(아서 펜, 마이크 니콜스, 스탠리 큐브릭)과의 관계 등
을 깊은 찬사와 함께 개괄적으로 설명했다. 그뿐 아니라 파리에
서는 거론이 금기시되어 있던 카트린 드뇌브와의 관계도 보도되
어, 5번 가에 있는 셰리 네덜란드 호텔에 숙박 중인 트뤼포의 뉴
욕에서의 자신감과 편안함을 돋보이게 했다. 한편 영화는 상당한
상업적 성공을 거두어, 미국 전역의 도시를 통틀어 21만 달러 가
까운 입장 수입을 올렸고, 비평가협회, 작가협회, 성직자협회 등
으로부터 수많은 상을 받았다. 거의 비슷한 시기 미국에서 트뤼
포의 책 세 권이 선보여, 미국의 시네필 대중에게 그를 알리는 데
더욱 기여했다. 1969년 5월 그로브 출판사에서 『400번의 구타』
번역본이 출간되었으며, 몇 개월 뒤에는 사이먼 앤드 슈스터 출
판사에서 『앙투안 두아넬의 모험』이, 이어서 그로브 출판사에서
『야생의 아이』의 시나리오가 각각 출간되었다.

미국으로부터 카로스 영화사로 날아드는 수많은 편지는, 트뤼
포가 대서양 저편에서 획득한 명성의 증거물이었다. 베리만이나
펠리니와 함께 트뤼포는 미국의 대학과 지식인 사회에서 가장 선

호하는 유럽 감독의 한 명이 되었다. 스탠리 큐브릭 등의 감독, 로버트 벤튼과 데이비드 뉴먼 등의 각본가, 진 와일더 등의 배우, 대니얼 셀즈닉 등의 제작자, 마이클 코르다 등의 출판인이 트뤼포에게 찬사와 우정을 경쟁하듯 표명했다. 또한 레이 브래드버리와 앨프레드 히치콕도 〈야생의 아이〉를 보고 난 뒤 그 대열에 동참했다. "프랑수아, 나의 세 단편 소설을 묶어 언제쯤 영화를 만들 수 있을까요? 전에 그 이야기를 나누었는데, 조만간 다시 대화했으면 합니다." 레이 브래드버리는 그렇게 편지를 써 보냈고, 〈현기증〉의 감독은 프랑스어로 더듬더듬 쓴 문장이 포함된 화려한 찬사의 메시지를 트뤼포에게 보냈다. "나는 야생 소년을 보았고 훌륭하다고 생각하네. 의사를 연기한 배우의 사인을 자네가 받아서 보내 주었으면 하네. 연기가 정말 멋졌다네. 그 사인은 알마 히치콕●에게 선사하는 것으로 해 주었으면 하네. 이 영화는 그녀의 눈을 눈물에 잠기도록 했다네."

사르트르라는 명분

이제 공인 명사가 된 프랑수아 트뤼포는 프랑스의 정치 상황에 영향을 미칠 큰 문제에 발언 요청을 자주 받았다. 그러나 그 자신은 여전히 모든 앙가주망에는 조심스러운 태도를 보였다. 정치에 관심이 많고 신문을 열심히 읽는 독자이긴 했어도, 열렬한 개인

● 앨프레드 히치콕의 부인●

주의자인 트뤼포는 여전히 유권자 명부에 등록할 의욕만큼은 느끼지 않았다. 같은 논리에서 그는 1967년에 문화부 장관 앙드레 말로가 레지옹 도뇌르 훈장을 수여하고자 했을 때 이를 거절했다. "저는 제 영화에 대한 것이라면 어떤 상이라도 흔쾌히 받지만, 국민으로서의 역할에 관한 것이라면 사정이 다릅니다. 선거인 카드조차 가지고 있지 않은 저는 그 임무를 어떻게 채워야 할지도 전혀 모르면서 살아 왔습니다. 따라서 장관께서는 시민의식이라고는 전혀 없는 상태에서 국민적 영예가 수여된다는 것은 저에게 파렴치한 행위가 되리라는 사실을 이해해 주십시오." 트뤼포가 모든 정치적 참여로부터 거리를 둔 것은 모든 전투적 연설이 전제하고 있는 현실의 단순화, 선악 이원론의 측면에서였다. 트뤼포에게 "인생이란 나치즘도 공산주의도 드골주의도 아니며, 그것은 무정부주의적인 것"이기 때문이었다.

1970년대 초의 프랑스를 특징지은 정치적·이념적 흥분 상태 속에서, 예상대로 그의 몇몇 동료는 트뤼포를 좌파 행동주의에 가담하도록 계속 유도했다. 그 무렵 파리에 정착해 계속 정치에 열중하던 헬렌 스코트가 대표적이었다. 또한 좌파 활동가이자 여성 운동가였던 마리 프랑스 피지에도 있었다. 트뤼포는 그녀와 우호 관계를 지키면서도 종종 언쟁과 화해로 이어지는 맹렬함을 유지했다. 트뤼포로서는 1960년대 초 〈앙투안과 콜레트〉의 여배우로 자신이 데뷔시켰던 그녀에게 어쩔 수 없이 감탄과 짜증이 혼합된 감정을 지녔다. 트뤼포는 전면에서 한걸음 물러나, 자신의 것도 아니며 개인에게 많은 몫을 주지도 않는 이념에 집착하지 않기를 희망했다. "프랑수아는 늘 정치에 무관심한 척했다. 이따금 내게, 1968년 5월 이후 프랑스가 잘되어 가기 때문에 계속 체제에 항의하는 것은 무익하다고 말했을 정도였다. 실제로는 프랑수아는 사람들이 정치적 역할 안에서, 혹은 거창한 도덕적 양심의 역할 안에서 경직되어 버리는 모습을 보는 것을 몹시 싫어했다." 마리 프랑스 피지에는 그렇게 밝힌다.

트뤼포 자신도 말했듯이, 그는 사회에 '애착'을 지녀 본 적이 없을뿐더러, 자신이 신뢰하지도 않을 또 하나의 사회를 건설하려는 소망은 더더욱 없었다. "나의 오해라면 좋겠지만, 나는 다른 사람들이 '다른 종류의 사회가 세워질 것이다'라고 말할 때, 그것을 믿을 수 없다. '미래 사회에서 공장은 노동자의 소유가 될 것이다'라는 말을 들을 때, 나는 그 말을 믿지 않는다. 공장들이 아마도 국가에 귀속되고 공무원에 의해 관리될지언정, 결코 노동자의 소유는 되지 않을 것이다. 내게는 그런 주장에 엄청난 기만이 있다는 느낌이 든다." 1970년 12월 노엘 심솔로에게 이런 이야기를 하면서, 트뤼포는 예리함뿐만 아니라 상당한 용기까지도 보여 주었다. 당시에 세력을 얻고 있던 급진적 좌익사상, 혹은 비현실적 정치사상에 역행한 것이기 때문이다. 그리고 그의 언급은 냉소적인 것도 아니었다. 단순히 막연하면서도 (외견상) 고결성을 띤 거대 개념에 대한 본능적 불신이 있을 뿐이었다. 이 불신감은 트뤼포의 유년기와 성장기에까지 거슬러 올라가는 것이었다.

트뤼포에게 예술가란 ─ 그는 이 예술가라는 용어를 아주 드물게만 사용했고, 특히 자신에게는 전혀 사용하지 않았다 ─ 무엇보다도, 자기 고유의 신조, 즉 '예술의 자유'라는 신조를 수호해야만 한다. 트뤼포는 이런 입장을 1967년 『카이에 뒤 시네마』와의 대담에서 장시간 이야기했다. "나는 혼란한 시기에 예술가가 동요감을 느끼거나 눈앞에 놓인 특정한 이상을 위해 예술을 포기하고자 하는 유혹을 느낀다는 사실을 잘 안다. 자신의 하찮은 역할과 중대한 역사적 사건 사이의 불균형이 예술가를 사로잡으며, 이때 그는 철학자가 되고 싶어 한다. 그런 생각이 머리를 꿰뚫고 갈 때마다 나는 앙리 마티스를 생각한다. 그는 세 차례의 전쟁을 겪었지만, 한 번도 참전하지 않았다. 1870년의 전쟁* 때는 너무 어렸고, 1914년**에는 너무 나이를 먹었으며, 1940년***에는 이미 원로의 위치에 있었다. 인도차이나 전쟁과 알제리 전쟁 사이의 기간인 1954년에 사망하면서 그는 자신의 전 생애를 통한 작품군을 마무리했다. '물고기', '여인들', '꽃', '창을 통해 보이는 풍경들'을 말이다. 마티스의 인생에서 보자면 전쟁이란 하찮은 사건이었으며, 그가 남긴 무수히 많은 유화가 중대한 사건이었다. 예술을 위한 예술일 뿐이라고? 아니다. 그것은 아름다움을 위한 예술이며, 타인을 위한 예술이다. 마티스는 먼저 자신에게 전력을 다했고, 이어서 타인들에게 전력을 다했다."

이처럼 트뤼포는 "모든 좌파 이데올로기의 압제적 행위"를 철저하게 거부했다. 그는 『텔레라마』에서 의뢰한 '예술가와 정치'

• 프러시아-프랑스 전쟁*
•• 제1차 세계 대전*
•:• 제2차 세계 대전*

662

라는 주제의 질문서에도 답하지 않기로 결정하고, 자신의 결정의 타당성을 빈정대듯 설명한 편지를 클로드 마리 트레무아에게 보냈다. 트뤼포는 또한 탄원서에 서명도 하지 않았다. 여성 동료인 프랑세스카 솔빌이 레지스 드브레 지지 성명서를 그에게 보냈을 때, 트뤼포가 보인 반응은 매우 의미 깊은 것이었다. 1969년 11월, 체 게바라를 지지하던 프랑스의 젊은 지식인 레지스 드브레가 두 해 동안 볼리비아의 군 병영에 억류되어 처형 위기에 놓여 있었다. 수많은 파리의 지식인은 볼리비아 대통령을 대상으로 선처를 요구하며 일어섰다. 트뤼포는 자크 모노, 프랑수아 자코브, 로랑 슈바르츠, 장 폴 사르트르의 이름이 이미 올라 있는 명단에 서명을 거절했다. 이유를 밝히지는 않았어도 이것은 그에게 당연한 것이었다. 왜냐하면 그에게는 세계 혁명이라는 국제적 명분에 곧바로 찬성할 낭만적 감성이 없었기 때문이다.

베트남전처럼 훨씬 더 결정적인 문제에 대해서도 트뤼포는 역시 회의적 태도를 보였으며, 미국의 제국주의적 간섭에 대한 대항 운동에 가담하는 것도 거절했다. 헬렌 스코트는 이에 절망했으며, 특히 트뤼포가 자신에게 미국인의 베트남 주둔 이유를 이해할 수 있다고 고백했을 때 더욱 그러했다. "내 생각에 명분 있는 철수를 모색하는 존슨은 '우리는 최후의 한 사람까지 투쟁할 것이다'라고 선언한 호치민 이상으로 이 전쟁에 책임이 있다고 볼 수는 없습니다. 이번에는 베트남인이 압제자가 될지 누가 알겠습니까?" 이 시기에 많은 동료를 몰아간 혁명적 열광에 트뤼포는 아무 관심이 없었다. 오히려 그는 1970년 1월 12일 쿠바 국경일에 파리의 포슈 거리 대사관에서 열린 기념행사 초대장에 "불참합니다. 쿠바는 안 됩니다!!!"라고 단호하게 써 넣었을 정도였다. 그것은 네스토르 알멘드로스의 영향임에 틀림없었다. 바르셀로나 태생의 이 촬영 감독은 아바나에서 오래 살았고, 따라서 알멘드로스와 굳게 결속하고 있던 트뤼포는 카스트로 정권 아래에서 개인 자유의 억압 상황을 알고 있었다.

트뤼포는 영화계를 동요시키는 사상적 토론도 경계했다. 예컨대 트뤼포는 1968년 9월 '영화와 정치'를 주제로 한 모임에 참가를 부탁한 베네치아 모스트라영화제 위원장에게 이렇게 답장을 보냈다. "선생님께서도 아시듯이 저는 '비판적' 영화에는 전혀 친숙하지 않으므로, 그와 같은 토의에 제가 이바지할 바는 너무도 작을 것입니다." 또한 트뤼포는 1968년 5월의 여세를 몰아 설립한, 자크 도니올-발크로즈, 피에르 카스트, 클로드 를루슈, 루이 말, 에두아르 몰리나로, 클로드 소테 등 몇몇 동료가 이사회를 구성하고 있는 영화감독협회에도 불신을 표명했다. 트뤼포는 검열에 관련된 설문 조사에 응하기는 했어도, 관련 기자 회견과는 거리를 두었으며, 검열 반대 투쟁의 대중적 홍보를 위해 영화감독협회가 제작하는 편집물에, 검열 조치를 받았던 자신의 작품(〈피아니스트를 쏴라〉와 〈쥘 앤 짐〉)의 발췌 장면 사용도 허락하지 않았다. 그는 도니올-발크로즈에게 보낸 편지에 이렇게 썼다. "나는 동료들과 함께 검열 반대 성명서에 서명할 수가 없다네. 왜냐하면 술책을 써서 검열을 극복해 가는 방법은 50가지가 있다고 생각하기 때문일세. 나는 원칙을 위한 투쟁은 하지 않을 것이며, 구체적 해결 방안을 위해서만 투쟁할 것이네." 트뤼포는 거대한 이론적 사상, 지나치게 일반적인 사안을 위한 결집은 거부했다. 그래서 그는 도니올-발크로즈에게 이와 관련한 자신의 발상을 제안한다. "나는 영화감독과 기자와 저명 인사로 구성되는 반검열위원회의 창설을 제안하네. 이 위원회의 구성원은 검열위원회의 모든 결정권 남용을 최대한 공론화하는 데 참여하게 되네. 그러니까 삭제 장면의 대사를 주간지를 통해 발표하고, 잡지를 통해 그 장면의 사진을 공표하고, 나아가 이 자료들을 외국의 인쇄 매체, 라디오, 텔레비전을 통해 확산시키는 것이라네. 이 일들을 열심히 행한다면, 결국 검열위원회 위원들의 머릿속에 다음 표현의 의미를 생각하도록 해 줄 테니까. '헛된 일에 사서 고생만 했다'라는 문장 말일세."

'68 이후'의 거대한 사상적 비등의 시기에, 트뤼포는 한발 물러서서 방관자로 남고자 했다. 그러나 오히려 기본적인 면에서 개혁가였던 트뤼포는, "진정한 개혁은 '혁명적 행위' 덕분에 두 해 전부터 획득되었다, 아니 차라리 탈취되었다"라는 사실은 인정했다. "퐁피두는 우리에게 '더 많은 햇볕'을 받는 스웨덴을 약속하고 있지만, 현재로서 그가 우리에게 주는 것은 더 많은 학대 아동, 감옥 내의 자살자, 실업자, 빈곤층 노인, 검열 등등을 지닌 스웨덴이다." 트뤼포는 1958년부터 1974년 사이 권좌에 있던 두 보수파 대통령, 드골 장군과 그의 후임자 조르주 퐁피두를 좋아하지 않았지만, 그렇다고 해서 좌파나 극좌파에 공감하지도 않았다.

트뤼포가 존경하는 유일한 정치가는 피에르 망데스 프랑스였다. 제4공화국 총리를 지낸 그는 드골 장군의 정적으로, 청렴하고 엄격하며 유능한 좌파 인물이었다. 트뤼포가 스스로를 망데스주의자로 느낀 것은, 1970년 3월 『누벨 옵세르바퇴르』와의 대담에서 피에르 베니슈에게 밝혔듯이, 망데스를 "문제가 무엇인지 가장 잘 아는 인물이며, 해로운 속셈을 감추고 선동하는 일이 가장 드물고, 확고한 사고를 지닐 수 있는 유형"으로 생각하기 때문이었다. "그가 오늘날 프랑스를 지도하지 못하는 것은 아마도 정치에 원인이 있기 때문일 것이다." 트뤼포의 개량주의는 청렴결백하고 숙련된 정치가에 대한 신뢰 위에 성립된, 매우 논리적 사고에 기반을 두고 있었다. 트뤼포가 장 자크 세르방 슈레베르를 지원하면서 행한 비공식적 앙가주망도 같은 의미를 지니고 있었다. 슈레베르는 『렉스프레스』 사장 출신으로 1970년대 초 급진적 중도파 운동에 재차 활기를 불어넣으려고 한 인물이다. 예를 들면 트뤼포는 1970년 2월, 슈레베르가 자신의 운동을 가급적 명료하게 설명하려는 목적으로 제작한 소형 영화와 관련해 'J. J. S. S'*에게 조언을 해 주었다. 트뤼포는 망데스 프랑스와 세르방 슈레베르 사이를, 요컨대 당시의 프랑스의 정치적 지형에서는 상당히 독특한 노정을 걸어갔다. 그것은 좌파로부터도 거리를 둔 것이었고, 미테랑의 사회당 설립과 성공 가도로 나아가는 좀 더 확실한 노정에서도 거리를 둔, 장래성은 없어도 비교적 독창적인 선택이었다.

• 장 자크 세르방 슈레베르 이름의 두문자*

트뤼포는 군대에는 반대했고 표현의 자유에는 찬성했으며, 중절 합법화 투쟁에서는 여성을 지지하는 입장을 취했다. 이 문제들이나 아동에 관한 문제는 때로는 트뤼포와 밀접하게 관련된 것이었다. 그렇지만 트뤼포가 그 같은 문제에 투쟁할 수 있었던 것은 동일한 하나의 정치적 신조 때문이었다. 당시 이 참여 활동들은 잠정적으로 트뤼포를 극좌 세력권에 접근시켰다. 예를 들면 1969년 5월 22일 트뤼포는 출판물들을 법무부에 사전 제출하라는 조치를 받은 '테랭 바그'• 출판사의 발행인 에릭 로스펠드를 위한 청원서에 서명했다. 또한 1970년 1월에는 『전투 거부Crosse en l'air』 등 극좌 반군국주의 신문을 소지한 혐의로 현장에서 체포된 뒤 병영에 억류된 세 젊은 신병과의 연대를 공개적으로 언명했다. "저는 투옥된 병사들에 대한 연대감을 명확히 표명하기 위해 그들의 석방 호소문에 서명했음을 귀하께 꼭 알려드리고 싶습니다. 저는 군대 영창 안에서는 이상한 일들이 발생한다는 것을 경험으로 알고 있습니다. 재판을 계기로 이와 관련된 의견이 더욱 철저히 알려지기를 희망합니다." 트뤼포는 젊은 병사들의 재판이 거행될 렌의 군사 법정 재판장 앞으로 보낸 공개 서한에 그렇게 썼다.

이러한 트뤼포를 비평가 마르셀 마르탱은 1970년 9월 『프랑스 문예』지를 통해 "일시적 극좌주의자"라고 꼬집었다. "트뤼포는 10년 동안 자신이 무정치적이라는 선언을 거듭해 왔고, 그 결

• '방치된 공지'라는 뜻으로, 무정부주의 서적을 발간하는 소형 출판사*

과 그 무정치주의 자체가 정치적인 것으로 보일 정도지만(그리고 시각장애인에게 정도의 구분이 없는 것처럼, 정치는 어찌 저리 최악인가), 그런 그가 장 폴 사르트르와 함께 『인민의 대의』의 판매를 위해 거리로 나서다니, 새로운 정치의식을 구매한 것인가?" 실제로 1970년 6월 20일 토요일 트뤼포는 사르트르와 시몬 드 보부아르, 마리 프랑스 피지에, 알렉상드르 아스트뤼크, 파트리스 셰로를 비롯한 여러 인사와 함께 『인민의 대의』의 가두 판매에 참가해, 오후 5시 30분 다게르 가에 이어 14구에 있는 제네랄-르클레르 대로를 행진했다. 『인민의 대의』는 1968년 5월 사태로 생겨난 마오쩌둥주의 주요 조직 '프롤레타리아 좌파'의 기관지였는데, 조직이 1970년 봄 내무부에 의해 해체되면서 신문도 판매 금지되었고, 판매자들은 체포되어 국가 공안 재판소로 넘겨졌다. 극좌주의 운동을 지원·보호하기 위해 사르트르는 신문 발행인 자리를 승낙하고, 전투적 연대감을 표명하기 위해 스스로 파리 거리에서 신문을 판매하기로 결정했다. 경찰은 노벨상 수상자를 체포할 만큼 경솔할 것인가?

이 철학자와 가까운 릴리안 시에젤에게 운동 동참을 제의받은 트뤼포는 즉시 판매 금지된 이 신문의 가두 판매에 함께 나서기로 했다. 릴리안 시에젤의 회상에 따르면, "사르트르는 『인민의 대의』 판매를 위해 접촉할 유명 인사 명단을 작성했다. 모임 장소는 라스파유 대로에 있는 우리 집으로 했다. 그 명단에 트뤼포의 이름이 있었으므로, 나는 카로스 영화사에 전화를 걸어 프랑수아에게 모임에 나올 것을 권유했다. 그는 오겠다고 대답하면서 일 때문에 아마도 늦어질 것이라고 덧붙였다. 그날 집회가 끝날 무렵에 사르트르는 내게 트뤼포가 오지 않은 사실을 지적했다. 그 순간에 그가 다급히 도착했다. 사과를 한 뒤 그는 결정 사항에 관해 물었다. '우리는『인민의 대의』판매에 나설 것입니다'라고 사르트르가 말하자, 트뤼포는 '가시죠!'라고 답했다." 마리 프랑스 피지에는 트뤼포가 거리를 행진하면서 머뭇거리듯이『인민의 대의』를 판매하던 모습을 이렇게 회상한다. "그는 신문의 내용에는 관심이 없었지만, 그 신문이 판매 금지되었다는 사실은 절대로 받아들일 수가 없었다. 조금이라도 자유의 증대를 위한 투쟁이라면, 그는 곧 이에 동참해 시위를 벌이면서 그것을 증명해 보이는 일조차 불사했다." 시위는 순조롭게 진행되었다. 트뤼포는 알아보면서도 사르트르는 알지 못했던 경찰관 한 명이 이 철학자를 체포해 죄수 호송차 안에 실으려 했던 일을 제외하고는!

1970년 9월 8일『인민의 대의』활동가들에 대한 재판이 열렸다. 트뤼포는 국가 공안재판소의 재판장 앞에서 자신의 행동의 정당성을 이렇게 설명했다. "저는 지금까지 정치 활동을 해 본 적도 없고, 그 어떤 국가 원수에 대해서도 호의를 가진 적이 없기 때문에, 마오쩌둥주의자도 퐁피두 지지자도 아닙니다. 단지 저는 책과 신문을 좋아하며, 보도의 자유와 사법권의 독립에 매우 큰 애착을 지니고 있을 뿐입니다. 또한 저는 〈화씨 451도〉라는 제목의 영화를 만들었는데, 이 영화는 권력이 책을 전부 불태워 버리는 가상 사회의 묘사를 통해 그 같은 사회를 규탄합니다. 따라서 저는 영화감독으로서의 저의 생각과 프랑스 시민으로서의 저의 사고를 조화시키고자 했던 것입니다."

1971년 7월 트뤼포는 '혁명적 공산주의자연맹'의 기관지인 트
로츠키주의 신문 『루주Rouge』를 지지하는 성명서에 서명했다. 편
집장 샤를 미샬루가 내무부에 대한 명예 훼손 혐의로 고발당한
시점의 일이었다. 성명서 원고는 다음과 같이 명확히 밝히고 있
다. "이 재판을 통해 보도의 자유에 대한 재판이 시작될 것인데,
이것은 허용되어서는 안 된다. 아래 서명자들은 기소된 기사와
관련해 연대감을 표명하며, 언제라도 증인으로서 재판에 참석
할 의향이 있음을 언명하고, 프랑스를 경찰국가가 지배하는 것에
반대하는 의사를 표한다." 트뤼포는 부아세, 모키, 말, 소테, 샤브
롤, 스테판 오드랑과 함께 서명을 했다. 몇 주 뒤 트뤼포는 『혁명
Révolution!』지 옹호 운동에 동참했으며, 이어서 경찰에 체포된 영
화감독 자크 케바디앙을 지지했다. 사실상 트뤼포는 내무부 장관
레몽 마르셀랭의 전략에 큰 충격을 받았다. 마르셀랭은 극좌 단
체들을 제거하기 위해, 전투적 언론 기관지에 일일이 소송을 걸
어 재정적으로 마비시키고자 했다.

비슷한 시기에 트뤼포는 1968년 5월 사태 이후 전투적 극좌 이
데올로기의 선봉대가 된 『카이에 뒤 시네마』의 구제 활동에도 가
담했다. 1964년부터 『카이에 뒤 시네마』의 유력 주주가 된 경영
자 다니엘 필리파키가 『카이에 뒤 시네마』의 이론적·정치적 앙
가주망을 용인하지 않았기 때문이다. 필리파키가 보기에 『카이
에 뒤 시네마』는 매호 구조주의, 정신분석학, 마르크스주의 시각
의 분석에 치우치면서, 영화적 현상은 무시하고 있었다. 1969년

10월 필리파키는 발행 중단을 결정했다. 같은 달 21일 마르뵈프가의 사무실 문이 폐쇄되어, 두 명의 주필 장 루이 코몰리와 장 나르보니는 안에 들어갈 수가 없었다. 필리파키와 공동 출자자들은 전면 '폐쇄'를 결정했고, 그 결과『카이에 뒤 시네마』의 발행은 중단되었다. 유력 주주들은 "강경한 전체주의자들로 구성된 편집진의 수중에서, 객관성은 완전히 배제되고 모호하고 난삽한 간행물이 되어 버린『카이에 뒤 시네마』의 자유화에 특별히 관련된 요구 사항"을 작성했다. 정간 선언과 함께 필리파키는『카이에 뒤 시네마』가 "오로지 제7예술의 옹호와 설명에만 바쳐질 것"을 요구했다.

타협안 모색을 위해『카이에 뒤 시네마』의 변호사인 조르주 키에주망과 소액 주주인 트뤼포, 도니올-발크로즈가 참석하는 회의를 10월 23일에 열기로 결정했다. 필리파키는 현재의 편집진을 사뮈엘 라시즈(『위마니테』)에서 루이 쇼베(『르 피가로』)까지 저명한 평론가 10여 명으로 구성한 집단으로 교체할 것을 요구했다. 요구사항이 거절되자 필리파키는 상당한 액수인 28만 프랑에 지분을 양도하는 조건으로 독립할 것을 편집진에게 권유했다.『카이에 뒤 시네마』를 돕기 위해, 트뤼포와 도니올-발크로즈가 먼저 각각 3만 프랑씩 투자하고, 이어서 니콜 스테판, 장 리부, 피에르 카르댕, 제라르 르보비시, 미셸 피콜리, 클로드 베리, 피에르 브롱베르제, 코스타-가브라스 등의 동료를 돌아가며 만났다. 그러고는 장 나르보니, 장 루이 코몰리, 실비 피에르 등 세 편집인이 대주주가 되었다. 1969년 12월 30일 필리파키, 도니올, 트뤼포 사이에 첫 번째 협정서가 교환되었고, 매입은 완료되었다. 트뤼포는 비록 『카이에 뒤 시네마』가 채택한 노선이 더 이상 자신과 생각을 공유하고 있지 않음에도 불구하고 잡지를 구했던 것이다. 1970년 11월 20일 트뤼포는 실비 피에르에게 자신의 마음을 털어놓았다. "나는 광고, 표지 선택, 정기구독자 수의 신장세, 발행 일자 등의 문제가 점점 더 나쁘게 되어 가는 것이 아닌가 걱정되네. 더 이상 나와는 관계가 없다 하더라도 이 모든 것은 나를 슬프게 한다네. 이 모두가 만일 내가 확대 해석하는 것이며, 실제 현실은 그만큼 어둡지 않다면 정말 좋겠네만……." 편집진과의 대립으로 편집 회의에 참석할 수 없게 된 트뤼포는 지체 없이 자신의 이름을 편집위원 명단에서 삭제할 것을 요구했다. 1970년 10월의 일이었다. 이렇게 해서 트뤼포와 『카이에 뒤 시네마』의 결별이 이루어졌다. 이 결별은 이후 6년 가까이 지속되면서, 트뤼포에게 꽤 씁쓸한 기억을 남기게 된다.

결별이란 필연적인 것이다

2년간 4편의 영화를 만든 프랑수아 트뤼포는 기진맥진한 상태에서 휴식의 필요성을 느꼈다. 그리고 1972년 이전에는 아무런 촬영 계획도 없다고 헬렌 스코트에게 털어놓았다. "그동안 나는 영화에 관한 책을 몇 권 쓸 것이며, 그 작업에 모든 시간을 바칠 것입니다." 트뤼포가 자신이 썼던 평론을 모아 『내 인생의 영화』의 출간 작업에 착수한 것도, 바쟁, 기트리, 오디베르티를 비롯한 스승들에 관한 책에 서문을 쓴 것도 이 시기의 일이었다.

그러나 또한 트뤼포는 카트린 드뇌브와의 사랑을 만끽하고자하는 생각도 있었다. 1970년 봄 드뇌브는 앙주에서 자크 드미의〈당나귀 가죽Peau d'âne〉을 촬영했고, 그 뒤 1년 동안은 트뤼포처럼영화에 관련된 일이 없었다. 그렇지만 두 사람은 1970년 가을 결별의 길로 접어들었다. 그 직전에 카트린 드뇌브는 『라이프』지에이렇게 고백했다. "내 생애에서 내부와 외부 모든 것이 내가 깊이원하는 바와 일치했던 유일한 순간은 임신 기간 중이었다." 아마도 이것이 결별의 이유였을 것이다. 카트린 드뇌브는 또 한 명의아기를 원했지만, 프랑수아 트뤼포는 이에 집착하지 않았다. 『라이프』의 같은 인터뷰에서 카트린 드뇌브는 이렇게도 털어놓았다."여자에게는 세 개의 출구가 있다. 남자, 아기, 일이다. 이 셋 사이의 우선순위도, 바로 위의 순서를 따라야만 할 것이라고 나는 머릿속으로 생각한다. 하지만 나의 실생활 속에서 그것은 완전히 역순이다." 자신이 원하는 아기가 사랑하는 남자보다 실생활에서는더 중요했던 것이다. 그러나 그녀가 사랑하는 남자에게 있어서 아기는 새로운 가족이며, 새로운 가정, 따라서 좀 더 복잡한 문제였다. 트뤼포는 이 문제에 직면할 준비가 되어 있지 않았다.

두 사람은 튀니지 지역으로 마지막 여행을 떠났다. 그들은1970년 11월 30일부터 12월 6일까지 네프타의 사하라 팔라스 호텔에 묵었다. 그곳에서 카트린 드뇌브는 트뤼포에게 헤어질 결심을 알렸다. 12월 22일 파리의 그녀 집에서 가진 마지막 저녁 식사에서 이 결심은 돌이킬 수 없는 것으로 확인되었다. 그러고 나서 카트린은 아들 크리스티앙과 함께 겨울 스포츠를 즐기러 떠났다. 그녀가 돌아오자 프랑수아는 아파트를 떠나 호텔로 들어갔다. 아마도 그것은 전적인 오해에서 비롯되었을 것이다. 트뤼포는 마들렌과 클로드 드 지브레에게 속마음을 털어놓았다. "나는 그녀가 내가 떠나기를 원하는 것으로 생각하고 있었다!" 사실 트뤼포는 자신의 위기 상황이 진정되었다고 생각하던 차였기 때문에, 카트린 드뇌브가 결별을 결정했을 때 허를 찔린 느낌을 받았다. "〈미시시피의 인어〉는 무엇보다도 사랑에 의한 붕괴의 이야기, 열정의 이야기이다. 나는 나의 작품 대부분이, 주인공이 — 그는 언제나 자신의 파트너보다 약하다 — 궁지에 몰리는 이야기의 연속으로 구성되어 있다고 생각한다." 트뤼포는 자신의 영화에 관해 그렇게 이야기했었다. 〈미시시피의 인어〉는 트뤼포에게 시작과 중간과 결말로 구성된 위대한 애정담을 펼칠 수 있게 해주었다. 불행히도 그 결말은 할리우드의 코미디가 아니라 비극에 가까운 것이었다.

이 파국은 트뤼포를 완전한 허탈 상태에 빠뜨렸다. 아마도 드뇌브가 표명한 거절은 자신이 발생시킨 것이었을 것이다. 트뤼포는 절친한 옛 친구 에메 알렉상드르에게 "정신적으로 감정적으로 괴로운 연말"을 이야기했다. 알렉상드르는 1970년 12월 31일 트뤼포에게 보낸 아름다운 편지 속에서 자신의 "다정스럽고 소중한 어린 프랑수아"를 격려했다. "당신의 슬픔에 나 또한 몹시 슬프답니다. 오늘 나는 내 백발이 알고 있는 것을, 그리고 당신의 섬세함이 모르고 지나칠 수 없는 그러한 사실을 당신에게 말해야만 합니다. 이 세상에 우연한 결별이란 존재하지 않는다는 사실을 말입니다. 결별이란 언제나 필연적인 것입니다. 단지 그 순간에 그것을 결코 알지 못할 뿐이며, 절대적인 것을 잃어버렸다고 생각하고는 괴로워하며, 상황을 극복할 수 없음을 스스로 책망할 뿐입니다. 이 고통은 헛되고 부적절한 것이지만, 그렇다고 해서 쓰라림이 덜한 것은 아닙니다. 그 고통이 모든 행동과 모든 생각을 빨아들이기 때문입니다. '모든 기회가, 너무나도 많은 기회가 있었다'라고 당신은 말합니다. 그것은 사실이며, 당신은 그것들에 자격이 있었습니다. 그러나 당신에겐 아직 절대적인 것과 마주할 기회가 남아 있습니다."

이렇게 트뤼포는 자신이 기회를 놓쳐 버렸다는 느낌을 가졌다. 아마도 이때 재차 자신의 인생의 일부를 놓쳐 버린 느낌까지 가졌을 것이다. 또다시 한 명의 여자와 이루어 내는 생활이 트뤼포를 비켜 갔기 때문이다. 트뤼포는 우울증에 빠져들어 완전히 녹초 상태임에도 불구하고 불면증에 시달리면서, 10월 중순 이후 머물고 있던 조르주 5세 호텔의 스위트룸에 온종일 틀어박혀 지냈다. 그곳에 잠시 머무른 뒤, 트뤼포는 카로스 영화사가 있는 로베르-에티엔 가 건물의 6층에 임시로 들어가 생활했다. 고독과 슬픔 속에서 울적한 생각들을 되씹던 트뤼포에게 잔 모로는 의사 르네 엘드와의 상담을 권유했다. 75세의 노인으로, 정신 분석가이자 정신의학 전문가인 엘드는 트뤼포를 깊이 매료시켰다. 트뤼포는 그를 "개성 있고 믿을 수 없을 만큼 생동감 넘치며, 매우 말이 많고 지독히 반미주의적 인물"로 파악했다. 엘드는 진정제와 수면제를 곁들인 항무기력증 요법을 권유하고, 열흘에 걸친 수면 치료법을 따르도록 했다. 꽤 과격하지만 효과적인 이 치료법은 〈미시시피의 인어〉에서 장 폴 벨몽도를 정상 생활로 회복시키기 위해 했던 것과 같은 요법이었다. 1971년 1월 27일 마르셀 베르베르는 트뤼포를 베르사유 근교 르베지네에 있는 빌라-데-파주 진료소로 데려가, 의사 륄리에의 진료를 받게 했다. '환자' 트뤼포는 일주일 동안 정신적 안정을 취하면서 그곳에 머물렀다. 우울증 치료제와 진정제를 복용하면서 트뤼포는 쇠약 상태를 극복하고자 했다. 에메 알렉상드르에게 다소의 씁쓸함을 담아 썼듯이, "알약들이 지닌 색깔들만이 나의 시야에 들어오는" 상태였다. 트뤼포는 "창문을 열어젖히고 온갖 색깔의 색종이를 던지듯 모든 것을 창밖으로 던지고 났을 때"가 되고서야 세속으로 돌아오게 된다.

7
영화 인간,
1971~1979

"전처럼 좀 더 즐거운 모습을 곧 보여 주게 될 것으로 생각하네."
1971년 초 프랑수아 트뤼포는 시나리오 작가인 장 루 다바디에게 그렇게 썼다. 수면 요법을 마친 뒤에도 트뤼포는 몇 개월 동안 의사의 치료를 계속 받았다. 갑작스럽게 우울증이 요동치면서 트뤼포는 울적한 기분에 빠져들었다. 같은 시기에 그는 릴리안 시에젤에게 이렇게 고백했다. "아마도 몇 주일 전보다는 위험이 덜합니다. 그러나 밤마다 꾸는 작은 악몽은 — 물론 그것은 십중팔구는 카트린에 관련된 것이지만 — 내게 블랙홀을 생각나게 합니다. 불행에 빠지면 — '불행'이란 단어는 너무 강한 느낌이지만요 — 사람은 쉽게 앙심을 품고 모든 사물과 사람들을 비방하게 되는 것 같습니다. 나는 절대로 그런 상태가 되고 싶지 않습니다." 그해 봄까지 트뤼포는 진정제를 복용하면서 "겨우 살아 돌아온" 기분으로 완만한 속도의 삶을 살아갔다. 트뤼포는 이 시기 내내 회사 업무에 전념해준 마르셀 베르베르에게 감사를 표했다. "연초에 카로스는 바퀴 한 개로 허공을 헤매는 상황이었습니다. 당신께서 상황의 정상화를 위해 조용하면서도 매우 강력하게 저를 도와주셨습니다. 이제 모든 일이 순조롭게 될 것으로 희망합니다."

마들렌 모르겐슈테른은 이 음울한 기간을 "카트린 드뇌브에게 버림받았다는 슬픔이 표출된 매우 극단적인 시기"로 기억한다. "프랑수아는 자신이 상황을 잘 파악하고 있다고 생각했다. 사태가 점진적으로 호전되어 카트린이 생각을 바꿀 것으로 믿은 것이다. 그러나 그녀가 이별을 고하자 허를 찔린 상황에 놓였다. 그러자 그는 무너져 버렸고, 정말로 나는 프랑수아의 그런 모습은 처음 보았다." 트뤼포는 이제 카트린 드뇌브의 전화 호출을 기다리는 상태로 살았으며, 조금이라도 늦어지면 공포감에 사로잡혀 쉬지 않고 자신의 손목시계를 초조히 지켜보면서 줄담배를 피워 댔다. "이 상태를 끝내기 위해서라면 나는 어떤 일이라도 했을 것이다." 마들렌은 그렇게 덧붙였다.

이 기간 내내 트뤼포는 파리를 기피했다. 파리에 잠시 머물러야 할 경우에는 호텔이나 사무실에 틀어박혀, 1968년 어머니의 사망 시에 찾아낸 어린 시절의 글이나 서류들을 다시 읽는 데에 많은 시간을 보냈다. 그 과정에 생겨난 죄의식은 트뤼포의 우울증을 더욱 깊게 했다. 자신이 결코 이해하지 못했던 어머니에 대한 슬픔이, 2년 반 지난 1971년 겨울 결별로 생긴 우울증과 겹쳐 고독감과 자포자기의 심정을 더욱 깊게 했다. 트뤼포는 친족의 도움으로 고통에서 빠져나오고자 했다. 마들렌은 재혼한 상태에서도(비록 몇 개월밖에 지속되지 못한 재혼 생활이었지만) 가능한 한 자주 그의 곁에 있어 주었고, 니스에 갈 때도 동행해 주었다. 트뤼포는 니스의 네그레스코 호텔에서 몇 주일을 보내면서, 장 루이 리샤르와 함께 새 시나리오(〈아메리카의 밤〉) 작업에 착수했다. 그 후 트뤼포는 라 가르드-프레네에 있는 잔 모로의 집에서 휴식을 취했다.

두 영국 여인과 대륙

생애의 이 암울한 시기 동안, 트뤼포는 한 편의 소설에서 사실상 최후의 구명 수단을 찾아냈다. 앙리 피에르 로셰의 『두 영국 여인과 대륙』이 그것으로, 트뤼포가 이미 몇 해 전에 영화화할 생각으로 읽었던 소설이다. 트뤼포는 작은 문장 하나까지도 모두 외울 정도로 이 책을 읽고 또 읽었다. 그는 1년간의 장기 휴가 계획을 모두 포기하고, 이 소설을 다음 영화로 만들 것을 급히 결정했다. 침체기 동안 트뤼포와 절친하게 지낸 장 클로드 브리알리는 〈두 영국 여인과 대륙〉으로 승부를 거는 트뤼포의 의도를 완벽히 이해하고는 이렇게 편지를 썼다. "자네가 머릿속에서 암운을 쫓아 버리기 위해 갑작스럽게 이 영화에 착수한 지금, 나는 자네 생각을 많이 한다네. 촬영 작업이 주는 행복감이 슬픔을 막아 주기를 바라네." 살기 위해서 영화를 만들며, 병에서 회복되기 위해 촬영을 한다. 영화가 이처럼 생사를 건 기능을 행하는 경우는 극히 드물 것이다.

〈줄 앤 짐〉에서 10년이 지난 지금, 트뤼포는 로셰의 세계와 다시 관계를 시작했다. 그렇지만 작가의 사망 이후에도 트뤼포가 부인 드니즈와 아들 장 클로드와 연락을 계속해 왔기 때문에, 그 세계와의 대화는 실제로 중단된 적은 한 번도 없었다. 예를 들면, 그는 비서들에게 로셰의 수많은 개인 비망록을 타이프로 옮기도록 했다. 어떤 대가를 치르더라도 꼭 출간하겠다는 트뤼포의 완강한 희망이 없었다면 아마도 흩어져 없어졌을 것들이다. 그러나 로베르 라퐁, 플라마리옹, 아셰트, 갈리마르 등의 출판사와의 출간 교섭은 무위로 끝났다. 트뤼포는 이 비망록에서 상당 부분을 발췌해 〈두 영국 여인과 대륙〉의 시나리오 작업에, 그리고 몇 년 뒤에는 〈여자들을 사랑한 남자〉의 시나리오 작업에도 활용했다.

이미 1968년부터 트뤼포는 『두 영국 여인과 대륙』의 영화화 권리 문제를 갈리마르와 교섭해 왔다. 출판사는 15만 프랑을 요구했으나, 과도한 액수라고 간주한 트뤼포는 자신의 영화 〈쥘 앤 짐〉이 로셰의 소설 판매 부수를 늘리는 데 크게 공헌한 사실을 지적했다. 1960년대에 원작 소설은 1만 5천 부나 판매되었고, 이탈리아어, 영어, 독일어, 네덜란드어로 번역되었다. 트뤼포는 또한 클로드 갈리마르가 로셰의 『수첩 Carnets』 출간을 거절한 일도 구실로 삼으면서 협상에 임했다. "나는 내게 과하다고 생각되는 귀하의 『두 영국 여인과 대륙』 영화 권리 요구액과 갈리마르 출판사가 로셰의 사후작에 대해 보이는 무관심을 연관 지으면 안 된다는 것을 압니다. 그럼에도 불구하고 나는 당신의 제안이 귀하의 출판사에 소속된 한 명의 작가를 지원하고 알리는 데 기여한 나의 역할을 모르는 상태에서 행해졌다고 믿습니다." 그러자 갈리마르는 절반으로 낮춘 액수로 『두 영국 여인과 대륙』의 권리 양도에 동의했다.

그때부터 그뤼오는 트뤼포의 주석이 적힌 책 사본을 들고 각색 작업을 시작하면서 로셰의 『수첩』도 읽었다. 시나리오 작업은 까다로웠다. 트뤼포가 엄청난 양의 자료(소설 및 『수첩』)를 가지고, 간결하면서도 시간 순서를 따르는 시나리오를 만들도록 희망했기 때문이다. 1년 가까이 지난 1969년 3월, 그뤼오는 두꺼운 노트 네 권에 쓴 〈두 영국 여인과 대륙〉의 초벌 시나리오를 카로스 영화사에 보냈다. 타자 용지에 옮겨 보니, 95개의 장면으로 구성된 이 시나리오는 전체 552쪽이나 되었다.

이야기는 20세기 초엽을 무대로 해서, 몇 차례의 이별과 여행, 재회와 죽음으로 연결되면서 오랜 기간에 걸쳐 전개되고, 그 가운데서 서로 교차하는 몇몇 인물을 소설적 방식으로 상세히 기술해 간다. 웨일스 사람인 두 젊은 자매 뮤리엘과 앤 브라운은 프랑스 남자 클로드 로크와 사랑에 빠지고, 그를 '대륙'이라는 이름으로 부른다. 젊은 파리인(실제로는 젊은 시절의 앙리 피에르 로셰 자신이다)인 클로드는 문학을 지망하면서 점차 미술 애호가가 된다. 그는 아버지를 여의고 어머니 아래서 성장했다. 클로드는 먼저 파리를 방문한 앤을 알게 되고, 그녀는 은밀히 그를 자신이 열렬히 좋아하는 동생 뮤리엘의 상대로 생각해 놓는다. 이어서 클로드는 웨일스 지방을 방문해 브라운 가족의 집에서 여름을 보낸다. 처음에 뮤리엘을 거의 주목하지 않던 클로드는, 어느 순간 그녀에게 갑작스러운 사랑을 느끼고 결혼까지 원하게 된다. 이 결혼에 반대하는 클로드의 어머니는 두 사람에게 1년 동안 떨어져 지낼 것을 요구한다. 파리로 돌아온 클로드는 다른 여성과의 연애 경험을 가진 후 뮤리엘에게 결별의 편지를 보내고, 그녀는 깊은 상처를 받는다. 앤은 조각 공부를 위해 파리에 거주하게 되고, 클로드의 애인이 된다. 이번에는 뮤리엘이 파리에 도착한다. 언니 앤으로 인해 두 사람의 관계를 알게 된 그녀는 완전히 절망해 즉시 영국으로 돌아간다. 클로드는 우울증에 빠지고, 이어서 자신의 이야기를 『제롬과 쥘리앵 *Jérôme et Julien*』이라는 소설로 발표한 후 우울증에서 벗어난다. 몇 년 뒤 앤이 죽은 후 그는 칼레에서 뮤리엘과 재회하고, 두 사람은 처음으로 육체 관계를 맺는다. 뮤리엘은 그 육체 관계의 전제 조건으로 즉시 영원한 이별을 요구한다.

기획의 규모와 시나리오의 두께에 낙심한 트뤼포는 2년 동안 이것을 서랍 속에 담아 두었다. 1971년 3월이 되어서야 그는 장 그뤼오가 작성했던 거대한 양의 각본을 다시 손에 들었다. 가위와 스카치테이프를 가지고 트뤼포는 시나리오를 2백 쪽으로 줄인 뒤 그뤼오에게 재작업을 요청했다. 〈두 영국 여인과 대륙〉의 작업 재개와 동시에 두 사람은 "똑같이 청교도적이고 소설적이며, 강렬한 열정을 지닌 영국인이었던" 브론테 자매의 전기를 모두 찾아 읽었으며, 동시에 마르셀 프루스트의 젊은 시절 회상록도 읽었다. "〈두 영국 여인과 대륙〉의 남자 주인공은 샬로트 및 에밀리 브론테와 동시에 사랑에 빠진 뒤, 한 명을 선택할 결심을 하지 않은 상황에서 두 명 모두를 10년 이상 사랑하는 젊은 프루스트라 할 수 있다." 앤이 죽기 전에 마지막으로 말하는 "내 입 안에는 흙이 가득하네요"라는 대사는 에밀리 브론테의 임종의 말에서 가져온 것이다. 최종판 시나리오에서 〈두 영국 여인과 대륙〉은 원래의 벨 에포크 시대°의 배경 대부분을 삭제하고, 오로지 클로드, 앤, 뮤리엘을 연결하는 감정에만 초점을 맞추었다. "이것은 육체적 사랑에 관한 영화가 아니라, 사랑에 관한 육체적 영화다. 그것은 하나의 낭만적 이야기인데, 나는 동시에 소설적이기를 원했다. 이 작품에서 내가 원했던 것은 레몬을 짜듯이 사랑을 짜 내는 것이었다고 생각한다."

그러나 이것은 고통스러운 사랑이며, 영화는 바로 이 고통을 보여 주기 때문에 회복기에 있는 감독의 일기처럼 읽힌다. 그것이 이 작품의 사실상의 열쇠다. 요컨대 정열적인 친밀함 속에서 사람과 사람을 결속하는 열병, 육체를 지배하며 그 누구라도 떨쳐 버릴 수 없는 충동인 것이다. 이를테면 뮤리엘의 자위행위라든가, 혹은 서로에게 상처를 주는 열병이나 심적 고통, 처녀성을 상실할 때 뮤리엘의 눈동자가 보여 주는 아픔, 클로드의 다리 골절부터 조로함까지, 삶을 향한 앤의 갈증에서부터 죽음을 부르는 결핵에 이르기까지……. 이 육체적·정신적 고뇌가 이 영화의 질료이다. 그것은 바로 격정적 애정이 부과하는 시련에 종속된 인간들의 고뇌다. 이 고통이 강렬한 빛으로 트뤼포의 편치 않은 상태를 비춘 것이다. 트뤼포 또한 두 명의 자매를 사랑했지만, 그 가운데 한 명은 죽음과 함께 그를 떠났고, 다른 한 명은 살아서 그를 영원히 떠났다.

로셰의 문체는 또한 트뤼포의 영화를 불사르는 내면의 불꽃과도 같았다. 한 권의 책이 이보다 더 강렬하게 그대로의 모습으로

• '좋은 시대', '황금시대'라는 뜻으로, 흔히 프랑스의 1880~1905년을 말한다.*

영화화된 경우는 거의 없을 것이다. 더욱이 메인 타이틀 시퀀스는 트뤼포의 손으로 직접 주석을 가한 로셰의 책 페이지들을 먼저 보여 준다. 삭제한 부분, 망설임의 흔적들, 만년필로 동그라미를 쳐놓은 표현까지 보여 준다. 이 문체는 본편 속에서 마침내 트뤼포 자신의 화면 밖 음성으로 되살아난다. 속도감과 집중력을 지닌 그 음성은 트뤼포가 얼마만큼 인물들의 감정에 일체감을 가지고 있었는가를 말해 준다.

〈야생의 아이〉와 〈부부의 거처〉가 성공한 뒤라서, 트뤼포는 영화의 자금 조달에 아무런 어려움도 없었다. 베르베르와 트뤼포는 독립 제작자 겸 배급자인 에르쿨레 무키엘리와의 협력을 계속했다. 예산은 385만 프랑으로 예상되었지만, 이 영화가 여러 무대 장치를 필요로 하는 시대물이며 촬영 기간이 12주라는 점을 고려하면 빠듯한 액수였다. 컬럼비아 영화사는 미국에서의 배급권 확보를 위해 4만 달러를 출자했다.

1971년 3월부터 4월까지 제작 준비 작업이 신속하고 철저하게 진행됐다. 스태프로는 쉬잔 시프만을 비롯한 카로스 영화사 직원들이 집결했다. 롤랑 테노(제작 진행), 장 피에르 코위 스벨코(미술 조감독), 장 프랑수아 스테브냉은 영화의 대부분이 촬영되도록 설정된 웨일스 지방과 매우 흡사한 풍경의 장소를 노르망디 지방의 코탕탱 반도에서 찾아냈다. 촬영 여건이 수월해질 것이어서 트뤼포는 이 선택에 흡족해했다. 또한 스테브냉은 쥐라 지방의 대단히 아름다운 호수 주변 장소와 아르데슈의 숲속에 고풍스러운 철로가 있는 훌륭한 장소를 찾아냈다.

트뤼포는 우유부단하고 쉽게 상처받는 매력적인 젊은 멋쟁이 클로드 로크 배역을 일말의 주저도 없이 장 피에르 레오에게 맡겼다. 트뤼포는 레오에게서 앙투안 두아넬의 이미지를 없애고자 했다. 트뤼포는 시나리오에 다음과 같이 명확히 적어 레오에게 전해 주었다. "자네는 마치 (〈쥴 앤 짐〉의) 짐의 역할을 연기하는 것과 같다네. 자네에게는 정말로 힘든 역할일 텐데, 유복하고 고귀한 가문에서 태어난 것처럼 연기해야만 하기 때문이네." 두 영국 여자를 연기할 배우를 찾기 위해, 트뤼포는 〈화씨 451도〉와 〈상복 입은 신부〉의 프로듀서였던 런던의 친구 오스카 르웬스타인에게 부탁했다. 퇴원하자마자 트뤼포는 1백여 명의 젊은 여배우를 대상으로 캐스팅 작업을 준비하도록 그에게 의뢰했다. "연령은 18세에서 24세 사이여야 하며, 장 피에르 레오의 상대역으로서 지나치게 크지 않아야 하고, 가능한 한 프랑스어를 잘해야 하네." 3월 중순에 1차 선발을 위해 쉬잔 시프만이 런던으로 건너갔고, 4월 초에는 트뤼포가 직접 가서 오디션을 거쳐 키카 마컴을 앤 역으로, 스테이시 텐디터를 뮤리엘 역으로 최종 선정했다. 각각 갈색 머리와 적갈색 머리를 지닌 두 배우는 서로 모르는 사이였고 닮은 점도 거의 없었지만, 촬영 중에는 완벽히 호흡을 맞추었다. 또한 트뤼포는 런던에 머무는 동안, 그들의 어머니인 브라운 부인 배역으로 영국의 이름 있는 연극배우 실비아 매리어트와도 계약했다.

트뤼포는 필립 레오타르, 이렌 튄크, 마리 망사르를 캐스팅해 배역진을 마무리하고, 평소처럼 몇몇 조역은 동료들에게 맡겼다.

조르주 들르뤼는 로크 부인의 공증인으로 등장하고, 마르셀 베르베르는 화랑 주인으로 모습을 보인다. 트뤼포의 두 딸 로라와 에바 역시 시작 장면에서 단역으로 출연해, 쉬잔 시프만의 두 아들 마티외, 기욤과 함께 그네 옆에서 논다.

퇴원한 지 3개월 만인 1971년 4월 28일, 트뤼포는 코탕탱 반도 오데르빌에 있는 아그-딕 호텔로 제작진과 출연진을 집합시켰다. 이 근처에서 〈두 영국 여인과 대륙〉의 촬영이 시작되었다. 브라운 부인의 '웨일스풍' 저택을 완벽하게 재현할 장소로 앙크틸 가에서 빌린 아름다운 저택은, 트뤼포의 희망에 따라 정원의 나무 몇 그루를 잘라 바다 풍경이 보이도록 한 것을 제외하면, 영화에 온전히 사용되었다. 클로드, 앤, 뮤리엘의 열렬한 사랑이 펼쳐질 절벽 가장자리에 있는 황무지는 특히 완벽해 그대로 사용했다. 이곳은 봄이면 비가 종종 내리는 지방이었다. 비가 올 때면 제작진은 앙크틸 저택 내부에 틀어박혀 여러 실내 장면을 촬영했고, 비가 그치면 절벽으로 가서 야외 장면을 촬영했다. 5월 8일 트뤼포는 이야기의 끝부분에서 클로드와 뮤리엘이 칼레에서 재회하는 중요한 장면을 셰르부르에서 찍었다. 배에서 내리는 뮤리엘을 부두에서 기다리던 클로드가 맞이한다. 두 사람은 몇 년간의 이별 이후에 재회하는 것이며, 최초이자 최후의 사랑의 밤을 함께 맞이할 것이다. 알멘드로스는 후에 이렇게 밝혔다. "해가 떨어지면서 수면 위에 일광이 반사되어, 선체 위에 빛의 파도를 만들고 있었다. 나는 프랑수아에게 '빛의 율동 앞에서 두 사람이 만나도록 한다면 얼마나 아름다울까요!'라고 말했다. 그러자 그가 '어

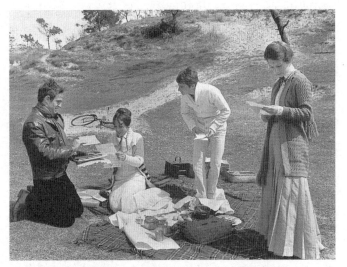

〈두 영국 여인과 대륙〉 촬영장에서 (왼쪽부터) 프랑수아 트뤼포, 키카 마컴, 장 피에르 레오,
스테이시 텐디터(1971)

서 그렇게 합시다'라고 말했다. 촬영하고 난 뒤 편집 과정에서 그는 이 장면의 대사를 모두 삭제하고 들르뤼의 음악만을 얹으면서 내게 말했다. '그와 같은 빛을 지닌 영상이라면, 한 줄의 대사나 마찬가지입니다.' 그것은 마치 격정과 내적 율동이 영상 위에 투사되는 것과도 같았다. 프랑수아는 뛰어난 아이디어와 마주치면 그것을 쾌히 수용했다."

6월 초, 스태프와 캐스트 일부가 벨 에포크 시대의 분위기로 명성 높은 비바레 지방의 라마스트르로 가서 셀라르의 고풍스러운 철도와 역 장면을 촬영했다. 이어서 파리와 그 근교의 촬영, 실내 촬영, 로댕 미술관에서의 촬영이 이어졌다. 로댕 미술관 촬영은 영화의 마지막 장면, 즉 15년 뒤에 조각가 로댕의 작품을 단체 감상하는 영국 중학생 속에서 뮤리엘의 딸을 발견했다고 클로드가 확신하는 장면을 위해서였다. 촬영은 7월에 쥐라 지방의 모트 호수 근처에서 최종 마무리되었다. 제작진은 이곳에서 청색의 물랭데 트뤼트 호텔에 묵었다.

최종적으로 트뤼포는 영화에 매우 만족스러워했고, 자신의 대표작을 연출해 냈다고 생각했다. 게다가 줄곧 현장에서 함께 한 친구들 덕분에 트뤼포는 자신감을 되찾았다. "〈두 영국 여인과 대륙〉을 만드는 일, 즉 영불해협 아래로 최초의 터널을 뚫고자 하는 이 작업에서 나는 혼자가 아니었다." 촬영 작업은 트뤼포에게 있어서 "침울한 생각"을 지워 버리고, 마침내 "수면제 없이" 잠잘 수 있는 가장 효과적 방편으로 되었다. 파리에서 홀로 지낸다는 생각도 이전만큼 두려움을 주지 않았다. 일을 하는 것이 유일한 치유책, 다시 말해 완전한 원동력이며 스스로에게 가장 강렬한 감정 속에서 살도록 해줄 유일한 길임을 알았다. 촬영 중에 트뤼포는 릴리안 드레퓌스에게 이렇게 편지를 썼다. "일을 할 때, 나는 매력적이 됩니다. 그것을 느낄 수가 있습니다. 세상에서 가장 아름다운 이 작업은 동시에 하나의 '러브 스토리'의 출발점에 선 나를 정서적으로 상서로운 상태로 만들어 줍니다. 내 앞에는 보통 어린 소녀, 혹은 여인이 있습니다. 동요와 불안에 싸인 순종적 여성이면서도, 신뢰감 속에서 스스로를 던질 준비가 된 여성입니다. 이어서 발생하는 것도 늘 같은 일입니다. 이따금 그 '러브 스토리'는 촬영과 동시에 이루어지며, 촬영과 함께 끝납니다. 어떤 때는 촬영 후에도 계속됩니다. 한 사람 혹은 쌍방의 의지에 따라서 말이죠." 이렇게 〈두 영국 여인과 대륙〉의 촬영 도중 시작된 키카 마컴과의 관계는 촬영 이후 몇 개월간 계속되었다.

1971년 7월 20일부터 8월 말까지 트뤼포는 앙티브의 카프 대로에 있는 미라솔 빌라를 얻어 몇 주간 휴식을 취했다. 그것은 이를테면 '반나절 휴가'였는데, 니스의 빅토린 스튜디오에서 작업 중인 편집 담당자 얀 드데에게 매일 들러 영화의 편집을 감수했기 때문이다. 트뤼포는 또한 이 휴가를 이용해, 칸의 생-미셸 주택지에서 여름을 보내던 마들렌, 로라, 에바를 정기적으로 만났고, 베르나데트 라퐁, 릴리안 드레퓌스, 쉬잔 시프만, 장 오렐, 장 루 다바디, 장 루이 리샤르, 장 그뤼오 등의 동료를 연이어 초대했다. 다바디, 리샤르, 그뤼오 등 세 사람은 이어지는 영화 세 편, 즉 〈나처럼 예쁜 아가씨 Une Belle fille comme moi〉, 〈아메리카의 밤〉, 〈아델 H

의 이야기L'Histoire d'Adèle H〉에서 트뤼포와 각각 공동 작업을 하게 된다. 트뤼포는 두 딸과 놀아 주면서 안정과 원기를 되찾았다. 딸들의 '즐거움과 건강함'은 그에게 큰 도움이 되었다. "아이들은 더 나이 많은 아이들에게 들었던, 자기들은 잘 이해할 수 없는 기이한 음담을 내게 반복해 들려 주었다. 우리는 모두 크게 웃어 댔다. 아이들은 즐거워했으며, 서로에 대한 질투심도 줄어들었다."

장 오렐, 다바디, 장 루이 리샤르(트뤼포는 그들을 자신의 '특별 고문'이라 불렀다)와 함께 빅토린 스튜디오에서 〈두 영국 여인과 대륙〉을 처음 시사한 뒤, 트뤼포는 자신감을 얻었다. 그러고는 즉시 네스토르 알멘드로스에게 편지를 보냈다. "그들은 뛰어난 촬영 덕분에, 이 작품이 내 영화 가운데 가장 아름다운 작품이 되었다고 생각합니다." 9월 초 트뤼포는 파리로 돌아와 퐁티외 가에서 레오, 들르뤼, 그뤼오, 제라르 르보비시, 세르주 루소, 기술 스태프와 함께 다시 시사회를 가졌다. "모두가 대단히 만족스러워했습니다." 9월 11일 그는 행복감 속에서 알멘드로스에게 확신에 가득 찬 편지를 썼다. 가까운 사람들에게 〈두 영국 여인과 대륙〉은 논쟁의 여지 없이 트뤼포의 가장 감동적인 영화, 조형적으로 가장 성공적인 영화, 가장 소설과도 같은 영화였다. 평론가 루이 마르코렐은 트뤼포에게 이렇게 편지했다. "나는 이 영화를 보면서 당신에게 깊은 친근함을 느꼈습니다. 이 영화는 당신과 진정으로 친밀히 닿아 있는 것처럼 보입니다. 파렴치한 상태로 표현되는 것이 아니라, 당신의 감성과 당신의 열정이 줄곧 거기에 비쳐 보이기 때문입니다." 영화가 개봉되기도 전에, 트뤼포는 비공개 특별 시사회에서 이 영화를 본 동료들로부터 예외 없이 찬사로 가득한 50여 통의 편지를 받았다. 영화감독 폴 베키알리는 그에게 이렇게 썼다. "이 영화는 당신의 가장 아름다운 영화일 뿐 아니라, 시간과 고통을 통해 원숙해진 새로운 작품의 출발이기도 합니다." 장 외스타슈의 찬사는 그 이상이었다. "프랑수아, 그 시기에 내가 열광했음에도 불구하고, 누벨바그는 타인의 자리를 차지하려는 욕망 이외에는 어떤 것도 의미하지 않는다고 나는 생각했습니다. 이제 당신 덕분에, 하나의 작품이 생각의 변화를 완전히 정당화하고 있습니다." 또한 (앙리 피에르 로셰의 부인인) 드니즈 로셰는 "이 영화는 너무도 중요한 것이라서, 관객은 인내와 겸허함으로 그것을 이해해야 할 것입니다. 나는 마치 전편 내내 피에르가 곁에 있는 것처럼 느끼면서 영화를 보았습니다"라고 썼다.

시네마테크에서 뜨거운 반응 속에 시사회를 가진 뒤, 영화는 1971년 11월 24일에 파리의 7개 영화관에서 개봉되었지만, 첫 2주 동안 고작 3만 명이라는 참담한 흥행 성적을 거두었다. 흥미로운 것은 언론이 선명하게 둘로 나뉘었다는 점이었다. 앙리 샤피에(『투쟁』), 클로드 모리악(『르 피가로 문학판』), 이본 바비(『르 몽드』) 등이 지지를 보낸 반면 비방자들도 있었다. 프랑수아 샬레는 영화에서 "과거로의 퇴행"을 보았고, 루이 쇼베는 장 피에르 레오를 "형편없이 우스꽝스럽다"고 평했으며, 알베르 세르보니는 "주제의 하찮음"을 언급했고, 피에르 마르카브뤼는 "무미건조하게 부여된 통일성"으로 결론지었다. 또한 장 루이 보리는 『가면과 펜촉Le Masque et la plume』지를 통해 "첫 장면에서 마지막 영상까지 지루한 영화"라고 썼다. 많은 사람은 이 영화를 냉랭하고 개연성이 없으며, 천박하기까지 하다고 비난했다. "트뤼포는 고집스럽게 신부의 침대 시트를 피로 적시는 악취미로까지 나아간다." 로베르 샤잘은 뮤리엘이 처녀성을 잃는 장면을 그렇게 썼다. 트뤼포는 이 글들을 읽으며 밑줄을 그었고 자신의 의견까지 적어 놓았다. 그는 이 비평문에 깊은 상처를 입었다.

홍행과 비평의 양면에서 실패에 부딪힌 트뤼포는 노골적으로 반응했다. 트뤼포는 파리의 영화관들로부터 영화를 수거한 뒤, 14분을 줄이기로 결정했다. 상영 시간이 1시간 58분이 되면서, 극장에서는 〈두 영국 여인과 대륙〉의 상영을 하루에 1회 추가할 수 있었다. 이를 통해 트뤼포는 손해를 최소화해, 동업자 에르쿨레 무키엘리에게 지나치게 큰 손실을 입지 않게 하려고 애썼다. 무키엘리는 벌써 "영화가 너무 길고, 종종 불필요한 해설이 등장하며, 특히 얼룩진 피"에 관해 불평하고 있었다. 영화를 '커트'한 것을 일각에서 자기 검열로 간주하는 것에 대해, 트뤼포는 다음의 근거를 제시했다. "나는 돈에 대한 경멸감은 가지고 있지 않다. 나는 돈에 열광적으로 집착하지는 않아도, 타인에게 금전적 손해를 끼친다는 생각을 하면 견딜 수가 없다. 내 영화가 흥미롭다고 믿기에 충분할 만큼 내가 일을 사랑하는 건 틀림없지만, 그렇다고 그 사랑이 없어서는 안 된다거나 탓할 곳이 없다고까지 믿는 것은 아니다." 트뤼포는 화면 밖 목소리 해설 부분은 축소했지만, 자신이 지금까지 찍은 가장 도발적인 쇼트인 뮤리엘의 얼룩진 피를 담은 쇼트를 잘라 내는 일은 거부했다. 트뤼포는 "그녀의 황금 위에는 붉은빛이 있었다"는 로셰의 문장에 강하게 집착했다. 트뤼포에게 그 순간은 속박에서 벗어난 열정의 흔적을 의미하는 것이었다. 그리고 자신이 인생의 어려운 순간에 〈두 영국 여인과 대륙〉을 만들기로 결정한 것은, 지나치게 지독한 사랑의 고통을 통과해야만 삶으로의 귀환이 가능하다고 느꼈기 때문이다. 트뤼포는 아마도 치유될 수 있겠지만, 〈두 영국 여인과 대륙〉은 여전히 고통스러운 열병의 지워질 수 없는 흔적을 간직하고 있었다.

해외에서의 반응은 파리보다 좋았다. 트뤼포는 영화를 들고 여러 곳을 방문했다. 그것은 무엇보다 자신을 위협하는 우울증에서 탈피하기 위해서였다. 파리가 아닌 다른 곳에서는, 또다시 자신의 삶을 엄습해 온 연쇄적 곤경에서 멀리 떨어져 좀 더 자신감을 가질 수 있었다. 1971년 12월에 캐나다 텔레비전과 가진 대담에서 그것은 잘 드러난다. 트뤼포는 자신의 유년기, 청년기, 탈영, 직업상의 실패 등 프랑스 기자들 앞에서는 접근을 주저했던 주제를 몇 시간 동안 고백했다. 이것은 12월 13일에서 17일까지 트뤼포가 마들렌과 함께 몬트리올에 머물 때의 일이었다. 트뤼포는 질 드롬이 연출하는 방송 프로그램 〈현대 여성 Femme d'aujourd'hui〉의 일환으로, 알린 데자르댕과 세 시간 길이의 텔레비전 인터뷰를 녹화했다. "그날 했던 이야기는 전에 다른 데서는 전혀 밝히지 않았던 내용이며, 앞으로도 이야기하지 않을 내용입니다." 이어서 트뤼포는 크리스마스와 연말을 아테네에서 가족과 함께, 즉 마들렌과 로라(그녀는 그리스어를 공부하기 시작했기 때문에 매우 기뻐했다), 에바와 같이 보냈다. 1971년 12월 30일 릴리안 시에젤에게 보낸 편지에서 트뤼포는 이 여행에 관해, "우울한 시간에 가정의 평화로움 속에서 맞는 너무도 행복한 순간입니다"라고 썼다.

불량한 여성

"슬픈 영화를 찍은 직후의 나에게는 즐거운 영화를 만들고 싶다는 한 가지 욕망밖에 없었다." 〈두 영국 여인과 대륙〉의 좌절을 즉각 잊어버리기 위해, 트뤼포는 연이어 3개월 만에 새로운 영화를 만들었다. 낭만적 정열을 이해시키는 데 실패한 이 시점에서, 아마도 한 편의 희극이라면 다시 성공을 거두어 힘든 시기에서 빠져나오도록 도와줄 수 있을 것이다. 의도적으로 터무니없이 우스꽝스럽게 그린 〈나처럼 예쁜 아가씨〉는 전적으로 베르나데트 라퐁의 재능에 의존하는 영화다. 누벨바그 초기에 트뤼포와 샤브롤이 영화계에 끌어들인 이 여배우는, 1960년대 중반 "다른 방식의 삶을 위해서" 활동을 일시 중단했다. 조각가 디우르카 메드베스키와 결혼해 세 자녀를 낳은 라퐁은 세벤에 있는 집에서 시간을 보내며 은둔 생활을 했다. 1960년대 말에 영화계로 돌아온 베르나데트 라퐁은 쉴 새 없이 루이 말, 필립 가렐, 장 다니엘 폴레, 나딘 트랭티냥 등의 영화에 출연했다. 그러나 사실상 그녀의 영화 경력을 재출발시킨 것은 1969년 넬리 카플랑이 감독한 〈해적의 약혼녀La Fiancée du pirate〉였다. 이 시기 라퐁 관련 텔레비전 프로그램에 출연한 트뤼포는 그녀를 〈익사에서 구조된 부뒤〉*의 미셸 시몽과 비교했다. 라퐁의 거침없는 표현력, 넘치는 활력, 폭발과

696

감동을 드러내는 존재감 등은 트뤼포를 깊이 매료했다. "자크 오디베르티의 말처럼 베르나데트 라퐁은 마치 자신의 인생을 걸듯 연기한다"고 말한 트뤼포도, "마치 그녀의 인생이 거기에 걸리듯" 영화를 만들었다. 이 공통된 에너지가 두 명 모두 "인생의 곤경을 망각하기 위해 전적으로 영화의 세계에서, 영화에 의지해 살아갈 필요성을 느끼는 순간과 직면한" 감독과 여배우를 매우 친밀하게 만들었다.

1969년 11월 트뤼포는 1년 전에 "세이렌의 노래Le Chant de la sirène"라는 프랑스 제목으로 '세리 누아르' 시리즈로 출간된 미국 작가 헨리 패럴의 소설 『나처럼 멋진 아이Such a Gorgeous Kid like Me』를 읽었다. "어느 날 파리-마드리드 구간 비행기 안에서 이 소설을 펼쳤고, 페이지마다 내가 요란스럽게 웃음을 터뜨리는 것을 본 스튜어디스는 기장에게 승객 한 명이 미쳤으니 아마도 관제탑에 보고해야 할 것이라고 말했다." 이야기는 어느 사회학자(프랑스 번안 판에서의 이름은 스타니슬라스 프레빈)가 여성 범죄자를 조사하면서 시작된다. 조사 도중 그는 카미유 블리스의 사례에 각별한 흥미를 지니게 된다. 그녀는 은어를 마구 내뱉는 극성맞은 죄수로, 자신의 부친과 여러 연인 가운데 한 명을 살해한 혐의로 복역 중이었다. 트뤼포는 카미유라는 등장인물에게 매혹되었는데, 〈미시시피의 인어〉에서 카트린 드뇌브가 맡은 인물이 그랬던 것처럼 그녀가 '불량 여성'이기 때문이다. 자신이 연기할 인물에 관

• 장 르누아르의 영화•

해 베르나데트 라퐁은 "후회 없이 자신의 길을 개척해 가는 자유로운 여성, 아틸라"*와 같다고 말했다. 수줍음을 타는 모순에 가득한 남자 트뤼포는 늘 이와 같은 유형의 여성에게 매료되었다. 이들은 트뤼포에게 어린 시절의 몇몇 여성을 떠올리게 했다.

갈리마르 출판사에 문의한 결과 트뤼포는 컬럼비아 영화사가 소설의 영화화 권리를 소유한 사실을 알고, 1971년 3월 15일 컬럼비아 영화사의 제작자 스탠리 슈나이더와 잭 위너에게 편지를 보내, 컬럼비아를 대리해서 영화를 연출할 것을 자청했다. 컬럼비아는 이 기획이 이미 블레이크 에드워즈에게 넘어간 상태였기 때문에 즉각적인 답변을 피했으나, 8월에 블레이크 에드워즈가 연출을 포기하자 곧 트뤼포에게 맡기기로 했다. 남은 것은 카로스와 컬럼비아 사이의 공동 제작 계약서를 작성하는 일이었다. 컬럼비아는 3백만 프랑가량의 출자를 약속했다.

1971년 여름 앙티브에 머무는 동안 트뤼포는 베르나데트 라퐁을 그곳으로 불러, 장 루 다바디와 함께 작품과 배역에 관해 논의했다. 젊은 각본가인 장 루 다바디는 클로드 소테 감독의 영화 두 편(〈즐거운 나의 인생Les Choses de la vie〉과 〈막스와 고철상Max et les Ferrailleurs〉)과 필립 드 브로카의 코미디 영화 두 편(〈뺑소니La Poudre d'escampette〉와 〈친애하는 루이즈Chère Louise〉)의 각본을 쓰면서 명성을 얻었다. "선생과 함께 일해 보고 싶은 생각이 든 것은 〈친애하는 루이즈〉의 시나리오를 본 뒤였습니다. 씌어 있는 그대로 촬영

• 훈족의 왕. 재위 434~453년*

할 수 있는 프랑스의 각본을 읽은 것은 이것이 처음인 듯 느꼈습니다." 1971년 1월에 트뤼포는 다바디에게 그렇게 편지를 썼다. 역설적 표현이지만, 트뤼포는 "끝없이 수선을 하지 않아도 될, 틈새를 막지 않아도 될, 즉시 이용할 수 있는" 시나리오를 열망했다. "나는 그런 것을 원하고 필요로 합니다." 트뤼포는 다바디에게 그렇게 강조하면서, 자신이 "늘 만나는 단짝들과의 아마추어주의"보다 시나리오 작업에서 일시적으로 "상당히 전문가적인 쾌적함"을 선호한다는 것을 보여 주었다. 다바디와 트뤼포는 쉽게 의기투합했다. 트뤼포는 다바디가 "익살맞고 우호적이며 활력을 주는 새로운 단짝"임을 알았다. 3주 동안 두 사람은 앙티브에서의 작업을 통해 시나리오의 대강을 구상했고, 다바디는 이것으로 이어지는 가을 동안에 각본을 썼다.

〈나처럼 예쁜 아가씨〉는 앞서 거론한 사회학자 스타니슬라스 프레빈의 이야기다. 그는 범죄 여성에 관한 논문을 준비하면서 형무소로 찾아가 활달한 성격의 카미유 블리스를 인터뷰한다. 그녀는 어린 시절 주정뱅이 아버지를 죽음에 이르게 한 뒤, 비행청소년센터에 수용된다. 그녀는 그곳에서 도망친 뒤, 처음으로 만난 남자 클로비스 블리스와 결혼해 버린다. 클로비스의 어머니는 상당한 재산을 감추어 두고 있다. 그 돈을 찾아내려 궁리하다가 실패한 카미유는 카바레에서 일하기를 열망하다가 남편을 속이고 가수인 샘 골든과 바람을 피운다. 분노에 차 날뛰던 클로비스는 자동차에 치여 휠체어 신세가 된다. 이어서 카미유는 쥐를 박멸하는 불가사의한 남자 아르튀르에게 피신해 그의 동정을 빼앗지만, 결국 악덕 변호사 뮈렌의 희생 대상이 되어 위험한 서류에 서명을 하게 된다. 궁지에 몰린 카미유는 클로비스와 뮈렌을 아르튀르의 쥐 박멸 기계를 이용해 제거해 버리려 하지만, 아르튀르는 두 사람의 생명을 구한다. 아르튀르는 카미유와 교회 첨탑 꼭대기에서 동반 자살하려다 자기 혼자서만 뛰어내린다. 카미유는 살인죄로 고발되어 형무소에 들어온다. 스타니슬라스 프레빈은 자신의 '논문 주제'가 되고 있는 그녀와 은밀한 사랑에 빠진다. 그리고 아르튀르가 죽는 순간을 촬영한 어린 영화 애호가를 찾아내는 데 성공하고, 카미유는 무죄임이 증명된다. 석방된 그녀는 유명 가수가 되지만 클로비스가 그녀를 찾아내 협박하자, 그를 살해한 뒤 스타니슬라스에게 살인죄를 덮어씌우는 데 성공한다. 이번에는 사회학자가 형무소에 갇힌다…….

트뤼포는 첫 시나리오에 만족하지 못했다. 트뤼포가 보기에 조사를 행하는 사회학자 스타니슬라스가 범죄 여성 카미유라는 인물에 눌려 역할 비중이 축소되어 있었다. 이 불균형 때문에 카미유 블리스가 사용하는 은어가 스타니슬라스 프레빈의 새로운 과학적 해석을 지나치게 왜소화시키고 있었다. 트뤼포에게 스타니슬라스는 "블리스족이라는 하나의 종족을 연구하는 인류학자"였다. "오디아르(의 좋은 작품)와 장 루슈(의 오락 작품 모두) 가운데 선택하자면, 루슈 쪽으로 합시다. 친애하는 장 루, 나는 베르나데트의 대사에 대해서는 당신의 방식에 아무런 걱정도 하지 않습니다. 모두 잘될 것입니다. 우리는 이야기 속의 '상관관계' 쪽으로 되돌아가면 좋을 것입니다. 그렇게 하면 단순히 한 편의 코미디의 양상을 띠는 대신, 백 퍼센트 냉정한 영화를 찍게 될 것입니다." 다바디는 트뤼포의 지적 사항을 고려하면서 시나리오 작업을 재개했다. 그러나 촬영이 시작될 때도, 트뤼포는 자기 손에 있는 시나리오에 만족하지 못하고 있었다.

1971년에서 1972년에 걸친 한겨울에 트뤼포는 배역 선정 작업을 시작했다. 카미유 블리스의 젊은 주정뱅이 남편 클로비스 역은 필립 레오타르에게 맡겼고, 콜트 살롱의 인기 가수로 다소 거친 매력을 지닌 샘 골든 역은 기 마르샹이 맡았다. 뮈렌이란 점잖은 이름을 가진 악덕 변호사 역은 클로드 브라쇠르에게 부탁했다. 쥐 박멸업자 아르튀르 역은 샤를 데네르가 맡았는데, 그는 "보다 신비롭고, 보다 진중하며, 보다 근엄하다는 점에서" 다른 인물과 구분되었다. 〈야생의 아이〉에서의 배우 경험이 즐거웠을 뿐 아니라 재시도할 자신도 있었던 트뤼포는, 스타니슬라스 프레빈 역할을 자신이 맡는 것을 잠시 고려하기도 했다. 다바디에게 보낸 편지에 따르면, "나의 평정심, 그리고 베르나데트와 나 사이에 형성될 대비성을 확신하기 때문"이었다. 그러나 완성된 시나리오를 본 트뤼포는 코미디를 하기엔 역부족이라고 생각하여 연기를 포기하고, 코미디 부문 1등으로 국립고등연극학교를 졸업한 뒤 코메디-프랑세즈의 새로운 단원이 된 26세의 앙드레 뒤솔리에를 선택했다. 이 작품으로 뒤솔리에는 영화에 처음 출연하게 되었는데, 절제력과 세련된 외모는 그의 역할에 어울리는 상류 집안 출신의 풍모를 지니고 있었다.

다른 여러 감독의 요청을 받고 있던 네스토르 알멘드로스는 트뤼포가 예정한 촬영 날짜를 맞추기가 어려워지자, 속도감 있는 진행과 리듬이 조형적 특질보다 우선시될 이 익살맞은 영화의 촬영을 피에르 윌리엄 글렌에게 부탁했다. 글렌은 왈테르 발을 조수로 삼아 촬영을 수락했고, 장 피에르 코위 스벨코가 미술감독을 맡았다. 파리의 국립미술학교를 졸업한 26세의 코위 스벨코는 〈미시시피의 인어〉와 〈두 영국 여인과 대륙〉에 미술 조감독으로 참가했으며, 〈나처럼 예쁜 아가씨〉로 트뤼포와의 긴 협력 관계를 시작하게 된다.

촬영 일정을 잡은 트뤼포는 2월 초부터 남쪽 지방인 베지에로 가서, 시내 중심가에 넓은 아파트를 얻어 머물면서, 여기서 편안하고 포근한 랑그도크의 겨울을 보냈다. 집안일은 가정부 마리가 돌보았다. 연기자들이 촬영지를 찾아오면, 트뤼포는 그들을 저녁 식사에 초대했다. 베르나데트 라퐁의 회상에 따르면, "데네르와 브라쇠르는 끊임없이 농담을 했고, 프랑수아는 그것을 즐겼다. 나는 프랑수아가 테이블을 떠나 구토할 정도로 웃는 것을 두 차례나 보았다." 2월 14일에 시작된 촬영은 이처럼 대단히 즐거운 분위기에서 진행되었다. "베르나데트는 정말로 유쾌하고 언제나 밝은 인물이라서 함께 작업하기가 수월하고, 클로드 브라쇠르는 대단히 뛰어나며, 샤를 데네르는 감탄할 만합니다." 트뤼포는 릴리안 시에젤에게 그렇게 편지를 썼다. 트뤼포는 베지에의 에스파뉴 광장에 있는 BGM 양조장을 '블리스의 집'의 세트장으로 개조한 뒤, 여기서 영화의 대부분을 촬영했다. 카미유가 수감된 형무소의 안뜰은 베지에의 옛 도살장 안에 조성했고, 면회실 장면은 혁명광장에 있는 재판소에서 촬영되었다. 그다음에 일행은 베지에 근교, 그리고 이어서 세트*로 이동했고, 마지막으로 뤼넬로 이동해 서부영화 분위기를 지닌 댄싱 바 '르 로데오'에서 촬영했다. 쉬잔 시프만이 찾아낸 이 댄싱 바는 샘 골든의 리사이틀에 완벽하게 어울리는 장소였다.

자신과 꼭 일치하는 배역을 맡은 베르나데트 라퐁은 연기 활동을 시작하게 해준 트뤼포와의 재회를 기뻐했다. 그녀는 이렇게 회상한다. "프랑수아는 카미유 블리스라는 인물에게 대단한 애착을 가졌다. 그는 자신이 여자였다면, 그녀를 닮았을 것이라고 말하기까지 했다. 왜냐하면 이 여자는 사회 복귀가 불가능한 인물이며, 이미 원죄 자체였기 때문이다." 촬영 마지막 날인 4월 12일까지 모든 일은 순조롭게 진행되었다. 그러나 다음 날 님의 앵페라토르 호텔(〈개구쟁이들〉의 추억의 장소)에 숙박한 트뤼포는, 다른 제작진과 함께 뤼넬에 머물던 베르나데트 라퐁에게 들러 그녀를 차에 태워 가는 일을 '잊었다.' "그는 내게 말했다. '파리까지 차에 태워 데려다줄까요? 내일 일찍 떠납시다. 9시에 호텔 앞에서 만나기로 하죠.' 나는 트렁크를 가지고 호텔 앞에서 기다렸다. 11시까지 기다렸는데 그는 오지 않았다! 기분이 상한 나는 그날 저녁 전화를 걸었다. 그러자 프랑수아는 웃음을 터뜨렸다. '아, 나의 소중한 베틴.** 당신을 깜박했네요!' 그는 더 이상 나를 필요로

• 프랑스 남부의 작은 어촌*
•• 베르나데트의 애칭*

하지 않았던 것이다!" 46일간의 촬영을 마친 트뤼포는 기진맥진한 상태였다. 우울증에서 벗어나면서 영화 두 편을 연속해서 만든데다 머릿속은 이미 다음 작품으로 꽉 차 있었다. 파리로 돌아온 트뤼포는 곧 릴리안 드레퓌스가 남편과 함께 1968년에 구입한 노르망디의 아름다운 집에서 며칠간 휴식을 취하기로 결정했다. 도빌 가까이에 있는 이 랑코니에르 장원은 이때부터 트뤼포가 좋아하는 장소의 하나가 되었다. "그는 종종 이곳에 와서 많은 작업을 했다." 릴리안 드레퓌스의 말이다.

그동안 조르주 들르뤼는 율동적인 관현악곡을 작곡했으며, 기마르샹은 장 루 다바디가 가사를 쓴 두 곡에 멜로디를 붙였다. 첫 곡은 샘 골덴을 위한 것이었고, 두 번째 곡은 영화의 끝부분에서 카미유 블리스가 승리를 구가하는 장면에 사용된다. 일반 공개 전인 1972년 9월 13일, 〈나처럼 예쁜 아가씨〉는 리옹에서 프랑수아 트뤼포와 베르나데트 라퐁이 참석한 가운데, 전관을 개축한 벨쿠르 영화관에서 재개관 특별 시사회를 열었다. 그리고 파리 개봉 전날에는 베르나데트 라퐁이 베지에로 내려가 지방 유지들과 엑스트라 대부분, 다시 말해 랑그도크 지방 주민들이 참석한 가운데 시사회를 가졌다. 이미 라퐁은 이 영화를 자신이 혼자서 짊어지고 있음을 느꼈다. 이 영화는 영화 속에서 쉴 새 없이 뛰어다니는 라퐁의 에너지에 완전히 의존하고 있었다. "프랑수아는 대중의 반응을 보고 내게 말했다. '이건 당신의 영화입니다. 이 등장인물은 바로 당신입니다. 그러니 당신이 모든 것에 전념해야 할 것입니다!' 그는 자신에 대한 반응은 좋지도 나쁘지도 않은 반면, 내게는 결과가 좋을 것임을 감지하고 있었다."

실제로 평단은 베르나데트 라퐁의 연기 이외에는 아무것도 주목하지 않았다. 바롱셀리와 쇼베의 눈에 〈나처럼 예쁜 아가씨〉는 "빙빙 돌면서 허덕거리고", "공허해 보이는" 것이었다. 그것은 마치 트뤼포가 자신의 것이 아닌 스타일과 내용을 선택한 것 같았다. 결국 걸작이라고 외친 사람은 10개월 전 〈두 영국 여인과 대륙〉을 혹평했던 로베르 샤잘뿐이었다. 『텔레라마』는 시종일관 연출자의 편을 들었다. "저 온화하고 다정한 트뤼포는 우리를 조롱과 잔혹감으로 가득 찬, 속도감 있는 해학으로 이끌어 간다." 그러나 『텔레라마』의 비평에는 트뤼포 자신도 만족스러워하지 않았다. 파리에서 7주간의 독점 상영 결과, 이 영화의 관객 수는 10만 명에도 미치지 못했다. 이탈리아에서는 1973년 봄 "그녀는 어리석지 않아Mica Scema la Ragazza!"라는 제목으로, "초대형 코믹, 초대형 섹시, 초대형 영화" 등등 몇 개의 홍보 문구를 달고 개봉되었는데, 흥행 성적은 파리보다 훨씬 나았다. 미국에서 〈나처럼 예쁜 아가씨〉는 8개 대도시에서 동시 상영되어(트뤼포의 영화로서는 이례적 현상이었다), 언론의 하찮고 실망적인 반응에도 불구하고 그런대로 성공을 거두었다. 그러나 트뤼포의 머리는 이미 다른 곳에 있었다. 신작을 생각하고 있었던 것이다.

아메리카의 밤

빅토린 촬영소에서 〈두 영국 여인과 대륙〉을 편집하는 동안, 프랑
수아 트뤼포는 몇 년 전 미국 영화 〈파리의 백작부인The Madwoman
of Chaillot〉의 촬영을 위해 야외에 건립되었던 거대한 세트에 흥미
를 느꼈다. 이미 상당 부분 훼손되었지만, 그 세트는 몇몇 건물의
정면 부분과 지하철역 입구, 파리의 카페 테라스 등을 재현한 것
이었다. 그는 "영화에 관한 영화를 만든다"는 생각으로 빅토린 촬
영소를 구석구석 탐방하기 시작했다.

트뤼포는 〈나처럼 예쁜 아가씨〉의 각본 작업과 동시에 이미 이
'영화에 관한 영화'의 계획을 세우고 있었다. 그것은 〈아메리카의
밤〉으로 완성될 것이다. 트뤼포는 〈상복 입은 신부〉 이후 공동 작
업을 하지 않고 있던 장 루이 리샤르와 함께 영화의 각본을 쓰고
자 했다. 두 사람은 앙티브에 얻은 빌라 안에서 작업에 착수했다.
그들은 대형 테이블 위에 커다란 흰 두루마리 종이를 펼쳐 놓고
그 위에 시나리오의 주요 지점을 기록했다. "아이디어가 하나 떠
오르면, 다음 과제는 그것을 시나리오의 어떤 지점에 어떻게 통
합시키는가 하는 것이었다. 우리는 대형 두루마리 위의 결정된
지점에 그것을 기입했다. 이렇게 해서 우리는 영화를 도표에 가
까운 형태로 조망할 수 있었고, 중간에 일탈 가능하면서도 리듬
을 맞출 수 있게 해주는, 큰 이야기의 줄기를 볼 수 있었다." 장 루
이 리샤르의 말이다. 구성 작업은 신속히 진행되어, 1971년 8월
중순에 트뤼포는 "영화 촬영에 관해 이야기하는 시나리오"의 초

안을 손에 넣을 수 있었다.

그 후 〈나처럼 예쁜 아가씨〉의 촬영 때문에 〈아메리카의 밤〉의 논의는 보류되었다. 1972년 1월에 트뤼포는 장 루이 리샤르와 다시 만나 칸의 마르티네 호텔 방에 틀어박혀 기획의 진행을 성공시키고자 했다. 두 사람이 영화 속에 등장하는 영화 〈파멜라를 소개합니다Je vous présente Pamela〉의 내용을 고안해 낸 것은 이 시점이었다. 어느 젊은이가 약혼녀를 아버지에게 소개하는데, 아버지가 그녀와 사랑에 빠져 함께 사라져 버린다는 내용이었다. 촬영 현장의 다양한 기술적·인간적 특징을 완벽히 알고 있는 쉬잔 시프만이 두 사람과 합류해 최종 각본 작업을 함께 하고, 처음으로 트뤼포 영화의 타이틀 자막에 공동 각본가로 이름을 올렸다. 물론 조감독 역할은 그대로 담당했다.

〈아메리카의 밤〉의 줄거리는 촬영 기간에 배우들의 사생활을 그들이 맡은 배역의 플롯과 뒤섞으면서, 영화를 만드는 한 팀의 전원을 연결하는 다양한 관계망을 묘사하는 것이었다. 빅토린 스튜디오에서 페랑 감독의 연출로 〈파멜라를 소개합니다〉의 촬영이 시작된다. 거대한 세트장 앞에서는 엑스트라들이 무리를 지어 연기하고 있다. 스태프들이 감독에게 질문 공세를 펼치는 한편에서, 배우들이 현장에 속속 도착한다. 그들은 각자 문제와 사생활을 가지고 있다. 영화의 여주인공으로 매우 불안정한 심리 상태를 지닌 미국의 스타 줄리 베이커는 의사인 남편 넬슨과 함께 도착한다. 그녀의 상대역인 알퐁스는 여자 친구 릴리안을 데리고 온다. 알퐁스는 릴리안을 견습 스크립터로서 영화에 참여시킨 것이다. 80편의 영화에 출연한 프랑스의 고참 배우 알렉상드르는 알퐁스의 부친 역을 맡는다. 그리고 〈파멜라를 소개합니다〉의 촬영을 통해 알렉상드르는 이전에 관계를 맺었던 왕년의 할리우드 스타 세브린과 재회한다. 세브린은 알렉상드르의 아내 역을 연기하게 된다. 스태프진과 배역진은 한 호텔에 투숙하고, 그곳에서 매일 밤 페랑은 스크립터 조엘과 함께 다음 날 촬영할 장면의 대본과 대사를 준비한다. 연기자와 스태프의 사생활 문제로 촬영은 방해를 받고, 종종 페랑 감독의 통제를 벗어난다. 예를 들면, 릴리안이 영국인 스턴트맨과 함께 촬영장을 떠나자, 알퐁스는 모든 것을 중단하겠다고 위협한다. 페랑은 알퐁스를 설득하고, 한편으로는 줄리 베이커를 지키려고도 한다. 줄리 베이커와 밤을 지샌 알퐁스는 다음 날 아침 의사 넬슨에게 자신이 그의 아내와 동침했다고 알린다. 줄리는 절망에 빠진다. 남편이 줄리를 용서하고 안심시키면서 촬영은 재개되지만, 바로 그때 제작부장이 와서 끔찍한 소식을 전한다. 알렉상드르가 공항으로 가는 길에 자동차 사고로 사망했다는 소식이다.* 전 제작진의 노력으로, 대역을 사용하고 시나리오의 몇몇 부분을 수정하면서 촬영은 5일 후 마무리된다.

---

* 트뤼포에게 촬영의 완성을 방해할 수 있는 비극이란 오직 연기자의 죽음뿐이다. 〈아메리카의 밤〉의 이야기는 바로 프랑수아즈 도를레악의 비극적 죽음을 상기시킨다. 빅토린 스튜디오에서 촬영 중인 스태프와 출연진을 경악시키는 사고 소식에서 묘사되는 죽음의 장소는 바로 프랑수아즈 도를레악의 자동차 사고가 일어난 장소다.

야간열차처럼

이 작품을 통해 트뤼포는 영화 촬영의 내막을 보여 주고자 하는 자신의 오랜 꿈을 실현했다. "촬영에 관한 모든 진실을 말할 수는 없겠지만, 나는 지금까지 내 영화나 다른 영화에서 일어났던 실제의 일을 이야기할 것이다." 따라서 〈아메리카의 밤〉은 영화에 대한 '신앙 고백'이 될 작품이었다. 영화란 이 세상에서 자신이 가장 사랑하는 것이며, 종종 그것은 사생활보다 앞서가는 것, 한마디로 인생에 우선하는 것이다. 기자들과의 인터뷰에서라면 거론하기 어려운 일들을, 촬영 과정에 관한 기록 영화에서라면 별 재미없이 기술할 만한 것들을, 극영화이기에 트뤼포는 고백할 수 있었다. 〈아메리카의 밤〉은 말하자면 다큐멘터리와 픽션을 섞은 것이었다. 그것은 한 등장인물의 말을 인용하면, "사랑한다는 것을 보여 주어야만 하기 때문에 서로 입을 맞추면서 시간을 보내는" 영화의 세계, 그 허구적 세계에 관한 사실적이고 솔직한 영화가 될 것이다. 겉모습뿐인 일체감, 가식의 세계, 그 신화성을 부정하는 유일한 사람은 제작부장의 부인이다. 그녀는 촬영장 구석에 외로이 서서 이렇게 외친다. "이 영화라는 것은 무엇인가요? 모든 사람이 다른 누구와도 잠을 자는 이 직업은 뭐란 말인가요? 이 세계에서는 모두가 서로 친밀하게 이야기하고, 모두가 거짓말을 합니다. 그게 도대체 뭔가요? 이게 정상이라고 생각합니까? 당신들의 영화, 댁들의 영화, 나는 도대체가 그것이 숨통이 막힙니다. 나는 경멸해요, 영화란 것을요." 스태프와 배우에게 '너'라는 격의 없는 호칭을 거의 사용하지 않았던 트뤼포는 페랑 역으로 등장해, 일에 매진하는 감독의 모습을 보여 주기 위해 전력을 다했다. 트뤼포는 무엇보다 예술가 이미지를 배제하고, 중립적인 전문가로서의 이미지를 보이려 했다. 하지만 그는 또한 촬영의 흥분감, 기획의 성공, 우정, 종종 일어나는 사랑 이야기 같은, 영화의 감추어진 측면을 보여주려는 강한 욕구를 지니고 있었다. 이곳에서는 의기소침, 상상력 고갈, 말다툼, 무無의 상태 등 그 어느 것도, 죽음까지도 영화를 멈추게 할 수 없다. 그것은 '야간열차'와도 같은 것이다.

하지만 빅토린 스튜디오의 제작진이 촬영하는 이 '영화 속 영화'는 크게 흥미를 끄는 작품은 아니다. 그것은 '작가 영화'는 분명히 아니며, 장 루이 리샤르의 표현에 의하면 '나쁜 영화'다. 그렇지만 〈파멜라를 소개합니다〉의 진부한 시나리오 또한 촬영 리듬의 가속화, 집단의 결속감, 배우들의 열정 등 어느 것도 저지하지 못한다. 요컨대 트뤼포에게 〈아메리카의 밤〉은 한 편의 사랑의 영화이자 '영화를 향한 조건 없는 사랑'에 바쳐진 영화였다. "특히 나는 〈나는 뮤직홀을 사랑한다네Moi, j'aime le music-hall〉라는 샤를 트레네의 노래를 생각했다. 이 노래 속에서 그는 자신의 경쟁 상대임에도 불구하고 당대의 모든 유행 가수들을 배려심과 익살로써 열거한다. 바로 이런 정신으로 나는 〈아메리카의 밤〉을 찍었다. 나의 의도는 영화 제작 과정이라는 풍경에 직면한 관객이 행복감을 느끼고, 필름 조각에 뚫린 모든 사슬 구멍을 통해 즐거움과 경쾌함이 스며들도록 하는 것이었다. '나는 영화를 사랑

한다네'의 정신이랄까……." 가장 진부한 영화의 소우주를 그려
낸다는 트뤼포의 호의는 많은 사람의 비난을 사게 된다. 예를 들
면 장뤽 고다르는 이 영화가 트뤼포의 평판을 위태롭게 할 것으
로 보았다.

각본이 완성되자 마르셀 베르베르는 견적을 낸 뒤 적정 예산을
350만 프랑으로 잡았다. 그렇지만 〈아메리카의 밤〉의 시나리오
가 "지나치게 지적"이어서 위험성이 너무 크다고 판단한 유나이
티드 아티스츠는 출자를 거절했다. '영화 속 영화'라는 점이 보통
의 관객들을 혼란스럽게 할 가능성을 우려했기 때문이다. 그러자
베르베르는 파리에서 시몬 벤자케인의 보좌를 받고 있는 워너의
런던 지사 대표 로버트 솔로에게 출자를 제안했고, 트뤼포의 팬
이었던 솔로는 1971년 11월 첫 대면 후에 즉각 동의했다. "선생께
서 제게 설명하신 '영화에 관련된 주제의 영화'라는 기획에 저는
매우 큰 흥미를 느꼈습니다." 몇 번의 교섭을 거친 뒤 1972년 5월
계약은 성사되었다.

그동안 트뤼포는 장 루이 리샤르와 함께 〈아메리카의 밤〉의 배
역 선정을 시작했다. 리샤르는 이렇게 말한다. "우리는 각 배역에
적합한 배우의 명단을 작성했다. (…) 논의를 통해 이 배우는 삭제
하고, 저 배우는 남겨 두고 하는 식이었다." 이 과정을 거쳐 트뤼
포는 장 피에르 오몽을 알렉상드르 역으로, 발렌티나 코르테제를
세브린 역으로 정했다. 마르셀 베르베르의 분신이라 할 〈파멜라
를 소개합니다〉의 제작자 역은 장 샹피옹에게 맡겼다. 페랑 역은
망설임 없이 트뤼포 자신이 맡아, 자신이 지닌 유년기적 특징과

직업에 대한 애정 등의 성격을 배역에 부여했다. 장 피에르 레오는 몽상적이고 촬영을 중단시킬 정도로 변덕이 심하고 불안정한 알퐁스 역을 맡았다. 알퐁스는 1970년대 초의 레오와 정확히 빼닮은 모습이다.

이 시점에서 트뤼포는 레오에게 "진정한 배우로서의 경력"을 쌓도록 격려해 주고 있었다. 〈두 영국 여인과 대륙〉 이후 레오는 글라우베르 로샤(〈일곱 머리의 사자Le Lion à sept têtes〉), 뤼크 물레(〈빌리 더 키드의 새로운 모험Une nouvelle aventure de Billy the Kid〉), 베르나르도 베르톨루치(〈파리에서의 마지막 탱고Last Tango in Paris〉), 특히 최근 〈엄마와 창녀La Maman et la Putain〉를 함께 만든 장 외스타슈 등의 영화에 출연했다. 이 경험들에도 불구하고 레오는 앙투안 두아넬이라는 인물, 그리고 '트뤼포의 자식'이라는 이미지에서 탈피하는 데 어려움을 겪고 있었다. 심한 조울증, 흥분 장애, 강한 충동성, 금전 문제, 실연 등이 실생활에서 계속 이어지면서 레오는 영화계 사람들까지도 곤혹스럽게 만들 정도였다. 1972년 마르셀 크라벤 연출의 텔레비전용 영화 〈감정 교육L'Education sentimentale〉의 촬영 현장에서, 각본가인 프랑수아 레지스 바스티드는 트뤼포에게 이렇게 불만을 털어놓았다. "지난 3개월 동안 스태프 모두가 보란 듯이 레오를 증오했으며, 크라벤은 그에게 성마른 말 한마디 하지 않았습니다. 장 피에르는 모든 사람을 '파시스트'라고 불렀고요."

〈아메리카의 밤〉에서 알퐁스라는 배역은 실생활에서의 장 피에르 레오만큼이나 불안정하다. 그리고 알퐁스와 페랑의 관계는 레오와 트뤼포의 관계를 그대로 본뜬 것처럼 보인다. 〈아메리카의 밤〉의 한 장면에서 페랑이 알퐁스에게 위로와 책망을 하면서 자신감을 되찾아주기 위해 설교할 때, 그것은 바로 트뤼포가 레오에게 직접 말하는 것이었다. "영화의 세계는 우리의 실생활보다 훨씬 조화롭지. 영화 속에는 교통 혼잡도 없고, 공백의 시간도 없네. 영화란 열차처럼, 야간열차처럼 전진하는 것이야. 자네도 잘 알겠지만, 자네나 나 같은 사람들은 일 속에서, 영화라는 작업 속에서 행복을 찾아야 하는 운명이지. 자네를 믿네."

트뤼포는 재클린 비셋이 줄리 베이커 배역에 완벽히 맞는다고 생각했다. 스코틀랜드 출신 아버지와 프랑스 출신 어머니 사이에서 태어난 비셋은 패션 모델을 거쳐 영국에서 배우 활동을 시작한 뒤(리처드 레스터의 〈더 내크The Knack〉와 로만 폴란스키의 〈막다른 골목Cul-de-sac〉) 1968년 할리우드에 정착했다. 피터 예이츠의 〈불리트Bullit〉(스티브 맥퀸과 공연), 고든 더글러스의 〈형사The Detective〉(프랭크 시내트라와 공연), 조지 시튼의 〈에어포트Airport〉(딘 마틴, 버트 랭커스터와 공연), 존 휴스턴의 〈재판관 로이 빈The Judge Roy Bean〉(폴 뉴먼과 공연)은 그녀를 할리우드 스타로 만들었다.

재클린 비셋이 오랫동안 존경해 왔던 트뤼포와 만난 것은 기이한 경로를 통해서였다. 파리에서 며칠 머무르는 동안, 재클린 비셋의 호텔로 제라르 브로비시의 전화가 왔다. "저는 프랑수아 트뤼포의 대리인입니다. 시나리오가 비셋 씨 마음에 드셨는지요?" 비셋은 처음에 이것을 속임수로 생각했다. "나는 전화를 건 사람이 농담한다고 생각했고, 그래서 누구인지 다시 묻고 용건을 다시 한번 말해 달라고 요청했다. '저는 프랑수아 트뤼포의 대리인입니다. 시나리오가 비셋 씨 마음에 드셨는지 알고자 전화드렸습니다.' 나는 깜짝 놀라서 그에게 시나리오에 관해서는 전혀 듣지 못했다고 대답했다." 오해가 있었음을 알게 된 재클린 비셋은 시나리오 한 부를 자신의 호텔에 전달해 달라고 요청했다. "나는 해당 역할의 비중이 그리 크지 않다고 생각했다. 그렇지만 단 한 줄의 대사만 있었더라도 그 역을 맡았을 것이다." 그 뒤 트뤼포와의 전화 대화가 시작되었다. "그는 제작비가 많지 않으므로, 내게 거액의 출연료는 지급할 수 없을 것이라고 말했고, 해당 역할이 두드러지게 중요한 것은 아니며, 여러 인물이 출연하는 영화라고 덧붙였다. 그는 깊은 예의와 겸허함을 지니고 이 모든 이야기를 해 주었다." 재클린 비셋의 평상시 출연료로 계산한다면, 그녀에게 지불할 액수는 〈아메리카의 밤〉의 전체 제작비와 맞먹을 것이다. 그러나 1972년 3월 그녀는 카로스 영화사와 20만 프랑의 출연료에 수익의 20퍼센트를 배분받는 조건으로 계약에 서명했다. 이것은 그녀가 잉마르 베리만과 함께 세계에서 가장 존경하는 감독 가운데 한 명인 트뤼포와 작업하고 싶은 욕구의 명백한 증명이었다.

조역 선정을 위해 트뤼포는 이후에도 다시 함께 일할 두 젊은 여배우를 만났다. 알퐁스의 여자친구 릴리안 역을 맡은 다니, 그리고 국립고등연극학교를 막 졸업한 나탈리 바유였다. 나탈리 바유는 〈파멜라를 소개합니다〉의 스크립터 조엘 역을 맡았는데, 그 배역은 쉬잔 시프만이 영화마다 담당해 온 역할과 상당히 비슷했

〈아메리카의 밤〉 촬영장에서 재클린 비셋과 프랑수아 트뤼포(1972)

다. 트뤼포와 나탈리 바유의 만남 역시 엉뚱한 것이었다. 나탈리 바유의 말에 의하면, 그녀는 어느 날 아르메디아에서 자신의 에이전트로 일하던 세르주 루소와 함께 마르뵈프 가의 레스토랑에서 나오던 중, 길에서 카로스 영화사로 향하고 있던 쉬잔 시프만과 마주쳤다. 잠시 후 루소는 쉬잔의 전화를 받았다. "마르뵈프 가에서 함께 있던 젊은 여자는 누구죠?" 며칠 후 나탈리 바유는 카로스에 들러 달라는 연락을 받았다. 그녀는 이렇게 이야기한다. "트뤼포와의 약속은 내게 큰 부담은 되지 않았다. 왜냐하면 나는 장 드자이, 시몬 발레르와 함께 공연하는 피츠제럴드의 연극에 출연하기로 약속된 상태였기 때문이다. 나를 보자마자 트뤼포는 말했다. '아니지, 그녀는 전혀 아니야!'라고. 우리는 대화를 계속했고, 잠시 후에 그는 내게 말했다. '내일 다시 와서 대본을 읽어 봅시다.' 다음 날 우리는 함께 〈나처럼 예쁜 아가씨〉의 한 장면을 낭독했다. 나는 긴장감으로 얼굴이 새빨개졌다. 그는 마침내 내게 말했다. '당신에게 맡기겠지만, 안경을 써야 합니다!'라고."

배역 선정의 마지막 단계로 트뤼포는 베르나르 메네즈를 기용했다. 메네즈는 자크 로지에가 〈오루에의 곁에서Du côté d'Orouët〉를 통해 발견한 희극 배우로, 소품 담당자 베르나르 역을 맡아 재미있는 연기를 보여 준다. 또한 분장사 역은 니크 아리지에게 돌아갔고, 〈두 영국 여인과 대륙〉의 여배우 키카 마컴의 부친 데이비드 마컴에게 줄리 베이커의 남편인 의사 넬슨 역을 맡겼다. 〈파멜라를 소개합니다〉에서 임신 사실을 감추고 영화에 출연하는 여배우 스테이시 역은 트뤼포 자신의 친구인 알렉산드라 스튜어트에게 맡겼다. 마지막으로 '영화에 관한 영화'에 더 큰 사실성을 부여하기 위해 트뤼포는 동료 스태프에게 자신들의 실제 역할을 영화 속에서 연기하도록 의뢰했다. 그래서 장 프랑수아 스테브냉은 조감독으로, 피에르 쥐카는 스틸 카메라맨으로, 얀 드데와 마르틴 바라케는 편집 담당으로, 조르주 들르뤼는 음악 감독으로, 왈테르 발은 촬영 감독으로 각각 출연했다.

1972년 9월 26일 니스의 빅토린 스튜디오에 모인 배우와 스태프는 겨우 42일 동안에 촬영을 마무리해야 했다. 주연급 연기자들은 앙티브 근교에 빌린 빌라에 투숙했고, 재클린 비셋은 나탈리 바유와 한 집에 들었다. 〈아메리카의 밤〉의 촬영은 결코 편안하고 안정된 작업이 아니었다. 재클린 비셋은 처음 며칠 동안 안정을 찾지 못했다. "그 당시 내 프랑스어는 그리 훌륭하지 못했다. 그러자 프랑수아는 나를 안심시켰다. '걱정하지 말아요. 당신은 프랑스 사람이 아니고, 프랑스에서 연기하는 미국 배우를 연기하는 것이니까.' 이 말은 내게서 부담감을 크게 덜어 주었다." 그녀의 회상이다. 알렉산드라 스튜어트가 기억하는 트뤼포는 한가할 여유가 거의 없이 일에 몰두한 모습이었다. "프랑수아는 자신이 모든 일을 해야 하고, 연기까지도 해야 한다는 사실에, 그리고 장 피에르 레오가 여러 가지로 문제를 일으킨다는 사실에 불안해했다. 촬영 기사 왈테르 발은 오토바이 사고를 당해 팔에 붕대를 감은 채 영화에 등장했다. 이유는 알 수 없지만, 프랑수아는 내게 무언가 불만이 있었다. 그는 내게 지각을 한다고 책망하곤 했는데, 그건 핑계였다. 난 늘 제시간에 잘 맞추었으니까. 그렇긴 해도 확실히 여배우가 일고여덟 명이나 되는데 분장사가 두 명밖에 없었던 건 문제였다." 알렉산드라 스튜어트는 촬영 종료 직후에 맞은 크리스마스이브에 트뤼포에게서 혹독한 편지를 받기까지 했다. 트뤼포는 편지에서 "자신의 영화를 엉망으로 만들어 놓았다"며 그녀를 가혹하게 비난했다. 이후 몇 개월간 냉랭한 상태가 계속된 뒤, 트뤼포는 그녀에게 사과했다. 그렇지만 트뤼포와 친한 사람 가운데 알렉산드라 스튜어트가 그에게서 이런 편지를 받은 유일한 인물은 아니었다. 당시 트뤼포의 생활은 여전히 불안정했는데, 그의 성격과 감정이 조증에서 울증으로, 나아가 분노로 갑작스럽게 이동하던 시기였다.

〈아메리카의 밤〉의 촬영 기간에 얀 드데와 조수 마르틴 바라케가 이미 편집을 시작했기 때문에, 11월 중순에 트뤼포는 첫 편집본을 볼 수 있었다. 매우 엉성한 상태의 영화에 장 오렐은 몇몇 유용한 지적을 해 주었다. 예를 들면, 화면 밖 내레이션을 최대한으로 구사해, 전체적 균형을 페랑에게 유지할 것 등이었다. 이 지적덕분에 3개월 뒤, 영화는 대단히 돋보이는 적절한 색조를 찾았고, 매력 있고 뛰어난 음악이 실렸다. 1973년 3월의 첫 기술 시사회에서 트뤼포는 만족스러워했다. "이 영화가 영화인들에게 감동을, 아주 강한 감동을 줄 것으로 생각됩니다." 트뤼포는 헬렌 스코트에게 그렇게 고백했다. 출연 배우들은 열광했다. 장 피에르 오몽은 "매우 감동한" 상태에서 "이 영화에 참가한 것을 자랑스러워"했고, 나탈리 바유는 "당신이 제게 주신 기회에 마땅한 보답을 했기를 희망하며, 언제나 당신의 옛 스크립트 걸에 만족하시기를 바랍니다!"라고 전했다. 자신감을 얻은 트뤼포는 칸영화제 비경쟁 부문에 영화를 출품하는 데 동의했다. 공식 시사는 5월 14일 저녁에 행해졌다. 재클린 비셋, 발렌티나 코르테제, 나탈리 바유, 다니, 장 피에르 오몽, 장 피에르 레오와 함께 트뤼포는 배우로서 관중의 앞에 섰다. 그가 우울증에 빠져 있던 두 해 전이었다면 불가능했을 상황이다.

다음 날 『르 파리지앵』지는 "잊기 힘든 밤"에 관해 기사를 실었고, 『르 피가로』지의 루이 쇼베는 만일 경쟁 부문이었더라면 틀림없이 황금종려상을 받았을 것이라고 썼다. 그러나 트뤼포는 "칸의 뒷거래에서 벗어난 곳"에 놓이기를 고집했다. 왜냐하면 "칸에서는 정말로 모든 것이 예측 불가능하며, 모든 것이 전술적·전략적이기 때문"이다. 〈아메리카의 밤〉은 5월 24일 파리의 8개 영화관에서 개봉되었다. 평론계는 〈두 영국 여인과 대륙〉과 〈나처럼 예쁜 아가씨〉의 연속 실패를 잊은 듯, 이 영화에 찬사를 보냈다. 장 루이 보리는 "완벽한 영화", "프랑수아 트뤼포의 〈황금마차〉", "익살과 매혹과 감동의 작은 걸작"이라고 썼으며, 장 드 바롱셸리는 이 영화를 "트뤼포의 최고작 가운데 한 편"으로 보았고, 쇼베는 "이런 장르의 작품 가운데 가장 뛰어난 영화"라고 썼다.

그러나 트뤼포는 무엇보다 일반 관객의 판결을 걱정했다. 그는 지난 두 번의 상업적 실패를 일소하고 싶었다. 파리에서의 결과는 좋았고(약 30만 명의 관객 동원), 지방에서는 비교적 초라했다. 트뤼포는 그 이유로서 대부분의 관객이 이것을 영화에 관한 다큐멘터리, 또는 "지나치게 지적인" 작품으로 생각하기 때문이라고 간주했다. 따라서 이제부터는 언론 홍보로부터 '영화 속 영화'라는 언급을 일절 피해야 했다. 트뤼포는 공동 제작자인 시몬 벤자케인에게 그 내용을 써 보냈다. "'영화 속 영화'라든가 '촬영 현장의 이야기', 또는 '피란델로풍의 영화'라는 표현은 위험합니다. 홍보 때에는 그 점을 고려해야만 합니다. 이 영화는 다른 궤도 위에 설치되어야 할 것입니다. '사랑과 모험에 관한 영화'라는 틀 말입니다. 홍보 담당자는 〈아메리카의 밤〉이라는 제목이 '데이 포 나잇'이란 특수 촬영 용어*와 관련된 것이라고 설명해서는 안 되며, 오히려 이중적 의미로서 '장 피에르 레오와 재클린 비셋 사이에 전개되는 프랑스-할리우드의 사랑의 밤'으로 해야 합니다." 트뤼포는 자신에게 진정으로 중요한 영화의 흥행 성적을 높여야 할 경우라면, 관객에게 오해를 주는 일도 주저하지 않았다.

대립

작가이자 연출가, 독립 제작자로서의 성공을 이룬 프랑수아 트뤼포는 프랑스 영화계에서 선망의 지위를 부여받았다. 이것은 최종적으로 시기와 거부 반응으로 연결되었다. 1973년 5월 칸에서 〈아메리카의 밤〉의 상영을 준비할 때, 트뤼포는 자신이 처한 모순적 위상을 인식했다. "어떻든 우리는 늘 왼쪽에 한 명의 극좌주의자를, 오른쪽에는 한 명의 베르뇌유**를 지닐 것이므로, 나는 나를

---

* 낮에 밤 장면을 찍는 '의사 야경'이라는 뜻*

난국의 한가운데에 위치시키는 모든 판결을 수용한다. 로버트 와이즈는 베르뇌유에게 베르뇌유이며, 베르뇌유는 나에게 베르뇌유다. 내가 고다르에게 베르뇌유인 것처럼 고다르는 외스타슈에게 베르뇌유이고, 외스타슈는 가렐에게 베르뇌유다. 그리고 순서에 따라 가렐은 당연히 또 누군가에게 베르뇌유가 될 것이다. 나는 가렐이 그렇게 되기를 바란다. 이것은 그의 뛰어난 영화들이 결국 정상적으로 퍼져나감을 의미하기 때문이다."

"고다르의 베르뇌유." 트뤼포는 모르는 사이에 핵심을 찌른 것이다. 1968년 이후 고다르와 트뤼포는 소원한 관계가 되어 있었다. 이미 오랫동안 두 사람은 같은 영화를 만들지 않았다. 트뤼포는 고다르의 초기 영화 모두를 공공연히 칭찬한(1967년의 〈중국 여인〉까지) 반면 고다르는 〈피아니스트를 쏴라〉 이외에는 트뤼포의 영화에 별 관심이 없다는 견해를 감추지 않았다. 현시점에서도 고다르는 트뤼포를 평론가로서 칭찬한다. "그는 한 편의 영화 안에 무엇이 들어 있는가를 보여줄 줄 알았으며, 두 편의 영화를 비교해 보는 기술을 알고 있었다." 그러나 더 면밀히 검토해 보면 상황은 다른 양상을 띤다. 1960년대 중반 누벨바그가 분열될 때까지 트뤼포와 고다르는 서로 연대감을 느꼈으며, 진실된 우정까지 나누고 있었다. 그 이후 트뤼포가 미국 메이저 영화사의 보호 아래 가능한 한 독립을 지켜 나가는 길을 간 반면, 고다르는 현실과 직결된 전투적이고 혁명적인 영화를 격찬하면서 장 피에르 고랭,

---

•• '극우주의자'라는 표현을 대신해서 앙리 베르뇌유의 이름을 사용했다.*

장 앙리 로제 등 두 공모자와 함께 '지가 베르토프 집단'을 끌어갔다. 트뤼포는 고다르에 관해 이렇게 말했다. "고다르는 다른 영화를 만든다. 그는 1968년 5월 이후 더 이상 똑같은 영화가 만들어질 수 없다고 간주하며, 계속 이전처럼 만드는 사람들을 비난한다. 나는 선택을 했으며, 나의 생각은 아주 명쾌하다. 나는 보통의 영화를 만들고 싶으며, 그것이 나의 인생이다." 물론 두 사람은 간간이 서신 교환을 계속했고, 1971년 가을 고다르가 큰 오토바이 사고를 당해 오랜 기간 입원했을 때는 안부를 전하는 일도 잊지 않았다. 그러나 둘 사이에는 영화 구상에 관해서나 정치사상에 관해서나 더 이상 교류가 없었고, 그 결과 감정적 교류도 이미 없었다.

1973년 5월 말 칸영화제가 막을 내린 직후 적대적 공격을 개시한 사람은 고다르였다. 〈아메리카의 밤〉을 보고 격분한 고다르는 거침없는 멸시적 어투의 편지를 통해 트뤼포에게 자신의 감정을 곧바로 알렸다. 격식 없는 문체는 오랜 우정을 증명하면서, 또한 당시 극좌주의자의 어투를 보여 주고 있다. "널 '거짓말쟁이'로 취급할 사람은 아마도 없을 테니까, 내가 그렇게 부르마. 이것은 모욕도 아니고 파시즘도 아니며, 하나의 비평이다. 그리고 샤브롤, 페레리, 베르뇌유, 들라누아, 르누아르 등의 영화처럼, 내가 비난하는 영화들이 방치되고 있는 것은 비평의 결여 때문이다. 너는 말한다, 영화란 맹렬한 속도로 달리는 야간열차라고. 하지만 누가 어떤 등급의 열차에 올라 있으며, 누가 '운행 기록계'•를 곁에 두고 열차를 운행하고 있는가. 운행 기록계처럼 옆구리를 단단히 한 자들도 또한 영화-열차를 만든다. 그리고 네가 말하는 열차가 유럽 횡단 열차가 아니라면 아마도 그것은 교외 열차일 것이며, 혹은 다하우-뮌헨 구간 열차일 것이다. 당연히 이들의 역은 클로드 를루슈의 영화-열차에는 나오지 않을 것이다. 네가 거짓말쟁이인 것은, 며칠 전 밤에 너와 재클린 비셋이 셰 프랑시스**에 앉아 있는 모습을 담은 쇼트가 네 영화에는 들어 있지 않기 때문이며, 〈아메리카의 밤〉에서 왜 오직 감독만은 성교를 하지 않는 것일까 하는 의문이 들기 때문이다." 그러고 나서 고다르는 논의의 핵심으로 들어갔다. 그는 트뤼포에게 명령조로 자신의 다음 작품인 〈그냥 영화Un simple film〉에 5백만 내지 1천만 프랑의 예산을 투자하라고 요청했다. "〈아메리카의 밤〉을 놓고 보자면, 너는 나를 도와주어야만 할 것이다. 오로지 네가 만드는 식의 영화들만 있다고 관객들이 믿지 않도록 하기 위해서." 고다르는 결말에 "이와 관련해 논의를 원한다면 응해 주마"라고 썼다. 대화를 요청하는 말보다는 도전적 언사로 들릴 표현이었다.

고다르의 말투나 태도 어느 것도 트뤼포의 마음에 들지 않았다. 트뤼포는 고다르가 한계를 넘어 자신에게 거리낌 없이 막말해 댄 것으로 간주했다. 20쪽에 이르는 트뤼포의 답신은 실제로 억제할 수 없는 격분으로 채워졌으며, 모든 사항을 조목조목 지적하고 있다. 우선 지난 몇 년 동안 두 사람 모두 작품에 출연시켰

• '권력의 끄나풀'을 의미한다.*
•• 알마 광장에 있는 레스토랑*

던 장 피에르 레오와의 관계를 언급했다. 트뤼포는 고다르가 레오에게 편지를 보내 〈아메리카의 밤〉과 또 다른 '항복론자' 감독들의 영화에 출연한 것을 책망한 뒤 돈을 요청하는 것은 레오를 모욕한 것이라고 비난했다. 트뤼포는 이렇게 썼다. "나는 장 피에르에게 쓴 네 편지를 되돌려 보낸다. 그것을 읽으니 불쾌한 생각이 들었다. 그 편지를 보니 너의 행동은 개똥이나 다를 바 없다는 사실을 길게 말해 줄 순간이 마침내 왔다는 느낌이 든다." 트뤼포는 고다르의 거짓말과 오만한 말투, "스스로를 희생자로 행세하는 기교"를 규탄했다. "……사실은 언제나 너는 원하는 것을 원하는 순간에 원하는 대로 하기 위해, 그리고 무엇보다도 저항도 못하는 사람들을 희생시키면서까지 네가 품고자 하는 순수하고 완강한 이미지를 유지하기 위해, 대단히 요령 있게 타협하면서 말이다."

체제를 파괴하는 예술가, 점잔빼는 예술가("받침대 위에 놓인 개똥")의 이미지는 트뤼포의 비위를 거슬렀다. 그는 언제나 겸허한 직인들을 선호했다. "네가 민중을 사랑하면 사랑할수록, 나는 장 피에르 레오, 자닌 바쟁,• 헬렌 스코트를 사랑한다. 네가 공항에서 우연히 만나도 말 한마디 걸지 않는 그 헬렌 스코트를……." 편지 속에서 트뤼포는 "개똥 같은 짓"이란 표현을 반복하면서, 고다

• 1972년 6월 자닌 바쟁의 텔레비전 프로그램 〈영화 만세〉가 당국의 검열을 받았을 때, 고다르는 그녀를 위한 어떤 지원도 하지 않았다. 트뤼포는 1972년 7월 5일 '사상의 자유'를 주제로 내세운 〈영상 기록〉 프로그램에 참가를 거부함으로써 바쟁과 앙드레 라바르트에 대한 연대감을 보여 주었다.

르 자신의 정치 윤리로써 고다르를 공격했다. 그 허울 좋은 극좌주의는 철저한 엘리트주의의 성격을 감출 수 없다는 것이다. 트뤼포는 『인민의 대의』를 판매하던 때에 고다르가 보여 준 비겁한 행동도 언급했다. "〈동풍Vent d'Est〉에서 화염병 제조법에 관한 장면을 보고, 너에 대해 이미 경멸감 외에 아무것도 느낄 수가 없었다. 그런 주제에 1년 뒤에 사르트르와 함께 처음으로 『인민의 대의』를 가두 판매하게 되었을 때, 우리에게 참가의 요청이 왔지만 너는 발뺌을 했다. 인간이 평등하다는 사고는 너의 경우 원칙적인 것에 그칠 뿐, 실제로는 그렇게 느끼고 있지를 않다." 마지막으로 트뤼포는 고다르를 협잡꾼이자 병적인 이기주의자로 취급했다. "너에게는 어떤 하나의 역할을 연기할 필요가 있는데, 그 역할은 화려하기 이를 데 없는 것이 아니면 안 된다. 나는 언제나 진정한 투사란 마치 가정부처럼 신통치 않고 일상적인, 그러나 꼭 필요한 일을 하는 사람으로 생각해 왔다. 네가 필요로 하는 것은 우르슐라 안드레스의 측면이다. 4분 동안 모습을 나타내고 카메라 플래시가 터지는 사이, 두세 마디 갑작스러운 말을 하고서는 자신에게 유리한 비밀 속으로 되돌아간다. 너의 반대편에는 서민이라 불리는 사람들이 있다. 바쟁에서 시작해 사르트르, 부뉴엘, 크노, 망데스 프랑스, 로메르, 오디베르티를 거쳐 에드몽 메르에 이르는 사람들이다. 이들은 타인에게 근황을 묻고, 그들이 사회 보장 서류를 작성하는 일을 도와주며, 편지에 답장을 써 준다. 이들은 공통적으로 자신의 일은 금세 잊으며, 무엇보다도 그들 자신이 누구이고 남들에게 어떻게 보이는지보다는 자신들이 무슨 일을 하느냐에 더 관심을 갖는다." 그러고는 고다르처럼 "이와 관련해 논의를 원한다면 응해 주마"라는 문장으로 마무리했다. 두 사람은 이후 두 번 다시 그와 관련해 논의하지 않았다. 둘 사이에는 완전한 절교가 이루어졌다. '누벨바그 동료'의 시대는 영원히 지나가 버렸다.

주저 없이 속내를 다 털어놓은 뒤, 고다르와의 관계를 끝없이 어렵게 몰아갔던 수많은 오해로부터 해방되었음에도 불구하고 트뤼포는 심란한 기분이었다. 충격은 혹독했고 반목은 고통스러웠다. 트뤼포가 자닌 바쟁에게 이 갈등에 관해 털어놓자, 그녀는 트뤼포에게 장문의 우정 어린 편지를 써 보냈다. "당신과의 전화 통화는 나를 당혹스럽게 만들었고, 나는 그 생각에서 벗어날 수가 없습니다. 당신의 목소리는 아주 슬펐고, 장뤽의 편지에 의해서도 당신이 그에게 써야 했던 편지에 의해서도 상처 입은 목소리였습니다. 당신이 그에게 답장을 쓴 것이 옳은 일이었는지는 모르겠습니다. 왜냐하면 장뤽이 그것을 완전히 이해할 수 있을지 모르기 때문입니다. 내가 말하고 싶은 것은, 당신의 모욕의 언사가 당신의 고통과 그에 대한 우정에 상응한다는 것을 그가 이해할는지 모르겠다는 뜻입니다. 장뤽이 그 정도로까지 비정하다는 의미는 아니지만, 그래도 그의 모욕은 머리에서 나온 것이고, 당신의 모욕은 마음에서, 도덕심에서 나온 것이라고 생각합니다."

이데올로기적으로 극우나 극좌로부터 거리를 둔 채 중립적 입장에 있고자 하는 트뤼포의 강박감은 당시 많은 사람의 눈에 나약하고 기회주의적인 태도로 비쳤다. 젊은 시절의 그의 이상을 거론하면서 트뤼포를 거침없이 비난하는 사람들도 있었다. 좌파로부터 공격받으면서 트뤼포는 동요를 느꼈다. 우울증에서 막 빠져나온 시기에 갑작스럽게 받은 비판이었기에 더욱 그러했다. '변절자 트뤼포'라는 문구는 공개적으로, 혹은 여러 통의 사적 서신 속에서 넋두리처럼 되풀이되었다. 트뤼포에 대해 내려진 그 가혹한 판단은 〈아메리카의 밤〉의 부정적 평가에 따른 것이 명백했다. 그들은 이 영화의 도덕관이 지나치게 낙관적이며 타협적이라고 간주했다. 고전적 영화가 지닌 '마술성'과 이 직업에 종사하는 대가족 내부의 타협적 태도를 찬미한다는 것이다. 고다르가 그 좋은 사례였고, 장 루이 보리가 뒤를 이었다. 보리는 이 영화에 대해 처음에는 호의적 반응을 보였지만, 몇 개월 후에는 그것이 지닌 "합의 지향적이고 항복론적"인 철학을 규탄했다.『누벨 옵세르바퇴르』지에 보리가 쓴 "샹젤리제를 불살라 버려야 하는가"라는 도발적인 제목의 기사가 주목을 끌었는데, 트뤼포는 특히 "트뤼포, 샤브롤, 드미, 로메르는 체제에 붙어 버렸다"는 문장에 충격을 받았다.

트뤼포는 자신의 정당성을 역설하는 장문의 편지를 장 루이 보리에게 보냈다. 트뤼포는 한 편 한 편의 영화를 통해 자신의 이력을 짚어가면서, 각각의 작품이 지닌 극히 중요한 필연성과 완전히 개인적인 성격을 입증했다. 트뤼포는 자신이 "체제에 붙어 버린 것이 아니라, 체제 안에서 나의 방식대로 작업하는 것"이라고 주장했다. "경애하는 장 루이 보리 선생님. 우리 두 사람에게는 공통점이 있습니다. 모두 출발 시점에서 가장 큰 성공을 이루었다는 점입니다. 선생님은 책을 출판하자마자 명성을 얻는 기쁨을 누렸고, 저 역시 마찬가지였습니다. 이어서 선생님은 여러 출판사를 통해 수많은 책을 발표했으며, 선생님의 원고는 결코 거절된 적이 없습니다. 그 이유는 등단 이후 선생님께서 스스로 역량을 발휘했기 때문입니다. 어느 날 신문에서 이런 글을 읽었다고 가정해 봅시다. '오늘날 진정한 문학을 이루는 것은 출판사로부터 거부당한 원고, 자비로 출간된 책, 등사판으로 인쇄되는 팸플릿들이다. 주네는 1968년에 침묵했다. 사르트르, 보리, 케롤, 레즈바니는 체제 속에 투항해 버렸다.' 선생님께서는 이렇게 생각하시지 않을까요? '모두 뒤죽박죽 뒤섞어 겉과 속도 구분 못하는 녀석이 있군'이라고 말입니다. 선생님은 '언저리'의 문필가가 아니라, 프로 작가라고 말입니다. 선생님의 책이 출판되는 것은 그것이 훌륭하기 때문이고, 선생님에게 독자가 있기 때문이며, 초기 투자 금액이 회수될 수 있으리라는 기대감이 있기 때문이라고요. 사실인가요, 거짓인가요? 선생님의 책이 열차 역에서 시므농이나 기 데 카르의 책만큼 팔리지 않는다 해도, 그것은 잡화점에서도 살 수 있으며, 그렇다고 그 책들이 덜 훌륭하게 되는 것은 아니라고요. 사실인가요, 거짓인가요? 나의 착각일 수도 있겠지만, 한 명의 영화감독으로서 나는 선생님께서 작가로서 지니고 있는 것과 똑같은 정신으로 작업한다고 생각합니다. 다시 말해 우리는 소재를 자유롭게 선정하고, 우리의 생각에 따라 그것을 만들어가며, 그다음 사람들에게 유통합니다. (…) 좋든 나쁘든 나의 영화

728

는 내가 만들기를 원했던 것일 뿐이며, 그 이외에 어떤 것도 아닙니다. 나는 이 영화들을, 유명하든 그렇지 않든 내가 선정하고 내가 사랑했던 배우들과 함께 만들었습니다. (…) 내가 선생님께 이 편지를 보내는 이유는, 『가면과 펜촉』지를 통해 선생님이 영화에 관해 쓴 글의 묘사 방식이, 내가 매우 좋아했던 어떤 사람을 생각나게 하기 때문입니다. 오디베르티입니다. 선생님 또한 그가 지닌 정직성을 가지고 있기를 바랍니다."

트뤼포의 항변은 그 분량만으로도 보리의 글에서 받은 충격과 깊은 상처를 잘 보여 주었다. 트뤼포는 자신의 정당성을 증명하고, 나아가 자신의 작품을 종합적으로 검토할 필요성을 느꼈다. 그는 자신의 몇몇 작품의 형식을 비판하거나, 그 작품을 불필요한 것으로 판단 내리는 일까지도 주저하지 않았다. 그리고 당시 지성의 측면에서 자신이 존경하던 저명한 비평가에게 편지를 보냄으로써, 트뤼포는 많은 사람이 자신에 대해 지니고 있는 "수월한 경력을 쌓고, 모든 일에 성공하는 감독"이라는 이미지를 깨끗이 없애고자 했다. 순교자로 처신하고자 하지 않고(그는 이 역할은 고다르에게 넘겼다), 트뤼포는 성공만큼이나 실패로도 점철된 경력을 가진 한 명의 구속받지 않는 감독으로서 자신의 입장을 변호했다. "나는 내가 만드는 영화에, 그 장점과 단점에 전적인 책임을 느낍니다. 결코 시스템을 탓하지 않습니다." 기묘하게도 트뤼포의 '진실 선언'은 동시대의 많은 사람의 귀에 거짓으로 들렸다. 여하튼 수세에 몰린 것은 트뤼포였다. 당시의 대부분의 감독은 좌파 또는 극좌파 진영에 확고히 몸담고 있었고, 트뤼포는 그들의 사상이나 사고와는 격차가 있었기 때문이다. 보리와의 언쟁은 당시 트뤼포가 과거에 관계를 맺었던 몇몇 중요 인물과의 사이에서 겪은 결별을 상징하고 있었다. 트뤼포는 그 결별을 필연적인 것으로 생각했지만, 그 어느 것도 고통스러운 일이었다.

사생활

〈아메리카의 밤〉의 성공으로 프랑수아 트뤼포는 작업 속도를 늦출 수 있었다. 연이어 세 편을 연출한 트뤼포는 앞으로 두 해 동안 다른 일을 하거나 여행을 하면서 숨을 돌리기로 결정했다. 이 강도 높은 활동은 그를 지치게 했지만, 1971년 초부터 빠져들었던 '수렁'에서 탈출하는 데 도움을 주었다. 트뤼포는 그 대부분의 시간을 파리를 벗어나 영화를 촬영하면서 보냈기 때문에 완전한 혼자의 상태는 아니었다.

　휴식을 결정한 시점에서도 여전히 트뤼포에게는 집필 중인 시나리오 네 편[그뤼오와는 〈아델 H의 이야기〉와 〈사자들의 성단L'Autel des morts〉(후에 〈녹색 방〉으로 바뀜)을, 쉬잔 시프만과는 〈포켓 머니〉를, 미셸 페르모와는 〈바람둥이Le Cavaleur〉(〈여자들을 사랑한 남자〉로 바뀜)를 함께 작업했다]과 몇 권의 서적 기획이 있었다. 또한 트뤼포는 시간의 대부분을 자신의 인생에 관해, 그리고 유년기와 당시 만났던 사람들에 관해 기록한 '연표'를 완성하는 일에 할애했다. 그는 로베르 라퐁 출판사와 자서전 간행까지도 약속했다. 그렇지만 "주로 가족과 관련된 이유로 10년 정도 지난 뒤라야" 준비될 수 있을 것이라는 조건을 붙였다. 성장기와 출생의 비밀을 기술하는 문제로, 아버지 롤랑 트뤼포를 언짢게 만들지 않을까 우려했기 때문이다.

40대로 들어선 트뤼포는 자신의 생활을 정리할 필요를 강하게 느꼈다. 그렇다고 해도 자신의 과민성을 잘 알고 있는 트뤼포는 여전히 스스로를 보호했다. 트뤼포는 계속 조르주 5세 호텔의 스위트룸에 머물렀다. 릴리안 시에젤은 이렇게 회상한다. "그는 부득이 영화관에 갈 때 외에는 호텔 밖으로 나가지 않았다. 영화관도 객석이 어두워진 뒤에 들어갔다. 내가 저녁 식사 약속 때문에 찾아갔을 때도, 그는 호텔 방으로 식사를 주문했다. 타인들과의 관계를 그 자신이 설정하고자 했기 때문에, 호텔에 산다는 사실은 그에게 일종의 보호막이 되어 주었다. 다시 말해, 어떤 여성이라도 자신의 거처에 정착하는 것을 방지하는 하나의 방편이었다." 이어서 트뤼포는 몇 개월간 카로스 사무실 위에 있는 아파트에서 생활한 후, 세르비아-피에르-1세 거리에 위치한 대형 아파트를 빌리기로 결정했다. 아주 환한 방 여섯 개가 딸린 이 아파트는 사무실 가까운 곳에 위치하면서 에펠탑이 잘 보인다는 두 가지 이점이 있었다. 응접실에서 보이는 에펠탑의 풍경은 트뤼포에게 "최상의 영감의 원천"이었다. 트뤼포는 가정부 마리만이 있었을 뿐 혼자 살았다. 1973년 1월 마리의 사망은 트뤼포를 매우 슬프게 했다. 활기차면서도 입이 무거운 이 60대 여성은 트뤼포에게 시종일관 헌신적이었기 때문이다. 마리의 뒤를 이어 에밀리엔이 잠시 집안일을 돌본 뒤, 가정부 자리는 카르멘 사르다 카노바스에게 맡겨졌다. 늘 경쾌한 모습으로 잘 웃는 그녀는 페르낭델의 광적인 팬이었다(페르낭델의 영화가 텔레비전 방영될 때, 트뤼포는 그 영화들을 그녀에게 녹화해 주었다). 카르멘은 요리 솜씨가 뛰어난 편은 아니었다. 딸 로라의 말에 의하면, "만일 그녀가 탁월한 요리사였을지라도, 아버지는 그 장점을 평가할 눈이 없었을 것이다." 장 그뤼오도 이 점에 동의한다. 그는 "한결같이 지나치게 익힌 비프스테이크에 겨자 소스를 듬뿍 바른 것을" 먹고 있는 친구 트뤼포의 모습에 익숙해져 있었다.

세르비아-피에르-1세 거리의 아파트 안에는 로라와 에바의 방이 각각 있어, 두 딸은 보통 여기서 주말을 보냈다. 1973년 봄, 로라는 14세였고 에바는 12세였다. 트뤼포는 촬영이 없을 때는 두 딸과 함께 책과 영화에 탐닉하며 대부분의 시간을 보냈다. 그는 의도적으로 두 딸의 성격 차이를 유지시켰다. 몽상가 기질을 지닌 큰딸 로라는 문학적 재능이 있었고, 낭만적 기질이 덜한 에바는 좀 더 활동적이었다. 에바는 이렇게 기억한다. "내가 아버지와 함께 고른 영화들은 늘 템포가 아주 빠르고 매우 건조하면서 폭력적인 영화, 이를테면 랑, 스터지스, 알드리치, 큐브릭의 영화들이었다. 아버지는 로라와는 이런 종류의 영화들을 볼 수 없었다. 아버지는 로라와 있을 때면, 취향과 감정의 측면에서 자신의 개성 가운데 또 다른 면을 좀 더 낭만적이고 감성적인 형태로 분출시켰다. 큐커, 펠리니, 히치콕, 프레드 아스테어의 뮤지컬 코미디 영화, W. C. 필즈의 코미디 또는 〈판도라Pandora〉 같은 영화, 1970년대에 재개봉된 채플린의 위대한 코미디 전작 등이었다. 세 명 모두 일치했던 것은 〈세 명의 아내에게 보낸 편지A Letter to Three Wives〉, 〈이브의 모든 것All About Eve〉 등 맨키위츠의 몇몇 영화, 폴란스키의 작품들, 달턴 트럼보의 〈조니는 전쟁에 나갔다Johnny Got His Gun〉 등이었다. 우리 두 명은 의무적으로 아버지를 따라 당시의 싸구려 프랑스 영화들을 보러 다녔다. 아버지는 지디, 몰리나로, 드 브로카 등의 영화에서 터무니없는 트럭이나 낡아빠진 개그, 경이적인 대담성을 찾아내고서는 웃음보를 터뜨리곤 했다. 〈멋진 남자Le Magnifique〉, 〈랍비 야곱Rabbi Jacob〉, 〈화가 치밀어 올라 La Moutarde me monte au nez〉 같은 영화였다. 로라와 나에게서 아버지는 자신의 두 가지 개성, 두 가지 특색에 각기 관심을 쏟았다. 고등사범학교 입학을 꿈꾸던 로라는 프루스트와 19세기 문학을 전부 읽었다. 나는 전혀 침착하지 못했으므로 책 앞에 앉힐 수도 없었다. 나중에 아버지가 내게 처음에는 챈들러를, 다음에는 체스터 하임스, 구디스, 다니자키 준이치로谷崎潤一郎 등 읽어야 할 책을 주셨을 때까지는 그랬다."

트뤼포는 책에 대한 애착과 영화의 즐거움 이외에도, 샹송에 대한 애정도 딸들과 함께 나누었다. 세 사람은 트레네를 가장 좋아했고, 신세대 가수 가운데서는 쥘리앵 클레르와 알랭 수송 등 몇 명을 좋아했다. 그들은 또한 레몽 드보스를 비롯한 만담가도 좋아했다. 트뤼포는 레몽 드보스를 너무나도 좋아해서, 파리뿐 아니라 그의 지방 공연에도 자주 찾아갔다. 그 밖에도 피에르 다크와 프랑시스 블랑슈도 좋아했는데, 그들의 촌극을 보고 세 사람은 박장대소를 했다.

회사에 가지 않는 날이면 트뤼포는, 낮에는 세르비아-피에르-1세 거리에 있는 집으로 동료와 친구를 초대했고, 저녁에는 기분 전환을 위한 중요한 취미였던 텔레비전을 보지 않을 때면 아파트로 여자들만 불렀다. "남자와 함께 저녁 식사를 한다는 것은 생각할 수도 없다. 나는 히틀러, 사르트르와 공통점을 가지고 있는데, 저녁 7시 이후 남자와 함께 있는 것을 못 견딘다는 점이다. 내게 저녁 시간이란 사적인 장소에서 사적인 생활을 하는 것을 뜻한다. 그것은 조용조용 말을 하는 시간이며, 속내 이야기를 위한 시간, 진실의 교류를 위한 시간이다. 영화 촬영의 행복감에 견줄 만한 유일한 시간인 것이다." 트뤼포는 『파리 마치』지에 그렇게 썼다.

그 어떤 사교 모임을 위해서도 희생시키려 하지 않았던 이 소중한 특권적 시간 동안, 트뤼포는 여자 친구들을 만났다. 가장 가까운 사람은 마들렌 모르겐슈테른과 헬렌 스코트였고, 릴리안 드레퓌스, 레슬리 캐런, 알렉산드라 스튜어트, 릴리안 시에젤 등이었다. 릴리안 시에젤은 이렇게 말한다. "금세 서로에 관해 이야기하게 된 우리는 종종 둘만의 만남을 가지고 신뢰와 비밀로 이루어진 긴 저녁 시간을 보냈다." 트뤼포는 시에젤과 함께 종종 장 폴사르트르의 이야기를 나누었다. 시에젤은 사르트르와 잘 아는 사이였으며, 트뤼포는 그에게 매료되어 있었다. 처음으로 저녁 식사를 함께 한 다음 날인 1971년 4월 20일, 트뤼포는 시에젤에게 편지를 썼다. "우리는 매우 자유롭게 많은 이야기를 나누었습니다. 즐거운 시간이었습니다. 〈두 영국 여인과 대륙〉의 시나리오를 함께 보냅니다. 당신은 열렬히 앤처럼 되고 싶어 하는 뮤리엘 같은 사람입니다. 우리는 하룻저녁에 1년분의 비밀 이야기를 나누었습니다. 이것으로 나는 '우정을 담아'라는 인사말에서 '애정을 담아'라는 표현으로 바꾸어도 좋을 것입니다."

트뤼포는 자신에게 필수적이라고 생각되는 몇몇 규칙만 서로 존중한다면, 여자 친구나 옛 애인과 좋은 시간을 가졌다. 규칙 가운데 가장 중요한 것은 비밀을 지키는 일이었다. 누구든지 그 비밀 계약을 파기한 사람은 그로부터 무자비한 절교를 당했다. 이 절교는 주로 편지로 이루어졌다. 트뤼포는 여자들 간의 직접적 교류와 "지긋지긋한 분규"를 피하기 위해, 자신의 관계를 세분화했다. 그러고도 그 가운데 한 명이, 예를 들면 입이 가볍다고 트뤼포가 종종 책망하던 헬렌 스코트가 비밀을 지키지 않은 일이 드러나면, 트뤼포는 즉시 크게 화를 냈다. 이 기본 규칙이 존중되는 순간부터, 트뤼포와 '그의' 여성들의 관계는 다양한 형태를 지니게 된다. 그러나 "고삐를 쥐고 관계를 결정하는" 것은 트뤼포인 경우가 많았다고 릴리안 시에젤은 말한다. 또한 트뤼포는 친밀함과 우정 사이에 경계선을 그었다. 그는 릴리안 시에젤에게 이렇게 썼다. "나는 속박이 두렵습니다. 약속해 놓고 지키지 못할 것이 두렵습니다. 나를 두렵게 하면 안 됩니다. 당신과 함께 있으면 나는 비교적 금방 기분이 좋아지고 그것은 쭉 계속됩니다. 그렇지만 그 후 며칠 동안 당신에게 전화할 일을 생각하며 고통을 느끼는 것은 납득이 안 됩니다. 마치 내가 나쁜 일을 했다거나, 당신을 향해 양심의 가책이 생긴다거나, 내가 질책을 받게 될 것처럼 말입니다." 트뤼포는 몇몇 여자 친구와 대개 영화나 연극을 보며 저녁 시간을 보내는 즐거움을 나누었다. 이것은 그에게 호화로운 저녁 식사와는 비교할 수 없는 유익한 활동이었다.

이 세분화된 복잡한 생활은 실로 단순한 원칙 위에 세워져 있었다. 먼저 다른 사람에게 방해받지 않는 '둘만의 관계'가 주는 즐거움이었다. 트뤼포는 사교 생활을 시간 낭비로 간주해 별로 좋아하지 않았다. 불가피한 경우에도 트뤼포는 나서는 대신 상대방의 말을 듣거나 웃어주는 것을 더 좋아했으며, 훌륭한 관객의 입장에 서는 것을 선호했다. 특히 자신이 열렬한 관심을 가진 사람이거나 그의 책을 읽었기 때문에 호기심을 지닌 상태에서 저녁 식사 요청에 응한 경우에는 더욱 그러했다. 흥미 없는 대화의 포로가 된 경우라면 트뤼포는 긴 시간 동안 침묵으로 일관했고, 주위 사람들은 이 모습에 결국 난처해했다. "프랑수아는 마치 아무것도 들리지 않는 듯이 행동했고, 침묵으로 빠져들었다. 그에게 또다시 이야기를 시도하기 위해서는 커다란 용기가 필요했다." 마들렌 모르겐슈테른의 말이다.

다음으로 트뤼포는 애정 관계에 종지부를 찍는다는 생각은 할 수가 없었다. 따라서 그는 몇 개의 애정 관계를 동시에 맺었고, 그 하나하나를 가능한 한 가장 밀폐되고 비밀스러운 방식으로 세분화하고자 했다. "프랑수아는 어느 정도 지속된 애정 관계가 있을 경우, 한 명의 여성이 자신이 볼 수 있는 범주 바깥에 놓이게 되는 일은 상상할 수 없었다." 마들렌은 그렇게 확언한다. 마들렌과 트뤼포 사이의 관계는 중단되는 적이 결코 없었다. 그 관계는 가깝고 긴밀했고, 애정이자 우정이면서도, 때때로 크게 의견이 엇갈리는 순간도 있었다. 예를 들면, 트뤼포가 카트린 드뇌브와 교제하고 있을 때가 그러했다. "내가 늘상 함께하는 친척과도 같은 존재라는 사실은 그의 인생에 있었던 다른 여자들에게는 그리 유쾌한 것이 아니었다." 마들렌은 예리하게 지적한다. 트뤼포는 어떤 관계를 끝내고자 할 때 엄격해지기도 했지만, 대개 애정은 강하고 지속적인 우정으로 바뀌었다. 예컨대 카트린 드뇌브와는 헤어진 지 두 해도 지나지 않아 친밀한 동료 관계가 되었다. 이 화해는 그녀가 시도한 것이었다. 프랑수아는 슬럼프에 빠진 순간 전화를 걸어온 드뇌브의 이야기를 듣고는, 그녀를 위로하고 격려해 주었다. 그후 두 사람은 정기적으로 만나 함께 식사를 했다. "카트린은 시간이 지나면서 중요하고 진실한 친구가 되었다네." 트뤼포는 1975년 초에 장 루 다바디에게 그렇게 써 보냈다.

우울증에 빠진 해를 보낸 뒤, 프랑수아 트뤼포는 들뜬 애정 생활을 재개했다. 프랑스에서 〈두 영국 여인과 대륙〉을 홍보하는 동안에는 키카 마컴을 다시 만났고, 그녀가 몇 차례 파리에 머물 때도 만났다. 트뤼포의 애정 관계는 때로는 재회의 관계, 그리고 때로는 새로운 관계로 증가해 갔다. 또한 '직업여성'에 대한 독특한 취향도 여전했다. 반면에 카트린 드뇌브와의 결별 이후, 트뤼포는 부부로서의 모든 생활은 거부했다. "나는 이제는 우연적인 관계 이외에는 사랑을 할 수가 없습니다." 트뤼포는 한 여자 친구에게 그렇게 썼다. 그뤼오는 이렇게 지적한다. "그는 공동생활과 가정을 이루는 일에 어려움을 겪은 이후, 결혼에 공포감을 갖게 되었다. 어느 날 그는 내게 자신은 언제나 인생의 몇몇 시기에 대한 기억의 계단을 올라가면서, 순간적이나마 불안감으로 가슴에 심한 압박을 받는다고 말했다. 올라가면 아내나 여자 친구가 자신을 맞이한다는 것을 알고 있다. 자신은 그 사람과 대화해야만 하며, 어쩌면 자신의 식사 습관 등에 대해 잔소리를 듣는 등 질책을 감내해야 할는지도 모르는 일이다. 이제는 아파트 문 손잡이를 돌릴 때, 아무도 없는 방에 들어가 혼자서 낡은 책 속에, 텔레비전 앞에 앉을 수 있다는 확신을 가질 수 있다. 얼마나 안도할 만한 일인가. 그러나 고독이 주는 번민을 피할 수는 없었다. 어느 날 아침에 만났을 때, 그는 매우 불안한 듯했다. 잠을 잘 못 잤으며, 한 쪽 귀에서 고름이 흘러 베개 위에 자국을 남긴 것이다. 그는 어린 시절에 걸린 만성 중이염의 재발을 두려워했다. 사실은 전날 밤 버림받은 듯한 쓰라린 기분을 느꼈다고 그는 내게 털어놓았다."

〈아메리카의 밤〉의 제작 기간에 진심으로 고독을 함께할 수 있었던 유일한 여성은 재클린 비셋이었다. 처음에 어색했던 둘의 관계는 서로 알아가면서 점점 친밀해졌다. 이 관계는 니스에서 촬영 중에 시작되어 잠시 계속되었다. 〈아메리카의 밤〉을 마친 재클린 비셋은 프랑스에 남아 곧바로 필립 드 브로카의 〈멋진 남자〉에 출연해 장 폴 벨몽도와 공연했다. 1973년 봄 두 사람은 각지의 영화제에서 〈아메리카의 밤〉을 소개하면서, 니스나 파리 혹은 칸에서 정기적으로 만났다. 또한 트뤼포는 그해 여름 내내 로스앤젤레스에 머물렀는데, 이것은 그에게 있어서 장 르누아르를 방문할 기회이기도 했지만, 동시에 베네딕트 캐니언의 아름다운 흰색

저택에 사는 재클린 비셋과 재회할 기회이기도 했다. "그녀 덕분에 자신감을 되찾았다네"라고 트뤼포는 장 클로드 브리알리에게 고백했다.

프랑수아 트뤼포는 영원히 부정한 남자였지만, 그의 부정은 돈 후안적 성격의 결과라기보다 유혹하고 싶고 사랑받고 싶은 욕구의 산물이었다. 트뤼포가 말하는 '그 밖의 여자들'이란 스쳐 지나가는 여자, 영화계 동료, 외국 기자 그리고 무엇보다도 자신의 영화에 출연한 여배우들이었다. "그에게 있어 여자란 늘 절반은 상징물, 절반은 여성이었다. 그가 자신의 여배우를 사랑한 것은 그 때문이었다. 먼저 영화를 사랑하고, 또 감독 활동과 자신의 영화에 출연시킨 아름다운 여배우를 사랑하는 것으로써, 그의 삶은 수월하게 풀려 나갔다. 무엇보다도 그것은 자신의 유년기를 영속화하는 방법이었다. 여성은 어머니이고, 인형이고, 약혼자이고……." 알렉산드라 스튜어트는 이처럼 트뤼포 내부에 비밀스럽게 얽힌 이중적 강박 상태를 완벽하게 지적한다. 그것은 영화를 향한 사랑과 여자에 대한 사랑이었다.

트뤼포가 이 같은 행동으로, 마들렌과 두 딸과 자신이 늘 품어 왔던 이상적이고 조화로운 가족이란 개념에 대해 가책을 느끼지 않는 것은 아니었다. 여기서 생겨난 트뤼포의 죄의식을 생각하면 우울증의 시기라든가, 혹은 성인이 된 뒤 그를 찾아온 더욱 심각한 위기도 부분적으로 설명이 가능하다. 트뤼포는 촬영으로 파리를 벗어날 때 이외에는, 대부분의 주말을 콩세예-콜리뇽 가에서 보냈는데, 그것은 딸들뿐 아니라 마들렌과도 함께하기 위해서였다. 마들렌과의 관계 유지가 아마도 트뤼포를 진정시켜 주었을 것이다. "이 기이한 시간은 실제의 가정생활과 흡사했다. 이것이 그에게 일종의 평화를 마련해 준 것이다. 나는 나 자신과 아이들을 위해 이 상황을 받아들였다. 왜냐하면 프랑수아처럼 흥미로운 인물과 탈 없이 몇 년간을 지낸다면, 나중에 어떤 형태로든 무엇인가가 남을 것이라고 기대하는 것은 당연하기 때문이다." 마들렌은 그렇게 말한다.

프랑수아 트뤼포의 생활에서 안정에 대한 욕구, 나아가 일종의 습관성에 대한 욕구는 기이하게도 연애에 대한 그의 욕구와 공존했다. 트뤼포는 홀로 있을 때도 여자와 함께 있을 때도, 작업하기 적합한 분위기를 유지하기 위해 정착된 좌표와 관례를 필요로 했다(그 때문에 어느 작품에서도 그는 일관성 있게 동일한 제작진을 유임시키는 습관이 있었다). 마들렌과 두 딸과 함께 떠났던 가족 바캉스는 이러한 상황의 모순을 분명하게 요약한다. 마들렌 모르겐슈테른의 말에 따르면, "그것은 우리가 호텔에서 일주일 동안 진정한 하나의 가족을 형성하는 시간이었다. 그러고 나서 돌아와 모두 각자의 활동을 재개했다. 그것으로 끝이었다. 돌아오기 이틀 전이면 내게는 언짢은 기분이 들기 시작했다. 이런 형태의 부자연스러운 상황을 감당하기가 힘들었기 때문이다." 그러나 트뤼포는 이 시간을 바람직하게 생각했다. 아마도 그것이 그의 인생의 균열을 조금이라도 줄여 주었기 때문일 것이다.

한쪽에는 비밀의 사생활, 다른 한쪽에는 일과 카로스에서의 활동이 있었다. 트뤼포는 세르비아-피에르-1세 거리 자택에서의 사생활과 로베르-에티엔 가 회사에서의 일 사이에서 시간을 쪼개어 썼고, 틈틈이 집 근처 서점과 샹젤리제의 영화관에서 기분 전환을 했다. 트뤼포는 직업 생활에도 사생활과 마찬가지로 세분화의 원칙을 적용했다. 예컨대 장 그뤼오, 장 루이 리샤르, 클로드 드 지브레, 장 루 다바디 등 동료 각본가들은 카로스 영화사에서 서로 마주치는 경우가 한 번도 없었으므로, 서로의 작업에 관해 전혀 몰랐다. 트뤼포는 정기적으로 시나리오 진행 상태를 파악하고 싶어 했는데, 이때 모두와 연락을 취해 분주히 약속 일정을 정하는 일은 쉬잔 시프만의 몫이었다.

캘리포니아의 여름

이 2년의 휴지기 동안 프랑수아 트뤼포는 가능한 한 많은 시간을 해외에서 지냈다. 그는 1973년 여름에는 6월에서 8월까지 로스앤젤레스에 머물렀다. "나는 대단히 호화스러운 생활을 하고 있습니다. 안뜰이 있는 방갈로에서 자동 변속기가 장착된 붉은색 대형 자동차를 가지고 말입니다! 현재로서는 대단히 고독합니다." 릴리안 시에젤에게 트뤼포는 그렇게 썼다. 몇몇 제작자는 트뤼포의 할리우드 체류를 그가 이곳에서 영화 제작을 원하는 것으로 해석했다. 예를 들면, 워너 소속의 시몬 벤자케인은 1943년 잉그리드 버그먼과 험프리 보가트를 주인공으로 마이클 커티스가 감독한 유명한 영화 〈카사블랑카Casablanca〉의 재영화화를 트뤼포에게 제안했다. 물론 트뤼포는 거절했다. "이 영화는 험프리 보가트

의 영화 가운데 내가 선호하는 작품이 아닙니다. 나는 그것보다
⟨빅 슬립Big Sleep⟩이나 ⟨부자와 빈자To Have and Have Not⟩를 훨씬 높
게 평가합니다. 그러므로 이 영화를 새로이 연출한다는 생각은
당연히 다른 작품만큼 두렵지는 않을 것입니다. 나는 이 영화가
프랑스의 분위기 속에서 전개되리라는 것을 알고 있습니다. 그러
나 동시에 나는 미국 학생들이 이 영화를 열렬히 좋아하며, 특히
대사를 좋아하기에 그들이 대사 하나하나까지 모두 암기하고 있
음을 압니다. 배역 문제도 당연히 제게 압박감을 줍니다. 나는 장
폴 벨몽도와 카트린 드뇌브가 험프리 보가트와 잉그리드 버그먼
의 역할을 잇는 모습을 상상할 수가 없습니다. 이런 일들에 대한
시각이 미국에서는 많이 다르다는 것을 나는 압니다. 리메이크를
만든다는 착상 자체에 부정적인 것은 아닙니다. 단지 그것은 오
늘날 더욱 솔직하게 논할 수 있는 아주 훌륭하고 참신한 이야기
인 경우, 그리고 미국 영화 역사에서 지나치게 비중이 큰 작품이
아닌 경우여야 합니다. 만일 워너 브라더스가 진심으로 제게 영
화를 맡기고 싶다면, 작품 목록을 저에게 보내 주어, 그 가운데서
제가 선택할 수 있도록 해 주시면 어떨까요?"

　할리우드가 자신에게 관심을 보이는 것이 기쁘기는 했어도, 트
뤼포는 모든 제안을 거절했다. 그때마다 트뤼포는 늘 예절과 깊
은 프로 의식을 갖추고 그 논거를 장문의 서신을 통해 설명했다.
그러나 그는 문을 완전히 걸어 잠그지는 않았다. 언젠가 미국에
서 영화를 만들 가능성은 트뤼포에게 일종의 구명 수단으로 작용
했다. 프랑스에서 자신의 입장이 지나치게 미묘하거나 이데올로

기적 혹은 직업적 압박감을 느낄 때, 할리우드가 자신을 받아 준 다는 생각은 이내 안도감을 주었다. 미국이 '원하는' 감독이라는 사실, 그것은 프랑스 영화업계에서 특권적이고 독특한 지위를 주장하는 하나의 방법이었다. 또한 그것은 자신이 좋아하면서도 해외 수출은 어렵다고 판단한 '작가'의 영화들(예를 들면 장 외스타슈, 자크 리베트, 필립 가렐의 영화들)과의 사이에 경계선을 긋는 은밀한 방법이기도 했다. 이렇게 전문 흥행사인 동시에 루비치와 히치콕의 충직한 찬미가인 트뤼포는, "장소 설정과 미국적인 특색이 지나치게 선명한 이야기만 아니라면", 영화의 메카인 할리우드에서 영화를 만들 수도 있다고 생각했다.

작가이자 독립 제작자로서의 트뤼포의 지위와 다른 프랑스 영화업계 사람들 사이의 괴리는 지속적인 오해의 원인이 되었다. 기자와 평론가들뿐 아니라 가까운 친구와의 사이에서도 오해가 생겨났다. 1970년대 초의 트뤼포는 〈아메리카의 밤〉의 감독인 페랑과 거의 일치했다. 예산을 존중하고 배우 및 동료들과 '옛 방식'의 영화 가족을 꾸려가는 성실한 장인과도 같은 인물이었다. 당시 프랑스의 '작가 영화'들은 주류에서 계속 밀려나고 있었기 때문에, 트뤼포는 신중한 태도를 취했다. "나는 현재 너무도 많은 행운을 누리고 있기 때문에, 나만큼 행운을 얻지 못한 사람들을 공격하지 않습니다. 극히 단순한 이치입니다." 트뤼포는 기자인 기 테세르에게 매우 정직하게 그렇게 썼다.

트뤼포가 캘리포니아를 좋아한 것은 무엇보다 현지의 생활 양식 때문이었지만, 또한 르누아르, 히치콕, 혹스, 캐프라 등 존경하는 감독들이 살고 있기 때문이기도 했다. 트뤼포는 여기서 편안함을 느꼈고, 파리에서보다 행동도 훨씬 자유로웠다. 어느 날 레슬리 캐런이 그에게 캘리포니아를 좋아하는 이유를 물어보자, 트뤼포는 유머를 섞어 대답했다. "주차 공간이 널려 있으니까!" 미국을 좀 더 활용하기 위해 트뤼포는 '인생 최대의 문제', 즉 영어 구사의 어려움을 극복하는 일에 명예를 걸기로 했다. 이 문제가 그의 캘리포니아 장기 체류의 동기였다. 현지에서 트뤼포는 "멍청이들을 가르쳐 좋은 결과를 낸 교사"와 함께 공부했다. 선셋 대로에 위치한 아름다운 베벌리힐스 호텔에 거주하면서 트뤼포는 미셸 토마 교수에게서 매일 여섯 시간씩 수업을 받았다. 트뤼포는 미셸 토마에게 문자 그대로 매료되었다. 이 비범한 교육자는 1947년에 미국에 정착해 외국어 학교를 세운 프랑스인으로, 레지스탕스 출신이기도 했다. 그는 그르노블 근방의 지하 조직 지휘자로서 리옹에서 클라우스 바르비에게 고문을 당한 뒤, 프랑스 해방 무렵 미국의 대간첩 활동 첩보원이 된 인물이었다. 더욱이 그때까지 토마는 여러 제자를 명단에 올리고 있었다. 몇 개월 동안 그레이스 켈리와 오토 프레민저에게 프랑스어를 가르쳤고, 이브 몽탕에게는 셰익스피어와 매릴린 먼로의 언어를 정확히 가르쳐 주었다. 학생 트뤼포로서는 모든 이유에서 관심을 갖지 않을 수 없었다. 그렇지만 갖은 노력에도 불구하고, 트뤼포의 진전은 매우 더디었다. 트뤼포는 헬렌 스코트에게 이렇게 털어놓았다. "토마 선생은 내게 정확한 형태를 가르치는 것보다 잘못된 습관을 버리게 하는 일이 더 어렵다고 말합니다. 그는 나를 질책하는 법이 결코 없습니다. 그의 처신은 어떤 면으로는 정신 분석가와도 비슷하며, 완벽한 인내심을 지니고 있습니다. 그렇지만 나는 그가 나의 강한 거부 반응에 놀라고 있음을 쉽게 느낄 수 있습니다. 사실을 말하자면 내게는 알고자 하는 욕구만큼 강한, 배움에 대한 거부감이 있습니다."

1973년 여름 동안 트뤼포는 다른 모든 미국인처럼 워터게이트 사건에 열중했다. "프랑스 저널리즘의 무한한 아마추어주의, 불성실성"과 비교할 때, 미국식의 철저한 수사 중심의 보도 내용에 트뤼포는 깊이 만족했다. 닉슨 행정부의 다수 인물이 연루된 이 정치 스캔들의 진전을 매일 아침 생중계로 보면서, 트뤼포는 실익과 취미를 동시에 얻었다. 거짓과 기만에 직면한 정치 권력의 연출에 매료됨과 동시에, 연일 계속되는 현장 보도를 영어 능력 향상의 기회로 이용했던 것이다. 하지만 모든 노력에도 불구하고, 트뤼포의 언어 학습은 침체를 면치 못했다. 『로스앤젤레스 헤럴드 이그재미너』만이 1973년 9월 2일 자에 "트뤼포의 영어 정복을 도와준 하루 세 시간의 워터게이트"라는 제목의 전면 기사를 게재하며 열광했을 뿐이었다. 그렇긴 해도 트뤼포는 이때부터 영어 독해는 거의 정확히 할 수 있게 되었고, 그 덕분에 영화 관련 문학이나 역사 에세이에 몰두할 수 있었다. 트뤼포가 처음으로 구입해 읽은 영어 원서는 셀즈닉의 『메모*Memo*』였다. 그는 1973년 7월 초 캘리포니아의 호화로운 호텔 수영장 옆에서 이 책을 읽었다.

파리에서처럼 할리우드에서도 트뤼포의 생활은 늘 세세하고 일정한 습관을 따르고 있었지만, 그의 외모는 달라졌다. 어두운 옷과 넥타이로 단정하게 차려입고 센강 우안의 파시와 샹젤리제 사이를 자주 찾던 트뤼포는 캘리포니아에 도착하자마자 완전히 변신했다. "그는 15년은 젊어 보였다." 클로딘 부셰는 트뤼포의 "우아하고 편안한 옷차림"을 지적하면서 그렇게 말했다. 초기 트뤼포 영화의 편집자였던 그녀는 1967년 미국에 정착했다. 레슬리 캐런 역시 덮개를 접은 아름다운 미국 자동차를 몰고 있는 온화하고 편안한 상태의 트뤼포의 모습을 기억해 낸다. 실제로 트뤼포는 캘리포니아의 생활 스타일과 리듬을 좋아했다. 또한 그는 할리우드 대로에 있는 유명한 영화 전문 서점인 래리 에드먼즈에 정기적으로 들러 몇 시간씩 보내곤 했다. 파리에는 이에 견줄 만한 장소가 없었다. 트뤼포는 미국의 배우와 감독의 전기물을 열렬히 좋아했다. 그것은 은막의 뒤에서 본 영화의 역사와 작품의 제작 기록, 스타의 연애 사건에 관련된 정확하고 흥미진진한 사실의 정보원이었다.

트뤼포는 대부분의 시간을 베벌리힐스 호텔에 머물면서, 친구들과 딸들에게 편지를 썼다. 1973년 7월 23일에 쓴 편지는 다음과 같다.

사랑하는 나의 두 딸아.
내가 허풍쟁이 부류에 속하는 아버지란 거 잘 알지? 그 때문에 너희는 내가 하는 말이 사실인지 아닌지 모를 거야. 그 해결책이 있단다. 내가 너희에게 여기 할리우드에서의 생활을 짧은 문장으로 설명한 뒤, 게임을 해보자. 너희는 둘이서 '진실 또는 거짓' 가운데서 답을 골라 보거라. 이틀 뒤에 나는 정답을 담은 답장에, 승자(더 많은 답을 맞힌 사람) 몫으로 OO프랑(몇 프랑일까?)짜리 지폐를 동봉해 보내마. 오케이? 나와 함께 게임을 해 보겠니? 준비! 게임 시작!

1. 안뜰에 햇볕을 들이기 위해 방갈로 유리문을 열 때(아빠 지금 잘난 체하고 있는 거다), 나는 도마뱀을 밟지 않도록 조심해야 한다: 진실 혹은 거짓?

2. 이곳에서는 일요일 자 신문이 정말 두꺼워서 무게가 2킬로그램이나 나간다. 그래서 지난주에는 어느 여자가(헝가리 출신일 거야) 신문으로 남편의 머리에 일격을 가해 살해했다: 진실 혹은 거짓?

3. 어느 이탈리안 레스토랑에서 80대 나이의 작가 헨리 밀러가 내가 있는 것을 알고는 악수하러 찾아와 나와 한 시간 동안 잡담을 나누었다: 진실 혹은 거짓?

4. 이곳에서는 모두 자동차를 가지고 있으며, 걷는 사람은 볼 수가 없다. 그 때문에 며칠 전에는 선셋 대로를 걷고 있었는데, 경찰차가 나에게 신분증을 보여 달라고 요구했다: 진실 혹은 거짓?

5. 나는 3킬로그램이나 늘었는데, 전혀 걷지 않고 우유를 많이 마시기 때문이다 : 진실 혹은 거짓?

6. 이곳은 스타의 나라라서, 모르는 얼굴을 보면 모두 "저 사람 누구냐"고 묻는다: 진실 혹은 거짓?

7. 미국인은 이스라엘과 아랍국가 간의 문제로 인한 휘발유 부족을 걱정한다. 그래서 주유소에서는 자동차 한 대당 20리터의 휘발유밖에 팔지 않는다: 진실 혹은 거짓?

8. 프랑스에서는 증명사진을 10분이면 만들 수 있다(포토마통, 알

지?). 이곳에서는 일주일을 기다려야 한다: 진실 혹은 거짓?

9. 히치콕이 〈아메리카의 밤〉을 본 뒤에 내게 이렇게 편지를 써 보냈다. "내 생각에 이것은 지금까지 영화의 제작 과정을 픽션으로 만든 작품 가운데 최고작입니다": 진실 혹은 거짓?

10. 아빠는 줄리 앤드루스와 그녀의 풀장에서 수영 시합을 벌였는데, 그녀는 마지막에서 두 번째로 들어왔다: 진실? 또는 거짓?

11. 아빠는 교통경찰과 영어로 이야기를 했는데, 그는 내게 프랑스인이 틀림없다고 했다: 진실 혹은 거짓?

12. 프랑스 영사 댁에서 저녁 식사를 했는데, 아빠는 영사에게 프랑스의 원자폭탄은 '어리석은 짓'이라고 말했다: 진실 혹은 거짓?

13. 아빠는 할리우드에서 영화를 찍을 예정이다: 진실 혹은 거짓?

14. 아빠는 피부가 새카맣게 그을러서, 어제저녁에는 '유색인종'의 출입을 금하는 식당에서 입장을 거절당했다: 진실 혹은 거짓?

15. 너희가 아빠와 함께 이곳에 오더라도, 아마 디즈니랜드에는 흥미를 가지지 않을 것이라고 생각했기 때문에, 아빠는 그곳에 혼자서 갔다: 진실 혹은 거짓?

16. 아빠는 너희가 몹시 그립고 자주 생각하지만, 그럼에도 나는 즐겁게 시간을 보내고 있으며 여기 있는 것에 만족하고 있다: 진실 혹은 거짓?

이것으로 게임은 끝이다. 안심하거라, 아빠가 곧 답을 적어 보낼 테니. 이틀 뒤에 승자를 위한 지폐(몇 프랑짜리일까?)와 함께 답장을 부치마. 만일 심판이 필요하다면, 생미셸 전 지역에서 아니에르 지방 출신의 아름다운 여성을 찾도록 해다오(이것이 이른바 추가 테스트 문제란다).

그러면, 아이들아. 아빠가 완전히 미국사람처럼 되어서 돌아가는 모습을 기대해 보렴. 그렇게 변하더라도 너희에게 뽀뽀하는 것을 막지는 못할 것이다…… 키스를 한다…… 가만 있자, 프랑스어로는 뭐라고 말하지? 아, 그래…… 너희들에게 애정 어린 입맞춤을 보내며.
너희들의 아버지, 프랭크 트루프로부터your father Frank Truff.

『버라이어티』지의 기자 겸 평론가로, 트뤼포가 미국에 체류하는 동안 주요 대화 상대자의 한 명이었던 토드 매카시는 이렇게 기억한다. "프랑수아는 로스앤젤레스에 올 때마다 투숙하던 근사한 베벌리힐스 호텔의 풀장 외딴 구석에 놓인 긴 의자에 앉아 있었다. 프랑수아가 평생 물에 공포감을 가졌다는 사실을 내가 알고 있었기에, 일광욕과 수상 스포츠를 애호하는 햇볕에 그을린 캘리포니아인 사이에 있는 그의 모습은 더욱더 엉뚱하게 보였다. 더욱 기이한 것은, 프랑수아는 영화와 관련된 미국 책을 읽을 때, 이 풀장 옆을 세상에서 가장 선호했다는 사실이다. 그는 탐욕스럽게 책을 읽고 있었다. (…) 아름다운 여성들이 '이 남자가 누구지?', '정말 프랑수아 트뤼포란 말이야?'라고 호기심을 품으면서 계속 오갔다. 때로는 그중 한 사람이 용기를 내어 접근하고는 대화를 시도했다. 프랑수아는 그들의 미모에 대해서는 무관심했고 거의 잊은 듯했다. 보통 그는 정중한 모습이었다. 그러나 단호히 폐쇄적 태도를 취하면서 누구와도 일정한 거리를 유지하고 싶을 때는, 주위를 에워싸는 무거운 침묵 속에 있곤 했다. (…) 결국 약간의 당혹감 속에 할 말을 잊은 채로 매력적인 여자들은 물러가고, 프랑수아는 책 속으로 돌아갔다."

트뤼포가 그곳에 머무른 일차적 목적은 휴식을 취하는 것이었다. 이 원칙에 대한 유일한 예외는 토요일 저녁마다 할리우드의 아름다운 저택에서 열리는 파티에 참석하는 것이었다. 그는 여기서 "프랑스인을 연기하는 것"을 대단히 좋아했다. 그리고 친구들에게 편지를 쓸 때는, 마치 생 시몽*처럼 할리우드 상류 인물에 대한 통렬한 기록자로 변신했다. 트뤼포는 헬렌 스코트에게 이렇게 썼다. "최근 나는 두 개의 파티에 참석했습니다. 하나는 각본가 제임스 포의 전처인 매력 있는 여성화가 바버라 포 저택의 파티였습니다. 식품 오염에 관련한 대화가 진행되는 도중 한 여자가 내게 물었습니다. '프랑스에서는 채소에 콘돔**을 넣나요?'라고요. 그것은 '나이스 파티'였습니다. 참석자는 모두 좌파 성향이었고, 새로 당선된 읍내의 흑인 읍장에 매우 호의적이었습니다. 어제저녁에는 또 다른 파티가 있었습니다. 훨씬 전형적인 할리우드 파티였는데, 컬럼비아 영화사의 젊은 제작부장 피터 구버의 저택에서 열린 것이었죠. 그는 『무엇이 새미를 달리게 하는가What Makes Sammy Run?』라는 책의 등장인물과 꼭 닮은 남자입니다. 컬럼비아 영화사의 휘황찬란한 포스터들로 천장을 장식한 방에서의 당구, 잔디 위에서의 바비큐 요리, 이어서 미공개 코미디 영화의 상영이 있었는데, 벅 헨리와 잡담을 나누느라 나는 보질 못했습니다. 벅

• 작가, 정치가. 루이 14세 때 궁정 생활을 묘사한 『회상록』을 썼다.*
•• perservatif(콘돔)와 préservateur(방부제)의 퍼닝(말 유희)*

헨리는 정말 근사한 사람이었습니다."

트뤼포가 즐겨 행한 '행사'는 매주 토요일 오후 르누아르 부부를 방문하는 일이었다. 장 르누아르와 디도 르누아르는 레오나 골목길의 맨 꼭대기에 있는 붉은 벽돌집에서 살고 있었다. 수수하면서도 쾌적한 이 집은 〈강〉의 촬영차 인도에 가기 전인 1950년에 르누아르가 손수 설계도를 그려 지은 것이었다. 르누아르는 프랑스 남부 카뉴-쉬르-메르에 있는 가문의 저택 콜레트에 있는 것과 똑같은 올리브 나무 20여 그루를 집 주위에 심었다. 1973년 7월 트뤼포는 르누아르가 "매우 연로하고 매우 지친" 상태임을 알았다. 르누아르는 걷는 일도 마다하고, "매일 오후 비서에게 회상록을 구술하면서 원기를" 되찾고 있었다. 트뤼포는 파리의 친구들에게 르누아르에 관하여 이야기할 때면, 르누아르가 고령임에도 불구하고 원기를 보이는 점을 강조했다. "매일 아침 7시 디도 르누아르는 잠자리에서 일어나, 집 앞에 신문 배달원이 『로스앤젤레스 타임스』를 던지고 가기를 기다린다. 남편이 잠에서 깨면 디도는 가장 재미있는 뉴스를 읽어 준다. 9시경에 그레그가 도착한다. 베트남전 당시 위생병이었던 젊은 배우다. 그는 장 르누아르의 부상당한 발을 마사지하러 온다. 1916년 전쟁 때 입었던 그 상처는 완치되지 못했고, 옥타브의 저 유명한 곰 같은 걸음걸이의 원인이 되었다.* 그러고 나서 장 르누아르는 편지를 쓴다. 대학에서 온 강연 초청장, 심사위원장 초청장, 부친**의 그림에 대

• 〈게임의 규칙〉에 르누아르는 옥타브 역으로 직접 출연했다.*

한 감정 의뢰 등에 대해 세상에서 가장 정중한 표현으로 거절의 답장을 쓰는 것이다. 그의 예의 바름은 진정으로 유명하다." 점심 식사를 마치면 르누아르는 비서인 룰리 바즈먼이 도착할 때까지 낮잠을 잤다. 바즈먼은 프랑스 출생의 젊은 미국인 여성으로, 그녀의 부친 벤 바즈먼은 매카시즘 시기에 할리우드를 떠난 저명한 각본가였다. 그녀는 르누아르의 구술을 받아 타이프로 작성하는 업무를 담당했다. 영화 수업을 위해 그녀가 오후 5시경에 돌아가면 르누아르는 응접실이나 정원에서 친구들을 만났다.

르누아르 부부는 1970년대 초 할리우드에 정착해 미국인 제작자와 결혼한 레슬리 캐런을 친딸처럼 생각했다. 이 긴밀한 관계는 1955년 캐런이 폴 뫼리스, 레몽 뷔시에르와 함께 〈오르베Orvet〉의 연극 무대에 섰을 때 시작되었다. "나는 계속 '꼬마 레슬리'였다. 두 분의 눈에 나는 성장을 하지 않았다." 캐런은 그렇게 회상했다. 충실하기 이를 데 없는 캐런은 레오나 골목길에 있는 르누아르의 집에서 트뤼포를 여러 차례 만났다. "장은 프랑수아를 전적으로 신뢰했다. 프랑수아는 마치 둘째 아들 같았다. 그리고 프랑수아는 그를 존경했고, 프랑스에 관한 이야기를 들려주어 그의 원기를 찾아 주려고 애썼다. 장은 프랑수아와 함께 있을 때면 원기를 되찾았다." 르누아르 집의 응접실에는 스크린을 펼쳐 걸 수 있는 공간이 있었다. 맞은편 벽 위에 걸린 그림 하나만 들어내면, 복도 벽장 안에 고정 설치된 16밀리미터 군용 영사기로부터 광선

•• 화가 오귀스트 르누아르가 그의 부친이다.*

을 비출 수 있었다. 장과 디도는 손님들과 함께 이따금 피터 보그 다노비치나 토드 매카시 또는 다른 충직한 친구가 가져온 옛 영화나 미개봉 영화를 감상했다. "그는 종종 더 이상 영화를 만들 수 없을지 모른다는 생각에 고통을 받았다. 그는 자신이 더 많은 훌륭한 작품을 만들 수 있다고 느끼고 있었다. 그러나 그의 영화를 그토록 사랑하는 우리는 가장 훌륭한 작품을 가장 많이 만든 사람이 르누아르라는 것을 알고 있었다." 트뤼포는 그렇게 썼다.

마들렌에게 보낸 편지 속에 트뤼포는 캘리포니아에서 가진 만남과 사건을 기록했다. 그것은 은은하고 경쾌한 항해 일지와도 같았다. 7월 13일의 편지 속에서 그는 이렇게 썼다.

사랑하는 당신에게,

어제 베로니카 레이크가 죽었소. 베티 그레이블도, 로버트 라이언도. 오늘 오후에는 닉슨이 입원했고, 나 역시 기분이 썩 좋지 못하다오…… 영어로 꿈을 꾸게 되면 큰 걸음을 내딛는 것이라는 말을 늘 들었는데, 실은 밤에 영어로 이렇게 소리치면서 잠에서 깼다오. "당신에게 몇 개 사 줄 거야…… 어떤 것이라도 사 주고 싶어I am going to buy some for you…… I want to buy any" 등등 말이오. 실제로 신문은 꽤 잘 읽게 되었지만, 말하는 건 별개의 문제인 것 같소. 말을 이해하는 것은 올해는 무리일 것 같아. 나의 선생이 로스앤젤레스를 떠나지 않는다면, 나는 이곳에 더 오래 머무를 예정임을 당신에게는 말해야 할 것이오. 대략 8월 18일이나 20일경까지 체류하게 되겠지. 좌절감을 품고 돌아가고 싶지 않기 때문이야. 만일 이후에 40~50시간 더할 수 있다면, 그렇게 해야만 하오. 당연히 가족과의 스케줄에도 변화가 있소. 당신도 알고 있겠지만, 가족 모두와 함께 칸에서 일주일 이상을 보내는 건 무리일 듯하오……. 내 사정을 이해해 줄 것으로 믿소. 당신 생일도 잊어버릴 뻔했다오. 이곳에서 내가 날짜를 지켜볼 아무런 이유도 없기 때문이야. 그러나 다행스럽게도 내가 꾼 악몽 가운데 하나가 당신과 관련된 것이었고(!) 그것을 계기로 생각이 났다오.(선물은 7일로 연기!) 계속 나는 금요일과 토요일에만 외출한다오. 전형적 할리우드 파티인데, 바비큐 요리, 전기 당구대 등 모두 겉치레라오. 사람들은 모두 내가 여기서 일하기 위해 영어를 배운다고 생각하며, 에이전트들은 내 대리인이 되고자 원한다오. 나는 레슬리 캐런과 그녀의 남편을 가장 자주 만나는데, 그들은 파리에 가서 체류할 예정이며, 반대로 미셸 메르시에는 이곳으로 와서 새로운 경력을 쌓고자 한다. 가장 감동적인 일은 르누아르를 만나는 것이라오. 나는 잔 모로라면 이렇게 했을 것이라고 생각하면서 르누아르를 도우려 한다오. 그를 격려하고 웃게 만들면서 말이오. 기적이 있지 않은 한 르누아르는 지속적인 열의에도 불구하고 종착점을 향해 나아가고 있다오. 빈혈을 겪고 있으며, 몸은 아주 수척하고 동작도 느리다오. 일요일에는 르누아르의 집에 가서 텔레비전으로 〈남쪽 사람〉을 볼 예정이야. 나는 20년 전 『투쟁』지에 실린 기사의 제목에 오자가 났던 이야기를 해 주어 그를 웃게 만들었어. 당시에 전화로 받아 적게 한 글이었는데, 기사 제목이 "〈기둥서방〉, 누아르 장르의 영화Le Souteneur, un film de genre noir"였다오.* 내일 7월 14일에 당신에게 전화하리다(이 편지가 도착하기 전일 테지만). 근황도 궁금하고, 로라가 영국에서 잘 돌아와 즐겁게 지내는지도 알고 싶구려. 당신의

---

* '〈남쪽 사람〉, 장 르누아르의 영화Le Southerner, un film de Jean Renoir'가 올바른 표현이다.

편지가 여러 가지 상세한 사항을 담아서 오는 중이기를 희망하오. (…) 〈아메리카의 밤〉에 관한 희소식. 파리에서 입장객 수가 25만을 넘었소. 내 생각에 〈훔친 키스〉나 〈야생의 아이〉 이후 가장 좋은 성적 같소. 텔레비전으로 중계되는 워터게이트 소동이 계속해서 날 열광시켜. 잘 이해는 안 가면서도 말이오. 이곳은 지금 정말로 중대한 시기라오. 며칠 동안 '바비 인형 카탈로그'를 찾는 노력을 할 예정이오. (…) 세 명 모두에게 포옹을 보내오. 나는 편지 쓸 때나 전화할 때만이 아니라(물론 요금이 너무 비싸므로 전화는 드물게 하지만) 늘 당신을 생각한다오. 애정을 보내며, 프랑수아로부터.

캘리포니아에서 여름을 보낸 뒤 트뤼포는 뉴욕에 머물렀다. 〈아메리카의 밤〉의 개봉에 앞서 9월 말에 뉴욕영화제에서 이 영화를 소개하기 위해서였다. 〈야생의 아이〉 이후 3년 만인 1973년 10월 1일 밤 〈아메리카의 밤〉은 링컨센터에서 성황리에 상영되었다. 트뤼포는 성대한 박수를 받으며 대형 극장에 입장했다. 그의 곁에는 목과 어깨를 깊이 드러낸 매혹적인 흰색 의상을 눈부시게 걸친 재클린 비셋, 뉴욕시장인 존 린지 그리고 릴리안 기시가 함께 있었다. 트뤼포는 이 영화를 릴리안 기시와 그녀의 동생 도로시에게 헌정했던 것이다. 6일 뒤에 〈아메리카의 밤〉은 미국 평론가들의 극찬 속에 파인 아츠 영화관에서 개봉되었다. 『뉴욕 타임스』의 빈센트 캔비, 『뉴요커』의 폴린 케일, 『뉴욕 데일리 뉴스』의 렉스 리드, 『뉴욕 매거진』의 주디스 크리스트, 『뉴욕 포스트』의 아처 윈스턴 모두가 찬사를 아끼지 않았다. 그리고 재클린 비셋은 "비셋이란 이름의 미녀"라는 제목과 함께 『뉴스위크』의 표지에 등장했다. 〈아메리카의 밤〉은 몇몇 권위 있는 상도 받았다. 전미 영화 평론가협회로부터 '올해의 최우수 작품'으로 선정되었으며, 뉴욕 영화 평론가연맹은 트뤼포를 '올해의 최우수 감독'으로 선정했다. 23주간의 흥행 이후 총 입장 수입은 1백만 달러를 넘어섰다. 그때까지 미국에 배급된 트뤼포의 다른 모든 작품이 올린 총 수입액에 맞먹는 액수였다.

이 성공에 고무된 트뤼포는 〈아메리카의 밤〉을 가지고 10월 한 달 내내 미국의 주요 도시를 순회했다. 4일간 보스턴을 방문했고 몬트리올을 거쳐 샌프란시스코영화제에서 영화를 소개했다. 10월 24일에 상영된 샌프란시스코영화제에 이어 11월 3일에는 로스앤젤레스에서 시사회가 예정되어 있었다. 감독협회 홀에서 빈센트 미넬리는 윌리엄 와일러, 조지 큐커와 함께 프랑수아 트뤼포를 따뜻하게 맞이했다. 미넬리는 자신의 연설을 이렇게 마무리했다. "그리고 이제 이 영화는 아카데미 최우수 외국어영화상 부문의 다섯 후보작 명단에 포함되어야 할 것입니다." 권위자들의 후원은 트뤼포에게는 당연히 유리하게 작용해 이 유명한 트로피를 받을 가능성을 높여 줬다. 이미 두 차례에 걸쳐 트뤼포는 아카데미상 수상 직전까지 갔었다. 1960년에 〈400번의 구타〉가 최우수 오리지널 각본상 후보로 지명되었고, 1969년에는 〈훔친 키스〉가 최우수 외국어영화상 부문에 올랐지만 세르게이 본다르추크의 〈전쟁과 평화〉에 상을 내주었다. 이번에는 〈아메리카의 밤〉이 후보 지명을 받았을 뿐 아니라 발렌티나 코르테제 또한 최우수 조연여우상 후보에 올랐다.

　몇 개월 지난 1974년 4월 3일 트뤼포는 로스앤젤레스 뮤직 센터의 대형 홀에서 열린 아카데미상 시상식에 참석했다. 행사는 미국 전역에 텔레비전으로 생중계되고 있었다. 조지 로이 힐의 〈스팅The Sting〉이 일곱 개 부문을 휩쓸면서 이날 저녁 최고의 승리를 과시했다. 그러나 프랑스 영화는 '그 작품 전체'를 대상으로 해서, 시네마테크의 관장인 앙리 랑글루아에게 아카데미상이 수여되었다.* 이날 밤 후반부에서 〈호랑이를 구하라Save the Tiger〉의 잭 레먼이 최우수 남우주연상을 수상할 때 전라의 남자 한 명이 단상에 뛰어올라 장내를 어지럽혔다. 최우수 외국어영화상 수상작을 발표한 사람은 율 브리너였다. 그는 수상자 이름이 들어 있는 봉투를 개봉했다. 검은 턱시도 차림으로 의자에 앉아 있던 트뤼포는 자신의 이름이 불리자 가볍게 흥분된 표정을 보였다. 이어서 단상에 오른 트뤼포는 홀 안의 청중을 향해 영어로 감사를 표했다. "〈아메리카의 밤〉이 여러분처럼 영화계 인물에 관한 영화라는 사실을 저는 매우 기쁘게 생각합니다. 이것은 여러분의 트로피입니다. 하지만 동의해 주신다면, 여러분을 대신해서 제가 이 상을 보관하겠습니다."

　아카데미상 수상은 미국에서 트뤼포의 명성을 더욱 높여 주었다. 트뤼포는 펠리니, 베리만, 구로사와 등과 함께 이제 미국에서 부동의 가치를 인정받는 몇 안 되는 외국 감독 집단에 포함되었

• 명예상을 수상했다.*

다. 동시에 할리우드에서의 영화 제작 제의는 더욱 많아졌다. 특히 그 가운데 하나는 제임스 알드리치의 소설을 원작으로, 어니스트 헤밍웨이와 스콧 피츠제럴드의 삶을 그린 영화 〈최후의 일별One Last Glimpse〉이었다. 그러나 트뤼포는 도전에 응할 준비는 여전히 되어 있지 않다고 생각했고, 오히려 이 명성을 활용해 자기 작품의 미국 지역 배급을 좀 더 유리한 조건으로 협상할 수 있도록 했다.

트뤼포가 로저 코먼 감독에게 자기 작품의 관리를 위임한 것도 이 시기였다. 트뤼포보다 여섯 살 연상인 코먼은 영국과 할리우드에서 70편 가까운 작품을 감독했다. 코먼은 에드거 앨런 포의 작품을 영화화한 감독 가운데서는 가장 유명해, 1960년에서 1964년 사이에 명배우 빈센트 프라이스를 주연으로 6편을 만들었다. 또한 1960년대 중반 이후는 자신의 회사인 뉴월드 영화사를 설립해 제작과 배급에 손을 댔다. 할리우드에서 코먼은 재능 있는 젊은 신인을 가장 활발히 발굴해 내는 인물로서 명성이 높았다. 프랜시스 코폴라, 몬티 헬먼, 피터 보그다노비치, 마틴 스콜세지, 조 단테가 코먼을 통해 데뷔작을 연출했고, 이들의 작품 속에서 잭 니콜슨이라는 미래의 스타가 모습을 드러냈다. 코먼은 동시에 유럽의 작가 영화들을 전문 배급해 〈외침과 속삭임 Cries and Whispers〉, 〈아마르코드Amarcord〉 등 히트작도 몇 편 냈다. 이런 이유로 트뤼포는 자신의 다음 작품 네 편의 배급을 코먼에게 맡기기로 결심했다. "마침내 그와 만났는데, 드디어 이상적인 배급업자를 찾았다고 생각합니다. 그는 할리우드를 거점으로 하

율 브리너가 프랑수아 트뤼포에게 아카데미 최우수 외국어영화상 트로피를 건네주고 있다(1974).

고 있습니다. 그리고 자신이 배급할 영화들과 매우 밀접하게 관계하고 있으며, 작품을 주의 깊게 살펴볼 뿐 아니라 훌륭한 극장망도 소유하고 있습니다. 또한 짐 맥브라이드와 토드 매카시 등 유능한 스태프가 주위에 있습니다.”

트뤼포가 가장 중요하게 생각한 것은 무엇보다도 주위 감독들로부터 평가를 받는 것이었다. 나이 든 세대에서는 앨프레드 히치콕, 로버트 알드리치, 니콜라스 레이, 테이 가네트, 새뮤얼 풀러, 좀 더 젊은 세대에서는 밀로슈 포르만, 로버트 벤튼, 아서 펜, 시드니 폴락 등이 미국의 주요 지지자였다. 같은 세대의 프랑스 감독 가운데 할리우드에서 이처럼 인정받고 존경받는 인물은 트뤼포가 유일했다. 그에 대한 평가는 다른 세계적 거장보다도 앞서갔다. 베리만, 펠리니, 부뉴엘, 구로사와는 미국에서 자신의 영화의 행로를 좇는 일에 트뤼포만큼 열정을 쏟지 않았다.

트뤼포는 또한 대학 캠퍼스에서 가장 높게 평가받는 감독의 한 명이 되었다. 1970년대를 통해 트뤼포의 회고전 개최는 계속 늘어갔다. 그 가운데 특히 대규모였던 것은 1975년 11월과 12월에 블리커 영화관에서 개최된 회고전이었다. 블리커 영화관은 누벨바그 영화의 편집자 출신으로 뉴욕에 자리 잡은 프랑스 여성 자키 레날이 경영하는 ‘빌리지’ 영화관 가운데 하나였다. 2년 뒤인 1977년 11월에는 시카고영화제에서 트뤼포의 영화에 경의를 표했다. 또 2년 뒤에는 미국영화협회가 〈400번의 구타〉 발표 20주년을 기념해 트뤼포가 선정한 40여 편의 영화들로 워싱턴과 로스앤젤레스에서 회고전을 열었다.

대학에서는 그의 작품에 관한 수많은 세미나가 개최되었다. 폴 미쇼가 하버드대학에서, 제임스 모나코가 컬럼비아대학의 소셜 리서치 뉴 스쿨에서 각각 세미나를 기획했고, 아이오와대학에서는 더들리 앤드루가, 예일대학에서는 아네트 인스도르프가, 뉴욕대학에서는 도널드 스포토가 각각 트뤼포에 관한 강의를 진행했다. 트뤼포는 가는 곳마다 미국의 젊은 시네필들을 자주 마주쳤다. 예를 들면, 오하이오주 클리블랜드의 레오 몰대버는 오마주 상영을 기획하면서 '거장' 트뤼포에 대한 경의를 담은 열정적 편지를 몇 통 보냈으며, 로스앤젤레스에 거주하는 앨프레드 돌더 역시 1974년 7월 12일 그에게 편지를 썼다. "선생님 덕택에 저는 영화업계에 들어와 있습니다. 선생님의 영화들은 저의 영감의 원천이며, 영화와의 관계를 설정하는 선생님의 방식은 저의 이상입니다. 이 편지는 오늘날 가장 위대한 감독인 선생님에 대한 존경의 표현입니다."

예술의 비밀

1974년, 휴가의 두 번째 해를 프랑수아 트뤼포는 영화 서적 출판에 바쳤다. 트뤼포는 감독이자 시네필로서의 균형을 유지하는 데 이 활동이 필수적이라고 생각했다. 먼저 트뤼포는 〈화씨 451도〉의 촬영 일지를 부록으로 붙인 〈아메리카의 밤〉의 시나리오를 세게르 출판사를 통해 간행했다. 이어서 1974년 여름까지 몇 개월 간 좀 더 야심적인 기획이 그의 마음을 사로잡았다. 1950년대에

『카이에 뒤 시네마』와 『아르』지에 발표했던 평론을 모아 출판하는 작업이 그것이었다. 트뤼포는 들라누아, 오탕라라, 클레망, 알레그레 등의 영화를 공격한 논쟁적 글은 싣지 않기로 결정했다. "그들의 지속적 활동 노력을 방해하는 것은 불필요하고 잔혹한 일일 것이다. 이러한 상황은 나이가 들면서 더 잘 이해할 수 있다. 이 글들을 썼을 때 나는 젊었다." 트뤼포는 『내 인생의 영화』의 서문에서 그렇게 밝혔다. 플라마리옹 출판사에서 간행된 이 모음집의 제목은, 헨리 밀러의 저서 『내 인생의 책*The Books in My Life*』에 경의를 표한 것이다.

젊은 시절에 쓴 수많은 글 가운데서 트뤼포는 자신의 인생에 의미를 지녔던 영화, 헨리 밀러의 표현을 사용하자면 "살아서 내게 말해 준 것들"에 관한 1백 편 정도의 글만을 골라냈다. "잊힌 영화에 관한 혹평을 오늘날에 출간한들 무슨 도움이 될 것인가?" 트뤼포는 서문에서 그렇게 썼다. "평론가는 무엇을 꿈꾸는가?"라는 서문 제목에는 평론의 역할에 관한 트뤼포의 생각, 그의 행복과 불행에 관해 요약되어 있다. "내가 평론가였을 때, 나는 한 편의 영화가 성공작이기 위한 필요조건은 그 안에 감독의 세계관과 영화관이 동시에 표현되어야 한다고 생각했다. 〈게임의 규칙〉이나 〈시민 케인〉은 이 정의에 꼭 부합하는 작품이다. 오늘날 나는 영화를 만드는 기쁨을 표현하거나 영화를 만드는 고뇌를 표현할 것을 영화에 요구한다. 그 어느 것도 아닌 모든 영화, 다시 말해 보는 사람의 마음에 울림을 주지 않는 영화에 나는 흥미가 없다."

1975년 4월에 출간된 『내 인생의 영화』는 언론의 호평을 받아,

3개월에 9천 부가 판매되었다. 이 책은 독일어, 영어, 일본어, 이탈리아어, 스페인어로 번역되었다. 트뤼포에게 이 모음집은 성공적 판매라든가 글 쓰는 재능을 인정받은 사실 이상을 의미했다. 그것은 당시의 영화에 대한 자신의 입장을 명확히 하기 위한 방법이었다. 즉 정치 참여 영화, 실험 영화, 의도적 상업 영화 모두를 트뤼포는 기피했다. 어느 것도 그의 기질에 맞지 않았다. 트뤼포는 현대적이었지만, 어린 시절의 고전 영화, 특히 할리우드 작품에서 자신의 예술의 '비밀'을 끊임없이 찾으려 했다. 『내 인생의 영화』는 하나의 집대성이었고, 트뤼포를 이해하는 열쇠들을 간직한 진정한 영적 자료였으며, 그에게 종종 혼란과 불편함을 강요하는 동시대의 영화로부터 스스로를 보호하는 지표가 된 획기적인 책이었다. 가장 유명한 평론가 출신으로 누벨바그 감독 가운데 가장 영향력 있는 인물의 글 모음집은, 시네 클럽 운동의 쇠퇴, 많은 영화관의 폐관, 영화와 텔레비전의 경쟁 등으로 정체성에 전면적인 위기를 느끼던 당시의 시네필에게 하나의 준거로서 등장했다. 시네필의 눈에 트뤼포는, 생동감 있지만 다소 회고적인 접근과 위대한 영화 작가에 대한 편애에 토대를 둔, 단호하고 독창적인 '영화 문화'를 구현한 인물이었다.

정치 시평들

1973년 여름 내내 프랑수아 트뤼포는 워터게이트 사건에 열중했다. "아무것도 이해할 수는 없지만, 그럼에도 매력적입니다." 트

뤼포는 릴리안 시에젤에게 그렇게 썼다. 트뤼포는 사건의 '주역'
인 리처드 닉슨보다도 상관을 보호하기 위해 거짓말을 한 비서에
게 더 흥미를 느꼈다. 세계에서 가장 강력한 권력을 뒤흔들어 놓
은 이 도청 사건은 한 편의 멋진 영화처럼 트뤼포를 사로잡았다.
서스펜스를 지닌 이야기처럼, 비밀과 돌발 사건을 지닌 액션 영
화처럼 전개된 그 정치는, 이념 대결에 토대를 둔 정치와는 관계
가 없었다. 정치가 '사회를 연출'하는 형태를 취하는 그 시점부터
트뤼포는 자신도 거기에 관련되어 있음을 느꼈고, 이에 자극받아
요구 사항이 많은 관객으로서, '영화' 비평가로서 자신의 의견을
표명했다.

　이렇게 해서, 1974년 4월 초 조르주 퐁피두 대통령이 사망했을
때, 트뤼포는『르 몽드』에 주 1회 대통령 선거전을 주제로 시평을
게재하기로 약속했다. 그것이 끝나면 프랑스인들은 퐁피두의 후
계자를 선출한다. 트뤼포에게 이 시평은 영화의 동정에 관해 비
평이 수행하는 역할을 정계에서 떠맡는 셈이었다. 트뤼포는 다섯
편의 글을 작성했지만, 결국은 발표를 단념했다. 아마도 자신의
전문이 아닌 분야에 견해를 내세우는 데 두려움을 느꼈기 때문일
것이다. 선거전 동안 작성된 이 글들은 날카로우면서도 냉소적인
관찰자 위치에서, 눈앞에서 공연되는 연극을 보듯 자신의 의견을
진술하고 있다.

　첫 시평의 제목은 "쇼를 보고"였다. "자신의 이야기를 사람들
에게 들려주고, 자신의 모습을 사람들에게 보여 주며, 자신을 매
력적으로 만드는, 그러한 모든 것이 그곳에 있다. 아무리 충격적

이더라도 무엇을 말하는가보다 어떻게 말하는가가 중요하다는 것을 인정해야만 한다. 선거전은 하나의 쇼이므로, 쇼의 법칙을 따른다. 경험이 중요하긴 해도, 그 위력이 큰 것은 아니다. 루아예, 크리빈, 르 펜, 라기예, 뒤몽 같은 훌륭한 조역들이 있다. 천직을 잘못 택한, 재능이 없어 스크린에서 역할이 없는 사람들도 있다. 또한 너무나 유행에 뒤떨어진 연극에 출연해, 힘을 잃고 조락한 스타가 있다. 샤방 델마다. 독창성이 많지는 않아도, 굳건하고 열심히 일해 스타가 된 배우가 있다. 프랑수아 미테랑이다. 위대한 배우이자 스타이며, 실행력의 장점 때문에 일이라는 것을 잊게 하는 인물이 있다. 지스카르 데스탱이다. 그는 다른 어느 후보자를 대리해 선거 운동을 한다고 해도, 득표수를 3배로 만들 것이다. 지스카르 데스탱은 절도라는 훌륭한 '레퍼토리'를 지니고 있다. '레퍼토리'라는 용어가 불쾌하고 극단적인 것으로 보이는가. 사람들이 "프랑스를 뚫어지게" 바라볼 것이라고, 혹은 최선의 개혁은 아무 비용도 치르지 않는 것이라고 단언하는 것, 코르시카 섬에서는 나폴레옹을, 마르세유에서는 마르셀 파뇰을 인용하는 것, 그것은 능숙한 레퍼토리를 풀어놓는 것과 같은 것이 아닐까. 프랑스인들은 위인을 좋아하는데, 그들은 한 명의 위인을 품고 있다. 지스카르 데스탱이다. 그는 배우로서의 무한한 재능을 발휘해, 드골만큼 효과적으로, 그러나 보다 더 정교하고 간접적으로, 자신이 그러한 위인들 가운데 한 명이며 공화국 대통령 이상의 인물이라는 것, 바로 그 때문에 우리를 돌보는 임무를 떠맡음으로써 우리에게 선물을 줄 것이라고 제안하고 있다."

이어지는 칼럼에서 트뤼포는 이 정치라는 쇼에서 일어날 수 있는 일탈을 제시하고, 그 보호막으로서 언론의 역할을 강조하고자 했다. 실제로 트뤼포는 글 속에서 거짓, 경멸, 허위 공약으로써 부패해 버린 정치의 세계를 묘사했다. "'퐁피두 대통령의 서거 소식에 나는 망연자실했다'는 샤방 델마의 발표를 듣자마자, 나는 그의 패배를 소망했다. 질병이 도달할 결말에 대해 그는 완벽하게 알고 있었기 때문이다. 이렇게 해서 델마는 국민 모두를 얼간이로 간주한다는 사실을 증명해 보였다. 퐁피두는 자신의 건강에 관해 거짓말을 했다. 그 어디에 영웅 정신이 있는가? 어느 미국인 기자의 말처럼, 총리는 정치가로 처신할 때는 중병을 감추고, 국가 원수로 처신할 때는 진실을 말한다고 한다. 이상." 그리고 트뤼포는 총리 피에르 메스메르, 프랑스국영방송 국장 아르튀르 콩트, 샤방 델마, 미테랑, 말로, '소문난 배우' 지스카르 데스탱이 최근에 한 거짓말을 열거했다. "15년간 지스카르 데스탱은 실제보다 10년은 더 나이 들어 보이는 일에 성공했다. 지금 그는 폭로된 연령을 사건의 급변 혹은 젊음으로의 반전을 위한 자극으로 이용해 점수를 벌고자 하고 있다." 트뤼포는 이 같은 상황에서도 프랑스에서는 야당계 신문 잡지들이 직무 수행을 하지 않고 있는데, 언론은 "거짓과 지키지도 못할 약속을 묵인해서는 안 된다"고 생각했다. 트뤼포는 여전히 '워터게이트 사건'에서 『워싱턴 포스트』의 기자들이 수행한 역할에 많은 영향을 받고 매료되어 있었다. "이 거짓말쟁이들의 일은 기사로 쓸 필요가 있을 때는 매번 문제로 삼아야 하고, 거짓말과 정계의 특별 대우라는 용인되기 어려운 측면을 끈질기게 강조해야 한다. 정보지는 정보를 제공해야 하고, 야당계 신문은 이의를 제기해야 한다.『워싱턴 포스트』,『뉴스위크』,『타임』 등을 좀 관찰해 보아야 한다." 정치적으로는 극히 중도파였던 트뤼포가 모순적으로 프랑스 극좌주의 운동을 찬양한 것은, 이 같은 감시와 대항 세력의 필요성이라는 명분에서였다. 그것은 반대지의 부재에 대처할 수 있는 유일한 조직 세력이었다. "극좌주의는 유용하다. 집요한 공격 능력이 있고, 어제는 공화국민주연합U.D.R.* 정부에, 내일은 지스카르 데스탱 정부 혹은 사회주의자 정부에 공약을 준수하도록 강제할 수 있기 때문이다."

이 쇼 안에서 트뤼포가 생각하는 이상적 정치인은 어떤 위치에 자리하는 것일까? 트뤼포는 '위인'이나 '구세주'를 몹시 경계하면서 정치 생활의 정체를 폭로하고자 했다. "위인이란 없으며, 단지 인간이 있을 뿐이다. 그리고 정치 분야에서는 나는 가정부처럼 처신하는 사람들을 선호한다. 요컨대 꼼꼼하고 겸허하고 힘차고 차분하게 청결 유지를 위해 먼지와 싸우는 사람들이다. 그것은 일상적인 것이며, 지위는 없지만 꼭 필요하고, 지속적으로 행해진다. 내가 원하는 것이 반드시 작은 인간인 것은 아니다. 망데스와 같은 본성을 지닌 인간, 사르트르처럼 일상적으로 조용히 사회에 참여하는 인간을 나는 원한다."

마지막 시평은 대통령 선거 1차 투표 전날에 작성되었는데, 그

• 1968년부터 1976년까지 드골파의 정당*

속에서 트뤼포는 마침내 자신의 선택을 설명했다. 왜 '좌파'인 것인가? '정치극의 배우'로서도 '인간'으로서도 좋아하지 않았는데, 왜 트뤼포는 프랑수아 미테랑을 지지하는가? 실제로 트뤼포는 미테랑 지원위원회에 가입해 1974년 5월 10일에는 5천 프랑의 수표를 보냈다. 그렇지만 그의 신조로 보자면, 오히려 미셸 로카르 쪽에 가까우며 로카르가 이 대통령 선거에 출마하기를 바라야 했을 것이다. 왜냐하면 로카르는 정치 권력에 좀 더 회의적이며 대단히 명석한 부류의 정치인이기 때문이다. 그것은 피에르 망데스 프랑스, 피에르 코트, 에드몽 메르와 마찬가지였다. 이렇게 트뤼포는 유권자 명부에 등록하는 일은 거절하면서도, 공식적으로 미테랑의 편에 섰다. 그는 이유를 이렇게 밝혔다. "『누벨 옵세르바퇴르』 기사에서는 때때로 그 반대로 해석되는 듯하지만, 나는 미테랑 쪽에 서야만 한다. 그것은 조류에 따르기 위해서도, 호감 가는 인물로 보이기 위해서도, 젊게 보이기 위해서도 아니고, 단순히 내게 그것이 정당하게 생각되기 때문이다."

다양한 정치 사상과 도덕관념이 존재하는 속에서, 트뤼포에게 중요한 위치를 차지한 인물은 사르트르였다. 사르트르는 트뤼포의 주요한 준거 기준이 되기까지 했다. 트뤼포는 이 철학자의 저서를 끊임없이 읽고 또 읽었으며, 하나하나의 저서마다 각기 특별한 지위를 차지하고 있었다. 트뤼포는 릴리안 시에젤에게 이렇게 편지를 썼다. "나는 이틀 동안 『말Les Mots』을 다시 읽고는, 놀라운 책이라는 사실을 이번에 알았습니다. 사람은 당연히 자신의 인생의 일정 시기를 통과하기 위해 많든 적든 어떠한 책을 꼭 필요로 합니다. 그리고 지금 불안한 내게 이 책이 과녁 안에 들어옵니다. 사르트르의 다른 책들도 지금의 내게 용기를 줄 것으로 생각되기에, 올해는 『상황Situations』 제1권과 아직 내가 이해하지 못하는 다른 책들도 다시 읽을 것입니다. (…) 그렇습니다, 『말』에서 나는 특히 두세 단락에 난처함을 느낍니다. 부모가 기대하고 있는 어린이의 말을 만들려는 어린이 특유의 열의를 분석한 단락입니다. 그 논거의 정당성을 납득하면서도 논조에는 불쾌감을 느낍니다. 책에 대한 애정, 읽기에서 쓰기로의 이행, 오랜 꿈의 실현에 관한 것은 모두 훌륭하며 명쾌합니다."

트뤼포에게 늘 그렇듯이, 릴리안 시에젤과의 우정 관계도 매우 관례화되어 있었다. 저녁 8시경에 트뤼포는 라스파유 대로에 있는 릴리안의 집에서 그녀를 만나 몽파르나스의 저녁 식사에 동행했다. 사르트르가 좋아하는 식당의 하나인 팔레트에서 두 사람은 주로 사르트르에 관해 대화를 나누었다. 릴리안 시에젤은 두 남자에게서 몇 가지 유사점을 찾아냈다. "판에 박은 듯한 생활 방식, 머릿속에 여러 구획 공간이 있는 점들"이었다. 여성과 함께 있는 것을 즐거워하는 점도 같았으며, 여성을 유혹하려는 의욕도 비슷했다. "이런 유형의 남성은 자신 자체가 사랑받는 것인지, 자신의 사회적 위상 때문에 사랑받는 것인지를 언제나 자문한다." 시에젤은 이렇게 덧붙인다.

1974년 가을 트뤼포와 사르트르가 실제로 접근할 기회가 찾아왔다. 공화국 대통령으로 이제 막 선출된 발레리 지스카르 데스탱은 프랑스의 변혁을 약속했다. 예를 들어, 텔레비전 분야에서는 프랑스국영방송의 독점을 마감하고 1975년 1월에 두 번째 채널을 개국한다고 발표했다. 그런 상황에서 새로운 앙텐 2 채널의 국장에 임명된 마르셀 쥘리앙은 사르트르와 함께 야심적인 텔레비전 기획물을 구상했다. 사르트르는 시몬 드 보부아르, 피에르 빅토르(그는 다름 아닌, 마오쩌둥주의자로서 프롤레타리아 좌파를 이끌었던 베니 레비였다), 필립 가비 등 친한 사람들과 함께, 편당 한 시간 30분 길이의 10회분 연재물에 심혈을 기울였다. "지식의 아이이며, 그 스스로 지식인인 1905년생 프랑스인*의 주관을 통해" 20세기 프랑스의 역사를 말하고자 하는 프로그램이었다. 사르트르는 1974년 11월에서 1975년 9월까지 1년 가까운 기간을 이 기획에 전념한다. 사르트르는 트뤼포가 연출을 맡아 주기를 강력히 원했다. 트뤼포는 크게 감동했지만 그 제안을 사양했다. 자신의 영화에 몰두해야 하는 데다, 지나치게 많은 사람이 관여하는 이 기획에 참가할 자신이 없었기 때문이다. 그러나 트뤼포는 이 기획을 야심적이고 적절한 것으로 생각하고 지지를 아끼지 않았다. "이 프로그램이 하나의 사건이 될 것임은 의심의 여지가 없습니다." 그리고 기획의 진전을 지켜보면서, "경우에 따라서는 기획의 엄밀성, 명료성, 다양성을 유지하는 데 도움을 줄" 용의가 있다고 밝혔다. 그러나 트뤼포는 자신이 텔레비전 연출을 하는 것은 바람직하게 보지 않았다. 영화와 경합하는 것은 완전히 '부당'하다고 간주했기 때문이다. "사르트르의 텔레비전 프로그램에서 나

• 사르트르 자신을 말한다.*

의 엄밀한 역할은 편집 고문입니다. 이 정도라면 의의와 유용성이 있으며 방송 연출자들을 난처하게 하거나 거스르지 않을 것입니다." 평소의 습관처럼, 개인적 기획이 아닌 이상 트뤼포는 최전방에 서는 것을 사양했다. 주도한 인물이 자신이 존경하는 사르트르라는 사실을 생각하면 이것은 흥미로운 일이었지만, 트뤼포는 자신의 몸을 지켰다. 프로그램 자막에 이름이 오르는 것도, 보수를 받는 것도 트뤼포에게는 문제가 되지 않았다. 자신의 사회적·직업적 명성이 사르트르의 주위에 모인 스태프를 난처하게 할 수 있음을 트뤼포는 두려워했다. 동시에 그는 어떤 식으로든 앙텐 2 경영진의 볼모 또는 구실이 될 가능성도 걱정했다. "나는 쥘리앙에게 상업적으로 이용되는 것은 받아들일 수 없습니다." 트뤼포는 릴리안 시에젤에게 그렇게 설명했다.

그러나 트뤼포는 "영화와 연대하고 있는 자"로서, 사르트르의 텔레비전 기획에 시간을 할애해 도움을 주고자 했다. 그리고 릴리안 시에젤과 저녁 식사를 하면서든 서신을 통해서든 정기적으로 기획에 관한 이야기를 했고, 릴리안은 트뤼포의 견해를 사르트르에게 전했다. "요컨대 나는 음지에서 도움을 드리는 것입니다. 사르트르에 대한 경의와 우정, 동료 의식을 담아서요." 트뤼포는 시에젤에게 보낸 편지에서 그렇게 썼다. 예를 들면, 트뤼포는 감독 후보 명단을 작성하는 일에 세심한 배려를 했다. 이 명단에 그는 자신이 높게 평가하던 텔레비전 연출자 겸 기자 로제 루이의 이름을 적어 넣었고, 친구 클로드 드 지브레의 이름도 넣었다. 그러는 사이, '사르트르 프로젝트'는 좌초 위험에 빠지기 시작했다. 스태프 내부에는 의견 대립이 생겼고, 정부와 텔레비전 당국 수뇌부는 이 기획을 극좌주의적이며 파괴적인 것으로 판단하고는 격한 적대감을 보였다. 자유로운 작업을 요구하는 사르트르는 배신감을 느끼고, '파일럿 방송'을 구상해 보자는 쥘리앙의 제안을 거절했다. 1975년 9월, 이 기획은 공식적으로 무산되었다. 국영 텔레비전국 앙텐 2는 진보적 자유주의라는 새로운 옷을 입었지만, 사르트르라는 거물 지식인과의 약속을 지키지 못하고 그의 기획을 검열했다. 그리고 당시 총리인 자크 시라크가 이 사건과 무관하지 않다는 소문이 돌았다.

이자벨의 얼굴

1973년부터 1974년까지 프랑수아 트뤼포는 영화를 한 편도 만들지 않았고, 그 결과 카로스는 재정난에 빠졌다. 마르셀 베르베르는 트뤼포의 주의를 환기했다. "무언가 기획을 세워야 합니다. 자금이 급속히 감소하고 있으며, '마차'는 이제 곧 바닥에 이를 것입니다." 조속히 새로운 기획을 가지고 미국 금융 자본가의 문을 두드릴 필요가 있었다. 1974년, 가장 일관성 있고 가장 트뤼포의 마음에 든 기획은 장 그뤼오의 것이었다. 『아델 위고의 일기*Le Journal d'Adèle Hugo*』는 1960년대 말 미나르 출판사 '희귀본 총서'의 일부로서, 오하이오대학 교수인 미국 여성 프랜시스 버너 길의 감수를 거쳐 출판된 책이다. 이 책에 매료된 트뤼포는 즉시 그뤼오에게 시나리오를 부탁했다. 책을 각색하는 것이 아니라, 빅토르 위고

772

의 둘째 딸인 아델의 전기 가운데 에피소드 한 개를 재현하고자
한 것이다. 그것은 보답 없는 광적인 사랑의 이야기, '해피 엔드'
에 대한 아무런 희망도 없는 단조로운 이야기였다.

1863년 아델 위고는 '미스 룰리'라는 가명으로, 뉴잉글랜드의
핼리팩스*로 건너가 산다. 실은 그녀는 열렬히 사랑하는 영국군
중위 핀슨을 만나기 위해 이곳에 온 것이다. 아델은 정체를 비밀
에 붙인 채 혼자 사는 노파의 집에 방을 얻지만, 중위는 그녀를 냉
대하면서 돌아갈 것을 요구한다. 아델은 집요하게 계속 남아 핀
슨을 향한 사랑의 계략과 고백을 거듭한다. 그녀는 당시 앵글로
노르만 군도**의 건지섬에 망명해 있던 부친 빅토르 위고에게, 자
신이 결혼했다고 알리고 생계비를 얻어 낸다. 점차 광기가 그녀
의 정신을 점령한다. 밤마다 신열과 환각 속에서 아델은 일기장
에 자신의 사랑과 글쓰기에 대한 야망을 기록했고, 일기 속에서
아버지와 자신의 이름을 부인한다. 핀슨 중위가 속한 연대는 바
베이도스섬의 앙티이 제도로 파견된다. 그를 좇아간 아델은 누더
기를 걸친 채 얼이 빠진 모습으로 브리지타운에서 발견된다. 미
쳐 버린 그녀를 꼬마들은 사정없이 괴롭히며 따라다닌다. 마지막
으로 아델은 핀슨 중위와 길에서 우연히 마주치지만, 그를 알아
보지도 못한다. 결국 앙티이 여자인 바아 부인이 그녀를 보살핀
다. 바아는 빅토르 위고의 재정적 도움을 얻어 아델을 데리고 프

• 현재는 행정구역상 캐나다의 노바스코샤 지방에 있다.*
•• 영국령 채널 군도를 말한다.*

랑스로 간다. 아델은 이후 파리의 정신병원에 감금되어, 자신의 영원한 사랑을 믿으면서 1915년에 사망했다.

그뤼오가 시나리오 작업을 하는 동안(이 작업은 꼬박 두 해나 걸렸다), 프랜시스 버너 길과의 관계가 복잡해졌다. 그녀는 고액의 저작권사용료(3만 프랑)를 요구했을 뿐 아니라, 공동 각본가로서의 지위(20만 프랑의 지불 조건으로)도 주장했다. 트뤼포는 그와 같은 금전적 요구를 받아들일 수 없었으므로 그녀에게 자신의 '깊은 실망감'을 전함과 동시에, "15년간 영화를 만들면서 이런 상황에 부딪힌 적이 없었기 때문에 더욱더 깊은 슬픔과 고통 속에서" 기획을 단념하려 했다.

사실 트뤼포는 이 영화를 꼭 만들고 싶었기 때문에, 상대방의 양보를 유도하기 위해 낙담을 위장하고 기획 자체를 포기할 위험까지 무릅쓰면서 신중한 도박을 걸었던 것이다. 한편으로 트뤼포는 장 위고의 망설임을 해결하는 데에 총력을 기울였다. 장 위고는 가르 지방의 뤼넬에 사는 작가 겸 화가로, 아델의 조카의 자식이자 빅토르 위고의 증손이었다. 장 위고는 빅토르 위고의 직계 상속인으로, 각색에 대한 저작인격권을 가지고 있었다. 장 위고는 오랫동안 망설였다. "저는 문중의 비밀로 오랫동안 조심스레 감추어져 온 이 비극을 스크린으로 옮기는 것이 충격적이지 않을까 생각합니다. 아델 위고가 정신이상이었다는 사실을 사람들이 재빨리 알아채고, 이 사랑 이야기에 병적 색조를 부여하여, 아델이 지닌 모든 인간적 가치를 제거해 버리지 않을까요?" 그는 불안해하면서 트뤼포에게 그렇게 편지를 했다. 장 위고는 그뤼오의 초판 시나리오를 읽고 난 뒤에야 동의했다. 유일한 조건은 작가 빅토르 위고가 등장인물로 스크린에 나타나지 않는다는 것이었다. 이제 트뤼포는 프랜시스 버너 길과의 분쟁을 해결하기 위해, 레오 마타라소 변호사에게 처리를 위임했다. 마타라소는 위고 가문 측과 프랜시스 버너 길 측의 변호사와 능숙히 교섭해 가계약의 내용을 정했다. 1973년 6월에 성립된 가계약에는 프랜시스 버너 길에게 각본의 '사실史實 감수'의 명목으로 5만 프랑을 지불하기로 했다. 이 직책은 아무런 의무도 없는 명목상의 지위였다.

마르셀 베르베르는 로케이션 촬영을 해야 하는 시대극 영화인 〈아델 H의 이야기〉의 예산을 5백만 프랑을 약간 상회하는 액수로 계산했다. 카로스 단독으로는 이 정도의 비용이 드는 영화를 제작할 수 없었으므로, 베르베르는 자연스럽게 로버트 솔로에게 협조를 구했다. 〈아메리카의 밤〉이 흥행에 성공한 데다 아카데미 최우수 외국어영화상을 수상한 점을 감안하면, 워너와의 자금 협상에는 아무런 장애가 없을 것이라 생각했다. 그러나 워너의 프랑스 지사 대표인 솔로는 〈아델 H의 이야기〉의 각본이 지나치게 문학적이라고 판단하고는 투자를 거절했다. 의외의 국면에 익숙해져 있던 트뤼포와 베르베르는 몇 주일 뒤 〈야생의 아이〉의 공동 제작사였던 유나이티드 아티스츠의 프랑스 대표 장 나크보르와 접촉해 대단히 호의적인 반응을 얻었다. 다만 나크보르는 예산이 지나치게 높다고 생각했기 때문에 각본에 수정이 필요하다는 견해를 밝혔다. 애초 "〈바람과 함께 사라지다〉 식의" 파란만장한 영화를 의도했던 그뤼오는 장면을 압축해 이야기를 최대한 간결하게 만들었다. 1973년 11월 그뤼오는 시나리오를 373쪽에서 116쪽으로 대폭 축소하여 트뤼포에게 건네주었다. 트뤼포는 쉬잔 시프만의 도움을 얻어 역사적이고 극적인, 따라서 돈이 많이 드는 장면 대부분을 삭제하고, 작품의 초점을 아델과 그녀의 광기, 정신병적 행동, 피해망상증에 맞추기로 했다. 이 영화의 모든 힘은 그곳에 있으며, 그 힘은 트뤼포의 중요한 테마인 사랑의 망상에 집중될 것이다.

트뤼포는 이제부터 최상의 여배우를 찾아야 했다. 몇 년 전 트뤼포는 이 배역을 카트린 드뇌브에게 약속했고, 얼마 뒤에는 〈두 영국 여인과 대륙〉에서 뮈리엘을 연기했던 스테이시 텐더터의 외모가 아델과 잘 맞는다고 생각하여 스크린 테스트를 행하기도 했다. 그러나 그후 트뤼포는 젊은 주인공을 기용하려는 생각에서 신인 여배우를 찾기 시작했고, 금세 이자벨 아자니를 발견했다. 트뤼포는 코메디-프랑세즈에서 상연된 몰리에르의 〈아내들의 학교L'École des femmes〉의 텔레비전 중계와 1974년 9월 개봉과 함께 대성공을 거둔 클로드 피노토 감독의 영화 〈재회La Gifle〉를 통해서 그녀를 처음 보았다. 트뤼포는 아자니를 만난 적이 없었지만, 그녀에게 아델 위고 배역을 맡기기 위해 열정적인 편지를 썼다. 아자니가 승낙한다면, 그것은 코메디-프랑세즈와의 계약 파기를 의미하는 것이었다. "당신은 정말 상상의 한계를 넘는 배우입니다. 잔 모로를 제외하고 지체 없이 그 얼굴을 즉시 셀룰로이드 필름 위에 새겨넣고 싶은 강한 욕망을 느끼기는 이번이 처음입니다. 나는 연극이 고매한 이상을 지니고 있다는 사실은 인정하지만, 나의 영역은 영화이며, 〈재회〉를 보고 나오면서 나는 당신을 매일, 일요일까지도 영화에 담아야만 한다고 확신했습니다."

이자벨 아자니는 망설임 끝에 트뤼포의 제안에 답장을 썼다. 그녀는 이 배역에 끌리고(아델을 연기하기에 자신이 너무 어리다고 말하긴 했지만), 감독의 명성에도 호감을 느끼지만, 코메디-프랑세즈와 관계를 끊는 일은 "배신 행위이며, 자신을 키워 준 상대방에 대한 배은망덕"으로 간주했다. 트뤼포는 한층 강력하게 설득했다. 그는 아자니에게 '화려한 경력'을 예견해 주었을 뿐 아니라, 첫눈에 자신이 그녀에게 반했다는 사실도 고백했다. "당신은 얼굴만으로 한 편의 시나리오를 이야기하며, 당신의 시선은 극적인 상황을 창조합니다. 당신은 이야기가 없는 영화도 연기할 수 있을 것이며, 그것은 당신에 관한 다큐멘터리가 될 것이고, 모든 픽션 영화에 필적할 수 있을 것입니다." 트뤼포는 1974년 10월 23일 코메디-프랑세즈의 지배인인 피에르 뒥스에게 편지를 보내, 〈아델 H의 이야기〉의 촬영을 위해 1975년 1월부터 14주 동안 이자벨 아자니에게 휴가를 주도록 간청했다. 뒥스는 단호하게 거절했다. "14주 동안 빠진다면 그녀가 이번 시즌에 맡을, 초연으로서 대단히 중요한 두 편의 연극에 대역을 세워야 할 것입니다. 마르셀 마레샬 연출의 〈셀레스틴La Célestine〉과 미셸 비톨 연출의 〈백치 L'Idiot〉입니다. 그녀의 대역을 찾기란 불가능합니다." 이자벨 아자니를 포기하고 싶지 않았던 트뤼포는 계속 압력을 가했다. 코메디-프랑세즈가 아자니에게 계약 파기로 소송하겠다고 위협하자, 트뤼포는 관계 서류를 자신의 변호사인 피에르 으베에게 건네주고 타협책을 찾도록 위임했다. 이자벨 아자니는 자신의 일을 어른들에게 넘겨 버리고는 '되어 가는 대로' 따랐다. 그렇지만 자신이 연기할 두 역할을 포기함으로써 아자니는 연극 자체를 단념해야 했다. "마지막 공연이 끝난 뒤 많은 사람이 내게 와서, 아주 잘못된 결정을 하는 것이며 영원히 후회할 것이라고, 그리고 영화계 일은 잘 풀리지 않을 것이라고 말했다. 그날 밤 나는 정말로 맹렬한 비난을 받았다."

19세의 어린 여배우를 영화계로부터 보호하려는 연극 단체에서 거의 '납치해' 온 뒤, 트뤼포는 제작 준비에 착수할 수 있었다. 쉬잔 시프만은 촬영지 물색 작업에 나섰다. 촬영은 건지에서 행할 것이고, 바베이도스 장면들만 다카르 해안에 있는 고레섬에서 촬영할 것이다. 따라서 〈아델 H의 이야기〉는 완전히 섬에서만 촬영이 이루어지며, 이 고립 상황은 스태프, 배역진 모두에게 대단히 힘든 조건이 될 것이다. 배역 선정을 마무리 짓기 위해 트뤼포는 12월 9일 런던으로 가서 조연급 영국 배우의 오디션을 행했다. 트뤼포는 핀슨 중위 역에 브루스 로빈슨, 서적상 위슬러 역에 조지프 블래츨리, 아델의 하숙집 주인 손더스 부인 역에 〈두 영국 여인과 대륙〉에서 앤과 뮤리엘의 어머니로 나왔던 실비아 매리어트를 기용했다. 마지막으로 트뤼포는 유명한 바이올리니스트 아이브리 기틀리스에게 최면술사 역을 맡겼다. 1975년 1월 3일 트뤼포는 건지섬에 도착해, 정면에 세인트 피터 포트 중앙부의 케임브리지 공원이 보이는 리치몬드 공작 호텔에 짐을 풀었다. 건지섬은 15년 이상 빅토르 위고의 망명을 받아준 사실로 가장 큰 영예를 얻은 곳이며, 세인트 피터 포트는 대단히 청교도적 분위기를 지닌 이 작은 섬의 중심 촌락이었다. 스태프와 출연진은 이 섬에서 2개월 동안 지냈다. 트뤼포는 지난 공동 작업 이후 4년 만에 네스토르 알멘드로스를 촬영 감독으로 기용한 것을 대단히 기뻐했다. 그는 알멘드로스에게 자닌과 앙드레 바쟁 부부의 아들인 플로랑 바쟁을 촬영 조수로 삼도록 설득했다. 그때부터 플로랑 바쟁은 트뤼포의 모든 영화에 촬영 조수 또는 촬영 기사로 참여하게 된다.

촬영 이외의 시간 동안 고립 상태에서 침체감와 무료함이 있을 것을 염려한 트뤼포는, 리치먼드 공작 호텔의 방 하나를 시네클럽 공간으로 편성했다. 제작부장 클로드 밀레르는 주 2회 정도 16밀리미터 필름 영사의 책임을 맡아, 웰스의 〈위대한 앰버슨가〉, 채플린의 〈골드 러시〉, 히치콕의 〈사이코〉, 리처드 플레이셔의 〈바이킹The Vikings〉, 무르나우의 〈마지막 웃음Der Letzte Mann〉, 버스터 키튼의 〈항해자The Navigator〉 등을 저녁에 상영했다. 그것은 긴장을 덜어 주는 하나의 방편이었다. 후에 이자벨 아자니는 "우리는 꼼짝도 못 했다"고 말했다. 그러나 이 금욕적인 생활은 동시에 몇몇 이점도 있었다. 예를 들면, 스태프들은 집중했고, 촬영은 긍정적이든 부정적이든 종교적인 분위기에 가까웠다. 트뤼포는 릴리안 시에젤에게 이렇게 썼다. "모든 것이 긴장과 열정으로 충만해 있지만, 그 안에 화려한 것은 없습니다. 그 때문에 신경이 거슬릴 정도로 힘들긴 해도, 러시 필름은 정말 훌륭합니다. 나 또한 절도를 지키면서 엄격한 직업 정신으로 행동합니다. 무슨 말

쓴인지 아시겠지요? 그리고 어린 소녀들을 위한 동화책처럼 이 자벨 아자니를 지도하면서 내가 가장 많이 생각하는 것은 내 딸들입니다."

〈아델 H의 이야기〉의 촬영이 힘들고 긴장된 이유는 명확했다. 고립 상황 이외에도 이 영화는 프랑스어판과 영어판의 두 가지로 만들어야 하는 문제가 있어서, 장면마다 두 가지 언어로 찍느라 반복 촬영을 해야 했다. 무엇보다도 여배우와 감독 사이에, 열정적 관계까지는 아니더라도 미묘한 기류가 흘렀다. 이자벨 아자니의 말처럼, "트뤼포에게 〈아델 H의 이야기〉는 우선 고립에 관한 이야기였다. 그는 폐소 공포적 분위기를 어떻게 만들어내야 하는지 알고 있었다." 촬영 때마다 그랬듯이 프랑수아 트뤼포는 주연 여배우를 사랑했다. 오랜 시간 후에 이자벨 아자니가 밝힌 바에 의하면, "나는 여자로서도 여배우로서도 그의 접근을 밀어내는 데 시간을 보냈다." 이처럼 폐쇄적인 촬영 상황 안에서 열정은 저주의 형태를 띠었다. 트뤼포는 자신의 여배우에 홀려 버린 듯이 보였다. 그것은 과거 자신의 어떤 영화에서도 없었던 일이었다. "나는 그녀의 연기 모습을 보고, 능력이 되는 만큼 그녀를 돕습니다. 그러나 그녀가 백 마디 말을 원할 때 서른 마디 말을 하거나, 단 한마디의 정확한 말이 필요할 때 쉰 마디를 합니다. 우리의 기묘한 조합 속에서는 모든 관심사가 어휘 자체의 문제인 것입니다. 나는 이자벨 아자니를 잘 모르지만, 하루 종일 그녀를 너무나 격렬하게 바라보고 너무나 귀 기울인 결과 밤이 되면 눈과 귀가 지쳐 버립니다."

한편 이자벨 아자니는 배역에 완전히 몰입해 연상의 핀슨 중위에게 버림받은 젊은 아델 위고에게 혼을 빼앗긴 듯했다. 그 핀슨 중위는 원래는 트뤼포와 엇비슷한 나이였을 것이다. "아델은 이 청년과 사랑에 빠진 것이 아니라, 그를 향한 자신의 사랑, 다시 말해 자신이 품고 있는 사랑이라는 개념에 빠졌던 것이다." 이자벨 아자니는 그렇게 말한다. 요컨대 〈아델 H의 이야기〉는 망상으로서의 사랑에 관한 이야기이며, 그 시나리오는 어떤 의미에서는 감독과 그의 여배우 사이의 입장을 역전시킨 형태로 재현해낸 것이었다. 트뤼포의 의욕을 고취한 것은 무엇보다도, 주저하면서도 완전히 탈태하는 이 어린 여배우의 얼굴과 육체를 가능한 한 정확히 영화로 잡아 내는 일이었다. "그는 내게 주의를 집중해, 자신이 내게 지닌 고정관념을, 나의 신체에서 구하고 있던 불변성을 기록하기 위해, 내가 거기에 있는 것을 필요로 했던 것이다." 이자벨 아자니는 이렇게 덧붙인다.

"촬영 무대 뒤에서 젊은 분장사와 미용사들이 우리의 어린 아델이 토하는 대사를 들으면서 우는 모습을 보는 것은 드문 일이 아닙니다." 트뤼포는 헬렌 스코트에게 그렇게 썼다. 리허설을 거절하고 실제 촬영 순간에 철저히 몰입하는 연기 방식을 통해 이자벨 아자니는 종종 감독과 스태프를 믿기 힘든 감동과 긴장 상태로 몰아갔다. 트뤼포는 건지에서 릴리안 시에젤에게 다음과 같이 편지를 쓰고는, "오해가 있을 수 있으니" 아무에게도 말하지 말 것을 요청했다. "당신은 이자벨 아자니를 연출하면서 내가 가지게 될 즐거움에 관해 이야기합니다. 그러나 즐거움과는 정반대로 내게는 하루하루가 고통이며, 그녀에게는 거의 단말마적 고뇌입니다. 왜냐하면 그녀의 작업은 하나의 종교이기 때문이고, 바로 그 때문에 우리의 촬영은 모든 사람에게 시련입니다. 그녀가 까다롭다고 말하는 것은 지나치게 단순한 지적일 겁니다. 실제로 그렇지 않으니까요. 그녀는 이 일을 하는 다른 모든 여성과도 다르고, 아직 스무 살도 안 되었기 때문에 이 모든 것에(정확히 말하면, 그녀의 천재적 자질에 말입니다) 더해서 타인들이나 그들의 연약함에 대한 자각까지 결여하는데, 이것이 믿기 힘든 긴장을 만들어 냅니다."

1975년 3월 8일, 극도로 지친 상태에서 일행은 건지를 떠났다. 2개월에 걸친 섬에서의 촬영은 트뤼포의 감독 생활에서 가장 긴 시간의 하나였다. 아직 세네갈에서의 촬영이 일주일 남아 있었지만, 이것은 스태프 일부에만 관련된 것이었다. 그들은 3월 12일 루아시*를 출발해 다카르로 가서 시내의 테랑가 호텔, 그리고 고레섬에서는 에스파동의 작은 여관에 머물렀다. 그 후 기진맥진한 트뤼포는 다카르에서 일주일 휴식을 취한 뒤 편집 작업에 착수했다. 이제부터는 스스로 '모리톤**의 시련'이라고 부른 작업을 감내해야 한다. 요컨대 편집 테이블 위에서 이자벨 아자니의 얼굴을 계속 보면서 자신이 원하던 것을 그녀에게서 얻었는가 자문해 보아야 하는 것이다. 트뤼포는 〈아델 H의 이야기〉가 여배우의 얼

• 샤를 드골 공항을 말한다.*
•• 편집 테이블을 말한다.*

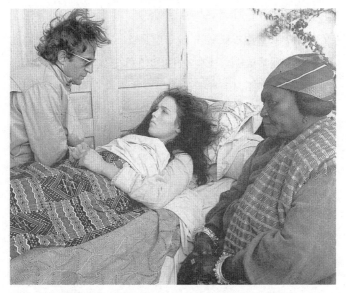

〈아델 H의 이야기〉 촬영장에서 (왼쪽부터) 프랑수아 트뤼포, 이자벨 아자니, 마담 바아(1975)

굴이 그 생명력을 모두 빨아들인 영화임을 즉시 깨달았다. 오랫동안 자신에게 강점으로 보였던 이 특징을, 다른 사람들도 똑같이 생각할 것인가? 몇몇 가까운 사람들의 영화에 대한 첫 반응은 엄격한 것이었다. 질 자콥은 트뤼포에게 "거의 아무런 감동도 느끼지 못했다"고 편지했으며, 마르셀 오퓔스는 "아델의 창백한 얼굴에 의해 내부로부터 냉각되어 버린" 이 영화의 따분함에 실망을 토로했다. 그뤼오조차 작품에 확신을 갖지 못했고, 영화의 중대한 약점이 "아델이 사랑 때문에 미치는 것이 아니고, 그녀가 처음부터, 즉 항구에서 하선한 순간부터 미쳐 있는 듯한 느낌을 받는다"고 지적했다. 이 지적은 여배우뿐 아니라 그 연출자에게도 동시에 해당하는 것이었다. 트뤼포는 완전히 참담한 모습을 보였고, 시간의 경과가 필요했다. 2년 뒤에는, "마치 다른 사람이 만든 것처럼 이 영화를 다시 볼 수 있게 될" 것이다. 그렇지만 트뤼포는 촬영 중 때때로 자신을 눈물 쏟게 만들었던 이 영화 속에 "기묘하면서 균형을 벗어난 무엇인가가" 있다는 점은 느끼고 있었다.

〈아델 H의 이야기〉는 10월 8일 파리의 UGC 영화관 체인 9개관에서 개봉되었다. 첫 주에 5만 5천 명을 동원해 좋은 출발을 했지만, 입소문이 좋지 않아 관객 수는 급격히 감소했다. 일본과 이탈리아 등 해외에서의 반응은 훨씬 좋았다. 12월 22일에는 뉴욕에서 개봉되어 언론으로부터 좋은 평가를 받았다. 『에스콰이어』지는 리처드 아베던이 촬영한 아자니의 사진을 표지에 올리고, 그 아래에 "모두가 이 성공한 소녀를 원한다"라는 제목을 실었다. 한편에서는 원작과 관련된 특별한 관객들의 반응이 있었다. 장 위고는 자신이 이 영화를 좋아한다고 트뤼포에게 알려 왔다. "저는 대단히 감동했습니다. 당신은 이 비극적 이야기를 놀라운 섬세함으로 그려 냈습니다. 여주인공은 아름답고 매력적이며, 자신의 배역을 눈부시게 연기해 냈습니다." 가슴 아픈 우연의 일치도 있었다. 아델의 전기를 썼던 프랜시스 버너 길은 흥분과 감격 속에서 "시작부터 마지막 순간까지 눈물을 쏟으면서" 이 영화를 본지 일주일 뒤 심장마비로 세상을 떠났다.

포켓 머니

〈아델 H의 이야기〉가 개봉되기도 전에 프랑수아 트뤼포는 새 영화를 준비했다. 그것은 건지에서의 긴장과 열정을 잊기 위한 최선의 방책이었다. 젊은 여자의 집요한 사랑과 광기를 이야기한 뒤, 트뤼포는 어린이들이 출연하는 영화에 착수했다. 세네갈에서 돌아와 4개월밖에 지나지 않은 1975년 7월, 트뤼포는 방학 동안에 〈포켓 머니〉를 촬영할 예정이었다. 각본 작업을 위해 먼저 트뤼포는 몇몇 작은 에피소드를 수집했다. 그 가운데는 〈개구쟁이들〉과 〈400번의 구타〉를 만들 때 생각했던 것도 몇 개 있었다. 예를 들면, 부모가 집에 남겨 놓은 어느 어린 소녀가 창문 밖으로 "나는 배고파요"라고 외치는 에피소드가 그것이다. 이것은 마들렌이 트뤼포에게 들려준 실화였다. 그밖에 자전적인 이야기도 있었는데, 이를테면 여름 학교에서의 첫 키스 에피소드는 1945년 8월 소년 시절에 트뤼포가 체험한 것이다. 나머지 이야기들은 신문의 사회면 기사들이거나 순수히 창작해 낸 것들이었다.

1972년 말 시점에서, 이 기획은 쉬잔 시프만과 함께 쓴 10쪽 분량의 시놉시스 단계에 머물러 있었다. 당시 트뤼포는 "유년기의 다양한 모습을 묘사한 옴니버스 영화"를 계획했는데, 각 에피소드의 공통점으로 "어린이의 놀라운 저항력과 생존 능력"을 생각했다. 트뤼포는 이 영화에 〈굳은 살결La Peau dure〉이라는 반어법적인 제목을 붙일 생각까지 했다. 1974년 초여름 트뤼포는 기획 재개를 결정하고 쉬잔 시프만과 재작업에 나섰다. 트뤼포는 틀을 갖춘 시나리오를 쓸 의도는 없이, 영화 속에 출연할 어린이들과 함께 즉흥적으로 이야기를 만들고, 그때까지 일어난 상황에 맞추어 그때그때 대사를 써 가면서, 어린 시절에 대한 자신의 기억들도 일부 덧붙여 자유롭게 연출하고자 했다. 〈포켓 머니〉에는 초등학교 교사를 맡은 장 프랑수아 스테브냉이 어린 학생들에게 들려주는 긴 대사가 등장한다. 그것은 바로 트뤼포의 말투, 의도, 어조를 그대로 표현한 트뤼포 자신의 목소리였다. "여러분에게 하고 싶은 말은 내가 교사 직업을 선택한 이유가, 어린 시절에 대해 나쁜 기억을 지니고 있으며 어른들이 아이들을 대하는 방식이 싫었기 때문이라는 것이다. 인생이란 쉬운 것이 아니고 힘겨운 것이다. 따라서 여러분이 그에 대처할 수 있도록 단련하는 일이 중요하다. 주목하거라. 내 말은 엄격해지라는 게 아니라 강해지라는 것이다. 이상한 균형이긴 하지만, 어린 시절에 고생한 사람들은 보호받고 깊이 사랑받은 사람보다 어른이 된 후에 인생에 더 잘 맞서는 경우가 많다. 그것은 일종의 보상의 법칙인 것이다. 나중에 여러분에게도 아이들이 생길 텐데, 그때 여러분은 아이들을 사랑하고 아이들에게서 사랑받기를 바란다. 솔직히 말하자면, 여러분이 아이들을 사랑하면 아이들은 여러분을 사랑할 것이다. 그렇지 않다면, 아이들은 자신들의 사랑과 애정, 다정함을 다른 사람이나 다른 사물에 줄 것이다. 인생이란 사랑하고 사랑받도록 만들어졌기 때문이다."

1975년 4월 프랑스 중부 지방에서 몇몇 장소를 물색한 뒤, 트뤼포는 퓌-드-돔 지방의 티에르를 촬영지로 결정했다. 5월 말에는 매주 토요일 어린이들의 스크린 테스트와 오디션을 시작했다. 오디션은 카로스 영화사 사무실에서 행해졌는데, 로베르-에티엔 가에는 모두 3백 명의 어린이가 모여들었다. 그리고 그 가운데서 15명이 〈포켓 머니〉에 주연으로 출연하게 되었다. 뤼세트와 클로드 드 지브레 부부의 아들인 조르주 데무소, 철학자 뤼시앵 골드만의 아들인 필립 골드만처럼 동료의 자녀도 몇 명 포함되었다. 트뤼포의 딸들 역시 이번에 실질적인 스크린 데뷔를 했다. 로라는 마들렌 두아넬이라는 이름의 젊은 기혼녀로 등장하는데, 말하기를 거부하고 휘파람을 통해서만 의사 표현을 하는 오스카르라는 아기의 어머니 역할이다. 에바는 남자 애들이 키스하려는 희망을 품고 영화관으로 데려가는 소녀 파트리시아 역을 맡았다.

트뤼포는 6월에 티에르에 머물면서 엑스트라로 출연할 마을의 아이들을 모았다. 초등학교 교사(장 프랑수아 스테브냉)의 아내 역은 비르지니 테브네가 맡았고, 마르셀 베르베르, 롤랑 테노, 모니크 뒤리(의상 담당), 티 로안 뉴엔(분장 담당)이 출연했으며, 티에르 마을의 군수인 르네 바르네리아도 단역으로 출연했다. 〈포켓 머니〉의 촬영은 1975년 7월 17일에 시작되어 2개월간 계속되었다. 트뤼포는 이 영화를 신속한 리듬으로 촬영하고자 했기 때문에, 〈아메리카의 밤〉의 촬영 감독 피에르 윌리엄 글렌을 다시 기용했다. 계절이 한여름인 데다가 영화의 중심에 어린이들이 놓이기 때문에, 곳곳에 휴가 분위기가 팽배해 있었다. 트뤼포는 여기저기 '배우들' 입에서 나오는 표현을 듣는 대로 거두어 재빠르게 대사를 썼다.

〈포켓 머니〉의 촬영은 비교적 즐거웠지만, 계속 어린이들에게 신경을 써야 했기 때문에 육체적으로는 힘든 일이었다. 〈아델 H의 이야기〉에 이어서 곧바로 이 영화를 촬영한 트뤼포는 또다시 탈진 상태에 빠졌다. 의사에게서 한 달간 꼬박 휴식하라는 처방을 받은 그는, 칸에 이어 로스앤젤레스의 베벌리힐스 호텔에서 지내기로 결정했다. 1975년 10월 말 파리에 돌아오자, 까다로운 편집 작업이 기다리고 있었다. 세 시간이 넘는 〈포켓 머니〉의 1차 편집판을 한 시간 40분 정도로 줄이는 작업이었다.

〈아델 H의 이야기〉의 실패로부터 6개월밖에 지나지 않았지만, 트뤼포는 이번에는 성공을 되찾았다. 〈포켓 머니〉는 1976년 3월 17일 파리의 10개 관에서 개봉되어 크게 히트했다. 보다 야심적인 작품을 외면했던 대중은 또다시 트뤼포의 '소품'에 압도적 갈채를 보냈다. 〈포켓 머니〉는 6개월간의 흥행으로 47만 명의 관객을 동원했는데, 이것은 〈400번의 구타〉의 성공에 맞먹는 것이었다. 미국("스몰 체인지Small Change"라는 영어 제목으로 이 영화는 150만 달러에 가까운 입장 수입을 올렸다), 독일, 스칸디나비아, 일본 등 해외에서의 반응 역시 성공적이었다. 미국에서 한 해에 〈아델 H의 이야기〉와 〈포켓 머니〉 등 두 편의 영화를 연속 성공시키면서, 트뤼포는 이제 '백만 달러 감독' 서클 안에 포함되었다. 다만 트뤼포 작품의 제작비는 그 절반밖에 들지 않았다.

파리 개봉 일주일 뒤, 트뤼포는 개선장군처럼 〈포켓 머니〉를 티에르의 주민들에게 보여 주었다. 롤랑 테노, 쉬잔 시프만과 동행한 트뤼포는 르네 바르네리아 군수, 미셸 드바티스 의원, 부군수, 그리고 272명의 어린이에게 환대를 받았다. 트뤼포는 인기인이 되었고, 그 뒤 한 달 동안 7,744명의 주민이 이 영화를 보았다. 총 주민 수가 1만 7천 명인 이 마을에서 그것은 명백한 성공이었다.

어린이의 마음을 지니고 있을 법한 남자

프랑수아 트뤼포는 1976년 여름까지 촬영 일정이 없었다. 이 6개월 동안 트뤼포는 휴식을 취하면서 몇 권의 책에 서문을 쓰고, 〈여자들을 사랑한 남자〉의 시나리오를 수정할 예정이었다. 1976년 3월 2일 로스앤젤레스에서 걸려 온 전화 한 통이 그의 계획을 바꿨다. 전화를 한 29세의 젊은 미국 감독은 트뤼포에게 자신의 다음 작품에 출연해 줄 것을 제안했다. 그는 첫 장편 영화 〈결투Duel〉로 주목받은 스티븐 스필버그였다. 〈결투〉는 1973년에 텔레비전 영화로 촬영한 것으로, 새로운 미국 영화의 컬트적 작품이 되었다. 스필버그가 국제적인 관객들에게 명성을 알린 것은 영화사상 최고의 흥행 성공을 기록한 세 번째 장편 영화 〈조스Jaws〉를 통해서였다. 〈미지와의 조우Close Encounters of the Third Kind〉의 각본 작업을 방금 마친 스필버그는, 트뤼포에게 미확인 비행 물체UFO 전문가인 프랑스 과학자 배역을 제안했다. 훗날 스필버그는 이렇게 말했다. "나는 어린이의 마음을 지니고 있을 법한 사람이 필요했다. 다시 말해 너그럽고 열의 있으며 기이하고 비논리적인 것을 완전히 수용할 수 있는 사람 말이다." 비범한 청년 스티븐 스필버그는 1946년 오하이오주에서 태어나, 대학교에서 영화를 전공했다. 〈야생의 아이〉와 〈아메리카의 밤〉 등 두 편을 보고 깊이 영향을 받은 스필버그는 '어린이 같은 어른'의 배역을 트뤼포에게 맡기려는 생각에, 이 인물에 클로드 라콩브라는 대단히 프랑스적인 이름을 붙였다.

스필버그가 전화한 다음 날, 컬럼비아 영화사의 프로듀서 줄리아 필립스는 〈미지와의 조우〉의 시나리오를 트뤼포에게 전해주었다. 트뤼포의 배역과 관련된 모든 부분은 프랑스어로 꼼꼼히 번역된 상태였다. 열흘가량 지난 뒤, 정확히 3월 15일에 트뤼포는 스필버그에게 전보를 보냈다. "시나리오도 마음에 들고, 라콩브라는 인물도 좋습니다. 스톱. 이 배역을 맡을 수 있으면 좋겠지만 생각할 시간이 필요합니다. 9월 초에 새 영화를 촬영하게 되어 있기 때문입니다. 스톱. 그럼 안녕히." 물론 트뤼포는 이 제안에 무관심하지 않았다. 젊고 재능 있는 감독이 연출하는 제작비 1,100만 달러의 할리우드 영화에 출연하는 일은, 진정 신선한 기분전환이기도 했고 무엇보다도 흥분되는 도전이었다. 별안간 이 기획에 연관된 트뤼포는 답변을 주기 전에 파리에서의 가을 계획을 수정해야만 했다. 트뤼포는 줄리아 필립스에게 8월은 로스앤젤레스에서 자유롭게 지내야 한다는 것을 조건으로 제시했다. 〈여자들을 사랑한 남자〉의 각본 작업 재개가 현지에서 가능하도록 하기 위해서였다. 또한 트뤼포는 이 여성 제작자에게 촬영 일정과 장소, 출연료에 관해서도 물어보았다. "당신이 저의 매우 특별한 영어를 이해할 수 있을까 망설여지지만, 이해해 주실 것을 희망합니다!" 트뤼포는 필립스에게 편지의 마지막 부분을 그렇게 써 보냈다. 트뤼포는 동시에 로스앤젤레스에 있는 변호사 루이 블로와 에이전트 루퍼트 앨런에게 연락을 취해 계약 교섭을 위임했다. 따라서 트뤼포가 스필버그에게 사실상 출연을 승낙한 것은 이 시점이었다. 스필버그와 컬럼비아 영화사는 〈미지와의 조우〉의 모험에 트뤼포를 동참시키기 위해 최선을 다했다. 그들은 트뤼포에게 1976년 5월에 개시 예정인 촬영은 14주를 넘지 않을 것이며, 8월 중순경에 2주간 자유 시간을 가질 수 있음을 보증했고, 마지막으로 8만 5천 달러라는 무시하기 힘든 액수의 개런티를 제시했다. 트뤼포는 UFO 전문가인 클로드 라콩브 역을 수락했다. 그는 1976년 5월 5일 로스앤젤레스에 도착할 예정이었는데, 그 무렵 영화는 촬영 시작을 며칠 앞두고 준비에 한창이었다. 촬영 시작 장소는 와이오밍의 산악 지대에 위치한 질레트로, 이 지역을 명소로 만든 원통형 봉우리인 데블스타워에서 가까운 곳이었다.

트뤼포는 할리우드에 도착하자마자 스티븐 스필버그에게 매료되었다. 두 사람은 영화에 대한 애정을 공유했으며, 특히 하워드 혹스를 숭배하는 점에서 공통적이었다.* 트뤼포는 스필버그가 이미 "영화 역사상 가장 큰 성공을 거둔 영화 작가"임에도 불구하고 겸손함을 지니고 있으며, 그처럼 대규모의 작품을 연출하는 것에도 불안해하지 않고 있음을 알았다. 트뤼포는 스필버그가 '어린 시절의 꿈'을 실현하는 과정에서 보여 주는 침착성과 여유에 탄복했다. 그렇지만 질레트에서 첫 두 주간의 촬영은 힘들었다. 언어 문제에서 오는 불편함, 수십 명의 스태프진에 둘러싸여 정신없이 진행되는 작업은 트뤼포에게 향수병을 던져 주었다. "나는 미국을 좋아하지만, 와이오밍이나 앨라배마보다는 로스앤젤레스가 더 좋네. 그리고 자네도 그렇고, 함께 점심 식사를 하던 빵집도 그립네." 트뤼포는 친구 세르주 루소에게 그렇게 편지를 썼다. 파리에 있을 때 트뤼포는 회사에서 1백 미터가량 떨어진, 마르뵈프 가와 로베르-에티엔 가가 교차하는 모퉁이의 식당 겸 빵집에서 세르주 루소와 종종 만났다. 관광에 거의 관심이 없는 트뤼포는, 히치콕이 〈북북서로 진로를 돌려라〉의 마지막 장면을 촬영한, 미국 대통령들의 두상을 바위에 새겨 놓은 유명한 러시모어산을 찾고자 하지도 않았다. 그는 대부분의 시간을 기다리면서 보냈다. "즐거울 때도 있지만, 매우 느리고, 매우 오래 걸립니다. 또한 배우로서의 입장에는 아주 비참한 측면(혹은 측면들이

• 스필버그는 〈미지와의 조우〉가 하워드 혹스의 1951년 작품 〈괴물The Thing〉에 대한 경의의 표현이라는 사실을 명확히 했다. 애초에 이 영화는 〈괴물〉의 마지막 대사이기도 한 "하늘을 지켜봐 Watch the Sky"를 제목으로 삼을 예정이었다.

〈미지와의 조우〉 촬영장에서 스티븐 스필버그와 프랑수아 트뤼포(1976)

라고 해야겠죠)이 있다는 것을 나는 인정해야 합니다." 트뤼포는 네스토르 알멘드로스에게 그렇게 썼다. "공포감 없이 연기하는" 데에서 확실한 즐거움을 얻기도 했고, 때로는 미국인 스태프진과 배우들을 웃기는 일에 성공하기도 했지만, 트뤼포는 같은 쇼트의 반복 촬영 사이의 시간 동안 완전한 수동적 상태, 아무것도 하지 않으면서 오로지 기다려야 하는 상태에서 오는 연기자의 저하된 심리를 알게 되었다. 그것은 평상시의 촬영 현장에서 트뤼포를 특징짓는 모든 것과 정반대의 상황이었다. 현장에서 늘 주도권을 쥔 채, 상황을 통제하고 계획을 좌지우지하는 명예를 지닌 사람은 바로 자신이었다. 그는 "마치 (금박을 입힌) 포로 수용소 안에 갇힌 듯한" 좌절감을 느끼고는, 다른 감독이 촬영하는 영화에는 두 번 다시 출연하지 않겠다고 마르셀 베르베르에게 고백했다.

〈미지와의 조우〉의 촬영 현장에서 트뤼포는 또한 미국 영화에서 크게 유행하고 있던 특수효과와 기술상의 트릭 기법들을 볼 수 있었다(같은 해에 스필버그와 가장 친한 친구인 조지 루카스가 〈스타워즈Star Wars〉에 착수했는데, 후에 이 작품은 전 세계 박스 오피스에서 최고 성공작의 한 편이 된다). 카메라의 프레임 상반부 배경에 펼쳐진 매트의 앞에서 배우들의 연기를 촬영한 뒤, 비디오나 합성 영상을 통해 연출된 트릭 촬영을 나중에 스튜디오에서 영상의 가려진 부분에 삽입하는 방식이었다. 바로 이 부분, 즉 스크린의 절반 부분에 라콩브 교수의 회유로 인해 호의적 관계가 된 유명한 비행 물체를 올리는 것이다. 특수효과의 역사에 중요한 획을 그은 이 정교한 테크닉은 촬영의 속도를 상당히 늦추었고, 그래서 트뤼포는 "스필버그가 하루에 서너 쇼트밖에 촬영하지 않는다"라고 말했다.

캐스트와 스태프진은 로스앤젤레스에 있는 컬럼비아 스튜디오 안에서 열흘 동안 촬영한 뒤(그동안 트뤼포는 베벌리힐스 호텔에 묵으면서, 장 르누아르를 다시 만나는 기쁨도 가졌다), 1976년 6월에 미국의 정중앙부에 위치한 앨라배마주의 모빌로 이동해 2개월간 머물렀다. 이곳의 넓은 창고 안에 초고성능 전자 장비들로 이루어진 거대한 무대가 설치되어 있었는데, 그 모습은 트뤼포를 매우 놀라게 했다. "한번 볼 만한 가치가 있습니다." 수많은 특수효과 때문에 영화가 늦어질 것을 걱정하면서도 트뤼포는 마르셀 베르베르에게 그렇게 써 보냈다. 7월 13일에는 마들렌에게 이렇게 편지를 썼다. "이 거대한 창고 안에서 이루어지는 촬영을 당신에게 나는 설명할 수 없소. 창고는 컴퓨터를 갖춘 비밀 지하공간을 그려 내고 있으며, 그곳에 우주선이 착륙할 예정이라오. '예정'이라고 쓰는 것은, 내일이 되어야 촬영이 시작될 것으로 생각하기 때문이오. 이 공간은 할리우드의 그 어떤 스튜디오보다도 더 크고 넓고 높기 때문에 촬영지로 선정된 것이라오. 다만 지붕에 구멍이 나 있다는 사실(세트 촬영에 치명적인 것이라오) 등등을 제작부 사람들이 모르고 있었소. 그 후에⋯⋯ 창고를 보았는데, 나쁘지 않소. 오늘은 촬영이 없는데도 온통 난장판이라오. 스태프가 120명이며, 여기에 1백 명의 엑스트라도 있다오. 그들은 서로 비슷한 수의 소집단으로 분류되어 각각 화학자, 기술자, 의사, 기상학자, 전화 교환수를 연기한다오. 내게도 역시 이해가 어렵소. 기본적으로는 나는 '광선학회'라는 명칭의 의사擬似 프랑스인 집단의 지휘자라오. 마지막으로 어린 소녀들이 날아오르고, 우주선이 도착해 우리가 서로 접촉하고 등등……. 이 모든 것이 10월 전에 끝나기를 바란다오(…) 추신. (…) 방금 전화를 받았는데, 내일 내 사무실이 마련될 것이라 하오. 인생은 아름답소. 카로스 지사가 모빌에 세워지다니!"

그렇지만 트뤼포는 결국에는 테크놀로지와 거대함의 세계에 익숙해졌다. 다만 그것은 트뤼포의 스타일은 아니었다. "나에게 결코 소용이 없을 모든 종류의 것을 배우고 있습니다." 트뤼포는 유머를 섞어 마르셀 베르베르에게 그렇게 말했다. 트뤼포는 이 충직한 인물이 그 자신의 기량에 의해 조촐한 예산의 트뤼포 자신의 작품들을 절약 관리해 나가는 것을 잘 알고 있었다. 모빌에서 트뤼포는 시간이 날 때면 계획적인 행동을 통해 자신의 세계를 다시 만들 수 있었다. 그것은 무엇보다도 스튜디오로 사용되는 창고 내부에 제작진이 특별히 마련해 준 사무실 덕분이었다. 이 공간을 트뤼포는 '분장실'로 사용했고, 여기서 휴식을 취하거나 독서도 했으며, 〈미지와의 조우〉의 주연 배우인 리처드 드레이퍼스, 역시 이 작품에 출연한 밥 발라반, 헝가리 출신의 촬영 감독 빌모스 지그몬드 등 동료들을 접대하기도 했다.

카로스 영화사의 비서인 조지안 쿠에델은 트뤼포 앞으로 온 우편물 및 그가 평소에 읽는 신문과 잡지를 정기적으로 파리에서 보내 주었다. 『렉스프레스』, 『르 푸앵』, 『누벨 옵세르바퇴르』, 『텔레라마』, 『필름 프랑세』, 『르 몽드』의 영화란 등이었다. 트뤼포는 쇼트의 반복 촬영 시간 동안 동료들에게 많은 양의 편지를 썼고, 〈여자들을 사랑한 남자〉의 각본 작업을 했다. "(…) 초고는 완성되었지만, 50퍼센트밖에 만족할 수 없소. 그러나 이 각본을 눈에 띄게 향상시키려면 무엇을 해야 하는가를 그 어느 때보다 훨씬 명확히 알 수 있겠다는 느낌이 드오. 또한 그 작업에 공들일 시간이 있다는 말을 해야겠소. (…) 당장 걱정되는 문제는 이것이오. 즉 얇은 옷을 걸친 여자들을 11월의 몽펠리에 거리에 풀어놓을 수 있을 것인가, 아니면 77년의 봄을 기다리는 것이 합리적인가? 시나리오는 아주 재미있게 되어 가고 있소. 샤를 데네르의 청교도주의가 여러 행동을 방해하리라는 사실은 이미 알고 있으므로, 그럼에도 불구하고 그 행동들이 긴장감과 에로티시즘으로 충만하게 하기 위한 간접적 해결책을 찾으려 하고 있소. 정말로 훌륭한 아이디어는 매주 하나 정도밖에 찾아내지 못하지만, 이미 상당 시간 동안 그렇게 되어 왔다오. 그래요, 좋소, 나는 결국 모든 사람에게 욕을 먹을 것이오. 그리고 내가 '모든 사람'이라고 말할 때는, 그것은 아주 가까이에서 시작된다오." 트뤼포는 마들렌에게 그렇게 썼다.

트뤼포는 또한 배우의 업무에 관해서도 얼마간 기록해 놓았다. 나중에 그것으로 한 권의 책이나 에세이를 쓰고자 하는 생각에서였는데, 이미 "배우들의 대기 시간"이라는 제목까지 생각하고 있었다. 트뤼포는 이 책 속에 〈야생의 아이〉부터 스필버그와의 체험에 이르기까지 스스로 가졌던 느낌을 모아 놓고자 했다.

예정대로 8월 중순에 트뤼포는 2주간 자유 시간을 얻었다. 그

는 쉬잔 시프만을 로스앤젤레스로 불렀다. 두 사람은 베벌리힐스
호텔의 스위트룸에서 〈여자들을 사랑한 남자〉의 각본을 마지막
으로 손보았다. 트뤼포는 그해 10월에 이 영화를 촬영할 예정이
었다. 9월 초, 그는 마지막 2주일간의 촬영을 위해 모빌로 돌아갔
다. 스티븐 스필버그는 여전히 헛간을 개조한 세트장에서 영화의
마지막 장면을 촬영했다. 우주선이 도착하고, 인간과 외계인 사
이에 우애가 교환되며, 그것을 라콩브 교수가 감동적으로 바라보
는 장면이었다. 남은 촬영은 1977년 초 인도의 봄베이* 근교에서
열흘간 행해질 분량밖에 없었다. 트뤼포는 자신의 영화를 촬영한
후에 이곳에 합류하기로 예정돼 있었다.

  트뤼포는 그럭저럭 힘든 적응의 시기를 보내긴 했어도 이 경험
에 불만은 없었다. 이 경험을 통해 트뤼포는 타인의 입장에 섰고,
배역상으로도 실제로도 외국인의 입장에 섰다. 스필버그가 생각
한 라콩브 교수 배역은 실제로 언어적·문화적 거리를 전제로 했
다. 그리고 비록 할리우드의 거대 규모의 세계가 트뤼포가 생각
하는 영화, 즉 조촐하고 수공업적이며 배우와 스태프가 작은 가
족을 이루어 만드는 영화와 정반대편에 위치한다고 해도, 트뤼포
는 아마도 라콩브라는 인물에게서 의사 이타르의 분신을 인식했
을 것이다. 라콩브는 우주 생명체와의 조우를 목표로 출발해 야
생의 소년과도 같은 그들을 이해해야만 했기 때문이다. 스필버
그와 트뤼포는 그들이 탐구한 테마의 측면에서 역설적이게도 매

• 현재의 뭄바이*

우 근접한 듯했다. 어쩔 수 없는 구속에도 불구하고, 트뤼포는 배우라는 직업을 좋아했다. '담담한' 연기 방식과 반짝이는 열정적 눈빛을 보이는 트뤼포는 이 전형적인 미국 영화와 어울리지 않았다. 그러나 그것이 스필버그가 기대했던 효과였다. 스필버그에게 트뤼포는, 질문하는 일 없이 예정에 없던 대사나 장면의 촬영에 늘 유연하게 대처하는 "완벽한 배우"였다. 스필버그는 감사를 표하면서 1977년 12월 영화가 완성되자 트뤼포에게 편지를 보냈다. "〈미지와의 조우〉는 정말 놀랍습니다. 제가 여러 차례 말씀드렸던 것처럼, 선생님의 연기는 매우 훌륭합니다!" 그리고 스필버그는 트뤼포에게 이 작품의 제작 과정을 담은 책에 서문을 써달라는 부탁까지 했다.

미국에서 1978년 2월 6일(트뤼포의 46회 생일이기도 했다)에 개봉된 스필버그의 이 영화는 평론계와 관객 모두에게 열광적 반응을 얻었다. 1개월 뒤 두 감독은 영국 여왕이 참석한 가운데 런던에서 열린 〈미지와의 조우〉의 특별 상영회에 초대받았다. 그사이에 영화는 파리에서도 개봉되었고, 개봉에 앞서 미셸 드뤼케르의 진행으로 트뤼포를 특집으로 한 텔레비전 프로그램이 방송되었다. 그의 영화를 보지 못했던 전 세계 수많은 관객에게 프랑수아 트뤼포는 클로드 라콩브의 모습을 통해 알려졌다. 트뤼포는 어떤 면에서는 한 명의 영화감독 이상의 존재가 되었다. 스티븐 스필버그의 표현대로, 한 명의 "휴머니스트"가 되었던 것이다.

고독한 사냥꾼

〈여자들을 사랑한 남자〉는 오랫동안 "바람둥이Le Cavaleur"라는 제목이었다. 프랑수아 트뤼포는 시나리오의 첫머리에 브루노 베텔하임•의 책에서 가져온 "조이는 어머니의 애정을 받은 적이 한 번도 없는 듯 보였다"는 문장을 써 놓았다. 이번에도 역시 자전적 이야기라는 뚜렷한 증거였다. 트뤼포는 아마도 어머니에 대한 좌절된 첫사랑을 억압함과 동시에 찬미하기 위한 방편으로, 자신의 인생에서 무엇보다 여성과의 사랑을 중시하는 남자, 즉 '바람둥이'를 묘사하려고 했다. 트뤼포는 언제나 이런 부류의 남자들, 즉 '여자들을 사랑하는 남자들'에게 매료되었다. 유혹을 하나의 게임으로 생각하는 '제비'라든가 돈 후안이 아니라, 유혹이란 것이 열정이자 강박관념, 일생에 걸친 중요한 활동을 의미하는 사람들이었다. 그 새로운 정복의 순간마다 마치 자신의 인생을 걸듯이 하는 이런 남자들을 트뤼포는 알고 있었다. 앙리 피에르 로셰, 자크 오디베르티 같은 사람들이었다.

트뤼포 역시 소심함과 지나친 수줍음에도 불구하고 '호색가'였다. 이 소심함은 그 자체로 매력의 일부를 형성했고, 트뤼포는 그것을 여자를 유혹하거나 유혹받기 위한 수단으로 이용했다. 릴리안 드레퓌스는 이렇게 말한다. "프랑수아는 여성적 감수성을 지

• 오스트리아 빈에서 출생한 미국의 정신 분석가. 아동의 정신 분석과 유년기 문제 연구에 일생을 바쳤다.*

니고 있었다. 그는 상대방의 시선을 읽어 낼 줄 알았다." 트뤼포는 자신의 생애를 통해 자신감이 없거나 속내를 드러내고 싶지 않은 시기에는, 간혹 여자에게 두려움을 보이는 수도 있었다. 그렇지만 오히려 좀더 대담한 모습을 보이면서, 자신을 뿌리친다든가 아니면 연인으로보다 친구나 좋은 동료로 간주하는 여성들을 집요하게 공략하는 경우도 있었다. 여러 증언에서 반복 지적되는 것은 트뤼포가 "대단히 충직한, 그러나 독점욕이 강한" 사람이라는 점이다. 그리고 결국에는 종종 복잡하면서도 서로 아귀가 잘 맞는 이 병행적 사랑은 퍼즐 형태의 인생을 그려 냈던 것이다. "시작은 늘 있었지만, 종말은 좀처럼 없었다. 나의 생애를 통해 그는 아버지로서, 남편으로서, 오빠로서 나를 감싸 주었다. 그렇지만 그것은 그가 종종 사랑하는 사람들에게까지도 잔혹해지는 것을 막지는 못했다." 릴리안 드레퓌스는 그렇게 덧붙인다. 마들렌 모르겐슈테른은 이렇게 말한다. "그는 대단히 부정했는데, 그것은 탐욕이라기보다 유혹하고 싶다든가 사랑받고자 하는 욕구의 동기가 훨씬 강했다." 다음 단계에서 애정은 우정으로 변형되거나 조금 더 지속적이고 명백히 성적인 형태로 이어졌다. 잔 모로는 그것을 "피해 갈 수 없는 조화로움……"이라고 언급했다.

트뤼포의 매력과 유혹에 대한 강박감은, 그를 잘 아는 남성들까지도 곧잘 지적한다. 클로드 샤브롤은 트뤼포의 작품에서처럼 그의 인생에서도 대단히 중요한 주제가 "[복수의] 관계 사이의 조정"에 대한 탐구, 요컨대 정확한 평형감이나 행복에 대한 필사적인 탐구였다고 주저 없이 말한다. "프랑수아는 완벽히 매력적인 남자였다. 문자 그대로 사람을 매료했던 것이다. 그렇지만 나는 그가 자신의 인생에서 행복했는가에 대해서 알고 싶고, 종종 그 질문을 품어 보곤 한다." 필립 라브로 역시 "이 충동, 이 갈망, 이 유혹에 대한 탐욕"을 지적한다. "그렇지만 프랑수아는 속이 빈 돈 후안은 아니었다. 왜냐하면 그 모든 것의 상위에 일이 있었고, 자신의 스타일과 세계를 알리고자 하는 생각이 있었고, 재능을 온전히 발휘하고자 하는 욕망이 있었기 때문이다."

그러나 여자들을 쉽게 유혹하는 '플레이보이'를 주인공으로 하는 영화 〈바람둥이〉에 대한 아이디어는 많은 부분 미셸 페르모에게 빚지고 있다. 트뤼포는 오래전인 1950년대 말 『카이에 뒤 시네마』의 주변에서 페르모와 만나 지인이 되었다. 나이도 비슷했기 때문에 두 사람은 서로 '당신vous' 대신에 '너tu'라는 호칭을 사용했다. 트뤼포에게서는 좀처럼 드문, 일종의 특전이라 할 만한 경우였다. 보르도 출신의 미셸 페르모는 1950년대 말 생-장-드-뤼에서 휴가를 즐기던 중 니콜 베르제를 알게 되었다. 얼마 뒤 〈피아니스트를 쏴라〉의 여배우가 되는 그녀는 페르모를 자신의 시아버지인 피에르 브롱베르제에게 소개했다. 보르도를 떠나 파리에 온 페르모는 이후 샹젤리제에 위치한 브롱베르제의 플레야드 영화사에서 제작하는 단편 영화의 조감독이 되었다. 큰길만 건너면 『카이에 뒤 시네마』 사무실이 있었으므로, 이곳에서 페르모는 장 조제 리셰르, 자크 도니올-발크로즈와 우정을 쌓았다. 도니올은 브롱베르제의 영화사에서 첫 단편들을 만들 때, 페르모에게 조감독 일을 맡겼다. 페르모의 회상에 의하면 "『카이에 뒤 시네마』에서 트뤼포를 자주 보았다. 그러나 단지 보기만 했을 뿐이고, 이 시기에는 서로 아는 사이였다고 말하기 어렵다." 비슷한 시기인 1958년에 페르모는 〈문이 쿵 닫히고Les Portes claquent〉라는 연극 대본을 썼다. "그 작품은 14개 극장에서 상연을 거절당했다. 그래서 도누 극장을 2주간 빌렸고, 이 정도면 충분하다고 생각했다." 이 연극은 장 클로드 브리알리와 마이클 론스데일이 출연해 대성공을 거두었다. "이 연극을 보러 온 프랑수아를 만나 여러 차례 긴 대화를 나누었다. 그는 내가 여자들을 사랑하는 남자임을 알았다." 이 공통된 열정은 두 남자 사이에 어느 정도의 공감대를 형성했으나, 이후 약 15년 동안 두 사람은 만나지 못했다.

1974년 12월 트뤼포가 페르모를 샹젤리제의 식당으로 초대해 점심 식사를 하면서 관계는 재개되었다. 트뤼포는 이 '전문가'에게 자신의 시나리오 구성에 도움을 간청했다. 각본가들과 평소에 하던 대로 트뤼포는 페르모에게 그가 정복했던 여성들과 관련된 일화를 가능한 한 많이 수집하도록 부탁했다. 영화관 좌석 안내원과의 정기적인 밀회, 양장점 가봉실에서 여자를 '낚은' 일, 식당 화장실이나 백화점에서의 연애 사건……. 연애와 섹스에 관련된 이 모든 이야기는 손쉬운(그럼에도 유혹하는 데는 실패한) 여자에서부터 난공불락의 요새처럼 보이는(그럼에도 스스로 그에게 '낚였던') 여자에 이르기까지, 그리고 연인을 만나기 위해 술수를 쓰는 유부녀까지, 다양한 여성으로 꾸며진 화려한 갤러리를 선보였다.

1975년 2월 18일 미셸 페르모는 자화상 같은 코멘트를 붙인 첫 번째 노트를 트뤼포에게 넘겨주었다. "내가 이해한 바가 정확하다면, 주인공은 성적 편집광도 아니고 낡을 여자를 찾아다니는 남자도 아니네. 그는 단지 이성을 정복하고 만족시키고 벗어나기 위해 기를 쓸 뿐이야. 마치 자신의 인생이 그것에 달려 있기라도 하듯이 말이야. 고독에 대한 어떤 두려움 때문일까? 내가 그랬듯이 자네도, 단지 얼마간의 불안감 때문에 욕망이 각별히 강하지도 않은 누군가를 저녁에 집으로 데려온 적이 있을 걸세. 환심을 사고 자기주장을 하고 정복하고 싶다는 욕구가 주인공을 이렇게 몰아가는 것일까? 채워지지 않는 육욕을 달래고자 하는 것일까? 그는 어떤 사회적 계층에 속하는 것일까?" 트뤼포는 친구가 보낸 자료에 의견을 달아 되돌려 주었다. "프랑수아는 내게 '이렇게 조금 더, 저렇게 조금 더'라고 지적했다. 나는 사물에 관해 반드시 그와 똑같이 느끼고 있지는 않았으므로, 때로는 마지못해 승낙한 적도 있었다." 사실상 페르모는 태평스러운 엽색가, 일종의 쾌락주의자였지만 트뤼포는 그렇지 않았다. "그는 나를 큰 은총을 입은 사내처럼, 일종의 괴물처럼 바라보았다. 프랑수아는 여배우들과의 애정 관계에 대단히 비밀스러웠다. 나는 세르비아-피에르-1세 거리에 있는 그의 집에서 함께 작업할 때, 많은 전화 통화를 듣고는 그 사실을 알았다. 프랑수아는 여자들과 엄청나게 복잡한 관계였고, 그의 대화는 늘 암묵적이며 은밀했다."

페르모의 도움으로 트뤼포는 일련의 일화와 가볍지만 상세한 촌극에 의거해 시나리오를 써갔다. 〈바람둥이〉의 주인공 베르트랑 모란은 여자들에게 둘러싸여 있지만, 어떤 점에서는 우울증 환자이다. 실상 모란은 페르모와 트뤼포에게서 반반씩 끌어낸 인물이다. 감독 트뤼포와 등장인물 모란 사이의 전기적 유사성은 특히 영화의 플래시백 장면에서 잘 증명된다. 유년기와 소년기의 추억을 재현한 이 부분은 모두 어머니의 얼굴과 연결되는 것이다. 베르트랑 모란은 일기장에 이렇게 쓴다. "어머니에게는 내 앞에서 거의 벗은 채 걸어 다니는 습관이 있었다. 물론 그것은 나를 도발시키기 위한 것이 아니라, 오히려 내 생각에는, 내가 존재하지 않는다고 스스로 확신하고자 함에서였다. 어린 나를 대하는 그녀의 행동은 마치 이렇게 말하려는 듯이 보였다. '이 어린 머저리를 낳던 날 다리라도 부러뜨렸다면 좋았을 걸……'이라고."

1976년 봄, 캘리포니아에서 스필버그와 합류해 몇 개월 머무를 당시, 트뤼포는 페르모가 작성한 노트를 가지고 갔다. 한편, 쉬잔 시프만은 플롯과 이야기 구상 작업을 시작했다. 예정에 따라 두 사람은 8월에 로스앤젤레스에서 만나 2주일간 시나리오 작업을 했다. 기묘하게도 영화는 묘지에서 시작된다. 한 남자가 매장되고, 묘지 주위에는 그를 사랑했던 여자들만이 있다. 40세가량의 나이로 몽펠리에 거주하던 베르트랑 모란은 유체역학 연구소에 기술자로 근무하면서 비행기, 배, 헬리콥터 모형을 이용해 난기류의 영향을 실험하고 있었다. 그러나 그의 열정은 오직 여자들만을 향해 있을 뿐이다. 그의 관심을 끌지 않는 여자란 없다. 갈색 머리든 금발이든, '꺽다리 망아지'든 '채송화 아가씨'든, 각각의 특징과 함께 그의 머릿속의 이른바 상세한 '여성 사전'에 수록되었던 것이다. 모란은 빨강 머리 여자는 체취 때문에 사랑했고, 엷은 금발의 아가씨는 인공미 때문에 사랑했으며, 세상이 자신의 것이라고 믿는 젊은 여자도 사랑했고, 끈질기게 교태를 부리는 중년 여성도 사랑했다. 과부는 접근하기 쉬워서 사랑했고, 유부녀는 손에 넣기 어려워서 사랑했다. 베르트랑에게 여인들의 다리는 "지구의 모든 방향을 측정하면서, 평형과 조화의 상태로 유지하게 만드는 컴퍼스"였다.

주인공 모란은 트뤼포가 미셸 페르모와 작업을 거듭하는 과정에서 정의하고 있듯이, 고독하고 불안한 사냥꾼이고 어떠한 어려움에 처해도 여자를 정복하려는 자이다. 그 대상은 세탁소에서 다리에 눈길을 빼앗긴 미지의 여성, 백화점 게시판에서 전화번호를 알아낸 베이비시터, 렌터카 여직원, 모습은 안 보이는 가운데 기상 시간에 모닝콜을 해 주는 오로라*, 카페 카라테카의 웨이트리스, 영화관의 농아 안내원, 기나긴 위기를 겪은 뒤 인생으로 되돌아온 여자, 임시적인 관계밖에 가지지 않는 여자에 이르기까지 다양하다. 어느 날 저녁 고급 란제리 부티크를 운영하는 한 중년 여성이 베르트랑 모란의 유혹을 거절한다. 모란과 함께 있는 것은 좋아하면서도, 그녀는 그에게 자신은 젊은 남자만을 사랑한다고 고백한다. 이 좌절을 계기로 모란은 "바람둥이"라는 제목의 자전적 소설을 쓸 결심을 한다. 자신의 모험담을 글을 통해 이야기하면서, 그는 지금까지 만났던 여자들을 되살린다. 완전한 몰입 상태로 소설을 쓰던 모란은, 원고의 진전에 따라 비서에게 타이프 작업을 시킨다. 그러나 그녀는 너무나도 외설적인 책의 내용

---

* 모란은 그녀에게 '새벽의 여자 오로라'라고 이름 붙인다.*

에 충격을 받고 세 번째 장에서 중단해 버린다. 베르트랑 모란은 한 개의 손가락만을 사용해 직접 소설을 타이프로 쳐, 파리의 몇몇 출판사에 보낸다.

원고는 베타니 출판사의 여성 편집자 주느비에브를 매료시킨다. 출판사의 원고 선정자인 그녀는 출판을 승낙하고 새로운 제목을 제안한다. 그 결과 『바람둥이』는 『여자들을 사랑한 남자』로 바뀐다. 주느비에브는 이 책이 몽펠리에 근교에 있는 인쇄소에서 인쇄되기까지 이 기획을 좇는다. 그녀는 호텔 방에서 모란과 오후를 보내고, 이후 그의 정부의 한 명이 된다. 주느비에브가 떠난 뒤, 크리스마스이브를 홀로 보낼 수 없는 모란은 여자와의 만남을 기대하면서 몽펠리에 거리를 배회한다. 그리고 길 반대편에 있는 한 여자를 발견하고 따라가다가 자동차에 치여 중상을 입고 병원에 실려 간다. 모란이 한쪽 눈을 떴을 때, 그의 시야에 들어오는 것은 간호사의 아름다운 다리다. 자신도 억제할 수 없는 상태로 모란은 침대에서 일어나려 애쓰다가 떨어져 죽는다. 마치 자신을 향해 사제가 내미는 금제 십자가를 낚아채려 애쓰는 수전노 그랑데처럼.[•] 아마도 〈여자들을 사랑한 남자〉는 프랑수아 트뤼포의 가장 훌륭한 시나리오의 한 편일 것이다.

트뤼포는 처음부터 바람둥이 배역에 샤를 데네르의 얼굴을 겹쳐 놓았다. "나는 영화의 모든 부분에서 그의 목소리를 듣고 싶었다. 그의 근엄함이 내 마음에 들었다. 나는 주인공인 엽색가가 대

• 발자크의 『외제니 그랑데』에서 외제니의 아버지가 사망 직전에 이런 행동을 한다.[•]

단지 돋보이는 인물이기를 바라지 않았다. 내가 보는 바로는, 그는 오히려 불안해하는 인물로, 자기만족에 빠져 남을 안절부절못하게 하는 호색한의 전형과는 거리가 멀었다." 트뤼포는 열정적이고 예측하기 어려우며 성실한 이 배우에게 유머 감각과 엄숙성이 기묘하게 혼합된 점을 좋아했다. 데네르는 아즈나부르와 레오를 잇는 트뤼포의 화면 속 분신이 되었다. 두 사람은 신체적 외모, 불안증, 예민하며 충족되지 않는 지성에 이르기까지 모두 공통적이었다. 각본을 쓰던 시점에서 트뤼포는 데네르의 대리인인 세르주 루소에게 데네르의 1976년 가을 스케줄을 은밀히 알아보았다. 강박적으로 비밀에 집착한 트뤼포는 루소에게 최대한 비밀을 지킬 것을 요청했다. 1975년 11월이 되어서야 트뤼포는 프랑수아 1세 가에 있는 어느 식당에서 저녁 식사를 하면서 데네르에게 영화 줄거리를 전하고 주인공 배역을 제안했다.

이와 동시에 마르셀 베르베르는 영화 출자 문제로 유나이티드 아티스츠의 장 나크보르와 협상 중이었다. 한편 트뤼포는 작가 겸 감독으로서 자신의 계약 교섭과 카로스 영화사의 계약 교섭 대리인으로 제라르 르보비시를 내세웠다. 르보비시가 예산을 더 높여 유나이티드 아티스츠에 6백만 프랑을 요구하자 그들은 거절했다. 베르베르는 훨씬 합리적 액수를 요구하며 타협을 도모했다. "프랑수아는 안전 보장책을 필요로 했다. 그에게는 르보비시와 나, 즉 서로 다른 두 유형을 대표하는 사람이 있었다. 아마도 그의 눈에 우리는 상호 보완적으로 보였을 것이다." 마르셀 베르베르는 그렇게 설명한다. "르보비시는 기이한 사람이었다. 그는

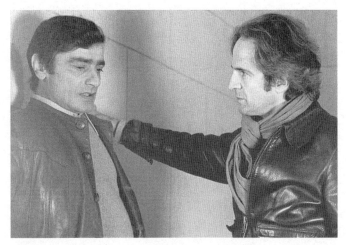

〈여자들을 사랑한 남자〉 촬영장에서 샤를 데네르와 프랑수아 트뤼포(1976)

미국인들을 만나고 돌아와서는 자기가 이 정도나 되는 출자액을 얻었다고 말했다. 현실적인 나로서는 그것이 불가능하다는 것을 알고 있었다. 이야기를 구체화해 계약에 이르도록 하기 위해서는, 내가 유나이티드 아티스츠와 재교섭을 해야만 했다. 한 달 뒤에 제라르는 내게 말했다. '마르셀, 어쨌든 훌륭한 계약이네! 프랑수아도 만족할 거야!'라고." 르보비시와 베르베르가 상호 보완적이긴 했어도, 영화의 재정적 접근에 완전히 견해가 일치하는 것은 아니었다.

프랑스 영화계 최고 스타, 각본가, 감독을 거느린 유럽의 메이저 예능 대행사 '아르메디아'의 총책임자로서, 제라르 르보비시는 텔레비전의 위력 증대로 크게 흔들리고 있던 영화 산업의 진전에 크게 기여했다. 텔레비전은 극장용 흥행 영화의 괄목할 경쟁 상대로 되는 한편에서, 영화의 제작 자금 면에서도 점점 더 많은 금액을 보증해 나갔다. 르보비시의 전략은 전적으로 자신이 아르메디아에서 대리하고 있는 스타나 감독을 완전한 프로듀서로 만드는 데에 있었다. 그 점에서 트뤼포는 좋은 본보기가 되었다. 왜냐하면 트뤼포는 데뷔 이후 줄곧 작가이자 감독이자 프로듀서였기 때문이다. 르보비시는 트뤼포가 프랑스 국내외에서 구현하는 상업적·상징적 가치에 주목했다. 오랫동안 르보비시의 가장 가까운 협력자로 일한 뒤 제작자로 독립한 장 루이 리비는 이렇게 말한다. "제라르 르보비시는 프랑수아에게 시스템을 포괄적으로 볼 수 있게 해주었다. 두 사람은 여자들을 사랑하는 점과 문학에 대한 비범한 소양 등에서 많은 공통점이 있었다. 둘 사이의 대화는 손쉽게 이루어졌지만, 근본적 차이가 한 가지 있었다. 프랑수아는 비즈니스 측면에서 대단히 소심했던 반면, 르보비시는 모험가였다. 프랑수아는 이 모험가적 기질에 강한 인상을 받았고, 제라르는 프랑수아의 겸허함을 높이 평가해 프랑수아가 큰일을 해내는 데에 도움이 되고자 했다."

1976년 9월 미국에서 돌아온 트뤼포는 〈여자들을 사랑한 남자〉의 여성 등장인물의 배역 작업에 전념했다. 브리지트 포세가 편집자이자 베르트랑 모란의 마지막 애인 주느비에브 역을 맡았다. 레슬리 캐런은 베라 역으로 출연했다. 모란은 예전에 베라와 열렬한 사랑을 나누었었는데, 어느 날 저녁 그녀와 우연히 재회한다. 사랑의 고백과도 같은 이 재회 장면은 트뤼포가 실생활에서 직접 영감을 얻은 것이라고 레슬리 캐런은 생각했다. "나는 영화 속 내 배역이 프랑수아의 인생에서 마들렌과 같은 인물이라고 생각했다. 내가 마들렌에게 그렇게 이야기했더니, 그녀는 베라가 오히려 카트린 드뇌브와 닮았다고 말했다." 엽색가 모란을 사로잡지만 결국은 젊은 남자를 좋아하여 그를 밀어내는 란제리 부티크 주인 엘렌 역은 주느비에브 퐁타넬이 맡았다. 〈아메리카의 밤〉이후 좋은 관계를 유지해 온 나탈리 바유 역시 트뤼포는 잊지 않았다. 그녀에게는 작은 역할이지만 발랄하면서도 경쾌한 배역을 맡겼고, 동시에 모란이 전화를 통해 일상적이면서도 수상쩍은 관계를 유지하는 모닝콜 메시지를 전하는 교환수의 목소리 연기도 부탁했다. 또한 트뤼포는 〈미시시피의 인어〉에서 불쾌감을 주는 역할을 맡았던 넬리 보르조에게, 충동적 욕망에 가득 찬 기혼녀로서 베르트랑 모란을 광기 직전으로 몰아가는 델핀 역을 제안했다. 트뤼포는 다른 조역은 몽펠리에에서 찾기로 결정했다. 몽펠리에는 이 영화의 촬영 예정지였고, 〈포켓 머니〉 상영차 방문했을때 트뤼포가 좋은 인상을 받은 곳이기도 했다. 이곳의 기후는 겨울에도 쾌적했으며, 거리는 만남을 재촉하기에 적당할 정도로 컸고, 지나는 길에 얼굴을 아는 여자를 발견하기에 적당할 정도로 작았다. "이곳은 프랑스에서 평방미터당 아름다운 여자의 수가 가장 많은 마을이라고 들었는데, 그것은 사실이다." 트뤼포는 자신의 선택을 정당화하면서 그렇게 썼다.

10월 초, 촬영 개시를 얼마 남기지 않은 시점에서 트뤼포는 중심가인 카레-뒤-루아 가의 아름다운 고택을 빌렸다. 그리고 프랑스 미디 지방의 수많은 여배우를 대상으로 조역 오디션을 행했으며, 두 명의 랑그도크 지방 출신 인사에게는 베르트랑 모란의 원고를 선정위원회에서 논의한 뒤 출판을 승인하는 장면에 출연해 줄 것을 부탁했다. 이 지방 유력 신교도 집안의 후손인 로제 레엔하르트 감독, 평론가인 앙리 아젤이 그들이었다. 1976년 10월 19일부터 2개월 이상 촬영을 계속하는 동안 캐스트와 스태프는 시내 거리를 에워쌌다. 베타니 출판사 장면을 위해서는 『미디 리브르』지 사무실을 무상으로 빌렸는데, 특히 뷔종 사장의 집무실이 많이 사용되었다.

만성절에는 로라 트뤼포가 루이-르-그랑 학교의 고등사범 수험 준비반 1년 차 수업을 팽개치고, 몽펠리에로 와서 몇 개월간 만나지 못했던 아버지와 며칠을 보냈다. 〈여자들을 사랑한 남자〉

의 촬영 현장에서 견습 스크립터로 활동하며 보낸 이 며칠은 로라에게는 "잊기 힘든 순간"이었지만, 동시에 "견디기 힘든 고통"의 원인이기도 했다. 그녀의 인생에서 결정적 순간에 이 체험이 갑작스레 찾아온 것이다. 로라는 이렇게 말한다. "스크립터인 크리스틴 펠레가 내게 일을 가르쳐 주었다. 나는 현상소에 보내는 보고서의 작성법도, 촬영 현장에서 돕는 법도 알았고, 필요하다면 주위에 나 자신의 존재를 잊히도록 할 줄도 알았다. 영화와 학업 사이의 선택이 내게는 정말로 어려웠다. 기본적으로 촬영 현장에서 좋았던 것은 그 분위기였다. 그래도 분위기 때문에 어떤 직업을 선택할 수는 없는 것이다!" 얼마간의 미련은 있었지만, 로라는 결국 대학에 진학하기로 결정한다.

코미디 영화를 만들 예정이었던 프랑수아 트뤼포는, 편집 과정에서 촬영된 필름을 보면서 전체적으로 오히려 애조를 띠고 있음을 알았다. 제목을 〈여자들을 두려워한 남자〉로 바꿀 생각까지 했을 정도였다. 몽펠리에에 있을 때 로라는 정신적 고통에 가까운 불안감을 느끼고 있었다. 그 원인은 "이야기와 인생 사이의 어렴풋한 교차점 때문이었다. 나는 17세였고, 이혼이라는 것이 아무리 원만한 경우라 해도 애정상의 실질적 단절과 동의어라는 사실을 알고 있었다." 평론가들은 〈여자들을 사랑한 남자〉를 코미디로서보다 "무언가 심각하고 씁쓸하고 아마도 절망적인 것"을 지닌 영화로 받아들였다. 그렇지만 평가는 대체로 호의적이었으며, 최소한 샤를 데네르의 연기에 대해서는 한목소리로 높게 평가했다.

〈여자들을 사랑한 남자〉는 1977년 4월 개봉되었는데, 이 영화를 여성 비하와 남성 우월주의로 간주한 여성 운동가들의 논쟁의 대상이 되었다. 예를 들면, 클레르 클루조는 "송아지들(여자들)을 14장의 얇은 고기로 썰어 전시하는 재고 목록"이라고 썼다. 트뤼포는 그 공격이 부적절하다고 생각했지만, 사실 그리 놀라지는 않았다. 영화 개봉 한 달 전에 트뤼포는 샤를 데네르에게 세심하게 경고해 주었으며, 이런 유형의 논의에 답변하는 방법도 몇 가지 조언해 주었다. "여성해방운동MLF의 부인들은 어떤 생각을 할 것인가? 그 점에 관해서는 '우리는 MLF에게서 점수를 따려 하지는 않았다. 그렇지만 일단 많은 수의 여성 인물이 등장하고, 부수적 역할이긴 해도 베르트랑 모란에게 대항하기에는 충분할 만큼 강하다'로 답하는 것이 바람직하다네." 여기서 트뤼포는 자신이 "맹목적인 페미니스트적 분위기"라고 지칭한 것과는 분명한 구분을 짓고 있다. 그리고 트뤼포의 작품에 등장하는 여성이 전통적인 여성관과 상응하는 것은 확실했다. 다양한 그 여성들은 무엇보다도 트뤼포의 환상과 페티시적 취미와 일치했다. 걸을 때마다 넘실거리는 폭넓은 스커트, 특히 검은 스타킹을 착 달라붙게 걸친 다리, 하이힐, 실크 속옷……. 그것은 여성을 사물화한 멸시적 표현이라기보다, 오히려 여성 고유의 특성과 관능성을 향한 지난 시절의 노스탤지어의 이미지, 트뤼포가 어린 시절을 보낸 1950년대를 강하게 특징짓는 이미지였다. 페미니즘을 포함해 모든 유행을 깊이 불신했던 트뤼포는 비록 여성에 대한 부정적인 시각까지는 아니더라도 그 구시대적 시각을 공공연히 인정한 것이다. 장 루이 보리는 『누벨 옵세르바퇴르』의 기사에서 이 점을 지적하면서 다음과 같이 결론을 내렸다. "베르트랑이 사랑하는 육체, 그의 시신은 지하에 매장되지만, 여인들을 향한 사랑은 책을 통해 계속 살아남는다. 그러나 이제 여자들이 바지를 입고, 고양이와 수프 사발 사이에 존재하는 것과는 다른 남녀 관계를 세우고자 하는 세상에서, 그 사랑은 과거의 것으로 된다."

논쟁에도 불구하고 〈여자들을 사랑한 남자〉는 성공을 거두어, 파리에서는 12주간 상영에 32만 5천 명의 관객을 동원했다. 트뤼포는 샤를 데네르, 브리지트 포세와 함께 영화 개봉에 맞추어 지방과 해외를 방문했다. 영화의 성공 여부는 '유혹자'에 대한 각국의 이미지에 따라 큰 차이를 보였다. 과시적 돈후안주의가 전통의 일부가 되어 있는 라틴 국가에서는 전반적으로 이해되지 못했던 반면, 독일과 스칸디나비아 국가에서는 엄숙성과 우수에 싸인 '바람둥이'가 크게 환영받았다. 미국에서의 반응은 제각각이었고, 흥행도 시원찮았다. 미국 비평가들은 이 영화를 트뤼포의 작품 전체와 관련시키는 데에 다소 곤란함을 느끼는 듯했다. 그러나 트뤼포 자신에게 이 작품은 절대 빼놓을 수 없는 것이었다. 6년 뒤에는 블레이크 에드워즈가 버트 레이놀즈를 주연으로 〈여자들을 사랑한 남자The Man who Loved Women〉의 리메이크 판을 만드는데, 근육질의 레이놀즈가 풍기는 강인함과 공공연한 엽색성은 샤를 데네르가 구현한 호색한과는 전혀 공통점이 없었다.•

〈여자들을 사랑한 남자〉가 개봉되기 몇 개월 전 45회 생일에 프랑수아 트뤼포는 마리 자울 드 퐁슈빌을 만나 사랑에 빠졌다.

30세 전후의 나이에 갈색 머리를 지닌 이 미녀를 트뤼포에게 소개해 준 사람은 마리 프랑스 피지에였다. 피지에는 세르비아-피에르-1세 거리 아파트에서 가진 생일 저녁 식사에 몇몇 친구와 함께 초대받았다. "지방에서 올라온 제 사촌입니다." 조르주 키에주망, 마리 드 퐁슈빌과 함께 도착한 마리 프랑스 피지에는 그렇게 그녀를 소개했다. 당시 '추'라는 작은 출판사에서 문예부장 직을 맡고 있던 퐁슈빌에게 트뤼포는 흥미와 매력을 느꼈다. 트뤼포는 퐁슈빌에게서, 완성을 눈앞에 둔 자신의 작품에서 브리지트 포세가 연기한 가공인물의 분신을 보았다. 즉시 트뤼포는 이 젊은 여자에게 다시 전화를 걸었다. 마리 드 퐁슈빌은 홀로 알리스라는 어린 딸을 키우면서 보주 광장에 살고 있었다.

현시점에서 마리 드 퐁슈빌이 밝히는 바를 인용하면, 트뤼포와의 관계는 처음에 "아주 소란스러운" 모양새를 하고 있었다. "나로서는 그와의 애정 관계란 생각할 수도 없었기 때문이다." 처음 얼마간 트뤼포는 다소 끈질기게 달라붙었다. "어느 날 저녁, 프랑수아가 초인종을 눌렀는데, 그때 나는 외출해야 하는 상황이었다. 그는 말했다. '아무래도 좋습니다, 여기에 있기만 하다면요. 여기서 신문을 읽고, 따님을 돌보겠습니다.' 내가 돌아오자 그는 떠나면서 내게 '다음 주 금요일에!'라고 말했다." 몇 차례 반복된 이런 상황은, 〈여자들을 사랑한 남자〉에서 베르트랑 모란이 베이

• 이것은 카로스 영화사에 재정적인 도움을 주었다. 영화의 저작권료로 30만 달러를 받았기 때문이다.

비시터를 유혹하기 위해 자신의 집에 오게 하는 장면을 연상시킨다. 트뤼포가 시작한 이 유희는 어느 날부터 관례화된 연애 관계로 방향을 바꾸었다. "우리는 주말을 제외하고는 일정한 날짜에 서로 만났다. 3일은 나의 집, 이틀은 그의 집에서였다. 우리의 관계는 꽤 무질서했다. 나는 자유롭고 독립된 삶을 살면서 딸을 키우고 있었고, 그것은 일종의 나의 인생관이었다. 그 당시 유행하던 표현을 쓰자면, 나는 자유연애를 지지했다."

마리 드 퐁슈빌과의 만남은 트뤼포의 습관을 변화시켰다. 퐁슈빌은 생활 스타일, 잦은 친구 관계, 솔직한 언어 습관, 영화계 인물이 아니라는 사실 등에서 트뤼포가 평소에 접하는 여자들과 달랐다. 두 사람은 편안하게 서로 말을 놓았고, 종종 영화나 연극을 함께 보러 갔고, 지방이나 외국으로 몇 차례 여행도 갔다. 모든 사교계를 향해 반항적이었던 트뤼포였지만, 마리가 친구들을 초대하는 야간 파티에는 싫은 기색 없이 참석했다. "생활은 즐거웠고, 프랑수아는 그것을 기꺼이 수용했다. 사람들 앞에서 나와 함께 있는 것도 받아들였다." 퐁슈빌은 그렇게 설명한다. 2년간 지속된 이 관계에서 트뤼포는 상당한 정서적 안정을 얻는 듯했으나, 결국 모순된 욕망이 이 남자의 내부에 다시 나타났다. 트뤼포는 '이상적인' 여성의 곁에서 안정을 찾았다고 주장하면서도, 한 쌍의 남녀가 만들어가는 화합적인 생활은 신뢰하지 않았다. "프랑수아는 자신이 지닌 행복이란 개념을 책 수집이나 독서, 일에서 계획적인 형태로 실현했고, 행복해지기를 원했지만 동시에 큰 고독감 속에서 살고 있었다." 마리 드 퐁슈빌은 그렇게 단언한다. 트뤼포는 불안하고 불만족스러운 상태를 완전히 감출 수 없었으며, 주기적으로 수면을 방해하는 두통에 시달렸다. 트뤼포의 내부에서는 좀 더 중대한 무엇인가가, 그 자신의 의지에 따라서, 또는 역행해서 작용하면서 모든 애정 관계를 좀먹어 가고 있었다.

죽은 자들과 함께 살다

프랑수아 트뤼포는 죽은 자들, 자신의 생애에서 중요했던 사자들과 매우 친밀한 관계를 유지했다. "나는 죽은 사람들에 충실하고, 그들과 함께 산다. 나는 45세이며, 이미 많은 고인에게 포위되어 있다." 〈400번의 구타〉의 촬영 첫날에 사망한 앙드레 바쟁 이후, '그의' 죽은 사람들 목록은 계속 길어졌다. 프랑수아즈 도를레악 등 사랑했던 여성에서 콕토처럼 존경하는 남성으로 이어지는 목록이었다. 콕토에 관해 트뤼포는 "며칠 동안 아침마다 그의 목소리를 들었다"라고 말했다. 트뤼포는 1977년 1월 앙리 랑글루아의 사망과 6개월 뒤 로베르토 로셀리니의 갑작스러운 사망으로 슬픔에 빠졌다. 이 두 사람은 트뤼포에게 '아버지'와 같은 존재로서, 영화에 대한 사랑을 가르쳤으며 영화 제작의 의욕과 용기를 주었다. 칸영화제 심사위원장을 맡은 지 1개월 후 로셀리니가 로마에서 사망하자, 트뤼포는 『마탱 드 파리』에 글을 써, 자신이 알았던 사람 가운데 "앙드레 바쟁과 함께 가장 지적인 인물"에게 경의를 표했다.

같은 시기에 트뤼포는 자신의 두 번째 영화 〈피아니스트를 쏴라)를 다시 보면서, 죽음과 영화는 가혹하게도 좋은 관계 안에 공존한다는 사실을 확인했다. 보비 라푸앵트, 알베르 레미, 니콜 베르제, 클로드 망사르, 카트린 뤼츠 등 "출연 배우의 절반이 떠나갔다"는 것을 다시 실감하고 슬펐던 것이다. 그는 이 사라진 존재를 그리워했으며, 그들을 망각하려 하지 않았다. "죽은 사람에게는 왜 살아 있는 사람에게처럼 다양한 감정을, 똑같이 적극적이고 정다운 관계를 가질 수 없다는 것인가." 트뤼포는 『렉스프레스』를 통해 그렇게 말했다. 트뤼포는 이미 몇 년 전부터 죽은 사람과 함께 사는 것이 가능하고, 가능해야만 한다는 사고를 테마로 하는 영화를 만들기로 결심해 왔다. 즉 "죽은 사람들을 망각하려 하지 않는 남자를 영상으로 보여 준다면, 어떤 작품을 만들 수 있을까"라고 생각해 왔다.

이 기획은 1970년 12월 트뤼포가 카트린 드뇌브와 결별할 무렵부터 시작되었다. 당시 그는 헨리 제임스의 소설에 열정적으로 몰두했다. 이 작가를 숭배한 트뤼포는 보스턴을 방문했을 때는 제임스가 살았던 집을 찾았고, 작품 전부를 프랑스어판과 영어판으로 수집했다. 제임스가 1894년에 런던에서 쓴 소설 『사자의 성단 The Altar of the Dead』은 프랑스어판이 출간되지 않았기 때문에, 트뤼포는 이 작품의 번역을 친구인 에메 알렉상드르에게 부탁하기도 했다. 그러고는 제임스의 전기적 자료, 특히 『자서전 Autobiographies』의 집필 노트를 수집했다. 이 글에서 저자는 젊어서 죽은 약혼녀를 평생에 걸쳐 숭배한 일을 회상했다. 러시아 문학자인 에메 알렉상드르*는 같은 테마를 다룬 톨스토이와 체호프의 단편 소설을 권유하고, 가까운 친구였던 가스통 바슐라르의 『촛불의 미학*La Flamme d'une chadelle*』을 추천해 주었다. 1961년에 간행된 이 뛰어난 에세이 소품에서 트뤼포는 깊은 감명을 받았다.

이후에 트뤼포는 계획한 순서대로 〈두 영국 여인과 대륙〉, 〈나처럼 예쁜 아가씨〉, 〈아메리카의 밤〉을 촬영해 갔다. 그리고 1974년 초에 헨리 제임스의 『사자의 성단』의 프랑스어판이 스토크 출판사에서 디안 드 마르주리의 번역으로 출간되었다. "헨리 제임스의 세계에서 죽은 자들은 특별한 의미를 지닌다. 유용성이라고까지 말할 수 있을 정도다. 대개 죽은 자들은 추억을 매개로 상상력을 촉발하기 때문에, 산 자들의 삶을 풍요롭게 만든다. 따라서 주인공은 미래의 축조보다도 어렴풋한 추억을, 행동보다도 제례를, 현재보다도 과거를, 사랑의 가능성보다도 사라져 버린 사랑을 선택한다." 디안 드 마르주리가 쓴 이 같은 서문에 트뤼포는 빽빽이 주석을 붙였다. 트뤼포가 (방금 〈아델 H의 이야기〉의 시나리오를 끝낸) 그뤼오에게 이 소설의 각색을 부탁한 것도 이 시점이었다.

1974년 7월 장 그뤼오는 트뤼포로부터 〈사자의 성단〉의 각색에 관한 계약서를 받았다. 트뤼포는 "그것이 엄청난 것은 아니"라는 점은 인정했다. "그렇지만 이것은 아직 시도 단계의 기획이며, 내 희망대로 만일 영화가 정상적 조건 안에서 제작된다면 이 합의 사항은 언제라도 재고할 여지가 있을 것이라네." 트뤼포는 이미

• 에메 알렉상드르는 1981년에 87세의 나이로 사망했다. 그녀는 시력을 잃어 자신이 큰 도움을 준 영화 〈녹색 방〉을 볼 수 없었다.

기획의 큰 그림은 그려 놓은 상태였다. 그는 "비밀스럽고, 위엄을 갖춘" 주인공이 죽은 약혼녀를 숭배해가는 이야기를 그린 "서스펜스 드라마"를 생각하고 있었다. 그리고 도중에 그뤼오에게 제임스의 또 다른 두 단편, 「밀림의 야수The Beast in the Jungle」와 「친구들의 친구들The Friends of the Friends」을 읽어 볼 것도 권유했다. 최종적으로 트뤼포는 작품의 무대를 프랑스 동부로 옮기고, 이야기는 50년 정도 이동시킬 것을 고려했다. 빅토리아 시대의 영국에서 1920년대의 프랑스 시골 마을로 설정을 바꾸어, 이야기가 "제1차 세계 대전의 기억과 직접 연결되도록" 만들고자 한 것이다.

그뤼오는 1974년의 대부분을 헨리 제임스를 다시 읽고 그의 세계 안에 빠져 보냈다. 그리고 그해 10월에 '5막 20여 장으로 구성된' 초안을 내놓았고, 1975년 3월에는 "죽은 약혼녀La Fiancée disparue"라는 제목의 초벌 시나리오를 완성했다. 두꺼운 대학 노트 세 권에 세부 사항, 등장인물, 장소, 상황들이 빼곡히 차 있는 시나리오였다. 지나치게 길고 장황하다고 판단한 트뤼포는 그뤼오에게 분량 축소를 요청했다. 작업은 1개월 후에 완료되었으나, 트뤼포는 이번에도 만족하지 못했고, 두 사람 사이에는 불편함이 생겨났다. 이 시점에서 그뤼오가 〈아델 H의 이야기〉를 보고 실망감을 표했기 때문에 더욱 그러했다. 11월 21일 트뤼포는 그뤼오에게 편지를 써 다음과 같이 설명했다. "나는 오해를 언제나 싫어하는 편은 아니지만, 침묵으로 우리의 우정에 상처가 나서는 안될 것으로 믿네. 이 침묵은 애초에 나의 탓이네. 우선 자네가 쓴 〈사자의 성단〉을 읽은 후 내가 실망했고, 다음으로 〈아델 H의 이

야기〉를 화면으로 본 자네가 실망했었지. 〈사자의 성단〉에 관해서
는, 자네의 창작열을 수용하기에는 내가 지나치게 융통성 없는
틀을 세워 놓았던 것 같아. 자네는 최선을 다했네. 자네의 각본을
다시 읽고는 더 좋아하게 되어, 타이프로 옮기라고 했네. 자네에
게 네 번째 수정본을 넘겨주기 전에 쉬잔과 함께 한 번 더 손볼 준
비를 하고 있네."

이 시기 내내 장 그뤼오는 알랭 레네와 〈내 미국 삼촌Mon Oncle
d'Amérique〉의 각본을 집필하고 있었기 때문에 비는 시간이 거의
없었다. 그 결과 〈죽은 약혼녀〉의 기획은 포기 직전의 상태에 놓
였다. 트뤼포는 다른 쪽으로 눈을 돌려, 프루스트의 『잃어버린
시간을 찾아서』 전권을 다시 읽었고, 다니자키 준이치로를 비롯
한 일본 문학에 몰두했다. 그는 일본 통신원인 야마다 고이치에
게 편지를 보내, 일본 문학 가운데 사자 숭배와 관련된 참고 서적
의 추천을 요청했다. 또 에릭 로메르에게도 제임스의 소설 『사자
의 성단』을 보내 견해를 물어보았으나, 이 〈클레르의 무릎Genou de
Claire〉의 감독은 별다른 영감을 받지 못했다. 트뤼포는 또한 바쟁
을 통해 알게 된 두 명의 시네필 친구, 예수회 성직자 장 망브리노
와 성도미니크회 성직자 기 레제르에게 영화의 '종교적' 장면에
관해 협력을 요청했다. 이처럼 전문적 지식에 토대를 둔 탐구 활
동은 이 테마에 대한 트뤼포의 극단적 집착을 나타냄과 동시에,
그것을 영화로 바꾸는 일에 그가 품은 적지 않은 망설임을 보여
준다.

그뤼오가 쓴 시나리오는 두 해 가까이 카로스 영화사의 파일

속에 묻혀 있었다. 〈여자들을 사랑한 남자〉의 촬영 준비 시점이 되어서야 트뤼포는 이 기획의 재개를 결정했다. 그는 곰곰이 생각한 뒤에 죽은 자들과 함께 살아야 한다는 생각에 사로잡힌 남자 쥘리앵 다벤과 다벤을 향한 사랑 때문에 사자 숭배의 세계에 들어서려는 젊은 여성 세실리아 사이의 사랑을 축으로 이야기를 재구성하고자 했다. 동시에 트뤼포는 제임스의 단편들에는 나오지 않는 등장인물과 장소를 새롭게 등장시켰다. 예를 들면, 신뢰할 수 있는 친구이자 야생의 소년인 어린 농아자, 다벤이 사망 소식을 담당하고 있는 고풍스러운 잡지 『글로브Le Globe』 등을 첨가했다.

1976년 10월 중순, 트뤼포는 그뤼오에게 자신의 의견을 전했고, 그뤼오는 이를 수용해 열정적으로 각본 작업을 재개했다. 그 사이에 트뤼포는 〈여자들을 사랑한 남자〉를 촬영했다. 1977년 2월 완성된 수정본에는 "죽은 약혼녀", "미완의 초상화", "불의 산", "잊지 않은 사람들", "우리가 사랑했던 사람들", "마지막 불꽃", "타인들", "그들", "기억의 축제" 등 여러 후보 제목이 길게 포함되어 있었다. 수정 시나리오에 만족한 트뤼포는, 〈미지와의 조우〉의 몇몇 보충 장면 촬영을 위해 머무르고 있던 봄베이에서 그뤼오에게 "시나리오 탁월함. 대단히 만족"이라는 전보를 보냈다. 쉬잔 시프만과의 마지막 수정 작업을 거친 뒤, 1977년 5월 말 최종 시나리오가 완성되었다. 다만 〈죽은 약혼녀〉를 비롯한 후보 제목들에 아무도 만족하지 못했기 때문에 제목은 좀 더 고려하기로 했다.

트뤼포는 배역 작업을 시작했다. 전체 배역 수는 그리 많지 않았다. 그는 여주인공 세실리아 역을 나탈리 바유에게 맡겼다. 〈아메리카의 밤〉에서 재능을 발휘한 바유는 〈여자들을 사랑한 남자〉에서 작은 역할을 소화한 뒤, 필립 레오타르의 상대역으로 모리스 피알라의 영화 〈벌어진 입술La Gueule ouverte〉의 촬영을 방금 마친 상태였다. 〈녹색 방〉은 나탈리 바유에게 대단히 중요한 작품이었다. "프랑수아가 자신과 공연할 것을 내게 요청한 것은, 내가 문제를 일으키는 배우가 아님을 알고 있기 때문이다. 그는 나를 신뢰했고, 그 점이 그를 매우 안심시켰다." 바유는 그렇게 말한다. 영화 속에서 바유가 대사를 던지는 대상은 실제로 트뤼포였다. 트뤼포는 상대 배역을 샤를 데네르에게 맡길 것을 잠시 고려해 보았지만, 데네르의 스케줄이 허락하지 않자 스스로 쥘리앵 다벤을 연기하기로 결정했다. 다만 트뤼포는 자신이 그 배역을 맡을 경우 너무 나이 들어 보일 것을 염려했다. 트뤼포의 걱정은 꽤 심한 것이어서 미용 분장 담당자와 상의까지 했다. 분장사는 그에게 가발을 쓸 것을 권유했지만 최종적으로는 사용하지 않기로 했다.

스스로 주인공 역할을 맡으면서 트뤼포는 영화에 좀더 개인적이고 좀 더 진실에 가까운 의미가 부여될 것을 기대했다. "이 영화는 손으로 쓴 편지와도 같습니다. 당신이 편지를 손으로 쓸 경우, 아마도 글씨는 약간 흔들릴 것이고, 그 편지는 완전하지는 못할 것입니다. 그러나 이것이 바로 당신일 것이며, 당신의 필체일 것입니다." 트뤼포는 쥘리앵 다벤 역이 우스꽝스럽고 비장하게 보이지는 않을까, 관객의 눈에 그가 병적인 열정에 사로잡힌 광인으로 보이지는 않을까 하는 것이 무엇보다 두려웠다. 트뤼포가 스스로 이 배역을 맡기로 결정한 것은 그 이유 때문이기도 했다. "그는 자신과 쥘리앵 다벤 사이에 어느 누구도 개입하는 것을 원하지 않았다. 이 행보가 너무나도 사적인 것이었기 때문이다." 나탈리 바유는 그렇게 말하고는, 트뤼포 자신이 회의적이었던 경우까지 있었음을 기억해 냈다. "그는 내게 말했다. '이것은 광기의 사태라오. 결코 이렇게 진행될 수 없지!' 그러고는 모든 것을 중단하려 하기도 했다."

트뤼포와 나탈리 바유 외에도 장 다스테(『글로브』지의 편집 주간 역), 앙투안 비테즈(짧지만 강렬한 장면에서 준엄한 성직자로 출연), 장 피에르 물랭(영화 도입부에서 다벤의 격려를 받는 홀아비 역), 파트릭 말레옹(쥘리앵 다벤의 피보호자 역을 맡은 어린 농아 연기자) 등이 배역에 포함되었다. 카로스 영화사의 몇몇 기술 스태프와 직원들 역시 이번에도 연기진에 동참했다. 트뤼포의 비서인 조지안 쿠에델이 간호사로, 편집 담당자인 마르틴 바라케 역시 간호사로, 아니 밀레르가 죽은 여자 역으로 등장했다. 마지막으로 마리 드 퐁슈빌이 다벤의 친구인 홀아비 마제의 재혼 상대로 한 장면에 출연했다.

1977년 여름의 준비 기간을 거쳐, 촬영은 옹플뢰르에서 행해졌다. 트뤼포는 네스토르 알멘드로스에게, 조명광과 수많은 촛불 빛 사이의 대조를 활용해 화면에 환상 영화의 분위기를 부여하도록 부탁했다. 1977년 10월 11일 마침내 트뤼포는 옹플뢰르의 외젠-부댕 가에 위치한 아름다운 5층짜리 고택 메종 트루블레에서 촬영을 시작했다. 촬영 기간은 38일을 넘기면 안 되었고, 유나이티드 아티스츠가 출자한 영화 예산도 3백만 프랑으로 제한되어 있었기 때문에, 트뤼포는 옹플뢰르의 이 대저택을 최대한으로 활용해 여러 장면의 촬영 공간으로 이용했다. 트뤼포는 〈아델 H의 이야기〉 때의 방식을 이번에도 다시 사용했다. 즉 프랑수아 포르실과 파트리스 메스트랄의 협력을 얻어, 1940년에 전사한 작곡가 모리스 조베르의 〈플랑드르 콘서트Concert flamand〉에서 발췌한 음악을 미리 녹음했다. 그러고는 촬영 때 현장에서 이 음악을 틀게 해, 연기자와 스태프가 영화의 전례적典禮的·종교적 분위기 안에 몰입하게 했다. 프랑수아 포르실은 이렇게 쓰고 있다. "갑작스럽게 폭발하는 긴장과 불길한 신념이 담긴 그 연기 속에서, 조베르 스타일의 직접적인 영향이 발견되는 것은 이상한 일이 아니다. 조베르의 음악이 지닌 격정과 급격한 절제, 그 신중함과 폭력성을 생각하면……."

몇몇 장면은 실외에서 촬영했는데, 캉에 있는 묘지에서 4일간, 옹플뢰르의 경매소에서 3일간, 카르베크 성당에서 5일간 촬영했다. 이 성당은 퐁-오드메르 근처의 생-피에르-뒤-발에서 힘들여 찾아낸 수도회 건물로 작고 아담한 곳이었다. 장 피에르 코위 스벨코가 새로이 꾸민 이 성당 안에 네스토르 알멘드로스는 수많은 촛불을 설치해 빛을 밝혔다. 그 공간에 트뤼포는 고인들의 개인 사진을 걸어, 그 기억이 영속화되도록 했다. 산 자든 죽은 자든 쥘리앵 다벤에게 중요한 인물은 트뤼포 자신에게도 중요했다. 오디베르티, 콕토, 크노, 잔 모로와 그녀의 여동생, 루이즈 드 빌모랭, 에메 알렉상드르, 오스카 베르너, 오스카 르웬스타인(《상복 입은 신부》의 프로듀서)……, 그리고 프루스트, 오스카 와일드, 헨리 제임스, 기욤 아폴리네르, 모리스 조베르와 그의 오케스트라, 프로코피에프 등 자신이 존경하는 작가와 작곡가의 초상화도 있었다.

〈녹색 방〉의 촬영 자체에는 경야經夜와도 같은 음울함은 전혀 없었다. 오히려 트뤼포의 전 작품을 통해 가장 즐거웠던 경우에 꼽힐 정도로, 촬영 분위기는 기쁨에 넘치는 축제와도 같았다. "모두 엄청나게 웃었고, 촬영 시작 직전에도 큰 웃음이 그치지 않는 경우가 많았다. 하도 웃어서 쉬잔 시프만이 종종 우리에게 정숙할 것을 명령할 정도였다." 나탈리 바유는 그렇게 회상한다. 주말이면 옹플뢰르에서 트뤼포와 합류했던 마리 드 퐁슈빌 역시 "나탈리는 남들까지 웃음 상태로 끌어들여, 마치 여러 개의 종소리가 울리는 듯했다!"고 말한다. 〈녹색 방〉 촬영장의 이 같은 즐거움은 영화의 음산한 분위기를 덜어 주었다. 배우로 출연한 트뤼포는 자신의 배역을 단조롭게, 거의 기계적이고 중립적으로 연기했고, 이로 인해 당연히 나탈리 바유에게는 문제가 좀 생겼다. 그녀는 자신의 연기와 대사 억양을 트뤼포에게 맞추어 억제해야 했다. 동시에 배우와 감독의 이중 역할을 행한 트뤼포는 나탈리 바유에게 그다지 도움이 되지 못했다. 촬영에 관한 매우 즐거운 기억을 지니고 있다고는 해도, 동시에 나탈리 바유는 자신에게 신경을 써줄 '진정한' 연출자의 시선이 없는 상태에서 때때로 외로움을 느꼈음을 인정한다.

1978년 3월부터 트뤼포는 동료들에게 〈녹색 방〉을 보여 주었는데, 곧 〈두 영국 여인과 대륙〉 이후 최고의 찬사가 쏟아졌다. 예를 들면 이자벨 아자니는 트뤼포에게 보낸 편지에서 이렇게 썼다. "감독님의 영화 가운데서 이 작품은 〈두 영국 여인과 대륙〉과 함께 제게 가장 큰 충격과 호소력을 던져 주었습니다. 감독님 앞에서 우는 게 좋겠다는 생각을 했습니다." 알랭 들롱은 트뤼포에게 마음을 담아 편지를 보냈다. "〈녹색 방〉은 클레망, 비스콘티, 아주 적은 다른 작품과 함께 저의 비밀의 정원에 속해 있는 영화입니다." 에릭 로메르는 이렇게 털어놓았다. "자네의 영화는 정말 감동적이었다네. 영화 속에서의 자네도 정말 감동적이었다네." 한편 앙투안 비테즈는 이렇게 편지를 썼다. "〈녹색 방〉을 보고 느낀 감동을 저는 아직 선생님께 이야기하지 않았습니다. 제가 그 깊은 곳에서 본 것은 바로 선한 마음입니다. 그것이 가장 저의 마음을 흔듭니다. 영화에 동참하게 해 주신 것에 감사드립니다."

『르 피가로』지의 프랑수아 샬레를 제외하면 평론가들도 일치된 견해를 나타냈다. 예를 들면, 장 루이 보리는 『누벨 옵세르바퇴르』지에 다음과 같이 썼다. "이 영화는 그 평이한 줄거리 때문에 하나의 영화적 유언과도 유사하다. 트뤼포는 다른 영화들을 또 찍을 테지만, '사자의 성단'인 이 〈녹색 방〉보다 더 내면적이고 개인적이며 통절한 영화를 우리는 볼 수 있을까?" 트뤼포는 스스로의 얼굴을 드러내 죽은 자들을 지켜 냄으로써, 여기서 자신의 과거와 자신을 형성시킨 영화 전통을 부활시켰다. 〈녹색 방〉을 촬영한 후 모든 것이 트뤼포의 기대에 답하는 듯했다. 이 무렵의 트뤼

〈녹색 방〉에서 프랑수아 트뤼포(1978)

포는 완성과 절정의 시기에 있었던 것이다.

텅빈방

1978년 4월 5일에 개봉된 〈녹색 방〉은 이 은총의 상태에 급격한
종지부를 찍었다. 영화의 상업적 실패는 프랑수아 트뤼포에게
깊은 상처와 실망을 안겨 주었다. 크게 성공하리라는 환상은 가
지지 않았지만, 그는 이 영화가 적어도 시네필 관객은 모을 수 있
을 것으로 생각했다. 트뤼포는 자신이 〈녹색 방〉을 만든 사적이
고 극히 개인적인 이유가 관심을 끌지 못한다는 사실을 인정하
기 어려웠다. "나는 찬사를 원하는 것이 아니다. 그런 것은 흥미
도 없다. 내가 원하는 것은 관객이 한 시간 반 동안 진정으로 영
화와 일체가 되는 것이다. 왜냐하면 이와 같은 테마는 수많은 사
람에게, 각자의 인생에서 감동받을 것이 있다고 생각하도록 만
들기 때문이다. 우리는 모두 각기 죽은 자들을 품고 있는 것이
다." 영화가 개봉되기 몇 주 전에 트뤼포는 그렇게 썼다. 그의 생
각은 맞지 않았던 것이다. 그 때문에 어려운 상황에 처할 것임을
느낀 트뤼포는 평소보다 더 영화의 홍보 활동에 힘을 쏟았다. 언
론 홍보 자료를 스스로 쓰고, 포스터와 예고편도 자신이 결정했
으며, 인터뷰와 지방 출장도 계획했다. 개봉에 앞서 몇 차례 가진
언론시사회까지도 자주 참석해, 별 말이 없는 평론가들을 확신
시키기 위해 노력했다.

트뤼포는 가장 유능한 홍보 담당자인 시몽 미즈라히에게 영화

홍보를 위임했다. 미즈라히는 아무리 완고한 기자라도 설득한다는 평판을 지닌 열광적 시네필이었다. 미즈라히와 그의 동료인 마르틴 마리냐크의 협조를 얻어 트뤼포는, 사자 숭배에 관한 영화를 보러 가도록 대중을 설득하는 불가능한 일에 도전했다. 그러나 실패를 예감한 트뤼포는 영화 개봉 며칠 전에 전략을 바꾸어, 의도적으로 본래의 주제는 감추고 자신의 명성, 나탈리 바유의 매력, 영화의 환상적 분위기 등 다른 요소를 전면에 내세웠다. 또한 트뤼포는 텔레비전을 통해 〈녹색 방〉을 홍보할 때, 프로그램을 준비하던 미셸 드뤼케르에게 영상 자료는 두 가지 장면 외에는 보여 주지 말라고 요청했다. "죽음이나 죽은 자들에 관해 언급하지 않는 장면, 그리고 영화 속 네 명의 등장인물을 소개하는" 장면이었다. 그러한 노력에도 불구하고 관객들은 불만을 드러냈고, 이 작품을 병적인 것으로 간주하면서 프랑수아 트뤼포의 이미지와 연결시키려 하지 않았다. 동원 관객 3만 명을 겨우 넘긴 상태로, 영화는 〈두 영국 여인과 대륙〉에 필적하는 상업적 실패작이되었다. 음악 고문을 담당한 프랑수아 포르실에게 트뤼포가 쓴 표현을 인용하자면, 그것은 "텅 빈 방!"이었다.

마음속 깊이 타격을 받았으면서도 트뤼포는 실패의 모든 책임을 자기 자신에게 돌렸고, 쥘리앵 다벤 역을 자신이 맡은 일을 후회하기도 했다. "샤를 데네르라면 나보다 나았을 것이다." 『파리마치』지에 이렇게 쓰면서 트뤼포는 더 이상 다른 감독의 영화에 출연하지 않을 것, 앞으로 10년 동안은 자신의 영화에도 출연을 삼갈 것을 밝혔다. 1978년 5월 10일, 트뤼포는 자신의 영화에 관한 연구서를 집필 중이던 미국의 젊은 학자 아네트 인스도르프에게 사기가 극도로 저하되어 있음을 고백했다. 상황이 악화할 때마다 늘 그랬듯이, 이번에도 미국이 그의 유일한 안식처가 되어주었다. 트뤼포는 자신의 작품이 미국에서 더 따뜻한 이해와 애정을 받는다고 느꼈다. 그는 인스도르프에게, 프랑스에서 언론의 평가는 높았지만 "오로지 '죽음'에 관해서만 이야기한 결과, 이 영화를 〈조니는 전쟁에 나갔다〉만큼 힘든 작품으로 만들어 버렸습니다. 물론 이 이야기는 우리 둘만 알고 있기로 합시다. 뉴욕(차기 영화제 이후에 개봉하겠죠), 스칸디나비아, 일본에서의 가능성은 아직 남겨 둔 상태니까요"라고 밝혔다.

트뤼포는 〈녹색 방〉의 일본 반응에 큰 기대를 걸었다. 장례와 공양에 깊이 집착하는 국가라면 무관심할 수 없을 것이라고 생각했기 때문이다. 그래서 1978년 가을 그는 일본에 가서 작품을 소개할 예정이었지만, 개봉이 몇 개월 연기되었다는 사실을 알고는 단념했다. 또한 그는 미국 관객에게 영화를 소개할 수 있는 9월의 뉴욕영화제에도 기대를 걸었다. 프랑수아 트뤼포는 마리 드 퐁슈빌, 나탈리 바유, 헬렌 스코트와 함께 영화제에 참석했으나, 뉴욕의 첫 상영은 음울한 분위기 속에서 행해졌다. 이날 밤 뉴욕 시내의 한 아파트에서 트뤼포에게 경의를 표하는 파티가 열리면서 분위기는 좀더 즐겁게 바뀌었다. 같은 건물 안에 미국에 이주한 체코 감독 밀로슈 포르만이 살고 있었기 때문에, 트뤼포는 여성 동료들과 함께 포르만을 찾아 파티를 마무리했다. "손에서 손으로 해시시를 주고받으면서 모두 대단히 즐거워했다. 프랑수아는 뭐가 뭔지 전혀 알지 못하고 있었다." 나탈리 바유의 회상이다.

트뤼포는 피로감을 감추지 않고, 뉴욕 친구인 아네트 인스도르프에게 자신이 "지난 5년 동안 지나치게 많은 영화를 지나치게 빠른 속도로 만들어 왔음"을 고백했다. "카로스 영화사는 나에게 확고한 자유를 보장해 주지만, 그 대가는 비싼 것이며, 무엇보다도 돌이켜 생각하기 위해 멈추어 설 수가 없습니다. 나는 매달 할리우드에서 오는 제안을 거절합니다. (…) 그러나 결국 나는 한 명의 '과거의 인물'이 되어 버리기 전에 언젠가는 내가 좋아하는 대로 해 볼 예정입니다." 겨우 46세의 나이에 프랑수아 트뤼포는 이미 시대에서 밀려난 감독이었을까? 그는 『프랑스 수아르』지의 기자에게 자신의 불안감을 고백했다. "나는 서둘러야 합니다. 나는 46세이고, 건강한 마지막 몇 년을 살고 있습니다. 나중에 후회하지 않기 위해 가능한 한 많은 영화를 찍고 싶습니다." 마리 드 퐁슈빌은 "프랑수아가 자신이 영위하는 삶에 만족하지 못하고 있었다"라고 말한다. "그는 인생이란 것이 영속적 운동 상태라는 것을 납득했고, 이것이 그를 미치게 했다. 그는 행복하기를 바라고 있었지만, 싫어하는 일들을 강요당하면서 비참하게 살고 있다고 종종 말하곤 했다."

같은 시기에 장 루이 보리가 극심한 우울증을 겪고 있음을 알게 된 트뤼포는 그에게 격려와 위로의 편지를 써 보냈다. "죽음과도 같은 이 고통, 블랙홀의 감정, 더 이상 내가 존재하지 않는 듯한 느낌, 거리에서 마주치는 얼굴들의 비현실감……. 이 모든 것을 저는 체험했으며, 또한 자신의 내부에서 발생하는 일을 타인들에게 이해시키는 것이 가능하지 않다는 확신, 구체적인 것이 사라져 가는 느낌, 그 망연자실한 공허감도 저는 알고 있습니다. 이것들을 체험한 뒤 그로부터 빠져나오는 데 1년 반이 걸렸고, 그 후 재기에 필요한 정신력을 얻어 다시 정상적인 생활을 할 수 있게, 요컨대 안심하고 사람을 사랑할 수 있게 되는 데는 그로부터 3년이 더 걸렸습니다." 그리고 트뤼포는 보리에게 회복을 위해 분투하고, '용기와 원기, 활력'을 발휘하도록 용기를 북돋워 주었다. "시기가 되면 선생님께서 물을 차고 우리가 있는 수면까지 다시 떠오를 힘을 얻을 것임을 저는 알고 있습니다." 몇 개월 뒤인 1979년 6월 12일 이 소설가 겸 영화 평론가는 60세의 나이로 자살한다.

이 시기에 처음으로 발견된 몇 가지 신체적 위험 징후가 트뤼포의 의욕을 저하시켰다. 중이염 재발 때문에 귀를 걱정한 일이나, 1960년 비격막 수술을 받았던 때를 제외하면, 이전에 트뤼포는 건강 문제를 크게 걱정한 적이 없었다. 1977년 말과 1978년 초의 몇 개월에 걸쳐 트뤼포는 생-탕투안 병원의 의사 레비와 상담을 했고, 이곳에서 여러 차례 결장 엑스레이 검사를 받았다. 또한 그는 좌골 신경통 때문에 생-클루 병원에서 의사 베니슈에게 치료를 받았다. 1978년 1월 20일 의사 알렉사니앙은 〈녹색 방〉 촬영이 끝나면 열흘간 휴식하라는 지시를 내렸다. 몇 개월 뒤에는 생-조제프 병원의 심장병 전문의 폴리-로브리에게 진료를 받았다. 전체적인 결과는 양호했지만, 그는 트뤼포에게 식이요법을 처방하고, 운동, 산책, 몇 킬로그램의 체중 감량, 위장 및 결장의 가스 과다증 완화를 위한 특별 식단을 권유했다. 이 모든 일은 트뤼포의 불안을 키웠다. 트뤼포는 급작스럽게 자신이 나이 들었음을 느꼈다.

그 암울한 기분도, 건강상의 문제도 〈녹색 방〉의 실패와 직접적인 관계가 있었다. 더구나 장 나크보르와의 관계도 악화했다. 트뤼포는 이 영화를 신뢰하지 않고 홍보 활동에 최선을 다하지 않았다고 유나이티드 아티스츠를 비난했다. 한편 유나이티드 아티스츠 측에서는 이미 〈녹색 방〉의 상업적 실패를 잊고, 트뤼포의 차기작을 기대하기로 방향을 바꾸었다. 트뤼포도 전적으로 같은 생각이었다. 새로운 두아넬 영화 〈달아난 사랑〉은 성공이 거의 확실하므로, 그 한 편만으로도 〈녹색 방〉의 금전적 손실을 만회할 수 있을 것이다. 그러나 제라르 르보비시의 권유에 따라 베르베르와 트뤼포는 저예산 영화인 〈달아난 사랑〉을 유나이티드 아티스츠의 협력 없이 제작하기로 결정했다. 이렇게 되면 카로스 영화사는 수익을 단독으로 차지할 수 있다. 이러한 처사에 분개한 장 나크보르는 이것을 "다소 의문스러운 술책"으로 간주하고, 트뤼포에게 보낸 편지 속에 그 표현을 그대로 사용했다. 이 표현은 두 사람의 불화를 악화시켰다.

유나이티드 아티스츠와의 결별은 1967년 〈상복 입은 신부〉 이후 세워진 공동 제작 시스템의 종결을 의미했다. 트뤼포는 이 방식을 통해 11편의 영화를 만들었다. 모두 유나이티드 아티스츠, 컬럼비아, 워너 등 미국 메이저 영화사의 프랑스 및 유럽 자회사로부터 자본을 얻은 것이었고, 이들은 트뤼포에게 전적인 창작의 자유를 허용해 주었다. 이제부터 카로스는 트뤼포 작품에 자금을 조달하기 위해 다른 수단을 찾아야 했다. 그것은 우선 텔레비전 방송국에, 그리고 어느 정도는 트뤼포 영화의 사전 해외 판매에 의존하는 것이었다. 이 새로운 전략을 결정적으로 진전시킨 것에는 선견지명의 소유자 제라르 르보비시도 관계가 있었다. 트뤼포와 베르베르에게 미국 메이저 영화사들과의 결별을 설득한 사람이 르보비시였다. 르보비시는 자신의 회사인 A. A. A.*를 설립하고 프로듀서 겸 배급업자로서의 활동을 준비하면서, 아르메디아의 경영은 장 루이 리비에게 맡길 예정이었다. 그것은 르보비시와 그의 관리 아래 있는 많은 회사(제작, 배급, 비디오 판권 판매, 알랭 바니에가 경영하는 루아시 영화사와 제휴한 영화 해외 수출 등의 회사)를 중심으로 프랑스 영화업계 전체를 망라하는 산업 기반을 확립하는 일이었다. 르보비시에 대한 우정과 신뢰로 트뤼포는 그 새로운 체제의 한가운데로 들어갔다. 여전히 자신의 독립성을 잃는다는 것은 트뤼포에게 있어서 전혀 생각할 수 없는 일이었다.

달아난 사랑

〈녹색 방〉의 실패로 프랑수아 트뤼포는 자신이 소중히 간직해 온 기획을 잠정 보류하기로 했다. 클로드 드 지브레와 베르나르 르봉의 각본 작업이 꽤 진척된 상태였음에도 불구하고 트뤼포는 〈매직 대리점 L'Agence Magic〉의 촬영을 연기했다. '영화에 관한 영

• 'Auteurs Artistes Associés(작가예술가연합)'의 두문자로 만든 이름*

화' 〈아메리카의 밤〉에 이어서 그는 쇼 흥행단에 관한 영화를 만들고자 했다. 이것은 훗날 '연극에 관한 영화'를 연출하여 3부작으로 완성하려는 흥행업계 기획의 두 번째 부분에 해당하는 것이었다. 〈매직 대리점〉은 어느 작은 버라이어티쇼의 단원들이 재정적 위기를 벗어나기 위해 멀리 세네갈로 건너가 파란만장한 공연을 펼친다는 이야기이다.

클로드 드 지브레의 짧은 설명에 따르면, "프랑수아는 단원들을 위험에 처하도록 만들어야 한다고 생각했다." 영화는 젊은 사람과 그리 젊지 않은 여러 명의 인물을 등장시켜, 그들의 가족 관계나 애정 관계, 단원 모두가 비밀을 지닌 이 집단 내부에서 일어나는 작은 질투, 젊은 처녀 레슬리와 '황태자'라는 별명의 연상의 남자 샤를 앙리의 연애, 극장을 찾기 위한 단원들의 고생, 다카르의 초라한 호텔 생활 등을 묘사한다. 그리고 레슬리는 샤를 앙리가 자신을 더 이상 사랑하지 않는다는 이유로 그를 권총으로 살해한다. 상투성을 피하기 위해, 트뤼포는 각본가들에게 신문의 어느 사회면 기사에서 아이디어를 찾도록 요구했다. 그 기사는 한 남자가 칼에 찔린 직후에도 평상시처럼 자리에서 일어나, 냉장고로 걸어가 문을 열고 우유병을 꺼내 마시고는 잠자리로 되돌아와 침대 위에 쓰러졌다는 내용을 담고 있었다. 이야기의 마지막 장면에서 레슬리의 어머니 비비안은 경찰서에 찾아가 자신이 살인을 했다고 주장한다. "나이가 많을수록 훨씬 관대하게 처리되므로, 형량도 가벼워질 것이다. 어쨌든 레슬리가 이런 행위를 저지른 것은 그녀의 책임이다. 왜냐하면 그녀는 딸을 다른 식으로 키웠어야 했기 때문이다." 70쪽에 이르는 시나리오의 끝부분에는 그렇게 적혀 있었다.

드 지브레에 의하면, "이것은 마이클 커티스의 〈밀드레드 피어스Mildred Pierce〉에서 착상을 얻은 것이다. 그 영화에서 조앤 크로포드가 연기하는 어머니는 앤 블리스가 분한 딸의 살인 책임을 자신이 짊어진다." 그러나 최종적으로 트뤼포에게는 힘들고 고된 촬영이 될 아프리카에 갈 욕구가 일지 않았다. 트뤼포는 이 기획을 연기하기로 하고, 나치 점령기 동안의 프랑스 남부 지역을 배경으로도 같은 이야기를 전개할 수 있으므로, 시나리오를 재작업하도록 두 각본가에게 요청했다.

같은 시기에 트뤼포는 밀란 쿤데라와의 작업도 단념한다. 트뤼포는 밀란 쿤데라를 매우 좋아해, 〈어린 왕Le Petit Roi〉의 각본을 공동 집필하기 위해 몇 개월 전 그에게 편지를 보냈다. "저는 당신의 책들을 좋아합니다. 이 시나리오 집필에 처음 당신을 떠올린 것은, 오늘날 당신이 이야기를 하는 것을 두려워하지 않는 사람이기 때문입니다." 프랑수아 트뤼포는 체코 출신의 이 작가가 영화광이고, 프라하 영화학교를 졸업한 이후 1958년에서 1969년 사이 몇 년간 그곳에서 교편을 잡았다는 사실도 알고 있었다. 그러나 트뤼포가 그에게 편지를 보냈을 때 밀란 쿤데라는 프랑스에 이주한 지 얼마 되지 않은 상태였고, 따라서 프랑스어에 좀 더 익숙해져야 했다. 렌대학의 강의와 집필 작업에 전념하던 쿤데라는 트뤼포의 제의를 사양했다.

빨리 영화를 찍어야 한다는 생각에, 트뤼포는 궁여지책으로 자신의 마스코트인 앙투안 두아넬로 다시 작품을 만들기로 했다. 트뤼포에게 〈달아난 사랑〉은 임시방편의 영화였지만, 〈녹색 방〉의 실패를 만회함과 동시에 깊은 우울증에서 빠져나올 도약의 기회였다. 앙투안 두아넬의 모험 가운데 최종 에피소드인 이 영화는, 이전 네 편의 연작에서 발췌 차용된 여러 장면을 통해 한 남자의 인생의 모든 단계(성장기부터 결혼기, 첫 외도, 이혼까지)를 돌아보는 것으로 구성되었다. "일종의 모자이크, 어느 인생의 이야기"라는 착상은 경쾌하고도 자극적인 기획으로 보였기 때문에, 트뤼포는 이것이 생각보다 더 복잡하고 때때로 몹시 불안정한 일이 될 것임을 아직 알지 못했다. 또한 〈달아난 사랑〉은 일종의 유작과도 같은 영화로서, 두아넬이라는 인물에 종지부를 찍을 것이 확실했다.

플래시백으로 구성되는 영화인 만큼, 트뤼포는 먼저 정신 분석가를 이야기의 중심축으로 차용하고자 했다. 장의자에 누운 앙투안 두아넬이 정신 분석가에게 자신의 인생에 관해 이야기를 해나가는 중에, 〈400번의 구타〉, 〈스무 살의 사랑〉, 〈훔친 키스〉, 〈부부의 거처〉의 여러 장면을 점차 기억 영상으로 사용하는 것이었다. 마리 프랑스 피지에가 정신 분석가 역을 맡고, 레오는 극심한 우울증 환자로 등장시킬 예정이었다. 그러나 〈야생의 아이〉를 제작할 때 브루노 베텔하임의 모든 저서를 읽었고, 곤경에 빠졌을 때 르네 엘드 박사의 진료를 몇 차례 받기도 했어도, 트뤼포에게 정신 분석을 픽션의 소재로 취하는 일은 수월하지 않았다. 정신 분석은 여전히 트뤼포에게는 미지의 분야였고, 그 분야에 자신은 완전히 문외한이라고 생각했다. 여러 등장인물 사이에 정신 분석가를 등장시킨다는 착상도 그에게는 작위적이고 시대 조류에 영합하는 것으로 보였다.

그러자 쉬잔 시프만과 함께 각본 작업을 행한 마리 프랑스 피지에는 트뤼포에게 콜레트를 변호사로 만들 것을 제안했다. 그러면 시나리오의 방향은 완전히 바뀌게 된다. 콜레트와 앙투안이 청소년 음악회에서의 풋사랑 이후 15년 만에 재회하는 것이다. 앙투안은 열차 여행 도중 변호사가 되어 지방으로 출장 가는 콜레트를 우연히 만나 그녀에게 자신의 삶을 이야기한다. 마지막에 둘은 서로의 품에 안기고 두아넬 연작은 '해피 엔드'로 막을 내린다. 앙투안의 위대한 첫사랑은 15년 지나 마침내 성취되는 것이다.

쉬잔 시프만은 이야기를 한 걸음 더 진전시켜 두아넬이 영화 속 인물이란 사실을 드러낼 것을 제안했다. 그녀는 시놉시스의 끝부분에 트뤼포가 읽도록 이렇게 써넣었다. "이 장면은 영화의 마지막 장면이다. 앙투안은 통로를 지나 콜레트를 좇아가고, 계단을 달려 내려가 그녀를 잡는다. 처음에는 콜레트를 설득하는 데 어려움을 겪지만, 두 사람은 서로 사랑하기 때문에 모든 일이 잘 풀려 최후의 입맞춤으로 이어진다. 이때 F. T.*가 화면에 들어온다. 그는 이 결말에 확신을 갖지 못한 상태에서, 장 피에르 레오와 마리 프랑스 피지에의 희망에 따라 촬영했을 뿐이다. 그는 밤새 이 장면을 다시 생각해 보고 다음 날 마지막 장면을 다른 식으로 찍

---

* 프랑수아 트뤼포*

고자 한다. 조감독이 프랑수아에게 가자, 프랑수아는 그에게 내일 재촬영이 있을 것이라고 명확히 말한다. 조감독이 사람들 사이를 돌면서 스태프를 불러 모으는 한편에서 장 피에르 레오와 프랑수아 트뤼포는 눈에 띄게 큰 몸동작으로 이야기를 나누면서 멀어져 가고, 길을 향해 나 있는 통로의 불빛 속에 그들의 모습이 떠오르면서 '끝'이라는 자막."

트뤼포에게 이 방식은 지나치게 〈아메리카의 밤〉을 떠올리게 했다. 마리 프랑스 피지에와 쉬잔 시프만은 '구성'의 전문가인 장 오렐의 도움으로 집필 작업을 재개했다. 실제로 트뤼포는 앙투안 두아넬을 어떻게 처리해야 할지 모르고 있었다. "그에 관해 알면 알수록, 나는 점점 그에게 일을 시킬 수가 없습니다." 트뤼포는 『프랑스 수아르』지의 기자 모니크 팡텔에게 보낸 편지에서 그렇게 썼다. 트뤼포는 앙투안과 콜레트의 재회는 그대로 살리되, 두 사람의 사랑의 이야기는 빼고 싶어 했다. 그래서 두아넬의 낭만적 성격에 반하는 20세 여성 사빈이라는 새로운 인물을 등장시켜 이 작품의 연애 쟁점으로 만들기로 했다. 그것은 또한 〈달아난 사랑〉의 동력을 오로지 과거에서만 찾아내는 상황을 피할 유일한 방법이기도 했다. 트뤼포는 현대적인 새로운 여성상, "제철을 맞은 젊은 여성"을 생각했고, 그 배역을 수요일 오후에 방영되는 〈A2의 휴식 시간Récré A2〉이라는 어린이 프로그램의 진행자인 도로테에게 맡겼다. 트뤼포가 도로테를 찾아낸 것도 텔레비전을 보면서였다. 그는 촬영 개시 3주 전인 1978년 5월 8일에 도로테에게 연락했고, 도로테는 감격해서 이 제안을 받아들였다. 〈달아난 사랑〉의 승부는 다소 갑작스럽게 선택된 이 배역에 놓여 있었다.

인쇄소의 교정자가 된 앙투안 두아넬은 음반 가게 판매원 사빈과 관계를 가지고 있다. 크리스틴과는 '협의' 이혼을 했고, 두 사람의 아들 알퐁스도 〈부부의 거처〉 이후 많이 성장했다. 알퐁스를 배웅하기 위해 역에 간 앙투안은 우연히 콜레트와 마주친다. 변호사가 된 그녀는 변론을 위해 엑상프로방스로 가는 중이다. 마지막 순간에 앙투안은 충동적으로 콜레트와 함께 열차에 오른다. 마침 콜레트는 〈부부의 거처〉의 마지막 부분에서 두아넬이 쓰고 있던 『뒤죽박죽된 사랑 *Les Salades de l'amour*』이라는 제목의 자전적 소설을 읽고 있다. 그녀는 자비에와 사랑에 빠져 있으며, 이 책도 자비에가 근무하는 서점에서 산 것이다. 앙투안은 콜레트에게 자신의 생활을 이야기하면서 다시 그녀를 유혹하려 하지만 콜레트는 거절한다.

트뤼포는 전체적으로 다소 신뢰감이 떨어지는 이야기라고 생각했다. 트뤼포는 촬영 준비를 하면서도 이 시나리오가 "약간 미흡하며 보완하기가 매우 힘들다"고 판단했다. 마리 프랑스 피지에에 의하면, "프랑수아는 금세 이 기획을 몹시 싫어했다. 확실히 이 영화는 그에게 그리 행복한 경험이 아니었다. 그는 이것이 두아넬 시리즈의 마지막 작품이 될 것을 알고 있었지만, 동시에 장 피에르와 함께 작업을 꼭 다시 하고 싶어 했다. 또한 그는 나이가 들어서도 앙투안 두아넬의 사회적 입지가 불확실한 상태라면 더 이상 신뢰를 줄 수 없지만, 그렇다고 두아넬에게 사회적 위상을 마련해 주는 것은 인물의 정신 자체를 배신하는 결과를 낳는다고 생각했다." 트뤼포는 자신이 장 피에르 레오에게 독이 든 사과를 주고 있음을 잘 알고 있었고, 그 때문에 고뇌와 죄의식을 느끼기도 했다. 35세의 배우에게 운전도 운동도 하지 않으며 분명한 직업도 없는 인물, 즉 관객의 눈에 사회 부적응자로 보일 인물을 연기시키는 것은, 그에게 위험을 안기는 것과 다름없기 때문이다. 두아넬은 "늘 분주히 뛰어다니고, 늘 지각하는 인물, 바쁜 젊은이입니다. (…) 앙투안은 도망치는 일을⋯⋯ 멈춰야 할 것입니다. 지금 이 순간을 향유해야 할 것입니다. 만나는 여자들 전원을 통해서 이제는 어머니에게 앙갚음하는 일을 멈춰야만 할 것입니다." 트뤼포는 주제곡 작곡을 의뢰하면서 가수 알랭 수숑에게 그렇게 썼다.

1978년 4월 쉬잔 시프만과 함께 마지막으로 각본을 수정했다. 이번에는 대사를 쓰기 위해서였지만 트뤼포는 침체된 기분이었다. 더욱이 쉬잔과의 관계마저 악화해 "적의에 찬 언쟁"까지 있었다고 그녀는 말한다. 궁지에 몰린 상태에서 트뤼포는 촬영을 포기하거나 연기하려 했지만, 연기자 및 스태프와 계약을 한 이상 그것은 불가능했다. 마리 프랑스 피지에는 앙드레 테시네 감독의 영화 〈브론테 자매들Les Soeurs Brontë〉에 곧이어 출연하기 때문에 6월밖에는 스케줄이 비지 않았다. 장 피에르 레오, 클로드 자드, 다니, 마리 프랑스 피지에, 로지 바르트로 구성된 '두아넬 시리즈의 가족'에 새로이 합류한 도로테, 다니엘 메기슈(콜레트와 사랑에 빠진 서점 직원) 외에도, 트뤼포는 〈400번의 구타〉의 한 장면에 나왔던 인물에게 재등장의 기회를 주었다. 클리시 광장에서 앙투안 두아넬이 목격한 어머니의 연인 뤼시앵 씨였다. 트뤼포의 데뷔작 〈400번의 구타〉에서는 당시 『카이에 뒤 시네마』의 비평가였던 장 두셰가 그 역을 맡아 슬쩍 모습을 보였다. 이번의 배역은 배우 쥘리앵 베르토가 맡은 덕분에 좀 더 실체를 지닌 인물이 된다. 그는 두아넬 부인이 잠든 묘지 근처의 어느 카페에서 앙투안과 마주 앉아 있는, 잊기 힘든 장면에서 모습을 나타낸다. 그 장면에서 뤼시앵 씨는 앙투안에게, 그의 어머니가 '작은 새'와도 같았고 사랑에 약하며 무정부주의자였다고 고백한다. 두아넬은 어머니와 화해를, 적어도 어머니에 대한 기억과 얼마간 화해한다. 〈400번의 구타〉에서는 지독한 인물이었던 어머니에게 훨씬 시적인, 최소한 훨씬 긍정적인 이미지를 부여하는 것이다. 물론 이 '화해'는 어머니의 사망 직후, 아들에 대한 참된 애정을 증명하는 많은 증거를 트뤼포가 어머니의 서류들 가운데서 찾아낸 사실에 상당 부분 의존했다.

1978년 5월 29일에 시작된 〈달아난 사랑〉의 촬영은 대부분 파리에서 이루어졌으며, 전체 28일밖에 걸리지 않았다. 반면 편집은 플래시백의 인용 부분을 중심으로 얽힌 복잡한 이야기 구조 때문에 시간이 필요했다. 알랭 수숑은 로랑 불지와 함께 영화의 타이틀을 제목으로 한 소품곡 〈달아난 사랑L'Amour en fuite〉을 작사·작곡했다. "당신이 만든 노래는 정말로, 정말로 만족스럽습니다. 이 영화가 한 장의 편지와 같다면, 당신의 노래는 그 편지를 담는 봉투입니다. 편지를 돋보이게 해 줍니다. 늘 가족을 구해 왔던 두아넬이 수숑 씨 댁의 식객인 양할 수 있다는 것은 고마운 일

〈달아난 사랑〉 시기의 장 피에르 레오와 프랑수아 트뤼포(1979)

입니다." 트뤼포는 수숑에게 그렇게 썼다. 5개월 동안 편집과 믹싱을 마친 뒤 크리스마스 직후에 첫 완성본이 나왔고, 일반 개봉은 1979년 1월 24일로 예정되었다. 트뤼포는 여전히 영화를 신뢰하지 못해 "즉각 실패할 것"으로 확신했다. 다행스럽게도 첫 평론들이 그를 안심시켰다. 『르 피가로』지의 프랑수아 샬레는 이 영화에 "센티멘털리즘으로 수놓은 모자이크"라고 쓴 뒤, "아아, 시간의 빠른 흐름이란……"이라면서 슬며시 탄식했다. 자크 시클리에는 『르 몽드』의 평을 통해 "앙투안 두아넬의 집대성"을 찬양했는데, 트뤼포는 이 기사에 매우 감동해 시클리에에게 답장을 보냈다. "만일 당신을 알지 못했다면, 이 편지는 쓰지 않았을 것입니다. 나는 단지 만족한다는 것만으로 족할 것입니다! 그러나 우리가 처음 만난 것이 언제였던가요? 대략 20년 전, 25년 전입니다. 나는 테세르, 고퇴르, 클로드 드 지브레 등 두아넬의 모든 사촌 속에 당신을 포함합니다. 그리고 당신에게 진실을 말하고자 합니다. 5개월의 편집 기간에 그처럼 의심을 품었기에 우리가 서로 이해했다는 사실, 그렇습니다, 단지 서로 이해했다는 사실 자체가 진정 즐겁습니다."

영화의 상업적 결과 또한 그를 안심시켰다. 〈달아난 사랑〉은 파리에서 3개월간의 흥행으로 25만 명에 가까운 관객을 동원했다. 카로스에게 이것은 최상의 성적이었다. 하지만 이러한 결과에도 불구하고 명석한 트뤼포는 〈달아난 사랑〉을 실패작으로 간주했다. 이 영화는 〈상복 입은 신부〉, 〈화씨 451도〉와 함께 트뤼포에게 두 번 다시 보고 싶지 않은 작품으로 남게 된다. 자신이 창조해

20년간 동행해 온 인물, 그리고 전 세계를 뛰어다닌 앙투안 두아넬이라는 인물로부터 결정적으로 해방된 프랑수아 트뤼포는 한층 더 외로웠고 고아가 된 듯한 느낌마저 들었다. 자신의 인생을 통해 처음으로 트뤼포는 영화를 만드는 일에 얼마간 싫증을 느꼈다. 1979년 2월 12일 라디오 방송국 RTL*의 〈돌발 뉴스〉에 초청받은 트뤼포는 이렇게 표명했다. "제게는 지금으로서는 아무런 기획도 없습니다. 찾고 있지도 않습니다. 저는 얼마간 휴식을 취하기로 결정했습니다. 한없이 지쳐 있으며, 많은 고생을 했기 때문입니다."

• Radio Television Luxembourg(라디오텔레비룩셈부르크)의 두문자*

8
미완의 초상,
1979~1984

상업적 실패작 〈녹색 방〉과 트뤼포로서는 만족스럽지 못했던 〈달아난 사랑〉 이후, 카로스에 새로운 활력을 불어넣고 "많은 사람이 일하는 떠들썩한 곳"으로 되돌리려면, 내용 풍부한 야심적 기획이 필요했다. 〈매직 대리점〉은 트뤼포의 생각에 아직 각본이 충분하지 못했으므로 촬영할 단계가 아니었고, 〈사랑스러운 도둑〉의 각본 역시 친구 클로드 드 지브레와 함께 쓰고 있는 도중이었다. 이 기획은 아주 오래전에 시작되었다. 1964년 11월 헬렌 스코트에게 보낸 편지 속에서 트뤼포는 이미 이것을 언급하고 있었다. "〈사랑스러운 도둑〉. 잉마르 베리만의 〈모니카〉와 유사한 장르. 비행 소녀에게 여성다움에 대한 자각과 남성에 대한 의식이 생겨남. 여성판 〈400번의 구타〉……." 이것은 트뤼포의 젊은 시절의 애인 가운데 한 명이 들려준 이야기에서 착상을 얻은 것이었다. 트뤼포는 1965년 10월 그녀와 재회했다. "그녀는 약간 보기 흉하게 되어 있었습니다. 마치 나처럼 말이죠. 감옥살이도 했더군요. 세 아이를 낳았고요. (…) 그리고 이런저런 일들을 했지요." 〈사랑스러운 도둑〉의 무대는 제2차 세계 대전 후인 1950년경의 파리다. 여주인공인 비행 소녀 자닌은 말하자면 앙투안 두아넬의 여동생 격이다. 그녀는 미군 병사에게 담배를 훔치는 일로 시작해 다음에는 오르골을 절도하고, 잠시 감화원에서 지낸 뒤 연애를 경험한다.*

　장 그뤼오에게도 기획의 테마를 찾는 임무가 부여되었다. 그들은 먼저 앙리 4세 시대를 배경으로 하는 근친상간 이야기 〈쥘리앵과 마르그리트Julien et Marguerite〉의 영화화를 고려해 보았다. 이어서 두 사람은 또 하나의 기획, 예전에 장 루 다바디와 밀란 쿤데라가 거절했던 〈작은 왕〉의 작업도 검토했다. 그러나 어느 것도 결실을 맺지 못했다. 그러자 트뤼포는 피에르 카스트의 최신작 〈태양을 마주하며Le Soleil en face〉를 아주 좋게 본 뒤 카스트에게 "피아노를 둘이서 연탄하듯 이야기를 쓸 것"을 제안했다. 카스트는 스탕달과 조지프 콘래드의 생애에서 각각 에피소드를 끌어내고, 그것을 토대로 시작할 것을 트뤼포에게 권했다. 전자는 스탕달과 클레망틴 퀴리알 사이의 사랑 이야기였다. "스탕달은 그녀에게 자유, 사랑, 열정을 가르쳐 준다네. 그녀는 스탕달에 매료되지만, 마침내 그에 대한 태도를 바꾸어 그에게서 배우고 얻은 것을 다른 상대와 실천하려 하지. 요컨대, 스탕달은 그녀 스스로 자신에게서 떨어져 나가도록 대하는 것이라네." 두 번째 기획은 콘래드의 소설 『황금의 화살The Arrow of Gold』의 일부를 영화화하는 것으로, 카스트의 표현에 따르면 "주제도 소설도 한없이 아름다운" 것이었다. 그러나 트뤼포는 이 두 이야기의 어느 것도 '시각화'하기

---

* 트뤼포와 클로드 드 지브레는 1983년 옹플뢰르에서 〈사랑스러운 도둑〉의 각본 작업을 다시 행했다. 이것은 트뤼포가 〈신나는 일요일!〉에 이어서 만들고자 했던 작품들 가운데 하나였다. 그가 사망한 뒤 클로드 베리가 영화를 연출하고자 〈마법 대리점〉의 판권과 함께 이 영화의 판권을 매입했지만, 결국에는 1988년 여름 클로드 밀레르가 연출했다. 주연은 샤를로트 갱스부르였고, 클로드 베리는 이 영화의 프로듀서였다.

힘들며, 자신은 콘래드의 세계를 잘 알지도 못한다고 고백했다. 같은 시기에 트뤼포는 프랑시스 베베르와의 공동 작업도 검토했다. 베베르는 조르주 로트네르(〈가방La Valise〉), 이브 로베르(〈키 큰 금발 남자Grand Blond〉 연작), 필립 드 브로카(〈멋진 남자Le Magnifique〉), 에두아르 몰리나로(〈귀찮은 남자L'Emmerdeur〉) 등이 감독해 성공한 코미디 영화의 각본가로, 1976년에는 피에르 리샤르 주연의 첫 영화 〈노리개Le Jouet〉를 감독한 인물이다. 1979년 3월에 트뤼포의 연락을 받은 프랑시스 베베르는 창작 시나리오 〈보디가드Le Garde du corps〉를 제안했지만, 이 기획 역시 결실을 맺지 못했다.

점령기의 극장

1979년 4월 29일 프랑수아 트뤼포는 불쑥 쉬잔 시프만의 사무실에 들이닥쳤다. "이것 좀 봐, 이건 극장에 대한 자료들이고, 이건 나치 점령기의 기록들이야. 이 두 가지로 영화를 만드는 거야." 트뤼포가 이 시기에 관련된 영화를 만들고자 한 것은 10년 가까이 되었다. 1970년 『프랑스 수아르』지와의 인터뷰에서 트뤼포는 이렇게 말했었다. "당시 소년이었던 나의 눈으로 보자면 독일인과 레지스탕스로 양분된 프랑스의 이미지는 잘못된 것이었다. 나는 훨씬 평온한 프랑스를 보고 있었다. 나는 언젠가 이 시기를 그린 영화를 만들 것이다." 아직 확실한 구상을 세우지는 않았지만, 트뤼포는 나치 점령기 파리 사람들의 일상생활을 이야기하고자 생각했다. 그는 이데올로기적 고찰과 영웅주의 시각은 모두 배제하고, 사르트르의 표현처럼, 프랑스인은 "독일의 점령 아래서만큼 자유로웠던 적은 없었다"는 것을 보여 주고 싶어 했다. 1969년 트뤼포는 친구 마르셀 오퓔스의 영화〈슬픔과 동정〉에 감명받아, 이 영화의 파리 개봉에 도움을 주었다.* 트뤼포의 생각에 〈슬픔과 동정〉은 프랑스 역사 가운데 이 순간을 "전설적이지 않은 이야기"로서 고찰한 최초의 영화였다. 그 후 트뤼포는 발표되지 않은 어느 인터뷰에서 이렇게 말했다. "이것은 점령 시대의 분위기를 재현한다고 주장하는 영화들을 엄하게 비판하는 영화이다. 오퓔스의 작품 이후, 비시 정권 사람들이나 친독 의용대원 역에 더 이상 익살꾼들을 사용할 수 없게 되었다. 어떻든 언젠가 나도 이 테마로 되돌아갈지도 모른다."

1975년 앙드레 바쟁의 평론집『점령기와 레지스탕스의 영화 *Le Cinéma de l'Occupation et de la Résistance*』의 서문을 쓰면서, 트뤼포는 또다시 "이 시기에 관한 영화를 만들고 싶은 강렬한 욕구"를 느꼈다. 트뤼포는 이때 처음으로 극장과 나치 점령기를 혼합함으로써 흥행업계 3부작의 제3편을 구현한다는 계획을 세웠다. 영화의 세계에 관한〈아메리카의 밤〉에 이어, 트뤼포가 언젠가 착수하고자 하는〈매직 대리점〉에서 묘사될 뮤직홀의 세계와 이 극장의 세계가 합쳐질 것이다. 그 무렵 트뤼포는 수많은 원전에 독자로서 관심을 가졌는데, 모두 점령기의 극장에 관련된 것이었다. 1976년 10월

• 트뤼포는〈슬픔과 동정〉의 텔레비전 방영에도 적극적이었다. 이 영화는 검열 문제 때문에 1981년에 가서야 텔레비전으로 방영되었다.

트뤼포는 장 루 다바디에게 흥미로운 인물이 등장하는 소설 한 편을 읽어 보도록 권했다. "점령기 동안, 아마도 파리로 추정되는 어느 도시에서 아름다운 여배우 한 명이, 관객들 속에 혹시라도 독일군 장교들이 있을 것임에도 개의치 않고 자신의 직무인 연기 활동을 계속해 간다네. 그녀의 유대인 남편은 사망했거나 아니면 탈출한 것으로 알려졌지만, 실제로는 극장 지하실 안에 숨어 있지. 그것이 이 이야기를 움직여가는 원동력으로, 〈안네의 일기The Diary of Anne Frank〉와 〈사느냐 죽느냐To Be or Not to Be〉 사이를 오가는 것을 볼 수 있다네." 또한 트뤼포는 르누아르의 희곡 〈카롤라Carola〉에서도 아이디어를 얻었을 가능성이 있다. 〈카롤라〉는 미국에서 노먼 로이드가 레슬리 캐런을 출연시켜 텔레비전용 영화로 만들었다. 레슬리 캐런은 이렇게 말했다. "프랑수아는 『아방-센Avant-Scène』지에 이 연극을 게재했다. 그 후 그는 〈마지막 지하철〉을 만들었는데, 그 내용이 르누아르의 희곡과 매우 비슷했다. 두 작품 사이에는 유사한 점이 너무 많아 지네트 두아넬과 나는 깜짝 놀랐고, 그가 장 르누아르에 대한 최소한의 언급 정도는 해야 한다고 생각했다. 〈마지막 지하철〉 이후 처음 나를 찾아왔을 때, 나는 그에게 솔직하게 그 영화에서 〈카롤라〉와의 유사점을 보았다고 말했다. 그는 나의 말을 비난으로 생각하고 깊은 상처를 받았다. 이후 우리는 1년 반 동안 만나지 않았다."

1978년 크리스마스 시기에 트뤼포와 쉬잔 시프만은 '나치 점령기의 극장'에 관련된 서류에 매달렸다. 두 사람은 2주에 걸쳐 당시의 신문과 자료, 출간 서적, 낡은 포스터, 점령 시대에 작업했던 배우나 연출가의 회고록을 연구했다. 트뤼포는 늘 배우나 흥행 업계 인물의 회고록을 즐겨 읽었다. 그것은 일과 관련된 것뿐 아니라 무대 뒤의 일들도 상세히 보여 주기 때문이다. 예를 들면, 극장 지배인이었던 알리스 코세아의 회고록 또는 장 마레의 회상록 『나의 생의 이야기 Histoires de ma vie』 등이었다. 장 마레의 회상록에는 1941년 장 콕토를 모욕했던 『주 쉬 파르투』지의 반유대주의 비평가 알랭 로브로를 장 마레가 꾸짖는 에피소드가 씌어 있는데, 트뤼포는 여기서 작품의 착상을 얻었다. 트뤼포는 또한 이 시기를 정확하게 기억하고 있었다. 임기응변과 공포감으로 영위해야 했던 일상생활에 관해서는 스스로 잘 알고 있었고, 점령기에 만들어진 수많은 영화를 보았으며, 당시 관심의 대상이 된 영화나 연극에 관해 부모가 나누던 대화도 기억하고 있었다. 동시에 보충 작업을 위해서 트뤼포는 센 가의 랑베르 뒤 미루아, 카스틸리온 가의 레 자르카드 등 전문 서점도 자주 찾았다. 또한 루비치의 〈사느냐 죽느냐〉, 맨키위츠의 〈이브의 모든 것〉 등 참고 영화들도 다시 보았다. 마지막으로 그는 여성 동료들을 만나 이 시기에 대한 그들의 기억을 듣고 수집했다. 예컨대 〈부드러운 살결〉의 여배우 넬리 베네데티의 경우는 전쟁 중 국립음악연극학교와 아틀리에 극장에서 연기 경력을 시작했다. 한편 1943년부터 앙투안 극장의 무대 감독으로 활약했던 시몬 베리오는 강한 개성을 지닌 인물로서 트뤼포가 매우 좋아했는데, 그녀는 만년에 트뤼포에게 속내 이야기를 털어놓았다.

1979년 5월부터 8월까지 트뤼포와 시프만은 시나리오 작업에 몰두했다. 5월 말에 10여 쪽의 시놉시스가 나왔고, 3주일 뒤 150 쪽의 상세한 줄거리가 포함된 첫 원고가 완성되었다. 여름이 되면서 트뤼포는 파리를 떠나 베종-라-로멘 근처에 위치한 빌디외로 거처를 옮겨, 바캉스를 위해 빌린 아름다운 저택에 마리 드 퐁슈빌과 머물렀다. 쉬잔 시프만도 멀지 않은 곳에 집을 얻었다. 이곳에서 그들은 작업을 계속했고, 마침내 대사가 포함된 3백 쪽 정도의 두 번째 시나리오 원고가 〈마지막 지하철〉이라는 제목과 함께 완성되었다.

이야기는 1942년 파리에서 전개된다. 그랑 기뇰 극단의 젊은 배우 베르나르 그랑제가 몽마르트르 극장을 찾아오는데, 그곳에서는 새 연극 〈실종된 여인La Disparue〉이 장 루이 코탱스의 연출로 준비되고 있다. 그랑제는 남편을 대신해 극장의 감독을 맡고 있는 마리옹 스타이너에게 고용된다. 그녀의 남편 뤼카 스타이너는 유대인 연출가로, 남아메리카로 도피 중이라는 소문이 돌고 있다. 사실 마리옹은 아무도 모르게 뤼카를 극장 지하실에 숨겨 놓았다. 리허설이 시작되고, 이와 함께 점령기 연극을 특징짓는 여러 사건이 삽입된다. 베르나르는 의상 담당자 아를레트에게 수작을 걸지만 거절당하고 계속 곤경에 처한다. 여자들을 열심히 쫓아다니긴 해도 자신이 범접할 수 없는 여자와는 거리를 지키는 베르나르에게 마리옹은 은밀한 애정을 품는다. 반유대주의 신문 『주 쉬 파르투』의 평론가로서 연극의 검열 통과와 성패의 열쇠를 쥔 닥시아가 리허설 현장을 방문한다. 무대감독 레몽은 암시장 밀매자가 가져온 햄을 바이올린 케이스에 감춘다. 첫 공연이 성공적으로 끝난 뒤, 사건은 속도감 있게 진행된다. 닥시아가 『주 쉬 파르투』지를 통해 연극을 혹평하자, 베르나르는 닥시아가 마 리옹 스타이너에게 사과해야 한다고 주장하면서 공개적으로 비 난한다. 이 일은 극장의 안전을 걱정하는 마리옹에게 분노를 일 으킨다. 베르나르는 교회에서 친구가 체포되는 모습을 보고는 마 리옹에게 극단을 떠나 레지스탕스에 합류하겠다는 의향을 밝힌 다. 출발하는 날 두 사람은 마리옹의 사무실에서 사랑을 나눈다. 프랑스가 해방되자, 뤼카 스타이너는 마침내 은신처에서 밖으로 나온다. 마리옹은 부상을 입고 병원에 있는 베르나르를 찾아간 다. 이어서 무대의 커튼이 내려오고, 이 장면은 스타이너가 연출 을 맡은 새 연극의 마지막 장면임이 밝혀진다.

   프랑수아 트뤼포는 이번 영화가 지금까지의 그 어느 작품보다 도 많은 예산이 드는 작품이라는 사실을 알고 있었다. 실제로 마 르셀 베르베르는 이 영화의 예산을 대략 1천1백만 프랑으로 산정 했다. 예전처럼 미국 회사들의 협력이 없는 상태에서, 카로스는 제작비 조달에 어려움을 겪었다. 1979년 여름, 마르셀 베르베르 는 우선 트뤼포의 이전 영화들의 흥행 수익을 아직 정산하지 않 은 관계자들에게 전액 지불을 요구하고, 부족액은 카로스 영화사 가 CNC로부터 지원금을 받기로 했다. 그와 동시에 제라르 르보 비시는 〈마지막 지하철〉을 알랭 레네의 신작 〈내 미국 삼촌〉과 묶 어 텔레비전방송사인 TF1과 협상에 착수했다. 방송사는 일부는 제작비 명목으로, 또다른 일부는 영화의 첫 방영료 명목으로 〈마 지막 지하철〉에 투자를 결정했다. 그러나 그것만으로는 충분한 예산을 확보하지 못했으므로, 계속해서 거대 배급사 설득에 나섰다. 마르셀 베르베르가 AMLF에서 거절당하자, 르보비시는 고몽 영화사에 영화를 제안했고, 고몽은 마지막 순간에 배급을 결정했다. 르보비시는 또한 텔레비전방송사인 SFP에도 동참을 설득했다. 이 협상 과정에서 "꽤 많은 에너지를 소비"했지만 1980년 초 촬영을 시작할 수 있게 되었다.

한편 빌디외의 여름휴가에서 돌아온 뒤 트뤼포와 마리 드 퐁슈빌의 관계는 끝이 났다. 8월 말 파리에 돌아오자마자, 마리 드 퐁슈빌은 프랑수아 트뤼포에게는 알리지 않은 채 어느 미국인을 만나러 로스앤젤레스로 떠났다. 퐁슈빌은 그와 결혼까지 하게 된다. 그녀의 말에 의하면, "그 바캉스는 화해를 위한 마지막 시도였다. 프랑수아가 세워 놓은 계획에 따라 사는 것은 내게 불가능해졌다. 그 계획에서 나의 위상은 점점 더 제한적이 되었기 때문이다."

또 하나의 분신

1979년 9월부터 트뤼포는 〈마지막 지하철〉의 캐스팅을 준비했다. 트뤼포는 시나리오를 쓸 때부터 카트린 드뇌브를 염두에 두고 마리옹 스타이너라는 배역을 구상해 갔다. 트뤼포의 판단으로 영화의 구심점을 이루는 대단히 중요한 인물, 강하면서도 냉정한 이 인물을 구현하기에 최상의 여배우가 드뇌브였다. 초여름에 이미 드뇌브는 영화를 통해 트뤼포와 재회하는 데 동의했다. 〈미시시피의 인어〉와 〈마지막 지하철〉 사이에 10년의 시간이 흘렀지만, 카트린 드뇌브가 연기할 인물의 이름은 이번에도 마리옹이었다. 그리고 몽마르트르 극장의 무대 위에서 펼쳐지는 연극 〈실종된 여인〉의 마지막 장면에서, 카트린 드뇌브는 〈미시시피의 인어〉의 마지막 부분에서 그녀가 장 폴 벨몽도에게 하는 대사를, 10년의 시간이 지나 이번에는 제라르 드파르디외를 상대로 거의 단어 하나 바꾸지 않고 다시 사용한다.

— 사랑에 이르렀는데, 고통이 느껴지네요. 사랑이란 고통스러운 건
  가요?
— 그렇소. 사랑은 아픈 거요. 사나운 거대한 새들처럼 그것은 우리
  의 위를 떠돌다가 정지하고는 우리를 위협하오. 그러나 이 위협
  은 동시에 행복의 약속일 수도 있는 것이오. 엘레나, 당신은 아름
  답소. 너무 아름다워서 당신을 보는 것이 고통스러울 정도로 말
  이오.
— 어제는, 즐거움이라고 말했잖아요!
— 즐거움이고, 고통이오.

1979년 10월 초, 트뤼포는 장 루이 리샤르를 카로스 영화사에서 만났다. "자네는 나의 각본가였고, 나는 자네의 각본가이자 제작자였지. 이제 자네가 내 영화의 배우가 되어 주길 바라네." 트뤼포는 리샤르에게 닥시아 역을 제안했다. 1950년대에 루이 주베 극단의 배우였던 장 루이 리샤르는, 트뤼포에 대한 우정으로 "이 인물에 최대한의 품격을 부여한다"는 조건과 함께 제안을 수락했

다. 그리고 리샤르는 닥시아라는 인물을 부드러운 음성, 순진하면서도 위엄 있는 외모, 종종 광기에 가까운 시선을 지닌 문제적 유형의 인물로 재현해 낸다.

　트뤼포는 〈쥴 앤 짐〉과 〈부드러운 살결〉에 출연했고, 15년 지난 지금 재능 있는 젊은 여배우가 된 '꼬마 사빈'에게 연락했다. 사빈 오드팽에게 트뤼포는 나딘 마르사크 역을 제안했는데, 성공을 위해 무엇이든 할 준비를 갖춘 야심적인 젊은 여배우로, 밤에는 연극에 출연하고 오후에는 영화에 출연하는 인물이다. 10월 말에는 카트린 드뇌브의 상대역인 남자 주인공 베르나르 그랑제 배역을 놓고 제라르 드파르디외에게 의향을 타진했다. 당시 그는 베르코르 지방에서 베르트랑 블리에 감독의 〈차가운 찬장Buffet froid〉을 촬영하고 있었다. 트뤼포와 드파르디외는 각자의 대리인인 제라르 르보비시와 장 루이 리비를 통해 첫 접촉을 가졌는데, 이들은 첫 만남에서 매우 호의적인 시선을 교환했다. 둘 모두 트뤼포가 드파르디외를 염두에 두고 시나리오를 쓴 것을 알고 있었기 때문이다. 그러나 일은 순조롭지 않았는데, 드파르디외가 클로드 소테의 신작 〈불량한 아들Un mauvais fils〉에 출연해야 했기 때문이다. 장 루이 리비의 말에 의하면, 그러나 촬영에 들어가기 전 "소테는 생각을 바꾸어 파트릭 드베르를 기용했다. 그래서 나는 드파르디외에게 소테의 영화는 취소되었지만, 트뤼포에게서 제안이 왔다고 알려 주었다."

　드파르디외는 처음에는 그다지 열광적 반응을 보이지 않았다. 드파르디외의 눈으로 보기에 트뤼포에게는 다소 과거의 이미지가 있었다. "제라르 르보비시와 장 루이 리비로부터 트뤼포가 나를 고려하고 있다고 들었을 때, 즉시 열광하지는 않았다. 나는 〈400번의 구타〉와 〈야생의 아이〉는 좋아했지만, '두아넬 시리즈'를 포함한 다른 영화들은 그리 좋아하지 않았다. '두아넬 시리즈'에는 무언가가 부족하다고 생각했다. 다소 악의가 부족했다고 할까?" 첫 만남의 자리에서 드파르디외는 자신의 그러한 견해를 트뤼포에게 감추지 않았고, 트뤼포는 그의 솔직함에 오히려 끌렸다. 하지만 매우 빠른 속도로 교류가 진행되면서, 두 사람은 서로에게 깊은 친밀감을 느꼈다. "그것은 거의 첫눈에 반한 상황이었다"라고 장 루이 리비는 말한다. 그들을 서로 접근시킨 것은, 친근감 이상으로 두 사람이 같은 계층 출신이라는 의식이었다. 훗날 드파르디외는 트뤼포에 관해 "그가 불한당이 아닐까 정말 걱정했다"고 밝혔다. 트뤼포에게 매료된 드파르디외는 즉각 〈마지막 지하철〉의 베르나르 그랑제 역을 수락했다.

뤼카 스타이너 대신 〈실종된 여인〉의 리허설을 진행하는 연출가 장 루이 코탱스 역으로 트뤼포는 처음에 장 클로드 브리알리를 생각했지만, 브리알리는 그 무렵 프랑시스 지로 감독의 〈은행가La Banquière〉를 촬영 중이었다. 그래서 트뤼포는 오래전부터 높이 평가해 오던 장 푸아레에게 연락했다. 세련되고 사교 생활을 좋아하는 이 비밀스러운 동성애자는 고도의 연기력을 요하는 어려운 역할로, 일반적으로 뛰어난 배우가 연기해 내는 희극적 인물과는 전혀 다른 것이었다. 트뤼포는 푸아레가 지난 10여 년간 영화에는 거의 출연하지 않고 연극에 전념해 왔기 때문에, 의외

성의 효과가 있을 것으로 기대했다. 뤼카 스타이너를 연기할 배우를 선택하는 것은 트뤼포에게 예상보다 어려운 일이었다. 이 수동적이고 폐쇄적인 인물에 트뤼포는 불편함을 느꼈으며, '유대인다운 분위기란 어떤 것인가' 하는 질문과도 마주쳤다. 트뤼포는 프랑스어에 능통한 독일 배우 하인츠 베넨트를 염두에 두었다. 트뤼포는 베넨트를 폴커 슐뢴도르프의 두 영화 〈카타리나 블룸의 잃어버린 명예Die verlorene Ehre der Katharina Blum〉와 〈양철북Die Blechtrommel〉, 잉마르 베리만의 〈베를린의 밤Serpent's Egg〉에서 눈여겨보았다. 그러나 트뤼포가 계속 주저하자 결국 쉬잔 시프만이 이 비유대인 배우에게 유대인 배역을 맡기도록 그를 설득했다.

트뤼포는 무대 뒤에서 일하는 스태프나 관리인 등 극장에 소속된 모든 인물의 배역을 결정했다. 〈게임의 규칙〉에서 하녀 역을 맡았던 폴레트 뒤보스트가 의상 담당자 제르멘 역을 맡았고, 모리스 리슈는 무대 감독 레몽 역을 맡았다. 누벨바그의 마스코트 배우이자 감독이었던 라슬로 사보는 마리옹 스타이너를 열렬히 사모하는 독일 장교 베르겐 중위 역을 담당했다. 그리고 베르나르 그랑제가 치근거리는 무대 의상가 아를레트 기욤 역은 마르코 페레리 감독의 〈거대한 식사La Grande Bouffe〉로 데뷔한 앙드레아 페레올이 맡았다. 마르셀 베르베르는 몽마르트르 극장의 지배인으로 영화에 잠깐 모습을 보이는데, 그의 현실 직업과 비슷한 역할이었다(〈마지막 지하철〉의 어느 인물은 "돈 문제라면, 그 사람과 상담해 보시죠"라고 말한다). 또한 아직 인기 스타가 되기 전의 리처드 보링거가 게슈타포 수사관으로 등장한다.

그해 최고의 소설

촬영 시작 전에 프랑수아 트뤼포는 어느 때보다 큰 두려움을 느꼈다. 〈마지막 지하철〉은 거액의 예산이 드는 야심작이었다. 치명적 실패(〈녹색 방〉)와 중간 정도의 성공(〈달아난 사랑〉)을 겪은 뒤라서, 그에게는 경력에 재차 활력을 불어넣는 일이 절실히 필요했다. 게다가 여느 때와는 달리, 현재 진행 중인 다른 시나리오가 없었다. 그렇지만 트뤼포는 자신에게 몇몇 유리한 점이 있다는 사실은 알았다. 무엇보다 〈미시시피의 인어〉 이후 처음으로 이 영화에 드뇌브와 드파르디외라는 스타 커플이 출연한다는 점이다. 그럼에도 1980년 1월 28일로 결정된 촬영 개시일까지의 준비 작업은 만만치 않았다. 쉬잔 시프만은 〈실종된 여인〉의 리허설 장면 촬영이 가능한 극장을 찾는 데 어려움을 겪었고, 결국 제작진은 크랭크인을 두 주일 남기고 생-조르주 극장으로 결정을 내렸다. 크리스마스 직전에는 카트린 드뇌브의 아버지 모리스 도를레악이 사망해 딸에게 큰 충격을 주었다. 또한 트뤼포는 몽마르트르 극장의 지하실에서 마리옹과 뤼카 스타이너 사이에 전개되는 각본 전체에 만족하지 못했다. 대사들이 지나치게 문학적이어서, 트뤼포에게는 마치 '나치 점령기의 유대인들'과 관련된 '문제 영화'라는 생각이 들었다. 그는 뤼카 스타이너라는 인물을 아예 스크린에서 제거해, 모습도 대사도 등장하지 않는 어둠 속 인물로 만들어 버릴 생각도 했다.

그러던 중, 촬영 시작 2주 전에 트뤼포는 짐나즈 극장에서 자크 로스네르와 모리스 베니슈가 공동 연출한 장 클로드 그렁베르의 연극 〈아틀리에L'Atelier〉를 보았다. 트뤼포는 등장인물들이 보여 주는 진정성에, 무엇보다 기성복 작업실을 배경으로 남루한 유대인 주인 레옹이 보여 주는 자연스러운 연기에 매료되었다. 특히 그는 장면 전환에 따라 분위기가 급변하는 것을 인상적으로 보았다. 4일 후, 트뤼포는 세르주 루소의 조언에 따라 그렁베르에게 편지를 보냈다. "선생님 작품 속의 레옹은 탁월합니다. 그는 제 작품 속의 뤼카에게 부족한 모든 것을 가지고 있습니다. 저와의 협력•을 허락해 주시겠습니까? 뤼카 스타이너 역은 〈양철북〉에 출연했던 뛰어난 독일 배우로, 어색함 없이 매끈하게 프랑스어를 구사하는 하인츠 베넨트가 맡을 예정입니다. 문제는 제가 그에게 어떻게 말하게 해야 할지, 어떻게 그를 생생한 인물로 만들어야 할지를 모른다는 점입니다. 이제 저는 명확히 압니다. 그 해결책은 저의 펜보다 월등히 훌륭한 선생님의 펜 끝에 달려 있다는 사실을 말입니다." 장 클로드 그렁베르는 제안을 수락하고, 며칠 뒤 카트린 드뇌브와 하인츠 베넨트가 등장하는 장면과 닥시아의 등장 장면을 새로 써서 트뤼포에게 전해주었다. 트뤼포는 안도했다. "제가 썼던 것이 더 좋다고 생각되거나, 혹은 두 연기자에게 더 어울린다고 판단된다면, 선생님께서 쓰신 대사 가운데 30~50퍼센트밖에 취하지 못할 수도 있습니다. 그렇지만 저는 선생님 덕분에 뤼카라는 인물이 더욱 표현력 풍부한 인

• '대독 협력'을 의미하는 'collaborer'라는 어휘를 독일어의 느낌을 가미해 'kollaborer'라고 썼다.•

〈마지막 지하철〉 촬영장에서 (왼쪽부터) 카트린 드뇌브, 프랑수아 트뤼포, 쉬잔 시프만(1980)

물이 될 것임은 추호도 의심치 않습니다." 트뤼포는 그렁베르에게 이렇게 답장했다.

그러나 트뤼포의 걱정은 이어졌다. 피에르 몽테뉴가 『르 피가로』지에 이 영화를 "〈사느냐 죽느냐〉의 개작"이라고 쓰는 등, 〈마지막 지하철〉에 관한 언론의 몇몇 풍문에 분개한 트뤼포는 촬영 현장의 언론 공개를 막았다. 정보 누설 방지를 위해, 트뤼포는 내부 문건을 작성해 각각의 스태프에게 보냈다. "우리는 음모와 관련된 흥미진진한 이야기를 만들어 낸다는 목표를 가지고 작업할 것입니다. 따라서 내용의 비밀을 지키고, 기자들에게 그 이야기를 하지 말아야 합니다. 등장인물에 관한 내용 하나하나까지도 삼가도록 합시다. 몽마르트르 극장의 지하실에서 다락방까지 구석구석에서 발생하는 일들은 오로지 우리에게만 공개되는 것입니다. 그리고 우리의 약속 대상인 관객들에게만 공개될 터이지만, 앞으로 9개월 동안만은 (어떤 일이 있어도!) 피해야 합니다."

〈마지막 지하철〉의 촬영은 그 때문에 철저한 비밀 속에 1980년 1월 28일, 9구에 위치한 생-조르주 극장에서의 장면으로 시작되었다. 열흘 동안 네스토르 알멘드로스 촬영팀은 〈실종된 여인〉의 리허설과 연출 장면을 촬영했다. 트뤼포는 유연하고 정확한 연기 지도를 했음에도 여전히 긴장 상태에 있었고, 촬영 현장에서 언쟁이나 고성이 들리는 것도 견디지 못했다. 촬영장 분위기는 조용했고, 모두 예의를 갖춘 어법을 사용하면서 차분한 목소리로 말을 주고받았다. 자닌 바쟁에게 트뤼포는 작업 계획을 망쳐버리고 심각한 지연을 가져온 일련의 "모든 면에서 대재앙일 수밖에 없는 사태"를 언급하면서, "앞으로 남은 7주간의 촬영이 좀더 평안하기를 바라고 있습니다"라고 편지를 썼다. 카트린 드뇌브가 낙하 사고를 당해 발목을 삐는 부상을 입었고, 쉬잔 시프만이 중증 장폐색으로 며칠 동안 입원한 일이 그것이었다.

이어서 클리시의 랑디 가에 있는 폐쇄된 거대한 모뢰유 초콜릿 공장 건물 안에서 영화의 주요 부분이 촬영되었다. 사실상의 스튜디오로 개조된 이곳에서, 스태프진은 장 피에르 코위 스벨코가 디자인한, 서로 다른 네 개의 무대 사이를 이동하며 작업했다. 뤼카 스타이너가 도피한 지하실, 마리옹 스타이너의 분장실과 사무실, 몽마르트르 극장 앞의 마당과 길, 점령기의 파리 식당 내부와 외부 등 네 개였다. 트뤼포는 이 독특한 장소가 지닌 이점을 최대한 활용했고, 촬영은 마침내 순조롭게 진행되었다. 네스토르 알멘드로스는 특히 조명과 색채에 면밀한 신경을 썼다. 알멘드로스는 의도적으로 갈색과 황갈색, 적색으로 한정시킨 색조판을 사용했는데, 이것은 폰 바키 감독의 〈뮌하우젠Münchausen〉이나 파이트 하를란 감독의 〈황금 도시Die goldene Stadt〉(〈마지막 지하철〉 안에는 이 영화의 포스터가 등장한다)처럼 제2차 세계 대전 시기의 독일 영화들에서 착상을 얻은 결과였다. 이처럼 색조에 대한 정확한 작업을 통해 영화에 인공적이면서도 부드러운 분위기를 부여한 결과, 나치 점령기의 프랑스 사회 전체를 하나의 연극 장면처럼 보이도록 만들었다. 〈아델 H의 이야기〉와 〈녹색 방〉으로 시작되는 트뤼포의 세트 촬영으로의 이동이 이제 명백해졌다.

3월 중순, 제작진은 몇몇 실외 장면을 촬영했다. 먼저 파리의 마스네 가에 있는 폐가 앞에서 부역자 닥시아의 도망 장면을 찍고, 닥시아가 자신의 신문 『주 쉬 파르투』의 사무실로 가는 장면 등을 10구의 마레 골목길에 위치한 우익 풍자 신문 『리바롤』의 사무실 구내에서 촬영했다. 또한 마리옹 스타이너의 호텔 방 시퀀스를 콩코르드 광장의 크리용 호텔에서 찍었고, 이어서 〈실종된 여인〉의 첫 공연을 성공적으로 마친 뒤 배우들이 저녁 식사를 하는 긴 장면을 피갈 광장 근처의 한 클럽에서 촬영했다. 마지막으로 교회 안에서 게슈타포가 레지스탕스 대원을 체포하는 현장을 베르나르가 목격하는 장면을 노트르-담-데-빅투아르 교회에서 촬영했다. 3월 27일부터 4월 중순까지, 제작진은 다시 모뢰유 초콜릿 공장에 진을 치고 지하실 장면을 촬영했다. 59일 동안 계속된 〈마지막 지하철〉의 촬영은 1980년 4월 21일에 종료되었다. 이틀 뒤, 트뤼포는 협력자인 장 오렐에게 다음과 같은 편지를 남기고 베벌리힐스로 날아갔다. "로스앤젤레스에서 잠을 좀 청하고, 5월 12일경에 파리에 돌아오겠네. 자네가 그때 파리에 있어서, 함께 점심 식사라도 하면서 이야기를 나누고, 현 상태에서는 덜컹거리고 있는 〈마지막 지하철〉을 함께 보게 된다면 정말 좋을 것이네."

로스앤젤레스에 도착하자마자 트뤼포는 앨프레드 히치콕의 사망 소식을 들었다. 1980년 4월 29일의 일이었다. 로라의 증언에 의하면, 갑자기 "아버지의 전화벨이 그치지 않고 울렸다." 몇 개월째 버클리에서 공부하던 로라는 아버지와 며칠을 보내기 위해 LA에 와 있었다. 5월 2일 트뤼포는 로라와 함께 히치콕의 추도식에 참석하기 위해 베벌리힐스의 산타모니카 대로에 있는 작은 성당으로 갔다. 이 성당은 1년 전 "장 르누아르와 작별을 고했던" 그 장소였다. 후에 트뤼포는 두 번의 의식을 비교하면서 이렇게 썼다. "장 르누아르의 관이 제단 앞에 놓여 있었다. 그곳에 있는 사람들은 가족, 친구, 이웃, 미국의 시네필들이었고, 단순히 구경 나온 행인들도 있었다. 히치콕의 경우는 달랐다. 관은 이미 미지의 행선지로 떠나 있었다. 전보를 통해 초청받은 참석자들은 성당 입구에서 유니버설 사의 안전 요원들에게 신원 확인을 거쳤다. 일반인들은 경찰의 통제를 받았다. 그것은 위협적 인물이 되어 버린 한 소심한 남자, 자신의 작품에 더 이상 도움이 될 수 없기 때문에 이번에는 홍보를 피하고 있는 남자, 청년 시절 이후 사태를 장악하는 훈련을 해온 한 남자의 장례식이었다." 자신이 세상에서 가장 숭배한 두 명의 감독이 몇 개월의 시차를 두고 사라져 버린 지금, 트뤼포는 앞으로는 할리우드에 오는 것이 이전처럼 즐거울 수 없을 것으로 생각했다. 그는 오래전부터 1년에 한두 차례씩 할리우드에 정기적으로 머물러왔다.

4개월에 걸친 〈마지막 지하철〉의 편집 기간 내내, 트뤼포는 불안감 속에서 영화의 성공을 의심스러워했다. 장 오렐은 도입부를 바꾸는 것이 좋겠다는 의견을 내놓았다. 오렐은 이렇게 말했다. "이전 편집본에서 영화는 다르게 시작되었다. 즉 극장으로 가는 동안 드파르디외는 앙드레아 페레올을 만나지 않는 것으로 되어 있었다. 토론 끝에 우리는 맨 처음 부분에 두 사람이 만나는 상황을 배치했고, 이것은 영화의 많은 부분을 바꾸어 놓았다. 우리가 늘 고려한 것은 효율성의 원칙이었다. 페레올이 남자에게 관심이 없다는 것을 모르고 드파르디외가 그녀의 환심을 사려 애쓰는 이 장면 덕분에 도입부는 더 좋아졌다. 이것이 바로 루비치에게서 끌어낸 '간접 화법'의 원리인 것이다."

조르주 들르뤼와의 음악 작업은 트뤼포에게 큰 즐거움을 가져다주었다. 두 사람은 당시의 노래 몇 곡을 영화에 사용했다. 〈생-장에서 온 내 연인Mon Amant de Saint-Jean〉이나 〈줌바의 기도La Prière à Zumba〉 등, 프랑스 대중 가요의 위대한 시기의 하나였던 점령기 동안 어린 트뤼포가 외울 정도로 들었던 멜로디들이었다. 9월 초 동료들을 대상으로, 이어서 언론을 대상으로 연 시사회의 반응은 매우 호의적이었다. "저는 이 영화가 프랑스에서 얻을 결과를 거의 백 퍼센트 확신하고 있습니다." 트뤼포는 뉴욕영화제 위원장인 리처드 라우드에게 그렇게 편지를 썼다. 실제로 트뤼포가 여러 방면에서 이 정도로 호의적 평가를 얻은 것은 좀처럼 드문 일이었다. 장 폴 벨몽도, 페데리코 펠리니, 새뮤얼 풀러, 장 마레가 모두 극찬을 아끼지 않았다.

영화에 매우 만족한 고몽의 사장 니콜라 세두는 감독과 연기자가 모두 참석하는 화려한 특별 시사회를 개최하기로 했다. 장소는 마르셀 다소가 소유하고 있는 르 파리 극장으로, 샹젤리제의 가장 호화로운 대형 영화관 중 하나였다. 트뤼포는 이 시사회를 두 세대에 걸친 연기자들이 만날 기회로 만들고자 했다. 장 푸아레, 폴레트 뒤보스트, 이브 몽탕, 잔 모로, 장 마르크 티보, 쥘리앵 베르토, 시몬 베리오, 넬리 베네데티처럼 점령기를 겪었거나 마르셀 달리오처럼 이 시기를 피해 있던 배우들 세대, 그리고 제라르 드파르디외의 친구들인 쥘리앵 클레르, 알랭 수숑, 미우 미우, 나탈리 바유 등 젊은 세대와의 만남이 그것이었다. 중앙에는 우아한 붉은 드레스를 눈부시게 걸친 카트린 드뇌브가 있었다.

장내는 열기와 신뢰감으로 넘치고 있었지만, 트뤼포는 영화 시사 내내 장내에 불이 켜지는 순간까지도 긴장된 상태였다. 쉬잔 시프만은 당시를 이렇게 회상한다. "프랑수아에게 다가갔더니, 그는 새파랗게 겁에 질려 있었다. '절망적이야. 사람들이 내 영화를 좋아하지 않아.' 그는 어떤 작품에도 만족한 적이 없이, 마지막에는 주변을 자신의 고뇌로 끌어들였다." 그러나 관객은 기립박수를 보냈다. 대성공이었던 것이다. 아이러니하게도, 다음 날 아침 마르셀 다소가 트뤼포에게 전화를 해, 영화를 본 뒤 자신의 생각이 달라졌음을 털어놓았다. 즉 자신은 그 영화를 재미있다고 생각하지만, 나치 점령기의 유대인 문제와 부역의 문제를 다루는 테마는 '자신의' 영화관과 '자신의' 관객들에게 적합하지 않은 것 같아, 샹젤리제에 위치한 주요 개봉관인 르 파리 극장에서 〈마지막 지하철〉의 상영을 취소하고 싶다는 것이었다. 트뤼포는 영화를 그곳에서 상영하기 위해 끝없는 외교적 노력을 벌였다.

비평계는 전반적으로 영화에 호의적이었다. 『르 푸앵』지에 실린 "한계를 모르는 트뤼포"라는 제목의 기사에서 피에르 비야르는 이렇게 썼다. "미묘한 균형을 유지하면서, 트뤼포는 한 시대 전체를 되살려 냈다. 그리고 자신의 작품 가운데 신기원을 이룰 뛰어난 영화를 성공적으로 만들어 냈다." 이어서 『문학 소식』지의 미셸 부쥐는 "매혹과 엄숙성이 조화를 이룬 걸작 멜로드라마"라고 썼으며, 『르 몽드』의 자크 시클리에와 『파리 일간Le Quotidien de Paris』지의 피에르 부테예 또한 찬사를 아끼지 않았다. 그렇지만 트뤼포를 가장 기쁘게 한 것은 『독서Lire』지에 실린 베르나르 피보의 글이었다. 〈아포스트로프〉라는 텔레비전 프로그램의 진행자이기도 한 피보는, "올해 최고의 소설"이라는 제목으로 다음과 같이 썼다. "투르니에의 소설과 사강의 신작, 리날디의 최신작이 곧 출간된다는 소식이 들린다. 그렇지만 이들을 기다려서 다 읽지 않더라도, 나의 새로운 발견을 가지고 독자들에게 도움을 드릴 수 있게 되었다. 나를 충격으로 내던지고, 황홀경으로 몰아넣었으며, 마음을 사로잡은 작품을 쓴 이 굉장한 소설가의 이름과 성을 독자들에게 말하고, 여기저기 소리 높여 외칠 수 있게 된 것이다. 어쩌면 나는 그렇게 함으로써 독서 전문지인 이 잡지의 성격과 정신에 반하는 범죄를 저지르게 될지도 모른다. 왜냐하면 그 소설가는 영화감독 프랑수아 트뤼포이며, 그의 소설은 영화 〈마지막 지하철〉이기 때문이다." 영화 개봉 당일에 트뤼포는 로라에게 편지를 보냈다. 편지 속에서 트뤼포는 모든 일이 잘 되고 있지만 "무엇보다도 유료 관객이 중요하다"고 썼다. 이 결정적 순간을 트뤼포는 유머를 섞어 "광산의 개통"이라고 칭했다.

〈마지막 지하철〉은 대성공이었다. 고몽의 책임자들은 개봉 당일에 1만 명, 첫 주에 10만 명 가까운 관객 동원을 예상했다. "카로스의 탁상계산기들이 풀 가동되고 있단다"라고 트뤼포는 로라에게 썼다. 예상은 적중해 〈마지막 지하철〉은 개봉 첫 주에 트뤼포의 영화로서는 기록적인 12만 6천 명의 관객을 동원했다. 이 열광은 몇 주 동안 이어졌고, 언론들은 이 현상에 각별한 관심을 가졌다. 그때까지 좋은 평판을 받지 못했던 시기를 그린 명백히 고전적인 영화가 트뤼포의 이전 영화들을 크게 뛰어넘는 규모로 일반 관객과 젊은 관객 집단의 마음을 움직인 것이다. 1980년에 프랑스 사람들은 나치 점령 시기에 열광하기 시작했고, 자신들의 역사에 대해 전설적인 시각 대신 좀 더 정교하고 치밀한 시각을 찾아내고 있었다.*

10개의 세자르

1981년 1월 31일 팔레 데 콩그레에서 개최된 제6회 세자르상 시상식에서 〈마지막 지하철〉은 큰 영광을 안았다. 12개 부문 후보에 지명된 〈마지막 지하철〉은 최우수 작품상, 최우수 감독상, 최우수 여우주연상(카트린 드뇌브), 최우수 남우주연상(제라르 드파르디외), 최우수 각본상(쉬잔 시프만), 최우수 촬영상(네스토르 알멘드로스), 최우수 음향상(미셸 로랑), 최우수 편집상(마르틴 바라케), 최우수 세트 디자인상(장 피에르 코위 스벨코) 등 10개 부문을 획득했다. 알랭 레네의 〈내 미국 삼촌〉, 클로드 소테의 〈불량한 아들〉, 모리스 피알라의 〈룰루Loulou〉, 장뤽 고다르의 영화계 복귀 작품

• 당시 앙리 아무루의 연속 기록물이 매주 방영되면서 인기를 얻었다. 〈40년대Les Années 40〉, 〈점령기 프랑스인의 대역사La Grande Histoire des Français sous l'Occupation〉, 〈협력자들의 아름다운 시절Les Beaux Jours des collabos〉 등의 프로그램이었다.

〈할 수 있는 자가 구하라(인생)Sauve qui peut(la vie)〉등 만만찮은 영화
들과의 경합에서 이룬 완벽한 성공이었다. 영화업계는 마치 국민
투표와도 같은 이 상황에서 트뤼포를 선택한 것이다. 〈마지막 지
하철〉은 〈아메리카의 밤〉이상으로 영화업계 사람들의 예우를 얻
어 냈다. 그들은 이 작품을 통해 자신들의 모습을 발견했고, 영화
계 자체에 경의를 표했다. 시상식 마지막에 트뤼포는 이처럼 많
은 부문에서 수상한 것에 당혹감을 감추지 못하면서, 7년 전 〈아
메리카의 밤〉으로 아카데미상을 받을 때 영어로 했던 문장을 거
의 단어 하나하나까지 그대로 사용해 감사를 표했다. "〈마지막 지
하철〉은 연극인들의 삶의 모습에서 영감을 얻어 만든 작품입니
다. 따라서 저의 성공을 그들에게 돌리고 싶습니다. 이 세자르의
감독상 트로피는 제가 보존하겠지만…… 그것은 그들을 대신해
서입니다."

　며칠 후에 카트린 드뇌브와 제라르 드파르디외가 "대중의 마
음을 사로잡은 새로운 영화 커플"로『파리 마치』지의 표지에 등
장하면서 '글래머'의 상징이 되었다. 세자르상 10개 부문 수상은
〈마지막 지하철〉의 흥행을 다시 끌어올려, 시상식 시점부터 5주
동안 파리에서 20만 명의 관객을 추가 동원했다. 트뤼포는 이에
불만을 표할 이유가 없었고, 오히려 1975년 미국의 아카데미상을
모델로 이 같은 상업적 대가에 초점을 맞춘 영화상을 창설한 조
르주 크라벤에게 감사의 말까지 써 보냈다. "월말까지 〈마지막 지
하철〉은 파리에서 백만 관객 동원의 벽을 돌파하게 될 것이며, 이
것은 당연히 세자르상의 공으로 돌려야 할 것입니다. 몬트리올,

뉴욕, 로스앤젤레스, 보스턴에서 상영관마다 기록을 경신했고, 매번 홍보의 초점은 세자르상 열 개 부문 수상에 맞추어졌습니다. 요컨대, 물론 제가 처음으로 이런 말씀을 드리는 사람은 아닐 테지만, 세자르 영화상 창설에 대한 생각을 떠올렸던 날에 선생님의 그 생각은 정말로 훌륭한 것이었습니다. 그리고 이어서 그 생각을 실현하고자 하는 용기, 선생님의 용기가 있었습니다. 저는 선생님께 저의 열광의 마음뿐 아니라 감사의 마음까지 표현하고 싶었고, 또한 저에게 기대를 하셔도 좋다는 말씀을 드리고 싶었습니다."

파리에서 1백만 이상의 관객을 동원한 〈마지막 지하철〉의 성공은 카로스 영화사로서는 결정적 사건이었다. 그것은 트뤼포를 비롯해 누구 한 명 그만한 규모의 성공을 짐작하지 못했기에 더욱 그러했다. "오늘날 사람들은 〈마지막 지하철〉이 제작 이전부터 이미 '성공이 보장된 작품'이었다고 생각하지만, 사실은 그렇지 않다. 성공이 예측되었다면 UGC나 AMLF 혹은 독일의 공동 제작자들로부터 거절당하지 않았을 것이다." 트뤼포는 제작을 성공시키기 위해 이 작품이 겪었던 수많은 난관을 회상하면서 후에 그렇게 밝혔다. 행복감에 취해 "아무도 포스터 위의 나치 문장이 역방향으로 인쇄된 것에 신경 쓰지 못했다!"고 마르셀 베르베르는 다소 씁쓸하게 회상했다.

자신의 독립성을 최대한 보호하기 위해 트뤼포는, 이 영화의 첫 텔레비전 방영 시기를 가능한 한 늦추기 위해 TF1과의 협상에 매우 엄격한 태도를 보였다.* 트뤼포는 첫 상영으로부터 16개월 후에 이 영화를 두 번째로 전국 개봉하도록 고몽사의 동의를 얻어 내기까지 했다. 1983년 3월 9일 〈마지막 지하철〉은 6분 길이의 장면을 추가한 뒤 재개봉되어, 또다시 10만 명에 가까운 관객을 동원하게 된다. 마르셀 베르베르와 제라르 르보비시의 조언을 받은 프랑수아 트뤼포는 그 어느 때보다도 자신의 독립성에 관심을 가졌으며, 어떤 일도 되는 대로 놓아두는 법이 없었다. 영화의 놀라운 성공은 그 자신도 이 정도 규모를 헤아려 본 적이 없는 큰 행운이었다.

〈마지막 지하철〉은 해외에서도 역시 대성공을 거두었다. 미국에서는 19주의 독점 상영으로 150만 달러의 높은 흥행 수입을 올렸다. 또한 영화제에서도 경쟁적으로 유치해, 미국 언론이 선정하는 골든 글로브상과 아카데미상에서 각각 최우수 외국어영화상 후보에 올랐다. 시카고, 런던, 로잔, 산 세바스찬, 도쿄영화제에서도 각각 회고전을 통해 트뤼포의 작품 전체에 경의를 표했다. 피렌체에서 트뤼포는 자신의 작품 전체에 대해 비스콘티상 수상자로 선정되어, 이탈리아의 아카데미상 혹은 세자르상이라 할 수 있는 다비드 디 도나텔로상 시상식을 통해 상을 받았다.

〈마지막 지하철〉이 프랑스에서 거둔 큰 성공은, 으레 그렇듯이 언론과 영화업계 안에서 몇몇 공격적 반응도 불러일으켰다. 세자르상 시상식 다음 날 도미니크 자메의 신랄한 사설이 『파리 일

• TF1은 〈마지막 지하철〉을 1982년 성탄절 휴일 동안에 방영하고자 했으며, 법적으로도 하자가 없었다. 트뤼포는 방영을 합법적으로 1년간 연기하고자 최선을 다했다. 마침내 그는 성공적으로 연기할 수 있었고, 영화의 극장 공개는 그만큼 연장되었다.

간』지 1면에 실렸다. "트뤼포와 그의 동아리가 우리나라에서 제7예술의 위대한 성공에 바쳐지는 상스러운 작은 물체의 무게와 장뤽, 클로드, 알랭 등의 다소 엄격한 시선에 눌려 쓰러질 듯 사라져 가는 것을 보고는, 얼마간 불편함을 품지 않을 수 없었다. 이것은 재능의 독점권을 오로지 트뤼포에게만 인정해 주는 것이며, 그를 프랑스 영화계의 기사단장, 영화업계의 보스, 나아가 영화 조합의 대부의 지위에 올려놓는 것이다. 이 경우 우리는 당연히 프랑스 영화의 극단적 빈곤성을 개탄해야 할 것이다. 한 마리의 제비가 봄을 가져올 수 없듯이, 한 명의 남자가 사막을 옥토로 만들 수는 없는 것이다." 몇 주 뒤『문학 소식』지의 알랭 레몽은 트뤼포가 언젠가 스스로 규탄했던 '고품격 영화'의 대열에 합류했음을 비난했다. "순조롭게 굴러간다. 위험의 그림자라곤 없다. 트뤼포의 이 같은 방향 전환은 어제오늘 시작된 것이 아니다. 작가였던 것은 이미 오래전의 일이다. 그것은 조금은 슬픈 일이다." 대중적 영역과 영화업계에서 동시에 거둔 성공은 트뤼포를 논객들의 최고의 표적으로 만들었다. 필립 부바르는『파리 마치』지에 이렇게 썼다. "허풍쟁이로 가득한 영화업계 안에서 진지함을 걸친 트뤼포의 모습이란! 성실하고 사려 깊은 '예술가풍'의 자세는 눈곱만큼도 없으며, 평범한 간부 혹은 소심한 대서소 서기처럼 차려입고, 불안과 회한에 가득차 있으며, 약간 벗어진 반백의 머리를 한 그는 나에게 서글픈 평형, 즐거움 없는 성공, 무감각한 평온함의 본보기처럼 보였다."

이런 공격에 트뤼포는 무관심하지 않았다. 성공은 물론 고마운 일이었다. 성공은 감독 겸 제작자로서 자신의 독립을 유지하는 데 필수적인 조건이었다. 또한 트뤼포는 영화계와 관련된, 감독이라는 직업과 관련된 상 이외에는 받지 않는 것을 방침으로 삼았다. 이 원칙에 따라 레지옹 도뇌르를 비롯한 다른 상들은 이미 거절했던 것이다. 트뤼포가 열 개의 세자르상을 수락한 것은 그것이 동료들이 수여한 것이기 때문이다. 그렇지만 국민 투표와도 같은 이 측면은 아마도 그를 난처하게 만들었을 것이다. 특히 레네, 소테, 피알라처럼 자신이 존경하는 감독들을 앞에 하고 있었기 때문이었다. 무엇보다 트뤼포는 자신이 '프랑스 영화의 보스'가 된 상황이 당혹스러웠다. 비록 고다르처럼 주변인이 되는 것은 거부했어도, 트뤼포는 독립적인 장인으로 남기를 무엇보다 원했기 때문이다.

단순히 한 명의 영화감독을 넘어서 트뤼포는 하나의 상징적 인물, 즉 프랑스 영화계를 관통하는 극히 다양하고 서로 대립적인 집단, 분파, 파벌 사이의 연결고리가 되었다. 〈마지막 지하철〉의 성공 이후 카로스 영화사를 통해 그가 받은 시나리오의 수가 그 사실을 증명한다. 1980년에서 1981년 사이에 2백 편 이상의 시나리오가 로베르-에티엔 가의 사무실에 도착했는데, 그 다수가 미국으로부터 온 것이었다. 이 가운데 수많은 각본이 대부 혹은 스승을 갈구하는 열정에 가득 찬 젊은이들이 쓴 것이었다. 예를 들면, 로라 트뤼포의 친구로 마르티니크 출신의 젊은 여성 유잔 팔시는 트뤼포에게 자신의 영화 〈사탕수수 길Rue Cases-Nègres〉의 시나리오를 보냈으며, 20세의 젊은이 레오스 카락스는 그에게 홍분감으로 가득한 편지를 보냈다. "제게는 선생님이 필요합니다. 3년 전 저는 선생님께 편지를 드렸습니다. 당시 17세의 저에게는 장편 영화 〈데자부Déjà vu〉의 시나리오가 있었습니다. (…) 지금 제게는 또 하나의 장편 영화 〈내가 너라면Si j'étais toi〉(자전적 어두움에 대한 필름 누아르. 두 명의 퇴역 군인, 그들은 스무 살, 무엇이라도 발표하고자 하는 나이, 사랑 이야기이자 예술 작품. 악셀은 스파이임. 성과 자립을 그리는 전쟁 영화)의 기획이 있습니다. 선생님께 영화 시나리오를 보내드립니다. 앞으로 몇 개월 내에 제작 지원금 심사를 받게 되지만…… 가능성은 크지 않습니다. 저는 스무 살이고, 두 편의 단편 영화가 제 필모그래피의 전부이며, (현재로서는) 저를 후원할 제작사는 없습니다. 그렇더라도 저는 이 작품을 꼭 지금 감독하고 싶은 확고한 욕심을 가지고 있으며, 선생님께서 〈내가 너라면〉을 시간을 내어 읽어 주시고 함께 이야기를 나누게 되기를 바라고 있습니다."

할 수 있는 자가 구하라(우정)

장뤽 고다르가 프랑수아 트뤼포와 대화를 재개하기를 원한 것 역시 이 시기의 일이었다. 1973년의 결별 이후 두 사람은, 단 한 번 뉴욕의 어느 호텔 안에서 우연히 마주친 것을 제외하고는 더 이상 만나지 않았다. 고다르는 그때를 이렇게 회상한다. "프랑수아는 나와의 악수를 거절했다. 우리는 택시를 기다리면서 길에서 다시 만났지만, 그는 나를 못 본 척했다." 1970년대 말 그들의 '대화'는 언론을 통해서만 계속되었다. 몇 차례나 반복해서 고다르가 트뤼포를 비난했던 것이다. "내 생각에 프랑수아는 전혀 영화를 만들 줄 모른다. 진정으로 그다운 영화를 만든 것은 한 편뿐이다. 〈400번의 구타〉가 그것이다. 그리고 그것으로 끝이었다. 이후 그는 이야기를 풀어내는 영화만을 만들었을 뿐이다." 고다르는 1978년 7월호 『텔레라마』지에 실린 인터뷰에서 그렇게 밝혔다. "트뤼포는 찬탈자다. 만일 그렇게 할 수만 있다면, 나는 그가 프랑스 한림원에도 들어갈 수 있을 것으로 확신한다." 당시에 트뤼포는 반박하지 않았다.

1980년 8월 19일 고다르는 옛 동료인 트뤼포뿐 아니라, 자크 리베트와 클로드 샤브롤에게도 편지를 보내 다시 공격을 시작했다. 고다르는 누벨바그의 세 노병에게 자신이 거주하는 스위스의 롤 시에서 만나자고 제안했다. 이때 고다르는 이자벨 위페르, 나탈리 바유, 자크 뒤트롱을 출연시킨 영화 〈할 수 있는 자가 구하라(인생)〉를 막 완성한 뒤였다. 이 작품은 몇 년 동안의 전투적 활동과 비디오 실험을 거친 이후 영화로의 복귀를 선언하는 것이었다. 같은 시기에, 샤브롤은 피에르 자케스 엘리아스의 소설을 원작으로 〈자랑스러운 말 Le Cheval d'orgueil〉을 완성했고, 리베트는 파스칼 오지에 주연의 〈북쪽의 다리 Le Pont du nord〉를 만든 상태였다. 이 영화들이 지닌 유일한 공통점은 모두 〈마지막 지하철〉과 비슷한 시기에 개봉되었다는 것이다. "이제 진정으로 '대화'를 할 수 있지 않을까?" 고다르는 옛 동료들에게 그렇게 썼다. "우리 사이의 차이가 어떤 것이든, 우리의 영화가 변모한 모습을 생생한 목소리를 통해 안다는 것은 흥미로운 일일 것이다. 우리 모두의 마음에 드는 '중재자'를 한 명 꼭 찾아낼 수 있을 것이다. 그것을 가지고 우리는 갈리마르라든가 아니면 다른 곳을 통해서 책으로 낼 수도 있을 테고. 나로서는 자네들을 제네바로 하루 이틀간 초대할 준비가 되어 있다. 나의 '촬영지'라도 좀 보여 줄 수 있다면 나로선 더욱 기쁘겠다. 아마도 이 같은 집회에 두 명뿐이라면 과격하게 느껴질 테지만, 네 명이라면 자질의 차이를 감소시키는 방법도 있을 것이고, 의사소통도 가능할 테지. 아무튼 우정을 보내며."

트뤼포는 이번에는 침묵을 깨기로 결심했다. "네게 시간이 얼마나 소중한지 알고 있는데, 스위스로 초대까지 한다니 대단히도 기쁘구나. 그래서 체코인, 베트남인, 쿠바인, 팔레스타인인, 모잠비크인을 정상 궤도 위에 되돌려 놓은 지금, 너는 누벨바그의 마지막 전초 부대를 재교육시키는 일에 애정 어린 관심을 보이려 하는구나. 갈리마르에 팔아넘기려는 이 날림 출판 기획이, 이제부터 네가 제3세계를 제4세계로 우롱하려는 처사가 아니기를 희망한다. 너의 편지는 근사하고, 그 정치꾼 같은 문체의 모방성은 대단히 설득력이 있다. 네 편지의 마무리 부분은 너의 기발한 발상 가운데서도 걸작의 하나로 남게 될 것이다. '아무튼 우정을 보내며'라는 부분 말이다. 이렇게 해서 너는, 네가 우리를 불한당, 흑사병 환자, 사기꾼이라고 불렀던 사실에 대해, 우리를 용서한다는 말 아니냐. (…) 나로서는 너의 촬영지를 찾는 일에는 찬성하지만('촬영지'라니 참말로 어여쁜 표현이로구나. 다른 모든 위선자라면 아주 솔직하게 '나의 집'이라고 말할 텐데 말이다), 이 특권을 나는 다른 사람과 함께 나누고 싶구나. 너의 편지를 받고 그것을 도처에 퍼뜨릴 수 있을 네댓 명의 사람 말이다. 나는 장 폴 벨몽도 역시 초대할 것을 너에게 요청한다. 너는 벨몽도가 너를 두려워한다고 말했는데, 이제 그를 안심시켜야 할 시간인 것 같다. 또한 나는 베라 치틸로바* 역시 함께 있을 수 있기를 강력히 원한다. 그녀는 한창 소련에 점령당하던 조국에서 너에게 '수정주의자'라고 고발당했지. 너의 토론회에는 그녀의 참석이 꼭 있어야 할 것 같다. 그렇게 함으로써 그녀가 출국 비자를 얻는 데 네가 도움을 줄 것이 확실하기 때문이다.『텔레라마』를 통해 네가 '정말 갈보 같은 것'이라고 말했던 롤레 벨롱**도 무시하면 안 되겠지. 마지막으로 붐붐 역시 잊어선 안 될 것이다. 우리의 오랜 친구 브롱베르제 말이다. 너와 전화 통화를 한 다음 날 그는 내게, 다른 건 몰라도 '더러운 유대인 놈'이라는 모욕만은 참을 수 없다고 편지에 써 보냈다. 나는 조바심으로 너의 답장을 기다리지는 않는다. 왜냐하면 네가 코폴라의 '광팬'이라도 된다면, 아마도 네게는 시간이 없을 것이며, 너의 다음번 영화의 제작 준비를 날림으로 해버릴 수는 없을 테니까. 내가 알기로 그 자전적 영화의 제목은 '똥은 똥이다'라지, 아마?"

트뤼포는 또한 사태를 명확히 정리하기 위해『카이에 뒤 시네

---

* 체코슬로바키아의 영화감독*
** 프랑스의 배우*

마』와의 긴 인터뷰도 이용했다. 트뤼포에게 이것은 무엇보다도 긴 냉각기를 끝내고 『카이에 뒤 시네마』와의 관계 회복을 확인할 기회였다. 이 인터뷰에서 그는 자신의 경력 전체를 총괄하고, 관객, 다른 감독, 사망한 사람들, 배우, 미국과 자신의 관계를 거론했다. 동시에 트뤼포는 자신이 이미 인내하기 힘든 대상에 관해서도 이야기했다. 그것은 고독감, 반순응주의 그리고 "발작적일 정도로 질투심 강한 인간 무리에 속하는" 고다르였다. 이번에 트뤼포의 공격은 사적인 차원이 아니라, 공개적이고 철저한 것이었다. "누벨바그 시절에도 그와의 우정은 일방통행이었다. 그가 비상한 재능을 지니고 있으며, 동정을 불러일으키는 데 일찍부터 능했기 때문에, 우리는 그의 비열한 행동을 용서하곤 했다. 그러나 누구라도 말할 수 있을 것이다. 그의 교활한 측면은 당시부터 이미 있었고, 그 스스로 더 이상 그것을 숨길 수가 없다는 것을 말이다. 그는 늘 도움과 호의를 베풀어 주어야 하며, 그 대가로 기대할 수 있는 건 야비한 공격뿐인 그런 사람이었다."

고다르와의 이 난투극과는 별도로 트뤼포는 감독으로서의 자신의 윤리를 규명했고, 영화 제작에 대한 자신의 애정과 불안감, 감독이 된 이후 자신에게 부과했던 행동 지침의 준수에 관해 이야기했다. 이를테면 타인들에게 금전적 손실을 주지 않도록 하려는 배려, 예술가인 척하는 태도의 거부, 영화 제작 과정에서 자신만큼 행운을 맞지 못한 사람들에 대한 비판의 거부 등이었다. 프랑스 영화의 중심부에, 혹은 차라리 '극단적 중심부에' 자신을 위치시켜 시스템 내부에서 독립적인 작업을 행하는 것, 이것이 트뤼포가 조심스럽게 지키고자 했던 위상이었다. 트뤼포는 자신이 파벌의 수장처럼 보이는 것을, 또는 프랑스 영화 산업의 중진으로 보일 것에 대해 끊임없이 걱정했다. 예컨대 그는 당시 영화감독협회의 사무국장을 맡고 있던 마르셀 오퓔스와 뤼크 물레에게서 영화감독협회 회장을 맡아달라는 청원을 받았으나 거절했다.

트뤼포는 자신이 "프랑스 영화계의 전권을 쥐고 있다"라고 비난한 클로드 오탕라라에게 편지를 보내, 카로스의 대표로서 독립과 자발적 고립을 재확인하면서 다음과 같이 정당성을 주장했다. "제가 권력에 애착이 없다는 사실은 세상 사람 모두가 선생님께 확인시켜드릴 수 있을 것입니다. 저는 제작지원금 집행의 책임자 자리를 수락하지도 않았고, 프랑스 시네마테크의 총재도, 영화감독협회의 대표직도 결단코 수락한 적이 없고, 1962년 이후로는 그 어디에도 심사위원으로 참가한 일도 없습니다. 그것은 더 이상 평가를 내리지 않기 위함이었고, 어떤 기획의 운명을 나의 개인적 취향으로 좌우한다거나 나의 자유를 양보한다거나 하지 않기 위함이었습니다. 나는 그 어떤 제도 아래에서도 권력을 잡기 위해 조금도 애쓴 적이 없습니다. 왜냐하면 세르주 갱스부르식으로 표현하자면, '그것에 아무런 흥미도 없기 때문'*입니다."

프랑수아 트뤼포는 〈마지막 지하철〉 이후 준비 중인 기획에 관해 『카이에 뒤 시네마』에 다음과 같이 말했다. "내가 가진 유일한

• 가수 세르주 갱스부르가 즐겨 쓰던 표현이다.*

책략은 교차 전술입니다. 다시 말해, 규모가 큰 영화를 만들고 나서는 아주 낮은 예산의 영화를 찍는다는 것이죠. 그것은 중대한 양보, 과대망상, 실업 상태로 이어지는 등정 코스 안에 빠져들지 않기 위해서입니다." 트뤼포의 차기작은 따라서 방금 대성공을 거두었던 작품과는 전혀 다를 것이다. 과거 시대를 다룬 영화에 이어, 감독은 이번에는 현대물을 만들 것이다. 그의 작품 가운데 제작 기간이 가장 길고 제작비가 가장 많이 든 영화를 만들었으니, 다음 영화는 가장 빠른 속도로 저예산의 작품을 만들 것이다. 고전적 이야기를 벽화 안에 담는 방식을 버리고, 다시 일기장 안으로 돌아와 광기 일보 직전까지 항해해 가는 이야기를 풀어 낼 것이다.

그대와 함께도, 그대 없이도

1979년 겨울, 다른 수백만의 프랑스인처럼 트뤼포는 앙텐 2 채널에서 방영된 5부작 연속극 〈해변의 귀부인들Les Dames de la côte〉에 사로잡혔다. 마그 보다르가 제작을 맡고 니나 콩파네즈가 연출을 맡은 TV 시리즈 〈해변의 귀부인들〉은, 20세기 대부분의 기간에 걸친 어느 프랑스 가문의 행복과 불행을 그려 내고 있다. 이 대하 드라마에는 에드비주 푀예르, 프랑수아즈 파비앙, 마르틴 슈발리에, 에블린 뷜, 프랑시스 위스테르 등 눈부신 배역진이 등장한다. 여주인공 역을 맡은 배우는 연극 무대 출신으로 영화계에는 거의 알려지지 않은 30세의 파니 아르당이었다. 당시 방학을 이용해 파리에 와 있던 로라는 세르비아-피에르-1세 거리에 있는 아버지의 집에서 함께 〈해변의 귀부인들〉의 첫 방영분을 보던 때를 이렇게 기억한다. "나는 아버지가 텔레비전에서 파니 아르당을 발견하고는 넋을 잃은 모습을 보았다. 아버지는 정말로 몹시 놀란 모습이었다." "텔레비전을 통해 첫눈에 반해 버렸다"는 고백과 함께, 트뤼포는 12월 말 파니 아르당에게 편지를 보내 카로스 영화사에서 만나자고 제안했다.

첫 만남은 트뤼포가 〈마지막 지하철〉의 촬영을 준비하던 시점에서 이루어졌다. 트뤼포는 파니 아르당에게 "다음 영화는 당신의 작품이 될 것입니다"라고 약속했다. 이후 두 사람은 자주 만나, 마르뵈프 가와 로베르-에티엔 가가 만나는 모퉁이 식당에서 식사를 했다. 이 지역은 트뤼포가 가장 좋아하는 장소의 하나였다. 두 사람은 이미 각본 작업이 진행 중이던 차기작에 관해 대화하는 가운데 서로를 잘 알게 되었다. 의장대 대령의 딸로 소뮈르에서 태어난 파니 아르당은 아버지의 파견지인 유럽의 여러 지역을 따라다녔다. 주요 지역으로는 아르당 대령이 대사관 육군 무관으로 파견된 스웨덴과 1960년대부터 레니에 공의 신변 경호 고문 가운데 한 명으로 간 모나코가 있다. 어린 파니는 자신의 표현으로 "돈키호테식의", 순수한 전통적 귀족 교육을 받았다. 대단히 부유한 가정은 아니었어도 그녀는 사립 학교, 해외에 설립된 일류 프랑스 학교, 야회복을 입고 참석하는 공식 무도회, 승마 경주 등으로 이어지는 호화로운 생활을 해 갔다. 스무 살 때 파니 아르당은 엑상프로방스대학 정치학부 3년 과정을 수료했고, '초현실주의와 무정부주의'에 관한 논문을 썼다. 그 후 파니는 런던에 잠깐 체류한 뒤 파리에서 살았다. 1970년대 중반에 대학 생활 대신 연극에 매료된 그녀는 페리모니 연극학교에서 연기 과정을 공부한 뒤에 처음으로 배역을 얻게 되었다. 1974년 파리 마레 지구 페스티벌의 일환으로 올려진 코르네유의 〈폴리왹트Polyeucte〉에서 폴린 역을 맡은 것을 시작으로, 몽테를랑의 〈산티아고의 성 기사단장Le Maître de Santiago〉, 라신의 〈에스테르Esther〉, 지로두의 〈엘렉트라Électre〉, 폴 클로델의 〈황금 머리La Tête d'or〉 등에 출연했다. 1978년 마침내 발자크 원작의 텔레비전 드라마 〈두 젊은 기혼녀들의 수기Les Mémoires de deux jeunes mariées〉에서 주목받았고, 다음 해에 마그 보다르와 니나 콩파네즈는 그녀에게 〈해변의 귀부인들〉의 주인공을 맡겼다.

1981년 1월 31일 세자르 시상식 날 저녁 트뤼포는 이 여배우에 대한 자신의 첫인상이 옳았음을 알았다. 행사에 이어 관례에 따라 푸케 식당에서 가진 저녁 식사 자리에서, 트뤼포는 〈마지막 지하철〉의 배우들에 둘러싸여 있었다. "파니 아르당이 우리 테이블로 와서 제라르 드파르디외와 나와 함께 앉았다. 그들 두 명이 함께 어울린 모습을 보자, 이 두 사람이 나의 연인들이라는 사실이 한순간에 명확해졌다." '연인들'이란 트뤼포가 얼마 전 '은밀히' 착수한 시나리오 속의 연인들이었다. 두 사람을 규합시키고 싶은 욕심은 새 영화의 준비 작업에 박차를 가하도록 부추겨, 트뤼포는 매일 규칙적으로, 혹은 주말 시간을 이용해 새 영화의 대사를 썼다. 훗날 파니 아르당에 관한 이야기 도중에, 트뤼포는 자신이

"그녀의 큰 입, 독특한 억양을 지닌 낮은 음성, 검은 큰 눈, 역삼각형 모양의 얼굴"에 매료되었음을 밝혔다. 트뤼포는 파니의 생동감 넘치는 연기, 열정과 유머 감각, "내밀한 것을 좋아하는 내성적 성격, 약간의 비사교성, 무엇보다도 사람의 마음을 흔드는 뭔가"를 좋아했다.

트뤼포의 영화 대부분이 그러하듯, 〈이웃집 여인La Femme d'à côté〉의 영화화 계획은 아주 오래전으로 거슬러 올라간다. 훗날 트뤼포는 클로드 드 지브레에게 장난스럽게 "저작권을 카트린 드뇌브에게 줄 수도 있을 것"이라고 말했다. 〈이웃집 여인〉의 시나리오는 대부분 드뇌브와의 애정 관계에서 얻은 아이디어를 토대로 했기 때문이다. 1972년 말, 트뤼포는 헤어진 지 8년 만에 우연히 만나는 옛 연인의 이야기를 가지고 〈항로Sur les rails〉라는 제목으로 5쪽 길이의 시놉시스를 썼다. 그 시놉시스에는 이미 이루어질 수 없는 연인의 열정적 재회, 남자의 고뇌(〈이웃집 여인〉에서는 여자의 고뇌로 바뀐다), 사랑의 고통을 치유해 주는 '색색의 작은 알약들', 영화 내용을 상징하는 노래•에 대한 언급 등이 있었으며, 결말은 훨씬 덜 비극적이었다. 1972년 트뤼포는 잔 모로와 샤를 데네르를 모아 "그대와 함께도 그대 없이도 살 수 없다"는 문장으로 요약될, 열정 속의 한 쌍의 남녀를 구성하고자 했다.

1980년 가을 트뤼포는 장 오렐과 함께 이 기획을 다시 손에 들

• "사랑 없이는 살 수 없어Sans amour on est rien du tout"(에디트 피아프의 곡 〈가엾은 장의 노래〉의 한 구절•

었다. 오렐은 이렇게 말한다. "우리는 입으로 각 장면의 콘티까지 동시에 세우면서 진행했다. 그는 그녀를 슈퍼마켓에서 만나야 하고, 극적인 묘사를 위해 신경쇠약에 걸려야 했다. 의도적 질병이라는 이 아이디어는 그로데크*의 책을 읽고 내가 가져온 것이었다. 비극적 종말은 예정되어 있었다. 그것은 죽음일 수밖에 없었다. (…) 그리고 프랑수아는 머뭇거리면서 자신의 생각을 내게 말했는데, 그들이 육체적 사랑을 나누는 가운데 죽는다는 착상이었다." 트뤼포는 그후 시간을 나누어 때로는 장 오렐과, 때로는 쉬잔 시프만과 작업했다. 오렐은 시나리오의 전체 구성에 유념하면서 시놉시스에 포함된 20개의 시퀀스를 보완하는 아이디어를 찾았고, 시프만은 콘티를 작성하면서 등장인물을 깊이 있게 연구했다. 두 연인이 회원으로 가입한 테니스 클럽의 지배인 주브 부인을 부각시킨 것도 시프만이었다. 주브 부인은 너그러운 여성으로, 옛 사랑의 상처에서 벗어나지 못한 상태였기 때문에 두 연인의 허물없는 상대가 된다. 1981년 2월 말에 〈이웃집 여인〉의 최종 시나리오가 완성되었다. 최초의 시놉시스에서 최종본에 이르기까지 겨우 3개월밖에 걸리지 않은 셈이었다.

"사랑의 고뇌는 의사도 치유할 수 없는 질병이다." 옛 프랑스 노래에서 끌어낸 이 문구처럼, 그 시나리오는 프랑수아 트뤼포의 작품 중 가장 투명하면서 가장 비극적인 이야기를 그려 내고 있었다. 베르나르 쿠드레와 마틸드 보샤르는 열렬한 사랑에 빠진 뒤

• 신체적 질병에서 심리적 요인의 중요성을 연구한 독일의 의사*

고통스럽게 헤어진다. 8년 뒤 마틸드는 얼마 전 결혼한 필립과 함께, 베르나르가 부인 아를레트, 아들 토마와 사는 집의 이웃으로 이사를 온다. 베르나르는 그르노블에서 20킬로미터가량 떨어진 작은 마을에서 아를레트와 함께 조용하고 평화로운 생활을 해 오던 터였다. 한편 마틸드는 연상의 필립과의 결혼을 통해 상당 부분 안정을 얻고 있었다. 두 부부 사이에 어쩔 수 없이 이웃으로서의 관계 교류가 생겨난다. 베르나르와 마틸드는 모두 과거의 관계를 내색하지 않고, 자신들의 감정을 억누르려 한다. 이 노력에도 불구하고 열정은 다시 그들을 엄습하고, 연인들은 호텔 방에서 재회한다. 그러나 베르나르는 마틸드의 집에 초대되어 간 날, 그녀가 관계를 끝내기를 원하는 것을 알고는 분노를 폭발시킨다. 마틸드는 우울증에 빠져 병원 치료를 받고, 남편은 집을 팔기 위해 내놓는다. 어느 날 밤 베르나르는 그 집에서 불빛을 발견한다. 마틸드다. 두 연인은 포옹한다. 사랑을 나누는 동안에 마틸드는 권총으로 베르나르를 살해하고, 이어서 총구를 자신에게 돌린다.

트뤼포는 〈이웃집 여인〉의 촬영을 빠른 속도로 행하고자 했다. 모든 이유에서 그렇게 해야만 했다. 영화의 내용이 지닌 감정적 동력을 유지하고, 자신에게 붙은 성공한 감독이라는 이미지에 역행하려는 의도도 있었기 때문이다. 그뿐 아니라, 제라르 드파르디외도 바쁜 스케줄 때문에 1981년 3월에서 4월 사이에 6주일밖에 시간 여유가 없었다. 당시 드파르디외와 트뤼포의 대리인이었던 장 루이 리비의 회상에 의하면, "제라르 드파르디외는 프랑시스 베베르 감독의 〈염소La Chèvre〉에 출연하도록 계약되어 있었다.

프랑수아는 내게 즉시 촬영을 하고 싶다고 말했다. 내가 그에게 준비가 다 되었는가를 물었더니 프랑수아는 내게 이렇게 대답을 했다. '아니오, 하지만 〈마지막 지하철〉처럼 성공작을 만든 뒤라서 나는 기다릴 수가 없소'라고. 나는 〈염소〉의 제작사인 고몽과 협의해, 제라르가 〈이웃집 여인〉을 찍을 수 있게 〈염소〉의 촬영을 늦추도록 조정했다."

이렇게 급박하게 영화를 만드는 것이 트뤼포는 싫지 않았다. 영화의 등장인물이 그리 많지 않았기 때문에, 캐스팅에는 아무 어려움도 없었다. 앙리 가르생이 마틸드의 남편 필립 역을 맡았고, 베르나르의 아내 아를레트 역은 미셸 봄가르네에게 맡겼다. 그리고 베로니크 실베르가 주브 부인으로, 당시 조르주 라보당이 책임자로 있던 알프스 국립연극센터의 배우 필립 모리에 주누가 마틸드를 치료하는 정신과 의사로 등장하게 되었다.

1981년 3월 말 트뤼포는 그르노블로 옮겨갔다. 이곳에서 4월 1일에서 5월 15일까지 촬영이 결정되어 있었다. 트뤼포는 그르노블에서 15킬로미터 정도 떨어진 마을에서 영화의 주요 무대인 이웃한 두 채의 집을 찾았다. 스태프진 가운데 주목할 만한 변화는 촬영 감독을 윌리엄 루브찬스키에게 맡기고 카롤린 샹프티에와 바르샤 보에를 촬영 조수로 맞은 점 하나뿐이었다. 〈이웃집 여인〉은 카로스, 고몽(동시에 배급도 맡았다), TF1의 공동 제작이었다. 〈마지막 지하철〉 때와 동일한 자금 운용 상황이었지만, 예산은 그 3분의 1, 촬영 기간은 절반에 지나지 않았다. 이 영화는 감독이 촬영 중인 영화의 여배우와 사랑에 빠졌다는 점에서 〈쥘 앤 짐〉이나 〈미시시피의 인어〉처럼 트뤼포의 '행복한 촬영'의 부류 안에 포함될 만한 것이었다. 늘 그랬듯이 트뤼포는 이 새로운 애정 관계를 철저히 비밀에 붙였다. 제라르 드파르디외는 이렇게 증언한다. "프랑수아는 대단히 조심스러웠다. 어느 날 밤 자정 경에 코메르스 호텔로 돌아온 나는 여느 때처럼 관리인과 대화를 나누고 있었다. 그때 엘리베이터 문이 열렸고, 마을에 거주지가 있던 프랑수아의 모습이 보였다. 프랑수아는 문을 다시 닫았고, 나는 그가 불편해하는 것을 느끼면서 고개를 돌려 못 본 척했다. 그는 여기서 무엇을 하고 있었던 것일까. 처음에 나는 그가 아마도 파니에게 '연기 지도'를 하기 위해 왔다고 생각했다. 나중에 가서야 나는 그들의 관계를 알게 되었다." 이 조화로운 애정 관계는 감독 트뤼포가 자신의 여배우에게 보낸 찬사 속에서 잘 읽어 낼 수 있다. "그 장면의 촬영이 끝나면 즉시 그녀의 얼굴은 피어나고, 침묵을 지키다가 미소를 떠올린다. 그 미소는 '나는 만족스럽고, 충족되었고, 부족함이 없어요'라고 말하는 듯하다."

촬영 시작에서 2개월 반밖에 지나지 않은 1981년 6월 중순에 첫 편집본이 완성되었다. 트뤼포가 그 구성에 충분히 만족하지 못하자, 쉬잔 시프만은 주브 부인을 내레이터로 만들자고 제안했다. 영화가 시작되자마자 그녀는 신문 사회면의 내용을 관객에게 전하는 것이다. "아직도 한밤중이지만 경찰차가 그르노블을 출발했습니다. 저의 이름은 오딜 주브입니다. 이 사건은 6개월 전에 시작되었습니다." 그리고 그녀는 영화 전체를 통해 두 연인의 이야기를 펼쳐 나가면서, "그대와 함께도, 그대 없이도 살 수 없다"

는 문구로 비극적 사건을 요약한다. 트뤼포는 이 아이디어를 채택해 그르노블에서 10여 킬로미터 떨어진 코랑의 테니스 클럽 앞에서 6월 13일에 베로니크 실베르와 보충 시퀀스를 촬영했다.

1981년 9월 30일의 개봉에 앞서 열린 시사회의 반응은 한결같이 호의적이었고, 몇 사람은 대형 여배우의 탄생을 축하하기도 했다. "파니 아르당은 기묘하고 낭만적인 불꽃을 완벽하게 태워 낸다. 〈오르페〉의 마리아 카사레스와 〈아델 H의 이야기〉의 이자벨 아자니를 동시에 상기시키는 어두운 시선과 강박감을 지니고 있는 그녀는, 말하자면 동요하는 운명의 여신 파르카와도 같다." 유럽 1 라디오 방송을 통해 미셸 파스칼은 그렇게 말했다. 또한 『필름 프랑세』지는 이렇게 예언했다. "두말할 나위 없는 '스타 탄생'이며, 프랑수아 트뤼포는 이 불꽃 같은 변신을 이루어 낸 지도자다." 그렇지만 가장 적확한 분석을 제시한 사람은 『리베라시옹』지의 세르주 다네였다. "〈이웃집 여인〉이 그처럼 성공적이고 따라서 감동적인 영화인 것은, 정열과 사상을 드러내는 것을 싫어하고 중용과 절충을 중시하는 인물 트뤼포가 이번에는 그 절충 자체를 영화로 찍고, 그것을 자신의 영화의 소재이자 표현 형식으로까지 만들려고 시도했기 때문이다. (…) 〈이웃집 여인〉에서 트뤼포는 〈녹색 방〉에서 빠져나와 하이드의 시나리오(병적이고 사적인 열정)를 지킬의 시나리오(타인들, 공적 생활)와 혼합시키는 도박을 했다. 어느 하나가 다른 하나에 대해 우위를 차지하지도 않고, 관객에게 양자택일을 강요하지도 않는 상태로 둘을 연결한 것이다. (…) 왜냐하면 트뤼포 특유의 역설로 인해, 그의 절

〈이웃집 여인〉 촬영장에서 제라르 드파르디외와 프랑수아 트뤼포(1981)

충의 기교는 그를 보호망도 없는 위험천만한 영화로 내던져 버리기 때문이다. 〈이웃집 여인〉에서는 연출의 기교가 하이드와 지킬을 하나의 호흡 안에 공존시키기에 충분할 만큼 폭넓고 자유로운 것이 되었다."

기묘한 남녀

프랑수아 트뤼포의 최후의 거대한 사랑은 그의 애정 생활에 또다시 열정과 위력을 부여했다. 〈이웃집 여인〉의 편집이 끝나자 트뤼포는 파리 근교에 대저택을 얻고 1981년 6월 말부터 8월 말까지의 기간을 그곳에서 보내고자 했다. 자필 메모 속에서 그는 이 계획을 "FT/파니의 퐁텐블로에서의 바캉스"라고 명명했다. 그러나 파니 아르당은 시간적 여유가 없었다. 여름의 대부분을 니나 콩파네즈 연출의 텔레비전 영화 〈가장Le Chef de famille〉의 촬영을 위해 보르도 지방에서 보내야 했기 때문이다. 적적하고 고독해진 트뤼포는 이 별장 대신, 프랑스에서 휴가를 보내던 로라와 그녀의 친구 스티브 윙과 함께 자신의 파리 아파트에서 더 많은 시간을 보냈다. 큰 치과 수술을 받은 지 얼마 지나지 않아서 상태가 그리 좋지 않았음에도 트뤼포는 6월 말과 7월 초에 장시간의 인터뷰 촬영에 응했다. 조제 마리아 베르조사의 연출로 제롬 프리외르와 장 콜레가 촬영한 이 '영화 수업'은 한 시간 길이의 인터뷰 두 편으로 구성된 것으로, 트뤼포 영화의 발췌물도 중간중간에 삽입되었다. 브리-쉬르-마른에 위치한 국립시청각센터의 시사실에 앉아 각각의 영화를 비판적으로 거론하는 트뤼포의 모습에서는 상당한 불편함이 드러나 보였다. 그는 장 콜레에게 보낸 편지 속에서 당시 자신이 "육체적으로나 정신적으로나 대단히 좋지 않은 상황"이라고 썼다.

다행히도 9월 중순에 트뤼포는 파니 아르당과 다시 만나 〈이웃집 여인〉의 홍보를 위해 2개월 동안 몇 차례 지방과 해외여행을 했다. 10월 초 파니 아르당과 프랑수아 트뤼포는 헬렌 스코트와 동행해 〈이웃집 여인〉을 뉴욕영화제에서 소개하고, 칼라일 호텔에 일주일 동안 머물렀다. 파리에 돌아온 두 사람은 1981년 11월 4일에 다시 미국으로 건너가 좀더 오래 그곳에 머물면서, 시카고에서 트뤼포를 위한 특별 프로그램에 참석했고, 이어서 샌프란시스코와 로스앤젤레스를 방문했다. 로스앤젤레스에서 두 사람은 베벌리힐스 호텔에서 휴식을 취했다. 트뤼포는 캘리포니아의 친구들에게 파니를 소개해 주었는데, 특히 디도 르누아르*는 이 젊은 프랑스 여배우에게 매료되었다.

프랑수아 트뤼포와 파니 아르당은 기묘한 커플 관계를 유지했다. 상호 동의 아래 그들은 16구에서 서로 이웃에 살면서도 동거는 하지 않고 각자의 독립을 유지하기로 했다. 파니는 『엘』과의 인터뷰에서 이렇게 밝혔다. "나는 대가족을 아주 좋아하지만, 내게 사랑이란 비밀스러운 것이어야 한다. 결혼 약속 같은 것은 없이 말이다. 또한 나는 거대한 저택은 좋아하지만 내외 관계는 좋

• 장 르누아르의 부인*

아하지 않는다. 신부의 축복은 올가미에 가두기 위한 계약일 뿐
이다! 함께 살아서는 안 되는 것이다. 서로 만날 약속을 하거나 상
대방의 집에 초대받거나 하는 것은 얼마나 멋진 일인가." 30세의
파니 아르당은 사회적 통념에서 벗어난 생활을 해 가고 있었다.
"나처럼 주변인 의식을 지닌 사람들은 흔히 매우 엄격하고 억압
적인 집안 출신이다. 왜냐하면 이 같은 집안은 자유를 향한 강렬
한 욕구를 지니도록 하기 때문이다." 그녀는 1975년에 태어난 딸
뤼미르와 단둘이 생활했다. 뤼미르는 클로델의 작품 〈딱딱한 빵
Pain dur〉의 여주인공에서 따온 이름이다. 파니와 프랑수아는 "자
유를 향한 강렬한 욕구"를 함께 지니고 있었으며, 관습에 얽매이
지 않는 성향, 어느 정도의 경쾌함, 대화를 좋아하는 성격, 함께
작업하고자 하는 욕망, 서로에 대한 존경심에 있어서도 비슷했
다. 독서를 열렬히 좋아한 점도 같았다. 파니의 집에는 도처에 책
이 있었고, 피아노 한 대, 흰색 벽 위에 판화 몇 점이 걸려 있었다.
그들은 발자크, 프루스트, 밀러, 제임스를 좋아했으며, 파니는 쥘
리앵 그라크, 제인 오스틴, 엘사 모란테, 스콧 피츠제럴드도 즐겨
읽었다. 그들은 일주일에 몇 차례씩 저녁에 식당에서, 영화관에
서, 서로의 집에서 약속을 정한 뒤 만났다. 두 사람은 비밀스러운
이 사랑에 무엇보다 큰 애착을 가졌다.

중심에서 벗어나

1981년 5월 프랑스는 사회당의 프랑수아 미테랑을 공화국 대통

령으로 선출했다. 정치에 관심은 있어도 앙가주망에는 소극적이
던 트뤼포였지만, 이번에는 공개적으로 선거 유세에 참가했고 3
월에는 미테랑 지원위원회에 가입했다. 1981년 4월 중순에는 프
랑스 대도시에 배포된 수백만 장의 전단에 자신의 사진까지 올렸
다. "우리의 대표는 미테랑"이라는 제목이 적힌 이 전단에는 장
클로드 카자드쉬, 블라디미르 잔켈레비치, 프랑수아즈 사강, 알
렉산더 민코브스키, 아룬 타제프, 안나 프뤼크날, 카트린 라라, 제
라르 드파르디외, 아니 뒤프레 등 유명 인사 18명의 사진도 실렸
다. 피에르 망데스 프랑스, 레지스 드브레, 프랑수아 레지스 바스
티드, 레오폴드 세다르 셍고르, 르네 팔레 등 10명의 또 다른 명사
들은 참여 이유를 밝히는 짧은 글을 실었다. 물론 트뤼포는 자신
의 인물 사진 사용에는 동의했지만, 〈녹색 방〉의 스틸 사진이 실
린 것을 보고는 실망했다. 이 사진 속의 트뤼포는 땀투성이의 창
백한 얼굴에 1900년대 스타일의 안경을 코에 걸친 모습이었기 때
문이다. 지원위원회의 요청에 따라 트뤼포는 3월 19일에 유네스
코의 연단에 올라 세계 각국에서 모인 1천여 명의 지식인을 대상
으로 연설을 했다. 이어서 그는 르네 알리오, 제라르 블랭, 클로
드 샤브롤, 코스타-가브라스, 제라르 드파르디외, 자크 드미, 미
셸 피콜리, 마리 뒤부아, 브리지트 포세 등 영화인 50여 명과 함께
"높은 지위에 있는 사람들이 이용하는 공포와 조작과 거짓에 맞
서" 미테랑에게 표를 던지자는 호소문에 서명했다. 마지막으로
대통령 선거 1차 투표일 전날인 4월 26일에 트뤼포는 "1차 투표
부터 유효표를 던지자", "지스카르를 패배시키자"는 최후의 호소

에 동참했다.

트뤼포의 진정한 동기는 정치에 종사하는 사람들의 변화를 보고자 한 것이었다. 다시 말해, 공적 생활에서 다른 '배우들'의 작업 방식을 보고 싶었던 것이다. 트뤼포는 성인이 된 후 보수주의 정권밖에 경험하지 못했다. 그러나 스스로 투표를 하러 갈 만큼의 정치 참여는 하고 있지 않았다. 하기야 지스카르 데스탱 덕분에 행복하게도 18세에 투표권을 얻은 로라는 아버지를 자주 비판했다. "나는 아버지에게 그것이 옳지 않다고 말했다. 사람들에게 투표할 것을 촉구한다면 자신은 당연히 투표를 해야 한다고 말이다. 아버지는 반대로 말했다. 즉, 투표를 촉구함으로써 훨씬 더 큰 영향력을 행사하고 있다고." 여하튼 트뤼포는 정치 영역에 관여했을 때, 모순 같은 것은 걱정하지 않았다.

트뤼포는 미테랑을 지지했지만 전적으로 높이 평가한 것은 아니었으며, 도덕적 권위의 소유자라기보다 능란한 책략가, 도를 넘는 정치인으로 판단했다. 그럼에도 두 사람은 서로를 이해하기 위해 노력을 아끼지 않았고, 1970년대에 여러 번 리프 식당에서 만나 점심 식사를 하기도 했다. 트뤼포는 먼저 미셸 로카르 쪽으로 마음이 기울었다. 1974년의 경우가 그러했다. 당시에 미테랑과 미셸 로카르는 좌파 사회당의 대통령 후보를 놓고 아직 경쟁하고 있었다. 로카르가 텔레비전에 출연해 관심을 불러일으킨 다음 날, 마르셀 오퓔스는 트뤼포에게 편지를 보내 전 통일사회당 서기장인 로카르를 지지할 것을 설득했다. "만일 필요하다면, 기꺼이 자네를 설득하게 될 것으로 생각하네. 자네의 눈으로 볼 때,

내가 '정치적 마인드의 인물'로서 어느 정도의 권위를 지니고 있음을 나는 알고 있네. 나는 지금 그 점이라도 이용하고 싶네. 왜냐하면 이것은 정말 중요하기 때문이지……." 1980년 4월 중순 트뤼포와 오퓔스는 로카르를 만났다. 트뤼포는 로카르가 입후보를 결심하면 언제라도 지지할 생각이었지만, 몇 주 후 로카르는 사회당의 다수가 미테랑을 지지하는 사실을 인정하고 출마를 단념했다. 11개월 뒤 트뤼포는 자크 랑과 로제 아냉의 요청으로 미테랑 지원위원회에 가입했다.

1981년 5월 10일 프랑수아 트뤼포가 미테랑의 승리를 반긴 것은 당연한 일이었다. 대통령 취임일인 5월 21일, 사회당 정권의 실질적 출발 선언인 팡테옹의 의식에서, 트뤼포는 공화국 새 대통령을 따르는 행렬의 세 번째 줄에 모습을 보였고, 며칠 후에는 미테랑이 지원자들에게 감사를 표하고자 인터컨티넨털 호텔로 초청한 명사들 속에도 모습을 나타냈다. 대통령은 긴 시간 동안 트뤼포와 사적인 대화를 나누면서 감사의 마음을 표했다. 트뤼포는 신정권이 행한 첫 조치 가운데 두 가지를 매우 기뻐했다. 1981년 5월의 〈슬픔과 동정 Chagrin et la Pitié〉 텔레비전 방영 소식과 사형제 폐지 소식이었다. 사형제 폐지는 로베르 바댕테르의 제안으로 9월 17일 국민회의에서 가결되었다. 피에르 모루아 내각의 법무장관 로베르 바댕테르는 로베르토 로셀리니 등 많은 사람의 변호사였다.

그러나 정치 참여는 트뤼포가 오랫동안 지켜 온 행동 지침을 조금도 변화시키지 못했다. 이를테면 1981년 6월 초 새 문화부 장관

자크 랑이 트뤼포에게 혁명 기념일의 관례적 행사에서 레지옹 도뇌르 훈장을 받을 것임을 알려 주었을 때, 트뤼포는 이것을 거절했다. 6월 17일 트뤼포는 랑의 측근인 크리스티앙 뒤파비용에게 자신은 "선거 결과에 대단히 만족하고 있지만, 예전처럼 영화업계 내부에서 수여하는 상 이외에는 받고 싶지 않다"는 메시지를 전했다. 우파든 좌파든 상관없이 모든 권력을 경계한 트뤼포는 공산주의 주간지 『혁명』에 게재된 뤼스 비고와의 대담에서 그 이유를 설명했다. "나의 최초의 반응은 '아, 그래 좋아. 좌파가 정권을 잡았군'이었다. 그렇지만 그들과 관계를 가져서는 안 된다. 그들에게 '점수 벌기'를 해서는 안 되기 때문이다. 당연히 권력과는 반대편에 서야만 한다. 또는 반드시 반대편에 서지 않는다 해도 아무튼 거기에서 떨어져 있어야 한다."

같은 해 10월 자크 랑은 트뤼포에게 시네마테크 대표직 후보로 나설 것을 간곡히 부탁했지만 트뤼포는 "중심에서 벗어나 있기"를 고집했다. 트뤼포는 슐룸베르거 정유회사의 대표이자 랑글루아, 르누아르, 로셀리니의 절친한 친구였으며, 시네마테크 이사회 이사로서 유서 깊은 시네마테크에 새로운 명성을 부여하는 일에 관심을 가진 장 리부에게 보낸 편지에서 단도직입적으로 털어놓았다. "자크 랑 씨의 부인에게서 전화를 받았습니다. 5월 이후 훈장도 직위도 파티도 공식 여행도 모두 거절한 상태에서, 나는 11월 3일 수요일 발루아 가에서의 점심 식사까지 피할 수는 없다고 생각했습니다. 시네마테크에 관해서는 우리가 나중에 함께 논의하기로 했기 때문에, 저는 완전히 모호한 태도를 견지하겠습니다. 이 분야에서 자크 리베트가 가장 적합한 인물임을, 하여튼 이상적인 프로그램 편성 책임자임을 확신합니다." 자크 랑과의 점심 식사 때 실제로 트뤼포는 시네마테크의 일에 관해 대단히 모호한 자세를 고수했다. 그것은 자크 랑과 트뤼포 사이의 허심탄회한 의견 교환의 자리였지만, 한편 장관으로서는 사회당 정권에 대해 트뤼포가 지닌 태도를 상당 부분 이해할 수 없음이 밝혀진 자리이기도 했다.

예를 들면, 트뤼포가 공식 의전에 따라 행동하려 하지 않았던 '요크타운 사건'이 문제가 되었다. 실제로 발루아 가에서 이 점심 식사를 하기 2주쯤 전에, 프랑수아 미테랑은 로널드 레이건 미 대통령과의 회담을 위해 미국의 옛 마을인 요크타운을 공식 여행했다. 프랑스 대통령이 몇몇 문화계 인사의 수행을 희망했기 때문에, 10월 12일 아침 트뤼포에게 대통령의 외유에 동행하도록 의뢰가 왔다. 그런데 바로 이날, 트뤼포는 〈이웃집 여인〉을 소개하기 위해 파니 아르당과 뉴욕에 있었다. 자크 랑의 비서실은 트뤼포에게 체류를 연장해 요크타운의 대통령 일행에 합류해 줄 것을 간청했다. 카로스 영화사의 전화 통화 기록철 안에는 조지안 쿠에델이 기록해놓은 꽤 퉁명스러운 통화 내용이 남겨져 있다. "감독님은 약속이 많은 데다가 〈마지막 지하철〉의 개봉 문제로 18일에는 독일에 가야 하기 때문에, 내일 귀국한다고 답변했음. 자크 랑 씨는 대답하길, 다른 사람도 아니고 미테랑 대통령에 관련된 문제이므로 감독님이 태도를 바꾸는 게 바람직할 것이라고 했음."

몇 개월 후, 좌파 정권에 대한 트뤼포의 신중함을 예증한 또 하나의 사건이 있었다. 1982년 4월 트뤼포는 자신의 작품을 기리는 회고전 참석차 도쿄에 일주일간 체류했다. 같은 시점에서 프랑수아 미테랑도 자크 랑을 포함한 몇 명의 장관과 함께 도쿄를 공식 방문했다. 트뤼포는 야마다 고이치와 여행 스케줄을 계획하는 과정에서, 모든 정치적·외교적 리셉션을 피하고자 하는 자신의 의도를 미리 알려 주었다. "펭귄처럼 턱시도를 걸치고 대사와 함께 있느니보다는 훌륭한 신작 일본 영화 두 편을 보는 편이 낫다"는 것이었다. 그러나 결례를 범할 것에 불안해진 트뤼포는 결국 4월 16일의 스케줄을 수정했다. 그는 야마다에게 편지를 썼다. "금요일은 대사관에서 미테랑 대통령 리셉션에 참석할 수 있도록 일정을 꼭 변경해야만 합니다. 그렇지 않으면 너무나 무례할 것이기 때문입니다. 그다음 날인 토요일, 〈이웃집 여인〉 상영회 참석과 자크 랑의 리셉션 스케줄이 겹치는 것은 앞의 경우만큼 중대한 일은 아니지만, 그래도 자크 랑의 모임에 15분 동안은 참석할 수 있도록, 아마도 책 사인회를 두 차례로 나누어야 할 것입니다."

트뤼포는 사회당의 의전 행위를 진정으로 불편해했으며, 행동이나 의견의 자유를 지키고자 애썼다. 오래전부터 트뤼포가 중시한 것은, 자신과 밀접하게 관련된 문제에 대한 구체적 행동이었다. 예를 들면 1981년 말 프랑스 민주주의 노동연맹으로부터 어려움에 직면한 어린이를 다루는 영화 제작에 협조를 요청받았을 때, 트뤼포는 기획 방향을 설정하는 검토위원회에 협력할 것을 승낙했다. 1982년 1월과 2월에 그는 검토위원회가 수집한 자료들을 검토했지만(시나리오는 섬유공장 여성들의 파업, 그리고 파업 참가자와 함께 공장을 점거하는 어린이들에 관한 것이었다), 결국은 참여하지 않기로 했다. 트뤼포는 민주주의 노동연맹의 서기장 에드몽 메르에게 그 이유에 관해 이렇게 해명했다. "선생님에 대한 존경심과 프랑스 민주주의 노동연맹의 활동에 대한 존경심에서 이 기획을 시도하고 싶은 욕심이 있지만, 텔레비전 이전 세대의 감독인 저로서는 텔레비전 앞에서 두려움을 느낍니다. 따라서 저로서는 앞으로 몇 년간 더 영화 산업 안에서 작업을 해야 할 것 같습니다." 텔레비전과의 관계에서 그랬던 것처럼, 트뤼포는 정치 권력과의 관계에서도 호기심과 자유로운 정신은 지니면서도 절대적 독립이란 입장을 관철했다.

신나는 일요일!

파니 아르당의 외모가 '필름 누아르'의 여주인공과 얼마나 잘 어울리는가를 트뤼포가 눈여겨본 것은, 〈이웃집 여인〉의 마지막 장면의 러시 필름을 보면서였다. 베이지색 레인코트로 몸을 감싼 마틸드가 이웃집의 연인 베르나르를 권총으로 살해한 뒤 자살하는 장면이었다. 트뤼포는 즉시 각색할 만한 범죄 소설을 한 편 찾아내, 연인인 파니 아르당에게 주인공을 맡기고자 했다. 쉬잔 시프만은 찰스 윌리엄스의 소설 『긴 토요일 밤』을 추천했다. 트뤼포가 이미 1960년대에 잔 모로를 주연으로 영화화하기 위해 권리를 취득하고자 했던 소설이었다. 여기서 트뤼포의 마음에 꼭 든 것은 한 여자, "살인자 혹은 탐정이 아닌 보통의 여자, 자신의 상사의 결백을 증명하고자 결심한 용감한 비서"에게 수사를 맡긴다는 점이었다. 그것은 파니 아르당에게 이상적인 배역이었고, 그녀를 "종종걸음으로 가는 세계 안에서 질주하도록 내몰" 수 있는 배역이었다.

1981년 가을 내내 트뤼포는 〈이웃집 여인〉의 개봉과 함께 쉴 새 없이 프랑스 국내외를 여행하느라 매우 바빴다. 다음 해 초가 되어서야 그는 쉬잔 시프만, 장 오렐과 함께 〈신나는 일요일!〉의 각색 작업을 시작할 수 있었다. 가장 복잡한 작업은, 파니 아르당이 맡을 배역을 좀더 활동적이고 결정적인 인물로 만들도록 소설 구성을 근본적으로 변형하는 것이었다. 쉬잔 시프만은 이렇게 말한다. "찰스 윌리엄스의 이 소설은 최고 걸작이라 할 수는 없지만, 어쨌든 그 속에서 수사의 대부분을 행하는 것은 남자이고, 여자는 사무실에 남아 있었다. 여자는 별로 수사를 하지 않았다! 그렇지만 만일 남자가 사무실에 갇혀 있고, 여자가 모든 수사를 담당한다면? 프랑수아도 이에 의견을 같이했다."

프랑수아 트뤼포는 신빙성이 부족하다고 생각해 시나리오에 크게 만족하지 못하고, 촬영 직전에는 영화의 포기까지 고려했다. 트뤼포에게서 시나리오를 받아 읽은 파니 아르당은 재미를 느꼈다. 그녀는 이렇게 말한다. "나는 시나리오를 읽으며 크게 웃었다. 하지만 결정적인 것은 제라르 르보비시의 주장이었다. '이것을 안 만드는 건 미친 짓입니다! 이것은 비즈니스맨으로서의 견해가 아니라, 감식가 친구로서의 견해입니다'라고 그는 말했다." 이상하게도 트뤼포는 자신을 이 소설로 유도해 간 쉬잔 시프만을 원망했다. 두 사람 사이의 긴장으로 이들의 공동 작업은 분위기가 나빠졌고, 그것은 촬영 기간 내내 해소되지 않았다. 그렇지만 또 한 명의 공동 각본가인 장 오렐은 현시점에서도 여전히 이 기획을 옹호한다. "그것은 시간적·공간적으로 논리라고는 통하지 않는 기상천외한 시나리오이며, 하나의 오락물로 쓰인 것이다. 이 영화의 주제는 반드시 전개되는 액션은 아니며, 이야기는 그 다른 것을 위한 토대로 기능한다." 1982년 5월 말 트뤼포와 집필진은 프로방스 지방의 빌디외에 별장을 얻고, 두문불출 상태에서 재작업에 몰두했다. 2주일 뒤 세 사람은 실제로 최종판이나 다름없는 각본과 대사를 작성해 돌아왔다. 이어서 트뤼포는 파니 아르당, 쉬잔 시프만과 함께 아비뇽 근처의 로슈귀드 호텔에서 재작업을 거친 뒤 각본을 완성했다. 2백 쪽에 가까운 황당무계한 줄거리로 구성된 시나리오였다.

지방 소도시의 부동산 중개업소 소장 쥘리앵 베르셀은 아내 마리 크리스틴과 그녀의 연인 클로드 마술리에를 살해한 혐의로 고발된다. 마술리에는 어느 날 오전에 사냥 도중 잔인하게 머리 한복판에 총을 맞고 살해되었다. 상황이 불리해지자 쥘리앵 베르셀은 스스로 조사하기로 결심하지만, 곧 제3의 살인 혐의까지 씌워져 그는 경찰을 피해 숨어야 한다. 이어서 비서 바르바라 베케르가 조사를 맡는다. 비서학 전문학교 출신의 바르바라는 냉소적 성격의 갈색 머리 여성이다. 약삭빠른 아마추어 탐정으로 바뀐 그녀는, 예기치 못한 숨 막히는 상황 속으로 뛰어들어 진범을 찾아낸다. 범인은 다름 아닌 베르셀의 변호사인 클레망이었다. 이 희극적 탐정물을 뒷받침하는 부수적인 애정 이야기도 곁들여진다. 즉 쥘리앵과 바르바라는 호감을 가지고 이심전심의 관계로 발전해 가고, 마침내 결혼에 이른다.

흑과 백의 파니

⟨신나는 일요일!⟩을 흑백으로 만드는 것은 트뤼포에게 당연한 일이었다. 그의 미학적 도박은 "이전에 우리를 매료시켰던 미국의 코미디 탐정물이 지닌 신비롭게 반짝이는 밤 분위기를 재현하는" 것에 있었다. 트뤼포는 각본에 자신이 없었기 때문에, 작품을 구할 최상의 방법은 이전처럼 빠르고 활기찬 리듬으로 촬영하는 것이라고 생각했다. 이러한 '필름 누아르'의 논리적 귀결로서 흑백 촬영은 필수적인 것이었고, 이 생각은 네스토르 알멘드로스를 흥분시켰다. 알멘드로스는 다양한 흑백 감광제를 사용해 탐정 영화 특유의 양식화된 조명을 재창조하기 위해 노력을 기울였다. 제작 준비 과정에서 알멘드로스는 파리 근교에 있는 한 스튜디오 안에서 1950년대에 사용되던 낡은 프레넬 램프를 찾아내기까지 했다. 이 램프들은 훨씬 강한 빛을 만들어 냈고, 제한된 범주를 비추면서 매우 선명한 그림자를 나타냈다. 트뤼포와 알멘드로스는 미국의 무대 장치가인 힐튼 맥코니코를 기용했는데, 그는 세트 전체를 흑백으로 그려 구성했다. 마찬가지로 미셸 세르프와 프랑키 디아고가 담당한 의상과 소품도 검은색, 회색, 흰색의 범위에서

고안되었다.

그러나 카로스의 공동 제작사 측에서는 이 단호한 미학적 결의를 비상업적으로 간주해 매우 부정적인 눈으로 바라보았다. 특히 텔레비전 방송국들은 냉담한 반응을 보이면서 프로그램 편성표에서 황금 시간대에 배치되기 힘들다는 이유로 이 영화에 투자하기를 거절했다. TF1의 영화 부문 자회사는 〈신나는 일요일!〉의 공동 제작을 거부했고, 앙텐 2 채널은 흥미를 보였지만 주저하고 있었다. 제라르 르보비시마저도 우려를 털어놓았다. 트뤼포는 최선을 다해 르보비시를 설득했다. "며칠 전 베네치아영화제는 빔 벤더스의 흑백 영화 〈사물의 상태The State of the Things〉에 황금사자상을 주었습니다." 1982년 9월 9일 트뤼포는 르보비시에게 격앙된 어조의 편지를 보내면서 〈마지막 영화관The Last Picture Show〉, 〈파피용Papillon〉, 〈맨해튼Manhattan〉, 〈분노의 주먹Raging Bull〉, 〈베로니카 포스의 갈망Veronika Voss〉, 〈엘리펀트 맨Elephant Man〉 등 최근에 흑백으로 제작된 유명한 영화들을 열거했다.[*] 그러고는 다음과 같은 훌륭한 결론으로 편지를 마무리했다. "영화란 통조림 캔이 아닙니다. 인간과 같이 영화는 하나하나로서 검토되고 음미되고 존중되어야 합니다." 변호의 과정에서 트뤼포는 물론 자신의 영화를 옹호한 것이지만, 동시에 작가이자 독립 제작자로서 자신의 자유도 존중받아야 함을 요구한 것이다. 텔레비전 방송국의 태도에 트뤼포는 불쾌감을 느꼈다. 그것은 먼저 원칙상의 모욕감이었

• 〈파피용〉은 착각으로 생각된다.[*]

는데, 흑백 촬영의 거절은 그가 배척하는 '영화 표준화'의 연장이었기 때문이다. 그리고 좀 더 개인적 차원의 모욕감도 있었다. 트뤼포의 생각에 TF1은 〈마지막 지하철〉과 〈이웃집 여인〉으로 금전적으로도 시청자들의 평가에서도 두 차례나 성공적인 투자를 한 셈이었기 때문이다. 르보비시는 결국 트뤼포와 견해를 같이했고, 앙텐 2도 〈신나는 일요일!〉의 공동 제작에 동의했다. 2개월간의 근심과 투쟁 끝에 1982년 9월 말, 트뤼포는 마침내 7백만 프랑의 제작비를 조달할 수 있었다.

이제 문제는 파니 아르당의 상대 배역으로 최상의 인물을 찾는 것이었다. 그는 유명 배우이면서도 아르당의 스타성을 뒷받침해 줄 수 있는 인물이어야 했다. 쥘리앙 베르셀이라는 등장인물은 사실 모순으로 가득한 인물이다. 짜증스러우면서도 매력적이고, 소극적이면서도 위탁 수사를 지휘하며, 명사이면서도 어딘가 의심스러운 구석이 있고, 금발의 여성만을 좋아하면서도 종국에는 검은 머리 여성과 결혼하는 인물인 것이다. 영화 속에서 그의 위상은, 화면에 모습은 보이지 않으면서 촬영 현장의 모든 것을 지시하는 연출자의 그것과도 유사했다.

트뤼포는 아직 한 번도 기용한 적이 없는 장 루이 트랭티냥에게 이 배역을 맡기기로 결정했다. 이미 1979년에 트랭티냥은 자신이 먼저 트뤼포에게 편지를 보내, 그의 영화에 출연할 용의가 있음을 명확한 언어로 전달했다. "당신의 영화에 꼭 출연하고 싶습니다. 당신은 배우로서의 저에게 만족하실 것임을 확신하며, 저 또한 아주 훌륭히 해낼 것임을 확신합니다. 아마도 제게서, 혹은 저의 연기 방식에서 당신의 마음에 들지 않는 부분도 있을 것입니다. 이 편지로 당신을 공격할 의향은 전혀 없습니다. 오히려 그 반대입니다. 흔히 저희 연기자들은 좀 바보스럽습니다. 선택되기를 기다리는 것을 어리석게도 자랑스럽게 생각합니다. 이것은 우리가 가진 다소 여성적인 여건입니다. 여기서 여성적이라는 것은 우리의 아내들이 아니라 어머니들과 관련된 표현입니다. 그렇습니다, 제가 지금 선생께 이 모든 것을 써 보내는 이유는 오로지 제가 저 자신을 연기자로 간주하지 않으며, 또한 연출가라고도 간주하지 않고, 더욱이 카레이서로는 생각하지 않기 때문입니다. 저는 스스로를, 좋아하는 일을 할 시간이 있는 한 명의 인간으로 간주합니다. 아마도 이것은 나이가 들었다는 하나의 증거일 것이며, 저는 최근 이 증거들을 찾고 있습니다."

이 솔직함에 트뤼포는 호감이 갔고, 후에는 자신의 영화 속에서 스스로 연기했던 역할, 곧 〈야생의 아이〉의 이타르, 〈녹색 방〉의 쥘리앵 다벤, 〈아메리카의 밤〉의 페랑 역을 연기해 낼 수 있을 유일한 배우로서 트랭티냥을 인정했다. 트뤼포와 트랭티냥은 사실 나이 차이도 두 살밖에 나지 않았고, 신체적 외양도 비슷했다. 두 사람은 개성 있는 음성의 소유자라는 점, 그리고 거의 억양이 없으며 극적 효과보다 오히려 담담한 음색을 구사하는 점에서도 매우 비슷했다. "한 켤레의 신발을 선택하듯 이 배역을 선택한다면, 선생께서는 발에 아무런 불편함도 느끼지 않을 것입니다. 우리는 편안한 가죽신을 신고 걸을 때처럼 유연한 발걸음을 내디딜 것이기 때문입니다." 트뤼포는 트랭티냥에게 쥘리앵 베르셀 역을 부탁하면서 그렇게 편지를 썼다.

〈신나는 일요일!〉의 '탐정 소설'적 분위기를 신빙성 있게 만들기 위해서는 조연급 배역이 상당히 중요했다. 변호사 역할을 담당할 배우로 트뤼포는 영화와 텔레비전에 많이 노출되지 않았으면서도 신뢰할 만한 연기자를 찾았다. 무엇보다 트뤼포는 이 역할에 '사악한' 인물을 원하지 않았다. 관객이 일찍부터 그에게 거부감을 느끼거나 의심을 품지 않게 하기 위함이었다. 이런 이유에서 트뤼포는 친구인 세르주 루소에게 그 배역을 부탁했다. 트뤼포의 눈에 루소는 선함 그 자체였고, 아르메디아의 에이전트가 되기 전에 연기자 경력이 있기 때문에 이 역할을 잘해 낼 수 있을 것이라 생각했다. 그러나 세르주 루소는 거절했다. 촬영 2주일 전에 트뤼포는 다시 그에게 설득을 시도했다. "오도 가도 못하는 상태에서 시간만 촉박하다네. 자네도 잘 알다시피, 배역 결정에서 나는 유행이나 흥행은 전혀 고려하지 않고 역할의 적합성과 어울림만을 중시하지. 이 역할을 위해 자네가 필요하다네. 나를 저버리지 말아 주게. 레몽 드보스가 말했듯이, 저버림을 당한 사람은 무너져 버릴 테니 말일세." 루소는 생각을 바꾸지 않았지만, 그 대신 필립 로덴바크를 추천해 주었다.

바르바라의 수사를 방해하면서 독자적으로 수사하는 수수께끼의 신부 자크 마술리에 역으로, 트뤼포는 처음에 작가이자 『누벨 옵세르바퇴르』의 기자인 장 프랑수아 조슬랭을 염두에 두었다. 그러나 딸 에바의 강력한 추천으로 리베트의 영화 〈아웃 원Out One〉에 출연한 장 피에르 칼퐁에게 그 역을 맡겼다. 또한 마리 크

〈신나는 일요일!〉 촬영장에서 (왼쪽부터) 프랑수아 트뤼포, 파니 아르당, 장 루이 트랭티냥(1983)

리스틴 베르셀 역에 카롤린 시울, 경찰서장 역에 필립 모리에 주누를 기용하고, 마지막으로 장 루이 리샤르에게 '사악한 인물' 역할, 즉 리비에라 지역의 어느 나이트클럽의 수상쩍은 주인 역을 맡도록 설득했다.

〈이웃집 여인〉의 한 장면을 바르 지방 이에르에 있는 장 루이 리샤르의 소유지에서 촬영했던 트뤼포는 꼭 이 지방에서 신작의 촬영 장소를 찾고 싶어 했다. 툴롱과 지앵 반도 사이에서 촬영지를 물색하던 쉬잔 시프만은 이에르에서 10여 킬로미터 떨어진 곳에서 '레 케름'이라는 폐쇄 중인 거대한 병원을 발견했다. 힐튼 맥코니코와 그의 스태프라면 이 공간을 몇 개의 무대로 분할해 실질적으로 스튜디오 촬영과 같은 조건을 제공할 수 있을 것이었다. 1982년 11월 4일에 시작된 〈신나는 일요일!〉의 촬영은 8주간 계속되었다. 연기자들과 스태프들은 '레 케름' 병원에서 실내 촬영을, 이에르와 그 주변 지역에서 야외 촬영을 번갈아 했다. "그것은 마치 모두가 색맹이 된 듯한 기묘한 체험이었다." 촬영장을 찾았던 『마탱 드 파리』지의 어느 기자는, 세트와 등장인물의 의상이 모두 검은색, 회색, 흰색으로 이루어진 촬영 현장에서 몽환적 분위기를 확인하고는 놀라움으로 그 같은 기사를 썼다.

촬영이 끝나자 프랑수아 트뤼포와 파니 아르당은 미디 지방에서 열흘가량 휴식을 취한 뒤 파리로 돌아왔다. 개봉 날짜가 이미 결정되어 있었으므로, 편집은 빠른 속도로 행해졌다. 트뤼포가 조르주 들르뤼에게 보낸 편지 내용에 의하면, 개봉은 "대도시에서는 8월 10일경, 즉 평론가들이 시골에 있는 동안으로 예정되어"

있었다. 얼마 전부터 로스앤젤레스에서 살고 있던 들르뤼에게 트뤼포는 "막스 스타이너와 프란츠 왁스만의 작품에서처럼, 특히 〈빅 슬립〉 같은 걸작에서처럼 워너 브라더스 스타일을 재현하는" 음악을 작곡해 줄 것을 요청했다. 〈신나는 일요일!〉의 초벌 프린트는 5월 20일에 완성되었다. 요컨대 트뤼포가 사랑하는 여성을 주연으로 프랑스식 B급 영화의 조건 아래 촬영한 이 작품은 완성까지 7개월밖에 걸리지 않았다.

마지막 바캉스

제라르 르보비시가 설립한 배급사 A. A. A는 〈신나는 일요일!〉의 공개를 한여름인 8월 10일 수요일로 결정했다. 이것은 상당히 대담한 시도였다. 이 시기에 시민들은 거의 파리를 떠나게 되어 관광객밖에 남아 있지 않기 때문이다. 개봉일까지 프랑수아 트뤼포는 휴식을 취하기로 하고, 5월 말 로마에서 며칠간 머물렀다. 이곳에서 파니 아르당이 벨기에 출신 앙드레 델보 감독의 〈환영 Benvenuta〉의 촬영을 방금 마쳤기 때문이다. 6월 29일 프랑수아 트뤼포와 마들렌 모르겐슈테른은 파리 16구 구청에서 거행된 장녀 로라와 스티브 윙의 결혼식에 참석했다. 스티브 윙은 버클리의 '퍼시픽 영화보관소'에 근무하고 있었다. 로라는 고등사범학교에서 3년간 준비 과정을 이수한 뒤, 아버지의 오랜 권유에 따라 1979년 7월에 미국으로 건너가 버클리에서 비교문학을 연구했다. 버클리에는 아버지의 친구 톰 루디가 운영하는 시네마테크

'퍼시픽 영화보관소'가 있었고, 이곳에서 로라는 스티브 웡을 만났다. 결혼식에는 로라의 어린 시절 친구인 카미유 드 카사블랑카, 로라와 각별히 친했던 네스토르 알멘드로스 등 몇몇 지인만 참석했다. 저녁에 보자르 가의 호텔 식당에서 열린 피로연에는 헬렌 스코트, 클로딘 부셰와 그녀의 딸 테사 등 좀 더 많은 사람이 참석했다. 더욱이 이날은 에바의 생일이기도 했기에 생일 파티도 겸한 행사였다. 오랜 냉각기 이후 프랑수아는 아버지 롤랑 트뤼포와 관계를 회복했으므로, 롤랑 트뤼포 역시 결혼식에 참석했다. 에바가 그동안 롤랑을 자기 할아버지로 '인정하려' 하지 않았기 때문에, 롤랑은 생전 처음으로 이날 에바를 만났다. 로라가 롤랑을 만난 건 이번이 두 번째로, 첫 번째는 4년 전 프랑수아의 할머니가 작고했을 때였다.[*]

다음 날 트뤼포는 파니 아르당과 함께 노르망디 해안 쪽으로 바캉스를 떠났다. 트루빌에 아파트를 가지고 있는 마르셀 베르베르에게 트뤼포는 며칠 전 조용한 집 하나를 얻어 달라고 요청했다. 휴식을 취하면서 차기작도 준비하기 위해 동료들 및 공동 작업자들도 함께 묵을 수 있도록 하려는 것이다. 파리에서 멀지 않은 노르망디를 택한 것은, 컨버터블 자동차인 골프를 운전해 파리까지 왕복하는 것이 가능한 거리였기 때문이다. 트뤼포는 기자들의 취재 요청에 수월하게 응하면서 〈신나는 일요일!〉의 홍보

---

[*] 트뤼포의 할머니는 1979년 98세의 나이로 사망했다. 트뤼포는 마지막 몇 년 동안 그녀를 성의껏 도와주었다.

(왼쪽부터) 에바, 프랑수아, 로라 트뤼포

활동을 빈틈없이 할 수 있었다. 베르베르는 〈녹색 방〉의 촬영 때부터 관계를 유지해 오던 한 경매사에게서 프랑스 갈*과 미셸 베르제** 부부가 옹플뢰르 근처의 집을 여름 두 달 동안 임대한다는 사실을 전해 들었다. 트뤼포는 6월에 단숨에 달려가 그 집을 보았고 곧 임차에 동의했다. 클로-생-니콜라라는 이름의 이 집은 바주이 마을에 위치한 아름다운 저택이었다. 트뤼포와 파니 아르당은 7월 초 이곳으로 옮겨 왔다.

이 무렵 두 사람의 측근들에게 파니의 임신 사실은 더 이상 비밀이 아니었다. 출산일은 1983년 9월 말로 예정되어 있었다. 막 50대의 나이로 접어든 트뤼포로서는 또다시 아이 아버지가 될 의향은 별로 없는 듯했지만, 그렇다고 이 소식을 듣고 얼마간 싫은 반응을 보였던 두 딸 로라와 에바에게 이해를 구해야 한다는 생각은 하지 않았다.

출산 예정 소식과 함께 트뤼포는 새로운 출발을 확신하는 듯했다. 그토록 비밀을 중시하던 트뤼포는 낙천적으로 생각하여 친구들에게 소식을 알리기까지 했다. 그는 1983년 6월 아네트 인스도르프에게 이렇게 편지를 썼다. "올해는 뉴욕에 갈 수 없을 것입니다. 그 중요한 이유는 제게 아기가 생길 것이기 때문입니다. 파니 아르당 역시 같은 이유로 뉴욕에 갈 수 없을 것입니다! '소문'이 퍼지기 전에 당신에게 알려드리는 게 좋을 듯합니다." 파

• 프랑스의 여성 가수*
•• 프랑스의 가수, 작곡가*

니 아르당은 이전부터 두 번째 아기를 원했다. "그것은 거의 본능에 가까운 욕구"라고 그녀는 1981년 봄 『엘』과의 인터뷰에서 밝혔다. 1983년 초여름 파니 아르당은 절정의 행복감을 느끼고 있었다. 그녀가 "나의 인생을 완전히 뒤바꾸어 놓을 아기"라고 고백한 『피가로 마담』지에는 이렇게 씌어 있었다. "아르당은 신학기의 화제의 스타가 될 것이다. 이번 여름에 〈신나는 일요일!〉이, 9월에는 〈환영〉과 출연작 2편이 공개된다. 덧붙여 (거의) 비밀스러운 연애와 10월 출산 예정인 아기의 소식이 있다. 갈색 머리를 지닌 이 32세 여성의 눈앞에는 놀라운 인생이 펼쳐지고 있다. 성공도 그녀에 대해서는 새로운 존재 방식과 행동 양식을 강요하지 않았다."

새로운 생활과 병행해서 프랑수아 트뤼포는 일련의 새로운 영화 작업에 착수하고자 했다. 옹플뢰르에서의 두 달 휴가 기간에 그는 새 각본 작업에 집중할 계획이었다. 클로드 드 지브레는 이렇게 말한다. "트뤼포는 그뤼오와 한 편, 장 루이 리샤르와 한편, 베르나르 르봉과 나와 한 편, 쉬잔 시프만과 한 편, 이런 식으로 서너 개의 시나리오를 동시에 진행하는 것을 좋아했는데, 더 이상 진행 중인 기획이 하나도 없게 된 것이다. 이야기 제조기를 재가동시킬 필요가 있었다." 이를 위해 클로드 드 지브레가 옹플뢰르에 함께 머물도록 초대받았다. 두 사람은 즉시 몇 가지 기획을 진행했다. 그 가운데 두 기획이 꽤 진전되어, 트뤼포는 1985년 한 해에 두 작품을 연속 촬영할 생각까지 했다. 첫 번째 작품은 라 바랑드의 소설을 새롭게 각색한 〈가죽 코Nez-de-cuir〉의 리메이크 판으로, 파니 아르당과 제라르 드파르디외를 주연으로 삼을 예정이었다. 두 번째 작품은 〈사랑스러운 도둑〉이었다. 드 지브레의 설명에 의하면, "라 바랑드의 소설에는 두 여성이 등장한다. 20세의 여성과 40세의 여성이다. 프랑수아는 이 둘을 한 명으로 압축해 30세의 여성으로 만들고자 했다. 그는 또한 내게 '말을 타고 사냥하는 장면은 빼도록 하지!'라고 말했다. 촬영하기에 이만큼 귀찮은 장면은 없을 것이라고 그는 생각했다. 그런데 소설은 말 타고 사냥하는 장면투성이였다."

장 그뤼오와 함께 트뤼포는 자신이 좋아하던 소설가 폴 레오토의 자전적 소설『연인Le Petit Ami』을 각색할 계획도 세웠다. 1981년 봄 카로스는 메르퀴르 드 프랑스 출판사로부터 권리를 취득했고, 동시에 레오토의 19권 분량의 책『문학 일기Journal littéraire』의 일부 사용권에 대해서도 교섭했다. 트뤼포는 또한 레오토의 또 다른 자전적 작품인『어머니에게 보내는 편지Lettre à ma mère』에도 깊은 흥미를 느꼈다. 이 모두를 합치면 트뤼포는 세기 초에 로레트 지역에서 겪은 레오토의 어린 시절 이야기를 완벽하게 구성할 수 있을 것이다. 레오토는 아주 어린 나이에 어머니에게서 버림받았지만, 어른이 된 뒤에는 주기적으로 만났다. 그 어머니와의 복잡한 관계도 상세하게 기술할 수 있을 것이다. 물론 레오토에서 차용한 이 구상은 기이할 만큼 트뤼포 자신의 어린 시절과 유사했다. 그의 성장 노정, 친어머니에 대한 모순적 관계 등등⋯⋯. 그러나 트뤼포는 파스칼 토마 역시 레오토의 원작으로 영화를 계획하고 있다는 사실을 알고는 이 기획을 포기했다.

트뤼포는 또 하나의 야심적 아이디어를 진행해, 그뤼오에게 각본 작업을 의뢰했다. 숫자로 이루어진 "00-14"라는 제목의 이 각본은 벨 에포크 시기의 파리를 그린 것으로, 20세기 초에 열린 만국박람회 이후 1914년 8월 선전 포고까지의 이야기였다. 각본에서는 네 명의 등장인물을 당시의 사건과 혼합시키고, 그들을 정치인과 문호 등 역사적 인물과 만나게 한다. 루이 르노*를 모델로 한 실업가 뤼시앵(제라르 드파르디외가 맡을 인물)은 무정부주의자 청년 알퐁스(젊은 시절의 장 피에르 레오와 꼭 닮은 인물)를 교육하고자 한다. 뤼시앵의 애인인 알리스 역은 파니 아르당이 연기하게 될 것이다. 그리고 알퐁스의 약혼자였지만 뤼시앵과 결혼하는 로르를 더하면 4명의 인물이 완성된다. 트뤼포의 생각에 〈00-14〉는 자신이 높이 평가했던 두 작품, 밀로슈 포르만의 〈랙타임Ragtime〉과 잉마르 베리만의 〈파니와 알렉산더Fanny and Alexander〉의 중간에 위치하는 영화일 것이다. 트뤼포와 그뤼오는 벨 에포크 시기에 관한 중요한 자료를 모으고, 방대한 분량의 전기, 회고록, 신문 기사 등을 읽었다. 그들은 『르 피가로』의 편집장 가스통 칼메트 살인 사건에 열광했다. 칼메트는 1914년 3월 앙리에트 카이요에게 살해되는데, 앙리에트는 『르 피가로』에 의해 명예를 훼손당한 재무장관 조제프 카이요의 아내였다.

트뤼포와 그뤼오는 이 기획을 극장용과 텔레비전용으로 동시에 구상했기 때문에, 프루스트적인 섬세한 심리 묘사도 필요했

• 르노 자동차 회사를 설립한 기업가*

다. 실은 트뤼포는 베리만이 〈파니와 알렉산더〉를 구상한 것과 동일한 방식으로, 이 각본으로 3시간 길이의 극장용 영화 한 편과 몇 편의 에피소드로 나누어진 텔레비전 시리즈를 만들고자 했다. 마침 앙텐 2가 그 아이디어를 수용해 계약에 서명할 의도를 내비쳤다. 트뤼포는 〈신나는 일요일!〉의 각본이 치밀하지 못하다고 생각했기 때문에, 앞으로는 또다시 자신이 이야기를 직접 손에 들고 여러 각본가와 협력해서 즐겁고도 엄격한 자세로 집필할 것을 굳게 결심했다. 다양하고 내용이 풍부한 야심적인 이 기획들은, 모두 역사에 대한 취향을 자전적 성장 과정의 진실과 결합한 것이었다. 트뤼포는 자신이 제라르 드파르디외에게서 이상적인 분신을 찾아냈음을 알았다. 그는 드파르디외를 생각하면서, 혹은 드파르디외와 누군가와의 커플을 염두에 두고서 몇 가지 기획을 세울 예정이었다. 그 경우 또다시 파니 아르당과의 커플의 가능성이 컸다. 드파르디외가 보기에, "트뤼포는 과거와 결별하고", 새로운 창작 주기를 시작하려 하고 있었다. 트뤼포는 몇 개월 안에 시동을 걸어, 다시 1년에 한 편의 속도로 영화를 찍을 계산을 했다.

그 밖에 준비 단계의 또 다른 기획들이 있었다. 예를 들면, 랑드뤼* 같은 여성 연쇄 살인범에 관한 기획이 있었는데, 엽색가이면서 동시에 범죄자인 그라스에 사는 향수 판매업자의 이야기였다. 〈여자들을 사랑한 남자〉의 주제에 대한 변주작이기도 할 이 작

---

* 20세기 초 프랑스의 연쇄 살인범

품에 트뤼포는 기 마르샹을 출연시키고자 마음먹었다. 트뤼포는 이미 그를 〈나처럼 예쁜 아가씨〉에서 즐거운 마음으로 연출했으며, 모리스 피알라의 〈룰루〉와 디안 퀴리의 〈첫눈에 반했네Coup de foudre〉에서의 연기도 아주 높게 평가했다. 트뤼포는 마르샹에게 짤막한 메모를 전해 주었다. "가까운 날에 선생께 각본을 한 편 전해 드리겠지만, 그 경우 주연 이외에는 선택의 여지가 없을 것입니다. 아이디어가 내게서 슬그머니 자라나고 있는데, 그것이 더 커지기를 기다려, 그 순간이 오면 종이 위에 그 내용을 날렵하게 써서 선생께서 읽도록 우송해 드릴 것입니다."

옹플뢰르에서 트뤼포는 또한 앨프레드 히치콕과의 인터뷰 서적을 개정하기로 결심했다. 만년의 작품들을 포함해 결정판을 내고 싶었기 때문이다. 1966년에 대담집이 출간된 이후 1980년에 사망하기까지 히치콕은 〈토파즈〉, 〈프렌지〉, 〈가족 음모Family Plot〉를 만들었다. 비록 이 작품들을 감독의 최고작으로 평가하지는 않지만, 트뤼포는 마지막 장에 이 영화들을 통합하고 새로운 서문도 쓸 예정이었다. 게다가 개정 증보판 검토를 거절한 로베르 라퐁 출판사에 불만을 느끼고, 트뤼포는 1981년 3월에 판권을 회수한 상태였다. 트뤼포는 갈리마르, 플라마리옹, 다니엘 필리파치 등의 출판사와 접촉해 개정판 출간을 시도했지만 그들은 흥미를 보이지 않았다. 몇 차례의 실패 후에, 트뤼포는 고몽 영화사에 근무하던 르네 보넬의 조언을 받아들였다. 고몽은 최근 랑세 출판사를 사들인 상태였는데, 트뤼포는 바캉스를 떠나기 직전인 1983년 6월 30일 랑세 출판사와 계약을 마쳤다.

트뤼포는 노르망디에 이 증보판 작업을 위한 자료들을 가지고 갔다. "나는 히치콕의 마지막 세 작품을 '포함'하고, 그의 생애 마지막 3년을 기술하기 위해 제16장을 썼습니다. 내게는 이 증보판이 결정판이므로, 외국 출판사들 역시 재판을 펴낼 시점에서는 이것을 사용해 주셨으면 합니다." 8월 4일 트뤼포는 변함없이 충직한 친구이자 일본 통신원이기도 한 야마다 고이치에게 이렇게 편지를 썼다. 히치콕의 건강이 좋지 않을 때 만든 마지막 작품들에 관한 글을 쓰는 일은 트뤼포에게 특히 고통스러웠다. 〈히치콕〉의 '결정판'은 1983년 11월에 출간되어 성공적인 판매고를 기록했다.

예정에 따라 프랑수아 트뤼포는 〈신나는 일요일!〉의 개봉을 위해 1983년 8월 초 파리에서 며칠을 보냈다. 이 영화는 트뤼포가 참석한 가운데 시네마테크에서 특별 시사회를 가져, 시네필 관객의 호평을 받았다. 이것은 이 영화를 그다지 신뢰하지 않았던 트뤼포에게 큰 위안을 주었다. 8월 10일 저녁 트뤼포는 프랑스에서 휴가를 마친 로라와 함께 케플러 가에 있는 제라르 르보비시의 사무실로 왔다. 로라는 그날 저녁을 이렇게 회상한다. "각 개봉관에서 흥행 결과가 도착했고, 모두 상당히 만족스러워했다. 흥행 성적이 좋았으며, 같은 날 개봉된 〈슈퍼맨 2Superman II〉와 당당히 경쟁하고 있었기 때문이다." 트뤼포는 안도감과 기쁨에 싸였고, 르보비시는 샴페인을 터뜨리는 등 즐거운 분위기였다. 몇 시간 뒤 로라와 아버지는 헤어졌다. 로라는 대학교에서 연구를 계속하기 위해 버클리로 돌아갔고, 트뤼포는 파니 아르당과 차분히 여름휴가를 마무리하기 위해 옹플뢰르로 향했다.

다음 날 트뤼포는 검은색 컨버터블 골프 자동차를 운전해 바주이에 있는 클로-생-니콜라로 돌아갔다. 8월 12일 오전에 제라르 드파르디외가 딸 쥘리를 데리고 잠시 노르망디에 들렀다. 쥘리는 파니 아르당의 딸 뤼미르와 동갑내기였다. 트뤼포와 드파르디외는 〈가죽 코〉, 〈00-14〉 등의 프로젝트에 관해 의견을 나누었다. 같은 날 트뤼포는 오후 늦게까지 클로드 드 지브레와 함께 일을 했다. 저녁 식사 도중 트뤼포는 실신을 했고, 드 지브레의 회상에 의하면, "그의 머릿속에서 폭죽이 터지는 느낌이었다." 그날 밤 그는 경미한 각혈을 했다. 다음 날 옹플뢰르의 의사는 급성 부비강염으로 진단을 내렸고, 주변 사람들은 트뤼포가 파리에서 옹플뢰르까지 머리를 바람에 노출한 채 운전해 왔다는 사실을 지적했다. 이후 3일 동안 트뤼포는 동료들과의 담화, 독서, 휴식 속에서 지냈지만 두통은 멈추지 않았다. 그 무렵 알랭 레네가 다음 작품 〈죽음에 이르는 사랑L'Amour à mort〉의 출연 교섭 문제로 파니 아르당을 만나기 위해 플로랑스 말로와 함께 옹플뢰르에 잠깐 들렀다. 플로랑스 말로의 기억에 따르면 트루빌로 오는 열차 안에서 레네는 그녀에게 이렇게 말했다. "프랑수아는 정말 부족한 것 없는 행복한 사람이야……." 역에는 파니 아르당이 혼자 마중 나와 있었다. "프랑수아는 아주 심한 두통에 시달리고 있어요. 그렇지만 두 분을 기다리고 있어요." 네 사람은 함께 점심 식사를 했지만, 플로랑스 말로는 "프랑수아의 건강 상태가 나빴으며" 아름다운 저택에서 곧 태어날 아기와 함께 평화로움으로 가득했을 이날을 어두운 그림자가 가리고 있었다고 회상한다.

심한 두통이 계속되자 트뤼포는 8월 16일 오전 옹플뢰르 의료 센터로 갔다. 의사는 강력한 "안성眼性 편두통" 치료를 해서 트뤼포를 안심시켰다. 일주일 뒤 트뤼포는 도빌의 안과 의사인 카미유 말로를 찾았다. 안저 검사 후에 깜짝 놀란 말로는 "병인을 확실히 알기 위한 보충 검사가 필요함"이라는 의견과 함께, 트뤼포를 즉시 캉 시의 지역의료센터 로젠봄 교수에게 보냈다. 다음 날 아침, 로젠봄 박사는 CT 스캔 검사를 통해 오른쪽 측두골에서 반영구적 혈종의 징후인 '방울 모양의 반점들'을 발견했다. 그에게는 뇌출혈과 심한 동맥류 파열, 뇌종양의 위험이 있었다.

파니 아르당이 옹플뢰르 저택에서 바삐 휴가를 마무리하는 동안, 프랑수아 트뤼포는 급히 앰뷸런스에 실려 파리로 이송되었다. 본인의 희망에 따라 트뤼포는 뇌이에 위치한 아메리칸 병원에서 국제적 명성을 지닌 신경외과 전문의 베르나르 페르튀제 교수의 검사를 받았다. 마취 상태의 트뤼포에게 동맥조영 검사가 실시되었다. 그리고 일주일간 입원해 있으면서 친지들의 방문을 받았다. 9월 3일 두 번째 CT 스캔 검사를 마친 뒤 트뤼포는 퇴원 허락을 받았다. 당시 매일 기록하던 일지에 그는 이 퇴원을 '출옥'이라고 표현했다. 트뤼포는 주말을 세르비아-피에르-1세 거리에 있는 집에서 가족과 함께 보냈다. 월요일에 트뤼포는 다시 아메리칸 병원의 핵의학과 플랑숑 교수에게, 초정밀 뇌 관찰을 가능하게 해주는 "감마선 카메라 진단법에 의한 다이내믹 검사"를 받았다. 플랑숑의 기록에 의하면 이 검사는 "동맥류가 숨겨져 있을 가능성은 배제"했지만, "우측 두부의 확산성 고착 말기", 달리 말하면 뇌종양의 존재는 확인했다. 페르튀제 교수는 긴급 수술을 결정했다. 아메리칸 병원의 의사들은 프랑수아 트뤼포를 안심시키는 말만을 했다. 트뤼포의 편지로 판단해 보면, 이것은 "선천성 동맥류 때문에 뇌출혈이 일어난 것"이며 "이 동맥류는 두개골 절개에 의해 작아질 것"이다. 어떤 순간에도 트뤼포의 앞에서 '종양'이라는 단어는 발설되지 않았다. 그러나 페르튀제 교수는 마들렌 모르겐슈테른에게 트뤼포의 우측 뇌 앞부분에 악성 종양인 신경교종이 있고, 8월 12일 밤 그가 각혈하고 실신한 것도 이것 때문이며, 치료가 불가능한 상태임을 확인해 주었다. 프랑수아 트뤼포는 앞으로 몇 개월밖에 살 수 없으며, 오래 버틴다 해도 1년을 넘기기 힘들다는 것이다.

수술하기 전에 트뤼포는 곧 출생할 아기에게 공식 친자 승인을 하고자 했으나, 프랑스의 법률로는 출생 전 친자 승인은 허용되지 않았다. 그러자 트뤼포는 결혼을 생각했지만, 시간이 없었다. 수술은 9월 12일로 예정되었고, 트뤼포는 10일에 병원에 들어가야 했다. 입원 전날 밤 자신의 아파트에서 트뤼포는 디도 르누아르, 레슬리 캐런, 일본의 야마다 고이치, 독일의 로베르트 피셔, 미국의 리처드 라우드와 아네트 인스도르프 등 해외의 친구들에게 여러 통의 편지를 작성했다. 대체로 장난기 섞인 즐거운 표현으로 채워진 편지였지만, 그 경쾌한 초연함 뒤에는 은밀한 불안감이 드러나 있었다. 자신의 "오랜 친구 리처드" 라우드에게 트뤼포는 "두개골 절개를 위해 아메리칸 병원에 들어간다"고 전하면서, 뉴욕영화제를 이끌어가는 그에게 "거의 매년 나는 수혜자였고, 자네는 오케스트라 지휘자였던 이 축제에 대한 감사의 말을" 꼭 전하고 싶다고 썼다. 아네트 인스도르프에게 트뤼포는 자신이 "뇌 동맥류 수술을 받아야 한다"고 고백했다. 그는 "영화 평론은 공인된 의학보다 20년은 앞서갔습니다. 왜냐하면 나의 두 번째 영화 〈피아니스트를 쏴라〉가 개봉되자마자, 평론계는 뇌가 정상적으로 작동되는 사람이라면 결코 이 영화를 만들지 못했을 것이라고 단언했으니까요"라고 덧붙였다. 로베르트 피셔에게 트뤼포는 "혈관 사고에 의한 수술"을 받게 된다고 알렸다. 마지막으로 친구 야마다에게는 자신이 "아주 좋은 상태이지만, 만일을 대비해 당신에게 감사의 말과 나의 우정을, 그리고 언제나 당신이 나의 대리인-통역자-친구-분신, 한마디로 나의 일본인 형제가 되어 줄 것을 욕망했던 나의 마음을 전하고 싶습니다. 상태가 좋아진다면, 10월에 당신에게 다시 편지를 쓸 수 있겠지만, 그 시점에서 나는 파니 아르당이 낳을 아기의 아버지가 되어 있을 것입니다. 나의 소중한 야마다, 그럼 안녕히. 곧 다시 만나길, 그럼요, 곧 다시 만나길 진심으로 희망하며, 당신에게 나의 마음을 보냅니다"라고 썼다. 트뤼포는 각각의 편지 끝에 "곧 다시 만나길 희망하며"라는 인사말을 썼다. 이 문구는 그의 스타일과 전혀 다른 것이었다. 평소에 트뤼포는 좀더 경쾌하고 덜 비관적인 문구들을 썼다.

9월 12일, 세 시간에 걸친 수술은 무사히 끝났다. 트뤼포의 병실에는 쾌유를 비는 수많은 서신이 놓여 있었다. 프랑수아 미테

928

랑 대통령을 비롯해 디도 르누아르, 릴리안 기시, 로베르 브레송 등으로부터 온 메시지였다. 이자벨 아자니는 이렇게 써 보냈다. "감독님께서는 제가 감독님을 전혀 생각하지 않는다고 여길 것으로 생각합니다. 그리고 저는 감독님께서 저를 조금도 생각하지 않았다고는 생각하지 않습니다. 그래서 감히 저의 생각을 감독님께 전할 수 없습니다. 다만 한 가지 드릴 말씀은, 최근 며칠 동안 저는 감독님을 많이 생각했다는 사실입니다. 감독님께서 빨리 좋아지시기를 진심으로 기원하고 있습니다." 열흘 뒤인 9월 22일 트뤼포는 집으로 돌아왔다. 24일 『프랑스 수아르』지의 주간 증보판에 파파라치가 찍은 사진이 '특종'으로 실렸다. 삭발한 트뤼포가 지치고 허약한 모습으로, 마들렌 모르겐슈테른과 집사 아메드의 부축을 받으면서 병원을 나서는 장면이 담긴 사진이었다. 그로부터 채 일주일이 지나지 않은 9월 28일 파니 아르당은 딸을 출산했다. 프랑수아 트뤼포의 이 세 번째 딸에게는 조제핀이라는 이름이 붙었다.

침묵을 응시하다

수술 후에 프랑수아 트뤼포는 다시 집에 머물렀다. 매우 쇠약한 상태였지만, 그럼에도 트뤼포는 다소 모호한 표현을 통해서나마 꽤 빨리 회복할 것이라는 확언을 받았다. 퇴원일인 9월 22일 페르튀제 박사의 첫 편지가 이를 잘 보여 준다. "의학에서 예측이란 불확실하다는 것을 잊지 마십시오. 어서 훌륭한 영화를 만들어 주십시오." 위중한 병 상태는 여전히 트뤼포의 앞에서는 거론되지 않았다.

1980년대의 프랑스 사회에서 암의 진행과 영향에 관한 연구는 아직 완전하지 못했고, 암이라는 단어 자체도 여전히 금기시되고 있었으며, 사망자 부고란에서는 흔히 "장기적 질환 끝에 사망"이라는 상투적 문구가 사용되었다. 트뤼포 자신도 진실을 알고 싶어 하지 않는 것 같았다. 또한 가장 가까운 지인 사이에서도, 파니 아르당을 비롯한 대부분은 그의 병의 심각성을 알지 못하고 있었다. 이 같은 종류의 종양은 방사선 요법에 의해 환자의 생명을 연장할 수는 있지만, 증상의 회복은 가능하지 않았다. 그렇지만 수술에서 무사히 회복된 트뤼포는 고통은 덜 느꼈다. 그의 종양은 전두엽에 생긴 것이었으므로 언어 능력이나 기억력에는 영향을 주지 않았다. 다만 정신을 집중하는 일에는 큰 노력이 필요하므로 쉽게 피곤해졌다. 딸들과 친구들과 농담을 즐길 때는 훨씬 편안해 보였다. 기분이 울적해지는 것은 홀로 남을 때뿐이었다.

11월경 마들렌은 트뤼포에 관한 비밀을 주위 사람들과 나누기로 결심했다. 먼저 그녀는 마르셀 베르베르에게 의사의 진단을 털어놓았고, 로라와 에바에게도 비밀을 알렸다. 몇 주일이 지난 1984년 1월 마들렌은 퓌토에 있는 뤼세트와 클로드 드 지브레 부부의 집의 만찬에 초대받았다. 며칠 전 드 지브레는 여배우 니콜 쿠르셀을 주인공으로 하는 텔레비전 영화의 연출을 의뢰받은 상태였지만, 트뤼포와 약속한 시나리오 작업 때문에 답변을 주지 못하고 있었다. 마들렌은 드 지브레를 한쪽으로 데리고 가서 진실을 말했다. "클로드, 그 작업을 거절하면 안 돼요. 프랑수아는 암으로 죽게 될 거예요."

카로스의 직원들은 병을 앓는 프랑수아 트뤼포의 주위에서 그를 보살폈고, 여러 억측과 소문들로부터 그를 보호했다. 직원들은 외부에는 일절 알리지 말라는 요청을 받았다. 조지안 쿠에델은 로베르-에티엔 가 사무실로 계속 걸려 오는 트뤼포의 건강 문의 전화에 "프랑수아는 동맥류 파열로 수술을 받았고, 결과가 대단히 양호하기 때문에 지금 회복 중"이라는 똑같은 답변을 했다. 카로스의 식구들은 그 어느 때보다 결속을 다지며, 트뤼포의 보호자로서 자신들의 역할을 수행해 갔다. 고통이 없었던 것은 아니었다. 트뤼포의 사망 직후 조지안 쿠에델은 이렇게 말했다. "프랑수아, 저의 유일한 회한은, 저를 너무나도 짜증스럽게 할 때마다 '당신이 받은 오스카상으로 당신을 때려눕힐 거예요!'라고 제가 오랫동안 해오던 그 협박을 실천에 옮길 용기도 내지 못하고, 지난 1년 동안 당신이 천천히 고통 속에 빠져 들어가는 것을 지켜보는 일이었습니다."

"파니는 아직 진실을 알지 못했고, 장 피에르 레오, 헬렌 스코트 역시 마찬가지였다. 프랑수아 자신이 모르고 있었기 때문이다!" 클로드 드 지브레의 말이다. 아주 가까운 사람들 가운데서도 쉬잔 시프만, 오렐, 그뤼오, 장 루이 리샤르, 자닌 바쟁 등이 트뤼포의 상태 변화를 정기적으로 물어왔다. 몇몇은 진실을 알고 있었지만, 대부분은 모르고 있었다.

그러는 동안 프랑수아 트뤼포는 용의주도함을 보이면서, 조르주 키에주망의 권유에 따라 공증인을 만나 모든 가능성을 상정하기로 했다. 그때부터 매일 오전 11시경에, 1982년 말 이후 은퇴 상태에 있던 마르셀 베르베르가 세르비아-피에르-1세 거리에 있는 트뤼포의 집에 들러 환자의 의향과 계획 등을 노트에 받아 적었다. 트뤼포는 1983년 크리스마스까지 이 첫 유언장 작성 작업에 바쁜 시간을 보냈다. 마들렌에 따르면, "프랑수아의 지시를 정확하게 기록하는 서류였던 만큼, 모든 것은 명료해야 했다." 유언장 속에서 프랑수아 트뤼포는 카로스 영화사의 전면적 제작 활동 중단을 요구했고, 자기 작품의 배급 업무는 마들렌 모르겐슈테른에게 위탁했다.

12월이 되자 트뤼포는 너무도 쇠약해져 활동을 할 수 없었다. "현재의 저의 상태로는, 야간열차에서 내리자마자 눈 속에 녹아 들어 사라져 버릴 수도 있습니다. '앨프레에에드' 하고 스승의 이름을 불러 볼 틈도 없이 말입니다." 12월 16일 트뤼포는 히치콕 추도 프로그램에 자신을 초대한 아보리아즈영화제 위원장에게 그렇게 답장을 써 보냈다. 건강의 예후는 이제 관망 상태로 들어갔다. "주위에서 모두 내게 회복기가 3년이며, 그 가운데 첫해만은 옴짝달싹 못하는 상태라고 합니다." 트뤼포는 런던에 있는 영국영화연구소에서 있을 〈신나는 일요일!〉 시사회 참석과 히치콕 서적 홍보 활동 등의 예정을 모두 취소했다. 앞으로 당분간 영화를 만들 수 없음을 깨달은 그는 1983년 봄부터 품었던 〈두 영국 여인과 대륙〉의 완전판 복원 작업을 하고자 했다. 이 임무를 위임받은 편집 담당자 마르틴 바라케는 1971년 개봉 때 잘린 장면들을 모두 복원했다. 132분으로 완성된 복원판은 이제 다시 일반 개봉을 준비했고, 따라서 〈두 영국 여인〉(이번에는 제목에서 '대륙'은 빠졌다)은 그의 1984년 작품이 될 것이다.

프랑수아 트뤼포는 조금씩 활동을 재개했다. 마들렌이 용기를 북돋워 주었고, 클로드 드 지브레, 제라르 드파르디외, 장 루이 리비, 세르주 루소 등 가까운 동료들도 모두 일을 권유했다. 〈사랑스러운 도둑〉의 각본은 아직 완성되지 않았지만, 트뤼포는 현재 상태만으로도 만족스러운 소재이므로 언제라도 촬영이 가능할 것으로 생각했다. 그리고 주인공 역의 젊은 여배우를 찾도록 세르주 루소에게 요청하기도 했다. 트뤼포는 1985년 중에 자신이 회복되자마자 촬영 준비를 마치기를 원했다. 한편 그는 작업의 집중도는 지난여름 옹플뢰르에서만큼은 아니었지만, 클로드 드 지브레와 〈가죽 코〉의 각본 작업을 재개했다. 제라르 드파르디외는 1983년 9월에 아메리칸 병원으로 종종 트뤼포를 찾아와, 최선을 다해 용기를 북돋워 주었다. "나는 프랑수아에게 '가죽 코는 얼굴에 구멍이 있고, 감독님은 머리에 구멍이 있으니, 아주 잘 어울릴 겁니다'라고 말해 주었다." 드파르디외는 파리에서 멀리 떨어진 모리타니 사막에서 알랭 코르노 감독의 영화 〈사강의 요새 Fort Saganne〉를 촬영 중이었지만 — 트뤼포는 그에게 "자네는 장 가뱅이 〈사랑의 입 Gueule d'amour〉에서 그랬듯이 군인 역할을 맡아야만 할 것이네"라면서 이 배역을 적극 권유했다 — 계속 〈가죽 코〉 생각을 했다. 드파르디외는 프랑수아 트뤼포에게 자신의 심정을 전하기 위해 아주 독특한 방식을 고안해 냈다. 모리타니로 찾아온 장 루이 리비에게 부탁해, 촬영에 대한 자신의 감상을 녹음한 카세트테이프를 트뤼포에게 전달한 것이다. 드파르디외는 〈가죽 코〉를 거론하면서 트뤼포에게 이렇게 말했다. "프랑수아, 당신의 지지에 감사드리고, 이 사랑의 귀족에 도전하게 해준 것에 감사드립니다. 그의 역할을 어서 하고 싶습니다. 이곳에서 생각해 보니, 정말로 감동적이며 대단히 강력하고 간결하며 재미있고 품격 있는 작품이 될 것이란 느낌이 듭니다. 미안해요, 파니. 내가 말솜씨가 그리 뛰어나지 않은 것은 잘 알고 있지 않소. 현재로서는 나는 당신들 두 명을 생각하고 싶어요. 지금은 세 명이지만 말이지요. 우리 생각은 나중에 하고 싶어요. 당신들을 사랑합니다. 당신들 덕분에 행복한 기분입니다."

퇴원한 뒤 몇 주일 동안, 트뤼포에게 가장 간단한 일은 파니 아르당과 파시의 넓은 아파트로 이사하는 일을 포기하고 자택에 머무는 일이었다. 파니는 매일 트뤼포를 방문하여 어린 딸을 만나게 해주었다. 그러나 이 해에 아르당은 일이 많았다. 조제핀을 낳고 두 달 뒤에 그녀는 갑작스럽게 스트린드베리의 연극 〈줄리 아가씨〉에 이자벨 아자니를 대신해서 닐스 아레스트룹의 상대역으로 출연했다. 몇 차례에 걸친 방사선 치료에서 오는 피로에도 불구하고, 트뤼포는 자신의 반려자가 올린 개가에 긍지와 행복을 느끼면서 연극을 관람했다. 이어서 1984년 2월에 파니 아르당은 알랭 레네의 영화 〈죽음에 이르는 사랑〉에 출연했다. 이 영화는 세벤 지방의 위제스에서 촬영이 진행되었다. 그러고는 나딘 트랭티냥의 영화 〈이번 여름L'Été prochain〉이 예정되어 있었다.

마들렌 모르겐슈테른은 매일 세르비아-피에르-1세 거리로 프랑수아 트뤼포를 찾아와 실질적인 일들을 모두 도와주었다. 노을이 지는 때가 가장 견디기 힘든 시간이었다. 이 시간이 되면 깊은 불안이 트뤼포를 사로잡았다. 마들렌은 습관처럼 저녁 식사 시간까지 함께 머물렀다. "나는 그가 노을이 지는 순간을 넘기도록 도와주면서 그곳에 있었다." 텔레비전 시청을 마친 뒤에 트뤼포는 밤 9시경 잠자리에 들었다. 잠은 그에게 피로와 불안을 피할 수 있는 도주와 은신의 장소를 마련해 주었다. 두 딸 로라와 에바 역시 곁에 있었다. 로라는 1983년 크리스마스를 가족과 함께 보내기 위해 버클리에서 돌아왔다. 병에 걸린 아버지를 처음 본 순간에 대한 그녀의 기억은 지금도 고통으로 가득하다. "이전과 똑같은 사람이 아니었다. 체구도 더 작았고, 거의 백발로 변해 버렸다. 완전히 다른 모습이었다." 로라는 아버지 곁에 가능한 한 오래 있기 위해 파리에서 한 달 가까이 머무를 수 있도록 스케줄을 조절했다. "이때 나는 말하자면 자기중심적 삶을 살았던 셈이다. 아버지는 병 때문에 빈 시간이 많았고, 따라서 그곳에 있어 주셨다. 우리는 몇 차례나 긴 대화를 나누었다. 아버지는 거의 나의 인질과도 같았다."

그래도 인생이란……

1984년 초, 트뤼포는 기력을 되찾은 듯이 보였다. 1월 말에 그는 파니 아르당과 생-폴-드-방스의 콜롱브 도르 호텔에 며칠 동안 머물렀다. 트뤼포는 체중이 늘고 안색이 좋아졌으며, 운전까지도 할 수 있었다. 그는 파니와 함께 영화나 연극을 보러 가기도 했는데, 펠리니의 〈돛단배E la nave va〉, 제라르 모르디야의 〈사회주의 공화국 만세Vive la sociale〉, 우디 앨런의 〈젤리그Zelig〉를 특히 즐겁게 보았다. 화창한 앞날을 기대하면서 트뤼포는 희망에 부풀어 컨버터블형 메르세데스 벤츠를 주문했다. 마치 파리에 떠돌고 있는 소문을 쫓아 버리기라도 하려는 것 같았다.

히치콕의 영화 다섯 편이 파리에서 재개봉되고 그와의 인터뷰 서적 개정판이 출간되는 것에 맞추어, 트뤼포는 RTL 방송국의 〈돌발 소식〉 프로그램에 초청되어, 1984년 2월 12일 필립 라브로와 긴 인터뷰를 했다. 라브로는 이렇게 말했다. "나는 출연을 끈질기게 간청했고, 프랑수아는 자신이 방송에 나올 수 있다는 사실을 증명하려는 듯했다." 오랜 시간 히치콕에 관한 이야기를 한 뒤에, 트뤼포는 자신의 건강 상태에 관해 전하면서 방송을 마무리했다. 프로그램의 종료 직전에 있었던 라브로와 트뤼포 사이의 대화에서 잘 보이듯, 여전히 '공식적' 보고는 의학상의 진실과는 매우 거리가 먼 것이었다.

— 좀 편찮으셨던 것 같습니다. 긴 시간 뒤에 선생님께서 공개적으로 처음 말씀하시는 자리인 듯합니다.
— 뇌 수술을 받았기 때문에 실제로 많이 아팠습니다. 그러나 영화 평론가들 생각을 하면서 기운을 냈습니다. 아시겠지만 영화를 직업으로 가지고 있다 보면, 흔히 영화 평론가들을 비난하게 됩니

다. 무슨 생각을 했냐 하면, 정식 의학계보다 20년이나 먼저 평론가들은, 저의 두 번째 영화 〈피아니스트를 쏴라〉가 개봉되었을 때…… 스무 해 전의 일이죠, 그때 몇몇 평론가는 제 머리가 정상적으로 작동되는가 하는 의문을 품었습니다. 이제 뇌수술을 받았으니, 아마도 저는 좀 더 그들의 마음에 드는 영화를 만들 수 있을 것입니다.

― RTL의 시청자들은 모두 선생님께 애정을 가지고, 뇌 기능에 대해서도 오래전부터 걱정하지 않고 있습니다. 어서 촬영 현장으로 복귀하시기를 희망하고 있습니다.

트뤼포는 다시 카로스 사무실에 자주 들러 동료들에게 편지를 쓰고, 다시 시가를 피웠다. 그는 1984년 2월 릴리안 시에젤에게 이렇게 편지를 썼다. "저세상으로 갈 뻔했습니다. 뇌출혈을 일으킨 것입니다. 나는 동일한 경험을 가진 몇몇 사람에게 물어보았습니다. 첫해에는 견디기 힘들어서, 너무도 고통스러워서 거기에서 절대로 빠져나오지 못할 것이라는 생각을 합니다. 두 번째 해에는 업무에 복귀하고 원기를 회복합니다. 세 번째 해에는 (거의) 궁지에서 벗어납니다. 그래서 나는 참고 기다리며 신중한 마음을 갖습니다. 거의 매일 밤 9시면 잠자리에 들고, 엄청나게 긴 잠을 잡니다. 낮잠도 잡니다. 일은 반나절이 아니라, 반의 반나절밖에 하지 않습니다. 나의 축소된 삶이랄까요, 이것이 현재 내가 영위해 가는 삶입니다." 프랑수아 트뤼포는 이렇게 자신의 회복을 계속 믿었다. 그의 일본 친구인 야마다 고이치도 1969년에 동맥류 파열로 뇌 수술을 받고 회복되지 않았던가? 이 경험은 그들 사이에 놓인 물리적 거리에도 불구하고, 두 사람 사이의 연대감을 더욱 강하게 해 주었다. 이제부터는 우정뿐만 아니라 미신적 믿음에 따라 트뤼포는 자신의 '일본인 분신'에게 해마다 항공권을 보내기로 결심했다. 1983년 6월에 파리를 방문한 지 3개월 뒤에, 자신이 세상에서 가장 숭앙하는 사람의 뇌 수술 소식을 듣고 야마다는 트뤼포에게 편지를 썼다. "수술을 받고 난 이후에 당신은 틀림없이 감동으로 가득 찬 세상을 느낄 것이라고 나는 생각합니다. 나의 우정으로 당신의 마음을 편하게 해드릴 수 있을 것입니다. 왜냐하면 우리는 이 같은 종류의 시련에서 형제이기 때문입니다. 아마 당신도 기억하겠지만, 14년 전에 저는 당신과 똑같은 수술을 받았습니다. 그리고 나에게 육체적으로나 정신적으로나 그 아무런 흔적도 남아 있지 않다는 것을 당신도 인정할 겁니다!" 두 사람이 파리에서 마지막으로 만난 것은 1984년 6월 20일에서 27일까지 세르비아-피에르-1세 거리에 있는 트뤼포의 아파트에서였다. 야마다는 도쿄로 돌아온 뒤 이렇게 편지를 썼다. "완전히 건강한 모습은 아니지만 최소한 나아지고 있는 당신의 모습을 보게 된 것은 믿을 수 없을 만큼 감격스러운 일이었습니다. 당신은 상당히 지친 모습을 하고 있었지만, 나의 개인적 체험을 통해 확신하건대, 이것은 일시적 상태에 지나지 않습니다. 단 한 가지 중요한 일은 가능한 한 인내심을 갖는 것이라고 말할 수 있습니다."

트뤼포는 이 같은 자신감을 공적으로 보여 주고 싶어 했다. 이를테면 1984년 3월 4일 트뤼포는 친구인 클로드 베리의 권유를 받아들여 앙피르 극장에서 열린 세자르상 시상식에 참석하기로 했다. 클로드 베리의 영화 〈차오 팡탱Tchao Pantin〉은 이번 시상식의 몇몇 부문에서 강력한 수상 후보작이었다. 시상식장에서 트뤼포는 〈신나는 일요일!〉로 세자르 최우수 여우주연상 후보에 오른 파니 아르당 옆에 앉아 있었다. 그리고 〈사랑 이야기A nos amours〉의 모리스 피알라에게 최우수 작품상 세자르 트로피를 건네주었다. 서로 오랫동안 알고 지내 온 두 사람은 포옹을 했고, 그것은 진정 감동으로 가득한 순간이었다. 이날 저녁 내내 트뤼포는 웃음을 보였고, 따라서 많은 사람은 그가 잘 회복되고 있는 것으로 생각했다. 이어서 트뤼포는 파니 아르당, 이자벨 아자니와 함께 푸케 식당에서 저녁 식사를 했다. 다음 날 아자니는 따뜻한 편지를 보냈다. "감독님을 뵙게 되어 정말로 감격스러웠습니다. 감독님은 피곤함과 행복감을 동시에 지닌 모습이셨습니다. 깊이 앓았던 사람에게 인생이란 정말로 훌륭한 것이겠지요. 어젯밤 감독님의 눈빛은 정말 다정한 것이었습니다. 감독님을 사랑합니다. 그리고 언제나 영원히 감독님을 존경합니다."

세자르상 시상식 다음 날, 언론들은 프랑수아 트뤼포의 복귀 발표를 해도 지장 없을 것이라고 판단했다. 『프랑스 수아르』지는 "트뤼포 적극적 활동 재개"라는 제목의 기사를 실었으며, 『프르미에르』 잡지는 "트뤼포 연출 재개: 전후 어린 소녀의 모험을 그린 신작"이라고 한걸음 더 나아갔다. 3월에 트뤼포는 다시 며칠 동안, 이번에는 마들렌과 두 사람의 공통된 친구 세르주 루소, 마리 뒤부아와 함께 콜롱브 도르 호텔에 머물렀다. 1984년 3월 3일

에 샹젤리제의 주차장에서 제라르 르보비시가 살해된 직후의 일
이었다. 각기 이유는 달랐지만 트뤼포와 루소는 모두 르보비시에
게 애정을 지니고 있었다. 트뤼포는 르보비시에게 전적인 신뢰를
품고 있었고, 그의 지성과 교양에 감복했으며, 영화인과 출판인
으로서의 그의 이중 활동에 매료되었다. 르보비시는 영화계 공인
임과 동시에, 기 드보르 등 반체제 활동가의 저작을 출판하는 정
치 참여적인 출판인이었다. 한편 루소는 20여 년 동안 아르메디
아에서 르보비시와 가까운 동료로 지냈다. 3월 13일은 세르주 루
소의 생일이었다. 콜롱브 도르에서 마리 뒤부아는 트뤼포에게 이
렇게 물었다. "세르주의 생일인데 뭐라도 해 주어야죠?" 그러자
프랑수아는 정말로 놀라운 대답을 했다. "그래도 인생은 계속된
다!"는 대답이었다.

4월 중순 트뤼포는 오브 지역의 로미에서, 자신의 이름을 붙인
영화관 개관식에 참석했다. 마르셀 카르네 또한 옆 상영관이 그
자신의 이름으로 헌정되었기 때문에 함께 참석했다. 트뤼포의 곁
에는 마리 뒤부아, 브리지트 포세, 마샤 메릴, 장 피에르 레오, 앙
드레 뒤솔리에가 함께 자리했다. 트뤼포는 그날 밤 베르나르 피
보가 진행하는 문예 전문 프로그램 〈아포스트로프〉의 영화 특집
프로그램에 참석해, 히치콕 서적의 개정판에 관해 이야기를 나누
었다. 트뤼포 외에도 얼마 전 회고록을 펴낸 로만 폴란스키가 참
석했고, 마르첼로 마르스토얀니도 자리를 함께해 친구 펠리니에
관해 이야기를 나누었다. 또한 비스콘티의 시나리오를 썼던 수
소 체키 다미코의 딸도 동석했다. 트뤼포는 피보의 진행에 맞추

어 히치콕과 관련된 많은 뒷이야기를 했다. 물론 히치콕과의 첫 만남의 순간에 있었던 유명한 에피소드, 즉 샤브롤과 자신이『카이에 뒤 시네마』에 게재할 히치콕과의 인터뷰를 위해 주앵빌의 스튜디오에 갔을 때 차가운 물탱크에 빠졌던 일화도 이야기했다. 몇 개월 만에 트뤼포의 모습을 다시 본 사람들 모두에게, 남은 기력을 다해 자신의 생각을 열정적으로 명확히 전달하려 무진한 애를 쓰는 이 남자의 모습은 무한히 감동적인 것이었다.

축소된 생활

트뤼포는 1984년 4월 말 CT 스캔 검사를 받았지만, 결과는 그다지 낙관적이지 못했다. 코르티손 투여량이 증가하게 되면서, 트뤼포는 모든 여행을 금하고 여름 내내 휴식을 취해야 했다. 그러나 트뤼포는 여전히 회복의 가능성을 믿고 있었고, 그래서 〈가죽 코〉 제작에 대한 생각을 포기하지 않았다. 그 증거로 트뤼포는 1984년 5월 25일 시네마테크에서, 장 마레를 주인공으로 1950년대에 이브 알레그레가 감독했던 같은 내용의 영화 상영회를 주선했다. 트뤼포는 이 상영회에 촬영 감독 네스토르 알멘드로스, 제라르 드파르디외, 클로드 드 지브레, 마르셀 베르베르, 원작의 권리 교섭을 위임했던 장 루이 리비 등을 초청했다. 라 바랑드의 소설이 트뤼포의 마음에 들었던 것은, 〈여자들을 사랑한 남자〉와 동일한 테마를 가지고 있으면서도, 이것을 전혀 다른 맥락 속에서 펼치고 있다는 점이었다. 한 병사가 나폴레옹 전쟁에서 완전히 망가진 얼굴로 돌아온다. 그는 엽색가로서 자신의 삶은 끝났다고 생각하지만, 오히려 그의 가죽 코가 숭배의 대상이 되어 모든 여성을 유혹할 수 있게 된다.

상영이 끝나고 시네마테크 층계를 올라가는 순간 드파르디외는 진실을 볼 수 있었다. "프랑수아는 이미 아주 쇠약한 상태였다. 내 기억에 다른 사람들은 모두 가 버리고, 나만 오토바이 헬멧을 쓸 준비를 하면서 남아 있었다. 프랑수아는 계단 맨 밑에서 나를 바라보면서 모자를 머리에 눌러 썼다. 눈까지 가릴 정도로 너무나 깊이 내려 썼는데도 그것을 의식하지 못했다. 그것은 정말로 끔찍한 모습이었다! 거기서 나는 병의 진상을 보았고, 그에게 이제 더 이상 감각이 없다는 것을 알았다. 그래서 나는 '프랑수아, 모자가 삐뚤어졌어요!'라고 말했고, 그는 똑바로 고쳐 썼다. 이것이 사실상 내가 본 그의 마지막 모습이었다. 왜냐하면 나는 집으로 만나러 가고 싶지 않아서 전화만 했기 때문이다."

6월에 프랑수아 트뤼포는 자택 침실에서 조용히 시간을 보냈다. 그는 다가온 여름 동안 할 몇 가지 계획을 세웠다. 무엇보다 파니 아르당과 아기 조제핀을 데리고 브르타뉴에서 보낼 바캉스를 생각했다. 파니 아르당은 클로드 드 지브레에게, 함께 로스코프에 가서 방 얻는 일을 도와 달라고 부탁해 놓았다. 그러나 트뤼포에게는 이제 더 이상 여행할 여력이 없었다. 파니 아르당이 진실을 안 것은 이 시점에서였다. 당시 트뤼포는 이렇게 고백했다. "나는 늘 시간표에 따라 생활해 왔지만, 불확실한 상황에 놓여 더 이상 시간을 관리할 수가 없는 것은 이번이 처음입니다." 수많은 친구가 트뤼포의 울적한 모습에서 충격을 받았다. 장 클로드 브리알리는 이렇게 솔직하게 말했다. "프랑수아는 내게 말했다. '나는 죽음에 대한 생각에 익숙해져 가네'라고. 그리고 난 뒤 그의 눈빛은 슬픔을 머금었다."

이 같은 정신 상태에서도 트뤼포는 시련에 맞서는 의지를 계속 지녔다. 프랑수아 트뤼포에게 맞선다는 것은 마지막까지 자신의 유머 감각을 잃지 않는 것을 의미했다. 장 루이 리샤르는 이렇게 말한다. "마지막으로 그를 만났을 때, 내가 뭔가 도와줄 일이 없겠냐고 물어보았다. 그러자 그는 고통을 느끼면서도, 내게 이렇게 대답했다. '자네의 권총을 빌려주게. 내일 돌려줄 테니'라고. 그러고는 깔깔거리며 웃었다. 옛 시절 둘이서 함께 웃곤 했던 바로 그 모습으로 웃었다."

그렇지만 트뤼포에게는 최후의 기획이 남아 있었다. 마지막 힘을 모아 자신의 생을 이야기하고, 자서전을 쓰는 일이었다. 이미 몇 년 전에 트뤼포는 친구 아네트 인스도르프에게 자신의 의향을 고백했다. "나는 의사들이 내게 연출을 금하는 날에 서류철을 열고, 그날부터 회고록 작성을 시작할 것입니다." 이제 그날이 도래했다. 트뤼포가 가장 오랫동안 사귄 친구들과의 재회에 집착한 것은 어린 시절의 기억을 되살리기 위함이기도 했다. 그는 어릴 적 친구로 가장 오래 사귀어온 로베르 라슈네와 재회했다. 트뤼포는 그에게 편지를 썼다. "우리가 만난 것이 43년이었던가, 44년이었던가? 내 생각엔 내가 11세였던 43년 10월 같은데…… 요즈음 내 생각은 종종 과거로 향한다네. 우리에게 공통된 역사는 유년기와 성장기라는, 결코 잊지 못할 이 시기에 각인되어 있다네. 이 시기와 관련된 모든 일은, 생물학자의 용어로 생각되지만, '화학 기억'의 일부라네. 다시 말해 우리가 얼마간이라도 노망이 든다면, 마치 '루프'로 편집된 영화처럼 끝없이 우리의 눈앞에 풀려가면서 늘 선명하게 되살아날 유일한 기억은 바로 바르베스에서 클리시까지, 아베스에서 노트르-담-드-로레트까지, 델타 시네클럽에서 샹폴리옹까지 펼쳐지는 기억일 것이라네."

트뤼포는 소년 시절부터 체계적으로 수집해 온 수많은 기록과 자료를 순서대로 정리하고자 했다. 그는 어린 시절 속으로 다시 뛰어 들어가 수십 개의 기록철, 서신, 일기를 다시 읽었다. 트뤼포는 이 자서전 기획에 다른 무엇보다 큰 애착을 지녔으며, 특히 그의 인생에서 '결정적 시대'에 집중할 예정이었다. 이를 위해 트뤼포는 출판사와 접촉했다. 1984년 7월 6일 로베르 라퐁 출판사의 샤를 롱사크에게는 이렇게 썼다. "현재의 요양 생활은 종종 내 생각을 어린 시절과 청년기로 향하게 합니다. 1930, 1940, 1950년대 말이죠. 영화의 측면에서 — 그리고 건강의 측면에서 — 내게 어떤 일이 일어날지는 모르지만, 휴대용 타자기의 먼지를 털고 '내 인생의 시나리오Le Scénario de ma vie'라는 제목의 자서전을 쓸 예정입니다. 선생은 6, 7년 전 내게 이러한 제의를 처음 해 주었는데, 이 계획을 어떻게 생각하는지요?" 샤를 롱사크는 이 원고에 흥미가 있음을 재확인했으나, 그 원고는 빛을 보지 못하게 된다.

트뤼포는 집필에 집중할 여력이 없자 다른 해결책을 생각해냈다. 클로드 드 지브레와 함께 테이프에 일련의 인터뷰를 녹음하는 방법이었다. 드 지브레는 얼마 전 출간된 『펠리니가 말하는 펠리니Fellini par Fellini』의 사례를 들어 그 아이디어를 환영했다. 이 대담은 이틀 동안 오후 시간에 진행됐다. 여러 가지 추억을 이야기하느라 밀려드는 피로감 때문에, 회복을 위해 대담은 여러 번 중단되었다. 녹음의 마지막 부분에서 트뤼포는 클로드 드 지브레와 다음과 같은 말을 주고받았다.

> ─ 무단결석한 뒤 학교에 댔던 핑계, '어머니가 돌아가셨어요'라는
> 말을 알퐁스 도데에게서 가져와 〈400번의 구타〉에서 사용했는
> 데, 실제로 이런 말을 자네가 했던 것은 아니지?
> ─ 아냐, 아냐, 그런 말을 했어. 1943년의 일이었지.

트뤼포가 그렇게 대답하고 나서 테이프는 중단되었다. 『내 인생의 시나리오』는 미완성으로 남았다.

작별 의식

1984년 7월 10일 새로운 CT 스캔 검사 결과 종양 전이가 확인되었다. 언론은 "프랑수아 트뤼포 입원"이라고 보도했는데, 이것은 오보였다. 이 오보를 TF1은 7월 16일에 저녁 뉴스를 통해, 유럽 1 라디오 방송은 17일 아침 뉴스를 통해 내보냈다. 카로스 영화사에는 예술가, 배우, 감독, 많은 일반 시청자 등에게서 격려 메시지가 도착했다. 친지와 동료들은 트뤼포에게 직접 편지를 보

냈다. 플로리아나 르보비시는 이렇게 썼다. "언제나 당신을 생각합니다. 남편 제라르가 살아 있었으면 당신에게 했을 말을 써 보냅니다. 투쟁을 포기하지 마세요, 전력을 동원해 싸우세요. 병행할 수 있는 치료법이 많이 있으니, 흘려보내지 마세요. 마지막 순간까지 모든 시도를 다 해야 합니다, 모든 시도를요. 그렇지만, 절대로, 절대로, 정복당하도록 그대로 놓아두지 마세요. 당신에게는 너무나도 강한 생명력이 있으며, 아직 할 일이 너무나도 많습니다."

여름이 시작되면서, 트뤼포 주변의 일상생활에 변화가 찾아왔다. 집사 아메드는 5주 동안 파리를 떠났으며, 파니 아르당은 나딘 트랭티냥 감독의 영화 촬영에 들어갔다. 트뤼포는 홀로 자택에 있을 수 없었기 때문에, 7월 8일 콩세예-콜리뇽 가에 있는 마들렌 모르겐슈테른의 집으로 거처를 옮겼다. 여기서 그는 자크 샤시뇌 주치의의 배려 깊은 방문 치료를 받았다. 샤시뇌의 정신적 지원과 깊은 인간애는 트뤼포에게 절대적인 도움이 되어 주었다. 또한 페르튀제 교수가 부재 중일 때면 트뤼포는, 카트린 드뇌브의 도움으로 아롱 교수와 진찰 예약을 할 수 있었다. 트뤼포의 시력은 심각하게 저하되고 있었다. 프랑스에 머물던 로라는 아버지 곁에서 긴 시간을 함께 보내면서 대화를 나누었다. 마들렌 모르겐슈테른에 따르면 "프랑수아는 잠을 많이 잤다. 그러나 동료들이 방문할 때면, 그는 놀라울 정도의 활력을 되찾아, 웃음을 터뜨리고 경쾌하게 우스갯소리도 했다. 친구들의 방문은 그에게 자극이 되었다." 파니 아르당은 촬영을 마치면 곧장 돌아와 트뤼포와 함께 있었다.

여름 내내 매일 동료들이 그를 찾았다. 디도 르누아르, 장 오렐, 알랭 바니에, 클로드 드 지브레, 쉬잔 시프만, 세르주 루소 그리고 클로드 베리와 밀로슈 포르만도 트뤼포를 방문했다. 밀로슈 포르만은 〈아마데우스Amadeus〉의 개봉을 앞두고 파리에 들른 것이다. 오랫동안 우정을 쌓아 온 세 사람은 포르만의 신작에 관해 대화를 나누었다. 클로드 베리는 트뤼포에게 즐거움을 주고자 〈아마데우스〉의 특별 시사회에 그를 참석시키기 위해 온갖 노력을 다했다. "프랑수아가 이 영화를 너무나 보고 싶어 해서 나는 마들렌에게 이렇게 말했다. '파자마 차림 그대로 오기만 하면 됩니다. 자동차를 안뜰에까지 들어오게 하면, 프랑수아는 몇 걸음만 걸으면 돼요!'라고." 그러나 트뤼포의 체력은 한계에 이른 상태였다.

다음 날 장 피에르 레오가 콩세예-콜리뇽 가의 마들렌의 집에 들렀다. 릴리안 시에젤은 라스파유 대로에서 어찌할 바를 모르고 헤매던 장 피에르 레오와 집 가까이에서 마주친 순간을 이렇게 회상한다. "내가 그에게 '얼굴이 왜 그래?'라고 말을 건네자 그는 이렇게 대답했다. '프랑수아가 죽어 가요! 병세가 너무 악화했고, 죽을 거예요……'라고." "절망감으로 낙담한" 롤랑 트뤼포도 프랑수아를 만나러 왔다. 비록 트뤼포가 롤랑에 대해서 마음속 깊이 진정으로 원망했던 적은 결코 없었음에도, 부자 사이의 대화에서는 다소간 거북함이 느껴졌다. 9월 초에는 잔 모로, 카트린 드뇌브, 클로드 밀레르, 마르셀 오퓔스, 레슬리 캐런이 그를 찾아왔다. 이어서 장 조제 리셰르, 〈두 영국 여인〉의 개봉 일에 전념하고 있던 피에르 으베와 안 프랑수아가 방문했다.

그러나 이 늦여름의 시기에 파리의 오후는 무척 길었다. 트뤼포는 걷기도 어려워졌으며, 종종 두통이 밀려와 그를 침울한 침묵 속에 몰아넣었다. 밖으로 드러내지는 않았지만, 불안은 점점 깊어졌다. 트뤼포는 릴리안 시에젤에게 이렇게 편지를 썼다. "지금은 무기력 상태이며, 점점 심해져 갑니다. 아침 식사를 마치면 심한 피로가 시작되어, 나를 침대나 창가 구석으로 보냅니다. 이 상태를 견뎌 낼 수 있는 것은 오로지 인생의 각 시기에 정신을 집중하는 것뿐입니다. 중요한 날짜들, 내 딸들의 생일, 먼 곳에 사는 친구의 방문, 이러저러한 책의 출판 등의 사항 말입니다. 다음 목표는 이번 가을입니다. 친애하는 릴리안, 이것이 둔감한 나의 뇌 상태입니다." 〈녹색 방〉을 쓰면서 죽은 자를 기리는 의식에 매혹되었던 트뤼포는 자신의 죽음을 준비하고 있었다. 그의 흥미, 사고, 독서의 대부분이 그 방향을 향하고 있었다. 트뤼포는 릴리안 시에젤과 함께 오랫동안 사르트르의 죽음에 관해 이야기했다. 사르트르의 만년을 이야기한 시몬 드 보부아르의 『작별 의식 *La Cérémonie des adieux*』은 트뤼포의 애독서가 되었다. "프랑수아는 사르트르와 보부아르를 읽는 것으로 죽음을 준비하고, 인생의 끝에서 의미를 찾으려 애썼다"라고 클로드 드 지브레는 말한다. 트뤼포는 또한 조지 페인터가 쓴 프루스트의 전기도 읽었다. 당시까지도 계속 출판되던, 프루스트와 슈트라우스 부인 사이에 주고받은 서신 가운데서, 트뤼포는 "살아 있는 자보다 훨씬 많은 죽은 자"라는 구절에 주목했다. 집중이 가능한 몇 시간은 이렇게 독서와 친구·친지들의 방문, 비디오테이프에 녹화된 영화를 보는 일로 보냈다. 채플린, 루비치, 르누아르, 브레송의 〈어느 시골 사제의 일기〉, 베케르의 〈요란한 장식Falbalas〉 등의 영화였다.

여름 동안 프랑수아 트뤼포는 마들렌 모르겐슈테른에게 자신을 몽마르트르 묘지에 묻어 달라고 부탁하고, 앙드레 바쟁의 오랜 시네필 친구였던 예수회의 장 망브리노 신부를 만나고 싶다고 말했다. 그를 만나러 마들렌의 집에 찾아온 망브리노는 트뤼포가 고해를 원하는 것으로 예상했지만, 실제로는 내세에 관한 질문을 했다. 마들렌은 두 남자가 함께 웃는 소리를 들었음을 기억한다. 망브리노가 돌아간 뒤에 프랑수아는 마들렌에게 말했다. "망브리노 신부도 다른 사람들 이상의 일들은 알지 못하네!"

9월 19일에 찾아온 클로드 베리와 로베르 라슈네가 최후의 방문객이었다. "침대에 누운 프랑수아는 사샤 기트리처럼 보였다. 영화를 편집하고 있는, 만년의 어느 사진 속의 기트리 말이다." 라슈네는 그 마지막 날에 관해 이렇게 덧붙였다. "좋았던 옛 시절처럼 우리는 문학에 관해 대화를 나누었다. 죽음의 침대에서도 프랑수아는 똑같았다. 그는 전혀 변함없이 농담과 웃음을 던지고 있었다. 돌아갈 시간이 되자 프랑수아는 일어나 현관까지 나를 배웅해주었다. 층계참에서 나는 이제 다시 그를 볼 수 없으리라는 것을 알았다. 이것이 마지막이 될 것임……. 그리고 40년간 지속된 우정의 시간 동안 처음으로 우리는 껴안았다……."

9월 28일 오후, 상태가 급격히 악화한 트뤼포는 다시 아메리칸 병원으로 이송되었다. 그곳에서 그는 인생의 마지막 3주를 보냈다. 고통스러운 임종이었다. 파니와 마들렌이 침대를 지켰고, 곧 로라와 에바가 자리를 함께했다. 프랑수아 트뤼포는 1984년 10월 21일 일요일 오후 2시 30분에 영면했다.

고인의 희망에 따라 시신은 10월 24일 페르 라셰즈의 화장장을 거쳐 몽마르트르 묘지에 매장되었다. 트뤼포의 가족, 사랑했던 여자들, 친구들, 배우들, 시네필들을 비롯해 수천 명이 반짝이는 가을 햇빛 아래 그의 장례식을 지켜보았다. 프랑수아 트뤼포의 희망대로, 클로드 드 지브레와 세르주 루소가 묘 옆에 서서 고인을 위한 짧은 추도사를 읊었다. 드 지브레는 처음에는 사르트르의 유명한 문장, "자신이 꼭 필요한 인간이라고 느끼는 자는 누구라도 더러운 자다!"라는 문장을 인용할 생각을 했다. 자신의 유명세를 의식한 트뤼포가, 친구들의 눈에 지나치게 젠체하는 인물로 보일 것을 걱정하며 종종 입에 올렸던 문장이다. 그러나 영구차 안에서 드 지브레는 트뤼포가 아주 좋아했던 프랭크 캐프라의 영화 〈멋진 인생 It's a Wonderful Life〉을 생각하면서 종이쪽지에 몇 마디를 휘갈겨 썼다. 이 영화에서 제임스 스튜어트가 연기하는 너그러운 인물은, 자살 상황으로 내몰리지만 클래런스라는 이름의 수호천사에게 구조된다. 수호천사는 그에게 잠시 자신이 존재하지 않았을 경우의 세상으로 돌아가, 자신이 태어나지 않은 상황에서의 가족과 지인들의 인생을 보게 한다. 영화감독의 묘지에 모인 군중 앞에서 드 지브레는 영화에 대한 애정으로 가득한 다음과 같은 추도문을 읊게 된다. "만일 프랑수아가 태어나지 않았다면, 만일 그가 영화감독이 되지 않았다면……."

한 달 후인 1984년 11월 21일 생-로크 성당에서 예술가 소교구의 주임 사제와 망브리노 신부가 미사를 거행했다. 이것은 트뤼포가 희망했던 것으로서, 아마도 마들렌의 아파트에서 망브리노 신부와 마지막으로 만났을 때 대화 속에서 거론되었을 것이다. 트뤼포는 신자는 아니었지만, 성당의 축성 의식에는 반대하지 않았다. 더욱이 트뤼포에게 생-로크 성당은 매년 10월 장 콕토의 유덕을 기리는 기념 미사를 거행한 장소로 각인되어 있었다. 쥘리앵 다벤의 모습을 한 프랑수아 트뤼포가 죽은 자를 위한 종교 의식을 거행하는 〈녹색 방〉의 장면처럼, 이날 수백 개의 촛대가 생-로크 성당의 중앙 홀을 밝히면서 문자 그대로 빛으로 이루어진 숲을 형성하고 있었다.

감사의 말

이 책은 프랑수아 트뤼포의 많은 친구와 지인 그리고 협력자들이 없었으면 결코 쓰일 수 없었을 것이다. 그들은 저자들에게 귀중한 증언이나 의견을 전해 주었고, 개인적인 기록 자료에 접근할 수 있도록 해 주었다. 그 모든 분에게 감사드리며, 그 가운데서도 특히 다음 분들에게 사의를 표한다. 파니 아르당, 장 오렐, 나탈리 바유, 자닌 바쟁, 마르셀 베르베르, 클로드 베리, 재클린 비셋, 샤를 비치, 르네 보넬, 클로딘 부셰, 장 클로드 브리알리, 레슬리 캐런, 자클린 카스파르, 클로드 샤브롤, 돈 콩던, 조지안 쿠에델, 클로드 다비, 제라르 드파르디외, 장 두셰, 릴리안 드레퓌스, 마리 뒤부아, 미셸 페르모, 오데트 페리, 클로드 드 지브레, 장뤽 고다르, 장 그뤼오, 피에르 으베, 아네트 인스도르프, 클로드 자드, 조르주 키에주망, 앙드레 S. 라바르트, 베르트랑 드 라베, 필립 라브로, 로베르 라슈네, 베르나데트 라퐁, 장 루이 리비, 모니크 뤼카(드 몽페랑), 플로랑스 말로, 리디 마이아, 클로드 밀레르, 프랑수아 자비에 몰랭, 잔 모로, 뤼크 물레, 장 나르보니, 마르셀 오퓔스,

마리 프랑스 피지에, 마리 드 퐁슈빌, 제롬 프리외르, 장 루이 리샤르, 장 조제 리셰르, 에릭 로메르, 세르주 루소, 프랑수아 마리 사뮈엘송, 쉬잔 시프만, 릴리안 시에젤, 자크 시클리에, 알렉산드라 스튜어트, 베르트랑 타베르니에, 나딘 트랭티냥, 클로드 베가, 알랭 바니에. 여기에 수집된 여러 증언의 해석에 대한 책임은 당연히 저자들에게 있다.

이 기획에 계속 동참하면서 주의 깊게 읽고 지적해 준 콜린 포르 푸아레, 피에르 길랭, 파트리시아 게도, 엘렌 캥캥에게 감사드리며, 이자벨 갈리마르, 에마뉘엘 베른하임, 카롤 르 베르, 실비 드 베크, 마르크 그린스타인, 마뉘엘 카르카손, 로랑스 지아바리니에게도 감사드린다.

미셸 파스칼에게도 감사를 드린다. 1992년에 〈프랑수아 트뤼포: 도난당한 초상François Truffaut, Portraits volés〉을 함께 찍은 덕분에, 프랑수아 트뤼포의 생애와 작품에 관련된 대단히 많은 사항을 접할 수 있었다.

마지막으로, 마들렌 모르겐슈테른, 로라 트뤼포, 에바 트뤼포의 허락하에 우리는 카로스 영화사의 기록 자료를 자유롭게 열람할 수 있었다. 그들은 또한 의견과 조언, 기억과 우정으로써 수없이 많은 도움을 우리에게 주었다. 우리는 이 같은 신뢰에 크게 감동했으며, 그들에게 깊은 감사를 드린다. 그들이 없었다면, 이 책은 존재하지 못했을 것이다. 카로스 영화사의 모니크 홀베크는 우리에게 귀중한 도움을 주었고, 항상 커다란 친절과 인내심을 보여 주었다.

필모그래피

방문Une Visite(16mm, 독립 제작, 1954)
각본 프랑수아 트뤼포
촬영 자크 리베트
편집 알랭 레네, 프랑수아 트뤼포
출연 플로랑스 도니올-발크로즈, 장 조제 리셰르, 로라 모리, 프랑시스 코냐니

개구쟁이들Les Mistons(카로스 영화사, 1957)
프로듀서 로베르 라슈네
조감독 클로드 드 지브레, 알랭 자넬
각본 프랑수아 트뤼포. 모리스 퐁스의 『순결한 사람들Virginales』에 수록된 단편을 각색
촬영 장 말리주(1.33)
음악 모리스 르 루
편집 세실 드퀴지스
해설 미셸 프랑수아
출연 제라르 블랭(에티엔), 베르나데트 라퐁(이베트) 그리고 '개구쟁이들'
상영 시간 26분(후에 프랑수아 자신이 17분으로 축소)
첫 상영 1958년 11월 6일, 파리

물의 이야기Une Histoire d'eau(플레야드 영화사, 1958)
프로듀서 피에르 브롱베르제
공동 연출 장뤽 고다르
제작 진행 로제 플레투

각본 장뤽 고다르
촬영 미셸 라투슈(16mm)
음향 자크 모몽
편집 장뤽 고다르
출연 장 클로드 브리알리(그), 카롤린 딤(그녀)
상영 시간 18분
첫 상영 1961년 3월 3일, 파리

400번의 구타 Les Quatre cents coups(카로스 영화사/SEDIF, 1959)
프로듀서 조르주 샤를로
조연출 필립 드 브로카
원안 프랑수아 트뤼포
각색 프랑수아 트뤼포, 마르셀 무시
촬영 앙리 드카(디알리스코프)
촬영 보조 장 라비에
미술 베르나르 에뱅
음악 장 콩스탕탱
음향 장 클로드 마르셰티
편집 마리 조지프 이와요트
출연 장 피에르 레오(앙투안 두아넬), 알베르 레미(아버지), 클레르 모리에(어머니),
　　파트릭 오페(르네 비제), 조르주 플라망(비제의 아버지), 잔 모로(강아지를 데리고
　　가는 여인), 장 클로드 브리알리(거리의 사내)
상영 시간 94분
첫 상영 1959년 6월 3일, 파리

피아니스트를 쏴라 Tirez sur le pianiste(플레야드 영화사, 1960)
프로듀서 피에르 브롱베르제
제작 지휘 로제 플레투
각본 프랑수아 트뤼포, 마르셀 무시. 데이비드 구디스의 소설 『다운 데어*Down There*』를
　　원작으로 함
촬영 라울 쿠타르(디알리스코프)
촬영 보조 클로드 보솔레유
미술 자크 멜리
음악 조르주 들르뤼

노래 보비 라푸앵트의 〈아바니와 프랑부아즈(Avanie et Framboise)〉, 펠릭스 르클레르의
  〈연인들의 대화(Dialogues d'amoureux)〉
음향 자크 갈루아
편집 세실 드퀴지스, 클로딘 부셰
출연 샤를 아즈나부르(에두아르 사루아얀/샤를리 콜레르), 마리 뒤부아(레나), 니콜
  베르제(테레자), 알베르 레미(시코 사루아얀), 다니엘 불랑제(에르네스트), 클로드
  망사르(모모), 미셸 메르시에(클라리스)
상영 시간 80분
첫 상영 1960년 11월 25일, 파리

줄 앤 짐Jules et Jim(카로스 영화사/SEDIF, 1961)
프로듀서 마르셀 베르베르
제작 지휘 조르주 펠르그랭, 로베르 보베르, 플로랑스 말로
각본 프랑수아 트뤼포, 장 그뤼오. 앙리 피에르 로셰의 동명 소설을 원작으로 함.
촬영 라울 쿠타르(프랑스코프)
촬영 보조 클로드 보솔레유
의상 프레드 카펠
음악 조르주 들르뤼
노래 보리스 바시아크의 〈인생의 회오리바람Le Tourbillon de la vie〉
음향 테무앵
편집 클로딘 부셰
해설 미셸 쉬보르
출연 잔 모로(카트린), 오스카 베르너(쥘), 앙리 세르(짐), 마리 뒤부아(테레즈), 반나
  우르비노(질베르트), 보리스 바시아크(알베르), 사빈 오드팽(사빈)
상영 시간 110분
첫 상영 1962년 1월 23일, 파리

앙투안과 콜레트Antoine et Colette(〈스무 살의 사랑L'Amour à vingt ans〉가운데
한 에피소드, 윌리스 영화사, 1962년)
프로듀서 피에르 루스탕
제작지휘 필립 뒤사르
조연출 조르주 펠르그랭
각본 프랑수아 트뤼포
촬영 라울 쿠타르(프랑스코프)

촬영 보조 클로드 보솔레유
촬영 자문 장 드 바롱셸리
음악 조르주 들르뤼
편집 클로딘 부셰
해설 앙리 세르
출연 장 피에르 레오(앙투안 두아넬), 마리 프랑스 피지에(콜레트), 파트릭 오페(르네), 프랑수아 다르봉(콜레트의 아버지), 로지 바르트(콜레트의 어머니), 장 프랑수아 아당(알베르 타치)
상영 시간 123분(〈스무 살의 사랑〉 전체)
첫 상영 1962년 6월 22일, 파리

부드러운 살결La Peau douce(카로스 영화사/SEDIF, 1964)
프로듀서 마르셀 베르베르
조감독 장 프랑수아 아당
각본 프랑수아 트뤼포, 장 루이 리샤르
촬영 라울 쿠타르(1.66)
촬영 보조 클로드 보솔레유
음악 조르주 들르뤼
편집 클로딘 부셰
출연 장 드자이(피에르 라슈네), 프랑수아즈 도를레악(니콜), 넬리 베네데티(프랑카), 다니엘 세칼디(클레망), 사빈 오드팽(사빈), 장 루이 리샤르(거리의 사내)
상영 시간 115분
첫 상영 1964년 5월 10일, 파리

화씨 451도Fahrenheit 451(앵글로 엔터프라이즈/바인야드 영화사, 1966)
프로듀서 루이스 앨런
공동 프로듀서 마이클 델라마르
제작 지휘 이안 루이스
조감독 브라이언 코티스
각본 프랑수아 트뤼포, 장 루이 리샤르. 레이 브래드버리의 동명 소설을 원작으로 함.
대사 보완 데이비드 러드킨, 헬렌 스코트
촬영 니콜라스 로그(테크니컬러, 1.66)
촬영 보조 알렉스 톰슨
미술 감독 시드 케인

의상 디자인 토니 월튼

음악 버너드 허먼

음향 편집 노먼 원스톨

음향 녹음 보브 맥피, 고든 맥컬럼

특수 효과 보위 영화사, 랭크 영화사 현상부, 찰스 스타펠

편집 톰 노블

출연 오스카 베르너(몬타그), 줄리 크리스티(린다/클라리스), 시릴 큐색(소방대장), 안톤 디프링(파비안), 비 두펠(서적 여성),

상영 시간 112분

첫 상영 1966년 9월 16일, 파리

상복 입은 신부La Marieé était en noir(카로스 영화사/유나이티드 아티스츠/디노 데 라우렌티스 치네마토그라피카, 1967)

프로듀서 마르셀 베르베르

제작 지휘 조르주 샤를로

조감독 장 셰루

각본 프랑수아 트뤼포, 장 루이 리샤르, 윌리엄 아이리시의 소설을 원작으로 함.

촬영 라울 쿠타르(이스트만 칼라)(1.66)

촬영 보조 조르주 리롱

미술 감독 피에르 귀프루아

음악 버너드 허먼

음악 감독 앙드레 지라르

음향 르네 르베르

편집 클로딘 부셰

출연 잔 모로(쥘리 콜레르), 클로드 리슈(블리스), 장 클로드 브리알리(코레), 미셸 부케(코랄), 마이클 론스데일(모란), 샤를 데네르(페르귀스), 다니엘 불랑제(델보)

상영 시간 107분

첫 상영 1968년 4월 17일, 파리

훔친 키스Baisers volés(카로스 영화사/유나이티드 아티스츠, 1968)

프로듀서 마르셀 베르베르

제작 지휘 클로드 밀레르

조감독 장 조제 리셰르, 알랭 데샹

각본 프랑수아 트뤼포, 클로드 드 지브레, 베르나르 르봉

촬영 드니 클레르발(이스트만 칼라, 1.66)

촬영 보조 장 시아보

미술 감독 클로드 피뇨

음악 앙투안 뒤아멜

노래 샤를 트레네의 〈우리의 사랑에 남은 것은 무엇인가?Que reste-t-il de nos amours〉

음향 르네 르베르

편집 아녜스 기유모

출연 장 피에르 레오(앙투안 두아넬), 델핀 세리그(파비엔 타바르), 클로드 자드(크리스틴 다르봉), 마이클 론스데일(타바르 씨), 아리 막스(앙리 씨)

상영 시간 91분

첫 상영 1968년 9월 6일, 파리

미시시피의 인어 La Sirène du Mississippi**(카로스 영화사/유나이티드 아티스츠/ 델포스 영화사, 1969)**

프로듀서 마르셀 베르베르

제작 지휘 클로드 밀레르

조감독 장 조제 리셰르

각본 프랑수아 트뤼포. 윌리엄 아이리시의 『어둠 속으로 왈츠를Waltz into Darkness』을 원작으로 함

촬영 드니 클레르발(디알리스코프, 이스트만 칼라)

촬영 보조 장 시아보

미술 감독 클로드 피뇨

음악 앙투안 뒤아멜

음향 르네 르베르

편집 아녜스 기유모

출연 장 폴 벨몽도(루이 마에), 카트린 드뇌브(쥘리 루셀/마리옹), 미셸 부케(코몰리), 넬리 보르조(베르트 루셀), 마르셀 베르베르(자르댕)

상영 시간 123분

첫 상영 1969년 6월 18일, 파리

야생의 아이L'Enfant sauvage**(카로스 영화사/유나이티드 아티스츠, 1969)**

프로듀서 마르셀 베르베르

공동 프로듀서 크리스티앙 랑트르티앵

제작 지휘 클로드 밀레르

조감독 쉬잔 시프만
각본 프랑수아 트뤼포, 장 그뤼오
촬영 네스토르 알멘드로스
촬영 보조 필립 테오디에르
미술 감독 장 망다루
의상 지트 마그리니
음악 안토니오 비발디
음악 감독 앙투안 뒤아멜
음향 르네 르베르
편집 아녜스 기유모
출연 장 피에르 카르골(빅토르), 프랑수아 트뤼포(장 이타르), 프랑수아즈 세네르(게랭 부인), 장 다스테(피넬 교수), 클로드 밀레르(르므리 씨)
상영 시간 85분
첫 상영 1970년 2월 26일, 파리

부부의 거처Domicile conjugal(카로스 영화사/발로리아 영화사/피다 영화사, 1970)
프로듀서 마르셀 베르베르
제작 지휘 클로드 밀레르
조감독 쉬잔 시프만
각본 프랑수아 트뤼포, 클로드 드 지브레, 베르나르 르봉
촬영 네스토르 알멘드로스
촬영 보조 에마뉘엘 마쉬엘
미술 감독 장 망다루
의상 프랑수아즈 투르나퐁
음악 앙투안 뒤아멜
음향 르네 르베르
편집 아녜스 기유모
출연 장 피에르 레오(앙투안 두아넬), 클로드 자드(크리스틴 두아넬), 히로코 베르크하우어(교코), 다니엘 세칼디(뤼시앵 다르봉), 클레르 뒤아멜(다르봉 부인), 다니엘 불랑제(테노르)
상영 시간 97분
첫 상영 1970년 9월 1일

두 영국 여인과 대륙 Les Deux Anglaises et le Continent(카로스 영화사/시네텔, 1971)

프로듀서 마르셀 베르베르

제작 지휘 클로드 밀레르

조감독 쉬잔 시프만

각본 프랑수아 트뤼포, 장 그뤼오

촬영 네스토르 알멘드로스

촬영 보조 미셸 드 브루앵

의상 지트 마리니

음악 조르주 들르뤼

음향 르네 르베르

편집 얀 드데

해설 프랑수아 트뤼포

출연 장 피에르 레오(클로드 로크), 키카 마컴(앤 브라운), 스테이시 텐디터(뮤리엘 브라운), 실비아 매리어트(브라운 부인), 마리 망사르(로크 부인), 필립 레오타르(디위르카)

상영 시간 108분

첫 상영 1971년 11월 26일, 파리

나처럼 예쁜 아가씨 Une Belle fille comme moi(카로스 영화사/컬럼비아, 1972)

프로듀서 마르셀 베르베르

제작 지휘 클로드 밀레르

조감독 쉬잔 시프만

각본 프랑수아 트뤼포, 장 루 다바디

촬영 피에르 윌리엄 글렌

촬영 보조 왈테르 발

미술 감독 장 피에르 코위 스벨코

의상 모니크 뒤리

음악 조르주 들르뤼

음향 르네 르베르

편집 얀 드데

출연 베르나데트 라퐁(카미유 블리스), 클로드 브라쇠르(뮈렌), 샤를 데네르(아르튀르), 기 마르샹(샘 골덴), 앙드레 뒤솔리에(스타니슬라스 프레빈), 필립 레오타르(클로비스 블리스), 안크라이스(엘렌)

상영 시간 100분

첫 상영 1972년 9월 13일, 파리

아메리카의 밤 La Nuit américaine(카로스 영화사/PECF/국제영화제작사, 1973)
프로듀서 마르셀 베르베르
제작 지휘 클로드 밀레르
조감독 쉬잔 시프만, 루이 리샤르
촬영 피에르 윌리엄 글렌
촬영 보조 왈테르 발
미술 감독 다미앵 랑프랑시
의상 모니크 뒤리
음악 조르주 들르뤼
음향 르네 르베르
편집 얀 드데, 마르틴 바라케
출연 재클린 비셋(줄리/파멜라), 발렌티나 코르테제(세브린), 장 피에르
  오몽(알렉상드르), 장 피에르 레오(알퐁스), 프랑수아 트뤼포(페랑), 나탈리
  바유(조엘), 그레이엄 그린과 마르셀 베르베르(보험인들)
상영 시간 115분
첫 상영 1973년 5월 24일, 파리

아델 H의 이야기L'Histoire d'Adèle H(카로스 영화사/유나이티드 아티스츠, 1975)
프로듀서 마르셀 베르베르
제작 지휘 클로드 밀레르
조감독 쉬잔 시프만
각본 프랑수아 트뤼포, 장 그뤼오, 쉬잔 시프만
촬영 네스토르 알멘드로스
촬영 보조 장 클로드 리비에르
미술 감독 장 피에르 코위 스벨코
의상 자클린 귀요
음악 모리스 조베르
음악 감독 파트리스 메스트랄
음악 자문 프랑수아 포르실
음향 장 피에르 뤼
편집 얀 드데
출연 이자벨 아자니(아델 위고), 브루스 로빈슨(핀슨 중위), 실비아 매리어트(손더스

부인), 루빈 도레이(손더스 씨), 조지프 블래츨리(위슬러 씨)
상영 시간 110분
첫 상영 1975년 10월 8일, 파리

포켓 머니L'Argent de poche(카로스 영화사, 1976)
프로듀서 마르셀 베르베르
제작 지휘 롤랑 테노
조감독 쉬잔 시프만
각본 프랑수아 트뤼포, 쉬잔 시프만
촬영 피에르 윌리엄 글렌
미술 감독 장 피에르 코위 스벨코
의상 모니크 뒤리
음악 모리스 조베르
음악 감독 파트리스 메스트랄
음악 자문 프랑수아 포르실
노래 샤를 트레네 〈아이들은 일요일이 지겹다네Les Enfants s'ennuient le dimanche〉
음향 미셸 로랑, 미셸 브르테즈
편집 얀 드데, 마르틴 바라케
출연 장 프랑수아 스테브냉(장 프랑수아 리셰), 비르지니 테브네(리디 리셰), 조르주
   데무소(파트리크), 필립 골드만(쥘리앵), 실비 그르젤(실비), 로라 트뤼포(마들렌
   두아넬), 에바 트뤼포(파트리시아)
상영 시간 105분
첫 상영 1976년 3월 17일, 파리

**여자들을 사랑한 남자L'Homme qui aimait les femmes(카로스 영화사/유나이티드
아티스츠, 1977)**
프로듀서 마르셀 베르베르
제작 지휘 롤랑 테노
조감독 쉬잔 시프만
각본 프랑수아 트뤼포, 미셸 페르모, 쉬잔 시프만
촬영 네스토르 알멘드로스
촬영 보조 안 트리고
미술 감독 장 피에르 코위 스벨코
의상 모니크 뒤리

음악 모리스 조베르

음악 감독 파트리스 메스트랄

음향 미셸 로랑

편집 마르틴 바라케

출연 샤를 데네르(베르트랑 모란), 브리지트 포세(주느비에브 비지), 넬리 보르조(델핀), 주느비에브 퐁타넬(엘렌), 나탈리 바유(마르틴), 레슬리 캐런(베라), 장 다스테(비나르 의사), 로제 레엔하르트(베타니 씨)

상영 시간 118분

첫 상영 1977년 4월 27일, 파리

녹색 방 La Chambre verte(카로스 영화사/유나이티드 아티스츠, 1978)

프로듀서 마르셀 베르베르

제작 지휘 롤랑 테노

조감독 쉬잔 시프만

각본 프랑수아 트뤼포, 장 그뤼오

촬영 네스토르 알멘드로스

촬영 보조 안 트리고

미술 감독 장 피에르 코위 스벨코

의상 크리스티앙 가스크, 모니크 뒤리

음악 모리스 조베르

음향 미셸 로랑

편집 마르틴 바라케

출연 프랑수아 트뤼포(쥘리앵 다벤), 나탈리 바유(세실리아 망델), 장 로브르(랑보 부인), 장 다스테(베르나르 앵베르), 파트릭 말레옹(조르주)

상영 시간 94분

첫 상영 1978년 4월 5일, 파리

달아난 사랑L'Amour en fuite(카로스 영화사, 1979)

프로듀서 마르셀 베르베르

제작 지휘 롤랑 테노

조감독 쉬잔 시프만

각본 프랑수아 트뤼포, 마리 프랑스 피지에, 장 오렐, 쉬잔 시프만

촬영 네스토르 알멘드로스

미술 감독 장 피에르 코위 스벨코

의상 모니크 뒤리
음악 조르주 들르뤼
음향 미셸 로랑
편집 마르틴 바라케
출연 장 피에르 레오(앙투안 두아넬), 마리 프랑스 피지에(콜레트), 클로드
　자드(크리스틴), 다니(릴리안), 도로테(사빈), 로지 바르트(콜레트의 어머니), 마리
　앙리오(판사), 다니엘 메기슈(자비에)
상영 시간 94분
첫 상영 1979년 1월 29일, 파리

마지막 지하철Le Dernier Métro(카로스 영화사/TF1/SEDIF/SFP, 1980)
프로듀서 장 조제 리셰르
제작 지휘 롤랑 테노
조감독 쉬잔 시프만
각본 프랑수아 트뤼포, 쉬잔 시프만, 장 클로드 그렁베르
촬영 네스토르 알멘드로스
미술 감독 장 피에르 코위 스벨코
의상 리젤 로스
음악 조르주 들르뤼
음향 미셸 로랑
편집 마르틴 바라케
출연 카트린 드뇌브(마리옹 스타이너), 제라르 드파르디외(베르나르 그랑제), 하인츠
　베넨트(뤼카 스타이너), 장 푸아레(장 루이 코탱), 앙드레아 페레올(아를레트
　기욤), 폴레트 뒤보스트(제르멘 파브르), 사빈 오드팽(나딘 마르사크), 장 루이
　리샤르(닥시아)
상영 시간 128분
첫 상영 1980년 9월 17일, 파리

이웃집 여인La Femme d'à côté(카로스 영화사/TF1/소프로 영화사, 1981)
프로듀서 아르망 바르보
제작 지휘 롤랑 테노
조감독 쉬잔 시프만
각본 프랑수아 트뤼포, 쉬잔 시프만, 장 오렐
촬영 윌리엄 루브찬스키

미술 감독 장 피에르 코위 스벨코

의상 미셸 세르프

음악 조르주 들르뤼

음향 미셸 로랑

편집 마르틴 바라케

출연 제라르 드파르디외(베르나르 쿠드레), 파니 아르당(마틸드 보샤르), 앙리
   가르생(필립 보샤르), 미셸 봄가르트네르(아를레트 쿠드레), 베로니크 실베르(주브
   부인), 로제 반 홀(롤랑 뒤게)

상영 시간 106분

첫 상영 1981년 9월 30일, 파리

신나는 일요일!Vivement dimanche!(카로스 영화사/필름A2/소프로 영화사, 1983)

프로듀서 아르망 바르보

제작 지휘 롤랑 테노

조감독 쉬잔 시프만

각본 프랑수아 트뤼포, 쉬잔 시프만, 장 오렐

촬영 네스토르 알멘드로스

미술 감독 힐튼 맥코니코

의상 미셸 세르프

음악 조르주 들르뤼

음향 피에르 가메

편집 마르틴 바라케

출연 파니 아르당(바르바라 베케르), 장 루이 트랭티냥(쥘리앵 베르셀), 필립
   로덴바크(클레망 변호사), 카롤린 시올(마리 크리스틴 베르셀), 필립 모리에
   주누(상텔리), 자비에 생 마카리(베르트랑 파브르), 장 피에르 칼퐁(자크 마술리에)

상영 시간 111분

첫 상영 1983년 8월 10일, 파리

참고 문헌

Domnique Auzel, Truffaut les Mille et Une Nuits américaines, Henri Veyrier, Paris, 1990(album consacré aux affiches de films).

Antoine de Baecque, "*François Truffaut, spectateur cinéphile*", Vertigo, n° 10, 1991.

Id., "*Contre la 'Qualité française'. François Truffaut écrit 'Une certaine tendance du cinéma français'*", Cinémathèque, n° 4, automne 1993.

Bernard Bastide, François Truffaut, Les Mistons, Ciné-Sud, Nîmes, 1987.

Elizabeth Bonnafons, François Truffaut, L'Âge d'homme, Lausanne, 1981.

Cahiers du cinéma, numéro spécial, décembre 1984, Le Roman de François Truffaut.

Gilles Cahoreau, François Truffaut, Julliard, Paris, 1989.

Cinématographe, n° 105, décembre 1984, "*François Truffaut*".

Jean Collet, "*L'oeuvre de François Truffaut, une tragédie de la connaissance*", Études, décembre 1966.

Id., Le Cinéma de François Truffaut, Paris, Lherminier, 1977.

Id., François Truffaut, Paris, Lherminier, 1985.

Jean-Louis Comolli, "*Au coeur des paradoxes*", Cahiers du cinéma, n° 190, mai 1967.

Hervé Dalmais, Truffaut, Rivages/Cinéma, Paris, 1987.

Aline Desjardins s'entretient avec François Truffaut, Ottawa, Éd. Léméac/Radio Canada, 1973(réédition dans la collection "*Poche cinéma*", Ramsay, Paris, 1988).

Wheeler Winston Dixon, The Early Film Criticism of François Truffaut, Indiana University Press, Bloomington, 1993.

Dominique Fanne, L'Univers de François Truffaut, Le Cerf, Paris, 1972.

Anne Gillian, Le Cinéma selon François Truffaut, Flammarion, Paris, 1988.

Id., François Truffaut, le secret perdu, Hatier, Paris, 1991.

Annette Insdorf, François Truffaut, Twayne Publishers, Boston, 1978.

Id., François Truffaut, collection "*Découvertes*", Paris, Gallimard, 1996.

Carole Le Berre, François Truffaut, Éditions de l'Étoile, Paris, 1993.

Luc Moullet, "*La Balance et le Lien*", Cahiers du cinéma, n° 410, juillet-août 1990.

Graham Petrie, The Cinema of François Truffaut, International Film Guide Series, A.S. Barnes, New York, 1970.

Dominique Rabourdin, Truffaut par Truffaut, Éd. du Chêne, Paris, 1985.

Mario Simondi(éd.), François Truffaut, La Casa Usher, Florence, 1982.

Serge Toubiana, "*François Truffaut, domaine public*", Trafic, n° 5, 1992.

Eugene P. Waltz, François Truffaut, A Guide to References and Ressources, G.K. Hall and Co, Boston, 1982.

추천의 글

트뤼포, 영화를 사랑한다면 이 사람처럼

정성일 영화평론가

1. 고백으로 시작하는 추천사, 그렇게 뭉클하게……

다시 한번 (이 책의 첫 번째 판본 추천사와) 같은 문장으로 시작하겠다. 프랑수아 트뤼포가 영화사상 최고의 감독이라고 말할 수는 없겠지만, 영화사상 가장 영화를 사랑한 감독이라는 사실은 아무도 부정할 수 없을 것이다. 나는 그렇게 생각한다. 다행히도 내가 첫 번째 본 트뤼포의 영화는 첫 번째 장편 영화 〈400번의 구타〉였다. 처음 본 순간 단지 훌륭하다는 차원이 아니라 무언가 이 영화는 보는 사람을 뭉클하게 만든다는 것을 느꼈다. 그때 나는 아직 고등학생이었고, 영화사에 대해서 거의 아는 게 없었다. (그리고 그건 내게 다행한 일이었다) 프랑스문화원에서 친구들과 함께 보았다. 나는 이 친구들과 아벨 강스, 장 르누아르, 르네 클레르, 마르셀 카르네, 장 그레미용, 자크 베케르, 장뤽 고다르, 알랭 레네, 하여튼 많은 영화를 여기서 함께 보았다. (이 책을 번역한 한상준 선배를 만난 것은 대학교에 간 다음이다) 그런데 〈400번의 구타〉를 보고 나온 다음 이 영화가 훌륭하다는 데는 모두 동의했지만 뭉클한 기분을 느낀 것은 나 혼자뿐이라는 사실을 깨달았다. 어떤 칸막이를 친 것만 같은 격리. 나는 왜 그런 이상한 기분을 혼자서만 느꼈는지 꽤 오랫동안 의아했다. 민감한 반응을 불러일으킨 어떤 신호, 하지만 수수께끼.

대학교에 간 다음 내 친구들은 더 이상 영화를 보러 다니지 않았다. 누군가는 영화관보다 도서관을 사랑했고, 누군가는 연애를 열심히 했다. 그들은 영화를 떠났다. 영화관에 나만 남았을 때 비로소 영화에 관한 책을 읽기 시작했다. 그때 누벨바그에 대해서 알게 되었고, 『카이에 뒤 시네마』의 존재를 알았고, 프랑수아 트뤼포가 이 잡지에 합류하게 된 이야기를 읽게 되었다. 감히 비교할 수 없지만, 지구 반대편에서 나와 비슷한 경로를 밟아서 영화 현장에 도착한 사람이 있다는 것을 처음 알게 되었다. 나는 트뤼포처럼 부모로부터 버림을 받거나, 소년원을 드나들거나 하지는 않았지만 같은 영화를 두 번, 세 번, 몇 번이라도 보러 다니고 (내 친구들은 아무도 그렇게 하지 않았다) 시험이 내일인데도 오늘 보고 온 영화에 관한 글을 쓰느라 밤을 새운 다음 잘 설명하기 힘든 자부심을 느낀 그 감정을 (단 한 번도 그걸 낭패라고 여긴 적이 없었다) 트뤼포에 관한 전기적인 글을 읽으면서 위로받을 수 있었다. 어떻게 설명할 수 있을까. 영화를 보고 있으면 내가 영화를 사랑하는 대신 사랑을 받고 있다는 그 감정. 스크린 앞에서 둘 사이의 어떤 한계도 정할 수 없는 무질서한 상태에 빠진 소년의 마음. 그날 느껴 본 감정을 비로소 이해할 수 있었다. 〈400번의 구타)를 보면서 나와 같은 피를 가졌던 사람과 만났다는 것을 알았다. 그러니 혹시라도 당신이 아직 〈400번의 구타〉를 보지 않았다면 이 책을 읽기 전에 먼저 본 다음 다시 돌아와 주길 바란다. 거기가 시작이다.

2. 혼자만 읽고 싶은 이 훌륭한 책, 하지만 함께 읽으면 더 좋은 책

지금 당신 손에 들려 있는 앙투안 드 베크와 세르주 투비아나가 함께 쓴 이 책 『트뤼포』는 너무 훌륭해서 내가 더 할 말이 없다. 아니, 그럴 뿐만 아니라 내가 미처 알지 못했던 수많은 이야기가 담겨 있는 책이다. 트뤼포에 관한 천일야화와도 같은 책. 그러면서도 거기서 멈추지 않고 그의 영화에 대한 적절한 비평적 견해들이 함께 담겨 있다. 나는 이 책을 읽으면서 많은 빈칸을 채울 수 있었다. 이 책은 논쟁적인 책이 아니다. 마치 아카이브처럼 차곡차곡 쌓아 올린 서간들과 인터뷰, 실제로 만났던 경험담, 주변 사람들, 이렇게 말했지만 너무나 유명한 이름들, 그리고 트뤼포의 비평 글들, 무엇보다도 그가 만든 영화와 그 영화를 만드는 과정에 참여했던 스태프들의 증언이 담겨 있다.

이 귀한 책은 어느 순간부터 페이지를 넘기는 것이 아까울 것이다. 그러면서 벌써 다 읽어 버리면 어쩌나, 라는 근심에 잠길 것이다. (내가 그렇게 읽었다) 그래서 조금이라도 독서의 시간을 연장시켜 보기 위해 이 책 곁에 함께 두고 읽을 만한 두 권의 책을 추천한다. 한 권은 트뤼포와 『카이에 뒤 시네마』의 '노란 표지' 시절을

(앙드레 바쟁이 『카이에 뒤 시네마』에 머물던 시절을 이렇게 부른다) 함께 보내면서 트뤼포보다 먼저 첫 번째 영화를 연출했지만 뒤늦게 알려지기 시작한 에릭 로메르의 전기 『에릭 로메르, 은밀한 개인주의자』이다. 이 책은 당신이 들고 있는 트뤼포의 전기를 쓴 앙투안 드 베크와 다른 필자 노엘 에르프가 함께 쓴 책이다. 에릭 로메르는 트뤼포보다 열 살이 더 많았지만 26년을 더 살았다. 그 책에는 트뤼포의 이야기가 거의 나오지 않는다. 하지만 당신이 들고 있는 트뤼포의 책에는 종종 에릭 로메르의 이야기가 나온다. 그러면 어떻게 읽을 것인가. 트뤼포를 읽어나가면서 시기적으로 이따금 이 책의 4장 '카이에의 자리에서, 1957~1963'부터 9장 '여섯 편의 희극과 격언, 1980~1986' 혹은 10장 '도시의 로메르와 시골의 로메르 1973~1995'를 펼쳐 읽는 것이다. 그러면 당신의 독서는 입체적이 될 것이다. 그때 누벨바그의 영화들은 원근법의 운동을 시작할 것이며, 그러면서 서로 같은 자리에서 시작했지만, 영화에 대한 각자의 미학적 태도와 내면에 관한 각자의 충실한 성찰, 무엇보다도 지치지 않고 연애에 관한 이야기에 매혹되었지만 거기서 끌어내는 아이러니의 교훈 사이의 차이에서 어떤 기쁨을 맛볼 수 있을 것이다.

다른 한 권은 트뤼포가 앨프레드 히치콕을 인터뷰한 『앨프레드 히치콕과의 대화』이다. 당신이 들고 있는 이 책에는 이 인터뷰집 진행에 관한 상세한 이야기가 담겨 있다. 1962년 8월 20일부터 일주일 동안 트뤼포는 앨프레드 히치콕과 40시간에 걸친 전작 인터뷰를 했다.(이렇게 말했지만 정확하게는 1966년 7월 27일부터 추가된 인터뷰까지 포함해서 〈찢어진 커튼〉에서 끝난다. 히치콕은 그 이후 세 편의 영화를 더 찍었다.) 그런 다음 책으로 묶었다. 그 책이 『앨프레드 히치콕과의 대화』이다. 아마도 트뤼포의 비평가로서의 활동에 대해서 열심히 읽으면서 독자로서 도대체 트뤼포의 영화평이 어떤 것이었는지 궁금해질 것이다.

먼저 트뤼포와 히치콕의 관계를 설명하겠다. 만일 나에게 커다란 종이를 펼쳐 놓고 계보를 그리게 한다면 트뤼포와 히치콕 사이에 선을 그을 것이다. 어쩌면 여기서 아래층과 위층으로 나누어야 할지 모르겠다. 어느 쪽을 어느 쪽의 위에 놓을 것인가. 혹은 아래에 놓을 것인가. 나는 위계질서를 세우는 것이 아니다. 히치콕은 트뤼포 영화의 견고한 하부 구조인가, 아니면 트뤼포의 장면들을 구석구석 감시하듯 내려다보는 판옵티콘 비전인가. 아무래도 좋다. 두 개의 층 사이에 계단이 있는 것만은 분명하다. 계단은 얼마나 히치콕적인가. 〈의혹〉의 계단. 〈오명〉의 계단. 〈현기증〉의 계단. 〈사이코〉의 계단. 누군가는 아무래도 르누아르가 마땅하지 않냐고 반문할지 모른다. 하지만 나는 처음부터 트뤼포의 영화에서 계속해서 히치콕 영화의 장면들을 다시 만났다. 반대로 히치콕 영화를 보면서 트뤼포를 발견할 때도 있었다.

어떤 자리에서 이 책이 트뤼포의 어떤 영화보다 중요할 뿐만 아니라 훌륭하다고 말했다. 나는 이 말에서 후퇴할 생각이 없다. 어쩌면 히치콕에 관한 더 좋은 책이 있을 수 있다. 더 자세한 전기가 있다.(이 책은 전기와 일정한 거리를 유지하고 있다.) 그런 의미에서의 훌륭함을 말하는 것이 아니다. 이 책은 어떤 영화 이론의 도움도 받지 않고 시네마테크에서 온종일 영화를 본 독학자가 스스로 깨달음을 얻으면서 익힌 영화를 보는 감각이 무엇인지를 펼쳐 보이는 책이다. 끝없는 시행착오. 지칠 줄 모르는 오류의 교정 과정. 체념 없는 반복. 한없는 인내. 대부분의 실망. 뜻밖의 선물. 교실 바깥의 자생적 영화 평론가. 히치콕이 궁금했다면 대답에 밑줄을 그었을 것이다. 나는 이 책을 보면서 질문에 밑줄을 그었다. 아, 이 장면에 대해서 이런 질문을 던질 수 있구나, 던져야 하는구나, 던져도 괜찮은 것이구나. 이 책은 나에게 방법을 가르쳐 준 책이다. 단 한마디로 배움. 나만 이 책이 굉장하다고 말하는 건 아니다. 마틴 스콜세지, 데이빗 핀처, 구로사와 기요시, 제임스 그레이, 리차드 링클레이터, 그중에서도 웨스 앤더슨은 이 책을 읽고 또 읽어서 너덜너덜해진 다음에는 고무줄로 바인딩을 해서 묶어 다녔다고 한다. 나는 그 정도로 읽지는 못했다 부끄러운 일이다. 이 책의 가장 좋은 점은 무엇인가. 어떤 영화 이론에도 의지하지 않고 있다는 것이다. 영화를 본다는 것은 무엇인가. 오직 자신의 직관, 경험, 판단을 믿는 것이다. 이 책에는 단 하나의 장벽이 있다. (당연한 말이지만) 트뤼포의 질문을 이해하기 위해서는 히치콕의 영화를 모두 보아야 한다. 아마 틀림없이 즐거운 시간이 될 것이다.

3. 이 책을 위한 옹호, 프랑수아 트뤼포와 장뤽 고다르

이 책이 소설이라면 악당 역할을 하는 인물은 장뤽 고다르다. 앙투안 드 베크와 세르주 투비아나는 (당연히!) 별다른 설명을 할 필요를 느끼지 못하고 트뤼포와 고다르, 두 사람 이야기를 시작한다. 고다르는 잊을 만하면 다시 나타나면서 이 책의 온 사방에 가장 자주 등장하는 이름이다. 하지만 여기서도 설명하지 않을 생각이다. 왜냐하면 고다르를 설명하는 일은 실패하는 일이기 때문이다. 고다르는 계속해서 이동하였다. 여기서 말할 때 저기에 있었다. 그를 대상으로 삼을 때마다 대상 바깥에 있었으며, 그는 항상 자신의 시대정신을 놓치지 않았지만 시대 외곽에서 바라보고 있었다. 고다르는, 뭐랄까, 항상 정의를 내리는 일과 긴장 관계를 만들어 낸다. 그런데 누군가, 그러니까 트뤼포를 공격하려는 이들은, 습관적으로 트뤼포 곁에 고다르를 가져다 놓는 일을 즐긴다. 여기서는 트뤼포를 위한 변호를 할 생각이다.

상투적인 공격 방법. 트뤼포와 고다르, 그 둘을 나란히 세운 다음 이항 대립의 항목을 열거하는 것처럼 왼쪽과 오른쪽에 나열한다. 드라마와 실험, 픽션과 리얼리티, 동일화와 낯설게 하기, 누벨바그의 상업적인 선택과 누벨바그의 예술적인 선택(혹은 한때는 정치적인 선택), 두 개의 누벨바그, 협상과 저항. 항목은 끝없이 이어진다. 하지만 이 대립적인 항목은 결정적인 것을 놓쳤다. 트뤼포와 고다르는 서로의 결핍을 서로가 서로에게 보충하고 있다는 사실을 생각해야 한다. 우선 무엇보다 먼저 여기서 목록을 1983년 이후까지 밀고 가는 것은 공정한 일이 아니다. 왜냐하면 트뤼포는 1983년에 그의 25번째 영화, 그러니까 마지막 영화 〈신나는 일요일!〉을 찍었기 때문이다. 항목의 열거는 거기서 끝나야

한다. 고다르는 1983년 〈카르멘이라는 이름Prénom Carmen〉 이후에
도 장편 영화만 15편을 찍었으며, 그 주변에 비디오 작업과 단편
영화들이 은하수처럼 즐비하게 늘어서 있다. 레이몽 벨루는 비
디오 작업이 더 중요하다고 설명하기도 했다. 조르주 디디-위베
르만도 동의할 것이다. 히토 슈타이얼은 이따금 인용하는 척하
면서 그 작업을 옹호한다. 이 명단은 계속 이어진다. 하지만 이걸
논하는 것은 여기서 우리의 관심이 아니다.

원래의 자리. 두 사람의 영화를 나란히 놓아 보자. 그 둘이 서
로 대립한다기보다는 서로 친밀감을 느끼는 것처럼 트뤼포와 고
다르는, 앞서거니 뒤서면서, 가끔은 동시에, 하나가 다른 하나와
비스듬하게 하나의 이야기, 하나의 테마, 하나의 텍스트를 가지
고 트뤼포 판본과 고다르 판본을 찍은 것처럼 여겨진다. 1959년
〈400번의 구타〉와 〈네 멋대로 해라〉. 한쪽에서 소년 앙투안 드와
넬은 말썽을 부린 다음 소년원에 간다. 다른 한쪽에서 청년 미셸
은 말썽을 부리다가 총에 맞아 죽는다. 이때 두 편의 영화는 한
인물의 하나의 이야기를 소년과 청년 둘로 나눈 것처럼 보인다.
둘을 연결하는 상상의 나래. 〈400번의 구타〉는 소년원을 탈출
한 앙투안의 얼굴로 끝난다. 〈네 멋대로 해라〉는 신문을 보는 척
하면서 여자친구와 자동차를 훔치기 위해 망을 보는 미셸의 얼
굴로 시작한다. 청년 미셸의 모험은 소년 앙투안이 소년원을 탈
출한 다음 시간적인 점프 컷의 이야기라고 해볼 수는 없는 것일
까. 물론 〈네 멋대로 해라〉의 시나리오를 프랑수아 트뤼포가 썼
기 때문에 그렇다고 생각할 수 있다. 나는 계속해서 명단을 열거

할 수 있다. 1961년 〈쥴 앤 짐〉과 〈여자는 여자다〉는 둘 다 여자 한 명 남자 두 명의 삼각관계 연애 이야기다. 1963년 〈경멸〉과 그 이듬해 1964년 〈부드러운 살결〉은 부부 사이의 의심과 질투의 이야기이다. 두 편 모두 상대방의 죽음으로 끝난다. 〈경멸〉은 아내가 죽고, 〈부드러운 살결〉은 남편을 (아내가) 죽인다. 〈알파빌〉(1965년)과 〈화씨 451도〉(1966년)은 SF 영화다. 〈미치광이 피에로〉(1965년)와 〈미시시피의 인어〉(1969년)는 도피하는 미친 사랑의 이야기이다. 그리고 두 편 모두 장 폴 벨몽도가 주연이다. 항목은 거기서 끝난다. 고다르는 1967년 〈중국녀〉를 찍은 다음 상업영화와 결별하고 장 피에르 고랭과 함께 지가 베르토프 집단을 결성하였다. 고다르가 상업영화로 돌아오는 것은 1980년 〈할 수 있는 자가 구하라(인생)〉을 만들 때였다. 그 해에 트뤼포는 〈마지막 지하철〉을 만들었다. 두 영화는 그 둘이 얼마나 멀어졌는지를 보여주었다. 하지만 그 전에 그 둘은 종종 같은 촬영 감독과 번갈아 작업했으며(라울 쿠타르, 네스토르 알멘드로스), 영화 음악도 종종 같은 작곡자에게 번갈아 맡겼다. (조르주 들르뤼, 앙투안 뒤아멜) 물론 말할 필요도 없이 장 피에르 레오는 트뤼포와 고다르의 영화에 번갈아 출연하였다.

나는 한쪽으로 다른 한쪽을 부정하는 방식으로 설명을 시작하는 것은 균형을 깨트리는 작업이라고 생각한다. 그러므로 혹시라도 이 책을 읽으면서 어느 한쪽의 편에 서는 일은 없었으면 좋겠다. 그러면 내게 이렇게 물어볼지 모르겠다. 알겠어요, 그런데 둘 중 누가 더 좋은가요? 둘 다 서로보다 서로가 더 좋다.

4. 적절한 자리, 시네필의 테제에 관한 이야기

고맙게도 이 자리가 가장 적절할 것 같다. 내가 오랫동안 잘못 알고 있었던 트뤼포의 조언이 있었다. 나는 그걸 시네필의 테제라고 믿었다. 영화를 사랑하는 첫 번째 단계는 같은 영화를 두 번 보는 것이며, 두 번째 단계는 영화평을 쓰는 것이며, 세 번째 단계는 영화를 만드는 것이다. 사랑에 빠지는 방법. 배움의 과정. 나는 사랑을 배울 수 있다고 믿었다. 이 테제는 내게 비밀의 누설처럼 읽혔다. 그런 다음 내 배움을 나누어 주고 싶었다. 그래서 이 말을 여러 자리에서 했고, 나 스스로 실천하려고 무진 애를 썼다. 그리고 영화를 연출했다. 그런데 영화를 만들고 난 다음(타이밍이 좋았다) 프랑스 사회과학고등연구소Ecole des Hautes Etudes en Science Socials에서 박사학위 논문을 쓰던 홍소라씨가 내가 예전에 〈정은임의 영화음악실〉에서 방송했던 녹음을 듣고 우정을 담아 원문을 보내주었다. 그리고 이 문장이 프랑수아 트뤼포가 쓴 비평을 모아놓은 책 『내 인생의 영화Les films de ma vie』(Librairie Ernest Flammarion)의 서문인 「비평가는 무엇을 꿈꾸는가A quoi rêvent les critiques?」에 실려 있다는 것을 알려주었다. 원래의 문장은 다음과 같다.

"(…) 사람들은 종종 내게 시네필로서 어떤 순간에 감독이 되려고 했거나 비평가가 되려는 욕망을 갖게 되었냐고 물어본다. 솔직히 말해서 나도 잘 모른다. 단지 내가 영화에 더 가까이, 더 가까이 다가가려고 했었다는 것은 알고 있다. Un premier stade a donc consisté à voir beaucoup de films, un deuxième à noter du metteur en scène en sortant de la salle, un troisème à revoir souvent les même films à déterminer mes choix en fonction du metteur en scène.(그러기 위해서 첫 번째 단계는 영화를 많이 보는 것이며, 두 번째 단계는 영화관을 나서면서 감독을 적어 두는 것이며, 세 번째는 연출의 자리에 가서 내가 선택한 같은 영화를 몇 번이고 다시 보는 것이다.)" (번역 필자)

생각해 보니 내가 원문을 읽은 적이 없다는 사실을 깨달았다. (그런 다음에야 비로소 이 책을 구했다) 그러면 나는 이 문장을 어디서 읽은 것일까. 기억을 더듬어갔다. 기억의 펼침. 막 대학교에 입학했던 시절, 그때 나는 닥치는 대로 영화 책을 읽고 있었고, 이 문장을 일본 영화 잡지에서 읽었다. 틀림없이 트뤼포가 말한 영화광 세 단계, 라고 쓰여 있었다. 의심하지 않았고, 게다가 그때 나는 원문을 구할 방법이 없었다. 의심을 하기에는 이 문장이 너무나 마음에 들었다. 원문을 알게 된 다음 주변 지인들에게 고백하니까 웃으면서 내게 조언했다. 그냥 어떤 우연찮은 과정을 통해서 당신이 만들어낸 말이라고 하세요. 솔직히 말하면 이 근사한 말을 내가 만들어냈다고 말하고 싶을 정도로 이 말이 좋다. 아쉽게도 이 테제의 주인은 내가 아니다. 그렇긴 하지만 트뤼포의 세 단계를 비틀어서 다시 정식화시킨 두 번째 저자에게 나는 진심으로 감사한다. (같은 말을 한 번 더 하겠다.) 당신의 말이 지구상에서 나만 혼자서 같은 영화를 두 번, 세 번, 네 번, 다섯 번, 여러 번 보는 것이 아니었으며, 그래서 외롭지 않았으며, 방금 보고 온 영화에 대해서 아무도 읽지 않을 글을 밤새도록 쓰고 있었으며, 그래서 자부심을 가질 수 있었으며, 직업 영화 평론가가 된 다음에도 감독을 반드시 해야 한다, 라는 명령을 스스로에게 내리면서 해야 하니까 할 수 있다, 라는 준칙을 세울 수 있었으며, 그래서 영화를 찍었다. 그게 전부다. 이 말이 누군가를 망쳤다면 진심으로 사과한다. 하지만 누군가 이 말의 힘으로 감독이 되었다면 이 말을 전해 준 내게 감사해야 한다. 이 말을 당신의 말로 믿고 지구 반대편에서, 당신에게 미치지는 못하지만, 정말 열심히 영화를 사랑하고, 영화에 관한 글을 쓰고, 영화를 찍은 내 이야기를, 프랑수아 트뤼포, 당신께 할 수만 있다면 들려드리고 싶다. 하지만 이제는 기회가 없다. 〈녹색 방〉의 한 장면을 떠올리면서 당신께 이말을 고백하고 싶다. 당신은 내게 영화를 향한 사랑의 서약을 가르쳐 준 사람입니다.

옮긴이의 글(개정판)

16년 만에『트뤼포』의 제2판을 내면서 교열 작업을 다시 행했다. 처음에는 평소에 기억해 두었던 몇 군데만 수정하면 충분할 것으로 생각하고 게으른 마음으로 가볍게 작업을 시작했다. 그러나 불명확한 표현이나 오역이 예상보다 많이 발견되어 거의 전체를 다시 꼼꼼하게 읽었다. 모든 번역이란 단순히 외국어를 자국어로 옮기는 것을 넘어서 하나의 문화를 다른 문화로 번안해 내는 힘든 작업이라는 생각을 깊이 했다.

이렇게 전체를 읽는 과정에서 16년 전과 다른 몇몇 변화가 다가왔다. 그 당시는 주로 트뤼포의 평론 활동, 작품들의 제작 과정 및 영화계 동료들과의 관계가 큰 흥미를 끌었던 반면, 이번에는 각각의 시기에 프랑스 문화계 및 영화계 안에서 트뤼포가 놓인 정치적 입장과 갈등의 양상들에 먼저 눈길이 갔다. 정치를 향한 젊은 트뤼포의 본능적 불신감의 근원,『아르』지에 글을 쓰면서 자크 로랑, 로제 니미에, 앙투안 블롱댕 등 우파 지식인의 집단인 '경기병들'과 정치적 보조를 맞추던 시기, 극좌파 여성인 헬렌 스코트와 서적『히치콕』의 공동 작업을 한 뒤 겪은 상호 신뢰 및 거리감, 1970년 이후 트뤼포의 사르트르 지지 활동 및 그 내면의 동기들, 극도로 이념화된『카이에 뒤 시네마』와의 오랜 결별, 〈아메리카의 밤〉 직후 프랑스 영화계에서 '변절자'로 공격당하면서 깊은 아픔을 느끼는 모습, 1981년 프랑수아 미테랑의 좌파 정권이 들어설 무렵 트뤼포의 정치적 선택과 배경 등이 마치 근래 대한민국에서 벌어지는 일들처럼 생생하게 다가왔다.

아마도 지난 몇 년간 국내 정치의 삭막한 풍경을 거리를 두고 지켜본 경험이 이 변화의 중요한 원인일 것이고, 얼마간은 뒤늦게 접한 책『자유주의자 레이몽 아롱』(원제 "참여하는 방관자")의 영향이기도 할 것이다. 작년 7월 이 서적이 다시 출간될 때 번역자인 박정자 선생님이 책 서두에서 인용한 아롱의 다음 문장은 긴 시간 동안 나의 머리를 떠나지 않았다. "요즘 세상은 정치적 선택이 다르면 우정을 간직하기 어려운 시대인 것 같다. 정치란 아마도 너무나 심각하고 비극적인 것이어서 우정이 그 압력을 감당하기 어려운가 보다."

사실은 2005년 전후『트뤼포』를 한창 번역하던 시기에도 그 비슷한 느낌을 어렴풋이 받았었다. 비극적이란 생각까지는 못 했어도 '집단의 이름 안에 갇혀야만 하는 이상한 시대'라고 「역자 후기」에 표현한 것을 보면 아마 유사한 감정 속에 있었던 것 같다. 지금과 비교하면 그래도 그 당시는 "너는 어느 편인가"하는 목소리도 이만큼 야만적이지는 않았던 것 같다. 그래서 잠시 생각한 끝에 1판의 「역자 후기」도 표기법 등 최소의 수정만을 거쳐 그대로 싣는 쪽으로 정했다. 초판의 그 글에서는 희망과 낙천주의 역시 강하게 풍겨 왔고, 이것 또한 『트뤼포』 한국어판의 역사의 작은 일부일 것이라고 판단했기 때문이다.

제2차 세계 대전이 끝났을 때 잠깐의 즐거움을 가진 뒤 세상은 즉각 냉전으로 들어갔고, 그래서 당시 많은 절망적 예술가들은 똑같이 비극적인 전쟁이었으면서도 제1차 세계 대전 이후의 패긴 기간을 그래도 낙관주의, 희망이 깃든 역사의 시기로서 그리워했었다. 초현실주의, 표현주의, 재즈 시대, 광란의 20년대, 헤밍웨이의 '축제의 파리'……. 16년 전에 대한 희망의 기억은 아마도 그것과 비슷한 정신 작용의 결과일지도 모르겠다.

그리고 기억해야 할 아픈 변화가 있었다. 제2차 세계 대전이라는 비극의 종말을 보지 못하고 허망하게 사라진 발터 벤야민과 슈테판 츠바이크처럼, 2021년 말에 친구 강한섭이 갑작스럽게 우리를 떠나갔다. 40년이 넘는 긴 우정의 시간이 트뤼포의 어떤 영화보다도 선명하게 작업 기간 몇 개월 내내 눈앞에 펼쳐졌다. 그는 미래를 읽어 내는 예외적 능력을 지닌 매력 있는 인물이었다. 프랑수아 트뤼포의 죽음이 누벨바그의 첫 죽음이었다면, 강한섭의 그것은 동서영화연구회의 첫 번째 무화無化일 것이다.

16년 전 1판을 번역할 때 도움을 주셨던 분들, 현미애 님, 임재철 님, 권용민 님께 다시 감사를 드린다. 이번에는 주한 프랑스문화원의 양지영 님께도 고마운 도움을 받았다. 그리고 을유문화사의 정상준 대표님, 조소연 과장님께 깊은 감사를 드린다. 이 서적은 번역자에게 귀중한 즐거움을 주었다. 많은 독자에게도 그러하기를 마음 깊이 희망한다.

2022년 11월
한상준

옮긴이의 글(초판)

2006년 3월 말 업무차 파리에 들렀을 때 윤정희, 백건우 두 분과 오페라 근처에서 밤늦게까지 대화를 나누었다. 음악과 문학에 관해, 그리고 영화에 관해 쉴 새 없이 이야기하는 동안 '삶의 환희joie de vivre'라는 표현을 문득 떠올렸다. (2001년 부산영화제에서 백건우 씨를 처음 만났을 때, 영화를 향한 그 열정과 관심에 나는 감동했다. 피아니스트 백건우 씨는 내가 알아 온 사람들 중 가장 많은 영화를 본 인물 가운데 한 명이다.)

영화제 일을 다시 시작하면서 나는 최근 이 같은 즐거움을 종종 맛보고 있다. 똑같이 영화 일을 하면서도, 예전에는 새로운 작품을 발견하는 기쁨이 무엇보다 컸던 반면, 요즘에는 비슷한 관심을 가진 사람을 만나 영화와 인생을 이야기하는 일이 퍽 즐겁다. 영화의 미래에 대해 희망을 말하는 사람이 주위에 아무도 없었던 대학생 시절, 강한섭, 안동규, 전양준, 정성일 등과 비밀스러운 연대감 속에서 매일 영화를 이야기하던 시간을 되찾은 느낌을 때때로 순간 포착하고는 작은 미소를 짓기도 한다……

유명 인사를 비롯한 많은 사람의 이름을 열거하면서 자기 현시적으로 생각될 내용을 길게 적은 것은, 영화를 둘러싼 여러 행동 양식의 밑바탕에 프랑수아 트뤼포의 그림자가 자리하고 있음을 지적하고 싶어서다. 프랑수아 트뤼포는 25년 동안 만든 25편의 작품 이상으로 영화 문화의 수용 양식의 측면에서 큰 영향을 끼친 인물이었다. 비록 시네 클럽 운동을 통해 시네필리cinéphilie의 개념을 구체화한 최초의 사람은 아니었을지라도, 트뤼포가 에릭 로메르, 장뤽 고다르, 자크 리베트, 클로드 샤브롤, 알랭 레네 등과 함께 영화와 대면하는 방식에 큰 변화를 가져온 인물이었음은 부인할 수 없다. 이 '위대한 세대'의 친구들 가운데서도 트뤼포는 '영화를 향한 사랑'을 대중적 차원에서 세계적으로 확산시키는 데 가장 크게 공헌했다(예를 들면, 이 책의 저자 앙투안 드 베크는 2003년에 출간한 『시네필리』에서 트뤼포를 조르주 사둘, 세르주 다네 등과 함께 아주 중요하게 다루고 있다). 앨프레드 히치콕, 하워드 혹스, 장 르누아르 같은 거장들에 대한 숭배 현상, '작가'와 '연출가'에 대한 독창적 시선 등의 고결한 동기뿐 아니라, 밤새워 커피점에서 '입으로' 영화를 만드는 일, 끊임없이 '베스트 텐' 목록을 작성하는 일, 남몰래 영화관에서 스틸 사진을 뜯어내는 일 역시 프랑수아 트뤼포를 즉각 연상시키는 행위인 것이다.

트뤼포의 중요성을 지적하려면 또 하나의 영역을 탐험해야 한다. 그건 바로 그 자신의 인생이란 텍스트다. 제퍼슨 클라인이 정신 분석학을 배경으로 주장하듯이, 무릇 모든 영화란 "감독과 관객 모두에게, 그 관람이 관음적이라는 점에서 늘 자전적"일는지 모른다. 또한 누벨바그의 전반적 특징의 하나로서 "특수한 사적 경험의 일반화"를 꼽을 수도 있을 것이다. 그렇지만 프랑수아 트뤼포의 경우만큼 감독의 인생과 그의 작품이 밀접히 연결된 사례는 누벨바그의 다른 동료들에게서조차 찾을 수 없다. 극단적으로 말하면, '고품격의 틀'을 갖춘 후기작까지 포함해 트뤼포가 만든 영화들은 모두 자신의 이야기였다. 그렇게 볼 때, 프랑수아 트뤼포의 작품에 대한 최상의 해설서는 역시 그 자신의 인생이라고 할 수 있다.

이 책은 1996년 프랑스 갈리마르 출판사에서 출간한 『프랑수아 트뤼포』를 완역한 것이다. 저자인 앙투안 드 베크와 세르주 투비아나는 트뤼포에 관한 방대한 자료를 토대로 이 전기를 집필했다. 책 속에서도 확인되듯, 트뤼포는 생전에 여러 차례에 걸쳐 자서전을 기획했다. 1975년에 출간된 『내 인생의 영화』도 그러한 의도의 결과물이었다. 그러나 본격적인 자서전 집필은 끝내 실현되지 못했고, 사망 직전에 겨우 이틀 동안 친구와 함께 테이프에 녹음을 시도했을 뿐이다. 그러나 그가 수집 분류해 놓은 자료들은 그대로 보존되어 있다. 저자들은 트뤼포의 일기는 물론 평생 지인들과 주고받은 서신, 짧은 메모 등을 토대로 이 전기를 썼다.

방대한 개인 자료를 인용하면서 쓴 전기이기에, 이 책은 읽는 이에게 발자크의 소설 못지않은 흥미를 선사한다. 각본가 피에르 보스트에게 고개 숙여 시나리오를 빌린 뒤 배신의 과정을 거쳐 저 유명한 글 「프랑스 영화의 어떤 경향」을 발표하는 일(그는 글을 발표하기 직전에 보스트에게 예의를 저버린 편지를 보낸다), 생부의 존재를 추적하는 과정에서 자신의 유대 혈통을 발견하고 아버지를 만나러 달려가는 일, 먼발치에서 생부를 확인하지만 마음을 바꾸고 돌아선 뒤 영화관에 틀어박혀 채플린의 〈골드 러시〉를 보는 모습(결국 트뤼포는 평생 친아버지를 만나지 않는다), 카트린 드뇌브에 대한 애정으로 생애에서 딱 한 번 센강의 좌안으로 거처를 옮기는 일(트뤼포는 카트린 드뇌브와의 결별 직후 〈두 영국 여인과 대륙〉을 만든다. 그 이유는……), 고다르와의 편지를 통한 대립과 결별(두 사람은 〈아메리카의 밤〉 직후의 대립 이후 평생 화해에 이르지 못한다) 등은 19세기의 소설처럼 흥미롭고 적나라한 인생의 모습을 보여 준다.

이 책에는 또한 트뤼포를 중심으로 한 프랑스 사회의 지적인 분위기, 누벨바그 세대의 형성 발전 과정, 1968년 5월의 칸영화제 풍경 등이 자세하고 생생하게 묘사되어 있다. 따라서 이 책은 트뤼포의 작품에 대한 이해뿐 아니라 그 자체로서 영화를 둘러싼 현대 프랑스 문화사를 기록하는 역할까지 수행한다. 트뤼포의 서간집 『서신들*Correspondences*』이나 『내 인생의 영화』 등 중요한 책들이 번역되어 있지 않은 현실에서, 이 책은 더욱 큰 의미를 지닐 수 있을 것이다.

축약본이긴 해도 1999년에 간행된 영어판 『프랑수아 트뤼포』(캐서린 테머슨 번역)는 프랑스어 번역의 오류를 최소화하는 데 크게 도움이 되었다. 또한 옮긴이의 능력에 부치는 까다로운 프랑스어 문장 번역에 도움을 주신 현미애 님께 깊이 감사드린다. 책 내용과 관련된 임재철 씨와의 대화도 번역 작업에 크게 도움이 되었다. 일본 출장 중에 이 책의 일본어판(이나마쓰 미치노 번역)이 최근 출간된 것을 발견하고 즉시 구입해 준 권용민 후배에게도 감사를 드린다. 그 덕분에 마지막 순간에 원고의 일부를 재검토할 수 있었다. 물론 어딘가에 숨어 있을 오류들은 모두 옮긴이의 책임이다.

이 책을 번역하면서 콜린 매케이브의『장뤽 고다르 전기』, 엔초 시칠리아노의『평전 파솔리니』를 함께 읽었다. 집단의 이름 안에 갇혀야만 하는 이상한 시대에, 세 명의 개인의 삶 속에 파묻힌 것은 큰 행운이었다. 사실 세 명 모두 웬만한 개성의 소유자들인가! 시대를 떠나 잠시 귀족의 시간을 향유하도록 번역의 기회를 주신 을유문화사에 감사드린다.

2006년 5월
한상준

찾아보기

지은이 앙투안 드 베크 Antoine de Baecque

프랑스의 역사가이자 영화 비평가로, 『카이에 뒤 시네마』의 편집장과 시네마테크 프랑세즈의 총감독을 역임했다. 주요 저서로 『에릭 로메르: 은밀한 개인주의자 Éric Rohmer: biographie』, 『고다르 Godard: biographie』, 『카이에 뒤 시네마의 역사 Cahiers du cinéma: histoire d'une revue』, 『누벨바그 La Nouvelle Vague: portrait d'une jeunesse』, 『시네필리 La Cinéphilie』 등이 있다.

지은이 세르주 투비아나 Serge Toubiana

『카이에 뒤 시네마』의 발행인, 시네마테크 프랑세즈의 총감독을 거쳐 현재는 유니프랑스 회장을 맡고 있다. 프랑수아 트뤼포에 관한 장편 영화 〈도둑맞은 초상화 Portraits volés〉를 미셸 파스칼과 공동 연출했고 트뤼포 영화의 DVD를 책임 감수했다. 주요 저서로 『두 번째 세기를 향하는 영화(공저) Le Cinéma vers son deuxième siècle』, 『잔존한 기억: 미슐린 프레슬과의 대화 L'arrière mémoire, entretiens avec Micheline Presle』, 『기억의 유령 Les Fantômes du souvenir』 등이 있다.

옮긴이 한상준

서울에서 태어나 성균관대학교 신문방송학과를 졸업했고, 중앙대학교 대학원 영화과에서 박사 학위를 받았다. 중앙일보사 출판국 기자, 중앙대학교 첨단영상대학원 연구 교수, 부산국제영화제 프로그래머, 부천국제판타스틱영화제 집행위원장으로 활동했다. 현재는 서울예술대학교에 출강하고 있다. 저서로 『영화 음악의 이해』가 있고, 편저로 『로베르 브레송의 세계』, 역서로 『장뤽 고다르』가 있다.

현대 예술의 거장 시리즈
우리에게 새로운 세상을 열어 준 위대한 인간과 예술 세계로의 오디세이

구스타프 말러 1·2, 프랭크 로이드 라이트, 알렉산더 맥퀸, 시나트라, 메이플소프, 빌 에반스, 앙리 카르티에 브레송, 조니 미첼, 짐 모리슨, 코코 샤넬, 스트라빈스키, 니진스키, 에릭 로메르, 자코메티, 루이스 부뉴엘, 에드워드 호퍼, 프랭크 게리, 트뤼포, 찰스 밍거스, 글렌 굴드, 페기 구겐하임, 이브 생 로랑, 마르셀 뒤샹, 에드바르트 뭉크, 오즈 야스지로, 카라얀, 잉마르 베리만, 타르코프스키, 리게티 등

현대 예술의 거장 시리즈는 계속 출간됩니다.